JN422615

한국사

53

총색인

국사편찬위원회

기획·편집

강 영 철(편사부장)　　김 용 곤(편사기획실장)

장 득 진(편사연구관)

일러 두기

□ 이 색인집은 『한국사』 총 52권 각 권 말미에 있는 색인을 선별적으로 종합, 정리한 것이다.

1. 수록 항목 : 본문 중의 주요 항목으로 한정하였으며 빈번히 사용되는 단어는 제외하였다.
2. 일반 원칙 : 위치는 각 권을 순서대로 표기하고 이어 쪽수를 표기하였다.
3. 색인 항목명 : 본문의 표기대로 함을 원칙으로 하되 외국인의 인명 등은 예외로 한 것도 있다.
4. 항목 순서 : 가 나 다 순으로 배열하였고, 동음·동자의 항목은 부수가 간단한 한자를 앞으로 두었다.
5. 본문에 한자나 외국어가 없는 경우에도 독자의 편의를 위해 한자나 외국어를 병기하였다.
6. 서양 외국인 명은 한글의 발음 순으로 정리하여 수록하였다.

권별 『한국사』 제목

권수	제 목	간행연도
1	총설	2002
2	구석기, 신석기 문화	1997
3	청동기, 철기 문화	1997
4	초기국가	1997
5	삼국의 정치와 사회 1 - 고구려	1996
6	삼국의 정치와 사회 2 - 백제	1995
7	삼국의 정치와 사회 3 - 신라, 가야	1997
8	삼국의 문화	1998
9	통일 신라	1998
10	발 해	1996
11	신라의 쇠퇴와 후삼국	1996
12	고려 왕조의 성립과 발전	1993
13	고려 전기의 정치구조	1993
14	고려 전기의 경제구조	1993
15	고려 전기의 사회와 대외관계	1995
16	고려 전기의 종교와 사상	1994
17	고려 전기의 교육과 문화	1994
18	고려 무신정권	1993
19	고려 후기의 정치와 경제	1996
20	고려 후기의 사회와 대외관계	1994
21	고려 후기의 사상과 문화	1996
22	조선 왕조의 성립	1995
23	조선 초기의 정치구조	1994
24	조선 초기의 경제구조	1994
25	조선 초기의 사회와 신분구조	1994
26	조선 초기의 문화 1	1995

권수	제목	간행연도
27	조선 초기의 문화 2	1996
28	조선 중기 사림세력의 등장과 활동	1996
29	조선 중기의 외침과 그 대응	1995
30	조선 중기의 정치와 경제	1998
31	조선 중기의 사회와 문화	1998
32	조선 후기의 정치	1997
33	조선 후기의 경제	1997
34	조선 후기의 사회	1995
35	조선 후기의 문화	1998
36	조선 후기 민중사회의 성장	1997
37	서세동점과 문호개방	2000
38	개화와 수구의 갈등	1999
39	제국주의의 침투와 동학농민전쟁	1999
40	청일전쟁과 갑오개혁	2000
41	열강의 이권침탈과 독립협회	1999
42	대한제국	1999
43	국권회복운동	1999
44	갑오개혁 이후의 사회·경제적 변동	2000
45	신문화운동 I	2000
46	신문화운동 II	2000
47	일제의 무단통치와 3·1운동	2001
48	임시정부의 수립과 독립전쟁	2001
49	민족운동의 분화와 대중운동	2001
50	전시체제와 민족운동	2001
51	민족문화의 수호와 발전	2001
52	광복과 대한민국 정부 수립	2002
53	총색인	2003

목 차

ㄱ 1

ㄴ 96

ㄷ 115

ㄹ 153

ㅁ 155

ㅂ 185

ㅅ 227

ㅇ 307

ㅈ 421

ㅊ 498

ㅋ 528

ㅌ 531

ㅍ 541

ㅎ 551

ㄱ

가 加 ①199 ④203 206 212 224 226 ⑤209
가가 假家 ㉝156
가가상 假家商 ㉔126
가가쿠 雅樂 ㊺334
가각고 架閣庫 ⑳270
가객 歌客 ① 501 ㉟559 561 563
가갸날 ㊿101 109
가결 加結 ㉜295 345
『가결』『歌決』⑯322
가경전 加耕田 ㉚417 ㉜291
가경통보 嘉慶通寶 ㊲163
가계 加階 ㉕80 90
가계 家契 ㊷64 68 ㊹134~136
『가곡원류』『歌曲源流』㉟393 561 578 ㊺320
가관 可觀 ⑫253
가구소 街衢所 ⑬246 ⑭446 ⑯242
가권 家券 ㊷69
가귀 可歸 ⑨394
가급전 加給田 ⑭222 226 275
가길조약 嘉吉條約 ㉒384
가나 假名 ①421
가내노비 家內奴婢 ㉘151 ㉛165
가내면업 家內綿業 ㊹167
가내사환노비 家內使喚奴婢 ㉕209 211 ㉗168 ㉛166
가내수공업 家內手工業 ⑤206 ⑥222 ⑫217 ⑭16 436 ㉔256 ㉘67 ㉚446
가노 家奴 ⑱75 128
가노 家老 ㉜461
가단 歌壇 ①501 ㉗346
가대 歌臺 ㊺320
가덕도 加德島 ㉘132 ㉙113 196 202
가도 椵島 ⑳176 ㉙252 262 267 269 292 293 ㉚584 604 ㉜384
가도문제 椵道問題 ⑮289 290
가도입명 假道入明 ㉙24 25
가독부 可毒夫 ⑩155
가동 歌童 ㉗393
가동 家僮 ⑱128~130
가등가명(가토 요시아키라) 加藤嘉明 ㉙21 63 114 196 203
가등광태(가토 미츠야스) 加藤光泰 ㉙36
가등청정(가토 기요마사) 加藤淸正 ㉙3 21 29 30 32 33 51 85 116 157 170 171 ㉜424 481
가라(국) 加羅(國) ⑥37 38 ⑦295 296 344 360 361 374 376
가라달 可邏達 ⑤175 176
가라왕 加羅王 ⑦278 362
가락(국) 駕洛(國) ⑦9 289 296 303 304 312 321 ⑧160
『가락국기』『駕洛國記』⑦10 275 303 312 411 ⑧87~89 154 ⑭299 300 303 304 ⑰204 225 226 229
가락동 可樂洞 ⑧336 338 344 432
가락동유적 可樂洞遺蹟 ③345 368
가락바퀴(방추차) 紡錘車 ②369 448 454 472 487 516 520 521
가락식토기 可樂式土器 ③183

가란전 曷懶甸 ⑮321 325 329
가람배치 伽藍配置 ⑧268 270 ⑰243 250 254 255
가례 家禮 ㉓301 302 ㉕138 274 ㉖31~33 ㉘143 266 ㉚101 112 ㉛191~197 200 207 238 239 247 ㉞269
가례 嘉禮 ⑯271 272
『가례도감의궤』『嘉禮都監儀軌』㉔274
가례문답서 家禮問答書 ㉛180
가례서 家禮書 ㉘345
『가례언해』『家禮諺解』㉛178 ㊱81
『가례원류』『家禮源流』㉚166 168 178 ㉜35
『가례주설』『家禮註說』㉛177
『가례주해』『家禮註解』㉛176 178
『가례집람』『家禮輯覽』㉛6 176 177
가로날도끼(횡린부) 橫刃斧 ②271
가로부 大駕鹵簿 ㉗433
가로쓰기 橫書 ㊺229
가룡(목) 加龍(木) ㉔323 332 340
가릉빈가 迦陵頻伽(kalobinka) ⑨537
가릉빈가문 迦陵頻伽文 ⑧267
가리 假吏 ㉓154 155 ㉞98 101 193 ㊴233
가리오 원조 GARIOA援助 52291
가림성 加林城 ⑥63 70 73 182 196 ⑧313 ⑨60
가면극 假面劇 ①326 ⑧381 ㉞125 289 291 ㉟630 643 ㊿130 356 364
가면기 假面伎 ⑧377
가면무 假面舞 ㉛586
가면무극 假面舞劇 ㊿357 358
가면희 假面戱 ㉑497 501
가명학교 嘉明學校 ㊸212 348
가명학교 加明學校 ㊿266
가모연군 加募鉛軍 ㉝195
가목 駕木 ㉔332 340
가목사 佳木斯 ㉜404
가묘 家廟 ①308 ㉕276 280 ㉖14 ㉗ 487 ㉘163 164 341 ㉛6 9 171 199 214 215 238 636~638
가무 笳舞 ⑨600 603 610 620
가무 歌舞 ⑤218
가무극 歌舞劇 ㉛590
가무백희 歌舞百戱 ㉑256 455 461 490 491 492 494 495 503 548
가무잡희 歌舞雜戱 ㉑489
가문 家門 ㉞168 172
가문노비 家門奴婢 ㉛68 ㊱54 55
가문소설 家門小說 ㉛434
가뭄 ㉗17 18 22 43
가미다나 神棚 ①369 378 ㊿168
가반 柯半 ⑥241 ⑧445 ⑨244
가배량성 加背梁城 ㉒195
가별장 假別將 ㉝445
가별초(가별치) 家別抄(加別赤) ⑳323 ㉒332
가병 家兵 ⑱70 99 129 145 177 179 180
가부키 歌舞伎 ㊺331
가분 加分 ㉜315 316 374
가사 家舍 ㊹138 485
가사 歌詞 ㉟560 562 563
가사 歌辭 ①289 422 424 425 ㉑273 ㉟402 ㉗7 329 330 350 351 354 355 358 360 ㉟391 399
가사리회사 加沙里會社 ㊹189
가사문학 歌辭文學 ㉛495
가사안 家舍案 ㊷81
『가사육종』『歌詞六種』㉟562 563
가사정제 家舍定制 ㉕345 347
가사제도 家舍制度 ⑫159
가사제한령 家舍制限令 ㉕346 ㉗441 443 487
가사훈묘지 賈師訓墓誌 ⑩77
가산관료제(설) 家産官僚制(說) ⑫183 184 190 191
가산국가 家産國家 ⑫183 191
가산사목불좌상 佳山寺木佛坐像 ㉛508
가산제 家産制 ⑫191
가삼 家蔘 ㉚446 ㉝65 456 457 466

가서사 嘉栖寺 ⑧82 ⑨411
가선첩 嘉善帖 ㉚572
가설직 加設職 ㉛143
가섭사 迦葉寺 ㉖273
가섭원 迦葉原 ④184
가성직(제)조직 假聖職(制)組織 ㉟99 107 118
가소 加召 ⑧318
가소천 加召川 ⑨40
가솔군관 假率軍官 ㉞31
가수굴 嘉殊窟 ⑳238
가숙 家塾 ㉓279
가숙계 家塾契 ㉞271
가순궁 嘉順宮 ㉜258
가스파르 고에리오 Gaspar Coello ㉙20
가스파르 비렐라 Gaspar Vilelar ㉜481 503
가스회사 GAS會社 ㊹399
가시리 ㉑267
가시혜진 加尸兮津 ⑨40
가실 嘉實 ⑥233 ⑦240
가실왕 嘉悉(實)王 ⑦337 ⑧373
가압법 加壓法 ②19 21 145
가야금 伽倻琴 ①496 498 ⑦112 113 337 ⑨601 604~610 618 ㉟553 555 557
가야금산조 伽倻琴散調 ㉟577 ㊺330
가야금악보 伽倻琴樂譜 ㉟583 585
가야사 伽倻寺 ⑳104
가야산 伽耶(倻)山 ⑦313 ⑱221 245 ⑳101
가야산맥 伽倻山脈 ⑫62
가야식토기 加耶式土器 ⑦226
가야연맹 伽耶聯盟 ⑦113 362
가야제국 加耶諸國 ⑦236
가야토기 伽耶土器 ⑦293 ⑧428
가언충 賈言忠 ⑤139
가업전 家業田 ⑬222 ⑳34
가옥세 家屋稅 ㊷66 336
「가옥세법」「家屋稅法」㊹283
가옥세법시행지개정」 「家屋稅法施行地改正」㊹283
가와모토 큐자에몬 川本九左衛門 ㊲222
가와카미 소(조)로쿠 川上操六 ㊵112 ㊹59
가와키타 간시치 河北勘七 ㊹126
가왜 假倭 ⑳406
가요 歌謠 ㉟571
가우처 John F. Goucher ㊻162
가월리 佳月里 ②35
가은현 加恩縣 ⑪104 192 194~196 216 ⑫14 64
가음 家蔭 ⑫195 197 ⑬443
가음정동패총 加音丁洞貝塚 ③346 431 432
가인전목단 佳人剪牡丹 ㉟556 591 ㊿ 355 356
가자 加資 ㉓306 323 336 353
가작 加作 ㉜317 320 322 376 ㊱320 ㊴255 259 276
가작입본 加作立本 ㉜320 376
가잠성 椵岑城 ⑦108 ⑨25
가장 家狀 ⑫189
가장사초 家藏史草 ㉖150
가전 家田 ⑬333 ⑭83 144 146 ⑳73 106
가전별초 駕前別抄 ㉚250
가정공물 加定貢物 ㉔429
가정소설 家庭小說 ㉟421
가정의례 家庭儀禮 ㉛637
『가정적성지』『嘉靖赤城志』⑨324
가족구성 家族構成 ㉕249
가족합장 家族合葬 ⑧332
가주 嘉州 ⑭148 150 196 197 ⑳94
가증리유적 佳增里遺蹟 ③166 345 364
가지마구미 鹿島組 ㊹61
가지사 迦智寺 ⑯61
가지산문 迦智山門 ⑯172 ㉑66 70 93 307
가지산파 迦智山派 ⑯60 61
가차자 假借字 ⑧136

가책 加冊 ⑮354 358
가척 笳尺 ⑧376
가척 歌尺 ⑨610 620
가첩 家牒 ㉕282
가쓰라다로 桂太郞 ㊷293 295 ㊸45 76 84 173 337 493 ㊹423
가칠 假漆 ㉗486
가탁훈예 假托勳裔 ㉜371
가탐 賈耽 ⑨294
가탑리 금동불상 佳塔里 金銅佛像 ⑧233
가토 加藤弘之 ㊺206 215
가토 다카아키 加藤高明 ㊶109
가토 마스오 加藤增雄 ㊶328 ㊷33
가톨릭대학교 신학대학 Catholic大學校 神學大學 ㊻146 150
가투현상대회 歌鬪懸賞大會 ㊾281
가평리유적 柯坪里遺蹟 ②357
가포 價布 ㉚573
가풍 家風 ⑮146~148
가필주대 歌畢奏臺 ㉟562 578
가학 家學 ㉘168 206
가현 加現 ㉕198
가현리 佳峴里 ②503
가혜성 加兮城 ⑨27
가호 家戶 ㉕17 ㉚450 ㊱28 32
가화 假畵 ㉗515
가후금군 駕後禁軍 ㉚276
가흥역 可興驛 ㉝256
가흥창 可興倉 ㉓276 ㉔525~528 532 ㉝256
가흥창 嘉興倉 ⑭406
각 角 ⑧382
각가 覺伽 ⑨35
각가 覺賀 ⑧471
각간 角干 ⑦88 270
「각군문변통절목」「各軍門變通節目」 ㊳153
각궁 角弓 ⑧387
각라무묵납 覺羅武默納 ㉜410
각대 角帶 ㉛607
각덕 覺德 ⑦126 129 ⑧75 ⑨297 322 ㉑296
「각도민폐책자」「各道民弊冊子」 ㉜313 332
「각도진폐책자」「各道陳弊冊子」 ㉜313 332
「각도환곡이정절목」「各道還穀釐正節目」 ㉜324
각돈 覺頓 ㉖280 281
각료회의 閣僚會議 ㊳412
각루 角樓 ⑤189
각루 刻漏 ㉓361 ㉗49 50
각림사 覺林寺 ㉖270
각면구폐절목 各面捄弊節目 ㊱333
각문 閣門 ⑲18 24
각문 刻文 ⑧264
각배 角杯 ⑧258 261
각사노비 各司奴婢 ㉕203~207 213~215 218~220 222 225
각사비 各司婢 ㉕199
각사주인 各司主人 ㉔464
각색 各色 ⑲27
각색장 各色掌 ㉕219
각색표하군 各色標下軍 ㉜97
『각선도본』『各船圖本』㉔340 356
각성 角聲 ㉗248
각성 覺性 ㉛400
『각세진경』『覺世眞經』㊻193 201
각수 覺樹 ⑯132
각수 刻手 ㉗209 226
각순 覺純 ⑯47
각시 角柿 ㉕327
각아문군관 各衙門軍官 ㉜136
「각아문군병직정금단사목」「各衙門軍兵直定禁斷事目」㉜30 128 145
「각아문양역정액수」「各衙門良役定額數」 ㉜146 305
각양묘위전 各樣廟位田 ㉜291
각연사통일대사탑비 覺淵寺通一大師塔

碑 ⑫105
각염법 榷鹽法 ㉔217 361 362
각염제 榷鹽制 ⑲10 363 365 369～371 376 380
『각영이정청등록』『各營釐整廳謄錄』㉚576
각원 覺苑 ⑯134
「각읍부세소장정」「各邑賦稅所章程」㊹444
각읍월과군기법 各邑月課軍器法 ㉚549～551
각읍월과총약환법 各邑月課銃藥丸法 ㉚547 552
각읍채납제 各邑採納制 ㉔5 247 248 250 252
각자장 刻字匠 ㉗193
각장 榷場 ①237 ⑭16 458 ⑮240 305 333 ⑲396 ㉒356 ㉘126
각장무역 榷場貿易 ⑮334 341 365
각저 角抵 ㉑511 520
각저도 角抵圖 ⑥249
각저총 角抵塚 ⑥249 ⑧7 183 262 333 390 ㉑520 554
각저희 角抵戲 ④194 223 ⑥249 ㉑554
각전각계별무 各廛各契別貿 ㉔146
각정당행동통일위원회 各政黨行動統一委員會 ㊾140 184
각정당협의회 各政黨協議會 ㊾136 204
『각정재무도홀기』『各呈才舞圖笏記』㉛582
각조 角調 ㉗406
각종 覺從 ⑧65
각진월과궁전법 各鎭月課弓箭法 ㉚548
각창안 覺昌安 ㉙216 217
각청계방 各廳契房 ㉜313 370 371
각촉시 刻燭試 ㉓330
각추 覺樞 ⑯135
각판 刻板 ㉗210
각패 角牌 ㉞218 ㊱23
『각항세관직제』『各港稅關職制』㊳116
각형토기 角形土器 ①101 180 ③19 194
각화사 覺華寺 ⑯48
각황사 覺皇寺 ㊿201 211 206
각황전 覺皇殿 ㉛536
각훈 覺訓 ⑧70 ㉑289 291 296 356

ㄱ

간 干 ④206 226 ⑦162 165
간가수 間架數 ㉕2 18
간경도감 刊經都監 ⑯129 134 ㉒130 139 ㉔240 241 298 462 ㉕351 ㉖106 253 264 269 286 ㉗210 219 226 373 ㉛359 360
간관 諫官 ⑬82 145 146 150 154
간노 幹奴 ㉘148 153
간단관개법 間斷灌漑法 ⑥216
간도 間島 ㊷60 ㊸509 ㊹299 308
간도거류조선민족 墾島居留朝鮮民族 ㊼381
간도공산당사건 墾島共產黨事件 ㊼289
간도관리사 間島管理使 ㊹302
간도관찰사 間島觀察使 ㊹302
간도지방불령선인초토계획 間島地方不逞鮮人剿討計劃 ㊽221
간도파출소 間(墾)島派出所 ㊺135 ㊼80
간도협약 間島協約 ①359 ㊹300 ㊼181 183
간돌칼 磨製石劍 ①181 182
간두령 竿頭鈴 ③39 45 98 220 538
간등 看燈 ⑨124
간망군 看望軍 ㉔539
간망인 看望人 ㉔539
간민교육회 墾民教育會 ㊸332 ㊼9 182 188 380
간민자치회 墾民自治會 ㊸332
간민회 墾民會 ㊼9 186 191 231 380 ㊽200 202
간발 間撥 ㉝259
간범명의 干犯名義 ㊱189 204 206
간병의 看病醫 ㉕376
간봉 間烽 ㉔541
간비 奸非 ⑮177 183

간빙기 間氷期 ①30 ②54 71 241 ㉚309
간사재판 幹事裁判 ㊲221
간색미 看色米 ㉜288 315
간색세 看色稅 ㉝208
간석기 磨製石器 ①173 178 185
간수군 看守軍 ⑬351
간수선 看水船 ㉝229 370
『간양록』『看羊錄』㉙172
간연 看烟 ⑤212
간위거 簡位居 ④202
간의 諫議 ⑩153 144 ⑫274 277 278
간의 簡儀 ①288 ㉗4 96
간의대 簡儀臺 ㉗60~62 64 67
간의대부 諫議大夫 ⑫176 ⑱29 81 225
『간이물리교과서』『簡易物理教科書』㊻ 238
『간이사칙문제집』『簡易四則問題集』㊻ 232
간이실업학교 簡易實業學校 ㊿20
간장사 看藏寺 ⑭147 160 253 254 260
간재학파 艮齋學派 ㉟53 57 58 60
간쟁 諫諍 ⑫147 ⑬88 111 ㉓24 29 ㉖20
간전 墾田 ㉔116
간전결수 墾田結數 ⑳110 123
간접선거제 間接選擧制 ㊼119
간접타격법 間接打擊法 ②17 19 91 114 124 145 165 218
간종(법) 間種(法) ㉔95 104 105 117 ㉗180 ㉚435 ㉝49
간천군 杆天軍 ⑫38
간호교육 看護教育 ㊹394
간호부양성소 看護婦養成所 ㊹394 395
간호원학교 看護員學校 ㊻288
간호학교 看護學校 ㊹394
『간화결의론』『看話決疑論』㉑30 40 51 59 ㉟128
간화선 看話禪 ㉑30 40~42 56 59 62 ~64 69 83 94 101 102 104 105 156 315 ㉟152
갈근 葛根 ㉕367
갈다개 葛多介 ㉘126
갈도 葛島 ⑳176
갈돌(전석봉) 碾石棒 ②527
갈망 葛網 ㉝223
갈문왕 葛文王 ⑦91 116 186 187 248 249 254
갈봉하 葛逢夏 ㉙77
갈사국 曷思國 ④191 ⑤32
갈사수 曷思水 ④188 191
갈산둔 葛山屯 ㉚568
갈석산 碣石山 ④86 87 125
갈야산성 葛夜山城 ㊸370
갈오격수 渴烏激水 ㉗101
갈판 碾石 ②501 527
갈항사 葛項寺 ⑨394 551 552
갈해성 喝海城 ㉙274
갈현리유적 葛峴里遺蹟 ③344
감 龕 ⑧331
감가작전 減價作錢 ㉜375
감결 甘結 ㊴393
감결 鑑訣 ㊱83 84
감결사상 鑑訣思想 ㉟1 171 ㊱6 135 136
감고 監考 ㉓30 131~133 135 145 170 ~174 176 180 ㉔539 540 ㉕361 387 ㉝257
감관 監官 ㉚245 263 571 579 ㉝6 93 188 189 192 197 ㉞37 229 ㊴310
감관제 監官制 ①315
감교관 監校官 ㉓349 ㉗196
감교청 勘校廳 ㉒212
감국대신 監國大臣 ㊴16 21 32
감국정책 監國政策 ㊵32
감군 監軍 ㉓227
「감군은」「感君恩」㉗334 335
감귤 柑橘 ㉓332
감동 監董 ㊴178
감등수직 減等受職 ㉕72
감로 甘露 ㉗17 24

감로국 甘路國 ⑦328
감로주 甘露酒 ㊹477
감리 監理(control) ㊷232
감리서 監理署 ㊴177 ㊵278 ㊷245 ㊹410
감림장 監臨臟 ⑮181 183
감목관 監牧官 ㉔10 556 557 ㉚545 ㉞80
감무 監務 ①224 ⑬3 168 421 ⑱156 ⑲1 3 30 33 35~37 242 251 330 ⑳67 68 100 101 ㉓135 136 ㉕117
감무관 監務官 ⑫243 ㉔160
감무제 監務制 ⑲29~32
감문국 甘文國 ④39 ⑦45 210
감문위 監門衛 ⑬4 271 281 291 292 351 ⑭89 227 247 ㉓199 202
감문주 甘文州 ⑦113 196
감물도 甘勿島 ⑫253
감물야촌 甘勿也村 ⑦311
감병사 監兵使 ㉚294
감사대 敢死隊 ㊽321
감사지 監舍知 ⑦175
감산사 甘山寺 ⑨409 503 505
「감산사불상조성기」「甘山寺佛像造成記」 ⑨440
감생청 減省廳 ㊳43 44 92 95 151 152
감수국사 監修國史 ⑫171 ⑰154 ⑱51
감시 監試 ⑬392 431
감신총 龕神塚 ⑧333
감실 龕室 ㉗482 483
감악신사 紺岳神祠 ⑯337 ㉖214
감야관 監冶官 ㉔231 245 247
감여가 堪輿家 ㉟307
감여도 堪輿圖 ㉖187
감여술 堪輿術 ㊱103 104
감영 監營 ㉓133 134 170 176~178 309 317 339
감영군관 監營軍官 ㉞31
감은사 感恩寺 ⑨10 124 361 499 533 538 551 603 613
감의군사 感義軍使 ⑪95
감인관 監印官 ㉗196
감자 柑子 ㉗120 121
감자(마령서) 馬鈴薯 ㉝43 44
감장 監長 ⑩189
감주 甘酒 ㉕333
감직관 監織官 ㉔272
감찰 鑑札 ㊹94
감초 甘草 ㉗120
감타관 監打官 ㊴264
감포 甘浦 ㉜164
감포균역론 減布均役論 ㊱180
감필 減疋 ㉜129 150 151 153 155 156 158~165 167 168 174 187 188 190 194 197 308 ㉜8 128 130 132 147 150 152 153 160 331
감필법 減筆法 ㉛475
감합무역 勘合貿易 ㉒265 272 273 369 ㉘123 ㉚595 599
감합부 勘合符 ㉒265 272 273 369 381
감혁 減革 ㉜127 162 169 170 184 185 188 190
갑골문(자) 甲骨文(字) ③304 305
갑곶 甲串 ⑫91 92
갑과 甲科 ㉓324 328 350
갑리 甲利 ㉜315 ㉝402 ㊴255
갑방 甲坊 ⑭15 419 421 ⑲350 ㉔256
갑번 匣燔 ㉗511
갑사 甲士 ㉓6 7 32 34 49 112 181 203 205 210 213 215 217 243 244 348 353 ㉕84 85 87 88 91 94 154 196 243 ㉘90 91 95 96 ㉜103 106
갑사 岬寺 ⑨395 581 ⑪176
갑사 甲士 ⑫90
갑산만호부 甲山萬戶府 ㉒143 144
갑산창 甲山倉 ⑳394
갑산행성 甲山行城 ㉒182
갑산화전민사건(항쟁) 甲山火田民事件(抗爭) ㊾158 169 210
갑석 甲石 ⑧275

갑선 甲船 ㉔347
갑수 甲首 ㉔483
갑술양전 甲戌量田 ㉚415 418 424 425 463 ㉜289 ㊱180
갑술환국 甲戌換局 ①330 ㉘299 ㉚148 160 163 177 178 286 287 ㉛90 104 106 434 ㉜36 42 47 137 ㊱10 190 204
『갑신사략』『甲申事略』㊳429
「갑신일록」「甲申日錄」㊳9 351 374 406 ㊹361 362
갑신정강 甲申政綱 ㊳9 10 68 158 406 407 411 413 420
갑신정변 甲申政變 ①347 348 350 351 356 364 365 460 461 ㉞67 ㊳7 9~11 24 38 43 54 68 ㊴17~19 34 53 54 74 85~88 97 98 102 108 117 120 123 125 127 128 132 153 157 164 169 251 ㊵1 36 100 103 158 172 215 308 ㊶176 ㊷15 20 ㊸16 17 156 237 238 243 363 ㊹40 361 363 ㊺23 25 279 325 347 366 368 ㊻21 ㊾422
갑신(정변)파 甲申(政變)派 ㊵164 226 231 271
갑오개혁 甲午改革 ①364 ㉓326 362 ㉞67 157 ㊳435 ㊴52 234 249 263 402 409 412 ㊶176 262 ㊷49 51 52 54 ㊸181 238 243 289 ㊹181 185 195 198 199 202 319 334 335 337 338 340 341 343 345 351 356 369 371 374 417 442 485 ㊺3 36 41 45 46 50 122 159 164 166 326 360 ㊼62 ㊾13 314 421
갑오(개혁)파 甲午(改革)派 ㊵164 165 226 270 271 274 275
갑오경장 甲午更張 ①349~353 356 412 423 ㊳39 43 ㊵1 6 9 145 158 162 164 167 176 182 191 193 232 269 286 290 295 296 302 306 ㊸359 360 380 ㊺67 88 99 226 298
갑오농민전쟁 甲午農民戰爭 ㊵33 49 93
갑오대전 甲午大典 ㉒212
갑오변(왜)란 甲午變(倭)亂 ㊸357 359 360 364 365 513
갑오사정 甲午査正 ㉜127
갑오왜란 甲午倭亂 ①349 359 365 379 384 ㊵114
갑오·을미의병 甲午·乙未義兵 ㊸378~380 381
갑오의병 甲午義兵 ①383
갑오정식 甲午定式 ㉛108 111
갑인양전 甲寅量田 ⑭369 ⑲284 297
갑인예송 甲寅禮訟 ㉚114 ㉛89 434 ㉜32 47 136 137
갑인자 甲寅字 ㉖131 ㉗192 193 195 214 573 ㉟193~196
갑인주안 甲寅柱案 ⑲123 277 278 ㉔64 78
갑인환국 甲寅換局 ㉚148 153 155 176 178
갑자구락부 甲子俱樂部 ㊽52
갑자사화 甲子士禍 ①294 ㉖68 ㉘7 174 191 193 255 270
갑자혁명설 甲子革命說 ⑦28
갑조법 甲造法 ㉔347 349 352 354
갑조선 甲造船 ㉔347 350 352
갑주 甲州 ㉒145
갑주 甲冑 ⑧254
갓저고리 ㊿409
강감 江監 ㉔530
강감찬 姜邯贊 ①226 ⑫211 212 ⑭146 157 160 280 281 ⑮309 315 316 ⑯293 ⑰206 227 244 ⑱159 161 ⑳57
강강술래 ①326 ㊿356 358
강거정 姜居正 ⑭255 ⑯205
강건회 姜建會 ㊴447
강 겸 姜謙 ㉘177 179 183 190 192
강경 講經 ㉓285 286 292 302 303 333 340 ㉖44 285 ㉟4 127 132 138
강경서 姜景敍 ㉘177 179 183 190

ㄱ

강경선 姜景善 ㊽181
강경장 江景場 ㉝366
강경포 江景浦 ㉝141 368 369 373 382 385
강경포교안 江鏡(景)浦教案 ㊻142
강경환 江景丸 ㊹96
강계 江界 ㉘116 ㉝349
『강계고』『疆界考』⑩232
강계도 江界道 ㉒152
강계도호부 江界都護府 ㉒144
강계만호부 江界萬戶府 ㉒143 144
강계부 江界府 ㉒144 155
강계부진관 江界府鎭管 ㉒150
강계사무관 疆界事務官 ㊸38
『강계지』『疆界誌』㉟190 320 323 325
강고나마 强古奈麻 ⑨186
강공훤 姜公萱 ⑫133
강구년 康龜年 ㊽332
강구우 姜九禹 (51)183
강국 康國(Samarkand) ⑧378
강귀천 姜貴千 ㉖298
강규찬 姜奎燦 ㊸349
강기덕 康基德 ㊼15 324 326 333 338 ㊾429～432
강기동 姜基東 ㊸491 506 517 ㊼137
강길 康吉 ⑫25
강남 江南 ⑮232 289
강남공사 江南公司 ㊽131
강남농법 江南農法 ①271 ㉓313 ㉕101 ㉘349
강남도 江南道 ⑫151
강남중 姜南中 (51)309
강녕전 康寧殿 ㉟521 524 526
강달모 姜達模 ㊾454
강달영 姜達永 ㊾7 54 61 84 86 94 143 442
강대련 姜大蓮 (51)206
강대수 姜大水 ㉙158～160
강대현 姜大鉉 ㊽115～117 119 120
강덕삼 姜德三 ㊿197
강 도 姜度 ⑯368
강도 江都 ⑱196
『강도실기』『江都實記』㊲200
강도조약 江都條約 ㉙270
강도천 姜道天 ㊽205
『강도현지』『江都縣志』⑨327
강동성 江東城 ⑳166 185 186
강동 6주 江東六州 ①226 ⑫173 211 ⑮273 303～306 311 330 332
강등전 降等田 ㉜291
강령탈춤 康翎탈춤 ㉟630 637 639
강례 康禮 ⑫115
강례박사 講禮博士 ⑧120
강로 姜㳣 ㊲228 229
강릉객사문 江陵客舍門 ㉑382 383 ㉗440
강릉관노가면극 江陵官奴假面劇 ㉟614
강릉 김씨 江陵 金氏 ⑫202
강릉 왕씨 江陵 王氏 ⑫127
강 매 姜邁 (51)107
강명길 康命吉 ㉗149 ㉞82 84
강명의숙 講明義塾 ㊺75
강명환 姜明煥 ㊼154 155
강목론 綱目論 ①306
강목법 綱目法 ㉖114
강목체 綱目體 ㉑334 ㉖137 ㊺265
강무 講武 ㉒95
강무경 姜武京 ㊸501 505
강무방물 講武方物 ㉔467 468
강무장 講武場 ㉘350 351
강무형 姜懋馨 ㊷22
강문백 姜文伯 ㊼403
강문석 姜文錫 (52)148
강문8학사 江門八學士 ㉟18
강문형 姜文馨 ㊳106 115 123 164
강민섭 姜旻燮 ㊾465
강민첨 姜民瞻 ⑫211 ⑮308 315
강백년 姜栢年 ㉜136

강백진　康伯珍　㉘177 179 183 190 192
「강변채삼사목」「江邊採蔘事目」㉙254
강병수　姜秉洙　㊼140
강병학　康秉學　㊽350
강 보　姜保　㉑200 201
강봉거　姜鳳擧　㊽205
『강북일기』『江北日記』㊱362
강비　康妃　㉒21 36
강 빈　姜嬪　㉚89 283
강사상　姜士尙　㉚24 44
강사준　姜士俊　㉜423
강사포　絳紗袍　㉕298 301 302
강사현　强師縣　⑩79
강상　江商　㉔536
강상　綱常　㊱83
강상　崗上　④65 115 120 122 128 140 ⑧329
강상대고　江上大賈　㉝390
강상론　綱常論　㉜26 30 37
강상리유적　江上里遺蹟　②414 415
강상모　姜尙模　㊽219
강상묘　崗上墓　③51 275 413
강상부민(배)　江上富民(輩)　㉝301 340
강상부한　江上富漢　㉝301
강상죄　綱常罪　①286 ㉓149 ㉖5
강서대묘　江西大墓　⑧191 333 334
강서마조　江西馬祖　⑨324
강서중묘　江西中墓　⑧191 334
강석기　姜碩期　㉚86 89
강석봉　姜錫奉　㊼169 170 172 ㊾96 97
강석원　姜錫元　㊾464
강석취　姜石取　51274
강석호　姜錫鎬　㊸37
강선영　姜善泳　51358
강성리　康聲利　㊽329
강성인　姜性仁　㊸435 436
강세윤　康世允　㊸141
강세황　姜世晃　㉟444~446 454 462~464 470 483 ㉗473 ㊺350
강소성　江蘇省　⑧338 ⑫19
강소천　姜小泉　㊼294
강소춘　姜笑春　51307 309
강속전　降續田　㉜291
강수　强首　⑦229 ⑧121 ⑨93 440 521 600 609 ⑪43 51 211
강수관　講修官　㊲258~260
강수전　强首傳　⑦301
강 순　康純　㉒119 125 132 135 340 ㉙216
강 순　姜舜　52196
강순룡　康舜龍　⑳369
강순필　姜順必　㊼140
강습소야학교　講習所夜學校　㊸287
강 시　姜蓍　⑳41 ㉔98
강시원　姜時元　㊴289 293
강 신　康信　⑥108
강신명　姜信明　51258
강신무　降神巫　㉑175~178
강신숙　姜信淑　㊾283
강아그니아(정희)　姜貞姬　㊾294 299 311
강양공 자　江陽公 滋　⑱160 ⑳311
강양욱　康良煜　52218 440 448 52446
강여　强與　⑭450
『강역고』『疆域考』⑩233 235 ㊺266
강연회　講演會　㊸205 283 284 ㊾23 29 39 244 251 276 308 371
강 염　姜濂　㉘334
강영근　康永根　52448
강영대　姜永大　㊼244
강영소　姜永韶　㊼239 263
강예재　講藝齋　⑫249 ⑬384 ⑰88 89 102
강완숙　姜完淑　㉟107 108
강왕숙　姜王肅　㉙243
강용환　姜龍煥　㊺345
강 우　姜虞　㊻212 51193
강우규　姜宇奎　㊼403 ㊽324
강우성　康遇聖　㉟280

강원 講院 ㉟127 131
강원감영 江原監營 ㉛526
강원구 姜元求 ㊺58
강원도 江原道 ㉓129 131 162 170
강원섭 姜原燮 ㊼146
강 위 姜瑋 ㉜295 358 ㉟279 ㊱302 303 312 ㊳23 355 357 ㊸241 ㊺203 ㊻14 119
강위룡 姜渭龍 ㊿361
강유영 康柔英 ⑫37
강유원간친회 講遊園懇親會 ㊼149
강유위(캉유웨이) 康有爲 ㊻100 102~105 107 111 ㊸244 ㊼189 233 304
강윤국 康潤國 ㊽352
강윤석 康潤錫 ㊾462
강윤소 康允紹 ⑱114 115
강윤충 康允忠 ⑳277
강응정 姜應貞 ㉘253
강이관 講肄官 ㉓299 367
강이중 姜彛中 ㉟375
강이천 姜彛天 ㉜246 ㉟467 631 ㊱99
강익문 姜翼文 ㉚70
강 인 姜絪 ㉙243~245
강인유 姜仁裕 ⑳366
강일수 姜一秀 ㊼195
강일순 姜一淳 ㊻199
강장원 姜章沅 52342
강장일 姜長一 52343
강정애 姜貞愛 52373
강제희 康濟羲 ㊼372
강 조 康兆 ①226 ⑫208~211 ⑬50 314 ⑮306 307
강종 康宗 ⑱52 85 229 231
강종묘정 康宗廟庭 ⑱229
강종찬 姜宗燦 ㊼318
강좌 7현 江左七賢 ⑯284 294 295 ⑱ 244
강주 康州 ⑨297 ⑪125 ⑫12 20 22 28 34 35 45 54 60~63 126
강주룡 姜周龍 ㊿199
강주인 江主人 ㉝307 ㉞117
강주장군 康州將軍 ⑫126 130
강중진 康仲珍 ㉘177
강 진 姜進 52148
강진 康津 ㉝348
강진건 姜鎭乾 52448
강진 사당리요지 康津 沙堂里窯址 ㉑439
강진삼 康晋三 ㉞82
강진해 姜振海 ㊿343
강진흔 姜晋昕 ㉙290 294
강진희 姜進(璡)熙 ㊴112 ㊺351 51324
강차지 江次知 ㉚531
강창 江倉 ㉓276 ㉔463 530
강창대 姜昌大 ㊽227
강창서 姜彰瑞 ⑳41
강창제 姜昌濟 ㊽340 ㊿279
강창준 姜昌俊 ㊼326
강천명 姜天明 ㊺42
강 첨 姜籤 ㉙149
강 충 康忠 ⑪84 89 ⑫20
강태주 姜泰周 ㉝176
강태중 姜泰重 ㉜261
강태홍 姜太弘 ①504
강필신 姜必愼 ㉜195
강필주 姜弼周 ㊺351
강학소 講學所 ㉚140
강한혁 姜漢赫 ㉜276
강 항 姜沆 ㉘338 ㉙130 172 174
강형구 姜亨求 52326
강호(에도) 江戶 ㉜427
강호가도 江湖歌道 ㉗344 346
강호보 姜浩溥 ㉟184 185
「강호사시가」「江湖四時歌」 ㉗343
강호참근 江戶參勤 ㉜439
강호패총 江湖貝塚 ⑧463
강 혼 姜渾 ㉘177 190
강홍대 姜弘大 ㊵293
강홍립 姜弘立 ㉙7 230 231 233 234 239 241~245 ㉚280

강홍업 姜弘業 ㉙291
강화기인포 江華其人布 ㉚505
강화도 江華島 ⑬246 ⑱192 ⑳192 195 ~197 399 411 ㉜473 ㊳182
강화도조약 江華島條約 ①341 356 384 ㊲9 12 21 74 75 85 116 118 219 220 245 253 254 257 271 275 289 318 323~325 328 329 ㊳21 125 166 224 301 ㊴14 45 425 ㊵4 6 28 41 ㊸14 363 ㊺2 14 48 202 316 347 ㊻139
강화산 姜華山 ㊴437
강화성당 江華聖堂 ㊿258
강화영 江華營 ㊵147
강화조건 講和條件 ㊵73
강화천도 江華遷都 ⑱13 67 77 85 88 95 96 186 189 190 196 210 236
강화학 江華學 ㉟82
강화학파 江華學派 ①322 ㉜56 ㉟77 81 83 186 ㊻110
강화현 江華縣 ⑫123
강회백 姜淮伯 ⑯324
강효문 康孝文 ㉒131
강 훤 康萱 ⑪199 ⑯15 18
강흥준 姜興俊 ㊺334
강희맹 姜希孟 ㉔100 265 ㉗363 364 542 555 556 572 ㉘146 ㉚440 ㉞57
강희백 姜希白 ⑫229
강희안 姜希顔 ㉔100 ㉗209 218 538 542 547 555 556 572 573
강희언 姜熙彦 ㉟454 464 467 ㊺350
강희열 姜希悅 ㉙52
『강희자전』『康熙字典』㉟196
강희제 康熙帝 ㉜407 410 411 518
개간 開墾 ⑲7 234 238 244 247 252~254 262 ㉔114 ㉝128 380 ㊹188
개간전 開墾田 ㉔45 46
개거도감 開渠都監 ㉗449
개결 丐乞 ㊱178
개경 開京 ⑨554 ⑫4 43 44 69 73 74 79 93 95 105 126 144 168 209 211 218 222 ⑬111 ⑭442 446 447 ⑮173 311 315 327 340 ⑰45 73 243 245 258 ⑱30 215 221 225 ⑲367 ⑳77 116 ㉕337 351 352
개경사 開慶寺 ㉖266 267 270 272
개경시 開京試 ⑬374 383
개경7층석탑 開京七層石塔 ⑰259
개경파 開京派 ⑫7
개경환도 開京還都 ㉔495
개공안 改貢案 ㉘85 ㉜141
개교보생회 開敎保生會 ㊸87
개국 蓋國 ④77
개국공신 開國功臣 ⑫121 124 ⑱221 ⑲94 178 ㉒28 29 32 33 41 ㉕60 61 92 99 ㉘180
개국기원절 開國紀元節 ㊵266 270 282
개국론 開國論 ㊳79
개국사 開國寺 ⑫93 ⑮294 ⑯110 111
개국연호 開國年號 ㊳142
개국통상 開國通商 ㊳44 45 226 234 247
개국후 開國侯 ⑱159 161
개다불 盖多弗 ⑮314
개돈사 開頓寺 ⑯60
개량서당 改良書堂 ㊳46 ㊻151 ㊾30 ㊿39 40 44 46
개령군 開寧君 ⑫177
개령현 開寧縣 ⑭146 157 160
개로왕 蓋鹵王 ⑥52~56 58 60 65 71~73 119 ⑦70 143
개리양행 開利洋行 ㊻37
개마고원 蓋馬高原 ①14 22 23 28 31 45 56 57 73
개마국 蓋馬國 ④187 ⑤39
개막이그물(건간망 면변망) 建干網 綿邊網 ㉝220 223
개머리조각품 狗頭彫刻品 ②517
개명의숙 開明義塾 ㊸287
개모성 蓋牟城 ⑤132 134 187
『개벽』『開闢』㊾18 35 40 65 121 316

322 442 443
개병제 皆兵制 ⑤58 ㉚380
『개보정례』『開寶正禮』⑮293
『개보칙판』『開寶勅板』⑮294
개보칙판대장경 開寶勅版大藏經 ⑯104 105 113 115 117 118
개보판대장경 開寶版大藏經 ㉑205
개복신초 開福神醮 ㉖294
개봉음 開封音 ⑰143
개부루 介部漊 ㉜405
개삭 改槊 ㉔348 349
개색 改色 ㉜314
개선사석등기 開仙寺石燈記 ⑨206 ⑭22 159 281 301 303 309 327
개선사지 開仙寺址 ⑨577
개선악 凱旋樂 ㉑489
개성 開城 ⑫19 20 21 69 133 ⑱190 ㉓57 75~77 129 160 161 169 178 304 ㉔32 ㉕150 386 ㉘123 ㉝349 382 383
개성부 開城府 ⑫215 ⑬3 237 238 240 241 244
개성상인 開城商人 ㉘118 ㉝9 172 348 ~352 383 392 ㉞115
개성 왕씨 開城王氏 ⑫203
개성유후사 開城留後司 ㉓58 274
개시 開市 ①316 ㉒355 ㉚337 519 ㉜389 425 ㉝8
개시감관 開市監官 ㉝467
개시대청 開市大廳 ㉝467
개시염 開市鹽 ㉜178
개시일 開市日 ㉝477
개시장 開市場 ㊹134 291 ㊻160
개신교 改新教 ㊹353 ㊻5 99
개심 介諶 ⑯90
개심사 開心寺 ⑩179 203 205 ⑬314 315 318 ⑯189 191 ㉗481 538 595
개심사석탑기 開心寺石塔記 ⑫96
개심사지 5층석탑 開心寺址五層石塔 ⑰259 260
개양 開陽 ㉒165
개운포 開雲浦 ⑨467
개원 愷元 ⑨89
개원례 開元禮 ⑩35 ⑯272 ㉖22
개원로 開元路 ⑳325
『개원석교록』『開元釋教錄』⑯106 115 ㉑107~111
『개원점경』『開元占經』⑯368
개원통보 開元通寶 ㉔180
개인대금업 個人貸金業 ㊽98 99
『개자원화전』『芥子園畵傳』㉟443~445 458
개조파 改造派 ㊽143 153~160 164~166 173
『개종결의』『開宗決疑』⑨395
개주 价州 ⑳389
개주 開州 ⑫69 ⑬240 ⑮312
개주 盖州 ㉙298
개주참 開州站 ⑳370 371
개지극당 皆知戟幢 ⑨138
개지변(울산) 皆知邊(蔚山) ⑫54
개직 皆職 ㉟256 259 260
개진협회 開進協會 ㊶265
개천 价川 ㉝147 178 181
개천(청계천) 開川(淸溪川) ㉔211 213 ㉗449 452 ㉝380
개천사 開天寺 ㉖152
개천설 蓋天說 ㉗57 60 87
개천절 開天節 ㊼219 ㊾460
개청 開淸 ⑪5 73 135 136 139 200 ⑫72 ⑯15 24
개태사 開泰寺 ⑫73 112 ⑯23~25 28 144 175
개토제 開土祭 ⑧30
개평광무국 開平鑛務局 ㊹35
개풍 開豊 ⑫222
개풍역속 改風易俗 ㊸509
개항론자 開港論者 ㊲219
개항반대론자(세력) 開港反對論者(勢力)

㊲246 253 254
개항장 開港場 ㊳300
개항장(지) 開港場(地) ㊲1 251 254 259 ㊹172 176 489
개항장객주 開港場客主 ㊴162 163 164 166 171 174 175 177 179 ㊹170 171 175
개항장재판소 開港場裁判所 ㊵244
개향 開鄕 ㊱270
개혁파사류 改革派士類 ㉔16 23 24 27 37 62 76
개화 開化 ㊳18 35 62
「개화건백서」「開化建白書」㊵234 242 252
개화당 開化黨 ①342 343 364 ㊲115 ㊳7~11 22 25 28 44 241 333 337~339 341 347 349 357 372 375 377 379~396 ㊻115
개화독립론 開化獨立論 ㊶259
개화론자 開化論者 ㊻106
개화망국론 開化亡國論 ㊸380
개화사상 開化思想 ①338 445 ㉛342 ㊲92 96 101 103~105 108 112~119 121 ㊳2~6 10 15~20 22~24 28 52~54 57 61 64 73~76 ㊸241 243 ㊹336 ㊺17 ㊻97 102 109 209
개화사상가 開化思想家 ㊳354 ㊹363
개화상소운동 開化上疏運動 ㊳124
개화운동 開化運動 ㊳7 10 64 74 146 339 377 435 ㊵177 ㊻32
개화유생 開化儒生 ㊳124
개화정책 開化政策 ㊲257 232 283 331~333 ㊳5~7 11 21 29 43 61 64 75 117 124 152 186 188 224 243 287 292 342 344 345 349 420
개화파 開化派 ①341 461 ㊲10 115 ㊳4 15 19~34 36~40 42~49 51 54 62 71 75 144 284 340 345 375 ㊵31 81 ㊹336 348 ㊻116 ㊼309
개황 開皇 ⑧377
객관 客館 ⑨287 ⑭460 ⑮343 365 ㉑584 585 ㉗464 465 ㉝309
객반 客班 ㊱47
객부 客部 ⑥171
객사 客舍 ㉓180 ㉗465 466 ㉛527
객사정 客舍正 ㉓156
객상 客商 ⑭463
객주 客主 ①71 ㉔122 163 170 171 ㉝310 376 411 ㉞113 116 ㊳177~181 ㊴52 162 163 169 171 174~176 178 179 186 208 209 273 369 370 374 ㊹169 192 197 199 201 202
객주두목 客主頭目 ㊴177
객주상법회사 客主商法會社 ㊹181
객주상회소 客主商會所 ㊴174
객주영업세 客主營業稅 ㊹201
객주조합 客主組合 ㊴186 273
객주협신상회 客主協信商會 ㊹192
객주회사 客主會社 ㊹201 202 205
객호 客戶 ㉞219
갬블 D.B. Gamble ㊺95
갯벌장 갯벌場 ㉝364
갱부 坑夫 ㊼143
갱신증미계획 更新拯米計劃 ㊿75
『갱장록』『羹墻錄』㉜274
갱정공법 更定貢法 ㉔86
갱정전시과 更定田柴科 ㉔41
거간 居間 ㊴52 96 175
거경 巨鯨 ⑨523
거경궁리 居敬窮理 ㉛289
거경시위 居京侍衛 ㉓22 ㉕85
거계 車契 ㉝255
거관 去官 ㉓289
『거관대요』『居官大要』㉞256
거급 擧給 ㊱230
거납 拒納 ㊱304 ㊴255 ㊷337
거덕사 擧德寺 ⑧89
거도전 居道傳 ⑧392

거돈 居頓 ⑯82
거돈사원공대사승묘탑비 居頓寺圓空大師勝妙塔碑 ⑰290
거돈사지 居頓寺址 ⑨554
거란 契丹 ⑤75 76 93 114 118 199 203 208 ⑩2 9 24 26 27 30 37 43 72 ~84 86~96 111~114 116 118 120 ~123 161 167 183 192 201 226 229 231 ⑫71 95 96 115 116 154~156 171 172 210 218 219 ⑮229 230 234 250 277 280 284 288 301 ⑱179
『거란국지』『契丹國志』⑩75 111 163 222 ⑮342
거란군 契丹軍 ⑩2 9 24 26 75 ⑯105 108 113 115 118~120
거란대장경 契丹大藏經 ⑫219 ⑯62 107~110 115
거란도 契丹道 ⑩74 79 171 172 201
거란어 契丹語 ⑰142
거란족 契丹族 ⑤8 49 81 ⑩2 20 23 28 29 31 40 ⑮67 237 238 240 253
거란판대장경 契丹版大藏經 ㉑107 108 122
거로현 居老縣 ⑪21
거류민단 居留民團 ㊽11 ㊿71
거류민회 居留民會 ㊼395
「거류조례」「居留條例」㊳116
거문고 玄琴 ①496 498 ⑧367~369 372 375 380 ㉟557 559 561 572 578
거문고산조 玄琴散調 ①504 ㊺331
거문고악보 玄琴樂譜 ㉟550 560 562 563 580 583 585~587
거문도 巨文島 ㉜499 ㊵19 31 64 ㊷15 171
거문도(점령)사건 巨文島(占領)事件 ㊴54 70 71 75 ㊶57 ㊸3 17 19
거벌모라남미지 居伐牟羅男彌只 ⑦115
거부 車夫 ㉝254
거북선 龜船 ①274 288 451 ㉙4 59 60 67 195 205 206
거빈스 J. H. Gubins 高斌士 ㊶130
거사 居士 ㊱106 148 160 161 167
거사림 居士林 ㊻122
거사모의 擧事謀議 ㊱91 96 100 106 109~111
거사불교 居士佛敎 ⑯56 57 59
거사설 擧事說 ㊱105 112
거산찰방 居山察訪 ㉜413
거상 巨商 ㊱156
거서(거창) 居西(居昌) ⑫33 63
거서간 居西干 ①197 416 ⑦37
거성 去聲 ㉗377
거성 居城 ⑧318
거세 拒稅 ㊱119
거수 渠帥 ④35 213 214
거수자 居首者 ㉞146
거승 居僧 ㉖250
거안 擧案 ㉞221
「거열」「居烈」⑧167 374
거자 擧子 ⑫189
거재법 去滓法 ㉚580
거제 巨濟 ⑫256 ㉓359
거제도 巨濟島 ㊳300
거제수영진성 巨濟水營鎭城 ㉒195
거제전진전 巨濟前進戰 ㉙200
거제현 巨濟縣 ⑳145
거족 鉅族 ㉘178
거중조정 居中調停 ㊲290 307
거지 丐乞 ㉕357 363 368
거진 巨鎭 ㉓8 33 211 235 236
「거창가」「居昌歌」㊺319
거추사 巨酋使 ㉒381 386 395 402 ㉜429
거친무늬거울 ①180 182
거칠부 居柒夫 ⑤87 88 ⑦105 ⑧4 56 129 130
거칠산국 居柒山國 ⑦39 43
거평부곡 居平部曲 ⑬194
거푸집 ㉕350

거한국 車漢國 ㉜405
『거한일기』『車漢日記』㉜404
『거화』『炬火』㊾393
거화 擧火 ㊱341
거화법 擧火法 ㉔540
거흠한 ㉗188
건 巾 ㉛609
건강법 乾薑法 ㉕333
『건강실록』『建康實錄』⑥136
『건건록』『蹇蹇錄』㊵70 71 73 157
건경 乾耕 ㉔2 101 103 117 ㉗174 176 ㉝33 38
건경법 乾耕法 ①271 ⑲336
건경직파법 乾耕直播法 ㉚431
건괵 巾幗 ⑧434 438 441
「건국강령」「建國綱領」㊿444~446
건국서사시 建國敍事詩 ㉗322
건국시조설화 建國始祖說話 ⑫224
건국신화 建國神話 ①430 ⑦13 ⑤59
건국준비위원회 建國準備委員會 ①394 ㊾31 99~101 125 145 179 183 187
건극론 建極論 ㉚164
건길지 鞬吉支 ⑥234 ⑧140 147
건달산성 乾達山城 ㉙185
건답법 乾畓法 ⑭327
건덕전 乾德殿 ⑮338 ⑰248 249
건동선사 乾洞禪寺 ⑭254 260
건룡전 乾龍殿 ⑫267
건릉 健陵 ㉜217
건마국 乾馬國 ⑥226
건무 建武 ⑤102 120
건민회 健民會 ㊾196 199
건방렴 乾防簾 ㉝226
건백서 建白書 ㊲208 ㊺25
건봉사 乾鳳寺 ㉑218 450 ㉗480 ㉟131 156
건분 乾糞 ⑲339
건성사 乾聖寺 ㉖269
건안성 建安城 ⑤132 134 187
건앙법 乾秧法 ㉔103 ㉚433 ㉝4 40 52
건양협회 建陽協會 ㊶184 188~192 200 205 207 208
건원릉 健元陵 ㉗449
건원중보 乾元重寶 ⑭466
건위장군 建衛將軍 ⑥190
건위장군광양태수 建威將軍廣陽太守 ⑥147
건저의사건 建儲議事件 ㉘331
건정법 乾正法 ㉕372 377 379 385
「건주기정도기」「建州紀程圖記」㉙219
건주본위 建州本衛 ㉒333 346 347
건주3위 建州三衛 ㉙216
건주여진 建州女眞 ㉒261 279 280 283 336 346 348~351 ㉘125 ㉙70 211 212 216 217 219
건주우위 建州右衛 ㉒263 346 348 ㉙126 215
건주위 建州衛 ㉒262 263 320 322 ㉙211 ~216
건주좌위 建州左衛 ㉒262 333~335 337~347 ㉙211 213~216
건지벽화법 乾地壁畫法 ⑧176
건지산성 乾芝山城 ⑥196
건청궁 乾淸宮 ㊳195 ㊶36 ㊸358
건춘문 建春門 ㉓294 ㉗452
건화 乾化 ⑫80
건흥 建興 ⑩63 140
건흥력 乾興曆 ⑯107 ⑰116
건흥사 建興寺 ⑧67
걸걸중상 乞乞仲象 ⑩2 24 25 28 115 232
걸그물(자망·저자망) 刺網·底刺網 ㉝221~224 233
걸립패 乞粒牌 ㊺317
걸립풍물 乞粒風物 ㉟599
걸미산성 櫟尾山城 ⑳230
걸사비우 乞四比羽 ⑩2 24~26 28 44 49 159 232

걸사표 乞師表 ⑧3
걸손국 乞飡國 ⑦345 368
걸유 乞儒 ㊱187
걸인독립단 乞人獨立團 ㊼359
걸탁성 乞乇城 ⑦350 351
검계 劍契 ㉜41 ㊱5 68 134
검교 檢校 ㉓99
검교개국남 檢校開國男 ⑫71
검교병부상서 檢校兵部尙書 ⑫172
검교소 檢校所 ⑳270
검교직 檢校職 ㉔41 ㉕66 73 ㉛19
검단리유적 檢丹里遺蹟 ③122 426
검단산 黔丹山 ㉙280
검도 劍道 51334
검독 檢督 ㉞197
검독 儉瀆 ④91
검률 檢律 ㉓175 176 300 361 ㉞185
검모잠 劍牟岑 ⑩13
검무 劍舞 ㊺362 364 51356
검무 檢務 ⑫173
검사국 檢査局 ㊷55
검산성 劒山城 ㉙287 ㊱239
검상 檢詳 ㉒197 ㉓61 66 ㉖147
검서관 檢書官 ㉜88 92 ㉟201 205 ㊴220
검은개봉 黑狗峰 ②417 418 451
검은모루 黑隅里 ②49 63 69 71 229
검은모루동굴 黑隅里洞窟 ②142
검은모루유적(지) 黑隅里遺蹟(址) ②34 76 86 116 159 192 300
검정교과서 檢定敎科書 ㊺187
검찰 檢察 ㊴395 ㊹410
검파두식 劍把頭飾 ③39 84 177 210 412
검파형동기 劍把型銅器 ③61 80 87 219 279
겁령구 怯怜口 ⑲72 232 235 240 ⑳284 297 ㉑183 ㉕64
게랭 De Guerin ㉜499 ㊲188
게렝 Guérin
게리에르호 Guerriere號 ㊲190
게송 偈頌 ㉑286
게이충 揭以忠 ⑳277 294
게일 James S. Gale 奇一 ㊶311 ㊺251 ㊻164 188
게첩 揭帖 ㉙249
격고팔도열읍」「檄告八道列邑」㊸359
격구 擊毬(球) ⑩162 ㉑511 512 514 521 551 553 593 ㉛601 602
격도엄정 格度嚴整 ㉗304
『격몽요결』『擊蒙要訣』㉘246 344 ㉞167
격물치지 格物致知 ㉟29 36
격물학 格物學 ㊻237
「격물해」「格物解」㊻110
격사청건 格詞淸健 ㉗304
격외선 格外禪 ㉟144 148～152
격의불교 格義佛敎 ⑧51 59
격자천장 格字天障 ⑰256
격쟁 擊錚 ①331 ㉜67 87 ㊱12 66 75 291 292 319 341 342 372
격조사 格助詞 ㉗379
격지 剝片 ②236
격지석기 剝片石器 ②124 145 148 165 170 174 195 198 199
격지석기문화층 剝片石器文化層 ②165
격탁양청 激濁揚淸 ㉚62
격투기 格鬪技 ㉑ 519
견갑형동기 肩甲形銅器 ③219 545
견권 堅權 ⑫37 45
견금 堅金 ⑫25
견내량 見乃梁 ㉙63 196 199
견달 見達 ⑫38 39
견당매물사 遣唐賣物使 ⑪92
견당사 遣唐使 ⑦135 ⑮250 368
견룡 牽龍 ⑱18 20 39 159
견룡(군) 牽龍(軍) ⑬288 ⑱18 20 33 34 39 80 159
견룡행수직 牽龍行首職 ⑱18 19 190
견미사절(단) 遣美使節(團) ㊲209 313 ㊻257 258

견불사 見佛寺 ⑯72 80 176
견상군어전사(이누카미키미노미타스키) 犬上君御田耜 ⑦152
견서 堅書 ⑫83
견수사 遣隋使 ⑦152
견아상입지 犬牙相入地 ①261 ⑲249 ㉓5 127 166
견아성 犬牙城 ⑦72
견예부 堅銳府 ㉓220
견자제입학 遣子弟入學 ㉓299
견종법 畎種法 ㉔104 ㉝45 ㉞109 ㊱124 151
견주 見州 ⑫21
견지 繭紙 ㉗211
견직물시장 絹織物市場 ㊳163
견직업 絹織業 ㉔253 255 257 258 266 267 275~277 281 ㉝358
견한사절파견 遣韓使節派遣 ㊲210
견훤 甄萱 ⑪4 53 66 99 103 104 106 107 109 122 129 130 178 183 197 198 225 228 ⑫1 3 12~16 21~24 28~39 44 55~65 130 134 156 164 165 ⑭24 ~26 28 33 271 272 ⑯15
결가 結價 ㉜365 368 ㊱72 74 282 298 299 309 314 315 327 334 ㊷132
결납화 結納化 ㉜363
결두(전) 結頭(錢) ㊱315 ㊲163
결렴 結斂 ㉜288 328 354 364 366 377 ㉞208 ㊱298 334
결맹형제회 結盟兄弟會 ㊼273
결명 結名 ㊷75
결미 結米 ㉜156 161 170~172 183 197 287 ㊴360
「결미절목」「結米節目」 ㉜155~166 308
결부법 結負法 ①201 207 ㉚416 ㉜299 329 364 ㉟246 ㊱177
결부속파법 結負束把法 ㉔603 604 607 624
결부(제) 結負(制) ⑭10 297~300 302 ~304 307 309 311 312 315 316 ⑳71 96 97 ㉔25 78 94 95 113 448 451 453 ㉚431 ㉜328 329 357 364 ㊴277 ㊷71 ㊹403
「결사단원맹서서」「決死團員盟誓書」 ㊼358
결사영상 結社營商 ㊳180
결사회 決死會 ㊸312
결역 結役 ㉚394 ㉜150 366
결자영상 結資營商 ㊳180
결작 結作 ㉜285 287 308 310 ㊱281 282
결전 結錢 ㉜129 130 172 173 184 187 195 287 364 ㊱73 329 ㊴278 360
결전미술전 決戰美術展 ㊿331
결채나례 結綵儺禮 ㉛588
결포론 結布論 ㉜120 150 156 159 165 307~309 331
결포법 結布法 ㉜346 ㊱32
결포제 結布(制) ㉚388~390 400 ㉜129 149 152 157 197 347 350 351 371
결합(식)작살 結合(式)銛 ②477 496
결호 結戶 ㊷75
결호세제도 結戶稅制度 ㉜374
결호전 結戶錢 ㊷138 154
「결호전봉납장정」「結戶錢捧納章程」 ㊹443
결혼동맹 結婚同盟 ⑥69
결혼정책 結婚政策 ⑫41 43 125
결환 結還 ㉜297 316 375 ㊴276
『겸곡문고』『謙谷文稿』 ㊻108
겸관직 兼官職 ㉓23 ㉕83
겸교관 兼敎官 ㉓280 287
겸교수관 兼敎授官 ㉓293
겸대사성 兼大司成 ㉓280
겸대제 兼帶制 ㉜433 439
겸병 兼幷 ㉘356 357 359
겸사복 兼司僕 ㉓60 79 104 107 112 220 221 226 231 232 ㉔552 555 ㉕84 88~91 137 ㉚270 274 276 ㉞219
겸신 謙信 ⑫112 ⑯25 31
겸양법 謙讓法 ①409 ㉗380

겸영장 兼營將 ㉚294 ㊱174
겸익 謙益 ⑥83 243 ⑦106 ⑧3 58 60 474
겸인 傔人 ㉞74
겸임제 兼任制 ⑬149
『겸재화보』『謙齋畵譜』㉟462
겸제원 兼濟院 ⑯70
겸지(내외)병마사 兼知(內外)兵馬事 ⑥190
겸직(제) 兼職(制) ⑬144 ⑭108 109 ㉓69 100 103 109 114
겸창(가마쿠라)막부 鎌倉幕府 ⑮250 252 ㉒373
겸포 縑布 ⑦226 231
겹고 裌袴 ㉕317 319
겹군 裌裙 ㉕319
겹단령 裌團領 ㉕315
겹바지 ㊹468
겹입술토기(겹아가리토기) 二重口緣土器 ②444 447 536
겹집 ㉕342
경 頃 ㉔604 609
경가(거울걸이) 鏡架 ⑧255
경가장유적 景家庄遺蹟 ③559
경강 京江 ㉝369 370 380 385
경강거부 京江巨富 ㉝301
경강고군방회사 京江雇軍房會社 ㊹194
경강상업 京江商業 ㉝371 390
경강상인 京江商人 ①336 ㉔536 538 ㉜229 ㉝57 301 339~343 376 389 391 ㉞115 116 ㊳274 ㊻324 326 327
경강선 京江船 ㉝273 277 285 289 293 297 367 374 ㊴173 ㊹78
경강선인(층) 京江船人(層) ㉝8 270 285 292 297 298 300 368 374 375 ㊹79
경강주인 京江主人 ㉝302
경강포구 京江浦口 ㉝136 141 144 299
경계무 耿繼茂 ㉜407
경계의 난 庚癸의 亂 ⑱29 220
경고 磬鼓 ⑥246
「경고아이천만동포」「警告我二千萬同胞」㊼338
경고차지 京庫次知 ㉚531
경곡상점 京谷商店 ㊼90
경공장 京工匠 ①314 ㉓43 ㉔5 6 267 295 306 ㉕188 189 ㉗527 529 590 591 ㉝159 ㉞110
경과 慶科 ㉜96 100
경관 京官 ⑫180 ㉓100 101 169 289 ㉔432 ㉕151 152
경관 京觀 ⑤126
경교 景教 ⑩185 186
경교장회의 京橋莊會議 (52)211
『경국대전』『經國大典』①258 264 266 272 273 275 276 317 444 ㉒101 120 123 129 133 134 136 139 207 214~221 223 226 231 236 280 416 ㉓3 7 20 23 27 28 50 58~60 65 67 71 72 100 284 285 287 292 293 296 297 299 303 307 309 311 322 323 327 337 341 355 362~364 366 367 ㉔113 416 419 420 552~554 557 623 ㉕58 72~74 78 79 81 90 92 102 107 117~119 121 124~127 131 134 135 137 139 140~142 146 149 154 277 281 368 ㉖146 213 254 255 258 260 261 279 292 ㉘40 41 94 245 247 249 340 354 ㉚102 106 107 111 115 116 406 411 413 416 424 464 470 ㉛134 135 218~223 233 235~237 246 389 390 541 570 603~607 ㉞75 136 167 183 185 194 204 210 211 ㉜33 68 69 288 ㉝84 121 159 ㉟190~192 ㊴223 231 ㊵186 203 204 ㊹374 375 ㊻114
『경국대전주해』『經國大典註解』㉕121 ㉜68
경군 京軍 ⑫164 187 ⑬4 5 277 304 309 313 333 350 351 353 361 ⑭7 81 82 101 240 ⑱41 42 195 221 ⑳20 408 ㊳154 269 ㊵298
경군문 京軍門 ㉚267

경군역 京軍役 ㉓211
경군영업전 京軍永業田 ⑭82 207 208
경궁 梗弓 ⑬357 359
경극 京劇 ㊺331 352 357
경극단 京劇團 ㊺354 357
경기 京畿 ⑫215 ⑬5 236~242 244 247 248 ⑯327 ⑱190 ⑲264 267 269 277 ㉔36 37 46
경기군 京畿軍 ㉚261
경기도 京畿道 ⑫74 ⑱185 ㉓129 130 131 161 169
경기병사 京畿兵使 ㉜161
경기선 京畿船 ㉝304
경기전 慶基殿 ㉖152 ㉚507
경기중학 京畿中學 ㊿255
『경기지리지』『京畿地理志』㉖164
경기청 京畿廳 ㉚506
경기체가 景幾體歌 ①289 424 427 ⑰137 ㉑261 273 274 276 277 279 ㉗7 329 330 333~343 345 348 ⑤①126 127
경남은행 慶南銀行 ㊽89 92
경남음악협회 慶南音樂協會 ⑤②356
『경남일보』『慶南日報』㊻60 61 67 69 ⑤①62
경남적색노동자교육협의회 慶南赤色勞動者教育協議會 ㊿195
경념 慶念 ㉙173
경당 扃堂 ①130 442 ⑤183 212 213 219 ⑧114 116 386
경대승 慶大升 ⑯238 ⑱2 3 5 21 33~45 49 51 53 63 64 82 83 126 127 130 ~132 134 150 177 204 205 210 211 214 223 225~227 ⑳65 66 105 122 125 130
경덕 慶德 ㊷26
경덕국사 난원 景德國師 爛圓 ⑯46 47 68 71
경덕궁 敬德宮 ㉗464
경덕왕 景德王 ⑩129 ⑪14 15 17 ⑫84
경덕재(모시) 經德齋(毛詩) ⑫249
경덕진요 景德鎭窯 ⑰299 ㉗506
경도건설 京都建設 ⑫222
경도사 敬道師 ⑤①179
『경도잡지』『京都雜志』㉟164 165 613
경도조선유학생친목회 京都朝鮮留學生親睦會 ㊼273
경략군문 經略軍門 ㉙84
경략방해비왜군무 經略防海備倭軍務 ㉙74 77
경력 經歷 ㉓175
경력사 經歷司 ㉓61
경력의 치 慶曆의 治 ⑮232
경령전 景靈殿 ⑫180 ⑰281 ⑱202 ㉖214
『경례유찬』『經禮類纂』㉟31
경리국 經理局 ㊷57
경리사 經理使 ㊴102
경리원 經理院 ㊷330
경리청 經理廳 ㉚258 ㊱181 183 204 ㊴102 442 443 459 460 461 470 472 ㊵196
경리호 慶利號 ㊹94
경리회사 經理會社 ㊷99
경매제도 競賣制度 ㊹145
경면 黥面 ①131
경명궁 慶明宮 ㉑594
경명왕 景明王 ⑫55
경모군 京募軍 ㉚401
경무고문(경찰) 警務顧問(警察) ㊷243 338
경무고문부 警務顧問部 ㊻65 70 87
경무대시 景武臺試 ㉓328 335
경무법 頃畝法 ⑭298 299 314 315 ⑳71 96 ㉔86 451 615 618 619 ㉜329 330
경무부장 警務部長 ㊼119
경무사령부 警務司令部 ⑤②425
경무정리비 警務整理費 ㊷344
경무청 警務廳 ㊵10 198 243 277 278 299 302 ㊸28

「경무청관제」「警務廳官制」⑩198 243 277
경무총감 警務總監 ㊼2 23 40 115
경무총감(부) 警務總監(部) ㊼2 23 26 39 40 44 115 119 265 ㊽25
경무총장 警務總長 ㊼37 38 40 42 134
경문왕 景文王 ⑪34 39 44
『경민편』『警民編』㉘321 343 ㉛235 237
『경방역전』『京房易傳』⑯368
경방창 景方昶 ⑩240
경별초 京別抄 ⑱182 195
경보 慶甫 ⑪197 198 208 222 225 ⑫72 ⑯15 24
『경보』『京報』㊻44
경복궁 慶福宮 ①288 ㉓294 ㉔212 ㉗31 34 59 60 66 76 445 448 450 451 460 463 469 476 480 ㉛522 ㉟521 ㊲6 162~164 168 169 171 185 ㊵3 76 99 114 115 159 163 225
「경복궁타령」「景福宮打令」㊺319
경복사 景福寺 ⑰184 ⑱10
경복흥 慶復興 ⑲180 184 187
경부 警部 ㊼43
경부군용전선 京釜軍用電線 ㊹123
경부선 京釜線 ㊹55 59 62 ㊼94 95
경부철도 京釜鐵道 ㊶118 135 145 146 169 ㊹173 174 177 411
경부철도매수법안 京釜鐵道買收法案 ㊹69
경부철도부설권 京釜鐵道敷設權 ㊵295
경부철도주식회사 京釜鐵道株式會社 ㊹63 68
「경부철도합동조약」「京釜鐵道合同條約」㊶135 145 146 ㊹60 63 ㊻261
경북예술가협회 慶北藝術家協會 ㊾357
경북유림단두령 慶北儒林團頭領 ㊿224
경비사 經費司 ㉓68 ㉔424
경비식례 經費式例 ㉔430 ㉘79 80
경비전화제도 警備電話制度 ㊹243
경사 經師 ㉘341
경사등 境沙燈 ㉜500
경사 6학 京師六學 ⑯224 ⑰2
경사일체 經史一體 ㊺268
경사자집 經史子集 ㉓302 ㉛374
『경사증류대전본초』『經史增類大全本草』㉗130
경산부 京山府 ⑦298
경산부(벽진) 京山府(碧珍) ⑫34 252
경산성 梗蒜城 ⑨25
경상 京商 ㉔276 ㉘128 ㉝462 ㊱218
경상 卿相 ⑫108 110
『경상도속찬지리지』『慶尙道續撰地理志』⑲249 334 ㉖157 164~166
『경상도지리지』『慶尙道地理志』⑫150 ㉖158~160 166
경상청 慶尙廳 ㉚506
경상합동은행 慶尙合同銀行 ㊽92
경서 經書 ⑫153 ㉓364 366
『경서변의』『經書辨疑』㉟32
『경서언석』『經書諺釋』㉘319 ㉛368
『경서정문』『經書正文』㉟195
경석 磬石 ㉗396 397
경선궁 慶善宮 ㊺71 ㊼65
경섬 慶暹 ㉙133
경성(고등)공업학교 京城(高等)工業學校 ㊿37 (51)282 283 288
경성고보 京城高普 ㊼177
경성고아원 京城孤兒院 ㊹385
경성골프구락부 京城golf俱樂部 ㊺370
경성광산전문학교 京城鑛山專門學校 ㊿38 (51)282 284
경성교구천주교청년연합회 京城教區天主教青年聯合會 (51)271 272
경성군 鏡城郡 ㉒162
경성군의 京城軍議 ㉙78
경성그룹 京城group ㊿140
「경성농상회장정」「京城農桑會章程」㊳159
경성독립단본부 京城獨立團本部 ㊽115 117 119

경성매광회사 鏡城煤礦會社 ㊹187 188
경성무역소 鏡城貿易所 ㉔235
경성방송국 京城放送局 ①505
경성방직 京城紡織 ㊾40 45 ㊿32 201 51 293
『경성번창기』『京城繁昌記』㊹476
경성부민관 京城府民館 ㊽352
경성분대 鏡成分隊 ㊷291
경성상공회의소 京城商工會議所 ㊹325
경성서화미술회 京城書畫美術會 51324
경성수보도감 京城修補都監 ㉔211 212
경성수축도감 京城修築都監 ㉔211
『경성신문』『京城新聞』㊻56 57 63
경성악대 京城樂隊 ①503
경성악우회 京城樂友會 51309
경성야구협회 京城野球協會 51337
경성양조합명회사 京城釀造合名會社 ㊹191
경성여자고등보통학교 京城女子高等普通學校 ㊼336
경성여자기독교절제회 京城女子基督敎節制會 ㊹390
경성여자청년동맹 京城女子青年同盟 ㊾291 292
경성여자청년회 京城女子青年會 ㊾299
경성위수병원 京城衛戍病院 ㊻284
「경성유녀조합설립청원서」「京城遊女組合設立請願書」㊺337
경성융흥주식회사 京城隆興株式會社 ㊹193
경성음악연구원 京城音樂研究院 52349
경성음악학교 京城音樂學校 52356
경성의학교 京城醫學校 ㊺46 54 ㊻307
경성의학전문대학 京城醫學專門大學 ㊺104
경성의학전문학교 京城醫學專門學校 ㊻284 ㊼273
『경성일보』『京城日報』㊼128 ㊽33 51 ㊾48 49 53 5158 63 64
경성전기주식회사 京城電氣株式會社 ㊼91
경성전수학교 京城專修學校 ㊼273
경성정구회 京城庭球會 51337
경성제국대학 京城帝國大學 ①378 465 ㊺103 106~108 112 ㊾29 449 469 471 ㊿38 251 255 5126 38 100 104 117 125 126 128
「경성제국대학령」「京城帝國大學令」㊾29
경성주작전 京城周作典 ⑨115 122 182 591 594
경성중학교 鏡城中學校 ㊺76
경성직뉴합명회사 京城織紐合名會社 ㊹191
경성철도국 京城鐵道局 ㊼93
경성청년단 京城青年團 ㊾413
경성청년회 京城青年會 ㊾383 395 397 406 410
경성학당 京城學堂 ㊶327
경세 經稅 ㉚384
『경세대전』『經世大典』㉑350
『경세유표』『經世遺表』㉜336 ㉝220 229 ㉟248~250 324 374 ㊱217 229 ㊴414 415
『경세정운』『經世正韻』㉛365 ㉟274
경세치용학 經世致用學 ㉛341 ㉜417 ㉟268 513
경소 經疏 ⑫219
경수소 警守所 ㉓228 230
경순왕 敬順王 ⑪117 124
경시 京市 ⑭445 ⑲351 ㉘87 88 ㉚518 528
경시루 京市樓 ⑲381
경시사 京市司 ⑲351444 446
경시서 京市署 ⑭16 446 ⑮166 ⑱149 ⑲383 ㉑492 ㉔3 122 123 141 149 425 616 ㉗96
경시위패 京侍衛牌 ㉓215 ㉕87
경시청 警視廳 ㊷251 ㊸315
경시총감 警視總監 ㊼286
경신대기근 庚辛大饑饉 ㉚366 370 ㉜131 135 138 ㊱31
경신대출척 庚申大黜陟 ㉚285 ㉛90 104
경신수야 庚申守夜 ㉛412 413 579 ㉟163
경신참변 庚申慘變 ㊽6 11 244 245 248
경신처분 庚申處分 ㉛111 ㉜60 151 154

경신총 庚申摠 ①312
경신출척 庚申黜陟 ㉜137 141
경신학교 儆新學校 ㊳193 ㊺3 23 24 51 110 ㊻170 184 185 ㉛285
경신환국 庚申換局 ㉘299 ㉚121 155 157 160 177 178 286 ㉜35 38 42 47 48 51 ㊱189 190
경아전 京衙前 ㉕137 142 ㉞74~76 ㊹341
경안 京案 ㉓311 ㉜114 ㉞230 231
경안령 요 慶安令瑤 ㉚56
경안부양역 京案付良役 ㉜160 186 190
경안역 慶安驛 ㉝256
경애왕 景哀王 ⑪117 124 ⑫30 33 34 55 56 63
경애왕릉 景哀王陵 ⑨546
경애학교 敬愛學校 ㉛266
경양현 慶陽縣 ⑭412
경여갑당 京餘甲幢 ⑦202 ⑨138
경역 京役 ⑭64 65 ㉕117
경역위전 京驛位田 ㉜187
경역인 京役人 ㉕366
경연 經筵 ⑫251 262 ㉒68 120 129 138 ㉓79 103 ㉔552 ㉖148 ㉘9 236 272
경연관 經筵官 ㉓64
『경연일기』『經筵日記』㉚48
경연제도 經筵制度 ㉓24
경염전 京鹽廛 ㉚521 ㉝246
경영 京營 ㉚505
경영 慶永 ⑨97
경영(형)지주 經營(型)地主 ㉝95 96 412 413
경영형부농 經營型富農 ㉜40 ㉝2 72 94 95 124 412 416 ㉟216 ㊹488
경오종당 京五種幢 ⑨138
경외별초 京外別抄 ⑱182
경우궁 景祐宮 ㊳8 398
경운 慶雲 ⑪26
경운궁 慶運宮 ㊵294 ㊷13 22 ㊸312
경운호 慶運號 ㊹94
경원 慶源 ㉘126 128 ㉜411
경원(도호)부 慶源(都護)府 ㉒144 163 ~167 172 342 ㉓161
경원(인주) 이씨 慶源(仁州)李氏 ⑫200 231 238
경원개시 慶源開市 ㉒356
경원경성광산채굴권 慶源・鏡城鑛山採掘權 ㊹109
경원군 慶源郡 ⑫235
경원군개국공 慶源郡開國公 ⑱159 161
경원대군 慶原大君 ㉘200 ㉚14
경원록 慶元祿 ⑱107
『경원록』『瓊源錄』㉑353 356
경원무역소 慶源貿易所 ㉔235
경원선 京元線 ㊶141 ㊹67 ㊼94 95
경원창 慶原倉 ㉔527
「경원철도차관계약」「京元鐵道借款契約」㊹67
경위대 警衛隊 ⑱180
경위(제) 京位(制) ⑦5 84 163 165 166 169 260 264 266 270 271
경유 慶猷 ⑪198 203 ⑯15 18
경유사 京有司 ㉚146
경응 慶膺 ⑪33 95
경응의숙 慶應義塾 ㊳112 353 ㊵251
경의선 京義線 ㊹57 58 65 ㊼94 95
경의선부설공사 京義線敷設工事 ㊻196
경의(선)철도부설권 京義(線)鐵道敷設權 ㊻53 261
경의철도 京義鐵道 ㊶118 135 140 145 159 160 168 169 ㊹173 174
「경의철도계약」「京義鐵道契約」㊹57
경인란 庚寅亂 ⑱199 209 210 213 216 ⑳31
경인선 京仁線 ㊹55 56 61 ㊼94
경인세 經印稅 ㉔188
경인제도 經印制度 ㉔189 190
경인철도 京仁鐵道 ㊵274 ㊶114 118 119 143 144 ㊹173 174

경인철도부설권 京仁鐵道敷設權 ㊹119 ㊻261
「경인철도양수계약」「京仁鐵道讓受契約」㊹61
경인철도인수조합 京仁鐵道引受組合 ㊹61
경인철도합자회사 京仁鐵道合資會社 ㊹61 68
경인환국 庚寅換局 ㉚149 164 177
경자양전 庚子量田 ㉚8 421 423 427~430
경자예송 庚子禮訟 ㉜32
경자유전 耕者有田 ㉛355 ㉟248
경자자 庚子字 ㉗192 214 573
경장의 京掌議 ㉚146
경재소 京在所 ①267 268 294 ㉓4 5 31 32 125~127 153~156 178 183~185 ㉔321 ㉕67 ㉘9 10 151 152 160 182 244 264 265 270 271 278 347 ㉛22 34 36~38 58 59 61 63 75 77 113 118 ㉞36 190 191 229
경재임제도 京齋任制度 ㉚146
경저 京邸 ⑲384 ㉓178 ㉔464 ㉘80 161 ㉝329 330
경저리 京邸吏 ①268 ㉓32 126 153 155 156 ㉔460 ㉛163 ㉞187 ㊱301
경(저)주인 京(邸)主人 ⑲384
경절문 徑截門 ⑱12 ㉑20 22 23 40~42 51 ㉟128
경정산가단 敬亭山歌壇 ㉟561
경제계몽운동 經濟啓蒙運動 ㊸215
경제구국운동 經濟救國運動 ㊸8 211 300 305 306
『경제문감』『經濟文鑑』㉒63 71 ㉖120
경제봉쇄령 經濟封鎖令 ㊲209
경제사 經濟司 ㉛353 ㉜161 162
경제사상운동 經濟思想運動 ㊼152
경제시조 京制時調 ㉟563
『경제야언』『經濟野言』㉝169
『경제육전』『經濟六典』㉒31 187 198 199 204 205 218 219 221 226 ㉓348 ㉕276 ㉗177
경제자립운동 經濟自立運動 ㊿24 38
「경제통제령」「經濟統制令」52265 266
경제화 經濟靴 ㊿406
경조 慶祖 ⑪58
경종 景宗 ⑫5 25 26 85 116~118 122 144 154 157 158 ㉜19
경종 鯨鐘 ⑨523
경종법 耕種法 ①271 ㊽60 61
경주 慶州 ⑨33 498 551 554 564 ⑩200 ⑫16 33 34 75 92 154 212 213 ⑱29 39 42 43 179 ⑳75 108 125 149 153 157 178 ㉓169
경주 김씨 慶州金氏 ⑫87 202 203 216
경주민란 慶州民亂 ⑯356
경주 배씨 慶州裵氏 ⑫143
경주별초 慶州別抄 ⑱178 182
『경주선생안』『慶州先生案』⑳126
경주어 慶州語 ⑰142 148
『경주이선생가장결』『慶州李先生家藏訣』㊱362
경주인 京主人 ㉓32 ㉔460 ㉘80 108 ㉚382 505 529 ㉜288 ㉝172 315 320 329~331 375
경주 최씨 慶州 崔氏 ⑫165 203
경주토호 慶州土豪 ⑳153 155 177
경중내응 京中內應 ㊱194 195 203
경중도시 京中都試 ㉓352
경중명 耿仲明 ㉙257 268 290 293
경지도 耕地圖 ㊿82
경직도 耕織圖 ㉞127
경진 慶珍 ⑱21 31 32 35 36 51
경진사진 庚辰査陳 ㉚422
경질 景質 ⑪202
경질무문토기 硬質無文土器 ③481~484
경질제도업 硬質製陶業 ㊼89
경질찰문토기 硬質擦文土器 ③484
경질청회색토기 硬質青灰色土器 ⑧263
경질토기 硬質土器 ③500 ⑧265 410 428

경질회색토기 硬質灰色土器 ④298
경차관 敬差官 ①266 ㉒400 ㉓173 ㉔83 87 215 ㉚344
「경찬시뇌가」「慶讚詩腦歌」⑰201
「경찰범처벌규칙」「警察犯處罰規則」51 158 403
경찰제도 警察制度 ㊳418
경창 京倉 ⑳68 78 ㉓272 ㉔449 525 526 530 ㉝256 288
경창궁주 慶昌宮主 ⑱160
경창원 景昌院 ⑭15 137 178 250 254 373 374 402 405~407 409
경천교 敬天敎 ㊻199 210
경천사 10층석탑 敬天寺十層石塔 ㉑370 398
경천흥 慶千興 ⑲139 141 ⑳327 339 347 349 360 373 386
경철 景轍 ㉘135
경친왕 慶親王 ㊴80
경쾌선 輕快船 ㉔536 ㉙199
경통 敬通 ㊻194 ㊴288
경통 經筒 ⑰302
경판 經板 ⑧255 ㉗210
경평군 慶平君 ㉜234 279
경표하군 京標下軍 ㉚251
경품설점법 經稟設店法 ㉝457 458
경학 經學 ⑰29 ㉓317 ㉖11 12 22 46 ㉘178 179 ㉟28 30 34 35 37~40
경학박사 經學博士 ⑫152 153 ⑬163 ⑮160 172 ⑰73 74 ㉓300
경학사 耕學社 ㊸218 333 511 512 ㊼10 193 308 380 387
경학원 經學院 ㊼36 51 158 159 170 232 234 236
「경학원규정」「經學院規定」①448
『경학원잡지』『經學院雜誌』51 235
『경학이굴』『經學理窟』㉘310
경행 經行 ⑫219
『경향신문』『京鄕新聞』㊹434 ㊻45 46 60 61 67 68 70 92 147 154 155 51 269 273
『경향잡지』『京鄕雜誌』㊻68 147 155 51 269 272 273
『경허집』『鏡虛集』51 217
『경험록』『經驗錄』㊱97
『경험진제방』『經驗賑濟方』㉕367
경현서원 景賢書院 ㉛82
경화거족 京華巨族 ㊱226 228
경화공주 慶華公主 ⑳296
경화벌열 京華閥閱 ㉜56 89 92 ㉞69
경회루 慶會樓 ㉖268 270 ㉗449 ㉟526 ㊵159
경흥 慶興 ㉘128
경흥 憬興 ⑨70 368 397 400~402 405 408 409 414 ⑯54
경흥군 慶興郡 ㉒167
경흥(도호)부 慶興(都護)府 ㉒167 168 343
경희고소총통 慶熙古小銃筒 ㉓267
경희궁 慶熙宮 ㉚247
곁마기(곁막음) 裌隔音·肩ケ只·肩莫伊 ㉕296 304 306 308 323
계 契 ㉓196 ㉘341 ㉚257 ㉞102 267~279 ㊱132 135 144
계(왕) 契(王) ⑥36 37
계강 繼康 ⑪101
계강 稽康 ⑱244
계고 階古 ⑧9 167 374 ⑨621
계고직비 階高職卑 ㉓21
『계곡만필』『谿谷漫筆』㉟73
『계곡집』『谿谷集』㉟73
계곡평원도 溪谷平遠圖 284
계국대장공주 薊國大長公主 ⑳296
계국백 啓國伯 ㉖227
계궁자 階窮者 ㉕80
계권 契券 ⑭80 86 211 ㉜356 ㊹138
계권주 契券主 ㊹138
계금 季金 ㉙123
계금 契金 ㊷153
계금당 罽衿幢 ⑦207 ⑨138

계급내혼 階級內婚 ⑮95 133 145 146 153
계급문학 階級文學 ㊾315
『계급투쟁』『階級鬪爭』㊾108
계단식적석총 階段式積石塚 ⑤1
계단적석묘 階段積石墓 ⑤17
계답 契畓 ㊱61
계덕 季德 ⑥169 ⑧380
계동궁 桂洞宮 ㊳405
계동학교 啓東學校 ㊹309
계룡 鷄龍 ⑦17
계룡산 鷄龍山 ㉒26 ㉗26 27 499 501 ㊱83 84 101 344 364
계룡산남매탑 鷄龍山男妹塔 ㉑386
『계룡산도읍도』『鷄龍山都邑圖』㉗26
계루군왕 桂婁郡王 ⑩138
계루부 桂婁部 ①198 ④150 190 ⑤28～33 33 36 37 39～41 45 59 149 150 151 154 156 164 168 209 ⑥17
계루집단 桂婁集團 ⑤2 3 26～28
계림(국) 鷄林(國) ⑦14 37 246
『계림』『鷄林』㊻44
계림공 희 鷄林公 熙 ⑯237
계림공(숙종) 鷄林公(肅宗) ⑫226 227 232 233 235
계림군 유 桂林君瑠 ㉘201 ㉚43
계림도독부 鷄林都督府 ⑨44
계림동지회 鷄林同志會 ㊿430 431
『계림유사』『鷄林類事』⑭467 ⑰143～148 ㉑492 506
『계림잡전』『鷄林雜傳』⑧68 69 ⑨357
계림장업단 鷄林奬業團 ㊹202
『계림지』 鷄林志 ⑥250
계립령 鷄立嶺 ⑦45 209 232
계립현 鷄立峴 ⑦109 ⑨23
계면조 界面調 ㉗416～420 438 ㉛566 568 569 ㉟588
계명의숙 啓明義塾 ㉟81
계몽강연활동 啓蒙講演活動 ㊸232
계몽사학자 啓蒙史學者 ㊸322
『계몽산학』『啓蒙算學』㉓50
계몽운동 啓蒙運動 ㊼6 128 133 134
계몽주의 啓蒙主義 ㊸237 ㊼154
계묘양안 癸卯量案 ㉚427
계묘양전 癸卯量田 ㉚418 423
계문 啓聞 ㉜445
계물 契物 ㉞275
계미자 癸未字 ㉗192 214 573
「계미절목」「癸未節目」㉞39 61 93 ㊴232
계민가한 啓民可汗 ⑤114 117
계민배 契民輩 ㊱76
계방 契房 ①318 ㉜319 372 373 ㉞29
계방촌 契房村 ㉜196 ㉞30
계백 階伯 ⑥99～104 106 239 ⑨34 36
『계백요서』『誡百僚書』⑫263
계봉우 桂奉瑀 ㊼187 204 ㊽6 135 252
계부 計部 ⑩143 153
계부소종 繼父小宗 ㉕287
계비직고 階卑職高 ㉓21
계사 計士 ㉚513 ㉝208 460 ㉝202 460
계사의 난 癸巳의 亂 ⑱29 218
계사조직 稧社組織 ㊳178
계삭회 季朔會 ㊻178
『계산기정』『薊山紀程』㉜415
계산동성당 桂山洞聖堂 ㊻305
계산학교 桂山學校 ㊸143
계상인 堺商人 ㉒265
『계서야담』『溪西野譚』㉟412 413
계성(학교) 啓星(學校) ㊻151 185 ㊿246 266
계성사 啓聖寺 ⑯123
계성사 啓聖祠 ㉓283
계성지손 繼姓之孫 ㉕291
계수관 界首官 ①221 222 252 ⑬3 44 47 174 182 236 249 ⑲40 63 ⑳37 ㉓128～130 134 160 162 300 304 ㉔214 315 ㉞184
계수관시 界首官試 ⑬6 373 ⑰75

계아전 鷄兒廛 ㉝379
계약 契約 ㉓191
「계양기우성황문」「桂陽祈雨城隍文」 ⑯335 345
계연 計烟 ①204~206 208 210 ⑪53
계엽자 桂葉子 ㉖300
계왕 桂王 ㉚94 ㉜402
계왕 契王 ⑧347
계욕 禊浴 ⑦10
계욕일 禊浴日 ⑦419
계용묵 桂鎔默 52296
계운궁 啓運宮 ㉚78
계원노비 契員奴婢 ㊱54
계원장 繼援將 ㉓246
『계원필경』『桂苑筆耕』 ⑨320 ㉗270
『계원필경집』『桂苑筆耕集』 ⑪172 173
계월헌 溪月軒 ㉖282
계유명아미타불삼존석상 癸酉銘阿彌陀佛三尊石像 ⑧371
계유별비곡 癸酉別備穀 ㉜379
계유정난 癸酉靖難 ①263 ⑭271 ㉒87 113 ㉘189 239
「계유추사목」「癸酉追事目」 ㉜167
계율종 戒律宗 ⑧3 ⑯69
계율학 戒律學 ⑨362
계응 戒膺 ⑰211 239 240
계의장 繼義將 ㉙188
계일급고 計日給雇 ㉝154
계자봉인 啓字封印 ㊷324
계장 罽匠 ㉔255
계전 契錢 ㉞277
계전법 計田法 ⑭371 ⑲327 ㉔70 477 478 ㉘51
계전적민법 計田籍民法 ㉘81
계점사 計點使 ⑲40
계정법 計丁法 ①275 277 ⑭371 ㉔8 70 478 ㉘51
계정식 桂貞植 51308 52342
계제사 稽制司 ㉓68
계족산 鷄足山 ⑪208
계족산성 鷄足山城 ⑧309
계주론 戒酒論 ㊻189
계지호 桂志浩 50328
계체(케이타이)천황 繼體天皇 ⑥185 ⑦144
『계초심학인문』『誡初心學人文』 ㉑30 51 70
계통수도 系統樹圖 ⑧150
계품사 計稟使 ㉒296
계필하력 契必何力 ⑤137 138 141
계학 戒學 ⑧475
계해약조 癸亥約條 ㉒384 391 ㉔202 ㉘131 ㉙14 133 ㉚601 ㉜429 453 454
계현성 鷄峴城 ⑧309
계화 桂和 ㊽202 51195
계화(정성인) 戒化(鄭聖人) ㊱91 92 102 103
계화도유적 界火島遺蹟 ②391
계활 桂活 ㊼385
계회 契會 ㉛93
계회도 契會圖 ㉖181 186 ㉛468 469
『계후등록』『繼後謄錄』 ㉕291 292
계훈 戒訓 ⑳88
계흥 季興 ⑪34
고 袴 ⑧433 435 442 445 ㉕312 320 ㊹466
고가 雇價 ㉚447 ㉝74 118 146 151 168 207 401 ㊱156
고가이슬 A.Gogeisl ㉜523
고각 鼓角 ⑧9
고간 高干 ⑦166
고간 高侃 ⑨50 55 59 61 268
고강 考講 ㉜161
「고결팔역동지」「告訣八域同志」 ㊸481
고경각 古經閣 ㊻212
고경명 高敬命 ㉙40 42 44 46~48 55 89 ㉛254 257 258 440
고경수 高景秀 ⑩67 193
고경흠 高景欽 ㊾168 50418 52102
고공 雇工 ⑭338 ㉓49 52 357 ㉕194 195 227 ㉘52 152 ㉚349 443 ㉝73 74

80 87 139 ㉞104 ㊱16 151 ㊹358
고공사 考功司 ⑬40 44
고과법 考課法 ①270 ㉓9 27 322
고광득 高光得 ㊾454
고광수 高光洙 ㊾107 108 399
고광순 高光洵 ㊷285 ㊸376 403 404 407 459 522 523
고광신 高光信 ㊾461
고교직차(다카하시 나오츠쿠) 高橋直次 ㉙204
고구려 高句麗 ⑫15~21 67~71 222 ⑮303 ㉑304 305 345
고구려계 高句麗系 ⑩6 7 43 44 48 49 51 52 55 109 161 183 228 241 244 245
고구려 계승의식 高句麗繼承意識 ⑩51 62 63 245 246
고구려 고비석문 高句麗古碑釋文 ㊵34
고구려 무 高句麗舞 (51)356
고구려 부흥운동 高句麗復興運動 ⑩14
고구려 악기 高句麗樂器 ⑨601 603
고구려어 高句麗語 ⑧138 144
고구려왕 낙랑공 高句麗王樂浪公 ⑥141
고구려유민 高句麗遺民 ⑩1 2 13 16 19~21 23~26 30 48 53 56 114 159 232
고구려지도 高句麗 地圖 ⑧411
고구려척 高句麗尺 ⑧404 ㉔601 602 606 608
고구려현 高句麗縣 ⑤23
고구마(감저) 甘藷 ㉝43 44 357
고구수 高仇須 ⑩26
고국양왕 故國壤王 ⑤60 63
고국원왕 故國原王 ⑤49 62 81 ⑥117 ⑧333
고군산(도) 古群山(島) ㉓293 ㉜498
고궁전 庫宮田 ㉘33
고균두타 古筠頭陀 ㊻117
고금도 古今島 ㉙126
『고금도서집성』『古今圖書集成』㉟204
『고금록』『古今錄』⑰6 176 185 186 207 225 226 231 ㉑353 358 360
『고금상정례(문)』『古今詳定禮(文)』⑯226 269 ㉖22 23 127 130 228
『고금석림』『古今釋林』㉟282 283
『고금설원』『古今說苑』㉟332
『고기』『古記』⑥241 ⑪114
고길덕 高吉德 ⑩91 93
고남리패총 古南里貝塚 ②389 498
고남신 高南申 ⑩36 37 128 131
고내궁 高內弓 ⑩225
고노자 高奴子 ⑤56 153 171
고농 雇農 ㉝413
고다마 히데오 兒玉秀雄 ㊾472
고다불 高多佛 ⑩80
고달 高達 ⑥22 141 147 230
고달사 高達寺 ⑪202
고달원 高達院 ⑯38
고당유 高唐愈 ⑫268
고대도 古代島 ㉜496
고대봉토 高大封土 ⑦64
고대수 顧大嫂 ㊳20 23 374 397
고덕 固德 ⑥169
고덕무 高德武 ⑩25
고덕왕 보손 固德王保孫 ⑧412
고덕철 高德哲 ㊳275
고도조 古都助 ⑥231
고독치료법 蠱毒治療法 ㉕387
고동물화석 古動物化石 ②252
고동(서화)각 古董(書畵)閣 ㉟435
고동하곡전투 古洞河谷戰鬪 ㊽234 237 238 240
고두 高頭 ③26
고득상 高得相 ⑧70 ㉑294
고득시 高得時 ⑱130 148 200
고든 H.B. Gordon ㊻287
고등경찰 高等警察 ㊼39 44 127
고등관 高等官 ㊷268 ㊼38
고등교육령 高等教育令 ㊺59
고등사범학교 高等師範學校 ㊺160

『고등소학독본』『高等小學讀本』㊻243
『고등소학수신서』『高等小學修身書』㊸290
「고등여학교령」「高等女學校令」㊺96
고등연구원　高等研究院　51210
고등재판소　高等裁判所　㊵244 245
고란사　高蘭寺　⑳223
고랑기　高郞岐　㉒164
고량부리　古良夫里　⑦83
고레스 Gores　㉜503
고려 Coray　㉜504
고려 Coree　㉜518
고려 Kauli　㉜515
고려역법　高麗曆法　⑰115 116
고려공산당　高麗共産黨　㊽333 334 ㊾6 62 68 69 73 77 383 395
고려공산당(상해파)　高麗共産黨(上海派) ㊾65 68
고려공산동맹　高麗共産同盟　㊾70 96 372 373 397
고려공산청년동맹　高麗共産青年同盟 ㊾ 404 ㊿346
고려공산청년회　高麗共産青年會 ㊼290 291 293 ㊾14 73 89 94 98 118 122 396 399 400 403～409 ㊿414
고려관　高麗館　⑨327
고려교향악단　高麗交響樂團　52349 363
고려교향악협회　高麗交響樂協會 52340 349
고려국민동맹　高麗國民同盟　52159
『고려국사』『高麗國史』㉖112 114 117 ～121 126 144
『고려국신조대장교정별록』『高麗國新雕大藏校正別錄』⑯108～110 113 115 116 118 ㉑108 111 126
고려군정의회　高麗軍政義會　㊽253～256
고려궁지　高麗宮址　㉑439
고려기　高麗伎　⑧377
「고려기」「高麗記」⑤158 159 162 166
「고려노사방」「高麗老師方」⑧410
고려대장경　高麗大藏經　①443 ⑫219 ⑯118 ㉑207 ㉒403 404
고려대학교　高麗大學校　㊻203
고려도　高麗圖　⑰118
『고려도경』『高麗圖經』⑨299 300 ⑩230 ⑫ 68 143 225 ⑭3 16 188 296 314 324 406 443 444 448 ⑮45 94 166 170 293 295 296 338 ⑯285 ⑰20 28 124 225 242 247 ～250 298 306 ㉑304 460 462 470 567 568 575 578 596 ㉘69
고려도인　高麗道人　⑤50
고려동　高麗銅　㉑219
고려동지회　高麗同志會　52184
고려무산청년동맹 高麗無産青年同盟 ㊼284
고려민주당　高麗民主黨　52125 130
고려백자　高麗白磁　㉗501～503 507
고려별종　高麗別種　⑩45 46 49 51
『고려사』『高麗史』⑩41 82 83 90 91 95 112 ⑱4 7 17 26 33 36 54 90 93 97 146 147 153 157～160 163 166～168 170 178 18 4 ～187 193 195 213 219～221 ㉑251 335 340 341 ㉒75 76 ㉖6 118 119 124～126 128～133 141 145 ㉟314 322
『고려사성요서』『高麗師星曜書』㉑200
『고려사전문』『高麗史全文』㉖118 124 132 145
『고려사절요』『高麗史節要』⑩95 ⑱165 169 179 200 213 ㉑342 356 ㉒75 76 ㉖ 118～120 131～135 138 142
「고려세계」「高麗世系」⑰150 176 179 182 204
고려속악　高麗俗樂　㉑261
고려속요　高麗俗謠　⑨462 ㉑259 506
『고려실록』『高麗實錄』⑰149 153 ㉖120
고려악　高麗樂　⑧377 382 ⑨618 619 620 ⑳305 ㉑258
고려양　高麗樣　㉕313 ⑳306
고려어　高麗語　⑰141
고려왕　高麗王　⑩7 ⑫67
고려육상경기회　高麗陸上競技會　51345

고려율 高麗律 ⑮178 179 182 187 ⑯254 258~260 ㉒197
고려음악협회 高麗音樂協會 ㊾358 363
고려인 高麗人 ⑩7 50 52 230
『고려일력』『高麗日曆』㉑200
고려일월조 高麗一越調 ⑨619 620
고려장 高麗莊 ⑲399 ⑳303
고려적(고마부에) 高麗笛 ⑧380
고려족중앙총회 高麗族中央總會 ㊼208~210 212
고려종정군 高麗從征軍 ⑳328
『고려지』『高麗志』㉑353
고려지도 高麗地圖 ㉖172
고려채유적 高麗寨遺蹟 ③457 466
고려청자 高麗靑瓷(磁) ①291 ⑨192 ⑰292 297 ㉑222
고려초조판 高麗初雕版 ㉑107 108
『고려풍속기』『高麗風俗記』⑰118
고려향악 高麗鄕樂 ㉑472
고려향악곡 高麗鄕樂曲 ㉟583
고려혁명당 高麗革命黨 ①382 ㊽12 ㊿188
고려화회 高麗畵會 ㊿324
고려회 高麗會 ㊿255
고려후국 高麗後國 ⑩239
고력묘자촌 高力墓子村 ⑧327 328 330
고령 高靈 ⑦403
고령고아동벽화분 高靈古衙洞壁畵墳 ⑧204 362
고령본관동고분군 高靈本館洞古墳群 ⑧363
고령양전동 高靈良田洞 ⑦409
고령양전동바위그림 高靈良田洞巖刻畵 ③122 281
고령지산동 ⑧257 359 361 ⑦335 336 357
고령가야 古寧加耶 ⑦297 298 379 386~389 399
고례(파) 古禮(派) ㉘343 ㉛5 172
고로하 庫魯河 ㉜405
고루 鼓樓 ⑨423
고륵채 古勒寨 ㉙217
고리국 槀離國 ④5 155 157 162~164 168 182 184
고리국왕 槀離國王 ①147
고리대 高利貸 ⑤213 ⑭17 471 ⑯214 216 ⑲244 245 250 ㉝401 435 436 ㊱279 284 318 302
고리대(자본) 高利貸(資本) ㊹142 ㊼70 81 82 86
고리대금업 高利貸金業 ㊽97 ㊿385
고립(제) 雇立(制) ①302 320 ⑲316 318 ㉓311 ㉚8 397 ㉜104 ㉝146 254 265 379 ㉞130 135~137
고마가 雇馬價 ㉝266
고마고 雇馬庫 ㉝258
고마령전투 古馬嶺戰鬪 ㊽278
고마법 雇馬法 ㉝266
고마척(고려척) 高麗尺 ⑧404
고마청 雇馬廳 ㉝258
고명책인 誥命冊印 ㉙292
고명철 高明哲 ㊼375
고모루성 古牟婁城 ⑤173
고목성 高木城 ⑥22
고무라 쥬타로 小村壽太郞 ㊴59 ㊵82 110 261 295㊶40 52 65 85 97 108 189 300 ㊷193 194 214 231 295 ㊸25 46 112 158 493
고무신 ㊽74
고무제품 製品 ㊽72
고 문 高文 ⑤105 136 ⑩26
고문간 高文簡 ⑩14
고문개 高文蓋 ⑫237
고문경학 古文經學 ㉟30 31 35
고문관 顧問官 ㊷242
고문대족 高門大族 ㉞35 ㊴241
『고문상서』『古文尙書』㉟30 31 187
고문신 高文信 ⑩191
고문정치 顧問政治 ㊷228 240 ㊸96 135 158 299 383

『고문진보』『古文眞寶』㉟189
고문회의 顧問會議 ㊷32 127
고물비우 ㉔330
고배 高杯 ③187 ⑧258 266
고배상 高排床 ㉛621
고배형 토기 高杯形土器 ②406
고백숙 高伯淑 ⑮345 358
고병 高駢 ⑨338 ⑪172
고보(상)영 高寶(賞)英 ⑩186
고보준 高甫俊 ⑫255
고복 考卜 ㉜294
고본계 固本契 ㊽281 282
고본단 股本團 ㊼203
「고본대학」「古本大學」㉟36
고봉경 高鳳京 ㊶308
『고봉화상선요』『高峰和尙禪要』㉗223
고부 告訃 ㉜388
고부군 古阜郡 ⑳110
고부립 高傅立 ㉙286
고부민 高傅敏 ㉙286
고부민란 古阜民亂 ㊴105 280 303 309 310 312 ㊵145
고부사 告訃使 ㉒296 ㉜386
고분시대 古墳時代 ⑧464
고비 姑比 ⑫36
고빌 Antoine Gaubil ㉜485
고사갈이성(문경) 高思葛伊城(聞慶) ⑫54 63
고사경 高士褧 ㉒215
「고사관수도」「高士觀水圖」㉗538 542 555
『고사기』『古事記』⑧468 ⑨310
고사비성 古沙比城 ⑨40
고사산 古沙山 ⑥38 39
고사성 古沙城 ⑥84 182 183 196
『고사촬요』『攷事撮要』㉔592 ㉖261 ㉗216 ㉟192 197 330
『고사통략』『古史通略』㉗227
고삭망 藁索網 ㉔401
「고산구곡가」「高山九曲歌」㉗7 349 ㉛422
고산리 高山里 ②308 314 422 535 ③35 344 ⑧346
고산리구자행성 高山里口子行城 ㉒183
고산리식 孤山里式 ③36
고산리유적 高山里遺蹟 ②306 355 395 443 538
고산역 高山驛 ㉝256
고산족 高山族 ㊵25
고살기상회 A. Gorshalki商會 ㊻37
고상가옥 高床家屋 ②394
고상현(묘) 高常賢(墓) ③46 173 356 425 462 ④141
고상현인 高常賢印 ④37 253
고 석 高碩 ⑫255
고석주 高錫柱 ㊼240
고석진 高石鎭 ㊸400
고선사 高仙寺 ⑨373 538 550 551
고선지 高仙芝 ⑩13
고성무기산고분 固城舞妓山古墳 ⑧363
고성오광대 固城五廣大 ㉟630 640
『고성총쇄록』『固城叢瑣錄』㉟631
고성패총 固城貝塚 ③385 485
고소부리(군) 古所夫里(郡) ⑦56 83
고송(다카마쓰)총 高松塚 ⑧473 487
고 수 高遂 ⑮343
고수겸 高守謙 ⑱172
고수관 高壽寬 ㉟564 566 629
고수철 高秀喆 ㊶366
고수해 高壽海 ⑩187
고순시국 古淳是國 ⑦299 328
『고승전』『高僧傳』㉑290
고승천 高承天 ㊸500
고시 楛矢 ④140
고시베리아족 palaeo－Siberians 古Siberia ①63 115
고시언 高時彦 ㉟408
고신 告身 ⑱209 225 ㉚544
고신석기 古新石器 ②306 308 313

고신석기시대 古新石器時代 ②314
고신첩 告身帖 ㉛143
고씨 高氏 ⑩42 43 45 50 63 85 156 183
『고씨역대명공화보』『顧氏歷代名公書譜』 ㉟439
『고씨화보』『顧氏畵譜』㉟439 440 442 443 458
고아 Goa ㉜476
고아시아족 palaeo－Asiatics 古Asia族 ①115 116 119 120 122 128 134 ②508
고양겸 顧養謙 ㉙100
고언백 高彦伯 ㉙85 110 144 145 156 180
고여림 高汝霖 ⑳255 256
고역 雇役 ㉚326 590
고연무 高延武 ⑦51 ⑨54
고연수 高延壽 ⑤132～134 143 177 181 ⑨49
고연휘 高然暉 ㉑425
고염무 顧炎武 ㉜58 79 92 95 419
고영근 高永根 ㊶400 422
고영기 高英起 ⑮309 311
고영문 高穎聞 ㊳59 60 179 250
고영석 高永錫(石) ㊳365
고영재 高永在 51355
고영창 高永昌 ⑩9 45 94～96 ⑮241
고영희 高永喜 ㊶201 206 208 377 390 411 ㊷42 ㊸35 76 ㊹423
고예진 高禮進 ⑩169 181
고왕자 古王子 ⑫51
고욕 古欲 ⑩95 96
고용 雇傭 ⑲314 315 ㊹358
고용지 高湧之 ⑳134 135
고용현 高用賢 ⑳394
고용환 高龍煥 ㊾37
고 우 高郵 ⑳328 329 384
고우타 小唄 51321
고 운 高雲 ⑤65
고운 顧雲 ⑨338
고운사 孤雲寺 ⑨510
『고운선생문집』『孤雲先生文集』㉗270
고울부(영천) 高鬱府(永川) ⑪112 113 ⑫30 34 45 54 63 134
고원고 高元固 ⑩67 128 187 191
고원도 高元度 ⑩129
고원섭 高遠涉 ㊾285
고원훈 高元勳 ㊾46
고유상 高裕相 ㊾37
고유섭 高裕燮 51329
고유제 告由祭 ㉓283
고율사 考律司 ㉓70 360
고 응 高凝 ⑫123
고의성 高義誠 ㊸34
고의적삼 袴衣적삼 ㊹468
고의화 高義和 ⑫232
고이계 古爾系 ⑥19
고이도성 皐夷島城 ⑫21 60
고이만년 古爾萬年 ⑥52 55
고이산성 高爾山城 ⑧303
고이소 쿠니아키 小磯國昭 ㊿82 234
고이왕 古爾(尒)王 ⑥29 33 166 167 188 ⑧118
고이해 古爾解 ⑦391
고이허 高而虛 ㊽313 ㊿277 315 321 331
고익상 高翊相 ㊸89
고인(의) 高仁(義) ⑩30 125 191
고인돌(지석묘) 支石墓 ①101～104 113 125 181～184 191 192 ③20 22 27～29 103～105 162～167 272 273 410
고인후 高因厚 ㉙49 ㉛254 257
고 일 高逸 ㊾380
고 자 高慈 ⑩26
고자국 古自國 ⑦330
고자라 高子羅 ⑮258 263
「고자묘지(명)」「高慈墓誌(銘)」⑤29 94 175
고자미동국 古資彌凍國 ⑦298 299 328
고자장 高子章 ⑱148 200

고재당 高在堂 ㊴447
고저장단음 高低長短音 ㊺242
고적기 古迹記 ⑨368
고전 庫錢 ㊴362
고전소설 古典小說 ①426
고전음악연구회 古典音樂研究會 ㊾348
고정길당 高貞吉堂 ㊹381 382
고정사 高正詞 ⑩87
고정의 高正義 ⑤133 143
고정주봉수대 古靜州烽燧臺 ㉔541
고제 古制 ㉒221 222
고제덕 高齊德 ⑩120 125
고제량 高濟亮 ㊸403
고제연구 古制研究 ㉒71~73
고조 高祖 ⑫151
고조선 古朝鮮 ③2 16 30 46~57 269 275 296 327 337 ⑤24 ⑦1 9
고조선식 동검 古朝鮮式銅劍 ③120 319
고종 高宗 ⑱1 2 4 5 13 55 57 58 63 65 72 74 77 78 85 90 91 93~95 105 106 113 151 154~156 158 162 165 175 176 179 180 186 189 194 226 231 233 234 ㊴13 16 24 27~32 41 60 85 86~89 92 94 99~102 105 106 108~116 119 122 125 126 128 132 133 150 153 181 195 234 301 347 349 352 359 386 401 ㊵7 9 38 145 165 176 196 208 213 215 216 226 228 233 253 256 257 263 266~269 271 286 302 ㊶45 53 63 67 68 79 95 98 100 295 388 ㊷65 86 266 ㊹19 36 47 182 195 199 311 ㊿ 227 231
『고종실록』『高宗實錄』⑰158 ㉑351
고종익 高宗益 ㊾362
고종후 高從厚 ㉙52 55 ㉛254 257
고주 雇主 ㉝392
고주 高州 ⑫116 209
고주 鼓鑄 ⑫239
고주법 鼓鑄法 208
고주사 告奏使 ⑮334 351 ⑱224
고죽(국) 孤竹(國) ①161 ④70 78 80
고죽명 孤竹銘 ④79
고준석 高俊錫 ㊸370
고준택 高俊澤 ㊽340 ㊾117
고중안 高仲安 ㉗470
고증문권 高曾文券 ⑭86 211
고증학 考證學 ㉛339 ㉜95 417 418 ㉟35 37 39 222 384
고지기(고직) 庫直 ㉔530 ㉕215 ㉚513 579
고지노동 雇只勞動 ㉚443 ㉝80 81
고지로 바이케이 古城梅溪 ㊻283
고지마 겐자부로 兒島元三郎 ㊺350
고지자기법 古地磁氣法 ②252
고지자기연대측정 古地磁氣年代測定 ②293
고 진 高震 ①213 ⑩7 53
고찬보 高贊輔 ㊾169 444
고창 古昌 ⑫30 35 36 64
고창군 高敞郡 ⑫61
고창일 高昌一 ㊼214 394 ㊾431
고창전투 古昌戰鬪 ⑪112 114 118 123 124 126
고창전투 高昌戰鬪 ⑫30 31 32
고채 庫債 ㊱276 ㊴362
고체 Carl Christian Gottsche 居最 ㊶128 ㊻248
고초 藁草 ㉘44
고초가 藁草價 ㉘44
고초도조어금약 孤草島釣魚禁約 ㉒383
고총 高聰 ⑧473
고추가 古鄒加 ①5 ⑤31 34 147 149 209
고취 鼓吹 ⑨612
고취서 鼓吹署 ⑬101
고취악 鼓吹樂 ㉑454 455 459 488 ㉗388 432 ㉟549 556 557
고카 마사오 古賀政男 ㊿317
고쿠부 쇼오타로오 國分象太郎 ㊵165
고타야군 古陁耶郡 ⑨41 66

고토 箏 ⑤321
고파 高波 ㉙158~160
고패 故敗 ㉝273 288 301
고표인 高表仁 ⑦153
고풍편벌 古風鞭罰 ㉖148
고하광업합명회사 古河鑛業合名會社 ㊼77
고한노동 膏汗勞動 ㊼92
고해진 古奚津 ⑦384
고향둔 故鄕屯 ②112
고허촌장 高墟村長 ⑦14
고현 高峴 ⑤87 ⑦107
고현동 古縣洞 ㉘276
고협 高協 ⑤377
고형산 高荊山 ㉕76 77 ㉘198 ㉝256
고형진제철지 古滎鎭製鐵址 ③563
고혜진 高惠眞 ⑤132~134 177 181 ⑨49
고혜진(강진) 古奚津(康津) ⑥37
고활신 高豁信 ㊽267 301~313 ㊿277
고훈 古訓 ㉒221
고훈사 考勳司 ㉓67
고흥 高興 ⑥22 173 ⑦413 ⑧4 119
고흥복 高興福 ⑩128 131
고흥종 高興宗 ㊳24 373
고희동 高羲東 ㊺9 351 352 ㉛324 330 ㊷330
고희준 高羲駿 ㊹383
곡 谷 ⑤171~173
곡경비파 曲頸琵琶 ⑨613
곡귀읍 穀貴邑 ㉜319
곡귀화천 穀貴貨賤 ㉘107
곡근전 穀根田 ㉔104
곡나철산 谷那鐵山 ⑥41 218
곡령 曲領 ④242
곡물수출 穀物輸出 ㊳232 ㊲325 ㊼98
곡물시장 穀物市場 ㊼99
곡물재배 穀物栽培 ③514
곡봉형대구 曲棒形帶鉤 ③526
곡부 穀部 ⑥171 200 207
곡사 鵠寺 ⑨394 ⑪178
곡산 谷山 ㉜313 335 ㊱235
곡산민요 谷山民擾 ㊹411
곡산읍장 谷山邑場 ㊸107
곡상미 斛上米 ㉜287
곡성 曲城 ⑨597 598
곡성현 谷城縣 ⑫142
곡신 穀神 ①150
곡옥 曲玉 ③512 ⑧255 353
『곡운구곡첩』『谷雲九曲帖』㉟457
곡인청동단검 曲刃靑銅短劍 ③209 409
곡재읍 穀在邑 ㉜325
곡척 曲尺 ㉔624
곡천유적 曲川遺蹟 ②197 211
곡천읍 穀賤邑 ㉜319
곡총 穀摠 ㉜325
곡파정재 曲破呈才 ㉛585
곡포 曲浦 ㉜164
곡향합자회사 谷香合資會社 ㊹191
곡황 穀荒 ㉝407~409
곤 褌 ⑧443
곤도 近藤眞鋤 ㊴207
곤도 시즈오 近藤靜雄 ㊾458
곤토 겐키치 近藤賢吉 ㊵113
곤룡포 袞龍袍 ㉕298 302
곤복 袞服 ㉕298 299
『곤여도설』『坤輿圖說』㉟298
「곤여만국전도」「坤輿萬國全圖」㉛312 316~318 327 328 ㉜416 517 ㉟298
「곤여전도」「坤輿全圖」㉟298
곤우 昆優 ⑥22 29 230
곤쟁이젓(자하해) 紫蝦醢 ㉝219 239
곤지 昆支 ⑥53 54 56 60 61 72 73
곤토 겐키치 近藤賢吉 ㊵113
곧은낚시 ②478
골각기 骨角器 ②387 ③221 325 326
골각기문화설 骨角器文化說 ②16
골간우디캐 骨看兀狄哈 ㉒332 338 351 357 363
골검 骨劍 ③221

골기 骨器 ②138 139 222
골동계 骨董契 ㉞232 ㊱67
골랜드 W. Gowland ㊻248
골로빈 T. A. Golovin ㉜402
골벌국 骨伐國 ⑦44 51
골암사 鶻巖寺 ⑨392
골암성 鶻巖城 ⑫28 45 ⑮256 258 264
골쟁현성 骨爭峴城 ⑨594
『골정담옹일기』『骨亭澹翁日記』㉔166
골제 骨制 ⑦252 259
골족 骨族 ⑥75
골촉 骨鏃 ②494
골품제(도) 骨品制(度) ①5 203 442 ⑤208 ⑦7 99 162 243 245 ⑨386 ⑪35 44~47 50 58
골품제사회 骨品制社會 ⑨17 600 608
골품체제 骨品體制 ⑪13 38 43
골호 骨壺 ⑧343 ⑨536
곰방메 檑木 ㉗187
곰배괭이 有肩石斧 ②481 483
곰숭배사상 곰崇拜思想 ②508
곰재 熊峙 ㉙80
공 貢 ㉔457
공가 貢價 ㉚382 529 530 ㉝320~322 370
공가 工價 ⑨186 189
공가미 貢價米 ㉝389
공간 公干 ㉔374
공개토론회 公開討論會 ㊻49
공거제 貢擧制 ㉓317 339
공거제도 公擧制度 ㊶281
공검지 恭儉池 ⑫217 ⑲329 333
『공경대의고』『孔經大義考』(51)230
공계 貢契 ①302 ㉚10 531 ㉝255 320 322 327
공계인 貢契人 ㉔163 ㉚532 ㉝322
공고사 控告詞 ㊹54
공공조계 公共租界 ㊼217
공관 公館 ㉓139
공교 孔敎 (51)230
공교명사상 工巧明思想 ⑨187 188
공교사상 孔敎思想 ㊻103 111 112
『공교성가집』『公敎聖歌集』(51)276
공교운동 孔敎運動 ㊻102 111 (51)228 238
공교학과 孔敎學科 ㊻103
공교(회) 孔敎(會) ㊻100 102 103 107 ㊼189 190 ㊽203 206 (51)222 229
공귀리유적 公貴里遺蹟 ③327
공기남 孔基男 (52)342
공기문제 貢期問題 ㉒294 295 302 310
공기보장 工技寶藏 ⑫106 107
공남해 孔南海 ㊽130
공납계 貢納契 ㉔146
공납(제) 貢納(制) ①291 297 ⑤7 35 40 59 ⑲362 ㉓42 ㉔91 438 460 472 ㉘3 12 51 60 79 85 359 363 364 367 ㉚7 346 479~483 497 515~518 526~528 532 534 ㊵241
공녀 貢女 ④140
공노비 公奴婢 ①8 281 320 ⑨236 ⑭205 264 ⑮18 19 70 ㉓43 53 54 ㉕203 204 207 208 213 214 217 225 226 229 231 234 ㉛165 ㉞129 130 135~138 140 141 156
공노비추쇄 公奴婢推刷 ㉞150 ㊱26
공달 功達 ⑫33
공덕가 功德歌 ⑨464
공덕부 功德部 ⑥171 201
공덕신앙 功德信仰 ⑫238
공덕재 功德齋 ⑫158 159
공덕천도량 功德天道場 178 179
공도정책 空島政策 ㉖185
공동간섭 共同干涉 ㊵68
공동납 共同納 ①312 327 328
공동납(체)제 共同納(體)制 ㉞180 181 ㊱2 5 29 36 41 43 45 60~62 134 142 151
공동어장 公同漁場 ①77
공동운수회사 共同運輸會社 ㊹82
공동작업반 共同作業班 ㊿116~118

공동창고회사 共同倉庫會社 ㊹28
공동회 共同會 ㊼246
공동회사 共同會社 ㊷102
공란 公欄 ⑫162
공랑상인 公廊商人 ㉔126
공랑상점 公廊商店 ㉔122
공랑세 公廊稅 ⑭444
공렬문손잡이토기 孔列文손잡이土器 ③182
공렬토기 孔列土器 ③19 104 184 185
공로 貢路 ㉜386 387
공론 公論 ㉘30 ㉚72 92 209 217 231 234 237 239 ㉘213 ㉚5 38 123 217 218 231 239 ㉜20 45 237
공릉장 恭陵場 ㉚539 ㉝366
공리 貢吏 ㉓155 283 ㉔321 460 463~465 ㉝329
공리공론 空理空論 ㊲67
공립관 共立館 ㊸160 ㊼242
공립보통학교 共立普通學校 ㊼360 ㊿26
공립성헌 公立成憲 ㊸274
『공립신보』『共立新報』㊸163 164 279 488 ㊻71 72 91 92
공립한성은행 公立漢城銀行 ㊷102
공립협회 共立協會 ㊸144 160 162 487 ㊹318 ㊻71~73 ㊼11 239 242~245
공명고신 空名告身 ㉛151
공명단 共明團 ㊽9 350
공명첩 空名帖 ①318 ⑳409 ㉓305 ㉚589 ㉞31 88 89 118
공명패 空名牌 ㉓351
공명호조 空名護照 ㊴35 38 167
공목 公木 ㉝468
『공목장기』『孔目章記』⑯30 31
「공무도하가」「公無渡河歌」⑧156 157
공무목 公貿木 ㉜451
공무역 公貿易 ⑨198~200 ⑩172 ⑫223 ⑭462 ⑲394 396 ㉒302~304 353 396 ㉔290 ㉔141 146 148 ㉘5 115 119 126 ㉚601 ㉝444 449 461 ㊱218
공문박사 攻文博士 ⑫171 173
「공문식」「公文式」㊹424 ㊺224
공물 貢物 ⑤206 ⑭354 355 357 360~362 366 370~374 383 398 447 ⑮298 350 363 ⑲298~363 ㉔6~9 141 143 284 319~321 457~466 468 472 509 ㉘44 53 58 62 361 362 364~367 ㉚381 517 518 528 532 ㉜134 286 ㉞106
공물대납제 貢物代納制 ⑲355
공물방납 貢物防納 ㉚518 ㊱28 30 43
공물시장 貢物市場 ㉘87
공물작미 貢物作米 ㉙139 140
공민 公民 ⑤59 212 ㉕106 107
공민권 公民權 ㉓51
공민왕 恭愍王 ⑱167 170 171
공민왕시해(사건) 恭愍王弑害(事件) ⑳368 371 374 378
공박법 公拍法 ㊹131
『공방전』『孔方傳』⑱12 ⑲394
공법 公法 ㊷47 51
공법 貢法 ①274 ㉒85 90 100 ㉓42 271 ㉔7 83~89 442 446~449 451~453 456 615 618 ㉘37 ㉚342 417 ㉜23 30
공법전세제 貢法田稅制 ①285 ㉔83 84 88 89 91 ㉘12 35 40 57 59 60 353
『공법회통』『公法會通』㊷49 ㊺160
공변도감 供辨都監 ⑭469
공병대 工兵隊 ㊵277 297 ㊶55
공병식 銎柄式 ④123
공보원 公報院 ㊾400
『공보초략』『公報抄略』㊳59 185
공복 公服 ㉕55 308
공복(제) 公服(制) ⑦96 249 ⑫104 105 117 120 ⑭37 42 43 ⑫120
공부 貢賦 ⑦228 ⑬45 58 ⑭1 11~14 31 221 232 350 354 355 357 359 365 366 368 369 371~373 393 469 ⑮47 ⑲2 32 119 296~298 307 321 ⑳69

154 ㉔67 69 70 477 ㉘363 ㉝255
공부경 工部卿 ⑩81
공부상정도감 貢賦詳定都監 ㉔259 317 428
『공부성』『工部省』㊳115
「공부자탄신기념강연」「孔夫子誕辰紀念講演」 ㊻109
공북문 拱北門 ㉚247 256
공빈령 供賓令 ⑫174
공사 公使 ㊷35
공사장 公事長 ㊴395
공사천 公私賤 ㉓207 ㉕197 ㉜103 106 107 158 ㉞146 219
공사천무과 公私賤武科 ㉛144 145
공산(동수) 公山(桐藪) ⑪113 122 124 ⑫34 (56) 63
「공산당선언」「共産黨宣言」㊾66 68 381 382 398
공산당재건운동 共産黨再建運動 ㊿191
「공산대왕사제문」「公山大王謝祭文」⑯ 335
공산산성 公山山城 ㉙185
공산성 公山城 ⑥175 194 ⑧291
공삼가 貢蔘價 ㉚501
공상 供上 ㉔437
공상각사 供上各司 ㉘33
공상세 工商稅 ㉔431
공상조예 工商皂隷 ⑫233 234
공상화의 共相和議 ㊸274
공생 貢生 ⑱143 ㉞98 99
공생조합운동 共生組合運動 51186
공서 公署 ㊹80
공석정 孔錫政 ㊾161
공선 空船 ㉔344
『공선정례』『貢膳定例』㉚501 ㉝236
공성구 攻城具 ⑤122
공성현 孔城縣 ㉒167 343
공세곶창 貢稅串倉 ㉓276 ㉔525 526 528 532
공속인 公贖人 ㉙299
공손강 公孫康 ⑥20 28
공손모 公孫模 ⑥20
공손법 恭遜法 ①409 ㉗381 ㉟292
공손수 公孫遂 ④107
공손씨 公孫氏 ④111 114 ⑤41 ⑥143
공손탁 公孫度 ④195 202 ⑥15
공쇄마 空刷馬 ㉝446 449
공수동맹 攻守同盟 ㊵50 ㊷273 ㊸41
공수사 公須史 ⑬167
공수상사 供需商社 ㊹193
공수위전 公須位田 ㉓139 156
공수전 公須田 ⑫149 ⑬205 ⑭131 148 185 190 194 233 337 422 ㉔438 440 441 510 511 ㉘34 112 ㉚492
공수조 公須租 ⑭131 191 199
공시 貢市 ㉚198 600 ㉜231
공신 功臣 ㉓319 ㉚95 174 221
『공신계감』『功臣誡鑑』㉒130
공신노비 功臣奴婢 ㉓290
공신도감 功臣都監 ㉒29 32 33
공신위 拱宸衛 ㉕87
공신적장 功臣嫡長 ㉓60 104 107 112 113 ㉕73 84 90 92
공신전 功臣田 ⑭33 218 220~222 335 336 ⑮107 ⑲277 ㉒126 127 ㉓38 ㉔13 40 49 53 58 59 442 443 ㉕85 96 100 ㉘36 44 46
공안 貢案 ①274 ⑭13 371 372 ㉒126 ㉔7 9 428~431 465 468~470 ㉘42 61 79 80 82 359 361 362 364 366 ㉚483 486 516 527 528 ㉜22 ㉝321
공암 空菴 ㉗209 225
공암 허씨 孔巖許氏 ⑫203
공액 貢額 ⑳154 ㉘80 360 ㉚527
공야사 功冶司 ㉓70
공양구 供養具 ⑧254
공양왕 恭讓王 ⑱220
공양유궐 供養有闕 ⑮80 81
공업교(전)습소 工業敎(傳)習所 ㊼26 86

『공업록』『功業錄』⑱236
공업전습소 工業傳習所 ㊻229 240 306 315 319
공역 貢役 ⑭361 364 378 381~383 385 ⑳69 107 120
공역 公役 ㉔481
공역노비 供役奴婢 ⑮72
공역서 供驛署 ⑬101 ㉔504
공연 孔烟 ①204~206 ⑨170 173 175 220 227 230
공연제 孔烟制 ⑪53
공열토기 孔列土器 ①101 102 ④6
공염 公鹽 ㉝249
공염 貢鹽 ⑲363 368 376 ㉔367 368 371 375
공염간 貢鹽干 ㉔362 459
공염액 貢鹽額 ⑲379
공영달 孔穎達 ⑥247
공영사 共榮社 ㊹194
공예태후 恭睿太后 ⑫272 ⑯355
공옥학교 攻玉學校 ㊺71 76
공왕령유적 公王嶺遺蹟 ②254
공용은 公用銀 ㉚606
공위겸 孔僞謙 ㉙169
공유덕 孔有德 ㉙257 268 293
공유림 公有林 ㊼74
공유쟁론 空有爭論 ⑨369
공윤항 孔胤恒 ㊱267 268
공음 功蔭 ⑬449 ⑮23
공음전 功蔭田 ⑮25 106 ⑱221 ㉔53
공음전시(법) 功蔭田柴(法) ⑭8 35 135 215~219 220~223 279 ⑲266 ⑳70
공의 公醫 ㊻163 180
공의 公議 ㉜240 ㊱54 59
공이 敲石 ②527
공익사 共益社 ㊹192
공인 工人 ⑦53 230 ㉑458
공인 貢人 ㉔130 ㉚484 488 504 505 514 528 529 531 533 534 ㉜287 ㉝146 315 319~323 326 327 392 422 424 437 ㉞111~115
공인종교 公認宗教 ㊿169 174
공임 工賃 ⑲375 ㉝163
공잉색 公剩色 ㉚513
공자 孔子 ⑱220 ㉓280 283 301 ㉖21 39 ㊻99~102 104 107 109 110
공자교 孔子教 ㊿230
공작 工作 ㉔306
공작 公爵 ⑫192
공작국 工作局 ㉒28
공작미 公作米 ㉚506 ㉜444 ㉝467~469
공작사 工作司 ㊴92 93 99 123
공작선 孔雀扇 ⑫33
공작재 孔雀齋 ㉖268
공장 工匠 ①272 ⑥127 240 ⑧119 ⑨182 ⑫214 234 ⑬355 ⑭15 65~68 111 419 424 426~428 435 439 ⑮51 68 73 ⑲348 ㉓43 ㉔212 214 275 459 ㉕231 232 ㉚519 522 ㉝159 ㉞110~113 ㉟345 ㊲164 ㊳129
공장대 工匠隊 ⑬342
「공장법」「工場法」㊿14 36
공장별사 工匠別賜 ⑭114 125 422 426 ~428
『공장신문』『工場新聞』㊿195
공장안 工匠案 ⑭15 426 468 ⑮52
공장제수공업 工場制手工業 ㊽76
「공장취업시간제한령」「工場就業時間制限令」㊿37
공전 公田 ⑨205 214 215 ⑬356 ⑭1 5 6 9 12 23 71 78 81 85 133~140 143 145 147 152 153 155 163 164 170 171 173 175 188 202 209 230 249 277 279 301 335 337 341~343 345~347 ⑮163 ㉔1 23 28 38 53 54 58 443 444 ㉕96 106 ㉘259
공전 工錢 ㉚573
공전제 公田制 ⑭8 9 133 134 276 277 279

공전조 公田租 ⑭73 74 154 338 340 341 343 351 352
공정고 供正庫 ㉔425 427
『공제』『共濟』㊾65 218 221~223 243 245
공제고무공업조합 共濟고무工業組合 ㊾242
공제소 共濟所 ㉔167
공제회 共濟會 ㊼243
공조서 供造署 ⑭15 419 ⑰306 ㉓97 ㉔427
공조원 龔照瑗 ㊶86
공주 公州 ⑫26 148 ⑱213 219 243 ⑳101 202
공주명학소 公州鳴鶴所 ⑱8 ⑳75 88 93 95 98 105 160 178
공주송산리고분군 公州 宋山里 古墳群 ⑧199 346 347~349 472
공주의송소 公州議送所 ㊴286
공주전투 公州戰鬪 ㊴466 469 471 474 480 485
「공주풍토기」「孔州風土記」㉟282
공증제도 公證制度 ㊹135
공지호 供紙戶 ㉔294
공직 龔直 ⑪112 ⑫31 57
공진물 貢進物 ⑮364
공진원 公震遠 ㊿275 295 344
공진형 孔鎭衡 51328
공진회 共進會 ㉔167 ㊸182 184 185 308 ㊼240 241
공창무 空唱巫 ㉑177
공척보 工尺譜 ㉗438
공천 公薦 ㉓287
공철 貢鐵 ㉔217 230 248
공출 供出 ㊿71 74 81 92 94~97 113
공출사전할당제 供出事前割當制 ㊿77
공출제도 供出制度 ㊼69
공출책임제 供出責任制 ㊿93
공친왕 恭親王 ㊲59 ㊴13 17 ㊷37
공태원 孔泰元 ㊸506
공폐 貢弊 ㉚534 ㉜187 ㉝171 323 324
공포 栱包 ㉗440 ㉛520 526 531 535 538 540
공학군 控鶴軍 ⑬288
공해 公廨 ㉖253 ㉗443 460 480
공해전 公廨田 ①229 ⑭1 6 22 131 141 142 148 150 182 183 185~189 191 192 200 204 205 283 284 335~337 367 422 ⑮173 247 ⑰99 100 ㉔19 442 443 446 ㉘33 35 ㉚464
공해전시 公廨田柴 ①232 ⑭62 182
공험령 公嶮嶺 ⑮382
공험진 公嶮鎭 ⑮320 327 329 ㉒168 341
공형 公兄 ⑦271
공호 貢戶 ⑯215 ⑳69 ㉘47
공홍식 孔洪植 ㊶342
공화만세 共和萬歲 ㊽109
공화정체(제) 共和政體(制) ㊵92 ㊸274 ~277 310
공화정치 共和政治 ㊼179
공화주의 共和主義 ㊵80 ㊼178 235 23 ㊽106 107
공후 箜篌 ⑧371 379 380 ⑨619
공훤 公萱 ⑫38 55
과거 科擧 ⑭36 38 39 114 225 ⑲91 100 101 111 ㉓8 9 20 35 36 48 308 317 318 321 322 325 326 328 339 347 ㉕44 47 70 74 108 109 114 115 136 141 143 144 148 ㊵205 ㊹320 335 337
과거3층제 科擧三層制 ⑬382~384
과거제(도) 科擧制(度) ①256 269 422 ~443 ⑬109 226 367~371 ⑮13 14 22 24 37 74 78 231 283 ⑯221 245
『과농소초』『課農小抄』㉝52 ㉟248
과대 銙帶 ⑧447
과도관 科道官 ㉙100 101
과도입법의원 過渡立法議院 52128 130 135 182 195 197 198 399 401
과도직무(나베시마 나오시게) 鍋島直茂 ㉙116 117 173

과두 裹頭 ㉕302 312 317
과록 科祿 ㉔432
과문 科文 ㉓336
과법 課法 ㉔362 363
과부재가금지 寡婦再嫁禁止 ㊹347
과선 戈船 ㉑214
과시 科試 ⑫183 185 190 ⑬413 ⑱226
과실전 果實廛 ㊶220
과업 科業 ⑫188
과역 課役 ⑭376 378 383
과염 顆鹽 ⑲375
과염법 課鹽法 ㉔362 363 380
과의도교 科儀道敎 ⑯283 285 287 296
과의도위 果毅都尉 ⑩151 152
과자제조업 菓子製造業 ㊼90
과전 科田 ⑭70 71 74~77 79~81 83 88 90 92 96 134 230 ㉓7 37~39 41 130 ㉔39 42 443 450 ㉕67 84 96~98 117 119 ㉘32 36 41 45 46 ㉚452 ㉜104
과전법 科田法 ①233 262 270 271 274 291 292 ⑭23 71 76 88 91 95 96 105 134 138 141 142 163 164 213 222 229 231 237 239 268 335 ⑲57 208 234 290 ㉒19 ㉓20 37~39 41 ㉜302160 210 271 ㉔1 2 7 13 24 25 35~40 41 43~46 48~50 52~54 59~61 63 64 66 68 75~78 81 82 441~448 523 ㉕42 46 84~86 96 98 99 102 ㉘2 32 45 46 48 59 62 353 ㉚ 447 464 ㉝5 120 394 ㊱121
과체진상 瓜遞進上 ㉔467
과촌유적 瓜村遺蹟 ② 261
과판 銙板 ⑰ 306
과하마 果下馬 ④140 245 ⑥128 ㉔590
과학기술 科學技術 ㊻253 ㊿281~284 286 ~288 290 292 293 296
과학데이 科學Day ①464
『과학조선』『科學朝鮮』①464
과학주의 科學主義 ㊻255
과학지식보급회 科學知識普及會 ①464
과화진 瓜花鎭 ㉒158
곽가촌유적 郭家村遺蹟 ②544
곽 관 郭貫 ⑳276
곽기락 郭基洛 ㊳55 86 248
곽대형 郭戴炯 ㊾446
곽 박 郭璞 ④48 81 ⑯303 308 312 313
곽 상 郭尙 ⑫239 ⑳38
곽상수 郭尙洙 ㊷357
곽세 藿稅 ㉜174 177
곽소 藿所 ⑭430 ⑲389
곽수경 郭守敬 ㉗4 63 65 70 71 73 74
곽 순 郭珣 ㉘200 ㉚13
곽승우 郭承祐 ㉒163
곽실 槨室 ⑧327
곽약허 郭若虛 ⑨483 ⑰284
곽양훈 郭良勳 ㊾470
곽 여 郭輿 ⑯57 293 295 369 ⑰209 242
곽 영 郭嶸 ㉙48 49
곽왕부 郭王府 ⑳399
곽 원 郭元 ⑩90~92 ⑮335
곽 위 郭威 ⑮226 230
곽자의 郭子儀 ⑨331
곽재우 郭再祐 ㉘334 ㉙36 39 42 46 47 52 80 81 110 156 169 184 185 188 ㉚71 ㉜423
곽전 藿田 ㉜177
곽종석 郭鍾錫 ㉟51 56 61 ㊸86 ㊼324 390 ⑤223
곽종원 郭鍾元 ㊷313
곽주 郭州 ⑮304 308 313 ⑳190
곽 준 郭䞭 ㉙117
곽지패총 郭支貝塚 ③346 378 482
곽치허 郭致虛 ㉖298
곽태기 郭泰祺 ㊿460
곽한일 郭韓一 ㊸395 ㊼138
곽한탁 郭漢卓 ㊺58
곽 헌 郭憲 ㊽194
곽 희 郭希 ⑫229

곽 희 郭熙 ⑰284 285 287
곽희파 화풍 郭熙派 畵風 ㉗9 535~537 539 548 552
『관감록』『觀感錄』 ⑤1180
관경변상도 觀經變相圖 ㉑432
관계 官階 ㉓20 21 120 114 ㉕55 57
「관계발급사목」「官契發給事目」 ㊷81
관계발급사업 官契發給事業 ㊷79 84 86 ㊹139
관공장 官工匠 ㉔267 269
관교 官敎 ㉓120 121 ㉞70
관구 管勾 ⑰159
관구검 毌丘儉 ④195 240 251 ⑤35 41 170 ⑥29
관군 館軍 ㉜123 ㉝263
관군장군 冠軍將軍 ⑥190
관기 官妓 ㉑473 ㉕192 199
관기시 觀碁詩 ⑱234
관나 觀儺 ㉛595 ㉟616 620
관나부 貫那部 ⑤21 28 36 47 151 154 155
관나부인 貫那夫人 ⑤36
관나시 觀儺詩 ㉗425
관나희금령 觀儺戲禁令 ㉛596
관남 關南 ㉓330
관내노비 官內奴婢 ㉓290
관내도 關內道 ⑫151 209
관내수령권차법 管內守令權差法 ㉓173
관노 官奴 ⑱214
관노가면극 官奴假面劇 ㉟630
관노부 灌奴部 ①5 ⑤29 34 171
관노비 官奴婢 ㉓39 178 ㉕203~207 213 ㉖259 ㉛165 167 ㉞156 157
관당수속법 官當收贖法 ⑮182 201 204
관대 棺臺 ⑧331
관덕정 觀德亭 ㉗466
관도 官道 ⑦195 210 211 234
관동구폐절목 關東捄弊節目 ㉜326
관동군 關東軍 ㊽222 247 334 ㊿232
관동대접주 關東大接主 ㊴440
관동대지진 關東大地震 ①378 ㊼269 270 285 298 ㊽32 79 93 335 ㊾29 378
관동대학살 關東大虐殺 ㊼289
관동도독부 關東都督府 ㊷272
관동방물계 關東方物契 ㉚506
「관동별곡」「關東別曲」 ⑳46 ㉑277 278 ㉗8 335 339 359 ㉛424
관동삼계 關東蔘契 ㉚506 ㉝324
관동선 關東船 ㉝304
관동창의군 關東倡義軍 ㊸377
관동학회 關東學會 ①363 ㊸7 225 ㊺77 126 184
관둔전 官屯田 ⑭6 142 150 192 199 200 466 ㉒127 ㉔438 440 441 510 ㉘49 112 ㉚464 492 ㉜23
관등놀이 觀燈놀이 ㉖275 276
관등제 官等制 ⑤48 54 55 ⑥165 ⑦5 99 162~164 169 249 260 263 266
관령 管領 ㉞211
관례 冠禮 ㉘215 341
관료전 官僚田 ⑭97 302
관료제설 官僚制說 ⑫8 184 185
관룡사 觀龍寺 ㉗481
관륵 觀勒 ⑦149 166 ⑧57 67 412 414 473 ⑨426 ⑯306
관리사 管理使 ㉚285
관리인제도 管理人制度 ㊾276 288
관리청원 管理請願 ㊻128
관립고등여학교 官立高等女學校 ㊼26
관립고등학교 官立高等學校 ㊼26
관립병원 官立病院 ㊻295
관립사범학교 官立師範學校 ㊼26
관립실업학교 官立實業學校 ㊼26
관립영어학교 官立英語學校 ㊸140
관립외국어학교 官立外國語學校 ㊼26
관립의학교 官立醫學校 ㊻293
관립한성고등여학교 官立漢城高等女學校 ㊹391 ㊺170
관매법 官賣法 ⑲378

관모 冠帽 ⑧433 434 438 446
관모전답 官謨田畓 ⑨155 225
관목 貫目 ㉝238
관무 官茂 ⑫37
관무과 觀武科 ㉓342 352
『관무량수경』『觀無量壽經』⑧61 ⑨385 399 406 ⑯267
『관무량수경소기』『觀無量壽經疏記』⑯42
관무역 官貿易 ①272 ㉔4 196 199 200 ~202 205 ㉚519
관무재 觀武才 ㉓350 351
관무청 觀武廳 ㉓356
관문 關文 ㉝328
관문 觀門 ⑯73 74
『관문등서책』『關文謄書冊』㉔159
관문성 關門城 ⑨149
관문회곡 官門會哭 ㊴280
관미성 關彌城 ⑤67 ⑥196 ⑦66
관민공동회 官民共同會 ㊵302 ㊶163 234 375 ㊹204
관민공치 官民共治 ㊶275
관민상화 官民相和 ㊴451 456 474 482 ㊵120 127
관반제 官班制 ⑪3 8 ⑫12
관방 關防 ⑮319 ㉙65
관방무역 官方貿易 ⑩171
관백 關白 ⑮249 ㉙18
관법 寬法 ㉕21 25 ㉝17 ㉞205
관보 官保 ㉚249 ㉜108
관보 官補 ㉓312
『관보』『官報』㊵308 ㊹424
관봉 官封 ㉚347
관북 關北 ㉓330
관북궁 館北宮 ㉑594
관불 灌佛 ⑧488
『관불삼매해경』『觀佛三昧海經』⑧62
관비 官婢 ㉕147 199 200 375 376
관비유학생 官費留學生 ㊼268
관사 官舍 ㉗480
관사 館司 ㉜470
관사명 官司銘 ㉗490
관산성 管山城 ⑤87 ⑦107 366
관산성전투 管山城戰鬪 ⑥93 105 168 177 188 ⑦399
관산신사금동보살입상 關山神社金銅菩薩立像 ⑧486
관상 官商 ㉝315 388
관상감 觀象監 ㉓35 69 90 112 361 363 ㉔425 426 ㉕131 135 ㉗44 45 48 49 51 52 54 215 477 ㉚504 ㉛330 332 ㉟165 339
관상감원 觀象監員 ㉖154
관상도고 官商都賈 ㉝7 315 333 334 350 353 355
관상소 觀象所 ㊷252 ㊻250
관서곡 關西穀 ㉝367
관서공명학원 關西共鳴學院 ㊿425
『관서명구첩』『關西名區帖』㉟457
「관서별곡」「關西別曲」㉗357 358 359
관서악부 關西樂府 ㉟563
「관서양역실총」「關西良役實摠」㉜309
관서자문론 關西資門論 ㊹206
관서체육회 關西體育會 51345 352
관서해방책 關西海防策 ㊲108 117
「관서환폐교구절목」「關西還弊矯捄節目」㉜378
「관서환폐구폐절목」「關西還弊捄弊節目」㉜326
관선 官船 ㉔332 336 367 372 531 ㉝295
관선과 管船課 ㊹226 235
관선조운(제) 官船漕運(制) ㉔524 530 ~532 535 536 ㉝273 275 ㉝375
관선진 觀仙津 ㉔501
관성 管城 ⑳98 108 109
관성 關城 ⑨591
관세 關稅 ㊹35
「관세관관제」「管稅官官制」㊷247 326 327 329 337 347

관세권 關稅權 ㊳172 ㊻8
관세규칙 關稅規則 ㊲288
「관세사급징세서장정」「關稅司及徵稅署章程」㊹444
관세설정 關稅設定 ㊳45 46
관세자주권 關稅自主權 ㊲321 325 ㊳46 168 171
관세조항 關稅條項 ㊲260 261
관세징수권차관 關稅徵收權借款 ㊹38
관속공장 官屬工匠 ⑭68
관송사 管送使 ㉒296
관송원 觀松院 ⑧485
관수 館守 ㉜445
관수관급(제) 官收官給(制) ①270 ⑭75 86~88 211 267 ㉒140 ㉓39 ㉔1 69 ㉕99 223 ㉘44 51
관수미 官需米 ㉜164 181
관습도감 慣習都監 ㉓362 ㉕199 201 202 ㉗388 390~392 404
관습법 慣習法 ⑤53 54 216
관시 官市 ⑨198 199
관시 館試 ㉓286 287 327
관시령 關市令 ⑨310
관시제도 官寺制度 ⑨361
「관시팔십운」「觀市八十韻」㉟406
관식 冠飾 ⑥169 ⑧254
관아 官衙 ㉗460 461 464
관악기 管樂器 ①502 ⑧369 372 380 382 ⑨603 607 613 619 ㉑472
관악보허자 管樂步虛子 ㉟573
관악산 冠岳山 ①47
관악산마애미륵불좌상 冠岳山磨崖彌勒佛坐像 ㉛508
관악산삼막사 칠성각감실마애불 冠岳山三幕寺七星閣龕室磨崖佛 ㉟507
관압사 管押使 ㉒296
관염 官鹽 ㉔362 363 366 367 369 374
관염관 管鹽官 ⑲380
관영 官營 ⑲375
관영무역 官營貿易 ⑩141
관영상점 官營商店 ⑭446 447
관영수공업 官營手工業 ①272 273 314 ⑥218~220 ⑨5 182 184 185 ㉓43 ㉔5 6 ㉝5 159~161 ㉞111 112
관옥 管玉 ③5 62 104 502~508 512
관온인성황제 寬溫仁聖皇帝 ㉙273
관왕묘 關王廟 ①308 ㉛9 163 415 574 581 ㉟161~163 ㊿391
관왜 館倭 ㊲208
관우신앙 關羽信仰 ㊿391
「관우희」「觀優戲」㉟564 618 628
관웅 寬雄 ⑪186 ⑯53 54
관원(세키가하라) 關原 ㉜423
관위령 官位令 ⑤162
관윤사 觀潤寺 ⑰244
관음 觀音 ⑪181 183
『관음경』『觀音經』㉑320
관음굴 觀音窟 ㉖269 272
관음동유적 觀音洞遺蹟 ②257
관음보살도 觀音菩薩圖 ㉑430 432 437
관음상 觀音像 ⑩182
관음신앙 觀音信仰 ⑨404 416 ⑩182 185 ㉖272 273
관음진신 觀音眞身 ⑨383
관음포싸움 觀音浦戰鬪 ⑳407 411
『관음현상기』『觀音現相記』㉖272
관음화상 觀音畵像 ㉖272
관인(층) 官人(層) ⑮21~24 37 209 217
관인구분전 官人口分田 ㉔20
관인문학 官人文學 ㉛439
관인한산군 官人閑散軍 ⑲56
「관일약」「貫一約」㊸479 512
『관자』『管子』①190 ④4 70 73 81 117 139
관장 官匠 ㉓43
관장식 棺裝飾 ⑧255
관장제 官匠制 ①272 ㉝272
관장제수공업 官匠制手工業 ㉔258 267

268 275 277 290
관저전 官楮田 ①273 ㉔6 305 320 321
관전 館田 ㉔510
관전동로한교민단 寬甸東路韓僑民團 ㊽261
관전보 寬奠堡 ㉙3
관전유적 寬甸遺蹟 ③457 466
관전호곡 官前號哭 ㊱12
관정 灌頂 ⑧488
『관정경』『灌頂經』⑨415
관제 冠制 ⑥31 32
관제이정소 官制釐整所 ㊷309
관준 寬駿 ⑫25
관찬사서 官撰史書 ⑰149
관찰사 觀察使 ㉓30 172 174 175 237 306 364
관창 官昌 ⑨3 53
관책 冠幘 ⑥248
관척 官尺 ㉔621
관천대 觀天臺 ㉗53 61
관철동 貫鐵洞 ㊻156
관청(영)수공업 官廳(營)手工業 ⑪58 ⑭426 ⑯53 54 ⑲10 348 360
관청공해전 官廳公廨田 ⑭188~192
관촉사석등 灌燭寺石燈 ⑰8 267 268
관촉사석조미륵보살입상 灌燭寺石造彌勒菩薩立像 ⑰273
관치행정 官治行政 ㊷246
관평각 觀平閣 ㊶216 296
관품 官品 ⑫194 ⑭50~52 58 61 ㉕71 81 83 97
관풍루 觀風樓 ⑫278
관학 官學 ①269 296 ⑫220 221 ⑯223 245 ㉓8 279 280 287 308 314 318 344
관학생 官學生 ㉓301 ㉕84
관향곡 管餉穀 ㊱172
관향군관 管餉軍官 ㉜168
관향모곡 管餉耗穀 ㉚354
관허농상회사 官許農桑會社 ㊴252 ㊹188
관헌 官憲 ⑫37
관현맹(인) 管絃盲(人) ㉗390 391 393 394
관현방 管絃房 ①499 ㉑455 457 470 486 492
관현악기 管絃樂器 ①502
관혜 觀惠 ⑨394 395
관혜공 觀惠公 ⑪178
관화 觀火 ㉗246
관후서 觀候署 ⑯321 ⑲18
「관휼사목」「寬恤事目」㉜139 ㉞215 ㊱162
관흔 官昕 ⑫59
『괄지지』『括地志』⑥230 ⑰118
광개토대왕릉 廣開土大王陵 ⑧329 333 340
「광개토(대)왕릉비」「廣開土(大)王陵碑」④181 182 199 200 ⑤2 3 6 13 57 58 60 67 69 75 83~85 94 97 172 180 200 208 212 ⑦4 66 141 278 282 284 301 379 387 ⑧116 117 125 137 206 298
「광개토대왕릉 비문」「廣開土(大)王(陵)碑文」⑥55 155 177 185 196 225 ㊵34
광개토왕 廣開土王 ⑤57 60 64 67~69 77 82 84 85 ⑦9 331
광개토왕릉 廣開土王陵 ⑥21
광개토왕비 廣開土王碑 ⑨586 ㊵34
「광견잡록」「廣見雜錄」㉟279
광고 廣告 ㊻36 37
광교산 光敎山 ㉙283
광교원 廣敎院 ⑯53 129
광교전투 光敎戰鬪 ㉙284
광교조합 廣橋組合 ㊺362 ㊿394 406
광구단경호 廣口短頸壺 ⑨536
광군 光軍 ⑫96 97 98 116 ⑬313~318 322 324 335 ⑮281 ⑯191 ⑰58
광군도감 光軍都監 ⑬314 316
광군사 光軍司 ⑫95~98 ⑬103 314 316 ⑮268 311
광나루 廣津 ㉔501
광대 廣大 ①281 ⑨617 ㉑505 506 ㉓53 ㉕195 197 202 ㉟549 560 567 576 622 51131

광대가 廣大歌 ㉟564 565 568 629
광대호 廣大號 ㊴35
광덕 廣德 ⑥222 ⑨406 465
광덕 光德 ⑫101 115 222
광동 廣東 ㊲32
광동군관학교 廣東軍官學校 ㊽272
광동무역(체제) 廣東貿易(體制) ㊲33 36~39 44 53 54 62 71 73 320
광동수사제독 廣東水師提督 ㊳135
광동촉성회 廣東促成會 ㊽182 183
광동학교 光東學校 ㊹385
광득 光得 ⑨483
광록시 光祿寺 ⑬100
광륭사 廣隆寺 ⑧483~485 488
광릉 光陵 ㉙280
광립 光立 ⑳168
광명갑 光明甲 ⑥250
광명두 光明頭 ㉑591
광명사 廣明寺 ⑯59~61 102 172 ㉖266
『광명현찬석』『光明玄贊釋』⑯42
광무(황)제 光武(皇)帝 ①361 365
광무감독 礦務監督 ㊷133
광무개혁운동 光武改革運動 ①356 363 365
광무국 鑛務局 ㊴64 95 99 130 175 ㊵187 ㊶115 159 ㊷109 110 ㊹80 208
광무농민운동 光武農民運動 ①356 361 363~365 ㊸520 523 528
광무대 光武臺 ㊺341 353 357 362 (51)358 365
광무사 光武社 ㊸300
광무사검 光武查檢 ㊷93
「광무신문지법」「光武新聞紙法」(51)81
광무양전 光武量田 ㊷93
광무학교 鑛務學校 ㊷110 ㊹183 ㊺46 (51)282
「광무학교관제」「鑛務學校官制」㊵305 ㊶161
광무협회 光武協會 ㊶265 309 376
광무호적 光武戶籍 ㊹350 356
광무황제 光武皇帝 ㊷235 238 239
광문사 廣文社 ㊸138 299 ㊻80 103
광문원 光文院 ⑫175 176 ⑰15
『광물계교과서』『礦物界教科書』㊻245
광법사 光法師 ⑧82
광법사 8각5층석탑 廣法寺八角五層石塔 ㉑389
광복군군영지 光復軍軍營地 ㊸334
광복군총영 光復軍總營 ㊽138 200 209 210 330
광복단 光復團 ㊻218 221 ㊼381 ㊽200 211 223 ㊿279
광복산성 廣福山城 ⑳176
광복진선 光復陣線 ㊿286~290 292~294 297 305 436
광복청년연성소 光復青年練成所 ㊼155
광복회 光復會 ㊼175 ㊾5
광산감독서 鑛山監督署 ㊶134
광산권 鑛山權 ㊼77
광산노동자 鑛山勞動者 ㊼92 93
광산세 鑛山稅 ㊹35
광산업 鑛產業 ㊼59
광산이권 鑛山利權 ㊶337 ㊹109
광산자본 鑛山資本 ㊼88
광산채굴권 鑛山採掘權 ㊹109
광산회맹소 光山會盟所 ㊸376 377
광상조사 鑛床調査 ㊼77
광석 鑛石 ③228
광선 廣船 ㉝229
광성 光成 ㊻172 185
광성상업학교 廣成商業學校 ㊹183
광성상회 廣成商會 ㊹191
광성학교 光成學校 ㊼187 380
광성회사 廣成會社 ㊴178 179
광세 鑛稅 ㊷336
광세 廣世 ⑫37
광수 光秀 ⑳88 90
광수의 廣袖衣 ㊹463
광수화 廣袖化 ㉛606 613

광신교역회사 廣信交易會社 ㊹206
광신학교 光新學校 ㊹387
광양 光陽 ⑫74 ㉘189
광양 김씨 光陽金氏 ⑫202
광양란 光陽亂 ㊱17 337 338 350~352 366 372 377 ㊲176 177 ㊴281
광업 鑛業 ⑫217 ㉔283 ㊼85 95 132
광업권 鑛業權 ㊹117 408
광업법 鑛業法 ㊹109 114 115 117 ㊼76 77
「광업법 및 시행세칙」「鑛業法 및 施行細則」 ㊹116
광업세 鑛業稅 ㉔431 ㊼77
광여도 廣輿圖 ㉖190 199
광연루 廣延樓 ㉗449
광원루 廣遠樓 ㉗465
광유후 光儒侯 ⑫189
광의단 光義團 ㊼211
광인 匡仁 ⑪197
광인(코우닌)조정 光仁朝廷 ⑨283
광인사 廣印社 ㊳188 ㊹180
광작 廣作 ①314 ㉝2 4 41 68~70 77 78 130 ㉞85 110 130 ㊱49 123~125 150 157
광작농민 廣作農(民) ①8 ㉝69 75 76
광장회사 廣藏會社 ㊹193
광정단 匡正團 ㊽283
광정원 光政院 ⑲20 21
광제륜 廣濟輪 ㊴39
광제사 廣濟社 ㊹192
광제원 廣濟院 ㊻307 ㊹394
광제원의학교 廣濟院醫學校 ㊻284 295
광제창생 廣濟蒼生 ㊲127 130 139
광조사 廣照寺 ⑪202 208 ⑯18 172
광조사진철대사보월승공탑비 廣照寺眞澈大師寶月乘空塔碑 ⑰289
광종 光宗 ⑫5 85 93 99 100 122 124 157 158 ⑬367 ⑯31~33 37 38
광종대사 낭혜 廣宗大師朗慧 ⑯17
광주 光州 ⑪108 114 126 ⑫60 61
광주 廣州 ⑨297 ⑩169 ⑪111 ⑫21 22 24 41 81 87 148 212 ⑮297 376 ⑲354 ⑳199 217 ㉝145 171 346
광주고등보통학교 光州高等普通學校 ㊾454 456 458 460~466
광주농업학교 光州農業學校 ㊾453 461 ~465 478
광주분원 廣州分院 ㉗531
광주사범학교 光州師範學校 ㊾454 461 462 464 478
광주서중 光州西中 ㊿255
광주성악연구회 光州聲樂硏究會 52375
광주야소병원 光州耶蘇病院 ㊻290
광주여자고등보통학교 光州女子高等普通學校 ㊾461 464 466 478
광주왕씨 廣州王氏 ⑫127
광주원군 廣州院君 ⑫88 90
광주원부인 廣州院夫人 ⑫41
광주유수 廣州留守 ㉜161
광주중학교 光州中學校 ㊾458 460~463 478
광주학생운동 光州學生運動 ①387 ㊾14 56 158 169 204 256 390 409 420 439 452 453 460 463 466~469 472 476 478 479 ㊿3 5 250 254 369~371 384
광주향안 光州鄕案 ㉛118
광증 廣證 ⑯49
광지대선사 지인 廣智大禪師 之印 ⑯60
광진부인회 廣進婦人會 ㊾275
광진홍신(히로즈 히로노부) 廣津弘信 ㉜469 471
광찌아 廣甲 ㊵55
광창양행 Bennet & Co. 廣昌洋行 ㊶130
광통교 廣通橋 ㉔497 ㉝380
광통사 廣通社 ㊷99 ㊹92 186 187
광평대군 廣平大君 ㉘188
광평성 廣評省 ①217 ⑪5 145 147 151 ⑫81 83 127 132 147 ⑬1 10 12 15 16

18 19 24 38 83 151 ⑮370 371
광포 鑛砲 ㉚579
광학국 鑛學局 ㊷110
광학보 廣學寶 ⑫93 ⑭470 ⑯217
광한단 光韓團 ㊽260
광해군 光海君 ㉙31 34 80 90 ㉞81
광해주(춘주) 光海州(春州) ⑫43 142
광형동모 廣形銅矛 ③17 321
광혜원 廣惠院 ㊳196 ㊴122 ㊺22 24 54 ㊻180 185 285 ㊼349
광화문 光化門 ㉗460 463 ㊵159
광화문 廣化門 ⑰248
광화문복소 光化門伏訴 ㊴291 295~297
광흥(강)창 廣興(江)倉 ⑬61 ⑭129 131 173 174 273 352 409 ㉓68 84 ㉔33 336 424 425 435 442 443 450 530 ㉘33 ㉚342
광희문 光熙門 ㉔497
괘릉 掛陵 ⑨519 520 546 ㉟139
괘서 掛書 ①331 ㊱12 91 96 100 102 110 111 119 131 132 165 184 196 198 202 254 276 290 291 346
괘석리 4사자3층석탑 掛石里四獅三層石塔 ㉑388
괴련철 塊鍊鐵 ③449 454 560
괴양 塊壤 ⑪111
괴양(산) 槐壤(山) ⑫21 22 24 81
괴정동유적 槐亭洞遺蹟 ③78 300 347 391 411
괴흥회사 槐興會社 ㊴178
괵국묘 虢國墓 ③297
교간 交奸 ㉜452
교계예양 Comity Arrangement 教界禮讓 ㊻167
교계제도 教階制度 ㊻147
교과서사용규정 教科書使用規定 ㊺173~175 181 190
교과용검정제도 教科用檢定制度 ㊺195
교과용도서검정(규정) 教科用圖書檢定(規定) ㊺173 175 176 179 186 188 194
교관 教官 ㉓289 307
교관겸수 教觀兼修 ⑯14 50 ⑱12 ㉑13 27
교관병수 教觀幷修 ①246 256
교관선 交關船 ⑨202 330 ⑪83 92
교관쌍수 教觀雙修 ⑯79
교구소 交龜所 ㉓172
교기 翹岐 ⑥104 108 159 249 ⑦154
교남교육회 嶠南教育會 ㊸7 225 ㊺77 126 184
교남학관 嶠南學館 ㊿228
교노비 校奴婢 ㉕203 207 213 ㉛165 167
교단도교 教團道教 ⑯281
교도 教導 ⑰45 46 ㉓149 291
교도관 教導官 ㉓306
교도권 教導權 ㉟120 125
교동 校洞 ②422 424 450 478 522 547 ⑧205 353
교동(동굴)유적 校洞(洞窟)遺蹟 ②413 425 435 437 449 456 479 509 522 528
교동별초 喬桐別抄 ⑳224
교동읍성 喬桐邑城 ㉛526
교량 橋梁 ㉔407
교련관 教鍊官 ㉚250 251 254 263 269 275
교련소 教鍊所 ㊳381
교로도감 橋路都監 ㉑190
교리강습회 教理講習會 ㊻198 204
교리학교 教理學校 ㊻151
교린 交隣 ㉒280 282 388 ㉔199 200 ㉜421 ㉝479 ㊲204 206 246 268
교린사 交隣司 ㊳38
교무소안 教務所案 ㊿213
교민단 僑民團 ㊿373~377
「교민조약」「教民條約」㊻5 143~145
교반작전 攪拌作戰 ㊸425
교방 教坊 ⑯153 ㉑458 544 ㉕201 ㉛585 586 ㊺362 ㊿394
교방고 教坊鼓 ⑨614
교방무대 教坊舞隊 ㉑491
교방사 教坊司 ㊿354

교방악 教坊樂 ㉑453 472 481 497 ㉗ 429
교보 校保 ㉓305 312
『교분기』『教分記』⑨394 ⑯31
『교분기석』『教分記釋』⑯30
교사 教師 ㉚251
교상판석 教相判釋 ⑯65 70
교생 校生 ㉓52 299 303 304 308~310 355 ㉕111 112 120 123 126 128 132 141 ㉛ 161 ㉜103 121 126 130 136 146 161 ㉞19 30~32 118 219 ㊱23 43
「교생낙강자 징포절목」「校生落講者 徵布節目」㉜306 ㊱33
교서 教書 ⑫168
교서감 校書監 ㉓57 58 ㉗212
교서관 校書館 ㉓29 58 69 88 103 289 305 325 ㉔295 306 425 426 429 ㉕74 ㉗196 197 215 ㉛499 ㉜90
교서청 校書廳 ㉒237
교선융합(사상) 教禪融合(思想) ⑯25~28 30 37 61
교선일치(사상) 教禪一致(思想) ⑫114 ⑯14 36~40 43 44 48
교섭공법 交涉公法 ㊲293
교수 教授 ㉓293 300 307
교수관 教授官 ⑰79 84 ㉓292 301 306
교술시 教述詩 ㉗7 329
교식추보법 交食推步法 ㉗86 88
교안 教案 ㊻5 132 139 141~143 145
교역사 交易使 ⑮372
『교우론』『交友論』㉛314 320 321 ㉜416
『교우자성』『教友自省』㊶180
교우촌 教友村 ㉟116 121
교웅 教雄 ⑯48 83 84
교원 校院 ㉜312
교원보솔 校院保率 ㉜313 370 371
교원사우 校院祠宇 ㉜372
교원속성과 教員速成科 ㊶20
「교원시험규칙」「教員試驗規則」㊶17
「교원심득」「教員心得」㊶17
교원양성소 教員養成所 ㊼152
교위 校尉 ⑩152 ㉕153
교유호리병 絞釉葫蘆瓶 ⑩168 219
교육개혁론 教育改革論 ㊳194
교육구국사상 教育救國思想 ㊸231
교육구국운동 教育救國運動 ㊸8 204 211 213 217 228 285~287 296 325 ㊺ 51 121
「교육령」「教育令」㊼272
「교육에 관한 칙어」「教育에 關한 勅語」㊶18 152
「교육입국조서」「教育立國詔書」㊵249 250 ㊶283 ㊺45
「교육입국조칙」「教育立國詔勅」①353
교인 巧人 ㉑258
교인석도 交刃石刀 ③198 199
교일기 喬一琦 ㉙232
교임 校任 ㉓305 307 ㉞119
교자 餃子 ㊹483
교장 教藏 ⑯121 122
교장도감 教藏都監 ⑫219 ⑯72 126~130
『교장총록』『教藏總錄』⑯71 74 75 77 125 127 130~133 136
교전소 校典所 ㊵286 ㊷41~44 ㊹422
교정도감 教定都監 ⑬37 ⑱4 5 65 66 68 89 91 152~157 159 162 206 ⑲17 ⑳160 161
교정별감 教定別監 ⑱2 5 65 69 94 110 117~119 152~155 157 176
교정소 校正所 ㊷43 ㊹422
교정소 教定所 ⑱156
『교정영가집설의』『校定永嘉集說誼』㉖268
교정청 校正廳 ㉒211 ㊴94 409 ㊵152 154 ㊹419
교조신원(운동) 教祖伸寃(運動) ㊱17 354 357 358 364 ㊻191
교종 教宗 ①246 247 256 443 448 ⑨ 538 ⑫72 74 112 ⑯11 25 28 29 35 41

43 58 66 73 95 197 ㉖252 253
교주강릉도 交州江陵道 ㉓129
교중회 校中會 ㉛127
교지(전지) 敎旨(傳旨) ㉒84 206
교통국 交通局 ㊽11 128 321
교통로 交通路 ⑩26 74 78 149 171 199 ~201
교풍회 矯風會 ㊽52
교하 交河 ㉚539
교하농상사 交河農桑社 ㊳160 ㊹180
「교하농상회사절목」「交河農桑會社節目 ㊴ 252
교학 敎學 ①283 ⑰45 46 ㉓291
교환국 交換局 ㊴98
교회당 敎會堂 ㊼371
교회사지도 Carte de Histoire Sacrée 敎會史地圖 ㉜518
교회지도서 敎會指導書 ㊻146
교회활동 敎誨活動 ㊻5 140
구 裘 ⑧436
구가 狗加 ④202 205 211
구가 舊歌 ㊿301
9간 九干 ⑦314 418
구갑 龜甲 ⑥240
구갑문 龜甲文 ⑧267
구개모음화 口蓋母音化 ㉟291
구개음화 口蓋音化 ㉗376 379
구결 口訣 ①411 ⑨440 442 ⑰133 ㉑ 230~232
구결토 口訣吐 ㉑237 238 240~243
9경 九經 ⑯223 ㉑128
9공신 九功臣 ⑲177 215 216
구관당상 句管堂上 ㉚190 195 ㉜305
구굉 具宏 ㉙276 ㉚72
구교운동 仇敎運動 ㊲194 ㊷175
구국 舊國 ⑩2 5 28 36 148 177 178 180 206
구국교육운동 救國敎育運動 ㊺127 129 131 132 135 136 151 ㊼133 147 ㊿429
구국당 救國黨 ㊾196
구국모험단 救國冒險團 ㊽320
구국미 救國米 ㊾246
구국청년연맹 救國青年聯盟 ㊾407
구군적 舊軍籍 ㉜106 109 110 112 119
구귀가융(구키 요시다카) 九鬼嘉隆 ㉙21 63 196
구극 舊劇 ㊿130 301 358
『구급간역방』『救急簡易方』㉖107
『구급양방』『救急良方』㉗141
구기리마애석가여래상 舊基里磨崖釋迦如來像 ⑰8 274
구나한국 狗那韓國 ⑦378 379 381
「구나행」「驅儺行」㉑261
구낭굴 ②49 109 110
구다국 句茶國 ④187 ⑤39
구당관 勾當官 ⑫225 ⑮373
구당사 勾當使 ⑳116
『구당서』『舊唐書』③555 557 ⑤213 216 ~218 ⑦141 ⑨295 ⑩17 18 27 45 46 48 49 117 196 240 ⑪25 ㉖139
구당신라소 勾當新羅所 ⑨324 328
구덩무덤 土壙墓(土葬墓) ③123 172 417 418
구도 俱道 ⑦25
구도성 仇刀城 ⑦214
구두 句讀 ㉓285 ㉟288
구드쉬미트 Gutschimdt ㊶90
구들 ③557 ㉕353 354
9등연분제 九等年分制 ㉔91
9등호제 九等戶制 ①203 ⑤202 ⑪53 ⑭ 389
『구라철사금자보』『歐邏鐵絲琴字譜』㉟ 563 585
「구라파국여지도」「歐羅巴國輿地圖」㉜522
구려 句麗(驪) ⑤18~20 23 24 29
구례 求禮 ㉚537
구례모라(성) 久禮牟羅(城) ⑦354~356
구례산 久禮山 ⑦283

「구례향교서재안」「求禮鄕校西齋案」㉞19
구로다 기요타카 黑田淸隆 ㊳235 ㊵28
구료 救療 ㉕359 363
구료소 救療所 ㉕368 383
구룡산사 九龍山祠 ⑯46 341
구루 暑漏 ㉗87
구루 溝漊 ⑤23 28
구릉성 丘陵城 ③438 442
구리개 ㉔497
구림 鳩林 ⑦24
구립소학교 區立小學校 ㊸292
구마노리성 久麻怒利城 ⑥160
구마라집 鳩摩羅什 ⑧51 ⑨567
구망씨 句芒氏 ㉖231
구멍무늬토기 孔列(有孔)土器 ①180 ②421 455
구무소 區務所 ㊴148
구묵상주철 球墨狀鑄鐵 ③563
구문 口文 ㊴174~177
구미공례 歐美公例 ㊲288
구미위원부 歐美委員部 ㊽134
구민은윤음 求民隱綸音 ㉜324
구법당 舊法黨 ㉘266 ㉚61
구법승 求法僧 ⑦129
구베아 Alexandre de Gouvea ㉜485 490 491 ㉟103
구변국 久邊國 ㉒427 429 430
구병시식 救病施食 ㉖277
구복 丘福 ㉒249 257
구본신참 舊本新參 ㊶244 ㊷90 ㊹418 422 447
구본웅 具本雄 ⑤328
구봉령 具鳳齡 ㉘332 ㉚38 45
구봉리유적 九鳳里遺蹟 ③76 216 412
구부기 九部伎 ⑧371 378
구부악 九部樂 ⑧378
구분전 口分田 ⑪57 ⑭6 8 81 83~85 89 91 92 95 105 209 210 213 225~230 237 ⑮102 247 ⑲274 ㉔18~20 39 47 218 440 ㉘34
구비(법) 廐肥(法) ⑭329 ⑲339
구비문학 口碑文學 ①420 421 423~425 428
구비제조법 廐肥製造法 ㉔107
구사 丘史 ㉓299 367 ㉕127 214 219 224 ㉘16 17
구사(경산) 仇史(慶山) ⑫30 55 57
구사군 仇史郡 ⑫34 62
구사맹 具思孟 ㉞50
구사모라 久斯牟羅 ⑦354 355
구사안 具思顔 ㉞50
구산사 龜山寺 ⑯57 61
구산선문 九山禪門 ⑯20 67 95 96 197
구산지법 口算之法 ㉜307
구산진 龜山鎭 ㉜164
『구삼국사』『舊三國史』①130 ⑧50 ④52 ⑰6 175 184 185 204 225 ㉑300 301 305 306
『구삼국사기』『舊三國史記』⑥242
구 상 具常 ⑤274
구상조 具相祖 ㊴472
구생관계 舅甥關係 ⑩39 70
구생정토 求生淨土 ㉑75 95
9서당 九誓幢 ⑨4 70 90 134 136 137 182 544
구서동유적 久瑞洞遺蹟 ③488
구선(거북선) 龜船 ㉔349 360
구선복 具善復 ㉜82 99
『구선집』『求善集』⑰206
구성 龜城 ⑫95
구성금광 龜城金鑛 ㊶132
9성 九城 ⑫249 249 251 ⑮317 327 329 350
구성광산 龜城鑛山 ㊹112
구성군 준 龜城君 浚 ㉒118 119 132 135 136
구성부 龜城府 ㉒155
구성산성 龜城山城 ㉙185

구성우 具成祐 ⑲42 47
구세교학당 救世教學堂 ㊶220
구수담 具壽聃 ㉘200
구수병축론 俱收並蓄論 ㉚62
구순각목문 口脣刻目文 ①101
구스노세 유키히코 楠瀨幸彦 ㊶33
『구시결』『口示訣』⑯322
구악 舊樂 ㉛301
구야국 狗耶國 ⑥27 ④39 265 ⑦282
296 300 322 328
구양성 狗壤城 ⑦29
구양수 歐陽脩 ①299 ㉚61 76 ㉜43
구양순 歐陽詢 ⑰8 289 291
구양순체 歐陽詢體 ㉟485
구언 求言 ㉒97 ㉚237 338
구언교 求言教 ㉜313 325 332 333 338
432
구여순 具汝淳 ㊼358
『구역인왕경』『舊譯仁王經』㉑231 232
234 238 239 241
구연수 具然壽 ㊽49 53
구연영 具然英 ㊸382
구연융기대문토기 口緣隆起帶文土器 ②562
구연흠 具然欽 ㊽194 ㊾88
구 영 具瑩 ㉙286
『구오대사』『舊五代史』⑮277
구완희 具完喜 ㊸82 373
구왕궁아악부 舊王宮雅樂部 ㊾350
구요(당) 九曜(堂) ①250 256 ⑯280～
282 291～293 299 336
구요제 九曜祭 ㉟164
구용우 具龍祐 ㊾461
『구운몽』『九雲夢』①307 ㉛434～437 ㉟
409 414 416 419
구원광업주식회사 久原鑛業株式會社 ㊼
78 77
「구월산별곡」「九月山別曲」㉗339
구월산 삼성사 九月山三聖祠 ㉖109 ㊻215
9월총파업 九月總罷業 ㊾157 177 193
247 250 394
9월테제 九月These ㊾103～105 167 355
㊿148 163
구유식 舊唯識 ⑨363 365
구의동 九宜洞 ⑦220
구의동유적 九宜洞遺蹟 ③450
구이신왕 久爾辛王 ⑦143
구인 驅人 ㉝441 449
구인교혼설화 蚯蚓交婚說話 ⑪114
구인기 具仁墍 ㉚262
구인재(주례) 求仁齋(周禮) ⑫249
구인후 具仁垕 ㉙276 ㉚72
구 일 丘日 ⑨612
구일원 具一元 ㉙291
9·18사변(만주사변) 九·一八事變(滿洲
事變) ㊽341 ㊿315 347
구임 久任 ㉞185
구임관 久任官 ㉒122 ㉓59 ㉞84
구임법 久任法 ㉜83 90
「구임절목」「久任節目」㉞189
구임제 久任制 ㉔306
구임직 久任職 ㉓289
구자 口子 ⑲64 65
구자기 龜兹伎 ⑧377
구자익 具子益 ㊼385
『구장』『九章』⑨427 ⑬395
구장기별기 九張機別伎 ㉑460 476 498
9장복 九章服 ㉕298 301
9재 九齋 ①443 ⑯223 224 229 ㉑128
9재노비 九齋奴婢 ㉓293
구재수 具在洙 ㊾169 444
9재학당 九齋學堂 ①247 ⑫220 ⑯270
⑰55 60 66 ㉑128
구저 久氐 ⑥38 ⑦375 376
구전 口錢 ㉜9 129 148 149 152 307
331 334 370 ㉟237 ㊱32
구전설화 口傳說話 ⑰202 ㉗361
구전수직 口傳授職 ⑱169
『구점문』『舊占文』⑯368

구정 毬庭 ⑰248 ⑱202 ㉑512 552
구정동(리)유적 九政洞(里)遺蹟 ③389 451~453 461
구정리 九政里 ⑦35
구제도감 救濟都監 ⑮171 ⑰124
구족달 具足達 ⑰289
구종곤 具鍾坤 ㊼254
구종수 具宗秀 ㉒47
구주 龜州 ⑫211 ⑬345 ⑮334 ⑱183 ⑳94 173 190 214
9주 5소경 九州五小京 ⑨128
구주제국대학 九州帝國大學 ㊺107
구주탐제 九州探題 ⑳414 ㉒264 274~276 370 375 382 386 395 399
구준 寇準 ⑮234 235
구중 俱中 ㉓341
구중회 具中會 ㊼358
구지(봉) 龜旨(峰) ⑦15 313 419
구지가 龜旨歌 ⑦313 ⑧154 157 161 162 165
구지하성 久知下城 ⑥84 183 196
구 진 具鎭 ⑫83
구차(국) 久嗟(國) ⑦298 345 361 368
구참공 瞿昰公 ⑨398
구천 狗川 ⑥127 157 ⑦107
구청 求請 ㉜432
구총 口摠 ㊱2 26 36 38 40 41 47~49
구춘선 具春善 ㊼384 385 ㊽139 203
구충당 求忠堂 ㉚ 571
구치관 具致寬 ㉒132 ㉞50
구치의 具置義 ⑪84
구치홍 具致洪 ㉞50
구칠 仇柒 ⑦416 ⑨298 306
구 탄 丘坦 ㉙224 225
구태(우태) 仇台(優台) ⑥15 16 18 228 241
구태묘 仇台廟 ⑧24
구파(법) 口疤(法) ㉜333 361 371 372
구파해 仇頗解 ⑥21
구평리 舊坪里 ②443 447 464 478
구평리패총 舊坪里貝塚 ②406 493 497 498
구포론 口布論 ㉜129 307
구포장 龜浦場 ㉝477
구포저축주식회사 龜浦貯蓄株式會社 ㊹190
「구포절목」「救布節目」㊱167 173 174
구피계공인 狗皮契貢人 ㉝350
구학 舊學 ㊻103 106
구해 仇亥 ⑦51 111 238 353
구향 舊鄕 ㉞34 39 103 232 258 ㊱4 141 142 288 358 ㊴242
구향층 舊鄕層 ㊹406
구현시 求賢試 ㉓328 335
구형왕 九衡王 ⑦303
구형호 球形壺 ⑧343
구호 口號 ㉑464 477
구황 救荒 ㉕362 367 ㉘71 ㉚324 341 ㉝240
구황리사리외함 九黃里舍利外函 ⑧258
『구황벽곡방』『救荒辟穀方』㉕335
구황식물 救荒食物 ㉕335 365~367
구황염 救荒鹽 ㉔369
구황절목 救荒節目 ㉚338
구황청 救荒廳 ㉔432 ㉕368
『구황촬요』『救荒撮要』㉕335 353 ㉚354
구휼노비 救恤奴婢 ㉘149
구휼정책 救恤政策 ⑫261
국가 國歌 ㊷31 ㊺117 328~330
국가(State) 國家 ④11 14 25 27 38
「국가보안법」「國家保安法」㊾396
국가봉납대회 國歌奉納大會 ㊿320
국가부원증진책 國家富源增進策 ㊸281
국가신도체제 國家神道體制 ㊿151
국가신분체제 國家身分體制 ㉕69
국가재조 國家再造 ㉜30 39 ㉛355 357 ㉟214 229 230
「국가총동원법」「國家總動員法」①379 ㊿2 19 22 41 42 47 48 100 235 ㊿350

『국가학』『國家學』 ㊺220
국경수비대 國境守備隊 ㊼134
국경인 鞠景仁 ㉙51 157 160 170
국고금제도 國庫金制度 ㊹243
국고은행 國庫銀行 ㊷319
국고증권 國庫證券 ㊷335
국고증권채 國庫證券債 ㊸135 136
국고직 國庫直 ㉓156
국곡 國穀 ㊱221
국(골)씨 國(骨)氏 ⑥230
국공합작 國共合作 ㊾75
국교 國教 ①446 447
국군준비대 國軍準備隊 52152
국권수호운동 國權守護運動 ㊸108 51217
국권회복단 國權回復團 ㊼148 152 162 163 176
국권회복운동 國權回復運動 ㊳253 ㊸7 181 210 223 238 277 319 327 ㊼129 135 141 145 147 168 169 177 241 249
국극사 國劇社 52351 375
국극협단 國劇協團 52375
국극협회 國劇協會 52352 356 375
국기 國伎 ⑧377
국기 國旗 ㊳345
국납 國納 ㉜288
국내공작위원회 國內工作委員會 50467
국내성 國內城 ③438 ⑤15 105 109 132 185 189 ⑧284 297 ⑪221
국내외전기 國內外戰紀 ㊸214
「국내우체규칙」「國內郵遞規則」 ㊵294
국내전보규칙 國內電報規則 ㊴123
국내진공작전 國內進攻作戰 ㊼302 410
국내진입(작)전 國內進入(作)戰 ㊽208 214~216 224 227 239 265 276 278 296
「국내철도규칙」「國內鐵道規則」 ㊹56 236
국노 國老 ⑨70 368
국도 國都 ⑫70
국도풍수 國都風水 ㉟311
국둔전 國屯田 ⑳79 ㉒127 ㉓39 ㉚464
국리민복 國利民福 ㊸315
국립국악원 國立國樂院 ①506 52351
국립극장 國立劇場 52376
국립서울대학 건설 반대투쟁 國立서울大學建設反對鬪爭 52177
「국립은행조례」「國立銀行條例」 ㊹14
국립의학교 國立醫學校 ㊴122
국모신신앙 國母神信仰 ㉑304
국무(당) 國巫(堂) ⑯372 ㉑181 ㉖62 230 232 ㉗20 158
국무부 國務部 52138
「국무원유고문」「國務院諭告文」 ㊽124
국무위원제 國務委員制 50441
『국문강의』『國文講義』 ㊺228
「국문관계론」「國文關係論」 ㊸319
국문교과서 國文教科書 ㊸319
국문교육 國文教育 ㊸319
국문동식회 國文同式會 ㊶316 ㊻42 ㊺7 232 258
「국문론」「國文論」 ㊺229 231
국문문학 國文文學 ①420 421 423~425 428
『국문보』『國文報』 ㊺228
국문소설 國文小說 ①423 425 ㉞124 ㊺307
국문시가 國文詩歌 ①427
「국문연구의정안」「國文研究議定案」 ㊸318 ㊺238 239 244
국문연구소 國文研究所 ㊸318 ㊺7 224 233~239 246 249 256 51106
「국문일정의견」「國文一定意見」 ㊺235
국문자모호마타법 國文字母號碼打法 ㊳195 ㊴123
국문자전 國文字典 ㊺233
국문전신부호 國文電信符號 ㊻272
국문편지 國文便紙 ㉗318
국문학교 國文學校 ㊸287
『국문현토신고강의』『國文懸吐神誥講義』 ㊻217

국미적성회 掬米積誠會 ㊸152
『국민』『國民』㊼405
국민개로운동 國民皆勞運動 ㊿105
국민개병 國民皆兵 ㊷253
국민계몽운동 國民啓蒙運動 ㊸211 215
국민과 國民科 ㊿52
국민교육회 國民教育會 ①363 ㊸86 182 185~188 193 205 206 224 225 283 285 286 290 312 ㊺42 43 77 113 125 126 184 271
국민국가수립론 國民國家樹立論 ㊳124
국민군단 國民軍團 ㊼170 255 ㊽280
「국민근로동원령」「國民勤勞動員令」㊿109
「국민근로협력령」「國民勤勞協力令」㊿106 108
국민단합회 國民團合會 ㊼240
국민당 國民黨 ①394 52112 118 129 135 140 178~182 184 186 ㊾8
국민대표회(의) 國民代表會(議) ①382 ㊽ 11 140 142~144 146~167 169 171 173 279 299 51183
국민대표회기성회 國民代表會期成會 ㊽142
국민대회 國民大會 ㊽108 109 113 115 117 ㊾64 52125
「국민대회청원서」「國民大會請願書」㊼317
국민동맹회 國民同盟會 ㊼240 244
국민문학 國民文學 ⑨461
『국민보』『國民報』㊻74 ㊼12 153 170 173 226 ㊿379 380
국민보통학교 國民普通教育 ㊺33 53 55
국민복 國民服 51397 401 402
국민부 國民府 ㊽7 313 ㊿306 309 310 313~315 319 321 323 352 364
국민사범학교 國民師範學校 ㊸186 286
『국민소학독본』『國民小學讀本』㊺160
『국민수지』『國民須知』㊸187 191
『국민신보』『國民新報』㊻61 66 70 79 ㊾46 5165
국민신보사 國民新報社 ㊸312
국민야학교 國民夜學校 ㊸287
국민위원회 國民委員會 51183
국민의용대 國民義勇隊 ㊿50
국민의회 國民議會 ㊽10 320 52136
국민일보 國民日報 ㊼405
국민자유권사상 國民自由權思想 ㊳74
「국민정신총동원 조선연맹 강령」「國民精神總動員朝鮮聯盟綱領」㊿47
국민정신총동원(조선)연맹 國民精神總動員(朝鮮)聯盟 ㊿92 220 234
「국민정신총동원령」「國民精神總動員令」㊿229
국민정신총동원운동 國民精神總動員運動 ㊿3 47~50 60 68 70 104
국민정신총동원조선연맹 國民精神總動員朝鮮聯盟 ①379 51237
국민주권론 國民主權論 ㊳74
국민주권사상 國民主權思想 ㊳74
『국민지우』『國民之友』5165
「국민직업능력신고령」「國民職業能力申告令」㊿100
「국민징용령」「國民徵用令」㊿41 409 51 350
국민참정권 國民參政權 ㊳74 ㊸265 273
국민총력근로보국대 國民總力勤勞報國隊 ㊿106
국민총력연맹 國民總力聯盟 ㊿234
국민총력운동 國民總力運動 ㊿49 50 57 61 68~70
국민총력조선연맹 國民總力朝鮮聯盟 ㊼ 121 ㊿234
「국민학교규정」「國民學校規定」㊿51
국민협회 國民協會 ㊽52 341 ㊾48 5177
국민회 國民會 ㊻72 73 ㊼196 200 205 206 243 245 246 250 256~258 260 ㊽54 327 ㊿378~382 384~390 395 396 51246
『국민회보』『國民會報』㊼338 340
「국민회장정」「國民會章程」㊼257
국민회중앙총회 國民會中央總會 ㊼257

국반 國班 ㉓182
국방부인회 國防婦人會 ㊿220
국변성 國辯成 ⑥100
국별장 局別將 ㉚245
국보호적 國寶戸籍 ⑮77
「국부론」「國富論」㊲42 ㊺207
국분사 國分寺 ⑯174
국사 國士 ⑦259 267
국사『國史』 ⑦97 413 ⑧56 129 ㉑340~342 344 347 349 350 353 360 ㉖117 134
국사 國師 ⑫73 112 114 218 219 ⑯65 66 91 92
국사 國社 ⑧20 ㊷31
국사 國祀 ㉛231
국사교과서 國史敎科書 ㊸321
국사당 國祀堂 ㉟161 178
「국사당시대중급유지비」「國師當時大衆及維持費」⑲246 372
국사대왕(산신) 國師大王(山神) ⑯365
『국사대요』『國史大要』㊸236
국사편찬 國史編纂 ⑨16 ⑪8
국사편찬위원회 國史編纂委員會 ㉖181 201
국상 國相 ⑤31 32 34 37 47 148 149 151~154 156 164 168 179 ⑫203
국상제 國相制 ⑤34 155 156
국서 國書 ⑩1 7 30~39 49 51 61~63 65 70 71 125 126 191 244 ⑮246 253 289 291 370 378 ㉜430
국서개작사건(유천일건) 國書改作事件(柳川一件) ㉜433 434
국서수리교섭 國書受理交涉 ㊲207 282
국서제정식 國書提呈式 ㊳140 142
국선 國仙 ㉑461
국선도 國仙道 ⑨461 465
『국선생전』『麴先生傳』⑱12
「국성론」「國性論」㊶226
국세조사 國勢調査 ㉝15 18
국세필 鞠世弼 ㉙52 157 170
국소대형 國小大兄 ⑤73
국수 ㉛624
국수보복 國讐報復 ㊸367
국수요리 ㉕331
국수장국상 ㉛622
국수회 國粹會 ㊾259
국시건의소 國是建議所 ㊸82
국시유세단 國是遊說團 ㊸315
국신 國贐 ⑲383 395
국신도감 國贐都監 ⑲48
국신마 國贐馬 ⑲395
국신물 國信物 ⑮281 284 298 341
국신사 國信使 ⑮277 288 289
국신사 國神寺 ⑨396 ⑪176
국신색 國贐色 ⑲391
국악 國樂 ①497 ⑧365 ㊺334 335
국악건설본부 國樂建設本部 52351 375
국악사 國樂師 ㊺334
국악원 國樂院 52351 366
국악위원회 國樂委員會 52340 344
국악회 國樂會 52351
국어강습소 國語講習所 ㊶99
국어국문운동 國語國文運動 ㊸318~320
국어규범 國語規範 ㊺233
국어독본 國語讀本 ㊺186
『국어문법』『國語文法』㊸318 ㊺7 228 253~260 ㊶45 107
『국어문전음학』『國語文典音學』㊸318 ㊺7 255 259
『국어보정』『國語補正』㉒75 76
『국어어전』『國語語典』㊺186
국어연구학회 國語硏究學會 ㊶99
국역 國役 ㉔7 8 480 481 ㉕37 69 83 104 144 145 ㉜103 ㉝162 247 317 ㉞106
『국연정재창사초록』『國讌呈才唱詞抄錄』㉟595
국영농장제 國營農場制 ㉟248
국왕위원 國王委員 ㊲281
국외중립 國外中立 ㊷223

국용전 國用田 ㉔435 437 ㉘35 ㉚464
국원 國原 ⑧374 ⑫24
국원경 國原京 ⑳228
국원공 國原公 ⑫228
국원성 國原城 ⑤70 ⑦108 ⑨151
국원소경 國原小京 ⑦7 108 ⑪49
국유론 國有論 ㉝82
국유림 國有林 ①75 ㊼75 131
국유미간지이용법 國有未墾地利用法 ㊷303 ㊸134 ㊹145
국읍 國邑 ①134 ④207 267 269 ⑥23 185 ⑦40
국의 鞠衣 ㉕304 307 308
국인 國人 ⑦87 89 ⑩38 107 138 156
국일관 國一館 ㊹476
국자감 國子監 ⑨319 ⑩186 187 189 ⑫153 221 ⑬420 ⑮25 57 291 ⑯221 223 228 229 245 256 270 364 ⑰1~3 13~21 27 30 33 38 41 43 57 68 69 97 100 112 ⑱221 ⑲18 142 ㉕124 125
국자감시 國子監試 ⑫213 ⑬6 371 372 ⑰21 22 27 33 40 57 69 ㉓317 339 348
국자박사 國子博士 ⑤56 163 ⑰18 34
국자사업 國子司業 ⑬432
국자전학 國子典學 ⑰35
국자조교 國子助教 ⑰34 35
국자좨주 國子祭酒 ⑰21 34
국자학 國子學 ⑰33 ⑫192 194 ㉓279 317~319
국자회사 麴子會社 ㊷106 ㊹189
국장 國葬 ㉛205
국전제 國田制 ㊷76
국정교학 國定教學 ㉛346 347
「국제」「國制」㊷45 48
국제공법 國際公法 ㊷49 ㊸85
『국제공법지』『國際公法志』㊺222
국제공산청년동맹 國際共産青年同盟 ㊾372
국제기년복 國制朞年服 ㉚102 113
국제기년설 國制朞年說 ㉚106 111
국제연맹 國際聯盟 ㊽104 125 127 133
국제우편업무 國際郵便業務 ㊹230
국제통상 國際通商 ㊳183
국제통화 國際通貨 ㊳183
국제평화주의 國際平和主義 ㊼235
국제협회 The Foundation of Internationalism 國際協會 ㊸70
국조묘 國祖廟 ⑧33
『국조문과방목』『國朝文科榜目』㉜212
『국조문헌』『國朝文獻』㉟80 81
『국조방목』『國朝榜目』㉓337 ㉕252 272 274
『국조보감』『國朝寶鑑』㉒130 ㉛381 ㉜275 ㉟204 205
『국조속오례의』『國朝續五禮儀』㉗470
『국조역상고』『國朝曆象考』㉟358
『국조오례서례』『國朝五禮序例』㉙189
『국조오례의』『國朝五禮儀』①444 ㉒139 ㉕299 302 ㉖23 26 31 213 ㉗111 46 ㉘268 270 343 ㉚100 102 ㉛5 172 174 179 184 191~193 570 571 575 604 606 ㉟192
『국조오례의서례』『國朝五禮儀序例』㉓266 267 269 ㉗106 232 513
국조왕 國祖王 ⑤28
『국조유선록』『國朝儒先錄』㉘ 332
『국조인물지』『國朝人物志』㊺267
국중대회 國中大會 ①135 497 ⑤33 ⑧16
국직 國稷 ㊷31
국창 國倉 ㉘44
국채모집 國債募集 ㊳342
국채보상가 國債報償歌 ㊺119
국채보상검사소 國債報償檢査所 ㊸145
국채보상기성회 國債報償期成會 ㊷327 ㊸138 ㊻81
국채보상부인회 國債報償夫人會 ㊸153
「국채보상부인회취지서」「國債報償婦人會趣旨書」㊸149
국채보상연합회의소 國債報償聯合會議所 ㊸145

국채보상운동 國債報償運動 ㊸6 137~140 142~144 146~150 154 155 227 281 296 299~301 ㊹32 53 206 ㊻80 ~83 93
국채보상의무소 國債報償義務所 ㊸152 153
국채보상조사회 國債報償調査會 ㊸145
국채보상중앙의무사 國債報償中央義務社 ㊸139
국채보상지원금총합소 國債報償志願金總合所 ㊸145 147 301
「국채보상취지서」「國債報償趣旨書」㊸145
국채보상회 國債報償會 ㊸139 143
국채비 國債費 ㊷346
국채위임장 國債委任狀 ㊳392
국책극 國策劇 ㉛376
국청사 國淸寺 ⑨325 ⑫238 ⑯41 71 72 78~81 84 176 ⑰245 ㉑339
국치기념일 國恥紀念日 ㊼219
국태공 國太公 ㊲144 ㊴340 372 452
국통 國統 ⑧2 ⑯86 92
국판문 菊瓣文 ㉗503
국폐 國幣 ㉘75
국학 國學 ①203 442 ⑥129 ⑦179 268 413 ⑨8 91 600 608 ⑪15 20 21 35 36 39 40 51 ⑫151 153 249 ⑯221 222 ⑰1 14 22 23 38 ㉓279 344 ㉖38
국학 7재 國學七齋 ⑰23 27 29 41 70
국학파 國學派 ㉛117 118 121 125
국학학유 國學學諭 ⑱231
국한문삼일신고 國漢文三一神誥 ㊻217
『국한문신단민사』『國漢文神檀民史』㊻217
국한문체 國漢文體 ㊺290 292
국한문혼용체 國漢文混用體 ㉛358 363 ㊺232
국행불사 國行佛事 ㉖269
국행수륙전 國行水陸田 ㉘34
국호 國號 ㉒25 289 ㊷19
국혼 國婚 ㉕81
국혼 國魂 ㉛133 135
국화판 菊花瓣 ㉗493 494
국회선거위원회 國會選擧委員會 ㊷409
「국회의원선거법시행세칙」「國會議員選擧法施行細則」㊷409
「국회의원선거법」「國會議員選擧法」㊷409
군 裙 ⑧435 ㉕318 319
군계학습 軍械學習 ㊳128
군계학조사 軍械學造事 ㊳125 130 134 320
군곡리유적 郡谷里遺蹟 ③346 377 461 503
군곡리패총 郡谷里貝塚 ③345 405 470 480 481 484 485
군공 軍功 ㊱24 257
군공가초별단 軍功加抄別單 ㉞146
군공논상 軍功論賞 ㉛142 148
군공면역 軍功免役 ㉕148
군공면천 軍功免賤 ㉞144 145
「군공사목」「軍功事目」㉞145
군공청 軍功廳 ㉙136 ㉛143
군관 軍官 ⑨60 ㉓309 351 ㉕152~155 ㉚245 263 269 273 ㉜123 138 163 165 183 184 190 191 ㉞28 29 31 90 ㉞104
군관포 軍官布 ㉜164 180
군교 軍校 ㉕111 113 121 123 152 ㊱259 263 264 267
군국기무아문 軍國機務衙門 ㊳47
군국기무처 軍國機務處 ①351 352 ㊳43 ㊴61 94 423 427 ㊶176 276 ㊵6 8 42 145 158 159 162 164 166 169 170 175 177 178 182 184 186 188 189 191 193 197 200 218 ㊹43 334 337 338 346 369 370 418 420 424 ㊺27 29 159
「군국기무처장정」「軍國機務處章程」㊵167 168
군국미담 軍國美談 ㊵49
군국주의 軍國主義 ㊼101
군기 軍旗 ㊷31 55
군기감 軍器監 ①273 ⑬62 ⑭49 68 419

422 424 427 ㉓43 96 257 258 262 263 ㉔5 213~217 221 224 230 233 235 236 297 ㉕204 ㉖250 ㉗238~244 246 252
군기도감 軍器都監 ㉚556
군기시 軍器寺 ①237 ⑨184 185 ⑭15 419 ㉓69 96 97 112 260 262 ㉔268 425 426 ㉗242 ㉚504 547 556 ㉜170 ㉝392
군기주부 軍器注簿 ⑫200
군기처 軍機處 ㊲331
군담소설 軍談小說 ①307 ㉛8 ㉟418
군대(사)통솔권 軍隊(事)統率權 ㊼34 35 50
군대해산 軍隊解散 ㊻89 ㊼9 137
「군대해산령」「軍隊解散令」㊼240
군도 群盜 ㉘64 65 ㊱120 132
군두 群頭 ⑤6 182 ㉔10 556 564~566
군둔전 軍屯田 ⑭142 149 150 192 193 196 199 203 241
군량 軍糧 ㉓355
군량미 軍糧米 ㊱283
군령 軍令 ㉓251
군령권 軍令權 ⑥173 188 ㉓248 253 ㉚282 ㊷55 ㊼114
군례 軍禮 ⑥189 ⑯271 272
군리 郡吏 ⑨134
군목도 軍目道 ⑲60 61
군무 群舞 ⑧384
군무국 軍務局 ㊷55
군무도독부 軍務都督府 ㊽218 200 203 207 226 241 242 253
군무사 軍務司 ㊳38 ㊴92
『군무요령』『軍務要領』㊼250
군문논상제 軍門論賞制 ㉚563
군문대장 軍門大將 ㉜215
군문혁파 軍門革罷 ㉜127 152
군물사 軍物司 ㊳38
군반씨족 軍班氏族 ⑬5 294 295 298~302 303 311 326 353 354 ⑭244 ⑮51
군반(제) 軍班(制) ⑫187 ⑭244 ⑮39 ⑳21
군벌 軍閥 ⑫11 ⑮230
군벌세력 軍閥勢力 ㊼101
군법국 軍法局 ㊷57
군법제정 軍法制定 ㊷53
군법체조 軍法體操 ㊼250
군보미 軍保(米) ㉓357 ㉜122 180 ㉝428 ㉞20 28 32 207
군보자지 軍保子枝(支) ㉞20 28
군부 群副 ㉔556 564~566
군부 軍部 ㊷56 253
「군부관제」「軍部官制」㊷56 57
군부대신 軍部大臣 ㊷57
군부사 軍簿司 ⑬47 ⑱168 170 ⑲18 26 ㉔32
군부예산 軍部豫算 ㊷54
군부통수권 軍部統帥權 ㊼33
군비단 軍備團 ㊻218 221
군사 軍師 ⑦271
군사 郡司 ⑥187 ⑨134
군사경찰 軍事警察 ㊷289
군사경찰제 軍事警察制 ㊸43 134 298
군사교관 軍事教官 ㊶69 72
군사당(주) 軍師幢(主) ⑦100 175 205
군사도 軍事道 ⑬246 293 296 326 331
군사동맹 軍事同盟 ⑫55
군사비 軍事費 ㊷55
군사사단 軍士私團 ㊽136
군사통수권 軍事統帥權 ㊷53
군사통일회(의) 軍事統一會(議) ㊽260 280
군사특파단 軍事特派團 ㊿447
군산교회 群山教會 ㊻165
군산농사조합 群山農事組合 ㊹144
군산도 群山島 ⑮296
군산야소병원 群山耶蘇病院 ㊻290
군산창 群山倉 ㉔529
『군서표기』『群書標記』㉜93
군선 軍船 ㉔336 341 346 348 349 354 355

군선가조책 軍船加造策 ㉙56
군선점검법 軍船點檢法 ㉔348
군성 郡城 ⑥192 193
군성황 郡城隍 ⑯343
군수공업화 軍需工業化 ㊼108
군수리(사지) 軍守里(寺址) ⑧274 268 277 287 343 480
군수전 軍須田 ⑭358
군신지의 君臣之義 ㉙272
군악 軍樂 ㉟562 573
군악 郡樂 ⑧166
군악대 軍樂隊 ①503
군안 軍案 ㉜369~371 ㊱260
군액 軍額 ㉓303 ㉕23 ㉞207 208
군역 軍役 ⑥209 ⑨173 229 230 234 ⑬352 353 355 356 361 ⑭7 9 53 77 227 238 243 245 ⑮39 40 47 48 ㉓43 48 49 210 303 309 ㉔34 43 91 476 480 488 ㉕51 83~86 134 145 148 164 167 174 175 ㉘53 58 62 63 92 94 364 365 ㉚380 ㉜103 104 146 301 303 369 ㉞20 21~24 146 ㊱2 282 283
군역대립 軍役代立 ㉙181
군역변통 軍役變通 ㉚326 ㉜30
군역세 軍役稅 ㊲327 ㊳418 425 436
군역입속 軍役入屬 ㉞145 146
군역전 軍役錢 ㉜333
군역전 軍役田 ㉔443 ㉜196 311 ㊴276
군역정액론 軍役定額論 ㉜127
군역제(도) 軍役制(度) ⑲53 ㉔485 ㉘489 ㉚366 ㉜23 301 302 307 309 311 331 ㉞217 ㊲167
군역호 軍役戶 ㉔71
군영 軍營 ㉘101
군오제 軍伍制 ㉜351
군왕 君王 ④31 33
군용지 軍用地 ㊷305 306
군위안부 軍慰安婦 ㊿111
군읍지쟁 郡邑之爭 ㊱226
군의 軍醫 ⑮159 ㉕371
군익도 軍翼道 ⑲65 ㉒122 135 ㉓7 33 233 130 209 234
군익체제 軍翼體制 ㉓205 208 234 235
군인구분전 軍人口分田 ⑭83 84 225 226
『군인수지』『軍人須知』㊼255
군인양성소 軍人養成所 ㊼253
군인양성운동 軍人養成運動 ㊼247 249 ~251 254
군인영업전 軍人永業田 ⑭74
군인전 軍人田 ⑬5 297 298 301 308 332 333 335 353~355 361 ⑭1 3 7 10 23 70 ~72 74 77 78 81 82 88 92 94 129 141 144 154 163 186 190 207~209 211~213 224 226 227 237 240~243 245 246 250 251 295 ⑮39 40 208 ⑲49 273 ⑱27 ㉔3 21 53
군인호(정) 軍人戶(丁) ⑬309 ⑭6 74 140~142 144 237 238
군임 軍任 ㉞90
군자감 軍資監 ㉓68 83 276 ㉔214 369 435 ㉚342
군자고 軍資庫 ㉗450
군자곡 軍資穀 ㉔473 474 ㉕360
군자금 軍資金 ㊼143 165 178 180
군자당 君子黨 ㉚73 77 164 175
군자붕당설 君子朋黨說 ㉚63
군자시 軍資寺 ⑫107 ㉓257 271 ㉖248
군자시전 軍資寺田 ㉓271 ㉔39 435 ㉘33
군자전 軍資田 ㉓310 271 275 ㉕99 ㉘36
군자창 軍資倉 ㉔450 ㉘44 ㉚356
군작미 軍作米 ㉜162 190
군장 君長 ④1 22 31 34 114
군장(군령) 郡將(郡令) ⑥183 184 187 192
군장사 窘長寺 ㉘188
군장사회 君長社會 ③337 ④17 18 20 27 41 63 94 ⑦291
군적 軍籍 ⑬300 ⑮77 ⑲55 60 ㉓260 ㉔485 486 ㉘42 60 61 92 99 ㉚367 368 ㉜

126 371 ㉞22 205 218
군적수포법(제) 軍籍收布法(制) ①293 317 ㉘4 109 ㉛142 ㉜105 106 111 302 ㉝121 ㉞25
군전 軍田 ⑬333 ⑭178 ⑲57 ㉓38 210 ㉔18 21 33 34 43~45 48 53 ㉕84 85 87 97 151 ㉘32 36 43 46
군전 軍錢 ㊴278
군정 軍丁 ㉖253 ㉜128 148
군정 軍政 ①311 ㉓251 ㉜326 362 369 371 ㉝434 ㊱1 41 230 276 281 283 326 ㊴395
군정권 軍政權 ⑥173 188 ㊷55
군정부 軍政府 ㊻211 218 219
군정수포 軍丁收布 ㉞138
「군정위반에 관한 범죄」「軍政違反에 關한 犯罪」 ㊾285
군정이정책 軍政釐正策 ㉜331 369 371
군정조직 軍政組織 ㊼30
군정파 軍政派 ㊽297 298 309 311
군제변통론 軍制變通論 ㉜133 134 143 144 145 147 152 305 371
군제변통절목 軍制變通節目 ㉚252 ㉜144
군제의정소 軍制議定所 ㊷283
군주 軍主 ⑦7 41 94 97 171 181 195~198 203 208 ⑨19
군주정체 君主政體 ㊸274
군중소장 軍中小將 ⑨332
군진 軍鎭 ⑨143 ⑪3 70 77 191 ⑮227
군창지 軍倉址 ⑧312
군총 軍摠 ㉜8 124 157 304 362 369~371 ㉞266 ㊱48 283 285 ㊴275
군통 郡統 ⑧2
군통수권 軍統帥權 ㊼113 114 115 126
군포 軍布 ㉓355 ㉚362 ㉜106 181 368 369 370 ㉞75 138 207 208 ㊱74 281 314 334
군포계 軍布契 ㉜196 311 333 371 ㉞202 208 272 ㊲166
「군포균역변통절목」「軍布均役變通節目」 ㊱33
「군포균역절목」「軍布均役節目」 ㉜160 306 ㉝422
군포수납 軍布收納 ㉞129
군포수직군 軍布守直軍 ㉚251
군포전 軍布錢 ㊱171
군포제 軍布制 ㉜302 350
『군학사언』『群學肆言』 ㊺5
군함도입 軍艦導入 ㊳417
군항부 軍港部 ㊼3 50
군향 軍餉 ㉚195 ㉜162 314 ㊱181
군향미 軍餉米 ㉜162
군향보 軍餉保 ㉜106 107
군현인 郡縣人 ⑮18 187
군현(제) 郡縣(制) ①221 252 258 267 ⑬178 195 ⑭143 176 355 357 365 382 388 403 411 ⑲30~32 40 ㉓125~127 135 139 144~148 150~153 158 164 166 177 182 300 307 312 314
군호 軍戶 ⑬355 ⑭243 245 ⑲54 ㉕83 ㉘91 92 262 ㉜157
군호 軍號 ㉚259 ㊱241
군호연립 軍戶連立 ⑬356 361
군호제 軍戶制 ⑲53 54
군회 郡會 ㊶269
군후 軍候 ⑧369 372 380 381 ⑨618 619
군후소 軍候所 ㉓347
굳펠로우 Preston M. Goodfellow ㊾55 142
굴광판축 掘壙版築 ⑧274
굴불사 掘佛寺 ⑨508
굴비 鹽乾·石首魚 ㉛630 ㊿423
굴산 堀山 ⑫159
굴산문 崛山門 ⑪135 139 157 193 194 200 205 ⑯60 61
굴산사 崛山寺 ⑪192
굴산성 屈山城 ⑦75 214
굴장(법) 屈葬(法) ①103 ③129
굴지법사 屈支法沙 ①132

굴포리 屈浦里 ②38 39 197 300
굴포리구석기문화 屈浦里舊石器文化 ②191
굴포리서포항(동)유적 屈浦里西浦項(洞)遺蹟 ②129 312 326 344 419 451 460 488 493 494 497 514 516 520~522 526
굴포리서포항패총 屈浦里西浦項貝塚 ②336
굴포리유적 屈浦里遺蹟 ②14 85 114 129 190 218 234 424
굴피집 樺皮집 ㉕338
굿노래 ㉑261
굿놀이 ㊶364
굿중패 굿중牌 ㉟624 642 ㊺317
궁각계 弓角契 ㉝325 326
궁결 宮結 ㉜295
궁경례 躬耕禮 ㉖48
궁고 窮袴 ⑧433
궁궁 弓弓 ㊱95 96
궁궐건축 宮闕建築 ㉛521 525
궁궐수영도감 宮闕修營都監 ⑫112
궁궐침입사건 宮闕侵入事件 ㊳273
궁금령 宮禁令 ㊷242 249
궁남지 宮南池 ⑥195 ⑧290 311
궁내부 宮內府 ⑨17 ㉔267 ㊵187 236 267 287 290 295 ㊶160 ㊷133 141 142 148 248 249 ㊸111 114 117 118 123 134
궁내부고문관 宮內府顧問官 ㊸27
「궁내부관제」「宮內府官制」 ㊵219 237 271
궁내청 宮內廳 ㉖196 197
궁노 弓弩 ㉗249
궁륭상천정 穹窿狀天井 ⑧331 355 356 362
궁륭식 穹窿式 ⑧183 332
궁륭천정단실묘 穹窿天井單室墓 ⑧332
궁모성 窮牟城 ⑨53
궁박판매 窮迫販賣 ㉝401 419
궁방 宮房 ㉜157 174 189 ㉝102 375 391 ㉞136
궁방전 宮房田 ㉚452 453 455 459 461 462 492 ㉜23 291 364 ㉝92 102 414 ㉞132 ㊱32
궁사 弓射 ㉑511
궁사전 宮司田 ㉓38 ㉔39 443
궁산(리) 弓山(里) ②309 336 337 340 369 377 422 455 463 484 521
궁산(리)유적 弓山(里)遺蹟 ②326 379 392 486 487 493 505 522 528
궁산(리)패총 弓山(里)貝塚 ②307 368 375
궁산문화 弓山文化 ②459 503 552
궁(선)망 弓(船)網 ㉝221 222
「궁수분」「窮獸奔」 ㉗332
궁술 弓術 ㊶339
궁예 弓裔 ①215 ⑪4 5 7 66 99 182 183 ⑭153 158 16986 195 200 209 210 228 ⑫1~3 12~34 41 43 46 54 60 62 67~72 77~84 131 132
궁예 躬乂 ⑫67
궁원전 宮院田 ⑬335 ⑭6 7 13 70 71 73 74 140 144 150 181 189 208 209 244 248~251 284 338
궁을 弓乙 ㊴333
궁인 宮人 ④102 ⑫278
궁장 弓匠 ㉚574
궁장 宮牆 ㉕349
궁장토 宮庄土 ㊹404
궁장파수 宮墻把守 ㉚246
궁전 弓箭 ㉙65
궁전법 弓箭法 ⑨625
궁전소 弓箭所 ㉗242
궁정문학 宮廷文學 ⑰199 208 209
궁정음악 宮廷音樂 ㉛545 555 566
궁정파 宮廷派 ㊵165 ㊺33
궁조 宮調 ⑨605 613 ㉗406
궁준 弓遵 ④114 240 ⑥29 31
궁중무용 宮中舞踊 ㊶354
궁중수공업 宮中手工業 ⑥219 ⑦7 227 ⑨5 179 180 184 185

궁중음악 宮中音樂 ㉟549~551 581
궁중정략 宮中政略 ㊶23
궁중정재 宮中呈才 ①499 ㉑264 454 472 ㉛355
궁중정재무 宮中呈才舞 ㊺363
『궁중정재무도홀기』『宮中呈才舞圖笏記』㉛ 592
궁체 宮體 ①326 ㉛503 ㉟9 481 494~496
궁평리요지 宮坪里窯址 ㉟511
궁한이령 弓漢伊嶺 ⑮327
권 감 權瑊 ㉔244
권 겸 權謙 ⑲93
권경유 權景裕 ㉘176 177 179 189 190
권경중 權敬中 ⑰158
권 귀 權貴 ⑲82 235
권규섭 權奎燮 ㊸391
권 근 權近 ①289 ⑧400 ⑯158 29 ⑲44 154 171 174 204 218 ⑳53 ㉑224 ㉒64 291 ㉓13 288 302 313 340 ㉔64 ㉖17 42 ~46 51 55~58 188 189 191 292 ㉗228 270 274 284 334 336 447 ㉘162 175 176 242 314 ㉟28 33 34 298
권금석 權金錫 ㉞17
권 길 權吉 ㉙182
권농 勸農 ㉕123 ㉞196 211
권농관 勸農官 ㉓143 ㉘263 ㉞197 211
권농교서 勸農敎書 ㉘348 349
권농사 勸農使 ⑮157 ⑲40 ⑳271
「권농절목」「勸農節目」㉝71 79 92 ㊴264
권농정책 勸農政策 ㉓40 41 ㉘11 346 ~349 351 352
권달섭 權達燮 ㊷22
권달수 權達手 ㉘192
권당 捲堂 ㊲228
권대긍 權大肯 ㉜274
권대림 묘지 權大臨墓誌 ㉟514
권대운 權大運 ㉚97 155 157 160~162 355 ㉜138 141 407
권대임 權大任 ㉚97
권대재 權大載 ㉚97
권대항 權大恒 ㉚97
권덕규 權悳奎 ⑩236 ㉛75 100 104 106 109 112 115
권덕여 權德輿 ㉚56
권돈례 權敦禮 ⑱217 220
권돈인 權敦仁 ㉜209 258 273 275 277 278 ㉟491
권동수 權東洙 ㊿253
권동수 權東壽 ㉟493 ㊶95 422
권동진 權東鎭 ㊺221 ㊼320 326 332 ㊻ 67 193 200 206 207 ㊾54 121 143 146 147 157 347 401 409 ㉛87 178 181 188 339 ㉜125
권 람 權擥 ④76 ㉒70 113 114 116~118 ㉘189
권맹손 權孟孫 ㉔365
권명호 權明浩 ㊴218
권무관 權務官 ⑫214 ⑬118 120 424 ⑱32
권무관록 權務官祿 ⑭103 104 111 114 ~ 117
권무관직 權務官職 ⑱21 32 33
권무군관 勸武軍官 ㉚245 254
권무정 權務政 ⑱166
권무직 權務職 ⑬118 120 121 422 439 455 ⑭115 116 ⑲45 ㉓116
권문 權門 ⑲5 6 8 11 69 82
권문투탁 權門投託 ㉘16 17
권문세족 權門世(勢)族 ⑲2 4 5 30 45 60 67 68 105 184 371 ⑳11 12 25 35 341 342 ㉓37
권문해 權文海 ㉟192 330 335
권민수 權敏手 ㉚240
권 반 權盼 ㉚486
권번 券番 ㉛357 365 394
권 벌 權閥 ㉚15
권 벌 權橃 ㉘199~202 ㉚13
권병덕 權秉悳 ㊼326 ㉛181 188
권병하 權丙夏 ㉛73

권보상 權輔相 ㊺7 235 236 241 247 248
권 부 權溥 ⑳43 276 ㉑334 336 348 360 ㉓280
권 분 勸分 ㉚7 347 ㉞38 88 ㊱72
권비응 權丕應 ㉜266
권삼득 權三得 ㉟564 569 628 629
권상로 權相老 ㊻127 ㊿202
권상연 權尙然 ㉜491
권상유 權尙游 ㉚171
권상일 權相一 ㉟29 30
권상하 權尙夏 ㉚166 168 174 ㉛270 281 293 ㉟18 27
권 섭 權燮 ㉟393 399
권세연 權世淵 ㊶49 ㊸374
권세지가 權勢之家 ⑲82 108 235
권세춘 權世春 ㉙47
권세후 權世侯 ⑳206 225
권 수 權秀 ⑫255
권 수 權授 ⑳49
권수정 權秀貞 ㊿336
『권수정혜결사문』『勸修定慧結社文』 ㉑29 47 48
권승욱 權承昱 ㊿115
권 시 權諰 ㉚98 109 111 113 115 229
권 신 權信 ⑫105 118
권 신 權愼 ⑫45
권심행 權審行 ㉚31
권업모범장 勸業模範場 ㊹480 ㊼26 68 69 ㊿427
「권업모범장관제」「勸業模範場官制」 ㊼68
『권업신문』『勸業新聞』 ㊻76 ㊼191 202 ~205
권업위원회 勸業委員會 ㊷105
권업회 勸業會 ㊸334 ㊻76 ㊼11 191 201~206 208 231 307 392 ㊽105
권 열 權說 ⑫28
권영만 權寧萬 ㊼163
권영목 權寧睦 ㊼156
권영벽 權永壁 ㊿359
권영직 權寧直 ㊼142
권영태 權榮台 ㊿194
권 예 權輗 ㉘199
권오복 權五福 ㉘177 179 183 189 190
권오상 權五尙 ㊾446
권오설 權五卨 ㊾118~120 122 123 249 399 409 442 444 ㊿148
권오진 權五鎭 ㊿339
권 왕 權王 ⑳351
권 우 權遇 ㉘175 242
권원식 權元植 ㊿335
권원한 權元漢 ㊿362
권 유 權裕 ㉜206 248 249 251 252 265
권 유 權愉 ㉞81
권유근 權遺根 ㊾469
권유로 權有路 ⑳82
권 율 權慄 ㉙5 26 36 49 50 52 80 82 92 103 106 144 178~180 184 188 200
권응정 權應挺 ㉘202
권응주 權應銖 ㉙80 121 145 188
권이진 權以鎭 ㉜454 ㉝453
권인룡 權仁龍 ㉙153 161
권일신 權日身 ㉞72
권자신 權自愼 ㉒115
권 자 權綽 ㉘189
권잠정책 勸蠶政策 ㉔258 261 263~267 276
권재대 權載大 ㉜281
권재형 權在衡 ㊲316 ㊴234 ㊵171 ㊶201 206 208 224 296 310 377 390 411 413 ㊷44 45
권 적 權適 ⑮291 ⑲83 ⑳351 ㉑135
권 전 權碩 ㉘250
권점 圈點 ㉛4 26 42 ㊺227
권점소시법 圈點召試法 ㉜67
권정길 權井吉 ㉙280
권족 圈足 ⑧259
권 종 權悰 ㉙48
권 준 權俊 ㉙61

권중석 權重奭 ㊸82 111
권중지 權仲知 ㉔124 ㉗26 447 469
권중필 부인 權重弼夫人 ㊹383
권중혁 權重赫 ㊿263
권중현 權重顯 ㊷236 238 ㊸48 310 ㊹ 383
권 지 權知 ㉓306 366
권 직 權直 ⑫95
권직상 權直相 ㊹384
권진원 權鎭遠 ㊼139
권진응 權震應 ㉜85
권 징 權徵 ㉙53 105 188
권징법 勸懲法 ㉕374
권 찬 權攢 ㉘186
권 채 權採 ㉘326
권 철 權轍 ㉚24 34
권철신 權哲身 ㉜246 ㉟92 186
권 청 權淸 ㉖297
권초례 捲草禮 ㉖294
권태석 權泰錫 ㊾96 97 152 52135
권태성 權泰晟 ㊾445
권태양 權泰陽 52211 216
권태용 權泰鏞 ㊿263
권태정 權泰鼎 ㊼137
권태하 權泰夏 51349
권태호 權泰浩 51308
권태휘 權泰彙 52102
권평국 權平局 ㊴177
권 필 權韠 ㉛441 442
「권학가」「勸學歌」㊺150
권학단 勸學團 ㊾334
권학사목 勸學事目 ㉓302 313 ㉖17 ㉘242
권한공 權漢功 ⑲82 ㉓280
권 행 權幸 ⑫30
권 혁 權赫 ㉜71
권혁조 權赫朝 ㊿262 263
권 협 權恊 ㉚97
권 협 權悏 ㉙114
권형진 權瀅鎭 ㊵139 165 262 267 ㊶ 40 42 47
권 호 權豪 ⑫139 ⑲235
권호문 權好文 ㉘332
권호선 權灝善 ㊸371
권 화 權和 ㉑255
권 환 權瑍 ㉚157
권 환 權煥 52306 307 317
궐근 蕨根 ㉕367
궐내차비 闕內差備 ㉕214 215 219 221
궐액 闕額 ㉜110 112 124
궐전 闕錢 ㉚392 ㊱76
궐채 蕨菜 ㉚504 507
궐표 橛標 ⑦62 264
궤개전 机概典 ⑨181
궤군 潰軍 ㉝262
귀간 貴干 ⑦166
귀결 歸結 ㉜378
귀곡성 鬼哭聲 ㉟567
귀농정책 歸農政策 ⑥77
귀당 貴幢 ⑦204 ⑨25
귀면기와(와전) 鬼面기와(瓦塼) ⑧264 267
귀면문 鬼面文 ⑧267
귀면와 鬼面瓦 ⑩202 204 220 221
귀법사 歸法寺 ⑫113 114 117 175 ⑯ 30 32 33 45 112 194 ⑱10
귀부 歸附 ⑫2 126 130 131 134 224
귀비 貴妃 ⑱158
귀산 貴山 ⑧3 ⑨25
귀석 貴石 ㉗368 369
「귀속농지특별조치법」「歸屬農地特別措置法」52263
「귀속농지매각령」「歸屬農地賣却令」52263
귀속사업체 歸屬事業體 52274 276
귀속재산 歸屬財産 52257 274
「귀속재산처리법」「歸屬財産處理法」52288
귀솟음 ㉛538
귀순반정 歸順反正 ㊵141
귀신론 鬼神論 ㉖63 64
귀신사 3층석탑 歸信寺三層石塔 ㉑386 387

귀실복신　鬼室福信　⑥230
귀얄문　귀얄文　㉗491 494 499
귀얄분청자　귀얄粉青瓷　㉛511
귀영가　貴盈哥　㉙233
「귀의 성」「鬼의 聲」㊺309 311
귀족사　貴族司　㊵237
귀족숙위군　貴族宿衛軍　㉕84 90～92 95
귀족연립정권　貴族聯立政權　⑤8 93 99 100 102 105
귀족연립체제　貴族聯立體制　⑤92 99 102 103
귀족회의　貴族會議　⑤56 166
귀족회의체　貴族會議體　⑤161 165～167 ⑥176
귀주　貴州　⑮333
귀주　歸州　⑮340
귀지　貴智　⑥160
귀진　貴珍　⑨406
『귀촉도』『歸蜀道』52302
귀츨라프　Karl Fredrich Gützlaff 郭實獵　㊻158
귀틀무덤　樂浪木槨墳　③344 423～425 473
귀틀집　⑧458 ㉕338 342 ㉗484
귀향　歸鄕　㉕62
귀향죄　歸鄕罪　⑫181 182 ⑮22 208
귀향형　歸鄕刑　⑮181 186 202 203 209 211 353
귀현정체　貴顯政體　㊸274
『귀호곡』『歸乎曲』㉑267
귀화사상　歸化思想　⑨288
귀화소　歸化所　⑭430 ⑳122
귀화왜인　歸化倭人　⑳412
귀화인　歸化人　⑫103 109～111 157 165 ⑮292 339
귀환동포　歸還同胞　52231～233 230 252
귀후서　歸厚署　㉓69 94 ㉔251 426 429 ㉗159
귀후소　歸厚所　㉓94
귓대　㉕350
규　圭　㉕299 301
『규곤시의방』『閨壼是議方』㉕326 329 331 332～335
규방가사　閨房歌詞(辭) ㉟391 400 402
『규사』『葵史』㉟324 ㊺267
규수형　圭首形　㉑407
규슈　九州　③37 38 313 416 510 514 554 ⑰372 ㉓160
규식지희　規式之戱　㉑503 508
규암리 백제보살상　窺巖里百濟菩薩像　⑧234 247 251
「규원가」「閨怨歌」㉗360 361
규장각　奎章閣　①323 ㉖196 ㉗215 ㉚288 ㉜4 83 86 88 90 92 95 96 252 ㉟5 188 196 199 528 ㊳407 417
『규장각지』『奎章閣志』㉜90
규장원　奎章院　㊵237
『규장자수』『奎章字藪』㉟196
『규장전운』『奎章全韻』㉜94 ㉟205 277
『규장총목』『奎章總目』㉜93 ㉟204
규표　圭表　①288 ㉗4 62 66
『규합총서』『閨閤叢書』㉕329 ㉟288
규환　圭奐　⑫29 62
규흥사종명　竅興寺鐘銘　⑨441 ⑪89
균등경작론　均等耕作論　㊶277
균로　均老　⑫71
균분상속　均分相續　⑮92 95 96 100 ㉕266 ㉞165 175
균분제　均分制　㉞164
균살　均撒　㉗176
균세사　均稅使　㉜163 174 195
균세외교론　均勢外交論　㊳87
균세정책　均稅政策　㊳44 45
균여　均如　①246 ⑫111～114 117 120 ⑯30～37 45 47～51 67 71 73 74 194 ⑰7 215 217 227 234 236 ㉑233 291
『균여전』『均如傳』⑨461 462 ⑯30 31 46 ⑰134 198 211 212 218 227
균역법　均役法　①311 ㉔369 ㉚397 448

㉛127 ㉜7 9 23 30 59 62 66 71 120 125 156 166 167 187 188 193 197 310 331 370 377 ㉝131 219 231 251 425 ㉞21 70 75 138 192 208 ㊱34 35 37 41 48 127 129 142 281 283
「균역사목」「均役事目」㉜164 308 331 ㉝ 219 221~223 226 228 230
균역청 均役廳 ㉚246 471 506 512 ㉜ 162 163 165 167 168 172 173 177 179 181~183 185 188 189 190 191 193 310 314 ㉞138 139 ㊳268
「균역청사목」「均役廳事目」㉝220 222 223 226 230
『균역행람』『均役行覽』㉝217 221 226
『균역혹문』『均役或問』 ㉜ 165 166
「균열」「龜裂」㊾297
균전 均田 ㊹405 413
균전관 均田官 ㊴100 354 355
균전론 均田論 ①324 ㉔75 ㉘12 40 46 353 355~359 361 362 ㉜330 ㉟246 251 ㊴249 ㊷62
균전법 均田法 ⑤194 ㉘356
균전사 均田使 ㉚428 ㊴311 359 ㊹405
균전제(도) 均田制(度) ⑬294 ⑭1 9 10 291~296 ⑪57 ㉔27 28 ㉟246~248
균정 均貞 ⑪28~31 94 95
균평소 均平所 ㊴177
균평회사 均平會社 ㊳180 ㊴176
균흥상회사 均興商會社 ㊴175
귤강광 橘康廣 ㉙1 24
귤지구 橘智久 ㉙131
귤지정(다치바나 토모마사) 橘智正 ㉙ 131 ㉜423 424 426
그라몽 Louis de Grammont ㉜523
그랑몽 Jean-Joseph de Grammont ㊲180
그레고리오 로뻬즈 Gregorio Lopez ㉜481
그레샴 Walter Q. Gresham ㊴66 67 69 ㊵ 66 79
그레이 G. Grei ㊶123
그레이트하우스 Clarence R. Greathouse 具禮 ㊴64 110 125 126 131 ㊵217 281 ㊶ 59 332 345 ㊷9 44 ㊹422
그로데고(끄)프 N. I. Grodegov ㊶60 ㊹ 304
그로데고보에 Grodegovoe ㊹307
그로미코 A. Gromyko ㊾388 390
그로와르호 La Gloire號 ㉜497 ㊲6
그로지에 Grosier ㉜511
『그리스도신문』『Kritos新聞』㊺291 296 ㊻45 46 49
『그리스도회보』『The Korean Christian Advocate』『Kritos會報』㊻46
그리어슨 R. Grierson 具禮善 ㊻164 182 291
그릴 Grille ㊻261
그물추 漁網錘 ②495 497 ⑤15
극단전선 劇團戰線 ㊾372
극동인민대표회의 極東人民代表會議 ㊽143 171 172
극동평저토기 極東平底土器 ①94 97 99 108
극동함대 極東艦隊 ㊵31
극연좌 劇硏座 ㊿374
『극예술』『劇藝術』㊿373
극예술연구회 劇藝術硏究會 ㊿131 368 373 374
극예술협회 劇藝術協會 ㊿367 ㊾373
극우 剋虞 ⑥166
극적 劇賊 ①330 ㊱9 186 209
극종 克宗 ⑦55 232
근 斤 ㉔608 609
근개 ②467
근경법 根耕法 ㉔95 104 117 ㉗180 ㉚ 435 ㉝49
근경전 根耕田 ㉗179
근구수왕 近仇首王 ⑥37 38 40
근궁 芹宮 ㉓279
근기지방 近畿地方 ⑲75

근대소설 近代小說 ①426
『근대조선역사』『近代朝鮮歷史』㊸238
『근대조선이면사』『近代朝鮮裏面史』㊶265
근두박질 筋斗撲跌 ㉛589
근로대중당 勤勞大衆黨 ㊾196 200
근로동원회 勤勞動員會 ㊿108
근로보국대 勤勞報國隊 ㊿76 104~109 121 ㊺216
근로보국특별대 勤勞報國特別隊 ㊿107 113
근로인민당 勤勞人民黨 ㊾166 167 171 199 200 204 208 395 404 465
『근사록』『近思錄』㉓285 292 301 ㉗227 ㉘307 321 ㉟32 183
『근세경제사상사』『近世經濟思想史』㊿429
『근세산술』『近世算術』①462 ㊻232
『근세조선정감』『近世朝鮮政鑑』㉜201 ㊲106 186 187 ㊳355 ㊻310
근수노 跟隨奴 ㉓230 ㉕214~217 221 ㉞136
근수배신 跟隨陪臣 ㉙106~108
근수사 跟隨使 ㉙110
근시 近侍 ⑲97 124
근시기구 近侍機構 ⑦119 ⑪2 148
근시위 近侍衛 ⑲58
근신 近臣 ⑫121 123 163
근업회 勤業會 ㊼200 207
근왕병 勤王兵 ㉙3 39
근왕정신 勤王精神 ㉙4 40
근왕지사 勤王之士 ㉙35
『근우』『槿友』㊿189
근우동맹 槿友同盟 ㊾180
근우회 槿友會 ㊼296 ㊾13 158 265 298 300~304 306 307 310 311 347 352 353 474 ㊿5 188 189 191 202
근위대 近衛隊 ㊳407 416
근을어 斤乙於 ⑫27
근장 近仗 ㉓215
근정전 勤政殿 ㉓336 ㉗448 ㉟521 524
근종 近宗 ⑪34
근천정 覲天庭 ㉛582
근초고왕 近肖古王 ⑥37~41 115 117 ⑦66 ⑧119 468 472
근친혼 近親婚 ①244 ⑫127 ㉕247
근품성 近品城 ⑪113 ⑫35 58
근화동락회 槿華同樂會 ㊼12
글리이유 Antoine Grille ㊶140
긁개 ①176 ②148 198
긁개·찌르개문화층 掻器·尖頭器文化層 ②166
금감 禁監 ㊱159
금강 金剛 ①14 47 48 ⑪123~127 ⑫36 ⑯57
『금강경』『金剛經』㉒130 ㉖258 286 289 ㉗218 225
『금강경삼가해』『金剛經三家解』㉑248
『금강경오가해설의』『金剛經五家解說誼』㉖268
『금강반야경』『金剛般若經』⑨411
『금강반야경개현초』『金剛般若經開玄鈔』⑯133
「금강반야경소개현초」「金剛般若經疏開玄鈔」⑯134
「금강반야경약소」「金剛般若經略疏」⑯135
『금강반야바라밀경』『金剛般若波羅蜜經』㉗223
『금강반야바라밀경삼가해』『金剛般若波羅蜜經三家解』㉗221
「금강별곡」「金剛別曲」㉟399
금강사 金剛寺 ⑯60 180
『금강사군첩』『金剛四郡帖』㉟454
금강사지 金剛寺址 ⑧54 274 277
금강산 金剛山 ①44 ⑦16 ⑧287 ㉖269
금강산호텔 金剛山Hotel ㊹477
『금강삼매경』『金剛三昧經』⑧86 ⑨373 399 617
『금강삼매경론』『金剛三昧經論』⑯129
금강수계 錦江水系 ⑧338
금강식토기 錦江式土器 ②358 388

금강재 金剛齋 ⑯57
「금강전도」「金剛全圖」㉟459
금건(옥양목) 金巾(玉洋木) ㊹76 81 82 153 157 162 214 215
『금경록』『金鏡錄』㉑348 ㉖120
금계 金契 ㉝255
금계공인 金契貢人 ㉝257 321
금고 金鼓 ⑰302~304
금고법 禁錮法 ㉟251
금곡동(율리) 金谷洞(栗里) ②422 443 447 522
금곡포창 金谷浦倉 ㉔525 526 532
금관 金官 ⑦111 353
금관 金冠 ⑦14 82 ⑧254 257
금관가야 金官伽耶 ⑦8 95 111 253 255 290 297 372 379~383 388 394 403
금관경성 金官京城 ⑨151
금관국 金官國 ⑦20 50 145 298 300 304 317 352 353 ⑧356
금관국주 金官國主 ⑨19
금관조복 金冠朝服 ㉛607 ㊹457
「금관죽지사」「金官竹枝詞」㉟406
금관총 金冠塚 ⑧8 257 258 261 351 353
금관후 비 金官侯 㷉 ⑫227
금광군 金鑛軍 ㉟255
『금광명경』『金光明經』⑨368 415 ⑯106 138 176
금광명경도량 金光明經道場 ⑯144
금광명경사상의례 金光明經思想儀禮 ⑯141
금광이권 金鑛利權 ㊹109
금교 禁敎 ㊲315
금구 金鉤 ㊹461
금구교섭 禁寇交涉 ⑳398 413
『금구서』『金龜書』㉖125 ㊱97
금구자발 金釦瓷鉢 ⑰294
금구접 金溝接 ㊴403
금국정벌론 金國征伐論 ⑫265 268 269
금군 禁軍 ⑮231 235 ⑱22 34 36 39 64 128 149 ㉓6 210 220 225 233 351 ㉚274 276 ㉝262
금군별장 禁軍別將 ㉚276 277
금군절목 禁軍節目 ㉚276 ㉜72
금군제도 禁軍制度 ㉜400
금군청 禁軍廳 ㉚270 275 277 ㉜72
금굴바위그늘 금굴巖蔭 ②425
금굴유적 금굴遺蹟 ②34 35 150 300 387 426
금기방 錦綺坊 ⑭15 419 421 ⑲350
금난수 琴蘭秀 ㉘288
금난전 禁亂廛 ㉔3 126 150 151 152
금난전 金鸞殿 ⑩201
금난전권 禁亂廛權 ⑲387 ㉔130 ㉚521 523~526 ㉜88 ㉝316~319 333 337 339 342 345 353 354 381 384 386 387 ㉞114 ㉟252 ㊹198
금납제 金納制 ㉝98 233
금납조세 金納租稅 ㉜369
금납화 金納化 ㉜363 ㉝271 300 466 ㊱137 282 334 ㊷102
『금낭경』『錦囊經』⑯303 308 322
금단 禁壇 ㉖293
금단 金丹 ㉛406
금단도 金丹道 ㉛406
금당 金堂 ⑨538 ㉗443 482
금당원 金堂院 ⑨540
금당협전투 金堂峽戰鬪 ⑳224
금돌성 金突城 ⑦213
금돌성 今突城 ⑨33
금동(용봉무늬)향로 金銅(龍鳳文)香爐 ⑥224 243 248
금동관 金銅冠 ⑦52 225
금동광배편 金銅光背片 ⑧259
금동대탑 金銅大塔 ⑰305
금동반가사유상 金銅半跏思惟像 ⑧246
금동불(상) 金銅佛(像) ⑩181 ⑰272 273 275
금동불입상 金銅佛立像 ⑧225

금동용봉봉래산향로 金銅龍鳳蓬萊山香爐 ⑧65 99 259 371 418
금동장식금구 金銅裝飾金具 ⑧259
금동제투조장식품 金銅製透彫裝飾品 ⑧256
금동제대금구 金銅製帶金具 ⑧257
금동제사리함 金銅製舍利函 ⑩181 206
금동제투각장식 金銅製透刻裝飾 ⑰306
금동투조판불 金銅透彫板佛 ⑧257
금동판 金銅板 ⑩185
금동합 金銅盒 ⑧258
금란계 金蘭契 ㉛233
금령총 金鈴塚 ⑧257 351 353
『금록영보도량의범』『金籙靈寶道場儀範』 ⑯288 289
금루 禁漏 ㉓90 ㉕110 113 124 128 131 ㉗49
금릉 金陵 ⑨298
금릉대학 金陵大學 ㊼220
금마저 金馬渚 ⑨53 59 61 68
금모장식 金帽裝飾 ⑧255
금물촌처 今勿村處 ⑭176
금박장 金箔匠 ㉔268
금벽산수화 金碧山水畫 ①487
금본위제 金本位制 ㊵86 291 ㊷322
금사리요(지) 金沙里窯(址) ㉟511 512
금산 錦山 ㉚496 508 510
금산사 金山寺 ⑨370 411 584 ⑪183 186 198 ⑫36 39 59 65 85 ⑯53 54 89 129 ⑲384 ㉟133
금산사석종 金山寺石鐘 ⑰265 267
금산사 5층석탑 金山寺五層石塔 ⑰260
금산사 6각다층석탑 金山寺六角多層石塔 ⑰263
금산사향로 金山寺香爐 ⑰303
금산전투 錦山戰鬪 ㉙50
금살도감 禁殺都監 ㉔577
금삼정책 禁蔘政策 ㉝349
금서 禁書 ㊺197
『금석과안록』『金石過眼錄』 ㊲93
『금석록』『金石錄』 ㉟487
금석문 金石文 ㉑231
금석병용기(설) 金石竝用期(설) ①109 179 ③12 20 165 325 326 403
금석탁본 金石拓本 ㉛489 501
금석학 金石學 ㉛501 ㉜418 ㉟40 486 ㊲95
금선단 金線緞 ㉕304 315 323
금성 金城 ⑧266 288 314 ⑨148 592 593
금성(군) 錦城(郡) ⑫21 22 26 36 60
금성(김화)태수 金城(金化)太守 ⑫21
금성대군 錦城大君 ㉒116
금성동 錦成東 ㊴35
「금성별곡」「錦城別曲」 ㉗340
『금성삼고』『錦城三稿』 ㊱206
금성착초 金星擲醮 ㉖294
금성탕지 金城湯池 ⑱77
금소 金所 ⑭15 383 430~432 438
금속가공업 金屬加工業 ⑥222
금속공업 金屬工業 ㊼90
금속기계공업 金屬機械工業 ㊽77
금속기술 金屬技術 ⑧405 406 427 428
금속제기명(그릇) 金屬製器皿 ⑧258
금속화폐 金屬貨幣 ⑭17 457 463~465 469 ⑯210 ㉚580 581 583 584 ㊱122 125
금속활자 金屬活字 ㉑208 ㉗192 200 201 203 205 210 ㉟193~199
금송 禁松 ㉚246 260 ㊱182 183
금송양목 禁松養木 ㊱183
금송작계 禁松作契 ㊱182
금수강산 錦繡江山 ①47 61
금수출 金輸出 ㊹164
『금수회의록』『禽獸會議錄』 ㊸290 ㊺114
금승절목 禁僧節目 ㉖260
금승조건 禁僧條件 ㉖259
금약 禁約 ⑳332
『금양잡록』『衿陽雜錄』 ㉓40 ㉔100 101

104 108 ㉕325 326 ㉗95 169 173 174 178 181 184 189 363 ㉘146 346 349 ㉚440 ㉝36
금어 金魚 ⑩163
금연령 禁烟令 ㊲40
금영택 琴榮澤 ㉟277
금오대 金吾臺 ⑬58 59
금오산성 金烏山城 ㉙185
『금오신화』『金鰲新話』㉛427
금오위 金吾衛 ⑬4 271 281 289 350 351 ⑱187 192 ㉓199 202
금오위대장군 金吾衛大將軍 ⑱55
금오위섭랑장 金吾衛攝郞將 ⑱55
금옥지반 金玉之班 ㉞55
『금옥총부』『金玉叢部』㉟395
금와 金蛙 ①147 153 ④184 188 202 ⑤208
금우산유적 金牛山遺蹟 ②254
금원 禁苑 ⑩148
금위대장 禁衛大將 ㉚254 275
금위영 禁衛營 ㉚98 157 273 275 285 559 ㉜70 99 107 108 112 122 144 152 161 162 165 166 235 255 303 ㊳269
금유(검무) 今有(檢務) ⑫143 ⑬2 159 161 185 ⑭14 400
금융조합 金融組合 ㊼71 81 82 51387
「금융조합규칙」「金融組合規則」㊼81
금융조합연합회 金融組合聯合會 ㊼81 ㊽84 87 93 95
금은선광장 金銀選鑛場 ㊼77
금은세공 金銀歲貢 ㉒324 325
금은자사경 金銀字寫經 ㉖266
금은화폐 金銀貨幣 ㊳183
금의 琴儀 ⑱172 230~235 ⑳32 41 128
금인 金印 ⑮354 362
금입사 金入絲 ㉗588
금입택 金入宅 ⑨259 ⑪4 37 56
금자대장경 金字大藏經 ⑫211
금잔 金盞 ㉗513
금장 錦匠 ㉔255
금적 禁賊 ⑳414
금전 錦典 ⑦227 ⑨180
금점 金店 ㉝118 204 207 208 ㊱222
금점덕대 金店德大 ㊹409
금정리 錦汀里 ②358 ②388 389
금제보검 金製寶劍 ⑧352
금제완 金製鋺 ⑧258 260
금종보 金鐘寶 ⑯217
금주(진저의) 錦州 ④60 145 ⑥145 146 ㉙297 298 ㉜395
금주 金州 ⑫256 ⑮372 376 ⑲404 ⑳149
금주동맹 禁酒同盟 ㊾336
금주위 錦州衛 ㉜384
금척 琴尺 ⑧376 ⑨610 620
금천요준 今川了俊 ㉒370 374 375
금청압아 金淸押衙 ⑨324
금칠개 金漆鎧 ⑥250
금탄리(유적) 金灘里(遺蹟) ②367 371 377 440 455 456 459 484 497 521 522 536 550
금파리 金坡里 ②35 231 233
금평유적 琴坪遺蹟 ②197 212
금표 禁標 ㊱182
금하신 衿荷臣 ⑦176 ⑨120
금학귀 琴學貴 ㊿362
금학사 琴學士 ⑱232
『금합자보』『琴合字譜』㉗410 422 423 439 ㉛544 547 557~559 565 567 ㉟554
금현성 金峴城 ⑦106 365
금호문의거 金虎門義擧 ㊾114 441
금화 禁火 ㉚257
금화 金花 ⑧255
금화도감 禁火都監 ㉓98 ㉕341
급가(제) 給假(制) ⑯256 257
급가고립 給價雇立 ㉜105 ㉞137
급가매득제 給價買得制 ㉚457 461
급가매토 給價買土 ㉝129 413 ㊹143
급가모립 給價募立 ㉚8 383

급대 給代 ㉚246 ㉜156 161 184 162 167 169 170 177 183 185 187 188 189 190 308 334 347 ㊱34
「급대절목」「給代節目」 ㉜163
급대책 給代策 ㉜287 310
급도 給到 ㉓353
급량부 及梁部 ⑦258
급료병 給料兵 ㉚253
급보 給保 ㉕94
급보법 給保法 ㉚557 ㉜107 ㉝120
급보제 給保制 ㊳269
급복 給復 ㉚298 491 492 ㉝264 275
급분 給分 ㉓286 330 334
급재전 給災田 ㉜291
급전도감 給田都監 ⑲8 122 207 264
급전법 給田法 ㉕98
급전사 給田司 ㉔424
급전제 給田制 ㉔36
급주전 急走田 ㉔438 510 ㉘34
급진개화론 急進開化論 ㊺24~26 ㊻97
급진개화파 急進開化派 ㊳7 29 36 37 54 55 61~64 68~73 75 122
급찬 級湌 ⑦171
급첩 給牒 ㉖255
긍양 兢讓 ⑪190 201 ⑯15
긍준 兢俊 ⑫35 37 59
『기독신보』『基督新報』 ㊻46
기감론 氣感論 ㉑169
기갑사 騎甲士 ㉕88
기거 岐鋸 ㉗442
기거주 起居注 ⑱18 20 ㉚312
기결심판권 旣決審判權 ㊼45
기경전 起耕田 ㉚407
기계사 機械司 ㊳38
기계창 器械廠 ㊺353
기고병 旗鼓兵 ㉚256
기곡(제) 祈穀(祭) ㉖219~221 224
기관 記官 ⑬119 ⑭237 238 ⑱158 ⑳54 ㉖153
기관층 記官層 ㉕153
기구 驥廐 ㉔554
기구 寄口 ㊹358
기구싸움 岐溝싸움 ⑮239
「기국채의」「起國債議」 ㊵270 274 275 277 307
기근 饑饉 ㉝137 240
기기국 機器局 ㊵174 187 ㊶287 ㊷105 ㊹180
기기창 機器廠 ㊳42 136 153 ㊶287 ㊹33
기녀 妓女 ㉓53
기년복 朞年服 ㉚103 110 116 153 ㉜33 34 37
기년설 朞年說 ㉚99 100 102 105~107 110 111
『기년아람』『紀年兒覽』 ⑩232 ㊺266
기년친 期年親 ㉕92
기능주의 機能主義 ㊿435
기단식적석총(묘) 基壇式積石塚(墓) ③345 ⑥19 20
기단적석묘 基壇積石墓 ⑤21 27
기대승 奇大升 ①306 ㉘312 325 336 ㉚29 40 ㉛7 201 267 ㉟64
기도위 騎都尉 ⑩66 70
기독교 基督教 ㊻99 101 106 107 110 ㊼178 180 181 187 324 331 333 339 350 351 357 364 366 367 371 373 376 384 387 389
기독교반전공작사건 基督教反戰工作事件 ㊿238
기독교사회민주당 基督教社會民主黨 52446
기독교연합대학 基督教聯合大學 ㊺108 112
기독교조선감리회 基督教朝鮮監理會 ㊻167
기독교청년회 YMCA 基督教青年會 ㊸188 193 ㊾226 300 301 358 359 446 451 ㊿145 146

기독교회 基督教會 ㊿125 126
기독동지청년회 基督同志靑年會 ㊼381
『기독신보』『基督申報』 51 62
『기독청년』『基督靑年』 51 67
기두 旗頭 ⑱214 ⑳109 111
기둥구멍 柱孔 ③104~111 435
「기려도」「騎驢圖」 ㉛455 472
『기려수필』『騎驢隨筆』 ㊻234
『기로기』『耆老記』 ㉑294
기로소 耆老所 ㉘35 ㊵189 ㊷152
기로회 耆老會 ⑱211
기록문학 記錄文學 ㉟426
기록화 記錄畵 ㉛446
기리영 崎離營 ④114 274
기린 麒麟 ⑦15 ⑧185 267
기림사건칠관음보살상 祇林寺乾漆觀音菩薩像 ㉛503
기마 騎馬 ㉘102
「기마도강도」「騎馬渡江圖」 ㉑423
기마만궁 騎馬彎弓 ⑨625
기마문화 騎馬文化 ①155
기마민족 騎馬民族 ④150 ⑥14 ⑦64
기마민족정복왕조설 騎馬民族征服王朝說 ⑦288
기마인물상 騎馬人物像 ⑩186 224
기마인물형토기 騎馬人物形土器 ⑧218
기명 器皿 ㉓312
기묘당적 己卯黨籍 ㉘205
기묘명현 己卯名賢 ㉛490
기묘사류 己卯士類 ㉚33 35
기묘사림 己卯士林 ①295 ㉘9 11 320 ㉚216 ㉛137 271 ㉜52
기묘사화 己卯士禍 ①295 303 ㉓362 ㉖296 ㉘7 167 197 198 245 256 257 273 280 349 359 ㉚13 214 ㉛402~404
기묘인 己卯人 ㉘200 202 245 ㉚13
기무처 機務處 ㊳43 95 151 307
기문 己汶 ⑥79 84 ⑦109 282 302 339 395 397
기미 岐味 ⑥104 108 159
기미교린 羈縻交隣 ㉒386~390 417 430 ㉘129
기미정책 羈縻政策 ⑨47 55 ⑮317 319 ㉒249 262 335 347 348 ㉙130 132
기미주 羈縻州 ⑩2 23 ⑫224 ⑮319~323 328
기민 飢民 ㉝133 135 ㊱153 154 161 167 178
「기민시」「飢民詩」 ㉟405
기발 騎撥 ㉔10 547 ㉝259 261
기발이승일도설 氣發理乘一途說 ㉓18 ㉘328
기발이승지 氣發理乘之 ㉟64 69 82
기벌포 伎伐浦 ⑨33 35 37 63 268
기병 騎兵 ⑫38 ⑱180 187 ⑳405 ㉘4 102 ㉜106 111
기병경마회 騎兵競馬會 51 335
기병작전 奇兵作戰 ㊲192
기보법 記譜法 ①495 500 501 ㉗387 388 413 437~439 ㉟579 586 587 590
기보병 騎步兵 ㉜123 169 171 184
기복양재 祈福攘災 ㉖271 273
기복제의 祈福祭儀 ㉖228
「기부금모집취체규칙」「寄附金募集取締規則」 ㊸289
기북 冀北 ㉔571
기불 祈佛 ㉖50 54
기비 基肥 ㉚436 ㉝38 ㉞109
기사 騎士 ㉜123
기사 騎射 ⑥248 ⑧386
기사관 記事官 ㉖133 147
기사대신 己巳大臣 ㊱190 203
기사별장 騎士別將 ㉚254
기사보 騎士保 ㉚249
기사본말체 紀事本末體 ㊺265
기사양전 己巳量田 ⑭368 369 ⑲206 289 ㉔25 26 33~35 46 53 57 66 67 78 80 454

기사장 騎士將 ㉚254 ㉞71
기사환국 己巳換局 ㉘299 ㉚148 157 161 177 178 286 ㉛90 104 195 434 ㉜36 42 47 137 ㊱190
기삼만 奇三萬 ⑳45
기삼연 奇參衍 ㊸362 376 377 403 426 ~429 454 496 497
기삼진(키노미츠) 紀三津 ⑨285
기상영복도량 祈祥迎福道場 170
기상전답 記上田畓 ㉞131 132
기상학 氣象學 ㊻248
기새인첩목아 奇賽因帖木兒 ⑳318
기생 妓生 ㊹345 350
기생독립단 妓生獨立團 ㊼359
기생반설화 紀生磐說話 ⑦280
기생조합 妓生組合 ㊺337 ㊿357 394
기생학교 妓生學校 ㊿357 394
기선 琦善 ㊲48 49
기선 汽船 ㊹78
기선건조론 汽船建造論 ㊳249
기선군 騎船軍 ⑳408 ㉓207 210 248 352 ㉔361 ㉘104
기선회사 汽船會社 ㊳51 ㊹96 100
기술관 技術官 ㉓22 25 26 35 47 48 50 297 298 300 303 323 364 366 368 ㉕48 69 82 106 108 110~112 114 119~128 135 136 142 148 151 ㉞52 ㊹337 338
기술교육 技術敎育 ㊳249 ㊻152 156
기술직 技術職 ㉓35 50 298 309 ㉞19
기술학 技術學 ㉓35 298 ㉕49 119 120 123~129 132
『기술학』『奇術學』㊻245
기신도량 忌辰道場 ⑯140 170 171 184
『기신론』『起信論』⑨371 ㉗218
『기신론의기』『起信論義記』⑯77
기신재 忌晨齋 ㉘239 244 247 248 250
기악 伎樂 ⑧381 ㉑454 455 488~490
기악곡 器樂曲 ①502 ⑧375 ⑨606
기악잡희 伎樂雜戱 ㉑489
기악천 伎樂天 ⑧187
기암성전투 岐巖城戰鬪 ⑳238
기양도량 祈禳道場 ⑯141 ⑱151
기양연 奇陽衍 ㉜356
기양제 祈禳祭 ㉖215 220 221
기양현 基陽縣 ⑭119
『기어』『紀語』㊿392 382
기어스 Michail Nikolaevich de Giers ㊴74 75 77 78 ㊵67 ㊶82 87
기업공채 企業公債 ㊷335
기업자금 起業資金 ㊷325 335 341 346
기업장 機業場 ㊻319
기업전습소 機業傳習所 ㊻320
「기업정비령」「企業整備令」㊿19 32 33 41
기역마 騎驛馬 ㉝441
기역자형화덕 ㄱ字形爐 ③396 397
기연사 譏沿司 ㊳39
기연해방영 畿沿海防營 ㊳101
기영 耆英 ㊲50 53 54
기영병 箕營兵 ㊵159
기오공 起烏公 ⑦254 ⑨36
기온 奇蘊 ⑱177
기와 ⑧264 266 420 428
기와집 ㉕339 341 344 345
기우 祈雨 ㉗18~21
기우도량 祈雨道場 ⑯143 183
기우만 奇宇萬 ㊳253 ㊶48 ㊸9 362 376 377 399 402 403 459 519 522
「기우목동가」「騎牛牧童歌」㉗339
기우제 祈雨祭 ⑧266 ⑮156 ⑯358 359 361 ㉓304 ㉖219 ㉗18 19 ㉚324 ㉟168 169 173 ㊿392
기우초 祈雨醮 ㉖294
기원사 祇園寺 ⑨367
기유각서 己酉覺書 ①366
기유대처분 己酉大處分 ㉚176 ㉜47 51 59 60
기유약조 己酉約條 ①313 ㉙133 ㉚599 ㉜13 421 428 ㊲21

기유양안 己酉量案 ㉚427
기은도감 祈恩都監 ⑯292 293
기은색 祈恩色 ①250
기의헌 奇義獻 ㉙286
기인 其人 ⑫44 216 217 ⑬331 ⑮34 36 42 45 ⑳38 ㉘155 ㉚382 505 529 ㉝320
기인거관자 其人去官者 ㉕67
기인선상 其人選上 ⑬230 ⑭237 238 367
기인역 其人役 ⑳34 ㉕144 145 215
기인전 其人田 ⑭141 208 209 237 250
기인제도 其人制度 ①224 ⑫3 41 43 128 134 143 144 ⑬ 229
기인호정 其人戶丁 ⑭6 74 140~142 144 237
기일원론 氣一元論 ㉘323 ㉟50 64 65 82
기자 箕子 ①161 306 ④58 76 138 ⑧ 112 ㉖109 110 213 214 240 241 245 ㉜44 ㉟314 316 318 ㊷30 ㊻100 104
기자기전설 箕子箕田說 ①309
기자동래설 箕子東來說 ④58 78
기자묘 箕子廟 ㉖242
기자서원 箕子書院 ㉛107
기자신 箕子神 ①164 ㉖236
『기자실기』『箕子實記』㉛374
기자전 箕子殿 ㉖245
기자조선 箕子朝鮮 ①160 164 ④46 92 115 117 ㉖109
『기자지』『箕子志』㉛374
기자헌 奇自獻 ㉚74
기장 黍 ㉗179 181
기재 寄齋 ㉕73 253
『기재기이』『企齋紀異』㉛427 428
기재보 忌齋寶 ⑯217
기재생 寄齋生 ㉓284 286
기전 箕田 ㉔607
기전 綺典 ⑦227 ⑨180
기전 畿田 ⑭130 132
「기전고」「箕田攷」㉟332
기전설 箕田說 ㉜44
기전여학교 紀全女學校 ㊺95
기전유제설 箕田遺制說 ㉔601
기전척 箕田尺 ㉔600 601 606 608
기전체 紀傳體 ㉑340 341 ㉖118 124 125 129 ㉛373
기전체사서 紀傳體史書 ⑰16
기전학교 紀全學校 ㊹387 ㊼177
기정진 奇正鎭 ㉜353 ㉟56 57 60~63 114 ㊳6 52 207 213~217 253 ㊲6 107 ㊸362 495 496 519 ㊺293
기제사 忌祭祀 ㊿389
기종헌 奇宗獻 ㉙276
기주관 記注官 ㉖147
기준 奇遵 ㉘197
기준척 基準尺 ⑭10 298 305 313
기진 寄進 ⑲7 234 ⑳72
기창양행 旗昌洋行 ㊹80
기 철 奇轍 ⑲24 53 ⑳277 337 338 340 341 343 361
기청제 祈晴祭 ⑫111 ⑯31
기청초 祈晴醮 ㉖294
기초위원 起草委員 ㊶241
기총 旗摠 ㉚294 541
『기축대전』『己丑大典』㉓337
기축봉사 己丑封事 ㉜398
기축옥사 己丑獄事 ㉘331 ㉙23
『기측체의』『氣測體義』㉟378 379
기쿠치 겐조 菊池謙讓 ㊶265 ㊿64
기탁 寄託 ⑮248
기탁성 奇卓誠 ⑱19 20 27 28 31 32 48 49
기패관 旗牌官 ㉕152 ㉚245 250 251 254 ㉞31
기포 起包 ㊴384
기포 起布 ㊴395
기포 騎砲 ㊴395
기포드 D. L. Gifford ㊻180
기포령 起包令 ㊴421 441 442 446 457
『기하원본』『幾何原本』㉟450

기합 寄合 ㉒266
기해동정 己亥東征 ㉒275 377 378
기해박해 己亥迫害 ㉞73 ㉟111 112 116 ㊻150
기해사옥 己亥邪獄 ㊲122 180
기해예송 己亥禮訟 ㉚100 114 ㉜32
기행가사 紀行歌辭 ㉟391 399
기현 畿縣 ⑬238 240 241
「기현거사」「寄玄居士」⑰238
기호근 奇好謹 ㉙29
기호남인 畿湖南人 ㉟31
기호성리학 畿湖性理學 ㉟25
기호식품 嗜好食品 (51)416 427
기호파 畿湖派 ㊽143 145 151 161
기호학파 畿湖學派 ㉗302 307 ㉘7 205 ㉛271 348 469 ㉟13~15 18 19 32 33 43 49 51 52 56 58 184 ㊸231 ㊺81
기호흥학회 畿湖興學會 ①363 ㊸225 228 231~233 ㊺4 52 81 184
『기호흥학회월보』『畿湖興學會月報』㊸232 ㊺81 97 126
기홀병원 기홀病院 ㊻170 289
기홍수 奇洪壽 ⑱51 211
기화 己和 ①448 ㉖282
『기화근사』『箕和近事』㊳59
기황후 奇皇后 ⑳313 327 336 337 341 369
기회 耆會 ㊺317 318
『기효신서』『紀效新書』㉙6 191 192 ㉚243 279 290 541 542
기후 箕侯 ④78
기후국 箕侯國 ①164
기훤 箕萱 ⑪4 5 99 130 133 ⑫12 14
긴돌날격지문화 大石刃石片文化 ②279
긴살림집터 長期住居址 ②127
긴즈부르그 G. G. Ginsburg ㊶126
길강충 吉康忠 ⑫37
길대상 吉大尙 ⑦390
길드 Guild ㉔133 150
길례 吉禮 ①286 ⑯271 275
길례서례 吉禮序禮 ㉔615
길림(지린) 吉林 ④5 66 70
길림구국군 吉林救國軍 ㊿340
「길림조선상민수시무역장정」「吉林朝鮮商民隨時貿易章程」㊳330 ㊴33
길모어 G. W. Gilmore ㊳191 ㊴65 127 ㊺154
길비신(기비노오미) 吉備臣 ⑦358 362 399
길사 吉士 ⑦163
길상사 吉祥寺 ⑨411 ⑪183 ⑯186
길상암 吉祥庵 ㉑311
길상어 吉祥語 ⑧261
길선주 吉善宙 ㊻172 ㊼313 321 326 333 (51)258
길신여학교 吉新女學校 ㊼187
길쌈 ①147 (51)385
길쌈놀이 ⑧161
길쌈대회 績麻大會 ㉔255
길야리(요시노가리)유적 吉野ヶ里遺蹟 ⑧466 470
길영수 吉永洙 ①357 ㊶359 404 ㊷225 ㊻58
길 인 吉仁 ⑱128 ⑳143
길 장 吉藏 ⑧52 54 ⑯127 134
길 재 吉再 ①295 ⑯266 ㉓313 ㉘162 164 168 175 176 206 266 314
길주 吉州 ⑮327~329
길주도 吉州道 ㉒162
길주만호부 吉州萬戶府 ㉒161
길지설 吉地說 ①251
길진선 吉鎭善 (51)258
길진섭 吉鎭燮 (51)328
길진형 吉鎭亨 ㊸349
길 환 吉奐 ⑫59
길회부설권 吉會敷設權 ㊼181
길흉부조 吉凶扶助 ㉞269 271
길흥학교 吉興學校 ㊽300
김 海衣 ㉝234

김가기 金可紀 ⑪175 ㉖297
김가진 金嘉鎭 ㉟493 ㊳102 ㊴22 23 61 108 110 215 234 412 ㊵149 165 212 293 ㊶20 185 187 188 191 199 201 205 206 377 401 ㊷42 ㊸26 221 ㊹40 85 340
김각현 金珏鉉 ㊵153 ㊶201
김간중 金簡中 ⑨329
김감불 金甘佛 ㉘116
김 갑 金甲 ㊽155 180 ㊿269
김갑순 金甲淳 ㊽52
김 강 金剛 ㊿301
김강년 金康年 ㊼142
김 개 金鎧 ㉚34 40 216
김개남 金開(介)南 ㊴309 321 326 328 389 390 393 396 401~404 408 414 428 430 431 449 450~452 454 467 470 471 474 479 484~486 ㊵5 120 125 128 133 209 211 ㊹413 ㊺326
김개물 金開物 ⑲162
김거웅 金巨雄 ⑰290
김 건 金健 51372
김 건 金鍵 ㉜236 277
김건서 金健瑞 ㉜455
김건순 金建淳 ㉜246
김검동 金儉同 ㉘116
김견신 金見臣 ㊱261 250 265 266 269
김 경 金坰 ㉚136
김 경 金鏡 ⑪202 ⑱115 117
김경구 金京久 ㊸501
김경문 金慶門 ㉜413 414
김경보 金敬甫 ㊽290
김경서 金景瑞 ㉙230 233
김경석 金京石 52425
김경선 金景善 ㉟364 ㊺349
김경손 金慶孫 ⑱57 76 94 183 ⑳60 173 190 212 213
김경수 金景遂 ㊳59 185
김경승 金景承 51330 52339
김경신 金敬信 ⑪1 17 19 20 ⑫26
김경애 金敬愛 52375
김경용 金景庸 ⑫202 249
김경재 金璟載 ㊾90
김경제 金景磾 ⑳389
김경중 金暻中 51226
김경징 金慶徵 ㉙275 289~291 294 ㉚85
김경창 金慶昌 ㉙154~156
김경태 金敬泰 ㊼163
김경함 金庚咸 51188
김경희 金敬熙 ㊼157
김계봉 金季鳳 ⑱172
김계선 金桂善 51355
김계완 金啓完 ㉞73
김계종 金繼宗 ⑪47
김계휘 金繼輝 ㉘336 ㉚35 45 48
김공량 金公諒 ㉙182
「김공행군기」「金公行軍記」 ㉑342 347~349
김 관 金管 52361
김관성 金觀聲 ㊽260
김관수 金寬洙 51376 52349
김관의 金寬毅 ⑪185 ⑯308 310 ⑰176 178 180 183 204 225 ㉑301 329 335 349 350 353 354
김관주 金觀柱 ㉜206 220 244 249 250
김관호 金觀鎬 51324
김 광 金光 ㉙131 ㉜425
김광국 金光國 ㉟435 444 449
김광득 金光得 52351
김광선(김광손) 金光善(金光孫) ㊾117 ㊽340
김광섭 金珖燮 52307
김광수 金光洙 ㉞95 ㊿362
김광수 金光遂 ㉟434 444 487
김광옥 金光玉 ㊿318
김광욱 金光旭 ㊿326
김광윤 金光允 ⑱8
김광제 金光濟 ⑳127 ㊸6 138 145 299 ㊹196 197 ㊻80

김광중 金光中 ⑭149 194 196 ⑮199 200
김광진 金洸鎭 (51)139 (52)427
김광철 金光轍 ⑲86 154
김광희 金光熙 ㊽53
김 굉 金鉱 ⑲233
김굉필 金宏弼 ①294 295 ㉓17 283 ㉖17 51 65~73 ㉘6 154 172 176~180 183 190 192 195 206 208 243 282 317 318 342 ㉞46
김교근 金敎根 ㉜260 262 265 266 269
김교선 金敎先 ㊺78
김교신 金敎臣 (51)247 257
김교제 金敎濟 ㊺311
김교헌 金敎獻 ①437 ㊺8 277 ㊺4 71 76 ㊻211 212 214~216 218 220 221 224 ㊼314 (51)193 195
김 구 金九 ①394 396 ㊸207 218 331 368 ㊻115 ㊽145 161 180 194 336 343 ㊿6 7 10 269 271 275 279 281~285 287 289 292~294 298 305 344 345 374 375 379 395 436 438 440 435 449 456 458 460 (52)32 44 47 72 77 111 118 123 125 131 135 ~138 200 203 205~208 211~215 219 220 306 391 405 406 410 417 420 462
김 구 金坵 ⑰158
김 구 金絿 ㉓341 ㉘197 ㉛490 496 497
김 구 金構 ㉚567 ㉜43 145
김구용 金九容 ⑲94 142 154 167 171 172
김구주 金龜柱 ㉜63 76 78 80 81 97 202 244 248 250 264
김구하 金九河 (51)205
김구현 金龜鉉 ㊶237
김국광 金國光 ㉘180 186
김군관 金軍官 ⑨83
김 권 金權 ㉚141
김귀영 金貴榮 ㉙157 170 ㉚44
김귀원 金龜元 ㊸369
김 규 金虯 ㉚20
김규면 金奎冕 ㊽206
김규봉 金奎鳳 ㊾446
김규석 金奎錫 ㊴447
김규섭 金圭燮 ㊼239
김규식 金圭植 ㊸458 523 ㊿9 279 280 300 301 387 463
김규식 金奎植 ①394 ㊻222 223 ㊼11 13 216 223~225 231 234 235 236 313 314 ㊽11 111 118 125 147 202 242 ㊾140 (51)223 (52)32 56 72 137 188 189 191 193 195 197 199~204 206~208 211 214~216 219 220 391 404 406 410 417
김규진 金圭鎭 ㉟494 (51)324
김극기 金克己 ⑯297 345
김극성 金克成 ㉘199
김극암 金克巖 ㊹384
김극종 金克宗 ⑫38
김극핍 金克愊 ㉘198
김 근 金覲 ⑰206
김근겸 金勤謙 ⑪74 ⑫25
김근공 金謹恭 ㉘330
김근사 金謹思 ㉘132 198 199
김근형 金根瀅 ㊸347
김근환 金根煥 ㊴217
김금한 金錦漢 ㊹383
김긍률 金兢律 ⑪74 ⑫82 85
김기권 金基權 ㊾454 455
김기두 金箕斗 ㉟382 ㊲106 ㊻310
김기림 金起林 (51)274 (52)306 307
김기명 金沂明 ㊲192
김기범 金箕範 ㊴321 389
김기석 金箕錫 ㊴95
김기손 金起孫 ⑱57 76 77
김기손 金驥孫 ㉘177
김기수 金基洙 ㊾83
김기수 金綺秀 ㊲80 258 329 330 ㊳80 117 185 ㊸241 ㊹481 ㊺2 15 206 ㊻14

280
김기영 金基永 ㊸146 ㊹196
김기옥 金基玉 ㊼244
김기우 金箕祐 ㊸82 114
김기원 金基元 ㊺78
김기전 金起田 ㊾289 ㊿141 52441
김기종 金起宗 ㉙264 265
김기준 金基駿 ㊻16
김기진 金基鎭 ㊽187
김기창 金基昶 51258 52337
김낙문 金洛文 ㊼141~143
김낙서 金洛瑞 ㉜93
김낙준 金洛俊 ㊾83
김낙철 金洛喆 ㊹413
김낙환 金洛煥 ㊾445
김난상 金鸞祥 ㉘200 202
김난순 金蘭淳 ㉜241
김남보 金南寶 ⑱153
김남수 金南洙 ㊾97
김남윤 金南潤 ㉚563
김남천 金南天 52170 171 304 306 307 317 326 371
김남철 金南哲 ㊾464
김녕동굴유적 金寧洞窟遺蹟 ③557
김 노 金鑥 ㉜236 262~264 265 266 270
김노경 金魯敬 ㉜263 270
김노충 金魯忠 ㉜244 248
김녹주 金錄珠 51309
김널린 金널린 ㊹396
김다수 金多遂 ⑦155
김 단 金端 ⑫268
김단야 金丹冶 ㊾108 109 115~117 121 292 442 ㊿217 5174
김 달 金達 ㉜422
김달순 金達淳 ㉜207 241 250 251 252 264
김달진 金達鎭 52313
김달하 金達河 ㊺80 ㊽336
김달현 金達鉉 52442
김달호 金達鎬 ㊼280
김달효 金達孝 ㉙152
김 담 金湛 ㉙49
김 담 金淡 ㉘188
김대건 金大乾 ㉙256 257 272
김대건 金大建 ㉜519 ㉞73 ㉟112 117 ㊲122 180 ㊻149 300 304
김대명 金大鳴 ㉚46
김대문 金大問 ⑦120 ⑧102 117 ⑨521 ⑪211 ㉑290
김대봉 金大鳳 52438
김대비 金大悲 ⑪203
김대성 金大城 ⑨392 412 ⑪58
김대재 金大材 ⑱102 106
김덕구 金德九 ㊶416
김덕령 金德齡 ㉔287 ㉙48 54 55 155 156 161 162
김덕명 金德明 ⑱71 87 143 ㉑200 ㊴300 321 389 450 474
김덕생 金德生 ㉚562
김덕성 金德成 ㉟453
김덕성 金德誠 ㉙50
김덕영 金德永 52429 448
김덕원 金德遠 ㉚160 161 ㉜205
김덕제 金德濟 ㊸415 416
김덕창 金德昌 ㊾37
김덕충 金德忠 ⑫230
김덕혜 金德惠 ㊾297
김도라 金도라 ㊹396
김도산 金陶山 51366 367 369
김도순 金道淳 ㊽339
김도여 金道汝 ㊼208
김도연 金度演 ㊼274 275 276 278 315 316 ㊾428 51115 52125 420
김도태 金道泰 ㊼321
김도현 金道鉉 ①360 ㊶49 ㊸370 374 382 387 522
김도화 金道和 ㊶49 ㊸374 382
김도희 金道喜 ㉜277

김 돈 金墩 ㉗70 76 80 81 ㊸429 ㊽298 309
김돈의 金敦義 ⑱148 200
김돈중 金敦中 ⑰285 ⑱17 ⑫190 278
김돈희 金敦熙 ㉟494
김동리 金東里 (51)257 (52)296 313 318 320~322 325
김동산 金東山 ㊿321 331 332
김동삼 金東三 ㊸333 ㊺4 76 77 ㊻221 ㊼192 196 314 ㊽7 11 118 141 153 154 158 207 279 281 289 304
김동석 金東錫 (52)321 325
김동성 金東成 (51)74~76 83
김동수 金東洙 ㊿451
김동순 金東淳 ㊽330
김동식 金東植 ㊽326
김동신 金東臣 ㊸458 459
김동원 金東元 ㊿237 (51)259 (52)125 417
김동원 金東園 (51)374 (52)372
김동인 金東仁 ①428 (51)117 257
김동정 金東靖 ⑫27
김동준 金東俊 ㊽209
김동진 金東振 (51)308
김동진 金東鎭 ㊾451
김동필 金東弼 ㉜152 ㊸60 85
김동한 金東漢 ㊼385
김동환 金東煥 ㊺361
김두봉 金枓奉 ㊻215 ㊼153 219 ㊽181 184 186 194 ㊿10 278~280 465~467 (51)106 107 109 (52)168 200 205 208 209 211 212 214~216 443 444 448 456 462
김두섭 金斗燮 ㊽266
김두성 金斗星 ㊸121 495
김두승 金斗承 ㊻274
김두일 金斗一 (51)330
김두칠 金斗七 ㊿253
김두현 金斗鉉 ㊶237 388 ㊾173
김두환 金斗煥 (52)332
김득굉 金得宏 ⑰129
김득룡 金得龍 ⑱107
김득배 金得培 ⑳388 390
김득신 金得臣 ①492 ㉟471
김득우 金得雨 ㉑474
김 락 金樂 ⑪80 113 ⑫45 56 63
김 려 金鑢 ㉝213 ㉟411
김 류 金瑠 ㉙158
김 류 金瑬 ㉘85 ㉙240 249 276 278 ㉚72 81 82 84 271 281~283 ㉜384
김 륜 金倫 ⑲89
김 률 金律 ⑪101 ⑫62
김 륵 金玏 ㉙30
김 립 金立 ㊼190 191 201 209~212 ㊽118 249
김마리아 金Maria ㊼273 ㊾263
김만겸 金萬謙 ㊽143
김만규 金萬圭 ㊾152
김만기 金萬基 ㉚116 117 156 ㉜142
김만리 金萬里 ㊹303
김만석 金萬石 ㊸500
김만선 金萬善 (52)296
김만수 金萬秀 ㊽337
김만식 金晩植 ㊲80 315 316 ㊳185 190 ㊵153 ㊺20 ㊻29 50
김만익 金萬翊 ㉜152
김만중 金萬重 ㉛317 318 326 424 434 445 ㉟273 351 414 416 428
김만철 金萬鐵 ㉚157
김만형 金晩炯 (51)328
김말봉 金末峰 (51)257
김매기 ㉘263
김매순 金邁淳 ㉟184 187
김 맹 金猛 ⑩90 91 ⑮335
김맹성 金孟性 ㉘177 182 254
김 면 金沔 ㉘334 ㉙39 47
김면호 金勉浩 ㊲74 181 183
김 명 金明 ⑪28~31 95 (52)438
김명국 金明國 ㉛448 456 460 474 475 ㉟457 460

김명규 金明圭 ㊴116 ㊶377 390 400 411 422
김명균 金明均 ㊳153
김명기 金明基 ㊾462
김명돌 金命突 ㊿253
김명동 金明東 ㊾147 157
김명봉 金鳴鳳 ㊽269
김명시 金命時 ㊿223
김명식 金明植 ㊼273 (51)75
김명원 金命元 ㉙3 31~35 41 52 75 76 84 89 178 179 182 183
김명윤 金明胤 ㉘201 ㉚16 37 44
김명제 金明濟 ㊶405 420
김명준 金明濬 ㊽52 (51)77
김명진 金明鎭 (51)435
김명희 金命喜 ㉜278 ㉟492
김명희 金明熺 (52)442
김 무 金武 ⑧425
김무체 金無滯 ⑰56 61
김문근 金汶根 ㉜205 217 278 279 ㊲157
김문기 金文起 ㉒115
김문내 金文乃 ㉘126
김문보 金文輔 (51)308 309
김문영 金文穎 ⑨34 35
김문왕 金文王 ⑦135~138
김문정 金文鼎 ㉓280
김문주 金文柱 ㊸367
김문준 金文準 ㊿421 423
김문진 金文珍 ㊼325
김문표 金文豹 ㉟349
김문행 金文行 ㊴481 ㊹412 413
김문현 金文鉉 ㊴105 301 302 319 321 333 346 397 ㊵36 146
김 미 金敉 ⑱75 76 85
김미리사 金美理士 ㊼242
김미산 金美山 ㊹383
김미재 金美哉 ㊾296
김미하일 金미하일 ㊼214
김미화 金美華 (51)364
김민산 金民山 (52)444
김민자 金敏子 (51)363
김민주 金敏周 ⑪32
김민택 金民澤 ㉚171
김 반 金泮 ㉖43 44 ㉘316
김방경 金方慶 ⑯357 ⑱159 161 ⑲71 ⑳60 121 257 258 262
김백봉 金白峰 (51)364
김백선 金伯善 ㊸370 371 381
김백안찰 金伯顔察 ⑳299
김백원 金百源 ㊼339
김백평 金栢枰 ㊼326
김 범 金範 ㉚32
김범우 金範禹 ㉞72 ㉟97 99 115
김법린 金法麟 (51)115 204 209 211
김법민 金法敏 ⑦134 135 ⑨77
김벳세 金벳세 ㊹394
김벽완 金碧完 ㊴402
김병국 金炳國 ㉜279 280 341 ㊲151 155 157 231 235 238 240
김병규 金秉逵 (52)318 320 322
김병규 金炳奎 ㊿334
김병기 金炳冀 ㉜279 ㊲154 165
김병두 金炳斗 ㊿288
김병렬 金炳烈 ㊼140
김병로 金炳魯 ㊾56 57 158 169~171 209 311 463 (52)125 130 180 184 185 199
김병서 金秉瑞 (52)427
김병선 金丙善 ㊽332
김병숙 金炳璹 ㊾98
김병시 金炳始 ㊲76 82 307 313 316 ㊳43 ㊴58 347 ㊵104 150 153 154 284 ㊶45 63 328 ㊷41
김병연 金炳淵 (52)427
김병우 金炳祐 ㊼144 145
김병육 金炳陸 ㉜279
김병익 金炳翊 ㉜341

김병일 金炳一 ㊾399
김병제 金炳濟 ㊿112
김병조 金秉祚 ㊼321 326 333
김병조 金炳朝 ㉜260
김병필 金炳弼 ㉜279
김병학 金炳學 ㊲151 155 156 184 202 234 239
김병헌 金秉憲 ㊽339
김병호 金炳昊 ㊾342
김병흡 金秉洽 ㊼233 396
김 보 金甫 ⑳88 90
김보남 金寶南 ㊾342
김보당 金甫當 ⑰179 ⑱29 30 37 42 48 81 82 164 224 225 ⑳31 80 126 132
김보당의 난 金甫當의 亂 ⑱20 29 30 42 81 205 216
김보섭 金普燮 ㊾454
김보안 金輔(保)安 ㊿277 315
김보연 金甫淵 ㊽151 175
김보일 金甫一 ㊴413
김보정 金寶鼎 ⑱108 ⑳210 247 248
김보현 金輔鉉 ㊳46 285
김 복 金復 ㊼235
김복녀 金福女 ㊿195
김복자 金福子 ㊾373
김복진 金復鎭 ㊿87 328 330
김복한 金福漢 ㊶49 ㊸360 365 372 373 379 381 382 393 522 ㊿223
김복현 金福顯 ㊿263
김 봉 金鳳 ㊽290
김봉규 金琫奎 ㊽325
김봉균 金奉(鳳)均 ㊳24 365 ㊴302
김봉명 金鳳鳴 ㊸467
김봉모 金鳳毛 ⑫203 ⑱57 84 207 235 236
김봉문 金奉文 ㊹408
김봉집 金鳳集 ㊴302
김봉학 金奉學 ㊸6
김봉현 金奉鉉 ㊸368
김봉휴 金封休 ⑪103 128 ⑫35
김 부 金傅 ⑫30 41 43 56 121 ⑭24 ~26 32 33 271 272
김 부 金富 ⑱55 56 ⑳57
김부고서 金傅誥書 ⑬12 14~19 232
김부식 金富軾 ①427 ⑧4 49 ⑪215 ⑫190 203 258 262 263 266~271 273 ⑯50 158 226 297 ⑰117 157 159 163 172 178 183 197~200 207 210 211 224 244 283 285 ⑱17 159 161 ㉑136 300 307
김부윤 金富允 ⑳275
김부의 金富儀 ⑫268
김부일 金富佾 ⑯158 225 ⑰157
김부철 金富轍 ⑯57 225 ⑰31 157
김붕준 金朋濬 ㊿283 295 303 436 ㊾ 191 197 199 208 216
김 빈 金鑌 ㉗67 78 79
김사국 金思國 ㊽108 ㊾64 70 94 285 290 366 396
김사란 金思蘭 ⑩102 112 121 122
김사량 金史良 ㊾307
김사미 金沙彌 ⑱9 ⑳123 124 127 130 ~135 137
김사미·효심의 난 金沙彌·孝心의 亂 ⑱214
김사실 金士實 ㊽342
김사용 金士用 ①332 ㊱14 238 240 242~246 250 251 254 255 257
김사인 金思仁 ⑪15
김사일 金士逸 ㊴403
김사철 金思轍 ㊴59 253 ㊵68 148 153
김사행 金師幸 ⑯135
김사형 金士衡 ⑲94 178 218 ㉒22 28 29 53 295 ㉖189 191
김 산 金山 ㊾62 66 ㊿271
김살로메 金Salome ㊹396
김삼광 金三光 ⑦136~138
김삼룡 金三龍 ㊾148
김 상 金相 ⑫63

김상규 金尙奎 (52)130
김상기 金庠基 (51)144
김상기 金上琦 ⑫237
김상덕 金尙德 ㊼274 275 277 278 315 ㊿280 340 461
김상로 金尙魯 ㉜81 162
김상묵 金尙默 (51)187
김상범 金尙范 ㉛331~333 ㉟356 358
김상범 金相範 ㊸192 300
김상복 金相福 ㉞58
김상빈 金尙賓 ⑰56 61
김상성 金尙星 ㉜155 162 173 191 195
김상숙 金相肅 ㉟485
김상열 金相烈 ㊸490
김상오 金相五 ㊼140
김상옥 金相玉 ㊼166 ㊽9 330 333
김상용 金尙容 ㉙240 245 275 291 ㉛497 498 ㉜215
김상용 金尙鎔 (51)105
김상운 金祥運 ㊹383
김상적 金尙迪 ㉜163 174
김상정 金尙挺 ⑱115
김상주 金尙珠 ㊾82 83
김상천 金相天 ㊺357 ㊻64
김상철 金尙喆 ㉝139 ㉟449
김상태 金尙台 ㊸466 482
김상헌 金尙憲 ㉙278 285 292 ㉚79 82 84 486 ㉛91 110 126 180 302 ㉜215 248 (51)232
김상호 金尙昊 ㊿370 374
김상환 金相煥 ㊾454 462
김상희 金相喜 ㉜278
김 생 金生 ①307 ⑨488 ㊽179
김생려 金生麗 (52)349
김 서 金㥠 ㉑253
김 서 金舒 ⑫31
김서현 金舒玄 ⑨18 19
김 석 金石 ㊼195
김석구 金錫九 ㊼385 (52)351
김석렬 金錫冽 ㊸60
김석룡 金碩龍 ㊾117
김석문 金錫文 ㉟351 368
김석연 金錫衍 ㉜412
김석영 金錫永 ㊽52
김석윤 金錫允 ㊴454
김석자 金石子 ㊹384
김석재 金碩材 ⑱106
김석정 金石井 ㊸391
김석주 金錫胄 ㉚96 99 113 114 117 119 148 154 156 158 159 284 285㉜ 138 139 141 142 144 145 307 ㉟137 195
김석준 金錫準 ㊲158
김석준 金奭準 ㉟493
김석진 金奭鎭 (51)232
김석하 金錫河 ㊽338
김석황 金錫璜 ㊽138 326
김 선 金璇 ㉙285
김 선 金善 ㊾272 273 301
김선궁 金宣弓 ⑳30
김선근 金善根 ㊴192
김선기 金善琪 (51)105 108 112 115
김선득 金先得 (52)342
김선생묘지 金善生墓誌 ㉟513
김선석 金先錫 ⑮334
김선영 金鮮英 (52)373
김선자 金蟬子 ㉖300
김선평 金宣平 ⑫30
김 성 金成 ⑪101
김성권 金聲權 ㊼239 247
김성규 金星圭 ㊴415
김성극 金星極 ㊽203 206
김성근 金盛槿 ㊿256
김성근 金聲根 ㉟493 ㊸139
김성기 金成基 ㊴209
김성기 金性琪 ㊾447
김성기 金聖基 ㊺320
김성기 金聖器 ①501 ㉟549 560 561
김성길 金聖吉 ㉜223 256

김성두 金星斗 ㊸120
김성륜 金聖倫 ㊽206
김성모 金聖姆 ㊾278
김성무 金成武 ㊼196 205 211 241 244 258
김성문 金性文 ㊼139
김성수 金性洙 ㊺105 ㊼153 275 ㊽50 ㊾52 145 ㉛75 ㊾99 123 131 417 419
김성숙 金星淑 ㊽184 ㊾55 160 167 185 ㊿9 272 297 302 460
김성실 金誠實 ㊾278
김성옥 金成玉 ㊼240
김성일 金誠一 ㉘12 332 ㉙2 20 25 27 41 46 49 169 ㉚51 123 ㉛175 176 269
김성지 金聖之 ㊸53 ㊾285
김성진 金星振 ㊾351
김성진 金聲振 ㊺135
김성탁 金聖鐸 ㉜53
김성태 金聖泰 ㊾342 343 346
김성표 金聲杓 ㊻58
김성행 金省行 ㉚171 ㉜62
김성헌 金成憲 ㉙49
김성희 金成喜 ㊸138 197 250 266 268 269 271 272
김세균 金世鈞 ㉘132 ㉙14
김세근 金世根 ㊼254
김세렴 金世濂 ㉚82
김세룡 金世龍 ㉚89
김세연 金世演 ㉛435
김세연 金世淵 ㊾97
김세영 金世榮 ㊸474
김세용 金世湧 ㊾332
김세용 金世鎔 ㊾99 102 159 160 185
김세충 金世沖 ⑱186 ⑳194
김세형 金世炯 ①503 ㉛308 312 ㊾342
김세호 金世浩 ㊿327
김세호 金世鎬 ㉛87
김세환 金世煥 ㊼326 322
김소랑 金小浪 ㉛366 369
김소월 金素月 ①428
김소하 金篠厦 ㊽310
김소희 金素姬 ㊾342 375
김속명 金續命 ⑲83 170 182
김송암 金松巖 ㊹383 ㊺101
김송제 金松齊 ㊹383 384
김 수 金晬 ㉙26 29 104 122 181 183 ㉚43 46
김수동 金壽童 ㉘194
김수민 金秀敏 ㊸489~491 520 523
김수성 金守性 ㉗79
김수온 金守溫 ㉖267 285
김수장 金壽長 ①428 501 ㉛425 ㉟392 393 397 428 561
김수정(한두) 金守禎(金漢斗) ㊱347~349 366 368 372 373
김수종 金守宗 ㊱187 196 197 203
김수종 金秀宗 ⑪26 27 36
김수준 金繡準 ㊾293 299
김수증 金壽增 ㉛489 498 499 501
김수철 金秀哲 ㉟447
김수항 金壽恒 ㉚109 117 154 158 160 ㉜132 142
김수홍 金壽弘 ㉚111
김수흥 金壽興 ㉚113 116~118 120 154 158 ㉜134 136
김 숙 金淑 ⑱149
김숙경 金淑卿 ㊾281 283
김숙자 金叔滋 ①295 ㉘154 165 168 169 176 316 343
김숙정 金淑貞 ㊾293
김숙흥 金叔興 ⑮309
김 순 金純 ⑨40
김 순 金順 ⑳151~153 159 255
김순남 金順男 ㊾342 343 359
김순복 金順福 ㊾272 454
김순성 金順性 ㉜279
김순식 金順式 ⑫12 81
김순애 金淳愛 ㊼236 313 314

김순원 金順元 ⑨98
김 승 金昇 ⑱168
김승경 金升卿 ㉔245 246
김승구 金承久 ㊷369
김승라 金承羅 ㊾278
김승만 金承萬 ㊽210
김승준 金承俊 ⑱100 102 105 106 107 110 111 115
김승학 金承學 ㊽209 210 310 ㊾201 ㊿71 72
김시민 金時敏 ㉙81
김시습 金時習 ①427 ㉖51 58~61 63 64 288 289 297~299 ㉘172 ㉛406~427 441
김시약 金時約 ㉙153 161 259
김시양 金時讓 ㉙257 294 ㉚81 84 86
김시연 金始淵 ㉜228 339
김시정 金時禎 ㊹303
김시학 金時學 ㊼308
김시현 金始顯 ㊽334
김시현 金時鉉 ㊹197
김시형 金始炯 ㉞77 ㉔273
김 식 金式 ⑪33
김 식 金埴 ㉛447 476 478
김 식 金湜 ㉓336 ㉘196 197 ㉚228
김식재 金式材 ⑱102 106
김식회 金湜會 ㉙288
김 신 金信 ⑫268
김 신 金神 ⑫71
김신국 金藎國 ㉙278 285 292 ㉚82 86 585
김신부 金莘夫 ⑰157
김신윤 金莘尹 ⑱224 225
김신충 金信忠 ⑪15 16
김 심 金諶 ㉘177 183
김심언 金審言 ⑫155 166~170 172 174 178 203 ⑰59 149 152
김아부 金亞夫 ㊷376
김 악 金渥 ⑪114 ⑫64
김 안 金安 ⑫255 263 264 265 269
김안국 金安國 ㉓337 ㉔100 266 528 ㉘166 167 197 199 244 255 272 273 310 321 343 ㉚34 ㉛24 172 235 275 295
김안로 金安老 ①295 ㉘83 117 198 199 202 245 255 256 ㉚13 215
김안진 金安鎭 ㊾465
김알렉산드라 金알렉산드라 ㊼211~214
김알지 金閼智 ①154
김알지설화 金閼智說話 ①156 159
김 암 金巖 ⑨420 ⑪221
김 애 金皚 ⑱116
김애리시 金愛利施 ㊶308
김야곱 金Jacob ㊼214
김약로 金若魯 ㉜154 163
김약선 金若先 ⑱71~76 85 86 99 135
김약수 金若水 ㊼284 ㊾71 73 77~80 83 85 90 ㊷125 130 200
김약연 金躍淵 ㊸332 ㊺83 ㊼9 186 394
김약제 金若濟 ㊴413
김 양 金陽 ⑨126 ⑪29 31 32 34 49 95
김양감 金良鑑 ⑫202 223 ⑮295 ⑰283
김양검 金良儉 ⑫227 228
김양경 金良鏡 ⑰158
김양도 金良圖 ⑨46 49
김양상 金良相 ⑨105 125 ⑪1 17 18 20 48
김양수 金良洙 ㊶115
김양순 金亮詢(良順) ⑪32 33
김양순 金陽淳 ㉜266 271 277
김양언 金良彦 ㉙261
김양하 金良瑕 ㊶294
김양한 金亮漢 ㊳112 ㊶199
김양행 金亮行 ㉜85
김양현당 金養賢堂 ㊹381
김 억 金億 ㊺305 ㊶68
김억렴 金億廉 ⑫41
김언경 金彦卿 ⑪192 193 195
김언규 金言規 ⑪74 ⑫25 82
김언량 金彦良 ⑱55

김언승 金彦昇 ⑨126
김언영 金彦英 ⑮283
김여기 金礪器 ㉙260 293
김여란 金如蘭 ①505
김여물 金汝岉 ㉙30
김여부 金汝孚 ㉚21
김여식 金麗植 ㊾142
김여식 金呂植 ㊼390
김여영 金呂英 ①499 ㉑474
김여옥 金汝玉 ㊴209
김여익 金汝瀷 ㉝235
김여제 金與濟 ㊺305
김여중 金汝中 ㊴454
김여지 金汝知 ㉔236
김 연 金漣 ⑨36
김연(인존) 金緣(仁存) ⑯225 ⑰211
김연국 金演局 ㊴293 ㊻4 192 199 (51)178
김연수 金秊秀 (51)434
김연수 金演洙 ①505 (52)375
김연수창극단 金演洙唱劇團 (52)352 356 375
김연실 金蓮實 (51)370
김연학 金然鶴 ㊹197
김연희 金演羲 ㊾71 90
김 영 金泳 ㉟341 358
김영관 金永寬 ⑳76
김영구 金永耇 (51)153
김영기 金令器 ⑮318
김영기 金永基 (52)332 339
김영돈 金永吨 ⑲86 132 154
김영동 金永東 ㊴454
김영륜 金永倫 (51)188
김영리 金英利 ⑲86
김영만 金榮萬 ㊾93 107
김영목 金永穆 ㊸142
김영백 金永伯 ㊸431
김영부 金永夫 ⑰178～180
김영서 金永瑞 ㊸309
김영석 金永錫 ⑰128 ㉑222 ㊶199
김영선 金營善 ㊽205
김영수 金永壽 ㊴101 ㊵153 264 ㊷41
김영숙 金永淑 ㊾289
김영순 金英順 ㊾278 306
김영운 金英雲 (52)373
김영윤 金永胤 ㊼146 (52)342
김영일 金永逸 ㊿458
김영제 金甯濟 (51)355
김영제 金永濟 ㊾425
김영조 金榮洮 ㊼325
김영준 金永準 ㊶340 421 422 ㊷44 ㊹340
김영태 金永泰 (52)357
김영한 金榮漢 ㊽53
김영후 金永煦 ⑳277
김영희 金永羲 (52)361
김영희 金英禧 ㊾294
김 예 金乂 ⑫43
김 예 金銳 ⑨290 ⑪34 47
김예국 金禮國 ㉙157
김예용 金禮鏞 (52)431
김예종 金芮宗 ⑪74
김예진 金禮鎭 ㊽331
김오성 金午星 (52)160 164 175 185 307
김옥균 金玉均 ①341 347 ㊲97 120 306 332 ㊳5 7～9 17～28 33 34 51 53 59 61 63 68 69 71～73 88 97～99 101 112 117 119 122 144 333 334 336 340～343 347 351 352 356 360 361 365 376 377 379 382 385 386 390～396 ㊴58 85 ㊵35 49 163 ㊷20 21 ㊸21 241 364 ㊹38 361 362 ㊺17 22 24 25 205 368 ㊻115 162
김옥균우인회 金玉均友人會 ㊵163
김옥쾌 金玉快 ㊾431
김 옹 金邕 ⑨105
김와실리 金와실리 ㊼200
김완규 金完圭 ㊻206 207 ㊼326 (51)181
김완룡 金完龍 ㊿261
김외득 金外得 ㊿139

김 용 金鏞 ⑲138 ⑳277 335 337 361 389 412
김용관 金容瓘 ①464 ㊶296
김용규 金用奎 ㊾206
김용대 金容大 ㊾462
김용덕 金容德 ㊼247
김용도 李龍道 ㊶246
김용범 金鎔範 ㊷428 438
김용성 金容成 ㊼249
김용원 金鏞元 ㊳107
김용재 金用材 ⑱102 106
김용제 金龍濟 ㊿419
김용주 金龍柱 ㉜244 250
김용준 金瑢俊 ㊶328 329 ㊷339
김용집 金用集 ㊹197
김용태 金瑢泰 ㊹197
김용택 金龍澤 ㉚171 175
김용학 金龍學 ㊾190
김용호 金龍浩 ㊿139
김용흡 金容洽 ㊺135
김 우 金佑 ㉙262 263
김우굉 金宇宏 ㉘334 ㉚31
김우명 金佑明 ㉚95 99 114 115 119
김우영 金雨英 ㊼273
김우옹 金宇顒 ㉓337 ㉘334 ㉚44 46 54 122 ㊺83
김우제 金愚濟 ㊼242
김우진 金祐鎭 ㊶367 368
김우항 金宇杭 ㉜45
김우희 金宇希 ㊽158
김운경 金雲卿 ⑨277 319 472 ⑪170
김운곡 金雲谷 ㊹383 384 ㊺101
김 웅 金雄 ㊷379
김웅원 金雄元 ⑪26
김 원 金薳 ⑪43
김원경 金元慶 ㊾268
김원교 金元喬 ㊸364~366 519 522
김원근 金瑗根 ㊶256
김원량 金元亮 ㉚81
김원벽 金元壁 ㊼15 324~326 333 338 ㊾429~432
김원복 金元福 ㊶308 ㊷342
김원봉 金元鳳 ㊽9 325 343 350 ㊿7~9 271~273 279~282 285 288 289 291~293 296 297 301 305 344 436 453 454 460 461 463 ㊷55 113 160 191 214
김원상 金元常 ㊽268
김원서 金元敍 ㊿304
김원식(김형선) 金元植(金炯善) ㊽194 304 ㊿274 276
김원영 金元永 ㊻68
김원용 金元容 ㊿372 377 ㊷199
김원의 金元義 ⑱52
김원충 金元冲 ⑫227 228 ⑮295 341
김원팔 金元八 ㊱94 103 104
김원희 金源喜 ㊾296
김 위 金位 ⑱52
김위제 金謂磾 ⑫240 ⑰120 ㉑173 174
김 유 金楺 ㉜129 150 307
김 유 金庾 ⑳377
김유근 金逌根 ㉜203 217 225 252 256 260 266 269 ㉟491
김유방 金惟邦 ㊶430
김유성 金有聲 ㉟447 462 ㊸98
김유신 金庾信 ⑦90 113 235 ⑧76 ⑨18 21 28 31 33 49 58 71 77 374 414 520 623 ⑪12 30 221 ⑰171
김유신묘 金庾信墓 ⑨519 546
김유연 金有淵 ㊲75 180
김유인 金裕寅 ㊽108~110 113
김유정 金裕貞 ①430
김유창 金裕昌 ㊿197
김유현 金有紘 ㉞84
김 육 金堉 ㉘208 ㉚9 82 95 101 137 486~488 491 497 587~589 ㉛322 330 576 578 ㉜132 ㉟193 273 332 335 351 356
김육불 金毓黻 ⑩84 85 191 238
김윤걸 金允杰 ㊿330

김윤경 金允經 ㊺233 ㊿237 239 (51)100 105~107 112 115 255
김윤기 金允基 (51)432
김윤덕 金允德 (52)342
김윤동 金潤東 (52)460
김윤문 金允文 ⑩122
김윤성 金允成 ⑱97 98
김윤수 金潤秀 ㊾37
김윤승 金允升 ⑱148
김윤식 金允植 ㉜353 ㊲8 12 80 102 106 107 120 285~290 293~297 302 313 315 316 ㊳18 19 34 43 44 58 63 64 67 86 92 96 102 124 129 133~135 153 158 170 187 188 295 ㊴20 36 38 55 85~88 110 117~119 133 302 332 383 ㊵138 163 164 166 181 210 216 229 261 269 ㊶20 40 191 ㊸18~20 241 324 325 ㊹33~35 ㊺2 16 17 28 81 94 150 ㊻30 101 208 ㊼324 ㊾69 70 (51)224 232
김윤정 金潤晶 ㊸52 59 ㊹391 ㊼239 ㊽49
김윤중 金允中 ⑩122 124
김윤진 金允珍 ㊼333
김윤후 金允侯 ⑳199 218 227 228 246 308
김 율 金律 ㊸430 433
김율희 金律熙 ⑪192 200 202
김 융 金融 ⑪17
김은거 金隱居 ⑪17
김은곡 金隱谷 ㊾291
김은배 金恩培 (51)349
김은부 金殷傅 ⑫7 202 228 ⑮311 ⑯47 52
김은수 金恩洙 ㊾272
김은실 金恩實 (51)308
김은호 金殷鎬 ㊺351 (51)258 324
김응기 金應基 ㊿334
김응남 金應南 ㉙31 72 147 177 182 287
김응룡 金應龍 ㉙150 151 153
김응서 金應瑞 ㉙112 123 144 158 165 169 180 201
김응섭 金應燮 ㊼149 150 ㊽7 302
김응수 金應壽 ㊸142
김응순 金應珣 (52)429
김응원 金應元 ㉟493 ㊺351 (51)324
김응조 金應祖 ㉜324
김응진 金應璡 (51)328
김응추 金應秋 ㉙153
김응하 金應夏 ㉜274
김응헌 金應憲 ㉜413
김응환 金應煥 ㉟447 462
김 의 金義 ⑲180 181 ⑳370 371
김의영 金義英 ⑫229
김의원 金義元 ⑫256
김의정 金義精 ㉕76 77
김의진 金義珍 ⑰56 62
김의충 金義忠 ⑩122
김의한 金毅漢 ㊿295
김이교 金履喬 ㉜256 259 459 ㉟171
김이대 金履大 ㊿314
김이도 金履度 ㉜253 256
김이생 金利生 ⑳201 320
김이소 金履素 ㉔128
김이양 金履陽 ㉜229 233 250 256
김이어 金夷魚 ⑪175
김이언 金利彦 ㊸522
김이영 金貽永 ⑫275
김이익 金履翼 ㉜215 255 256
김이재 金履載 ㉜207 257
김이직 金利稷 ㊽247
김이현 金而鉉 ㊿263
김이형 金履亨 ㉞203
김이희 金履禧 ㉜458
김익경 金益炅 ㉚116
김익남 金益南 ㊹383
김익렴 金益廉 ㉟358

김익상 金益相 ⑱9 333
김익성 金翊成 ㊼240
김익승 金益昇 ㊷44 ㊹195 224
김익영 金益泳 ㊹383
김익진 金翼鎭 52427
김익훈 金益勳 ㉚158 160 ㉜48
김익희 金益熙 ㉜132 400
김 인 金寅 ㉚162
김 인 金仁 ㉙291 ㊿284
김인겸 金仁謙 ㉟399
김인광 金仁匡 ⑪76 193 202
김인규 金仁揆 ⑫254
김인길 金仁吉 ㊺334
김인문 金仁問 ⑥199 ⑦135～138 235 ⑧101 121 ⑨32 33 44 49 62 405 ⑪48 193 199
김인배 金仁培 ㊴449
김인범 金仁範 ㉘271 272
김인수 金仁洙 ㊸35 52363
김인승 金仁承 51327 52331 339
김인식 金仁植 ㊵170
김인식 金仁湜 ①503 ㊺344
김인식 金寅植 ㊳48 ㊻16
김인위 金因渭 ⑫202
김인전 金仁全 ㊽147
김인존 金仁存 ⑫202 255 ⑮347 ㉑128
김인준 金仁俊 ⑮299
김인철 金仁哲 ㊿301
김인태 金仁泰 ⑨41 50
김인학 金仁學 52430
김인후 金麟厚 ①306 ㉓283 ㉘245 274 312 325 345 ㉚29 ㉜84 209
김 일 金馹 ㊼153
김 일 金一 52425
김일경 金一鏡 ㉚171 175 ㉜49 ㊱191 192 203 206
김일당 金一堂 ㊸148 ㊹384
김일문 金一文 ㊸454
김일성 金日成 5241 148 187 200 205 208 211 212 215 216 425 426 438 446 448 456 459 462
김일손 金馹孫 ①294 ㉓336 ㉖69 153 ㉘155 165 177 179 183 185 187～190 237 269 ㉚213
김일수 金佾洙 ㊿32
김일영 金一影 52369
김일은 金逸隱 ㊹383 384
김일제 金一濟 ㉔307
김일주 金一柱 ㊽184 186
김일주 金日柱 ㉜244 250
김일준 金一濬 ㊸340
김입기 金立奇 ⑮275
김자격 金子格 ⑱39
김자경 金慈璟 52343
김자류 金子鏐 ⑮353
김자양 金子陽 ⑱41
김자점 金自點 ㉙240 275 281 ㉚84 88 90 94 95 101 124 271 282 283 ㉜397
김자정 金子廷 ⑱115
김자진 金子珍 ⑫237
김자후 金子厚 ⑱115
김장생 金長生 ㉓283 288 ㉖33 ㉘85 229 336 ㉚73 74 ㉛6 101 104 175 177 178 180 183 192 194 197 204 207 220 223 249 270 469 490 ㉜273
김장손 金長孫 ㊳280 282
김장수 金長壽 ⑳335
김장호 金章浩 ㊿139
김장호 金庄鎬 51245
김재계 金在桂 51188
김재규 金在奎 52428
김재로 金在魯 ㉔152 ㉚490 ㉜54 61 63 66 154 155 158 165 194 ㉟487
김재명 金在明 ㊾400
김재문 金載文 ㊾126 127 451 446
김재봉 金在鳳 ㊾73 83 85 94
김재선 金在善 ㊿253
김재수 金在洙 ㊿425

김재순 金在純 ㉝390
김재용 金在容 ㊴107
김재진 金在震 ㊽334
김재찬 金載瓚 ㉜226 233 238 241 254 258 262
김재창 金在昌 ㉜259
김재철 金在喆 (51)104 118 125 130
김재청 金在淸 ㉜209 273
김재풍 金在豊 ㊵262 ㊶341
김재현 金在顯 ㊴434
김재호 金載浩 ㊿302
김재훈 金載勳 (51)308 (52)342
김 저 金佇 ⑲94 175 203 211
김적우 金績禹 ㉞73
김적음 金寂音 (51)216
김적홍 金迪弘 ㊾201
김 전 金詮 ㉘176 198
김 전 金錢 ⑫229
김 전 金佺 ⑱56
김점동 金점동 ㊻293
김 정 金淨 ㉘197 244 272
김 정 金晶 ㊾294
김 정 金頲 ㉙289
김정국 金正國 ㉘109 197 199
김정규 金正奎 ㊼290
김정규 金貞奎 ㊼184 386
김정규 金鼎奎 ㊼188
김정근 金正根 ㉟569
김정근 金禎根 ㊶388 422
김정기 金正琪 (51)79
김정남 金正南 ⑨305
김정상 金鼎相 ㊾434
김정순 金正純 ⑫268 270
김정안 金貞安 ㊸506
김정언 金廷彦 ⑫109 ⑰185 192
김정우 金鼎禹 ㊹383
김정원 金貞媛 ㊾306
김정익 金貞益 ㊸174 176
김정익 金鼎益 ㊽209
김정자 金貞子 ㊾446
김정주 金廷柱 (52)442
김정학 金廷鶴 ①115 119
김정한 金廷漢 (52)298
김정혜 金貞蕙 ㊹391
김정호 金鼎浩 ㊼163
김정호 金正浩 ①324 336 ⑨295 ⑩234 ㉖172 ㉟298 301 353
김정희 金正喜 ①322 326 336 ㉛484 493 ㉜271 274 278 418 ㉟39 152 210 381 409 432 447 481 489 491 515 ㊲93 ~95 100 145 ㊸241 ㊺203 ㊻114
김 제 金悌 ⑫223
김 제 金堤 ⑫217
김 제 金禔 ㉛447 448 452 454 455 467 476 ㉟456
김제남 金悌男 ㉚71
김제동헌 金堤東軒 ㉛526
김제봉 金濟鳳 (52)431
김제향교 金堤鄕校 ㉖49
김제흠 金濟欽 ㊼141
김조근 金祖根 ㉜269
김조순 金祖淳 ㉜6 90 92 202 204 208 215 217 219 220 225 227 234 236 244 247 248 251~254 256 259 260 266 277 279 ㉞61 ㊱285 ㊲146 152
김조이 金祚伊 ㊾291 292
김존중 金存中 ⑫273~275 ⑰40
김종교 金宗敎 ㉞73
김종기 金宗基 ①504
김종득 金宗得 ㉙219
김종무 金鍾武 ㊿255
김종민 金宗敏 ㉙263 264
김종백 金鍾柏 ㊽351
김종범 金鍾範 ㊼284
김종상 金鍾商 ㊽175
김종서 金宗瑞 ①263 264 ㉒5 76 87 112~114 151 166 193 284 335 342 ㉔233 365 ㉕82 ㉗343 ㉘188 189

김종수 金鍾秀 ㉜76 78 82 83 250 265 ㉞60
김종익 金鍾翊 ㉛371
김종직 金宗直 ①264 294 295 ㉒7 137 141 ㉓31 ㉖50 62 66 67 69 71 167 168 178 ㉘6 85 142 153 163 165 166 169~173 174 176~179 182 183 187 189 190 192 206 252 256 266 317 343 ㉚213 ㉛1 378
김종진 金宗鎭 ㊼223
김종찬 金宗燦 ㉛328
김종찬 金鍾讚 ㊾445
김종철 金鍾哲 ㉛115
김종태 金鍾泰 ㉛327
김종하 金宗河 ㊼372
김종한 金宗漢 ㊴60 ㊵151~153 ㊶40 201 206 208 214 402 ㊸123 ㊹195 196
김종항 金宗杭 ㉜412
김종현 金宗鉉 ㊾431
김종호 金鐘浩 ㊹482
김종후 金鍾厚 ㉜81 85 250
김좌근 金左根 ㉜203 256 272 276 277 279 339 341 ㉞73 ㊱320 ㊲151~154 156 157
김좌명 金佐明 ㉚95 355 488 ㉟194 195
김좌진 金佐鎭 ㊸458 ㊻221~223 ㊼163 64 314 ㊽139 202 215 226 227 229 234 235 240 251 291~293 297 298 ㊿335
김 주 金湊 ㉒26 27
김주경 金周經 ㉛327
김주원 金周元 ⑥199 ⑨108 ⑪1 19~21 25 26 29 48 49 135 136 200 ⑫12 26 27
김주종 金柱宗 ㊸104
김주천 金周川 ⑪49
김죽지 金竹旨 ⑨465
김 준 金俊 ⑱1 2 4 6 13 58 74 75 78 79 86 87 97~117 119~121 129 145 146 152 153 155 157 166 167 175 176 182 187 191 193 ⑲261 ⑳15 250 ㉑314
김 준 金浚 ㉙239
김 준 金晙 ⑱51 56
김 준 金準 ㊸428 429 454
김준거 金俊琚 ⑱62 153
김준근 金俊根 ㉛258
김준덕 金峻德 ㉙261 ㉜363
김준룡 金俊龍 ㉙283 284
김준민 金俊民 ㉙52
김준연 金俊淵 ㊼274 280 282 ㊾54 96 97 142 ㊿141 236 ㉛74 76 83 ㉜125
김준엽 金俊燁 ㊿458
김준영 金駿泳 ①505
김중경 金重經 ㊺135
김중귀 金仲龜 ⑱56 172
김중연 金重演 ㊷44
김중온 金仲溫 ⑳190 213
김중하 金重夏 ㉚157
김중현 金重鉉 ㉛327
김중환 金重煥 ㊶218 295 ㊷42 78
김 지 金祗 ㉒215
김 지 金遲 ㉗257
김지경 金之鏡 ⑱169 170
김지남 金指南 ㉜413
김지대 金之岱 ⑱76
김지선 金止善 ㊶185
김지섭 金祉燮 ㊽9 335
김지성 金志誠 ⑨409 ⑪216
김지수 金芝叟 ㉟399
김지장 金地藏 ⑨322
김지저 金之氐 ⑳251
김지정 金志貞 ⑪17
김지환 金智煥 ㊼331
김직재 金直哉 ㉚71
김 진 金震 ㊽252
김진구 金鎭龜 ㉚162
김진기 金鎭基 ㊻161 188
김진망 金振網 ㉘337

김진섭 金晋燮 ㊶373
김진수 金鎭壽 ㊶373
김진양 金震陽 ⑲219
김진우 金振宇 ㊷159 160
김진현 金鎭賢 ㊾474
김진형 金鎭衡 ㉟399
김진호 金鎭浩 ㊿369
김진효 金鎭孝 ㊼357
김진후 金鎭厚 ㊺74
김질왕 金銍王 ⑦411
김 집 金集 ㉓283 ㉘298 ㉙286 288 ㉚95 101 283 486 ㉜397
김 찬 金燦 ⑫255~259 263~265 269 ㊼290 ㊽172 209 ㊾73 79 85 89 90 94 116 442 ㊷196
김 찬 金贊 ⑳266
김찬성 金贊聖 ㊽210
김찬영 金鑽永 ㊾142
김찬영 金瓚永 ㊶324
김 창 金敞 ⑱88 172
김창곤 金昌坤 ㊽210
김창곤 金蒼坤 ㊸377
김창기 金昌基 ㊳24 368
김창덕 金昌德 ㊼153
김창룡 金昌龍 ①504 ㊶309
김창만 金昌滿 ㊷168
김창빈 金昌彬 ㊽326
김창석 金昌錫 ㊴310 311 ㊵146
김창섭 金昌燮 ㊶328 ㊷355 357
김창성 金昌成 ㊺82 ㊼324 ㊽336 ㊿328 ㊶223 238
김창수 金昌秀 ㉜274
김창시 金昌始 ①333 ㊱14 238 239 241 242 244 249 250 255~257 274
김창식 金昌植 ㊾454
김창업 金昌業 ㉜417 ㊺349
김창연 金昌衍 ㊼160
김창원 金昌元 ㊼213
김창의 金昌義 ㊽267
김창조 金昌祖 ①504 ㊺326 330
김창조 金昌祚 ㉟577
김창준 金昌俊 ㊼326 331
김창집 金昌集 ㉚165 167 169 170 172 173 176 ㉜37 61
김창해 金昌海 ㊶198
김창현 金彰鉉 ㊴101
김창협 金昌協 ㉜56 63 ㉟18 143 184 442
김창화 金昌華 ㊿276
김창환 金昌煥 ①504 ㊼10 193 194 ㊽242 ㊿344 ㊶308
김창흠 金昌欽 ㊿256 257
김창흡 金昌翕 ㉟137 143
김창희 金昌熙 ㊺334
김채룡 金采龍 ㊾173
김 책 金策 ⑫111 ㊷425 426 459
김 책 金幘 ⑫17
김처암 金處巖 ㉜250
김척후 金陟候 ⑯339 356 ⑳156~158
김천상회 金泉商會 ㊴178
김천일 金千鎰 ㉙35 36 40~42 47 52 80 82 ㉚228
김천택 金天澤 ①428 501 ㉛425 445 ㉟392 393 395 397 428 549 560 561
김천흥 金千興 ㊷342
김 철 金澈 ㊼13 227 234 236 313 ㊽111 ㊿269 271 282
김 철 金哲 ㊾400
김 철 金鐵 ⑫37 ㊽282
김철규 金澈圭 ㊴400
김철수 金喆壽 ㊼274~276 278 ㊾37 41 375 ㊿225
김철수 金錣洙 ㊽153 ㊾7 65 94 95 98 107 144
김철중 金鐵中 ㊶83
김철훈 金哲勳 ㊼394 ㊽249 ㊾76
김철훈 金喆訓 ㊼397
김 첨 金瞻 ㉖291 ㉚57

김청철 金淸哲 ㊾428
김 체 金蔕 ⑯258
김체신 金體信 ⑪19
김 초 金貂 ⑲209
김초향 金楚香 ㊿309
김추월 金秋月 ㊿307 309
김추은 金秋銀 ㊼358
김춘광 金春光 ㊾372
김춘추 金春秋 ①202 ⑤9 93 130 136 ⑥129 ⑦99 134~138 155 181 253 256 ⑨20 21 28~31 71 ⑪11 12
김춘택 金春澤 ㉚162
김춘희 金春熙 ㊵264
김 충 金冲 ⑰40
김충신 金忠信 ⑩54 102 122
김충의 金忠義 ⑨478 482
김충자 金忠子 ⑪200
김취려 金就礪 ⑫202 ⑱55 56 ⑲71 ⑳60 186 ㉑348
김치 ①84 ㉕334 ㉛631
김치문 金致文 ㊺76
김치보 金致寶 ㊼402
김치양 金致陽 ⑫6 207~209 ⑬54 ⑯194 237
김치윤 金致允 ㊹197
김치인 金致仁 ㉜63 ㉞60 81 ㉟192
김치헌 金致憲 ㊸389
김탁원 金鐸遠 ㊼325
김태검 金泰儉 ㉞82
김태렴 金泰廉 ⑨310 311
김태서 金台瑞 ⑫203 ⑱57
김태선 金台善 ㊻241
김태영 金泰泳 ㊼167
김태오 金泰午 ㊿309 ㊾346
김태원 金泰元 ㊸369 429~431 433 443
김태준 金台俊 ㊿117 118 126 128 129 139~141 ㊾148
김태진 金泰鎭 ㊾369
김태현 金台鉉 ⑳276
김택술 金澤述 ㊿226 227
김택영 金澤榮 ①363 ⑩235 ㉜219 258 ㉟81 83 ㊸321 322 ㊺8 270~272 ㊻109 ㊿225 ㊾460
김통정 金通精 ⑳121 258 259 262
김 평 金平 ⑱20 48
김평묵 金平默 ㉟48 51~54 60 185 ㊳6 207 212 217 230 247 ㊸362
김표토르 金표토르 ㊽250
김풍훈 金風訓 ⑪170
김필례 金弼禮 ㊾277
김필수 金弼秀 ㊾142
김필순 金弼順 ㊾291 292
김필애 金弼愛 ㊾285
김필원 金弼媛 ㊹384
김하건 金夏建 ㊿328
김하구 金河球 ㊻75 ㊼210 211 396
김하규 金夏奎 ㊸387
김하락 金河洛 ㊶48 ㊸369 429 522
김하범 金河範 ㊼384
김하석 金河錫 ㊽253
김하석 金夏錫 ㊼394 401
김하영 金夏英 ㊵171
김하재 金夏材 ㉜82
김학규 金學奎 ㊿294 317 323 324 333 366 447 450
김학만 金學萬 ㊼196 201 314 401
김학무 金學武 ㊿292 465
김학상 金學相 ㊾349
김학수 金學洙 ㊿258
김학연 金學淵 ㊺83
김학우 金鶴羽 ㊳102 ㊴108 234 ㊵165 212 ㊻272
김학준 金學俊 ㊼137
김학진 金鶴鎭 ㊴346 ㊵119 146 ㊸84
김학철 金學鐵 ㊾297
김 한 金翰 ㊾369
김한구 金漢耉 ㉜265

김한규 金漢奎 ㊹196
김한동 金翰東 ㉜246
김한록 金漢祿 ㉜223 250 256 265
김한모 金漢謨 ㉜459
김한산 金漢山 (51)312
김한종 金漢鍾 ㊼163 164 166
김 함 金涵 ㉔287
김합라 金合羅 (51)308
김항규 金恒奎 ㊾469
김해 金海 ②346 ③330 ㉓147 ㉘122
김 해 金懈 ㉙182
김해송 金海松 (52)369
김해수 金海壽 ㉙286
김해식토기 金海式土器 ②383 ③405 479 489
김해추 金海秋 ㊹383
김해패총 金海貝塚 ①179 ③325 326 336 346 382 403 484
김해호족 金海豪族 ⑪3
김행도 金行濤 ⑪111 ⑫59 84 133
김행성 金行成 ⑮291 ⑰142
김행파 金行波 ⑫84
김헌경 金鑢卿 ㊸370
김헌기 金憲基 ㊻110
김헌식 金憲植 ㊼247
김헌창 金憲昌 ⑦259 ⑪20 25 27 29 192 200 ⑫13 27
김헌창의 난 金憲昌의 亂 ⑪2 24 28 30 36 47 49
김 혁 金爀 ㊽291 292 297 309
김 현 金鉉 ⑪34
「김현감호」「金現感虎」⑰201 203 ㉑251
김현구 金鉉九 ㊼249 ㊿371 373 377 397
김현규 金賢圭 ㊸463
김현극 金賢極 ㊸391
김현기 金顯琪 ㊶198
김현묵 金賢默 ㊼384
김현상 金鉉相 ㊾446
김현성 金玄成 ㉛491 492
김현숙 金賢淑 (52)347
김현승 金顯承 (51)257
김현우 金顯禹 ㉞72
김현제 金賢濟 ㊾285 291
김 형 金衡 ㊱186
김형기 金炯璣 ㊼325
김형로 金炯魯 (52)349
김형선 金炯善 (52)102 148 184
김형식 金瀅植 ㊺75 (52)373
김형원 金炯元 (51)74 75 83
김형재 金衡在 ㊸170
김형준 金亨俊 (51)308
김형호 金亨浩 ㊾467
김 호 金乎 (52)199
김 호 金好 ⑫256 257
김 호 金浩 ㉚469
김호산 金湖山 ㊹383 ㊺101
김호영 金浩永 ㊿410
김 혼 金琿 ⑲20 22 ⑳60
김홍국 金弘國 ㊽202
김홍규 金弘奎 (51)69
김홍근 金弘根 ㉜271
김홍도 金弘度 ㉚20
김홍도 金弘道 ①325 492 ㉝225 ㉞87 ㉟447 454 464 466 470 ㊺348
김홍량 金鴻亮 ㊺77
김홍렬 金洪烈 ㊼331
김홍륙 金鴻陸 ㊶218 321 328 342 347 ㊹204 482
김홍서 金弘敍 ㊿280
김홍석 金弘錫 ㉜152 154
김홍식 金洪植 ㊺76
김홍식 金鴻植 ㊽109 (51)438
김홍욱 金弘郁 ㉚139 ㉝122
김홍익 金弘翼 ㉙283
김홍일 金弘壹 ㊽345
김홍제 金弘濟 ㊸373
김홍조 金弘祚 ㊹197 ㊻61 69

김홍집 金弘集 ①342 350 352 ㊲10 12 84 85 120 275~280 282 297~300 302 305 309 311 330 331 ㊳19 29 34 43 45 46 57 81 82 91 117 119 168 170 224 243 247 320 399 424 ㊴22 23 55 61 85 86 133 140 141 412 ㊵3 6 8 42 150 153 164 166 210 212 213 216 226 264 ㊶19 40 198 251 ㊷272 ㊸359 241 381 ㊹34 420 421 424 ㊺16 27~29 34 ㊾314
김홍집내각 金弘集內閣 ①350 353 ㊵7 263 267 270 276 ㊶23 42 92 179 181 192 200 299
김홍철 金弘喆 ㉔408
김홍취 金洪就 ⑱102 106
김화 金化 ㉙284 294
김 화 金華 ㉜378
김화룡 金華龍 ㊹303
김 환 金煥 ㉚157
김 환 金丸 ㉛77
김환기 金煥基 ㉛328 ㉜332 339
김활란 金活蘭 ㊾277 284 ㊿211 ㉛308
김활석 金活石 ㊿7 330~332
김황원 金黃元 ⑰197
김 효 金孝 ⑮375
김효대 金孝大 ㊴224
김효록 金孝錄 ㊽331
김효성 金孝誠 ㉒147 339
김효원 金孝元 ㉘334 ㉚20 45 60 216 217
김효종 金孝宗 ⑪100
김효준묘지 金孝俊墓誌 ㉟511
김후근 金厚根 ㉜366
김후직 金后稷 ⑦128
김 훈 金訓 ⑫179
김 훈 金勳 ㊽230
김 훈 金薰 ㉜354
김훈영 金勳榮 ⑪47
김 흔 金忻 ⑳60 284
김 흔 金昕 ⑥199 ⑨295 405 ⑪29 49 193 199 208
김 흔 金訢 ㉘177 179 182 183
김흠돌 金欽突 ⑨83
김흠순 金欽純 ⑨45
김흠운 金欽運 ⑨92
김흥건 金興健 ㊽53
김흥경 金興慶 ㉜153
김흥근 金興根 ㉜240 272 274 276 277 341 ㊲150 152 154
김흥락 金興洛 ㊸374
김흥룡 金興龍 ㊳368 ㊻241
김 희 金希 ㉙158~160
김희산 金希山 ㉛71 312
김희상 金熙祥 ㊺7 256 257
김희선 金希善 ㉜374 385
김희선 金義善 ㊼366
김희순 金義淳 ㉜256
김희용 金熙鏞 ㉞45 60
김희일 金希一 ⑪74
김희채 金熙寀 ㉜246
까다르 Josepus Cadars ㊻304
까오핑인 庫平銀 ㊵15 85
까올리 Caoli ㉜474
까우성호 高陞號 ㊵3 17 47
까이핑 蓋平 ㊵62
까자께비첩까 Kazakevichevka ㊹303
까치 鵲 ⑦21
까치구멍집 ㉗484
까치성전투 鵲城戰鬪 ㊸399
깔래 Calais ㊲74 186 188
꺾창 꺾槍 ③37 46 412 534 535 538
껴묻거리 副葬品 ②434 437 490
꼬고르당 F. G. Cogordan ㊲80 315 316
꼬르뷰로 Корбюро ㊾73 74 76 77 79 85
꼬불무늬 之字文 ②461 462
꼭두각시극 꼭두각시劇 ㉛364
꼭두각시놀음 ①326 ㉑257 258 510 ㉟ 642 643

꼰스딴띠놉스끼 Konstantinovski ㊹303
꼴랭 드 쁠랑시 V. Collin de Plancy 葛林德 ㊶140
꼼라이 해안 costade Comray ㉜516
꽁샤오위 龔照嶼 ㊵58
꽃가루 花粉 ②329
꽃가루대 花粉帶 ②332
꽃가루분석 花粉分析 ②49 50 55~57 60 61 90 101 116 225 246 328~333 336 503
꽃살무늬 ㉗442
『꾸리에 드라 꽁페랑스』 Courrier de la Conférence ㊸70
꾸미개 裝身具 ②521
끌긁개 削器 ②197 207

ㄴ

나 那 ①198 ⑤20 29 190 191 195 202 209
나가 우타 長唄 ㉛321
나가노 시로 永野四郎 ㊻283
나가모리 도키치로 長森藤吉郎 ㊷302 ㊸111~114 116~118 128 296
나가사키 長崎 ㉙18 19 ㉚604 ㉜487 ㉝475 ㊲71 73 ㊵28 ㊹126
나경석 羅景錫 ㊾37 41
나국 那國 ⑤21 25 27 30~32
나국연맹체 那國聯盟體 ⑤25 26 29
나남 羅南 ㊷286
나남위수병원 羅南衛戍病院 ㊻284
나·당군사동맹 羅·唐軍事同盟 ⑤136 ⑨20 22 28 56
나·당연합군 羅·唐聯合軍 ⑥130 161 ⑫51
나덕헌 羅德憲 ㉙273 274
나도향 羅稻香 ①428
나두 邏頭 ⑦200 240 271
나력의 瘰癧醫 ㉕372 380 383 ㉗153
나례 儺禮 ㉑261 501 547~549 ㉗424 425 ㉛251 585 588 ㉟611
나례도감 儺禮都監 ㉟594 612 613
『나례청등록』『儺禮廳謄錄』㉟619
나리포창 羅里浦倉 ㉝294
나마 奈麻 ⑦165 172
나만갑 羅萬甲 ㉙276 ㉚82 220
나만치 羅晩致 ㊱187 193 195 206
나무곽무덤 木槨墓 ③344 458 461 467
나부 那部 ④187 ⑤3 21 29 30 32 34 36 40 41 45 149~153 155 164 168 178
나부체제 那部體制 ⑤29 33 35~37 39 40 55 94 149 153 156 163 165 168 180
나사 羅沙 ㉜401
나사침 羅士忱 ㉘331
「나산붕」「儺山棚」㉟631
나석좌 羅碩佐 ㉜406
나석주 羅錫疇 ㊽336 ㉛224
나선정벌 羅禪征伐 ㉚95 ㉜13 383 397 401 403
나성 羅城 ⑥193 195 ⑧259 ⑧309 ⑨148 593 ⑫70 212 ⑰244 246 247
나 세 羅世 ⑳409 410
나세찬 羅世纘 ㉘200
나솔 奈率 ⑥90 167 228
나수연 羅壽淵 ㊶237
나 숙 羅淑 ㉘200
나십사 羅什師 ⑧52
나암진일 懶庵眞一 ㉟130
나암포 羅巖浦 ㉝373
나 연 羅延 ㉒164
나옹 懶翁 ㉗477
나옹혜근 懶翁慧勤 ㉑100 101 103 104 106 118
나용환 羅龍煥 ㊼326 333 ㉛181
나운규 羅雲奎 ㉛370 ㉜379
나운영 羅運榮 ㉜346
나 웅 羅雄 ㉜369 370
나월환 羅月煥 ㊿276 287 303 451
나을 奈乙 ⑧32 33 ⑦74
나인영 羅寅永 ㊸59 60 85
나인협 羅仁協 ㊼326 ㉛181
나일봉 羅一鳳 ㊽53
나장 羅匠 ㉔255
나장 羅將 ㉕154 366 ㉝145

나전칠기 螺鈿漆器 ⑰306 307 ㉗590
나·제동맹 羅·濟同盟 ⑤68 70 85 87 89 90 93 109 110 ⑥54 58 68 77~79 127 ⑦4 398 ⑨15 22
나주 羅州 ⑪110 ⑫6 18 21 22 41 58 60 72 79 90 148 211 212 ⑮309 ⑲34 ㉘71 ㉚287
나주동문외 석당간 羅州東門外石幢竿 ⑰271
나주목 羅州牧
나주서문석등 羅州西門石燈 ⑰268
나주 오씨 羅州吳氏 ⑪85 ⑫79 127
나주향교 羅州鄕校 ㉛530
나중소 羅仲昭 ㊻222 ㊽226
나지 蘿紙 ㉔315
나진만대초도 羅津灣大草島 ㉔397
나진유적 羅津遺蹟 ②451
나진패총 羅津貝塚 ②552
나집단 那集團 ⑤3 21 22~25 27 29 30 169
나차 羅車 ㉜401
나차 羅叉 ㉜401
나찰 羅刹 ㉜401 403
나창헌 羅昌憲 ㊼325 ㊽339 ㊾117
나 철 羅喆 ㊸309 323~325 ㊻4 210 ~218 221 ㊽317 51191 193
나카 미치요 那珂通世 51140
나카가와 쓰네지로 中川恒次郞 ㊵158
나카노 세이고 中野正剛 ㊾47
나카무라 다케조 中村竹藏 ㊹423
나카무라 마나미 中村眞南 ㊶178
나카무라 타테오 中村楯雄 ㊶36
나카야마 中山 ②281
나카야마 中山庄吉 ㊴216
나카하시 토무고로 中橋德五郞 ㊷299
나팔형동기 喇叭形銅器 ③45 60 219
나 포 羅浦 ㉝373
나풍록 羅豊錄 ㊲285
나하 那河 ④168 183 201
나하추 納哈出 ⑳346 360 362 364~368 371 373 378~381 ㉒160 255 276 277 286 287 294 346
나한재 羅漢齋 ⑯143 186
나해 那奚 ④274
나해봉 羅海鳳 ㉙285
나혜석 羅蕙錫 51324 327
나홍선 羅洪先 ㉖190
나화립 羅火笠 ㉕320
나흠순 羅欽順 ㉘327 ㉟49
나흥유 羅興儒 ⑳413 ㉑201 ㉖173
나희 儺戲 ㉑548 ㉛572 580
낙금 駱金 ⑪32 95
낙노국 樂奴國 ⑦299 328
낙농업 酪農業 ㊳161
낙당 洛黨 ㉚62 ㊱195
『낙도교거집』『樂道郊居集』⑰206
낙동강 洛東江 ①14 47 48 ③39 171 179 ⑦403 ⑫22 33
『낙동강』『洛東江』52301
낙동계 洛東契 ㉟194
낙동장 洛東場 ㉝249
낙랑 樂浪 ④37 48 109 112 136 ③423 473 477 ⑤48 49 50 ⑥30 36 40 116 117 134 138 142~149 151
낙랑공주 樂浪公主 ⑫35 86
낙랑국 樂浪國 ④113 ④5 80 113 129 191
낙랑군 樂浪郡 ①183 196 203 ③422 448 461 ⑤5 9 24 ⑥20 22 28 36 143 ⑦3 8 319 330 408 ⑧113
낙랑군공 樂浪郡公 ⑥128 132
낙랑단궁 樂浪檀弓 ④245
낙랑유적 樂浪遺蹟 ③510
낙랑태수 樂浪太守 ④110 240 ⑤41 ⑥31 36 141 148
낙론 洛論 ㉟15 19~24 63
낙릉군 樂陵郡 ⑫116
낙사 洛社 ㉞75
낙산사 落山寺 ⑨383 404~406 ⑪216

㉖269 280 ㉗480 481
낙산사 7층석탑 洛山寺七層石塔 ㉛543
낙상지 駱尙志 ㉙165 191
낙서령 洛西令 ㉚157
낙선당 樂善堂 ㊵34
낙선재 樂善齋 ㉟528
낙성대 落星岱 ⑰229
낙수리유적 洛水里遺蹟 ③345 374 375
낙수조 洛水調 ㉛567
낙스 George W. Knox ㊻161 165
낙양 洛陽 ⑫154
낙양군관학교 洛陽軍官學校 ㊿447
낙양춘 洛陽春 ①502 ㉑453 479 ㉛544 549 570 ㉟555
낙연의숙 洛淵義塾 ㊺70
낙영학교 樂英學校 ㊹183
낙유 樂游 ⑩166
낙정미 落庭米 ㉜288 315
「낙조」「落照」 52293
「낙지가」「樂志歌」 ㉗356
낙천정잠실 樂天亭蠶室 ㉔263
낙파 洛派 ㉟77 81
낙풍군 洛豊君 ㉜523
낙하도 洛河渡 ㉔501
낙학 洛學 ㉛270
낙향귀족 落鄕貴族 ⑪70~73 75 76
낙향조 落鄕祖 ㉞174
낙향호족 落鄕豪族 ⑪191 192
낙화 烙畵 ㉞128
낚시바늘 ①178
난곡기계농장 蘭谷機械農場 51414
난두 攔頭 ㉝450 447
난랑비 鸞郎碑 ⑪215
「난랑비서」「鸞郎碑序」 ⑧103
난면 卵麵 ㉕331
난방시설 煖房施設 ㉕353
난봉 難捧 ㉜318
난생설화(신화) 卵生說話(神話) ①137 147 148 153 167 ⑦13 15 418 ⑧93
난원 爛圓 ⑫218 ⑯46 68
난전 亂廛 ㉔150~152 ㉚522~524 ㉝7 254 269 316 319 336 343 344 353 387 ㉞114 328 ㊳271 ㊹198
난전상인 亂廛商人 ㉝381 ㊱157
「난죽도」「蘭竹圖」 ㉛485
『난중잡록』『亂中雜錄』 ㉙172
난징(남경)조약 南京條約 ㊵80
난출 攔出 ㉜451 454
난파(나니와) 難波 ⑨288
난하 難河 ④168
난하 灤河 ④64 77 87 89
난학 蘭學 ㉛306 ㉟384
난학자 蘭學者 ㊲62 67
난향 亂鄕 ㊱269
『난호어목지』『蘭湖漁牧志』 ㉔389 ㉝213 215 217 233 238
난화 蘭畵 ㉟452
난후군 攔後軍 ㉚266
날그릇 ②470
날품팔이 ㉝140 ㊱303 313
남가라(국) 南加羅(國) ⑦9 297 298 302 345 352 353
남가라(김해) 南加羅(金海) ⑥37
남가야 南加耶 ⑦297 298
남 간 南侃 ㉙159
남건 男建 ⑤104 139 140 141
남경 南京 ②422 455 459 463 484 497 500 502 ⑩185 203 207 ⑫222 223 235 240 241 ⑬112 184 ⑮172 242 340 ㉗444 ㉜402
남경개창도감 南京開創都監 ⑫240 241 ⑰245 ㉑174
남경남해부 南京南海府 ⑩36 146 167 173 200
남경유적 南京遺蹟 ②372 456 463 472
남경조약 南京條約 ㉜478 497 ㊲1 2 32 50~55 89 98 123 307 320 321 ㊼217
남경천도설 南京遷都說 ㉑173

남경촉성회 南京促成會 ㊽184
남계리 楠溪里 ②163 99 187
남계서원 藍溪書院 ㉗227 473 ㉘296 ㉚144 145
남계원7층석탑 南溪院七層石塔 ⑰260
남계천 南啓天 ㊴285
남고루 南古壘 ⑧288
남 곤 南袞 ①295 ㉓336 ㉘177 183 197 ~199 251 257 ㉚40
남공철 南公轍 ㉜92 256 257 259 261 ㉝ 381
남 관 南寬 52331
남구만 南九萬 ㉚160 163 164 172 ㉜ 42 45 48 134 144 ㉟323
『남궁선생전』『南宮先生傳』㉖297
남궁시 南宮試 ⑬372
남궁신 南宮信 ⑲393
남궁억 南宮檍 ㊵294 ㊶201 206 208 215 338 348 349 354 367 388 ㊸221 244 278 ㊺4 8 71 73 89 133 ㊻58 61 64 51256
남궁요설 南宮堯卨 52349
남궁훈 南宮薰 ㊸264 5173
남귀여가(혼) 男歸女家(婚) ①243 261 282 305 ⑮87~91 ㉘159 ㉛6 82 214~217 225 228 246 620 ㉞163
남극 南極 ㊽292 297
남나이 南羅耳 ㉒164
남녀균분상속 男女均分相續 ①261 ㊱42
남녀평등론 男女平等論 ㊳74 ㊶262
남눌(남돌)우디캐 南訥(南突)兀狄哈 ㉒ 332 338 351
남 단 南壇 ㊷31
남당 南黨 ㉜76
남당(제) 南堂(制) ⑥31 178 237 ⑦5 184 264
『남당집』『南塘集』㉟319
남당학파 南塘學派 ㊸362
남당회의 南堂會議 ⑦184
남대 南臺 ㉜239
남대관 南大觀 50274 336 337
남대문 南大門 ㉗448 450 ㉛521
남대지 南大池 ⑲329
남도파 南道派 ⑨363
남돈선 南頓禪 ⑯67
남두병 南斗炳 ㊱354 355 357
남두북 南斗北 ㉚158
남두육성 南斗六星 ⑧191
남로 南路 ⑮294 295
남로당 南勞黨 ①396 52395
남로병마사 南路兵馬使 ⑱29
남로선유사 南路宣諭使 ⑱18 ㊶65
남로전선 南路電線 ㊳195 ㊴43 44 123 124 131 ㊶137 139 159 ㊹41 120 ㊻270 271
남만 南蠻 ⑮378 ㉒389 425 426 433 ㉔ 203~206
남만리 南萬里 ㊶42
남만유격대 南滿遊擊隊 50348 351
남만주 南滿洲 ㊹303
남만주철도(주식회사) 南滿洲鐵道(株式會社) ㊷174 ㊼95 ㊽80 81 334
남만춘 南萬春 ㊾76
남만통일회 南滿統一會 ㊽260
남만한족통일회의 南滿韓族統一會議 ㊽261
남만혁명동지연석회의 南滿革命同志聯席會議 ㊽303
남 명 南冥 ㉚66 141
『남명집』『南明集』㉑240 241
『남명집언해』『南明集諺解』㉑248
『남명천화상송증도가』『南明泉和尙頌證道歌』㉑209 239
남명학파 南冥學派 ㉚30 ㉛268
남바위 51403
남반 南班 ①240 ⑫216 ⑬6 110 365 ⑭52 54 ⑮18~21 26 30 44 ⑰286 ⑱ 98 ⑲45 ㉓26 322 ㉕58 70
남반잡로 南班雜路 ㉓9 322

남방무역 南方貿易 ㉒398 410
남방문화 南方文化 ⑦13
남방물산 南方物產 ⑫225 ㉒397 412 419 427 431
남방식고인돌 南方式支石墓 ③58 59 65 163 211 ⑧465
남방식품 南方食品 ㉕325
남방토적 南方土賊 ㉚486
남방형고인돌 南方型支石墓 ④120
남 번 南蕃 ⑨330
남별궁 南別宮 ㊳297 ㊵252
남병길 南秉吉 ㉟353 359
남복선원 南福禪院 ⑪197 225
『남본열반경』『南本涅槃經』⑯81
남부가야 南部伽倻 ⑦112
남부사단항로 南部斜斷航路 ⑨198
남부여 南扶餘 ④150 ⑥18 80 83 93 124 125
남부학당 南部學堂 ㉓291 292
남북교섭 南北交涉 ⑩99 108 114
남북교역 南北交易 ㊾292
「남북교역 정지에 관한 건」「南北交易 停止에 關한 件」㊾292
남북국 南北國 ⑩99~103 107 109~111 113 114 234 236
남북국사 南北國史 ⑩234
남북국시대 南北國時代 ⑩93 100 125 232 236 237 244
남북면업주식회사 南北綿業株式會社 ㊼90 ㊽70
「남북삼상연변범월금단사목」「南北蔘商沿邊犯越禁斷事目」㉝444 ㊱159
남북연석회의 南北連席會議 ㊾201 202 208 209 403 406
남북요인회담 南北要人會談 ㊾203~205 215 219 220 391
남북용인 南北庸人 ⑫108 110 111 117
남북전쟁 南北戰爭 ㊵18
남북정치단체대표자회의 南北政治團體代表者會議 ㊾204
남북정치지도자회의 南北政治指導者會議 ㊾212
남북제정당사회단체연석회의 南北諸政黨社會團體連席會議 ㊾461
남북조선제정당사회단체대표자연석회의 南北朝鮮諸政黨社會團體代表者連席會議 ㊾211 212 214 463
남북조(시대) 南北朝時代 ⑩236 ㉒368
남북지도자연석회의 南北指導者連席會議 ㊾167 203 204 206 209 212 216 218 219
남북지도자협의회 南北指導者協議會 ㊾417
남북청년단체대표협의회 南北靑年團體代表協議會 ㊽189
남북한인지도자회의 南北韓人指導者會議 ㊾205
남북항로 南北航路 ⑭455
남북협상 南北協商 ①395 ㊾137 146 183 207 210 220 404 410
「남북협상을 성원함」「南北協商을 聲援함」㊾211
남사 濫祀 ㉖244
『남사』『南史』⑥138 149
남사고 南師古 ㉗35~37 ㉛418 ㊱94
『남사고비기』『南師古秘記』㉗36 37 ㊱94 95 103
남사당 男社堂 ㉟571 642
남산 南山 ①47 ⑦14 ⑫222 ㉕341
남산 男產 ⑤104 139 141
남산근유적 南山根(遺蹟) ③30 299 ④66 121 123 124
남산리유적 南山里遺蹟 ③173
남산배동삼존불 南山拜洞三尊佛 ⑧239
남산성 南山城 ⑨592~594
남산신성(비) 南山新城(碑) ⑦98 115 240 212 230 ⑧9 211 318 ⑨149
남산종 南山宗 ㉖250 251 278
남산현교회 南山峴教會 ㊹396

남상갑 南相甲 ㊿255 257 258
남상단 南相壇 ⑨183
남상덕 南相悳 ㊸414
남상은 南相殷 ㊀273
남상일 南相一 ㊀75
남생 男生 ⑤104 105 138 139 210
남선 南鮮 ①67
남선경영 南鮮經營 ㊵34
남선대토벌 南鮮大討伐 ㊷285
남선사 南禪寺 ⑯117 119 120
남성 南省 ⑯363
남성극 南星極 ㊽291
남성리유적 南城里 ③56 83 219
남성시 南省試 ⑬372
남성자(유적) 南城子(遺蹟) ④162 173 176 207 228
남성자고성 南城子古城 ⑩200
남소성군 南蘇城軍 ⑤136
남소탕평(론) 南少蕩平(論) ㊱192 206
남송 南宋 ⑮225 297 299
남승 濫陞 ㊱58
남승룡 南昇龍 ㊿236 ㊀349
남시 南市 ⑨544 ㉔122
남시전 南市典 ⑨6 195
남악 南岳 ⑨394 ⑪178
남양 南陽 ⑫140 141
남양공학 南洋公學 ㊼220
남양리유적 南陽里遺蹟 ③89 329 386 458 466 569
남양부 南陽府 ㊳135
남언경 南彦經 ㉘330 ㉚32 ㉟64 65 82
남연군 南延君 ㉜501 ㊲144
남연군묘 南延君墓 ㊲308
남연군묘(소)도굴사건 南延君墓(所)盜掘事件 ㊲7 203 ㊻135
남영로 南永魯 ㉟415
남영병 南營兵 ㊴429 432
남옥사건 藍玉事件 ㉒246
남옥저 南沃沮 ④170 246 ⑥21
남왜 南倭 ㉓354
남우위 南右衛 ⑩150 154
남운룡 南雲龍 ㉟643
남원경성 南原京城 ⑨151
남원대도소 南原大都所 ㊵133
남원대회 南原大會 ㊵120 ㊴393
남원부인 南院夫人 ⑪105
남원산성 南原山城 ㉙185
남원접 南原接 ㊴403
『남유수록』『南遊隨錄』㊴315
남유용 南有容 ㉟143 188 434
남 은 南誾 ⑲173 177 202 ㉒21 22 28 33 36 41 49
남응삼 南應三 ㊴404 484
남응중 南膺中 ㉜270
남의사 藍衣社 ㊿281
남 이 南怡 ㉒119 125 132 134 135 340 ㉗343 ㉘21 180 ㉙216
남이공 南以恭 ㉙114 ㉚82 86 585
남이성 南二星 ㉟281
남이옥사 南怡獄事 ㉘181 187
남이웅 南以雄 ㉙239 261 ㉛219 224 384 ㉜390
남인 南人 ㉘333 ㉚108 115 147 161 178 280 283 285 287
남인문학 南人文學 ㉗309
남일동패물폐지부인회 南一洞佩物廢止婦人會 ㊸150
남자현 南慈賢 ㊽349
남작 男爵 ⑫192
남장로회선교부 南長老會宣敎部 ㊻171
남장사 南長寺 ㉟503
남 재 南在 ⑲177 ㉒21 26 28 53
남적 南賊 ⑱148 ⑳101 ㊱101 102
남전유적 藍田遺蹟 ②252
남점 濫占 ㉕221
남접 南接 ㊴304 315 323 326 332 427 437~440 442 456 457 467 ㊵209
남접농민군 南接農民軍 ㊴425 427 430

~433 437 441 447
남접도소 南接都所 ㊴315 321 323 332
남정 男丁 ㉗167
「남정가」「南征歌」㉗357 358
남정리 南井里 ⑧345
남정안 男丁案 ㊱260
남정철 南廷哲 ㊶322 390 ㊷27
남제 南齊 ⑤61
『남제서』『南齊書』⑥121 136 137 147 149 150 230 ⑨297
남조미술 南朝美術 ⑧192
「남조선정치정세」「南朝鮮政治情勢」㊾213
남조선과도입법의원 南朝鮮過渡立法議院 ㊾130 178 398
남조선과도정부 南朝鮮過渡政府 ㊾178 182
남조선노동당 南朝鮮勞動黨 ㊾146 157 166 172 176 177 203 214 395 396 410 413
남조선단독선거반대투쟁전국위원회 南朝鮮單獨選擧反對鬪爭全國委員會 ㊾215 463
남조선대표민주의원 南朝鮮代表民主議院 ㊾50 135
남조선대한민국대표민주의원 南朝鮮大韓民國代表民主議院 ㊾117
남조선신민당 南朝鮮新民黨 ㊾164
「남조선의 현정치정세」「南朝鮮의 現政治情勢」㊾213
「남조선입법의원선거법」「南朝鮮立法議員選擧法」㊾399
남조선총파업투쟁위원회 南朝鮮總罷業鬪爭委員會 ㊾247
남조음악 南朝音樂 ⑧372
남종산수화 南宗山水畵 ㉛462
남종삼 南鐘三 ㉟114 381 ㊲182~186 ㊻4 134 137
남종선 南宗禪 ⑪7 ⑯66 76
남종화 南宗畵 ㉛464 466 ㉟439 445
남종화법 南宗畵法 ㉟433 439~444
남종화풍 南宗畵風 ㉛446
남좌우위 南左右衛 ⑩150 151
남좌위 南左衛 ⑩150 154
남주 濫鑄 ㉚591
남진군 南進軍 ①333 ㊱14 239 242 243 245
남진원 南眞元 ㊴413
남진정책 南進政策 ⑤68 70 76 78 79 84 86 89 ⑫33 58 61~66
남징 濫徵 ㉜294 364
남창 南倉 ㉚251
남천정 南川停 ⑨33 34
남천제 南川堤 ⑲329
남천주 南川州 ⑦108 197
남천한 南天漢 ㉚98
남초 南草 ㉚446 ㉝442
남초전 南草廛 ㉝379
남초회사 南草會社 ㊹189
남태징 南泰徵 ㊱193 196 199
남평 문씨 南平文氏 ⑫202
남포제련소 南浦製鍊所 ㊿180
남하소궁 南下所宮 ⑨179
남하정책 南下政策 ㉚603
남학구 南學九 ㊼379
남학당 南學黨 ①356 ㊴216 ㊸382 520 523 ㊹414
남한(유형)토기 南韓(類型)土器 ②311
남한경영론 南韓經營論 ⑦278
남한교련병대 南漢敎鍊兵隊 ㊳154 353 370
남한단정안 南韓單政案 ㊾65 77
남한대토벌(작전) 南韓大討伐(作戰) ㊸10 426 438 444 445 449 495 501 502 506 507 516 524 525 ㊼7 128 134 136 ㊽248
남한도총섭 南漢都摠攝 ㉟156
남한산 南漢山 ㉜27
남한산성 南漢山城 ①45 ⑳218 ㉙9 291

294 ㉚255 268 269 282 ㉜161 166 ㉟154
남한산성군 南漢山城軍 ㊳368
남한총선거안 南韓總選擧案 (52)206
남항사 南巷寺 ⑨405
남해대첩(싸움) 南海大捷 ⑳409 411
남해도 南海島 ⑳255
남해무역 南海貿易 ㉒239
남해박래품 南海舶來品 ⑨309
남해번박 南海蕃舶 ⑨318
남해(부) 南海府 ①52 ⑩36 42 165 171 ⑫146
남해분사(도감) 南海分司(都監) ㉑312 320
남해성 고개진성 南海城古介鎭城 ㉒195
남해신 南海神 ⑯349 ㉖214
남해안덧무늬토기 南海岸隆起文土器 ②538
남해차차웅(왕) 南解次次雄(王) ⑦18 28
남행 南行 ㉓319 ㉚228
남향반수 南向班首 ㉔159 170
남혈사 南穴寺 ⑧61 ⑨541
남형우 南亨祐 ㊺77 ㊼149 152 153 (51)182
남호두고성 南湖頭古城 ⑩200
남화한인청년동맹 南華韓人青年同盟 ㊿303
남화한인청년연맹 南華韓人青年聯盟 ㊽9 348 349
『남환박물』『南宦博物』㉗466
남효온 南孝溫 ㉒141 ㉖51 61~65 67 68 ㉘171 179 185 189 193 237 254
『남훈태평가』『南薰太平歌』㉟393 562
남흥철 南興喆 ㊳23 373
『남히문견녹』『南海聞見錄』㉟426
납 鑞 ㉝475
납곡채은 納穀採銀 ㉘117 123
납공노비 納貢奴婢 ①281 ⑨236 ㉓54 ㉕225 ㉚346 ㉞138
납공문첩 納貢文帖 ㉔241
납목태 納穆泰 ㉙251
납물원생 納物院生 ㉛98
납미 納米 ㉓355
납부 鑞付 ⑨522
납분(제) 納分(制) ㉔241 462
납서 蠟書 ㉙279
납석제삼존불입상 蠟石製三尊佛立像 ⑧234
납속가자 納粟加資 ㉞29
납속공명첩 納粟空名帖 ㉚338
납속논상 納粟論賞 ㉛142 148
납속면천 納粟免賤 ㉚348 ㉞144 145
납속보관(제) 納粟補官(制) ⑲3 46~48 340 393 ⑳16 59 62 ㉓305 355 ㉚348 ㊱1 21
납속부민층 納粟富民層 ㉞88
「납속사목」「納粟事目」㉙140 141 161 ㉛150
납속수가 納粟受價 ㉚348
납속수직 納粟受職 ㉞88 120
납속수첩자 納粟受帖者 ㉞29 31
납속(제도) 納粟制度 ㉕136 ㉚324 482 ㉛148 ㉜304 ㉞29 88 118~120 133 144 183 ㊱24 36
납속책 納粟策 ㉝137 ㊱139
납속첩 納粟帖 ㉞89 119 ㊱36
납속품계 納粟品階 ㉞20
납속품관 納粟品官 ㊴240
납속품직 納粟品職 ㉛151 ㉞29
납속허통법 納粟許通法 ㉞53
「납씨가」「納氏歌」㉗275 332 333
납우조향 納牛助餉 ㊱263
납작밑토기 平底土器 ②449
납재이승향 納財而陞鄕 ㊱221
납전면천 納錢免賤 ㉞145
납철군 納鐵軍 ㉚574
납청유기제조공장 納淸鍮器製造工場 ㊹210
납코작전 NAPKO作戰 ㊿403
납포군 納布軍 ㉜165 303
낫 鎌 ⑦78 218
낭가사상 郞家思想 ㊺282 (51)134
낭관 郞官 ①300 ㉓57 ㉚211

낭관권 郎官權 ㉘32 ㉚55 211 219
낭당 郎幢 ⑦207
낭도승 郎徒僧 ⑨460 463
낭림산맥 狼林山脈 ①14 18 21 45 67 73
낭만극운동 浪漫劇運動 ㉛368
낭비성 娘臂城 ⑨19 24 ⑫24
낭사 郎舍 ⑬32 35 37 86 92 96 98 145 150 153 154 ㉓58
낭산 狼山 ⑨517
낭산도 狼山島 ⑫146
낭성 娘城 ⑦106 112
낭속 廊屬 ㉜346
낭인 浪人 ㊵35
낭자곡 娘子谷 ⑫24
낭장 郎將 ⑩30 125 151 ⑫229 231 256 ⑬340 ⑱2 21 22 71 100 107 110 114 120 143 147 156 172
낭장방 郎將房 ⑱147 ⑳66
낭중 郎中 ⑩143 144
낭지 朗智 ⑨372 392
낭지법사 朗智法師 ⑯42
낭창환(관) 浪昌煥(寬) ㊳368
낭천권 郎薦權 ㉚42 55
낭천제 郎薦制 ㉚38 39 226 227
낭청 郎廳 ㉚190 512
낭혜 朗慧 ⑪72 192～194 198 199 204
낭혜화상백월보광탑비 朗慧和尙白月葆光塔碑 ⑨543 588
「낭혜화상비」「朗慧和尙碑」⑦252 259 260
내각 內閣 ㉟201 202 ㊵216 218 284
「내각관제」「內閣官制」㊵219 236 ㊷309 ㊹444
『내각방서록』『內閣訪書錄』㉟204
『내각일력』『內閣日曆』㉜95
내각제 內閣制 ㊳413 ㊵284 287 ㊷258 260
내각책임제 內閣責任制 ㊾418
내각총리대신 內閣總理大臣 ㊼33 34
내각회의 內閣會議 ㊳412
내강항행 內江航行 ㊲196
내경부 內椋部 ⑥171 207
내고 內庫 ⑫102 ⑭395 ⑯212
내공 來貢 ⑮273 314
내관 內官 ⑥86～88 96 170 201 219
내군 內軍 ⑪149 152 154 156 ⑫106 ⑬10 280 281 284
내궁방 內弓房 ㉚504 507
내금위 內禁衛 ㉒112 114 119 133 ㉓49 60 80 104 106 107 112 204 210 220 226 227 231 232 348 ㉕84 87～91 94 137 ㉚270 274 276 ㉞219
내노비 內奴婢 ㉕203～205 213 ㉛165 ㉞130 132 139 156 ㊴222 232
내단 內丹 ㉖289 297 299
내도량 內道場 ⑫115
내도방 內都房 ⑱6 177
내도통구(구르시마 미치히사) 來島通久 ㉙62
내도통총(구르시마 미치후사) 來島通總 ㉙119 203
내동패총 內洞貝塚 ③384
내두좌평 內頭佐平 ⑥32 96 97
내례부 內禮夫 ⑨16
내료직 內僚職 ⑲45 48
내루 內樓 ㉕348 352
내리서성 內利西城 ⑨25
내림톱 ㉗442
내림 奈林 ⑧40
내립마 內立馬 ㉔594
내만 內灣 ⑦406
내몽고 內蒙古 ④63 124
내무부 內務府 ㉜388 ㊳102 151 ㊴88 89～111 114～116 119 120 123 124 126 130 154 ㊵187
내무아문 內務衙門 ㉓363
「내무아문훈령」「內務衙門訓令」㊵202
「내무아문훈시」「內務衙門訓示」㊵246～248 ㊹342

내물마립간(왕) 奈勿麻立干(王) ⑥155 ⑦ 3 61 73 142 243 246 247 264 ⑪17 20 21 47
내방고 內房庫 ⑬201 ⑯203 ⑲230 276
내번 內藩 ㊵25
내법좌평 內法佐平 ⑥50 96 97 229
내봉사 內奉史 ⑫82
내봉성 內奉省 ①217 ⑪6 148~150 152 156 ⑫105 147 ⑬1 10 12 15 18 19 24
내부시 內府寺 ⑫107 ⑭15 419 ㉓82 ㉔427
내불당 內佛堂 ㉒112 139 ㉔462 ㉗217
내사 內史 ⑩144 153
내사 內舍 ㉓290 319
내사령 內史令 ⑫41 123 175 ⑬19~21
내사문하 內史門下 ⑬25
내사문하성 內史門下省 ①219 ⑫155 170 172 178 ⑬1 21 28
내사복시 內司僕寺 ㉔552 554
내사성 內史省 ⑫147 ⑬24 28
내사지성 內斯只城 ⑨41
내삼청 內三廳 ㉓221 ㉚274
내상 萊商 ①316
내상직 內上直 ㉓80 ㉕90
내선 內禪 ⑫5 99 ㉒45 69
내선융화 內鮮融和 ㊼6 101 107 ㊽30 ㊿43
내선일체 內鮮一體 ①369 378 ㊼6 101 109 ㊽22 30 49 ㊿3 43~46 48 51 53 56 60~64 67 68 224 258
내섬시 內贍寺 ㉓58 68 83 ㉔267 269 425~427 ㉕204 ㉖250 ㉗490 502
내성 內省 ⑦119 128 227 ⑨179 ⑪40 59
내성 內城 ⑰246
내세관 來世觀 ①441
내소사종 來蘇寺鐘 ⑰9 ㉑450
내속노비 內屬奴婢 ⑫161
내수 內豎 ⑫124
내수도문 內修道文 ㊹366
내수사 內需司 ㉓38 67 81 ㉔425~427 437 537 ㉕103 135 142 204 205 225 ㉗527 594 ㉘33 36 46 212 239 250 ㉚452 453 455 459 ㉞131 132 136 156 157 ㊱183
「내수사무후노비모기상전답타량성책」「內需司無後奴婢某記上田畓打量成冊」 ㉞ 131
내수소 內需所 ㉓81 ㉔427
내수외양(론) 內修外攘(論) ㊳208 211 214 216 217 219
내순검군 內巡檢軍 ⑱22
내시 內侍 ⑫255~257 269 275 ⑬366 ⑱46 150 239 ⑲45 ㉓200 ㉕72
내시노비 內寺奴婢 ㉜247 ㉞151 154~157 ㊴222 225 230 231 ㊵202
내시령답 內視令畓 ⑨154 214 215 225
내시부 內侍府 ㉒112 114 ㉓57 67 81 82 107 ㉕82 ㊳407 412
내시생도 內侍生徒 ㉞219
내시원 內侍院 ⑮299 ⑱46 150
내시원외랑 內侍員外郞 ⑱165
내시위 內侍衛 ㉓49 80 204 220 348 ㉕84 87 88 91
내시장군 內侍將軍 ⑱19 148
내시지후 內侍祗候 ⑫255
내신밀직 內臣密直 ⑱169
내신좌평 內臣佐平 ⑥31 50 60 96 97 168 172 228 229
내아문 內衙門 ㊳151 308
내안의 난 乃顔의 亂 ⑳270 323
내약국 內藥局 ㉗113
내약방 內藥房 ㉓91 360 ㉕381
내양 內養 ⑪41
내어물전 內魚物廛 ㉚521 ㉝318 384
내외도방 內外都房 ⑱6 75 98 144 145
내외무한 內外無閒 ㉗293
내외물전 內外物廛 ㉔128 129
내외법 內外法 ㉛638 639

내외병마사 內外兵馬事 ⑥190
내외어물전 內外魚物廛 ㉔128
내외족친 內外族親 ㉕92 ㉞170
내웅 內雄 ⑩162 225
내원 內院 ⑪134 135 157 ⑫28
내원(성) 來遠(城) ⑮239 272 310 312 331 344 ㉑309
내원당 內願堂 ㉘36
내원사 內院寺 ⑨512
내원성 來遠城 ⑧372 376
내의 內醫 ㉕376
내의성 內議省 ⑬1 12 15 16 24 83 ⑰15
내의원 內醫院 ㉓69 91 360 ㉔426 436 468 ㉕131 381 ㉗117 119 150 215 ㉚504 507 ㉞82
내이포 乃而浦 ㉓360 ㉔202 ㉘129
내자시 內資寺 ㉓68 82 ㉔267 271 425 427 468 ㉕204 ㉖250
내장료 內藏寮 ⑨311
내장목전 內長木廛 ㉝318 342
내장원 內藏院 ㊵237 287 ㊷91 92 133 ㊹183 186~188 194 196 197 201 202
내장전 內莊(庄)田 ⑭1 6 14 142 146 148 150 172 175 179~182 191 205 351 ㉓38
내장택 內莊宅 ⑬201 ⑭6 129 177 178 188 ⑯203
내재추(제) 內宰樞(制) ⑬72 ⑲2 80 84 143 146 191
『내전록』『內典錄』㉑325
내정개혁방안 內政改革方案 ㊹419 441
「내정개혁방안강령」「內政改革方案綱領」㊴94
「내정개혁방안강목」「內政改革方案綱目」㊵152
「내정독립청원서」「內政獨立請願書」㊾46
내제석사(원) 內帝釋寺(院) ⑥171 ⑫73 ⑯61 177
내주 萊州 ⑨33
「내지」「內知」⑧166 375
내지객주 內地客主 ㊴171 174 179
내지연장주의 內地延長主義 ㊼6 33 101 105 ㊾47 50 ㊿43 50
내지통상 內地通商 ㊴16 34 142 145 164 165 167~170 174 270~272
내지한재구제회 內地旱災救濟會 ㊿390
내지행상 內地行商 ㊸95 ㊹171 173
내청각 來靑閣 51307
내취 內吹 ㉟556~559
내치우선론 內治優先論 ㊲227
내탕금 內帑金 ㉜379 ㊲162 166
내평리유적 內坪里遺蹟 ②413 426 529
내평식 內坪式 ②536
내포교회 內浦敎會 ㉟98
내포제시조 內浦制時調 ㉟563
내한이주자 來韓移住者 ㊸301
내호아 來護兒 ⑤119 120 122
내화청 內畵廳 ㉗541
『내훈』『內訓』㉒139
냉수괴 冷水塊 ①17
냉장선 冷藏船 ㉝216
냉천(욕) 冷泉(浴) ㉗153 155
너름새 ㉟567
너와집 ㉕338
널 M. M. Null ㊻290
널무덤 土壙墓 ①182 184 ③171~176 417~420
『네덜란드선 제주도 난파기』『Netherlands 船濟州道難破記』㉜506
네브라스카무관학교 Nebraska武官學校 ㊼146
네비우스선교방법 Nevius宣敎方法 ㊻170 186
네뽀로지네프 Williams Neporozhnev ㊶123 125
네즈 히토시 根津一 ㊵35
넬리도프 A. I. Nelidov ㊸67

노 揆 ㉗187
노강서원 魯岡書院 ㉘291
노객 奴客 ⑤67 84 96 ⑥48
『노걸대』『老乞大』㉔257 ㉟280
『노걸대언해』『老乞大諺解』㉑246 247
노계 露紒 ①131
노 관 盧琯 ⑱165
노광욱 盧光郁 52355
노구 老嫗 ⑦17
노국(대장)공주 魯國(大長)公主 ⑳296 387
노군 奴軍 ⑱182 ⑳168 191 ㉚266
노남리유적 魯南里 ③343 352 396 ④145 ⑤18
노농 老農 ㉚435
노농동우회 勞農同友會 ㊾80
노농연합회 勞農聯合會 ㊾80
노농총동맹 勞農總同盟 ㊾227~229
노 단 盧旦 ⑰56 61 ⑳398
노당 老黨 ㉚39 41
노당 弩幢 ⑦174 ⑨138 184
노대 弩隊 ⑬341
노대 爐臺 ⑧259
노대부우보 魯大夫羽父 ⑫88
노 동 盧仝 ㉗306
노동 奴僮 ⑦230 ⑨188
노동강습소 勞動講習所 ㊼196
『노동계급』『勞動階級』㊿413
노동공제회 勞動共濟會 ㊾222~224 249 250 316
노동권업사 勞動勸業社 ㊹194
노동독립단 勞動獨立團 ㊼359
노동법령 勞動法令 52455
노동부대 勞動部隊 335
노동야학 勞動夜學 ㊾222 231 243 244 371 ㊿240 241 5142
노동연맹회 勞動聯盟會 ㊾225 227
노동요 勞動謠 ⑨465
노동운동 勞動運動 ㊹407 ㊾245
노동운송합명회사 勞動運送合名會社 ㊹194
노동이민 勞動移民 ㊹311
노동자공장관리운동 勞動者工場管理運動 52239 240
노동자자주관리운동 勞動者自主管理運動 52237 240 257 275 279 285
노동쟁의 勞動爭議 ㊼93 107 ㊿174
노동조합 勞動組合 ㊹242 ㊿135 151~154 157 158 160 161 164~167 184
노동조합전국평의회 勞動組合全國評議會 52113 152
노동총동맹 勞動總同盟 ㊾229 248
노동친목회 勞動親睦會 ㊾240
노량 露梁 ㉙195 204
노량대첩 露梁大捷 ㉙128
노량진 露梁津 ㉔501 502
『노력자』『努力者』52326
노령거 盧令琚 ⑫268
노론 老論 ㉗302 ㉚125 158 161 164 166 168 170 171 175 178 287 514 ㉜155 ㉞157
노론4대신 老論四大臣 ㉚172 173 175 ㉛109 ㉜61
노론탕평 老論蕩平 ㉜151
노륙법 孥戮法 ㊶246 343 347 349
노륙지전 孥戮之典 ㊲186
노르웨이식 포경법 Norway式捕鯨法 ㊶156
노리부 弩里夫 ⑦128 ⑨16
노리사치계 怒利斯致契 ①441 ⑥242
노모 老母 ⑨222
노무동원계획 勞務動員計劃 ㊿74
노무라 야스시 野村靖 ㊵136 ㊶26
노무라 츠타요시 野村傳吉 ㊹93 96
「노무조정령」「勞務調整令」㊿106
「노무편」「老巫篇」㉑176~180 188 190 254 510
노반(박사) 鑪盤(博士) ⑥173 220 232 243 ⑧276 419 479 487
노반사 鑪盤師 ⑧487

노백린 盧伯麟 ㊺71 142 ㊼163 ㊽148 150 155 159 160 ㊿404
노백용 盧百容 ㊾98
노병선 盧炳善 ㊾423
노병주 盧秉柱 ㊾460
노병직 盧炳稷 ㊼137
노보고르데예브카산성 Novogordeevka山城 ⑩223
노보여 盧寶璵 ⑱149 209 ⑲38
『노봉선생문집』『蘆峯先生文集』 ㉟197
노부 奴部 ⑤29
노부 奴夫 ⑨16
노부 鹵簿 ⑦118
노부의식 鹵簿儀式 ㉑455 488
노부토키 기요시 信時潔 51321
노비 奴婢 ①267 ⑤195 206 213 214 216 217 220 ⑥234 235 ⑨222 234 236 ~239 ⑩8 85 155 158 211 ⑳15 ㉓53 54 ㉕46 48 89 101 104~107 160 165 166 195 196 203 209 ㉘149~151
노비결송법 奴婢決訟法 ⑭268 ⑳26
노비공 奴婢貢 ㉜158 187 188 ㉞88
노비노동 奴婢勞動 ㉘48 ㉝80 ㉞135 ㊱2 29
노비문서 奴婢文書 ⑳141
노비방량 奴婢放良 ㉓355
노비변정도감 奴婢辨正都監 ㉓46 47
노비변정사업 奴婢辨正事業 ①277
노비세역제 奴婢世役制 ㊵203
노비세전법 奴婢世傳法 ㉕47 107
노비속량가 奴婢贖良價 ㉞145
노비수모법 奴婢隨母法 ㉕47
노비신공 奴婢身貢 ㉓293 ㉕142 ㉙139 140 ㉚346 ㉜69 ㉞139 153 154
노비안 奴婢案 ㉕204 220 ㉞140 152
노비안검법 奴婢按檢法 ⑫102 103 116 118 163 ⑬185 ⑭35
노비제폐지운동 奴婢制廢止運動 ㊴231
노비종량법 奴婢從良法 ㉞183
노비종모법 奴婢從母法 ㉕104 ㉜69 134 147 ㊱26 35 48
노비종부법 奴婢從父法 ㉕36 134
노비주 奴婢主 ㉕107 108
노비추쇄 奴婢推刷 ㉛152 ㉜70 83 ㉞131 140
노비해방 奴婢解放 ㊹345
노사신 盧思愼 ㉒70 137 ㉔246 247 ㉘180 186 188 191
노사지 弩舍知 ⑦174 ⑨184
노사학파 蘆沙學派 ㉟54 ㊸362 378
노산군 魯山君 ㉒116
노상 老相 ⑩79
노상렬 盧相烈 ㊾399
노석숭 盧碩崇 ⑱50 135
노선 櫓船 ㉝229
노선경 盧善敬 ㊼172
노 성 盧城 ⑩10 37 165 166
『노성』『鷺聲』 ㊾393
노세 路稅 ㉝198 208 209
노소당 老少黨 ㉚216
노소동맹회 老少同盟會 ㊼240
노송도 老松圖 ⑨481
「노수서작도」「老樹棲鵲圖」 ㉛479
노수신 盧守愼 ①306 ㉘200 202 246 325 327 ㉚36 44 53
노수현 盧壽鉉 ㊺351 51324
노순열 盧順烈 ㊾294
노 숭 盧嵩 ㉔523
노승룡 盧承龍 ㊺135
노아간(누르칸)도사 奴兒干都司 ㉒249 262 279 321 347
노아간도지휘사사 奴兒干都指揮使司 ㉙212
노야장 盧冶匠 ㉔231
노야제도 老爺制度 ㊹308
노약순 盧若純 ⑱148
노양처소생종모역법 奴良妻所生從母役法 ㊴223 230
노어신문 露語新聞 ㊼395

노염호 擄鹽戶 ⑲375
노 영 魯英 ㉑425
노영거 盧令琚 ⑮352
노영고 盧永稿 ㊶311
노영순 盧永淳 ⑱52 218
노영희 盧永禧 ⑳120 251
노예교육 奴隷教育 ㊲52 ㊶16
노예제 奴隷制 ⑫182
노예제국가 奴隷制國家 ③51
노올부곡(민) 奴兀部曲(民) ⑳17 147 178
노우희 老優戲 ㉟618
노원순 盧元純 ⑳184
노을룡 盧乙龍 ㊽350
노응규 盧應奎 ㊳253 ㊶49 ㊸373 374 382 398 519 522
노의 露衣 ㉕304 306 307 318
노인 路人 ④108 136
노인 路引 ㉒382
노 인 盧寅 ⑫224
노인계 老人契 ㊳275
노인동맹단 老人同盟團 ㊼402 ㊽324
노인법 奴人法 ①200 ⑦98
노인복지사업 老人福祉事業 ㊻156
노인성 老人星 ㉖231 ㉟161
노인정 老人亭 ㊵152
노인정회담(의) 老人亭會談(議) ㊵153 ㊹59 107
노인직 老人職 ㉓100 109 110
노일개 盧一凱 ㉙152
노자 老子 ⑯299 300 ㉓302 ㉖293 295
노자와 게이치 野澤雞一 ㊹432
노자와 다케노스케 野澤武之助 ㊹423
노잔군 老殘軍 ㉝262
노장사상 老莊思想 ①442 ⑯296 ㉛180
노장학 老莊學 ⑯299 ㉜29
노재학풍 魯齋學風 ㉑145～147
노 전 盧戩 ⑮307
노 점 盧占 ⑫229
노정섭 盧正燮 ㉟53 54 279
노정일 盧正一 ㊶86
노제 老除 ㉜110 126 133
노 제 盧濟 ⑳277
노종환 盧宗煥 ㊼386
노중례 盧重禮 ㉕377 379
노직 老職 ㊴240
노 진 盧禛 ㉘344
노차 虜車 ㉜401
노찰 老察 ㉜401
노 책 盧頙 ⑲136
노처 奴妻 ㉕194 195
노천화덕자리 露天爐址 ②413
노천명 盧天命 ㊶257 373
노천법 露天法 ⑨190
노철산 老鐵山 ⑧329
노추 奴(老)酋 ㉙219 220 226 229 234 235
노태준 盧泰俊 ㊿448
노튼 A. A. Norton ㊻290
노포 老浦 ⑫35 60
노포동유적 老圃洞遺蹟 ③390
노하심(유적) 老河深(遺蹟) ④160 161 211 220 ③290 ⑩210
노합하 老哈河 ④64 86
노헌용 盧憲容 ㊼322 326
노 혁 盧奕 ⑫170
노효돈 盧孝敦 ⑱52
노 훈 盧勳 ㊼254
노 흠 盧欽 ⑳277
노힐부득 努肹夫得 ⑨406 409 ⑪183 216
녹각시설 鹿角施設 ③436～438 444
녹각제병도자 鹿角製柄刀子 ③474
녹각형입식 鹿角形立飾 ⑧353
녹공교서 錄功教書 ⑲213
녹과(전) 祿科(田) ①235 254 ⑬247 ⑭56 110 130 184 229 230 ⑱170 ⑲2 8 9 84 85 131 263 265 276 ⑳43 ㉔19 441 ㉕67
녹과전시 祿科田柴 ㉔18 20

녹관 祿官 ㉓58
녹관체아직 祿官遞兒職 ㉕128
녹권 錄券 ㉚174
녹단삼 綠團衫 ㉕305
녹도 鹿島 ㉙59
녹도성 鹿島城 ㉒195
녹둔도 鹿屯島 ㉙22
녹량 鹿梁 ⑧54
녹림당 綠林黨 ㊱9~11 185~188 194 ~199 202 206 207
녹명 鹿鳴 ㉗401
녹봉 祿俸 ⑥198 ⑨6 209 210 ⑬16 21 ⑭5 6 55 65 81 82 89 98 105 108 112 117 118 121 123~130 132 133 171~174 207 282 350 352 358 469 ⑯86 ⑱181 189 ㉓276 306 307 ㉔255 432 435 530 ㉕66 68 88 90 97 98 115~117 119 139 143 146 ㉘36
녹봉제 祿俸制 ⑫214 215 ⑭1 97~101 103 106 127 132 427 ⑲270
녹사 綠事 ⑫229 230 233 ⑱158 159 160 ⑲63
녹사 錄事 ㉓357 358 ㉕67 113 116~117 121 122 137~143 ㉛135 137 141 ㉞219
녹산 鹿山 ④152 153 197 ⑤74
녹삼 綠衫 ⑫104 120
녹색 綠色 ⑩163
『녹성』『祿星』 ㊿67
녹심신 鹿深臣 ⑧66
녹아도 鹿兒島 ㉜476
녹아도우선회사 鹿兒島郵船會社 ㊿421
녹위여전 祿位餘田 ⑭129 131
녹유토기 綠釉土器 ⑨536
녹읍 祿邑 ①209 210 ⑦238 ⑨158 159 209 211 212 ⑨6 106 155 160 209 210 211 213 ⑪16 19 21 36 53 57~59 ⑫31 137 ⑭2 24 27~34 73 96 98 176
녹전 祿轉 ⑭26 129 130 173 252 272 361 ⑲233 235 237 254
녹진 祿眞 ⑪51
녹직 祿職 ㉓57 99 101 104 110
녹청자 綠靑瓷 ⑰297
녹패 祿牌 ⑬61 ⑭103 128
녹향회 綠鄕會 ㊿328 239
「논사록」「論思錄」 ㉗284
논산장 論山場 ㉝368 373
논상사목 論賞事目 ㉚350 ㉛147
『논어』『論語』 ⑧113 ⑫161 165 ㉓285 341 ㉖72
『논어신의』『論語新義』 ⑯226 ㉑128
『논형』『論衡』 ①146 147 ④153
놀이꾼 ㉑258
놀이패 놀이牌 ㉖275
놋그릇 ⑧427
『농가설』『農家說』 ㉚432 440
『농가월령』『農家月令』 ⑭323 ㉔101 102 110 111 150~158 ㉚433 440 446 ㉛627 ㉝34 38 47 62
『농가집성』『農家集成』 ㉗95 ㉘146 ㉚326 433 440 ㉝47
농감 農監 ㊾261
농경문 農耕文 ⑧173
농경문청동기 農耕文靑銅器 ①475 476 ③219 263 280 518 519 544 ⑦217
농경문화 農耕文化 ③198 256~259
농경사회 農耕社會 ③278
농경파 農耕派 238
농계 農契 ㊱64
농공병진정책 農工竝進政策 ㊿167
농공은행 農工銀行 ㊷325 ㊹28 184 197 ㊼80 81
「농공은행령」「農工銀行令」 ㊼80
「농공은행조례」「農工銀行條例」 ㊼80
농과규칙 農課規則 ㊴251
농과장 農課長 ㊴251
농관 籠冠 ⑥244
농광회사 農鑛會社 ㊶163 ㊷111 ㊸123

124 132 ㊹188
농구 農具 ㉝51 ㊱64
농구 籠球 ㊺368 (51)335
농군 農軍 ㉝262
농기 農旗 ㊱133
농노(제) 農奴(制) ①216 ⑲256
『농담』『農談』㊴253
농마희 弄馬戲 ㉑552
농목국 農牧局 ㊳162
농무계 農務契 ㊼189～191 ㊽208
농무국 農務局 ㊷67
농무규칙 農務規則 ㊴251
농무목축시험장 農務牧畜試驗場 ㊳50 51 103 161 ㊴119 ㊺20
농무사 農務司 ㊴92
농무학당 農務學堂 ㊴120 253
『농민』『農民』㊾344
농민경제 農民經濟 ㊹139
농민공생조합 農民共生組合 ㊿142～144
농민단 農民團 ㊽332
『농민독본』『農民讀本』㊿142 241
농민수공업 農民手工業 ⑨185
농민시위군 農民侍衛軍 ⑲55 56 58
농민야학 農民夜學 (51)41 42
농민연구회 農民硏究會 ㊸231
농민운동 農民運動 ㊹336 401
농민전쟁 農民戰爭 ①332 346 352 ㊱13 ㊵133 ㊹137 405
농민조합 農民組合 ㊿134～136 139 140 148 149 151 202 205 206 209
농민조합전국총연맹 農民組合全國總聯盟 (52)113
농민항쟁 農民抗爭 ㊱15～17 74 78 79 277 303 313 330 331 333 335 336 339 378
농민해방 農民解放 ⑳176
농본정책 農本政策 ㊱129
농본주의 農本主義 ㉔121 149 ㉜23
농사개량 農事改良 ㊹141
『농사직설』『農事直說』①271 289 ⑭321 ～323 ⑲332 336 338 ㉒75 79 ㉓40 ㉔298～105 107～109 592 ㉗5 95 169 170 172 174 176～178 182 184 186 189～191 ㉘146 346 349 ㉚326 431 ㉜ 87 ㉝33 38 49 51
농산물품평회 農產物品評會 ㊸306
농상 農桑 ㉘348
농상공부 農商工部 ㊷252 ㊻51 56 274
농상공사 農桑公司 ㊳50
농상공학교 農商工學校 (51)282
「농상공학교관제」「農商工學校官制」㊵306
농상교서 農桑敎書 ㉔265 266
농상국 農桑局 ㊵195
농상규칙 農桑規則 ㊴251
『농상무성직장사무』『農商務省職掌事務』㊳ 114
농상소 農桑所 ㊳103
『농상집요』『農桑輯要』⑭319 ⑲170 ⑳ 305 ㉔98 99 102 107 110 262 278
농서 農書 ㉔98 99 106 108 117 265 ㉘12 346 349
『농서집요』『農書輯要』⑭319 ㉔100 102 104～110 ㉗185 ㉚439
농성 籠城 ㉜27
농성전 籠城戰 ㊲200
농소리 農所里 ②443 447 478
농소리패총 農所里貝塚 ②402 406 504
농악 農樂 ㉟575 ㊱133
농악무 農樂舞 (51)357
농안 農安 ④176 ⑤74 ⑩79
농안성 農安城 ④180
「농암가」「聾巖歌」㉗7 347
농어산촌진흥계획 農漁山村振興計劃 ①378
농업공황 農業恐慌 ㊿73 145
농업보국운동 農業報國運動 ㊿79
농업생산력 農業生産力 ⑥26 201 202 210 211 213 216 ㉔92 93 98 111 115 ～117 266 449 ㉗165 189 ㉘66
농업생산책임제 農業生産責任制 ㊿77

농업시험장 農業試驗場 ㊳50 51
「농업요원설치요강」「農業要員設置要綱」㊿120
농업학교 農業學校 ㊿20
농업현물세 農業現物稅 ㊿454
농업회사 農業會社 ㊹188
농우 農牛 ㉔115 ㊱1 29 30 158 159
농장 農莊 ①7 234 254 292 ⑭162 200 339 ⑲2 5 7 11 49 90 225 243 253 254 263 373 ⑳72 352 353 ㉘2 47 49 53 57 ㉚450
농장제 農庄(莊)制 ㉓40 ㉘59 ㉜313 332 ㊱29 42
『농정신편』『農政新篇』㉔307 ㊳50 59 112 160 164 ㊴253 ㊸380 ㊻241
『농정촬요』『農政撮要』㊳164 ㊴253 ㊺226 290 294
농종법 壟種法 ㉚434 ㉝45 ㉞109
농주 弄珠 ⑥245 247
농지개혁 農地改革 ㊿257 402
「농지개혁법」「農地改革法」㊿263
농지위원회 農地委員會 ㊿263
농채화 濃彩畫 ①490
농촌계몽운동 農村啓蒙運動 ㊿249
「농촌근로동원대책요강」「農村勤勞動員對策要綱」㊿121
「농촌노동력조정요강」「農村勞動力調整要綱」㊿106 115 116
농촌대책위원회 農村對策委員會 ㊿82
농촌부녀지도자수양소 農村婦女指導者修養所 ㊿211
『농촌산술』『農村算術』㊿241
농촌수공업 農村手工業 ㉔260 267 291 ㉝419 ㊳164
농촌순회강연회 農村巡廻講演會 ㊿142
농촌시장 農村市場 ㉘67 ㉝361
농촌위원회 農村委員會 ㊿454
농촌재편성정책 農村再編成政策 ㊿82 84
농촌지도자양성강습회 農村指導者養成講習會 ㊾394
농촌진흥운동 農村振興運動 ㊼107 ㊿50 70 114 151 209 212 228 229 232
농촌진흥회 農村振興會 ㊿139 220
『농촌청년』『農村靑年』㊿253
농포(동) 農圃(洞) ②481 489 490 505 513 521
농포(동)유적 農圃(洞)遺蹟 ②417 483 493 504 514 517 562
『농포문답』『農圃問答』㉝127
농포조개더미 農圃貝塚 ②336 417 488
농포형뇌문 農圃型雷文 ②560 562
농포형뇌문토기 農圃型雷文土器 ②560
농학 農學 ㉔117
농환 弄幻 ㉑258 510
농환 弄丸 ⑥247 ⑧394
농환희 弄幻戱 ㉑560
뇌법기 雷法器 ㊻235
뇌사 雷師 ㉖228
뇌신 雷神 ㉖214
「뇌우」「雷雨」㊿376
뇌자 牢子 ㉚273
뇌전 賂錢 ㊱231
뇌질주일 惱窒朱日 ⑦316 412
뇌호(세토)내해 瀨戶內海 ⑨288
뇌효사 雷孝思 ㉜509
누각박사 漏刻博士 ⑧424
「누각산수도」「樓閣山水圖」㉗568
누각전 漏刻典 ⑨419 421 ㉓361 ㉟339
누구만척법 樓構漫擲法 ㉗181
누금법 鏤金法 ①482 ⑨522
누금세공 鏤金細工 ⑧255 256 353 ⑨191 250
누룩 ㉑580 ㉕333
누르재 ㉔497
누르하치 奴兒哈赤 ㉘137 ㉙7 70 91 211 ~220 234~238
누상 樓上 ④65 120 123 128
누상고 樓上庫 ㉕349

누상묘 樓上墓 ③19 51 275 413
누선 樓船 ㉑214
누에고치 ⑫212
누원점(다락원점) 樓院店(다락院店) ㉝ 338 339 343 363 381 382 384 386 387
누적 漏籍 ㉛161 ㉝16 ㉞203 208 210 215 216
누정 漏丁 ㉜138 ㉞170
누종법 樓種法 ㉗181
누주통의 漏籌通義 ㉗82 ㉟341
누초 婁肖 ⑤8 175 176 182
누침 樓寢 ㉕353
『누판고』『鏤板考』㉜93
「누항사」「陋巷詞」㉛426
눈강 嫩江 ④70
눈배기백자기점 눈배기白瓷器店 ㊹212
눈죽조 嫩竹調 ⑨605 606
눌러떼기수법 加壓剝離 ②91 114 124 395
눌러찍기 ① 177
『눌재집』『訥齋集』㉖185 ㉜94
눌제 訥堤 ⑧448 ⑲333
눌지왕 訥祗王 ⑥69 156 ⑦63 70 143 411 ⑨609
뉴욕 월드 New York World ㊵59
뉴욕 트리뷴 New York Tribune ㊵56
뉴욕 헤럴드사 New York Herald社 ㊵57
늑도유적 勒島遺蹟 ③345 385
늑도패총 勒島貝塚 ③406 481
늠군 廩君 ①142
늠급전 廩給田 ㉔39
늠희서 廩犧署 101
능군 陵軍 ㉚492
능귀문 棱貴文 ⑥232
능금원 綾錦院 ⑩168
능긍 能兢 ⑯41 42 82
능단장 綾段匠 ㉔269 271 272
능달 能達 ⑫25 37
능라 綾羅 ⑮15 300 343 362
능라장 綾羅匠 ㉔256 267~272 306
능라점 綾羅店 446
능문 能文 ⑫30 34 36 45 54 63
능문능리 能文能吏 ①258 ⑱86 88 ⑲4 70 96 117 ⑳39 ㉕63 64 ㉛132
능봉군 綾峰君 ㉙278
능사 陵寺 ⑩179 185 208
능산 能山 ⑫143
능산리 陵山里 ⑧199 259 347 362 472
능산리고분군 陵山里古墳群 ⑧346
능색 陵色 ⑨115 121
능선 能宣 ⑫146
능식 能式 ⑫26 35 60
능식 能寔 ⑫45
능양군 종 綾陽君倧 ㉚72
『능엄경』『楞嚴經』⑯69 184 ㉑135 ㉒ 130 ㉖268 ㉗210 218 ㉟154
『능엄경언해』『楞嚴經諺解』㉑249 ㉖269
능위전 陵位田 ㉚492
능장 綾匠 ㉔255
능전 陵殿 ㉓94
능창 能昌 ⑪86 ⑫17
능침사사 陵寢寺社 ㉗478
능침전 陵寢田 ⑭335 336 ㉓38 ㉔39 442 443
능필 能弼 ⑫38
능한산성 凌漢山城 ㉙239 261 287
능현 能玄 ⑫45
능형문 菱形文 ⑧257
능환 能奐 ⑪123 ⑫36 39
니계상 尼谿相 ④101 108 136
니꼴라옙스크 Nikolaevsk ㊹304
니꼴라이 이구나체프 Nikkolai Ignatiev ㊲ 60
니꼴스크 Nikol'sk ㊹303 307
니노미야 하루시게 二宮治重 ㊿155
니마거우디캐 尼麻車兀狄哈 ㉒338 341 351 363
니범 泥范 ③236
니산서원 尼山書院 ㉚142

니성도좌익단련사 泥城道左翼團練使 ㉒145
니스첸스키 Nisichensky ㊶122
니시 도쿠지로 西德二郎 ㊶54 83 103
니시지마 류조 西嶋留藏 ㊹91
니오 코레시게 仁尾惟茂 ㊵217 274
니원 尼院 ㉓281
니이노 도키스케 新納時亮 ㊶38
니이담 C. Needham ㊸51
니콜라이 2세 Nikolai II ㊶69 91 104
니탕개란 尼蕩介亂 ㉓246 354 ㉚55 331 336
니하 泥河 ⑦75 ⑩65 235
닌스테드 F. H. Nienstead ㊴127 129
님 웨일즈 Nim Wales ㊾62

ㄷ

다각형(석)탑 多角形(石)塔 ⑰260 262
다곡 多谷 ⑨50
다곽식 多槨式 ⑧351
다구 大沽 ㊵47
다께조에 竹添進一郞 ㊴19
다나카 기이치 田中義一 ㊽333
다나카 미츠아키 田中光顯 ㊶26
다뉴경 多鈕鏡 ③218
다뉴기하문식 多鈕幾何文式 ③38
다뉴세문경 多鈕細文鏡 ①4 107 475 476 ③18 240 569 ⑧215
다뉴정문경 多鈕精文鏡 ③218
다뉴조문경 多鈕粗文鏡 ③218
다다라 多多羅 ⑦279 353
다다라원 多多羅原 ⑦111 353
다대동패총 多大洞貝塚 ②400 ③381
다대포 多大浦 ②443 ㉒195 ㉙114 201
다동조합 茶洞組合 ㊺362 (51)357
다라(합천) 多羅(陜川) ⑥37
다라국 多羅國 ⑦112 344 360 361 368
다라니경 『陀羅尼經』 ⑨431 436
다라뷔에 Daravie ㊹304
다련군 多憐君 ⑪85 ⑫79
다렌 大連 ㊵58
다루가치 達魯花赤 ⑱95 ⑲18 ⑳171 172 192 198 263 265 266 307 308 314 323 342
다루기시 樽岸 ②281
다리 多利 ⑥221 ⑧257
다리밟기 踏橋 ㉑531
다리속곳 (51)409
다면석기 多面石器 ①92
다무라 이요조 田村怡與造 ㊵112
다물단 多勿團 ㊼195 ㊽9
다발전화포 多發箭火砲 ㉗243
다방 茶房 ⑫275 ⑬366 ⑰124 ⑱46 150 ⑲45 ㉓200 ㉕72
다벌국 多伐國 ⑦44 54
다보탑 多寶塔 ①442 483 484 486 ⑨10 555
다보하시 기요시 田保橋潔 ㊼42
다복동 多福洞 ㊱14 238~243 249
다사 多沙 ⑦397
다사리 (52)180
다사성(하동) 多沙城(河東) ⑥39
다사진 多沙津 ⑦340
다산 茶山 ㉟95
다송리유적 多松里遺蹟 ③89
다수나 多須那 ⑧481
다시마 昆布 ㉝213 228
다식 茶食 ㉑577
다신신앙 多神信仰 ①446
다와라 마고이치 俵孫一 ㊺57 166 167 179
다완전쟁 茶碗戰爭 ㉗512
다우치 타케시 田內武 ㊶265
다이 William McEntyre Dye 茶伊 ㊳155 ㊴62 127~129 ㊵260 ㊶36
다이곤(도루곤) 多爾袞 ㉙274 281 290 ㉜390 391 395 396 401
다이쇼데모크라시 大正Democracy ㊾427
다인 多仁 ⑧374
다인장 多人葬 ④65
다인철소 多仁鐵所 ⑳208 230~232 246
다인현 多仁縣 ⑲34
다점 茶店 ⑭447 464

다정 茶亭 ㉑578
다종족국가 多種族國家 ⑩5 39
다즐레섬 Dagelet島 ㉜495
다지 多智 ⑳166 167 179
다처제 多妻制 ㉕133
다치카와 立川 ②281 286
다카야마 코고로 高山小五郎 ㊷231
다카타 세이코 高田せイ子 51363
다카하라 코고로 高平小五郎 ㊷214
다케다 한시 武田範之 ㊵112 ㊶29 51159
다케우치 로쿠노스케 竹內錄之助 5168
다케우치 츠나 竹內綱 ㊹59
다케우치 츠르타로 武內鶴太郎 ㊹103
다케조에 신이치로 竹添進一郞 ㊳8 171 337 340 343 386 392 393 398 401 405 ㊸15
다쿠 多久 ②281
다탁(도도) 多鐸 ㉙274 ㉜395
다파나국 多婆那國 ⑦19 38
다포양식 多包樣式 ㉑366 369~371 383~385
다혁당 茶革党 ㊾420
다호리 茶戶里 ④277 ⑦321
다호리고분 茶戶里古墳 ⑦219 ⑧205 358
다호리유적 茶戶里遺蹟 ③175 176 393 461 471 475 503
닥 楮 ㉑210
닥종이 楮紙 ㉗211
단 段 ㉔603 604
단가 短歌 ㉑279
「단가이장」「端歌二章」⑰220
단가제도 檀家制度 ㊻122 51151
단갑 短甲 ⑧344
단경식동검 短莖式銅劍 ①191
단고 單袴 ㉕317 319
단곽 單槨 ⑧351
단교론 斷交論 ㊲226
단구미술원 檀丘美術院 52332
단군 檀君 ①136 141 145 160 437 ④2 50 52 55 72 ㉖6 109 110 238 241 242 ㊻104 210
단군교 檀君敎 ㊸325 ㊻4 210 211 213 ㊼151 384 385 51192
「단군교포명서」「檀君敎佈明書」㊻213 51192
단군기원 檀君紀元 ㉑333 ㉖239
단군릉 檀君陵 ①190 ④2 46 76
단군묘 檀君廟 ㉖242
단군신화 檀君神話 ①135 138 143 157 158 440 ④52 58 73 ⑦415 ⑧92 109 ㉑302 323 334 51140
단군어진 檀君御眞 ⑨482
단군왕 Prince Tuan 端郡王 ㊷175
단군왕검 壇君王儉 ④50 72
단군조선 檀君朝鮮 ④46 58 115 117 ㉖109 51137
단궁 檀弓 ⑧387
단금(타출) 鍛金(打出) ⑧256
『단기고사』『檀奇古史』㊻214 51193 194
단뉴동포 單鈕銅泡 ③297
단단령 單團領 ㉕315
단독정부 單獨政府 52203 390 392 393
단동 丹東 ⑧330 ㊹302
단두개형 短頭蓋形 ⑥249
단랑 單廊 ⑨539
단련사 團練使 ㉝440 446~448 451
단령 團領 ⑳304 ㉑572 ㉕297 309 312 313 ㉛607 614 616 ㊹458
단림 端林 ⑫29
단모음 單母音 ㉗378 ㉟291
단목 丹木 ㉚601 ㉝475
단목 端目 ⑨397
단밀 丹密 ⑧375
단발령 斷髮令 ①351 ㉟62 ㊵7 9 263 281 287 ㊶42 44 47 ㊸9 361 362 365 368 374 380 381 426 429 439 519 ㊹421 51396 402 403
단병검 短柄劍 ㉜400
단병차 團餠茶 ㉑577

단보제 段步制 ①201
단사선문 短斜線文 ①101 102
단삼 團衫 ㉕304 305
단삼(층) 丹衫(層) ⑫104 120 124 ㉕56
단상지형 短上肢型 ①64
단서철권 丹書鐵券 ⑭32
단석산 斷石山 ⑧245
단석산마애석불군 斷石山磨崖石佛群 ⑧6 235
단석산신선사 斷石山神仙寺 ⑧236
단선안 單選案 ㊾390
단성 丹城 ㉜338
단성(농민)항쟁 丹城(農民)抗爭 ①333 ㊱15 73
단성사 團成社 ㊺341 342 353 354 ㊿365 357
『단성장적』『丹城帳籍』㉛154 160 165 167 ㉞33
『단성향안』『丹城鄕案』㉞17
『단성현호적대장』『丹城縣戶籍大帳』㉞17
단속곳 ㊿409
단속곳(단속옷) ㉕320 325
단속사 斷俗寺 ⑨481 538 ⑪188 189 ⑳ 174
단속행오 團束行伍 ㉚290
단수포 短袖袍 ㉑572
단술(감예) 甘醴 ⑨254
단실묘 單室墓 ⑧332
「단심가」「丹心歌」㉑282
단안 壇案 ㉓155 191 ㉘160 ㉛56 58 136 163
단양(신라)적성비 丹陽(新羅)赤城碑 ⑦98 107 115 117 236 269 ⑧9 130 212 ⑨16 445
단양이 段楊爾 ⑦340
단연동맹 斷煙同盟 ㊸142 144
단연회 斷煙會 ㊸138 150
단오 端午 ⑱106 202 ㉑537 ㉚507 ㉛576
단오권 端午圈 ①68
단오자 短襖子 ㉕319
단옹식 單甕式 ⑧342
단완식 單碗式 ⑧343
단원법 檀園法 ㉟464 471
단월 旦越 ⑨444
단월역 丹月驛 ㉙30
단의 短衣 ⑨240
단의장옹주 端儀長翁主 ⑪192 193 196 208
단장 單葬 ⑧336
단저고리 短赤古里 ㉕319 324
단적 團賊 ㊱168
단정운동 單政運動 ㊾221
단조기법 鍛造技法 ⑧254 261 428
단조선 單造船 ㉔347 348 351
단조철기 鍛造鐵器 ③449 454 ⑥25
단조철부 鍛造鐵斧 ③465～467
단종 端宗 ㉘189 190
단주 丹朱 ⑥247
단주(장단) 湍州(長湍) ⑫175 179 ⑭146 157 159 166
단지동맹 斷指同盟 ㊸170
단천 端川 ㉘116 117 ㉜313 332
단천자립단 端川自立團 ㊼7 154 155 174 175 177 178
단천(공)은점 端川(貢)銀店 ㉚567 ㉝188
단천금광 端川金鑛 ㊳341 ㊹38
단천농민동맹 端川農民同盟 ㊿137
단천삼림조합 端川森林組合 ㊿208
단천연은법 端川鍊銀法 ㉝186
단천은광 端川銀鑛 ㉚545 573 579
단철기술 鍛鐵技術 ⑨190
단청 丹靑 ⑨264 ㉗486 487
단층기단 單層基壇 ⑧275
단판 單瓣 ⑧267
단학 丹學 ㉖8 ㉛406
단학계맥 丹學系脈 ⑯293
단합회 團合會 ㊿448
단호사철불좌상 丹湖寺鐵佛坐像 ⑰276
단호식(구형신) 單壺式(球形身) ⑧343

닫집 ㉟530
달고 達姑 ⑩80 ⑫37 38
달관 達官 ㉞55
달기 達己 ⑧374
달단(몽골) 韃靼 ⑱179
달단마 韃靼馬 ㉔590
달달박박 怛怛朴朴 ⑨406 409 ⑪183 216
달량왜변 達梁倭變 ㉘134
달량포 達梁浦 ㉘134
달레 Charles Dallet ㉜512 519
「달마도」「達摩圖」㉛475
달벌성 達伐城 ⑦55 194 232
달성 達城 ⑦55 213 ⑧320
달성교회 達成敎會 ㊶216
달성유적 達城遺蹟 ③436
달성친목회 達城親睦會 ㊼148～150
달성회당 達成會堂 ㊶220
달솔 達率 ⑥50 85 88 90 101 167 169 173 190
달집놀이 ㊿394
달천철광 達川鐵鑛 ㉚572
담군 擔軍 ㉝254
담금질 水燒入 ③454 562
담돌 ②130
담로(제) 檐(擔)魯(制) ⑥68 76 84～86 137 174 179～182 206 229
「담무갈보살예배도」「曇無竭菩薩禮拜圖」㉑425
담박 淡泊 ㉗305
담배제조업 담배製造業 ㊻314
담북장 담북醬 ㉛629
담선법회 談禪法會 ⑯140 172 173 ㉑29 43 44
담수직파법 淡水 直播法 ㉗184
담시 曇始 ⑧49～51
담양군읍내리석당간 潭陽郡邑內里石幢竿 ㉑409
담양향전 潭陽鄕戰 ㊱219
담연 湛然 ⑯77 79 81
담욱 曇旭 ⑧60
담육 曇育 ⑦128 129
담제 禫祭 ⑫145
담종인 譚宗仁 ㉙98
담징 曇徵 ⑦150 ⑧55 ⑰245
담천 曇遷 ⑧53
담태 譚泰 ㉙279
답교 踏橋 ㉛251 573
답문기 畓文記 ㊴413
답벌춘초 荅炑春初 ⑥231
답분법 踏糞法 ⑭329 ⑲339
답사취어법 踏沙取魚法 ㉝227
답사행가무 踏沙行歌舞 ㉑460 474 476 498
답추 踏鎚 ⑩163 226
답타사지 荅他斯智 ⑥231
답험 踏驗 ㉔83 ㉜292 293
답험손실 踏驗損實 ㉒90 99 ㉓42 ㉔82 83 445 447～449 ㉘35 ㉘39
답호 褡穫 ㊹457 465
당간 幢竿 ⑨579 ⑰258 270 271 ㉑408
당경성 唐景星 ㊳134
당고 唐古 ⑳192 200 219
당군 唐軍 ⑩2 3 14 21 22 25 26 29 33
당김돌 ②130 131 133
당김줄 ②132 136
당대등 堂大等 ⑫137 149 ⑬163 164 222 ⑭187
당대척 唐大尺 ㉔606 609 613 621
당도리선 唐道里船 ㉝229
당독역 唐毒疫 ㉚328
당래불 當來佛 ㊱86 88
『당례』『唐禮』⑩162 188
당률 唐律 ⑮81 94 177～185 188～190 192 196 198 ⑯252 254 259 260 ㉒217
『당률소의』『唐律疏議』⑮81 180 183 194
당목면 唐木綿 ㉘120
당백전 當百錢 ㉜379 ㊲163
당빌 D'Anville ㉜519
당산 堂山 ②423 521 546

당산굿 堂山굿 ㉟177 575 599
당산목 堂山木 ①131
당산유적 堂山遺蹟 ②522 555
당산패총 堂山貝塚 ②366
당상(관) 堂上(官) ①266 300 ㉓4 21 48 120 284 324 325 335 ㉕80 119 120 137 138 ㉜215
당상군관 堂上軍官 ㉚275 ㉜72
당상차비관 堂上差備官 ㉜444
당상첩 堂上帖 ㉚572
『당서』『唐書』⑮266
당 성 唐誠 ㉒215
당성(남양) 唐城(南陽) ⑪111 ⑫21 22 ⑳ 278
당성진 唐城鎭 ⑨147 ⑪77 82 ⑫20
당소위 唐紹威 ㊳190 ㊷36
당소화통 唐小火焇 ㉗248
당속악 唐俗樂 ①498
당송 8가문 唐宋八家文 ㉓292
당수차 唐水車 ㉗103
『당시화보』『唐詩畫譜』㉟442 443
당악 唐樂 ①495 497 499~502 504 ⑨ 601 606 607 613 618 619 ⑫224 ㉑453 455 460 462 474~496 ㉗9 333 387~390 394 399 409 425 426 429 430 435 438 ㉟582
당악곡 唐樂曲 ㉗425~428 430
당악기 唐樂器 ①498 500 ㉑475 479 ㉗388 409 410 425 426 429 430
당악정재 唐樂呈才 ①499 ㉑259 261 263 454 460 475~477 500 ㉛549 582 ㉟554~556 582 592
당악조 唐樂調 ①498
당약 唐藥 ㉕377 ㉗114 115
당오전 當五錢 ㊳181~184 342 ㊴97 98 138 152 274 ㊹29
당옥설 堂獄說 ㉟90
당우 唐虞 ⑫153
당은포 唐恩浦 ⑨294 295
당의 唐衣 ㉕308
『당의통략』『黨議通略』㉟80 81
당일전 當一錢 ㊴274
당재건운동 黨再建運動 ㊿193 196
당쟁론 黨爭論 ㉜79
당전 唐錢 ㉔172
당정추 唐廷樞 ㊹35
당제 堂祭 ㉞178 179 284 ㊱4 65
『당조명화록』『唐朝名畫錄』⑨318
당종 撞鐘 ⑨523
당주 幢主 ⑤161 181 182 ⑦7 181 199 271
『당지』『黨志』52442
당천(고)의 唐串衣 ㉕304
당초문 唐草文 ㉗489 493 503 520 581 ~583 590
당취오 唐聚五 ㊿316
「당태종여백제의자왕서」「唐太宗與百濟義慈王書」⑥108
당토성 唐土城 ⑥144
「당평백제국비명」「唐平百濟國碑銘」⑥186
당포 唐浦 ㉒195 ㉙62 194 195
당하관 堂下(官) ㉓4 10 21 59 120 324 325 335 ㉕68 79 119 ㉚235
당한삼 唐汗衫 ㉕304
당항성 唐(黨)項城 ⑥105 108~110 129 ⑦108 126
당항포 唐項浦 ㉙62 195 199
당현금광 堂峴金鑛 ㊶129 148 162 337 ㊹111 409
『당회요』『唐會要』⑨298 308
닻배그물(정망) 碇網 ㉝222
대 帶 ㊹460
대가 大加 ①266 ④149 195 204 211 ⑤3 31 33~35 58 149~151 163 164 169 170 178 ⑥204 ㉓48
대가 大家 ⑤180 193 211 ㉞34
대가야(국) 大加耶(國) ⑦9 110 113 290 297 312 336 399 403

대가야연맹 大加耶聯盟 ⑥84
대각간 大角干 ⑦163
대각국사 의천 大覺國師 義天 ①246 443 256 ⑫212 215 218 219 227 235 237 238 240 241 243 ⑭465 ⑮294 ⑯14 43 46~51 54 58 61 63~65 67~71 61 73~83 99 108 110 115 121~130 133 134 136 267 268 ⑰211 227 235 237 290 ⑱12 ㉑13 27 28 42 87 291 ㉜233
『대각국사문집』『大覺國師文集』⑯77 78 121 122 ⑰7 195 235
대각국사비 大覺國師碑 ⑯47 126 128
대각사 大覺寺 ⑨509
대각선사 회련 大覺禪師懷璉 7⑯2 124
대간 臺諫 ①220 266 ⑬36 37 82 86 87 92 145 148 ⑱32 33 66 88 200 209 238 239 240 247 ㉒50 51 56 ㉓4 23 29 63 284 ㉚132
대간의대 大簡儀臺 ①288 ㉗3 53 60 61 66
대간직 臺諫職 ㉚5
대감 大監 ⑦174 234 ⑪51 ⑫173
대감국사 탄연 大鑑國師坦然 ⑯60 ⑰290
대개석묘 大蓋石墓 ④61 62 120
대건황 大虔晃 ⑩9 65 179
대경 大京 ⑪45 54
대경대사 大鏡大師 ⑨299
대경산수인물화 大景山水人物畵 ㉛455 456 458
대경여엄 大鏡麗嚴 ⑯17 28 101
대경장개혁 大更張改革 ㊳10 34~36 69 71 380
대경한 大慶翰 ⑩91
대고 大考 ㊳192 ㊴120
대고 大罟 ㉝223
대고 大誥 ㉜96
대고 大鼓 ⑨613 614
대곡 大曲 ㉑477
대곡리유적 大谷里遺蹟 ③91 153 176 177 345 374 411
대곡성 大谷城 ⑩104
대곡성두상 大谷城頭上 ⑨145 146
대곡진 大谷鎭 ⑪19
대곡파본원사 大谷派本願寺 ㊻124
대공 大恭 ⑪16
대공복 大功服 ㉚116 153 ㉜33
대공설 大功說 ㉚115 117
대공수미 代貢收米 ㉘366 ㉚482 483
대공의 난 大恭의 亂 ⑨107
대관 代官 ㉜440 445 ㉝476
대관 臺官 ⑬82 145 146 150 ⑭60 ⑱209
대관대감 大官大監 ⑦172 175 267
「대관재기몽」「大觀齋記夢」㉛427 428
대관전 大觀殿 ⑮359 ⑰249 ⑱202
대관정 大觀亭 ㊷277
대광현 大光顯 ⑩76 82 229 ⑫71 156 ⑭32 274 ⑮260 270
대교 待敎 ㉖146
대교과 大敎科 ㉟129
대교구제 大敎區制 ㊻204 205
대교황청원운동 對敎皇請願運動 ㊻136
대구 帶鉤 ①106 ③39 281
대구 大邱 ⑫211 ⑱182 ㉝464 382
대구 大矩 ⑨461
대구(화어) 吴魚 ㉝218 223 239
대구고등보통학교 大邱高等普通學校 ㊼354
대구교구 大邱敎區 ㊿262
대구노동자협의회준비회 大邱勞動者協議會準備會 ㊿194
대구단연상채회사무소 大邱斷煙償債會事務所 ㊸150
대구민의소 大邱民議所 ㊸138
「대구부조암면양안」「大邱府租巖面量案」㉝90 112
「대구부호적」「大邱府戶籍」㉝112
대구사범학교 大邱師範學校 ㊿254
대구 서씨 大邱徐氏 ㉜215
대구소 大口所 ⑲356 361 ㉑443
대구속신 代口贖身 ㉛153 ㉞148 ㊴223

대구은행 大邱銀行 ㊽89 92
대구항쟁 大邱抗爭 (52)254
대국신 大國神 ㉖226
대국신당 大國神堂 ①444
대국통 大國統 ⑨372
대군 大君 ㉜435
대군주 大君主 ㊳137 142 ㊷26
대궁 大宮 ⑦118 178 227 235
대금 大笒 ①499 ⑨601 603 606~608 613 ㉑473
대금무 碓琴舞 ⑧385 ⑨620
대금산조 大笒散調 ①504
대금업 貸金業 ㊽97 98
대나마 大奈麻 ①498 ⑥227 ⑦167
대납 代納 ㉔240 243 251 252 322 460 ㉘62 125 ㉜105
대납청부상인 代納請負商人 ㉚528
대내상 大內相 ⑩142 144 153
대내씨 大內氏 ㉒265 274 276
대내의홍 大內義弘 ⑳414 ㉒370 374
대내전 大內殿 ㉒399
대농법 大農法 ㉗189 191
대농시 大農寺 ⑩145 154 165
대당 大幢 ⑦7 94 100 202 203 ⑨182
『대당개원례』『大唐開元禮』⑩162 188 ㉛191
대당결성 大黨結成 ㊽174 175 191
대당매물사 大唐賣物使 ⑨202 330 ⑪83
『대당서성구법고승전』『大唐西城求法高僧傳』⑨323 ㉑294
『대당서역기』『大唐西域記』①132 ㉑203
대당전쟁 對唐戰爭 ⑨58 59 72
대당주 大幢主 ⑤181
대당평백제비명 大唐平百濟碑銘 ⑨484
대대 大帶 ㉕299 301 309 ㊹460 468
대대로 大對盧 ⑤8 99 100~102 110 128 148 161 166 167
대덕 大德 ⑫73 ⑭69
대덕 對德 ⑥167 ⑧380
대도서 大道署 ⑦177
대도소 大都所 ㊴323 385 431 435 442 454 466
대도회 大都會 ㉝303
대독관 對讀官 ㉓334
대독립당 大獨立黨 ㊽174 177 185
대독립당조직광동촉성회 大獨立黨組織廣東促成會 ㊽184
대독립당조직북경촉성회 大獨立黨組織北京促成會 ㊽177 300
대동 大同 ㉜47 93 ㊻105 109
대동강 大同江 ①14 48 ⑩3 21 33 34 64 65 103 146 227 235
대동강호 大同江號 ㊹95
대동계 大同契 ㉞239 286
대동고 大同庫 ㊱223
『대동공보』『大同公報』㊸163 164 279 ㊻72 73 76 91 ㊼242
『대동공보』『大東共報』㊻71 75 ㊼197 199 202
대동공보사 大東公報社 ㊸170
대동공업전문학교 大同工業專門學校 (51)282 287
대동공진단 大同共進團 ㊼252 253
대동광문회 大東廣文會 ㊸138
대동광업 大同鑛業 (51)293
대동교 大同敎 ㊸325 ㊻104 108 109 ㊼233 305 (51)228 230
대동교운동 大同敎運動 ㊻109
대동교육회 大同敎育會 ㊼242
대동권번 大同券番 (51)365
『대동금석첩』『大東金石帖』①307
대동급문고 大東急文庫 ⑯132 133
「대동단결선언」「大同團結宣言」㊼230~232 263 305 ㊽106 107
대동동지회 大東同志會 ㊽52 53
대동리 大同里 ②422
대동목 大同木 ㉚495 ㊱334
대동문교회 大同門敎會 ㊻165

대동미 大同米 ①311 ㉚381 382 552 ㉜150 364 ㉝277 ㊱286 326 ㊲147
대동법 大同法 ①276 293 297 302 310 ㉓42 ㉔9 129 130 322 339 465 466 ㉘4 12 89 367 ㉚7 326 381 384 394 418 448 479 481~493 497 502 505 512 513 516 517 528 532 534 536 552 606 ㉛ 179 ㉜7 30 285 ㉝122 131 276 319 322 326 330 375 398 417 ㉞75 112 199 206 213 ㊱25 26 28 32 43 129 142
대동별수전 大同別需錢 ㊱235
대동보 大同譜 ㉞51 168 170
『대동보』『大同報』㊸281
대동보국단 大同輔國團 ㊼227 233
대동보국회 大同保國會 ㊸160 162 ㊻72 73 ㊼11 242 243 247 256 258
대동사 大同社 ㊾13 324 357
『대동사』『大東史』 51226
대동사목 大同事目 ㉚384
대동사문회 大東斯文會 ㊽52 51163 232
대동사상 大同思想 ㊻105 ㊼304 305
대동상점 大同商店 ㊼7 156 176
대동상회 大同商會 ㊴185 191
대동색 大同色 ㉞193
『대동서법』『大東書法』㉛500 501
『대동선교고』『大東禪敎考』㉟136 145
대동선혜법 大同宣惠法 ㉜23
대동세 大同稅 ㉜285 286 ㊱299
『대동수경』『大東水經』㉟310
대동수미 大同收米 ㉔129
『대동시선』『大東詩選』⑨470
『대동신보』『大東新報』㊻76 ㊼199 202 51 64
대동아공영(권) 大東亞共榮(圈) ㊿43 232 260 52 16
『대동야승』『大東野乘』㉟322
대동여지도 大東輿地圖 ①324 ㉒154 ㉔ 566 ㉟7 301
『대동역사』『大東歷史』㊶319 ㊺271 272
『대동역사략』『大東歷史略』㊸186
『대동운부군옥』『大東韻府群玉』⑧169 ㉟192 330 335
『대동일보』『大同日報』㊻61 70
『대동장고』『大東掌攷』⑩232 234
대동전수학교 大東專修學校 ㊺82
『대동정로』『大東正路』㊻99
대동제역 大同除役 ㉘367
대동지심 大同之心 ㊳216
『대동지지』『大東地志』⑥179 ⑨295 ㉟304
대동창의단 大同倡義團 ㊸443 451 454
대동청 大同廳 ㉚485 512
대동청년단 大同靑年團 ㊺77 ㊾359 52 131 412 415
대동체육구락부 大同體育俱樂部 ㊺145 371
대동포 大同布 ㉚495
「대동풍요서」「大東風謠序」㉟428
대동학회 大同學會 ㊻104
대동학회 大東學會 ㊸323 325 ㊺4 77 82 126 184 ㊻78 101 51228 232
『대동학회월보』『大東學會月報』㊳67
대동협신회 大東協新會 ㊼187
대동회 大同會 ㊻195 51179
대동회사 大同會社 ㊹180
대두 大豆 ⑦223 242
대두(산)성 大豆(山)城 ⑥24 59 60
대둔사 大芚寺 ㉟133 145
『대둔사지』『大芚寺志』㉟135
대등(회의) 大等(會議) ⑥76 ⑦6 103 118 119 187 189~192
대등회의체 大等會議體 ⑥178
대량(합천) 大良(陜川) ⑫30 55 57
대량군(성) 大良郡(城) ⑫58 62 63 64
대량원군 大良院君 ⑫209 210
대려 大荔 ②259
대려유적 大荔遺蹟 ②261
대렴 大廉 ⑪16
대령 大令 ⑩144 145 153 154
대령후(경) 大寧侯(暻) ⑫272~279

대례복 大禮服 ㊹457 ㉛396
대로 對盧 ⑤31 133 147 148 150 151 153 157 161
대로야 大爐冶 ㉔237
대록 代錄 ㊷74 76 77
대륙낭인 大陸浪人 ㊵33 34
대륙보장정책 大陸保障政策 ㊲308
대륙봉쇄령 大陸封鎖令 ㊲32
대륙진출 大陸進出 ㊷297
대륙침략전쟁 大陸侵略戰爭 ㊿229
대륙침략정책 大陸侵略政策 ㊼30 66
대륙팽창주의 大陸膨脹主義 ㊼101
대륜윤곽 帶輪輪廓 ⑧257
대릉하 大凌河 ④64 77 78 89 ⑥144
대리 大里 ㉞214
대리공사 代理公使(Charge's d'Affaires) ㊷35
대리청정 代理聽政 ㉚169 170
대립 代立 ㉓7 220 244 ㉕221 224 225 ㉘4 63 94 105 106 365 ㉚380 381 ㉜104 ㉝146 274 ㉞130 136
대립가 代立價 ①293 ㉔489 490 ㉕222~225 ㉘63 108 ㉞136
대마(도) 對馬(島) ①40 ②274 ⑦408 ⑨287 296 312 505 ⑫51 ⑮371~374 375 ⑲ 406 ⑳391 392 394 411 413 ㉔201 303 ㉖201 202 ㊲22 23 204~208
대마도사 對馬島使 ⑭460
대마도정벌 對馬島征伐 ⑳407 412 ㉒275 377 ㉔344 ㊱101
대마도 종가 對馬島宗家 ㉖181
대마도주 對馬島主 ㉒386 ㉙13 ㉝471
대마도주사 對馬島主使 ㉒395
대마도지도 對馬島之圖 ㉖201 205
대마번(주) 對馬蕃(主) ㉝325 461 ㊲220 221 223 225 249
대만두 大饅頭 ㉕332
대만총독 臺灣總督 ㊼111
대만총독부 臺灣總督府 ㊼116
대말타기 竹馬戱 ㉑560
대맹선 大猛船 ㉔350 352 356
대명 大名 ㉙17
대명국(지)도 大明國(地)圖 ㉖194 197 199
대명궁 大明宮 ⑮357
대명률 大明律 ㉒197 205 215~218 ㉓50 ㉘197 ㉚102 106 593 ㊹375 426
『대명률직해』『大明律直解』㉒130 215 216 ㉗370
대명무역 對明貿易 ㉘5
대명의리론 對明義理論 ㉛292 293
대명일통지 大明一統志 ㉖167 170 171 199 ㉘310
대명지도 大明地圖 ㉖187
대명천하도 大明天下圖 ㉖177
대명충 大明忠 ⑩61~63 140 190
대명통보 大明通寶 ㉚584
『대명회전』『大明會典』㉒304 329
대모 玳瑁 ⑪56
대모달 大模(毛)達 ⑤161 181 ⑪141 142
대목왕후(황보씨) 大穆王后(皇甫氏) ⑫85 86 103 111 163 ⑯31
대묘 大廟 ⑦18 ⑱202 203
『대무량수경』『大無量壽經』⑯267
대무신왕 大武神王 ④113 ⑤39 59
대무예 大武藝 ⑩1 3 4 30~35 49 61 65 70 71 100~103 116~118 120 121 125 126 128 137 139 155 190
대문구문화 大汶口文化 ⑥249
대문예 大門藝 ⑩3 29 32 33 102 115 117 118 121 139 141
대문채 大門채 ㉛635
대미수교 對美修交 ㊲280~282
대미중립화외교 對美中立化外交 ㊸26
『대반야경』『大般若經』⑯106
『대반야바라밀다경』『大般若波羅蜜多經』⑯119 ㉗216 217
대발해국 大渤海國 ⑩9 83 94 95
대방 大房 ㉔159 161
대방 帶方 ⑤48~50

대방(군) 帶方(郡) ③448 ④112 ⑤5 66 71 ⑥15 20 22 28 30 35 36 40 116 117 138 142 143 145~150 ⑦3 8 65 67 330 408
대방고지 帶方故地 ⑤49 ⑥40
대방공 보 帶方公 俌 ⑫252 253
「대방광불화엄경변상도」「大方廣佛華嚴經變相圖」 ⑨478 483
『대방광불화엄경보현행원품』『大方廣佛華嚴經普賢行願品』 ㉗223
대방군공 帶方郡公 ⑥128 132 141 142
대방령 帶方令 ④110
대방번국 帶方藩國 ⑥132
대방소임 大房所任 ㉚531
대백자총통 大百字銃筒 ㉗260
대변군관 待變軍官 ㉚251
대변선 待變船 ㉜177 ㉝276
대변침장염 待變沈醬鹽 ㉜178
대변통 大變通 ㉜130 334 336
대보 大輔 ⑤154 ⑦38 41 ⑨110
대보단 大報壇 ㉛293 ㉟42 44
대보름(날) 上元 ㉑529
『대보율령』『大寶律令』 ⑮247
대보적경사경화 大寶積經寫經畵 ⑰288
대복모 大福謨 ⑫71
대복시 大僕寺 ㉔551
대본영 大本營 ㊵5 40 46 52 119 213
대봉 代捧 ㉚499 516 ㉞266
대봉동유적 大鳳洞遺蹟 ③117 391 429
대봉예 大封裔 ⑩69 111
대봉은사 大奉恩寺 ⑫101 ⑰243
대부 大夫 ④93 94 ㉓4 21 222
대부경신호위대장군 大府卿神虎衛大將軍 ⑱19
대부도 大府島 ⑱185 ⑳256
대부시 大府寺 ⑬101 ⑮299
대부흥운동 大復興運動 ㊻170 172 174
대북(파) 大北(派) ㉚123 280 ㉜26
대불사 大佛事 ㉖269
『대불정수능엄경』『大佛頂首楞嚴經』 ㉗216 225
대비달자 大鼻㺚子 ㉜523
대비원 大悲院 ⑫261
대빙재(상서) 待聘齋(尙書) ⑫249 ⑰64
대사 大使 ④202 204 205 211 212 ⑪91
대사 大舍 ⑦163 164 174 176 177 179 ⑧376
대사 大祀 ⑥179 ㉖211 213
대사 帶沙 ⑥79 84 172 ⑦109 282 302
대사간 大司諫 ㉜239
대사강 帶沙江 ⑦341
대사례 大射禮 ㉓282 284 ㉖48 234 ㉛598 600
대사성 大司成 ㉓287
대사자 大使者 ④202 204 211 ⑤6 157
대사진 帶沙津 ⑦340
대사헌 大司憲 ㉜238
대삼 大衫 ㉕304 305
대삼은산 大森銀山 ㉘122
대상묘 臺狀墓 ⑧364
대서성 大書省 ⑨414
대선 大船 ㉔324 341~343 345 350 351 353~355
대선 大選 ㉖256
대선(다이산) 代善 ㉙237 274 ㉜395
대선사 大禪師 ㉖257
「대선왕제종교장조인소」「代宣王諸宗敎藏彫印疏」 108 122
대선제 貸船制 ①276
대성 臺省 ⑫243 273 ⑬82 ⑱209 225 226
대성경 大誠慶 ⑩191
대성동고분군 大成洞古墳群 ⑦331 359 373 378
대성산성 大城山城 ⑤185 186 ⑧289 299 300
대성산성 大聖山城 ⑧264
대성신 大誠愼 ⑩191
대성아악 大晟雅樂 ①500 ㉑453~455

459 472 474 481 482 487 493 ㉗395
『대성악보』『大成(晟)樂譜』㉗434 439 405
대성원 大聖院 ㊶230
대성자고분 大城子古墳 ⑩211
대성자고성 大城子古城 ⑩181 200 203 206
대성전 大成殿 ㉓282 301 ㉛529 ㉗474 476
대성지성문선왕 大成至聖文宣王 ㉓283
대성 8족 大姓八族 ⑥91～93 98～107 111 178 229～231
대성학교 大成學校 ㊸212 287 316 348 ㊺51 74～76 89 90 105 115 120 137 252 ㊼145 146 164
대세 大世 ⑨16 298 306
대세초 大歲抄 ㉜110
대소 帶素 ①151
대소민제회 大小民齊會 ①328
대소반공블록 對蘇反共Block ㊷397
대소순 大昭順 ⑩191
대소향회 大小鄕會 ㉛119
대솔 大率 ⑥169
대수 代輸 ㉜296
대수 大綬 ㊹460
대수대차사 大修大差使 ㊲205 221 223 225
대수맥 大水貊 ⑤18
대수장 大守莊 ⑱160
대숭린 大嵩璘 ⑩61 62 140 151 245
대숭복사 大崇福寺 ⑪178
대승 大丞 ⑫29 84 ⑬125
대승교학 大乘教學 ⑧52
『대승기신론』『大乘起信論』⑯64 69 ㉖268
『대승기신론소』『大乘起信論疏』⑨374 377 617
『대승대집지장십륜경』『大乘大集地藏十輪經』⑨411
대승보살계 大乘菩薩戒 ⑨375
대승불교 大乘佛教 ①442 ⑫219
대승사목각탱 大乘寺木刻幀 ㉟509
대시 大市 ㉔124
대식국 大食國 ①237 254 ⑫224 ⑭17 454 462 463 ⑮297 376
대신관방 大臣官房 ㊷248
대신사 大神師 ㊶179
대신회의 大臣會議 ⑦189 190
대실씨 大室氏 ⑤210
대심리 大審理 ⑩151 ⑫71
대심원 大審院 ㊷256
대쌍령 大雙嶺 ㉙284
대씨 大氏 ⑩43 45 50 63 85～87 155 161 ⑱76
대씨발해 大氏渤海 ⑩87 115
대아간지 大阿干支 ⑦167
대아찬 大阿飡 ⑥227 ⑦169 171 250 251 ⑩100 101
대악 大惡 ⑮177 187
대악 碓樂 ⑧9 375
대악감 大樂監 ⑧376
대악서 大樂署 ①499 ㉑454～457 470 486 487 492
『대악전보』『大樂前譜』㉗426 436
『대악후보』『大樂後譜』㉑464～466 470 ㉗410 415～418 422 430 431 435 437 438 ㉛544 545 549 550 552 558 567 ㉟555 582 586
대안 大安 ⑧86 ⑨374 399
대안동국채보상부인회 大安洞國債報償婦人會 ㊸149 150 152 ㊹385
대안사 大安寺 ⑧55 ⑨543 ⑭257 439
대안상회 大安商會 ㊴178
대야리유적 大也里遺蹟 ③127 154 346 386
대야발 大野勃 ⑩8 63 138
대야성 大耶城 ⑪101 ⑫34 35 62
대야성 大野城 ⑥231 ⑦108 133 ⑨20 25

대약국 大藥局 ⑭446
『대양보』『大洋報』㊻76 ㊼200~202
대양성 大楊城 ⑨62
대언(승지) 代言(承旨) ㉓253
대언의 大言義 ⑩62 140 179 180 190
대업 大業 ⑧378
대역 代役 ㉔291 533 ㉝121
대역가 代役價 ①273 ㉜106
대역납포 代役納布 ㉜104 ㉜105
대연림 大延琳 ⑩9 45 89~93 95 ⑮335
대연정 大延定 ⑩90 91 93
대엽 大葉 ㉛555 556 561
대오 大奧 ㉙174
대완구 大碗口 ㉗257 ㊲200
대왕 大王 ⑤60 ⑦116
대왕성자손 大王姓子孫 ㉞147
대외관계협의회 對外關係協議會 Council on Foreign Relations ㊾17
대외무역 對外貿易 ㉔3 4 206 207 ㉞113 ㊱122
「대외무역규칙」「對外貿易規則」㊾291 292
대외통상정책 對外通商政策 ㊳319
대요 大遼 ⑮229 237
대요수국 大遼收國 ⑳184
대우모 大禹謨 ⑩191
대우의통(오토모 요시무네) 大友義通 ㉙85
대우포 大于浦 ⑬347 ⑳214
대운사 大雲寺 ⑭254 439
대웅(영산)보전 大雄(靈山)寶殿 ㉖271
대웅전 大雄殿 ㉗482
대원각사 大圓覺寺 ㉖253 268 ㉛389
대원군 大院君 ①310 339 340 344 364 374 ㉜372 471 ㊲7 73 79 106 108 110 113 118 144 145 149~162 164 165 16 7~170 172 173 179 181~184 189 194 202 203 209~213 220 229 232 233 241 280 283 286 ㊳297 305 345 ㊴13 15 16 20 22 24 55 61 87 94 108 109 146 278 281 339 360 371 372 375 414 423 424 427 450~453 ㊵8 30 76 116 124 130 133 134 139 158 160 163 165 166 171 209 211 213 214 226 260 ㊶32 33 36 39 42 43 99 176 ㊷36 ㊸359
대원군정권 大院君政權 ㊳278 290~292 297 316
대원균 大元鈞 ⑫71
대원령 大院嶺 ⑳232
대원유 大元瑜 ⑩62 140
대원의 大元義 ⑩8 38 61 156 190
대원통제 大元通制 ⑳294
대위해 大瑋瑎 ⑩69 111
대윤 大尹 ㉚14
대읍 大邑 ㉘156 ㉞220
대의당 大義黨 ㊽352
대의소 大義所 ㊴385
대의신 大義信 ⑩191
대의정부 代議政府 ㊷49
대이진 大彝震 ⑩8 65~68 140 191
대인 大人 ④217 218 231 ⑤40
대인선 大諲譔 ⑩9 69 72 73 75 111 112 128
대인수 大仁秀 ⑩4 8 14 35 36 44 61 ~65 68 69 77 109 137 138 140 146 179 190 191 205
대일무역 對日貿易 ⑭454 462 ㉔288 289
대일벌간 大一伐干 ⑦187
「대일본·대조선국 동맹비밀조약」「大日本·大朝鮮國同盟秘密條約」㊵221
대일본국공관 大日本國公館 ㉜471
『대일본속장경』『大日本續藏經』⑯126 131 135
대일본전시종교보국회 大日本戰時宗教報國會 ㊿155
대일본제국헌법 大日本帝國憲法 ㊵20
대일수출 對日輸出 ㊲327
대일외교 對日外交 ㊲225
대일전선통일동맹 對日戰線統一同盟 ㊿

279 281 344
대일차관 對日借款 ㊶68
대일통교 對日通交 ㉒372 380 384~386 392 408
대자암 大慈庵 ㉖270 282
대자은현화사비 大慈恩玄化寺碑 ⑰290
대작갑사 大鵲岬寺 ⑪223
대장 大場 ㉝363 366 377
「대장각판군신기고문」「大藏刻板君臣祈告文」⑯104 105
대장경 大藏經 ⑫6 145 173 175 211 219 ⑮276 340 345 ⑯25 28 103 104 ⑱234 ㉑206 338 ㉒130 403 404 419 421 433 ㉖268 ㉗216 218
「대장경이안기」「大藏經移安記」㉑338
대장경판 大藏經板 ㉖266
대장경판당 大藏經板堂 ㉑112 115 117 119
대장군 大將軍 ⑩151 154 ⑫38 223 231 233 237 255 256 ⑱3 18 19 20 21 23 25 27 32 42 45 50 52 59 69 70 71 95 100 101 113 116 117 135 141 147 149 150 156 172 173 175 214 ⑳409
대장낙성회 大藏落成會 ㉑312
대장대감 大匠大監 ⑨182~184
대장도감 大藏都監 ㉑114~117
대장목록 大藏目錄 ⑯112 115
대장성 大藏省 ⑨311
대장인경 大藏印經 ㉖266
대장전 大藏殿 ⑯111 112
대장척당 大匠尺幢 ⑦205 ⑨182~184
대재부(다이자후) 大宰府 ⑨282 302 311 312 ⑪93 94 ⑭460~462 ⑮250 369~371 373 ⑯132 ⑲403 405
대저도 大楮島 ㉙263 266
대전 代錢 ㉞266
대전 代田 ㉔70
대전(리)유적 大田(里)遺蹟 ②129 134 ~136 197 215 235
대전납 代錢納 ㉜316 368 ㉝421 415
대전론 貸田論 ㉝79
대전리산성 大田里山城 ⑨64
대전방납 代錢防納 ㉝432~434
『대전속록』『大典續錄』㉒138 139 212 233 ㉓304 337 ㉔555 ㉛27 37 ㉜68 ㉝121 ㉟191
『대전통편』『大典通編』㉒240 ㉔553 563 ㉚408 414 ㉜69 83 93 95 227 ㉝159 163 ㉞71 ㉟191 192 558 ㊱214 324 ㊴223
『대전회통』『大典會通』㉒240 ㉓311 332 ㉛621 ㉝160 ㊵154 200 ㊹374 421 422 426
『대전후속록』『大典後續錄』㉒234 235 ㉔563 578 ㉕120 ㉗196 ㉘110 115 ㉛134 ㉜68
대접 大接 ㊴384
대정 大政 ⑱166
대정 代定 ㉜124 133 148
대정 隊正 ⑱32 41 71 100 103 110 130 140 143 148 200 214
대정실업친목회 大正實業親睦會 ㊿73
대정유신조서 大政維新詔書 ㊳421
대제 大堤 ⑧448
대제 待制 ⑱100
대조 大操 ㉚269
대조마도 大趙馬道 ㉘133
대조변 戴朝弁 ㉙76
「대조선·대일본양국맹약」「大朝鮮·大日本兩國盟約」㊵160 ㊸23
대조선공화국 大朝鮮共和國 ㊽10
「대조선국국서」「大朝鮮國國書」㊳140
대조선국민군단 大朝鮮國民軍團 Korean Military Corporation ㊼254~256
대조선국민군단사관학교 Korean Military Academy 大朝鮮國民軍團士官學校 ㊼254
대조선독립단 大朝鮮獨立團 ㊼314 ㊿368 369 376 377

대조선독립보합단 大朝鮮獨立普合團 ㊽326
『대조선독립협회회보』『大朝鮮獨立協會會報』 ㊵283 ㊶217 221 252 295 306 307 ㊺291
『대조선사』『大朝鮮史』 ㊿44
대조선애국부인회 大朝鮮愛國婦人會 ㊾264
대조선열국입약책 對朝鮮列國立約策 ㊳126
대조선은행 大朝鮮銀行 ㊹186 187
대조선인일본유학생친목회 大朝鮮人日本留學生親睦會 ㊼273
대조선저마제사회사 大朝鮮苧麻製絲會社 ㊹186 224 ㊻316
대조선제국 大朝鮮帝國 ㊵268 270 282
대조선청년결사대 大朝鮮青年決死隊 ㊽326
대조영 大祚榮 ①213 ⑩2 8 22~30 44 45 48 49 51 52 55 63 90 100~102 115 116 137~139 156 172 190 199 229 232 244 ⑫71
대졸 隊卒 ㉓112 213 217 219 ㉘102
대종 大宗 ㉕287 ㉛209 210
대종교 大倧教 ①363 ㊸317 323~325 ㊺260 ㊻4 106 107 210~216 ㊼8 151 166 167 178 183 231 ㊿275 335 ㉛119 136 191 192 194 196
『대종정의』『大宗正義』 ㊻198 201 ㊽201 ㉛180
대종학원 大倧學院 ㉛194
대좌평 大佐平 ⑥32 76 100 168
『대죠션독립협회회보』『大朝鮮獨立協會會報』 ㊻31 47 48
대주 大珠 ㉖300
대주둔고분 大朱屯古墳 ⑩211
대주산 大珠山 ⑨328
대주첩 代柱帖 ㉞188 244
대준명 大俊明 ⑩187
대중강연 大衆講演 ㊸187
대중계몽운동 大衆啓蒙運動 ㊸226 229 232 234
『대중공론』『大衆公論』 ㊾56
대중국무역독점권 對中國貿易獨占權 ㊲ 219 320
대중극 大衆劇 ㉛371 372
『대중신문』『大衆新聞』 ㊾393
대중정 大中正 ⑩144 153
대증광시 大增廣試 ㉓329 342 363
대지국사 법경 大智國師法鏡 ⑯52 ⑯89
대지국사지감원명탑비 大智國師智鑑圓明塔碑 ⑯89
대진 大眞 ⑳185
대진 大震 ㉑199 ㊼187
대집성 大集成 ⑱156 ⑳193~195 215
대차사 大差使 ㊲22
대차왜 大差倭 ㉜442
대창 大倉 ⑭128 129 131
대창태 大昌泰 ⑩63 151
대천교 代天教 ㊻210
대청관 大清觀 ①250 256 ⑯291~293
대청무역 對淸貿易 ①314 332 ㉔198 ㉝364 384 451 ㊱14 ㊹165
대청사대외교 對淸事大外交 ㊸13
대청산식 大青山式 ③36 53
대청원 大淸院 ㉓93
『대청일통지』『大淸一統志』 ㉜410
대청황제 大淸皇帝 ㉙273
대청황제공덕비 大淸皇帝功德碑 ㉙296
『대청회전』『大淸會典』 ㉜389
대초색 大醮色 ①250 ⑯292 293
대총 隊摠 ㉚293 541
「대쾌도」「大快圖」 ㉟608
대토지겸병 大土地兼幷 ⑲29 30 ⑳70~74 140 149 160
대통 大通 ⑧312 ⑪181 193 198 199 217 ⑭69 ㉓285 ㉜387
대통력 大統曆 ㉑201
대통령불신임안 大統領不信任案 ㊽151
대통령제 大統領制 ㊾418
대통사 大通寺 ⑥175 ⑧61 474
『대판매일신문』『大阪每日新聞』 ㊵107
대패예은 大牌禮銀 ㉔135

대평동(유적) 大坪洞(遺蹟) ③124 148 166 343 353 503
대평리 大坪里 ⑦409
대포 大包 ㊴384
대포구 大浦口 ㉝368 373 377
『대학』『大學』 ⑲164 170 ㉓17 285 341 ㉖72 73 ㉘317 323 ㉛273 288 289 ㉜64 ㉟29 32 36~39 187
『대학곤득』『大學困得』 ㉟186
대학교육령 大學敎育令 ㊺108
「대학령」「大學令」 ㊾28
대학박사 大學博士 ⑰18 34 35
대학사 大學士 ⑤56
『대학삼강팔목잠』『大學三綱八目箴』 ㉘319
『대학연의』『大學衍義』 ㉘307
『대학연의주석』『大學衍義註釋』 ㉒75 77
『대학유의』『大學類義』 ㉟189
『대학장구』『大學章句』 ㉟38 198 202
『대학장구보유』『大學章句補遺』 ㉘325 ㉟185
대학창설준비위원회 大學創設準備委員會 ㊾29
대한 大韓 ㊷30
『대한강역고』『大韓疆域考』 ㉟305
대한경부철도역부회사 大韓京釜鐵道役夫會社 ㊹188
대한경영 對韓經營 ㊸111 116
대한경제보국회 大韓經濟輔國會 ○52143
대한경제원조안 對韓經濟援助案 ○5263
『대한계년사』『大韓季年史』 ㊶327 ㊸321 ㊺271 272
대한공업회 大韓工業會 ㊹205
대한관동의병장 大韓關東義兵將 ㊸475
대한광복군 大韓光復軍 ㊸334 ㊽10 105 138 210 253
대한광복군사령부 大韓光復軍司令部 ㊽326 337
대한광복군영 大韓光復軍營 ㊽261
대한광복군정부 大韓光復軍政府 ㊼11 204 231 307 308 392 ㊽105 106 ㊾5
대한광복군총영 大韓光復軍總營 ㊽6 261
대한광복단 大韓光復團 ㊽200 206 227 240
대한광복회 大韓光復會 ①385 ㊼8 136 140 161~167 174 176~178 ㊽1 6 8 9 318
대한구락부 大韓俱樂部 ㊸308 312
「대한국국제」「大韓國國制」 ㊵282 286 299 301 ㊷41 46 47 48 50 51 56 ㊹418 422 ㊺38 327
대한국기 大韓國旗 ㊸126
대한국내철도용달회사 大韓國內鐵道用達會社 ㊷97 ㊹67
대한국내철도회사 大韓國內鐵道會社 ㊹188
「대한국문설」「大韓國文說」 ㊺229
대한국민(의)회 大韓國民(議)會 ㊽118 122 ~124 132 135 139 140 143 165 200 224 226 252
대한국민군 大韓國民軍 ㊽200 202 203 223 224 226~228 240 242 251 254
대한국민대표민주의원 大韓國民代表民主議員 ○52120
대한국민의회 大韓國民議會 ㊼215 386 394 395
대한국민체육회 大韓國民體育會 ㊺145 371
대한국민회 大韓國民會 ㊼9 173 403 ○51195 ○52131
대한국민회의 大韓國民會議 ㊾6
대한국악원 大韓國樂院 ○52375
『대한국어문법』『大韓國語文法』 ㊸318 ㊺7 232 255 259
대한국인 大韓國人 ㊹140
대한군무도독부 大韓軍務都督府 ㊽203
대한군정서 大韓軍政署 ㊻219 ㊽200~223 226 229 231~235 237 238 240 242 244 245 251 253 291
대한노동조합총연맹 大韓勞動組合總聯盟 ○52250 285
대한독립국정책 對韓獨立國政策 ㊳137
대한독립군 大韓獨立軍 ㊼155 ㊽6 136

204 200 203 204 218 223 224 226 227 242 251
대한독립군단 大韓獨立軍團 ㊽6 242 251 291
대한독립군비단 大韓獨立軍備團 ㊽209
대한독립군정부 大韓獨立軍政府 ㊽280
대한독립단 大韓獨立團 ①381 ㊽200 208 210 251 260 266 267 282 323
대한독립당 大韓獨立黨 ㊾8 119 137 139 409 ㊿386 387
대한독립동맹 大韓獨立同盟 ㊼363
대한독립만세 大韓獨立萬歲 ㊾130
「대한독립선언서」「大韓獨立宣言書」 ㊼306 314 360
『대한독립신문』『大韓獨立新聞』 ㊼375
대한독립의군부 大韓獨立義軍府 ㊸473 ㊼7 138 141 178
대한독립임시군정부 大韓獨立臨時軍政府 ㊽329
대한독립청년단 大韓獨立靑年團 ㊽132
대한독립촉성국민회 大韓獨立促成國民會 52120 143 412 413 415 417
대한독립촉성국민회청년대 大韓獨立促成國民會靑年隊 52144
대한독립촉성중앙협의회 大韓獨立促成中央協議會 52140
대한독립총단소 大韓獨立總團所 ㊼387
대한동인회 大韓同寅會 ㊺77 82 126
『대한매일신보』『大韓每日申報』 ㊸88 105 128 138 148 163 173 193 205 214 216 248 249 251 253 260 278 288 291 300 301 308 315 383 408 488 510 ㊺63 65 83 127 143 151 196 228 278 281 295 299～303 306 307 ㊻46 60～63 65～70 77～86 88 90～93 108 5162
대한매일신보사 大韓每日申報社 ㊸141 143 147 150 154 300 301
대한무역상사 大韓貿易商社 ㊹192
『대한문전』『大韓文典』 ㊺7 252 253 256
대한민국 大韓民國 ㊽119
「대한민국임시헌법」「大韓民國臨時憲法」 ㊽157
「대한민국건국강령」「大韓民國建國綱領」 ㊿442 443 52132
대한민국대표민주의원 大韓民國代表民主議院 52129
대한민국애국부인회 大韓民國愛國婦人會 ㊾263 264
「대한민국육군임시관제」「大韓民國陸軍臨時官制」 ㊽136 137
「대한민국임시관제」「大韓民國臨時官制」 ㊽136
「대한민국임시약헌」「大韓民國臨時約憲」 ㊿462
「대한민국임시약헌개정안」「大韓民國臨時約憲改正案」 ㊿441
대한민국임시정부 大韓民國臨時政府 ①383 386 395 ㊻224 ㊼10 16 218 236 237 263 410 ㊽3 10 52 124～127 140 268 269 279 282 ㊾8 21 267 439 ㊿6～10 255 267 269 271 276 281～283 285 287 288 290 295 298 300 301 304 305 320 366 373 375 387 390 391 394 397 400 403 435 436 438 439 440 441 446 448 455 461 464～466 468 5230 123
대한민국임시정부환국환영회 大韓民國臨時政府還國歡迎會 52124
「대한민국임시정부대일선전성명서」「大韓民國臨時政府對日宣戰聲明書」 ㊿456
「대한민국임시정부선언」「大韓民國臨時政府宣言」 ㊿442
『대한민국임시헌법』『大韓民國臨時憲法』 52132
「대한민국임시헌장」「大韓民國臨時憲章」 ㊿441 442 463
대한민단 大韓民團 ㊽139
『대한민보』『大韓民報』 ㊸279 315 ㊻29 61 62 67～70 5162

대한민족자결국민회 大韓民族自決國民會 ㊽327
대한민족통일촉성회 大韓民族統一促成會 ㊿368
대한보안회장 大韓輔安會章 ㊸127
대한부인구제회 大韓婦人救濟會 ㊾270
대한부인회 大韓婦人會 ㊹386
대한북로독군부 大韓北路督軍部 ㊽203 204 226
「대한사견개요」「對韓私見槪要」㊸109
대한상무부 大韓商務部 ㊹206
『대한상무신보』『大韓商務新報』㊻55 56
대한상무조합 大韓商務組合 ㊷272
대한상업사 大韓商業社 ㊹190
대한성교서회 大韓聖敎書會 ㊻169
대한속방정책 對韓屬邦政策 ㊳137
대한수교 對韓修交 ㊲303
대한수피합자회사 大韓獸皮合資會社 ㊹191
대한승려연합회 大韓僧侶聯合會 51204
「대한시설강령」 對韓施設綱領 ㊸43 109 110 297 307
대한시설강령 大韓施設綱領 ㊹145
「대한시설대강」「對韓施設大綱」㊸166 494
「대한시설세목」「對韓施設細目」㊸43 109 110
대한식민정책 對韓植民政策 ㊸110
대한식산장려회 大韓殖産奬勵會 ㊹205
『대한신문』『大韓新聞』㊸418 ㊻61 66 67 70 79 5162
대한신민단 大韓新民團 ㊽200 206 227 242
대한신민회 大韓新民會 ㊼243 244
대한십삼도유약소 大韓十三道儒約所 ㊸60 85 89
「대한애국가」「大韓愛國歌」①503
대한애국부인회 大韓愛國婦人會 ㊾13 263 264 ㊿267 286
대한여자애국단 大韓女子愛國團 ㊾270
대한여자흥학회 大韓女子興學會 ㊹382 385
대한역부회사 大韓役夫會社 ㊹194
『대한역사』『大韓歷史』112 270
대한연주가협회 大韓演奏家協會 52356 362
대한연초주식회사 大韓煙草株式會社 ㊹191
대한예수교회 大韓예수敎會 ㊻169
『대한유학생회보』『大韓留學生會報』㊺303
대한의군부 大韓義軍府 ㊽200 205 227 240～242 253 267
대한의군산포대 大韓義軍山砲隊 ㊽205
대한의군전위대 大韓義軍前衛隊 ㊽205
대한의민단 大韓義民團 ㊽206 227 228 240
대한의사회 大韓醫師會 ㊻295
대한의원 大韓醫院 ㉟547 ㊹395 ㊻284 295 306 307
대한인국민회 大韓人國民會 ①383 ㊹315 317 318 ㊻72～74 ㊼207 248 252～256 258～263 277 315 ㊽105 147 ㊿286 377 380 448
대한인단합회 大韓人團合會 ㊿286
대한인독립단 大韓人獨立團 ㊿286
대한인동지회 大韓人同志會 ㊿286 380
「대한인의 자치기관」「大韓人의 自治機關」㊼259
『대한인정교보』『大韓人政敎報』㊼206 207
대한인회 Korean Association 大韓人會 ㊿380
『대한일보』『大韓日報』㊺118
『대한일일신문』『大韓日日新聞』㊻61
대한자강회 大韓自强會 ①363 ㊷303 ㊸7 143 182 193～199 201～206 211 219 224 225 233 234 243 246 247 250 251 253 259 260 262 264 265 270 273 275 280 283 285 286 289 292～294 300 301 303 310～314 ㊹427 ㊺43 44 51 77 78 82 126
『대한자강회월보』『大韓自强會月報』㊸203 205 279 280 ㊺126
대한적십자병원 大韓赤十字病院 ㊻284

대한정신 大韓精神 ㊸258
대한정의군영 大韓正義軍營 ㊽261
대한정의군정사 大韓正義軍政司 ㊻221 ㊽200 211
대한정의단 大韓正義團 ㊿195
대한제국 大韓帝國 ㊵282 283 286 ㊷19 45 48 258 ㊹418 423 ㊼24 53 86 98 128 140 182 239 242 246 256 257 259 260 273 ㊽1 43 45 106 119 265 318
『대한제국관원이력서』『大韓帝國官員履歷書』 ㉞67 ㊹338
「대한제국애국가」「大韓帝國愛國歌」 ㊺329
대한제지회사 大韓製紙會社 ㊹191 212
대한종주권 對韓宗主權 ㊲204 310 ㊳339
『대한지리』『大韓地理』 ㊺112
대한직조공장 大韓織造工場 ㊵293 ㊹224
대한척식정책 對韓拓殖政策 ㊸112
대한천일은행 大韓天一銀行 ㊷102 ㊹15 187 325 ㊼86 ㊽93
대한철도회사 大韓鐵道會社 ㊶136 159 ㊹57
대한청년단연합회 大韓青年團聯合會 ㊽138 209 210
대한청년연합회 大韓青年聯合會 ㊾370
대한청년학우회 大韓青年學友會 ㊸334
대한체육구락부 大韓體育俱樂部 ㊸295 ㊺145 367 370
대한체육회 大韓體育會 ㊿345
대한총군부 大韓總軍府 ㊽241 251
대한침략정책 對韓侵略政策 ㊸109
『대한크리스도인회보』『大韓크리스도人會報』 ㊻46 49
대한토목건축회사 大韓土木建築會社 ㊹194
대한통군부 大韓統軍府 ㊽261
대한통의부 大韓統義府 ㊽269 337
대한특립제일은행(대한은행) 大韓特立第一銀行(大韓銀行) ㊹187
대한학회 大韓學會 ㊺52 77 82 126
대한협동우선회사 大韓協同郵船會社 ㊷100 ㊹85 91 104 187 193
대한협동회(사) 大韓協同會(社) ㊹92 ㊸298
대한협회 大韓協會 ㊸7 173 182 219~224 228 233 235 247 250 253 256 259 262 265 266 268 271~273 275 279 285~287 291 306 314 315 317 324 326 327 ㊹205 ㊻61 68 69 207 ㊼128
『대한협회월보』『大韓協會月報』 ㊺126 ㊻68
『대한협회회보』『大韓協會會報』 ㊸223 249
『대한황성신문』『大韓皇城新聞』 ㊻56~58
대한흥학회 大韓興學會 ㊸316 ㊺77 126 145 184 371 ㊼273 275
『대한흥학회보』『大韓興學會報』 ㊺126
대합주악 大合奏樂 ㉖269
대항리패총 大項里貝塚 ②392
대항해 大航海 great voyages ㊲27 70
대해맹(유적) 大海盟(遺蹟) ④159 219 ⑩210
대행수 大行首 ㉔139 140
대혁명당 大革命黨 ㊽175 178 179
대현동 大峴洞 ②49
대현동굴 大峴洞窟 ②233
대현동유적 大峴洞遺蹟 ②119
대현산성 大峴山城 ⑳204 220
대현서원 大賢書院 ㉛98
대현석 大玄錫 ⑩65 68 69 137 138 151 162
대형 大兄 ⑤56 157
대형긁개 大形搔器 ②157 228
대형첨상기 大形尖狀器 ②271
대혜(종고) 大慧(宗杲) ㉟129 152
『대혜어록』『大慧語錄』 ⑯173
대호 大戶 ㉘53
「대호국민」「大呼國民」 ㊼251
대호군 大護軍 ⑱170 ㉓58 222
대호지 大好紙 ㉚504
대화(신)궁 大花(新)宮 ⑯330 340

대화(화)세 大花(華)勢 ⑯327 330
대화개신 大和改新 ⑮248
대화개신(타이카노카이신) 大化改新 ⑦154 ⑥159
대화남자 大和男子 ㉛332
대화리층 大化里層 ②343 384
대화세(설) 大花勢(說) ⑫264 266 268
대화숙 大和塾 ㉛376
『대화엄법계도주』『大華嚴法界圖註』㉖289
대화여 大華輿 ⑩38 61 81 84 85 140 148 155 156 245
대화장 大化場 ㉚539 ㉝366
대화조정 大和朝廷 ⑦146
대회두 大會頭 ㊹307
대훈 大訓 ㉜61 69
대휘화상 大輝和尙 ㉟570
대흑산도패총 大黑山島貝塚 ②312 393
대흔 大昕 ⑪32 33 95
대흠무 大欽茂 ⑩4 5 8 34~39 49 51 61 62 64 65 69 70 77 100 103 105 107 115 126~129 131 137~140 148 156 178 179 185 188~190 193 201 245
대흥 大興 ⑩38 103 107 115 126~129 131 140 178
대흥(군) 大興(郡) ⑳202 219 223
대흥리 大興里 ②422
대흥보력효감금륜성법대왕 大興寶曆孝感金輪聖法大王 ⑩5 38 156 178 189
대흥산성 大興山城 ㉚285
대흥상회 大興商會 ㊴178
대흥선사 大興善寺 ⑧83
대흥왕사 大興王寺 ⑯133
대흥학교 大興學校 ㊸333 ㉛194
대흥회사 大興會社 ㊷98
『더 타임즈』The Times『泰晤士日報』㊻26
더그레 加文剌 ㉕295 314
더늠 ㉟566 569
더덕 沙蔘 ㉑579
더운 동물 더운動物 ②101 119
덕계관(등) 德系官(等) ⑥166 169 231
덕녕공주 德寧公主 ⑳296
덕대 德大 ㉜40 ㉝203 204 205 ㉟254 ㊹114 209 407 408
덕래 德來 ⑧410
덕리회사 德利會社 ㊹187
덕만공주 德曼公主 ⑧202
덕망지사 德望之士 ㉚224
덕물도 德勿島 ⑨33 37 42
덕방원 德方院 ⑭451 ⑲390
덕복 德福 ⑧424 ⑨425
「덕사내」「德思內」⑧167 375
덕산굴총사건 德山堀塚事件 ㉟118
덕산리 德山里 ⑧363
덕산전투 德山戰鬪 ㉙124
덕성여대 德成女大 ㊻309
덕성진 德成鎭 ⑫96
덕성창 德城倉 ㉓276 ㉔525 526 528 532
덕성학교 德城學校 ㊼160
덕소 德韶 ⑯37 83 84
덕솔 德率 ⑥90 183
덕수궁 德壽宮 ㉟530 545 ㊷22
덕술 德述 ⑫38
덕안 德安 ⑨36
덕안포 德安浦 ⑨299
덕어학교 德語學校 ㊵250
덕업일신 德業日新 ⑦92
덕온공주 德溫公主 ㉟495
덕원 德源 ⑨73 ㉚539 ㉜499
덕원신학교 德源神學校 ㉛263 266 270
덕원인쇄소 德源印刷所 ㉛269
덕유린 德有隣 ㉜431
덕자궁 德慈宮 ㉑592
덕적 德積 ⑧476 480
덕종 德宗 ⑫179 180 ㉚107
『덕종실록』『德宗實錄』⑰156
덕종전시과 德宗田柴科 ⑭223
덕종추숭 德宗追崇 ㉛198

덕주사금고 德周寺金鼓 ㉑450 451
덕지 德智 ⑦72
덕진돈대 德津墩臺 ㊲194
덕진명소 德津溟所 ⑭430
덕진진 德津鎭 ㊲199
덕진포 德眞浦 ⑫21 22
덕창진 德昌鎭 ⑫94 96
덕천가강(도쿠가와 이에야스) 德川家康 ㉒412 ㉙7 18 127 128 175 176 ㉜422 436 477
덕천가광(도쿠가와 이에미츠) 德川家光 ㉜436
덕천가무(도쿠가와 이에모치) 德川家茂 ㉜462
덕천가선(도쿠가와 이에노부) 德川家宣 ㉜447 488
덕천가정(도쿠가와 이에사다) 德川家定 ㉜461
덕천가제(도쿠가와 이에나리) 德川家齊 ㉜456
덕천경희(도쿠가와 요시노부) 德川慶喜 ㉜462
덕천고 德泉庫 ㉓58 83 ㉔427
덕천고(창) 德泉庫(倉) ⑲385
덕천길종(토쿠가와 요시무네) 德川吉宗 ㉜449
덕천리(유적) 德川里(遺蹟) ③73 125 429
덕천(도쿠가와)막부 德川幕府 ㉙128 ㉚600 ㉜22 ㉝480
덕천사람 德川人 ②77 78 119
덕천서원 德川書院 ㉘290 ㉚140 144
덕천수충(도쿠가와 히데타다) 德川秀忠 ㉙133 176 ㉜427
덕천씨 德川氏 ㉙174 176
덕치주의 德治主義 ⑦413
덕평장 德坪場 ㉚539 ㉝366
덕풍역 德豊驛 ㉝256
덕호 德號 ㉖226
덕흥군 德興君 ⑲139 190 313 ⑳332 335~338 369 379 412 ㉚32
덕흥리(벽화)고분 德興里(壁畫)古墳 ⑤73 74 ⑥236
덕흥리고분 德興里古墳 ⑧176 220 333
덕흥창 德興倉 ⑭406 407 ㉔337 525
던 Edward Dun ㊴67 ㊵79
던져떼기 衝突打擊法 ②17 171 181 191
덜레스 John Foster Dulles 52 84
덧널무덤 木槨墓 ①184 ③171 172 417~419 421~423 ⑧183
덧띠토기 덧띠土器 ①182
덧무늬 隆起文 ②454
덧무늬토기 隆起文土器 ①95 179 ②437 439~445 510
데네트 Tyler Dennett ㊷210
데니 O. N. Denny 德尼 ㊲315 ㊳102 ㊴21 25 28 32 44 101 110 125 ㊻271
데라시마 무네노리 寺島宗則 ㊲233
데라우치 마사다케 寺內正毅 ①369 377 ㊵43 ㊷269 ㊸335 338 442 ㊺57 107 ㊼21 24 26 31 39 42 50 69 88 94 95 113 211 139 ㊽29 51 22 34 157 299
데레베유 Delevigue ㊷224
데릴사위(제도) 壻屋制 ④257 ⑥245 ⑮86~88
데쉴러 David W. Deshler ㊹312
데이비스 J. H. Davis ㊻164 166
데이비스 Robert H. Davis ㊴113
데이톤 J. H. Dayton ㊴66
데일리메일지 The Daily Mail ㊷219
데카르트 R. Descartes ㊺208
데트링 Gustav Dextring ㊵58 77
「덴동어미 노래」 ㉟400 401
덴비 Charles Denby ㊴25 67 111 ㊵78
덴카츠 松旭齋天勝 51 363
델꼬뉴 M. Delcoigne ㊷218
『데국신문』『帝國新聞』①355 ㊺228 ㊻47 48 52 58 51 69
도 渡 ㉔501

도가 刀伽 ⑦349
도가 都家 ㉔133 134 141
도가비량금 都家備量金 ㉔140
도가사례 都家事例 ㉔133
도가사상 道家思想 ⑧472
도가초사문법 道家醮祀文法 ㉖292
도감 都監 ⑬23 103 ⑲27 ㉝156 ㉞37
도감관 都監官 ㊴97
도감둔전 都監屯田 ㉙190
도감서 都監署 ㉓84
도감제 都監制 ㉚546
도갑사 道岬寺 ㉖269 287 ㉗480 ㉛538
도강장 渡江狀 ㉜387 ㉝440
도강장 都講長 ㊴433
도객주 都客主 ㊳179
『도결』『道訣』㊻201
도결가 都結價 ㉝434 ㊱72
도결(제) 都結(制) ①312 ㉜11 10 295~300 339 345 349 360 363 366~368 ㉝433 437 ㉞103 266 ㊱15 230 282 289~300 334 ㊴276 277 278 280
도경춘 都景春 ㉝176
도계동유적 道溪洞遺蹟 ③394
도고 逃故 ㉜110 112 125 126 128 133 143 146 148 153
도고 都賈 ㉝126 169 322 386 391 407 408 410 ㉞114 ㊳178 ㊴369 ㊹180 183 189 201
도고상업 都賈商業 ㉝7 315 387 389 390
도고상업체제 都賈商業體制 ㊹180 181 192 194 239
도고상인 都賈商人 ㉝375
도고잠상 都賈潛商 ㊴193
도고혁파론 都賈革罷論 ㊸241
도고회사 都賈會社 ㊹187 194 195
도공사원 都公司員 ㊱215
도과 道科 ㉓328
도관 道觀 ①256 444 ⑥243 ⑯291 ㉛418
도관 都官 ⑬40 44 ⑭426
도관찰출척사 都觀察黜陟使 ⑬177 239 256 257 ⑲289 ㉓128 172 ㉔24 37 67
도교 道敎 ①490 ⑤125 126 129 ⑥243 ⑯69 277 281 283 285 287 291 292 296~299 ㉗160 ㉘317 ㊱82 89 98~100 135 136
도교서 都校署 ⑭419 424 427 ⑰306
도교승 都校丞 ⑱148
도굴산문 闍崛山門 ①248
도금 鍍金 ⑧254 256
도금법 鍍金法 ⑨191
도금융조합연합회 道金融組合聯合會 ㊼81
도기 陶器 ⑧254 263 ⑰292
도기과 到記科 ㉓328 333 334
도기소 陶器所 ㉗508 510 529
도길부 都吉敷 ⑲84 187 191
도깨비 ⑯351
도남서원 道南書院 ㉘290 302
도노반 William B. Donovan ㊿458
도단련사 都團練使 ⑫209 ⑭45
도담리금굴 島潭里금굴 ②49 63 69 107 142 233 300 422 456 486 528
도당 都堂 ⑬2 38 39 47 64 69 70 72 80 ⑭273 ⑱78 ㉖275
도당굿 都堂굿 ㉟172 597
도당록 都堂錄 ㉜66 213 ㊱237
도당상 都堂上 ㉘270
도당유학생 渡唐留學生 ⑪170
도대 道臺 ㊵30
『도덕경』『道德經』⑧90 ㉟188
도독 都督 ⑤175 ⑦171 267 ⑨25 129 130 ⑩35 42 149 154 159 160 ⑪46 ㊵26
도독부 都督府 ⑫32 ⑬319
도동서원 道東書院 ㉓315 ㉛535 536
『도동연원록』『道東淵源錄』㉘208
도둑섬 Isla dos Ladrones ㉜515
도들띠토기 (半貫通)孔列土器 ③104~111
도등 道登 ⑧55
도랑치마 51409

도래인 渡來人 ③29
도량법석 道場法席 ㉖248
도량형 度量衡 ⑭311 415 454 465 ㉑215 216 ㉔10 599 ㉗96~99 ㊻237
도련포 都連浦 ⑮318 ㉔571
도령 道令 ㊷255
도령 都領 ⑫27 ⑬5 340 348 ⑮322 324 ⑱30 188 194 ⑳80 83 86 88 90 94 126 161 177 313 ㉕153
도령위 都令位 ㉔139 140
도례문 導禮門 ⑨545
『도로고』『道路攷』㉝359
「도로규칙」「道路規則」㊼96
도류 道流 ㉕68 113 124 128 132 ㉖293 294
도륜 道倫 ⑨366 397
『도리기』『道里記』⑨294 296
도리사 桃李寺 ⑨533
도리사아미타불좌상 桃李寺阿彌陀佛坐像 ㉟506
도린 道隣 ⑯47 71
도림 道琳 ⑥247 ⑧55 59
도립 倒立 ⑧394
도만호 都萬戶 ㉒352 ㉓207 237
도망노비 逃亡奴婢 ㉞134 139~141 147~149
도맥이모작 稻麥二毛作 ㉚432 435
도모(왕) 都慕(王) ⑥15 16
도목 都目 ㉓289 ㉞221
도목정(사) 都目政(事) ⑱165 166 ㉓366 ㉕128
도무 蹈舞 ⑧383
도문강봉금령 圖們江封禁令 ㊹301
『도문대작』『屠門大嚼』㉕326 327 ㉛622
도문일치 道文一致 ㉛444 ㉜94
도문종 道門宗 ㉖250 278
도미 都彌 ⑥170 202 204
도반 道班 ㉓182 ㉔159 160
도방 都房 ⑱5~7 38 39 64 68 69 72 79 82 89 90 92~94 98 99 104 117 127 129 131 132 134 138 139 140~146 150 154 159 162 175~177 179 180 186 193 194 210 ⑳66 160
도범 陶范 ③542
도변수 都邊首 ㊴97
도병마사 都兵馬使 ①217 ⑫213 246 ⑬1 2 23 35 65 66 72 104 106 152 ⑱67 ⑲2 15 78
도병초 禱病醮 ㉖299
도봉서원 道峯書院 ㉚142
도봉소사건 都捧所事件 ㊳278 280 316
도부 刀部 ⑥171 219
도부(노동)조합 屠夫(勞動)組合 ㊾353 357
도부서 都部署 ⑬250 251 263
도부외 都府外 ㉓204 220
도불회통 道佛會通 ⑧3
도빈 陶彬 ㊼186 187
도사 島司 ㊼38
도사 道使 ⑤175 ⑦181 200 240 271
도사(성주) 道使(城主) ⑥183 187 192
도사 都事 ㉓30 175 ㉚589
도사무관 道事務官 ㊼37
도산도 陶山圖 ㉗473
도산서원 陶山書院 ㉗473 ㉘298 ㉚144 ㉛92 93 99
도산성전투 島山城戰鬪 ㉙122 126
「도산십이곡」「陶山十二曲」㉗7 298 318 348 349 ㉛421 422
「도산육곡」「陶山六曲」㉗347 348
「도산잡영」「陶山雜詠」㉗298 305 312
도살성 道薩城 ⑦106 365 ⑨27
도살업 屠殺業 ㉑581
도상 都相 ㊳149
도생 道生 ⑫218
도서 圖書 ㉜429
도서원 都書員 ㉞99 101 193
도석인물화 道釋人物畵 ㉛469
도선 道宣 ⑧84 ⑨382

도선 道詵 ①251 ⑨428 ⑪197 221 223~229 ⑫74 75 221 ⑯24 280 308 309 315 323 ⑰119 180 183 254 ㉑204 339
도선 導善 ㉓289 296
『도선기』『道詵記』㉑173 175
「도선답산가」「道詵踏山歌」⑯315~317 323
『도선밀기』『道詵密記』⑭267 268 ⑯323 324
『도선비기』『道詵秘記』㊱95 96 98 ⑫222
도선사 道仙寺 ⑭160 ⑯201
도선사 道詵寺 ⑪197
도선성 刀先城 ⑥84 183 196
『도선참기』『道詵讖記』⑯294 298
도설지왕 道設智王 ⑦303
도성 都城 ⑨595 ㉖267 ㉗443~446 448 451 453 468 ㉚246 257 ㉘272 ㉝370 379
도성(청) 都省(廳) ⑯363
도성문세 都城門稅 ㊴363
도성방위론 都城防衛論 ㊱181 203
도성수축도감 都城修築都監 ㉔211 212 ㉗451
도성조축도감 都城造築都監 ㉔211 212 ㉗447
도소 都所 ㊴385 393 457
도속 道俗 ㉖288
「도솔가」「兜率歌」⑧9 158~160 164 165 ⑨410 461 466 600
도승 渡丞 ㉕117 141 ㉘34
도승 度僧 ㉖253~255 257 258 260 261 268 279
도승록 都僧錄 ⑯87 89
도승법 度僧法 ㉒139 ㉖254 261 ㉛389
도승위전 渡丞位田 ㉘34
도승통 都僧統 ⑯90
도시 都試 ㉓7 352 353 ㉘100 ㉞146
도시과 都試科 ㉓342
도시국가 都市國家 ①4 ④14
도시금융조합 都市金融組合 ㊼81 ㊽93 95
도시부 都市部 ⑥171
도시상업 都市商業 ⑲381
도시성 都市城 ⑨591
도시탈춤 都市탈춤 ①425
도신 道信 ⑨324 ⑪188 201
도신장 『道身章』⑨392 443
도신징 都愼徵 ㉚113 116 119 153 ㉜136
도씨검 桃氏劍 ③61 92 98 177 355 ④40 120
도안 道安 ㉖205
도안군 道安郡 ⑫26
도안무처치사 都按撫處置使 ㉓207
도안색 都案色 ㉔553
도안청 都案廳 ㉜138
도야마(호산)육군학교 戸山陸軍學校 ㊻33
도야마육군소년학교 戸山陸軍少年學校 ㊶176
도약소 都約所 ㊶348 350
도약장 都約長 ㊴434
도양곡주식회사 道糧穀株式會社 ㊿89 90 93
도엄법사 道嚴法師 ⑧67
도연 陶硯 ⑧265
도염서 都染署 ⑨185 ⑭420 ⑰132 ㉔255 427
도염서 都鹽署 ㉓84
도염원 都鹽院 ⑫217 ⑬62 ⑭395 ⑯212 ⑲10 122 363 367
도옥 道玉 ⑨413
도요 陶窯 ㉙174
도요미도 道要彌刀 ⑮372
도용호 都容浩 52428 431
도운포 都運浦 ㉖290
도원 都員 ㉔133 135 137 140 ㉚530
『도원기서』『道源記書』㊱359
도위 都尉 ④110 281
도유나랑 都唯那娘 86 87
도유내 都唯乃 ⑨528
도육 道育 ⑨325

도윤 都尹 ㉞197 214 ㊱329
도윤 道允 ⑪79
도융 道融 ⑨391
「도은문집서」「陶隱文集序」㉗283 284
도읍풍수 都邑風水 ⑯323
도응 道膺 ⑪195 ⑯18~21
도의 道義 ⑨567 569 ⑪7 187~190 195 203 204
도이 刀伊 ⑮320
도이가하마유적 土井ケ浜遺蹟 ③29
「도이장가」「悼二將歌」⑰134 136 214 219 221
도인 道人 ㊴397 425
도인 道忍 ⑪203
도일 道一 ⑪195 222
도임방 都任房 ㊳174
도잇끼 土一揆 ㉒266~269
도자 刀子 ③208 213
도자공예 陶磁(瓷)工藝 ⑧254 263 ⑰292
도자장 刀子匠 ㉝392
도자기 陶磁器 ⑫218 ㉗512 ㉟199 ㊹211 ㊼91
도자전 刀子廛 ㉔132 ㉝316 318 392
도작 稻作 ③260 261 336 570
도장 道藏 ⑧476 ⑯284 285 299
도장 都將 ㉞37 197
도장 導掌 ㉚468 ㉜172 ㊴310
도장관 道長官 ㊼37 38 41 119
도장권 導掌權 ㉚462 ㉝93
도재판소 道裁判所 ㊷254
도전 渡田 ㉘35
도전 道戰 ㊻193 200
도전 稻田 ⑥204 212 217
도전 賭錢 ㉝100
도절 都切 ④190
도절제사 都節制使 ㉓205 206 234 ㉔214 215 218 539
도접 都接 ㊴395
도접장 都接長 ㉔157 159 160 ㊳173~175
도접주 都接主 ㊴433
도정 搗精 ㉗187
「도정」「道程」㊾295
도정기 搗精機 ㊻323
도정기술 搗精技術 ㊻324 325 327
도정사 都正司 ⑬58 59
도정업 搗精業 ㊻325
도진의홍(시마즈 요시히로) 島津義弘 ㉙6 115 204
도제 道制 ⑬177 183 ㉓25 169 177
도제조 都提調 ㉚127 128 190 245 254 512 ㉜215 231
도조 賭(地)租 ㉝98 100 102~105
도조법 賭租法 ㉝100
도조제 賭租制 ①314 ㉚146 ㊱280
도종 道宗 ⑫219 ⑯62 76 109
도주특송선 島主特送船 ㉒384
도중 都中 ㉔133~135 137~139 ㉚530 ㉝463 473 ㊹181 193 410
도중사 道中寺 ⑧77
도증 道證 ⑨305 366 369 ⑪181 199
도지 賭只 ㊱61
도지권 賭地權 ㉝100 ㊼130
「도지방비령」「道地方費令」㊽35
도지액 賭地額 ㉞134
도지제 賭地制 ㉚9 451 452 ㉜2 98 413~415 ㊴260~263 ㊹149
도지휘 都指揮 ㊸368
도직제 道職制 ㉓134
도진무 都鎭撫 ㉓251
도진씨 島津氏 ㉒266
도진척위전 渡津尺位田 ㉓152
도진취락 渡津聚落 ①49
도질토기 陶質土器 ⑦226
도징 道澄 ⑧476
도찰원 都察院 ㊵189
도참 圖讖 ⑪222 229 230 ⑫276 ㉟166 ㊱82 119 165

도참비기 圖讖秘記 ㉛417 418
도참사상 圖讖思想 ①245 251 252 256 323 ⑫98 222 ⑭379 ⑯279 298 306 ⑰259
도참설 圖讖說 ⑫75 157
도천서원 道川書院 ㉓315
「도천수대비가」「禱千手大悲歌」 ⑨467
도첩 度牒 ㉖8 248 253 255 257 259 260 264 ㉞218 ㊱160
도첩전 度牒錢 ㉖255 256
도첩제 度牒制 ①287 ⑭265 ⑯138
도청 都廳 ㉒209 ㉔462 ㉖154
도체찰부 都體察府 ㉚282 284 285
도체찰사 都體察使 ㉚156 279 600
도초도소작쟁의 都草島小作爭議 ㊾192
도총관 都摠管 ㉓226 231~233 ㉕137
도총제(비총법) 都總制(比總法) ㉓58 249 ㉝17
도침 道琛 ⑥160 196 ⑧65 ⑨39 40 42 ⑫51
도침장 擣砧匠 ㉔268 269
도코로가와 常呂川 ②281
도쿠토미 소호 德富蘇峯 ㊿65
도토락댕기 ㉑570
도통 都統 ⑬239 ⑳173 ㉖13 39 41 ㉗271 ㉘318 333
도통사 都統使 ⑲4 59 61 62 66
도통설 道統說 ㉛85 ㉜29
도티 S. A. Doty ㊴122
도평의사사 都評議使司 ①262 ⑬2 38 47 64 66 72 103 104 429 ⑭198 225 ⑲1~3 11 15~17 27 78 79 146 149 186 195 205 218 415 ㉒29 32~35 37 38 48~50 52 80 81 ㉓1 2 22 27 57~63 65 255 347 ㉔215 218 552 ㉘22
도평의회 道評議會 ㊼117 118
도포 道袍 ㉕304 ㊹457 ㊿407
도피안사 到彼岸寺 ⑨513 560 ⑪56 140
도피안사 3층석탑 到彼岸寺三層石塔 ⑰262
도피피리 桃皮篳篥 ⑧378
도필리 刀筆吏 ⑬77 118 ⑱48
도필지임 刀筆之任 ⑲97
도학 道學 ⑫220 ㉓296 297 314 361 362 ㉕108 124 125 ㉖38 43 46 47 49 64 65 67 293 ㉘320 ㉟2 15 35 37 43 45 46 ㊻97 99 102~104 107 111 112
도학시 道學詩 ㉛440
도학자 道學者 ㉟42 46~48 62 63 ㊻99 101 104 106
도학정치 道學政治 ①295 ㉗344 ㉘8 198 229 230 238~241 ㉛297 298
도학파 道學派 ㉗276 ㉟43 45~47 62 ㊻99 105 106
도항경 都航卿 ⑫104 ⑭37 38
도항사 都航司 ⑫104 ⑬10
도항소개장 渡航紹介場 ㊿406
도항증명제 渡航證明制 ㊼269 270
도해역관 渡海譯官 ㉜439 ㊲22
도행 道行 ㉖247
도행 導行 ⑭308
도헌 道憲 ⑪44 177 188 190 193 194 201 204 208 213 218 219
도현 道顯 ⑧55
도형 徒刑 ⑮179 198 200 205
도호 都護 ⑪40 ㉚545
도호 屠戶 ㊹350
도호(안북)별초 都護(安北)別抄 ⑬344 ⑱182
도호제위장군 都護諸衛將軍 ㉓222
도홍경 陶弘景 ⑧407
『도화견문지』『圖畵見聞誌』 ⑨483 ⑰284
도화리 桃花里 ②35 ②34 ③345
도화리 적석총 桃花里積石塚 ③370
도화서 圖畵署 ㉓69 92 362 363 ㉔426 ㉕125 135 ㉗9 477 533 542~544 546 ㉛474 ㊿324
도화원 圖畵院 ⑰286 287 ㉓362 ㉕68 190 ㉗9 533 535 544

도화임본 圖書臨本 ㊺186
도회 都會 ⑰70 ㉔223 231 ㉚521 545 546 548 ㊱74 306 ㊴426
도회두 都會頭 ㊹307
도회소 都會所 ㉔321 471 ㉖252 ㉗244
도훈도 都訓導 ㉞31
독경업 讀經業 ㉟165
독고악 獨孤岳 ㊽298
독고전 獨孤佺 ㊾83
독권관 讀卷官 ⑫123 ⑬433 ㉓334
독농가 篤農家 (51)385
독대 獨對 ㉚169
독도 獨島 ①358 ㉜499
독락당 獨樂堂 ㉗473
「독락팔곡」「獨樂八曲」㉗341
독로강만호 禿魯江萬戶 ㉒144
독로국 瀆盧國 ⑦299 328
독로화 禿魯花 ⑳275
독립가 獨立歌 ㊺117 119 145 148 149 153
독립경일 獨立慶日 ㊵235 282
독립경축행진 獨立慶祝行進 ㊼353
「독립공고서」「獨立控告書」㊽125
독립공원 獨立公園 ㊶200 293 298 ㊷18
독립관 獨立館 ㊶200 217 223 293 355 ㊷18
독립군 獨立軍 ㊼11 133 163 164 175 195 197 249 255 ㊽5~7 13 14 137 212 ~217 219 220 222 225 226 229~233 237 238 240 241 244 253 259 260 269 271 273 274 295 337 354
「독립군가」「獨立軍歌」㊼157 161 ㊽212
독립군기지 獨立軍基地 ㊸211 217~219 261 262 327 329 332 334
독립기 獨立旗 ㊼360
독립기념물 獨立記念物 ㊶294
독립노농당 獨立勞農黨 (52)201
독립단결사대 獨立團決死隊 ㊽327
「독립당촉성운동선언」「獨立黨促成運動宣言」㊽181 ㊿272
독립동맹 獨立同盟 ①383 396 (52)113 148 168 169
독립만세시위(운동) 獨立萬歲示威(運動) ㊼354 360 364 372 389
독립문 獨立門 ㉟545 ㊵304 ㊶200 204 205 216 219 293 294 296 ㊷18 38 ㊺146
독립문정초식 獨立門定礎式 ㊶218 296
독립미술가협회 獨立美術家協會 (52)331
독립선언(축하)식 獨立宣言(祝賀)式 ㊼369 384 389
독립선언경축대회 獨立宣言慶祝大會 ㊼387
「독립선언서」「獨立宣言書」㊻205 208 ㊼14 ~16 276 278 306 317 327 330~334 336 337 340 350~354 357~359 366 368 371 372 374 375 377 378 381 384 385 389 394~396 ㊽111 ㊾427 428 430 431
「독립선언서낭독」「獨立宣言書朗讀」㊼151
「독립선언포고문」「獨立宣言布告文」㊼381 382
독립선포식 獨立宣布式 ㊼366 367
독립시기 상조론 獨立時機尙早論 ㊽54
『독립신문』The Independent『獨立新聞』①355 459 461 ㊳73 74 ㊵282 308 ㊶192 193 195 221 295 299 301 303 316 394 ㊷18 24 28 30 32 38 ㊸318 ㊺68 87 96 99 100 146 151 161 204 213 216 227 228 231 290 296~299 329 330 ㊻2 3 29~43 46~51 55 58 175 176 186 237 243 246 249 ㊼342 374 382 ㊽132 135 145 161 166 179 219 236 ㊾21 117 140 267 269 367 (51)71
독립신문사 獨立新聞社 ㊺258 ㊻43
『독립신보』『獨立新報』㊽115 117
독립운동기지 獨立運動基地 ㊼174
독립운동론 獨立運動論 ㊼144
「독립운동방략」「獨立運動方略」㊿436
독립운동자금 獨立運動資金 ㊼387 389
『독립운동지혈사』『獨立運動之血史』㊾63

독립운동촉성회 獨立運動促成會 ㊽174
독립운동축하회 獨立運動祝賀會 ㊼388
독립의군부 獨立義軍府 ①381 ㊸507 516 ㊼139 142 143 167 168 177
독립임시사무소 獨立臨時事務所 ㊽119
『독립자유민보』『獨立自由民報』 ㊿69
독립전쟁 獨立戰爭 ㊸172 209 217 259 260 329 ㊻211 218 219 ㊼12 180 195 230 242 244 245 247 249 253 254 258 349 ㊽13 105 106 130 135 136 143 200 201 212 220 239 244 ㊾197
독립전쟁론 獨立戰爭論 ㊸8 209 252 262 327 328 ㊼6 11 133 136 147 161 163 173 ~175 247
독립전쟁준비론 獨立戰爭準備論 ㊸262
독립정신 獨立精神 ㊸258 294
『독립창가』『獨立唱歌』 ㊼338
「독립청원서」「獨立請願書」 ㊼152 235 315 321 327 331
독립청원운동 獨立請願運動 ㊿219
독립촉성국민회 獨立促成國民會 ㊾74 136 145
독립촉성중앙협의회 獨立促成中央協議會 ㊾38 55 111 117 118 133 135 141 142 181 184
독립축하식(회) 獨立祝賀式(會) ㊼385 386
「독립통고서」「獨立通告書」 ㊼327 331~333
독립협회 獨立協會 ①8 355 363 364 ㊳11 73~75 ㊵10 231 271 281 283 286 302 308 ㊶161 175 192 200 203 205 207~209 233 237 249 251 293 314 320 324 333 ㊷18 38 52 55 59 ㊸184 186 190 193 197 210 234 239 243 244 299 320 ㊹195 199 200 203 204 418 ㊺2 39 40 68 96 146 326 330 ㊻42 48 52 54 59 108 174
독립협회규칙 獨立協會規則 ㊶211 294
『독립협회연역략』『獨立協會沿歷略』 ㊶402
독립협회운동 獨立協會運動 ㊸181 237 238 243
독립협회윤고 獨立協會輪告 ㊶210 295
『독립협회회보』『獨立協會會報』 ㊺87
독무 獨舞 ⑧384
독무덤 甕棺墓 ③177 415
독보 獨步 ㉚86
독사 瀆祀 ㉖228
『독사신론』『讀史新論』 ㊸510 ㊺281 ㊻84 ㊿134
독산 獨山 ㉒154
독산성 獨山城 ⑦72 363
독산성주 禿山城主 ⑤66 81 ⑦67
『독서기』『讀書記』 ㉟35
「독서당계회도」「讀書堂契會圖」 ㉗552 566
독서당(제도) 讀書堂制度 ①264 ㉒67 139 ㉗464 477 ㉜91
독서삼품과 讀書三品科 ①203 ⑪20 35 51 ⑰44
『독서수차』『讀書隨箚』 ㉟34
독서출신과 讀書出身科 ⑨8 346 ⑪2 169
독서회 讀書會 ㊾218 408 420 478 ㊿5 196 205 207 252 254
독세사 督稅司 ㉟252
독소위원 讀疏委員 ㊶235 240
독수리작전 Eagle Project 독수리作戰 ㊿403 458
독일영사관 獨逸領事館 ㉟547
독제 纛祭 ㉖214
독주주 獨奏州 ⑩4 35 149 200
독지장 禿旨場 ㉝477
독진제 獨鎭制 ㉓235
독차진어사건 毒茶進御事件 ㊶246
독타불화(추대) 篤朶不花(推戴) ⑳283 311 313 369 372 373
독판부(진동도독부) 督辦府(鎭東都督府) ㊽271
돈교 頓教 ⑯44 69
돈녕부 敦寧府 ㉒137 ㉓58 60 77 78

돈대 墩臺 ①54
돈덕전 惇德殿 ㊻302
돈배 敦拜 ㉜406
돈삼계인 獤蔘契人 ㉝324
돈오점수 頓悟漸修 ①248 256 ⑱12 ㉑ 18 19 23 32 36 39~43 46 51 53 59 64
돈의문 敦義門 ㉗452
돈의학교 敦義學校 ㊸169
돈장 敦章 ⑱130 148 ⑱200
돈증실제(론) 頓證實際(論) ⑯13 14
돈화 敦化 ⑩2 28 51 103 166~169 199 203 206 207 215 216 234
돈화문 敦化門 ㉗450 ㉚247
돈황문서 敦煌文書 ⑩56
돌거푸집 ⑧398 399
돌괭이 ①185 ⑤15
돌궐 突厥 ⑤8 80 81 91~93 114 116 117 125 ⑩1~7 14 22~25 29~33 55 56 100~102 115~121 123 192
돌깐집 敷石住居 ②529
돌깐집터 敷石住居址 ②370 413 422 425 ~427
돌날(기법)석기공작 石刃(技法)石器工作 ② 40 265
돌날(떼기)수법 石刃打製(剝離)手法 ②91 279 295
돌날문화 石刃文化 ②273
돌날석기 石刃石器 ②263
돌널 石棺 ③105 166 179
돌널무덤 石棺墓 ①103 107 179 182 184 ③166~170 409~413
돌덧널무덤 石槨墓 ①183 184
돌도끼 石斧 ①178 181 185 ⑤15
돌돈 石貨 ③266
돌돌림무덤 圍石墓 ③343 413
돌림노래 ㉑261 276
돌무지(나무)널무덤 積石木棺墓 ③171 172 176 177 411~413
돌무지무덤 積石塚 ①178 ②404 ③103 129 413
돌무지유구 積石塚遺構 ②397 422
돌방흙무덤 石室土壙墓 ①198
돌백사 堗白寺 ⑭301
돌보습 石犂 ②503
돌사성 突沙城 ⑨50
돌산 突山 ⑫35 60
돌산봉수대 突山烽燧臺 ㉔541
돌산포성 突山浦城 ㉒195
돌살촉 石鏃 ②541
돌석 堗石 ⑧458
돌작살 石銛 ②496 541
돌칼 ①181
돌톱 石鋸 ②440 541
돌핵(몸돌) 石核 ②222
돌핵석기 石核石器 ②199
돌화살촉 石鏃 ②306
돌확(돌절구) 石臼磨 ㉕350
돌활촉 ⑤15
돕지 開禁 ㉕295
동 銅 ㉝186 207 472
동 橦 ⑤122
동가 動駕 ㉚273 277
동가배호 動駕陪扈 ㉚246
동감교관 同監校官 ㉓349
동갑계 同甲契 ㉙153 ㉛45 ㊱53
동강진 東江鎭 ㉙235 253 257 267 293
동강회의 東崗會議 ㊿357
동검 銅劍 ③103 247 328 456
동경 銅鏡 ③247 295 328 ④59 128 ⑧ 254 261
동경 東京 ⑩5 61 148 165 177 178 180~182 185 200 201 203 237 ⑫69 154 155 213 222 ⑬112 184 ⑮241 336 359 ⑱63 178 227 ⑳67 149 308 312
동경관록 東京官祿 ⑭101 102 119
동경노동동지회 東京勞動同志會 ㊼273
『동경대전』『東經大全』㊴284 433 ㊻203 51 180

『동국이상국집』『東國李相國集』 ⑧16 ⑮89 377 ⑯105 ㉑473
『동국정운』『東國正韻』 ㉒75 78 ㉓292 ㉖85 86 105 106 ㉗315 375 376 382 ㉛363
동국중보 東國重寶 ⑭466
동국지도 東國地圖 ①324 ㉖175 178 181 184 186 200 ㉟7 301
『동국지리지』『東國地理誌』 ④75 ⑩231 234 ㉛354 376 ㉟190 305 320 322 325 332
동국진경 東國眞景 ㊺348
『동국통감』『東國通鑑』 ①264 ⑧112 ④73 75 ⑩231 ㉒128 130 139 ㉓285 ㉖111 113 114 135~140 142~144 ㉛371~373 ㊸321
『동국통감제강』『東國通鑑提綱』 ④76 ⑩231 ㉟190 313 316 319
동국통보 東國通寶 ⑭466
동국학 東國學 ㉛366
『동국후생신록』『東國厚生新錄』 ㉗200
동굴곰 ②103
동굴유적 洞窟遺蹟 ②50 85 116 128 170 293 387 435 492
동굴주거지유적 洞窟住居址遺蹟 ②364
동굴집터 洞窟住居址 ②127 413 425
동궁 東宮 ⑨544 ⑩138 139
동궁관 東宮官 ⑫214 ⑬113
동궁관록 東宮官祿 ⑭4 103 110 111 113 114 116
동궁의관 東官醫官 ⑮ 159
동규 洞規 ㊱53
동기장 銅器匠 ⑰130
동기창체 董其昌體 ㉟486 491
동남리사지 東南里寺址 ⑧277
동남제도개척사겸관포경사 東南諸島開拓使兼管捕鯨事 ㊳99 342 356
동녕부 東寧府 ⑬113 264 265 ⑲187 ⑳313 315~318 323 357
동단산 東團山 ④125 162 173 228
동당시 東堂試 ⑬375 376 379 ⑰29
동대 冬臺 ⑨16
동대문 東大門 ㉗448 450 453
동대사 東大寺 ⑧260 381 ⑩49 179 224 225 ⑯131 133 174
동덕여자대학교 同德女子大學校 ㊻204
동덕여자의숙 同德女子義塾 ㊺102
동덕여학교 同德女學校 ㊸324 ㊻204 ㉛180
동도군정서 東道軍政署 ㊽139 226
동도대장 東徒大將 ㊴326 329 333
동도독군부 東道督軍府 ㊽226
동도독립군서 東道獨立軍署 ㊽139
동도서기 東道西器 ㊳213 256 ㊷24
동도서기론 東道西器論 ①344 ㊳35 54~62 75 84 124 251 ㊺17 19 20 24 27 ㊻97 101
「동동」「動動」 ㉑260 263 264 499 500 ㉛551
동동사 動動詞 ㉑499
동동정재 動動呈才 ㉑464
동란국 東丹國 ①213 ⑩7 9 40 55 75 86 193 ⑮237 254 267
동람도 東覽圖 ㉖175 178 180 181 185 201
동래 東萊 ⑫274 ㉓359 ㉘123 ㉚605 ㉝382~384 463
동래고등보통학교 東萊高等普通學校 ㊼358 ㊿251 253
동래 복천동 東萊 福泉洞 ⑦373
동래상인 東萊商人 ㉝462 ㉞68
동래야류 東萊野遊 ㉟630 640
동래은행 東萊銀行 ㊽89
동래중학 東萊中學 ㊿259 260
동래패총 東萊貝塚 ③381
동래훈도 東萊訓導 ㊲241
동량청 東凉廳 ㉕353
동력보좌공신 同力輔佐功臣 ⑱106 120
동렴 洞斂 ㉜311
동령 洞令 ㊱55

동령 銅鈴 ③220 240 242 248
동로군 東路軍 ㊴444
동로선유사 東路宣諭使 ㊶65
동론 同論 ㉟16~19 27
동론 洞論 ㊱59 60
동륜 銅輪 ⑨16
동률도량형 同律度量衡 ㉔616
동리산문 桐裏山門 ⑪181 193 194 196 197 222 223
동린계 洞隣契 ㉛70 74 ㉞178 ㊱52
동림무관학교(대전학교) 東林武官學校(大甸學校) ㊸218 333
동막여객주인 東幕旅客主人 ㉝390
동만주철도 東滿洲鐵道 ㊷173 180
동맹 東盟 ①145 497 ⑥242 ⑧16 153 155 366 ⑯151 334
동맹신흥회 同盟新興會 ㊼243 244
동맹제 東盟祭 ④222 ⑤4 33
동맹파업 同盟罷業 ㊸97 ㊼93 312 339
동맹합자회 同盟合資會 ㊼271 272
동맹휴교 同盟休校 ㊼353
동명 東明 ④6 154 ⑤33 ⑨36 ⑫70
『동명』『東明』 ㊻48 ㊾35 40 ㉛78
동명고토 東明故土 ㉑305
동명묘 東明廟 ④150
동명설화 東明說話 ⑤2 3 13
동명성왕 東明聖王 ④199
동명성왕신화 東明聖王神話 ⑧110
동명성제사 東明聖帝祠 ㉖214 237
동명신화 東明神話 ④153 181 ⑥19
동명왕 東明王 ⑥14 16 17 ㉖110
동명왕릉 東明王陵 ⑧289
동명(왕)묘 東明(王)廟 ⑥19 47 49 175 ⑧18
동명왕신 東明王神 ㉖237
『동명왕실기』『東明王實記』 ㊺278
『동명왕편』『東明王篇』 ①130 151 ⑤13 ⑧165 ⑰162 183 204 ⑱12 ㉑298 299 330 345 356 361 362 ㉖109 116 215 ㉛377
동명중학 東明中學 ㊽288
동모 銅鉾(矛) ③215 328 334 456 ④128
동모산 東牟山 ⑩2 27 28 199 234
동몽 童蒙 ㉓292 303 ㊴384 404
동몽교육 童蒙教育 ㉛239 243 244
『동몽선습』『童蒙先習』 ㉓316 ㉘246 344 ㉛239
『동몽수지』『童蒙須知』 ㉘246 343
『동몽수지소의』『童蒙須知疏義』 ㉘246
동몽재 童蒙齋 ㉛94
동몽훈도 童蒙訓導 ㉓112
동무 東廡 ㉓282
동문 東門 ㉓282
『동문고략』『同文考略』 ㉟197
동문관 同文館 ㊻16
『동문광고』『同文廣考』 ⑩231
동문사 同文司 ㊳150
『동문선』『東文選』 ①264 289 ⑨320 322 472 472 ⑯297 ⑰195 197 198 208 ㉑202 ㉒139 ㉓292 ㉖119 167 293 ㉗6 275~281 285 286 288
『동문수』『東文粹』 ㉗276
동문원 同文院 ⑬97 420
『동문유해』『同文類解』 ㉑248 ㉟281
『동문자모분해』『東文字母分解』 ㉟279
동문학 同文學 ㊳47 185 186 190 191 193 ㊴92 131 ㊵250 ㊶283 ㊺3 20 33 36 54 ㊻16 228
『동문휘고』『同文彙考』 ㉜404 ㉟197 205
동물상 動物相 ②55 70~73 329 336 340
동물조소품 動物彫塑品 ②418
동물화석 動物化石 ②63 69 102 121 124 141 159 170 222 229 336 341 343
동반 東班 ⑬110 ⑱21 32~34 150 209
동반관계 東班官階 ㉓115 116
동반직 東班職 ㉓116 120
『동방견문록』『東方見聞錄』 ㉜474
동방계 同榜契 ㉞171
동방무역 東方貿易 ㊲34~36 39 42 70

『동방유취』『東方類聚』㉗142
동백련사 東白蓮社 ㉑82
동범 銅范 ③236
동범경 銅范鏡 ⑧262
동범찰 童凡察 ㉒151 153 337 348 363
동별영 東別營 ㊳282 283 286
동병철검 銅柄鐵劍 ③559
동보량 董寶亮 ⑨35
동복 銅鍑 ①106 ③290
동복 오씨 同福吳氏 ㉚97 99 101
동봉 東峯 ㉖288
동부 銅斧 ④128 220 ③101 103
동부 東部 ⑥204
동부도위 東部都尉 ④112 239
동부여 東夫餘 ④150 181 184~188 199 ⑤3 61 75 76 208
동부학당 東部學堂 ⑰45 ㉓291
『동북사강』『東北史綱』①121
동북인민혁명군 東北人民革命軍 ㊿207 221 307 330 343 346 350~352 364
동북제국대학 東北帝國大學 ㊺107
동북항일연군 東北抗日聯軍 ①383 ㊿7 221 308 332~334 353~358 361 363 365 367 52425
『동불조원류』『東佛祖源流』㉟144
동비 東匪 ㊵109 132
동사 銅鉇 ③103 177 179 217
동사 動詞 ㉗380
『동사』『東史』⑩232 ㉟317 ㊺265
『동사』『東事』⑩231
『동사강목』『東史綱目』⑧112 ④48 75 ⑩ 231 234 ㉛375 ㉟7 190 313 314 316 320 325 326 ㊺266
『동사략』『東史略』㊺266 ㊶256
『동사보유』『東史補遺』⑩231
『동사세가』『東史世家』⑩233
『동사열전』『東師列傳』㉟145 ㊻129
『동사유고』『東史類攷』⑨482
『동사절요』『東史節要』㊺267
『동사찬요』『東史纂要』⑩231
『동사취요』『東史聚要』㊺267
『동사회강』『東史會綱』⑩231 234 ㉟190 313~316 320
동산 童山 ㉙215 216
동산농사주식회사 東山農事株式會社 ㊼90
동산색 東山色 ㉓98
동산재 東山齋 ⑯57
「동산재응제시」「東山齋應製詩」⑰209
동삼동 東三洞 ②337 340 341 422~424 439 443 478 495 496 501 504 513 521 522
동삼동유적 東三洞遺蹟 ②326 341 473 493 494 511 513 514 517 521 522
동삼동 패총(조개더미) 東三洞貝塚 ① 179 ②307 308 311~313 358 397 399 435 497 499 ⑧463
동삼성 東三省 ㊵29
「동삼성한인공교회취지서」「東三省韓人孔敎會趣旨書」㊻102 ㊶229
동서당 洞書堂 ㉓316
동서대비원 東西大悲院 ⑮160 168 169 ⑰ 123 ㉕131 ㉗113
동서리유적 東西里遺蹟 ③87 219 411
동서여진 東西女眞 ⑫224
동서의학 東西醫學 ㊻295
동서학당 東西學堂 ⑭204 ⑰1~5 13 23 45 71
동서활인서 東西活人署 ㉕370 ㉗156 159
동서활인원 東西活人院 ㉕362 363 370 371 384 ㉗158
동석연합금설 銅錫鉛合金說 ③310
동선역 洞仙驛 ⑳190 244
동성 東城 ⑧303
동성군 東城君 ㉚172
동성동본 同姓同本 ㉛4 82 93 228 ㉞173 175
동성동본혼 同姓同本婚 ①244 255 ⑮140
동성마을 同姓마을 ①319 ㉞172
동성불혼 同姓不婚 ①129 282 ⑰173 ㉛

246
동성상업학교 東星商業學校 ㊺77 ㉛264
동성왕 東城王 ⑥58 61 63~74 77 80~82 ⑦72 143
동성촌(락) 同姓村(落) ①327 304 ㉓194 ㉛4 82 83 87 93~96 ㊱42 43 45 50
동성취처 同姓聚妻 ⑰174
동성혼 同姓婚 ①244 ㉕247 255
동세 銅洗 ⑧258 259 261
동소 銅所 ⑭15 430 431 438
동수 冬壽 ⑤72 73 209 ⑧178 333
동수국사 同修國史 ⑱46 200
동순태 同順泰 ㊳163 341 ㊴31 35 39 40 166 ㊹36 91 94
동시 東市 ⑦80 233 ⑪54 ⑭443
동시전 東市典 ⑦7 80 ⑨195
동신묘 東神廟 ⑯361 362
동신사 東神祠 ⑯350
동신성모 東神聖母 ⑰225
동신성모지당 東神聖母之堂 ⑯350
동심원문 同心圓文 ⑧187
동심의맹 同心義盟 ㊴333
동아기독교협회 東亞基督教協會 ㊸323
동아동맹회 東亞同盟會 ㊼273
동아동문회 東亞同文會 ㊸30
동아마라톤대회 東亞마라톤大會 ㊿77
동아수영대회 東亞水泳大會 ㊿77
동아연초(주식)회사 東亞煙草(株式)會社 ㊹400 ㊼91 93 339
『동아일보』『東亞日報』 ①388 ㊺109 111 369 ㊽5 58 60 97 ㊾2 10 11 18 23 28 32 33 36 42 45 46 48 49~53 55 56 64 70 92 93 105 142 161 191 202 209 227 246 272 276 308 321 326 349 356 363 373 376 ㊿3 54~57 235 ㉛73 75 109 111 114 124 129 130 134 140 ㉜123
동아통항조합 東亞通航組合 ㊿420 423
동악 東岳 ⑦39
동악신 東岳神 ⑦22
동안 洞案 ㉓191 ㉛229 ㊱53
『동안거사문집』『動安居士文集』 ㉑325
『동야휘집』『東野彙輯』 ㉟412
동약 洞約 ①303 ㉓191 196 311 ㉘161 ㉞178 181 199 236 238 ㉛2 25 43 44 47 48 65 66 69 73 74 77 93 158 ㊱55 61 63
『동양경제신문』『東洋經濟新聞』 ㊾48
동양고무공장 東洋고무工場 ㊿198
동양광업개발주식회사 東洋鑛業開發株式會社 ㊶116 ㊹110
동양극장 東洋劇場 ①505 ㉛371 ㉜374
『동양사』『東洋史』 ㊺176
『동양사교과서』『東洋史教科書』 ㊺186
동양선교회 東洋宣教會 ㉛247
동양애국부인회 東洋愛國婦人會 ㊹382
동양제사주식회사 東洋製絲株式會社 ㊽70
「동양지도」「東洋地圖」 ㉜514 515 517
동양척식주식회사 東洋拓殖株式會社 ㊸134 314 ㊹150 184 197 300 ㊼4 54 63~65 70 82 131 ㊽65 83 84 336 ㊾87 162 179 181 188 193~195 210
「동양척식주식회사법」「東洋拓植株式會社法」 ㊼63
동양청년동지회 東洋靑年同志會 ㊼273
동양합동광업회사 東洋合同鑛業會社 ㊼93
동어허리 童於虛里 ㉒337 364
『동언고』『東言考』 ㉟283
「동여도」「東輿圖」 ㉟7 301
『동여도지』『東輿圖志』 ㉟304
동여진 東女眞 ⑫97 ⑮262 264 265 267 268 319~324
동영 東營 ㉚251
동예 東濊 ④6 237 ⑤19 40 49 58 169 170 ⑥30 234
동오대학 東吳大學 ㊼220
동옥저 東沃沮 ④6 149 209 ⑤40 169 170 172 178 196 199 ⑥29 30 ⑧146 148

65 ⑤①392
동제련도가니 銅製鍊도가니 ③229~231
동제사 同濟社 ㊼12 224~226 231 236
동제의학교 同濟醫學校 ㊹394
동제회 同濟會 ㊸213
동족마을(촌락) 同族마을(村落) ㉛6 82 93 228 570 ㉞161 163 167 171 173 175~177 ㊱58
동족촌 同族村 ①304
동종계 同宗契 ㉕288
동종지자 同宗支子 ㉕250
동종찬 董宗贊 ㊼137
동주 洞州 ⑫84 133 178 208 ⑳220
동주(철원) 東州(鐵原) ⑱7
동주공제 同舟共濟 ㊼225
동주산성 東州山城 ⑳175 242
동주전투 洞州戰鬪 ⑳220
동중국해 East China Sea 東中國海 ①52
동중서 董仲舒 ㉖39 41
동지 冬至 ㉑544 ㉜386 ㉝438
동지공거 同知貢擧 ⑬381 433 434 436 ⑱29 225 231 232
동지관사 同知館事 ㉓288
동지미포대표회 同志美布代表會 ⑤⓪371 372
동지사 冬至使 ⑮307 ㉜387 ㊲19 100 104 193 273 286
동지산성 冬只山城 ⑧321
「동지신죽」「東池新竹」⑰205
동지총제 同知摠制 ㉓58 249
동지회 同志會 ⑤⓪371 373~376 378~383 390 396 398 399 401 403
동진 東晋 ⑤50 ⑥18 41 ⑦101 411
동진(국) 東眞(國) ⑮365 ⑳185 319 322
동진대사 洞眞大師 ⑨299
동진사 同進士 ⑰57 59 ㉓327 328
동진정책 東進政策 ⑫33 36 62 64
동징 洞徵 ㉞233
동착(끌) 銅鑿 ③101 212 217
동창(동산) 童倉(童山) ㉒337 348 363
동창학교 東昌學校 ㊻217 218 ⑤①194
동척농장소작쟁의 東拓農場小作爭議 ㊾193
동천왕 東川王 ④251 ⑤35 41
동철 銅鐵 ㉗247 251 ㉚583 584 592
동첨도위 同僉都尉 ㉚294
동첨절제사 同僉節制使 ㉓33 236 237
동청고분군 東淸古墳群 ⑩209 241
동청철도 東淸鐵道 ㊷305 314 ㊹302
동청철도기선회사 東淸鐵道汽船會社 ㊹89
동청철도회사 Chinese Eastern Railway Company 東淸鐵道會社 ㊹89 100
동촉 銅鏃 ③211 313 475
동촉경 銅鏃莖 ③559
동추(송곳) 銅錐 ③217
동치통보 同治通寶 ㊲163
동침신전앙와장(법) 東枕伸展仰臥葬(法) ②434 435 440 512
동침앙와신전장분묘 東枕仰臥伸展葬墳墓 ②419
동탁 銅鐸 ③80 213 538
동탁은잔 銅托銀盞 ⑧199 259
동티 動土 ⑯353 355 ㉑180
동파관 東坡冠 ㉕311
동판 銅板 ⑧261
동편제 東便制 ㉟568 569
동평관 東平館 ㉒382 395 416 ㉗464 ㉜444
동평군 東平郡 ⑩78
동포 洞布 ㉜333 346 350 351 353 361 371~373 ㊱326 334
동포 銅泡 ③39 89 169 209 213
동포 橦布 ⑮282
동포전 洞布錢 ㊴278 360
동포제 洞布制 ㊲166 167 ㊴276
동학 東學 ①8 339 340 346 364 446 ㉞64 216 ㊱6 107 343 344 359 379 380 ㊲4 121~125 127 131 132 134~138 148 ㊴66 281 282~284 287~293 295~298 301 312 315 320 323 325~327 343 371 406 421

424 425 427 431 443 479 484 ㊹363 364
동학교 東學教 ㊻199
동학교단 東學教團 ㊻191 192 194 196
동학교도 東學教徒 ㊱354 355 357~359
동학교리 東學教理 ㊻205
동학구락부 東學俱樂部 ⑤187
동학군통문 東學軍通文 ㊴353
동학농민군 東學農民軍 ①8 ㊵37 148 182 197 209 222 ㊹367
동학농민봉기 東學農民蜂起 ㊵1 145 155 202 225 307
동학농민전쟁 東學農民戰爭 ①334 348~352 356 364 447 ㊱18 113 336 339 340 343 359 364 ㊲177 178 ㊵23 ㊸323 363 378 402 407 513 515 528 ㊹42 52 ㊺2 21 24 27 36 41 45 50 316 319 322 325~327 340 347 ㊻199 205 207
동학당 東學黨 ①356 ㊵171 186 210 ㊷ 134 ㊹412 ㊺326
동학란 東學亂 ㊱357 ㊵93
『동학란기록』『東學亂記錄』㊵125
동학비도 東學匪徒 ㊵185
동학사상 東學思想 ㊲136 139 ㊹368 ㊻ 200 203
동학여당 東學餘黨 ㊱364 376
동학의병 東學義兵 ㊵5 184 186 210 227
동합 銅盒 ⑧258
동항상회 東港商會 ㊴175
동해 東海 ①52 ㉜518
동해곡 東海谷 ⑤170
동현소학교 銅峴小學校 ㊶220
동호 東胡 ④64 78 82 99 121 123 145
동호족 東胡族 ④67 157 163
동화백자 銅畵白瓷(磁) ①307 ㉛9 519
동화병원 東華病院 ㊽273
동화사 桐華寺 ⑨411 514 554 ⑪48 183 185 ⑱10 182 ㉑396 397 ㉗225
동화원 桐華院 ㉔512
동화정책 同化政策 ㊼30 33 188 189
동화주의 同化主義 ㊽30
동화포 桐華布 ⑲340
『동환록』『東寰錄』㉟282
동회 洞會 ㉞274 ㊹318 ㊿390
동흥병원 東興病院 ㊽273
된소리 硬音 ㉟290
두경승 杜景升 ⑱45 46 50 51 54 55 59 135 ⑳56 57 81 83 84 86 88 132 133
두공양식 枓拱樣式 ⑧332
두곽 豆藿 ㉕367
두덕미 杜德美 ㉜485
두도 杜度 ㉙239 274
두도기 頭島期 ②311 316 446 495
두두 頭頭 ㉜395
두두리 豆豆里 351
두두을 豆豆乙 ⑯350 351
두두인 頭頭人 ㊱59
두락제 斗落制 ㉚424
두량윤성 豆良尹城 ⑨40 42
두레 ①320 328 ②507 ㉓195 ㉚443 ㉞ 178~180 ㉟599 ㊱4 5 65 67 75 76 119 132~135 144 149 ㊿385
두레꾼 ㊱133
두레패 두레牌 ㊱133 ㊿395
두롱이현 豆籠耳峴 ㉒164
두루마기 ㊿400 406 407
두루봉 ②49 81 101 103 233 243 246
두리그물(선망) 旋網 ㉝223
두막루(국) 豆莫婁(國) ④6 201 226
두만강 豆滿江 ①14 30 39 47 61 265 ⑮ 317 320 327
두모진 豆毛鎭 ㊳167
두모포 豆毛浦 ㉝300 476 ㊴140
두목 杜牧 ⑨331
두목 頭目 ㉝194 458 ㊱76 311
두목노 頭目奴 ㊱171
두묘제조법 痘苗製造法 ㊳196
두민 頭民 ㊱59 71 74 356
두방납 杜防納 ㉘85

두병국 豆餠局 ㊹477
두보 杜甫 ㉗297 303
두상 杜爽 ⑨42 44
두상대감 頭上大監 ⑦267 ⑨145 ⑪78
두세 斗稅 ㊴177
두송 杜松 ㉙224 231
두순 杜順 ⑨382 ⑯48 74
두시 杜詩 ㉖284
『두시언해』『杜詩諺解』㉖107 ㉗356 ㉛358 359 369
두시원악 豆尸原岳 ⑥160 ⑨38
『두시제가주석』『杜詩諸家註釋』㉒75 77
두씨 竇氏 ⑩ 85 156
『두양잡편』『杜陽雜編』⑩219
두오 豆烏 ⑨483
두은점 豆恩岾 ⑪80 ⑯11
두입지 斗入地 ㉓166
두창 痘瘡 ㉚328
『두창집요』『痘瘡集要』㉗143
두치장 豆治場 ㉝368
두침 頭枕 ⑧267
두타산 頭陀山 ㉑325 ㉖289
두탑약사삼존석불 頭塔藥師三尊石佛 ⑧482
두품제 頭品制 ⑦252 257~260
두향 頭向 ⑧334
두형방 頭刑房 ㉞99
둔갑술 遁甲術 ㊱90 99 187
둔내유적 屯內遺蹟 ③345 363 396
둔산동 屯山洞 ②358 389 390
둔아병 屯牙兵 ㉚262
둔유현 屯有縣 ④112 ⑥20 143
둔전 屯田 ①229 324 ⑫137 ⑬347 ⑭6 22 192~199 203 283 346 347 ⑲64 149 ⑳74 ㉓271 275 ㉚266 543 ㉜107 291 ㉝149 267 414 ㉟6 248
둔전경략사 屯田經略司 ⑳267
둔전경작 屯田耕作 ㉕216 ㉙142 143
둔전군 屯田軍 ⑳78
둔토 屯土 ㊹404
둘레머리 ○51404
둥근밑빗살무늬토기 圓底櫛文土器 ②358
둥근형몸돌 圓形石核 ②300
뒤알드 du Halde ㉜509 510
드 페르 De Fer ㉜518
드게트 Deguette ㊻136 139
드레이퍼 William H. Draper ○5284 88
드루 A. D. Drew ㊻290
드망즈 Florian Demange 安世華 ㊻45 46 61 68 ○51268
드브레 Devred 兪世俊 ○51268
득난 得難 ⑦258 259 268 ⑪46 50
득보 得甫 ⑱214
득성창 得城倉 ㉔525 529
득수국 得水局 ㉑168
득안성 得安城 ⑥84 183 196
득오 得烏 ⑦263 ⑨465
득오곡 得烏谷 ⑧319
득통 得通 ㉖282
들그물(부망) 石敷網 ㉝222
들놀음 野遊 ㉞125
들놀음패 野遊牌 ㊺319
들라뽀르뜨 Delaporte ㉜510
등가 登架 ㉗402
등가악 登歌樂 ㉑482~485
등가악현 登歌樂懸 ㉗399 402 403 ㉟552 553
등고 登高 ㉛579 ㉟610
등과전 登科田 ⑭222 226 275 ㉔28
등급연 等級烟 ⑨220
등기부 登記簿 ㊷74
등기제도 登記制度 ㊹144
등당고호(도토 다카도라) 藤堂高虎 ㉙21 114 203
등록세 登錄稅 ㊹135
『등록유초』『謄錄類抄』㉚200
등롱군 燈籠軍 ㉚273
등세창 鄧世昌 ㊵55
등소 等訴 ①331 ㊱12 66 72 75 307

309 315 329 333 365
등연달 鄧演達 ㊿271
등용문 登龍門 ㉓9
등용문신 登用文臣 ⑱218 222 242 243 245~247
등원도장 藤原道長 ⑮249
등원서사 藤原緖嗣 ⑩65
등원씨(가) 藤原氏(家) ⑮226 247 248 252
등원뇌충 藤原賴忠 ⑭460
등원중마려 藤原仲麻呂 ⑩104 130
등원충평 藤原忠平 ⑮369 370
등장 等狀 ㊱341 312
등주 登州 ⑨287 294 ⑩3 31 33 53 102 103 117 118 120 121 169 172 222 ⑪91 ⑫20 223 ⑮295 300
등준시 登俊試 ㉒118 ㉓328 335 350 351
등패 登牌 ㉚257
등황 藤黃 ⑧176
디드리히트 C. Diedricht ㊴130
디레크 히아이베르쓰 Direk Gijsbertz ㉜487
디아즈 Emmanuel Diaz 陽瑪諾 ㉟350
딘 William F. Dean ㊾413
딘스모어 H. A. Dinsmore ㊴25 64 65 111 126 ㊸52 ㊺24
딜롱 Dillon ㊲79 300 305 314
따비 ①183 476
딴죽거리 輪起 ㉟607
땅재주꾼 ㉟626
떡 ㉑576
떨잠 ㊶404
떼개 ②198
떼발(염홍)양식 (簾篊)養殖 ㉝235
떽세이라 Emmanuel Texeira ㉜476
뗀석기 뗀石器 ①175 176
뚜르개 錐 ②240
뚝섬 纛島 ㉝136 300 342 344
뚝섬불상 뚝섬佛像 ⑧221
뜬살림집터 臨時住居址 ②127

ㄹ

라구나 Francisco de Laguna ㉛304
라디겐스키 Ladygenskii ㊴72
라면집 拉麵집 ⑤①416
라므네 ⑤①416 428
라뻬루즈 La Pérouse ㉜495 520
라삐에르 Lapierre ㉜497
라셀레스 F. Lascelles ㊴78
라이트기념병원 라이트紀念病院 ㊻290
라이프찌히호 Leipzig號 ㊲310
라자레프항 Port Lazareff ㉜499
라즈드리노에 Razhdrinoe ㊹303
람스돌(도르)프 Vladimir V. N. Lamsdorff ㊶71 103 108 ㊷178 179 193 195
람스테트 G. J. Ramstedt ㊺251
랍 K. Rapp ⑤①269
랑게 Lange ㉜489 523
랑그렌 Langren ㉜514~516
랜디스 Landis ㊻291
램 Lamb H. H. ㉚309
랭던 William R. Langdon ⑤②33
랴오둥반도 遼東半島 ㊵15 16 47 58 59 61 71 72 78 85~89
랴오양 遼陽 ㊵62
량치차오 梁啓超 ㊵83 ㊸244 291 ㊺115 204 209 210 217 218 281 ㊻84 104 106 107 111 ㊼233 304
러베트 Robert A. Lovett ⑤②202 386
러불동맹 露佛同盟 ㊷169
러시아 露西亞 ㊷297
러시아공사관 露西亞公使館 ㊻297 304
러시아정교회 露西亞正教會 ㊻164
러시아혁명 露西亞革命 ㊵90 ㊼231 275 ㊾64
러시아황태자 露西亞 皇太子 ㊵19
「러일범인인도조약」「露日犯人引渡條約」 ㊼199
러일전쟁 露日戰爭 ①357 360 365 ㊴220 266 ㊵5 16 84 89 94 291 ㊶61 104 127 ㊷61 ㊸1 2 4 5 7 9 23 36 41 57 59 63 73 109 135 165 167 183 184 198 235 237 239 250 285 296 306 382 383 385 407 414 438 485 495 ㊹157 ㊺42 43 88 124 125 275 335 336 ㊻59 65 76 85 ㊼1 39 50 53 63 74 89 94 98 100 103 121 127 180 204 229 238 ㊽55 ㊾360
러일협약 露日協約 ㊸69 ㊼199 200
러취 Archer L. Lerch ⑤②190
러토전쟁 露土戰爭 ㊲271
러한은행 露韓銀行 ㊶106 ㊷102
런던선교회 倫敦宣敎會 ㊻160
레닌 Lenin ㊾63 378 439
레메쪼프 Remezov ㉜517
레미옹 Rémion ㊺350
레밍턴총 레밍턴銃 ㊴481
레베데프 Лебедев Н. Г. ⑤②209
레비 Laivitte ㊻140
레비레이트혼 levirate婚 ①129
레사르 Paval M. Lessar ㊷182
레옹 뱅카르 Léon Vincart 方葛 ㊲316 ㊻303
레이놀즈 W. D. Reynolds ㊻164 166 171 188
레지스 Regis ㉜411 485 509 519
레짜노프 Lezanov ㉜496
레후 Lekhu ㊹304

로나호 The Rona ㉜501
『로동신문』『勞動新聞』㊿456
로드리게스 Johanes Rodriguez ㉛323 ㉜522
로마넨꼬 Романенко П. Р. ㊿426
『로마자신편창가집』『羅馬字新編唱歌集』㊿302
로만 글라스 Roman Glass ⑧263 ⑨316
로만·오리엔트 Roman-Orient ⑨316
로바노프 A. B. Lobanov ㊵82 ㊶54 61 71 90 104 105 ㊷17
로바노프─야마가타의정서 Lobanovr－山縣 Protocol ㊵296 ㊶62 72 102 107 142 ㊷165 175
로베르 Robert ㊻145
로베르토 Achille Paule Roberto ㊻305
로벨 Lovell ㊻303
로스 Joel Baker Ross ㊺249 ㊻160 164 165 182 188 291
로스땡 Rostaing ㉜520
로오드 애머스트호 The Lord Amherst號 ㉜496 ㊲5 219
로우 F. F. Low ㊲196 197 198
로우엘 Percival Rowell 魯越 ㊳139
로이드 Lloyd George ㊽125
로이터 통신사 Reuter通信社 ㊵56
『로이터』『Reuter』㊻26
로제티 Carlo Rosetti 魯士德 ㊶141
로젠 Romanivich R. Rosen ㊶106 ㊷17 193 214 231
로젠－니시 協定 Rosen－西 Convention ㊶107 142 331 ㊷17 165 175
로즈 P. G. Rose ㊻138 160
로즈 Roze ㊲74 78 108 189~192 194 314
로트 L. Roth 洪泰華 ㊿267 269
록힐 Rockhill ㊴65
롱고바르디 Longobardi ㉜483
루나 Luna ㊿421
루미스 Henry Loomis ㊻161 165 188
루시엥 파브로 Lucien Febvre ㉚306
루씨여학교 樓氏女學校 ㊹387 ㊺95
루이알바레즈 L. Alvarez ㉚316
루이필립 Louis Philippe ㉜477
루존 Luzon ㉜477
루즈벨트 Theodore Roosevelt ㊷212 215 231 ㊸39 45~47 55~58 63 158
루트 Elihu Root ㊷210
루퍼스 W. C. Rufus ㊿285
룽쉬다오 龍須島 6㊵0
룽청 榮成 ㊵59
뤼쉰 旅順 ㊵57 59
뤼쉰구오 旅順口 ㊵47
류공다오 劉公島 ㊵60 62
류부찬 劉步蟾 ㊵60
르네상스식 Renaissance式 ㊹492 ㊻296 297
르젠드르 Charles W. LeGendre 李善得 ㊴29 30 32 64 101 110 125 126 154 ㊵69 109 148 181 266 ㊶361 377 ㊷41 42 44 49 ㊹422
르페브르 G. Lefevre 盧飛鳥 ㊶56
리 John G. Lee ㊴62 127
리(동) 里(洞) ⑬208 210 215 219
리델 Ridel ㊲74 79 186 188 190 ㊻135 139 145 151 160
리라호 The Lyra號 ㉜496 508
리빙헝 李秉衡 ㊵60
리앙꾸르호 La Liancour號 ㉜498
리이트 C. Riedt ㊴130
린제이 Hugh H. Lindsay ㊻158

ㅁ

마가 馬價 ㉘101
마가 馬加 ④202 205 21 ⑤208
마가리타유적 曲り田遺蹟 ③565
『마가복음(서)』『Mark福音(書)』㊻161 188
마가요문화 馬家窯文化 ③11 232
마거 馬陆 ⑦235
마건상(마지엔창) 馬建常 ㊳346 ㊴115 ㊵30
마건충(마지엔총) 馬建忠 ㊲12 79 82 293 296~301 305 309 310 315 ㊳87 134 190 325 345 ㊴15 ㊵30 ㊹35
『마경』『馬經』㉔592
마계 馬契 ㉝144 255 328 371
마계공인 馬契貢人 ㉝321
마고자 馬褂子 51406 409
마곡사 麻谷寺 ㉟139
『마과회통』『麻科會通』㉟373
마군 馬軍 ⑪163 164 ⑫27 37 ⑬278 281 303 309 ⑭48 58 240 241
마군장군 馬軍將軍 ⑫23 25 26 28 ⑬281
마귀 麻貴 ㉙114 120
마금희 馬金喜 52365
「마꾸안(마관)조약」「馬關條約」㊵15
마나문노 麻奈文奴 ⑧487
마노궤 馬瑙櫃 ⑩219
마단림 馬端臨 ⑮290
마당극 마당劇 51384
마대 馬隊 ㉚275
마도 麻都 ⑦358 361 362
마도산 馬都山 ⑩33 102 121
마도산전투 馬都山戰鬪 ⑩121
마두 馬頭 ⑧318 ㉝441
마라난타 摩羅難陀 ⑥242 ⑦411 ⑧1 57 59
마라도 馬羅島 ①76~80
마랑이도 馬郞耳島 ㉔571
마려 馬黎 ⑥17
마루 ㉕353~354
마루기와 ⑧267
마루야마 시게도시 丸山重俊 ㊷235 287 289 ㊸86 ㊹280
마르코 폴로 Marco Polo ㉜474
마르띠노 마르띠니오 Martino Martinio ㉜505
마르띠니 Martini ㉜505 517
마르크스 K. Marx ④12 ㊾66 287 288 371 382
마르크스주의 Marxism ㊾397 405
마르크스주의사학 Marxism史學 ㊺285
마르텔 Martel ㊷224
마름 舍音 ㉝92 93
마리 摩離 ⑤40 ⑥17
마리산 摩利山 ⑫115 ㉖291
마리아노로뻬스삐멘뗄 Mariano Lopez Pimentel ㉜491
마리이 馬里伊 ㉜486 493
마리지천도량 摩利支天道場 ⑯144 178 182
마림 馬林 ㉙231
마립간 麻立干 ①197 199 416 ⑦3 61 77 161 162
마마해권관유방처 馬馬海權管留防處 ㉒155 157
마무 馬武 ⑥90 91
마문토기 馬文土器 ⑦15
마미군 馬尾裙 ㉕319
마별초 馬別抄 ⑱5 7 99 129 144 177

281 284
마진 摩震 ⑫2 17 24 67 69 ⑭38 64
마진성 馬津城 ⑦363
마차해 麻且奚 ⑦341 348
마츠마에 죠 松前讓 ㊻282
마츠시마 松島 ㊵44 52 55
마츠오 시케키 松尾茂樹 ㊿414
마츠오 켄노스케 松尾元之助 ㊹97
마츠카타 마사요시 松方正義 ㊵77
마츠테라 다케오 松寺竹雄 ㊹423 428
마치 麻齒 ⑥92
마카오 Macao 澳門 ㊻149
마태우스 이보켄 Mattheuse Ibocken ㉜ 489
마테오리치 Matteo Ricci 利瑪竇 ㉛308 313 314 317 319 324 325 328 ㉜416 476 482 504 517 ㉟85 350 365 ㊲29 ㊺202
마튜닌 N. G. Matiunin ㊶106 123 329 335 ㊻53
마팔국 馬八國 ⑮377 ㉒427
마패 馬牌 ①276 ㉔9 509
마포 麻布 ⑦231 ⑲317 ㉝59 358 384 ㊿410
마포 麻浦 ㉝136 246 300 335 339 374 379 384 388
마포미상회사 麻浦米商會社 ㊹189
마포미전 麻浦米廛 ㉚520 522
「마포사험장정」「麻浦査驗章程」㊹93
마포염전 麻浦鹽廛 ㉚521
마필교역 馬匹交易 ㉒306 318
마하룡 馬河龍 ㊼377
『마하반야바라밀다심경해』『摩訶般若波羅蜜多心經解』㉗223
마하파화풍 馬夏派畵風 ㉗9 537 557 558 566
마한 馬韓 ④7 192 195 273 ⑥13～15 20 22～24 27 28 30 33～36 39 40 116 117 134 138 154 ⑦1 3 238 323 ⑧147 371 ⑨36
마한소국 馬韓小國 ⑤30
마한어 馬韓語 ⑥241
마한연맹체 馬韓聯盟體 ⑥25
마한정통론 馬韓正統論 ㊺265
마한주 馬韓主 ⑥41
마헐탄 馬歇灘 ⑫164
마형대구 馬形帶鉤 ①106 ⑧339 340
마형토기 馬形土器 ⑦15
마호 馬戶 ㉝263
마호보 馬戶保 ㉝264
마호입역 馬戶立役 ㉝263
마황 麻黃 ㉗120
마훼이오 Pedro Maffeio ㉜514
마희 馬戱 ⑧392
막가외 莫可畏 ㉜490
막객 幕客 ⑨25
막고 莫古 ⑦375
막고해 莫古解 ⑧98 472
막리지 莫離支 ⑤99～101 128 139 143 161 166 210
막목(마쿠모) 莫目 ⑧380 381 ⑨618 619
막벌이꾼 ㊹354
막부 幕府 ⑥174
막부업무도 幕府業務圖 ⑧181
막부장군 幕府將軍 ㉝471
막부정권 幕府政權 ⑮226 251
막부제 幕府制 ⑤56
막새기와 ⑧266 267
막세 幕稅 ㉝198 208 209
막스 웨버 Max Weber ⑫183
막실소작인 막실小作人 ㊿413
막장 幕將 ㉞197
막집 ②128
막집자리 ②114
막집터 ②128 129
막하라수지 莫何邏繡支 ⑤181
막힐부 鄚頡府 ⑩165 170
만강대 彎强隊 ㉕231

만경 萬頃 ㉓293
만과 萬科 ㉓356 ㉕74 ㉞31
만과설행 萬科設行 ㉓354
만교 滿教 ⑨381
만국공법 萬國公法 ㉜473 ㊲323 ㊳57 70 87 333 ㊷14 16 22 29 ㊸90 ㊺5 6 18 49 204 222
『만국공법요략』『萬國公法要略』㊺222
『만국공보』『萬國公報』㊺204
만국기자협회 萬國記者協會 ㊸311
『만국사』『萬國史』㊺115
『만국사기』『萬國史記』㊺113 205
『만국사물기원역사』『萬國事物紀原歷史』㊺ 221
만국선교사회의 萬國宣教師會議 ㊻183
만국우편연합 萬國郵便聯合 ㊹230
『만국정표』『萬國政表』㊻29
『만국지지대요』『萬國地誌大要』㊺186
만국평화회의 萬國平和會議 ㊹54 ㊼317
만권당 萬卷堂 ㉑149 245 347 423
『만기요람』『萬機要覽』①325 ㉓38 ㉔128 ㉚500 501 505 506 567 ㉜226 228 229 253 254 ㉝165 220 224 385 ㉟7 333
만달리 萬達里 ②39 69 71
만달리동굴 萬達里洞窟 ②48 49
만달리동굴유적 萬達里洞窟遺蹟 ②38 121 197 220 300
만달사람 萬達人 ②81 83 121 123
만당 卍黨 ㊿209 210
만대엽 慢大葉 ㉗423 ㉛555~557 559~561
만덕 萬德 ①496 498 ⑧9 167 374
만덕사 萬德寺 ㉟133 135
『만덕사지』『萬德寺志』㉟135
만덕산 萬德山 ㉖283
만도 晩稻 ㉕326 ㉗174
만동묘 萬東廟 ㉛293 ㉟42 44 ㊲161 228
만등조법 萬燈釣法 ㉝226
만등회 萬燈會 ⑯153
만력통보 萬曆通寶 ㉚582 586
만령전 萬齡殿 ⑭178 254 255
만리집단 萬離集團 ⑤39
만리창제분제미공장 萬里倉製粉製米工場 ㊻ 324
만리현 萬里峴 ㉝380
만명 萬明 ⑨19
『만문삼국지』『滿文三國志』㉟280
『만물보』『萬物譜』㉟335
만민공동회 萬民共同會 ①355 ㊳11 ㊶ 161 231 248 252 321 327 391 ㊷52 55 ㊸186 243 299 ㊹200 ㊺40 293 330 ㊻ 48 52 105 108
만보당 萬步幢 ⑨141
만보산사건 萬寶山事件 ㊽346 ㊿232 314 375
만복사 萬福寺 ⑰254 253 255 272
만부교 萬夫橋 ⑫71
만부교사건 萬夫橋事件 ⑩76
「만분가」「萬憤歌」㉗7 356 360
만불산 萬佛山 ⑨436
만불향도 萬佛香徒 ⑯189 192
만산군민 漫散軍民 ㉒278 318 319
만삼회사 蔓蔘會社 ㊷143
만상 灣商 ①316 336 ㉞68 ㊱218
만상객주 灣商客主 ㉔170 171
만상후시 灣商後市 ㉝454 ㉞71
「만석동회선령」「萬石洞廻船令」㊴184
만석보 萬石洑 ㊴311
만석중놀이 ㉟594
『만선동귀집』『萬善同歸集』⑯39
만선사관 滿鮮史觀 ㊺275
만세 萬世 ⑦128 129
만세꾼 萬歲꾼 ㊼351
만세덕 萬世德 ㉙126 ㉚583
『만세보』『萬歲報』㊸148 205 279 300 324 ㊺44 228 ㊻29 61 67 70 77 78 81 204 ㊼128 ㊿180
만세시위(운동) 萬歲示威(運動) ㊼348~350

353 354 360 362 369 371 373~375 377 386 389 391
만송원 萬松院 ㉜441 459
만수대 萬壽臺 ⑫223
만수도장 萬壽道藏 ⑯285 288
만수무 萬壽舞 ㊿355
만수방 萬壽房 ⑨545
만아루지 挽阿樓址 ⑧307
「만언봉사」「萬言封事」㉘112 364
「만언사」「萬言詞」㉟399
만언소 萬言疏 ㊸93
만우 卍雨 ㉖283 284
만월대 滿月臺 ⑰243 245~249
만월부인 滿月夫人 ⑨107
만월성 滿月城 ⑨149 593
만이복 蠻夷服 ①131
만인계 萬人契 ㉞278
만인소 萬人疏 ㉞45 ㊳226 243 247
만일미타도량 萬日彌陀道場 ⑯189
만일사 晩日寺 ⑧61
『만일암지』『挽日庵志』㉟135
만일염불회 萬日念佛會 ㉟131
만일참선결사회 萬日參禪結社會 ㊿207
만자문 卍字文 ㉗489 493 502 506
만적 萬積 ⑱9 153 215 ⑳76 138 140 141 143 178
만적의 난 萬積의 亂 ⑳17 108 141
만전 萬全 ⑯215 216 ⑱4 74 154
만전춘 滿殿春 ①500
「만전춘별사」「滿殿春別詞」㉑260 266 275
『만조보』『萬朝報』㊵102 107
만종 晩鐘 ⑨523
만종 萬宗 ⑱74
만종재 萬宗齋 ㊿227
만주사변 滿洲事變 ①378 ㊼107 ㊿1 127 276 278 284 377 ㊿114
만주식동검 滿州式銅劍 ③209 409
만주어 滿洲語 ㉟279 295
『만주원류고』『滿洲源流考』⑥249
만주이주사업 滿洲移住事業 ㊿85
『만주일보』『滿洲日報』㊿70
만주제분 滿洲製粉 ㊿420
만주철도 滿洲鐵道 ㊼95
만주철병조약 滿洲撤兵條約 ㊸32
만천홍 滿天紅 ㊿334
만청려 萬青藜 ㊲95 111 209
만촌동유적 晩村洞遺蹟 ③175
만파식적 萬波息笛 ⑨4 119 336 602 603
만포 滿浦 ㉓359
만포 灣包 ㉝454 456 458 459
만포구자(행성) 滿浦口子行城 ㉒152 182 183
만포진 滿浦鎭 ㉙ 218 221 225 234 235
만한경영 滿韓經營 ㊷294 ㊹142
만한교환론 滿韓交換論 ㊶106 330
만한교환정책 滿韓交換政策 ㊶145
만한집중이민론 滿韓集中移民論 ㊹133
만한척식책 滿韓拓殖策 ㊷299
만호 萬戶 ⑱108 ⑲52 58 65 66 ⑳268 331 ㉓207 237 ㉔333 ㉕89 90 ㉘98 ㉜406
만호부 萬戶府 ⑬55 ⑲51 52 62
만호유방처 萬戶留防處 ㉒157
『만화집』『晩華集』㉟564
만회세도 挽回世道 ㉜74
만횡청류 蔓橫淸類 ㉛425
만흥사산성 萬興寺山城 ⑨594
말 襪 ⑨240 250 ㉕299 301 309 312 317 ㊹460
말각장방형주거지 抹角長方形住居址 ②408
말각형집터 末角形住居址 ③396
말갈 靺鞨 ④200 ⑤93 114 118 199 200 203 208 ⑥21 22 28 29 117 138 234 ⑦ 29 ⑨24 55 ⑩8 10 20 42~47 50~52 54 102 103 115 156 157 159 183 184 210 211 217 219 229 245 ⑮ 257
말갈계 靺鞨系 ⑩6 7 9 44 49 51 52 54 228 229 244 245
말갈발해 靺鞨渤海 ⑩54 229 230

말갈부락 靺鞨部落 ⑩4 18 19 30 32 34 38 42 64 160
말갈인 靺鞨人 ⑩158 159 170 229 232
말갈족 靺鞨族 ⑩1 6~8 15~20 23 24 30 31 42~44 46~52 55 71 77 159 161 167 210 229 244 ⑫71
말군 襪裙 ㉕304 307 308 319
말금한기 末錦旱岐 ⑦375
말 다래 ⑧267
말라 襪囉 ⑩76
말세의식 末世意識 ⑪138 140 141
말염 末鹽 ⑲375
『말의 소리』 ㊺229 259 260 (51)45 106
말자상속 末子相續 ①72
말장곡 末醬斛 ㉔611
말타 유적 Malta遺跡 ②296 300
맘 mam ⑧380
망곡식 望哭式 (47)319
망곡처소 望哭處所 ㊳289
망궐례 望闕禮 ㉛571 ㉜384
망기 網機(基) ㉝220
망년우 忘年友 ⑱244
망덕사 望德寺 ⑨538 ⑪16
망라사방 網羅四方 ⑦92
망룡단 蟒龍緞 ㉚603
망문상전 望門床廛 ㊶220
망상 望床 ㉛621
망새 ⑧429
망소이 亡所伊 ⑱8 128 ⑳98 99
망신참 亡身懺 ⑨370 411
망어법 網漁業 ㉔400 409
망원경 望遠鏡 ㉟355
망월구락부 望月俱樂部 (49)283 284
망이 亡伊 ⑱8 127 148 212 ⑳88 98 99 101 104 108
망이·망소이 亡伊·亡所伊 ⑱8 213
망자천도 亡者薦度 ㉛397
망장 望將 ㉙ 199
망제 望祭 ⑧38
망치떼기 ②116
망하조약 望厦條約 ㊲2 52 53 63 65
망해과 望海堝 ㉒271 272 275
망해둔(문화) 望海屯(文化) ④155 162 168
망해정 望海亭 ⑥195
망해진 望海鎭 ⑨298
맞배지붕 ㉑368 370 ㉛529 530
맞이굿 迎神祭 ④222
맞춤법통일안 맞춤法統一案 ①391
매(응) 鷹 ㉝471
매곡성 昧谷城 ⑪112
매곡현 昧谷縣 ⑫31
매골승 埋骨僧 ㉕383 384
매관매작 賣官賣爵 ㉓355 ㊱286 340 370
매광합자회사 煤礦合資會社 ㊹188
매구루 買溝婁 ④185 200
매국당 賣國黨 ㊸314
매금왕 寐錦王 ⑦91 116 186 188 249
매뉴팩처 Manufacture ㉝163 167 168
매득 買得 ⑲7 234 238 244 246 253 254 ㉞132
매득노비 買得奴婢 ㉞134
매득전 買得田 ㉛97
매득지 買得地 ㉚461
매매문기 賣買文記 ㉝84
매몽설화 買夢說話 1⑰82
매신라물해 買新羅物解 ⑨200 310 311
매음도 煤音島 ㉔571
『매일신문』 『每日新聞』 ㊳67 ㊶309 394 ㊸318 ㊺228 296 ㊻2 36 47~49 51~58 61 (47)128 (49)418 (50)54~57 261 (51)57 58 61 63 64
『매일신보』 『每日申報』 ①463 ㊻67 69
매작모속 賣爵募粟 ㉞29
매잠산 梅岑山 ⑨298
매장풍습 埋葬風習 ②264
매점상업 買占商業 ㉟252
매제 禖祭 ㉖214
매조성 買曹城 ⑫45

『매주평론』『每週評論』㊼405
매지권 買地券 ⑧3 30 98 120 349 477
『매천야록』『梅泉野錄』㉓341 ㉜219 ㊸321 ㊺79 126 271 272
매초(소)성전투 買肖(蘇)城戰鬪 ⑨63 64
매축회사 埋築會社 ㊹194
매치원 埋置院 ㉕364
매카트니(사절단) Sir George Macartney(使節團) ㊲38 39 43
매켄지 F. A. McKenzie ㊷219 ㊺66 ㊻79 164
매클레이 Robert S. Maclay ㊳72 ㊻162 288
매킨리 William McKinley ㊻36
매킨타이어 John MacIntyre ㊺250 ㊻161 164 165 188
매탄작업 埋炭作業 ㉚580
매판덕대 買辦德大 ㊶166
매판자본 買辦資本 ㊽74
매판자본가 買辦資本家 ㊼13
매향 買鄕 ㉞103
매향 賣鄕 ㉞38 104 259 ㊱5 71 72 220~222 225 228 231 233 259
『매헌선생집』『梅軒先生集』㉗229
맥 貊 ④67 69 70 123 ⑤18 19
『맥경』『脈經』㉕376
맥국 貊國 ⑥22 ⑦49
맥근전 麥根田 ㉔105
맥길 W. B. McGill ㊻182 289 290
맥도날드 Claude MacDonald ㊷177
맥레비 브라운 McLeavy Brown ㊷218
맥류 麥類 ㉕359 ㊿419
맥밀란 K. McMillan 孟美蘭 ㊻291
맥분전법 麥糞田法 ㉔107
맥아더 Douglas MacArthur ㉜138 139 144 421
맥인 貊人 ④157
맥작기술 麥作技術 ㉚433
맥족 貊族 ①146 ④70 ⑤1 2 18
맥종 貊種 ⑩63
맥케이 Willam Mckay ㊳195 ㊴131
맥큔 G. S. McCune ㊺116
맥포 貊布 ⑩166
맨함 A. W. Marnham 萬咸 ㊻67 ㊿63
맷돌 ①185
맹가첩목아(맹가티무르) 猛哥帖木兒 ㉙213~215
맹교 孟郊 ㉗306
맹분위 猛賁衛 ⑩151
맹선 猛(孟)船 ㉔339 341 342 344 345 352~356 358 359
맹손 孟孫 ㉓283
맹씨행단 孟氏杏壇 ㉕337
맹아학교 盲啞學校 ㊻185
맹안 猛安 ⑩152
맹안모극제 猛安謀克制 ⑮241
맹영재 孟永在 ㊴444
『맹자』『孟子』㉓16 283 285 341 ㉖39 40 54 55
맹철호 孟喆鎬 ㊽282
머리빗(소) 梳 ⑨242
머슴 ㊱125 133 176 303 340
먹 結 ㉔603 604
먼로선언 Monroe Doctrine ㊸62
먼로주의 Monroe主義 ㊵18
메가타 타(다)네타로 目賀田種太郞 ①358 ㊷227 301 318~320 323 325 327 328 336 338 350 ㊸44 135 135~157 505 ㊹18 102 116 184 232 ㊺334 ㊼79 83
메논 K. P. S. Menon ㉜205 206 391
메도우즈상사 Meadows商社 ㊲195
메레쯔코프 Мерецков К. А. ㉜424
메르데르발트 Pompe van Meerdervalt ㉜512
메르텐스 A. H. Maertens 麥登司 ㊳164 165
메리놀수녀회 메리놀修女會 ㊻292
메리야스(공)업 mediass(工)業 ㊽74 76 78

메릴　Henry F. Merrill 墨賢理　㊴21 40 41 126 153 ㊹208
메벼　㉕326
메이데이　May Day　㊾115 116 250~252 442 ㊿195
메이어 컴퍼니　Edward Meyer & Co.　㊹111
메이어스　John G. Meyers　㊹313
메이지대학　明治大學　㊿428
메이지유신　明治維新　㉜460 ㊲205~207 217 220 224 255 257 322 ㊳54 68 ㊵6 11 19~21 23 25 27 88 164 178 ㊷49 ㊺205 ㊼100
메이지정부　明治政府　㊲220 227 254
메주　⑧453 ㉛628
멕스웰　Murry Maxwell　㉜508
멜리오드　M'Leod　㉜508
며리계　旀里界　㉜499
멱복취어법　羃袱取魚法　㉝227
면　面　㉓141 165 190 316 146 ㉞196 197 200 201
면강첩　免講帖　㉞119
면계법　面啓法　⑬149
면농　綿農　㉚446
면류관　冕旒冠　㉕298~300
면리임　面里任　㉓188 191
면리제　面里制　①258 267 ⑬206 210 ㉓4 5 125~127 140 143~145 164 165 177 189 315 ㉘144 ㉛76 ㉜25 ㉞180 189 194~200 212 215 242 ㊱57 59 143
면방직업　綿紡織業　㊹213
면복　冕服　㉕298 ㉛606
면부면세　免賦免稅　㉜365
면부출세　免賦出稅　㉜365 ㉝264
면상감　面象嵌　㉗496
면석　面石　⑧275
면석착인　面石捉人　⑦230
면세결　免稅結　㉜172 178
면세전　免稅田　㉜166 364
면세출부　免稅出賦　㉜365
면실유　棉實油　51414
「면앙정가」「俛仰亭歌」㉗8 357 359 ㉛424
면약　面約　51390
면업　綿業　㉔259 260 281~285 289 291 ㉝395 418
「면에 관한 규정」「面에 關한 規定」㊹456
면역　免役　㉓365 ㉕115 123 126 128 132 147 148 154 ㉜121 ㉞28 208
면역법　免役法　㉓157
면역인구　免役人口　㉞32
면역전　免役田　㉛97
면역층　免役層　㉞21 26 28 32 ㊱49
면역호　免役戸　㉞33
면임　面任　㉜295 ㉞19 37 90 197 ㊱36 43 46 74 76 142 143 246 288 305 309 ㊴366
면자전　綿子廛　㉝318
「면장직제칙령안」「面長職制勅令案」㊹455
면장협의회　面長協議會　㊷351
면제　面制　㊹456
면제품　綿製品　㊹153　158
면조　面操　㉚269
면조권　免租權　①253 ⑭3 72 74~76 79 82 207 ㉔34 44 ㉘46
면조지　免租地　㉔23 45
면주갑사　綿紬甲士　㉘96
면주전　綿紬廛　㉔128 129 143 147 ㉚523 524 ㉝170 318 ㊶220
면중왕　面中王　⑥174
면직물공장　綿織物工場　㊽72
면직업　綿織業　㉝358 419
면천　免賤　㉓311 ㉞145 146 151 154
면천　沔川　⑫80
면천논상　免賤論賞　㉞145
면천종량　免賤從良　㉛147 150
면천향전　沔川鄕戰　㉞252
면포　綿布　⑲317 ㉔279 287 290~292

㉘119 120 126 131 ㉚444 518 581 582 590 ㉝4 364 384 418
면포가 綿布價 ㉝407
면포교역 綿布交易 ㉔288 289
면포배갑 綿布背甲 ㊻310
면포전 綿布廛 ㉔128 129 131 ㉝318
면향 免鄕 ㉕128
면협의회 面協議會 ㊽35 40
면화 棉花 ㉝57 357 358
면화계공인 棉花契貢人 ㉝321
면화재배협회 棉花栽培協會 ㊼68
면화증산계획 棉花增產計劃 ㊿80
면황 棉荒 ㉝408 409 423 425
면회 面會 ㊱60 ㊶269
면훈장제 面訓長制 ㉛236
면흑예은 面黑禮銀 ㉔135
멸치 滅致 ㉝217 224 238
멸치망 滅致網 ㉝217 221 222
명 銘 ㉓331
명가 名家 ㉞34
명경 明經 ⑫103 185 ㉓337
명경업(과) 明經業(科) ①240 ⑫186 187 ⑬5 392 369 391 406 407 415 417 424 427 ⑯221 222 228 256 270 322 ⑰194 ㉓340 337 347
명고축출사건 鳴鼓逐出事件 51206
명곡서원 鳴谷書院 ㉗227
명과학 命課學 ㉓351 363 ㉗54 ㉞69
명관 命官 ㉓351
명관 明觀 ⑦126 129 ⑧74 ⑨297 322 372
명광개 明光鎧 ⑥128 223
명기 明基 ⑪26
명길 明吉 ⑫25 38
『명남루』『明南樓』㉞81
명덕 明德 ㉒264 ㉟38 51~54 63
명덕광산 明德鑛山 ㊿178
명덕태후 明德太后 ⑲134 180
명도시 明道詩 ㉗287
명도전 明刀錢 ③19 54~56 343 ⑤2 18 ④117 128~131 141 142 145 184
명도회 明道會 ㉟108
명동서숙 明東書塾 ㊸332 ㊺83 ㊼181
명동성당 明洞聖堂 ㊻299
명동여학교 明東女學校 ㊺84
명동주교관 明洞主敎館 ㊻297
명동중학 明東中學 ㊺83
명동학교 明東學校 ㊸332 ㊺83 136 ㊻218 219
명란 明卵 ㉝237
명랑 明朗 ⑨372 383 398 414 415
명량 鳴梁 ㉙119 203
명량대첩 鳴梁大捷 ㉙119
명량해전 鳴梁海戰 ㉙68 203
명령항로 命令航路 ㊹76 82 87 100 105
명례궁 明禮宮 ㉚460 ㊶79 ㊷22
명례궁장토 明禮宮庄土 ㊹405
명론 命論 ㉖63 65
명륜당 明倫堂 ㉓35 281 282 301 328 335 ㉖21 ㉗475 476 ㉛529 533
명륜연성소 明倫鍊成所 51237
명륜전문학원 明倫專門學院 51236
명륜학교 明倫學校 ㊸212
명률 明律 ㉓59 323
『명리전』『明理傳』㊻201
명림답부 明臨答夫 ⑤34 40 151 155 164 168 179
명림씨 明臨氏 ⑤47
명명덕 明明德 ㉟32 36
명목가치 名目價値 ㉚588 590 593
명목화폐 名目貨幣 ㉔183 189 191 192
명문전 銘文塼 ⑧264
명반 明礬 ㉚601 ㉝475
명법 明法 ㉖300
명법업 明法業 ⑬394
명복 命服 ㉕304 305 307 319
명부시왕 冥府十王 ㉖293
명분론 名分論 ㉜26 27 28 29 30 31 32 37

38 42
명사 明使 ㉒299~301
『명사』『明史』⑫68
『명사강목』『明史綱目』㉟188
명사리옹관 明沙里甕棺 ③357
명사리유적 明沙里遺蹟 ③178 344
명산대천 名山大川 ㉖213 214 229
명서업 明書業 ⑬395 411 430
명선공주방 明善公主房 ㉚569
명성왕후 明聖王后 ㉚156
명 성조 明 成祖 ㉒247~249 257 262 272 278 279 292 307
명성황후 明成皇后 ㊵30 82 93 ㊷33 ㊹56
명성황후살해사건 明成皇后殺害事件 ㊵57
명승명소도 名勝名所圖 ㉑425
명식 明式 ⑪114 ⑫64
명신여학교 明信女學校 ㊺95
명안달례 明安達禮 ㉜403 403
명예혁명 名譽革命 ㊲36
명오 明悟 ㉖298 300
명오리 鳴梧里 ②36
명오리큰길가유적 鳴梧里大路邊遺蹟 ②97
명오리유적 鳴梧里遺蹟 ②163 174
명완벽 明完壁 ㊺334
명월관 明月館 ㊹476
명월암방천 明月巖防川 ㉘ 353
명의 名義 ㊴411
『명의록』『明義錄』㉟196
명의택 明義宅 ㊿255
명일방물 名日方物 ㉔467 470
명적 鳴鏑 ⑧387
명전 明錢 ㉔173
명전 名田 ⑬356 ⑭77 78 81 144 243
명절음식 名節飮食 ㉑575
명정문 明政門 ㉛522 523
명정전 明政殿 ㉛522~524
명제세 明濟世 ㊾180
명조 明照 ㉛400
명조대사 明照大師 ㉙288
명족의식 名族意識 ㉘182
명종 明宗 ⑫179 ⑱2 4 8~10 18~21 25 27 29~32 36 37 41~47 51~54 56 58 63 64 81 82 85 127 134~136 148 ~150 164 165 178 199~206 208~210 212~214 216 217 222~224 226~231 235
명종비 심씨 明宗妃 沈氏 ㉚35
『명종실록』『明宗實錄』⑰158 ㉑351
명주 明州 ⑨297 ⑮244 253 291 296 297
명주 溟州 ⑪73 76 114 131~138 157 ⑫ 12 23 26~28 34 37 38 43 45 83 156 223
명주군왕 溟州郡王 ⑫27
명주도 溟州道 ⑬263
명주민 溟州民 ⑳136
명주장군 溟州將軍 ⑫126
명지도 鳴旨島 ㉝248
명지성 命旨城 ⑫29 45 59
명진여학교 明進女學校 ㊺101
명진학교 明進學校 ㊺52 ㊻129
명찰 名刹 ㉖276
명천농민조합 明川農民組合 ㊿137
명태 明太 ㉝213 214 218 233 237
명 태조 明太祖 ㉒248 276 277 286 287 293 294 313 314 316 317
명파 名疤 ㉜371
명학루 鳴鶴樓 ⑨545
명학소 鳴鶴所 ⑱8 213
명학소민 鳴鶴所民 ⑳17 99 101 102 104
명현석보 名賢碩輔 ㉞35
명현자손 名賢子孫 ㉞28
명호옥(나고야) 名護屋 ㉙21 28 95
명화동고분 明花洞古墳 ⑧363 364
명화적 明火賊 ①329 330 ㉜41 ㊱8 9 13 68 101 104 119 144 161 165 167~175 188 194 200 291 295 336 341 342 345 353 367
명환 名宦 ㉓345
명활산성 明活山城 ⑦115 195 212 ⑧

211 266 287 318 ⑨20 148 149 529 593 594
『명황계감』『明皇誡鑑』 ㉒75 78
명효 明晶 ⑨394
모거경 毛居敬 ⑳332
모경지 冒耕地 ㊱182
모계제 母系制 ①129
모곡 耗穀 ㉔474~476 ㉚352 ㉜10 162 183 190 192 314 315 317~319 321 352 374 376 ㉝435
모곡학교 牟谷學校 ㊺89
모과 木瓜 ㉗120 121
모국기 茅國器 ㉙114
모군 募軍 ㉚397 447 574 578 ㉜87 ㉝142 188 195 254
모군상회 Morgan Company 募軍商會 ㊶131
모극 謀克 ⑩152
모나코 A. Monaco ㊹114
『모닝 캄』『The Morning Calm』 ㊻45
모대위 毛大衛 ㊼227
모두간 冒豆干 ⑫71
모두루 牟頭婁 ⑤6 74 ⑧207 333
「모두루묘지명」「牟頭婁墓誌銘」 ④182 186 197 ⑤13 57 60 94 96 173
모둔곡 毛屯谷 ⑤26 147 169
모란화 牧丹花 ㊺312
모량미 毛糧米 ㉜285
모량부 牟梁部 ⑦247 253
모련 毛憐 ㉒337~340 360
모련위 毛憐衛 ㉙212 215 216
모례 毛禮 ⑦101 ⑧68 70 85
모로 茂呂 ②281
모록 冒錄 ㉚359 ㉝16 ㉞120 206 ㊱2 36 45 ㊴240
모루 牟婁 ⑥79 ⑦302
모루떼기 Anvil Hurling Technique 臺石技法 ①175 ②17 19 116 268
모루망치떼기 兩極打擊法 ②19 254 264
모룻돌 ②91 165 181 183 198
모르간 Pritish Morgan 摩賡 ④12 ㊶131
모리 森有禮 ㊴13
모리수원(모리 히데모토) 毛利秀元 ㉙116
모리슨 Robert Morrison 馬禮遜 ㊻158
모리 아리노리 森有禮 ㊲236 ㊵28
모리야마 시게루 森山茂 ㊲207 208 225 230 232 233 236
모립가 募立價 ㉝151
모립제 募立制 ㉚383 390 397 447 ㉝265 ㉞137
모문룡 毛文龍 ㉙7 235 236 238 239 241 242 252 253 259 263 266~268 ㉚466 584 ㉜407
모미 耗米 ㉔46 474 476
모민계 募民契 ㉝371
모방 Pierre Philibert Maubant ㉜492 ㊻138
모범농장 模範農場 ㊳160 161
모범양잠소 模範養蠶所 ㊻315
모범여학교 模範女學校 Model Training School ㊺95
모법 耗法 ㉔475
모병령 募兵令 ㊷253
모병(제) 募兵(制) ㉜105 107 113
모본 模本 ⑧176
모산성 母山城 ⑥69 ⑦72
모산진농장 母山津農場 ⑭195 196
모상가모 耗上加耗 ㉜315
모성존도원 慕聖尊道院 (51)230
모속 冒屬 ㊴240
모속관 募粟官 ㉛151
모속자 募粟者 ㉞32
모스 James R. Morse ㊻261 276
모스크바 협정 Moscow協定 (52)383
모스크바 3상회담(의) Moscow三相會談(議) ①393 394 (52)43 (52)108 115 241
모슬포 慕瑟浦 ㉜498
모시 苧(紵) ⑲343

목극등 穆克登 ㉜412
목금 沐衿 ⑥53
목기전 木器廛 ㉝318
「목넘이 마을의 개」 ㊾297
목단강 牧丹江 ⑩2 25 27~29 51 165 202 ㊹302
목(라)근자 木(羅)斤資 ⑥37 154 ⑦279 384 386 387 390
목랑 木郎 ⑯350 351
목래선 睦來善 ㉚97 160~162
『목련경』『目蓮經』⑯172 267
목례마나 木劦麻那 ⑥92
목례불마갑배 木劦不麻甲背 ⑥75
목릉 穆陵 ㉚388 ㊹302
목릉성세 穆陵盛世 ㉗6 274 289 300 306 308 309 ㉛440
목마장 牧馬場 ㉑229
목만중 睦萬中 ㉜82
목만치 木滿致 ⑥51 154 156 ⑦284 279 390 392
목매 木魅 ⑯350 351
목멱산봉수대 木覓山烽燧臺 ㉔541 ㉚277
목멱신사 木覓神祠 ⑯341 ㉟161
목멱양 木覓壤 ⑫222
목면 木棉(綿) ⑲341~343 358 ㉑221 573 574 ㉓43 ㉔279 282 288 ㉘124 ㉚438 ㉝468 ㊹216
목민관 牧民官 ㉓21 30 ㉛112
『목민대방』『牧民大方』㉞197 201
목민서 牧民書 ㉞182
『목민심서』『牧民心書』㉛596 ㉜287 336 ㉝150 206 ㉟169 622
목방 木房 ㊳276
목변대전 木邊代錢 ㉝424 426
목보 木保 ㉜162
목부 木部 ⑥171 219
목비 木碑 ⑨585
목비로자나불좌상 木毘盧遮那佛坐像 ㉟ 506
목성선 睦性善 ㉚79
목수 木手 ㉚574
목수동업조합 木手同業組合 ㊳276
목수적 木手籍 ㉔213
목승석 睦承錫 ㊴107
목심칠기 木心漆器 ⑧267
목씨 木氏 ⑥82 230
목씨세력 木氏勢力 ⑥51 52 75
목양사 牧養社 ㊹188
목우신 木偶神 ①135
목윤귀 木尹貴 ⑥92
목은 牧隱 ㉖284
『목은시고』『牧隱詩藁』⑲256
『목은집』『牧隱集』㉗228 ㉘175
목인길 睦仁吉 ⑭204
목일회 牧日會 ㊶328
목임일 睦林一 ㉚163
목자 牧子 ㉔10 556 557 561 563
목자위전 牧子位田 ㉔561
목장 牧場 ⑨205 207 ㉔510 571 ㉘350 351
『목장지도』『牧場地圖』㉔565 567
목장토 牧場土 ㊹141
목재가공업 木材加工業 ㊻314
목저주 木底州 ⑩37 64 77
목적극 目的劇 ㊶376
목제농기구 木製農器具 ③521
목종 穆宗 ⑫6 ⑱146 147
목종전시과 穆宗田柴科 ㉕57
목주 木州 ⑧376
목주 穆州 ⑩200
목지국 目支國 ④31 35 39 273 274 ⑥ 22 25 28 34 ⑦28 325 326
목창명 睦昌明 ㉚97 162
목책 木柵 ③130 433 444 ④270 288 ⑨ 598 ㉗456 457 459
목책성 木柵城 ⑦216
목척 木尺 ⑪54
목청전 穆淸殿 ㉗464

목축영업회 牧畜營業會 ㊹205
목칠공예 木漆工藝 ⑧254 267
목탑 木塔 ⑨539 548
목태석 睦台錫 ㉜211 222 262
목판 木板 ㉗210
목판인쇄 木板印刷 ⑫221 ⑯103 ㉑205 ~208 221
목패 木牌 ⑬390
목포농회 木浦農會 ㊹144
목포부두노동자 木浦埠頭勞動者 ㊹410
목포상업학교 木浦商業學校 ㊾466
목포상업회의소 木浦商業會議所 ㊹103
목포시립도서관 木浦市立圖書館 ㊻303
목포여자청년회 木浦女子靑年會 ㊾296
목포항운합명회사 木浦航運合名會社 ㊹104
목포흥농협회 木浦興農協會 ㊹144
목향 木香 ㉗120 121
목협만치 木協滿致 ⑥58 62
목호룡 睦虎龍 ㉚171 173 ㉜61 ㊱191
목홀 木笏 ⑩163
목활자 木活字 ㉑208 209 ㉗200 201 205
목활자본 木活字本 ㉗203~206
목활자인쇄 木活字印刷 ㉟196
목회서신 牧會書信 ㊻178
몰골법 沒骨法 ⑧193
몰락양반 沒落兩班 ㊹346
몰로토프 V. M. Molotov ㊷52 68 202 386
몸뻬 ㊶397 400 401
못가새 ②466 469
몽고 蒙古 ⑱183 189 192
몽고말 蒙古馬 ㉑229
몽고문어 蒙古文語 ㉑249
몽고병 蒙古兵 ⑱183 190 194 195
몽고어 蒙古語 ㉑244
몽고어통역관 蒙古語通譯官 ㉕64
몽고옷 蒙古옷 ㉑570
몽고외래어 蒙古外來語 ㉑245 249 250
몽고족 蒙古族 ⑱209 ⑳181
몽고차용어 蒙古借用語 ㉑249
몽고포식 蒙古包式 ②530
몽고풍 蒙古風 ⑳326
몽골인종 Mongoloid 蒙古人種 ①63
몽금척 夢金尺 ㉗332 333 ㉛582
몽금포 夢金浦 ①51
몽롱체 朦朧體 ㊷333
몽수 蒙首 ㉕320
몽어 蒙語 ㉓358
『몽어노걸대』『蒙語老乞大』㉟281
『몽어유해』『蒙語類解』㉑247 ㉟281
몽여 夢如 ㉑62~66 69
「몽유도원도」「夢遊桃源圖」①291 ㉗10 546 548~550
몽유록 夢遊錄 ①425 ㊺305
『몽유편』『蒙喩篇』㉟282
몽점 夢占 ⑯368~370
몽촌토성 夢村土城 ⑥23 27 174 194 ⑧286 305
몽테스키외 Charles Montesquieu ㉚305
몽학 蒙學 ㉓50 363 ㉕124 ㉟279
묄렌도르프 Paul G. von Möllendorff 穆麟德 ㊲76 312 313 ㊳30 46 96 99 136 139 171 172 183 190 307 342 345 346 377 399 427 428 ㊴17 19 20 21 40 153 ㊵30 32 ㊶127 130 ㊷103 ㊸17 18 20 ㊹17 34 38 40 78 ㊺20 324 ㊻259 266
묘견 廟見 ㉘343
묘관 妙觀 ㉖298
묘단(대) 墓壇(臺) ⑧327
묘당(회의) 廟堂(會議) ㊲153 240 268
묘덕산 妙德山 ⑳89
묘둔절터 廟屯寺趾 ⑩203
묘련사 妙蓮寺 ⑭261 ㉑70 87 93 94 95 96 473
묘막 墓幕 ㉕344
묘묘동동굴 猫猫洞洞窟 ②270
『묘법연화경』『妙法蓮華經』 ⑯176 ㉗216

220 223 225
『묘법연화경언해』『妙法蓮花經諺解』㉟288
『묘법연화경현의』『妙法蓮華經玄義』⑯81
묘사 廟社 ⑧19
묘심사 妙心寺 ㉖196 197
묘용옹 墓用甕 ⑧343
묘위전 墓位田 ㉚492
묘위토 墓位土 ㉘151
묘정 妙正 ⑪176 177
묘정정악 廟庭正樂 ㉖269
묘제사 墓祭祀 ㊿389
묘종법 苗種法 ㉘146
묘주접객도 墓主接客圖 ⑧185
묘청 妙淸 ①251 443 ⑫7 259 262～270 ⑯161 182 298 325 327 330 341 ⑰224 226
묘청의 난 妙淸의 亂 ⑫7 223 263 268～272 ⑳64 77 87 95
묘촌 墓村 ㉜312 371 372
묘통사 妙通寺 ⑯182
묘향산 妙香山 ㉟155
묘후산유적 廟后山遺蹟 ②257
무 畝 ㉔603 604 609
무(혜종) 武(惠宗) ⑫37 79 81 82 83 85 92
무가통치 武家統治 ㊲26
무간국 撫懇局 ㊹301
무감국 武監局 ㉜280
무격 巫覡 ①281 ㉑175 ㉓53 ㉕193～95 198 202 364 385 ㉜40 ㉟175 ㊱6 103
무격신앙 巫覡信仰 ②515 ㊱91 103
무경식양익촉 無莖式兩翼鏃 ③475
무경제 畝頃制 ㉔604
『무경칠서』『武經七書』㉕78
『무경칠서주해』『武經七書註解』㉒130
「무고」「舞鼓」㉑262 265 464 499 ㊿355 356
무곡상 貿穀商 ㉚444 ㉝371
무곡선상(층) 貿穀船商(層) ㉝369 376
무공 武工 ㉕366
무공공신 武功功臣 ⑫178
무공국 武工局 ㉓362
무과 武科 ⑬377 ㉓317 318 322 324 326 342 348～350 354 356 357 ㉕70 79 127 134 135 148 152 155 ㉛161
무관 武官 ⑩67 104 129 131 143 166 ㉓104～106 347 ㉕76 91 155
무관세무역 無關稅貿易 ㊳264 320 ㊴39 446 137～139 141 148 153
무관세조항개정 無關稅條項改定 ㊲330
「무관조례」「武官條例」㊵190 277
무관총독(제) 武官總督(制) ㊼22 36 111
무관학교 武官學校 ㊵10 296 ㊶288 ㊷52 53 ㊸218 261 328 329 511 ㊽137 226 296
무교의례 巫敎儀禮 ㉑179 187
『무구정광대다라니경』『無垢淨光大陀羅尼經』①452 ⑨436 ㉗222
무군사 撫軍司 ㉚280
무군선 無軍船 ㉔341 342 344 354
무극태극논쟁 無極太極論爭 ㉘324
무기고 武器庫 ㉗240
무기단식적석총 無基壇式積石塚 ③345 ⑧328
무남영 武南營 ㊴333
무납제 貿納制 ㉝254
무녀 巫女 ㉕363 384 385
무농치부 務農致富 ⑲340
무늬돋치개 施文具 ②466 483
무단통치 武斷統治 ㊼25 26 31 69 93 104 111 115 126 133 152 ㊽4 18
무단향곡 武斷鄕曲 ㉛17
「무덕곡」「武德曲」㉗332 333
무덕문 武德門 ㉚247
무덤떼 ①196 197 212
무덤탑 무덤塔 ⑩180 185
무도 武道 ㊿352
무도 舞蹈 ㊺361
무도극장 舞蹈劇場 ㊿301

무도기계체육부 武道器械體育部 ㊺372
무도첩승 無度牒僧 ㉖256
무독 武督 ⑥167
무동 舞童 ㉗393 394
무동연극장 舞童演劇場 ㊿301
무동정재 舞童呈才 ㊿355
「무등산」「無等山」⑧166 372 376
무등산신 無等山神 ㉖214
무등자뢰 武藤資賴 ⑲404 405
무등회 無等會 ㊾420
무라비예프 M. N. Muraviev ㊶106 330
무라사키 시로 紫四郎 ㊶93
무라타소총 村田小銃 ㊵47 50 91
무량사 無量寺 ㉖289 ㉙153
무량사소조아미타삼존불상 無量寺塑造阿彌陀三尊佛像 ㉛509 ㉟498
무량사 5층석탑 無量寺五層石塔 ㉑386 388
『무량수경』『無量壽經』⑨399 400
무량수불 無量壽佛 ⑨465
무력행사 武力行事 ㊳35 381 395
무령 武寧 ㉒411
무령군 武寧軍 ⑪90
무령왕 武寧王 ⑥61 68 70 71 73~80 82 124 156 ⑦145 282
무령왕릉 武寧王陵 ⑧8 98 199 218 219 255 347 348 474 477
「무령왕릉지석」「武寧王陵誌石」⑥71 73 80 ⑧119 209
무로다(타) 요시부미 室田義文 ㊹59 ㊴195 207
무록관 無祿官 ㉓23 68 113 114 ㉕83
무록직 無祿職 ㉓100 101 104 109 110
무릉리다층석탑 武陵里多層石塔 ㉑396 397
무림 武林 ⑧84
무명 木綿 ㉑221 573 574 ㉔287
무명과 無名科 ㉓331
무명잡세 無名雜稅 ㊳178
무명호렴전 無名戶斂錢 ㊱299
무무 武舞 ㉗389
무묵납 武默納 ㉜410
무문전 無文塼 ⑧264
무문토기 無文土器 ①115 123 180 186 ③104 116 179 180 251~255 481 499 570 ⑧466
무문토기문화 無文土器文化 ②328 ③204~206 257 269
무반 武班 ⑫120 ⑮18~21 26 30 ⑱19 26 35 48 51 52 57 131 242 ⑳13 ㉓99 104 107 121 347 ㉕35 56 58 88 154
무벽리 無鐴犁 ㉚437
무본억말(책) 務本抑末(策) ㉘72 79 ㉛141
무부 武府 ㊲170
무부기조합 無夫妓組合 ㊿357
무분각전 無分各廛 ㉔127 141
무비 無比 ⑫278 ⑱218 ㉑184
무비사 武備司 ㉓69 258 259 ㉔539 553 ㉚259
무비자강책 武備自强策 ㊳125 148 319
무사시노대 武藏野臺 ②279
무산 茂山 ㉜406 412
무산간도 茂山間島 ㊹308
무산계 武散階 ⑫97 147 148 214 ⑬134 137 153 ⑭15 63~68 125 126 234 235 237 239 426 ⑮38 53 73 ⑲36 ⑳34 ㉓115 116 120 121 199 ㉕56 ~58 81
『무산계급』『無產階級』㊾72
무산계전시 武散階田柴 ⑭3 35 62 63 66 ~69 93
무산관 武散官 ⑱21 226
무산십이봉 巫山十二峯 ⑨545
무산자동맹(회) 無產者同盟(會) ㊾79 90 91
『무산자신문』『無產者新聞』㊾393
무산향 舞山香 ㊿356
무상가한 無上可汗 ⑩23
무상교육 無償教育 ㊺98
무상유식 無相唯識 ⑨364
무석국 無石國 ㊱98 105

무선사 武選司 ㉓69 258 259 ㉔553

무선전신 無線電信 ㊹234

무섬 武剡 ⑨40

무성묘 武聖廟 ㉓350 351

무성서원 武城書院 ㊸400

무성자 無姓者 ⑩85

무세 巫稅 ㉕199 386

무세포 巫稅布 ㉗366

무속신앙 巫俗信仰 ①323

무속신화 巫俗神話 ①135

무속음악 巫俗音樂 ㉟575 576

무속인조합 巫俗人組合 ㊿391

무송현 撫松縣 ㊻217

무쇠 ㉚580

무수 武守 ⑨66

무수전패 無受田牌 ㉕84 86 87

무순 撫順 ④123 145 ⑤40 ㊹303

무술변법 戊戌變法 ㊵83

무술정변 戊戌政變 ㊵11

무신 武臣 ㉓313 ㉕63 64 154

무신당 戊申黨 ㊱10 95 103 104 107 193 ~198 203~206

무신도 巫神圖 ⑯336

무신란 戊申亂 ①330 331 ㉚150 176 179 ㉛111 ㉜41 50 ㉞104 ㊱6 9~11 68 91 93~96 103 107 119 134 144 147 161 193 204 208 209 219 287 345

무신란 武臣亂 ①216 247 256 ⑫275 ⑬352 ⑯57 61 ⑱8 17~33 35~45 47 51 54 58 63 66 67 79~83 112 113 120 199 203 205 208 213 215~217 219 221 224 225 227 228 230 236 238 241~243 ⑲1 33 67 225 ⑳11~13 65

무신자 戊申字 ㉟195

무신정권 武臣政權 ①216 ⑱1~3 5~8 11 ~13 17 20 28 29 31 35 38 40 41 43 46 49 54 82 83 96 103 109 112 116 117 119 120 121 125 126 129 130 133 134 143 146 147 150~152 167 173~175 177 182 199 200 204 205 212 213 215 218~229 233~235 239 241~247 ⑲35 39 ⑳31 ㉓ 300

무실역행 務實力行 ㊺90 91

무심 無心 ㉑24 60

무씨사당 武氏祠堂 ①143 ④54

무악 武樂 ㉓362

무악 毋岳 ㉒27 ㉗26 29 ㉗445 447

무악 舞樂 ⑧380

무악도 舞樂圖 ⑧179

무안 務安 ㉘ 71

무안왕묘제악 武安王廟祭樂 ㉟583

무애 無㝵 ㉑264 265 464 473 499

무애가 無㝵歌 ⑨399 617 618

무애지국사 계응 無㝵智國師戒膺 ⑯48

무애행 無碍行 ⑨374

무양흑반령 無揚黑盤領 ㊹460

무역궁 無射宮 ㉗402

무역별장 貿易別將 ㉝444 449 452

무역소 貿易所 ㉒334 356 ㉔4 200 ㉘126 127

『무역장정』『貿易章程』㊳116

『무역칙류』『貿易則類』㊳116

무역한유 無役閑遊 ㉛162 ㉞20

무열왕 武烈王 ⑦255 256

무열왕릉비 武烈王陵碑 ⑨485 586

무염 無染 ㉟500

무염원 無染院 ⑨324

『무예도보통지』『武藝圖譜通志』㉛603 ㉜94 ㉟205 335 609

무예별감 武藝別監 ㉚245 570 ㉜236

「무예장려문」「武藝奬勵文」㊼253

무예청 武藝廳 ㉜253

무예학습 武藝學習 ㊳128

무오독립선언서 戊午獨立宣言書 ㊻220 221

무오사화 戊午士(史)禍 ①294 ㉓50 ㉖ 153 299 ㉘6 173 174 185~187 192 195 255 270 ㉚213 ㉛407

무오자 戊午字 ㉟194

무오정변 戊午政變 ⑱105 111 120
무오협정 戊午協定 ㉜458
무왕 武王 ⑥95~99 105 128 ⑦149 ⑨462
『무용당유고』『無用堂遺稿』㉟142
무용수연 無用秀演 ㉟133 137 142 143
무용총 舞踊塚 ①478 481 ⑥236 248 ⑧7 183 333 368 369 380
『무원록주해』『無寃錄註解』㉒75 77
무위갑사 無爲岬寺 ⑯18
무위남행 武衛南行 ㉓319
무위사 無爲寺 ㉗481 482
무위사극락전 無爲寺極樂殿 ㉕343
무위사목아미타삼존불상 無爲寺木阿彌陀三尊佛像 ㉗595 596
무위사선각대사편광탑비 無爲寺先覺大師遍光塔碑 ⑰289
무위소 武衛所 ㊳153 174 271
무위영 武衛營 ㊳154 272 283
무육 撫育 ㉜473
무음악무용 無音樂舞踊 ㊿363
「무이도가」「武夷櫂歌」㉗289 349
무이루 撫夷樓 ㉗465
무인집정 武人執政 ⑲17
무일도 無逸圖 ⑰281
무임 武任 ㊱232
무임소당상 無任所堂上 ㉜231
무임직 武任職 ㉝463
무자복골 無字卜骨 ⑦422
무자호적 戊子戶籍 ㊱26
무장 茂長 ㉓149
무장기포 茂長起包 ㊴314 323 326~329 337 347 350 455
무장독립군 武裝獨立軍 ㊼10
무장독립운동 武裝獨立運動 ㊸10 219 ㊼385
무장독립전쟁(투쟁) 武裝獨立戰爭(鬪爭) ㊼138 400
무장세력 武將勢力 ⑲184 ⑳339 348~350 360 379
무장투쟁 武裝鬪爭 ㊸8 263 327
무장포고문 茂長布告文 ㊹53
무적 巫籍 ㉕198
무전길병위 武田吉兵衛 ㉙84
무전농민 無田農民 ⑥202 ㉓52 ㉝5 130 135 139 140 ㉞137 ㊱121 125 129 147 149 151
무전민 無田民 ㉓39 ㉘58 357 358
무정 武亭 ㊿465 ㊾148 168 438 448
『무정』『無情』①463 ㊺74 ㊻255 ㊿117
『무정보감』『武定寶鑑』㉘202 256
무정부주의 無政府主義 ㊽9 14 167 ㊿185 287 302
무정부주의자총연맹 無政府主義者總聯盟 ㊿463
무제 武帝 ⑦102
무제설 巫帝說 ⑧93
무제염전 無堤鹽田 ⑲378 ㉔376 377
무주 茂朱 ㉓150 ㉙124
무주 武州 ⑨297 ⑪125
무주집강소 茂朱執綱所 ㊵120
무주통문 茂朱通文 ㊵120
무진강 無盡講 ㊽97 98
무진고성 武珍古城 ⑨598
무진업 無盡業 ㊽97
무진전쟁 戊辰戰爭 ㊲221 225
무진정변 戊辰政變 ⑱114 116~118
무진주 武珍州 ⑨129 150 ⑪107 120
무진회군공신 戊辰回軍功臣 ⑲201 215
무진회사 無盡會社 ㊽98
무창군 茂昌郡 ㉒149 344
무척 舞尺 ⑧376 ⑨610 613 620
무천 舞天 ①497 ④222 244 ⑥242 ⑧153 155 366 382
무취법 無臭法 ㉚580
무츠 무네미츠 陸奧宗光 ㊴56 77 461 ㊵6 35 40 46 57 61 64 65 69~72 76 77 79 101 107 116 123 136 152 155 ~160 207 216 254 ㊶17 43 58 82 ㊸23

㊹43 59
무토둔전 無土屯田 ㉚467
무토면세 無土免稅 ㉚460
무평문 武平門 ⑨545
무푼각전 無分各廛 ㉝318
무풍부정 총 茂豊副正摠 ㉘179 190 192
무학 武學 ㉓296 297 347~349 356 357 ㉜138
무학대사 無學大師 ㉖282 ㉗446 477 ㉟156 161
무학사목 武學事目 ㉚291
무학생 武學生 ㉞219
무학설치 武學設置 ⑳361
무학재 武學齋 ⑬384 385 ⑰2 27 28 30
무현 武絃 ⑧369
무훈공신 武勳功臣 ⑬368
묵방리형토기 墨房里型土器 ④119 123
묵법 墨法 ①307 ㉛8 447
묵소 墨所 ⑭430 431
묵암최눌 默菴最訥 ㉟133
묵의 墨義 ⑬389
「묵죽도」「墨竹圖」㉛482
「묵죽화책」「墨竹畵冊」㉗567 568
「묵포도도」「墨葡萄圖」㉛487
『묵헌선생문집』『默軒先生文集』㉑337
묵호자 墨胡子 ⑦101 126 411 ⑧68 69
문가고자 文賈古子 ⑥232
문가학 文可學 ㉗20
문강기 文康伎 ⑧377
문객 門客 ⑱7 61~63 68 70 73 92 101 129~134 136~139 141~144 175 176 186
문경 聞慶 ⑫63
문경호 文耿鎬 ㊶232
문계 文契 ⑭86 146 160 211 470 ⑮97 99 100 ⑳53
문계 門契 ㉕287 ㊱3 58 62 69
문계팔 文季八 ㊴454
『문공가례』『文公家禮』㊹375
문공미 文公美 ⑫252 253
문공왕후 文恭王后 ⑫85
문공원 文公元 ⑫202 274 ⑱160
문공유 文公裕 ⑫253 258 262 264 267 274
문공인 文公仁 ⑫202 258 262 263 264 267 270 274
문과 文科 ㉓35 286 307 317~319 321 322 324~326 287 320 332 333 345~350 357 ㉕70 79 121 127 128 134 135 148 155
문과시험 文科試驗 ㊹338
문과회시 文科會試 ㉓286 306 332 334
문관 文官 ⑩67 104 131 132 142
「문관수임식」「文官授任式」㊵188
문관임용령 文官任用令 ㊹321
문관총독제 文官總督制 ㊼111
문광단 文光旦 ⑱187
문괴무선 文槐武宣 ㊴233
문권 文券 ⑭80 211
문극겸 文克謙 ⑫278 ⑬404 ⑰157 158 ⑱18 34 35 44 45 173 200 218~211 218 222~225 233 237 241 ⑳58 66 72 115
문당 門黨 ㉕287
「문덕곡」「文德曲」㉗275 332 333
문덕전 文德殿 ⑰186
문덕홍 文德鴻 ㊿467
문 독 文督 ⑥167 227
문두루도량 文豆婁道場 ⑯144 180 239
문두루법 文豆婁法 ⑨415
문 등 文登 ⑨324
문 라 文羅 ㉑573
문려 門閭 ㉛255
문루 門樓 ㉗458
문맹퇴치운동 文盲退治運動 ㊿241 51 41 255
문명개화 文明開化 ㊵307 ㊻193 194 200
문명개화론자 文明開化論者 ㊽46
문명의 난 文明의 亂 ㉙17

문명지곡 文明之曲 ㉗406～409
문모라 汶慕羅 ⑦341
문묘 文廟 ⑪15 ㉓35 281 287 303 304 ㉖21 34～45 48 51 72 233 ㉗449 472 475
문묘배향 文廟配享 ㉘217～219 222
문묘사전 文廟祀典 ㉖48 49
문묘석전례 文廟釋奠禮 ㉓330
문묘의례 文廟儀禮 ㉘217
문묘전알의 文廟奠謁儀 ㉖42
문묘제례악 文廟祭禮樂 ㉗404
문묘제향 文廟祭享 ㉛232
문묘종사 文廟從祀 ⑫212 ㉖43～46 72 75 ㉘8 167 221 225 318 332 ㉚125 143 ㉛78 85 101 106
문묘향사제 文廟享祀制 ㉖37
문무 文舞 ㉗389 414
문무계 文武契 ㉞267
문무관료전 文武官僚田 ⑨93 154 213～215
문무교차제 文武交差制 ⑱209 ⑲1 3 37 38 ⑳16 56
문무반록 文武班祿 ①234 253 ⑭4 55 98 102～104 106～108 110 111 114
문무산계 文武散階 ㉕56 57 61
문무쌍전교육 文武雙全教育 ㊸329
문무양반전 文武兩班田 ⑭74 209
문무왕 文武王 ⑪12 13
「문무왕릉비」「文武王陵碑」⑦25
문무지무 文武之舞 ㉗400
문반 文班 ⑫120 121 198 ⑭54 ⑮18～21 26 30 44 ⑱200 ⑳13 ㉕55 56 58 69 153
문반직 文班職 ⑭54
문방가구 文房家具 ㉟518
문배 門排 ㉟164
문벌 門閥 ⑲69 71 ㉓325
문벌귀족 門閥貴族 ①6 ㉓20 26 ㉕62 63
문벌제도 門閥制度 ㊳409 411
문법체계 文法體系 ㉗375 ㉟291 294
문병호 文秉浩 ㊼394
문복 門僕 ⑬119 402
『문부성』『文部省』㊳115
문빙(신임장) 文憑(信任狀) ㊲295
문사 文士 ⑫51 108 117 ⑱230 231 232 ㉓313
문사재도 文詞載道 ㉗286
문산계 文散階 ⑫147 148 ⑬109 124 125 130 134 153 ⑭36 38 50 64 ㉓115 117 120 121 ㉕81 119
문상직 文相直 ㊼150 ㊽323
문생 門生 ⑬435 ⑱88 201 232 233 247
문생계 門生契 ㉞270
문서응봉사 文書應奉司 ㉓88
문서차지 文書次知 ㉚531
문석구 文錫九 ㊾431
문석봉 文錫鳳 ㊶179 ㊸360 367 368
문석오 文錫五 ㉛330
문선 文選 ⑧114 ⑰197 ㉓292 302 ㉗6 196 275～277 285
문선사 文選司 ㉓67
문선왕 文宣王 ㉓283 ㉖37 39 40 41 213 214 223 228 233 241
문선왕묘 文宣王廟 ㉑458 459 485
『문선왕묘도』『文宣王廟圖』⑮293 ⑰16 244 281
「문설」「文說」㉛445
문성왕 文聖王 ⑪33 34 39
문성왕후 文成王后 ⑫85
문세영 文世榮 ㉛111
문소전 文昭殿 ㉓94 ㉚39 ㉛199 200
문수 文殊 ㉖271
문수갑사 文殊岬寺 ⑯21
문수도량 文殊道場 ⑨405
문수사 文殊寺 ⑫73 ⑰241 ㉑ 438 573 ㉗223
문수사금동아미타여래좌상 文殊寺金銅阿彌陀如來坐像 ㉑412
문수성 文秀星 ㉛366
문수신앙 文殊信仰 ⑯22

문수원 文殊院 ⑯57
문수원중수비 文殊院重修碑 ⑰291
문수회 文殊會 ㉖266
문숭일 文崇一 ①121
문시환 文時煥 ㊽156
문 식 文植 ⑫25
문신 文臣 ㉓300 367 ㉕126 128 148 154
문신 文身 ⑥248
문신 門神 ㉟174
문신귀족 文臣貴族 ㉕63 64
문신월과법 文臣月課法 ㉓336
문신전강 文臣殿講 ㉓336
문신정시 文臣庭試 ㉓335
문실궁전마려(훈야노미야타마로) 文室宮田麻呂 ⑨287 312 ⑪94
문안사 問安使 ㉜386
문암산성 門巖山城 ⑧321
문양목 文讓穆 ㊸160 162 487 ㊻71 73
문양전 文樣塼 ⑧267
문양해 文洋海 ㊱98 99 105 107 108
문 영 文穎 ⑨60
문영단 文英旦 ⑱187
문왕 文王 ⑨31 40 ⑪28
문외미전 門外米廛 ㉚520 522 ㉝316 379
문외상전 門外床廛 ㉝379
문외우전 門外隅廛 ㉝379
문외장목전 門外長木廛 ㉝318 342
문우천 文宇天 ㊽293
문원대왕 文元大王 ⑫86
『문원보불』『文苑黼黻』㉜94 ㉟196 205 335
『문원영화집』『文苑英華集』⑮293 ⑰197
문 위 文闈 ⑬377
문위역관 問慰譯官 ㊲22
문위행 問慰行 ㉜14 435 438
문유보 文儒寶 ⑱51
문은차관 紋銀借款 ㊳345
문음 門蔭 ①270 ⑬6 122 365 449 ⑮23 ⑱228 ㉓9 26 48 322 347 357 ㉕69 70
문음승보 門蔭陞補 ㉓284 ㉕73 74
문음자손 門蔭子孫 ㉓48 49 92 141 284
문음자제 門蔭子弟 ㉓48 284
문음취재 門蔭取才 ㉕92 141
문응국 文應國 ㊿457
문 의 文義 ⑫31
문의관 問議官 ㊲295 296
문이관도 文以貫道 ㉗285 286
문이재도론 文以載道論 ㉗6 270 274 275 277 281 284 285 286 288 305
문 익 文翼 ⑫237
문익점 文益漸 ①273 ⑲341 342 ㉑221 573 574 ㉓41 ㉔6 259 278 280～282 286
문인 文引 ㉚601 ㉜429 431
문인계 門人契 ㊱53
문인근 文仁根 ㊾446
문인록 門人錄 ㉘208 ⑸237
문인방 文仁邦 ㊱96 98 105 108 112 135 345
문인제도 文引制度 ㉒176 274 363 364 381～383 388 395
문인화가 文人畵家 ㉑426
문일민 文一民 ㊽331
문일평 文一平 ㊶207 224 ㊺142 ㊼220 224 225 227 339 ⑸117 118 121 123 125 132 134～137
문자계몽운동 文字啓蒙運動 ㊿249
문자보급운동 文字普及運動 ㊿241 ⑸89
문자옥 文字獄 ㉒312 313
문자왕 文咨王 ⑤98
문자화 文字畵 ㉞129
『문장』『文章』⑸300 304
문장필 文章弼 ⑱23 24 218
문적원 文籍院 ⑩4 68 145 154 189 193
문정 文正 ⑭269 270 ⑰56 62
문정애 文貞愛 ㊾293
문정왕후 文定王后 ㉘199 201 203 257 ㉚14 24

문족 門族 ㉕292
문졸 門卒 ⑱137
문종구(관)제 文宗舊(官)制 ⑲3 16 23 ~26
문종록제 文宗祿制 ⑭104 106 109 112~114 116
문종비 文宗妃 ⑫202
『문종실록』『文宗實錄』㉒75 76
문주 文州 ⑫209
문주왕 文周王 ⑥53 58~62 66 71 72 120 154 156
문중 門中 ㉕287 ㉞161 162 167 171 172 ㊱44
문중경 文仲經 ⑫256
문중계 門中契 ①319 ㉞171
문중서당 門中書堂 ㉛97 ㉞163 172
문중용 文中庸 ㉗105 239
문지 門地 ㉓51 298 ㉕57 77 108
문창교회 文昌教會 ㊿246
문창모 文昌模 ㊾451
문창범 文昌範 ㊼199 210 214 314 394 397~399 ㊽116 118 ㊿125
문창제군 文昌帝君 ㉖293
문창후 文昌侯 ⑫212
문 청 文淸 ㉗271 554 566 568 569
문체반정 文體反正 ㉜79 92 95 ㊲147
문 충 文忠 ⑨40
문치주의 文治主義 ㉓316 347 ㉚100
문태서 文泰瑞 ㊸445~448
『문통』『文通』㉟278
문품 文品 ⑨40
문하부 門下府 ㉓2 57 58 60~62 65 72
『문학』『文學』㊿327
문학가동맹 文學家同盟 ㊿113
문학수 文學洙 ㊿328
문한관 文翰官 ⑬15 90
문한기관 文翰機關 ㉓103
문한기구 文翰機構 ⑪149 155
문한서 文翰署 ⑲18
문한우 文漢雨 ㊿263
문한직 文翰職 ⑨352 ⑬420 424 427 ⑳57
문행노 文幸奴 ⑳119
문헌공도 文憲公徒 ①247 443 ⑫220 ⑰55 56
문헌설화 文獻說話 ㉗361
『문헌촬요』『文獻撮要』㉟334
『문헌통고』『文獻通考』⑯104 ㉟192 329
문현 文絃 ⑧369
문혜왕후 文惠王后 ⑫86
문호개방 門戶開放 ㊲218 ㊳249 ㊵18
문호리유적 汶湖里遺蹟 ②513 514
문홍석 文鴻錫 ㊼238
문화 門畵 ㉟433 474
문화공작대 文化工作隊 ㊿361
문화단체연맹 文化團體聯盟 ㊿370
문화동유적 文化洞遺蹟 ③83
문화운동(론) 文化運動(論) ㊾26 47 ㊿184 186 ㊿123
『문화유씨가정보』『文化柳氏嘉靖譜』㉕256 282 283 285
문화정치 文化政治 ①377 ㊼2 17 43 105 106 410 ㊽2 4 17 18 28 56 78 79 ㊾17 ㊿16 23 24 57 58 73 99 165 243
문화주택 文化住宅 ㊿431 432 437
문황 文璜 ⑱187
문회표 文會彪 ㊿428
문훈 文訓 ⑨63
문희 文姬 ⑨45
문희현 文希賢 ㉙224
「물계자가」「勿稽子歌」⑦330 ⑧9 168
물고 物故 ㉕198 ㉜139
물권 物權 ㊹140
물그릇 ②465 469 470
물길 勿吉 ④178 201 ⑤75 79 85 ⑩46 ⑧147 148 ⑮262
물납제 物納制 ⑲313 316 318
물납지대 物納地代 ㉝98

물레바퀴 水車 ㉑217 218
물리요법 物理療法 ㉗153
물리학 物理學 ㊻235
「물명」「物名」㉛367 368
『물명고』『物名考』㉟163 282 335
물명도수학 物名度數學 ㉟285
『물보』『物譜』㉟282 335
물산장려운동 物産獎勵運動 ㊼153 ㊽3 60 ㊾2 3 25 29 31 34~38 41~45 47 51 52 373 433 440 ㊿259
물산장려회 物産獎勵會 ㊾37~39 41~45 171
물상객주 物商客主 ㉝311
물선진상 物膳進上 ㉔466 468 469
물성 物性 ㉟15 18~21 24~26
물소 水牛 ②124 340
물소뼈 ②505 528
물소뼈화석 물소뼈化石 ②326
물시계 漏刻 ⑨422 ①455
물시계 물時計 ⑰114 ㉗49 74 75 79 80 87 104
물아일체 物我一體 ㉗290 292 310
물우리기 ②500 501
물자유통 物資流通 ㊹231
「물자통제령」「物資統制令」㊿18
물장고 物藏庫 ⑦239
물장성 物藏省 ⑨185 ⑪6 ⑫106 ⑬10
물장수 ㊹475
물장전 物藏典 ⑨185
물주(제) 物主(制) ㉝6 147 157 160 201 ~203 205 392 459 ㊱156 ㊹209 408
물침표 勿侵標 ㊴352 380
물품화폐 物品貨幣 ㉔182~185 189 190 192 194
물혜 勿慧 ⑧374
『뭇소리』㊾393
뮈텔 Mutel 閔德孝 ㊻139 146 152 ㊿ 264 267
뮤렌스테스 H. J. Muhlensteth 彌倫斯 ㊴ 131 ㊻270
미가 米價 ㉝407
미곡객주 米穀客主 ㊳177
「미곡배급통제에 관한 건」「米穀配給統制에 關한 건」㊿87
미곡상 米穀商 ㊳274
「미곡수집령」「米穀收集令」㊿235 246 265
미구루 味仇婁 ④185 200 206 207
『미구회람실기』『米歐回覽實記』㊳116 117
미국노동이민사 美國勞動移民社 ㊸174
『미국독립사』『美國獨立史』㊸322 ㊺115
미국무역상사 American Trading Company 米國貿易商社 ㊳343 ㊴173
미국성서공회 美國聖書公會 ㊻161
미군 OSS 美軍 OSS ㊿20
미나미 고지로 南小四郞 ㊴462 ㊵135 136
미나미 지로 南次郞 ㊼108 113 ㊿14 43 ㊿167 ㊿233
미늘작살 逆刺銛 ②496
미덧무늬토기 微隆起文土器 ②539 540
미동 渼洞 ㊻156
미동병원 渼洞病院 ㊻290
미두회사 米豆會社 ㊹189
미들톤상사 Middleton and Co. ㊹79
미래불 未來佛 ㊱86 88
미량광업소 美良鑛業所 ㊿178
미륵(불) 彌勒(佛) ⑦120 ⑪131 139~141 155 159 182 ⑫17 ⑳384 ㉛396 ㊱86~89 92 96
미륵관심법 彌勒觀心法 ⑪155~157
미륵대원사 彌勒大院寺 ⑳232
『미륵발문경』『彌勒發問經』⑨401
미륵불광사 彌勒佛光寺 ⑧60
미륵사 彌勒寺 ⑥98 107 178 ⑧63 64 ⑪207 ⑯55 ⑰293 ⑱109
미륵사지 彌勒寺址 ⑧275 277 293 ⑨549
미륵사지석탑 彌勒寺址石塔 ⑧6 275
미륵산 彌勒山 ⑳108

미륵산적 彌勒山賊 ⑪131～133 137～139 156 157 ⑯23 ⑱8 ⑳114
『미륵소문경』『彌勒所問經』⑨401
미륵신앙 彌勒信仰 ⑦103 ⑨407 385 398 ㉛396 ㉜41 ㉟171 ㊱6 78 79 86～88 91 92 94 98 102 103 106 119 135 145 275
미륵원 彌勒院 ㉔513
미륵정토 彌勒淨土 ㉛396
『미륵하생경』『彌勒下生經』⑯116
「미륵하생경변상도」「彌勒下生經變相圖」㉑436
미륵하생신앙 彌勒下生信仰 ㉛396 ㊱86 88
미륵향도 彌勒香徒 ⑫96 ⑯189 191
미리견 彌利堅 ㊲202
미리미동국 彌離彌凍國 ⑦299 328
미리사 美理(里)寺 ⑨395 ⑪176
미마나 彌摩那 ⑦300
미마스 三增久米吉 ㊷235
미마지 味摩之 ⑧381 ㉑490 ㉟601
미면교환체제 米綿交換體制 ㊹14 163 165
미무 彌武 ⑦156
「미법산수도」「米法山水圖」㉛464 465
미법산수화풍 米法山水畵風 ㉑425
미보 米保 ㉜162
미봉액 未捧額 ㉜375
미불공동원정 美佛共同遠征 ㊲194
미불체 米芾體 ㉟482
미사리(동) 渼沙里(洞) ②309 455 475 484 500 ③312 344 361 375 385 396 402 428 433 444 499 510 526
미사흔 未斯欣 ⑥155 156 ⑦62 142 185 ⑧375
미상회사 米商會社 ㊵194 ㊷102
미성생 尾星生 ㊾152
미세화석 微細化石 ②329 341
미·소공동위원회 美蘇共同委員會 ① 393 52 43 57 69 72 73 79 124 128 129 143 156 157 164 167 172 179 183 187 190 194 197 200 202 203 383 445
『미속습유』『美俗拾遺』㊴114
미송리 美松里 ②422 462 528 546
미송리동굴유적 美松里洞窟遺蹟 ②460
미송리동굴집터 美松里洞窟住居址 ②425
미송리식토기 美松里式土器 ③51
미송리유적 美松里遺蹟 ②364 461 487 528 550 ③212
미송리(형)토기 美松里(型)土器 ①192 ③16 181 ⑤1 16
미수 彌授 ⑯89 92 102 ㉑96
미술문화협회 美術文化協會 52 331
미술협회 美術協會 52 332
미시 美詩 ㉗291
미시랑 未尸郎 ⑧76 77
미신 迷信 ㊻107
미쓰비시회사 三菱會社 ㊹75 76 82
미쓰이 三井 ㊽69
미쓰이은행 三井銀行 ㊷295
미쓰치 츠죠 三土忠造 ㊺57 166
『미암일기』『眉巖日記』㉕353
미야기현 宮城縣 ②275
미야모토 쇼이치 宮本小一 ㊳110 ㊹18
미야모토 타케타로 宮本竹太郞 ㊶36
미야오카 코오지로오 宮岡恒次郞 ㊵57
미야지마 히로시 宮嶋博史 ㊼61 62
미역(곽) 藿 ㉝228
미오야마국 彌烏邪馬國 ⑦299 328
미우라 코(고)로(오) 三浦梧樓 ㊵7 255 258 ～261 ㊶22 25 26 28 29 31 39 52 94 96
미우사 米山右寺 ⑪197
미원장 迷元(原)莊 ⑭176 177 ⑯196 212 213
미원현 迷原縣 ⑭176
미유 彌儒 ⑤33
미·일(수호)통상조약 美日(修好)通商條約 ㊲69 90 321
미·일전쟁(설) 美日戰爭(說) ㊼80 261 ㊽105 134

미·일화친조약 美日和親條約 ㊲64 ㊺15
미재구언 弭災求言 ㉗47
미전사 尾前詞 ㉗431 432
미주국민회 美洲國民會 ㊼198
미주류 彌州流 ⑦375
미죽 米粥 ㉕362
미즈노 렌타로 水野練太郞 ㊼58 ㊽18 26 49 324 ㊾361 411
미지무 美知舞 ⑨620
미지악 美知樂 ⑧375
미질부 彌秩夫 ⑤70 86 90 ⑥69 ⑦72
미천왕 美川王 ⑤47 62 109 171 193 ⑧178
미천왕릉 美川王陵 ⑧137 333
미초율현 末草栗峴 ⑭452
미추니사금 味鄒尼師今 ⑦61
미추성 彌鄒城 ⑥196
미추왕릉 味(未)鄒王陵 ⑦18 ⑧351
미추홀 彌鄒忽 ⑥15 17 27
미츠이 하치로지로 三井八郞次郞 ㊹61
미츠이은행 三井銀行 ㊵223
미타 彌陀 ㉖273 274
미타사 彌陀寺 ⑯207
미타신앙 彌陀信仰 ⑨371 385 398
미타찬 彌陀讚 ㉖269
미타호 湄沱湖 ⑩64 165
미풍회 美風會 ㊾281
미환입 尾還入 ㉟574
미후사 尾後詞 ㉗431 432
민간(영)수공업 民間(營)手工業 ㉔5 6 256~259 267 275 277 290 291 ㉚446 ㉝2 6 125 358 ㉞112
민간교과서 民間敎科書 ㊸290
민간교역 民間交易 ⑭450 455
민간도교 民間道敎 ⑯281
민간무역 民間貿易 ⑩171 172 ⑮287 298 300
민간수공업 民間手工業 ①273 ⑥221 ⑦7 ⑭15 425 429 435~438 440 ⑲10 355~357 359 360 364
민간악보 民間樂譜 ㉟586
민간야철수공업 民間冶鐵手工業 ㉔234
민간전승 民間傳承 ㉑260 261 273 300
민간조선업 民間造船業 ㉔332
민간활자 民間活字 ㉗204
민 강 閔橿 ㊺77 ㊽108 109
민강호 閔康鎬 ㊶359
민결 民結 ㉝258 267
민결면세전 民結免稅田 ㉜172
민결면세제 民結免稅制 ㉚457 458 461
민결면세지 民結免稅地 ㉚460 461
민결지정부 民結之丁夫 ㉚387
민겸호 閔謙鎬 ㊳279 282 ㊹383 492
민경식 閔景植 ㊶359
민고 民庫 ㉚395 489 ㉝258 ㊱289
민고세 民庫稅 ㉝436
민공 敏恭 ⑪55
민광훈 閔光勳 ㉙290 291
민국독립단 民國獨立團 ㊽209
『민권보』『民權報』㊼221
민권사상 民權思想 ㊸213 226
민권운동 民權運動 ㊻193
민권주의 民權主義 ㊻107
민규호 閔奎鎬 ㊲268
민극가 閔克可 ㊿273
민긍식 閔肯植 ㊴87
민긍호 閔肯鎬 ㊸399 415 423 462 463 475 480 483 489 520 523 524
민노아학당 민노아學堂 ㊻184
「민농시」「悶農詩」㉟615
민단조합 民團組合 ㊼7 138 140~143 176~178
민달용 閔達鏞 ㉜272
민대식 閔大植 ㊻245 250 ㊽50
민도리집 ㉛520
민두호 閔斗鎬 ㊸369
민란 民亂 ①331 334 ⑱8 81 212 ㊲91 126 168 173~175 177 212

민 람 閔灠 ㉙260
민력회 民力會 ①355
민립대학 民立大學 ㊺103 105～107 112
민립대학기성운동 民立大學期成運動 ㊾2 3 25 28 29 47 51
민립대학기성(준비)회 民立大學期成(準備)會 ㊺105 106 ㊾28 367
민립대학설립운동 民立大學設立運動 ①386 ㊾52 433 440 5124 33 35 286
『민립보』『民立報』㊼221 222
민며느리제 預婦制 ④257
민몽룡 閔夢龍 ㉚70
민 무 閔武 ㊿274
민무구 閔無咎 ㉒36 40 43 45 46
민무늬토기 無文土器 ①475 ②535
민무늬토기인 無文土器人 ②508
민무질 閔無疾 ㉒36 40 42 43
민백상 閔百祥 ㉜164 170
민법 民法 ㊹149 420 425
민병길 閔丙吉 ㊿276 280 281 288
민병석 閔丙奭 ㊳399 ㊴87 98 121 ㊵121 126 293 ㊶368 422 ㊷44 ㊸112 298 ㊹195 386 399 51334
민병필 閔丙弼 ㊹383
민병한 閔丙漢 ㊶398
『민보』『民報』5162
민보군 民保軍 ㊴429 439～441 443～445 447 455 465 469 478 485 ㊵140 141
민보의 民堡議 ㊸471
『민보집설』『民堡輯說』㊸471
민본사상 民本思想 ㉒88 ㉓16
민부 民部 ⑬62 ⑲23 367 374
민비 閔妃 ㊴20 22 23 87 88 108 ㊵165 208 211 213～216 228 231 232 253 257 260 271 ㊶31 35 38 40 43 93 96 ㊸360
민비공물 民備貢物 ㉔459
민비국상 閔妃國喪 ㊳288 291
민비수구파 閔妃守舊派 ㊳7 10 30 37 378 380 381 383～389 392 408
민비시해사건 閔妃弑害事件 ㊵7 9 258～263 267 268 271 276 287 ㊶179
민상호 閔商鎬 ㊵69 121 260 264 266 267 ㊶42 179 183 201 206 ㊹340
민생단(사건) 民生團(事件) ㊽7 8 ㊿343
민성휘 閔聖徽 ㉙281
민세호 閔世鎬 ㊴87
민소 民所 ㊲174
민속극 民俗劇 ㉞128
민속무 民俗舞 ㉟597 598 51357
민속악 民俗樂 ㉟549 559 576
민속제의 民俗祭儀 ㉞179
민속종교 民俗宗敎 ⑯331～334 336 353 356 371
민 수 閔粹 ㉒135
민 순 閔純 ㉘330
민승천 閔承天 ㊸369
민승호 閔升鎬 ㊲268
민 신 閔愼 ㉚96 114
민씨척족(정권) 閔氏戚族(政權) ㊴85～88 94 95 100 108 119 121 133 ㊵146 150 165 172 173 182 211 231 256
민 암 閔黯 ㉚97 157 160～162
민애왕 閔哀王 ⑪31 32 49 95 ⑫13
민애왕릉 閔哀王陵 ⑨546
민역 民役 ㉚386
민 영 閔栐 ㉙ 284
민영견 閔永肩 ㉘185
민영광산 民營鑛山 ㉔229
민영규 閔泳奎 ㊵153
민영기 閔泳綺 ㊶296 322 347 350 353 359 390 411 419 422 ㊷133 238 ㊸49 ㊹196 340 383 ㊺70
민영달 閔泳達 ㊴121 ㊼308
민영모 閔令謨 ⑱149 201 209 211 ⑲74
민영목 閔泳穆 ㊲82 306 310 ㊳8 368
민영소 閔泳韶 ㊸139 359
민영승 閔泳昇 ㊴346
민영위 閔泳緯 ㊴87

민영익 閔泳翊 ①348 ㉟494 ㊲158 278 302 306 312 313 ㊳44 68 98~101 106 108 139~141 144~146 183 333 347 348 351 361 399 400 402 ㊴16 23 25 29 85 87 127 ㊵158 256 ㊶114 ㊹481 ㊺20 22 154 ㊻161~163 180
민영주 閔泳柱 ㊵264
민영준 閔泳駿 ㊴24 58 102 106 110 ㊵37 38 42 104 146 147 152 158 182 256 264 ㊶423 ㊸359
민영찬 閔泳瓚 ㊸55
민영철 閔泳喆 ㊷223 ㊹102
민영환 閔泳煥 ㊳102 ㊴87 ㊵109 146 296 ㊶69 71 72 104 105 353 367 368 411 ㊷133 ㊸5 6 52 53 88 90~92 307 ㊹195 312 ㊺56 69 70 148 ㊻77 ㊽8
민영휘 閔泳徽 ㊸139 ㊺4 72 ㊾274
민요 民謠 ①425 ⑧372 374 ⑨464 610
민용호 閔溶鎬 ㊼153
민용호 閔龍鎬 ㊶48 ㊸370 377 519 522 526
민우사 民友社 ㊿65 66
민우수 閔遇洙 ㉜81
민우식 閔友植 ㊿66
『민우일보』『民吁日報』㊼222
민우하 閔宇夏 ㉜166 173
민원식 閔元植 ㊽31 341 ㊾47 ㊿77
민유방본 民惟邦本 ㉓16
민유중 閔維重 ㉚117 ㉜136 142
민유지 民有地 ㉓40 ㉔50 54
민은 民隱 ㉜313 332
민은소 民隱疏 ㉜313 332
민응식 閔應植 ㊳287 ㊴121 ㊵146 ㊽50
민응협 閔應協 ㉚97
민장 民長 ⑫143 ⑬216
민장사 敏藏寺 ⑨405
민적법 民籍法 ㊹376 ㊺98 ㊿387 388
「민적법집행심득」「民籍法執行心得」㊹376
민적실사 民籍實査 ㉝15
『민적통계표』『民籍統計表』㉝30 ㊹328
민전 民田 ⑮96 ⑲225 238 ⑳70 74
민전조 民田租 ⑭130 154 338 340 348 349
민점 閔點 ㉚97
민정관 民政官 ⑤57
민정장관 民政長官 ㊿182
민정중 閔鼎重 ㉚154 158 355 489 ㉜132
민정파 民政派 ㊽297 298 309
민 제 閔霽 ㉒40 46 ㉖34 39
민제인 閔齊仁 ㉘200 ㉚13
민족개량주의 民族改良主義 ㊽54 170
민족개량화정책 民族改良化政策 ㊼107
민족개조론 民族改造論 ㊽170 ㊾219 ㊿23
민족경기 民族競技 ㊿333
『민족경쟁사』『民族競爭史』㊺115
민족공동체 民族共同體 ㊼103 109 111
민족교육 民族教育 ㊻148 ㊼128 129 ㊿26 32
민족단일당(론) 民族單一黨(論) ㊼294 ㊽183 185 ㊾147 163
민족대당 民族大黨 ㊽7 12 ㊿267 268
민족대당결성촉성회 民族大黨結成促成會 ㊽12
민족대표 民族代表 ㊼14 15 327 334 ㊽104 110
민족대표자대회 民族代表者大會 ㊿136
「민족대회소집청원서」「民族大會召集請願書」㊼278
민족독립당 民族獨立黨 ㊿404
민족말살정책 民族抹殺政策 ①389 ㊼1 108 110 122 ㊿50 61 65 68 69 151
민족말살주의 民族抹殺主義 ㊼102 103 106 110
민족문학 民族文學 ㊿314 316
「민족문학재론」「民族文學再論」㊿315
「민족문화론」「民族文化論」㊿315
민족문화운동 民族文化運動 ㊼411

민족분열책 民族分裂策 ⑤①23 28
민족분할통치 民族分割統治 ⑤⓪68
민족사학 民族史學 ④③317 322
민족산업(진흥)운동 民族產業(振興)運動 ④③217 230
민족실력양성 民族實力養成 ⑤⓪225
민족유일당(운동) 民族唯一黨(運動) ①386 ④⑧7 168 176 299 300 302～306 308 310 314 340 ④⑨9 147 306 440 ⑤⓪249 277 308 310 ⑤②183 188 200
민족유일당재만촉성동맹 民族唯一黨在滿促成同盟 ④⑧307
민족유일당조직동맹 民族唯一黨組織同盟 ④⑧312 ⑤⓪310
민족유일당회의 民族唯一黨會議 ④⑧312
민족유일협동전선당 民族唯一協同戰線黨 ④⑧307
민족음악문화연구회 民族音樂文化硏究會 ⑤②356
『민족의 수난』『民族의 受難』④③346
「민족의 죄인」「民族의 罪人」⑤②293
민족자결론 民族自決論 ④⑥207
민족자결주의 民族自決主義 ④⑦234 306 313 317 380 ④⑧104 ④⑨5 63 418
민족자본 民族資本 ④⑧73 74 77
민족자주연맹 民族自主聯盟 ⑤②167 179 195 198～201 203 205 207 214 403 413
민족자주운동 民族自主運動 ③⑧212
「민족적 경륜」「民族的經綸」④⑧2 ④⑨45 51～53 142
민족전선(연맹) 民族戰線聯盟 ⑤⓪289～294 302 305 53
민족정신 民族精神 ④⑥104 112
민족종교 民族宗敎 ①446 ④⑥106 107 210 211 215 220
민족좌파 民族左派勢力 ④⑧173
민족주의 民族主義 ④⓪84 ④⑥105 106 112 ④⑦235
민족주의문학론 民族主義文學論 ⑤②319
민족주의사상 民族主義思想 ③⑧207
민족주의사학 民族主義史學 ⑨73 ④⑤8 285 ⑤①132～137 139 142 144 145
민족청년단 民族青年團 ⑤②412 415
「민족테제」「民族These」④⑨347
민족통일전선(운동) 民族統一戰線(運動) ④⑧168
민족통일정책 民族統一政策 ①②39 40 46 66
민족통일진영재편성주비촉진회 民族統一陣營再編成籌備促進會 ⑤②198
민족통일총본부 民族統一總本部 ⑤②74 136 144
민족학 民族學 ①110 112
민족해방동맹 民族解放同盟 ⑤②196
민족해방운동 民族解放運動 ④⑦107 134 293 297 298 410
『민족혁명』『民族革命』⑤⓪282
민족혁명당 民族革命黨 ①388 ④⑧9 174 350 ⑤⓪279～286 288～290 296～298 300～303 305 ⑤②135 413
민족협동전선(론) 民族協同戰線(論) ④⑧170～173 177 ④⑨388
민족협동전선(운동) 民族協同戰線(運動) ④⑧168 ⑤⓪267 294
민족형성기 民族形成期 ③31
민종도 閔宗道 ③⓪161
민종렬 閔鍾烈 ③⑨400
민종묵 閔種默 ③⑧106 116 164 ③⑨56 85 87 121 ④①241 323 325 328 333 390 394 422 ④②133 ④③89
민종식 閔宗植 ③⑧253 ④③9 393 395 397 407 458 519 525
민종유 閔宗儒 ①⑨35 89 93 ②⓪128
민주공화국 民主共和國 ④⑦235
민주공화제 民主共和制 ④③273 275 276
민주공화주의 民主共和主義 ④⑦136
민주국민당 民主國民黨 ⑤②131
민주독립당 民主獨立黨 ⑤②198 200 203 465

민주의원 民主議院 ㊾51 55 56 111 124 142 182 188 189 191
민주주의독립전선 民主主義獨立戰線 ㊾ 179 195 200
민주주의민족전선 民主主義民族戰線 ㊾ 55 111~113 117 120 146 155~157 163 171 189 190 193 395
민주통일당 民主統一黨 ㊾199
민주한독당 民主韓獨黨 ㊾136 199 200 204
민준호 閔濬鎬 ㊹197
민중계몽교육 民衆啓蒙教育 ㊶24 38 39 42
민중계몽운동 民衆啓蒙運動 ㊸277
민중공화당 民衆共和黨 ㊾180
민중과학연구회 民衆科學研究會 ㊾407
민중교육기관 民衆教育機關 ㊶41 44
민중대회사건 民衆大會事件 ㊾169
『민중독본』『民衆讀本』㊾380
민중동맹 民衆同盟 ㊾196 197 199 200 204
민중봉기론 民衆蜂起論 ㊼308
민중불교 民衆佛教 ㊱91 93 94 96 102
「민중선언서」「民衆宣言書」㊾469
『민중시보』『民衆時報』㊿423 426
민중시보사 民衆時報社 ㊿423
『민중신문』『民衆新聞』㊶77
민중운동 民衆運動 ㊶24 33
민 지 閔漬 ⑪180 ⑫75 ⑰178 ⑲93 164 ㉑334 336 338 340 341 348 350 352 353 358 360
민진용 閔晋鏞 ㉜273
민진원 閔鎭遠 ㉚175 ㉜152
민진장 閔鎭長 ㉜45
민진후 閔鎭厚 ㉜305
민찬호 閔燦鎬 ㊼240 253 263 315 ㊾ 423 427 ㊿379 423
민창수 閔昌洙 ㊳24 367 368 372
민창식 閔昌植 ㊾409 443
민채제 民採制 ㉝189
민촌 民村 ㉞173 ㊱3 43
민충식 閔忠植 ㊼12 220 ㊽150 151
민치상 閔致庠 ㊲209 ㊳234
민치헌 閔致憲 ㊹340
민태원 閔泰瑗 ㊳24 ㊾142
민태호 閔台鎬 ㊳8 182 284 415
「민폐민막교혁장정」「民弊民瘼矯革章程」 ㊹452
민포 民砲 ㊴404
민포 民逋 ㉜318
민필호 閔弼鎬 ㊼223 224
민 합 閔郃 ⑫33
민 합 閔閤 ⑪118
민현자 閔賢子 ㊹385
민형식 閔炯植 ㊵182 264
『민호일보』『民呼日報』㊼222
민화 民畵 ①325 490 ㉞122 128 ㉟9 471 474 ㊺347
민 환 閔渙 ⑲83
민회 民會 ①328 ㊱5 74 334 ㊲148
민회운동 民會運動 ㊶179
민회행 閔晦行 ㊱17 350 351 366 368 372 374 377 ㊲176
민흥식 閔興植 ㊽48
민흥회 民興會 ㊾8 54 386
민 희 閔熙 ㉚97 157
밀개 ①93
밀교 密教 ⑨463 ⑯46 62 66 308 ㉖271
밀교신앙 密教信仰 ㉛395
밀기부 密記付 ㉖248~250
밀달조 密達祖 ㉔102
밀랍 蜜蠟 ㉗194~196 202
밀랍거푸집 蜜蠟거푸집 ⑧419
밀러 E. H. Miller ㊶285
밀러 J. M. Miller ㊻290
밀무역 密貿易 ⑭456 458 ⑲394 401 403 ㉒396 ㉘115 118 ㉚519 ㉝461 ㊱218 256 271
밀본 密本 ⑨415
밀산무관학교 密山武官學校 ㊸218 333

밀삼 密蔘 ㉝351
밀성 密城 ⑳143 256
밀스 H. R. Miels ㊶121
밀약설 密約說 ㊵133
밀양 密陽 ⑫127
밀양싸움 密湯戰鬪 ⑱9
밀양유적 密陽遺蹟 ③488
밀양폭탄사건 密陽爆彈事件 ㊽330
『밀엄경』『密嚴經』⑨362
밀우 密友 ⑤168 179
밀주 密州 ⑨304
『밀주징신록』『密州徵信錄』⑳129
밀풍군 탄 密豊君 坦 ㉚176

ㅂ

바둑 圍碁 ㉑561
바라무 婆囉舞 ⑸358
바른층쌓기 바른層쌓기 ㉛521 523 529 531 532
바바단유적 馬場壇遺蹟 ②275
바스코 다가마 Vasco da Gama ㉜475 ㊲27
바실레프스키 Василевский А. М. ⑸424
바위그늘 巖蔭 ②127
바위그늘유적 巖蔭遺蹟 ②127 396
바위그늘주거(지) 巖蔭住居(址) ②422 425
바지(고) 袴 ⑨244
박 鎛 ⑨523 614
박강수 朴康壽 ⑳38
박 건 朴楗 ㉚70
박건병 朴健秉 ㊽158 186
박건웅 朴建雄 ㊽184 ㊿272 273 279 297 302 ⑸197 201
박 경 朴耕 ㉗209
박경가 朴慶家 ㉟283
박경득 朴庚得 ⑸428
박경렴 朴京琰 ㉝172
박경식 朴敬植 ㊾301 305
박경호 朴慶浩 ⑸308 ⑸342
박경휘 朴景暉 ⑪100
박계주 朴啓周 ⑸257
박고석 朴古石 ⑸337
박공근 朴恭根 ㊾173 467
박관해 朴觀海 ㊽280 296
박광우 朴光佑 ㉘200 201 ㉚13 14
박광진 朴廣鎭 ⑸328
박광호 朴光浩 ㊴293
박 구 朴九 ⑸369
박 구 朴球 ⑲389
박 권 朴權 ㉜148 412
박귀희 朴貴姬 ⑸342 375
박규수 朴珪壽 ①337 338 ㉜325 339 340 ㊱302 305 308 319 321 322 325 ㊲3 8 92 102～105 107 113 114 117 118 120 195 229 235 239 240 ㊳2～5 15～22 53～55 63 88 89 119 234 ㊸241 ㊺16 17 203 ㊻160
박극채 朴克采 ⑸139
박 근 朴根 ㉒174 175
박금철 朴金喆 ㊿359
박 기 朴琪 ⑱100 104
박기성 朴基成 ㊿451
박기수 朴綺壽 ㉜261
박기양 朴箕陽 ㊸83 88 116 121 126
박기영 朴基英 ㊹197
박기옥 朴己玉 ㊾458
박기종 朴淇鍾 ㊳59 249
박기종 朴琪淙 ㊶159 ㊹57 67 90 97
박기준 朴基駿 ㊼231
박기춘 朴基春 ㊸434
박길룡 朴吉龍 ⑸296 432～434
박길송 朴吉松 ㊿361
박낙종 朴洛鍾 ㊼290 ㊾98
박난영 朴蘭英 ㉙242 245 255 256 277 278
박남수 朴南洙 ⑸355
박내원 朴來源 ⑸189
박내현 朴崍賢 ⑸337
박내홍 朴來泓 ⑸189
박노갑 朴魯甲 ⑸317
박노아 朴露兒 ⑸371
박노영 朴老永 ㊼326

박노천 朴魯天 ㊸483
박노학 朴魯學 51187
박녹주 朴綠珠 ①505 51309 52342 375
박다(하카다) 博多 ⑨305 ⑪91 94 ⑮253 ㉙ 19
박다상인 博多商人 ㉒265 272 395 398
박단생 朴端生 ⑳392
박 달 朴達 50359
박달성 朴達成 ㊾35
박달학원 博達學院 ㊼12 222 225 227
박달현 朴達峴 ⑳184
박대근 朴大根 ㉙130
박대호 朴大浩 ㊽312
박도경 朴道京 ㊸426 496
박도유 朴都儒 ⑨79
박돈지 朴敦之 ㉖192 205
박동선 朴東善 ㉙275 ㉚74
박동실 朴東實 52342
박동완 朴東完 ㊼326 ㊾54 143 146 147
박동진 朴東鎭 ㊴452 ㊵124
박두성 朴斗星 51256
박두세 朴斗世 ㉟275
박두종 朴斗鍾 ㊾123 125 445
박두진 朴斗鎭 51257 52300
박두희 朴斗熙 ㊽291 293
박래원 朴來源 ㊾118 120～122 443 409
박릉 博陵 ⑫96
박림사 博林社 ㊴178
박매(관매) 博買(官買) ⑭456
박면수 朴勉洙 ㊺71
박명현 朴名賢 ㉙110 154～157
박명환 朴明煥 52130
박목월 朴木月 52300
박무림 朴茂林 ㊼181
박문국 博文局 ㊳32 48 185～188 ㊴117 ～119 ㊵187 ㊹180 ㊻1 13 16 18 20～23 27～29 257 313
박문규 朴文圭 51139 52102
박문비 朴文備 ⑱172
박문사 博文寺 51213
박문수 朴文秀 ㉚275 ㉜62 63 72 153 157 163 164 174 195 307 ㉝124 241 ㉞19
박문술 朴文術 ㊼137
박문의 朴文楾 ⑳192 195
박문학교 博文學校 51266
박문희 朴文熺 52196
박문희 朴文熹 ㊾56 57
『박물신편』『博物新編』㊺18 ㊻256 280 281
『박물지』『博物志』⑥247
박물학 博物學 ㊻245 246
박민영 朴珉榮 ㊾108 119 409 442
박민웅 朴敏雄 ㊱204
박민종 朴敏鍾 52360
박민헌 朴民獻 ㉘330
박번자 朴繁子 ㊹384
박병길 朴秉吉 ㊽251
박병휘 朴秉輝 ㊺135
박복영 朴福永 ㊾190 191
박봉시 朴奉時 ⑱156
박봉양 朴鳳陽 ㊴404
박봉엽 朴奉燁 ㊹197
박봉주 朴鳳柱 ㊸88 ㊽52
박비증 朴非曾 ㉔312
박 빈 朴斌 ㉚158
박사 博士 ④95 97 102 ⑥173 ⑨186 189 ㉓288
박사수 朴師洙 ㉝453
박사직 朴思稷 50141
박사집 朴師緝 ㉜62
박산문 博山文 ⑧202
박산운 朴山雲 52326
박 상 朴祥 ㉘324
박상길 朴尙吉 ㊴472
박상보 朴相甫 ㊼374
박상익 朴商翊 52373
박상진 朴尙鎭 ㊼8 156 162～164 166

박상충 朴尙衷 ⑲167 168 172 ㉓280

박상하 朴相夏 ㊼240

박 서 朴犀 ⑬343 345 ⑱94 183 ⑳212

박 서 朴遾 ㉜399

박서생 朴瑞生 ㉒405 406

박서집 朴瑞集 ㊱98 105

박석여 朴錫汝 ㊸387

박 선 朴瑄 ⑱93

박 선 朴銑 ㊶42

박성신 朴星信 ㊱241 244 250 260

박성원 朴性源 ㉟275

박성재 朴成梓 ⑱79

박성전 朴性鐫 ㊽292

박성춘 朴成春 ㊵302 ㊶377

박성태 朴性泰 ㊼314

박성화 朴性和 ㊿261

박세강 朴世綱 ㊵124

박세당 朴世堂 ①306 322 ㉚116 ㉛7 288 289 ㉜36 38 134 ㉟18 35~37 186 188

박세룡 朴世龍 ㉗79

박세모 朴世模 ㊾455

박세무 朴世茂 ㉘246 344

박세미 朴世美 ㉖298

박세양 朴世陽 ㊺258

박세영 朴世永 ㊾306 307 312 317

박세죽 朴世竹 ㊾335

박세채 朴世采 ㉒236 ㉓283 ㉘208 ㉚102 163 172 490 ㉛184 194 285 ㉜38 42 44~47 54 57 68 144 ㉟33 74 185

박세화 朴世和 ㉟46 ㊸386

박세환 朴世煥 ㊶310

박세희 朴世熹 ㉘197

박소립 朴素立 ㉚24

박송비 朴松庇 ⑱78 98 102 104 105 106 110 114 ㉑313

박수경 朴守卿 ⑪80 ⑫37 42 94~99 177 ⑭34

박수문 朴守文 ⑪80 ⑫42 82 83 94 96 98

박 순 朴淳 ㉘330 ㉚25 29

박순우 朴淳愚 ㉟399

박순천 朴順天 ㊾273

박순필 朴純弼 ⑱22 45 47

박술희 朴述熙 ⑪86 87 ⑫4 37 80 82 83 87 89~93 126 129

박 승 朴昇 ⑫71

박승경 朴承景 ⑫177

박승렬 朴勝烈 ㊼240

박승명 朴承明 (51)246

박승무 朴勝武 ㊺351 (51)324

박승봉 朴勝鳳 ㊺75 82

박승빈 朴勝彬 (51)103 106 107 109

박승엽 朴承燁 ㊽325

박승조 朴承祖 ㊶206 216

박승종 朴承宗 ㉚71

박승중 朴昇中 ⑫254 257 ⑰157

박승직 朴承稷 ㊹197

박승철 朴承喆 ㊼153 ㊾142

박승필 朴承弼 (51)358 365 369

박승혁 朴承赫 ㊼154 155

박승환 朴昇煥 ㊸413

박승환 朴承煥 (52)160 427

박승흠 朴承欽 ㊾206

박승희 朴勝喜 (51)368

박시몬 Simon朴 ㊺361

박시원 朴施源 ㊽203

박 신 朴信 ㉒356

박심수 朴尋洙 ㊼143

『박씨전』『朴氏傳』㉛434

박아지 朴芽枝 (52)312 317

박안신 朴安信 ㉓339

박 암 朴巖 ⑫51

박 애 朴愛 ㊽252

박양유 朴良柔 ⑫170 171 178 ⑮302 304 330 336

박 어 朴漁 ⑫71

박언진 朴彥鎭 ㊶367

박에스터 朴에스터 ①461 ㊹388 393 394
박여룡 朴汝龍 ㉘337
박여성 朴汝成 ㊸419
박 연 朴堧 ⑨605 609 ㉔622 ㉖25 42 ㉗397~399 404 ㉛584
박 연 朴淵(朴延) ㉜487 488
박연동 朴淵童 ㊹397
「박연폭포도」「朴淵瀑布圖」 ㉟459 460
박열 朴烈 ㊽334
박영 朴永 ⑫256
박영 朴英 ㊽203
박영교 朴泳教 ㊲97 120 ㊳17 18 59 88 432
박영규 朴英規 ⑪4 115 123 128 129 ⑫37 41 85 ⑭32
박영근 朴永根 ㊹197
박영근 朴榮根 ㊾342
박영모 朴永模 ㊼148
박영묵 朴永默 ㊼360
박영문 朴永文 ㉘256
박영선 朴泳善 ㊾331
박영순 朴永淳 ㊼241 263
박영인 朴泳仁 ㊹384
박영자 朴英子 ㊹384 385 ㊾280
박영재 朴英載 ㉜250
박영준 朴永俊 ㉚38 43
박영창 朴永昌 ㊳23
박영호 朴英鎬 ㊾369 371
박영효 朴泳孝 ①341 347 350 353 ㊲ 104 121 306 332 ㊳17 24~26 48 51 70 72 88 97 98 112 117 119 122 185 186 302 308 334 341 342 352 358 362~365 370~373 380 381 391~393 399~402 ㊴85 250 ㊵7 70 133 158 164 213 215 216 221 223~226 228 229 231 232 235 238 239 242 247 253 254 263 287 293 ㊶19 23 92~94 176~178 198 262 286 423 ㊸76 241 323 ㊹38 43 44 348 361 362 420 444 ㊺17 22 24~26 29 31 33 39 94 205 226 ㊻14 15 193 200 208 ㊼320 ㊽48 50 ㊾422 51 75 178 334
박오봉 朴五鳳 ㊾464
박옥련 朴玉蓮 ㊾265
박완삼 朴完三 ㊽153
박외선 朴外仙 51363
박용구 朴容九 52342 ㊴447
박용규 朴龍圭 ㊾128 446 451
박용규 朴鎔圭 ㊷42
박용대 朴容大 ㊵153 ㊷44
박용만 朴容萬 ㊼168~170 231 247 249 251 254~256 261~263 314 ㊽105 141 143 147 260 280 ㊿368 369 404 51183
박용원 朴用元 ㊴216
박용철 朴龍喆 51373
박용칠 朴容七 52102
박용화 朴鏞和 ㊸123
박용회 朴庸淮 ㊼159
박용희 朴容羲 51153 52130 180 199
박 원 朴遠 ⑳277
박원동 朴元東 ㊼160
박원명 朴源明 ㊴309 318 319
박원식 朴源植 52130
박원실 朴元實 ⑱150
박원양 朴元陽 ㊵226
박원정 朴元貞 51308
박원종 朴元宗 ㉘185 194 238 248 ㉚ 235
박원형 朴元亨 ㉔312
박원희 朴元熙 ㊾285 286 293 294 299
박 위 朴葳 ⑲202 212 ⑳405 407 411
박 유 朴紐 ⑥199
박 유 朴儒 ⑫43 81 ⑰189
박유전 朴裕全 ㉟568
박유진 朴有鎭 ㊶409
박육화 朴育和 ⑫277
박윤길 朴允吉 52442
박윤묵 朴允默 ㉜93
박윤보 朴允寶 ㊾201

박윤서 朴允瑞 ㊿346
박윤섭 朴允燮 ㊼238
박윤웅 朴允雄 ⑪87
박윤하 朴潤夏 ㊼325
박윤한 朴潤漢 ㉜459
박은식 朴殷植 ①363 437 ⑩236 ㉟81 83 ㊸73 77 197 242 244 249 278 318 325 490~492 ㊺8 68 80 125 143 219 273 277~280 312 ㊻64 85 104 105 108 109 127 215 221 ㊼12 36 37 220 224 227 231 304 314 401 ㊽11 141 162 171 175 246 ㊾63 51 63 72 121 132 133 135 136 194 222 225 228 238
박은용 朴殷用 52342
박응남 朴應南 ㉘331 ㉚24
박응백 朴應伯 ㊽268
박응서 朴應犀 ㉚71
박응칠 朴應七 ㊾76
박응학 朴應學 ㊳23 359
박의중 朴宜中 ⑲167 168 196 ㉓280
박의현 朴宜鉉 ㊸116
박이서 朴彝敍 ㉚70
박이일 朴爾日 ㊸454
박이창 朴以昌 ㉔365
박 인 朴寅 ⑳398
박인관 朴仁寬 ㊼173
박인근 朴仁根 ㊼142
박인덕 朴仁德 ㊿211
박인량 朴寅亮 ⑨475 476 ⑫203 ⑰176 178 202 206 207 225 230 231 ㉑360
박인범 朴仁範 ⑪43 51 ⑰189
박인범 朴寅範 ⑨472 474 476
박인석 朴仁碩 ⑰154 ⑱220 ⑳159
박인준 朴仁俊 51432
박인진 朴寅鎭 ㊿360
박인호 朴寅浩 ㊻203 ㊾444 5169 187 188
박인호 朴仁浩 ㊼326
박 일 朴日 ㊾469
박일리야 朴일리야 ㊽252~254
박일병 朴一秉 ㊾74 90 289
박일우 朴一禹 52168
박일원 朴一源 ㉝17
박자청 朴子靑 ㉗448~450 478 490 491 497 498
박자흥 朴自興 ㉙226 228 229
박작성 泊灼城 ⑤136
박장원 朴長遠 ㉜134
박장현 朴章鉉 51227
박장호 朴長浩 ㊸387 ㊽200 208 209
박재구 朴在球 ㊼139
박재혁 朴載爀 ㊽325
박 전 朴琠 ⑭146 157
박전지 朴全之 ⑳275
박 정 朴炡 ㉚82
박정길 朴鼎吉 ㉙228 230 231 ㉚70
박정덕 朴貞德 ㊾291 292
박정동 朴晶東 ㊺357
박정부 朴挺夫 ⑱60
박정선 朴正銑 ㊻319
박정순묘지 朴正淳墓誌 ㉟514
박정애 朴正愛 52428 438 448
박정양 朴定陽 ㊲229 ㊳106 111 113 123 164 ㊴24 26 28 61 111 ㊶19 40 63 100 177 199 342 353 355 367 368 377 388 391 400 411 ㊵8 153 164 205 216 229 249 267 269 288 293 ㊷27 65 66 ㊸91 192 241 ㊺28 29 32 ~34 207
박정양내각 朴定陽內閣 ㊶93 193 299 300
박정유 朴挺蕤 ⑭147
박정현 朴庭顯 51369
박제가 朴齊家 ①324 ㉓50 ㉜92 246 418 419 ㉝44 ㉞93 ㉟82 88 201 222 241 252 369 ㊲93 95 100 147 ㊳3 54 ㊸241
박제건 朴濟乾 ㊽339
박제검 朴齊儉 ⑱149 ⑳89
박제경 朴齊絅 ㊲187 ㊳355 399 ㊻310

박제관 朴齊寬 ㉜472
박제상 朴堤上 ⑦63 70 185 232 320 413 ⑧375
박제선 朴濟璿 ㊸466
박제순 朴齊純 ㊲316 ㊴26 115 212 400 468 ㊵135 ㊶368 377 390 398 ㊷235 237 238 241 266 291 ㊸48 60 65 85 88 89 92 102 303 310 ㊹116 423
박제행 朴齊行 ㊿368
박제형 朴齊炯 ㉜201
박제황 朴齊璜 ㊸89 90
박 종 朴琮 ㉙286
박종경 朴宗慶 ㉜203 204 217 236 237 251 256 ㊱277
박종기 朴鍾基 ①504 ㉟578
박종보 朴宗輔 ㉜251
박종부 朴宗阜 ㉙289
박종수 朴鍾洙 ㊼254
박종식 朴鍾植 ㊾467
박종악 朴宗岳 ㉜84 ㉞82
박종업 朴鍾業 ㊾446
박종우 朴從愚 ㉒153 ㉕104 ㉘17
박종한 朴宗漢 ㊸480
박종화 朴鍾和 52313 319
박종환 朴鍾煥 52431
박종훈 朴宗薰 ㉜223 225 257 266 269
박주수 朴周壽 ㉜203 251
박주영 朴周英 ㊸369
박준승 朴準承 ㊼326 51181 188
박준양 朴準陽 ㊵170 212 213
박준원 朴準源 ㉜202 218 248 251 256
박준채 朴準埰 ㊾458 459
박준한 朴俊漢 ㉜458
박중빈 朴重彬 ㊻199
박중화 朴重華 ㊺77 ㊼153
박지계 朴知誡 ㉚74 78 ㉛181 197 203 204 207
박지분청자 剝地粉靑瓷 ㉛511 512
박지원 朴趾源 ①324 428 430 501 ㉚44 ㉜418 419 ㉝60 166 204 ㉟82 88 209 241 248 253 363 427 429 430 513 ㊱121 126 ㊲102 104 ㊳3 16 53 54 ㊸241 242 ㊺14 349
박지윤 朴遲胤 ⑪5 80 141~144
박지화 朴枝華 ㉕136 ㉖298 299 ㉘330 ㉛407
박직상 朴直常 ㉜413
박직윤 朴直胤 ⑪79 80 141 142
박 진 朴珍 51371 372 377
박 진 朴晋 ㉙80 150
박진국 朴振國 ㉙154
박진순 朴鎭淳 ㊽249 ㊾67
박진재 朴晋材 ⑱50 60~62 86 133 135 ~137
박진홍 朴鎭洪 ㊿223
박질영 朴賨榮 ⑫84 133
박차정 朴次貞 ㊾311 ㊿223
박찬모 朴贊謨 52311 326
박찬신 朴纘新 ㉜62
박찬익 朴贊翊 ㊻221 ㊼183 186 187 219 224 314 ㊿270 299 51195
박창렬 朴昌烈 ㊾201
박창로 朴昌魯 ㊸372 393 394 398
박창섭 朴昌燮 52438
박창세 朴昌世 ㊿279~281
박창옥 朴昌玉 ①504
박창은 朴昌殷 ㊽252 253
박처후 朴處厚 ㊼247 248
박천강 博川江 ④75
박천기 朴天器 ⑳206 226
박천식 朴天湜 ⑱102
박천식 朴天植 ⑱107
박철환 朴哲煥 ㊾173
박청운 朴淸雲 ㊹383
박 초 朴礎 ⑱220 ⑲209 ㉓280
박춘근 朴春根 ㊽159
박춘금 朴春琴 ㊼286 ㊽50 352
박춘실 朴春實 ㊸446

박춘영 朴春榮 ㉙50
박춘자 朴春子 ㊾293
박춘재 朴春載 ①504 (51)365
박충간 朴忠侃 ㉙105 182
박충렴 朴忠廉 ㉙286
박충원 朴忠元 ㉚39 43 44
박치검 朴致儉 ㉜458
박치원 朴致遠 ㉜250
박치의 朴治毅 ㊽331
박치익 朴治翼 ㊽208
박치화 朴致化 (50)315
박치화 朴致和 ㊼360
박치훈 朴治勳 ㊸143
박쾌인 朴快仁 ㊼326
박태선 朴泰善 ㊾98
박태열 朴泰烈 ㊽331
박태원 朴泰元 (51)308
박태원 朴泰遠 (52)317
박태을 朴台乙 (50)422
박태종 朴泰宗 ㊸391
박태준 朴泰俊 (51)258 308 (52)342
박태현 朴泰鉉 (52)342
박태환 朴泰煥 ㊺83
『박택편』『泊宅編』㉔278
『박통사』『朴通事』㉟280
박판 拍板 ⑨613 614 621
박팔양 朴八陽 (51)87
박팽년 朴彭年 ㉒70 78 115 ㉘188 189
박평진 博平鎭 ⑫116
박 표 朴彪 ⑫256
박필몽 朴弼夢 ㉚171 ㊱191 192 196
박필주 朴弼周 ㉜56 63 ㉟23 34
박필현 朴弼顯 ㉜60 ㊱196 197 200 202
박하균 朴河均 ㊾122 123 125 445 451
박하원 朴夏源 ㉜84
박한복 朴漢福 ㊾446
박한영 朴漢永 ㊺52 ㊻128 131 (51)200 204 216
박한주 朴漢柱 ㉘177 179 183 190 192 (52)165
박 항 朴恒 ⑰106 ⑱168 ⑳226
박헌봉 朴憲鳳 (52)342 344
박헌영 朴憲永 ①394 ㊾73 83 89 94 109 285 398 442 (50)140 (51)74 (52)97 106 112 118 148 152 154 156 173~176 189 191 213 214 216 248 258 305 394 437
박혁 博奕 ⑥247
박혁거세 朴赫居世 ①153 ⑪215
박혁거세신화 朴赫居世神話 ⑦13 14
박현복 朴賢福 (52)347
박현숙 朴賢淑 ㊼157
박형병 朴衡秉 ㊼280 ㊾152
박형서 朴亨瑞 ㊱101
박 호 朴浩 (50)351
박호군 朴好君 ㊾354
박 홍 朴泓 ㉙28 60 193
박홍구 朴弘耉 ㉙225 226 ㉚74
박홍장 朴弘長 ㉙107
박홍준 朴弘儁 ㉜195
박 환 朴煥 ㉙276
박환병 朴桓秉 (51)309
박 황 朴晃 (52)375
박효관 朴孝寬 ㉟393 561
박효렴 朴孝廉 ⑫256
박효삼 朴孝三 (50)291
박효원 朴孝元 ㉘253 254 ㉚63
박후성 朴厚星 (52)375
박 훈 朴薰 ㉘196
박 훤 朴暄 ⑱76 88 166 172 236
박흥생 朴興生 ㉔100
박흥식 朴興植 (50)32
박희도 朴熙道 ㊼321 322 324~326 332 ㊽110 ㊾54 142 157 429 430 (51)252
박희병 朴羲秉 ㊹383
박희손 朴喜孫 ㉔247
박희실 朴希實 ⑱102~109 ⑳211 247
박희인 朴熙寅 ㊴478
반 班 ⑮20~22 30 31 72

반 盤 ⑧263 264
반가사유상 半跏思惟像 ⑧246
반감 飯監 ㉕215
반격 班格 ㉛95
『반계수록』『磻溪隨錄』㉔114 566 617 ㉛ 346 357 ㉜39 ㉟193 246 332
반고 半古 ⑥37 226
반고사 磻高寺 ⑨372
반공민왕파 反恭愍王派 ⑳357 369 371
반공체제 反共體制 52394 396 402
반광작론 反廣作論 ㉝77 78
반교 泮橋 ㉓282
반구대 盤龜臺 ①104 138 183 ⑧173 216 ⑨300
반군 般軍 ㉕197
반굴 盤屈 ⑨34
반궁 泮宮 ㉓279
반궁제회 泮宮齊會 ㉓287
반기독교운동 反基督敎運動 ㊾384 ㊿145
반남면신촌리 潘南面新村里 ⑧363
반남박씨 潘南朴氏 ㉜215
반노프스키 Boris Petrovich Vannovsky ㊴ 81 ㊵67 ㊶70 87
반농반염 半農半鹽 ⑲360 374
반당 件倘 ⑲60 ㉘270
반도고운동 反都賈運動 ㉝7
『반도시론』『半島時論』5168
반도여자청년회 半島女子靑年會 ㊾271 275
반도제연사 半島製烟社 ㊹191
반독 伴讀 ⑱160 ㉓294
반동 反同 ㉘70
반동학운동 反東學運動 51179
반량전 半兩錢 ④131 145
반량풍 潘量豊 ⑥232
반로국 半路國 ⑦298 299 328 337
반룡사 盤龍寺 ⑧56
반미 飯米 ㉓290
반버스커크 J. D. Van Buskurk ㊻290
반부 潘阜 ⑳267
반비 半臂 ⑨240 247
반비간 飯婢間 ㉟543
반상기 飯床器 ㉕330
반상서 班尙書 ⑪120
반상제 班常制 ㉚179 ㉛19 ㊱1 3 23 25 35 41 ㊹337
반상회 班常會 ①81
반석공농반일의용군 磐石工農反日義勇軍 ㊿348
반석역전투 班石驛戰鬪 ⑳224
반석평 潘碩枰 ㉕76
반섭조 般涉調 ⑨603 606 607 612
반송제연사 盤松製烟社 ㊹191
반수 班首 ㉔159 167 170 ㉞248
반수 泮水 ㉓281
반승(불사) 飯僧(佛事) ⑫219 ⑯165 183 ㉑575 ㉖133 266 267
반식 飯食 ㉖266 271
반신라정책 反新羅政策 ⑫17 54
반십장운동 反什長運動 ㊹410
반야경도량 般若經道場 ⑯175
반야경보 般若經寶 ⑯87 106 217
반야도량 般若道場 ⑯143 251
반야사상 般若思想 ⑧51
『반야심경약소』『般若心經略疏』⑯77
반여동유적 盤如洞遺蹟 ③122
반움집 半竪穴住居 ②370
반원개혁정치 反元改革政治 ①216
반원운동 反袁運動 ㊴22
반원친명책 反元親明策 ①258
반월성 半月城 ⑧266 ⑨5 149
반월형석도 半月形石刀 ①181 182 183 ③104 198 258 259 262 270 292 335 468 522 ⑦78 217 ⑧465
반월형철도 半月形鐵刀 ③468
반월형철도자 半月形鐵刀子 ⑦78
반유반분 半留半分 ㉜315 374
반육조 半肉彫 ⑧262

반육조수대경 半肉彫獸帶鏡 ③317 321
반인 伴人 ㉘16
반일민족교육 反日民族敎育 ㉛22 45
반일본패운동 反日本牌運動 ㊹410
반일진회운동 反一進會運動 ㉛179
반자 飯子 ⑨539
반자치운동 反自治運動 ㊾59
반작 反作 ㉜316
반작 半作 ㉘57
반정 反正 ㊱10 11 25 108 113 194~196 204 206 208
반정 半丁 ⑫216⑭213 220 238 367 ⑲266 268 ㉔22
반정공신 反正功臣 ㉓30
반제통일전선 反帝統一戰線 ㊿350
『반제학생신문』『反帝學生新聞』㊿252
반제협동전선론 反帝協同戰線論 ㊽183
반종 半鐘 ⑨523
반종법 反種法 ㉝41
반주 班主 ⑬4
반주노 叛主奴 ㉞149
반채화 頒彩畵 ㉟476
반철도투쟁 反鐵道鬪爭 ㊶169
반청북벌론 反淸北伐論 ㉚78 ㉟239
반체제 班體制 ⑮20 72 75
반촌 班村 ①327 ㉞17 173 ㊱3 43 49 137
반친영 半親迎 ㉛217
반탁국민총동원위원회 反託國民總動員委員會 ㉜113
반탁운동 反託運動 ㉜45 110 111 129 133 136 142 154 162 182 187 189 192 194
반탁투쟁위원회 反託鬪爭委員會 ㉜74 124 136 182
반탁투쟁조직위원회 反託鬪爭組織委員會 ㉜135
반탕평론 反蕩平論 ㉜46 55
반파(국) 伴跛(半跛·叛波)(國) ⑦85 298 304 337 393
반파쇼공동투쟁위원회 反fascio共同鬪爭委員會 ㉜114
반혼 班婚 ㉞48
발(염) 簾 ⑨260
발괄 白活 ①331 ㊱12
발데르제 Alfred von Waldersee ㊷177
발독 Edward H. Baldock ㊻291
발라사노프 G. M. Balasanov ㉜60
발마 撥馬 ㉝262
발매 發賣 ㉚352
발명학회 發明學會 ①464
발묵법 潑墨法 ㉟435
발방아 ⑧409
발배 哱拜 ㉙77
발사물 發射物 ㉗253 254 257 263 265
발성영화 發聲映畵 ㉛375
발어참성 勃禦塹城 ⑫22
발연사 鉢淵寺 ⑨411 ⑪183
발열광연대측정법 發熱光年代測定法 ②275
발영시 拔英試 ㉒118 ㉓328 335 350 351
발외 把犁 ㉔109
발위사자 拔位使者 ⑤157 160
발장 撥將 ㉔547 ㉝262
발전 撥傳 ㉝262
발전자 發電赭 ㉔573
발통 發通 ㊱236
발통취회 發通聚會 ㊱337
발틱함대 Baltic艦隊 ㊷202
발포만호 鉢浦萬戶 ㉙59
발포성 鉢浦城 ㉒195
발한동유적 發翰洞遺蹟 ②300
발해 渤海 ⑪19 28 ⑫67 71 72 110 156 ⑮241 254 259 269 276 280 321 ㊵15 ㊷15
『발해강역고』『渤海疆域考』⑩234
『발해고』『渤海考』⑩234 ㉜92 ㉟321 325 ㊺265
발해관 渤海館 ⑨296
발해교방 渤海敎坊 ⑩163 226

발해국왕　渤海國王　⑩115 138 140
『발해국지장편』『渤海國志長編』⑩84 85
발해군왕　渤海郡王　⑩29 115 138 140
발해금　渤海琴　⑩163 226
발해말갈　渤海靺鞨　⑩46 54 229
발해무　渤海舞　⑩162 163
『발해사』『渤海史』㊺278
발해사신　渤海使臣　⑩7 43 50 63 65 80 87 101 107 111 114 125 127 128 162 169 180 181 186 193 194 222 225 246
발해악　渤海樂　⑨619 ⑩126 162 224~226
발해유민　渤海遺民　⑩9 51 56 82~89 92~96 112 183 184 196 212 226 229 ⑮254 261 270 301 331
발해학교　渤海學校　㉛194
발화　發火　㉗231 232 247 248
발화군　發火軍　⑬357 359 ⑱184
발화도설　發火圖說　㉗232
발화통　發火筒　㉓270
발효식품　醱酵食品　㉑583 ㉕329 333
방　坊　㉚257 ㉝381
방각(간)본　坊刻(刊)本　㉞125 ㉟199 409 410
방갑　房甲　㊴216
방갓　㉕311
방거　紡車　㉝183 184
방격규구경　方格規矩鏡　③316 320
방격규구신수경　方格規矩神獸鏡　⑧262
방결　防結　㉜295 360 ㊱326
방고전　防雇錢　㉚392 393
방곡　防穀　㉘118
방곡령　防穀令　㊳172 ㊵157 180 ㊸95 ㊹37
방구렴　防口簾　㉝226
방국진　方國珍　⑲402 ⑳330 355 384
방군　防軍　㉝262
방군수포　放軍收布　①293 ㉓34 244 ㉔441 442 491 ㉘5 110 ㉙181 ㉚480 ㉜105 119 302 ㉞130 206
방그물(수조망·배후릿그물)　手繰網　㉝221
방납　防納　①272 275 302 ㉔8 322 460 464 472 ㉘3 12 62 80 82 83 87~89 118 360 361 366 ㉚346 517 518 527 528 ㉜295 365 367 368 ㉝135 319 376 428
방납가　防納價　㉜311 ㉝428 433
방납권　防納權　㉚518 560
방납사주인　防納私主人　㉚518 528
방납수　防納叟　㉔461
방납작전　防納作錢　㉜311
방내리유적　坊內里遺蹟　③108
방단　方壇　⑧328
방단계단식적석묘　方壇階段式積石墓　③414
방대형　方臺形　⑧327 331
방동선　龐同善　⑨50
방등산　方等山　⑧372
방등시　方等時　⑯44 79
방렴　防簾　①315 ㉔407 ㉜177 178 ㉝6 218 224~226 232
방령　方領　⑥84 182 183 186 187 192 229 ㉕318
방리(제)　坊里(制)　⑥176 ⑦73 81 249 ⑬213 216 219
방립　方笠　㉛404
방만춘　方萬春　㉟628
방매귀　放枚鬼　㉛580
방목패　方木牌　㉞218
방무길　方茂吉　㊾274
방물　方物　⑮266 361 ㉔141 143 144 149 470 ㉚504 507 533 ㉜286 ㉝257
방물전　方物廛　㉝316
방물진상　方物進上　㉔467
방미　榜尾　㉓334
방민　坊民　㉚529
방백　方伯　㉓30
방번전　防番錢　㉟154 155
방번제도　防番制度　㉟154

방벌 放伐 ㉓16
방사 方司 ⑥187
방사겸 方四兼 ㊼242
방사군 放射軍 ㉗251
방사량 房士良 ⑲356 ㉔282
방사법(술) 放射法(術) ㉗249 251
방사성탄소동위원소법 放射性炭素同位元素法 ②26
방사성탄소연대측정 放射性炭素年代測定 ②26 29 164 311 308 324
방사환 房使喚 ㉚531
『방산한씨금보』『芳山韓氏琴譜』㉟557
방상가면 方相假面 ㉑502
방생소 放生所 ⑫115
방서란 房瑞鸞 ⑳85
방석 芳碩 ①262
방선 防船 ㉔360
방성 方城 ⑥182 192
방수군 防戍軍 ⑪106 109 ⑬293 344 348
방수사 防守使 ㊱174
방수영 方壽永 ㊼448
방술 方術 ⑧97
방시(제) 坊市(制) ⑭443 444
방신영 方信榮 ㊾278
방심곡령 方心曲領 ㉕299 309
방아책 防俄策 ㊲179 181~183 278
『방약합편』『方藥合編』㉔388
방어사 防禦使 ㉓245 246 ㉚251
방어전쟁 防禦戰爭 ㊵19
방어진 方魚津 ②334
방어청 防禦廳 ㉚186
방언 方言 ①168 ㉗375~379
『방언유석』『方言類釋』㉟282
『방언육전』『方言六典』㉒198
『방여승람』『方輿勝覽』㉖167
방역 坊役 ㉚387 ㉝328 379
방영군관 防營軍官 ㉚251
방우 邦祐 ⑫97
방우도 方禹度 ㉞93
방우룡 方雨龍 ㊽207
방우용 方禹鏞 ㊾448
방울 ⑧254 256
방위부 方位部 ⑤36 48 152
방유령 方有寧 ㉕76 77 ㉘177
방윤중 方允中 ㉞86
방응 放鷹 ⑧391
방응모 方應謨 ㊶86
방이공 方以恭 ㉚562
방이동 고분 芳荑洞 古墳 ⑧363
방자 房子 ㉚505 ㉟176
방자역가 房子役價 ㉚505
방적사 紡績絲 ㊹76 218 220 221
방적토포 紡績土布 ㊹167
방전 方塼 ㉕343 ㉗483
방전 防箭 ㉔406
방전법 方田法 ㉜350 354 ㊷62
「방전조례」「方田條例」㊷64
방점 傍点 ㉗377
방제경 倣製鏡 ③320 526 ④283 ⑧262 358
방제품 倣製品 ③212 215
방종현 方鍾鉉 ㊶104
방좌 方佐 ⑥84 182
방주감찰 房主監察 ㉓72
방주익 方周翼 ㊼154 155
방주인근수조 坊主人勤受條 ㉜288
방중악 房中樂 ㉛562
방직 房直 ㉕215
방직공업 紡織工業 ㊻327 ㊽70 72
방직기술 紡織技術 ㊻314
방직업 紡織業 ①273
방직장 紡織匠 ㉔256 267 269
방진기 方震夔 ㉞81
방천 防川 ㉘352
방추차 紡錘車 ③75 105 226 263 283
방축 防築 ㉘352
방태여 方泰輿 ㉞84
방태영 方台榮 ㊽48 ㊶66

방택제 方澤祭 ㉖211 221
방패 防牌 ㉓205 215 ㉔482 ㉕150
방패형동기 防牌形銅器 ③45 61 80 219
방포 方袍 ⑫17
방학 放學 ㉓293
방한덕 方漢德 ㊶388
방한복 方漢復 51 77
방한암 方漢巖 51 214
방한준 方漢俊 51 377
방해 螃蟹 ⑩170
방현령 房玄齡 ⑤136 144 ⑥240 ㉖36
방형(원형)주구묘 方形(圓形)周溝墓 ⑧339 364
방형석실분 方形石室墳 ⑧361
방형집터 方形住居址 ③396
방형토성 方形土城 ③438
방호별감 防護別監 ⑲390 ⑳225 242 248
방호소 防護所 ⑲51 52 62
방화벽 防火壁 ㉗450
방화연 放火宴 ㉗242
방화전 房火錢 ㉔512
방화중 邦化重 ㊼245 250
「방황공망산수도」「倣黃公望山水圖」㉛465 466
방효선 方孝善 ㉞93
방효태 龐孝泰 ⑤138 143 ⑨33
봉희 棒戲 ㉛601
방희용 方羲鏞 ㉟491
배(우)희 俳(優)戲 ㉗365 368
배강 背講 ㉓286 292 331 333
배거리 背巨里 ㉕304
배고개 ㉔497
배공숙 裵公淑 ⑳113
배 구 裵矩 ⑤114 117 127
배 구 裵璆 ⑩67 193 194
배구자 裵龜子 51 363 371
배극렴 裵克廉 ⑭271 ⑲202 221 ㉒21 22 28 29 33
배다리 浮橋 ㉔503
배달족 倍達族 51 226
『배달족강역형세도』『倍達族疆域形勢圖』㊻217 51 194 227
배당 褙襠 ⑨240 248
배도지림 背道之林 ㊱359
배동석 裵東奭 ㊼325
배동혁 裵東爀 ㊹197
배동현 裵東鉉 ㊸316
배 련 裵連 ㉗546 547
배 렴 裵濂 52 332
배론(주론)신학교 배론(舟論)神學校 ㊻134
배맹후 裵孟厚 ㉓341
배모양석기 舟形石器 ②39 91
배벌 背伐 ⑦353
배불론 排佛論 ⑳49 ㉑103 153 161
배불억승 排佛抑僧 ㉖265
배불운동 排佛運動 ㉓19
『배비장전』『裵裨將傳』①505
「배비장타령」「裵裨將打令」㉛438
배사설 背師說 ㉜35
배산서당 培山書堂 51 229
배상금 賠償金 ㊵16 72 85～87 89
배 설 裵楔 ㉙115 202
배성룡 裵成龍 51 87 52 200 201
배세청 裵世淸 ⑦150
배소 排簫 ⑧372
배송 背誦 ㉓329
배 수 裵秀 ⑧411
배시황 裵是愰 ㉜404
배 신 裵信 ⑫229
배실 홀 Basil Hall ㉜496 508
배영의숙 培英義塾 ㊻237
배운성 裵雲成 51 327 52 339
배원정책 排元政策 ⑳313 323 362
배원친명책 排元親明策 ㊷27
배윤재 裵允材 ⑱29
배윤현 裵胤玄 ㉟167
배율 排律 ㉓337
배일감정 排日感情 ㊲268

「배일결의문」「排日決議文」㊼239 242
배일당 排日黨 ㊼183
배일사상 排日思想 ㊸101 103 107
배일운동 排日運動 ㊸6 86 126 147 301
배일통문 排日通文 ㊸114
배자 褙子 ㉕304 ㉛409
배재 梨峙 ㉙80
배재학당 培材學堂 ㊳193 ㊴122 127 ㊵251 304 ㊶200 205 225 327 ㊹488 ㊺3 22~24 66 155 231 254 257~259 366 ㊻42 51 169 184 185 188 228 300 ㊾422
배 전 裵佺 ⑲166 ⑳277
배 정 裵頲 ⑩67 193~195
배정자 裵貞子 ㉛410
배주 拜住 ⑳286 ㉑347
배 준 裵俊 ㉙214 215
배중손 裵仲孫 ⑳120 121 251 310
배지보 陪持保 ㉜192
배천택 裵天澤 ㊽153 158 186
배청괘서 排淸掛書 ㊱186
배청의리론 排淸義理論 ㉟21 43~45
배총규 裵悤規 ⑫25
배튼기 batten機 ㊻317 321 327
배향공신 配享功臣 ⑫170 172 174 178 ㉑330
배향종사제도 配享從祀制度 ㉖35
배혁수 裵赫秀 ㊾291 292
배현경 裵玄慶 ⑪6 164 ⑫18 45 77 128 133 142 143 ⑭25
배현규 裵玄珪 ⑩26
배 형 裵鉶 ⑨338
배호 陪扈 ㉚277
배화여고 培花女高 ㊹387
배화여학교 培花女學校 ㊺93 95
배활산 裵活山 ㊽306
배후금향명정책 排後金向明政策 ㉚282
배훤백 裵萱伯 ⑪31
배흘림 ⑰256 ㉛531 538
배흥립 裵興立 ㉙61
백가 白加 ⑧198
백가 苩加 ⑥63 66 67 70 74 81 182 197 230 232 238
백가의 난 苩加의 亂 ⑥73 75 78
백강 白江 ⑨37
백강구전투 白江口戰鬪 ⑦157
백결선생 百結先生 ⑧100 375
백계창 白季昌 ㊳276
백고좌(강)회 百高座(講)會 ⑦128 ⑧56 82 ⑯164 ⑱202
백골징포 白骨徵布 ㉜109 110 124 125 133 135 137 140 146 196 303 305 312 345 ㉝132 ㉞153 208 ㊱283 ㊲167
백과전서 百科全書 ㉟192 224 334
백관공복 百官公服 ⑦98
백관당 百官幢 ⑦203 ⑨138
백관복식 百官服飾 ㉛606
백관수 白寬洙 ㊼274 275 278 315 ㊾142 147 ㉛74 84 ㊷125 180 184
백관잠 百官箴 ⑨99
백관형 白觀亨 ㊼339
백광필 白光弼 ㉛69
백광흠 白光欽 ㊾289
백규서무 百揆庶務 ㉓62
백금보(문화) 白金寶(文化) ④5 155 163 168 218
백급 白給 ㊱161
백낙관 白樂寬 ㊳284
백낙구 白樂九 ㊸402 403
백낙서 白樂瑞 ㊲158
백낙신 白樂莘 ㉜322 339 ㊱316 319 320
백낙운 白樂雲 ㊳23
백낙준 白樂俊 ①504 ㉟578 ㊺331
백낙준 白樂濬 ㉛256
백낙필 白樂弼 ㊲158
백낙형 白樂衡 ㊸130
백남규 白南奎 ㊸399 463~466 ㊼153 236 278 313 ㊾428 ㉛106

백남수 白南壽 ㊸389
백남순 白南舜 ㊿①327
백남운 白南雲 ④11 ㉟262 264 ㊼153 ⑤①132 138 139 141 ⑤②167 169~172 175 213 216 395 444
백남훈 白南薰 ㊼274 275 ⑤②125 131
백달원(토산) 白達元(兎山) ㉔156 158 166
백대형 白大珩 ㉚70
백돈명 白敦明 ⑳175 206
백돌말갈 伯咄靺鞨 ④178
백돌부 伯咄部 ⑩16 18 44
백동장 白銅匠 ⑰130
백동화 白銅貨 ㊵291 ㊷135 141 320~322 331 ㊹21 23 26 28 29
백두 百頭 ⑤182
백두대간 白頭大幹 ①14 47
백두산 白頭山 ①14 312 ②46 412 479 511
백두산정계비 白頭山定界碑 ㉜13 383 406 409 410 411 413 414
『백두산정계비실황기』『白頭山定界碑實況記』 ㉜414
백랑수 白狼水 ④90
백련강 百鍊鋼 ⑥223
백련결사 白蓮結社 ⑯80 ㉑73~75 77~79 155 156
「백련결사문」「白蓮結社文」 ㉑75 80 81 85
백련사 白蓮社 ①256 ㉑17 48 73 75 77 ~89 93 95 156 157 ㉖283
백련사결사 白蓮社結社 ①248
백령도 白翎島 ㊻158
백령도유적 白翎島遺蹟 ②484
백령도패총 白翎島貝塚 ②379
백록동서원 白鹿洞書院 ㉓315
백률사 栢栗寺 ⑨405 511
「백률사중수기」「栢栗寺重修記」⑨482
백리척 百里尺 ㉟301
백립 白笠 ㉕311 ㉛610 ⑤①227 403
백마산성 白馬山城 ㉙274
백마장군 白馬將軍 ㊸426
백만석 白萬奭 ㊺236
백만양화회 白蠻洋畫會 ⑤①328
백망 白望 ㉚171 ㉜62
백매순 白眛淳 ⑧487
백면지 白綿紙 ㉚504
백목면 白木綿 ㊹160
백목전 白木廛 ㉔128 ㊶220
백목전도가 白木廛都家 ㊸124 125
백 무 白武 ㊼292
백문보 白文寶 ⑭154 155 336 341 409 ⑲114 119 133 138 164 165 336 ⑳43 ㉑340 341 352
백미장 白米漿 ㉑575
백민회 白民會 ㊶421 422
백반 伯飯 ⑦103
백백교 白白敎 ⑤①175
『백범일지』『白凡逸志』㊱359 ㊻115
백 빈 白濱 ⑨620
백사 白絲 ㉚605 ㉝170 349 443 448 465
백사림 白士霖 ㉙168
백사유 白思柔 ⑫111 170 173
백산무사단 白山武士團 ㊽211
백산부 白山部 ⑩16~18 30 44 46
백산학교 白山學校 ⑤①194
백삼규 白三圭 ㊽200 208 209
백상규 白象圭 ㊺70
백서농장 白西農莊 ㊸333 ㊼10 196
백서농장군영 白西農庄軍營 ㊽6
백서성 白書省 ⑫82 ⑬10 ⑰15
백석수지 白石垂紙 ⑨431
백석포 白石浦 ㊵109
백선연 白善淵 ⑫276 ⑱218
백선장군 百船將軍 ⑫22
백선철 白銑鐵 ③451
백성군(안성) 白城郡(安城) ⑨59 ⑫31
백성욱 白性郁 ⑤①204 211

백성환 白星煥 ㊸249
백세빈 白世彬 ㊼169 170 172
백수무 百獸舞 ㉑502
백수양 白水洋 ⑨297
백수한 白壽翰 ⑫259 263 265~270 ⑯182 327
백 순 白純 ㊼183 394 ㊿195
백승현 白勝賢 ⑱110
백신애 白信愛 ㊾283 294
「백실」「白實」⑧166 375
백악 白岳 ⑳403
백안 伯顔 ⑳283
백안수소 伯顔愁所 ㉒166 342
백암사 伯巖寺 ⑪201
백암성 白巖城 ⑤132 134 143 187
백암성총 栢庵性聰 ㉟132 136
백애촌 白崖村 ㉝364
백어 伯魚 ⑨284 ⑩106
105인사건 百五人事件 ㊸211 332 335 337 344 345 350 ㊼7 135 145 154 ㊿157
백옥보 白玉甫 ㊼186
백옥복 白玉福 ㊾272
백옥삼 白玉衫 ⑫143
백완혁 白完赫 ㊹196 197 ㊽50
백용구 白㝐(容)龜 ㊾203 205 206 ㊿428
백용성 白龍城 ㊺52 ㊼323 326 ㊿200 204 207 208
백우용 白禹鏞 ①503 ㊺334 344
백우회 白牛會 ㊿328
백운거사 白雲居士 ⑱234
백운 경한화상 白雲 景閑和尙 ⑯268 ㉑100 101 104 105
백운동서원 白雲洞書院 ①296 ㉓315 ㉗227 472 ㉘10 282 284 295 ㉚29 140 141 ㉛83 532 ㊲160
백운빈 白雲賓 ⑳277
백운선 白雲善 ㊿236
『백운소설』『白雲小說』⑱12
백운평전투 白雲坪戰鬪 ㊽228 231 237 238
백원보 白元甫 ㊼201 205 206
백원서원 百源書院 ㉓315
백원혁 白元赫 ㊹383
백월산 白月山 ⑨406 409 ⑪182 183
백유경 百乳鏡 ⑧262
백유함 白惟咸 ㉚57 58
백률사 栢栗寺 ㉖272
백의 白衣 ㊿397 399 400 412
백의흑상 白衣黑裳 ㊿399
백이정 白頤正 ①249 256
백인걸 白仁傑 ㉚15
백인기 白寅基 ㊹196
백일규 白一圭 ㊼249 ㊿385
백임지 白任至 ⑱22 45 47 ⑳20
백자 白磁(瓷) ①291 488~490 ⑰292
백자단 白子端 ⑫276
백자석 白赭石 ⑧176
백자요 白磁窯 ㉗508
백자유 白磁釉 ㉗487 504
백자철화운룡문항아리 白瓷鐵畵雲龍紋항아리 ㉛517 518
백자철화진상다병명병 白瓷鐵畵進上茶甁銘甁 ㉟511
백자철화채정문접시형묘지 白瓷鐵畵蔡呈紋접시形墓誌 ㉟517
백자철화포도문대호 白瓷鐵畵葡萄紋大壺 ㉟512
백자철화호문항아리 白瓷鐵畵虎紋항아리 ㉛518
백자청철동채양각포도문병 白瓷青鐵銅彩陽刻葡萄紋甁 ㉟515
백자청화동채도형연적 白瓷青畵銅彩桃形硯滴 ㉟517
백자청화복평군지합 및 묘지 白瓷青畵福平君誌盒 및 墓誌 ㉟514
백자청화산수문병신명각병 白瓷青畵山水紋丙申銘角甁 ㉟514
백자청화운룡문병 白瓷青畵雲龍紋甁 ㉛

512
백자청화죽문각병 白瓷靑畵竹紋角甁 ㉟ 512
백자청화초화칠보문명기 白瓷靑畵草花七寶紋明器 ㉛514
백자총통 百字銃筒 ㉗260
백자태항 白磁胎缸 ㉗489
백장 佰長 ④281
백장암 百丈菴 ⑨576
백장암청동은입사향로 百丈庵 靑銅銀入絲香爐 ㉗586
백저 白紵 ㉑573
백저의 白紵衣 ㉑568 572 573
백저착의 白紵窄衣 572
백저포 白苧布 ⑲354 ㉑567 568 ㉕295 313
백전 白田 ①73
백정 白丁 ①228 273 281 ⑫187 ⑬340 ~343 360 361 391 406 ⑭10 150 151 157 165~167 177 192 280 338 355 ⑮104 157 ㉓53 ㉕195~197 202 237~244 ㉜40 ㊵302 ㊹345 350 353 ㊾312 318 325 333 337 339 341 ㉛389
백정 白淨 ⑦103 ⑨16
백정기 白貞基 ㊽348
백정농민 白丁農民 ①253
백정대전 白丁代田 ㉔19 21
백제 百濟 ⑥115 225 239 240 ⑫16 19 51 68 222
백제고분 百濟古墳 ⑧334 336
백제국 伯濟國 ⑥13 14 22 24~29 35 41 116 239 ⑦3~5 9 28 232
백제국 百濟國 ⑪109
백제국왕 伯濟國王 ⑥ 41
백제금 百濟琴 ⑧380 381
『백제기』『百濟記』⑥151 ⑧4 127 128
백제대사 百濟大寺 ⑦153
『백제본기』『百濟本記』⑥151 ⑧4
백제부흥운동 百濟復興運動 ⑥130 166 ⑳115
백제사절단 百濟使節團 ⑥220
백제선 百濟船 ⑨302
백제시조묘 百濟始祖廟 ㉖245
『백제신집방』『百濟新集方』⑧414
『백제신찬』『百濟新撰』⑥151 ⑧4 127 128
백제어 百濟語 ⑥241 ⑧138 140 144
백제왕 百濟王 ⑥41
백제음악 百濟(音)樂 ⑧166 372 373 378 379 381 382 ⑨618 619
백제적(구다라부에) 百濟笛 ⑧380 381
백제지리지 百濟地理志 ㉖172
백제척 百濟尺 ㉔606
백제향로 百濟香爐 ⑧380
백존유 白存儒 ⑱50
백종 百種 ㉛578
백종남 白宗男 ㉙259
백종열 白鍾烈 ㊽293
백좌강회 百座講會 ⑨124 ⑧2
백좌도량 百座道場 ⑱202
백좌설경 百座說經 ⑪102
백주(배천) 白州(白川) ⑫70 71 84 178 ⑮260
백중(사리) 百中(사리) ①53 ㉑540 ㉛386
백지징세 白地徵稅 ㊴359
백징 白徵 ㉜294 295 323 364 ㊱151 326
백창섭 白昌燮 ㊿467
백첩포 白氎布 ⑲340 341㉔279~281
백초월 白初月 ㊺52 ㉛204
백추지 白硾紙 ㉔294 ㉗211
백춘배 白春培 ㊳22 356 357 ㊻119
백토 白土 ㉗487 531
백파긍선 白坡亘璇 ㉟145~153 570
백패 白牌 ㉓342 343 358 363 ㉕127
백하체 白下體 ㉟482
백학명 白鶴鳴 ㉛208
백학장군 白鶴將軍 ㉙188
백헬렌 白헬렌 ㊹396
백현례 白玄禮 ⑰290

백현원 白峴院 ⑳218
백호 百戶 ⑲57 ㉕150
『백호전서』『白湖全書』㉟186
백홍관월 白虹貫月 ㉗53 95
백홍관일 白虹貫日 ㉗53 95
백홍균 白弘均 52185
백홍준 白鴻俊 ㊺323 ㊻161 164 165 188
백화 白花 52369
백화모 白樺帽 ⑧446
백화산성 白華山城 ⑳233 234
백희 百戲 ⑧394
백희가무 百戲歌舞 ㉗424
백희기악 百戲伎樂 ⑧187
밴더빌트대학 Vanderbilt大學 ㊻42
뱀숭배사상 뱀崇拜思想 ②514
버선(말) 襪 ⑨250
버취 Leonard Bertsch 52164
버틀러 Buttler 巴爾 ㊶130
번 H. E. Bourne ㊴127
번각본 飜刻本 ㉗209
번개무늬 雷文 ②454 462 511 516
번객 蕃客 ⑨318
번경 反耕 ㉔104 106 111
번고 反庫 ㉔530
번국 蕃國 ⑨282 ⑩70 71
『번국예의』『蕃國禮儀』㉖125
번답 反畓 ㉝57
번목 燔木 ㉗530 532
번방 蕃坊 ⑨317 318
번상 番上 ㉓243 ㉘365 ㉜104 111 ㊳269
번상군 番上軍 ㉚252
번상급보제 番上給保制 ㉜107 108
번상대립 番上代立 ㉞206
번상병 番上兵 ㉜108 301
번상보병 番上步兵 ㉘106 107
번상시위 番上侍衛 ㉓33 63
번상위병 番上衛兵 ㉕91
번상입역 番上立役 ⑬297 309
번상정병 番上正兵 ㉘95 110
번석 煩石 ⑳118 119
번소 燔所 ㉗532
번속국 藩屬國 ⑩141
번수 煩守 ⑳118 119
번스 Arthur C. Bunce 5260
『번역명의』『飜譯名義』㉗218
『번역명의집』『飜譯名義集』㉖268
『번역박통사』『飜譯朴通事』㉑246
번염법 燔鹽法 ㉔367
번예 樊濊 ④35
번와장 燔瓦匠 ㉗442
번음촉절 繁音促節 ㉟580~582
번장 番將 ㉚274
번조법 燔造法 ㉗488
번조소 燔造所 ㉗532
번주 藩主 ㉚332
번즈 James F. Byrnes 5242
번지 板撈 ㉗187
번차 番次 ㉜301 ㉝123
번천리요지 樊川里窯址 ㉛512
번포 番布 ㉜106
벌전 罰錢 ㊱311
벌포 罰布 ㉜161
벌휴니사금 伐休尼師今 ⑦32
범광정 范匡政 ⑮281
범금 8조 犯禁八條 ⑤216
범노선 帆櫓船 ㉔355
범류 梵鏐 ⑳413
『범망경』『梵網經』⑨397 ⑪184 ⑯169 267 ㉖268 ㉗218
범망계 梵網戒 ⑨375 396
범문 梵文 ⑪27 200 ⑫13 27
범방(동) 凡方(洞) ②423 443 478
범방토장묘 凡方土葬墓 ②435
범방패총 凡方貝塚 ②358 400 401 424
범성 梵聲 ⑨615
범수 梵修 ⑨395

범순인 范純仁 ㉚62
『범승지서』『氾勝之書』⑭323
범승훈 范承勳 ㉜410
범어 梵語 ⑨449
범어사 梵魚寺 ⑨395 ⑪176 ㊻131
범어사 목석가불상 梵魚寺木釋迦佛像 ㉟510
범여 梵如 ⑨395
범엽 范曄 ⑧114
범월죄인 犯越罪人 ㊲179
범음 梵音 ⑨615
『범음종보』『梵音宗譜』㉟570
『범음집』『梵音集』㉟143
범일 梵日 ⑪200 205
범자 梵字 ㉖99
범자기원설 梵字起源說 ㉟274
범종 梵鐘 ⑧255 ⑰130 302
「범죄즉결례」「犯罪卽決例」㊼2 45 120 310
범중엄 范仲淹 ⑮233 235 ㉚120
범찰 凡察 ㉙214~216
범청 範淸 ⑪49 192
범체 梵體 ⑪177
범태평양노동조합 汎太平洋勞動組合 ㊾104 ㊿163
범패 梵唄 ⑧79 ⑨460 615 617 ⑫17 ㉑461 ㉟135 570 602
범해각안 梵海覺岸 ㉟145
법가로부 法駕鹵簿 ㉗433
법가위장 法駕衛仗 ㉑489 491 508
법견 法堅 ㉙185
법경경유 法鏡慶猷 17 28
법경대사 法鏡大師 ⑨299
법계 法階 ⑭69 ⑯93
『법계도기』『法界圖記』⑯30 31
『법계도기총수록』『法界圖記叢髓錄』⑨391
법계연기설 法界緣起說 ⑨382
『법계현경』『法界玄鏡』⑯77
법관양성소 法官養成所 ㊺33 34 46 54
「법관양성소규정」「法官養成所規程」㊵245
법광사 法光寺 ⑪48
법국민변 法國民變 ㊶365
『법국혁신전사』『法國革新戰史』㊺115
법규교정소 法規校正所 ㊵286 ㊷44~46
『법규유편』『法規類編』㊷43
법금 法琴 ⑧373
법난 法難 ⑯124
법당 法幢 ⑦100 202 208 216 ⑨4 25 142 145 222
법당파 法唐派 ㉗308
법도사 法道師 ㊿179
법랑 法朗 ⑪188 201
법률고문 法律顧問 ㊹422
법률기초위원회 法律基礎委員會 ㊹422 426 432
법률문답 法律問答 ㊹436
법륭(호류)사 法隆寺 ⑧55 233 257 274 480 488 ⑨502
법륭(호류)사 금당벽화 法隆寺金堂壁畵 ⑧487
법망경 法網經 ㊿216
법명 法明 ⑧66
법무국 法務局 ㊵300
법무아문 法務衙門 ㉓363
법무아문권설재판소 法務衙門權設裁判所 ㊵134 244
법민 法敏 ⑨33
법발 法鉢 ㉖270
법부 法部 ⑥171 ㊷252 310
'법부관제 法部官制 ㊵300
법사종 法事宗 ㉖250 251 278
법상 法上 ⑧52
법상 法常 ⑧84 ⑨362
법상종 法相宗 ①246 ⑨9 97 362 364 366 371 408 411 ⑪6 181 ⑫112 230 238 ⑭466 ⑯22 23 33 36 40 38 45 50~56 67 76 ㉑93 96
법석 法席 ㉖267 272
법성 法性 ⑪198

법성(포)창 法聖(浦)倉 ㉓275 ㉔526 529 532 ㉝368
법소 法所 ㊴433 438 457
법식 法式 ㉗442
법안문익 法眼文益 ⑯63 68
법안종 法眼宗 ①246 443 ⑪201 ⑯36~39 40 41 43 63 68 75 77 82 ㉑133 ㉛393
법어학교 法語學校 ㊵250 ㊺232
법왕사 法王寺 ⑫73 ⑯158 160 167 ⑱202
법요기 法要器 ⑧254
법운사 法雲寺 ⑪196 ⑯167
「법원조직법」「法院組織法」㊾400
『법원주림』『法苑珠林』㉑294
법의 法衣 ㉖270
『법의 정신』『法의 精神』㉚305 ㊺207
법장 法藏 ⑨382 386 ⑪6 178~180 ⑯31 33 34 36 39 48 50 51 77 127
법장국사 法藏國師 ㉖282
법전정략 法典政略 ㊶23
법전조사국 法典調査局 ㊹426 427
법정 法定 ⑦150 ⑧55
법제개혁 法制改革 ㊹421
법제호 法制戸 ㉕17 18 22 24 ㉗167
법조사 法曹司 ㉓361
법주사 法住寺 ⑨517 543 577 583 ⑯54 60
법주사쌍사자석등 法住寺雙獅子石燈 ⑰268
법주사팔상전 法住寺捌相殿 ㉛539 540
법주사팔상전사리장엄구 法住寺捌相殿舍利莊嚴具 ㉗584
법지 法知 ①496 ⑧9 167 374 ⑨621
『법집별행록절요병입사기』『法集別行錄節要幷入私記』㉑30 48 51 59 77
법천사 法泉寺 ⑯52 53
법천사지광국사현묘탑 法泉寺智光國師玄妙塔 ⑰265 266 269
법해 法海 ⑨394 416
법헌 法軒 ㊴290
법화 法貨 ㊷319 321
『법화경』『法華經』⑧60 62 ⑨404 ⑯79 80 82 147 ㉒130 ㉖259 260 266 268 269 286 ㉗218 225 ㉟131 142
『법화경법회』『法華經法會』㉖270
『법화경별찬』『法華經別讚』㉖289
법화도량 法華道場 176
법화사 法華社 ⑳205
법화삼매 法華三昧 ㉑75
법화삼매참 法華三昧懺 ①248
법화신앙 法華信仰 ⑩182 185
법화열반시 法華涅槃時 44 79
『법화영험전』『法華靈驗傳』㉑97 354
법화원 法華院 ⑨323 ⑪91
『법화종요』『法華宗要』⑯80
법화참법 法華讖法 ⑯80 ㉑75 76
「법화현론」「法華玄論」⑯127 134
『법화현의』『法華玄義』⑯79 81
『법화현의석첨』『法華玄義釋籤』⑯81
『법화현찬』『法華玄讚』⑯53
법흥사 法興寺 ⑥220 ⑦147 ⑧55 67 475 477 480 488
법흥왕 法興王 ⑦4 76 93 95 145 348 ⑧375
벙커 D. A. Bunker ㊳193 ㊴65 127 ㊺154 ㊻183 188
베네딕도회 ㊿275 262 263 266~268 275 276
베네딕투스 클레르끄 Benedictus Clercq ㉜489
베네딕트(성분도)수도회 베네딕트(聖芬道)修道會 ㊻147 152
베니야진 Benyazhin ㊹303
베델 E. T. Bethell 裵說 ㊸278 488 ㊻61 66 80 82 86 88 91 93 ㊿58 63
베르뇌 Berneux 張敬一 ㊲74 183~185 ㊻134 150 153

베를린회의 Berlin會議 ㊷171 205
베버 E. C. Baber ㊴26
베버 Max Weber ④14
베이야드 T. F. Bayard ㊴111
베이컨 F. Bacon 倍根 ㊺208 212
베조브라조프 A. M. Bezobrazov ㊶125 ㊷182
베텔 F. Vetel ㊴74
베트남 安南 ㊵20
베틀 織造機 ⑦231
벡커 A. L. Becker ㉛ 285
벨기에 Belgium ㊷33
벨기에영사관 白耳義領事館 ㊻303
벨로네 Henri de Bellonet 伯洛內 ㊲78 110 188 189 193 194 314
벨테브레 Weltevree 朴淵 ㉛305 310 ㉜487
벼농사 稻作 ①127 131 183 185~188
벽감 壁龕 ⑧349
벽골군 碧骨郡 ⑪96
벽골제 碧骨堤 ⑥216 ⑦79 222 ⑧448 ⑲329 333
벽골지 碧骨池 ⑧415 416 ⑫217 ⑯355
벽귀주술 辟鬼呪術 ⑧169
벽단구자행성 碧團口子行城 ㉒182 183
벽대청 壁大廳 ㉕343
벽동행성 碧潼行城 ㉒182~184
벽락자 碧落子 ㉖300
벽란도 碧瀾渡 ⑭16 454 ⑲388 ㉔501 502
벽사 僻邪 ⑧266
벽사위정 闢邪衛正 ㊳245
벽산청은 碧山淸隱 ㉖288
벽상도형 壁上圖形 ⑱106
벽서 壁書 ㊱119 131
벽송지엄 碧松智嚴 ㉟129
벽신문 壁新聞 ㊾393 380
벽암각성 碧巖覺性 ㉙283 288 ㉟130 136 138 154
『벽암록』『碧巖錄』⑯130 ㉑335 340
『벽역신방』『辟疫神方』㉗142 143
벽옥제관옥 碧玉製管玉 ③502
벽옥제석촉 碧玉製石鏃 ⑧358
『벽온방』『辟瘟方』㉗144
『벽온신방』『辟瘟新方』㉚329
벽이단론 闢異端論 ㉟43 45
벽입각 闢入閣 ㉓282
벽전흥업 闢田興業 ㉕103
벽제관 碧蹄館 ㉙5 92 143
벽제패전 碧蹄敗戰 ㉙86 87
벽중 辟中 ⑥37 226
벽지산 辟支山 ⑥38 39
벽진가야 碧珍伽倻 ⑦297
벽진군 碧珍郡 ⑫29 45 54 62 142 ⑭ 28
벽창의용단 碧昌義勇團 ㊽337
벽파 僻派 ㉚287 ㉜79 222 223 244
벽파정 碧波亭 ⑳257
벽파진 碧波津 ㉙118
변 弁 ⑧438
변려(문)체 騈儷(文)體 ⑰198~200 206 ㉓331
변경 汴京 ⑮289
변경(방)무역 邊境(方)貿易 ㊲53
변계량 卞季良 ㉓281 288 ㉗18 116 270 274 334 337 428 ㉘316
변계사민 邊界徙民 ㉕152
변광식 邊光植 ㊿253
변군무 辨君誣 ㉜61
변 급 邊岌 ㉜403
변 기 邊璣 ㉙30 181
변기종 卞基鍾 ㉛369 372
변낙규 邊洛奎 ㊿322
변남성 邊南星 ㉛247
변동윤 邊東潤 ㉜444
변란 變亂 ㉛351 ㊱13 17 18 78 79 91 102 110 111 113 120 132 144 149 161 172 244 273 276~342 344~347 351

357 359 360 362～364 367 369 371 372 374～377 380 ㊲175～177 212
「변론일공사지변론」「辨論日公使之辨論」 ㊸119
변 망 邊網 ㉝221 222
「변망서」「辯妄書」 ㊸119
변몽룡 邊夢龍 ㉙103
변무사 辨誣使 ㉜386
변발호복 辮髮胡服 ㉑569
변방수령 邊防守令 ㉕90
변법론 變法論 ㊵88
변법사상(론) 變法思想(論) ㉒238～240
변별숙특론 辨別淑慝論 ㉚53 54
변복령 變服令 ㊸361 362
변사 辯士 ㊺331
변사암련자 邊事諳鍊者 ㉚185
변사정 邊士貞 ㉙188
변산 邊山 ㊱9 11 145 181～183 185 186 200 203
변산군도 邊山群盜 ㊱119 144 186
변산적 邊山賊 ㊱10 179 185 186 195 ～199 207
변산적간 邊山摘奸 ㊱183 207
변상태 卞相泰 ㊼149～151 362
변석운 邊錫運 ㊴37
변성옥 邊成玉 ㊿246
「변세」「變世」 ㊱90 322
변 수 邊燧(樹) ①461 ㊳23 44 94 161 333 338 355 399 ㊻253
변 식 邊軾 1⑱56
변안렬 邊安烈 ⑲174 200 ㉑282
변양걸 邊良傑 ㉙150 153
변양준 邊良俊 ㉙149
변언수 邊彦琇 ㉙30 182
변영로 卞榮魯 ㊾142
변 옥 卞鋈 ㊺18
변원규 卞元圭 ㊲281 286 287 302 ㊳81 126 127 133 320
변읍무왕세 邊邑無王稅 ㊱214
「변읍채삼범금지율」「邊邑採蔘犯禁之律」 ㊱159
변응성 邊應星 ㉙113 160 181
변응정 邊應井 ㉙49
변이중 邊以中 ㉗106 ㉘337 ㉙37 82
변 일 卞一 51 65
변장 邊將 ㉘98 ㊱169 215
변장성 邊長城 ㊽187
변재 辯才 ㉖285
변정도감 辨正都監 ⑭224
변정사 邊政司 ㊳38
변정원 辨定院 ㉓59 97
변주곡 變奏曲 ①502 ㉟560 561 563 580 582
변진 弁辰 ⑥27 ⑦1 289 299 322 323 327 ⑧147 148 321 367 368 373 375 ⑨ 309
변창근 邊昌根 ㊽210
변통 變通 ㉜25
변품 邊品 ⑨25
변하진 卞河進 ㊶237 389
변학기 邊鶴基 ㊸464 465
변한 弁韓 ④7 275 ⑦1 2 275 282 299 300 319 403 326
변형식 卞亨植 ㉞93
변홍대 卞洪大 ㊿195
변효문 卞孝文 ㉒401 ㉖26 ㉙25
변희용 卞熙瑢 ㊼280 318
『별』 ㊾344 51 271 272 273 274 52 326
별감 別監 ⑰45 46 ㉓31 179 291 309 ㉕ 137 215 219 ㉞35 229 ㊱71 140 288
별검 別檢 ㊴175
별곡체 別曲體 ㉑276
별공 別貢 ⑫277 ⑬197 199 ⑭13 357 398 430 432 ㉔8 320 429 430 458 ㉚ 504 ㉝131
별교 別敎 ⑨381
별군 別軍 ⑲56 63 ㉓215 ㉕366
별군관 別軍官 ㉚245 ㉜180

별궁 別宮 ㊳363 397 399 400
별금방 別錦房 ⑨180
별기군 別技軍 ㉜236 ㊳6 42 43 86 105 150 153 154 241 272 287 316 ㊴16 ㊷282
별기병 別技兵 ㉜162 169 171
별기사 別騎士 ㉚266
별기위 別騎衛 ㉚254
별기은(제) 別祈恩(祭) ⑯349 372 ㉑179 187
별단 別單 ㉜163
별대마군 別隊馬軍 ㉚261
별동대 別動隊 ⑱178 182
별례기은도감 別例祈恩都監 ⑯292 293
별례진상 別例進上 ㉔469
별마 別馬 ㉔582 586
별마대 別馬隊 ㉚249
별망 別望 ②309 455
별망패총 別望貝塚 ②356 383 390 384
별무 別貿 ㉔141 146~149 ㉚532
별무가 別貿價 ㊷158
별무공인 別貿貢人 ㉝321 327
별무도절전 別貿都折錢 ㉔147
별무반 別武班 ①227 ⑫235 241 242 246 ⑬5 342 357 358 360 361 ⑭466 ⑮326 ⑱178 184
별무사 別武士 ㉚245 250 254 ㉞146 ㊴223
별부료군관 別付料軍官 ㉚272 ㊱348 349
별비곡 別備穀 ㉜379
별비품 別備品 ㉚572
별사 別使 ㉜387 ㉝257
별사(과) 別賜(科) ⑫214 215 ⑬409 415 ⑭3 125 133 ⑮363 ㉔255
별사방물 別使方物 ㉔143 145 ㉝257
별사전 別賜田 ⑭222 226 275 ㉓38 ㉕85 97 100 ㉘44
별사전시 別賜田柴 ⑭35 62 68~70
별산대놀이 別山臺놀이 ㉞125
별색호장 別色戶長 ㉖152
별서 別墅 ⑲112 ㉕104 344
「별서유거도」 「別墅幽居圖」 ㉑425
『별서효경』 『別序孝經』 ⑮283 284
별선 別船 ㉔341 342 344
별선 別膳 ㉔467
별세초 別歲抄 ㉚368 ㉜110
별속태철리첩목아 別速台徹里帖木兒 ⑳276
별수미 別收米 ㉚490 492 501 506 ㉜287
별순라 別巡羅 ㉚260
별승자총통 別勝字銃筒 ㉗254 256 258~260
별시 別試 ㉓9 292 319~321 326 328 329 334 342 349 350 ㊱237
별시무과 別試武科 ㉓353
별시위 別侍衛 ㉓49 112 204 205 210 213 215 217 218 231 325 348 352 353 ㉕84 85 87~89 91 94 154 ㉘95
별신굿 別神굿 ㉟177 597
별신제 別神祭 ㉟172
별업 別業 ㉕104
별와요 別瓦窯 ⑲354 ㉕339 345
별요 別窯 ㉖263
별요위 別饒衛 ㉚254
별용 別用 ㉚527
별유 別儒 ㉞22~34 39 41 ㊴242
별유호 別儒戶 ㉞23
별읍 別邑 ①134 159 ⑦417
별의병 別義兵 ㊱254
별임 別任 ㉚531 ㊴438
별임령위 別任領位 ㉔139
별입직 別入直 ㉜216
별자리 그림 星座圖 ⑧402
별장제 別將(제) ⑩152 ⑫229 231 256 ⑬340 ⑱2 41 48 78 103 107 130 148 156 178 190 ⑲349 ㉓222 ㉚245 252 269 272 276 568 ㉝6 187 190 192~194

445 458 459 ㊱156
별장첩 別將帖 ㉝193
별재학관 別齋學官 ㉓366
별적이재 別籍異財 ⑮81 83 186
『별전심법의』『別傳心法議』⑯76
별정 別正 ㉕153
별제 別提 ㉖292
별종 別種 ⑩45～48
별좌 別坐 ㉖292
별진무 別鎭撫 ㉓251
별진선 別進膳 ㉔467
별차 別差 ㉜440 ㉝443 462
별차왜 別差倭 ㊲22
별창 別倉 ㉓276
별초 別抄 ⑭384 ⑱120 178 179 182 184 89
별초군 別抄軍 ⑱9 10 177 178 182 184
별초(도)령 別抄(都)領 ⑱48 178 187
별초무사 別抄武士 ㉚274
별파진 別破陣 ㉚249 250 251 254 ㉜170
별파진보 別破陣保 ㉚249
별패 別牌 ㉕243
별포무역 別包貿易 ㉝443 444
별포위 別砲衛 ㊴103
별폭 別幅 ㉜431 440
별호 別號 ⑫149 ⑫150
별화상 別和尙 ⑯25
볍씨 ①185 187
병경 幷耕 ㉘59 364
『병경』『兵鏡』㉒130
병과 丙科 ㉓327 328 350
병곽 幷槨 ⑧351
병관어사 兵官御事 ⑫147 172 175
병관좌평 兵官佐平 ⑥50 60 63 66 67 96 97 167 189 191
병권 兵權 ㉚152 156 178
『병기도설』『兵器圖說』㉓266 267 269 ㉙ 189
병농분리론 兵農分離論 ㉚10 381
병농일치(제) 兵農一致制 ①293 ⑬334 361 ⑭248 ⑱30 ㉘89 ㉝120 ㊱22 ㊼193
병란 兵亂 ㊱11 13 238 240 338 339 370
병량도감 兵糧都監 ⑭224
병마대 兵馬隊 ㊵296
병마도절제사 兵馬都節制使 ㉔214
병마도통사 兵馬都統使 ㉒114
병마절도사 兵馬節度使 ①267 ㉔222 539 ㉕150
병부 兵部 ⑦5 95 97 119 174～178 229
병부령 兵部令 ⑦174 ⑨19
병사 兵史 ⑫186 ⑬167 403
병사 兵使 ①266 293 ㉓33 34 158
병산리유적 屛山里遺蹟 ②48 96 163 187
병산서원 屛山書院 ㉚144
『병서대지』『兵書大旨』㉒130
병선 兵船 ㉔341～343 345 ㉝376
「병선불준수해관장정」「兵船不遵守海關章程」㊴38
병식체조 兵式體操 ㊸288 295 ㉛332 333
병신처분 丙申處分 ㉚149 168 ㉛107 ㉜36 42 46 49 260 ㊱189 204
병신환국 丙申換局 ㉚149 166 168 172 177 178
병오박해 丙午迫害 ㉟112～114 117
병오호적 丙午戶籍 ㊱38
병용론 並用論 ㉚62
병인박해 丙寅迫害 ㉟111 117 122 ㊲74 78 ㊻134
병인별비곡 丙寅別備穀 ㉜379
병인사옥 丙寅邪獄 ㊲6 183 185～187 193 194 196
병인양요 丙寅洋擾 ①307 313 340 362 445 501 ㉜15 464 494 500 501 ㉟63 ㊱ 17 343 361 376 ㊲6 105～108 113 117 ～119 161 166 170 171 174 177 188 203 205 212 219 311 322 ㊳207 209 232 234 ㊻135

병인의용대 丙寅義勇隊 ㊽9 340 350 ㊾117
「병인척사소」「丙寅斥邪疏」㊳214
병자수호조약 丙子修好條約 ㊳166 235 236 ㊻145
병자호남의병 丙子湖南義兵 ㉙286
병자호란 丙子胡亂 ①312 321 ㉓354 ㉘137 ㉚94 283 336 337 469 486 587 ㉜12 22 23 27 30 38 390 433 ㉞212 ㊱83 347 348 350 377 ㊲18 128 135
병작농 並作農 ㉔76 ㉜120
병작농민(층) 竝作農民(層) ㉘56 364 ㊱128
병작료 竝作料 ㉓54
병작반수 並作半收 ⑭168 340 ⑲260 ㉔68 75 76 ㉕101 102 ㉖16 ㉘55 57 59 ㉜288 ㉝88 98 99 ㉞133 ㊱280
병작영농 竝作營農 ㉘2 56
병작(제) 並作(制) ㉓39 ㉘55 ⑲261 262 ㉓52 ㉘49 56 57 ㉚9 442 450 452 ㉝5 98 101 128 ㊱1 2 29
병작지 竝作地 ㉘54 58
『병장도설』『兵將圖說』㉒130 ㉓267
『병장설』『兵將說』㉒130
병정 兵正 ⑫186 ⑬167 ⑳37
『병정』『兵政』㉒130
병조기보병 兵曹騎步兵 ㉜128
병조선 兵漕船 ①274 ㉔6 335 350~356
병조참군사 兵曹參軍事 ⑩152
병참기지 兵站基地 ㊵115
병참부 兵站部 ㊵122 126 138
병참수의부 兵站獸醫部 ㊷280
병철 柄鐵 ㉗256
병풍전 屛風廛 ㉔132
병학 兵學 ㉓348
병항점 瓶缸店 ㉚571
병화지설 兵禍之說 ㊱374
보 補 ㊹468
보 洑 ㉘12 351 ㉝4 54 55 72
보 步 ㉔603 604 609
보 寶 ⑭17 259 470 ⑯214 217 218 ㉓196
보각국사 일연 普覺國師 一然 ⑯268
「보감」「寶鑑」㊹434 ㊻154 155 ㊿270 272
보개 寶開 ⑨405
「보개산석대기」「寶蓋山石臺記」㉑338 339
보개회향가 普皆廻向歌 ⑯35
보거제 保擧制 ㉚223
보검성 寶劍成 ⑦229 ⑭429
보경사 寶鏡寺 ㉑309
보경사원진국사부도 寶鏡寺圓眞國師浮屠 ㉑400
「보경사원진국사비」「寶鏡寺圓眞國師碑」㉑438 407
보경사일 寶鏡獅馹 ㉟156
보계 譜契 ㊱64
보과 寶菓 ⑥35
보광사 普光寺 ⑨395 ⑯201
보광학교 普光學校 ㊸186 286
보구여관 保救女館 ㊹390 392 393 ㊻182 289
보국대장군 輔國大將軍 ⑩126 131
보국안민 輔國安民 ㊲124 125 127 130 139 ㊸124 297 ㊺27 ㊻198 201 205
보국장군본국왕 輔國將軍本國王 ⑦337
보국회 保國會 ㊵49
보군 步軍 ⑬278 281 303 309 355 ⑭48 53 58 240 241 ㉚249 256 ㉜123
보궐정오 補闕正誤 ㉛380
보급전 補給田 ⑭222 226 275
보기 寶伎 ⑦365
보기당 步騎幢 ⑦205
보나합 保那盍 ⑮376 ⑰129
보단 報單 ㊴175
보단자 保單子 ㉓36 ㉕76~78
보덕 普德 ①447 ⑤104 ⑧56 96 ⑨373 382
보덕국 報德國 ⑦50 253 ⑨53 68 ⑩21

232
보라국 保羅國 ⑦330
보력 寶曆 ⑩38 103 178
보련산유황점 寶連山硫黃店 ㉚569
보로국 寶露國 ⑩80
보루각 報漏閣 ㉗96
보리 麥 ⑦79 223
보리사 菩提寺 ⑪203 ⑯18 60 186
「보리사대경대사(현기)탑비」「菩提寺大鏡大師(玄機)塔碑」⑰269 289
『보리장소설일자정륜왕경』『菩提場所說一字頂輪王經』⑯119 120
보림사 寶林寺 ⑨395 513 543 553 576 ⑪56 195 216
『보림전』『寶林傳』⑯76
보마가 補馬價 ㉝266
보명여학교 普明女學校 ㊺101
보무법 步畝法 ㉔603
보문각 寶文閣 ⑫251 ⑬97 420 ⑯224 226 255 ⑰22 283 ㉖23
보문관 普文館 ㊻202 ㊿180
보문동부부총 普門洞夫婦塚 ⑧351 355 361
보문사 普門社 ㉑338
보문서 寶文署 ⑲18
보문원 普門院 ⑯132
보문지 普門池 ⑨540
보문학교 普文學校 ㊸287
보미 保米 ㉚570
보미변통 保米變通 ㉝428
보민계 補民契 ㉞272
보민협회 保民協會 ㊶265
보민회 保民會 ㊽52 221 337
보민회 輔民會 ㊺79
보반 步班 ⑬341 342 357
보발 步撥 ㉔10 547 ㉝259 261
보발군 步撥軍 ㉔547
보병 步兵 ㉘4 102 ㉜105 106
보법 保法 ①275 293 ㉒124 133 138 ㉓34 211 213 311 ㉔8 484 485 488 489 ㉘4 19 42 60 92 93
보법 普法 ⑨380 389
보보산성 保寶山城 ㉙287
보부상 褓負商 ①336 348 357 ⑭450 452 ㉓44 ㉔122 153 154 156 163 170 ㊳172 173 175 415 ㊵141 ㊶49 55 404 412 ㊸184 185 189 378 491 ㊹199 200 202 203 ㊽53
보부상 객주 褓負商客主 ㉔170 171
보불전쟁 普佛戰爭 ㊵77 ㊷199
보빙사 報聘使 ㊲13 ㊳44 68 100 161 338 347 351~353 ㊴119 127 ㊵174
보사 步射 ⑧386
보살 菩薩 ⑧187
보살계도량 菩薩戒道場 ⑫219 ⑯140 169
『보살계본』『菩薩戒本』⑨372
보상 褓商 ㉔154 155 157 158 162 164 167
보상 寶上 ㉞275
보상객주 褓商客主 ㊳177
보상단 褓商團 ㉔162 167
보상당초문 寶相唐草文 ⑧267
보상무 寶相舞 ㊿355
보상회 褓商會 ㉔160
보선회사 保船會社 ㊹194
보성고보 普成高普 ㊿212
보성도량 寶星道場 ⑯239
보성법률상업학교 普成法律商業學校 ㊻203 ㊿35 69
보성사 普成社 ㊻208 ㊼327 ㊿69
보성야학 普成夜學 ㊿240
보성여학교 保聖女學校 ㊺95
보성여학교 普聖女學校 ㊺95
보성전문학교 普成專門學校 ㊸288 ㊺105 ㊼147 324 340 ㊽108 ㊾473 ㊿35 286
보성접 寶城接 ㊴403
보성중학교 普成中學校 ㊺73 89 ㊻203

보성학교 普成學校 ㊺52 71 89 125 196
보성학원 普成學院 ⑤180
보수구휼 保授救恤 ㉚349
보수원 寶樹院 ㉔512
보스턴박람회 Boston博覽會 ㊳160
보스토크호 Vostok號 ㊲73
보스트윅 Hany R. Bostwick 甫時旭 ㊶119 153 ㊹119
보습 犁耜 ⑦78 220
보승 保勝 ⑭247 439
보승군 保勝軍 ⑬4 289 296 297 309 310 318 322 325~330 332~334 351
보신각 普信閣 ㊼338 339 ㊽109
보신사 保信社 ㊶265 376
보신여학교 普信女學校 ㊺95
보아소나드 Gustave Emil Boissonade de Fontarable ㊸15
보안법 保安法 ㊸206 219 227 313 328 ㊻89 ㊼7 135 240 ⑤59
보안회 保安會 ①356
보안회 輔安會 ㊶163 ㊸5 43 83 124~130 132~134 182 183 186 296~298 ㊻74 76 86
보암사 寶巖社 ⑯176
보약사 保約社 ㊽208
보양 寶壤 ⑪194 203 223
보양식 保養食 ㉛625
보양치리 保養治理 ㉛412
보요 步搖 ⑧255
보요 普耀 ⑪203 ⑯28
보우 普雨 ㉑94 99 100 106 313 ㉚25 ㉟144 145
보우 普愚 ①248 256 ⑯89 102 196 213 ⑳350 ㉑101~103 105 175
보운존자 寶雲尊者 ⑨325
보원 寶元 ⑨55
보원 普願 ⑪198
보원사 普願寺 ⑪176 ⑫114 ⑧61 225 ⑨395 510
보원사지당간지주 普願寺址幢竿支柱 ⑰272
보은 報恩 ⑪111 ⑫31
보은결사 報恩結社 ⑨394
보은전투 報恩戰鬪 ㉙120
보응승통 규 普應僧統規 ⑫227
보이찐스키 G. N. Voitinsky ㊾72 74 75
보인 保人 ①275 ⑮194 ㉓244 ㉔246 483 485 488~490 508 ㉕94 243 ㉚248 249 368 ㉜104 107 111 185 301
보인수포제 保人收布制 ㉚570
보인제 保人制 ㉔248
보인학회 輔仁學會 ㊺4 77~79 82 126 184
보장왕 寶藏王 ⑤103 ⑩7 14 19 20 25 53
보재 報災 ㉜293
보정병 步正兵 ㉓213
보정부 保定府 ⑥145 ㊲286 294 ㊳68 132 377 408
보제원 普濟院 ㉕362 363
보조국사 지눌 普照國師知訥 ⑳136
보조명령항로 補助命令航路 ㊼97
보조사 補助詞 ㉑240
보조선사창성탑비(부도) 普照禪師彰聖塔碑(浮屠) ⑨492 543
보존파 保存派 ㊽11
보종 寶宗 ⑪184
보주 甫州 ⑭119
보주 保州 ⑭458 ⑮241 305 333 335 344 347~350
보주뉴 寶珠鈕 ⑧261
보주형 宝珠形 ⑧260
보중도세 普衆道歲 ⑨528
『보지신문』『報知新聞』㊺58
보직 保直 ㉜136
보창학교 普昌學校 ㊸212 ㊺76
보천 寶泉 ⑫106
보천교 普天教 ⑤79 214
보천군 補天軍 ⑫37

보천보(진입)전투 普天堡(進入)戰鬪 ㊿360 364
보첩류 譜帖類 ⑫121
보초 寶鈔 ⑲11 407 412~414 ㉔173
보충군 補充軍 ㉕36 134 150 185 206 233 366
보충대 補充隊 ㉓219 ㉞150 ㊴222
보탑 寶塔 ⑰302
보태평 保太平 ①500 ㉗388 403 413 414 424 428 434 436 ㉛544~546 584 585 587 ㉟553
보태평지무 保太平之舞 ㉗394 ㉛587
보통경찰(제) 普通警察(制) ㊼1 39 105 119 120 ㊽18 20 22~25 27 28 78 51 24
『보통교육근세산술』『普通教育近世算術』㊻232
『보통교육창가집』『普通教育唱歌集』① 503
보통선거법 普通選擧法 52 130
보통은행 普通銀行 ㊽83
「보통조약」「普通條約」㊼183
보통체조 普通體操 51 332
보통학교 普通學校 51 18
「보통학교규칙」「普通學校規則」51 17
보통학교령 普通學校令 ㊺59
보파법 補把法 ㉝265 266
보편주의 普遍主義 ㊻101
보포 保布 ㉔8 ㉜104
『보한집』『補閑集』⑫75 ⑰7 199 228 241 ⑱12 ㉑251 252 473 ㉗282 283
보행객주 步行客主 ㉝311 ㊳177
보허사 步虛詞 ㉟555
보허자 步虛子 ①502 ㉗430 432 438 ㉛544 548 549 565 566 ㉟555 572 581 583 585
보험대 保險隊 ㊽273
보현 普賢 ㉖271
보현도량 普賢道場 ㉑75 76 78~80 82 ~87
보현보살상 普賢菩薩像 ⑨482
보현사 8각13층석탑 普賢寺八角十三層石塔 ㉑389 390 393
「보현십원가」「普賢十願歌」⑯35 67 ⑰134 135 213 215 217
보현원 普賢院 ⑱18
『보현행원품』『普賢行願品』㉗218
보협인(석)탑 寶篋印(石)塔 ⑰260 263
『보협인다라니경』『寶篋印陀羅尼經』⑯103 121 ⑰289 ㉗222
보호국 保護國 ㊵100 118 121 123 125 128 206 207 221 222 225 ㊷323
보호국자책론 保護國自責論 ㊸247
보호국화안 保護國化案 ㊸23
「보호청상규칙」「保護淸商規則」㊵9
보호화 保護化 ㊷239
보화천존 普化天尊 ㉖293
보흥고 寶興庫 ⑲230 385
보흥여학교 普興女學校 ㊺95
보흥학교 普興學校 ㊸140 286
복각본 覆刻本 ㉗209
복거 卜居 ㉘148
복검 覆檢 ㉗124
복견성 伏見城 ㉙132 176
복골 卜骨 ③227 408 540
복과 復科 ㉓337
복국장공주 濮國長公主 ⑳296
『복기』『服氣』㉖297
복단대학 復旦大學 ㊼220
복달임 伏달임 51 433
복대표대회 複代表大會 ㊾153 154 156 ~158
복두 幞頭 ⑧445 ⑨240 241 ㉛607 ㊹458
복두점 幞頭店 ⑭446
복래동고성지 福來東古城址 ④173 206
복립유향소 復立留鄕所 ㉘269
복마 卜馬 ㉘102
복마군 卜馬軍 ㉚249 570

복만 福滿 ㉙216
복명운동 復明運動 ㉜385 40 407
복박사 卜博士 ⑰112
복벽주의 復辟主義 ㊼144 166 178 179 236
복부경 福府卿 ⑫50
복사 卜辭 ③305
복사리 伏獅里 ⑧183 331
복사리유적 伏獅里遺蹟 ③178 459
복상 卜相 ㉚239
복상제 服喪制 ⑥245
복색 服色 ⑥170
복색상정조건 服色詳定條件 ㉔286
복서 卜筮 ⑥240 ⑫175
복선군 남 福善君枏 ㉚157
복쇄마 卜刷馬 ㉝441
복수군 復讐軍 ㉙261
복수보형 復讐保形 ㊸407
복술인 卜術人 ㊱256
복시 覆試 ⑫152 250 ⑬382 435 ㉓36 327 341 349 351 363 ㉕115 127 144
복식 服式 ⑥31
복식 服飾 ⑥244
복신 福信 ⑥99 160 196 ⑧65 ⑨39~42 ⑫51
복업 卜業 ⑫103 ⑬394 396 397 ⑰112
복예 僕隷 ⑲314
복원궁 福源宮 ①250 256 444 ⑯282~284 286 287 290~293 299 ㉖290
복원령 復員令 ㊷279
복음주의자 福音主義者 ㊻177
복응재(예기) 服膺齋(禮記) ⑫249
복인(후쿠인) 福因 ⑦151
복장물 服藏物 ㉛506
복장한 卜章漢 ⑭87 93
복장해 腹臟醢 ㉝237
『복재유고』『復齋遺藁』㉗229
복전 福田 ㉖261 266
복정 卜正 ⑰112
복정동굴 福井洞窟 ②537
복제 服制 ㉛205
복제논쟁 服制論爭 ①305 ㉚108 113 147 152 155 178 ㉛89 ㉜136
복제소 服制疏 ㉚105 109 111
복종 覆種 ㉗187
복주 福州 ⑭174 272 273 ⑮327 ⑳122 332 346 389 ㉜402 ㊱101
복지겸 卜智謙 ⑪86 164 ⑫18 23 25 45 77 142 ⑭32
복창군 정 福昌君楨 ㉚114
복천동 福泉洞 ⑧360
복천사 福泉寺 ㉖269 286
복판 複瓣 ⑧267
복필 復疋 ㉜165 195
복합상소 伏閤上疏 ㊸118
복합성조 複合聲調 ㉗377
복합식산성 複合式山城 ⑥197 ⑧307 318 322
복혜숙 卜惠淑 51368 370
복호 卜好 ⑦62 142 185 414
복호 復戶 ⑭387 ㉕17 90 148 ㉚248 ㉜295 ㉞104
복호결 復戶結 ㉜172
복호미 復戶米 ㉝266
복호전 復戶田 ㉜166 ㉝263
복황단 復皇團 ㊽211
복흥고 福興庫 ㉔427 ㉕204 ㉖250
복흥사 福興寺 ⑯31 46
본가야 本伽耶 ⑦8 290
본관(제) 本貫(制) ①6 224 282 ⑫181 189 ⑭468 ⑮22 138 139 151 181 211 218 ⑲76 ㉓159 168 182 ㉕62
「본광사도」「本光寺圖」㉖187
「본교력사」「本敎歷史」㊴292
본국역 本國曆 ㉗86
「본국지도」「本國地圖」㉖171 173 189 191
「본국팔로도」「本國八老圖」⑰284
본동 本洞 ㉞179
본래무일물 本來無一物 ㉟128

본말사제도 本末寺制度 ㊶198
본명초 本命醮 ㉖292
본묘사 本妙寺 ㉖194 196
본방 本房 ㉔159
본사찬 本師讚 ㉖269
본산주지회의원 本山住持會議院 ㊶201
본색상납 本色上納 ㉜368
본아병 本牙兵 ㉚251
본업인 本業人 ㉓59 68
본연지성 本然之性 ㉖64 ㉟19 24 25
『본조고승전』『本朝高僧傳』⑧67
『본조금경록』『本朝金鏡錄』㉑360
『본조사략』『本朝史略』⑦298
『본조편년강목』『本朝編年綱目』⑯310 ㉑334 336 338 340 341 360
본주 本主 ㉘354
본청비 本廳費 ㊷346
『본초괄요』『本草括要』⑰126
본피궁 本彼宮 ⑦235 ⑨5 179
본피부 本彼部 ⑦85 247 250 253 258
본피현 本彼縣 ⑦298
본햄 Sir George Bonham ㊲54
본형 本刑 ⑮199 202
본환입 本還入 ㉟574 585
봉거서 奉車署 ⑭15 419 421
봉건지대 封建地代 ㉝97
봉건지주 封建地主 ㉝124
봉계동유적 鳳溪洞遺蹟 ③69 128
봉계리 鳳溪里 ②312 336 343 358 407 422 500 501
봉공의회 奉公義會 ㊵49
봉교 奉教 ㉖146 147
봉교사인 奉教士人 ㉛315 325 328
봉군 烽軍 ㉔539 ㉚492 ㉜185
봉군록과 封君祿科 ⑭132
봉군보 烽軍保 ㉜185
봉금 封禁 ㊹302
봉금지대 封禁地帶 ㉜409
봉당 封堂 ㉕343 344
봉덕사 奉德寺 ⑨99
봉래산 蓬萊山 ⑥243
봉래의 鳳來儀 ①500 ㊶355 356
봉록 俸祿 ⑭291
봉름 俸廩 ㉚507
봉림대군 鳳林大君 ㉙275 278 289 291 293 295 ㉜390 391 394
봉림사 鳳林寺 ⑪202
봉림사목조아미타불좌상 鳳林寺木造阿彌陀佛坐像 ㉑416
봉림산문 鳳林山門 ⑪192 194 196 201
봉림산파 鳳林山派 ⑯36
봉명교 鳳鳴校 ㊺76
봉모당 奉謨堂 ㉟204
봉박 封駁 ⑫147
봉보주보살상 奉寶珠菩薩像 ⑧253
봉복 奉復 ㉜430
「봉불기복게」「奉佛祈福偈」㉟156
봉비위원 奉批委員 ㊶241
봉사 10조 封事十條 ⑭137 139 ⑱4 55 84 165 206 228 ⑳139 140 149 150
봉산 封山 ㉝253
봉산 鳳山 ㉚539
봉산산성 蓬山山城 ⑧321
봉산탈춤 鳳山탈춤 ㉟630 637～639
봉상시 奉常寺 ㉔425～427 ㉗388～390 392 ㉚505 ㊺332 353
봉상왕 烽上王 ⑤38
봉상장 鳳翔場 ㉝362
봉서 奉書 ㉜430
봉서국 奉書局 ㉓98
봉석석실총 封石石室塚 ⑧329
봉선 蓬船 ㊹84 95
봉선사 奉先寺 ㉖270
『봉선잡의』『奉先雜儀』㉘345 ㉛173 ㉞167
봉선홍경사갈기(비갈) 奉先弘慶寺碣記(碑碣) ⑰269 290
「봉선화가」「鳳仙花歌」㉗361
봉성군 완 鳳城君岏 ㉘201

봉성사 奉聖寺 ⑨361 ⑪194
봉성현 鳳城縣 ⑧329
봉소도소 奉疎都所 ㊴293
봉소위원 奉疏委員 ㊶235 240
봉수 烽燧 ①277 ㉔10
봉수군 烽燧軍 ㉔540
봉수망 烽燧網 ㉔541
봉수산성 鳳首山城 ⑥196
봉수제(도) 烽燧制(度) ㉓34 ㉔79 538 540 547
봉수하가정(히치스카 이에마사) 蜂須賀家政 ㉙49
봉수형병 鳳首形甁 ⑧263
봉안관 奉安官 ㉖154
봉안리유적 鳳安里遺蹟 ③78
봉암사 鳳巖寺 ⑨543 554 ⑪190 208 213 ⑯36 201 ㉖282
봉암사정진대사원오탑비 鳳巖寺靜眞大師圓悟塔碑 ⑯16
봉암사지증대사(적조탑)비 鳳巖寺智證大師(寂照塔)碑 ⑦95 ⑧49 73 ⑪175 ⑭138 288 301
봉역도 封域圖 ⑧411 ㉖171
봉연 烽烟 ㉗248
봉오동승첩 鳳梧洞勝捷 ㊽219 220 223 227 239
봉왕 封王 ⑤31
봉은사 奉恩寺 ⑨124 ⑫278 ⑯98 153 366 ㉗478
봉은사 청동제 누은향로 奉恩寺靑銅製縷銀香爐 ㉑218
봉의 奉議 ⑳277
봉의서 奉醫署 ⑬429 ㉑227 228 ㉓360
봉입 捧入 ㉔147 148
봉작 封爵 ⑫192 ⑭271
봉전 封典 ㉜386
봉정사 鳳停寺 ㉗440 481 482
봉정사 극락전 鳳停寺極樂殿 ⑰256 257 ㉑368 371 373 374
봉제사 奉祭祀 ㉞166
봉조청 奉朝請 ㉓110
봉족(제) 奉足(制) ①275 281 293 ⑬308 309 ㉓7 34 208 211 212 ㉔8 71 483 485 487 533 ㉕18 19 23 27 88 89 203 217 220 243 ㉘4 63 89~91 ㉚290 297 594 ㉜301
봉족호 奉足戶 ㉔483 ㉘90
봉졸 烽卒 ㉔539
봉주 鳳州 ⑫70 84
봉지 鳳池 ㉕298 304
봉지 封地 ⑤194
봉진 封進 ㉝461
봉진사 대영전 鳳進寺大影殿 ⑰281
봉채떡 奉采餠 ㉛621
봉천(대)회전 奉天(大)會戰 ㊷199 204
「봉천여조선변민교역장정」「奉天與朝鮮邊民交易章程」㊳306 330 ㊵179
봉천우 奉天祐 ⑱169 170
봉천전투 奉天戰鬪 ㊵135
봉축불사 奉祝佛事 ㉖275
봉충위 奉忠衛 ㉕87
봉토석실분 封土石室墳 ⑧175 332
봉통 蜂桶 ㉚572
봉평신라비 鳳坪新羅碑 ⑧9 25 211
봉해룡 奉海龍 ㊾350
봉호 封戶 ①211
봉화간 烽火干 ㉔539
봉화군 烽火軍 ㉔539
봉황대고분 鳳凰臺古墳 ⑧351
봉황대유적 鳳凰臺遺蹟 ③383 429 431 433
봉황동궁지 鳳凰洞宮址 ⑧321
봉황문 鳳凰文 ⑧267
봉황성 鳳凰城 ㉜412 ㉝440 448
『봉황음』『鳳凰吟』㉖269
봉황조 鳳凰調 ⑨605 613
부 夫 ㉔603 604
부(왕) 否(王) ④32 96

부 負 ㉔604
부 部 ⑤190 191 195
부 賦 ㉓138 286 329~331 333 340
부가가급미 浮價加給米 ㉜287
부가미 浮價米 ㉜287
부가참(부거) 富家站(富居) ㉒164 342
부가형 附加刑 ⑮199 201 202
부강장 副講長 ㊴433
부개사 夫蓋寺 ⑨398
부거권 赴擧權 ①240
부거안 赴擧案 ㉓308
부거자격 赴擧資格 ㉓52
부건 夫鍵 ㊾469
부견 苻堅 ⑦62 124 ⑧49
부경 桴京 ①127 ⑧455
부경사신 赴京使臣 ㉝268
부경사행 赴京使行 ㉘307 ㉛325
부경숙위 赴京宿衛 ㉓210
『부경일기』『赴京日記』㉜415
부곡 部曲 ①221 252 267 ⑩8 85 155 158 211 ⑫149 185 188 189 ⑬3 192 193 195 196 221 336 342 405 ⑭159 176 184 355 362 364~366 382 385 412 429 432 ⑮18 54~61 ⑱10 184 ⑳130 ㉓138 141~143 ㉘351 ㉞174
부곡 釜谷 ⑦229
부곡민 部曲民 ㉓54
부곡사 部曲司 ㉘145
부과 夫果 ⑨60
『부과정온도설』『婦科精蘊圖說』㊻280
부교사 富敎司 ㊴92
부구총회 部區總會 ㊻198 204
부국강병 富國强兵 ㊵307 ㊹349
부군 副君 ⑪26 27
부궤화상 負簣和尙 ⑨398
부귀체 富貴體 ㉛476 478
부내부 部內部 ⑤5 169
부녀복무단 婦女服務團 ㊿223
부녀총동맹 婦女總同盟 52113
부녀회 婦女會 ㊿212
부농경영 富農經營 ㉝415 ㊹217
부대부인 府大夫人 ㊲180 182
부도 浮屠 ⑨538 565
부동산권 不動産權 ㊹128
부동산권소관법 不動産權所管法 ㊹145
부동산등기 不動産登記 ㊹131
부동산법조사회 不動産法調査會 ㊷302 ㊹426 428
부동항획득 不凍港獲得 ㊲311
부두노동자 埠頭勞動者 ㊹410
부들러 Hermann Budler ㊸3 16~18 204
부딪쳐떼기 臺石技法 ②107 116
부뚜막 竈 ③402 ⑧451 ⑨253
부라소작조합 府羅小作組合 ㊾201
부락계획 部落計劃 ㊿79
부락내혼 部落內婚 ㉕268
부락생산확충계획 部落生産擴充計劃 ㊿79 118
부락연맹 部落聯盟 ㊿71 72 79 93 107 108 120
「부락연맹공동작업반규약」「部落聯盟共同作業班規約」㊿118
부랑자 浮浪者 ㊳266 268
부령 扶寧 ⑳202 223
부령(도호부) 富寧(都護府) ㉒164 168 343
부령별초 扶寧別抄 ⑱183
부례랑 夫禮郞 ⑨405
부로인쇄환 俘虜人刷還 ㉙176
부로튼만 Broughton Bay ㉜496
부마국 駙馬國 ⑳61 ㉑332
부마도위 駙馬都尉 ⑥174
부마부 駙馬府 ㉓78 ㉘35
『부모은중경』『父母恩重經』⑯267
부모전 父母田 ㉕250
부민 部民 ⑥204 206
부민고소금지법 部民告訴禁止法 ㉓4 125 132 ㉛15 20~22 31 36 ㉞188 225 229
부민관 府民館 51371 372

부민납속 富民納粟 ㉞89
부민논상별단 富民論賞別單 ㉞89
부민단 扶民團 ㊼10 194 231 380 387 ㊽200 207
부민도감 富民都監 ㊱230
부반수 副班首 ㉔159
부방 赴防 ㉓355 ㉞218
부번군 赴番軍 ㉚570
부병 部兵 ⑥166
부병제 府兵制 ⑩151 152 ⑬294 295 298 311 317 ⑭ 48 244 ⑱195 ㉝120
『부보록』『裒寶錄』㉚145
부보상 負褓商 ㉘74
부사경중설 父師輕重說 ㉜35
부사공신 扶社功臣 ㉚172
부산건설협의회 釜山建設協議會 ㊿195
부산교회 釜山教會 ㊻165
「부산구설해저전선속약」「釜山口設海底電線續約」㊶138
「부산구설해저전선조관」「釜山口設海底電線條款」㊳195 ㊶136 159 ㊹233
「부산구설해저전선조관속약」「釜山口設海底電線條款續約」㊶137
「부산구설해저전선조약」「釜山口設海底電線條約」㊴123
부산기선회사 釜山汽船會社 ㊹103 104
부산부인의연회 釜山夫人義捐會 ㊸152
부산산성 富山山城 ㉙185
부산상업은행 釜山商業銀行 ㊽89
부산상회소 釜山商會所 ㊴175
부산성 富山城 ⑦212 ⑧319 ⑨465 594
부산성 浮山城 ⑧313
부산세관 釜山稅關 ㉟548
부산수산회사 釜山水產會社 ㊶155
부산영사관 釜山領事館 ㊻296
부산우편국 釜山郵便局 ㊻308
부산원 斧山院 ㉙37 91
『부산원산반년수출입표』『釜山元山半年輸出入表』㊳111
부산장 釜山場 ㉝477
부산제2상업학교 釜山第二商業學校 ㊿259 260
부산조선방직공장 釜山造船紡織工場 ㊿173
부산중학 釜山中學 ㊿259
부산철도호텔 釜山鐵道 Hotel ㊹476
부산철도회사 釜山鐵道會社 ㊵296
부산포 釜山浦 ㉙114
부산포 富山浦 ㉓359 ㉔202 ㉘129
부산포성 富山浦城 ㉒195
부산포해전 釜山浦海戰 ㉙64
부산항조계조약 釜山港租界條約 ㊹130
부산항좌천리부인회 釜山港佐川里婦人會 ㊸151
부산해관 釜山海關 ㊳172 341
부산해관수세사건 釜山海關收稅事件 ㊳168
부상 負商 ⑲365 ㉔154 155 157 162 164 166～168 170 ㉝387 ㊳174 370
부상객주 負商客主 ㊳177
부상대고 富商大賈 ①294 315 ㉘116～118 125 355 ㉚605 ㉜40 ㉝6 148 157 158 162 189 190 193 388 458 ㊱256 274
부상도고 富商都賈 ㉞114
부상신화 扶桑神話 ①151
부상청 負商廳 ㉔166
「부상청절목」「負商廳節目」㊳174
부석묘 敷石墓 ③125 129
부석사 浮石寺 ⑨383 385 394 395 403 414 543 553 575 582 583 ⑪116 176 178 180 198 ⑱ 9 ㉟157
부석사 금동관음보살좌상 浮石寺金銅觀音菩薩坐像 ㉑412 413
부석사 무량수전 浮石寺無量壽殿 ①489 ㉑368 371 372 377 380 ㉗440
부석사 소조여래좌상 浮石寺塑造如來坐像 ⑰276 277
부석사 원융국사비 浮石寺圓融國師碑 ⑯108

부석사 조사당 浮石寺祖師堂 ㉑375
부석장 敷石葬 ⑧336 338 343
부석형화덕 敷石形爐 ③401
부선주식회사 艀船株式會社 ㊹186
부성 富城 ⑳98 108 109
부세 賦稅 ㉔431 ㉚586
부세금납화 賦稅金納化 ㊹21
부세법 賦稅法 ㉔78
부세소 賦稅所 ㊹444
부세운영권 賦稅運營權 ㉛121 122 124
부소산 扶蘇山 ⑧292
부소산사지 扶蘇山寺址 ⑧199
부소산성 扶蘇山城 ⑥176 195 ⑧287 309 311 ⑨598
부속약관 附續約款 ㊲316
부속통상장정 附續通商章程 ㊲307 310 313 316
부승동정 副丞同正 358
부실 副室 ㉞50
부실자 富實者 ㉞32
부싯돌 燧石 ②219 246
부쏠호 La Boussole號 ㉜495
부아악 負兒岳 ⑥179
부안 扶安 ㉑442 440㉓293
부안유천리요 扶安柳川里窯 ⑰299
부약(김화) 夫若(金化) ⑫26
부엌 ⑧451
부여 夫(扶)餘 ⑧146 148 153 268 287 292 366 ⑤5 19 35 75 199 ⑥15 18 21 33 34 134 ⑩1 30 46 49 ⑫68
부여객사 扶餘客舍 ㉛528
부여공 수 扶餘公 燧 ⑫227
부여부 扶餘府 ⑩9 74 79 81 87 165 172
부여성 扶餘城 ④176~178 206 ⑤105 127 140 ⑩14 16 46 75
부여 송국리 扶餘松菊里 ⑦404
부여신 夫餘神 ①146
부여씨 夫餘氏 ⑥18 228 ⑧140 147
부여어 夫餘語 ⑥240
부여용 夫餘勇 ⑥160
부여융 夫餘隆 ⑨42 44
부여족 夫餘族 ④149 151 157
부여족통일회의 夫餘族統一會議 ㊽291
부여충승 扶餘忠勝 ⑨39 42
부여충지 扶餘忠志 ⑨39 42
부여풍 夫餘豊 ⑥160 ⑧65 ⑨39 42 ⑫51
부역승 赴役僧 ㉖255 261 262 264 280
부역승군 賦役僧軍 ㉟159
『부역실총』『賦役實摠』㉟157
부역제 賦役制 ㉝120 271
부연사행 赴燕使行 ㉝438 439
부연역관 赴燕譯官 ㉝444 450
부연의관 赴燕醫官 ㉞86
『부영신설』『婦嬰新說』㊻280 281
부옥 釜屋 ㉝242
부왜자 附倭者 ㉙169
부용 芙蓉 ㊸151
부용창 芙蓉倉 ㉔337 529
부용창 富用倉 ⑭353
부원동유적 府院洞遺蹟 ③345 383 450
부원동패총 府院洞貝塚 ⑦378 404
부원배 附元輩 ⑳301 335
부원세력 附元勢力 ⑲137 166 ⑳12
부원현 富原縣 ⑭176
부위군 府衛軍 ⑱192
부위염 扶尉猒 ⑤40
부위제도 府衛制度 ⑬282 284
부유말갈 浮渝靺鞨 ⑩46
부윤 副尹 ㉞197 214
부을무산 夫乙無山 ⑦311
부의 浮議 ㉚217
부이강(동가강) 富爾江(冬佳江) ⑧327
『부인』『婦人』㊿186
부인감찬회 婦人減餐會 ㊸148 149
부인동동약 夫仁洞洞約 ㊱62
부인병원 婦人病院 ㊻182
부인봉교사 婦人奉敎師 ㊹397
부인사 符仁寺 ⑫212 ⑱9 182 ⑳198

210
부인성경학교 婦人聖經學校 ㊹395
부인진료소 The Hugh O'Neil Jr. Memorial Dispensary 婦人診療所 ㊻180
부일개화파 附日開化派 ㊸359
부임 副任 ㉔159
부자계승 父子繼承 ⑤4 5
부자상속 父子相續 ⑤37 61
부장 部將 ㉓222 227 ㉚276
부장궤 副葬櫃 ⑧352
부장전 副長田 ㉔438 ㉘34
부장취재 部將取才 ㉚276
부재열 夫在烈 ㊸141
부재지주 不在地主 ㉘152
부재지주경영 不在地主經營 ㉝89
부점취어법 浮苫取魚法 ㉝227
부정형토성 不定形土城 ③441
부제 部制 ⑦76
부제산유적 婦除山遺蹟 ②537
부제조 副提調 ㉚190
부제학 副提學 ㉓58
부조예군(묘) 夫租濊(薉)君(墓) ③46 173 356 425 534 ④7 37 141 254
부조읍군 夫租邑君 ④254
부조장인 夫租長印 ④38
부조전 父祖田 ㉕250
부족 Tribe 部族 ④14 20
부족(연맹)국가 部族(聯盟)國家 ①4 114
부족국가 部族國家 ④12~14 ③336 ⑦ 289 290
부족연맹 部族聯盟 ④13
부존위 副尊位 ㉞197 240
부주사 副主事 ㊹337
부주현제 府州縣制 ⑩4 35 36 38 42
부중 府中 ㉜459
부지 夫智 ⑨458
부지군 負持軍 ㉝254
부집단 部集團 ⑦84
부채노예 負債奴隸 ④215 ⑨236
부처제 夫處制 ㉛640
부체제 部體制 ①199 ⑤6 ⑦73 76
부탄장 敷炭葬 ⑧336 343
부태 夫台 ④195
부특송선사 副特送船使 ㉜441
부판장 敷板葬 ⑧336
부평 富平 ㉓147
『부평군선생안』『富平郡先生案』 ㉞84
부포리유적 鮒浦里遺蹟 ②197 219
부하철도회사 釜下鐵道會社 ㊷96
부협의회 府協議會 ㊽35
부호묘 婦好墓 ③296 297 303 312
부홍파 扶洪派 ㉜80
부회환 釜回還 ㉒164
부휴선수 浮休善修 ㉟136 142
부흥골신학당 復興谷神學堂 ㊻150
부흥운동 復興運動 ⑩9 13 15 85 86 88 90 ~94 96 114
부흥집회 復興集會 ㊻172
부흥회 復興會 ㊼240
북간도 北間島 ㊹301
북간도공립소학교 北墾島公立小學校 ㊺135 136
북간도관리사 北墾島管理使 ㊸509
북경군사통일회 北京軍事統一會 ㊽143
북경무서 北京貿書 ㉜415
북경원인 北京猿人 ②75
북경장성 北境長城 ⑨143
북경(베이징)조약 北京條約 ㉜479 ㊲1 2 52 73 90 100 123 124 178 311 321 ㊵ 26 ㊺316
북경천도 北京遷都 ㉒248
북경촉성회 北京促成會 ㊽178 179 184
북경침공 北京侵攻 ㊲181
북계 北界 ⑫171 ⑬339
북계병마사 北界兵馬使 ⑱94
북계책 北計策 ㊼137
북관개시 北關開市 ㉘126
북관산성 北關山城 ⑧303

『북관실경첩』『北關實景帖』㉟457
북구주 北九州 ⑦381
북극고도 北極高度 ㉟357
북당 北黨 ㉜76
북대고분군 北大古墳群 ⑩167 217 218 220 241
북대고성 北大古城 ⑩199
북도과 北道科 ㉓329
북도사민정책 北道徙民政策 ㉕150
북도소 北都所 ㊹308
북도파 北道派 ⑨363
북두초 北斗醮 ㉖294
북로군정서 北路軍政署 ㊻211 218 219 223 ㊼9 ㊽6 139 147 298 330 ㊿195
북로남왜 北虜南倭 ㉙69
북로전선 北路電線 ㊳195 ㊴44 124 ㊵295 ㊶138 160 ㊹121 ㊻270 271
북륙 北陸 ㊿422
북리 北里 ㉟434
북만주민대회 北滿住民大會 ㊽299
북만한인교육대회 北滿韓人敎育大會 ㊽294
북미지방총회 北美地方總會 ㊼252 257 258
북발 北撥 ㉔548
북방기원설 北方起源說 ②538
북방민족 北方民族 ⑫37 116 151 224 ⑮237 269 277 301
북방식고인돌 北方式支石墓 ③163 211 ④61 120
북방식동검 北方式銅劍 ④64
북방형신화 北方型神話 ⑦15
북번 北蕃 ⑮268 320 322
북벌론 北伐論 ①345 ㉛179 292 ㉜23 30 57 397 398 400 406 408 ㉟43 44 76 ㊱26
북벌정책 北伐政策 ㉚98 284 299 561 ㉞213
북부소형 北部小兄 ⑤56
북부여 北夫餘 ④150 181 182 184 186 ⑤3 ⑥14 17
북부여수사 北夫餘守事 ④182 ⑤57 74
북부연안항로 北部沿岸航路 ⑨198
북부학당 北部學堂 ㉓291
『북사』『北史』①146 ⑤157 ⑥230
『북새기략』『北塞記略』㉝228 ㉟282
북선 北鮮 ①67
북선개척 北鮮開拓 ㊼108
『북선일보』『北鮮日報』㊿95
『북선일일신문』『北鮮日日新聞』㊿95
북선제유 北鮮製油 ㊹478
북성 北城 ⑦71
북성회 北星會 ㊼283 284 ㊾6 7 69 71
북송 北宋 ⑮236 289
북송관판대장경 北宋官版大藏經 ㉑107 108 122
북송본(대장경) 北宋本(大藏經) ⑯110 114 117 120
북송성리학 北宋性理學 ㉘323
북수남진정책 北守南進政策 ⑨72
북악 北岳 ⑨394 ⑪178
북악산 北岳山 ①47
북야폐사지 北野廢寺址 ⑧488
북양(베이양)대신 北洋大臣 ㊵38
북양해군 北洋海軍 ㊵59
북양수사제독 北洋水師提督 ㊳135
북양함대 北洋艦隊 ㊵52 60 62 118 123
북어 北魚 ㉛630 ㉝214 367 384 387
북연 北燕 ⑤65 68 84
북옥저 北沃沮 ④170 187 196 246 ⑤39 42 169 170 172 ⑥29 30
북우위 北右衛 ⑩150 154
북원 北元 ㉒246 248 254 256 276 286
북원(원주) 北原(原州) ⑫1 14
북원경성 北原京城 ⑨151
북위 北魏 ⑤61 65 68 74 77 79 80 84 85 89 91 93 ⑥18 ⑦70 93 ⑩182
북위묘 北魏墓 ⑧263
『북유담초』『北游談草』㊻14

『북유속초』『北游績草』㊻14
북이 北夷 ④154 182 183
북이영 北二營 ㉚251
북인 北人 ㉘324 333 ㉚123 280
북인문학 北人文學 ㉗309
북적 北狄 ⑩229
북적출현설 北賊出現說 ㊱99
북전 北殿 ㉛9 555 558 559 561 562 570
북접 北接 ㊴323 427 438 439 441 442 455 457 467~470 485 ㊵209
북접농민군 北接農民軍 ㊴429 431 442 ~444 446 447
북접도주 北接道主 ㊴290
북정 北亭 ②443 498
『북정록』『北征錄』㉜413
『북정일기』『北征日記』㉜404 405 413
북정패총 北亭貝塚 ②358 422
북제 北齊 ⑤8 80 91~93 ⑦146
북제천병호국도량 北帝天兵護國道場 ⑯178
북조 北朝 ⑧369 371 ⑮338
「북조선정치정세」「北朝鮮政治情勢」㉒213
북조선공산당 北朝鮮共產黨 ㉒156 168 171 173 439 456
북조선노동당 北朝鮮勞動黨 ㉒171 175 ~177 203 208 214 456 462
북조선농민대표대회 北朝鮮農民代表大會 ㉒453
북조선농민동맹 北朝鮮農民同盟 ㉒445
북조선문학예술총연맹 北朝鮮文學藝術總聯盟 ㉒312
북조선민주주의민족통일전선 北朝鮮民主主義民族統一戰線 ㉒208 455 457 462
북조선민주청년동맹 北朝鮮民主青年同盟 ㉒445
북조선신민당 北朝鮮新民黨 ㉒173
북조선여성동맹 北朝鮮女性同盟 ㉒445
북조선예술총연맹 北朝鮮藝術總聯盟 ㉒315
북조선인민회의 北朝鮮人民會議 ㉒203 458 461
북조선임시인민위원회 北朝鮮臨時人民委員會 ①394 ㉒447
북조선직업총동맹 北朝鮮職業總同盟 ㉒ 445
북조선천도교청우당 北朝鮮天道敎青友黨 ㉒440
북조선최고재판소 北朝鮮最高裁判所 ㉒ 460
북조선행정국 北朝鮮行政局 ㉒436
북종선 北宗禪 ⑪7 ⑯21
북주 北周 ⑤91 197 ⑦260
북진 北鎭 ⑨4 143 ⑪77 82 ⑮255 258
북진군 北進軍 ㊱14 242 244~246 249 250 252 254
「북진대」「北進隊」㉛376
북진정책 北進政策 ⑫67 69 71 84 98 ⑮253 285 301 317
「북찬가」「北竄歌」㉟399
북창 北倉 ㊳136
『북창비결(용호결)』『北窓秘訣(龍虎訣)』 ㉛406 407 410
「북천가」「北遷歌」㉟399
북청 北青 ⑫224 ㉓353 359 ㊳308
북청군대 北青軍隊 ㊳384 387~391
북청사변선후책 北淸事變善後策 ㊸25
북청사자놀음 北青獅子놀음 ㉟640 641
북청양병 北青養兵 ㊳383 384
북청향전 北青鄕戰 ㊱220
북촌 北村 ㊲117 119 ㊳16 17
북촌리(유적) 北村里遺蹟 ②396 422 426
북촌바위그늘 北村巖蔭 ②425
북평관 北平館 ㉒352 355 ㉗464 ㉘126 127
북포 北布 ㉔260 ㉝387
북풍회 北風會 ㊼284 ㊾71 79 80 91 145 218 251 290 322 ㊿226
북학 北學 ㉟82 87 295 298 370 384 ㉛ 339 345 ㉓281
북학론 北學論 ①344 ㉛345 ㉟240

북학사상　北學思想　㉟82 83 266
『북학의』『北學議』㉝44 ㉟370
북학파　北學派　㉜56 88 94 419 420 ㉟21 27 45 82 83 87 268 404 513 ㊲95 103 ㊳54
북한산　北漢山　①44 47
북한산도총섭　北漢山都摠攝　㉟155
북한산비　北漢山碑　⑧212　⑦108
북한산성　北漢山城　⑧305　⑨23 24
북한산순수비　北漢山巡狩碑　⑨446
북한산주　北漢山州　⑦108 113
『북행일록』『北行日錄』㉜404
북형산성　北兄山城　⑧319 ⑨592 594
북호　北胡　㉓354
북호두회의　北湖頭會議　㊿357
분경　奔競　⑳91 ㉒113 134 ㉓355 ㉞71 77
분경론　分耕論　㉝79
분경재소　分京在所　㉞190
분관　分館　㉓325
분국설　分國說　⑦288
분군법　分軍法　㉓245
분급　分給　㉜316
분급률　分給率　㉜375
분급수조지　分給收租地　⑭73 80～83 85 90 92 211 214 280 ⑳70 ㉔40 50 51 53 54 59～61 443 ㉘38 45 50 55
분급지　分給地　㉓38
분기초망　焚寄抄網　㉝222
분동　分洞　㉞182 ㊱4 63 64
분등수세법　分等收稅法　㉔235 251
분례빈시　分禮賓寺　㉓93
분리식작살　分離式銛　②496
분묘유적　墳墓遺蹟　③343 368
『분문온역이해방』『分門瘟疫易解方』㉗144
분반　分半　㉘55
분반수취　分半收取　⑭151 168 171 339 340
분비변사　分備邊司　㉙10
분사　墳史　⑥240
분사국자감　分司國子監　⑰97～101
분사대장도감　分司大藏都監　㉑112 114～117
분산성　盆山城　⑧322
분서왕　汾西王　⑥36 ⑧347
분소　焚燒　㉗240
분수승　焚修僧　⑦102 ⑧41
분수작전　分數作錢　㉝426
분수저법　糞收貯法　㉔107 ㉗172
분식형　粉食型　㉛626
분원　分院　㉗528～531 ㉝145 171
분원리요　分院里窯　㉟516
분원시장　分院柴場　㉗532
분원자기주식회사　汾院磁器株式會社　㊹191
분의복수군　奮義復讐軍　㉙55 110
분익제　分益制　㉝188 189
분장권　分掌權　㊳181
분장문　粉粧文　㉗497 499
분장시문　粉粧施文　㉗489
분재기　分財記　㉕262 264 267 269 271 ㉗168 ㉘148 ㉛54 158
분전　糞田　⑲338 ㉗184
분전법　糞田法　⑭328 ㉔107 ㉚436
분전수세　分錢收稅　㊴369
분전제도　分田制度　㉔17
분정　分定　㉜164 165 166 190
분조　分朝　㉙34 35 41 80 90 96 104 240
분종(법)　糞種(法)　⑭328 ⑲338 ㉔3 106 ㉗185 ㉝46
분주인권　分主人權　㉝323
분지제　分地制　㉔55
분철표기　分綴表記　㉟287～289
분청　粉靑　①492
분청사기　粉靑沙器　①291 ㉗10 487 489～492 495～499 501～503
분청자　粉靑瓷　㉛511 512 519
분촌　分村　㉞182
분향고천　焚香告天　㉙251
분향제　焚香祭　㉖230

분황사 芬皇寺 ⑧282 ⑨405 406 467 481 549
분황사석탑 芬皇寺石塔 ⑧6 258 281
분회 糞灰 ㉚435
불경간행 佛經刊行 ㉑205
불경주해서 佛經註解書 ⑨440
불고율 不告律 ㉕234 236
불공 不空 ⑪180
불공설재 佛供設齋 ㉖280
불공재비 佛供齋費 ㉖281
『불교』『佛教』 ㊵212
불교가무극 佛教歌舞劇 ㉖269
불교가요 佛教歌謠 ⑨460 461
불교공인 佛教公認 ⑦117
불교동맹회 佛教同盟會 ㊵200
불교문화 佛教文化 ⑧189
불교식왕명 佛教式王名 ⑨360
불교신앙결사체 佛教信仰結社體 ㉛70
불교연구회 佛教研究會 ㊸141 ㊺52 ㊻129
불교음악 佛教音樂 ⑨615 617 ㉗413 ㉟570
불교중앙교무원 佛教中央教務院 ㊵170
불교진흥회 佛教振興會 ㊵202
『불교통사』『佛教通史』 ㊻116 119
불구내 弗矩內 ⑨457
불국사 佛國寺 ①452 483 484 ⑨316 392 511 538 589
불국토 佛國土 ①441
불국토설 佛國土說 ⑨385
「불굴가」「不屈歌」 ㉑282
『불꽃』 ㊾87
불내예왕 不耐濊王 ④36 242
불내후 不耐侯 ④36
불랑기 佛狼機 ㉗260~262 ㊲200
불로장생 不老長生 ⑦415 ⑧3
『불명경』『佛名經』 ⑯116 119
불명경보 佛名經寶 ⑫93 ⑯217
불문언근 不問言根 ㉘184 ㉜238
불보 佛寶 ⑫158 159
『불본행집경』『佛本行集經』 ⑯117
『불부』『佛賦』 ⑯120
불사법석 佛事法席 ㉖266 270
불사후 弗斯侯 ⑥174
불산공물 不産貢物 ㉘80 86
『불설대보부모은중경』『佛說大報父母恩重經』 ㉗223
『불설목루경』『佛說木樓經』 ⑯116
『불설반주삼매경』『佛說般舟三昧經』 ⑯116
『불설부모은난경』『佛說父母恩難經』 ⑯267
「불설삼구」「佛說三句」 ㉟147
『불설수신세경』『佛說受新歲經』 ⑯116
『불설시등공덕경』『佛說施燈功德經』 ⑯147
불수기사 佛授記寺 ⑨363
『불씨잡변』『佛氏雜辨』 ①444 ㉖52~55 ㉘314
불암산성 佛巖山城 ⑧305
불암창 佛巖倉 ㉔524 525
불열부 拂涅部 ⑩4 16~18 30 34 44 47
불왕법장 不枉法贓 ⑮182 201 203
「불우헌가」「不憂軒歌」 ㉗340 355
「불우헌곡」「不憂軒曲」 ㉗340 355
불이농장소작인조합 不二農場小作人組合 ㊾201
불이흥업(주식회사) 不二興業(株式會社) ㊼4 ㊾197 198 206
불일사 佛日寺 ⑫101 ⑯32 68 ⑰244 250 251 255
불일협약(정) 佛日協約(定) ㊸2 69
『불정심다라니경』『佛頂心陀羅尼經』 ㉗221
불중후 弗中侯 ⑥174
불천론 不遷論 ㉑340
불타산 佛陀山 ㉚569
불탄일 佛誕日 ⑯140 ㉑536 ㉖275
불평등조약(체제) 不平等條約(體制) ㊲12 51 60 70 73 77 90 219~221 227 307 308 316 321 322 324~328 ㊹30 33
불함문화론 不咸文化論 ④53

불현화채 不衒華彩 ㉗299
붉은간토기 丹塗磨硏土器 ①475
『붉은져고리』 ㊻48
붓배기유기 붓배기鍮器 ㉝175 176
붕당 朋黨 ①299 ⑮234 ㉓339 ㉘255 ㉚3 50 59 60 61 76 151 164 170 175 176 221 ㉜51 221
붕당긍정론 朋黨肯定論 ㉜44
붕당망국론 朋黨亡國論 ㉚62 121 ㉜21
붕당정치 朋黨政治 ①296 299~301 306 ㉘10 ㉚1 59 121 147 150 172 177 179 218 278 280 286 287 ㉛7 87 90 94 100 ㉜19 20 21 27 31 52 54
붕당타파론 朋黨打破論 ㉜44
붕중 硼中 ㉘133 ㉙14
브나로드운동 V. Narod 運動 ㊿5 242 249 51 91 111
브라운 Albert E. Brown 52 72 75 83
브라운 J. M. Brown 柏卓安 ㊴42 127 ㊵217 281 ㊷9 95 136 141 338 ㊶59 121 323 ㊹85 187 ㊻289 303
브란트 Von Brandt ㊲208 308
브란트 Max August Scipio von Brandt ㉜501
브랑까띠 F. Brancati ㉜484
브뤼기에르 Barthélemy Bruguière ㉜492
브리티쉬 신디케이트 British Syndicate ㊶131
브링클리 Captain Francis Brinkly ㊵57
블라고슬로벤노에 Blagoslovennoe ㊹304 306
블라디보스톡 Vladivostok ㊹83 89 100 304
블랑 Blanc ㊻145 156 299
비(격)진천뢰 飛(擊)震天雷 ㉗263~265 ㉙37
비가비 ㉟550 560 569
비가악계 노래 非歌樂系노래 ⑧164 165 167 170
비각 秘閣 ⑫221 ㉗212
비각도서 秘閣圖署 ㉓280
비거족계 非鉅族系 ㉘178
비격 飛檄 ㊱203
비결신앙 秘訣信仰 ㊱18
비공신사림계열 非功臣士林系列 ㉚95
비공혁파 婢貢革罷 ㉞139
비교회주의 非教會主義 51 247
비국 備局 ㉚185
비금당 緋衿幢 ⑨141
『비기』『秘記』 ⑯368 ㉟166 ㊱111 119 165
비녀(차) 釵 ⑨243
비담 毗曇 ⑦6 155 181 133 ⑨20 362 ⑪11 12
비담신률서 毘曇新律序 ⑥83
비도의병 匪徒義兵 ㊵296
「비두로기」 ㉑265
비라성 鄙羅城 ⑨594
비로자나불상 毘盧遮那佛像 ⑪56
비루 飛樓 ⑤122
비류 沸流 ⑥14~16 18 37 225 228
비류국 沸流國 ④186 ⑥17
비류국왕 沸流國王 ⑤26
비류나부 沸流那部 ⑤21 28 47 151 154
비류부 沸流部 ⑤155 156 192
비류부장 沸流部長 ⑤30 147
비류수 沸流水 ⑤26
비류왕 比流王 ⑦143
비르지니호 La Virginie號 ㉜499
비리 比利 ⑥37~39 226
비리 裨離 ⑥34
비리성 碑利城 ⑦215
비리제 比里制 ㉞211
비마라 毗摩羅 ⑦130
비마라사 毘摩羅寺 ⑨395
비목 批目 ⑱163 170 223 224
비밀결사 秘密結社 ㊱145 366 ㊸207 210 217 252 254 259 260 275 276 304 310 325 327 ㊼7 125 134~136 145 147 157 167 170 171 173 175 178 179

비밀독립운동본부 秘密獨立運動本部 ㊽108
비변사 備邊司 ①300 ㉒394 ㉓30 ㉔336 ㉚4 127 183~185 189 190 278 279 288 465 504 505 ㉜2 64 65 69 83 86 159 204 215 227 228 229 230~233 235 238 252 314 ㊱286 307 319 323 ㊵169
『비변사등록』『備邊司謄錄』①336 ㉛380
비보 裨補 ⑪222 226 228~230
비보사사 裨補寺社 ㉖249
비보사원 裨補寺院 ⑭256 263 267 268 ⑯145
비보사탑 裨補寺塔 ⑫76 ⑯280
비보연기 裨補延基 ⑱238
비사마압로 卑斯麻鴨盧 ④206
비사벌(주) 比斯伐州 ⑦113 197
비사성 卑沙城 ⑤122 134 187 ⑨48
비산동 飛山洞 ⑦52 ⑦54
비상국무회의 非常國務會議 52116
비상국민회의 非常國民會議 5274 111 117 120 124 135 136 142 155 160 163 182 191
「비상시생활기준양식」「非常時生活基準樣式」5049
비상정치회의 非常政治會議 52119 134 187
비상정치회의주비회 非常政治會議籌備會 5255 111
비색 翡色 ①488 489
비색청자 翡色青瓷 ⑰292 298
비서각 秘書閣 ⑰96 ㉑206
비서감(전교시) 秘書監(典校寺) ⑬101
비서기관 秘書機關 ㉓28
비성 飛星 ㉗23
비숍 Isabella Bird Bishop ㊶64 ㊺92
비순위 備巡衛 ㉓199 202
비안현 比安縣 ㉓148
비암사 碑巖寺 ⑨497 603 613
비암사석상 碑巖寺石像 ⑧372
비양도 飛揚島 ⑳262
비어주획기관 備禦籌劃機關 ㉚185
비에게레벤 Roger de Biegeleben ㊲316
비연시사 斐然詩社 ㉞93
비열성(도) 卑列城(道) ⑨50 56
비열홀정 比列忽停 ⑦203
비열홀주 比列忽州 ⑦113 197 ⑨73
비왕 裨王 ④101 102 107 136
비요색 費耀色 ㉜410
비운연화도 飛雲蓮花圖 ①320 480
비원 秘苑 ㉟528
비위 羆衛 ⑩151
비유왕 毗有王 ⑥52 56
『비율빈전사』『比律賓戰史』㊸290
비은 費隱 ㉜485
비인5층석탑 庇仁五層石塔 ㉑386
비입지 飛入地 ㉓166
비자발 比自㶱 ⑥37 38
비자발국 比自㶱國 ⑦298
비자방 婢子房 ㉛9
비자벌 比子伐 ⑦83
비자벌정 比子伐停 ⑦196
비자벌주 比子伐州 ⑦196
비장 比長 ㉞211
비장 裨將 ⑪106 ⑫14
『비장전』『秘藏詮』⑯120
비재회 悲齋會 ㉖276
비전법 肥田法 ㉗185
비조부 比助夫 ⑦110 348
비주록 妃主祿 ⑭4 11 103~105
비지 比智 ⑥58 62 69 229 ⑦72 143
비지 費智 ⑦353
비지국 比只國 ⑦44
비질란트호 The Virgilant號 ㊲305
비척상반 肥瘠相半 ㉗173 190
비천당 丕闡堂 ㉓281
비천문 飛天文 ⑧187 267
비천시 丕闡試 ㉓358 335
비천장 飛川場 ㉝366
비첨 飛簷 ⑨260

비첩 婢妾 ㉕227 232
비총법 比摠法 ㉜293 ㉞142 153 154 192 199
비총제 比摠制 ㉜362 ㉞240 ㊱34 61 70 142 151 ㊴275
비취모 翡翠毛 ⑪56
비토산 非土產 ㉘361
비트포겔 K. A. Wittfogel ④24
비파 琵琶 ⑧369 372 378 ⑨605 ㉑480
비파형단검 琵琶形短劍 ①180 182 ③409 ④3 40 65 66 117
비파형동검 琵琶形銅劍 ①104 168 ③16 18 32 33 36 40 52 209 234 236 243 ~245 328 ⑤16
비파형동검문화 琵琶形銅劍文化 ①190 191 192 ③29 ⑤16 17
비파형동모 琵琶形銅鉾(矛) ③237
비파형청동단검 琵琶形青銅短劍 ④59 63 66
『비판』『批判』㊾354
「비포절목」「比包節目」㉝454 455
비하리유적 飛下里遺蹟 ③75
비형랑 鼻荊郞 ⑨186
「비형랑사」「鼻荊郞詞」⑧169 170
비화가야 非火加耶 ⑦113 297
빅또(토)리외즈호 Le Victorieuse ㉜497 ㊲77
빅터 쿠진 Victor Cousin ㉚306
빈객 賓客 ⑫136
빈골량 賓骨壤 ⑨40
빈공과 賓貢科 ⑨8 319 320 338 472 ⑩66 67 70 75 111 187 245 ⑪6 51 170
빈공제자 賓貢諸子 ㉗269
빈사 貧士 ㊱338 340 341 344 366
빈사례 賓射禮 ㉛598
빈센떼 Vincente ㉜482
빈센트 John Carter Vincent ㊾28 114
빈우광 賓于光 ⑳300
빈잔민 貧殘民 ㉝380
빈좌 賓座 ㉚184 195
빈주사건 賓州事件 ㊽298 299
빈카르(트) Vincart ㊹114
빈튼 C. C. Vinton 賓頓 ㊻180 287
『빈핍물어』『貧乏物語』㊿430
빈흥과 賓興科 ㉜83
빌레못동굴 빌레못洞窟 ②163 ②170
빌흐네또마노프 Vilkhnetomanov ㊹304
빗금삼각형무늬 斜線三角紋 ③300
빗살무늬토기 櫛文土器 ①98 99 108 473 474 ②307 378 437~441 456 457 460 508 510 536 ⑤15
빗살무늬토기문화 櫛文土器文化 ②313 403 438 508
빙 氷 ㉓290
빙계 氷契 ㉝371
빙고 氷庫 ㉓69 93 ㉔426 ㉟338
빙고전 氷庫典 ⑧430 ⑨435
빙부전 氷夫田 ㉘33
빙사귀 憑士貴 ⑨33
빙산사지 5층석탑 氷山寺址五層石塔 ⑰262
빙상운동회 氷上運動會 ㊿335
빙어선 氷魚船 ㉝371
빙장선 氷藏船 ㉝216
빙족희 氷足戱 ㊺369
빙표 憑標 ㊳181 ㊹90
빙하시대 氷河時代 ②225 27
빙햄 John A. Bingham ㊲84 276 280 ㊳101 139 344 ㊸156
빙활장 氷滑場 ㊺369
빠리지리학회지 빠리地理學會誌 ㉜520
빠즈 Page ㉜497
빨라폭스 Palafox ㉜505
뻬레즈 F. Perez ㉜476
뻬루주 Jean Francois Galaupedela Pérouse ㊲4
뼈바늘 骨針 ②520
뼈뿔연모 骨角器 ②516
뼈송곳 骨錐 ②487

뼈숟가락 骨匙 ②527
뼈연모 ②107 110 112 121 474 475 478 488
뼈장식품 骨製裝飾品 ②420
뽀시에트 Posieta ㊹303
뾰족밑빗살무늬토기 尖底櫛文土器 ②356 442 448 463
뾰족밑토기 尖底土器 ②450
뿌짜찐 Efim V. Putyatin ㉜498 ㊲65
뿌찔롭까 Pucilovka ㊹303
뿌차타 D. Putiata ㊵297 ㊶70 73 74 322
뿔피리 ⑧382
삐에르 뒤 자릭 Pierre du Jarric ㉜517
삔또 Andrea Pinto ㉜476

ㅅ

사 史 ⑦174 176 177 179
사 社 ㉖219
사가독서 賜暇讀書 ①263 ㉒67 ㉜91
사가재 四可齋 ⑭157 167
사가제도 賜家制度 ㉑588
사가판본 私家板本 ㉗228
사간 私干 ㉔374
사간원 司諫院 ㉔552 ㉘274 ㉜237 239
사강목 四綱目 ㉛73
사개문서 四介文書 ㉝383
사건서원 私建書院 ㉛106 107
사게 요시로오 提良明 ㊶314
사격 沙格 ㊴209
사격 射擊 ㊶335
사경 私耕 ㉘53
사경 寫經 ⑫159 160 ㉗575
사경산수 寫景山水 ㊶326
사경승 寫經僧 ㉑93 96
사경지 私耕地 ㉚450
사경화 寫經畵 ⑰288
사경회 査經會 ㊻172
사계 司啓 ㉚194
사계 私契 ㉞237
「사계산수도」「四季山水圖」㉛463
사계축 소리꾼 ㉟571
사고 四庫 ⑭130 351 ㉔33
사고 私庫 ㉔464
사고 娑姑 ⑪121
사고덕 司古德 ⑮349
『사고전서』四庫全書』㉜93 419 ㉟204
사공 寺工 ⑥220 232 243 ⑧479
사공도 司空圖 ㉗271 296 297 299 302 304 306 308 309 310
사공부 司空部 ⑥94 171 210 219
『사과지남』『辭課指南』㊺251
사관 四館 ㉚236
사관 史官 ⑰154 ㉖147～151 ㉛379 380
사관 史館 ⑬97 111 113 420 ⑰6 149 153 154 158 160 ㉑351
사관교육 士官敎育 ㊳416
사관생도 士官生徒 ㊼253
사관연성소 士官鍊成所 ㊽202 213 223 226 230
사관학교 士官學校 ㊳416 ㊼254 255
사관학도 士官學徒 ㊷54
사괄 查括 ㉜345 372
사광서 司礦署 ㉟255
사괴 砂塊 ⑫143
사교 邪敎 ㊲185 ㊳244 249
사교계 社交契 ㉞268 271 275
사교과 四敎科 ㉟129
『사교판』『四敎判』⑨381
사구 沙丘 ㉚173
사구부 司寇部 ⑥94 97 171
4군 四郡 ①264 ㉒149 150 151 153 344 345
사군부 司軍部 ⑥94 97 171 173 219
4군 6진 四郡六鎭 ㉕23 150
사군자 四君子 ㉛480
사굴산파 闍崛山派 ⑫72
사궁회 射弓會 ㊺372 ㊶335
사근역전투 沙斤驛戰鬪 ㉙124
사금 砂金 ㉝205 207 460
사금개채조례 砂金開採條例 ㊷109
사금광 沙金鑛 ㊹209
사금장 絲金匠 ㉔268 274

사급전 賜給田 ⑲247 330
『사기』『史記』①131 140 161 163 190 ③ 54 337 340 ④71 82 117 129 140 141 151 ⑧110 113 114
사기공산당사건 詐欺共產黨事件 ㊾69 70
사기번조 沙器燔造 ㉗528～530 532
사기장(인) 沙器匠(人) ㉗488 527 531 532
사기점 沙器店 ㊱182
『사기집해』『史記集解』④48
사나사 舍那寺 ⑫73
사나사원증국사석종 舍那寺圓證國師石鐘 ㉑ 400 404
「사내」「思內」⑧166
사내금무 思內琴舞 ⑨620
사내무 思內舞 ⑨620
사네요시 안쥰 實吉安純 ㊻281
사노 私奴 ⑫216
사노 젠레이 佐野前勵 ㊿159
사노비 私奴婢 ①8 281 ⑨236 238 ㉕ 203 208 209～213 226 227 229 231 232 234 ㉛165 ㉞146 156 ㊱514 ㉞142 153 156 157
사농시 司農寺 ⑬100 101 ㉔427
사농합일론 士農合一論 ㊺14
「사뇌가(향가)」「詞腦歌(鄕歌)」⑨461 ⑯67 74 ⑰214 215 219 234 ㉑274 ㉗338
사뇌격 詞腦格 ⑧172
사눌도 四訥島 ㉔571
사다 모토이치로 佐田素一郎 ㊲207
사다 하쿠보 佐田白茅 ㊲225
사다함 斯多含 ①201 ⑦113 236 367
사단 四端 ㉟16 64 68 74
사단 詞壇 ㉗270 283 288 314
4단7정(론)(說) 四端七情(論)(說) ㉖56 ㉘ 319 326 ㉛232 276 283～285 287 ㉟15 32 55 68 74 ㉟16 50 68 74 ㊱80 ㊲ 147 ㊳203
사당 社堂 ①281
사당 祠堂(寺黨·舍堂) ㉞168 ㉟621
사당리요 沙堂里窯 ⑰299
사당패 祠堂牌 ㉟172 571
사당패 寺堂牌 ㊺317 ㊿395
사대 絲帶 ㊹457
사대 射臺 ⑥175 191
사대교린 事大交隣 ①265 272 ㉒280 430 ㉔195 196 205～207 ㊲149 204 ㊳80
사대동 私大同 ㉔465 ㉘86 ㉚479 481 489 490
사대등 使大等 ⑥76
사대명의 四大名義 ㊴330
사대법귀 四大法歸 ⑯41
사대봉사 四代奉祀 ①305 308 ㉖30 ㉛6 9 222 223
사대부 士大夫 ①7 260 291 427 ⑲68 103 109～111 ⑳39 ㉕53 54 59 60 65 120 113 114 116～120 121 125 133～136 140～142 144 151 154 ㉗315 336 354 ㉘141 ㉛1 9 ㉞35 123 ㊱213 215 276 318
사대부문학 士大夫文學 ①427 ㉑273
사대사 事大司 ㊳38
사대사 仕大舍 ⑨135
사대수 査大受 ㉙59 77 84 85 93
사대외교 事大外交 ㉒280～282 289～292 368 ㉛307 ㊳136
사대조공 事大朝貢 ㊷14 30
사도 司徒 ⑬114 ⑱158
사도도 沙都嶋 ⑦341
사도부 司徒部 ⑥94 97 171 173
사도설 柶圖說 ㉟349
사도성 蛇渡城 ㉒195
사도성 沙道城 ⑥196 197 ⑦57
사도세자 思悼世子 ㉚287 ㉜62 63 67 76 79 80 84 98 99 211 281 ㊲144
사도시 司䆃寺 ㉔424～427 ㉚505
사도진 蛇渡鎭 ㉙59
4도호부 四都護府 ⑫212 213 ⑬112
사돈 査頓 ⑳304

사두매현 邪頭昧縣 ④239
4두품 四頭品 ⑦258 260 266 267 ⑪46 50
사둘(당망) 攩網 ㉝218 221 224
사라능단 紗羅綾緞 ㉑573
사란 思亂 ㊱90 113 201 208
사란낙화지심 思亂樂禍之心 ㊱110
사람얼굴 조각품 사람얼굴 彫刻品 ②489
사랑(채) 斜廊(채) ㉛9 541 635 640~642
『사략』『史略』㉑341 342 350 ㉓292 ㉖120
사량 蛇梁 ㉙197
사량궁 沙梁宮 ⑦118 178 227 235
사량부 沙梁部 ⑦88 247 258
사량성 蛇梁城 ㉒195
사량진왜변 蛇梁津倭變 ㉒385 393 ㉘134 ㉙16
사력 司曆 ⑰112
사력서 司曆署 ㉓361 ㉟339
사령 使令 ㉚513 579
사령관 司令官 ㊷274
사령지 寺領地 ⑳128
사령청 使令廳 ㉛163
사례 士禮 ㉛182~184
사례 四禮 ㉒63 72 ㉖27 ㉛172 175 180 181 184 191 196 242 636
『사례편람』『四禮編覽』㉛621
사로국 斯盧國 ①197 ④31 39 265 ⑦2 3 34 243 246 264 266 269
사로 6촌 斯盧六村 ⑦33 85 246
사로허통 仕路許通 ㉛352
사록 司錄 ⑬191 228 421 ⑰84
사론 史論 ㉛379
사루 沙豆 ⑥48 49
사류 士類 ㉕59 60 120 141 143
『사류박해』『事類博解』㉟282
『사륜전집』『絲綸全集』㉒75 77
사르후 薩爾滸 ㉙232 237
사르후전쟁(전투) 薩爾滸戰爭(戰鬪) ㉙231 242 261
사리 司吏 ㉕137
사리 舍利 ㉗24
사리각 舍利閣 ㉖263
사리감 舍利龕 ⑧311
사리구 舍利具 ⑰305
『사리영응기』『舍利靈應記』㉗218
사리장엄구 舍利莊嚴具 ⑧255
사리탑 舍利塔 ⑩180 185 206 ⑰264
사리탑신전 舍利塔新殿 ㉖263
사림 士林 ㉒140 142 ㉕59 60 ㉖31 ㉘5 141 174 205 266 ㉚232 279 ㉜201 ㉞43 ㊳200
『사림광기』『事臨廣記』㉗439
사림명사 士林名士 ㉛134
사림문학 士林文學 ㉛440
사림세력 士林勢力 ㉘205 ㉚25 ㉛74
사림원 詞林院 ⑲21 22 277
사림정치 士林政治 ㉘7 12 32 ㉚37 50 ㉛7 ㉜49
사림파 士林派 ①258 292 294 295 297 ㉒137 139 141 142 ㉗279 289 291 345 358 ㉘1 6 7 8 11 143 155 163 171 173 174 177 187 195 198 266 ㉚14 ㉛14 ㉞269
사립식 斜立式 ⑧342
사립전문학교 私立專門學校 ㊿26 34
사립철도학교 私立鐵道學校 ㊹183 ㊻263
사립학교 私立學校 ㊼128 129 153 268
사립학교규칙 私立學校規則 ㊺187 ㊼8 129 178 ㊿17 22 160 243 264 333
사립학교령 私立學校令 ㊸229 233 289 ㊺66 128 140 173 175 179 181 188 ㊼128 ㊿22
사마 司馬 ⑤56 163 ⑥171 174
사마광 司馬光 ⑮236 ㉖36 38 ㉜77
사마달등 司馬達等 ⑧66
사마랑호 The Samarang號 ㉜497
사마르가 Samarga ㊹303
『사마방목』『司馬榜目』㉞119
사마선왕 司馬宣王 ⑤41

사마소 司馬所 ㉘173 269 ㉚238 ㉛14 23 29 30 74
사마숙녜(시마스쿠녜) 斯摩(麻)宿禰 ⑥39 ⑦375 380 382 383
사마시 司馬試 ⑬372
사마천 司馬遷 ㉗297
사만리 沙蔓里 ㊹303
사면 赦免 ⑫118 ⑮213 222
사면산사 四面山寺 ⑯201
사모 紗帽 ㉑572 ㉕309 ㊹457
사모군 私募軍 ㉚270 281
사모보솔 私募保率 ㉜372
사모속 私募(冒)屬 ㉜126 145 153 193 303~305 331 372 ㉝434 435 ㉞29 30
사묘 祠廟 ㉛94
사무역 私貿易 ①272 293 ⑭16 459 ⑲394 397 ㉒303 353 396 418 431 ㉔196~202 205 206 290 299 ㉕130 132 ㉘5 115~118 121 123 127~129 ㉚519 601 ㉝449 461 ㉞68
「사무역금지사목」「私貿易禁止事目」㉒400
사무외사 四無畏士 ⑪161 203 ⑫72 ⑯15 17 19~21 28
사문난적 斯文亂賊 ㉜29 ㊳200
사문논쟁 斯文論爭 ㉜36 46
사문도 沙門道 ⑨124
사문박사 四門博士 ⑰18 34 35
사문분란 斯文紛亂 ㊱188
『사문유취』『事文類聚』㉟185 332
사문조교 四門助教 ⑰34
사문학 四門學 ⑰33
사물 思勿 ⑧374
사물국 史勿國 ⑦330
사미 沙彌 ⑳131
사미과 沙彌科 ㉟129
「사미인곡」「思美人曲」㉗8 352 359 360 ㉛424
사민 私民 ㉕106 107
사민 徙民 ⑥200 ⑫84 ⑮256 270 328
사민개학론 四民皆學論 ㉟257
사민관념 四民觀念 ⑨187
『사민일보』『四民日報』㊿223
『ᄉ민필지』『士民必知』㊺155
사민입거 徙民入居 ①265 278 ㉒167 168 170 174~179
사민정책 徙民政策 ㉔114
『사민필지』『士民必知』㊺162 ㊻37 38
사바틴 Afanasij Ivanobich Seredin Sabatin 薩巴丁 ㊵260 ㊶36 217 ㊻297
사발모양토기 沙鉢形土器 ②399
사발통문 沙鉢通文 ㊴303 312~316 318 321 322 326
사방군주 四方軍主 ⑦113 196 241
사방불(상) 四方佛(像) ⑨508 514
사백치 沙白丘鳥 ㉙168
사벌국 沙伐國 ④39 ⑦37 45 85 210
사벌주 沙伐州 ⑦196 197 ⑫1 14
사범강습소 師範講習所 ㊸212
사범속성과 師範速成科 ㊸286 ㊺43
사범야학교 師範夜學校 ㊸226
사법 寺法 ㊿160 198
사법경찰 司法警察 ㊼39 41
「사법관시험규칙」「司法官試驗規則」㊵244
사법권 司法權 ㊼35 113 115 117 119
사법제도 司法制度 ㊷256 310
사법처분 司法處分 ㊿59 83
사변 徙邊 ㉘37
『사변록』『思辨錄』㉛289 290 ㉜36 38 46 ㉟18 36 186
사병 司兵 ⑫149
사병 私兵 ⑨80 ⑫14 126 129 137 229 ⑬14 322
사병혁파 私兵革罷 ㉒37 49 ㉓2 6 7 32 203 210 348
사복 司僕 ㉓260
사복 蛇福 ⑨373 412
사복갑사 司僕甲士 ㉕68
사복시 司僕寺 ㉓69 96 112 258 ㉔10

425~427 551~554 ㉚424 505 ㉜122
사부구 師夫仇 ⑤140 143
『사부수권』『四部手圈』㉟189
사부학당 四部學堂 ㊺13
사부향 士夫鄕 ㉞38
사불 祀佛 ㉖47
4불가론 四不可論 ⑳382 ㉒291
사불성 沙弗城 ⑪104 113
사비 寺婢 ⑨406
사비 泗沘 ⑧198 309
사비루 泗沘樓 ⑧312
사비성 泗沘城 ⑥18 175 ⑨33 35~40 60 66
사비에르 Francisco Xavier ㉜476
사비천도 泗沘遷都 ⑥69 70 80~84 87 93 177 206
사비회의 泗沘會議 ⑦360 361 362
사빈느호 Le Sabine號 ㉜497
사빈부 司賓府 ⑪40
사빈시 司賓寺 ⑩4 68 145 154
사빙고 私氷庫 ㉝371
사사 寺社 ㉖249 253 281
사사 司事 ㊹228 337
사사노궤(사사나코) 沙沙奴跪 ⑦388
사사노비 寺社奴婢 ㉕225 228
『ᄉᆞᄉᆞ성경』『ᄉᆞᄉᆞ聖經』 ㊿267
사사위전 寺社位田 ㉙190 ㉚543 ㉛97
4사자석탑 四獅子石塔 ⑰260 262
사사전 寺社田 ㉒140 ㉓38 39 ㉔19 443 ㉖248
사사키 타다시 佐佐木正 ㊶38
사사혁파정책 寺社革罷政策 ㉛596
사산 賜山 ㉓312
사산금표 四山禁標 ㉝380
「사산비명」「四山碑銘」⑨440 ⑪7 172 ㉟136
4·3사태 四·三事態 ㊷410 415
4·30공동성명서 四·三十共同聲明書 ㊷ 219 221
사상(인) 私商(人) ㉚530 534 ㉜23 ㉝ 146 202 388 398 407~410 437 443 445 446 450 453 454 ㉞76 113 114 ㊱157 ㊳173
사상도고 私商都賈 ㉚521 523 ㉝7 334 ~336 338 339 341 346 347 355 ㊴150 ㊺49
사상두 史相斗 ㊼137
사상의학 四象醫學 ㉞83 ㉟342
사상층 私商層 ㉞86
사상회사 士商會社 ㊷106
4색공복제 四色公服制 ⑫120 ㉑567
『사서대전』『四書大全』㉗215 ㉘308
사서동몽 士庶童蒙 ㉓316
4서 3경 四書三經 ㉓333 ㉛177 367
『사서언해』『四書諺解』㉒75 77
『사서연의』『四書衍義』㉘307
4서 5경 四書五經 ㉓35 302 319 337
『4서5경구결』『四書五經口訣』㉘315
사서제 士庶制 ⑮16 17
『사서집주』『四書集註』⑲170 ㉓280 ㉘ 163 307 ㉟35 184
『사서표지』『四書標識』㉟33
사선 私船 ㉔367 372 524 536 537 ㉝304
사선시 司膳寺 ⑩145 154 ㉓57 ㉗526
4선악부 四仙樂部 ㉑461 491 494 496 544
사설당 四設幢 ⑦203 ⑨138
사설시조 辭說時調 ①325 422 ㉛425 ㉟8 391 396~398 563 581
사설항로 私設航路 ㉔535 538
사섬서 司贍署 ㉔177~180 425~427
사섬시 司贍寺 ㉓68 83 275 ㉔298 306 ㉕204 225 226 ㉘110
사성 司成 ㉓295 296
사성 四聲 ㊺242
사성 賜姓 ⑤27 31 ⑦41
사성전 寺成典 ㉖277
사성정책 賜姓政策 ⑫41 43 125
『사성통고』『四聲通攷』㉖106
『사성통해』『四聲通解』㉛364 366

사세국 司稅局 ㊷67
사세호 佐世保 ㊵63
사소 思紹 ㉒417
사소 娑蘇 ⑪214
사소 絲所 ⑭366 430 431 438 ㉔256
사소위원 寫疏委員 ㊶235 240
사손 使孫 ㉕250 ㉘150
사송 詞訟 ㉒231
사송무역 使送貿易 ㉒382
사송야 四松野 ㊱250
사송왜인 使送倭人 ㉒274 377 381~383 394 395 402
사수 社首 ㉜379 ㊲166 ㊴361
사수 射手 ㉚290
사수 蛇水 ⑤138
사수감 司水監 ㉓58 84 ㉔334 335 425 531
사수색 司水色 ㉓84 ㉔334~336 531
사숙 私塾 ㉘282
사숙개량회 私塾改良會 ㊼185
사숙태후 思肅太后 ⑫226~228 230
사순 司楯 ㉓201
사습숭배(의식) 사습崇拜(意識) ②103 248
『사시찬요』『四時纂要』㉔99 ㉗95
『사시찬요초』『四時纂要抄』㉔160 265 ㉘346
「사시팔경도」「四時八景圖」①491 ㉗550 552 566
사신 仕臣 ⑦171 ⑨135
사신 四神 ⑧176
사신 私臣 ⑨4 46 58 114
사신 祀神 ㉖47 212 ㉛231
사신도 四神圖 ⑧7 333 346 472 ⑯306
사신벽화 四神壁畵 ⑯306
사신사 四神砂 ⑯307 314 316 317
사신사상 四神思想 ⑯307
사실 師室 ㉖284 285
사심관제(도) 事審官制(度) ①224 267 ⑫3 41 43 79 128 134 143 144 152 213 ⑬232~235 ⑮124 ⑲254 ㉓4 125 183 184 ㉘155 ㉛56
4·9재 四十九齋 ㉛397
사씨 沙氏 ⑥82 230
『사씨남정기』『謝氏南征記』㉛434 436 437 ㉟414~416 422
사아식 四阿式 ⑧332
사악 詞樂 ㉑453 477 481 ㉗429 430
사알 司謁 ㉞219
사암채영 獅巖采永 ㉟144
사액서원 賜額書院 ㉓311 315 ㉘295 297 ㉚140 507 ㉛98 533 535 ㊲160 161
사야도 史冶島 ⑨53
사약국 司藥局 ⑬101
사약사 沙若思 ⑥66 230
사어 死語 ㉑245
사어격 射魚繳 ㉝227
사업 司業 ㉓288 293 ㉚74
사여 賜與 ㉚454
사역 私役 ㉜103
사역 使役 ㉞157
사역서 司曆署 ㉗45 51
사역원 司譯院 ⑰53~54 ㉓35 69 92 112 359 363 366 ㉕125 135 ㉗215 ㉟ 272 279 ㊲92
사열산성 沙熱山城 ⑨594
사염 私鹽 ⑲379 380 ㉔364 368 369 374 375 379 ㉝249
사염간 私鹽干 ㉔362
사염률 私鹽律 ㉗245
사염분 私鹽盆 ㉔366
사염세 私鹽稅 ㉔362
사염업 私鹽業 ㉔375
사염인 私鹽人 ㉔375
사영수공업 私營手工業 ㉓43
사예 司藝 ㉓281 288 293 295 296
사오 沙烏 ⑥75 230
사옥부정 司獄副正 ㉓158
사옥사 司獄史 ⑬167

사온서 司醞署 ㉓68 85 ㉔425~429
사옹 司饔 ㉓201
사옹방 司饔房 ㉓81 ㉔427 ㉗492 526
사옹원 司饔院 ㉓43 67 81 112 ㉔398 426 427 459 468 ㉕68 ㉗488 504 526 ~530 532 ㉚525 ㉜170 ㉟513
사옹원시장 司饔院柴場 ㉗532
사와다 澤田總太郎 ㊴207
사요 史耀 ⑲400
사용 司勇 ㉓222
사용재 謝用梓 ㉙94 95
사우 社宇 ⑰99
사우 祠宇 ①327 ㉓314 ㉚142 ㉛23 48 83 87 ㊱3 40 44 45 49 51
사우계 士友契 ㊼185 188 189
사우계 師友契 ㉞171
사우돌출묘 四隅突出墓 ⑧328 364
사우지도 師友之道 ㉖43
사원 寺院 ㉓313
사원경제 寺院經濟 ①236 ⑭252 264 440 ⑯192
사원고리대 寺院高利貸 ⑭470 471
사원노비 寺院奴婢 ⑭250 268 ⑮18 19 ⑯209 ㉓54
사원령 寺院領 ⑳136
사원성전 寺院成典 ⑨188
사원수공업 寺院手工業 ⑭16 440 ⑯205 ⑲10 353~355
사원장리 寺院長利 ㉕103
사원전 寺院田 ⑭6 70 71 73 140 144 147 150 208 249 351 252 258~260 268 284 338 ⑯199 205 208 210 ㉔39 53 ㉘36 ㊹141
사원직조업 寺院織造業 ⑯207
『사위국십몽경』『舍衛國十夢經』⑯116
『사위의송』『四威儀頌』⑯60
사유 史儒 ㉙73 76
사유 師儒 ㉓313
사유록 師儒錄 ㉖45
4·6변려체 四六駢儷體 ⑰191
사육신사건 死六臣事件 ①263 ㉒116 ㉓64 ㉘20
사율원 司律院 ㉓360
사은사 謝恩使 ⑦132 ⑩92 103 122 ⑮349 350 ㉒293 296 ㉜386
사을하 沙乙河 ⑮348
사의 司衣 ㉓201
사의국 司醫局 ㉕374 381
사의서 司醫署 ⑮170 ⑰123 ㉑227
「사의조선책략」「私擬朝鮮策略」㊲85 311
사이 司彛 ㉓201
사이고 다카모리 西鄕隆盛 ㊲227
사이고오 츠쿠미치 西鄕從道 ㊵26
사이기(국) 斯二岐(國) ⑦344 360 361 365 368
사이온지 킨모치 西園寺公望 ㊵255 ㊶51
사이토 마코토 齋藤實 ㊼1 22 105 111 113 285 403 408 ㊽4 18 22 26 29 31 32 34 45 46 48~50 53 277 324 341 ㊾48 49 56 57 114 (51)162 166 242
사이토 슈이치로 齋藤修一郎 ㊵208 ㊶93
사이호 四耳壺 ⑧261 264
사이호달(매륵장경) 沙爾虎達(梅勒章京) ㉜403 404 406
사인 舍人 ⑤162 ⑪41 ⑫136 ⑱160 ㉓66 ㉖146 147
사인 使人 ⑦200
사인 思仁 ⑨105
『사인삼경첩』『士人三景帖』㉟467
사인소 舍人所 ㉓256
사인작회 舍人作會 ㉚236
사일신화 射日神話 ①151 152 167
사일의식 射日儀式 ①151
사자 使者 ④202 204 205 211 212 216 ⑤31 32 40 147 150 151 153 170 211
사자갑사 獅子岬寺 ⑭259 ⑯204

사자관 寫字官 ㉟68 110 ㉛493 489 495 ㉞219
사자금당 師子衿幢 ⑨138 141 142
사자기 師子伎 ⑦365
사자놀이 獅子놀이 ㊶358
사자대 獅子隊 ⑨142
사자무 獅子舞 ㉟595 ㊶356
사자문 獅子文 ⑧267
사자빈신사지석탑 獅子頻迅寺址石塔 ⑰262
사자사 獅子寺 ⑧64
사자산문 獅子山門 ⑪193 194
사자세록 仕者世祿 ㉘36 38 43
사자장수 士子藏修 ㉛106
사자황 獅子黃 ㉔573
사장 社長 ㉕197 ㉛595 ㊹308
사장 師丈 ㉜40
사장 師長 ㉖63
사장 詞章 ㉓317 336 ㉘178 179 233
사장(제) 私匠(制) ①272 314 ㉓43 ㉜40 ㉝6 159 ㉞112
사장고 私藏庫 ㉔427 437
사장론 詞章論 ㉛345
사장시 司藏寺 ⑩145 154 165
사장파 詞章派 ㉗6 276
사재감 司宰監 ①274 ㉔7 334 362 368 369 410 415 417 424~427 459 531 ㉕134 206 233 234 ㉚505
사적 寺籍 ㉖263
사전 私田 ①262 270 ⑨214 215 264 ⑭1 5 9 11 12 71 85 94 133~140 143 145~147 152 162 164 171 202 206 209 212 229 249 275 277 279~335 337 346 352 353 ⑲194 237 204 ⑳79 ㉓37 38 ㉔1 20 22~26 29 30 33 38 44 45 53 ~56 443 444 ㉕85 96~98 106 ㉘38 353
사전 祀典 ⑯339 340 349 371 373 ㉓179 ㉗274 ㉟5 6 211~214 220 245
사전 賜田 ⑥198 200 ⑲90 231 240 285 ⑳70 104
사전개혁 私田改革 ⑭134 ⑯372 ⑲7 86 94 147 154 173 174 ㉒18 ㉔13 15~18 19 23 24 26 30 33~35 54 64 70 ㉕42 98
사전개혁론자 私田改革論者 ⑭86 95
사전검열 事前檢閱 ㊻65 70 77 78 86
사전구폐 私田捄弊 ⑲194 204
사전장총통 四箭長銃筒 ㉓267
사전총통 四箭銃筒 ㉓267
사전탄압 事前彈壓 ㊶80
사전혁파 私田革罷 ⑲8 174 253 263 285 ㉔31 32 36 62 66 ㉘48
사절유택 四節遊宅 ⑨260 ⑪4
사점임 謝占壬 ⑨302
사접 私接 ㊴384
사정 司正 ⑩144 ㉓222
사정 司政 ⑩81
사정부 司正府 ⑦118 119 174 175 ⑪40
사정성 沙井城 ⑥68
사정유 史正儒 ⑱45
사정청 查正廳 ㉜145
사조 辭朝 ㉓171 172
사조룡보 四爪龍補 ㉕302
4조호구식 四祖戶口式 ⑮20 111 115
사족 士族 ㉓52 ㉕52 59 60 78 107 108 111~122 125~129 132 133 135 136 141~148 152 ㉖31 ㉘46 141 262 ㉛1 13 16 30 32 45 48 65 73 76 77 80 112 116 117 125 136 232 ㉜50 143 ㉞25 34 37 175 177 ㊱5 11 12 16 137~141 194 195 214~216 272 276 281 288 289 292 310 347
사족수포 士族收布 ㉜132 134 135 147 148
사족지 邪足智 ⑦167
사족지배체제 士族支配體制 ㉛7 8 13 14 30 32 33 132 ㉞171 ㊱4 57 64 138 214 271

사종설 四種說 ㉚102～104 106
사죄사 謝罪使 ⑨63 64 269
사주 私鑄 ㉚593 584 586 587 588 594 ㉝400 405
「사중」「祀中」⑧167 375
4중아찬 四重阿飡 ⑦163 172 267 268
사지 舍知 ⑦163 165 172 174
사지군 舍知群 ⑦164
사지마 私持馬 ㉝441
사직 司直 ㉓222
사직 社稷 ⑤33 60 ㉑458 485 ㉖211 213 214 217 223 ㉗467 ㉚507 ㉛211 212
사직금지 私織禁止 ㉔277
사직단 社稷壇 ⑧32 ⑪19 ㉓93 ㉖219 228 233 ㉗461 462 467 468 ㉘260 ㉛163
「사직단도」「社稷壇圖」㉗462
사직서 社稷署 ㉓69 93 ㉖220 ㉗461
사직서승 社稷署丞 ㉖220
『사직서의궤』『社稷署儀軌』㉗461
사직제 社稷祭 ㉓304
사진 査陳 ㉚422 ㉜328 350
사진 思進 ⑳88 90
사진결혼 寫眞結婚 ㊹314
사진선 私津船 ㉔333
사진포 沙津浦 ㉝368
사집과 四集科 ㉟129
사찬 史贊 ㉑340 342～345
사찬사서 私撰史書 ㉛385 ㊺264
사찰건축 寺刹建築 ㉛536
사찰령 寺刹令 ①448 ㊻129 131 ㊽47 (51)159 162 197 205 206 210 212
사찰연기설화 寺刹緣起說話 ⑧44
사찰위원 査察委員 ㊶241
사창 司倉 ⑫149 ⑭305
사창 私倉 ㉔473 474
사창 社倉 ①268 ㉓189 ㉔436 ㉕368～370 ㉘159 ㉜30 ㉞171 ㊴361 ㊵184
「사창계약속」「社倉契約束」㉛25 ㉞235 270
사창곡 社倉穀 ㊱245 252 351
「사창절목」「社倉節目」㉜325 ㊲166
사창제 社倉制 ㉖15 45 ㉜324 333 334 336 347 352 353 379 ㊱327 335 ㊲166 212
사채 私採 ①314 ㉟254 ㉝6 188 202
사채 私債 ㉘354
사처노비 私處奴婢 ㉕196
사천 私賤 ㉕82 ㉞74 110 217 220
사천 祀天 ㉖221 224 225
사천감 司天監 ⑫253 ⑯321
사천관 司天官 ⑫100 121
사천대 司天臺 ⑫100 121 212 ⑬101 397 ⑯ 321 ⑰5 112 113 ㉑195
사천도우 祀天禱雨 ㉖225
사천박사 司天博士 ⑨305
사천상제사 四川上祭祀 ⑯362
사천왕 四天王 ⑯176 178
사천왕사 四天王寺 ⑦14 ⑨58 124 361 414 499 537 538 ⑯180 ㉔605
사천왕상 四天王像 ⑨499 ⑩181 206 224
사천의 祀天儀 ㉖221
사천정식석실분 斜天井式石室墳 ⑧346
사천택 史天澤 ⑳264
사천해전 泗川海戰 ㉙4 62
사철광산 沙鐵鑛山 ㉔232 233
사철취련역 沙鐵吹鍊役 ㉔221 222
사초 史草 ①294 ⑰154 155 ㉓24 ㉖149 153 ㉛379
사축서 司畜署 ㉓69 93 ㉔426 427
사축소 司畜所 ㉓93
사출도 四出道 ④205 207
사충서원 四忠書院 ㉛109
사충항 史忠恒 ㊿342
사츠마번 薩摩藩 ㊵25 178
사치금령 奢侈禁令 ㉔259
사칠논변 四七論辯 ①321 ㉟2 15 16
『사칠신편』『四七新編』㉟189
사카이 堺 ㉙17 19

사코오 카케아키 酒勾景信 ㊵34
사쿠라노바바 유적 櫻馬場遺蹟 ③316
사타 娑陀 ⑥79 ⑦302
사타상여 沙吒相如 ⑨38 42
사탁부 沙喙部 ⑦85 116 247~249 253
사탄 沙灘 ㉝368 384
사탑비보설 寺塔裨補說 ⑯315
사택기루 沙宅己婁 ⑥92
사택정성(테라사와 마사나리) 寺澤正成 ㉜422
사택지적 沙宅智積 ⑥104 159 ⑦154
사택지적당탑비 砂宅智積堂塔碑 ⑧209
사택지적비명 砂宅智積碑銘 ⑧8
사택천복 沙宅千福 ⑥100
사토 스스무 佐藤進 ㊻284
사토우 Ernest Mason Satow ㊶58 61 96
사파무 娑婆舞 ⑧383
사팔혜 沙八兮 ⑧374
사패 賜牌 ⑲7 85 148 210 225 234 247 ㉓335 ㉕102
사패문서 賜牌文書 ㉚454
사패별사전 賜牌別賜田 ㉕100
사패전 賜牌田 ①260 ⑭221 262 263 ⑲ 231 232 238
사패지 賜牌地 ㉘151
『사편』『史編』㉖125
사평도 沙平渡 ㉔501
사평부 司平府 ㉒52 53 ㉓58 ㉔423
사평원 沙平院 ⑲390
사평장 沙坪場 ㉚539 ㉝366 387
사포국 司䑺局 ㉓266
사포서 司圃署 ㉓68 85 ㉔424~427 468
사포수 私砲手 ㉚283
「사포장계」「查逋狀啓」㉜339 ㊱325
사피부 斯彼部 ⑦86 247
4학 四學 ㉓34 35 89 279 284 291 293 296 308 310 319 321 342 344 348 ㉗ 472 476 ㉘242
사학 私學 ①247 256 296 443 ⑯223 229 245 270 ㉓8 9 69 312~314 321 344
사학 邪學 ㊱82 110 ㊳206 210
4학노비 四學奴婢 ㉞148
사학십이12도 私學十二徒 ⑫189 ⑯223 224 ⑰5 23 41 55 ㉓291 314
4학유생 四學儒生 ㉓286 332 333 367 ㉕127
사학죄인 邪學罪人 ㉞72
사학파 私學派 ㉘142
4학훈도 四學訓導 ㉓288
사한 司寒 ㉖213 214 231
사할린의용대 Sakhalin義勇隊 ㊽254
사해점촌 沙害漸村 ①224
사행 使行 ①272 ㉝257 ㉞68
사행로 使行路 ㉒298
사행무역 使行貿易 ①237 ⑭16 458 ㉒ 395 405 418 431 ㉙255 ㉝443~445
사행설 四行說 ㉟372
사행절차 使行節次 ㉝440
사향 麝香 ㉚504
「사향가」「思鄕歌」㊿273 276
사헌국 司憲局 ㊴91
사헌무역 私獻貿易 ⑲404
사헌무역 賜獻貿易 ⑭462
사헌부 司憲府 ⑲20 ㉓24 29 57~60 63 71~73 75 101 173 ㉔19 463 ㉕70 117 118 139 ㉘265 ㉜237
사현비파 四絃琵琶 ⑨613
사현성 沙峴城 ⑥68
사형 私刑 ㉕107
사형 死刑 ⑮179 198 200 204 219 222
사호 Shaho ㊷199
사화 士禍 ①264 280 ㉘207 212 252 ㉚ 2 213 ㉛229 348 371
사화 賜花 ㉓3 335
『사화기략』『使和記略』㊳117
사화동 沙火同 ㉙22 25
사화진 沙火鎭 ⑪113
사환 私還 ㉜320

사환권 仕宦權 ①240 ㊱22
사환노비 使喚奴婢 ⑨236
사환미 社還米 ㉜380
사환제 社還制 ㉜380
「사환조례」「社還條例」㊵238 273
사회 司誨 ㉓289 296
사회개조론 社會改造論 ㊼305
사회개혁주의 社會改革主義 ㊼235
사회경제사학 社會經濟史學 51132 133 138 139 142 144 145
사회계약론 社會契約論 ㊸264
『사회계약설』『社會契約說』㊺207
사회노동당 社會勞動黨 52157 166 171 176
사회당 社會黨 52138
사회대중당 社會大衆黨 52196
사회등가사 社會燈歌詞 ㊺296 299 300 302 313
사회민주당 社會民主黨 50185 52165 180 197 199 200 204
사회사정연구회 社會事情硏究會 50429
사회주의 社會主義 ㊽167 172 181
사회진화론 社會進化論 ①363 364 ④23 ㊲52 ㊵20 70 ㊷211 ㊸7 198 220 221 230 234 244 245 253 ㊺6 204 211 214 ~217 219 268 ㊼302~305 330 ㊾46
사회혁명당 社會革命黨 ㊼213 ㊾65 396
사후군 伺候軍 ㉚273
사후사령 伺候使令 ㉘103
사후선 伺候船 ㉙207
사훈각 思勳閣 ㉖152
사희 射戲 ⑧389
삭과 削科 ㉓338
삭당 朔黨 ㉚62
삭대엽 數大葉 ㉗423 ㉛9 555 557 560 ~562 570 ㉟562 581 585
삭료 朔料 ㉝154
삭료월봉 朔料月俸 ㉔306
삭망분향제 朔望焚香祭 ㉓283 304
삭망제 朔望祭 ㉖234
삭망진상 朔望進上 ㉔466
삭명 削名 338
삭방도 朔方道 ⑫151 209 ⑬263
삭번정책 削藩政策 ㉒247 277 316
삭선 朔膳 ㉚507
삭천도 朔川道 ㉒152
삭초법 朔抄法 ㉚295
삭환입 數還入 ㉟585
삭훈문제 削勳問題 ㉚43
산 算 ㉓357
산간총림 山間叢林 ㉛390
산경문전 山景文塼 ⑧7 99
「산경표」「山經表」①47
산계 散階 ㉓121 ㉘99
산관(직) 散官(職) ㉓109 306 ㉕63 66 68 73 80 81 110 112 124 127 128 131
산관록 散官祿 ㉔432
산남도 山南道 ⑫151
산남의진 山南義陣 ㊸389~392
산당 山黨 ㉚95 99 101 ㉜133 134
산대 山臺 ㉑495 549 ㉛589
산대나례 山臺儺禮 ㉟632
산대놀이 山臺놀이 51358
산대도감 山臺都監 ㉟612 615 632 639
「산대잡극」「山臺雜劇」㉑500 560 ㉛588
산대잡희 山臺雜戲 ㉑549 ㉗425
산대희 山臺戲 ㉟595 613
산동곡 山東穀 ㉙137
산동량 山東糧 ㉙13
산동(산둥) 山東 ㊵61
산동반도 山東半島 ⑫19 ㊵15 59
산등조개더미 山登貝塚 ②358 422 424 435 499
산따마리아 Antonio Caballero de Santa Maria ㉜484
산록고 山祿古 ㉙168
산뢰 山罍 ㉗513
산릉 山陵 ㉖263 270

산릉역 山陵役 ㉚385 387 399 400 ㉝143 154 ㉟159
산림 山林 ㊶275 ㉚101 158 166 226 228 ㉜52 54 64 92 135 155 202
『산림경제』『山林經濟』㉔307 ㉚433 ㉝36 37 39 41 52 80 239
「산림령」「山林令」㊼131
산림법 山林法 ㊸287
산림직 山林職 ㉚5 228 ㉜66
산림학자 山林學者 ㉚94
산명지풍 山名持豊 ㉒269
산문갑 山文甲 ⑥250
산미증식(갱신)계획 產米增殖(更新)計劃 ①49 378 ㊼81 ㊽4 60~64 66 79 80 83 86 88 ㊾178~183 185 187 188 210 214 ㊿73 128
산반해 散半海 ⑦360 361
『산법전서』『山法全書』⑯302
『산법지방대성』『算法地方大成』⑭306
산사 散詞 ㉑477 478
산사 算士 ㉓59 323 313
『산사약초』『山史略抄』㉟145
산삼 山蔘 ㉝465
산상왕 山上王 ⑤36
『산서』『產書』㉕376 379
산서상인 山西商人 ㉚597
산성 山城 ⑩198 201 ㉗455 457 458
산성고수방어전 山城固守防禦戰 ㉙111
산성입보체제 山城入保體制 ㉒186 189
산성자산성 山城子山城 ⑤185 186 189 190 ⑧257 264
산세 山稅 ⑭14 393 397 398
산소동위원소법 酸素同位元素法 ②26 97
산송 山訟 ㉛82
『산수경』『山水經』㉟310
산수도 山水圖 ⑰284
산수리요지 山水里窯址 ③367 378
산수문 山水文 ⑥243
산수문전 山水文塼 ①480 ⑧199
산수봉황문 山水鳳凰文 ⑥243
산수봉황문전 山水鳳凰文塼 ⑧7
산수수석도 山水樹石圖 ⑰284
산수순역법 山水順逆法 ⑯315
「산수인물도」「山水人物圖」㉛458 459
산수인물화 山水人物畵 ㉛446 469
산수화 山水畵 ①291 325 490 491 ㉗9 533 ㉛446 447 464 476 ㉞129
산수회포 山水回抱 ⑯313
『산술교과서』『算術教科書』㊺186
『산술신서』『算術新書』①462 ㊻232 234
산승 山僧 ⑭261 ㉖289
산승가통 山僧家統 ㉛391
산신(숭배) 山神(崇拜) ⑯337 346 353 362
산신각 山神閣 ①445 ⑧42
산신신앙 山神信仰 ㉛397
산(신)제 山(神)祭 ㉟173
산십제사공장 山十製絲工場 ㊿197
산악숭배신앙 山嶽崇拜信仰 ⑦415 ⑯303 323
산악신앙 山嶽信仰 ①157 158
산업 算業 ⑫187 ⑬394
산업감시 算業監試 ⑬408
산업건설운동 產業建設運動 52240
산업신용조합 產業信用組合 ㊿147
산업자본 產業資本 ㉝390 391
산업조사위원회 產業調査委員會 ㊾33
산업진흥책 產業振興策 ㊳249
산업혁명 產業革命 ①456 ㊲35 37 38 61 72 219 318 319 323
산오문개 山五文鎧 ⑥250
산외파 山外派 ⑯44 51 64
산원 散員 ⑫229 256 273 ⑱18 19 24~26 32 147 148 156 200 ㉓222
산원 算員 ㉕68 ㉞219
산원취재 算員取才 ㉓358
『산유화』『山有花』52366
산융(족) 山戎(族) ④70 71 79 81 121
『산음장적』『山陰帳籍』㉓356 ㉛154 155

159 160
『산음호적』『山陰戸籍』㉕256 257
산의 散衣 ㉕302
산재방어 散在防禦 ㉙200
산전 山田 ⑭11 318 ⑳74 ㉔87 453
산점민 山店民 ㉚574
산정동문화 山頂洞文化 ②265
산정동유적 山頂洞遺蹟 ②264
산정동인 山頂洞人 ②119
산조대금 散調大琴 ㉟577
산죠 사네도미 三條實美 ㊲227
산중불교 山中佛教 ㉛388 ㊿201
산중승단 山中僧團 ㉖281 ㉛7 387~391 393 394
산지가람 山地伽藍 ⑰255
산직 山直 ㉚492 ㉜346
산직 散職 ⑫197 214 ⑬110 122~124 ⑭47 54 55 96 ⑱32 ㉓37 39 99 100 114
산직리산성 山直里山城 ⑧314
산직장려계 產織奬勵契 ㊼154
산척포수 山尺砲手 ㉚247
『산천고』『山川考』㉟310
산천단묘 山川壇廟 ㉖242
산천지 山川志 ㉖168
산청강루리 山淸江樓里 ⑦409
산촌 散村 ㉞174
산타령패 山打令牌 ㉟571
산택사 山澤司 ㉓70
산학 算學 ⑰49 53 ㉓35 50 296 297 348 351 358 361 363 ㉕124 125 135 ㊻230
『산학신편』『算學新編』㊻233
『산해경』『山海經』①152 157 162 ④48 73 81 151
산해관(산하이관) 山海關 ④87 ㉜395 ㉝441 446 448 ㊵42 79
산행 山行 ㉕94
산행포수 山行砲手 ㊱172
산호 山呼 ㊱12
「산화가」「散花歌」⑨462
산화공덕 散花功德 ⑨466
산화염번조 酸化焰燔造 ㉗488
살기성 薩其城 ⑩200
살다라 薩多羅 ⑩165 179
살리타 撒禮塔 ⑱183 ⑳170 189 198 212 216 217 307 308
살림집 ㉗484 485 487
살림채 ㉛527 637
살마주 薩摩州 ㉒412 425 ㉙71
살수 薩水 ⑤121
살수군색 殺手軍色 ㉚542
살수대첩 薩水大捷 ⑤121 123 ⑨28
살수원 薩水原 ⑥69 ⑦72
살인계 殺人契 ㊱5 68 134 145
살적한 撒迪罕 ⑳331
살주계 殺主契 ㉜41 ㉞151
살파다부 薩婆多部 ⑧53
살파법 撒播法 ㉔104 ㉗176 182
살풀이 煞풀이 ㉛356 357
살활 殺活 ㉟149 151
삼가부근전투 三嘉附近戰鬪 ㉙124
삼가성도 三家星圖 ⑧401
삼가현 三嘉縣 ㉓150
삼각도반(도연) 三脚陶盤(陶硯) ⑧264
삼각무역 三角貿易 ⑮240
삼각산 三角山 ⑫172 209
「삼각산명당기」「三角山明堂記」⑯323 ㉑173
삼각연신수경 三角緣神獸鏡 ③318
삼각형석도 三角形石刀 ③198
삼감법 象嵌法 ⑰8
삼강오륜 三綱五倫 ㉓15 ㉘339 ㉛232 255 636 ㉟192 ㊱80
삼강오상 三綱五常 ㉟30
『삼강행실』『三綱行實』⑯263 265 ㉒75 77 ㉓292 301 ㉘240 246 ㉟192
『삼강행실도』『三綱行實圖』①286 ㉑427 ㉖5 47 48 80 84 107 ㉗316 373 ㉘343 ㉛235 236 358~360

『삼개』『三開』⑨427
삼개나루 麻浦津 ㉔501
삼거리 三巨里 ②413 422 426
삼거리집터 三巨里住居址 ②427
3경 三京 ⑫222 249 ⑬112 173 184 ⑯323 ⑰243 250
『3경신의』『三經新義』㉑130
삼계(백관)대초 三界(百官)大醮 ⑯289 290
삼계공인 蔘契貢人 ㉝321
3공신 三功臣 ㉕92 99
3공형 三公兄 ㉞99
3관 三館 ㉓289 ㉕74
3관고강법 三館考講法 ㉓397
삼광 三光 ⑨50 89 ㉛67
삼광정책 三光政策 ㊷284
삼교등위 三敎等位 ⑧95
삼교업 三敎業 ⑯300 301
「삼교일리병서」「三敎一理幷序」㉗272
삼교회동 三敎會同 ㉛154
3교회통사상 三敎會通思想 ⑧3 101 ㉘317 331
삼국간섭 三國干涉 ㊵5 18 70 82 85 88~90 160 219 224 ㊶17 18 90 92 ㊷172 173 185 187 199 200 ㊹55 ㊺327
「삼국도」「三國圖」⑪227 228 ㉖173
3국동맹 三國同盟 ㊸62
3국동맹안 三國同盟案 ㊲183
삼국사 三國寺 ⑪197
『삼국사기』『三國史記』①73 109 140 141 146 166 195~197 414 415 451 498 ③51 331 337 342 431 515 530 ④11 47 49 72 ⑤28 29 32 33 66 67 159 ⑧4 49 50 59 63 65 68 71 73 90 110 112 117 128 ⑨45 295 300 305 308~310 314 316 320 321 331 ⑩18 47 54 99 106 108 122 125 229 230 ⑪11 19 21 36 37 40 41 49 55 ⑫61 ⑮200 257 263 ⑯226 ⑰6 117 133 159 161 164 169~171 173 175 177 183 185 198 201 211 212 224 225 298 ㉑251 290 294 296 300 307 321 322 ㉖113 114 126 128 138 139 141 142 ㉟136 145 326 327 ㊸214 291 321
『삼국사절요』『三國史節要』⑰201 ㉒139 ㉖111 113 114 135 137 138 140~142
삼국악 三國樂 ①498 ⑧382 ⑨601 618
삼국언어 三國言語 ⑧135 138 143 144
『삼국유사』『三國遺事』①140 141 146 157 160 197 411 415 ⑧49 50 54 63 68~71 80 90 135 ⑨322 392 461 462 482 ⑩54 229 230 ⑪17 19 47 54 58 ⑫68 164 ⑰6 134 184 201 217 229~231 234 ㉑94 251 294 296 307 316 318 321 322 330 338 345 357 ㉖113 116 138 139 142 ㉟136 145 326 327
『삼국지』『三國志』①130 414 415 ③262 337 338 340 529 530 537 541 553 556 ④118 140 165 185 202 217 289 ⑤2 29 32 147 178 179 196 205 211 212 214 215 ⑦9 ⑧109 113 135 ⑨309 ⑩162 188
『삼국지』위서 동이전 『三國志』魏書東夷傳 ①112 119 124 126 133 134 140 146 160 166 169 183 195 196 198
『삼국통람도설』『三國通覽圖說』㉜519
3국협상 三國協商 ㊸62
3군 三軍 ⑬351 ⑱179 190
3군갑사 三軍甲士 ㉓352
3군도진무 三軍都鎭撫 ㉓70
3군도진무소 三軍都鎭撫所 ㉓252
3군도총부 三軍都摠府 ㉓252
3군도총제 三軍都摠制 ㉓249 252
3군도총제부 三軍都摠制府 ⑲57 62 67 ㉓250 251
3군도총제사 三軍都摠制使 ⑲217
3군만호 三軍萬戶 ⑲4 51
3군부 三軍府 ㉒37 52 ㉓58 60 63 220 248 449 ㊳287
3군진무소 三軍鎭撫所 ㉓69 74 251~253

3군총제부 三軍摠制府 ㉓63 202 247 ㉕84
삼궁 三宮 ⑨17
삼권분립 三權分立 ①9 ㊸268
삼귀사 三歸寺 ⑫113
삼귀오계 三歸五戒 ⑧51
삼균주의 三均主義 ㊼233 ㊿270 280 295 299 321 443
삼근왕 三斤王 ⑥60~62 66 71 74
삼기문 三己汶 ⑦390 391
삼남각읍월과연환계 三南各邑月課鉛丸契 ㉝190
삼남민란 三南民亂 ①339 340 364
삼남방물지계공인 三南方物紙契貢人 ㉝393
삼남월과조총계 三南月課鳥銃契 ㉝191
삼남월과화약가 三南月課火藥價 ㉚577
삼남월과화약계공인 三南月課火藥契貢人 ㉝323 393
삼남은행 三南銀行 ㊽89 92
삼남의병대장 三南義兵大將 ㊸459
3년복 三年服 ㉚102 106 153
삼년산성 三年山城 ⑦75 195 214 ⑧320 ⑨40 ⑫59 ⑮255
3년상 三年喪 ㉘341
3년설 三年說 ㉚99 100 109~111
삼년성 三年城 ⑪112
삼단 三壇 ㊴233
삼당시인 三唐詩人 ㉗308 ㉛440
『삼대목』『三代目』①411 ⑨440 461
『삼대실록』『三代實錄』㉑351 356
삼도경차관 三道敬差官 ㉔335
삼도구월경사건 三道溝越境事件 ㉜411
삼도기병설 三道起兵說 ㊱99
삼도대동청 三道大同廳 ㉚512
삼도도체찰사 三道都體察使 ㉔336
「삼도부」「三都賦」⑲359
3도왜 三島倭 ㉒373
삼동동유적 三東洞遺蹟 ③347 394 450
삼둔자전투 三屯子戰鬪 ㊽216 217
삼등현 三登縣 ⑳178
삼랑사 三郞寺 ⑨368 405 ⑪202
삼랑성 三郞城 ㉛404
삼례 三禮 ㉛179
삼례대도소 參禮大都所 ㊵133
삼례서 三禮書 ⑯270 272
삼례업 三禮業 ⑬398 399
삼례역 參禮驛 ㉔508 ㉙157
삼례장 參禮場 ㉝362
삼로 三老 ④241
삼론종 三論宗 ⑥243 ⑦152 ⑧51 52 55 68 476 ⑯66 306
삼론학 三論學 ⑨360 372
삼룡리요지 三龍里窯址 ③345 367 368
삼륜 三輪 ⑪189
삼릉 三陵 ⑱202
삼릉둔고분군 三陵屯古墳群 ⑩208 210 211 212 214 216 241
삼리향약 三里鄕約 ㉛245 249
삼림벌목특허권 森林伐木特許權 ㊹124
삼림벌채권 森林伐採權 ㊹109 123
삼림법 森林法 ㊷303 ㊼74 76 131
삼림조약 森林條約 ㊶125
「삼림협동경영약관」「森林協同經營約款」㊶127
「삼림협동조약」「森林協同條約」㊹124
삼명일진상갑주 三名日進上甲冑 ㉚504
삼명일진상마 三名日進上馬 ㉚504
삼모부인 三毛夫人 ⑨104
삼무당 三武幢 ⑨4 137 138
『삼문직지』『三門直指』㉟128
삼문출판사 The Trilingual Press 三文出版社 ㊻23 46 188
삼방간로 三防間路 ㉝359
삼방회의 三方會議 ㊽153 160 161
삼백운시 三百韻詩 ㉑361
삼번의 난 三藩의 亂 ㉜406 409
삼변수당 三邊守幢 ⑨143
삼별초 三別抄 ⑯367 ⑱5~7 13 93 94

96 103 104 112 117 118 120 162 175 ~177 179 181 183~195 208 ⑲4 49 ⑳ 35 120 121 176 251~253 255~257 260 310 339 400 ㉑314
3보 三寶 ㉖268
『삼보장기』『三寶章記』⑯30 31
삼복 三福 ㉚98
삼본화엄경 三本華嚴經 ⑯106
삼봉조법 三鋒釣法 ㉝226
『삼봉집『三峯集』㉗228 332
삼봉평 三峯坪 ㉜406
삼봉행 三奉行 ㉙78 85
삼부 三府 ㉒25 53
3부조정위원회(SWNCC) 三部調停委員會 ㊾26 27 48
3부통일운동 三府統一運動 ㊽299
삼분두형 三盆頭形 ㉛529
삼비아시 François Sambiasi ㉜483
삼사 三司 ①217 267 296 300 ⑬1 2 22 57 58 61~63 113 152 ⑭48 49 ⑮166 231 ⑯223 363 364 ⑲23 24 79 122 366 367 ㉓29 57 61 65 72 175 ㉔423 ㉘30 ㉚132 586
삼사제도 三舍制度 ⑰23~25
삼삭대엽 三數大葉 ㉟561
삼산무(모리야마 시게루) 森山茂 ㉜468 469 472
삼산시대 三山時代 ㉒411
삼산촌 三山村 ⑫224 ⑮318 323
삼상 蔘商 ㉜69 ㉝388 392
3상회의 三相會議 ㊾124 153 163 168
삼색인 三色人 ㉙300
삼성 三姓 ㉙211
삼성 三性 ⑫112
3성 三省 ⑬1 2 9 25 27 44 ⑲18 25
삼성설 三性說 ⑨363 365
삼성신 三聖神 ㉖226
3성6부 三省六部 ⑬1 21 9 83 152 ⑲1 3 15 367
3성제 三省制 ⑬21 26 37
삼성학교 三成學校 ㊽247
삼세 三稅 ⑬196 ⑭1 14 336 354~361 365 366 377 393
「삼세대의」「三世大義」㊶273 276
삼소 三所 ㉞54
3소 三蘇 ⑯323 325 331
삼소궁 三蘇宮 ①251 257
삼소설 三蘇說 ㉑363
삼소신사비석(산쇼진자 도비이시) 三所神社飛石 ⑧466
삼수군 三手軍 ㉜133
삼수기 三手技 ㉚243
삼수기법 三手技法 ㉚541
삼수량(미) 三手糧(米) ①311 ㉙190 ㉚ 245 491 543 586 ㉜107 150 364 ㊱127 281 282 326
삼수미세 三手米稅 ㉜285 287
삼수법 三手法 ㉙193
삼수병 三手兵 ㉙193 ㉚289 ㉜287
삼수역안 三手逆案 ㉜60
『삼수요지』『三壽要旨』㊶180
삼수행성 三水行城 ㉒182 184
삼순왕 三順王 ㉜394
삼승 三乘 ⑧51 ⑨381
삼승교 三乘教 ⑯43
「삼시협정」「三矢協定」㊽274 275 278
3신사상 三神思想 ⑯323
삼신산 三神山 ⑥243
삼실묘 三室墓 ⑧264
삼심(제) 三審(制) ⑮194 221 222
삼십육계 三十六契 ㉞278
삼안총 三眼銃 ㉗262
삼양동출토금동관음보살입상 三陽洞出土金銅觀音菩薩立像 ⑧250
『삼역총해』『三譯總解』㉟280
『삼연집』『三淵集』㉟143
3·5학생운동 三·五學生運動 ㊾429 432 441

삼옹식 三甕式 ⑧342
『삼운보유』『三韻補遺』㉟275
『삼운성휘』『三韻聲彙』㉟275 277
삼운수성회 三雲修成會 ㊿142
『삼운통고』『三韻通考』㉟275
삼원보 三源堡 ㊼172
삼원초 三元醮 ㉖294
삼월회 三月會 ㊼284 285 ㊾269 298
삼위 三衛 ⑱187 192
삼위태백 三危太伯 ⑯303
삼유례(모리 아리노리) 森有禮 ㉜473
삼읍주조주식회사 三邑酒造株式會社 ㊼90
삼의사 三醫司 ㉕371 373 374 380 381 385
삼의사생도 三醫司生徒 ㉞219
삼의사잡과 三醫司雜科 ㉛144
삼인검 三寅劍 ㉗588
삼일당 三一堂 ㊽180 ㊾140
3·1독립선언 三·一獨立宣言 ㊻221
3·1독립운동 三·一獨立運動 ㊻193 203 ~205 207
『삼일신고』『三一神誥』㊻214
『삼일신화』『三一神話』(51)193
3·1운동 三·一運動 ①9 377 381 385 386 395 ㊸108 219 277 326 333 334 350 513 516 ㊺45 276 285 352 ㊼8 9 13 15~17 32 73 43 93 105 111 112 115 125 126 129 137 148 150 154 173 180 195 196 215 219 233 235 236 274 282 305 307 308 310 316 318 319 324 331 379 391 393 396 400 401 403~405 407~411 ㊽1 2 4 6 8 10 11 13 18 19 22 23 31 34 40 42 45 49 51 104 105 107 110~112 117 136 147 164 199~202 207 211 212 215 239 248 318 319 322~324 349 353 ㊾1 2 5 6 11 13 17 ~19 21 22 45 47 48 62~65 67 88 113~115 118 123 125~127 133 138~140 147 178 183 184 213 217 263 264 266 267 269 271 279 319 359 361 408 420 ㊿133 150 225 295 448
3일유가 三日遊街 ㉟617
3일천하 三日天下 ㊳350 423
삼일포 三日浦 ①52
삼일포매향비 三日浦埋香碑 ⑭146 157 281
삼장군 三將軍 ⑳409
삼장군포 三將軍砲 ㉗237
3장사 三壯士 ㊸374
삼장연권법 三場連卷法 ⑬387 389 393
삼장제 三場制 ⑰28
삼전도 三田渡 ㉔501 502 ㉙9 293 295 ㉝346
「삼전도비문」「三田渡碑文」㉜36
삼전도한비 三田渡汗碑 ㉙296
『삼전론』『三戰論』㊻193 200 201
삼전업 三傳業 ⑬394 399
삼절연공행 三節年貢行 ㉝438
삼정 三政 ㉜326 ㉝432 ㊱14~17 41 291 297 299 306 314 325 335
삼정감독 蔘政監督 ㊷133
삼정개선론 三政改善論 ㉜348
삼정개혁 三政改革 ㊱274 ㊴250
삼정교구 三政矯捄 ㉜343
삼정구폐책 三政救弊策 ㉜342
삼정문란 三政紊亂 ㊱289 372
삼정물산 三井物產 ㊶153
삼정부분개혁론 三政部分改革論 ㉜347
삼정사 蔘政社 ㊷141
삼정수탈 三政收奪 ㊱289
삼정운영개선론 三政運營改善論 ㉜343
삼정의 문란 三政의 紊亂 ㉝436 ㊲91 126
삼정이정 三政釐正 ㉜327
삼정이정절목 三政釐整節目 ㊱293 326
삼정이정책 三政釐正策 ㉜313 314 326 341 363 ㊱16 329 335
삼정이정청 三政釐整廳 ㉜227 314 337 341 ㉞25 ㊱325 ㊲148 165
삼정조 三井組 ㊴162

삼정책문 三政策問 ㉜337 338 341 343
삼정체제 三政體制 ①311 ㉜7 362
3제 三諦 ⑯79
3제동맹 三帝同盟 ㊸62
3제협상 三帝協商 ㊸62
『삼조보감』『三朝寶鑑』㉜275
『삼조북맹회편』『三朝北盟會編』⑮262 263
『삼조실록』『三朝實錄』⑳47 ㉑352 353
삼족배 三足坏 ⑧265
삼족오 三足烏 ①150 151
삼족토기 三足土器 ④64 ⑦357
삼존불 三尊佛 ⑧257
삼종선 三種禪 ㉟147～152
삼죽 三竹 ⑨601 603 604 606～608 610 612 614 ㉑454 471
『삼죽금보』『三竹琴譜』㉟561～563 573
삼중정 三中井 ⑸416
삼진(미쓰)유적 三津遺蹟 ⑧465
삼진의거 三鎭義擧 ㊼151 152 362
삼짇날 上巳 ㉑535
삼참록 三參錄 ㉘160
삼창 三倉 ㉙23 135
삼처전심 三處傳心 ㉟147 149 150
삼척 三陟 ⑫27 96 256
삼척 三戚 ㉚156
삼척부 三陟府 ㉔623
삼천당 三千幢 ⑦205 206 ⑨4 140 414
삼천사 三川寺 ⑯52 210
삼천진성 三千鎭城 ㉒195
삼천포늑도 三千浦勒島 ⑦404
삼철 三撤 ⑳331
3첩반상 三楪飯床 ㉕329
삼청 三廳 ㉞26
삼청전 三淸殿 ㉖293
삼총통 三銃筒 ㉓267
삼총해금동맹 三總解禁同盟 ㊼296
삼총해금운동 三總解禁運動 ㊼289 293
삼칠주문 三七呪文 ㊴333
「3.8선」「三八線」㊲296
3포 三浦 ㉒382 ㉘121～125 130 ㉙13
삼포 蔘圃 ㉝351 352 457
삼포농법 三圃農法 ㉘260
3포왜관 三浦倭館 ㉒382 ㉓245 ㉘130
3포왜란 三浦倭亂 ①294 ㉒381 382 390～392 ㉔356 536 ㉘129 132 133 ㉚331 332
3품군 三品軍 ⑬325 335
3학사 三學士 ㉙293
삼학수행 三學修行 ㉟127 128
삼한 三韓 ⑫60 70 ㊷30
「삼한고기」「三韓古記」④52
삼한공신 三韓功臣 ⑫121 159 162 177 178 ⑱230
『삼한금석록』『三韓金石錄』㉟493
삼한세족 三韓世族 ㉕106
삼한정벌 三韓征伐 ⑦140
「삼한정통론」「三韓正統論」㉟243 315
삼한정통설 三韓正統說 ①354
삼한중보 三韓重寶 ⑭466
삼한통보 三韓通寶 ⑭466
삼한통일 三韓統一 ⑫77
삼한후벽상공신 三韓後壁上功臣 ⑱54
삼현 三絃 ①498 ⑧369 374 ⑨601 602 604 606～608 610 613 ㉑454 471
삼현육각 三絃六角 ㉛594
삼협 三協 ㉙120
삼호파리국 三湖玻璃局 ㊹180
삼화령 三花嶺 ⑨409
삼화령미륵삼존불상 三花嶺彌勒三尊佛像 ⑧6 243 250 482
삼화사 三和寺 ⑪200
『삼화자향약방』『三和子鄕藥方』㉑224 225 ㉕377 ㉗114 129
삽량주 揷良州 ⑨128 149 594
삽면형 鈒面刑 ⑮191
삽종 揷種 ㉝33
상 相 ④101 102
상 裳 ㉕299 301 309 ㊹460
상가 相加 ⑤31 147 148 150 165

상가라도 上加羅都 ⑦317 ⑧167 374
상가희 尙可喜 ㉙258 268 ㉜407
상간 上干 ⑦166
상감 象嵌 ㉗210 491 495～497 499～501 503 525
상감기법 象嵌技法 ①488 489 ⑧254 256
상감청자 象嵌靑瓷 ⑰292 307 ㉑221 440 441
상객 商客 ⑨287
상견오흑 尙堅烏黑 ㉜404
상경 上京 ⑩5 9 37 38 61 165 178 180～182 185 201 203 208 210
상경농법 常耕農法 ㉔99 105
상경로 上京路 ㉝475
상경성 上京城 ⑩66 148 163 166 171 183 186 198 199 201～204 206 215～218 220～222 224 241
상경성 토태자 上京城 土台子 ⑩181
상경용천부 上京龍泉府 ⑩5 85 86 88 107 137 146 148 166 167 168 171
상경전 常耕田 ⑳71 97 ㉔95 ㉗171 ㊱157
상경종사 上京從仕 ⑫25 ㉛133
상계 上契 ㉘276 ㉞178 237 269 ㊱3
상계 喪契 ㉞270 271 ㊱64
상계군 常溪君 ㉜82
상계리 上計吏 ①268 ㉓155
상계안 上契案 ㉛162
상고 商賈 ㉕187
상고정액제 商賈定額制 ㉝462
상공 常貢 ①275 ⑬199 ⑭13 357 430 432 ㉔8 320 429 458 ㉘360 362 364
상공대접주 尙公大接主 ㊴435
상공업진흥론 商工業振興論 ㉟251
상공업회사 商工業會社 ㊳415
상공학교 商工學校 ㊹183 ㊿432
「상공학교관제」「商工學校官制」㊵305 306
상관 商館 ㊲32
『상교정본자비도량참법』『詳校正本慈悲道場懺法』㉗221
상국사 相國寺 ⑯123
상군 上軍 ⑦128 129
상권보호 商圈保護 ㊹229 244
상권수호운동 商權守護運動 ㊴50 53
상규지도 相規之道 ㉚133
상균 商均 ⑥247
상금서수류 祥禽瑞獸類 ⑧187
상기물 上奇物 ⑧374
상납미 上納米 ㉚500 501 504 505 511 514
상노대도 上老大島 ②337 340 341 422 443 446 478 495 496 501 504 547
상노대도(상리)패총 上老大島(上里)貝塚 ②311 312 355 358 404 435 499 497
상노대도유적 上老大島遺蹟 ②324 326 494
상다리 上哆唎 ⑥79
상달 ㉑543
상당 上堂 ⑦171 176
상당직 相當職 ㉓120
상당현 上黨縣 ⑫24
상대등(제) 上大等(制) ⑥51 76 ⑦6 95 117 118 174 180～182 191 250 ⑨3 19 21 31 110 ⑪2 15 16 18
「상대별곡」「霜臺別曲」㉗334 336 337
상도 尙道 ㉖293
상동교회 尙洞敎會 ㊹389 ㊺42 70 ㊻165 ㊾359
상동청년학원 尙洞靑年學院 ㊺42 255
상동청년회 尙洞靑年會 ㊸186 285 308 309 ㊻74
상두노래 ㉑284
상등전 上等田 ㉔611
상등호 上等戶 ⑨174
상락관 相樂館 ⑧382
상락군개국공 上洛郡開國公 ⑱1 159 161
상량정수(사가라 마사키) 相良正樹 ㉜469
상례 喪禮 ㉘215 341
『상례비요』『喪禮備要』㉛175 176

상리국 商理局 ㉔157 167 169 ㊳176 ㊴95 186 ㊵187 275 ㊹181 199
상리소 商理所 ㊳174
상림리유적 上林里遺蹟 ③91
상림원 上林園 ㉓98 ㉔301 427 ㉕231
『상명산법』『詳明算法』㉓50
상목 上木 ㉚504
상목배양절목 桑木培養節目 ㉔265
상무관 商務官 ㊲315
상무교육 尙武敎育 ㊸229 280 295
「상무규칙」「商務規則」㊶403
상무동사 商務同事 ㊸104 216 304 305
상무로보 上無路堡 ㉒149 344
상무룡리(유적) 上舞龍里(遺蹟) ②38 39 94 163 181 197 209 237 300
상무사 商務社 ㉔153 154 156 158 160 163 164 167 ㊵292 ㊷93 ㊸82 ㊹199 200~203 205 ㊽52 53
상무사 장정 商務社章程 ㉔154
상무소 商務所 ㊵292
「상무소장정」「商務所章程」㊹200
상무정신 尙武精神 ㊸288 ㊺120
『상무총보』『商務總報』㊻43 54~56
상무회의소 商務會議所 ㊵10
「상무회의소규례」「商務會議所規例」㊵268 ㊶184 185 ㊹181 200~202 204
「상무회의소규칙」「商務會議所規則」㊵273 292
상무흥리차관 商務興利借款 ㊹34
상문사 詳文司 ⑪2 42 43
상문사 詳文師 ⑪43
상물회사 翔物會社 ㊹189
상미 上米 ⑦242
상미전 上米廛 ㉚520 522 ㉝316 318 341 ㊳274
상미회 商微會 ㊾289
상민 常民 ㉕104 108 ㉞24 26 106
상민 商民 ㊹360
상민공동회 商民共同會 ㊹205
「상민무역지방장정」「商民貿易地方章程」㊸509
상민봉기 商民蜂起 ㊸305
상민촌 常民村 ㉞22
상민회 商民會 ㉔167 ㊸98
상박 相撲 ⑥249
상방 尙方 ㉔273
상방경 尙方鏡 ⑦310
상방사 尙方司 ㉔267
상번 上番 ㉜301 ㉞218
상번군 上番軍 ㉝144
상번입역 上番立役 ㉜369
상법회사 商法會社 ㊳180 ㊴175 ㊹201
상보 尙父 ⑫37 57 109 ⑬16
상복 常服 ㉕308 309 ㉛606 ㊹462
상복도 喪服圖 ㉚105~107
상복례 喪服禮 ⑯255
상복법 喪服法 ⑦93
상복사 詳覆司 ㉓70
상봉루 相鳳樓 ㊶220
상부사 祥符寺 ⑯71
상비군 常備軍 ⑫96
상사 上舍 ⑰26 27 ㉓291 319
상사(별사) 賞賜(別賜) ㉒354 355 ㉘126
상사기 常沙器 ㉛517
상사서 賞賜署 ⑦118 177
상사석 相似石 ㉗515
상사품 賞賜品 ㉘126
『상산이적』『尙山吏蹟』㉞105
『상산집』『象山集』㉘311 ㉛295
상삼봉 上三峰 ②110
『상생경』『上生經』⑨408
상생신앙 上生信仰 ⑧75
상서 象胥 ㉕129
『상서』『尙書』①218 ⑪15 ㉜46 50
『상서대전』『尙書大全』①160 ④58
상서도성 尙書都省 ①217
상서사 尙瑞司 ㉓57 59 80 255 ㉔219
상서설 祥瑞說 ⑯243

상서성 尙書省 ①217
상서원 尙瑞院 ①276 ⑱172 ㉓59 67 80 ㉔9 ㉖152
상서6부 尙書六部 ①218 219 ⑬1 21 70 113 115 145 148
상선원 尙膳院 ⑫121
상성 上聲 ㉗377
상세 商稅 ⑭14 393 398 447 453
상소문 上訴文 ㊹361
상소운동 上疏運動 ㊳235 316 ㊸92 94 363 ㉛237
상속 相續 ㉞132 163
상속법 相續法 ⑫216
상속제(도) 相續制(度) ㉛82 641
상수리제도 上守吏制度 ①203
상순윤차 上旬輪次 ㉓332
상승국 尙乘局 ⑬101 ⑭421 425 427
상승승지 尙乘承旨 ㉓79
상시 슬기사람 上詩 Homo Sapiens ②110
상시(리) 上詩(里) ②69 422
상시(리)유적 上詩(里)遺蹟 ②456 528
상시동굴유적 上詩洞窟遺蹟 ②535
상시바위그늘 上詩巖蔭 ②110 423 486
상시바위그늘유적 上詩巖蔭遺蹟 ②386 510
상시바위그늘집터 上詩巖蔭住居址 ②425
상시석전 常時釋奠 ㉓284
상시잡역 常時雜役 ㉚380 381 386
상식국 尙食局 ⑬101 119
상식년 上式年 ㉓350
상신 上臣 ⑦171
상실 橡實 ㉕367
상아장 上牙場 ㉝362
상아주척 象牙周尺 ㉔616
상애회 相愛會 ㊼286 ㊽52
상액 上額 ㉓308
상약국 尙藥局 ⑮159 167 ⑰122～124 ⑱151 152 ㉑227 228 ㉕381
상양액수 常養額數 ㉓293
상양포 相陽砲 ㉗247 249
상언 上言 ㉚231 ㉜67 87 ㊱75
상업도시 商業都市 ㉘123 ㉝8 366 378 379 382 385 411
상업독점권 商業獨占權 ㊳415
상업세 商業稅 ㊳178
상업수세 商業收稅 ㊳173 180
상업은행 商業銀行 ㊽90
상업자본 商業資本 ㉝169 170 389 390
상업작물 商業作物 ㊳164
상업적농업 商業的農業 ㉚445 ㉜120 ㉝356 357 401 412
상업전투시대 商業戰鬪時代 ㊸255
상업회사 商業會社 ㊹194
상업회의소 商業會議所 ㊸90 ㊹202
상여계 喪輿契 ㊱64 ㉛390
상역 償役 ㉚392
상역무역 象譯貿易 ㉟101
상연국 尙輦局 101
상염무 霜髥舞 ⑨621
상영 常永 ⑥106 ⑨35 66
상왕명(선지) 上王命(宣旨) ㉒84
상요 常徭 ⑭337 348 354 355 357～360 363～366 370 396 ⑲298 302～305 365
상운 尙澐 ㊹34 ㊻235 258
상원 尙圓 ㉒411
상원 相源 ⑨391
상원 常元 ⑨392
상원부인 上院夫人 ⑪105
상원사 上元寺 ㉖269 272 286 ㉗480
상원사 上院寺 ⑨432 527 538 ⑭253 260
상원사동종 上院寺銅鐘 ⑰302
「상원사종명」「上院寺鐘銘」⑨444
상원연등회의 上元燃燈(會儀) ⑯148 150 ㉑495
상원전투 祥原戰鬪 ⑳238
상원절 上元節 ㉖275
상의 商議 ⑬71 ⑲2 16 28 47
상의국 尙衣局 ⑬101 ⑭419 427 ⑱152 ㉔255 267

상의문하부사 商議門下府事 ㉓62
상의사 尙衣司 ㉔267
상의소 商議所 ㊳180
상의원 尙衣院 ㉓43 70 97 112 ㉔267 ~275 306 425~427 ㉕68 225 ㉚525 ㉜122 ㉝392
상인 常人 ㉓51 ㉕104 108 ㉞106
상인동유적 上仁洞遺蹟 ③117
상인물주 商人物主 ㉞112
상인지주 商人地主 ㉝96
상인층 商人層 ⑪58
상임 上任 ㉔160 162
상임사객주 上任事客主 ㉔163
상자포리유적 上紫浦里遺蹟 ③75
『상잠촬요』『桑蠶撮要』㊴253
상장(례) 喪葬(禮) ㉕359 364 ㉛171 175 251 ㉞166
상장군 上將軍 ⑫179 231 232 233 255 ⑱2 3 22 42 48 51 52 54 71 75 79 111 112 116 128 143 145 147 169 172 200 224 241 ㉓222
상장부조 喪葬扶助 ㉞180
상재생 上齋生 ㉓284 343
「상저가」「相杵歌」㉑265 266
상전 床廛 ㉚521 ㉝318 392 ㊳271
상전자 上甸子 ㊹302
상전척 上田尺 ㉔613
상점개설권 商店開設權 ㊳309
상정가 詳定價 ㉚556 ㉜319 322
『상정고금례』『詳定古今禮』⑮338 ⑯270 ㉑209 568 570
『상정고금예문』『詳定古今禮文』㉛191
상정공법 詳定貢法 ㉔85 86
상정미 詳定米 ㉚488~490 493 496 ㉜162 173 179
상정소 詳定所 ㉕276
상정일 上丁日 ㉓283
상제교 上帝敎 ㊻199
상제예서 喪祭禮書 ㉛242
상조 商調 ㉗406
상조계 相助契 ㊽290
상존위 上尊位 ㉞197 240 248
상종 相宗 ⑫112
상좌평 上佐平 ⑥32 45 50~52 54 62 71 76 168 177 191
상주 上州 ⑦196 197
상주 尙州 ⑪112 ⑫14 28 33 34 45 53 58 61~63 66 148 212 217 ⑳67 233 ㉓169 ㉘302 ㉜323
상주국 上柱國 175
상주목 尙州牧 ⑲34
상주산성 尙州山城 ⑳233
상주적수 尙州賊帥 ⑪105
상주정 上州停 ⑦196 203
상지 相地 ㉗54
상지 桑紙 ㉗211
상지상묘술 相地相墓術 ⑧200
상직 賞職 ㉕103
상진 尙眞 ㉒411
상진 尙震 ㉘203
상진곡 常賑穀 ㉚358
상진모미 常賑耗米 ㉜162
상진청 常賑廳 ㉜168 188 314
「상진평왕서」「上眞平王書」⑨469
상천도 上川島 ㉜476
상춘각 常春閣 ㊾444
「상춘곡」「賞春曲」㉗7 354 355
상치리 上哆唎 ⑦302
상탑 像塔 ㉖247
상태포 上台浦 ⑧469
상통사 上通事 ㉝441
상파지 尙巴志 ㉒411
상평 常平 ㉝431
상평보 常平寶 ㉔436
상평의창법 常平義倉法 ⑭249
상평제도 常平制度 ㉞215
상평창 常平倉 ⑫146 166 ⑬163 ⑭395 ⑮155 163 165~167 ㉔29~32 430 ㉕

368 369 ㉚338 340 341 ㉜324 333 334 347 352 ㉝137
상평창곡 常平倉穀 ㉕368
상평청 常平廳 ㉚353 357 496 512 560 586 587 589 591 ㉜168 314
상평통보 常平通寶 ①336 ㉔149 175 182 189 193 194 ㉚445 590 592 ㉝310 378 399 ㉟195 ㊲163
상포 常布 ㉘75 ㉚581
상포계 喪布契 ㉓196
상품유통망 商品流通 ㉝391 ㊲327
상품화폐경제 商品貨幣經濟 ①314~316 320 ㉚179 ㉝3 8 124 128 158 299 401 ㉟217 ㊱7 29 42 78 79 118 120 122 125 126 136 137 147 149 150 156 164 166 168 176 271 274 278 279 282 284 286~288 ㊲145 146 167 168
상피(제도) 相避(制度) ①245 255 ⑮119 124 ㉓22 330 331 ㉜232
상하동약 上下洞約 ㉛237 242
상하합계 上下合契 ㉛47 72 73 ㉞178 179 181 ㊱54 55 62
상한(상놈) 常漢 ㉓51 ㉞38 40 ㊱1 4 16 24
상항(홍콩)친목회 桑港親睦會 ㊹318
상해 上海 ㊵23 34 76 87
상해고려교민친목회 上海高麗僑民親睦會 ㊼12 219 228
『상해대공보』『上海大公報』㊿287
상해대한인민단 上海大韓人民團 ㊼12 220
『상해시보』『上海時報』㊽110 219
상해애국부인회 上海愛國婦人會 ㊿270
상해청년회 上海青年會 ㊽187
상해촉성회 上海促成會 ㊽181
상해파 上海派 ㊽249 252~254 256
상해파고려공산당 上海派高麗共產黨 ㊽143 161
상해한국여자구락부 上海韓國女子俱樂部 ㊾268
상해한인기독교소학교 上海韓人基督教小學校 ㊼12 227
상해한인여자청년동맹 上海韓人女子青年同盟 ㊿270
상해한인유학생회 上海韓人留學生會 ㊼12 220
상해한인청년당 上海韓人青年黨 ㊿270
상해한인청년회 上海韓人青年會 ㊽180
상해해관 上海海關 ㊹36
상형 象形 ㉗524 525
상형토기 象形土器 ⑧266
상호 尙灝 ①461 ㊻253
상호 商號 ㊳180
상호군 上護軍 ㉓58 222
상호장 上戶長 ⑱214
상화 霜花 ㉑585
상회 商會 ㊳180 181
상회례 相會禮 ㉚133
상회사 商會社 ㊳179~181 ㊴52 172 174 176~179 186 ㊹181
새김 ①410 411
새문안교회 新門안敎會 ㊻165
『새별』㊻48 ㉛67
「새새 파랑새」㊺327
새야새야」㊺327
새재(조령) 鳥嶺 ㉞171
색락조 色落條 ㉜379
색리 色吏 ㉚575 ㉞193
색리층 色吏層 ㉕149 ㊱287
색복(제) 色服(制) ⑥224 227
색상 索相 ⑪113
색윤 索倫 ㉜402
색의권장 色衣勸奬 ㉛397 412
색장 色掌 ㉓307 ㉕361
색전 色典 ⑭15 405 408
샌즈 William F. Sands ㊸3 27~29
『샌프란시스코 크로니클』『The San Francisco Chronicle』㊸160~163
생 笙 ⑧378

생가요량 笙歌寥亮 ㉛543 553 554
생구 生口 ⑤20 22
생금건(canequin) 生金巾 ㊴152 ㊹160 164
생멸문 生滅門 ⑨379
『생명의 서』『生命의 書』 ㊾302
생물학 生物學 ㊻246 247
생번 生番 ㊵26
생불신앙 生佛信仰 ㊱88 89 91 94 102 103
생불출현(설) 生佛出現(說) ㊱92 93 103 111
생생병원 生生病院 ㊻281 282
생생자 生生字 ㉟196 205
생선간 生鮮干 ㉔459
생선전 生鮮廛 ㉝318 371
생성고 生成庫 ㉑186
생신문 生新聞 ㊾380
생신사리 生身舍利 ⑨532
생약포 生藥鋪 ㉕382 ㉗116
생양역 生陽驛 ⑳387
생업사 笙業師 ㉑481
생여진 生女眞 ⑩40 82 89 ⑮317
생원 生員 ㉓35 36 284 306 307 318~321 341 343~347 367 ㉞218 219
생원·진사시 生員·進士試 ㉓292 299 300 307 326 341~344 346 349 ㉘242
생원시 生員試 ㉓302 317 319 339 340 ㉕115 121 127 134 144 148
생육사 生育社 ㊿311
생의사 生義寺 ⑧77 243
생저 生紵 ㉑572
생진과 生進科 ㉓35
생철 生鐵 ㉔233 ㉚579
생활개선운동 生活改善運動 ㉛429 433
생활복 生活服 ㉛401
「생활필수물자통제령」「生活必須物資統制令」 ㊿18
생황자보 笙簧字譜 ㉟587
생획자 省劃字 ⑨443
샤록스 A. M. Sharrocks ㊻182 288 290
샤머니즘 Shamanism ①134 438 439 ⑦10 ⑩185 186
샤미센 三味線 ㉛301 321
샤스땅(탱) Jacques Honoré Chastan ㉜492 ㊻138
샤오위린 邵友濂 ㊵60 61 77
샤이가(Shaiga)성터 ⑩242
샤쿠하치 尺八 ㉛321
샨쿄쿠 三曲 ㉛301
샬트르성바오로수녀회 샬트르聖바오로修女會 ㊻146 151 156 157
서간도 西間島 ㊸331 ㊹302
서강 西江 ⑫222 ㉝136 300 339 379
서강나루 西江津 ㉔501
서강미전 西江米廛 ㉚521 522 ㉝379
서거정 徐居正 ①289 427 ㉒70 ㉖166 186 ㉗270 274 362 363 572 ㉘254
서경 西京 ⑩182 206 ⑫3 4 69 70 74 76 84 92~96 98 105 144 155 157 168 172 176 177 207 208 214 221~223 271 279 ⑬112 159 184 ⑮172 173 256 308 311 ⑯326 ⑰14 73 83 92 101 125 242 ⑱9 30 49 66 95 107 239 ⑲367 ⑳77 84 161 314 315 319 ㉓300
『서경』『書經』①309 ⑥171 ㉓341 ㉖57 ㉛289 ㉜44 ㉟29 36 187 198
서경 署經 ①259 266 267 ⑬36 37 88 89 ㉒118 ㉓4 21 72 120 121 181 ㉘160
서경관록 西京官祿 ⑭4 103~105 111 113 114 116 117 128
서경군민만호부 西京軍民萬戶府 ㉓208
서경기 西京畿 ⑫222 223 ⑯325 327 330
서경덕 徐敬德 ①306 ㉓17 ㉖298 ㉘11 330 323 ㉚35 ㉛5 7 173 180 182 267 364 407 440 ㉟50 64 65 70 82
서경목멱사 西京木覓祠 ㉖214
「서경별곡」「西京別曲」①500 ㉑267 269 467

서경세력 西京勢力 ⑫84 94 99 154 207 ~209 210 263~268
서경압록부 西京鴨淥府 ⑩51 88 146 171 173
서경유수관 西京留守官 ⑬13 ⑯327 ⑰96
서경전역 西京戰役 ⑰163
서경천도(계획) 西京遷都(計劃) ⑫4 94 95 97 98 154 157 263 270
서경천도운동 西京遷都運動 ①251 257 ⑫7 264 ⑯326 ㉑166
서경파 西京派 ⑯50
서경학교 西京學校 ⑰73 89~102
서경학원 西京學院 ⑫221
서계 西界 ⑫213
서계 書契 ㉒362~364 382 407 416 417 424 ㉜431 ㉝471
서계개수 書契改修 ㊲207
서계거부 書契拒否 ㊲225
서계수리문제 書契(受理)問題 ㊲208 209 224 233 255
서고성 西古城 ⑩117 198 199 201 203 204 206 207 220 221 241
서고성자 西古城子 ⑩36 146
서 공 徐恭 ⑫180 ⑱148 217
서과 書科 51324
서광계 徐光啓 ㉛314 315 325 ㉜483
서광근 徐光近 ㉜273
서광범 徐光範 ①342 ㊲120 ㊳17 18 24 36 44 89 139 146 334 338 353 399 401 ㊴85 ㊵8 134 164 213 215 216 226 229 244 265 267 ㊶19 40 64 176 ㊸ 241 ㊻115 162
서광세 徐光世 ㊺70
서광암 瑞光庵 ⑨498
서광조 徐光朝 ㊼169
서광헌 徐光憲 ㊽332
서광훈 徐光勳 ㊾356
서구문물 西歐文物 ㊻97 109
서구방 徐九方 ㉑434
서귀도 徐歸道 ⑩37
서 긍 徐兢 ⑨297 ⑫203 225 ⑰195 283 306
서 기 徐起 ㉘330
『서기』 『書記』 ⑥41 45 173 ⑦413 ⑧127 348
서기수 徐淇修 ㉜250
서기순 徐箕淳 ㉜209 274
서기이용책 西器利用策 ㊳249
서까래 椽木 ⑰256
서남의 난 西南의 亂 ㊵102
서낭굿 ㉟599
서낭당신앙 서낭당信仰 ⑯347
서눌 徐訥 ⑩90 91 ⑫180 ⑮335
서단산문화 西團山文化 ④5 63 65 121 124 149 157 161 163 173 183 218 ⑤1 16
서단산유적 西團山遺蹟 ③29 30
서단산자형 토기 西團山子形土器 ⑤16
서당 書堂 ①269 375 ⑰5 104 51 22 39 40 44 46
서당 誓幢 ⑦207 ⑨25
서당(정사) 書堂(精舍) ㉓34 279 312 314 316 ㉗472 ㉛94 235 237 ㉞168 170 171 ㊱147 204
서당개량운동 書堂改良運動 ㊾30
서당계 書堂契 ㉞270
서당교육 書堂教育 ㉛237 242 51 39
「서당규칙」 「書堂規則」 ①377 ㊼129 177 51 17 23 164
서당보 徐堂輔 ㊲108
서대비원록사 西大悲院錄事 ⑱245
서대우 徐大宇 ㊽175
서도 西都 ⑫105 222 260
서도과 西道科 ㉓329
「서동요」 「薯童謠」 ⑧9 169 170~171 ⑨ 462
서둔동유적 西屯洞遺蹟 ③344 361 396
서라벌 徐羅伐 ⑦83

서량 西糧 ㉚488
서량기 西凉伎 ⑧378
서량미 西糧米 ㉝294
서령사 書令史 ⑱158 159
서로군 西路軍 ㊴443
서로군정서 西路軍政署 ㊼10 ㊽6 139 143 158 200 207 208 240 242 260 261 337
서로전선 西路電線 ㊳195 ㊴43 123 ㊵ 295 ㊶137 139 160 ㊹35 41 121 ㊻270 271
서류 庶類 ㉞45
서류부가 婿留婦家 ㉕228 248 254 259 281 291 293 ㉛620 640 ㉞163
「서류소통절목」「庶類疏通節目」㉞39
서류유생 庶類儒生 ㉞54
서리 胥吏 ①240 242 280 ⑫189 190 214 ⑬118 ⑱26 80 81 ㉕66 67 69 82 108 111 116~118 121 123 137 143 ㉚ 190 ㊹341
서리 書吏 ㉓47 155 289 302 303 309 323 ㉕68 112~114 116~118 138~142 148 ㉚ 513 579 ㉞219
서리전 胥吏田 ⑭74 82 208
서리직 胥吏職 ⑬110 118 120 ⑮38 41 43 ⑳37
서매수 徐邁修 ㉜207 250 335
서명(죠메이)천황 舒明天皇 ⑦152
서명균 徐命均 ㉜153 ㉟485
서명선 徐命善 ㉚273 ㉜76 81
서명응 徐命膺 ㉜90 418 ㉟188 205 277 583
서명학파 西明學派 ⑨366
서모 鼠耗 ㉔476
서 목 徐穆 ⑫172
서무 西廡 ㉓282
서문중 徐文重 ㉒236 ㉜45
서민 庶民 ㉞106
서민문학 庶民文學 ㉞123
서민지주 庶民地主 ㉚449 ㉜40 ㉝94 124 413 ㉞108 ㊱4 ㊲146
서민호 徐珉濠 ㊿115
서반 西班 ㉕55 68 83 89 90 83
서반관계 西班官階 ㉓116 117
서반군직 西班軍職 ㉛147
서반잡직계 西班雜職階 ㉓107 114 119
서반직 西班職 ㉓120
서반체아직 西班遞兒職 ㉓49 105 112 ㉕67 83 118 128
서발 西撥 ㉔548
서방 西房 ㉛641
서방 書房 ⑱7 11 69 89 90 92~94 131 144 154 162 172 174~177 179 186 212 232 ⑲113 ⑳32
서범선 徐範善 ㊽260
서변계관리사 西邊界管理使 ㊸510 ㊹302
서병규 徐丙珪 ㊸145
서병학 徐丙學 ㊴450
서병학 徐丙鶴 ㊴285~287 293 296 299 303 ㊸189
서병호 徐丙浩 ㊴176 ㊼13 225 234 236 313 314
서보통사 西普通寺 ⑯172
서복사지 西腹寺址 ⑧277
서 봉 徐逢 ⑫101
서봉사현오국사탑비 瑞峰寺玄悟國師塔碑 ㉑407 437
서봉총 瑞鳳塚 ⑤60 ⑧8 257 351 353
서부학당 西部學堂 ⑰45 ㉓291
서북간도 西北間島 ㊸262 328 329
서북경략사 西北經略使 ㊹301
서북민 西北民 ⑳75 90 92 160
서북인 西北人 ㉜228 ㉝366 ㉞45
『서북제번기』『西北諸蕃記』㉒390
서북지법 西北之法 ㊱216
서북철도국 西北鐵道局 ㊶136 159 ㊷ 96 ㊹58 237 ㊻262
서북파 西北派 ㊽143 161

서북학생친목회 西北學生親睦會 ㊸227 228 230
서북학생토론회 西北學生討論會 ㊸230
서북학회 西北學會 ㊸7 225 227~233 259 267 286 306 314 326 327 ㊹205 ㊺4 43 77 81 142 145 184 ㊼128 183
『서북학회월보』『西北學會月報』 ㊸229 232 275 ㊺12 142 278 302
서북협성학교 西北協成學校 ㊸212 283 286 ㊺4 51 81
서빙고 西氷庫 ㉔501 ㉝185 380
서사 書肆 ㉘311
서사무가 敍事巫歌 ㉗321 ㉛438
서사시 敍事詩 ㉗322 ㉗325
서산도 瑞山圖 ⑰282
서산마애삼존불 瑞山磨崖三尊佛 ①481 ⑧6 233 240 481
서산문파 西山門派 ㉟136
서산업 書算業 ⑫216
서상교 徐相敎 ㉜274 277
서상교 徐相喬 ㊴57
서상돈 徐相敦 ㊸6 138 299 ㊻80
서상렬 徐相烈 ㊸362 370 371 375 522 ㊼139
서상륜 徐相崙 ㊺323 ㊻161 164 165
서상무 徐相懋 ㊸510 ㊹302
서상수 徐常修 ㉟435
서상용 徐相庸 ㊿195
서상우 徐相雨 ⑩234 ㊲298 ㊴110 ㊶343 347
서상운 徐相云 ㊾342 350
서상익 徐相翊 ㊵226
서상일 徐相日 ㊼7 147~150 ㊾125 417
서상집 徐相潗 ㊴174
서상철 徐相轍 ㊴475 ㊵126 ㊸359 364 365 519 522
서상팔 徐相八 ㊸188 207
서생포 西生浦 ㉙114 202
서서 誓書 ⑮347 349 351 354
서서원 瑞書院 ⑨8 123 358 ⑪43 52 ⑫77
서 석 徐碩 ⑰56 62
서 선 徐選 ㉞57
서선구자 西鮮口子 ㉒152
서선농장 西鮮農場 ㊾197~201 207
『서선일보』『西鮮日報』 ㊿95
서선중앙철도주식회사 西鮮中央鐵道株式會社 ㊼90
서 성 徐渻 ㉚74
서성태 瑞盛泰 ㊴166
서세동점 西勢東漸 ①340 344 ㊲26 149 319 ㊳205 225 229 ㊵84 ㊸13
서세충 徐世忠 ㊾161
서소대풍요권수 書昭代風謠卷首 ㉟408
서수라유적 西水羅遺蹟 ②423
서승제 序陞制 ㉜64
서승효 徐承孝 ㊿115
서시 西市 ⑨544 ㉔122
서시전 西市典 ⑨6 195
서악서원 西嶽書院 ㉗473
서안사변 西安事變 ㊿352
서안평 西安平 ⑤41 48
서암 西庵 ㉖298
『서약약석』『西藥略釋』 ㊻280
서양계몽사상 西洋啓蒙思想 ㊸244
『서양국풍속기』『西洋國風俗記』 ㉜416
서양국화 西洋國畵 ㉟448 450~453
서양문물 西洋文物 ㊻106
서양요리점 西洋料理店 ㊹382
서양종교 西洋宗敎 ㊻99 108 110
서양천문학 西洋天文學 ㉟221
서양출사 西洋出使 ㉒249
서양화법 西洋畵法 ㉟449 453 455 464
서어비스 E. R. Service ④15 16 27
서언왕 徐偃王 ①147~149
서얼 庶孼 ㉓22 47 49 50 298 357 ㉕48 68 69 78 105 108 110 114 119~121 123 125 126 133~136 143 151 154 155

㉛160 ㉜92 ㉞23 25 39 41 45 55~59 232 ㊵176 203 301 307 ㊹319 339~341 347
서얼금고(법) 庶孼禁錮(法) ㉕121 126 134 ㉞57 60 62~64
서얼소(허)통 庶孼疏(許)通 ㉓355 ㉜69 247 ㉞39 53 58 59 61 62 88
서얼소통운동 庶孼疏通運動 ㉞62
서얼차대(법) 庶孼差待(法) ㉕52 69 121 126 133 ㉞64
서얼통청 庶孼通淸 ㉞55 58 63 ㊱141
「서얼허통절목」「庶孼許通節目」㉞59
서업 書業 ⑫187 ⑬394 429
서업감시 書業監試 ⑬408
서역 西域 ⑨11
서역(악)기 西域(樂)器 ⑧379 ㉟642
서연 書筵 ㉒68
서연관 書筵官 ㉓64
서연방 瑞蓮房 ⑱75
서연원 書筵院 ㉖146
서염순 徐念淳 ㉜210
서영보 徐英輔 ㉜253
서영보 徐榮輔 ㉜226 ㉟333
서예 書藝 ⑫233 ⑱158~160
서옥(제) 壻屋制 ①129 ⑤219 ⑧455 ⑮89
서 온 徐溫 ㉑486
서요덕 胥要德 ⑩35 126
서용보 徐龍輔 ㉜244 249 329
『서우』『西友』㊸227 229 232 279 ㊺126 229 278
서우사범학교 西友師範學校 ㊺80 125
서우순 徐祐淳 ㊼163
서우신 徐佑申 ㉙281
서우학회 西友學會 ①363 ㊸7 143 205 211 213 225~227 293 300 ㊺4 44 51 77 78 80 81 125 126 145
서운감 書雲監 ㉛328
서운관 書雲觀 ⑬101 ⑯321 324 ㉑195 196 ㉓57 90 361 ㉖216 ㉗4 20 23 30 48 49 51 53 54 60 72 75 76 90 91 446 ㉟339 ㊱83
『서운관지』『書雲觀志』㉗23 50 52 53 61 64 88 ㉟339 354 357 359
서운사 瑞雲寺 ⑪203
서울 ㉝4 8 335 357 379 464
서울관현악단 서울管絃樂團 52350 356 363
서울교향악단 서울交響樂團 52363
서울교향악협회 서울交響樂協會 52356
서울구역회 Seoul Circuit 서울區域會 ㊻166
서울기독교청년회 서울基督教青年會 ㊺370
서울대성당 서울大聖堂 51258
서울시민대회 서울市民大會 52154
『서울신문』『서울新聞』㊻29
서울여자교육회 서울女子教育會 ㊸150
서울예술극장 서울藝術劇場 52369
서울음악단 서울音樂團 52356
서울진공작전 서울進攻作戰 ㊸9 476 483~485 524 527
서울철공조합 서울鐵工組合 ㊾239
서울청년회 서울青年會 ㊾6 24 37 64 69 70 144 157 163 171 285 290 321 375 382 396~398 ㊿133
서울출판노동조합 서울出版勞動組合 ㊾239
서원 書院 ①292 296 303~305 308 318 326 327 374 ㉓311 314 315 ㉕44 47 ㉗472~475 ㉘7 10 145 203 208 210 248 278 288 323 ㉚4 140 ㉛9 23 24 48 78 83 85~92 95 96 98~108 102 105 106 110 111 114 158 184 511 532 533 535 575 581 637 ㉞168 170 172 ㊱3 44 45 49~51 136 141 204 ㊲160 161
서원 書員 ㉞98 99
서원경 西原京 ⑨151 217 219
서원고급조 書員考給條 ㉜288

서원금지령 書院禁止令 ㉛104
서원남설 書院濫設 ㉞170 189
서원노비 書院奴婢 ㉛99
『서원등록』『書院謄錄』㉛87
서원배향운동 書院配享運動 ㉘225
서원서당 書院書堂 ㉓314
서원소경 西原小京 ⑫24
서원위전면세 書院位田免稅 ㉛109
서원전 書院田 ㉛96 97 99 ㊲160 161 ㊹141
서원준 徐元俊 ㊿323
서원철폐 書院撤廢 ㊲161 162
서원청 書員廳 ㉞101
서원촌 書院村 ㉛98 109
서원통문 書院通文 ㉛89
서원통제론 書院統制論 ㉛102
서원판본 書院板本 ㉗227
「서원향약」「西原鄉約」㉛41 86
서원향전 書院鄉戰 ㉛82 96
서원허위설 書院虛僞說 ㉛110
서원회 書院會 ㉛127
서월영 徐月影 (51)368
『서유견문』『西遊見聞』㊳65 75 117 ㊶250 ㊹362 ㊺5 206 210 226 253 290 294 ㊻237
서유구 徐有榘 ①324 ㉔307 ㉜263 329 337 350 ㉝35 39 48 165 173 213 ㉟198 206 248 333 559
서유령 徐有寧 ㉜249
서유린 徐有隣 ㉜84 245 247
서유순 徐有恂 ㉜250
서 융 徐戎 ①166 167
서은로 徐殷老 ㊲158
『서의내과전서』『西醫內科全書』㊻280
『서의약설』『西醫略說』㊻280
서이수 徐理修 ㉞93 ㉟201
서인 西人 ㉗302 ㉚100 107 110 118 122 147 160 161 164 178 281 283 287
서인 庶人 ⑮15~17 58 149 198 ㉕107 ㉞106
서 인 徐賓 ⑩80 192
「서인도지도」「Description de las Yndias Ocidentali」「西印度地圖」㉜514 515
서인정권 西人政權 ㉚118
서인주 徐仁周 ㊴285 287 296
서 일 徐一 ㊺83 ㊻211 217 219 221~223 ㊼9 ㊽6 139 201 238 242 (51)193 195
서일관 徐一貫 ㉙94 95
서자 庶子 ㉕81 ㊵174 177 ㊹341
서장관 書狀官 ⑱204 ㉜387
서장보 徐長輔 ㉜415
서장옥 徐章玉 ㊴302 441 442 456 457
서장옥 徐璋玉 ㊻191 192
서재 西齋 ㉓282 307
서재 書齋 ⑰1 103~106 ㉓35 279 312~315
서재교생 西齋校生 ㉓309 ㉛162
서재안 西齋案 ㉓310
서재유생 西齋儒生 ㉞23 41
서재창 徐載昌 ㊳23 160 354
서재필 徐載弼 Philip Jaisohn ①342 461 ㊳23 33~35 73 156 348 353 357~360 366 376 379 387 400 409 410 ㊵229 268 ㊶175 177 178 180 182 188 189 192 198 199 222 224 231 232 237 249 274 293 296 297 299 304 308 329 423 ㊷42 ㊸58 ㊹224 ㊺207 211 ~213 227 232 ㊻29 31 33~35 40 41 43 174 246 253 ㊼403 404 406 ㊾422 423 (52)125
서적교류 書籍交流 ⑮293 294
서적교인도감 書籍校印都監 ㉚556
서적수출금지 書籍輸出禁止 240
서적원 書籍院 ㉑210 ㉗212
서적점 書籍店 ⑬120 ⑱221
서적출현설 西賊出現說 ㊱102
서적포 書籍鋪 ㉗212
서전문 西箭門 ㉗452

서전서숙 瑞甸書塾 ㊸332 ㊺83 135 136 ㊼9 181
서전원부인 西殿院夫人 ⑫80
서전체조 瑞典體操 ㊿333
서정가요 抒情歌謠 ⑨461 466
서정리 9층석탑 西亭里九層石塔 ⑰260
서정순 徐正淳 ㊶353 377 390 400 ㊷44
서정시 敍情詩 ①424
서정주 徐廷柱 ㊾302
서정필 徐廷弼 ㊸140
서제 書題 ⑱160 ㉕142 143
서제직 書題職 ㉖292
서조문 瑞鳥文 ⑧267
서족 庶族 ㉞26 41 93
서종급 徐宗伋 ㉜168
서종옥 徐宗玉 ㉞77 ㉜154
서종태 徐宗泰 ㉜45 448
서종하 徐宗廈 ㉚171
서중석 徐重錫 ㊾147
서지법 鋤地法 ㉗183
서진경 西晉鏡 ⑥27
서책교역 書冊交易 ㉒306 307
서천 西川 ⑨25
서천왕 西川王 ⑤36 152
서 철 徐哲 ㊾425 426
서청 西廳 ㉕347 348 352
서총대 瑞葱臺 ㉗451
서 춘 徐椿 ㊼274~278 281 315
서출 庶出 ㊵231
서치 序齒 ㉞58 224
서태석 徐邰晳 ㊾188
서태후 西太后 ㊴80 ㊵55 73 150 ㊷176
서편제 西便制 ㉟568 569
서포 西浦 ㉝373
『서포만필』『西浦漫筆』㉛424 445
서포항 西浦項 ②314 315 415 417 422 424 449 452 454 481~483 489 490 501 503~505 513 521 535 552 555 560
서포항유적 西浦項遺蹟 ③145 183 222 223
서프라이즈호 The Surprise號 ㉜490 500
서 필 徐弼 ⑫111 172 180 203 ⑬20 ⑮283 ⑰191
서필순 徐弼淳 ㊼243
서필원 徐必遠 ㉚488
서하 西夏 ⑮226 233 234 288 357 364
서하사 棲霞寺 ⑧52
서하임씨 西河林氏 ⑫197
『서하집』『西河集』⑰7 ⑱219 221 227
서학 西學 ①321 322 446 ㉜14 29 ㉟4 15 45 219 ㊱6 82 343 ㊲4 122~125 127 129 132 133 135 184 ㊳53 205
서학 書學 ㉓361
서학금단책 西學禁斷策 ㊳211
서학당 西學黨 ㊹412 414
서학박사 書學博士 ⑰95 100
「서학변」「西學辨」㉟91
서학파 西學派 ㉜94
서한빗살무늬토기문화 西韓櫛文土器文化 ②379
서한뾰족밑유형토기 西韓尖底類型土器 ② 309 314
서한첨저유형토기문화 西韓尖底類型土器文化 ②412
서한토기 西韓土器 ②308 309 314~316 369
서항석 徐恒錫 ㊿373 374 376 ㊾369 370
서해도 西海道 ⑬253 ㉓129
서해안뾰족밑빗살무늬토기 西海岸尖底櫛文土器 ②450
서해직항 西海直航 ⑨267
「서행록」「西行錄」㉟399
『서행일기』『西行日記』㉜415
서현 舒玄 ⑦113
서혈사 西穴寺 ⑧61 ⑨541
서혈원 西穴院 ⑪201
서형산성 西兄山城 ⑦212 ⑧319 ⑨148 149 592 594
서형수 徐瀅修 ㉜215 250

서호 西湖 ㊹103
서호동헌 西湖洞憲 ㉘276
서호수 徐浩修 ㉟193 333 358 364
서화미술회 書畵美術會 ㊺9
「서화발미」「書畵跋尾」㉟435
서화연구회 書畵研究會 ㊿324
서화학 書畵學 ㊲95
서화협회 書畵協會 ㊺9 351 352 ㊿324 326
서 황 徐晃 ⑫229
서 후 徐厚 ㉘251
서후도유적 西侯度遺蹟 ②252
서흐레 木斫 ㉗187
서흥김씨 瑞興金氏 ⑫127
『서흥김씨족보』『瑞興金氏族譜』㉞46
서 희 徐熙 ①226 ⑫111 115 147 170 ~178 182 203 208 ⑭100 126 458 ⑮ 302 303
서희순 徐憙淳 ㉜275
석 舃 ㊹460
『석가(씨)보』『釋迦(氏)譜』㉖267
「석가여래행적송」「釋迦如來行蹟頌」⑯ 130 ㉑85 96 287 354 355 361 362
석가탑 釋迦塔 ①442 ⑨533
석각문 石刻文 ⑧140
석개토광묘 石蓋土壙墓 ③60 125 126
석검 石劍 ③189~198
석견은산 石見銀山 ㉘122
석경 石敬 ㉗546 548 553
석경당 石敬瑭 ⑮226 229
석곽묘 石槨墓 ①103 ③22 336 347 502 531 ④4 60 63 64 127 ⑦54 ⑧326 329 334 337 350 359
석곽옹관묘 石槨甕棺墓 ⑧337
석관묘 石棺墓 ①103 104 ③60 63 166 ~170 344 369 410 411 ④4 57 59 60 62 63 67 116 ⑤2 3
석관봉토묘 石棺封土墓 ⑩164
석광(곽)묘 石壙(槨)墓 ⑩164 209 210
석교 石橋 ⑨589 ㉗452
석국 石國 ㉑476
석굴암 石窟庵 ①442 483 484 486 ⑨10 438 507 557
석궁 石弓 ⑧387
석금광 石金鑛 ㊹209
석금성 石金星 ㊿368
석기 石器 ③188 189 198 201~208 ⑧263
석기군 席旗軍 ㊴317
석기란 釋器亂 ⑳342
「석남사내」「石南思內」⑧167 375
석남산사 石南山寺 ⑪200
석노 石弩 ④140
석노교곡파 惜奴嬌曲破 ㉗428
석도 石刀 ③198~201 203
석도 席島 ⑳176 221
석독 釋讀 ⑧136
석독구결 釋讀口訣 ⑨442 ㉑231 233 234 238 240
석두창 石頭倉 ⑭406 409 ㉔337 525
석등 石燈 ⑩171 197 202 204 215 ⑰ 258 267
석등 釋登 ⑪198
석렴 石斂 ㉜288
석록 石綠 ⑧176
석룡두 石龍頭 ②257
석루조 石漏槽 ㉕350
석류 石榴 ㉗120 121
석률 席律 ⑥128
석린 石隣 ⑱21 22 26 47 53 ⑳76 133
석마제미 昔麻帝彌 ⑥232 ⑧487
석문 石門 ⑨61
『석문가례초』『釋門家禮抄』㉟130
석문산성 石門山城 ㉙185
『석문상의초』『釋門喪儀抄』㉟130
석방렴 石防簾 ㉔409
석방사 石方寺 ⑭258 262
『석보상절』『釋譜詳節』㉒129 ㉖85 96 106 267 ㉗217 219 325 327 329 373 ㉛

석촌동유적 石村洞遺蹟 ③369 396
석총 石塚 ⑦22
석총 釋聰 ⑪160 182 186
석축성 石築城 ⑦216
석충 釋冲 ⑪160 184 185
석충 釋忠 ⑨371 411
석탁 碩託 ㉙239 293
석탄리유적 石灘里遺蹟 ②374 ③147
석탄자 石彈子 ㉗240
석탈해 昔脫解 ①154
석탈해신화 昔脫解神話 ⑦13
석탑 石塔 ⑰258 259 263
석탑사 石搭寺 ⑧489
석품 石品 ⑨18
석함 石函 ⑧259
석현성 石峴城 ⑤67
석호 潟湖 ①52 95
석호고성 石湖古城 ⑩199
석화 石花 ㉝242
『석화엄교분기』『釋華嚴教分記』⑨443
석황 石黃 ⑧176
석회암동굴 石灰巖洞窟 ②85 107 109 150 159 192 229 233
선 檏 ㊹460
선가 船價 ㉓272 ㉔372 450 ㉝273 376
『선가귀감』『禪家龜鑑』㉛394 ㉟129 146
선가미 船價米 ㉜287
『선가종파도』『禪家宗派圖』㉑354
선강 蘚綱 ①37
선강개삭 船舡改槊 ㉚508
선강신조 船舡新造 ㉚508
선강태자 宣康太子 ⑪192 196
선거권 選擧權 ㊼118
선거이 宣居怡 ㉙36 52 82
선거조례 選擧條例 ㊵190 ㊹320 338
선경전 宣慶殿 ⑮359 ⑱202
선계제 船契制 ㉝290
선공감 繕工監 ①273 ⑭397 ㉓59 70 98 ㉔5 212 214 217 221 224 230 233 235 426 427 ㉖182 263 ㉗449 ㉚525
선공시 繕工寺 ①237 ⑭419 ㉓98
선관 禪觀 ㉖289
선광사 善光寺 ⑧481
선교 仙教 ①437
선교도총섭 禪教都摠攝 ⑯89 90
선교부공의회 Council of Missions Holding the Presbyterian Form of Government 宣教部公議會 ㊻166
선교부연합위원회 宣教部聯合委員會 ㊻184
선교사 宣教師 ①313 457 502 503 ㊲30 181 183 188 190 194 ㊹353
선교성 宣教省 ⑨123 358 ⑩71 ⑪2 41 42 171
선교양종 禪教兩宗 ㉖266 ㊻132
「선교원류심검설」「禪教源流尋劍說」㉟127
선교조약 宣教條約 ㊻6 144
선교협의회 Council of Mission 宣教協議會 ㊻166
선교회통관 禪教會通觀 ㉟127 146
『선구』『先驅』㊾393
선구보 善救寶 ⑮174
선군 選軍 ⑬304 305 331 348 360 ⑮51 74 ⑱41 ⑳409 ㉓207 ㉔351 363 374 420 ㉕197 198 ㉗450 456 ㉘90 104
선군급전 選軍給田 ⑭94 246 ⑲146
선군도감 選軍都監 ⑬304
선군별감 選軍別監 ⑭246
선급 船給 ㉜288
선기배 善騎輩 ㊱238
『선기어록』『禪機語錄』⑯58
선기옥형 璇璣玉衡 ㉟354
선농 先農 ㉑458 485 ㉖213 238 241 ㉘34
선농단 先農壇 ㉖231
선농당 禪農堂 (51)208
선농불교 禪農佛教 (51)208
선대 先貸 ㉝169
선대제 先貸制 ①315 ㉝6 169 171 392

393 ㉞112
선덕여왕 善德女王 ⑦76 253 256 257
선덕왕 宣德王 ⑪17~19 23 47 ⑫13 26
선덕진 宣德鎭 ⑮318
선도 仙道 ㊱98
선도산 仙挑山 ⑧287 319 ⑨411
선두포언 船頭浦堰 ㉚410
선류몽설화 旋流夢說話 ⑰182
선리 船利 ㉝298
선린 禪麟 ㉑319
『선린국보기』『善隣國寶記』㉒410
『선림승보전』『禪林僧寶傳』㉑134
선림원 禪林院 ⑪195
선림원종 禪林院鐘 ⑨190 441 538
선마가 船馬價 ㉚507 508 510
선망 旋網 ㉔409
선명력 宣明曆 ⑰115 116 ㉑200
선목 先牧 ㉖213 214 231 ㉘34
선묘룡 善妙龍 ⑨383
선무군관 選武軍官 ㉜127 168 180 190 193 370 ㉞27 28
선무사 宣撫使 ㊱321 325 332
선무원종공신(녹권) 宣武原從功臣(錄券) ㉛ 145 146
선문9산 禪門九山 ⑨324 326 567 ⑫ 74 ⑰241 ⑱12
『선문사변만어』『禪門四辨漫語』㉟148
선문서계 先問書契 ㉜466
『선문수경』『禪文手鏡』㉟146
『선문염송』『禪門拈頌』㉑315
『선문염송사원』『禪門拈頌事苑』㉑315
『선문염송집』『禪門拈頌集』㉑60 62
『선문오종강요』『禪門五宗綱要』㉟146
『선문재정록』『禪門再正錄』㉟150
『선문증정록』『禪門證正錄』㉟149
선미재 船尾材 ㉔331
선민부 鮮民府 ㊽278 ㊿313
선박제조업 船舶製造業 ㊱182
선법 旋法 ㉗405 416~418
선법명 旋法名 ⑨605 607
『선봉』『先鋒』㊾77
선봉사대각국사비 僊鳳寺大覺國師碑 ⑯47 73
선봉사비 僊鳳寺碑 ⑯47
선봉장 先鋒將 ㊱239 242 244 249
선부 船府 ⑦229 234 ⑨5 183 192 251 300
선부 選部 ⑲23
선부서 船府署 ⑦177 ㉔334
선불교 禪佛教 ㉑28 33 40
선비 鮮卑 ④153 166 169 ⑤41
선비모용씨 鮮卑慕容氏 ④185 201
선비족 鮮卑族 ⑤39
선사 先師 ㉓315
선사 禪師 ㉖257
「선사심설정안」「先師心說正案」㉟53
선산(군) 善山(郡) ⑦52 ⑨563 ⑫63 ㉘ 153
선상 船商 ①236 ⑭450 452 453 ⑲11 357 390 ㉓44 ㉘70 ㉚444 ㉝247 377 378 407 ㊹170
선상 選上 ㉕120 214 215 217 219 221 222 ㉘365
선상감 線象嵌 ㉗492 496
선상객주 船商客主 ㊳176
선상노비 選上奴婢 ㉓54 ㉔306 ㉕206 214 215 221 225 ㉝145 ㉞136
선상대립 選上代立 ㉕219 221~225
선상대립가 選上代立價 ㉞136
선상미 船商米 ㉝389
선상수어 船上守禦 ㉒194
선상업 船商業 ㉔536
선상입역 選上立役 ㉕214 217 218 225 ㉛167 ㉞135~137
선상주인 船商主人 ㉝385
선상활동 船商活動 ㉔538 ㉝384
선상회사 船商會社 ㊴178
『선생안』『先生案』㉞78 83
선성 先聖 ㉖237

선세 船稅 ⑭14 392 393 396~398 ㉔431 ㉜174 176 177 ㉝297 ㊹235
선소리 立唱 ㉟570 571
선수도감 繕修都監 ㉚556
선수재 船首材 ㉔330
선술 仙術 ㊱105
선시 選試 ㉖258 268
선시 禪詩 ①430 ㉑275 285 286
선시녀 選侍女 ㉜394
선신 善信 ⑧55
선신니 善信尼 ⑦147 ⑧475
선악적 善惡籍 ㉛40
선악천리론 善惡天理論 ㉖73 74 ㉘319
선안 船案 ㉝290 295
선암사 仙巖寺 ㉟132 156
선야설 宣夜說 ㉗87
선약해 宣若海 ㉙284
선양 禪讓 ㉓16
선어위원 選語委員 ㊶241
선여각주인 船旅閣主人 ㊳176
선여객주인 船旅客主人 ㊳176
선여양식 禪餘樣式 ㉑425
선왕 宣王 ⑪28
선왕(서낭)당 仙王(서낭)堂 ①135 ㉟168
『선요록』『禪要錄』㉑338
선우공제회 禪友共濟會 ㊿207
선우금순 鮮于金筍 ㊽48
선우담 鮮于膽 ㊿327
선우일 鮮于日 ㊿66 70 73
선우전 鮮于全 ㊾42
선우혁 鮮于爀 ㊸349 ㊼225 227 234 236 313 321 ㊽111
선우훈 鮮于燻 ㊸345 346 348
선운사지장보살좌상 禪雲寺地藏菩薩坐像 ㉑412
선운산 禪雲山 ⑧167 372
선운산가 禪雲山歌 ⑥210
선운업자 船運業者 ㉝375
선원 禪院 ㉟127 131
『선원록』『璿源錄』㉑353 ㉚285
선원보 璿源譜 ㊲157
선원사 禪源寺 ㉑17 63~67 116 117 364 ㉖266
선원사 禪源社 ⑭261
『선원소류』『禪源溯流』㉟150
선원전 璿源殿 ㉟530
『선원제전집도서』『禪源諸詮集都序』⑯76 77 ㉟129
선위(전위) 禪位(傳位) ㉒38 40
선위사 宣慰使 ㉒301
선유락 船遊樂 ㊿356
선유봉 仙遊峰 ㊽325
선유사 宣諭使 ⑮358
선음즐교 善陰騭敎 ㉟163
선인 仙人 ㊱90 99 105 111
선인 船人 ㉝144 270
선인동유적 仙人洞遺蹟 ②265
선인열 宣仁烈 ⑱69 78 101 154 175 ⑳267 308
선잠 先蠶 ㉑458 485 ㉖214 238 241
선잠제 先蠶祭 ㉔261 262 ㉖231
선장 船匠 ㉝390
선장 禪藏 ⑧54
선재 船材 ㉝339 343
선재도고 船材都賈 ㉝390
선적 善籍 ㉘276
선전 線(縇)廛 ㉔131 ㉝170 318
선전관 宣傳官 ㉓60 104 107 222 ㉕70 84 88 90 91 ㉚276 ㊱164 265 266
선전관청 宣傳官廳 ㉓223
선정 先正 ㉚168
선제 船制 ㉔360
선제개혁 船制改革 ㉔347 350
선조기법 線彫技法 ⑧254 256
선조묘 先祖廟 ⑧33
선조문집 先祖文集 ㉞168
선조성 宣詔省 ⑩4 71 142 144 153 ⑪42

『선조악장』『宣祖樂章』㉛545
선조현창 先祖顯彰 ㉞170 172
선졸 船卒 ⑳411
선종 善宗 ⑪182 209 ⑫16 68
선종 禪宗 ①246 247 256 443 448 ⑨ 320 538 567 ⑫12 22 72 74 75 254 ⑯ 11 12 28～30 36 40 41 43 58 59 61 63 71 73 76 98 197 ⑰217 234 237 241 264 ㉖252 253
선종도회소 禪宗都會所 ⑯93
선종사상 禪宗思想 ⑯27 30
『선종실록』『宣宗實錄』⑰156
『선종영가집』『禪宗永嘉集』⑯42
선종 5가 禪宗五家 ㉟148
선종인물화 禪宗人物畵 ㉛469 474 475
선종중앙포교당 禪宗中央布教堂 51203
선종판사 禪宗判事 ㉖283 287
선종화 禪宗畵 ㉛469 474
선주 宣州 ⑮335 ⑱7 ⑳85 190
선주 禪主 ㉟131
선주(덕원) 宣州(德源)
선주인 船主人 ㉝247 307 376 ㉞117
선즐문토기단계 先櫛文土器段階 ②501
선즐문토기문화 先櫛文土器文化 ②503
선진유학 先秦儒學 ㉛193 288 ㉜29 ㉟ 209 214 221 ㊱82
선차 宣差 ㉕137
선차방 宣差房 ㉕72
선참후계 先斬後啓 ㊱323
선천 宣川 ㉓359
선천 宣薦 ㉞58
선천광산 宣川鑛山 ㊶130 ㊹111
선천궁 善天宮 ⑨544
선토기문화 Linear Pottery culture 線土器文化 ①93 98
선토기시대 先土器時代 ①93
선판 禪判 ㉟152
선필 善弼 ⑪102 ⑫30 34 54
선학 禪學 ㉜29
선학원 禪學院 51207 210 216
선함사 船艦司 ㊳38
선현 先賢 ㉓315
선형동부 扇形銅斧 ④66 124 126 ③38 103 108 216
선혜당상 宣惠堂上 ㉚198
선혜법 宣惠法 ㉚70 484
선혜청 宣惠廳 ㉔143 336 339 ㉚195 258 358 484 498 501 502 506 512 532 559 586 ㉜69 161 162 168 181 188 189 190 191 314 ㉝255 330 ㉞138 ㊱286 ㊳ 279 ㊵149 182
선화 善畵 ㉓297 ㉕124
선화 善花 ⑨462
『선화봉사고려도경』『宣和奉使高麗圖經』⑨ 297
선화진 宣化鎭 ⑮312 332
선회 善會 ⑫115 158
선회 善繪 ㉓297 ㉕124
선후사의육조 善後事宜六條 ㊳325
선희 善希 ⑫27
선희왕후 宣禧王后 ⑫227
「설경산수도」「雪景山水圖」㉛450～453
「설경산수화」「雪景山水畵」㉑424
설계두 薛罽頭 ⑦268 ⑨16 ⑪172
설공검 薛公儉 ⑳44
『설공찬전』『薛公瓚傳』㉛427
설관수세 設關收稅 ㊳167
설관학 薛寬學 ㊼154
설날(원단) 元旦 ㉑525
설 눌 薛訥 ⑩26
설담자우 雪潭自優 ㉟133
설두유형 雪竇有炯 ㉟145 150
설령제 ㉟566
설례 碟禮 ⑥49 156
설만철 薛萬徹 ⑤136
설면 雪綿 ⑲359
설문 設門 ㉜455
설문우 薛文遇 ⑫101 ⑮283

『설문청공속서록요어』『薛文淸公續書錄要語』㉗227
『설문해자』『說文解字』①145 158
설 번 薛藩 ㉙74 75 77
설복성 薛福成 ㊲270
『설봉어록』『雪峰語錄』⑯58
설봉의존 雪峰義存 ⑯38
『설부』『說郛』⑰143
설 사 偰斯 ⑳355 356
설수진 薛秀眞 ⑨62
설 신 薛愼 ⑳44
설신우 薛神祐 ⑫147 170 172
『설심부』『雪心賦』⑯302 328
설씨 薛氏 ⑦268
설악산 雪嶽山 ①14 44
설암추붕 雪巖秋鵬 ㉟132
설오유 薛烏儒 ⑨54 59
설 요 薛瑤 ⑨470
설운령 雪雲嶺 ㉝359
설읍론 設邑論 ㊱158 159
설의식 薛義植 ㊿236 (52)125
설인(자) 舌人(者) ㉕129
설인귀 薛仁貴 ⑤137 140 ⑨45 52 54 56 59 61~65
설장수 偰長壽 ⑲177 195 ⑳ 381
설재시식 設齋施食 ㉖277
설점 設店 ㉝202~204
설점수세 設店收稅 ①315 ㉚567 ㉝6 186 189 191 197~201 458 ㉟255 ㊷109 ㊹208
설정 雪正 ㉖280 281
설정규 薛廷珪 ⑫77
「설중귀려도」「雪中歸驢圖」㉛460
설채법 設彩法 ⑧186
설청 設廳 ㉜162
설초도량 設醮道場 ⑯289
설 총 薛聰 ①411 412 ⑧4 ⑪43 51 211 ⑫172 212 ⑰133 ㉑231 232 ㉓283 304 ㉖37~39 42 46 49
설태희 薛泰熙 ㊸197 264 274 ㊾35 37 52 53
설파상언 雪坡尙彦 ㉟132 135
설한령 薛罕嶺 ㉒153
설현 偰賢 ㉖297 298
설호정 挈壺正 ⑰112 114
설화 說話 ⑰224 227 228 234 ㉑250
설화문학 說話文學 ⑰224 ⑱12
섬라(곡)국 暹羅(斛)國 ⑮378 ㉒426 427 430
『섬자경』『睒子經』⑯267
섬학전 贍學錢 ⑳46 ㉓280
섭관정치(기) 攝關政治(期) ⑮249 251
『섭대승론』『攝大乘論』⑧82 85 ⑨367 372
섭론종 攝論宗 ⑧53
섭론학 攝論學 ⑨382
섭명침 葉名琛 ㊲55 56
섭부사직 攝副司直 ㉓293
섭사직 攝司直 ㉓293
섭육십 攝六十 ㉓205 215
섭장군 攝將軍 ⑱49 59
섭장수 聶長守 ⑱103
섭정 攝政 ⑪22
섭정왕 攝政王 ㉚94
섭직 攝職 ⑭111~114 116
섭집규 聶緝槼 ㊴57
『성가집』『聖歌集』(51)276
성각 聖覺 ⑪213
성 개 成槪 ㉗209 223
성거 省琚 ㉗209 223
『성경』『星鏡』㉟353 359
성경 盛京 ㉜386
성경린 成慶麟 (52)342 351
『성경통지』『盛京通志』㉟327
성골 聖骨 ⑦7 252~257 260 ⑨18 22 ⑪45
성곽도 城郭圖 ⑧411
성곽보수 城郭補修 ㉚94
성곽시설 城郭施設 ⑦212 215

성관 姓貫 ㉓368
성광현 成光顯 ㊾372
성교광피도 聲教廣被圖 ㉖189～191
『성교요지』『聖教要旨』㉟95 100 ㊻153
『성교일정』『聖教日程』㊲186
성국 成國 ⑫229
성균감 成均監 ⑰1～4 23 24 38 63 70 71 78 89 102 ⑲24
성균관 成均館 ①269 353 374 ㉙9 29 35 36 57 60 69 87 103 279 280 284 287～290 292 296 302 304 305 310 318 ～321 325 333 334 337 338 342～344 347 348 350 ㉕73 74 94 127 ㉖253 267 283 ㉗215 472 475 ㉘161 242 316 ㉚225 ㉛23 529 599 ㉜83 90 91 177 ㉞149 ㊵204 280 281 304 ㊻106 ㊿236
「성균관경학과규정」「成均館經學科規定」㊵304
「성균관경학과규칙」「成均館經學科規則」㊵280
「성균관관제」「成均館官制」㊵280
성균생원 成均生員 ⑱220
성균시 成均試 ⑬372
성근묵 成近默 ㊲6
성금연 成錦鳶 ㊾342
성 기 成己 ④107 136
성기 省記 ㉓230
성기 城基 ㉗455 456
성기론 性起論 ⑪179
성기운 成岐運 ㊴98 115 ㊵147 ㊷44
『성기운화』『星氣運化』㉟379
성낙헌 成樂憲 ㊿86
성낙형 成樂馨 ㊼12 228 307
성냥제조업 성냥製造業 ㊻314
성년식 成年式 ①129 ⑧109
성누가병원 St. Luke's Hospital 樂善施病院 ㊻291
성달 城達 ⑫29 45
성달생 成達生 ㉗209 218 223
성덕(쇼토쿠)태자 聖德太子 ⑥158 ⑦147 ⑧55 471
성덕대왕신종 聖德大王神鐘 ①483 485 486 ⑨108 432 440 528 ⑪18 43 ⑰302
성덕왕 聖德王 ⑩54 ⑪14 24
성덕왕릉 聖德王陵 ⑨546
성도사 聖道師 ㊿179
성동사관학교 城東士官學校 ㊽293 339
성론 性論 ㉖63
『성리군서』『性理群書』㉘309
『성리대전』性理大全』㉓285 291 301 ㉖21 91 ㉗215 291 ㉘308 323 ㉛363 365 ㉟184 185
성리서 性理書 ㉘11 307
성리설 性理說 ㉟49～52 56～58
『성리연원촬요』『性理淵源撮要』㉘319
성리철학 性理哲學 ㉓14～16
성리학 性理學 ①249 283 295 303 305 306 321～323 329 444 445 ⑯224 225 298 ⑲101 112 117 ㉒20 ㉓1 13～15 17 37 47 292 ㉘8 11 173 178 179 233 245 307 317 323 329 339 ㉛2 7 14 24 31 32 34 87 158 171 175 232 242 267 271 275 276 279 281 283 292 293 346 363 364 370 371 387 634 ㉟13 15 19 22 37 42 45 51 52 58～63 ㊱6 54 78 ～82 109 110 118 135 140 146 286 306
성명 聲明 ⑨615
성명재 誠明齋 ⑰64
성명점 星命占 ⑯368
성명학교 星明學校 ㊺83
성명회 聲明會 ㊸334 ㊼198 392
성모병원 聖母病院 ㊻292
성묘소정 成廟所定 ⑫150
『성무기』『聖武記』㉜404
성무부인 聖茂夫人 ⑫42
성무천황 聖武天皇 ⑩125 224 ⑮248
성문 聲聞 ⑨401
성문도감 城門都監 ㉓98 ㉔212

성문법 成文法 ⑤53 54 217 ⑦96 ⑫140
성문사 省門寺 ⑤50
성문영 成文永 ㊹197
성미운동 誠米運動 ㊻198 204 205
성민 省敏 ㉖249
성법흥대왕 聖法興大王 ⑦116 117
성베드로병원 聖Petrus病院 ㊻291
성변 星變 ㉗15 44 50
성보 成甫 ⑫229
성복선 成福選 ⑯98
『성불경』『成佛經』⑨408
성불사극락전 成佛寺極樂殿 ㉑383
성불암 成佛庵 ㉖276 ㉗223
성사달 成士達 ⑱170
성사심제설 性師心弟說 ㉟58 59
성산가야 星山伽耶 ⑦297 298
「성산별곡」「星山別曲」㉗8 350 359 ㉛424
성산산성 城山山城 ⑤189 ⑧321
성산자산성 城山子山城 ④178 ⑩28 198 199 201
성산패총 星山貝塚 ③346 384 405 484 485 ⑦311
성삼문 成三問 ㉒70 78 113 115 116
성삼층설 性三層說 ㉟22
성상결판 性相決判 ⑯39 48
성상무애사상 性相無碍思想 ⑯34
성상융회사상 性相融會思想 ⑫111 112 ⑯31～40 45 48 50 194
『성서조선』『聖書朝鮮』㉛247 257
성서출판소 聖書出版所 ㊻146 154
성석린 成石璘 ㉒27 53 ㉔524
성선경 成善慶 ㊻64
성성초 星星哨 ④65 122 124 125
성세령 成世寧 ㉙172
성세창 成世昌 ㉘200
『성소부부고』『惺所覆瓿藁』㉔388 ㉝218 236
성속이원론 聖俗二元論 ㊻147
성수 城帥 ⑪67
성수 星宿 ⑫160
성수경 成守慶 ㉙36 81
성수신앙 星宿信仰 ⑯282
성수전 星宿殿 ⑯291 292
성수청 星宿廳 ㉗158
성수초례 星宿醮禮 ㉖291
성수침 成守琛 ㉘337 ㉚28 29
성 승 成勝 ㉒115
성시국가 城市國家 ⑧295
성신 星辰 ㉖293
성신 星神 ㉖295
성신 聖臣 ⑫167
성씨 姓氏 ⑦247 ⑩81 84 85 155 245 ⑮108～110 125 134 142 151
성씨록 姓氏錄 ⑤210
성악곡 聲樂曲 ①502 ㉟580 581
성 억 成抑 ㉗225
성연회 聲研會 ㊾347
성열현 省熱縣 ⑦365
성 영 成泳 ㉙160 ㉚584
성영회 聖嬰會 ㊻155
성왕 聖王 ⑥38 82 83 124 127 157 167 187 201 202 219 ⑦145
성요셉신학교 聖Joseph神學校 ㊻150
성 운 成運 ㉚32
『성웅이순신』『聖雄李舜臣』㊺281
『성원록』『聖源錄』⑯11 ㉑354
『성유식론』『成唯識論』⑨362 368 369
성윤문 成允文 ㉙121 145
성음서 聲音署 ㉓362
성읍국가 城邑國家 ①4 5 ④14 16 79 ⑦243 247 264 290 ⑧295 330
성응길 成應吉 ㉙181
성응지 成應祉 ㉙69
성의경 成義敬 ㊾274
성이 聖而 ⑦252
성이문 成以文 ㉜425

성익환 成益煥 ㊿255 258
성인묵 成仁默 ㊳281
성 임 成任 ㉗209 218
성자군관학교 星子軍官學校 ㊿453
성자택 成子澤 ㉘201
성장 箴匠 ㉔268 269
성재 省宰 ⑬32 142 148 154
성저리 城底里 ②503
성적등지문 惺寂等持門 ⑱12 ㉑22 23 42 45 51
성전사원 成典寺院 ⑧46 ⑨361
성전정미소 城田精米所 ㊼90
성절사 聖節使 ㉒293 295 ㉜386
성절행 聖節行 ㉜386
성 정 成丁 ㉜147
성정론 性情論 ㉗294
성정미학 性情美學 ㉗274 288 290 291 295 303 305～310 312
성정지정 性情之正 ㉗292 298 307
성제 城制 ㉗455
성조 城操 ㉚269 270
성조 聲調 ㉗377
성조언어 聲調言語 ㉗377
성존심비설 性尊心卑說 ㉟58 59
성종 成宗 ⑫6 77 144～147 152～156 168 172 176 177
『성종실록』『成宗實錄』㉘187
성주 星州 ⑫61～64 66 ㉜323
성주 城主 ⑥182 183 187 ⑦232 362 ⑪64～67 89 ⑫12 14 22 125 142 ⑬223
성주(성천) 成州(成川) ⑱8
성주굿 ㉟176
성주단지 ㉟174
성주덕 成周悳 ㉗50 61 88 ㉟339 340 358
성주사 聖住寺 ⑧63 ⑨295 543 ⑪193
「성주사낭혜화상백월보광탑비」「聖住寺朗慧和尙白月葆光塔碑」⑪46 175
성주산문 聖住山門 ⑪193 194 198 199 ⑯17
성주산파 聖住山派 ⑨324
성주설 星州說 ⑳129
성주식 成周寔 ㊿276 280 52 55 113 160
성주장군 城主將軍 ⑪76
성 준 成俊 ㉘193 270
성준득 成准得 ㉑201
성중관 成衆官 ⑬366 ㉕72 89 137 ㉛135
성중관원 成衆官員 ㉓357
성중애마 成衆愛馬 ①268 270 ⑬365 ⑲45 50 58 ㉓6 9 26 200 201 220 322 352 ㉕86 89
성중엄 成重淹 ㉘188
성직교회 聖職敎會 ㉟107
성직자영입운동 聖職者迎入運動 ㉟118
성진공업조합 城津工業組合 ㊹212
성진농민조합재건위원회 城津農民組合再建委員會 ㊿205
성진민요 城津民擾 ㊹406
성진회 醒進會 ㊾393 420 453 454 478
성찰 省察 ㊴384 395 404
성창기 成暢基 ㊵266
성천 成川 ㉙91
성천 星川 ⑨612
성천(화천) 狌川(華川) ⑫26
성천은점 成川銀店 ㉚567
성 충 成忠 ⑥97 104 112 ⑨37
성친 盛親 ㉙14
성태영 成泰英 ㊼324
성태왕 聖太王 ⑤60
성택 聖澤 ㉛583
성폐 省弊 ㉜459
성하영 成夏泳 ㊴443 458～460 470 472
성하정 城下町 ㉙17
성학 聖學 ㉘322
『성학십도』『聖學十圖』㉘327 ㉟33 55
「성학원류」「星學源流」㊻249
『성학집요』『聖學輯要』㉘329

성한 聖韓 ⑦74
성해응 成海應 ㉜92 489 ㉟35 37 39 186
성 행 成行 ⑬436
성향곡 城餉穀 ㊱328
성 현 成俔 ㉑497 ㉖275 293 ㉗192 270 274 362 364 404 410 425 439 ㉛ 362 381 404 571 575 590 592 ㉟613
성현원 成玄園 ㊿301
『성혜방』『聖惠方』⑯107
성호빈 成虎彬 ㉚162
『성호사설』『星湖僿說』①457 ⑩231 ㉖98 ㉛596 622 ㉟193 275 315 332 364 366 560 613 617
성호학파 星湖學派 ㉟38 90 268
성 혼 成渾 ①306 ㉓283 ㉘148 299 325 327 337 ㉙23 35 103 ㉚44 54 66 80 124 143 160 163 ㉟65
성화회 聖化會 51183
성환 成歡 ㊵15
성환전투 成歡戰鬪 ㊵46 49 117
성황(신) 城隍(神) ⑯344～347 353 362 ㉖223
성황국제소 城隍國祭所 ㉖226
성황굿 城隍굿 ㉟177 599
성황단 城隍壇 ㉖233
성황당 城隍堂 ①157 ㉛163 ㉟169
성황묘 城隍廟 ⑯342
성황사 城隍祠 ㉑181
성황신사 城隍神祠 ㉖214
성황신앙 城隍信仰 ①135
성황제 城隍祭 ㉓304 ㉚508 51392
『성훈연의』『聖訓演義』51180
성흥산성 聖興山城 ⑧313
성흥학교 城興學校 ㊽304
성희안 成希顔 ㉘194 238 248
세 洗 ⑧437 445
세견미 歲遣米 ㊲206
세견선 歲遣船 ㉒372 385 ㉔202 204 ㉘ 133 134 ㉚601 ㊲248
세견선사 歲遣船使 ㉜432
세계공황 世界恐慌 ㊿154 155 163 232
세계도 世系圖 ①283
『세계선교평론』『Missionary Review of the World』『世界宣教評論』㊻161
세계설화 世系說話 ㉑324 330
『세계식민사』『世界植民史』㊺115
『세계지리』『世界地理』㉜507
세곡 稅穀 ㊹78
세곡선 稅穀船 ㉝141 ㊱155
세곡운송 稅穀運送 ㉔524 528 536 ㊹78
세골장 洗骨葬 ①133 ②411 422 435
세골장집단토장묘유적 洗骨葬集團土葬墓遺蹟 ②436
세공 歲貢 ⑦409 ⑫100 ⑬161 ⑳375 377 378 ㉒15 ㉓299 303 ㉕68 120
세공마 歲貢馬 ⑳378
세과사 稅課司 ㉟252
「세관규례」「稅關規例」㊳116
「세관사례」「稅關事例」㊳111
「세관사무」「稅關事務」㊳116
세관설비공사비 稅關設備工事費 ㊷347
『세광』『世光』㊾343 344
세군파 細群派 ⑥83
세궁민 細窮民 ㊳269
세규(달)사 世逵(達)寺 ⑪54 131 133 182 194 208 ⑫16 27 ⑭258 ⑳136 137
『세기』『世紀』㉑329
『세대편년』『世代編年』㉑348
『세대편년절요』『世代編年節要』㉑335 336 338 353 357 358 360
세도정권(기) 勢道政權(期) ㉚288 514 ㉜1 4 89 201 219 ㉞69 ㊱40 229 285 ～287 340 ㊲149 157 165 170
세도정치 勢(世)道政治 ①299 308～310 336～338 ㉚2 ㉜201 215 ㊲146 147 152 159 170 ㊺1 256 266
세록 世祿 ㉓38 ㉘32 45
세마계 貰馬契 ㉝255

세마업 貰馬業 ㉝387
세말나례 歲末儺禮 ㉛596
세망 細網 ㉝223
세망선 細網船 ㉝223
세목 稅木 ㉚570
세문경 細文鏡 ③38 334 335 ④116 124 135
세미운송권 稅米運送權 ㊶128 ㊹41
세베레브기선회사 Shevelev汽船會社 ㊹83 88
세베렙 Shevelev 余維略 ㊶123
세브란스 Louis H. Serverance 世富(佛)蘭思(西) ㊻183 287
세브란스병원 世富(佛)蘭思(西)病院 ㉟547 ㊻183 287 304
세브란스의전 世富(佛)蘭思(西)醫專 ㊻294
세브란스의학교 世富(佛)蘭思(西)醫學校 ㊻170 287
세브란스의학전문학교 Serverance醫學專門學校 ㊺111
세사미 歲賜米 ㉔202 ㉜428 ㊲206
세사미두 歲賜米豆 ㉒384 398 ㉘133 ㉜429
세석기 細石器 ①93 95 96
세선 貰船 ㉚569
세성산전투 細城山戰鬪 ㊵211
세속오계 世俗五戒 ⑦7 120 ⑧3 120 ⑨25 ㉑296
세수구언 歲首求言 ㉜324
세스페데스 Gregorio de Cespedes ㉛304 ㉜416 481 486 493
세습무 世襲巫 ㉑176~178
세시풍속 歲時風俗 ①40 ㉑523~525
세신 世臣 ㉕107
세실 世室 ㉜204 247
세실례 世室禮 ㉜216
세실제독 Cecille提督 ㉜497 ㊲77㊻138
세악내취 細樂內吹 ㊿354
세업전 世業田 ⑭144 146 281 ㉔14
세역법 歲易法 ⑭318
세역전 歲易田 ㊱157
세역화전 歲易火田 ㉔456
세위전 稅位田 ⑭237 ㉔440
세입예산 歲入豫算 ㊷135 136 335 337
세자관속 世子官屬 ㉓89
세자시강원 世子侍講院 ㉓69 89 103 ㉚229
세자익위사 世子翊衛司 ㉓69 89 96 104 260
세자책봉문제 世子冊封問題 ㊲268
세작 細作 ㊱356
세작목 稅作木 ㉜161 189
세장형석실 細長形石室 ⑧359 360
세저포 細苧布 ⑮300
세전법 世傳法 ㉘149
세제개혁론 稅制改革論 ㉜353
『세조실록』『世祖實錄』㉒76 139
『세조악보』『世祖樂譜』㉛545
세족 世族 ⑲5 6 8 11 69 71 74~76 78 85 91 92 95 107 153 154 158 178 ㉕64 106 ㉘160
『세종실록』『世宗實錄』㉒76 77
『세종실록지리지』『世宗實錄地理志』① 261 285 ④49 73 ⑦311 315 ⑫142 143 150 ⑰156 ⑲361 ⑳110 119 123 144 ㉑448 ㉒75 78 170 343 ㉓40 ㉔455 565 566 ㉖3 4 111 156 158 160~166 171 ㉛385 ㉝42 236
세종영조척 世宗營造尺 ㉔617 621
『세종조상정의주』『世宗朝詳定儀注』㉒74 75 77 130
세주 歲酒 ㉑526
세죽리 細竹里 ④104 105 115~118 126 127 129 130 145 164 ②521
세죽리유적 細竹里遺蹟 ②367 423 521 522 ③145 343 351 457 474
세창양행 Edward Mayer & Co. 世昌洋行 ㊳195 ㊴30 99 172 173 ㊶128 129 337

㊹36 40 78 85 88 111 ㊻19 37 267 270 301
세책업 貰冊業 ㉟409 410 417
세책점 貰冊店 ㉞125
세천승원 細川勝元 ㉒269
세초 歲抄 ㉚368 ㉜110 124 133 134 306
세초법 歲抄法 ㉚295
『세초유휘』『細草類彙』㉟358
세총통 細統筒 ㉓267
세출예산 歲出豫算 ㊷139 148 151 152 338 341 342
세키야 데이자부로 關屋貞三郎 ㊿160
세키야 토시코 關屋敏子 ㊿308
세태 稅太 ㉜285
세택 洗宅 ⑪2 41 42
세파미 貰把米 ㉝266
세폐 歲幣 ⑮229 233 234 242 245 246 ㉔141 142 149 ㉙292 ㉚94 337 504 533 ㉜286 384 386 ㉝257
세포 細布 ⑤197 198 200 ⑥225
세포이 반란 Sepoy 叛亂 ㊲56
「세한도」「歲寒圖」㊲94
「세한삼우도」「歲寒三友圖」㉑420
세형동검 細形銅劍 ①105 180 182 ③17 18 ⑥225 32 35 36 50 60 192 236~239 250 267 306 307 328 334 439 458 ④40 59 117 135 ⑧329
세형동검문화 細形銅劍文化 ③59 473 ④4 116 126 129 135 ⑤16 17
세화 歲畵 ㉑526 561 ㉛580 ㉟164 433 464 474~476
세환입 細還入 ㉟574
센부쿠지 泉福寺 ②281 537
센트럴 뉴스사 Central News社 ㊵57
셔먼 John Sherman ㊸31
셔우드 Rosetta Sherwood ㊹392 393 ㊻293
『셩경직히』『聖經直解』㊿267
셰셔청 攝士成 ㊵48 104
소 所 ①221 238 242 252 267 ⑫217 ⑬3 192 193 196 198~200 ⑭13 15 176 356 357 362 364~366 383 430 432 468 ⑱10 ⑲10 351~353 360~362 ⑳98 103 107 130 ㉓138 141~143
소 昭 ⑫82~88 92 98 99
소 簫 ⑧378
소가 小加 ④211 ⑤35 149 151 163
소가로부 小駕鹵簿 ㉗433
소가수 小榎樹 ⑥250
소가야 小加耶 ⑦297
소간의대 小簡儀臺 ㉗61
소감 少監 ⑦175 ⑩145 154 ⑫229
소건품 素乾品 ㉝237 239
소겨리 ㉘263 ㊱134
소격서 昭格署 ①287 ㉓14 69 93 362 ㉔3 425 426 ㉕125 132 ㉖8 289 292 293 295 296 ㉗20 477 ㉘9 239 244 247~251 321 ㉛232 401 403 404 ㊱89
소격전 昭格殿 ⑯291~293
소격전(서) 昭格殿(署) ㉓93 362 ㉘247 ㉛401 ㉟160 164
소경 小京 ⑦81 108 200 ⑨134 151 ⑪49 54 70 71 ⑫16 137
소경 少卿 ⑩143 145 ⑫104 229
소경무 小京舞 ⑨620
소경산수 小景山水 ㉛455~458 472
소경여갑당 小京餘甲幢 ⑦203 ⑨142
소경전 所耕田 ㉔38 67 70 477 ㉘40 44 48 50~52 59 354 363
소고구려(국) 小高句麗(國) ⑩14 130 137
소고잡이 小鼓잡이 ㉟571
소곡리유적 所谷里遺蹟 ③128
소곡주 少麴酒 ㊹477
소골 蘇骨 ⑤162 ⑧440
소공 小功 ⑫145 ㉚115 117
소광주원부인 小廣州院夫人 ⑫41
소국 小國 ①4 ④31 118
소굴렬 蕭屈烈 ⑮314
소금 小笒 ⑨601 603 606~608 613

소금 鹽 ⑲364 368~376 378 380 ㉝240
소금조 小錦組 ㊴162
소기묘 小己卯 ㉚41
소네 아라스케 曾禰荒助 ㊹423 ㊺57
소녀 小女 ⑦240
소녀자 小女子 ⑨222 223
소녀회 少女會 ㊾265
『소년』『少年』㊸214 216 281~283 ㊺227 281 303 ㊻48 ㊿67 88
「소년남자가」「少年男子歌」㊺117 149
소년모험맹진가 少年冒險猛進歌 ㊸282 ㊺117 118
소년병학원 少年兵學院 ㊼253
소년서성 少年書省 ⑨395
『소년성서』『少年聖書』㊿267
「소년은 자란다」「少年은 자란다」52294
『소년중앙』『少年中央』㊿87
『소년한반도』『少年韓半島』㊺220 252
소노부 消奴部 ①5 ⑤4 26 29~31 33 ~35 60 149 ⑥17
소노앙법 蘇老秧法 ㉚433
소노집단 消奴集團 ⑤2 25~27
소농(민)경영 小農(民)經營 ㉔61 69 73 83 91 ㉘44 49 58 347 350 ㉝78 83
소농민경영체 小農民經營體 ㉘51 54
소농민층 小農民層 ㉘346 364
소농법 小農法 ㉗189
소농이 小弄耳 ㉙235
소다노 蘇多老(所多老) ㉒163 167 356
소달구 騷達溝 ④65 124
소당 少黨 ㉚39 41 42
『소대풍요』『昭代風謠』㉟390 408
소도 蘇塗 ①113 134 135 159 160 ③537 540 ④8 40 41 290 291 ⑥242 ⑦417
소도신앙 蘇塗信仰 ①135
소도회 小刀會 ㊲57
소라리유적 所羅里遺蹟 ③343 351 396
소라리토성 素羅里土城 ④239 242
소라리토성 所羅里土城 ③442 443 466
소래교회 ㊻165
소래산 蘇來山 ⑱185
소련군사령부 蘇聯軍司令部 52426
소련외무성 蘇聯外務省 52453
소령 少令 ⑩144 145 153 154
소령관 蕭寧館 ㉙96
소례복 小禮服 ㊹457
소로야 小爐冶 ㉔237
소록도유적 小鹿島遺蹟 ③98
소론 少論 ㉚158 161 164 166 168 170 171 175 178 287 ㉜151 153 154 ㉟14 33 36
소륵(Kashgar) 疎勒 ⑧378
소릉 昭陵 ㉖62 ㉘188 193 237 239 254
소릉귀문 小麦貴文 ⑧487
소릉복위 昭陵復位 ①294
소릉하 小凌河 ④64
소리꾼 ㉟570 571
소립원충고 小笠原忠固 ㉜459
소마시 蘇馬諟 ④114 263 280
소맹선 小猛船 ㉔6 350 352~355
소모도감 召募都監 ㊱263
소모령 召募令 ㉙39
소모사 召募使 ㊱247 ㊴444
소모의병 召募義兵 ㉙41 ㊱263
소모자 小帽子 ㉛611
소목 昭穆 ㉖215 216 ㉚40
소목군 燒木軍 ㉔459
소무 蘇武 ㉜391
소무개 蘇無盖 ⑫97 ⑮262 268 269
소문국 召文國 ④39 ⑦42 44 45
소문성 召文城 ⑨594
소문평족 素門平族 ㊴241
소문평족 小門平族 ㉞36
소미아라 노스케 曾彌荒之助 ㊷257
소미점 小米點 ㉟435
소민 所民 ⑬194 ⑭432~434 ⑮55 56 61
소바타식토기 曾畑式土器 ②511 543 544

『소박물학』『小博物學』㊺186
소방전 蘇芳典 ⑨180
소방직공장 小紡織工場 ㊸216
소배압 蕭排押 ⑫211 ⑮315 316
소백산맥 小白山脈 ①45
소벌공 蘇伐公 ⑦14
소변통 小變通 ㉜334 336
소변통론 小變通論 ㉜130 ㉟219
소부리성 所夫里城 ⑨36 61 63 128
소부시 小府寺 ⑨185 ⑫106 107
소북 小北 ㉚128 ㉜26
소비조합운동 消費組合運動 ㊿424
소빙(하)기 小氷(河)期 ㉘136 ㉚6 315 325 338 359 603 ㉝379 ㊱30 31 33 41
소사 小舍 ⑦167
소사 小祀 ㉖41 213 221 226 229
소사 素紗 ㊹460
소사처 小祀處 ㉖180 181
소사평 素沙坪 ㉙118 ㊱199
소상 塑像 ⑰81
「소상팔경도」「瀟湘八景圖」①491 ㉑421 422 ㉗552
소상품생산자 小商品生產者 ㉝373
소서노 召西奴 ⑤3 14 26 ⑥15
소서산 小西山 ④122 124
소서여안(고니시 죠안) 小西如安 ㉙96
소서행장(고니시 유키나가) 小西行長 ㉙ 11 18 20 21 28 32~34 37 63 73 77~79 85 89 116 163 201 ㉜422 481 505
소석기문화 小石器文化 ②268
소성왕 昭聖王 ⑪22
소성황후 昭聖皇后 ⑩184
소세양 蘇世讓 ㉘271
소소리유적 素素里遺蹟 ③84 328 372 413 458 569
소소완구 小小碗口 ㉗257
소손녕 蕭遜寧 ⑫173 176 211 ⑮239 302 303 305 332
소수 小守 ⑦200 ⑨134
소수공업 所手工業 ①238 ⑭15 429 431 434
소수림왕 小獸林王 ⑤39 50 51 53 56 66 ⑦413 ⑧1 49 113
소수맥 小水貊 ①146 ⑤18
소수서원 紹修書院 ㉗227 472 ㉘295 ㉚ 144 ㉛533 535 ㊲160
소승 小乘 ⑨396
소승자총통 小勝字銃筒 ㉗258 264
소식 蘇軾 ㉗293 ㉚62
소실씨 少室氏 ⑤210
『소실지공양법경』『蘇悉地供養法經』⑯ 116
『소씨서』『蕭氏書』⑯322
『소아론』『小兒論』㉟280
소아마자(소가노 우마코) 蘇我馬子 ⑦ 147 ⑧55 66 67
소아사망률 小兒死亡率 ㉘258 261
『소아소씨병원』『兒兒巢氏病源』⑰126
소아씨 蘇我氏 ⑧475
소아씨세력 蘇我氏勢力 ⑥158
『소아약증병원십팔론』『小兒藥證病源十八論』⑰126
소아하이대신 蘇我蝦夷大臣 ⑥159
「소악부」「小樂府」㉑260 548
소안도 所安島 51312
소야도패총 蘇爺島貝塚 ②312
소야말사 小野末嗣 ⑨331
소야매자(오노노이모코) 小野妹子 ⑦150
소야조신황(오노노아 손타카무라) 小野朝臣篁 ⑨286
소야현묘 小野玄妙 ⑯116
소양강창 昭陽江倉 ㉔525 526 532
소에지마 副島種臣 ㊲209 227
소에지마 미치마사 副島道正 ㊾48 49 53 60
소에지마 타네오미 副島種臣 ㊵25 26
소연초공장 小煙草工場 ㊸216
소영자묘 小營子墓 ③222

소오 小烏 ⑦167
소오자 小襖子 ㉕319
소옹 邵雍 ㉖36 38 ㉘327
소완구 小碗口 ㉗257
소왕 昭王 ④84 93 118 127
소외문인 疎外文人 ⑱218 221 222 242 243 246 247
소요관 逍遙冠 ㉖294
『소요영』『逍遙詠』⑯104
소요시아키라 宗義達 ㊲207 225
소요태능 逍遙太能 ㉟128
소운릉 小雲陵 ㊱97 105
소위포 小爲浦 ㉙262 266
소윤 小尹 ㉚14
소윤척신계 小尹戚臣系 ㉚19
소융보합설 消融保合說 ㉜42
소은병 小銀甁 ⑲11 409
소을가적 小乙可赤 ㉙218 219
소읍 小邑 ㉞220
소응궁 蕭應宮 ㉙117
소의경전 所依經典 ①246
소의상업학교 昭義商業學校 51264
소의학교 昭義學校 ㊺77
소이창 蘇爾昌 ㉜413
소인극 素人劇 ㊾246
소인극운동 素人劇運動 51368
소인당 小人黨 ㉚77 175
소임군관 所任軍官 ㉚273
소자 小子 ⑦240
소자하 蘇子河 ⑤40
소작권 小作權 ㉝415 ㊼107 130
「소작규정」「小作規定」㊼70
소작농 小作農 ㊼70 71 72 84
소작료 小作料 52245 246
「소작료통제령」「小作料統制令」㊿84
소작민 小作民 ⑤47
소작인상조회 小作人相助會 ㊿134
소작인조합 小作人組合 ㊾184 ㊿134
소작쟁의 小作爭議 ㊼107 ㊽42 ㊿132
소작제 小作制 ⑭72 75 76 150~152 ㉘48 49
소작제경영 小作制經營 ⑯203 204
소장량유적 小長梁遺蹟 ②252
소재도량 消災道場 ⑯32 141 179 180 198 251
소재회 消災會 ㉖266
소적렬 蕭敵烈 ⑮312
소전 疏典 ⑦227 ⑨179 246
소전색 燒錢色 ⑯292 293
소접 小接 ㊴394
소정 少正 ⑩144 153
소정리역 小井里驛 ㊶169
소정리유적 蘇井里遺蹟 ②377
소정방 蘇定方 ⑤137 138 ⑥232 ⑨32 35 41 50 295 612
소정시의 小定時儀 ㉗62 74
소조 小俎 ㉕330
소조불 塑造佛 ⑰273 276
소조비로자나삼신불상 塑造毘盧遮那三身佛像 ㉛504
소조천수추(고바야카와 히데아키) 小早川秀秋 ㉙172
소조천융경(고바야카와 다카가게) 小早川隆景 ㉙48 49 80 85
소종 小宗 ㉕287 ㉛209 210
소주 燒酒 ㉑227 585
소주 蘇州 ⑨330
소주고리 燒酒고리 ㉑227
소주산 小珠山 ②462 557 560
소주산유적 小珠山遺蹟 ②544 550
소중화 小中華 ⑱220 ㉟220 238 239 242 328 ㊲25 ㊷15 38
소지 所志 ㊱16 313 315
『소지구도착색』『小地球圖着色』㊺160
소지마립간(왕) 炤知麻立干(王) ⑥58 69 ⑦62 139 143 246
소차왜 小差倭 ㉜442
소창(오구라)수집품 小倉蒐集品 ⑧257 265

소채 蔬菜 ㉝4 60~62 357
소천(고)의 小串衣 ㉕298 304 308 319
소천구 疏川丘 ⑦22
소첨사 小詹事 ⑱158 159
소청 疏請 ㊱119
소청 疏廳 ㉛90 ㊸114 116
소총독 小總督 ㊼119
소총통 小銃筒 ㉗259
소칭 小稱 ㉔609
소태보 邵台輔 ⑫232 235 237 ⑰69
소통사 小通事 ㉜444
소판 蘇判 ⑦253
소패예은 小牌禮銀 ㉔135
소포 小句 ㊴384
소포구 小浦口 ㉝373
소포우편 小包郵便 ㊹231 244 245
소하연문화 小河沿文化 ①99
『소학』『小學』①257 268 282 ⑲164 170 ㉓17 194 195 284 292 301 302 316 ㉖17 31 34 45 47 48 50 51 54 66 67 70 71 73 ㉘8 9 11 143 163 164 165 179 180 213 214 240~244 245 246 266 267 271 274 317 321 339 ㉛24 177 235 239 243 273 637 ㊱81
소학교 小學校 ㊵303 304
「소학교규칙」「小學校規則」㊵279 303
「소학교령」「小學校令」①353 ㊵279 303 ㊺58 172
소학교육 小學教育 ㉛386
소학동자 小學童子 ㉘180 214
소학실천운동 小學實踐運動 ㉖62 ㉛24
『소학언해』『小學諺解』㉘344 ㊱81
『소학제가집주』『小學諸家集註』㉘247
소학지희 笑謔之戲 ㉗365 369 370 ㉟612 615 633
『소학집주』『小學集註』㉘344
소합탁 蕭合卓 ⑮313 314
소현 韶顯 ⑪186 ⑯50 53~55 129 130
소현세자 昭顯世子 ㉙7 293 298 ㉚89 283 ㉛309 316 320 329 330 ㉜33 390 391 393 394 395 396 397 416 483 522 ㉟356 362 ㊺349 ㊻279
소형 小兄 ⑤157 ⑦51
소호 小戶 ㉘53
소호지 小好紙 ㉚504
소화시 掃火矢 ㉓265
『소화집』『小華集』⑰206
소화통 小火桶 ㉗248
소화포 小火砲 ㉗247
소환두도 素環頭刀 ③473
소환두만곡도 素環頭灣曲刀 ③473
소회 疏會 ㉚242
『소회등록』『所懷謄錄』㉜313 332
소회소 所懷疏 ㉜324
소후 小堠 ㉔499
소후 小后 ⑤47
소흑산도 小黑山島 ②422
소흑산도패총 小黑山島貝塚 ②393
소흘라 所訖羅 ㉚434
속가 贖價 ㉙298 299
『속개원석교록』『續開元釋教錄』⑯76
속격조사 屬格助詞 ㉗379 ㉟294
속고왕 速古王 ⑥38
속곳 ㉕320
속공 屬公 ㉘41
속공노비 屬公奴婢 ㉕203 204
속공전 屬公田 ㉛97 98
속대 束帶 ㊹458
『속대전』『續大典』㉒218 226 240 ㉓286 295 310 327 332 333 344 358 363 ㉔555 563 ㉚408 460 492 ㉜61 66~69 91 292 295 ㉝199 ㉞74 136 137 143 145 146 189 245 250 251 ㉟191 192 ㊱174 ㊴223
속동(제) 贖銅(制) ⑮179 204
『속동문선』『續東文選』㉗277 280 281 288 ㉘179
속량 贖良 ㉓54 311 ㉞44 144 145 152

155
속말말갈 粟末靺鞨 ⑩45 46 49 54 55 244
속말부 粟末部 ⑩16 17 30 44 46
『속몽구』『續蒙求』㉘246 344
『속무정보감』『續武定寶鑑』㉚17
「속미인곡」「續美人曲」㉗8 359 360 ㉛424
속민 屬民 ⑤82
속바지 ㉕297 304 308 325
속발 束髮 ⑨242
속방(화)정책 屬邦(化)政策 ㊳346 379 380 409
속방론 屬邦論 ㊳137 ㊵37 154 155
속방조관 屬邦條款 ㊲288～292
속방조회(문) 屬邦照會(文) ㊲12 291 296～301
『속벽온방』『續辟瘟方』㉗144
『속병장도설』『續兵將圖說』㉚263
속부제악 俗部祭樂 ㉗394
『속삼강행실도』『續三綱行實圖』㉘343
속성 續姓 ㉕67 115
속성학교 速成學校 ㊺32
속아문제도 屬衙門制度 ㉓58 250
속악 俗樂 ⑨612 ㉑460 ㉓362
속악가사 俗樂歌詞 ㉑259 260 264 266 275
『속악원보』『俗樂源譜』㉛544 545 547 548 550 ㉟554 555 582
『속악원보』『俗樂源譜』㉑478
속악정재 俗樂呈才 ㉑259 261 265
속안 續案 ㉕204 ㉚424
『속어면순』『續禦眠楯』㉗364
속영체제 屬營體制 ㉚267 268
속오 束伍 ㉜312
속오군 束伍軍 ㉓354 ㉙109 182 191 ㉚243 261 279 289 291 542 546 547 555 ㉜24 73 105 106 107 109 112 121 ㉞145 219
『속오례의』『續五禮儀』㉜69 ㉟192
속오법 束伍法 ㉙192 ㉚289 ㉛301
속오보군 束伍步軍 ㉚266
속오분군법 束伍分軍法 ㉚541
속오분수지법 束伍分數之法 ㉚290
속오삼수제 束伍三手制 ㉚540 541 546
속오수미법 束伍收米法 ㉚295
『속오절목』『束伍節目』㉚295 ㉜73
『속육전』『續六典』㉒221 ㉕72 88 ㉘90 242
속육전수찬소 續六典修撰所 ㉒199
속인 俗人 ㊴425
『속일본기』『續日本紀』⑨281 311 ⑩30 43 49 63 125 127 172 241
『속일본후기』『續日本後紀』⑨281 298 312 313
『속자치통감장편』『續資治通鑑長編』⑯107
속장 續藏 ⑯121 136
『속장경』『續藏經』⑫218 219 ⑯53
속전 續田 ㉒200 ㉔87 447 448 ㉘353 ㉚407 417 424 489 496 ㉜173 291
속전 贖錢 ㉚586 ㉞277
속절고제 俗節告祭 ㉛571
『속정원석교록』『續貞元釋敎錄』 ⑯107 110
속주 涑州 ⑩35 149 165 200
『속집상절』『續集詳節』㉒199
속포 贖布 ㉚590
속함 速含 ⑨25
속현 屬縣 ⑬3 172 174 183 ⑮62 ⑳178 ㉓22 25 135 136 138～141 ㉘144
속형 贖刑 ⑮199 204 ㉒216
속화 俗畵 ㉞129 ㉟464 467 468 480
속환 贖還 ㉚337
손각시귀 ㉟177
손 광 孫鑛 ㉙104
손광헌 孫光憲 ⑲357
손광후 孫廣厚 ㊿334
손 기 孫琦 ⑳21
손기업 孫基業 ㊽349
손기정 孫基禎 ㊿236 ⑤194 349
손 단 孫丹 ㊾295

손대음 孫代音 ⑤132 143
손도강 孫道康 ㉝346
손돌목(돈대) 孫乭項(墩臺) 1㊲98 200 201
손두환 孫斗煥 ㊽123 152 ㊿288 301 304
손만영 孫萬榮 ⑩24
손메레 孫메레 ㊹389
손몌례 孫袂禮 ㊾279 284
손 목 孫穆 ⑰143
손 문 孫文 ㊼216 220 222 223 405 ㊿465
손문욱 孫文彧 ㉙131 176 ㉜424
손병호 孫秉浩 ㊸400
손병희 孫秉熙 ㊴293 299 447 468 485 ㊵5 209 ㊸279 323 324 ㊺52 ㊻4 67 192～197 199～201 203～206 ㊼320 322 326 332 390 ⑤①178 179 187
손붕구 孫鵬九 ㊳112
손 석 孫碩 ⑱35 43 44
손 성 孫盛 ⑧113
손숙돈 孫叔暾 ㉘324
손승용 孫承鏞 ㊻42
손실답험 損實踏驗 ①274 ㉔7 442 443 ㉘ 38
『손씨잠경』『孫氏蠶經』⑲357
손여옥 孫如玉 ㊴454
손영극 孫永極 ㊾161
손외여타 孫外與他 ㉘150 152
손 우 孫俁 ⑱207
손원화 孫元化 ㉜416
손육문 孫毓汶 ㊵110
손응성 孫應星 ⑤②331
손인귀 孫仁貴 ⑨482
손인사 孫仁師 ⑨42 44
손인택 孫仁澤 ㊴436
손일민 孫一民 ㊼314 ㊽280
손자병법 孫子兵法 ㊵83
손재익 孫在翼 ㊾443
손정규 孫貞圭 ㊾274
손정도 孫貞道 ㊽119 147 148 152 160 326
손죽도 損竹島 ㉙22 25
손중돈 孫仲暾 ㉘177 183 271
손진태 孫晋泰 ①112 113 115 129 135 ④13 ㊸236 ⑤①137
손 척 孫倜 ㉚70
손천민 孫天民 ㊴286 289 293 440 ⑤① 178
손천부 孫天富 ⑲399
손 청 孫淸 ⑱8
손 탁 孫鐸 ㊹482 484
손탁호텔 Sontag Hotel ㉟547 ㊹482 ㊻ 304
손해중 孫海中 ㊴302
손홍적 孫弘積 ㉚17
손화중 孫和(化)中 ㊴309 321 326 328 389 390 402 403 408 428 430 450 454 466 474 478 486 ㊵5 113 120 128 ㊹ 413 ㊺326
솔거 率居 ⑧8 ⑨467 478 482
솔거노비 率居奴婢 ①281 ⑨236 ⑭387 ⑮ 71 ㉓54 ㉘53 ㉕208～212 226 227 232 ㉛165 166 635 ㉞133 148 ㊴228 230 231
솔계관(등) 率系官(等) ⑥166 169
솔권 率眷 ㉜161 189
솔권겸윤 率眷兼尹 ㉞184
솔빈부 率賓府 ⑩165 170 200
솔서가족 率婿家族 ①243
솔서혼 率壻婚 ⑮87 91 136 141
솔인 率人 ㉔508
솔정 率丁 ㉔483
솔하노비 率下奴婢 ㉗168 ㉘53 ㉛166
솜바지 ㊹468
솟대 ①135 476 ㉟170 173 174
솟대놀이 長竿戲 ㉛592
솟대신앙 蘇塗信仰 ③280
솟대쟁이패 솟대쟁이牌 ㉟624 ㊺317
솟을합장 ㉛538 539

송 宋 ⑤77 78 84 85 89 91
『송강가사』『松江歌辭』①413
송강공동기선회사 松江共同汽船會社 ㊹103
송경 誦經 ㉖259 266 286
송 경 宋慶 ㊵62 63
송경허 宋鏡虛 ㊿217
송계 松契 ㉞270 271 275
송계백 宋繼白 ㊻207 ㊼274 275 278 315 316 ㊾428
송계선원 松溪禪院 ⑪202
송계월 宋桂月 ㊾474
송곳 錐 ②197
송공작 宋公綽 ⑳150
송광록 宋光祿 ㉟566 570
송광사 松廣寺 ⑭332 ⑯133 215 ⑱99 ㉗481 ㊻131
송광사소장금동요령 松廣寺所藏金銅搖鈴 ㉑451
「송광사진각국사원소탑비」「松廣寺眞覺國師圓炤塔碑」㉑438
송광연 宋光淵 ㉜142
송국리 松菊里 ④126
송국리식(토기) 松菊里式(土器) ③35 184 415
송국리유적 松菊里遺蹟 ①188 ③62 151 166 212 427 428 434～437 444
송국리유형 松菊里類型 ③42 49 60
송국리형토기 松菊里型土器 ③194 481 482
송국첨 宋國瞻 ⑱76 ⑳307
송군비 宋君斐 ⑳234 235 238 245 266
송군수 宋群秀 ⑱36
송군영 宋君榮 ㉜485
송근수 宋近洙 ㉜349
송기옥 安基玉 ㊿312
송기용 宋綺用 ㊺7 236 241 248
송길유 宋吉儒 ⑱78 95 98 100 101 104
송낙선 宋洛善 ㊼139
『송남잡지』『松南雜識』㉟283
송남헌 宋南憲 (52)130 214
송내호 宋乃浩 ㊿312
송눈평원 松嫩平原 ④5 149 155 173 184 201
송능상 宋能相 ㉜82 85 273 ㉟49
송달수 宋達洙 ㉟51
송대춘 宋大春 ㉙161
송덕상 宋德相 ㉜81 82 85 ㊱105 107
송덕윤 宋德潤 ㉙50
송도 松島 ②337 422 443 446 478 496 498 ⑫253
송도고등보통학교 松都高等普通學校 ㊼343
『송도기행첩』『松都紀行帖』㉟454 463
송도삼절 松都三絶 ㉗287
송도상인 松都商人 ㉞68
송도선 松都船 ㉝304
「송도설진계록」「松都設賑啓錄」㊱153
송도성내도 松都城內圖 ⑰247
송도조개더미 松島貝塚 ②311 312 341 358 394
『송도지』『松都志』㉛572 576 578
송동식 宋東植 ㊾454
송두리유적 松斗里遺蹟 ③345 371
송두용 宋斗用 ㊿247
송래희 宋來熙 ㉜348
송림(리) 松林(里) ㊱14 248 249 251
송림리전투 松林里戰鬪 ①333
송림서원 松林書院 ㉚141
송립장 宋立章 ⑳197
『송막기문』『松漠記聞』⑩85 155 161 164 170 177 ⑮262
송만갑 宋萬甲 ①504 ㊿308
송만공 宋滿空 ㊿216
송만재 宋晩載 ㉟564 618 625
송망기 宋望器 ㉙149
송문주 宋文冑 ⑳222 245
송방 松房 ㉝348 383
송병돈 宋秉敦 ㊿328

송병선 宋秉璿 ㉟51 58 ㊳231 ㊸93 ㊻77
송병조 宋秉祚 ㊽175 ㊿6 278 279 281 283 295 440
송병주 宋秉柱 ㊹303
송병준 宋秉畯 ㊷256 286 ㊸75～77 102 173 174 176 223 313 314 ㊹483 ㊺354 ㊻70 78 195 208 ㊼246 ㊽48 (51)73 357
송병직 宋秉稷 ㊸372 ㊻99
송복신 宋福信 ㊼157
송봉우 宋奉瑀 ㊼284 ㊾71 83 292
송 분 宋玢 ⑱120 ㉑335
송사 宋詞 ㉑477
송사 宋使 ⑫217 223
『송사』『宋史』⑨297 ⑩88 ⑮269 295 ㉖129
『송사전』『宋史銓』㉟188
송산리유적 松山里遺蹟 ③344 458 569
송산리유형 松山里類型 ③45
송산화상석 宋山畵像石 ⑥248
송상 宋商 ⑭16 455 456 461 ⑮250 287 294 298 299 377
송상 松商 ①316 336 ㊱122 218
송상규 宋尙奎 ㊸377
송상기 宋相琦 ㉜129 ㉞27
송상문 宋尙問 ㉕76
송상현 宋象賢 ㉙28 ㉛258
송생 松生 ⑪114 ⑫30 32 36 56 64
송 서 宋諝 ⑱78
『송서』『宋書』⑥136～138 147～150 ⑦141 301
송석원시사 松石園詩社 ㉟409
송석하 宋錫夏 (52)371
송설체 松雪體 ①291 ㉑438 ㉗10 540 570 571 573～575 577 ㉛488～492 496
송성관 宋成寬 (52)428 430 431
송성룡 宋成龍 ㉜267 270
송성심 宋聖心 (51)308
송세림 宋世琳 ㉗364
송세형 宋世珩 ㉘112 200
송세호 宋世浩 (51)204
송송례 宋松禮 ⑱96 120 193 ⑳251
송수만 宋秀萬 ㊷302 ㊸5 124～126 128 183 296 130 131 ㊹18 25
송 순 宋純 ㉗349 350 357 358 ㉘336 ㉚40
송술성 松述城 ⑨25
송승연 宋承演 ⑫153 ⑰18 21
송시열 宋時烈 ㉘220 298 ㉚95～119 124 136 153 154 158 160 163 166 168 179 283 486～488 ㉛89 101 105 107 110 182 194 219 239 270 279 287 289 292 293 426 469 495 624 ㉜35 37 38 42 44 56 81 94 108 132 134 141 143 144 201 205 262 280 307 397 398 401 ㉞142 ㉟14 31 32 52 184 185 189 318 319 ㊲161
「송시열상」「宋時烈像」㉛469 472
송시열서원 宋時烈書院 ㉘301
송악 松岳 ⑪143 144 ⑫2 17 19 20 21 22 26 47 72 75 132 215
송악군 松岳郡 ⑫21
「송악명당기」「松岳明堂記」⑯323 ⑰247
송악사우 松岳祠宇 ⑯355
송악성 松岳城 ⑯105
송악신사 松岳神祠 ⑯341
송암청년단 松巖青年團 ㊾412
송양 松壤 ⑤26 31 147
송양왕 松讓王 ⑥17
송언기 宋彦琦 ⑳247
송언상 宋彦庠 ⑱78 101 ⑳229
송언신 宋言愼 ㉙32 117
송연먹(솟먹) 松煙먹 ㉑208 ㉗206 210 211
송 염 宋琰 ⑱120
송 영 宋影 (52)304 369
송영년 松永年 249 373
송영수 宋寧洙 ㊶425
송완순 宋完淳 (52)306

송용중 宋用中 ⑫256
송우장 松隅場 ㉝386 387
송우점 松隅店 ㉝339 363
송원섭 宋遠燮 ㊷70
『송원절요』『宋元節要』㉓285 292 302
송유인 宋有仁 ⑱23~25 32~36 149 204 210 215 ⑲38 ⑳66 80
송유진 宋儒眞 ㉙102 149~152 158 160 161 168 ㉚482
송은성 宋殷成 ㊷62
송응개 宋應漑 ㉚56
송응창 宋應昌 ㉙74 77 83 84 88 91 93 95 98
송응형 宋應泂 ㉚53
송 의 宋醫 ⑫225
송이영 宋以穎 ㉟340 354
송익손 宋益孫 ㉕104 ㉘17
송익필 宋翼弼 ㉘336
송인명 宋寅明 ㉜53 54 60 61 66 153
송인섭 宋寅燮 ㊸125 126 128 131 183
송인수 宋麟壽 ㉘200 201 ㉚13 16 34
송인회 宋寅會 ㊵119
송일두 宋日斗 ㊴454
『송자대전』『宋子大全』㉟189 318
송자청 宋子淸 ⑳38
송자현 宋子賢 ㊸104 305
송 저 宋詝 ⑱209
송전 宋錢 ⑭467 ⑮253 298 ㉔172
송전광소장금동반가사유상 松田光所藏金銅半跏思惟像 ⑧485
송전리유적 松田里遺蹟 ②218
송전만 松田灣 ㉜499
송전방화 松田放火 ㊱165 ㊴280
송절동유적 松節洞遺蹟 ③371
송조대장경 宋朝大藏經 ⑯107 110~112 115
송종면 宋鍾冕 ㊸400
송죽리유적 松竹里遺蹟 ②408 422 428 ③118
송죽회 松竹會 ㊼7 157
송준길 宋浚吉 ㉓283 288 ㉘298 ㉚95 101 103 105 108 109 112 114 119 136 168 486 ㉛182 270 ㉜134 397
송지헌 宋之憲 ㊿233
송진우 宋鎭禹 ㊻207 ㊼275 320 ㊾20 52 53 55 56 145 428 ㊿236 ㉛76 83 ㉜99 106 118 123~125 129 184 186
송 질 宋軼 ㉔272 ㉘194
송 징 宋徵 ⑳254
송천리유적 松川里遺蹟 ③395
송축가 頌祝歌 ⑧160
송치규 宋穉圭 ㉜239
송파松坡 ㉝300 339 344 384 388
송파산대놀이 松坡山臺놀이 ㉟614 637
송파장 松坡場 ㉚539 ㉝366 381 382 386 387
송판본 宋板本 ⑫221
송평동 松坪洞 ②417 451
송평동유적 松坪洞遺蹟 ②418 ③343 350 396
송평정신(마츠타이라 사다노부) 松平定信 ㉜457
송포 松浦 ⑳391 392
송포당 松浦黨 ⑲404
송 하 宋賀 ㊱187 188 196 202
「송하보월도」「松下步月圖」㉗537 556 557
송학 宋學 ㉟38 39 186
송학선 宋學先 ㊽341 342 ㊾114 134 441
송헌거사 松軒居士 ㉖266
송헌빈 宋憲斌 ㊳111 112 ㊶206 215
송현수 宋玹壽 ㉒116
『송형통』『宋刑統』⑮179 192
송혜수 宋惠秀 ㊿328
송혜숙 宋惠淑 ㊾283
송 화 宋和 ㉑513
송화(쑹화)강 松花江 ④70 ⑩4 16 17 25 31 35 38 146 165 227 ⑮266 317 324
송환기 宋煥箕 ㉜84 247

송환억 宋煥億 ㉜81 82
송 흠 宋欽 ㉘186
송흥록 宋興祿 ㉟564~568 629
송희경 宋希璟 ㉒379 406
송희규 宋希奎 ㉘200~202 ㉚14
송희립 宋希立 ㉙61
송희옥 宋熹玉 ㊴450 452 454
솥 ⑧452
솥계수공업 솥契手工業 ㊹211
쇄국(양이)정책 鎖國(攘夷)政策 ㊲7 10 60 64 66 118 149 183 194 202 204 213 328 332 ㊳136
쇄렴 碎斂 ㉜288
쇄마가 刷馬價 ㉚383 486 489 507 510 ㉝258
쇄마계 刷馬契 ㉚506
쇄마고립제 刷馬雇立制 ㉝257 267
쇄마법 刷馬法 ㉝258
쇄마비남징 刷馬費濫徵 ㉝268
『쇄미록』『瑣(璅)尾錄』㉘146 ㉚349
쇄염법 曬鹽法 ㉝244
쇄은 碎銀 ⑲11 410 411
쇄환 刷還 ㉚337
쇠스랑 鐵搭 ⑦218
쇼브 Schove D. J. ㉚309
쇼시랑 鐵齒擺 ㉗187
쇼오카 唱歌 (51)301 303
수 綬 ㉕301 309 ㊹468
수 銖 ㉔608
수가 隨駕 ㉕94
수가리 水佳里 ②337 340 341 443 447 478 495 547
수가리유적 水佳里遺蹟 ②311 324
수가리패총 水佳里貝塚 ②308 312 358 401 403 497 498
수강궁 壽康宮 ㉗451 ㉛521
수갱법 竪坑法 ⑨190
수검통고법 搜撿通考法 ⑳354
수경 水耕 ㉗174 176 ㉝33 38
수경가 輸京價 ㉔449
수경사 垂慶寺 ⑩184
수경신신앙 守庚申信仰 ⑯290 300
수경주 水經注 ④74 86 89
수경직파 水耕直播 ⑦223
수경직파법 水耕直播法 ㉚431
수곡도회 水谷都會 ㊱308 309
수곡성 水谷城 ⑤66 ⑥41 78 ⑨49
수공 收貢 ㉞156
수공 守公 ㉕366
수공업 手工業 ①314 ⑦80 81 ㉓43 ㉝147 358 364
수교 受教 ㉒206
수교감교청 受教勘校廳 ㉒233
『수교고려사』『讐校高麗史』㉖118 121 132
『수교본여씨향약언해』『受教本呂氏鄕約諺解』㉘272
『수교집록』『受教輯錄』㉒235 236 ㉚412 414 ㉜68 ㉟191
수구당 守舊黨 ㊳26
수구문 水口門 ㉗452
수구파 守舊派 ㊳6 8 26 28 37 48 71 389 402 ㊵81
수국사 修國史 ⑱200 224
수군 水軍 ⑫21 22 35 58 60 ㉓207 213 237 244 ㉘4 63 95 104 ㉙56 507 ㉚369 ㉜112 123 186 187 190
「수군변통절목」「水軍變通節目」㊱33
수군절도사 水軍節度使 ㉔222 539
수군포 水軍布 ㉜161 168
수궁가 水宮歌 ㉟569
수기 守其 ⑫219 ⑯108 115 116 ㉑113 117 126 291
수기 修己 ㉘179
수기수세 隨起收稅 ㉘358 ㉚406 407
수기치인 修己治人 ㉖44 45 70
수나라 須那羅 ⑦353
수납대가 輸納代價 ㉔450
「수능엄의소주경」「首楞嚴義疏注經」⑯134

수다사 水多寺 ⑯22 53
수단 水壇 ⑨184
수단병 水團餠 ㉛578
수단지도 修丹之道 ㉛410
수달피 水獺皮 ㉝350 455
수당상역관 首堂上譯官 ㉝441
수덕개 首德皆 ⑦51
수덕사 修德寺 ㉑377 383 ㉗440
수도 水稻 ㉗174
수도 隧道 ㉚95
수도건설 首都建設 ⑫212
수도법 水淘法 ㉝205
수도서선 受圖書船 ㉜432 441
수도서왜 受圖書倭 ㊲21
수도서인 受圖書人 ㉒379 381 395 ㉘132
수도서제 授圖書制 ㉒381
수도작법 水稻作法 ⑭318 320
수도절목 守都節目 ㉜72
수도환 壽都丸 ㊹91
수동구(석기)문화 水洞溝(石器)文化 ②265
수두문 獸頭文 ⑨523
수등이척제(법) 隨等異尺制(法) ⑭10 298 310~312 ⑲9 294 297 321 ⑳71 ㉔7 66 78 80 89 113 452 447 451 ㉜290
수라 水刺 ⑳304
수라간 水刺間 ㉓282
수락사 水落寺 ㉖288
수량 水梁 ㉔396 407 408 417
수련도교 修練道敎 ①445
수렴정치 垂簾政治 ⑫227
수렴청정 垂簾聽政 ①264 ㊲144 151
수렵 狩獵 ⑨622
수렵도 狩獵圖 ①478 ⑧185
수렵총 狩獵塚 ⑧7
수령 守令 ㉓145 174 177 179~182 301 304 ㉔539 ㉕67 89 90 94 96 116~118 128 140 142 143 145~147 151 152 ㉘20 ㉛131 ㊱44 46
수령 首領 ⑩4 8 42 43 71 80 149 151 152 158~160
수령고소금지법 守令告訴禁止法 ㉘265
수령관 首領官 ㉓128 175
수령구임법 守令久任法 ㉞78 229
수령궁 壽寧宮 ⑭361
수령권 守令權 ㉛112~114 116 117 122 123 131 ㉞230
수령사목 守令事目 ⑰75
수령수세제 守令收稅制 ㉝201 206~209 460
『수령안』『守令案』㉞78 83 84
수령제(도) 首領制(度) ⑩141 149
수령 7사 守令七事 ①286 ㉓27 30 31 301 ㉖5 35 233 ㉞210 264 ㊺48
수로 水路 ⑨466
수로(왕) 首露(王) ⑦10 290 303 316
수로방호별감 水路防護別監 ⑱95
수로신화 首露神話 ①137 ⑦312 313
수뢰 水雷 ㊵60
수뢰포 水雷砲 ㊲172 ㊻309
수륙겸종법 水陸兼種法 ⑥216 ⑦223
『수륙무차평등재의촬요』『水陸無遮平等齋儀撮要』㉗220
수륙물산주식회사 水陸物産株式會社 ㊹192
수륙재 水陸齋 ⑯186 ㉖271 275~277 ㉗159 ㉛397 ㉟172
수릉군전 守陵軍田 ㉘33
수리 水利 ㉘347 352
수리 首吏 ㉞99
『수리』『數理』㊻234
수리계 修理契 ㉚505
수리관개기술 水利灌漑技術 ⑥212 213 215
수리비 水利費 ㊼71
수리사 修理寺 ⑱10
수리시설 水利施設 ①62 ⑦80 ⑫217 ㉘351 ㊱118 123 124
『수리잡지』『數理雜志』㊻233

수리조합 水利組合 ①49 ㊼81 ㊽87
수리조합반대운동 水利組合反對運動 ㊿128
수리조합사업 水利組合事業 ㊽64 65
수립주척 水立周尺 ㉔617
수릿날 端午 ㉑537
수마석 水磨石 ㉗257
수명명 受明命 ㉛582 583
수명학교 修明學校 ㉓301
수모법 隨母法 ⑫213
수목신앙 樹木信仰 ①157 158 167 ⑦14
수묘 守廟(墓) ⑧34
수묘인 守墓人 ⑤57 ⑧126
수묘제 守墓制 ⑤60 94
「수묵백의관음도」「水墨白衣觀音圖」㉑421
수묵사의화조화 水墨寫意花鳥畵 ㉛476 479
수묵선종화 水墨禪宗畵 ㉑421
수묵화 水墨畵 ①490
수문 秀文 ㉗566~569
수문군 守門軍 ㉚251
수문사 修文司 ㊴120
수문장 守門將 ㉓222 226 ㉚244 276
수문천왕 守門天王 ⑧192
수물과 數物科 ⑤①285
수미강 須彌康 ⑫62
수미군 收米軍 ㉚269 ㊱196
수미단 須彌壇 ㉛510
수미법 收米法 ㉚489
수미산문 須彌山門 ⑪193 202 208 ⑯17 197
수미산상 須彌山像 ⑨421
수미수포법 收米收布法 ㉜73
수민원 綏民院 ㊹312
수박 手搏 ⑱41 ㉑511 519 ㉟607
수박희 手搏戱 ⑧179 185 ㉑520 553 ㉛578
수방직 手紡織 ㊲41
수배신조현지복 受陪臣朝見之服 ㉛606
수보로푸 M. I. Suvorov ㊶123
「수보록」「受寶籙」㉗332 333 ㉛582
수복 守僕 ㉕219
수복경성공신 收復京城功臣 ⑳347
수복청 守僕廳 ㉓282
수부 水府 ㉖293
수부 水部 ⑨184 ⑩144 153
수부전 水夫田 ㉘34
수분 Syufan 綏芬 ㊹303
수분법 水糞法 ㊴252
수분하 綏芬河 ⑮266 317 327
수비관구 守備管區 ㊷278
수사 水使 ①266 293
수사공 守司空 ⑱45 225
수사관 修史官 ⑰149 ㉖127 132
수사학 洙泗學 ㉟38 93
수사학당 水師學堂 ㊳130
수산리벽화분 水山里壁畵墳 ⑥247 ⑧191 333
수산시험소 水産試驗所 ㊷105
수산업 水産業 ㉔7 382
수산역 水山驛 ㉝256
수산제 守山堤 ⑫217 ⑲330
수산조합 水産組合 ㊶156
『수산집』『修山集』㉟317
수산청년회 壽山靑年會 ㊾412
「수삽석남」「首揷石枏(楠)」⑰201~203 233
수상 水商 ㉔176 ㉘70
수상선 水上船 ㉝229 301 364
수상야학(교) 水商夜學(校) ㊸229 286
『수서』『隋書』①147 162 206 ⑤111 157 175 194 196~198 200 201 217 ⑦6 141 240 ⑨305 ⑩46 47 ⑫68
수서원 修書院 ⑰96
수석 首席 ㉚531
수선사 修禪社 ①248 256 ⑭257 259 470 ⑯98 102 ㉑16~18 22 23 25 30 43 48 50~56 58 59 62~71 73 78 80

~83 88 93 94 103 156 157 164 308
수성군 守城軍 ⑨27 ㉓7 207 352 ㉕ 243 ㉘90 99 ㉜98
수성금화사 修城禁火司 ㉓70 98
수성부 修城府 ⑨182 594
수성분계 守成分界 ㉚257
수성윤음 守城綸音 ㉚287 ㉜72
수성전선색 修城典船色 ㉔334 335
「수성절목」「守城節目」㉚257
수세도고 收稅都賈 ㊹181
수세도고회사 收稅都賈會社 ㊹185 187 192 194
수세제 收稅制 ㉜327
수소 戍所 ⑲62 64
수소군 修掃軍 ㉚388
수손급손(제) 隨損給損(制) ㉔182 444
수쇄법 手灑法 ㉔6
수수 水手 ⑭405 408 414
『수수명실록』『授受明實錄』㊻193 201
수시력 授時曆 ⑰115 ⑳305 ㉑196 200 201 ㉗65 83 84 89 ㉛331
『수시력첩법입성』『授時曆捷法立成』㉑ 200 201
수시해 水尸解 ㉛407
수시회감 隨時會減 ㉚501 508
수신 水神 ⑯347 348 353 362
수신 隧神 ①135 145 ⑤4 33
수신 壽神 ⑪27
수신사 修信使 ①459 ㊲80 85 257 258 275 294 306 329 330 ㊳80~82 105 112 168 169 341 342 345 365 371 ㊺15 16
『수신사일기』『修信使日記』㊳117
수신서 修身書 ㊺186
수신전 守信田 ⑭96 219 ㉓38 39 ㉔46 47 51 ㉕97 98 ㉘38 41 43
『수심결』『修心訣』㉑30 51
수아레즈 Suarez ㉜417
수안금광(점) 遂安金鑛(店) ㉝126 148 185 ㊶132 152 153 166 ㊹112
수안동광 遂安銅鑛 ㊶140
수암사 水嵓寺 ⑭253 254
수야충방(미즈노 타다쿠니) 水野忠邦 ㉜ 461
수약주 首若州 ⑨150 594
수양개 水陽介 ②163 237 244 300 301
수양개유적 水陽介遺蹟 ②37~39 91 94 179 197 205 228 425 528
수양대군 首陽大君 ㉒112 114 115
수양동우회 修養同友會 ㊾2 55 ㊿236 237 51114
수양론 修養論 ㉘327 ㉟13 18 32 44
수양서원 首陽書院 ㉗227
수 양제 隋煬帝 ⑤101 114 117 120~122 127 131 ⑫49
수어경청 守禦京廳 ㉚267
수어사 守禦使 ㉜161 166
수어청 守禦廳 ㉚156 262 268~270 282 283 285 468 557 ㉜72 99 107 109 152 166 168 188 303
수역 輸役 378 381 382
「수역별단」「首譯別單」㊲178
수연장 壽延長 ㉑476 497
수연장지곡 壽延長之曲 ㉟574
수영 水營 ㉔336
수영강습회 水泳講習會 ㊺369
수영야류 水營野遊 ㉟630 640
수옥헌 漱玉軒 ㊷236
수우각 水牛角 ㉝325 326 473 474
수운 水運 ㉔10 523 530
수운선마가 輸運船馬價 ㉚486
『수운잡방』『需雲雜方』㉕326 331 334
수운판관 水運判官 ㉓176 ㉘34
수운혼천의 水運渾天儀 ①288 ㉗4
수원 水原 ㉝382 383
수원사 水源寺 ⑧61 76
수원성 水原城 ㉜83 84 87 96 ㉝359
수원승도 隨院僧徒 ⑫257 ⑬358 360 ⑭261 470 ⑯204

수원식대구 綏遠式帶鉤 ③296
수원식동경 綏遠式銅鏡 ③297
「수월관음도」「水月觀音圖」①487 ㉑434 432
수윤 秀胤 ㉚157
수은 水銀 ⑮377
수은법 搜銀法 ㉝442 452
수의 壽衣 ⑤220
수의 獸醫 ⑮159 ㉕372
『수이전』『殊異傳』⑰202 206 207 225 226 230 231 ㉑294
수인 守仁 ㉙69
수인산성 修仁山城 ㉙185
수임성 水臨城 ⑨53
수입양품 輸入洋品 ㊸95
「수입조규」「輸入條規」㊹444
수장 守藏 ㉗195 196
수장 繡匠 ㉔255
수재 水災 ㉕357 358 364
수적 水賊 ㉝137
수적신압산(호즈미노오미오시야마) 穗積臣押山 ⑦396
수전 水田 ④277 279 ⑥213 ⑦7 222 ⑭335 341 344~347 ㉔87 115 457 ㉘351
수전 水戰 ㉙206
수전농법(업) 水田農法(業) ⑥212 ⑭320 329 ㉔2 101~103 106 112 116 117 ㉘350 ㉝3 33
수전삽종곡 水田揷種穀 ㉙143
수전종맥법 水田種麥法 ㉔95
수전패 受田牌 ㉓210 215 ㉕84 86 87
수전품관 受田品官 ㉕85 86
수전화 水田化 ㉘352
수절처 守節妻 ㉘36 38
수정새기개 水晶彫刻刀 ②245
수제학교 修齊學校 ㊺49
수조 水曹 ⑨185
수조권 收租權 ①253 ⑥199 ⑬354 ⑭73 77 81 83 ⑲87 238 ㉓37 ㉔34 36 37 45 50~52 54 60~62 65 66 82 444 ㉘2 36 38 40 41 44~46 66 ㉚441 447 ㉝82 86 ㉛234 347
수조물품 收租物品 ⑭349
수조반강 收租頒降 ㉚500 501
수조안 收租案 ㉚491 ㉝290
수조율 收租率 ㉔58 79 451
수조제 收租制 ㉔77 78 80 83 91
수조지 收租地 ⑬298 300 301 ⑯204 ⑲7 225 226 237 247 ㉓37 ㉔23 30 36 48 49 53 58 ㉘41 42 45 354
수조훈련 水操訓練 ㉙57
수졸 戍卒 ⑦216 ⑲63
수종 秀宗 ⑪24
수종사 水鐘寺 ㉗481
수종사 금동불상 水鐘寺金銅佛像 ㉗594 596
수종사 8각5층탑사리구 水鐘寺八角五層塔舍利具 ㉗584
수좌 首座 ⑯101 ㉑291
수좌 壽座 51216 366
수주 秀州 ⑯124
수주 愁州 ㉒167 342
수주 이씨 樹州李氏 ⑫202
수주 최씨 水州崔氏 ⑫202
『수중금』『袖中錦』①488
수증계 水蒸鷄 ㉕333
수지법 樹枝法 ㉛458 461
수직왜 受職倭 ㊲21
수직인 受職人 ㉒395 ㉜429
수직(제도) 授職(制度) ㉒274 375 376 430 ㉓120 ㉕97
『수진』『修眞』㉖299
수진궁 壽進宮 ㉚460
수진법계 竪盡法界 ⑪179 ⑯33 34 50
수진상전 壽進床廛 ㊶220
수진축성 水鎭築城 ㉒195
수차 水車 ㉗101~104 ㉚439 488 ㉝55
수찬관 修撰官 ⑱236 ㉖146

수참 水站 ㉔523 530 ㉘34
수창궁 壽昌宮 ⑱149 ㉕352
수척승 水尺僧 ㉗425
수철 水鐵 ㉔233 ㉗247 ㉚580
수철 秀澈 ⑪192 194 196
수철계 水鐵契 ㉚506 ㉝321
수철수공업 水鐵手工業 ㉝177
수철아병 水鐵牙兵 ㉚577
수철장 水鐵匠 ㉔236 237 240 251 252 ㉚577
수철장 水鐵場 ㉔225
수철점 水鐵店 ㉝177 178
수초법 守哨法 ㉙192
수춘후 항 壽春侯 沆 ⑱85
「수출입품등임시조치법」「輸出入品等臨時措置法」 ㊿18
수통 水桶 ㉚438
수판 受判 ㉒206
수포군 收布軍 ㉚251 ㉜73 107 110 111 332
수포군관 收布軍官 ㉜162
수포군액 收布軍額 ㉜309
수포(제) 收布(制) ㉚380 ㉜104 ㉟237
수표 水標 ①288 ㉔617 ㉗3 91 93 95 96 ㉟354
수표교 水標橋 ㉔497 617
수품 水品 ⑨19
수피아여학교 須皮亞女學校 ㊺95
수하동소학교 水下洞小學校 ㊶216 220
수학 數學 ㊻230
수학교육 數學教育 ㊻231
수향 首鄕 ㊱224 235 333
『수현방궤기』『搜玄方軌記』 ⑯30 31
수혈 竪穴 ③116 335 402 ⑧16
수혈식석곽묘 竪穴式石槨墓 ⑦342 ⑧344 359 360
수혈주거 竪穴住居 ①94 ⑧457
수형방 首刑房 ㉞99
수형식(Animal style) 獸形飾 ③301
수형장식 樹形裝飾 ⑨534
수형조합 手形組合 ㊹184
수호관 守護官 ㉖153
수호국 修好國 ⑨22
수호군 守護軍 ㉓207
수호요청사절 修好要請使節 ㉙176
수호조규 修好條規 ㊲258 261
수호조규부록(안) 修好條規附錄(案) ㊲258 259 261
『수호지』『水滸志』 ㊱108
수호통상교섭 修好通商交涉 ㊲308
수호통상장정 修好通商章程 ㊲282
수호통상조약 修好通商條約 ㊲220 301 307 312 315
수환호 受還戶 ㉜375
수희 水戱 ㉑550
숙군성 宿軍城 ⑤64
숙달 叔達 ⑤126
숙동노구 熟銅爐口 ㉚563
숙량흘 叔梁紇 ㉓283
숙명여자고등보통학교 淑明女子高等普通學校 ㊾265
숙명여학교 淑明女學校 ㊺101
숙비 淑妃 ⑱158
숙성촌 宿城村 ⑨328
숙수사 宿水寺 ㉗472 473 ㉘285
숙신 肅愼 ④49 125 140 ⑤75 76 179 ⑧147 148 ⑮263
숙신고성 肅愼古城 ⑩200
숙신국 肅愼國 ④77
숙신씨 肅愼氏 ⑥34
숙신족 肅愼族 ④65
숙여진 熟女眞 ⑩40 82 ⑮241
숙위 宿衛 ⑦134 135 136 ⑩54 102 115 122 123 151 152 186~188 ⑲58 ⑳310
숙위군 宿衛軍 ㉕89~91
숙위병종 宿衛兵種 ㉞27
숙위소 宿衛所 ㉚273 ㉜97
숙위외교 宿衛外交 ⑰168

숙위학생 宿衛學生 ⑨8 10 275 319 338 350 352 353 360 ⑪6 8 29 51 170 171 ⑰168
숙전화 熟田化 ㉗171
숙정대 肅正臺 ⑪18 40
숙종 肅宗 ⑫20 ⑱57 184 237 ㉚118 120 165 166 168 169 178
『숙종실록』『肅宗實錄』⑰156
숙천부사 肅川府使 ㉚572
숙철 熟鐵 ㉔233 ㉚579
숙치 熟治 ㉗187
숙흘종 肅訖宗 ⑨19
숙흥 叔興 ⑪34
순검군 巡檢軍 ⑱22 65 91 148 217
순경 順璟 ⑨367 ⑯67
순과 旬課 ㉓287
순관 巡官 ㉓228 230
순군만호부 巡軍萬戶府 ㉓75 204
순군부 徇軍部 ⑪6 149 150 152~154 ⑫80 106 127 128 133 ⑬1 10 12 14 15 18 19 284
순노부 順奴部 ①5 ⑤29 34 35
순도 順道 ⑤50 ⑦411 ⑧1 49
순독구결 順讀口訣 ⑨442 ㉑231 238 239 240
순동 純銅 ③227
순령수 巡令手 ㉚273
순명호 順明號 ㊹94 95
순목령 純木令 ㉝403 424
순무사 巡撫使 ㊱248
순무영 巡撫營 ㊱248 ㊵211
『순무영등록』『巡撫營謄錄』㊱270
순문 詢問 ㉜313 332
순밀 純密 ⑨463
순백자 純白磁 ㉗10 525 526
순변사 巡邊使 ㉓245 ㊴106 370 380 384
「순보서」「旬報序」㊳187
순사보(제도) 巡査補(制度) ㊼31 42 43
순사제도(설치) 巡查制度(設置) ㊳407 418
순성여학교 順成女學校 ㊹381 382 399 ㊺100
순손 順孫 ⑫146
순수 巡狩 ⑤170
순수문학(론) 純粹文學(論) ㊾318 321
순수적석총 純粹積石塚 ⑧340
순수토광묘 純粹土壙墓 ⑧334 335
순식 順式 ⑫23 26 27 28 34 43 45 72
순신창상회 順信昌商會 ㊴173
순신창회사 順信昌會社 ㊴178
순안후 종 順安侯 琮 ⑱118 155
『순언』『醇言』㉟197
순영아병 巡營牙兵 ㉜112
『순오지』『旬五志』㉟282
순원왕후 純元王后 ㉜263 268 269 276 278
순위부 巡衛府 ㉓75
순위사 巡衛司 ㉓204
순응 順應 ⑪177
순인천황 淳仁天皇 ⑩106 128 129 131
『순자』『荀子』㉟188
순자격 循資格 ⑲143 ⑳354
순자법 循資法 ①270 ㉓9 116 322 ㉕79
순작 巡綽 ㉕94 96 ㉚245
순장 巡將 ㉓227 228
순장 殉葬 ①109 ③16 ④65 216 221 ⑦10 93 420 ⑧358
「순전」「舜典」㉔600
순정공 純貞公 ⑨466
순제악 舜帝樂 ㉔600
순제척 舜帝尺 ㉔600
순종비 順宗妃 ⑫202
순주 順州 ⑫28 64 134
순주성 順州城 ⑪114
순주이궁 巡駐離宮 222
순지 順之 ⑪79 80 203 205 ⑯12~14 42

순질 筍質 ⑫101 123
순찰사 巡察使 ㉔539
순찰패 巡察牌 ㉓227
순창 淳昌 ㉙157
순천관 順天館 ⑰20
순천박씨 順天朴氏 ⑫86 127
순천선 順天船 ㉝304
순청 巡廳 ㉓229 230
순청자 純靑瓷 ⑰292 ㉑221
순체 荀彘 ④107
순치제 順治帝 ㉚94 ㉜401 402
순통 純通 ㉓285 333
순행 巡幸 ⑦55 ⑰174
순화군 順和君 ㉙3 31 37 51 157
순황 荀況 ㉖36
순회세자 順懷世子 ㉚107
순회재판소 巡廻裁判所 ㊵244
순흥 順興 ⑧355
술간 述干 ⑦166 270
술랑 述郞 ⑨623
술원 述元 ⑪192
술이부작 述而不作 ㉗287 ㉟244
숭공학교 崇工學校 ㊻152 51263 266
숭교방 崇敎坊 ㉓281
숭교사 崇敎寺 ⑯51 98
숭덕 崇德 ⑱161 ㉙273 296 ㊻172 185
숭덕부 崇德府 ⑱158
숭덕학교 崇德學校 ㊹396
숭례문 崇禮門 ㉔497 ㉗443
숭례전 崇禮殿 ⑨545
숭명반청책 崇明反淸策 ㉜27
숭명정책 崇明政策 ㉙223
숭무주의 崇武主義 ㊼247
숭무학교 崇武學校 ㊼250 251
숭문관 崇文館 ⑪43 ㉓280
숭문대 崇文臺 ⑨8 123 358 ⑪41 43
숭복사비 崇福寺碑 ⑨205 ⑪44 ⑭21 136 138 159 288 301 ⑯305
숭불호법 崇佛護法 ㉖252
숭산신사 崧山神祠(松嶽神祠) ⑯338 356
숭선사 崇善寺 ⑫101
숭신인조합 崇神人組合 51391
숭신학교 崇信學校 ㊻153 51263～266
숭실 崇實 ㊻170 172 185
숭실대학 崇實大學 ㊸288 326
숭실전문학교 崇實專門學校 ㊸349 ㊺105
숭실중학 崇實中學 ㊸326 349
숭실학교 崇實學校 ㊸294 309 348 ㊼168 170 171 177
숭유억불 崇儒抑佛 ㊻113
숭의문 崇義門 ㉚247
숭의여학교 崇義女學校 ㊺93 ㊼157 ㊿238
숭의학교 崇義學校 ㊹387
숭정 崇禎 ㉙296 ㉜27
숭정여학교 崇貞女學校 ㊺95
『숭정역서』『崇禎曆書』㉛314 325 329
숭제 崇濟 ⑨370
숭천교 崇天敎 ㊻210
숭현여학교 崇賢女學校 ㊺95
쉐니케 J. F. Schaenicke ㊴42 96 126
쉐찌닌 Шетинин Б. В. 52461
쉬쉬킨 Shishkin ㊶88
쉬티코프 Штыков Т. Ф. 5279 203
쉴즈 E. L. Shields ㊻288
슈미트 Schmidt 斯米德 ㊳135
슈우분 周文 ㉗546 566 567 569
슈펠트 Robert W. Shufeldt 薛斐爾 ㊲11～13 83 84 195 275～277 283～285 287～296 298～301 304 309 ㊳82 87 137 170 ㊵29
슐라이허 A. Schleicher 51267 269
스기무라 후카시 杉村濬 ㊴58 ㊵2 39 43 44 66 68 105 108 109 130 148 166 255 260 261 ㊶33
스기야마 테이스케 梶山鼎介 ㊴56
스다르체프 Startsev ㊶123

스탈린 Сталин Б. В. ㊾432
스란 膝襴 ㉕304 307
스란치마 膝襴裳 ㉕324 325
스미모토가 住友家 ㊹76
스미스 Lesley Smith ㉚307
스미스 W. Bedell Smith ㊾61
스미이 요시에 住井美江 ㊾293
스빠파리 N. M. Spafarij ㉜507
스윙거호 Swinger號 ㊲80
스즈키상점 鈴木商店 ㊼312
스즈키 시게모토 鈴木重元 ㊶36
스즈키 준겐 鈴木順見 ㊵260 ㊶33
스칼닉 P. Skalnik ④29
스커더 Charles L. Scudder ㊳398
스코트 James Scott ㊺250
스코트 St. John T. Scott ㊴62 130
스코틀랜드성서공회 Scotland聖書公會 ㊻159
스코틀랜드장로회 Scotland長老會 ㊻160
스크랜튼 Mary F. Scranton ㊳193 ㊴121 ㊹388 389 393 396 ㊺22 92~94 ㊻164 183 184 188
스크랜튼 Wm. B. Scranton 施蘭敦 ㊻180 181 286 289
스키타이문화 Scythian culture ③4 290
스키토 Scytho ③301 308
스태드 W. T. Stead ㊸70 71 73
스태포드 W. P. Stafford ㊸54
스탠다드석유회사 Standard石油會社 ㊶185
스터링 Sir James Stirling ㊲65
스테드만 F. W. Steadman ㊻294
스테파노프 O. Stepanov ㉜405
스트렐비츠키 Strelbitzky ㊶70 335
스티븐스 Durham White Stevens ㊵56 ㊷208 227 ㊸6 44 155~162 164 165 485 487 488
스페르베르호 The Sperwer號 ㉜488
스페이에르 Alexei Nikolaevich de Speyer 士貝耶 ㊵32 ㊶50 60 65 73 98 100 106 227 235 322 390 ㊷34
슬 瑟 ⑧367 368 373 375
슬기사람 Home Sapiens ②110 121
슬기슬기사람 Home Sapiens Sapiens ②110
슬슬 瑟瑟 ⑪56
슴베찌르개 stemmed biface points 有莖尖器 ①93 ②91
습독관 習讀官 ㉓112 299 367
습비부 習比部 ⑦ 86 247 258
『습산진벌』『習算津筏』㊻230
습악 習樂 ㉗390 391 393
습의 襲衣 ㉕302
승 丞 ④110 ⑤31 147 149 ⑱159 160
승강사 僧綱司 ㉒164
승계(제도) 僧階(制度) ⑯65 93 101
승과 僧科 ①246 287 ⑫219 ⑬6 385 ⑯25 37 55 61 65 66 85 93 95 96 ㉖8 252~254 ㉟153
승관 僧官 ⑧476 ⑯85 138
승군 僧軍 ㉙52 ㉚269 386 400
승급패 僧給牌 ㉖265
승니 僧尼 ㉖247 274
승단 僧團 ㉖246
승당 僧堂 ㉖262
승대장 僧大將 ㉟154
승도 僧徒 ㉖8 254
승동학교 承洞學校 ㊺100
승랑 僧朗 ⑧52
승려 僧侶 ㊹345 350
승려대회 僧侶大會 ㉛210 211
승려독립선언서 僧侶獨立宣言書 ㉛204
승려화가 僧侶畵家 ⑨482
승록 僧錄 ⑯89 90
승록사 僧錄司 ①287 ⑯86 91 93 ㉖8 251 252 266
승륭 僧隆 ⑦149
승리산 勝利山 ②49
승리산사람 勝利山人 ②81 83 119
승리산동굴 勝利山洞窟 ②48

승리산유적 勝利山遺蹟 ②119
승무 僧舞 ①326 ㉟598 600 ㊺362 364 ㊿356 357
『승문연의』『乘門衍義』㊱96
승문원 承文院 ㉓29 60 69 88 102 112 305 325 358 ㉕74 ㉜91
승민 僧旻 ⑧82
승반운동 陞班運動 ㉞44 45 56 ㊹340
승발 承發 ㉞99 193 ㉜288
승변 僧辯 ⑨362
승보시 升(陞)補試 ㉓284 291 292 319 ㉕73 74
승부 乘府 ⑦118 176 229
승상 丞相 ⑲19 81
승석문토기 繩蓆文土器 ④131 298
승선 承宣 ①217 ⑫263 273 ⑬48 52~54 148 149 ⑱27 52 53 92 100 107 112 168 210 225 238 239 247
승선 僧選 ⑯99 ㉖253
승선방 承宣房 ①217
승선원 承宣院 ㊵189
승시 僧試 ㉖254
승여사 乘輿司 ㉓69 258 259 ㉔504 553
승역 僧役 ㉚385 ㉟158
승영 昇英 ⑪101
「승원가」「僧元歌」㉑275 283 284
승유 僧維 ⑯87 90
승자총통 勝字銃筒 ㉓266 ㉗257~259 264
승장 僧匠 ⑨6 188 189
승장 勝莊 ⑨366 397
승재 僧齋 ㉕280 293 294
승적인 承嫡人 ㉞55
승전 勝詮 ⑨394
승정 僧正 ⑧52 ⑯87 89 90 306
승정기구 僧政機構 ⑨361
승정사 僧政史 ㉖255
승정원 承政院 ⑬53 154 ㉒82 85 86 ㉔552 ㉕117 139 ㉜91 ㊵189
『승정원일기』『承政院日記』⑰155 ㉖154 ㉛380 518 ㉜404 ㊲151 237 240 242 244 253 255 257
승주 昇州 ⑫41 85 148 253
승지 承旨 ⑱168 ㉖146
승직 僧職 ㉖263
승천부 昇天府 ⑳170 192
승천승가 昇天乘駕 ⑦420
승추부 承樞府 ㉒52 53
승통 僧統 ⑫230 ⑯68 101
승학선인 乘鶴仙人 ⑧185
승호법 陞戸法 ㊳270
승화조공사선 承和朝貢使船 ⑨305
승화현인 承化縣人 ⑫173
승화후 온 承化侯溫 ⑳252 258
시가 市價 ⑨198
시가 詩歌 ㉗437
시가문학 詩歌文學 ㉑272
시가지법 試可之法 ㉕118
시가행진 市街行進 ㊼359 371 390
『시경』『詩經』①165 166 ④70 ㉓285 341 ㉖57 ㉗275 288 301 331 ㉟32 36 198 428 429
『시경언해』『詩經諺解』㉛367
시계 詩契 ㉞171
시관 試官 ㉓302
시교당 施教堂 ㊻211 217 ㊿193
시교회 施教會 ㊻217
시국대책협의회 時局對策協議會 ㊾198 200
시권 試券 ㉓330
시기실결 時起實結 ㉜376
시기전(결) 時起田(結) ㉜289 361 365
시긴 詩昑 ㊿321
시끄또바 Sikotova ㊹303
시나위 ㉟575~577
시넬리니코프 Sinel'nikov ㊹304
시노비 寺奴婢 ㊴222
시노안 寺奴案 ㉞152
「시뇌가」「詩腦歌」⑨461

『시대일보』『時代日報』 ㊻48 ㊾92 ㊿78
시덕 施德 ⑥169 ⑧380
시데하라 히로시 幣原坦 ㊸187 203 289 ㊺166
시도 矢島 ②309 391 422 435 456 484 536
시도패총 矢島貝塚 ②312 356 382 390 436 ③361
시득 施得 ⑨63
시라도리 구라기치 白鳥庫吉 ㊿140
시라무렌하 西喇木倫河 ④64
시라이시 白石由太郎 ㊴216
시라카미 켄지로오 白神源次郎 ㊵50
시라키 白木誠太郎 ㊴459
시라타키 白瀧 ②281 286
시로꼬고로프 S. M. Shirokogoroff ①115 134
시루 ③336 551 ⑧258 451 452
시림 始林 ⑦246
시립 侍立 ㉓231 ㉚255
시마 緦麻 ⑫145
시마다 슈카이 島田修海 ㊻281
시마무라 島村久 ㊳399 ㊴193
시메나와 標縄 ㊿405
시멘트제조업 Cement製造業 ㊼89
시모노세키조약 下(馬)關條約 ①350 ㊴70 ㊵4 15 16 47 63 70 78 80 84 87 93 94 141 219 253 ㊶91 ㊷16 173 ㊸60 85 ㊹107
시모다조약 下田條約 ㊲68
시목 柴木 ㉗531 532 ㉝342
시무 市貿 ㉚527
시무소 時務疏 ㉜325 334
시무 28조 時務28條 ①215 ⑫77 88 154~166 170 171 179 180 ⑬151 162 ⑯372
시무학 時務學 ㊵176
시무학당 時務學堂 ㊻107
시바시로 柴四朗 ㊶29
시박사 市舶司 ⑨317 330 ⑭456 ⑮ 297 ⑲399 400
시베리아 Siberia ③17 45 287 457
시베리아횡단철도 Siberia橫斷鐵道 ㊵18 19 75 ㊷173 196 ㊼207 212
시베리아기원설 Siberia起源說 ②438 439 448
시벽당쟁 時僻黨爭 ㉜79 80
시볼트 Alexander Siebold ㊵56
시부자(사)와 에이치 澁澤榮一 ㊳344 ㊶119 135 144~146 151 ㊹17 61 120
시비기술 施肥技術 ㉚435
시비법 施肥法 ⑭329 ⑲9 100 ⑳71 ㉔2 106~108 117 ㉘146 ㉚363 ㉝37 40 46 ㉞109 ㊱123
시사 市肆 ⑨195
시사 侍史 ㉓58
시사 時祀 ㉖218
시사 試射 ㉜161
시사 詩社 ㉞75
시사만평 時事漫評 ㊺300
『시사신문』『時事新聞』 ㊿73 77
『시사신보』『時事新報』 ㊵102 ㊹72 73
시사연구회 時事研究會 ㊽302
시사운동 詩社運動 ㉞66
「시사지무십관」「時事至務十款」 ㊴109
『시사총보』『時事叢報』 ㊻56 58 61 70 103
시색편 試色片 ㉗518
시선 視膳 ㉜394 396
시세론 時勢論 ㉟243 245
시세영 柴世榮 ㊿340~342
『시악화성』『詩樂和聲』 ㉜94
시안 市案 ㉚524 525
시애설화 屍愛說話 ⑰233
시약소 施藥所 ㊻156 157
시약의료사업 施藥醫療事業 ㊻157
시양급가 侍養給假 ⑯257
시어사 侍御史 ⑫229 230 253
『시언』『是言』 ㊿382
시역 市役 ㉔129

시왕 十王 ㉟164
『시용무보』『時用舞譜』 ㉛585 ㉟593 51 356
『시용향악보』『時用鄕樂譜』 ㉑259 267 269 270 464~467 470 ㉗332 410 415 ~418 422 435~437 ㉛544 552 554 568 ㉟554
시우쇠 ㉚580
시워드 W. H. Seward ㉜479
시월제 十月祭 ④222
10월항쟁 十月抗爭 52157 177 193 194 247 251 394
시위 侍衛 ㉚255
시위군 侍衛軍 ⑫106 118 159 161 ⑲ 59 60 66 ㉘90 ㉓210 211 217
시위대 侍衛隊 40260 297 42 58 60 253
시위대립 侍衛代立 ㉕85
시위부 侍衛府 ⑦181 207 ⑨4 17 90 136
시위사 侍衛司 ㉓204
시위패 侍衛牌 ㉓6 7 201 202 207 209 214 217 235 236 248 352 ㉕85 87 243 ㉘99
시유가 柴油價 ㉜168
「시일야방성대곡」「是日也放聲大哭」 43 278 308 46 64 77
시임향장 時任鄕長 ㊱215
시작농 時作農 ㊱280
「시장규칙」「市場規則」 51386
시장세반대운동 市場稅反對運動 43 95 98~101 104 105 108
시재 試才 ㉓330 ㉜180
시전 市典 ㉔122
시전 矢箭 ㉗237
시전 市廛 ①236 254 271 ⑨196 ⑫234 ⑭16 442~444 447 ⑲386 ㉑589 ㉓44 ㉔3 58 122~124 266 ㉘88 ㉚444 514 520 523 530 ㉝335 339 386 388 ㉞76
시전도고 市廛都賈 ㉝316
시전상인 市廛商人 ㉚520 522 524~526 529 ㉝315 336 341 353 387~392 ㉞113 114 ㊴179
시전행랑도감 市廛行廊都監 ㉔213
시정 侍丁 ㉓259 ㉕217 219
시정개선 施政改善 43 299 514
시정기 時政記 ⑰155 ㉓24 ㉖151 ㉛379
시정전시과 始定田柴科 ⑫5 120 121 124 ⑬140
시제 時祭 ①308
시제 矢堤 ⑦79 222
시조 始祖 ㉞170
시조 時調 ①289 422 424 425 427 428 ㉑273 274 279 ㉗7 329 342~348 350 ~354 358 ㉟393 396 550 560 563
시조묘 始祖廟 ⑥195 ⑧18 32 ⑪19
시조설화(신화) 始祖說話(神話) ①147 148 167 ⑦2 13
시조신 始祖神 ⑧110
시조연구회 時調硏究會 52356
시종무관장 侍從武官長 42253
시종원 侍從院 40237
시주 時主 42 70 75~77 81 88
「시주도」「詩酒圖」 ㉛457 472
시주질 施主帙 ㉗226
시중 侍中 ⑦180 ⑨3
시중최공도 侍中崔公徒 ⑰55 60 63
시지 柴地 ⑭61 301 303 ⑳ 72
시직 試職 ⑭111~114 116
시진포 市津浦 ⑲390
시책 試策 ㊱325
시천교 侍天敎 43 323 46 199 47 185 51 179
『시천교력사』『侍天敎歷史』 ㊴302
시천주(사상) 侍天主(思想) ㊲136 137 46 201
시취 試取 ㉓7 32 287
시카고만국박람회 The Chicago World Fair ㊴65
시탄공 柴炭貢 ⑭360 385
시탄주식용달회사 柴炭株式用達會社 44 193

시탄회사 柴炭會社 ㊹189
시파 時派 ㉚287 ㉜79 223 244
시패 市牌 ㉔152
「시폐(재)소」「時弊(再)疏」㊳127
시폐상소 時弊上疏 ㊶239 247
시포 市鋪 ㉘71
시학 視學 ㉓284
시학의 視學儀 ㉖234
시행수 時行首 ㉔140
『시헌기요』『時憲紀要』㉟359
시헌력 時憲曆 ㉛322 325 329 330 ㉟ 356 365
시헌칠정법 時憲七政法 ㉟357
「시험장각종목록」「試驗場各種目錄」㊴119
시호제 諡號制 ⑥93
시화일률 詩畵一律 ㉑418 419 421
시회 詩會 ⑱234 ㉛233 ㊺317 318 320
시흥민요 始興民擾 ㊹411
시흥종 始興宗 ㉖250 251 278
식년마 式年馬 ㉔582
식년무과 式年武科 ㉓334 349 353
식년시 式年試 ㉓326 334 343 349 363 ㊱236 256 ㊲92
식년호적(안) 式年戶籍(案) ㉚510 ㉞20 28
식당도기 食堂到記 ㉓318 333
식량공출제 食糧供出制 52263 265 266
「식량관리령」「食糧管理令」㊿90~92 96
식례획급 式例劃給 ㉚501 507
식례횡간 式例橫看 ㉖4 5
식료조제품 食料造製品 ㊼98
『식료찬요』『食療纂要』㉗140 157
식료품가공업 食料品加工業 ㊼86
식리 殖利 ㉓311 312 ㉝435 ㉞267 274 275 277 278
식리계 殖利契 51390
식리총 飾履塚 ⑧259
식목도감 式目都監 ①217 ⑬1 2 35 76 78 79 104 106 152 ⑭183 221 ⑰30 40 ⑲23
식목록사 式目錄事 ⑫278
『식목편록』『式目編錄』㉖125
『식목편수록』『式目編修錄』㉖125 127
식목형지안 式目形止案 ⑬337~339
식물상 植物相 ②55 63 73 329
식물원 植物園 51384
『식물학교과서』『植物學敎科書』㊻245
식물화석 植物化石 ②329 335 336 343
식민무단통치 植民武斷統治 ㊼125
식민사관 植民史觀 ②84 112 ㊿62 51 139 257
식민정책 植民政策 ㊼30
식민주의 植民主義 ㊼122
식민주의사학 植民主義史學 ㊺8 51132 133 137 139 141 142 144~146
식민지교육정책 植民地敎育政策 ㊺59
식산은행 殖山銀行 ㊼82 ㊽65 83 85~87 90 91 93 52275
식산자강론 殖産自强論 ㊸255 281
식산흥업 殖産興業 ㊷89 ㊸256 258 262 296 ㊹159 183 200 204 206
식생대 植生帶 ②330 331 333 335
식실봉 食實封 ⑭269~272
식염절가제 食鹽折價制 ㉔371
식읍 食邑 ⑤179 194 ⑥76 197~201 ⑦ 51 112 238 ⑪53 ⑫27 35 37 137 171 234 ⑭2 24~27 32 105 142 144 269 ~274 ⑱89 91 ⑳142
식점 式占 ⑥240
식해 食醢 ㉝237
신가 新歌 51301
신가고성(지) 新街古城(址) ④173 206 207
『신가정』『新家庭』5187 93 112
『신가집』『神歌集』㊻214 216
신 각 申恪 ㉙32 182 184
신간 神杆 ①135
『신간산보범음집』『新刊刪補梵音集』㉟570
「신간유편역거삼장문선대책」「新刊類編歷擧三場文選對策」㉗194
신간회 新幹會 ①382 387 ㊼240 288

290 296 297 ㊽12 32 168 183 ㊾3 4 7 ~10 55~57 141~143 145 146 152 154 155 157 158 161~165 167 169~172 174 209 233 250 256 332 347 352 353 355 387 390 410 435 436 440 463 467 468 ㊿3 191 197 202 226 227 231 248 ~250 51̅74 52̅183 198 200
신간회동경지회 新幹會東京支會 ㊼294 ~297
신감 神鑑 ⑪201 203
신강 信康 ⑫37 100
신 개 申槩 ㉒181 ㉔363~365
신개류유적 新開流遺蹟 ②522 537
신건친군 新建親軍 ㊳154 ㊴16 02
신검 神劍 ⑪123~127 128 183 ⑫27 36~39 65 85 156
신검군 神劍軍 ⑬277
신격전 神格殿 ①250 ⑯291~293 ㉖290
신경 新京 ㊹303
신경원 申景瑗 ㉙241 281 ㉚85
신경준 申景濬 ④76 ⑥133 ⑩232 233 ㉛355 376 ㉝359 ㉟190 193 273 276 310 320 323 325 327 333
신경진 申景禛 ㉙243 274 276 279 ㉚72 81 85 271 281
신경진 辛慶晋 ㉚542
신경행 辛景行 ㉙154 157
신경희 申景禧 ㉚70
신계축 申癸丑 ㉙153
『신고강의』『神誥講義』㊻214 216 219
『신고려사』『新高麗史』51̅225
신고송 申孤松 51̅309
신 곡 申鵠 ㉙152
신곡계 新穀契 ㉚506
신곡수정 神谷壽禎 ㉘122
신곡회사 新穀會社 ㊹193
신골 身骨 ⑨532
신공 身貢 ㉓3 54 289 ㉕208 209 213 225 229 230 ㉞138 141 145 152 153
신공자 申公子 ㊹383 384
신공전 身貢錢 ㉝267
신공제 申公濟 ㉔537
신공황후(진구코우고우) 神功皇后 ⑥37 154 155 ⑦140 278
신관아수리잡비 新官衙修理雜費 ㉜288
신관정치 神官政治 ㊸274
신관호 申觀浩 ㉜236 277 278 ㊸241 471 ㊻310
신광보살 神光菩薩 ⑪182 183 209 ⑫17
신광수 申光洙 ㉟563
신광한 申光漢 ㉘199 200 249 ㉚13
신광현 申光絢 ㉟454
신광희 申光熙 ㊼250
신교 神敎 ①372 437 ㊻104
신교육구국운동 新敎育救國運動 ㊸293
「신교육령」「新敎育令」㊾28
신교육보급론 新敎育普及論 ㊾25
신교자강론 信敎自强論 ㊸323
신구범 愼九範 51̅74
신구여서 新舊黎庶 ①200
신구조운동 新構造運動 ②324
신국 新國 ㊸275
신국사상 神國思想 ⑨286
신궁 神宮 ⑦74 92 ⑧32 ⑪19
신궁경의회 神宮敬義會 ㊸323
신권 臣權 ㉓24 27
신권론 臣權論 ㉜34
신귀형토기 神龜形土器 ⑧218
신규식 申圭植 ㊺73 ㊻217 221 ㊼12 219 ~227 230 231 307 51̅193 ㊽111 134 145 ~148
신극 新劇 51̅130 301 366 373 384
신극례 辛克禮 ㉗448
신금현 新金縣 ④64 122
신금홍 申錦紅 51̅307 309
신기 神騎 ⑬341 342 357 ⑱179
신기군 神騎軍 ⑬357~359 ⑱184
『신기비결』『神器秘訣』㉗253 259~261

신기선 申箕善 ㊳55 ㊵171 229 264 284 304 ㊶20 65 319 343 347 350 353 ㊸125 426 ㊺33 38 96 ㊻78 101 ㊾425 ㊿232

신기언 申基彦 ㊿301 303 52206

신기일 申起一 ㉙152

신기전 神機箭 ㉓269 270 ㉗109 ㉙65

『신기천험』『身機踐驗』㉟379 ㊻235 242

『신기통』『神氣通』㊻236

신김씨 新金氏 ⑦301

신낙균 申樂均 ㊿236

『신농본초경집주』『神農本草經集註』⑧407

신농씨 神農氏 ⑫145 ㉖231

『신단민사』『神檀民史』㊻211 214 216 217 220 224 ⑤193 194

신단수 神檀樹 ①157 158 ④57 ⑦15

『신단실기』『神檀實記』㊻214 220 ⑤193 194

『신당서』『新唐書』①130 ④201 ⑤157 ⑥230 ⑦6 89 141 ⑩36 46 48 49 64 139 163 165 235 ⑪17 53

『신당서』발해전 『新唐書』渤海傳 ⑩8 28 35 36 42 45 54 65 66 68 74 137 142 150 162 163 165 171 240

신대리성 新垈里城 ⑨149

신대리요지 新垈里窯址 ㉛517

신대우 申大羽 ㉟79

신덕 新德 ⑫36

신덕순 申德淳 ㊸429

신덕왕 神德王 ⑫22

신덕왕릉 神德王陵 ⑨546

신덕전 神德殿 ⑫89

신도 臣道 ㉖19

신도 薪島 ㊱239

신도 新都 ㉗29

『신도』『新道』㊽186 ㊿61 62 69

「신도가」「新都歌」㉗332 333

『신도경』『神韜經』㊱97

신도국교화정책 神道國敎化政策 ⑤151

신도궁궐 新都宮闕 ㉒27 ㉔211 212 495 ㉗447

신도사 信道師 ⑤179

신도설 新都說 ㊱101

신도성 信都城 ⑫116

신도재상 新道宰相 46

신돈 辛旽 ①443 ⑭266 ⑱171 ⑲80 140 143~146 168 183 282 ⑳15 48 339 350 ~354 358 359 413 ㉑99 102 103

신돈복 辛敦復 ㉝80

신돌석 申乭石 ㊸9 387~389 399 464 488~490 520 525 526

『신동아』『新東亞』㊿211 ⑤87 88 93 112

신동호 申東浩 ㊾81 83

신득연 申得淵 ㉙256 257 272

신득재 申得財 ㉔312 313

신라 3보 新羅三寶 ⑦257

신라촌락문서 新羅村落文書 ①204

신라계열 新羅系列 ⑫121 123 124 170

『신라고기』『新羅古記』⑩54 232

신라관 新羅館 ⑨296 ⑪91

신라교관물 新羅交關物 ⑨200 286

신라구주군현총도 新羅九州郡縣總圖 ㉖172

『신라국기』『新羅國記』⑨195 ⑪16

신라금(시라기고토) 新羅琴 ⑧373 374 380

신라도 新羅道 ⑩99 171 201

신라도자 新羅刀子 ⑨309

신라매금 新羅寐錦 ⑦68

「신라민정문서」「新羅民政文書」⑥233

신라방 新羅坊 ⑨303 318 325 328 ⑪91 ⑫20 ⑲399

「신라법사방」「新羅法師方」⑧426

신라부흥(운동) 新羅復興(運動) ⑳133 153 155 160 177

신라산 新羅山 ⑨330

신라석실분 新羅石室墳 ⑧361

신라선 新羅船 ⑨193 202 302

신라소 新羅所 ⑪91 ⑫20

신라악 新羅樂 ⑧381 382 ⑨618 619
신라어 新羅語 ⑥241 ⑧138 141 144
신라역어 新羅譯語 ⑨312 ⑪93
『신라연대력』『新羅年代曆』⑨426
신라원 新羅園 ⑨325
신라원 新羅院 ⑪91
신라인 新羅人 ⑩53 54 56 93 102 110 121 228 229 245
신라장적 新羅帳籍 ⑨6 69 211 217 229 238 441 ⑬207 210 ⑭188 279
신라정벌(토) 新羅征伐 ⑥154 ⑩106 127 ~131
신라지 新羅志 ㉖172
신라촌락문서 新羅村落文書 ⑪57 59 88 ⑭22 301 303 315
신라칠 新羅漆 ⑥250
신라풍 新羅風 ⑨616 617
「신라화엄경사경조성기」「新羅華嚴經寫經造成記」⑨441
신락유적 新樂遺蹟 ②462
신란궁 神鸞宮 ⑫35
신란궁부인 神鸞宮夫人 ⑫86
신래한예 新來韓穢 ⑤172
신량역천 身良役賤 ⑬232 ㉓47 52 53 208 ㉔561 ㉕37 75 105 134 233 234
신량역천층 身良役賤層 ①279
신례 臣禮 ⑮229 234 245 246
신례전 新禮錢 ㉞98
신률 新律 ㉒197 217
신륵사 神勒寺 ㉖269 ㉗479~481
신륵사다전탑 神勒寺多塼塔 ⑰261
신륵사대장각기비 神勒寺大藏閣記碑 ㉑407
신륵사보제존자석종 神勒寺普濟尊者石鐘 ㉑400 403 406 407
신륵사조사당 神勒寺祖師堂 ㉛537
신릉공자 信陵公子 ⑱245
『신리대전』『神理大全』㊻214 216 217
신리연구소 伸理硏究所 ㊸224
신 립 申砬 ㉙26 30 31 181 182 186
신마리아 辛마리아 ㊹387 388
신 막 愼幕 ㊷342
신 만 申晩 ㉜155 158 162 195
신만청년회 新灣青年會 ㊾80 382
신매리유적 新梅里遺蹟 ③104
신 면 申澠 ㉒132
신 면 申冕 ㉚95
신명(순성)태후 유씨 神明(順成)太后 劉氏 ⑫41 42 82 86
신명균 申明均 ㉛100 106 110 112
신명색 申明色 ㉓26 ㉘263 ㉛35
신명여학교 信明女學校 ㊺95
신명학당 新明學堂 ㊺76
신모 神母 ⑧44 ⑨411
신목신앙 神木信仰 ③539
신목왕후 神穆王后 ⑨91
신묘 神廟 ⑧18
신무문 神武門 ㊶182
신무시위사 神武侍衛司 ㉓202
신무왕 神武王 ⑨330 ⑪33 ⑫13
신무왕릉 神武王陵 ⑨546
신무용 新舞踊 ㉛359
신문 神門 ㉓282
『신문계』『新文界』㉛68
신문고 申聞鼓 ㉒39 ㉜67
신문관 新文館 ㊼327 ㉛67
신문덕 辛文德 ⑩191
신문보관 新聞報館 ㊻16
『신문세계』『新文世界』㉛68
신문업 新聞業 ㊹240
신문왕 神文王 ⑨84 482 600
신문왕릉 神文王陵 ⑨546
「신문조례」「新聞條例」㊻54
「신문지규칙」「新聞紙規則」㉛60 61
신문지법 新聞紙法 ㊸227 279 313 328 ㊻54 79 88~93 ㊼3 128 240 ㉛59 61
신문화건설(론) 新文化建設(論) ㊾17 18 21 25 26
신문화운동 新文化運動 ㊳75 ㊻187

신미 信眉 ㉖280 281 285 286 288
신미국 新彌國 ⑥35 39
신미도 身彌島 ㉔571
신미양요 辛未洋擾 ①313 340 362 ㉜15 494 501 ㊱343 ㊲7 103 113 114 118 166 194 208 209 219 322 ㊻135
신민 臣民 ㊵96 ㊾121
신민 新民 ㊽308
신민단 新民團 ㊼215 ㊽218 223 227 228 241
신민당 新民黨 52113 166 169
『신민보』『新民報』㊽295
신민부 新民府 ㊻211 218 219 ㊽7 291 294 296~298 304 306 307~311 313 314 338 ㊾9 ㊿308
신민사상 新民思想 ㊸244
신민신국(론) 新民新國(論) ㊸275 276
신민족주의 新民族主義 ①112 52180 181
신민족주의사관(學) 新民族主義史觀(學) ㉟81 51138
신민주주의 新民主主義 52169
신민회 新民會 ①379 ㊸7 8 104 207~215 217~219 224 233 234 248 253 254 256 259~262 275~278 285 287 304~306 327~329 331 333 334 340 ㊹206 318 ㊺71 ㊻203 207 ㊼7 135 175 178 192 238 244 ㊽129 ㊾5 67 5159
「신민회취지서」「新民會趣旨書」㊸208
「신민회통용장정」「新民會通用章程」㊸208
신반 新班 ㉞43 54 56
신방 信芳 ⑪184
신방 神昉 ⑨366
신백정 新白丁 ①279 ㉔577 ㉕238 239 242
신법 新法 ㊶276
『신법누주통의』『新法漏籌通義』㉟359
신법당 新法黨 ㉘266
『신법중성기』『新法中星記』㉗58 ㉟341
「신법천문도」「新法天文圖」㉟340 352
신병기 新兵器 ⑳407 409 410
신병법 新兵法 ㉙191
신보군 神步軍 ⑬357 360 ⑱184
『신보수교집록』『新補受教輯錄』㉒238 ㉚413 415
신보순 申甫純 ⑳38
신복모 申福模 ㊳23 86 359 368 370~372 381 397 400
신복상회사 新福商會社 ㊴178
신봉균 申鳳均 52372
신봉문 神鳳門 ⑫259 ⑰243
신봉자 申夆子 ㊹384
신부 信符 ㉓229 ㊴343
신부 信部 ⑩143 153 166
신분 申濆 ㉗306
신분내혼 身分內婚 ㉛160
신분모칭 身分冒稱 ㉞144 147
신분세습제 身分世襲制 ㉞157
신분제 身分制 ⑥169 226 ㉚179 ㉞151 157 ㊱141 ㊹334 335
신분직업 身分職業 ㊹324
신분직역 身分職役 ㉛154 ㉞24
신불분리정책 神佛分離政策 51151
신빈 申斌 ㊼231
신사 神社 51301
신사 神祠 ⑧44 ⑯341
신사 神師 ㊴296 51179
신사(무)옥 辛巳(誣)獄 ㉘198 ㊱191 205
신사과 辛司果 ㊴285
「신사규칙」「神社規則」㊿61
『신사기』『神事記』㊻214 216 217
「신사사원규칙」「神社寺院規則」51161
신사상 新思想 ㊳19
신사상연구회 新思想研究會 ㊾6 69 74 79 218
신사소청 紳士疏廳 ㊸118 121
신사신도 神社神道 51152 155
신사신앙 神社信仰 51391
신사신의해관세칙 辛巳新擬海關稅則 ㊳

170
신사실파 新寫實派 ㊾332
신사위전 神祠位田 ㉖245
신사(위정)척사운동 辛巳(衛正)斥邪運動 ㊲11 283 ㊳224 246
신사유람단 紳士遊覽團 ①459 ㊲285 ㊳57 105 150 160 185 186 241 352 ㊴140 ㊷271 ㊺16 29 ㊹180 ㊻228 230 257
신사임당 申師任堂 ㉗553 561~564 ㊺99
신사준 愼師浚 ㉝79
신사참배 神社參拜 ①378 ㊼109 ㊿3 61 237 238 258 ㊿172
신산서원 新山書院 ㉚141
신삼 信蔘 ㉝466
신삼세 新三稅 ㊷313 332 336 350
신삼천당 新三千幢 ⑦207
신 상 申商 ⑭211
신상면 申相冕 ㊼355
신상완 申尙玩 ㊿204
신상태 申相泰 ㊼149 150
신상협회 紳商協會 ㊹25
신상회사 紳商會社 ㊷106 ㊹197 206
신새 新賽 ㉙126
『신생』『新生』 ㊿253 256
『신생명』『新生命』 ㊿253 254
『신생활』『新生活』 ㊾65 218 224 ㊿253
신생활운동 新生活運動 ㊿430
신서 申西 ㉚95
신서(적) 新書(籍) ㊳2 3 15 18 20 53
신석구 申錫九 ㊼326
신석기기 新石器期 ②313
신석기혁명 新石器革命 ③264
『신석노걸대』『新釋老乞大』 ㉟280
신석린 申錫麟 ㊽48 50
『신석박통사』『新釋朴通事』 ㉟280
신석연초합명회사 信錫煙草合名會社 ㊹187
신석우 申錫雨 ㊺69 ㊼12 153 219 225 231 275 ㊽52 111 118 119 ㊾52 54 143 147 ㊿74
신석정 辛夕汀 ㊾300 301
신석호 申錫祜 ㉜356 357
신석희 申奭熙 ㊶342
신선 神仙 ㊱99
신선사 神仙寺 ⑧79
신선사상 神仙思想 ①442 ⑦415 ㊱98
신선설 神仙說 ①250 ⑦415
신선술 神仙術 ㊱90 91
『신선태을자금단방』『神仙太乙紫金丹方』 ㉗157 372 377 ㉛412
신성 信誠 ⑤141~143
신성 新城 ④169 ⑤38 105 122 123 132 134 137 140 143 187 ⑧304 ⑩20 25 26
신성구 申聲求 ㊼243
신성왕태후 神成王太后 ⑫41
신성재 新城宰 ⑤56
신성태수 新城太守 ⑤56
신성학교 信成學校 ㊿328
신성학교 信聖學校 ㊺116
신세준 申世俊 ㉙158
신소당 申簫堂 ㊸152 ㊹384
신소설 新小說 ㊺294 296 305~312 358
신 속 申洬 ㉘146
『신속동국삼강행실』『新續東國三綱行實』 ⑯265
신수 神獸 ⑧197
신수 神秀 ⑪188 191
신수경 神獸鏡 ⑧262
신수근 愼守勤 ㉘192
신수문 神獸文 ⑧262
신수신앙 神樹信仰 ①156 157
신수통상장정초안 新修通商章程草案 ㊳170
신 숙 申夙 ㉚326
신 숙 申肅 ㊽116 143 147 158 160 260 280 304 ㊿274 337 340 ㊿182 183

㊿200
신숙경 申淑瓊 ㊾275
신숙주 申叔舟 ㉒70 78 113 117 118 125 131~132 134 136 178 339 340 385 406 424 ㉔335 351 354 476 ㉖195 201 ㉘20 181 189 ㉙25
신숭겸 申崇謙 ⑪6 99 113 164 ⑫18 45 56 77 133 142 ⑭32 33 ⑳256
신승선 愼承善 ㉒137
신시 神市 ①158
신시베리아족 Neo-Siberians ①63
신시용 申時用 ⑱169
신시철 申時澈 ㊾265
신식군대 新式軍隊 ㊲331
신식혼례 新式婚禮 51396 388
신식화폐발행장정 新式貨幣發行章程 ㊴98 ㊵181 ㊷102 ㊹19 21 22
「신식화폐장정」「新式貨幣章程」㊵194 291
신식화폐조례 新式貨幣條例 ㊴98 ㊵194 ㊹19
신아구방 新我舊邦 ㉟225
신아동맹단 新亞同盟團 ㊾65
신아동제사 新亞同濟社 ㊼224
신 악 申岳 ㊿297
신악 新樂 ㉑481 51301
신악기 新樂器 ㉑482
신안 新案 ㊱269
신안공 전 新安公佺 ⑳204 248
신안학교 新安學校 ㊸212
신알버트 申알버트 ㊹389
신암리 新巖里 ③213 311 422 423 443 460 462 490 535 546
신암사금동불좌상 申庵寺金銅佛坐像 ㉑412
신앙결사운동 信仰結社運動 ①248 256
신앙자유운동 信仰自由運動 ㊻136
신야의숙 莘野義塾 ㊸286
『신약마가전복음서언해』『新約Mark傳福音書諺解』㊻188
신엄율사 信嚴律師 ⑯29 45
신여성 新女性 ㊾13 121 289
신여철 申汝哲 ㉜136
신역 身役 ㉓42 48 ㉔8 441 476 477 480 481 488 ㉕145 167 173 174 181 182 208 ㉗168 ㉘103 262 ㉚575 ㉜103 104 121 ㉞138
신역불교 新譯佛教 ⑨362
「신열악」「辛熱樂」⑧158 375
신영삼 申榮三 ㊿301 304
신영순 申永淳 ㊼158
신영자 申英子 ㊹384
신 예 辛裔 ⑳277
신옥년 辛玉年 ㊴209
신 완 申琓 ㉚164 ㉜45 110 112 122 123 145
신용개 申用漑 ㉓336 ㉘176 250
신용우 申用雨 ㊾470 51328
신우균 申羽均 ㊵266
신운견지보 臣雲遣支報 ⑦325
신원지 申元之 ㉖297
신월성 新月城 ⑨148 593
신 위 申緯 ㉜266 ㉟135 409 447 486 564
신 유 申瀏 ㉜404 405
신유공안 辛酉貢案 ㉘360
신유대훈 辛酉大訓 ㉜154
신유림 神遊林 ⑦14
신유박해 辛酉迫害 ㉟108 ㊻137
신유사옥 辛酉邪獄 ㉞72 ㊲180
신유식 新唯識 ⑨363~365 373 382
신유의서 辛酉擬書 ㉚167 168
신유학 新儒學 ⑲163 ㉑128~130 139 142 147 250 251 254 ㉘266
신윤국 申允局 51115
신윤록 申允祿 ㉜263
신윤무 辛允武 ㉘256
신윤복 申潤福 ①325 492 ㉟471 473
신음악 新音樂 51301
신응시 辛應時 ㉚40 45 48
신응조 申應朝 ㊶179

신응희 申應熙 ㉙152 ㊳23 ㊵227 229 ㊷272
신의 信義 ⑪180 181 200 201
신의경 辛義卿 ㊾278
신의관 申議官 ㊸461
신의군 神義軍 ⑱6 69 79 89 93 103～105 107 108 120 154 175 185 186 193 ⑳120 251
『신의보구방』『神醫補救方』⑮293 ⑰127
신의상무소 信義商務所 ㊶407
신의주공장노동조합 新義州工場勞動組合 ㊿194
신의주사건(제1차조선공산당사건) 新義州事件(第一次朝鮮共產黨事件) ㊾94
신의주청년동맹 新義州靑年同盟 ㊾206
신의주학생사건 新義州學生事件 52446
신의학 愼宜學 ㉜223 262 264 265
신이사관 神異史觀 ⑰184 ㉑301
신이자 申利子 ㊹384
신이진 申二鎭 ㊽158
신익균 申益均 51237
신익상 申翼相 ㉜45 145
신익성 申翊聖 ㉚271 ㉟434 440
신익희 申翼熙 ㊼273 275 ㊽147 149 152 330 ㊿276 279 280 302 52131 132 143 417
신인 神人 ㊱90 99
신인법 神印法 ⑨415
신인적 申仁適 ⑳278
신인종 神印宗 ⑨362 ㉖250 251 278
신일 愼日 ㉑528
신일선 申一仙 51370
신일시교당 信一施教堂 51196
신일용 辛日鎔 ㊽312 313 ㊾65 5174 83
신일헌 申日憲 ㊽205
신임사화 辛壬士禍 ㉜37
신임옥(사) 辛壬獄(事) ㉛109 110 195 ㉜61 153 221 269 ㊱191 193 195
신임의리 辛壬義理 ㉜80 84 209
신임환국 辛壬換局 ㉚149 170 172 174 177 179
신자유주의사상 新自由主義思想 51185
신 작 申綽 ㉟79 186
신작로 新作路 ㉝359 383 51382
신 장 申檣 ㉒70
신장 神將 ㉖293
신장척 伸長尺 ㉔621
신재련 辛在蓮 ㊴441 447
신재련포 辛在蓮包 ㊴442
신재식 申在植 ㉜257
신재영 申載永 ㊷44
신재효 申在孝 ①428 502 ㉞122 ㉟550 564～569 629 ㊺320
신적 神笛 ⑨603
신전 新田 ㉚448
신전술 新戰術 52146 157 172 192 242 249 252 394
신전장 伸展葬 ③27 129
신 정 申丁 ⑱170
신 정 申瀞 ㉘186
신정 新正 51393
「신정국문」「新訂國文」㊺229～231 235 236 241 242 248
『신정동국력사』『新訂東國歷史』㊺270
「신정동국력사서」「新訂東國歷史序」㊸320
신정백석(아라이 하쿠세키) 新井白石 ㉜447
『신정산술』『新訂算術』㊻232
『신정심상소학』『新訂尋常小學』㊺160 165
「신정십조」「新定十條」㉛62 64 121
신정완 申貞琓 ㊿302
신정왕(태)후 황보씨 神靜王(太)后 皇甫氏 ⑫42 (85)
신정우 申正祐 ㊹388
『신정자수』『新訂字藪』㉟195
신정정치 神政政治 ⑦38
신정희 申正熙 ㊴60 61 458 ㊵151～153

186
신제국주의 新帝國主義 ㊲320 ㊵21 93
『신제음악요의』『新制音樂要義』㊿316
신제작파 新制作派 ㊿328
신제총통 新製銃筒 ㉓267
『신조』『新潮』㊼405
신조소 新鳥蘇 ⑨620
신조약(체결안) 新條約(締結案) ㊲240 246
신종 神宗 ⑫179 ⑮235 297 258 ⑱4 5 9 10 51 52 56~58 62 85 90 134 136 138 151 153 165 178 182 207 229~231 233 234 236 ㉜77
신종묘정 神宗廟庭 ⑱229
『신조신문』『신조新聞』㊻71 73
신주 信州 ⑫133
신주 神主 ㉛214
신주 新州 ⑦104 107 113
신주단지 神主단지 ㉟174
『신주무원록』『新註無寃錄』㉗111 123 125 137 139
신주원부인 강씨 信州院夫人姜氏 ⑫87
신주정 新州停 ⑦196
『신주화엄경판』『新註華嚴經板』⑮294
신준 神駿 ⑱217 219 220 242 243
신중 神衆 ㉖271
신중도량 神衆道場 ⑯141 178
신중모 申重模 ㊳23 33 359 360 366 379 385
신중상주의 新重商主義 ㊲320
신중원 神衆院 ⑯162 280
『신증금보』『新增琴譜』㉛544 561 565
『신증동국여지승람』『新增東國輿地勝覽』①274 276 ④48 ⑩231 ⑫81 ⑲351 ㉒153 155 196 ㉖169 201 ㉛384 571
『신증유합』『新增類合』㉑248
『신증응골방』『新增鷹鶻方』㉑248
신지 臣智 ①196 ④35 140 269 ⑥29 30
『신지비사』『神誌秘詞』⑯323 ㉑173 174
신지수 申芝秀 ㊸371
신진관료 新進官僚 ⑫102 105 111 120 ⑲407
신진당 新進黨 52196 197 199 204
신진사대부 新進士大夫 ⑰79 ⑲2 5~8 11 95 96 101 114 147 158 166 167 172 175 177 178 181 ⑳12 ㉑98 ㉓20 53 318 339 ㉕144 ㉘174
신진사류 新進士類 ①216 ⑬383 ⑲102 ⑳13 31 ㉑137 ㉓3 ㉚35 ㉛402
신진사인 新進士人 ⑲103
신진역 新津驛 ㉝256
신진화주의이론 新進化主義理論 ④17
신 질 申質 ⑫123
『신집』『新集』⑤59 101 163 ⑧4 123 125
『신집어의촬요방』『新集御醫撮要方』⑮159 ㉑222 223
『신집지리경』『新集地理經』⑯322
신집평 愼執平 ⑳321
『신찬경제속육전』『新撰經濟續六典』㉒203
『신찬구급간이방』『新撰救急簡易方』㉗140
『신찬벽온방』『新撰辟瘟方』㉗142 143 ㉚329
『신찬성씨록』『新撰姓氏錄』⑥231
『신찬소물리학』『新撰小物理學』㊻238 245
『신찬조선어법』『新撰朝鮮語法』㊿107
『신찬지문학』『新撰地文學』㊻250
『신찬팔도지리지』『新撰八道地理志』㉖162 163
신찬폐백료공진 神饌幣帛料供進 ㊿169
신창동유적 新昌洞遺蹟 ③179 346 387 461 539 540 554
신창상회 信昌商會 ㊴178
신창조합 新彰組合 ㊿394
신창희 申昌熙 ㊴472
신채호 申采浩 ①363 382 437 ④48 55 76 ⑥133 ⑨71 ⑩236 237 ㊲104 ㊳18

신한민주당 新韓民主黨 ㊿299 303 304
신한민촌 新韓民村 ㊸218 333
신한청년당 新韓靑年黨 ㊼13 234 236 305 313 314 316 ㊽111 118 125 (51)71
신한촌 新韓村 ㊼11 191 201~205 245 397 398 ㊹309 ㊽122 124 247
신한평 申漢枰 ㉟473
신한혁명당 新韓革命黨 ㊽12 106 ㊼12 13 169 228 230 231 232 236 237 307
신 할 申硈 ㉙33
신해교난 辛亥教難 ㉟102 104
신해영 申海永 ㊶316 ㊺52 73 ㊻233
신해통공 辛亥通共 ㉜88 ㉝61 247 329 335 337 353 355 372 387 392 393 409 ㉞68 71 76 115
신해혁명 辛亥革命 ㊼11 136 188 216 221 236 237
신행 神行 ⑨567 ⑪188 189 207 208
신향(층) 新鄕(層) ㉓305 ㉞34 39 101 103 181 232 255 258 259 ㊱4 14 57 71 138 141 142 216 217 219 220 225 231 234 256 259 265 274 276 288 289 358 ㊴242 279
신향층 新鄕層 ①327 ㊹406
신 헌 申櫶 ㉜473 ㉟491 ㊲8 12 169 172 173 237 243~255 297 298 329 ㊳170
신 현 申晛 ㉚542
신현중 愼弦重 ㊿252
신혈사 神穴寺 ⑫209
신협 新協 (52)376
신형호 申衡浩 ㊼221 249
신혜왕후 유씨 神惠王后柳氏 ⑫41
신혜원 新惠院 ㉔512
신호 神號 ㉖226
신호위 神虎衛 ⑬4 271 281 291 351 ⑱187 ㉓199 202
신호적 新戶籍 ㊹326
신홍 信弘 ⑳413 414
신홍식 申洪植 ㊼321 326
신홍휴 申鴻休 (51)328
신화 神畵 ⑨467
신화당 新化黨 (52)196
신효 信孝 ⑨406 ⑪180 181 212
신효범 申孝範 ㊸339 340
신후담 愼後聃 ㉟90
신 훤 莘萱 ⑫24
신 흠 申欽 ㉙240 ㉚70 74 95 ㉟32 64 65
신흥강습소 新興講習所 ㊸333 ㊻218 222 ㊼10 193 194 387
신흥과학연구회 新興科學研究會 ㊼284 294 296
신흥리산성 新興里山城 ⑧314
신흥무관학교 新興武官學校 ①385 ㊸218 ㊽207 213
신흥무장 新興武將 ㉓280
신흥사 新興寺 ⑫73
신흥사대부 新興士大夫 ①495 500 ⑲104 ⑳39 ㉑150 160 161 272 273 422 ㉓37 280
신흥사족 新興士族 ⑲102 107 ㉗191 ㉘146
신흥우 申興雨 ㊾365 423 ㊿145 147 211
신흥창 新興倉 ⑭469 ⑲238
『신흥청년』『新興靑年』㊾74 91 397
신흥청년동맹 新興靑年同盟 ㊾249 286 289 376 383 384 397 407
신흥청년회 新興靑年會 ㊾93
신흥학교 新興學校 ㊸212 333 ㊼194 195 196 380 ㊽323
신흥학우단 新興學友團 ㊸333 ㊼195
『신흥학우보』『新興學友報』㊼195
실감반수 實監班首 ㉔159 170
실결 實結 ㉚487 492 496
실경산수화 實景山水畵 ⑰287 ㉑425 ㉛446 447 467 468

실기 實紀 ㉗228
실력양성론 實力養成論 ㊸221 222 227 230 245 253 261 328 ㊼133 136 153 174 ㊽1 14 170 ㊾3 18 19 31 34 59 316 ㉛27
실력양성운동 實力養成運動 ㊸7 219 235~240 308 314 326 ㊾20 29 361 440 ㊽126
실록청 實錄廳 ㉖154 ㉛378 379
실록편수관 實錄編修官 ⑰157
실록편찬 實錄編纂 ㉛379 380
실무관료 實務官僚 ㉚164 178
실법사 實法師 ⑧52
실별장 實別將 ㉝444 445
실비아호 Sylvia號 ㊲80
실사구시 實事求是 ㉜418 ㉟210 273 ㊲147
실사구시학파 實事求是學派 ㉛341 ㉟268 515
실상곡 實相曲 ⑨609 610
실상론 實相論 ⑯64
실상사 實相寺 ⑨543 554 556 558 576 ⑪192 196
실상산문 實相山門 ⑪192 194 196
실성(마립간) 實聖(痲立干) ⑥155 ⑦62 125 142
실수승 實修僧 ⑨463
실업교육 實業教育 ㉛18
실업권장회 實業勸奬會 ㊸306
실업연구회 實業硏究會 ㊹205
「실업학교규칙」「實業學校規則」㉛17
실위 室韋 ⑤75 79 206 ⑩22 33 55 78 112
실유곡 實留穀 ㉜378
실임 實任 ㉔139
실정(족리)막부 室町(足利)幕府 ㉒250 263 265 271 274 282 283 369 381 399 ㉙14 17 ㉚332 ㊲20
실제사 實際寺 ⑨413 ⑪200
실죽 實竹 ⑦72
실증(주의)사학 實證主義史學 ㊺285 ㉛132 133 141 142 144~146
실증학파 實證學派 ㉛117 121
실지회 實志會 ㊼240
실직 實職 ⑬110 123 ⑲45 ㉓23 99 100 109 324
실직곡국 悉直谷國 ⑦300 320
실직국 悉直國 ⑦43
실직성 悉直城 ⑤85
실직원 悉直原 ⑤70 ⑦71
실직주 悉直州 ⑦197
실차교관 實差教官 ㉓295
실크로드 Silk Road ⑧254
실학 實學 ①321 323 337 338 344 445 ⑩239 ㉛299 335 337~347 349 350 353 ㉜29 38 417 ㉟5 31 37 87 208 260 ㊱78 79 82 ㊲92 104 ㊵176 ㊸240 ~242 ㊹336 ㊻103 105 ㉛137
실학사상 實學思想 ①321 495 501 ㉛342 357 ㉟1 211 260 207
「실혜가」「實兮歌」⑧168
실호 實戶 ㉜130 141
심강 沈鋼 ㉚21
심견정경(후카미 마사카게) 深見正景 ㉜470 471
『심경』『心經』㉖258 259 269 ㉘327
심경(법) 深耕(法) ④218 ⑦78 221 ㉗186
『심경후론』『心經後論』㉘327
심곡리 深谷里 ②34 35
심관 瀋館 ㉜390 393 395
심광수 沈光洙 ㉚110
『심기리편』『心氣理篇』㉖52~54 ㉘314
심기원 沈器遠 ㉙240 275 280 281 ㉚85 266 271 282 283
심남일 沈南一 ㊸426 432 434 451 469 501 505
심 단 沈檀 ㉚171 ㉜49 63 269
심대승 沈大升 ㉙46

심덕부　沈德符　⑲202 414 ⑳376 410
심도포량미　沁都砲糧米　㊲172
심동신　沈東臣　㊲84 276
심로현　沈魯賢　㉜248 249
심론　心論　㉖63～65
『심리록』『審理錄』㉒241 ㉜93
심말　心末　㉛626
심묘사　深妙寺　⑪199
심무체용설　心無體用說　㉟64 72 82
심문옥　沈文玉　㊾202
『심문천답』『心問天答』㉘314
심발형토기　深鉢型土器　①94 ④122
심방곡　心方曲　㉟560 576
심보정　沈葆楨　㊲272
「심본성설」「心本性說」㉟58
심사정　沈師正　㉟444 445 462 465
심상　瀋商　㉝448
심상　審祥　⑨394
심상건　沈相健　①504 ㉛309
심상규　沈象奎　㉜92 208 217 224 226 242 253 256 259 260 267 ㉟334
심상길　沈尙吉　㉚171
심상사범학교　尋常師範學校　㊺160
『심상소학』『尋常小學』㊻250
심상운　沈翔雲　㉜81
심상진　沈相震　㊸124 125 129 296
심상학　沈相學　㊳106 116 119 ㊴25 111
심상훈　沈相薰　㊳405 426 ㊵153 165 284 ㊶20 223 350 353 359 422 ㊷66 133 235 ㊸48 90 132 139 462 ㊹383
심성론(설)　心性論(說)　㉘327 ㉟52 53 133
심성일치설　心性一致說　㉟50
심세괴　沈世魁　㉙293
심　수　沈鏽　㉜195
심수경　沈守慶　㉙43 53 152 177 188
심수근　沈守根　㊸430
심수현　沈壽賢　㉜151
심순택　沈舜澤　㊴23 25 85 ㊵37 150 153 ㊶350 353 ㊷26 ㊸92
심승택　沈承澤　㉜271
심　악　沈鍔　㉜62
심약　審藥　㉓175 176 300 360 ㉕371 385 ㉗117 ㉝333 ㉞85 185
심양　瀋陽　④119 123 ⑤40 ⑳308 333 385 ㉝406 438～440 451 ㊹303
심　양　沈諹　㉑255
심양등로안무군민총관부　瀋陽等路安撫軍民總管府　⑳311
심양로　瀋陽路　⑳306 309～311
『심양일기』『瀋陽日記』㉜393 394 395
『심양장계』『瀋陽狀啓』㉜393～395
심양행성　瀋陽行省　⑳313
심언광　沈彦光　㉘199
심　연　沈演　㉙284 288
심연원　沈連源　㉘203 ㉙16 ㉚19 21 27
심　열　沈悅　㉚86
심　영　沈影　㉛372
심영병　沁營兵　㊵36
심영석　沈英錫　㉜260 266 269
심영섭　沈英燮　㉛328
심옥사건　瀋獄事件　㉜393
심왕 호(고)　瀋王暠　⑲127 181 279 ⑳46 274 306 311 312 316 369
심왕당　瀋王黨　㉑336
심왕파　瀋王派　⑲89 162 185 ⑳312
『심요』『心要』⑯58 ㉑134 135
심용준　沈龍俊　㊽312 ㊿309
심우섭　沈友燮　㊾142
심우정　沈友正　㉙183
심　운　沈雲　52444
심원사　心源寺　㉗441
심원사　深源寺　⑪196
심원사보광전　心源寺普光殿　㉑383
『심원장』『心源章』⑨394
심위성재설　心爲性宰說　㉟54
심유경　沈惟敬　㉙5 37 77 84 91
심유체용설　心有體用說　㉟69 72 82
심유현　沈惟賢　㉜60

심 읍 沈揖 ㉚593
심의겸 沈義謙 ㉘203 ㉚27
심의면 沈宜冕 ㊲154
심의석 沈宜碩 ㊶206 216 297 ㊹196
심의승 沈宜承 ㊷22
심이성재설 心以性宰說 ㉟54
심이지 沈履之 ㉜196
심이택 沈履澤 ㊲154
심익선 묘지 沈益善墓誌 ㉟511
심 재 沈梓 ㉜135
심 전 沈銓 ㉚37
심전개발 心田開發 ⑤167 213 215
심 정 沈貞 ①295 ㉓336 ㉔537 ㉘197 ~199
심정택 沈貞澤 ㊾280
심주 心柱 ⑧276
심주 瀋州 ⑳308
심주기론 心主氣論 ㉟58
심주리론 心主理論 ㉟3 52~54 58~63
심즉기설 心卽氣說 ㉟23 55 61
심즉리 心卽理 ㉟64 65 69~72 82
심즉리설 心卽理說 ①322 ㉟3 54~56 58 61
심 즙 沈諿 ㉙277 278
심지 心地(智) ⑨371 411 ⑪48 184 185
심지원 沈之源 ㉚106 ㉜132
심창래 沈昌來 ① 504
「심청가」「沈淸歌」①325 ㉞124 ㉟564 567 569 ㊺332
「심청전」「沈淸傳」㊺345
심 총 沈摠 ㉚487
심 충 沈忠 ⑪192
심충겸 沈忠謙 ㉙182 ㉚46 48
심통원 沈通源 ㉘203 ㉚19 21 22 27
심평기화 心平氣和 ㉗305
심학 心學 ㉖59 65 72~74 ㊻108 111 112
심학강연소 心學講演所 ㊸230 283
심학파 心學派 ㊻106
심합이기설 心合理氣說 ㉟55
심항기 沈恒基 ㊼154 155
심형구 沈亨求 51327 52339
심환지 沈煥之 ㉜84 100 202 241 244 248 250 252 265
심 회 沈澮 ㉔246 247 ㉘193
심후진 沈厚鎭 ㉜233 238
심 훈 沈薰 51370
심희 審希 ⑪194 202 205
심희수 沈喜壽 ㉙77 ㉚46
「십계명가」「十戒命歌」㉟402
『십구장기』『十句章記』⑯30 31
십념 十念 ⑨401
10대사찰 十大寺刹 ⑰245 259
10도 十道 ⑦58
십도제 十道制 ⑫151 212 ⑬165 166 251
『십륜경』『十輪經』⑨366
『십문화쟁론』『十門和諍論』⑨375
십부기 十部伎 ①498 ⑧378
『십불이문』『十不二門』⑯81
10사 十司 ㉓202 204 248 249 251 252
13도유약소 十三道儒約所 ㊸405
13도의군 十三道義軍 ㊸334 ㊼198
13도제 十三道制 ㊹447
13도창의군 十三道倡義軍 ㊸464
13도창의대장 十三道倡義大將 ㊸423
13도창의대진소 十三道倡義大陣所 ㊸480
십선법 十善法 ⑨408
십성 十聖 ⑨391
십승지 十勝地 ㊱84 344 371 ㊲147
10악(률) 十惡(律) ⑯259 260 274
15부 十五府 ⑩8 36 65 138 146 148~151 199 234
10위(제) 十衛(制) ⑩150~152 154 ㉓6 57 104 119 199 200 202 203 248
16관등제 十六官等(制) ⑥31 32 84 87 167 169 177 206 229
16정간보 十六井間譜 ㉗434 436~438 ㉟554 583 586
12가사 十二歌詞 ㉟391 562 563

12군 十二軍 ⑬317 321 322 323
12궁 十二宮 ⑯314
십이대영자 十二臺營子 ③17 33 41~43 48 49 218 299 417 ④66 121 123 124
12도 十二道 ⑫168
12도 十二徒 ⑰1 5 13 23 47 62 63 67 78
12도생 十二徒生 ⑬6 373 375
12류면관 十二旒冕冠 ㊹459 460
12목 十二牧 ⑫146 149 152 153 168 209 ⑬2 9 159 162 180 319 ⑰73 83 85
12사 十二司 ⑩142 153
12사제도 十二司制度 ㉓59 204
「12월테제」「十二月These」㊾9 10 102~106 167 168 184 355 400 ㊿135 148 157~159 163 244 249
십이자공신호 十二字功臣號 ⑳341
12잡가 十二雜歌 ㉟571
십이장복 十二章服 ㊹460
십이지신상 十二支神像 ⑨519 546
십일세 什一稅 ⑨167
십일세법 什一稅法 ㉜359
십일요(초) 十一曜(醮) ⑯281 282
십일요전 十一曜殿 ㉖293
십일조 什一租
십일조(법) 什一租(法) ⑭11 153~155 169~171 336 340~344 ㉓310 ㉕96
십자각 十字閣 ⑱234
십장 什長 ㊹407 410
십장생도 十長生圖 ㉟475
십장생문양 十長生文樣 ㉗590
10정 十停 ⑦202 205 206 208 216 ⑨4 139 544
십제 十濟 ⑥14
십조앙진 十條仰陳 ㊱313 314
『십죽재서화보』『十竹齋書畵譜』㉟443
『십죽재전보』『十竹齋箋譜』㉟443
십찰 十刹 ⑨391
10철 十哲 ㉖36~39 40 232
17관등제(도) 十七官等制(度) ⑦249 260 264
십팔자(위)왕설 十八字(爲)王說 ⑫257 ⑳133
10학 十學 ⑯324 ⑰1~3 48~51 55 ㉓296 297 348 ㉕49 124 ㉗390
『십현담요해』『十玄談要解』㉖289
10훈요 十訓要 ⑯64 65 156
쌀새우(당하·세하) 糖鰕·細鰕 ㉝219
쌀폭(소)동 米暴(騷)動 ㉝57 302 355 390 ㊳274
쌍계사 雙溪寺 ⑧87 ㉟509 ㊻131
쌍계사 雙谿寺 ⑨543 615 ⑪203
「쌍계사진감선사대공탑비」「雙谿寺眞鑑禪師大空塔碑」⑪174
쌍기 雙冀 ⑧469 ⑪171 ⑫101~103 107~110 116 117 157 165 172 ⑬109 367 ⑮230 282 283 ⑯93 94 322
쌍도자 雙刀子 ⑱47
쌍두령 雙頭鈴 ③95 98 177 220
쌍령 雙嶺 ㉙294
쌍륙 雙六 ㉑565
쌍륙 雙陸(六) ⑥246
『쌍매당선생협장문집』『雙梅堂先生篋藏文集』㉗229
쌍방식 雙房式 ③33 34 42
쌍방축 雙防築 ㉙154
쌍봉사 雙峰寺 ⑪198
쌍북리 雙北里 ⑧343
쌍분(표형분) 雙墳(瓢形墳) ⑧351 352
쌍사자석등 雙獅子石燈 ⑰8 268
쌍상총 雙床塚 ⑧355
쌍성 雙城 ⑳331 402
쌍성천호 雙城千戶 136
쌍성총관부 雙城摠管府 ①227 ⑬264 ⑲24 199 200 ⑳318 319 321~324 327 346 ㉒13 14 143 160 331 332
쌍성태 雙盛泰 ㊴39 166
쌍수정 雙樹亭 ⑧291
쌍안총 雙眼銃 ㉗259

쌍암사 雙巖寺 ⑱9
쌍영총 雙楹塚 ⑦231 ⑧190 333
「쌍옥루」「雙玉樓」 ⑤1366
쌍이동부 雙耳銅釜 ④220
쌍자엽식물 雙子葉植物 ①37
쌍자총통 雙字銃筒 ㉗258 259
쌍전화포 雙箭火砲 ㉓265
쌍조 雙調 ⑨620
쌍조쌍동물문 雙鳥雙動物文 ⑧267
쌍철 雙哲 ⑫110
쌍청리유적 雙淸里遺蹟 ②358 388
쌍타자 雙陀子 ⑧329
쌍탑식가람 雙塔式伽藍 ⑰255
쌍탑형식 雙塔形式 ⑨538
쌍학리 雙鶴里 ②462 546 560
쌍학리유적 雙鶴里遺蹟 ②557
쌍학리토기 雙鶴里土器 ②559
쌍현무 雙玄武 ⑧191
쌍화곡 雙花曲 ㉛543 554
「쌍화점」「雙花店」 ⑳297 303 ㉑259 265 506 585
쐐기형좀돌날몸돌 楔形細石刃石核 ② 99
쓰개 ㉕308
쓰다 센 津田仙 ㊳112 ㊻161 241
씨름(각저·각력) 角抵·角力 ⑥249 ㉑ 554 ㉟606 611
씨름놀이 ㉑520 521
씨름대회 씨름大會 ⑤1339
씨사 氏寺 ⑧63
씨팅 Satin ㊹218 222
씨자제도 氏子制度 ⑤1151
씨족(집단) 氏族(集團) ㉕252 253 254 274 287~289
씨족마을 氏族마을 ㉞173
씰 John M. B. Sill ㊴60 67 ㊵66 208 220 267

ㅇ

아골타 阿骨打 ⑩41 52 94 ㉙235
『아과촬요』『兒科撮要』㊻280
아관 俄館 ㊵263
아관파천 俄館播遷 ①351 ㊵7 263 269 281 288 294 296 302 306 ㊶43 48 55 58 66 98 99 192 193 251 299 322 ㊷ 18 33 34 258 ㊸1 9 22 24 381 382 ㊹ 123 229 418 ㊺40 298 ㊻32
아군 牙軍 ⑮227~230
아굴마 我掘摩 ⑧69
아극살성 雅克薩城 ㉜402
아나가야 阿那加耶 ⑦297
아나톨리아 Anatolia ③3
아노 阿老 ⑦19 ⑧34 50
아노태 阿魯台 ㉒249 256~258
아놀드 Archibald V. Arnold 52 48 105 189 190
아니리 ㉟568
아다개 阿多介 ㉚483
아다찌 켄죠오 安達謙藏 ㊵260
아단성 阿旦城 ⑦66 71 109
아달성태수 阿達城太守 ⑦238
아담 샬 Adam Schall 湯若望 ㉛313 315 320 323 328~331 ㉜396 402 416 483 522 ㉟350 351 356 365 ㊻279
아더 Arthur Chester A. ㊲301
아도 阿道 ⑤50 ⑧2 49 50 69 ⑰231 ㉑294
아도간 我刀干 ⑦313
아도갈문왕 阿道葛文王 ⑦320
아도비 阿(我)道碑 ⑦102
아도화상 阿度和尙 ⑦95
아라가야 阿羅加耶 ⑦112 291
아라국 阿羅國 ⑦298
아라기주 아라기酒 ㉑227
아라비아상인 Arabia商人 ⑭17 462
아라오 세이 荒尾精 ㊵35
아라키 스케타로 荒木助太郞 ㊹95
아록전 衙祿田 ⑭185 ㉓156 ㉔438 440 441 ㉘34 112 ㉚492
아뢰야식 阿賴耶識 ⑨363 365
아류양반 亞流兩班 ㊴234 ㊹335 336
아륵초객 阿勒楚喀 ④172
「아리랑」 ㊾62 51 370 375
아리사등 阿利斯等 ⑦349 353
아리수 阿利水 ⑤67
아마라식 阿摩羅識 ⑨363
아마쿠사 신라이 天草神來 ㊺350
아막(산)성 阿莫(山)城 ⑥84 95 98 ⑦9 108 339 ⑨25
아메리카 태평양함대 America太平洋艦隊 ㉜479
아모간 阿母侃 ⑳204~206 223 227
아목패 牙木牌 ㉞215
아목하 阿木河 ㉙213~215
아문 衙門 ㉝375 391 ㉜174 189
아문둔전 衙門屯田 ㉚453 464 465 471 474 492 ㉜364
아미타 阿彌陀 ⑪182 183
아미타염불 阿彌陀念佛 ㉛394
『아미타경』『阿彌陀經』⑨399
「아미타구존도」「阿彌陀九尊圖」㉑425
아미타내영도 阿彌陀來迎圖 ㉑431
아미타불 阿彌陀佛 ㉖273 274
아미타불신앙 阿彌陀佛信仰 ⑩185
아미타여래도 阿彌陀如來圖 ㉑430 437

아미타정토신앙 阿彌陀淨土信仰 ⑪14
아민 阿敏 ㉙236 239 248 265
아박 牙拍 ㉑464 ㉗424
『아방강역고』『我邦疆域考』㉟190 305 320 321 323 325 ㊸242
아베 노부유키 阿部信行 ㊿235
아베 미쓰이에 阿部充家 ㊾49 53 55 57
아벨비니안문화 Abbevillian文化 ②32 145
아병 牙兵 ㉚262 268 ㉜123 168 ㉞145 ㊲171
아브리코스절터 Abrikos寺址 ⑩181 186 203 205 215 221
아비지 阿非知 ⑥221 243 ⑨438
아사 衙舍 ㉗460 466
아사달 阿斯達 ④49 72 79 ⑥228
아사동맹 餓死同盟 ㊾190
아사미 린타로 淺見倫太郎 ㊹428
아사야마 켄조 淺山顯藏 ㊶94
아산 牙山 ㊵15 46 77 116~119 122 ㊷70
아산 阿山 ㉒164
아산둔전 牙山屯田 ㉕103
『아성』『我聲』㊾65 366 ㉛119
아세아실업주식회사 亞細亞實業株式會社 ㊼245 246
아슐리안 Acheulean ②32 86 107 145
아슐리안(계) 주먹도끼 Acheulean(系) 주먹도끼 ②33 34 98
아슐리안(전통)석기 Acheulean(傳統)石器 ②261 292
아스카문화 飛鳥文化 ⑥232 243
「아시아신지도」「Nieuwe Kaart van Asia」「亞細亞 新地圖」㉜518
「아시아최신지도」「Asiae Recentissima Delineatio」「亞細亞最新地圖」㉜518
「아시아지도」「Carte de Asie」「亞細亞地圖」㉜515~518
아시촌 阿尸村 ⑦81 ⑨594 ⑪49
아시카가막부 足利幕府 ㊲60
아시카가 요시미츠 足利義滿 ㊲20
아시타카야마 愛鷹山 ②281
아신왕 阿莘王 ⑤67 ⑥46~49 151 153 155 ⑧391
아악 雅樂 ①495 497 500~502 504 ⑧379 ⑨618 619 ㉑453 455 459 481 ㉓362 ㉗38 331 387 389 390 409 423 425 435 ㉟549 550 552 554 556
아악기 雅樂器 ㉗426
아악대 雅樂隊 ㉛354
아악료 雅樂寮 ⑨618 619
아악보 雅樂譜 ㉗405
아악부 雅樂部 ㉜365
「아악부국영안」「雅樂部國營案」㉜351
아악부흥 雅樂復興 ㉗8 387 388 396~398 404 405 409 413 425 429 434
아악서 雅樂署 ㉑455 457 487 ㉓57 92 107 362 ㉕201 202 ㉗388~392 394
아악제악 雅樂祭樂 ㉗394
아안 阿晏 ⑧473
아암혜장 兒庵慧藏 ㉟135
아약 兒弱 ㉜110 135 137 139 140 143 306
아약자 鵝藥子 ㉖300
아약징포 兒弱徵布 ㉜133 139
아어학교 俄語學校 ㊵250 ㊺50
『아언각비』『雅言覺非』㉟282
아연 亞鉛 ③249
아연청동설 亞鉛靑銅說 ③31
아오키 슈(수)조 靑木周藏 ㊴56 209 ㊵56 74 ㊶86 90 108
아유타국 阿踰陀國 ⑦316 411
아음부 阿音夫 ⑦51
『아이들보이』㊻48
아이비기념병원 Ivy紀念病院 ㊻291
아이젠하워 Dwight D. Eisenhower ㉜63
아이훈조약 愛琿 (Aigun)條約 ㊲2
아일다 阿逸多 ⑪206
아자개 阿慈(字)介(蓋) ⑪4 69 104~

106 ⑫28 45 53 62
아잔 阿殘 ⑦36
아전 衙前 ㉕106 116 151 ㉞98 ㊹355
아제격(아지제) 阿濟格 ㉙239 274 ㉜392 395
아조왕 阿錯王 ⑥174
아종 兒宗 ㉒118
아좌 阿佐 ⑦148
아좌태자 阿佐太子 ⑧8 198 487
아주 牙州 ⑳237
아지 阿只 ⑮345
아지길사 阿知吉師 ⑧468
아지태 阿志泰 ⑪154 165 ⑫18
아직기 阿直岐 ①441 ⑧468
아직사등 阿直史等 ⑧468
아진의선 阿珍義先 ⑦17
아진포(구) 阿珍浦(口) ⑦20 29
아진함성 阿珍含城 ⑨51
아차 阿次 ⑫25
아차산성 峨嵯山城 ⑧305 ㉜186
아차성 阿且城 ⑨24
아찬 阿飡 ⑦163 169 172 251
아찬 阿粲 ⑫22 28 33 54 126
아처 헐버트 Archer B. Hulbert ㊻43
아천역 阿川驛 ㉝256
아카(이)시 겐지로 明石元二郞 ㊷269 290 ㊼2 39 40 43 50
아카이케 아츠시 赤池濃 ㊽23 26
아태 阿台 ㉙216 217
아파성주 阿波城主 ㉙175
아파태 阿巴泰 ㉙274
아패 牙牌 ㉞218
아펜젤러 Henry Gerhard Appenzeller ㊳193 ㊴121 ㊵268 ㊶179 304 420 ㊹392 ㊺22 323 ㊻3 41~43 46 47 49 163 165 180 183 188
아펠만 B. Appelmann ㊿269
아편(밀)무역 阿片(密)貿易 ㊲40~43 220 321
아편금지규정 阿片禁止規定 ㊲82
아편수입금지 阿片輸入禁止 ㊲306
아편전매권 阿片專賣權 ㊲40
아편전쟁 阿片戰爭 ①338 ㉜478 ㊲1 2 51 52 63 64 70 72 89 90 98 307 320 ㊵18 20 21 ㊷172
아편판매 阿片販賣 ㊲273
아프간전쟁 Afkan戰爭 ㊷171
『아한의관제도고』『我韓衣冠制度考』㊸321
아함시 阿含時 ⑯79
아합출(어허출) 阿哈出(於虛出) ㉒262 278 320 322 323 332 333 346 363 ㉙212
아해 阿海 ⑳256
아헌관 亞獻官 ㉓283 284
아홀 牙笏 ⑩163
아후이마누농장 Ahuimanu農場 ㊼254
악가 樂歌 ㉗395 428
악가무 樂歌舞 ㉑472
악간 嶽干 ⑦165 166 270
악견산성 岳堅山城 ㉙184 185
악곡 樂曲 ⑨604 606~608 612 613
악공 樂工 ①281 ⑨610 ⑫185 188 ⑬405 ⑮35 73 ㉑456 458 470 ㉓297 362 ㉕124 149 195 201~203 219 221 366 ㉗389 390 394 395 409 425 432 ㉟549 ~552 554
악기감조색 樂器監造色 ㉗397 399
악기고 樂器庫 ㉓282
악기도감 樂器都監 ㉗397 ㉟550 551
악기수개청 樂器修改廳 ㉟551
악기제조 樂器製造 ㉗387
악기조성청 樂器造成廳 ㉟551
악보 樂譜 ㉖151 ㉗387
악붕구 樂鵬龜 ⑨540
악비 岳飛 ⑮244
악사 樂師 ⑨601 604 608 610 ⑩162 212 213 224 226 ㉑457 458 470 479 ㉓362
악삭 握槊 ⑥245 246

악생 樂生 ⑨601 618 ㉓297 362 ㉕124 ㉗394 409
악생청 樂生廳 ㉓282
악서편찬 樂書編纂 ㉗387 404
악소 惡少(小) ⑱126 131 132 ⑳65
악소배 惡少輩 ⑲130
악우장 岳友章 ⑳277
악원제도 樂院制度 ㊿356
악인 樂人 ⑥220 232 ⑫214
악장 樂章 ①289 424 ㉗7 329 330 333 334 340 342 402 428
『악장가사』『樂章歌詞』㉑259 262 265~269 276 283 ㉗332 334 338 415
『악장등록』『樂掌謄錄』㉟550
악장문학 樂章文學 ㉗275
악적 惡籍 ㉘276
악정 樂正 ㉓288
악제개혁 樂制改革 ⑨619 620
악조 樂調 ㉗405 408 416 418
악주 惡鑄 ㉚591
악(진)해독 岳(鎭)海瀆 ㉖214 226 228 229
악탁 岳託 ㉙239 258 274
악포 惡布 ㉚581
악학 樂學 ⑰49 ㉑487 ㉓296 297 361 362 ㉕124 199 202 ㉗388 390~392 397
『악학궤범』『樂學軌範』①264 290 495 500 ⑧9 369 ⑨605 614 ㉑263 464 470 480 482 497 ㉒139 ㉛544 549 556 558 566 567 582 585~587 589 590 ㉕306 307 313 320 ㉖107 ㉗9 332 334 387 388 394 396 399~401 404 406 409 410 416 417 419 426 429 430 435 ㉟552 579
악학도감 樂學都監 ㉓92 ㉕199 202 ㉗389 391 392
악학별좌 樂學別坐 ㉗397 404
악현 樂懸 ㉑483 ㉟548 582
악화 惡貨 ㉚606
악회 樂會 ㊺317 318
안거골부 安車骨部 ⑩16 18 44
안 견 安堅 ①291 ㉗535 536 539 546~550 552~555 557 558 562 563 ㉛447~449 452~454 458 460 ㉟442
안겸제 安兼濟 ㉟167
안경공 창 安慶公淐 ⑱117 119 155 ⑳210 248 250 314
안경근 安敬根 ㊾211
안경수 安駉壽 ㊳184 ㊴98 130 234 ㊵149 165 223 262 264 293 ㊶19 34 40 63 199 201 206 214 217 224 236 296 ㊹195 224 340 ㊻319 ㊺87
안경신 安敬信 ㊽331
안경창 安景昌 ㉚329
안 고 安固 ⑤137
안골포 安骨浦 ㉒195 ㉙63 113 197
안공근 安恭根 ㊽344 ㊿283 284
안광천 安光泉 ㊽191 ㊼284 290 292 ㊾95~99 143 144 163 228 ㊿272 273
안 구 安覯 ㉘177 179
안국기 安國伎 ⑧377 ㉑491
안국사 安國寺 ⑭395 ⑯108 119 212
안국사지 석불입상 安國寺址石佛立像 ㉑410 411
안국사 혜경 安國寺惠瓊 ㉙48 49
안국선 安國善 ㊸266 269 290 ㊹196 ㊺114 220
안귀생 安貴生 ㉗541 546 547
안 규 安珪 ⑱169
안규선 安圭善 ㊼243
안규용 安圭容 ㊿227
안규응 安奎應 ㊿330
안규홍 安圭洪 ㊸434~436 501 505 523 520
안기역 安寄驛 ㉔508
안기영 安基永 ①503 ㊿308 ㊾342
안기영 安驥泳 ㊲11 283 286
안기옥 安基玉 ①504 ㊾342
안기중 安沂中 ㊶340
『안기집』『安驥集』㉔592

안 길 安吉 ㉜425 426
안길상 安吉祥 ⑳404 413
안남 安南 ⑫212 213 ㉒250 251 279 433
안남도호부 安南都護府 ⑬80 141 319
안노생 安魯生 ⑲403 ㉓146
안녹산의 난 安祿山의 亂 ⑩14 37 77
안다 安多 ⑦353
안당 安瑭 ㉘196 198 238
안도 安燾 ⑮298 343 362 ⑫217
안동 安東 ⑨517 561 ㉘122 276 ㉞254 ㊵58
안동(경주) 安東(慶州) ⑫33 34 56 62 212
『안동권씨성화보』『安東權氏成化譜』㉕259 ㉚372
안동 김씨 安東金氏 ㉜214 215 217
안동도호(부) 安東都護(府) ①203 ⑤10 ⑨52 56 ⑩7 14 19 20 25~27 53 123
안동부 安東府 ⑫134 ⑱178 ㉓169
안동소학교 安洞小學校 ㊶220
안동여성회 安東女性會 ㊾296
안동준 安東俊 ㉜467
안동준 安東晙 ㊲208 222 223 225 229
안동포 安東布 ㉔260
안동향교 安東鄕校 ㊸365 374
안동향권 安東鄕權 ㉞253
『안동향손사적통록』『安東鄕孫事蹟通錄』㉞100 105
안라(함안) 安羅(咸安) ⑥37 38 84 ⑦67 145 350 360 361
안라가야 安羅伽耶 ⑦396 397
안라국 安羅國 ⑦9 280 298 344 350 363 368 ⑧321
안라왕 安羅王 ⑦362
안라왜신관 安羅倭臣館 ⑦355 356 358 359 363
안락 安樂 ⑪26
안락사 安樂寺 ⑭22 160
안란창 安瀾倉 ⑭14 407
안렴사 按廉使 ㉔24 64 361
안록산의 난 安祿山의 亂 ⑪16 ⑮227
안 린 安鱗 ⑫229
안명세 安名世 ㉘202 256 ㉚17
안 목 安牧 ⑲249 257 ㉔63
안 무 安武 ㊽203 215 223 226 227 254
안무영 按撫營 ㊴103
안민가 安民歌 ⑨409 467 600
안민영 安玟英 ㉟393 395 561
안민정책 安民政策 ⑫46 65
안민창 安民倉 ㉚574
『안반수의경』『安般守意經』㉟153
안방준 安邦俊 ㉘338 ㉙22 286
안 변 安邊 ㊳300
안변도호부 安邊都護府 ⑫213 ⑬184 261
안변책 安邊策 220
안병소 安炳昭 ㉛308 ㉜343
안병진 安秉珍 ㊾73
안병찬 安秉瓚 ㊸89 372 373 381 393 394 398 ㊽210
안 보 安輔 ⑳46
안보린 安甫鱗 ⑫255
안봉사 安峯寺 ⑪196
안봉선 安奉線 ㊷277 ㊹71 303
안부선 案付船 ㉝276
안부지리 鞍部止利 ⑧481
안북(안주) 安北(安州) ⑫212
안북도호부 安北都護府 ⑬184 261
안북성 安北城 ⑳320
안사(대)란 安史(大)亂 ⑨298 331 ⑩104 105 115 128~130 131 137 138
안사기 安師琦 ⑳371 372
「안사람 의병 노래」「안사람義兵노래」㊺150
안사웅 安士雄 ㉖183 184
안삭진 安朔鎭 ⑫116
안산 鞍山 ㊵62
안산 김씨 安山金氏 ⑫202 215
안상덕 安商德 ㊼331 ㊽108 112 ㉛182

안서(해주) 安西(海州) ⑫212
안서대도호부 安西大都護府 ⑬184
안서도호부 安西都護府 ⑰126
안석영 安夕影 ㊶377 ㊷377
안석주 安碩柱 ㊶328
안성 安城 ㉚537 539 ㉝147 176 ㊱171
안성성당 安城聖堂 ㊶275
안성유기제조공장 安城鍮器製造工場 ㊹210
안성주 安成周 ⑳277
안성천 安城川 ⑧340
안성해 安成海 ㊸399 460
안세환 安世桓 ㊼321 331 ㊽110
안 송 安松 ㊿326
안 순 安純 ㉔85 420
안숭선 安崇善 ㉒85 188 192 ㉗470
안 승 安勝 ⑦253 ⑨53 59 68 92 ⑩13 ⑪20
안승우 安承禹 ㊶49 ㊸362 364 370 371 522
안시성 安市城 ⑤132~135 140 187 ⑨49 55
안 식 安烒 ㉚158
안 심 安心 ⑱100
「안심가」「安心歌」㊲136
안심동당 安心東堂 ㉔290
안악 安岳 ⑫243
안악군면학회 安岳郡勉學會 ㊸213
안악사건 安岳事件 ㊸331 340 ㊼7 135 145
안악3호분 安岳三號墳 ⑤72 74 183 209 ⑧176 183 191 207 332 333 368
안압지 雁鴨池 ⑥246 ⑧267 ⑨301 501 544 ⑪55
안야국 安邪國 ⑦9 299 300 328
안야산 安也山 ㊿337
안야축지 安邪踧支 ⑦325
안양군 安陽君 ㉖273 295
안양사 安養寺 ⑱10
안 영 安瑛 ㉙49
안영남 安英南 ㉙287
안영수 安寧洙 ㊶236 388
안영일 安英一 ㊷369
안예국 安藝國 ⑨302
안 우 安祐 ⑳328 332 386~390
안우경 安遇慶 ⑳335
안우생 安禹生 ㊿284
안 원 安瑗 ㉔63
안원규 安元奎 ㊼253 254 ㊿394 397
안원부 安遠府 ⑩64
안원생 安原生 ㊿303
안원왕 安原王 ⑤88 97 ⑦105 352
안유겸 安有謙 ㊱345 373
안융진 安戎鎭 ⑮302
「안의사전」「安義士傳」㊶226
『안의사중근전』『安義士重根傳』㊺278
안의학현잠업회사 安義鶴峴蠶業會社 ㊹190
안익태 安益泰 ㊶308
안 인 安人 ㉟229 230
안인리유적 安仁里遺蹟 ③345 364~366
안일방 安逸房 ㉞99
안장법사 安藏法師 ⑧74
안장왕 安臧王 ⑤88 97 ⑦351 ⑧334
안재홍 安在鴻 ④76 ㉟262 ㊼153 275 ㊾4 52 54 59 60 143 147 173 ㊶74 83 115 132 137 ㊷72 100 102 118 125 135 158 179 181 182 184 185 191 199
안재환 安在桓 ㊿276
안정근 安定根 ㊼211 314 ㊽139 152
안정복 安鼎福 ①325 ④75 ⑨320 ⑩69 ㉛194 316 355 375 376 ㉝243 ㉟91 92 190 244 273 313~317 320~324 326 334 ㊱174 ㊺265
안정석 安貞錫 ㊼157
안정수 安定洙 ㊼238 243 244
안정숙의공주 安貞淑儀公主 ⑫42 86

안조환 安肇煥 ㉟399
안종건 安鍾建 ㊼153
안종덕 安鍾悳 ㊷78
안종명 安鍾鳴 ㊿339
안종무묘지 安宗茂墓誌 ㉟514
안종수 安宗洙 ㊳50 59 112 160 164 ㊴253 ㊻241
안종화 安鍾和 ①363 ㊺8 267 (51)375 (52)377
안주 安州 ⑫212 243 ㉘118
안주군민만호부 安州軍民萬戶府 ㉓208
안 준 安浚 ㊻235 258
안중근 安重根 ㊷269 ㊸6 166 168~173 315 328 336 495 527 ㊻76 79 153 ㊼159 160 192 197 225 392 ㊽8 9 317 341 ㊾114 (51)36 44
안중손 安中孫 ㉕76 77
안중식 安中植 ㉟494 ㊺351 352 (51)324
안 지 安止 ㉒70 76
안직숭 安稷崇 ㉑480 482
안진경체 顏眞卿體 ⑰291 ㉑438
안 집 安輯 ⑳46
안집별감 安集別監 ㉓136
안찬재 安贊在 ㊸434
안창남 安昌男 (51)76 346
안창식 安昌植 ㊸364
안창호 安昌浩 ㊸206~208 212 213 215 217 233 244 284 326 330 ㊹390 ㊺4 70 73~76 80 89 90 105 120 ㊻204 ㊼192 198 200 205 233 241 243 244 314 315 403 ㊽11 115 122 123 128 129 134~136 138 140 141 143 147 153 154 156 158 160 174~178 180 194 214 300 301 ㊾55 113 140 268 366 439 ㊿237~269 378 405 (51)32 72 (52)131
「안창호예심조서」「安昌浩豫審調書」㊸210
안채 ㉛635 639 640
안천향 安天餉 ⑫253
안철손 安哲孫 ㉔532
안철수 安喆洙 ㊾161
안 축 安軸 ①427 ⑰159 ⑲114 132 154 169 375 ⑳43 45 46 ㉑277 ㉓313 ㉗339 340
안춘생 安椿生 ㊿448
안태국 安泰國 ㊸214 215 330 331 337 340 344 ㊽323
안태극 安泰極 ㊺71
안태승 安泰承 ㊵266
안태진 安泰振 ㊿345
안택굿 安宅굿 ㉟174
안평대군 安平大君 ①291 ㉒112~114 ㉓295 ㉗539~541 549 550 555 571~574
안평역 安平驛 ㉝256
안필주 安弼周 ㊲158
안학궁 安鶴宮 ⑧284 285 289 290 299 ⑤184 186 ⑨546
안 함 安含 ⑦128 129 ㉑294 295
안함광 安含光 (52)307 315 317
안핵사 按覈使 ㊱302 305 307 308 316 319 321 322 324 325 332 333
안행량 安行梁 ㉓276 ㉖264
안 향 安珦 ①249 444 256 ⑯298 368 ⑲113 160 ⑳46 275 ㉑143 144 158 159 191 192 255 335 ㉓280 283 290 304 ㉖34 35 37 39 42 46 49 ㉗283 341 472 ㉘284 ㉚140
「안향상」「安珦像」㉑427
안형중 安衡中 ㊻240 319
안 혜 安惠 ㉗209 218
안호상 安浩相 (51)115 (52)420
안 홍 安弘 ⑦128 129 ⑧83 84 ⑪188
안홍국 安弘國 ㉙115
안홍민 安洪敏 ⑱156 ⑳240 400
안화사 安和寺 ⑭256 ⑯59 61 283 ⑰250
안 확 安廓 ㉞224 ㊼148~150 308 ㊾24 366 (51)106 117~122 125 309

안회 顔回 ㉖36 39 40
안회남 安懷南 (52)295 306 307
안 훈 安勳 (50)274 436
안휘원 安徽院 ⑬49
안흥관 安興館 ㉙97
안흥량 安興梁 ㉝367
안흥사 安興寺 ⑧86 ⑨411
안흥창 安興倉 ㉔337
안희재 安熙載 ㊺77
안희제 安熙濟 (51)196
알덕 謁德 ⑩191
알레니 Julius Aleni ㉛315 ㉜416
알렉산더 Alexander ㊻294
알렉산더 3세 Alexander III ㊶82
알렉세에프 E. I. Alekseev ㊶99 104
알렉세예프 K. A. Alexeiev ㊶105 323 ㊷35
알렉싼드로브까 Aleksandrovka ㊹304
알렌 H. N.Allen 安連 ㊳196 ㊴25 28 62 65~67 112~115 122 130 153 ㊵208 215 261 ㊶55 98 114 115 118 143 304 420 ㊷32 36 ㊸3 24 30 ㊹311 484 ㊺22 369 ㊻40 41 43 162 163 180 285
알렌별장 Allen別莊 ㊹489
알리코쉬 Ali Kosh ③228
알바진 Albazin ㉜402
알사 謁奢 ⑤157
알선부 斡旋部 (50)142
알성시 謁聖試 ㉓286 287 292 320 328 331 342 344 360 351
알성양로례 謁聖養老禮 ㉖48
알세스트호 The Alceste號 ㉜496 508
알영 閼英 ⑦14 16 ⑪215
알적 遏糴 ㊴187
알지 閼智 ⑦2 246
알찬 閼粲 ⑫22
알천 閼川 ⑦16 ⑨24
알타이족 Altai族 ①115 119 122 123
알평 謁平 ⑦16
알프탄 Al'ftan ㊶60
알한지 謁旱支 ⑥241
암각화 巖刻畵 ①103 105 138 183 ② 490 ③116 122 280 292
암남동유적 巖南洞遺蹟 ②522 526
암남동패총 巖南洞貝塚 ②406
암사동 巖寺洞 ②309 326 369 375 422 446 455 484 500 524 526 536
암사동유적 巖寺洞遺蹟 ②306 308 312 326 375 378 379 385 422 428 510
암석분석 巖石分析 ③499
암창구시(이와쿠라 토모미) 巖倉具視 ㉜ 469 472
암타도 巖墮島 ⑫259
암태도소작쟁의 巖泰島小作爭議 ㊾187 188 191 192
암태소작회 巖泰小作會 ㊾185 188~192
암하 匽河 ②254
암행어사 暗行御史 ㉚455 ㉜86 226 ㊱16 301 305 311 320 332 333 ㊳39 106
「암행어사재거사목」「暗行御史齎去事目」㉞ 259
압강도부서 鴨江都部署 ⑬343
압구정 鴨鷗亭 ㊳365
압독국 押督國 ④39 ⑦28 47 53 57 ⑪50
압독주 押督州 ⑨27
압량위천 壓良爲賤 ⑲132 254 255 ㉕ 35 42 101 102 232
압량주 押梁州 ⑨374
압로 鴨盧 ④206
압록강 鴨綠江 ①14 39 47 48 61 265 ④75 ⑨49 74 ⑫213 ⑮239 264 271 272 301 303 310 317 333 367
「압록강」「鴨綠江」(52)296
압록강철교 鴨綠江鐵橋 ㊹70
압록부 鴨淥府 ⑩165
압록여진 鴨綠女眞 ⑮264 270~272
압마 押馬 ㉕129
압마사 押馬使 ㉒296

압말갈사 押靺鞨使 ⑩7 50 71
압물 押物 ㉕129
압물관 押物官 ㉜387 ㉝441
압병제 壓兵祭 ㉖214
압해도 押海島 ⑳235 236
압해현 壓海縣 ⑫17
앙부일구 仰釜日晷 ㉗62 70 71
앙소문화 仰韶文化 ③201 259
앙앙계유적 昻昻溪遺蹟 ②418
앙연판문 仰蓮瓣文 ㉗585
「앙엽기」「盎葉記」㉟277
애견 愛堅 ⑫27 44
애국가 愛國歌 ㊶319 ㊸212 282 ㊺119 145 146 148 149 ㊼157 158
애국계몽강연 愛國啓蒙講演 ㊸283 285
애국계몽기 愛國啓蒙期 ㊻151
애국계몽단체 愛國啓蒙團體 ㊸231 260 276 317
애국계몽문학 愛國啓蒙文學 ㊸282
애국계몽사가 愛國啓蒙史家 ㊸321
애국계몽사상 愛國啓蒙思想 ㊳75 ㊸226 230 236 242 243 ㊻104 109
애국계몽사상가 愛國啓蒙思想家 ㊻103 108
애국계몽신문 愛國啓蒙新聞 ㊸279
애국계몽운동 愛國啓蒙運動 ①460 ㉞277 ㊳11 75 ㊸7 8 137 169 181 183 219 227 228 234~240 285 327 ㊹382 ㊺2 4 184 284 311 313 ㊻42 105 106 108 207 209 220 ㊼147 192 392 ㊽266
애국단 愛國團 ㊿448
애국동맹단 愛國同盟團 ㊼252 253
애국동지대표회 愛國同志代表會 ㊼247
『애국론』『愛國論』㊺112
애국반 愛國班 ①379 ㊿48 93 116 120
애국부녀동맹 愛國婦女同盟 (52)200
『애국부인전』『愛國婦人傳』㊺114
애국부인회 愛國婦人會 ㊽137 ㊸151 152 ㊾267 268 ㊿220
애국상채회 愛國償債會 ㊸151
애국일 愛國日 ㊿48
『애국창가집』『愛國唱歌集』㊼161 (51)45
『애급근세사』『埃及近世史』㊸322
애기소동 애기騷動 ㊹295
애노 哀奴 ⑪4 99 113 ⑫1 14
애도 艾島 ⑳176
애로우호사건(전쟁) Arrow號事件(戰爭) ㊲2 55 72 89 123 181 321
애마자장관제령 愛馬孶長官提領 ㉔558
애민의식 愛民意識 ㉒91~93 96
애복 哀福 ⑫36
애비슨 O. R. Avison 魚丕信 ㊺111 ㊻164 181 183 287 288
애선 哀宣 ⑪111
애술 哀述 ⑫38
애스턴 William George Aston 阿順頓 ㊳335 339 398
애오개진료소 阿峴診療所 ㊻182
애월(목성) 涯月(木城) ⑳259 262
애장왕 哀莊王 ⑩108 ⑪22 23
애절양 哀絶陽 ㉜313 332
애진 哀珍 ⑫37
애진 愛珍 ㊱92 103
애치슨 Dean G. Acheson (52)33 42
「애국권학가」「愛國勸學歌」(51)273
액내교생 額內校生 ㉓309 ㉛162 ㉞19
액내생 額內生 ㉓299 309 365
액례 掖隷 ㉕152 ㉞149
액부양고리 額駙揚古利 ㉙283
액외교생 額外校生 ㉓309 310 ㉜126 127 136 ㉞30 31
액외군관 額外軍官 ㉞28
액외원생 額外院生 ㉛96 98
액정국 掖庭局 ㉔255
액정서 掖庭署 ㉓57 67 82 107 ㉕83 152
액정원 掖庭院 ㉓82
액주름 腋注音 ㉕296 297 303 312 315

㉛612 616
액풀이 ㉟599
앨벗슨 Millie M. Albertson ㊹389
앵베르 Laurant Marie Joseph Imbert ㉜492 ㊻138 150
야광귀 夜光鬼 ㉟178
야구 野球 ㊺368 51335 349
야굴 也窟 ⑳175 206 218 223
야금술 冶金術 ③9 227 544
야꾸쯔크성 Yakutsk城 ㉜402 478
야나기 무네요시 柳宗悅 51329
야나기 카네코 柳兼子 51308
야나기와라 사키미츠 柳原前光 ㊵23~25 ㊷296
야노 矢野義徹 ㊻281
야노하시 겐기치 矢橋賢吉 ㊻306
야로 冶爐 ㉚570 579
야로현 冶爐縣 ⑦312 409 ㉘155
야마가타 아리토모 山縣有朋 ㊴75 ㊵82 207 ㊶25 69 101 146 ㊷189 264 297 ㊸22 24 76 173 51153
야마가타 이노스케 山縣伊之助 ㊵113
야마가타 이사부로 山縣伊三郞 ㊾53
야마다 산료 山田三良 ㊼26
야마토 大和 ㊵43 44
야마토 왜 大和倭 ⑦372
야별초 夜別抄 ⑱6 69 75 79 89 92 94 95 96 98 101 104 105 111 112 114 116 117 144 145 154 175 178 179 184~188 190~195 ⑳200
야스다 젠타로 安田善太郎 ㊹61
야스오카 安岡德平 ㊴209
「야심사」「夜深詞」㉑258 259
야요이문화 彌生文化 ③264 565 568 570
야요이시대 彌生時代 ③29 313 442 444 510 514 539 569
야율배 耶律倍 ⑩81 86
야율세량 耶律世良 ⑮313
야율아보기 耶律阿保機 ⑩9 72 73 86
야율우지 耶律羽之 ⑩7 25 55 81 86
야율유가 耶律留哥 ⑳184 318 319
야율의 耶律義 ⑮335
야율적렬 耶律迪烈 ⑮304
야율초재 耶律楚材 ⑳264
야율할저 耶律轄底 ⑩72 73
야율희일 耶律希逸 ⑳276
야이차 也尒次 ⑦115
야인 野人 ㉚330
야인관 野人館 ㉘126
야인여진 野人女眞 ㉒261 336 338 346 348 349 ㉘125 ㉙211 212 215
야자 椰子 ㉗120 121
야장 冶匠 ⑦22 38 81 229 ㉚572 574 579 ㉝392
야점 夜店 ㉝309
야철법 冶鐵法 ⑨190
야철수공업 冶鐵手工業 ㉔211 216 236 240
야학 夜學 50205 5139 40 44 46
야학강습회 夜學講習會 50249
야희 野戲 ㉟599 613
약공 藥工 ㉗245
약과 藥菓 ㉑577
약국 藥局 ⑮170 ⑰125
약군 若君 ㉜447
약령시 藥令市 ㉞86 ㊹179
약마희 躍馬戲 ㉑532 ㉛575
약목역 若木驛 ㊶170
약밥 藥飯 ㉑530 ㉛573
약방 藥房 ㉕381 ㉚245
약부 藥夫 ㉕385
약부 藥部 ⑥171
약사 略使 ㉜386 ㉝439
약사 藥師 ㉖266 276
『약사경』『藥師經』⑯177
약사사석불입상 藥師寺石佛立像 ㉗597
약사신앙 藥師信仰 ⑨404
『약사유리광여래본원공덕경』『藥師琉璃光如

來本願功德經』⑯128
약사정근 藥師精勤 ㉖267 270
「약속조목」「約束條目」㉛60
약수 弱水 ④167
약수리고분 藥水里古墳 ⑤183 ⑧255 333
약수리벽화고분행렬도 藥水里壁畵古墳行列圖 ⑥247
약수암목각탱 藥水庵木刻幀 ㉟508
약어법 藥魚法 ㉝227
약욕 藥浴 ㉕387
약원제조 藥院提調 ㉜216
약육강식 弱肉强食 ㊸203 225 244~246 248 250 253 254 261 ㊺43
약장 藥匠 ㉗252
약재시장 藥材市場 ㉝385
약재진상 藥材進上 ㉔468 469
약재채취(법) 藥材採取(法) ㉕377 385
약전 藥典 ⑨435 ⑮158
약전 藥廛 ㉔132
약점 藥店 ⑬167 ⑭446 ⑮160 161 172 ㉕386
약점사 藥店司 ⑮173 ⑰125
약정 約正 ㉕123 ㉘273 ㉞197
약조 約條 ㊱53
약주 藥酒 (51)427
약주집 藥酒屋 ㊹476
약현성당 藥峴聖堂 ㉟545 ㊻297 298
약호 弱戶 ㉜141 143
약홀주 若忽州 ⑩35 36 68
얀 피에테르츠 Jan Pieterz ㉜487
얄타회담 Yalta會談 (52)95
양 羊 ⑮343 363
양가도총섭 兩街都摠攝 ⑯89 90
양가자제 良家子弟 ㉕125 126 128 132 140
양가촌 陽家村 ③41
양각 陽刻 ㉗524
양강 良薑 ㉗120
양강총독 兩江總督 ㊵62
양개 良玠 ⑫229
양검 良劍 ⑪123~126 ⑫36 38 39 65
양경 兩京 ⑫144 146
양계 兩界 ⑫213 ⑬3 236 237 337 ⑳91 94 ㉓128 138 170
양계대도 兩界大圖 ㉖175
양계병마사 兩界兵馬使 ⑬3 23 112 237 238 260 ⑱217
양계소도 兩界小圖 ㉖175
「양곡관리법」「糧穀管理法」(52)265
양관 梁冠 ㉕309
양광도 楊廣道 ㉓129
양구 羊裘 ㉚598
양군수보 良軍需保 ㉚226
양궁 梁宮 118 178 227 235
양궁 壤宮 ⑨544
양귀문 陽貴文 ⑥232 ⑧487
양규 楊規 ⑫211 ⑮307 309
양규의숙 養閨義塾 ㊸149 ㊹383 ㊺82 101
양균송 楊筠松 ⑪223
양근군(현) 楊根郡(縣) ⑫81
양근성 楊根城 ⑳206
양근 함(왕)씨 楊根咸(王)氏 ⑫87 92
양근환 梁根煥 ㊾281
양근환 梁槿煥 ㊽52 341 (51)77 (52)184
양금건 洋金巾 ㊹158
『양금신보』『梁琴新譜』㉗413 423 ㉛544 556 558~560 562 563 567 568 ㉟579
양기 量器 ⑨196
양기탁 梁起鐸 ㊸206~208 214 244 278 298 301 328 330 331 337 340 344 348 ㊺219 ㊻61 65 67 82 93 ㊼135 211 ㊽7 12 266 267 280 ㊿280 (51)59 63 75
양기풍수 陽基風水 ⑯323
양기하 梁基瑕 ㊿315 321
양 길 梁吉 ⑪4 5 66 99 109 131 133 144 ⑫1 12 14 26
양길복 楊吉福 ⑩7 50 71

양녕대군 讓寧大君 ㉒83
양단외교 兩端外交 ㉙223
양대 凉臺 ㉚525
양대박 梁大樸 ㉙47 48 80
양대업 兩大業 ⑫185
양대인 洋大人 ㊻142 154
양대전 凉臺廛 ㉚526 ㉝331 379
양덕여학교 養德女學校 . ㊺101
양도 良圖 ⑨34 40 46 58
양도목 兩都目 ㉓289
『양도의도설』『量度儀圖說』㉟359
양동리 良洞里 ④277 ⑦321
양동리고분군 良洞里古墳群 ⑧358 359
양동리유적 良洞里遺蹟 ③392
양동무 楊東茂 ⑳256
양동택 梁東澤 ㊾467
양득중 梁得中 ㉜39
양력설 陽曆설 ㉛393
양로당 養老堂 ㉛163
『양로령』『養老令』⑮195
양로례 養老禮 ㉖71 235 ㉘160
양로연 養老宴 ㉓284 304
양로연의 養老宴儀 ㉖234
양로원 養老院 ㊻156 157
양료 糧料 ㉚573
양루 凉樓 ㉑590
양 린 梁麟 ⑫256
양마소 養馬所 ㉔554
양만용 梁曼容 ㉙285 286
양만춘 楊(梁)萬春 ⑤134 ⑨49
양말 洋襪 ㉛407
양맥 兩麥 ㉚435
양맥 梁貊 ⑤39 40 58 169 170 179
양맥근전 兩麥根田 ㉔105
양면핵석기문화권 兩面核石器文化圈 ② 148
양명 梁明 ㊾95 96~98 107 108 399
양명학 陽明學 ①306 321 322 ㉗273 ㉘327 ㉛7 180 267 288 294~299 302 356 ㉜29 417 ㉟1 15 64 187 ㊱82 ㊲ 147 ㊻106 109
「양명학연론」「陽明學演論」㉟81
양목답올 楊木答兀 ㉙214 215
양무 兩廡 ㉓304
양 무 楊茂 ⑥22 230
양무감리 量務監理 ㊷70
양무론 洋務論 ㊳92 ㊺203
양무운동 洋務運動 ㊳54 63 ㊵9 88 ㊹ 79 ㊺202
양무위원 量務委員 ㊷70
양 묵 楊墨 ㉖55 ㊿283 295
양문 良文 ⑫29 34 45 62
양물금단론 洋物禁斷論 ㊳214 217 222
양물금단책 洋物禁斷策 ㊳211
양물배척론 洋物排斥論 ㊳233
양민 良民 ㉓46 51 ㉕108 110~111 121 ~123 126 141 147 172 173 ㉘2 58 59 62 364 ㉜103 106 107 ㉞106
양민산 楊民山 ㊾168
양민층 良民層 ㉘63 ㉜119
양박청래사건 洋舶請來事件 ㊻136 137
양반 兩班 ⑬110 ⑱182 184 ㉓37 38 47 297 298 303~305 308 319 321 325 326 334 343 344 357 364 ㉕44~47 55 59 62 64~67 70 74 75 77 78 82 84 92 96 101 102 105~113 118 122 123 125 128 129 132 136 155~157 ㉞13 14 16 21 23~25 30 33 34 132 ㊱23
양반공음전시 兩班功蔭田柴 ⑭62 144 215 216 219 250
양반과전 兩班科田 ⑭1 3 4 23 70 71 163 206 209 222 268 275 284
양반관료(제) 兩班官僚(制) ㉓20 35 317 326 347 ㉕55 58 59 82 86 90 97 ~99 113 114 116 117 125 128 130 134 152 154 ㉛30 347 ㊹341
양반관직 兩班官職 ㉕114~119 121 134 135 140 148 151

양반광대 兩班廣大 ㉟550 560 569
양반구분전 兩班口分田 ⑭8 92 209 213 214 225 226 229~231
양반별초 兩班別抄 ⑱182 ⑳216
『양반전』『兩班傳』㉟411 430
양반전시과 兩班田柴科 ⑭35 55 62 214 241
양반제 兩班制 ㊹335
양반조업전 兩班祖業田 ⑭230 ⑲266 267
양방형 楊方亨 ㉙104 106
양백연 楊伯淵 ⑲186
양병론 養兵論 ㉜400
양병제 養兵制 ㉜106 107 143 147
양보 良保 ㉜128 303
양 복 楊僕 ④107
양본석 梁本錫 ㉛237
양봉순 梁鳳順 ㊿207
양부 梁部 ⑦247
양 부 楊孚 ⑪201
양부악 兩部樂 ㉑455 496
양부진전 量附陳田 ㉚425
양비론 兩非論 ㉚176
양사 兩司 ㉓29
양사언 楊士彦 ㉕136 ㉛418 489 496 497
양사재 養士齋 ㉓311
양사형 楊士衡 ㉙47
양산 洋傘 ㉛405
양산 陽山 ⑦14 ㉑59 64
「양산가」「陽山歌」⑧168
양산농민조합 梁山農民組合 ㊿208
양산룡 梁山龍 ㉙47
양산부부총 梁山夫婦塚 ⑦421 ⑧361
양산성(전투) 椋山城(戰鬪) ⑳175 206 225
양산소학교 楊山小學校 ㊺76 77
양산주 梁山璹 ㉙47
양산학교 楊山學校 ㊸212
「양상규칙」「養桑規則」㊳164
양생법 養生法 ㉟165
『양생설』『養生說』㉗157
양생술 養生術 ㉗157 ㉛410
양생음식 養生飮食 ㉕325
『양서』『梁書』⑥135 137 138 149 150 ⑦ 94
양석복 梁錫福 ㊿316
양 선 梁善 ⑱160
양성규 楊成規 ⑩67 191 193
양성모음 陽性母音 ㉗378
양성운 梁成雲 ㊹383
양성지 梁誠之 ㉒70 153 208 424 ㉓151 ㉔284 476 ㉕21 28 198 208 210 ㉖46 164 166 172 174 175 178~180 184 186 192 200 ㉘19 84 93 186 ㉚380 ㉜90 94 ㉞211
양성춘 梁成春 ㊼200
양성환 梁性煥 ㊸147
양세봉 梁世奉 ㊿311 315 316 318 320 23
양소업 楊昭業 ⑫50 ⑮277
양소훈 楊紹勳 ㉙73 75 77
양속오 良束伍 ㉜110 113
양송처 養松處 ㊱181
양수 良守 ⑳116 119
양수 梁水 ⑩ 55
양수 梁需 ㉗557 565
『양수기제조법』『揚水機製造法』㊲116
양수장 揚水場 ①49
양수척 楊水尺 ⑮19 66 ⑳160 162 ㉑ 507 ㉕237 238
양 숙 梁淑 ⑱19 20 27 28 31 ⑳56
양승경 楊承慶 ⑩36 37 104 128
양승우 楊承雨 ㊽337
양 시 楊時 ㉖39
양시양비론 兩是兩非論 ㉚52 65 122 ㉜ 43
양식건축 洋式建築 ㊻296
양식어장 養殖漁場 ㊶157
양신 陽神 ⑤33

양신분 良身分 ㉕82 83 104~106 108
양실학교 養實學校 ㊸212
양심여학교 養心女學校 ㊹392
양악(대) 洋樂(隊) ①①495 497 502 503 ⑧365
양안 量案 ⑭21 22 86 135 162 163 254 281 368 ㉘60 61 ㉚487 ㉜173 362 364 ㉝84~86 90 91 ㊱22 26 27 ㊷80
『양양기구록』『襄陽耆舊錄』㉞105
양양농민조합 襄陽農民組合 ㊿135
양어 養魚 ㉔410
양역 良役 ㉚251 366 578 ㉜113 128 129 302 369 ㉞21 24 68 209
양역민(소민) 良役民(小民) ㉜140 143
양역변통 良役變通 ㉚286 366 370 ㉛179 ㉜23 112 120 309 ㉝422 ㉞27 28 138 ㊱32 33 48
「양역변통가령절목」「良役變通假令節目」㉜159
「양역변통절목」「良役變通節目」㉛125 ㉜128 148 161 306 ㉞197 199 201 216 240 247 ㊱33 60 162
『양역변통조목홀기』『良役變通條目忽記』㉜162 186 192
「양역변통책자」「良役變通冊子」㉜156
양역사정별단 良役査定別單 ㉚570 ㉜148 306 309
양역사정청 良役査正廳 ㉜123
양역세 良役稅 ㊱2 28 29 32~34 36
『양역실총』『良役實摠』㉚371 ㉜113 124 127 128 187 309 331 370 ㉞33
양역이정 良役釐正 ㊱180
양역이정청 良役釐正廳 ㉜112 123 127 146 305
양역인구 良役人口 ㉞205 206 209 213
「양역절목」「良役節目」㉜309
양역청 良役廳 ㉜151 152 160
『양역총수』『良役摠數』㉜109 123 127
양 연 梁淵 ㉘110 199 ㉚345
양 연 楊演 ⑫111
양영순 楊永筍 52438
양예수 楊禮壽 ㉗118 138 141
양우충 梁祐忠 ⑫268
양웅 楊 雄 ①168 ㉖36 41
양원 楊 元 ㉙84 114
양원 良圓 ⑨391 392
양원여학교 養源女學校 ㊺101
양원왕 陽原王 ⑤88 ⑧334
양원학교 養源學校 ㊹392
「양위표」「讓位表」⑪99
양유 良柔 ⑳413
양윤숙 梁允淑 ㊸448
양율 陽律 ㉗402 405
양응성 楊應誠 ⑮289
양의사 兩醫司 ㉞85
양이두 羊耳頭 ⑧373
양이론자 攘夷論者 ㊲64
양이소호 兩耳小壺 ②409
양인 良人 ⑮13 17~19 ⑳14 17~19 21 22 24 26 27 ㉓7 33 34 43 45~47 51~54 297 298 303 308 310 343 357 ㉕50 61 66 75 78 84 88 94 101 104~106 108 109 114 134 149 150 ㉜149 ㉝120 ㉞106 ㊱22 35
양인교생 良人校生 ㉓303
양인농민 良人農民 ⑮47 49~51
양인석기 chopping tool 兩刃石器 ①92
양입위출 量入爲出 ㉜362 ㉝422 432 437
양자 養子 ㉞59
양자기 楊子器 ㉖196 197 199 200
양자제 養子制 ⑮140 ㉛214 641
양자제도 養子制度 ㉕272
양잠 養蠶 ㉔261 263 264 51411
양잠강습소 養蠶講習所 ㊹386
『양잠경험집요』『養蠶經驗輯要』㉔262
양잠교육 養蠶教育 ㊹387
양잠방 養蠶方 ㉔99 262
양잠산업 養蠶産業 ㊳162 164 165

양잠인 養蠶人 ㉕219
양잠회사 養蠶會社 ㊹188
양재역벽서사건 良才驛壁書事件 ㉘201 202 256 ㉚16
양재하 梁在廈 ㊾102
양재홍 梁在弘 ㊾424
양적 洋賊 ㊲202
양전 量田 ⑨154 166 ⑭22 36 162 163 290 293 297 298 302 307 316 388 ⑲84 149 206 ㉔77~91 113 447 451 454 ㉘60 ㉚405 417 484 487 493 ㉜367 ㉞213 ㊱26
양 전 楊典 ⑨181
양전동 良田洞 ②490
양전론 量田論 ㉜360 ㊹139
양전무용론 量田無用論 ㉚429
양전백 梁甸伯 ㊼ 321 326
양전법 量田法 ㊱177
『양전사목』『量田事目』㉚415 419
양전사업 量田事業 ㉜23 ㊱180 ㊲165 ㊵290 291 ㊹403
양전식 量田式 ⑭305 308~310 312
양전어사 量田御使 ㉚418
양전장적 量田帳籍 ⑭162
양전제 量田制 ⑭311 314 ⑲9 291 293 321 ㉚416 ㉜327
양전제부 量田制賦 ⑲123 126 278
양전척 量田尺 ⑭10 306 310~313 ㉔86 451 455 ㊷80
양전청 量田廳 ㉚428
양정 良丁 ㉜155 302 ㉞23 28 142 155 219 220
양 정 楊汀 ㉒113 114 119
「양정사핵사목」「良丁查覈事目」㉜139
「양정사핵절목」「良丁查覈節目」㉜126 136 138 305
양정수괄 良丁搜括 ㉜126 134 135 137 139 145 148 153 155
양정여자교육회 養貞女子教育會 ㊹382 ㊺100
양정여학교 養正女學校 ㊺101
양정우 楊靖宇 ㊿330 332 351 353
양정의숙 養正義塾 ㊺71 125
양정재(춘추) 養正齋(春秋) ⑫249 ㉛94
『양정편』『養正篇』㉘344
양제 量制 ⑭311 ⑲291~293
양제안 梁濟安 ㊼163
양조시험소 釀造試驗所 ㊷332
양조업 釀造業 ㊻314 ㊼89 90 ㊽77
양조주 釀造酒 ㉑227
양좌동 良佐洞 ㉓196
양주 揚州 ⑨297 298 301
양주 楊州 ⑫21 37 148 222 240 ㉖288
양주 釀酒 ㉑580
양주동 梁柱東 51105 107 108 52317
양주(별)산대놀이 楊州別山臺놀이 ⑧381 ㉟614 631 635 636
양중원 楊中遠 ⑩219
양중입선휘리 洋中立船揮罹 ㉝220 221
양지 良志 ⑧7 ⑨465
양지 陽志 ⑪114
양 지 楊志 ⑫64
양지국 量地局 ㊷86
양지아문 量地衙門 ①354 ㊵290 ㊷67 71 84
「양직공도」「梁職貢圖」⑥79 134 135 137 149 ⑦337 339 ⑧435 445
양진당 養眞堂 ㉕353 ㉗484
양진여 梁振汝 ㊸450 451
양자강 揚子江 ⑮232 245 250 ㊵24 87
양책참 良策站 ㊱246 250
양천교가 良賤交嫁 ㉓53
양천교혼 良賤交婚 ㉛68 158 165 168
양천법 良賤法 ⑮16 17
양천제(도) 良賤制(度) ①239 254 ⑮14 16 17 52 55 ㉕51 105 109 ㉘89 ㉚179 ㊱22 23 25 35
양천지법 良賤之法 ⑫159

양첩자 良妾子 ㉓352
양첩자손 良妾子孫 ㉕68
양청 涼廳 ㉑590 ㉕352 353
양촌 良村 ㊱137
『양촌집』『陽村集』㉖189 ㉗228
양추 洋醜 ㊲202 208
양태사 楊泰師 ⑩67 193～195
양태원 梁台源 52436
양파혈 陽波穴 ⑳238
양팽손 梁彭孫 ㉗553
양평(군) 楊平(郡) ⑧240 ⑱185
양포 良布 ㉜136 143 ㉝397 398 418
양포 洋砲 ㊲242
양하일 梁河一 ㊴403
양한규 梁漢奎 ㊸403 404
양한묵 梁漢默 ㊸183 188 ㊻200 203 206 ㊼326 51178 180 181
양한위 梁韓緯 ㊽329
양해 梁獬 ⑫256
양행 洋行 ㊲32
「양향사목」「糧餉事目」㉙140
양향청 糧餉廳 ㊶65
양헌수 梁憲洙 ㊲169 192 193
양현경 梁玄卿 ㊽209
양현고 養賢庫 ⑫249 ⑭204 205 469 ⑰2 3 25 70 ㉒139 ㉓68 85 281 282 290 ㉔424～426 468 ㉕225 ㉚506
양현동소학교 養賢洞小學校 ㊶220
양형우 梁亨遇 ㉙48
양혜 洋鞋 51396
양호 養戸 ⑬307～309 334 ⑭72 181 190 211 244 245 249 250 ㉜120 172 295
양 호 楊鎬 ㉙7 114 120 224 228～232 ㉚582～584
양호도순무영 兩湖都巡撫營 ㊴443
양홍묵 梁弘默 ㊶394 405 ㊻51 52 ㊾423
양홍재 梁鴻在 ㊳356
양화 洋靴 51406
양화 梁和 ⑱107
양화루 陽和樓 ⑰287
『양화소록』『養花小錄』㉔100
양화역 楊花驛 ㉝256
양화진(도) 楊花津(渡) ㉔501 502 ㉚251 ㉝300 339 ㊲190 ㊳286 309
양회일 梁會一 ㊸404 526
『양휘산법』『揚輝算法』㉓51
양희문 梁熙文 51330
양희지 楊熙止 ㉘177 182 183
어공원 御供院 ㊸112 115 117 123 127
어교 魚膠 ㉚504
어구 漁具 ㉔400 402
어기 御旗 ㊷31
어기 漁基 ㉜176 ㉝220
어기번조 御器燔造 ㉗527 532
어니하 於尼河 ④77 84
어담 魚潭 ㊽49
어두자음군 語頭子音群 ㉗378 ㉟290
어득강 魚得江 ㉘282
어라하 於羅瑕 ⑥234 ⑧140 147
어란포 於蘭浦 ㉙203
어랑사 漁郎社 ㊽232
어량 漁(魚)梁 ㉔396 402～407 409 415 417 420 ㉝215 224
어량대도 魚梁大道 ⑤122
어량세 魚梁稅 ⑭14 392 393 397 398 ⑭15 398 430
어록 語錄 ㉑285
『어록해』『語錄解』㉟281
어료소 御料所 ㉒263
어룡성 御龍省 ⑨5 122 179 ⑪22
어륙 於陸 ⑥234 ⑧140 147
어름쐐기 氷楔 ②190
어리 魚麗 ㉗401
어린도법 魚鱗圖法 ㉜330
어린이운동 어린이運動 ㊼410 51186
어린작대 魚隣作隊 ㉚295
『어맹혹문』『語孟或問』㉘310

어면보 魚面堡 ㉜406
『어면순』『禦眠楯』㉗364
어몽룡 魚夢龍 ㉛483 484
어문민족주의 語文民族主義 ㊸318 320
어물 魚物 ㉝364
어물전 魚物廛 ㉚521 ㉝386 387
어물회사 魚物會社 ㊹189
어미두음 語尾頭音 ㉗380
어법 漁法 ㉝227
어보 御寶 ㉓343
「어부가」「漁父歌」㉗347
어부계 漁夫契 ㉚506
어부보 漁夫保 ㉜123
「어부사」「漁父詞」㉑282 286 ㉟562 568
「어부사시사」「漁父四時詞」㉛424
어분전 御分田 ⑭83 225 231
어빈 Bertha K. Irvin ㊺95
어빈 C. H. Irvin 魚乙彬 ㊻182 289
어사대 御史臺 ⑨359 ⑫170 ⑬36 59 82 83 86 87 92 100 150 ⑯242 ⑱149 ⑲18
어사(제도) 御史(制度) ⑱220 ㉜3 86
어사화 御史花 ㉓328
어산 漁山 ⑨615
어삼가 御三家 ㉜459
어상회사 漁商會社 ㊹189 194
어서각 御書閣 ㉗227
어선 漁船 ㉝228
어성좌 御成座 ㉛366
어세 漁稅 ㉔432 ㉚569 ㉜174 176 177 ㊶155
어세겸 魚世謙 ㉘188 193
어수량 漁水梁 ㉔396
어숙 於宿 ⑧203
어숙권 魚叔權 ㉓337 ㉕136 ㉗216 ㉛593 ㉟192 330 617
어숙지술간묘 於宿知述干墓 ⑦102 ⑧202 203
어아주 魚牙紬 ⑨431 ⑩167
어양척사론 禦洋斥邪論 ㊳217 218
어업권 漁業權 ㊷304 314
어업면허세 漁業免許稅 ㊶155
어업법 漁業法 ㊶157 ㊷304
「어업조합규칙」「漁業組合規則」㊼78
어업협회 漁業協會 ㊶156
어여머리 ㉛404
어염 魚鹽 ㉚198 ㉜163 165 ㉝246 ㉝248 ㉝318
어염선세 魚鹽船稅 ㉚347 ㉜155 164 174 175 183 185 187 189 193 197 310
어염세 魚鹽稅 ㉔431 ㉜134 147 157 161~164 174 183 188 190 191 193 ㊴362
어염회사 魚鹽會社 ㊹189
어영군 御營軍 ㉚247 250 261 282 ㉜107 122
어영담 魚泳潭 ㉙61 199
어영사 御營使 ㉚247
어영청 御營廳 ㉚156 271 282 285 ㉜70 99 108 122 123 142 144 161 162 165 166 235 303 400 ㊳269
어영하 魚泳河 ㉘252
어용극운동 御用劇運動 ㊾369
어용선 魚瑢善 ㊶401 425
어용지기 御用之器 ㉗527 529
『어우야담』『於于野譚』㉗368 ㉛445 ㉟412 616
어울무덤 合葬墓 ③422 423
어유봉 魚有鳳 ㉟19 183
어유소 魚有沼 ㉒125 132 340 ㉘186 ㉙216
어윤적 魚允迪 ㊸318 ㊹386 ㊺7 28 97 235 236 240 241 243 244 256 ㉛233
어윤중 魚允中 ㊲12 285 286 295 296 302 ㊳26 34 43 44 47 51 64 85 87 91 95 102 106 108 109 112~114 119 ~122 132 135 294 295 324 328 ㊴15 55 85~88 105 119 299 303 ㊵153 164 166 171 199 210 216 223 229 ㊶20 92 198 251 ㊸241 381 ㊹44

53 301
어융방략 禦戎方略 ㊲192
어융사 御戎使 ㉚247
어은동출토청동띠고리 漁隱洞出土靑銅帶鉤 ⑧214
어은동유적 漁隱洞遺蹟 ③320 525
『어은보』『漁隱譜』㉛544 564 566 568 ㉟561 572 580
어음 於音 ㉝406
어음조합 於音組合 ㊹28
어의 御醫 ㉓91 ㉞82 85
어의궁 於義宮 ㉚460 463
『어의촬요방』『御醫撮要方』㉗114
어자문기법 魚子文技法 ⑧256 260
어장 漁場 ㉓293 ㉔417 431 ㉜174 176
어재연 魚在淵 ㊲200
어재하 魚在河 ㊼165
어전 漁箭 ㉓293 312 ㉔384 407 408 417 419 420 ㉜176 ㉝6 220 224~226 230 231 235
어전도 漁箭圖 ㉝225
어정 漁艇 ㉝229
『어정시운』『御定詩韻』㉟277
『어제비장전』『御製秘藏詮』⑯104 117
어제비장전판화 御製秘藏詮版畵 ⑰284 285
『어제선혜청정례』『御製宣惠廳定例』㉝ 236
어조 漁條 ㉜176 178 ㉝220 222 223 231
어지류 菸支留 ⑤33
어천절 御天節 ㊼219
「어초기」「漁樵記」⑲358 ㉔257
「어초문답도」「漁樵問答圖」㉛473 474
어학관 語學館 ㊲67
어학사 語學司 ㊳39
어화원 御花園 ⑩202
어효첨 魚孝瞻 ㉗34 35
어휘차용 語彙借用 ㉟295
어휘체계 語彙體系 ㉗382
어휘형태소 語彙形態素 ㉟294
억강부약(정)책 抑强扶弱(政)策 ㉛123 128 129 131
억례복류 憶禮福留 ⑥231
억말책 抑末策 ㉘78
억불숭유정책 抑佛崇儒政策 ①490
억성사 億聖寺 ⑪195
억승책 抑僧策 ㉖253 266
언간 諺簡 ㉗317 374 379
언관 言官 ㉓24 ㉘235 ㉚3 207 239
언더우드 H. H. Underwood 元漢慶 ㊺ 111
언더우드 Horace G. Underwood 元杜尤 ㊳193 ㊴122 ㊵262 268 ㊶42 179 ㊺22 250 255 ㊻163 165 180 188 286
「언론기관통제계획」「言論機關統制計劃」 ㊿53
언문벽서 諺文壁書 ㉗317
「언문변증설」「諺文辨證說」㉟279
언문익명서 諺文匿名書 ㉖102
언문일치 言文一致 ㊺6 224 239
「언문자음기례」「諺文字音起例」㉟277
「언문지」「諺文志」㉖80 98 ㉟278
언문청 諺文廳 ㉖104
언문체 諺文體 ㊺225
언사소 言事疏 ㊶235
언승 彦昇 ⑪22~24
언양 김씨 彦陽金氏 ⑫202
언양호적 彦陽戶籍 ㊱47 48
언옹 彦邕 ⑪101
『언음첩고』『諺音捷考』㉟278
「언자초중종성지도」「諺字初中終聲之圖」 ㉟275
언전 言戰 ㊻193 200
언전 堰田 ㉔457 ㉘351
『언해간이향약본초』『諺解簡易鄕藥本草』 ㉗117
『언해구급방』『諺解救急方』㉗140 142 143
『언해두창집요』『諺解痘瘡集要』㉗142

언해서 諺解書 ㉗375
『언해잠서』『諺解蠶書』㉔264 266
『언해태산집요』『諺解胎産集要』㉗139
얹은머리 ㊿①404
얼 Edwin Uhl ㊴67
얼 T. Earle ④17 20
얼굴예술품 얼굴藝術品 ②239 240
얼레공치기 ㉟609
얼음 氷 ⑧454
엄경 掩耕 ㉗186
엄 도 嚴焘 ㉜258
엄리대수 奄利大水 ④182
엄 복 嚴復 ㊺204
엄복동 嚴福童 ㊺369 ㊿①336 346
엄비 嚴妃 ㊹390 ㊿①410
엄상궁 嚴尙宮 ㊶55 99
엄세영 嚴世永 ㊳106 114 ㊴392 ㊻14
엄수명 嚴洙明 ㊿357
엄수안 嚴守安 ⑮34 ⑳37
엄용선 嚴用善 ㉘186
엄원(이즈하라) 嚴原 ㉜467
엄윤식 嚴允植 ㊿221
엄인섭 嚴仁燮 ㊼401
엄 장 嚴莊 ⑨406
엄주동 嚴柱東 ㊼153
엄주익 嚴柱益 ㊺4 71 125
엄주필 嚴周必 ㊽247
엄준원 嚴俊源 ㊹390 ㊺100 144
엄천사 嚴川寺 ㉘85
엄표수 掩淲水 ④154
엄항섭 嚴恒燮 ㊿283 284 295 436 ㊿②138 165 206 213 214 216
엄형순 嚴亨淳 ㊽349
엄황 嚴愰 ㉙284
업무 業武 ①317 ㉓357 ㉛162 ㉜138 ㉞14 18 89 201 ㊱36
업유 業儒 ①317 ㉓357 ㉞14 18 19 58 89 ㉛162
엇시조 旕時調 ㉟581
에그너 R. Egner 2㊿①67
에노토모 다케아키 榎本武揚 ㊵32
에드먼드 사리스 Edmond Saris ㉜495
에드먼즈 Margaret Edmunds ㊹393
에드워드 기번 Edward Gibbon ㉚305
에른스버거 E. Ernsberger ㊻289
에리곤호 l'Erigone號 ㉜497
에머스트호 The Lord Amhers號t ㉜509
에모리대학 Emory大學 ㊻42
에센 也先 ㉒252 253 259 260
에손 Eson ㉜516
에아이천 江合川 ②275
엑스선형광분석 X線螢光分析 ②96
엔도 류사쿠 遠藤柳作 ㊿②100
엔리코 아치우니 Enrico Acciuni ㊲316
엔카 演歌·艶歌 ㊺331 ㊿①301 317
엘러즈 Miss A. J. Ellers ㊴122 ㊹392 ㊺93 ㊻180 286
엠벌(버얼)리 H. Emberly ㊶305 ㊻43
엠파이어 트러스트회사 Empire Trust Company ㊶121
엠페러호 The Emperor ㉜501
엡윗여자청년회 엡윗女子青年會 ㊹389
엥겔스 Friedrich Engels ④12 ㊾253 287
엥겔식정곡기 엥겔式精穀機 ㊻323
여 閭 ㉟249
여각 旅閣 ㉔122 170 171 ㉝376 310 ㉞113 116 ㊴52 273 369 370
여갑당 餘甲幢 ⑨142
여객객주 旅客客主 ㊳177
여객주인 旅客主人 ㉝341 342 346 366 370 374 375 411 387 389 390 ㉞117
여결 餘結 ㉜183 190 292 295
여경 犁耕 ㉘260
여경법 犁耕法 ⑭322
여 계 呂繼 ⑫101
여고진 如皐鎭 ⑨301
여공원 女工員 ㊹400
여공저 呂公著 ㉚62

여권통문 女權通文 ㊹379 380
여규형 呂圭亨 ㊶340 ㊻29 30 119
여극인 呂克諲 ⑭160 172
여금성 麗金成 ⑦229 ⑭429
여기 女妓 ㉑456 457 458 491 ㉗390 391 393 394 430
여기원 女技員 ㊹400
여기화가 餘技畵家 ㉛464
여나산 余那山 ⑧376
여대로 呂大老 ㉙152
여대방 呂大防 ㉚62
여도간 汝刀干 ⑦313
『여도비지』『輿圖備志』㉟304
여도성 呂島城 ㉒195
여둔봉수대 餘屯烽燧臺 ㉔541
여래선 如來禪 ⑪205 ㉟144 149~152
여래좌상 如來坐像 ⑧187
여령정재 女伶呈才 ㉟591
여례 餘禮 ⑥53 62 120 174
여론정치 輿論政治 ㉓315
여류문학 女流文學 ㉛123 129
여마제 餘馬制 ㉝446 447
여명회 黎明會 ㊾47
여몽(원)연합군 麗蒙(元)聯合軍 ⑳121 266
여묘 廬墓 ⑯258
여묘제 廬墓制 ㉛248
여문 閭門 ⑱43
여물평 餘勿平 ㉟310
여민 閭民 ㉟249 250
「여민락」「與民樂」①502 ㉗320 ㉛544 547 548 563 565 566 584 ㉟556 557 580 583
여민락만 與民樂慢 ㉛547 548 553
여보 餘保 ㉜162 169
여부구 茹富仇 ⑩71
여사 女師 ⑩162 190
여사무원 女事務員 ㊹400
『여사제강』『麗史提綱』㉟313~316
여산회사 汝産會社 ㊴178
여삼 餘三 ⑪51
여삼현 呂三鉉 ㊹197
여서창 黎庶昌 ㊴29
여석령 礪石嶺 ㉙5 85 92 143
『여성』『女性』㉛88 112
여성교육 女性敎育 ㊸200 203 254 280 ㊹379 385 387~389 390 396
여성교육단체 女性敎育團體 ㊸279
여성국극 女性國劇 ㊷375
여성국악동호회 女性國樂同好會 ㊷375
여성동맹 女性同盟 ㊷395
여성동우회 女性同友會 ㊾249 286 290 294
여성야학 女性夜學 ㉛41 42
「여성야학에 관한 건」「女性夜學에 關한 件」㊾335
여성영웅소설 女性英雄小說 ㉟418
여성운동 女性運動 ㊹380
여성제 呂聖齊 ㉚160
여성체육 女性體育 ㉛344
여수전 旅需錢 ㉚249
여순 旅順 ㊵137 138
여순협정 旅順協定 ㊷180
여신 餘信 ⑥50 51 191
여씨 餘氏 ⑥18
『여씨춘추』『呂氏春秋』④71
여씨향약 呂氏鄕約 ㉘244 271~273 321 349 ㉛38 40 41 ㉞236 238
『여씨향약언해』『呂氏鄕約諺解』㉘ 272
여악분원 女樂分院 ㉛356
여악제도 女樂制度 ㉛356
여엄 麗嚴 ⑪73 194 199 203 ⑫72 ⑯15 17
여역 癘疫 ㉕358
여연군 閭延君 ㉒146 147 344
여영 餘映 ⑥119
여영소 呂永昭(韶) ㊸120 375 376
여영조 呂永祚 ㊸82 121
여옥 麗玉 ㉛123

여왕국 女王國 ⑦231
여우길 呂祐吉 ㉙133 176 ㉜427
여우회 女友會 ㊹371
여운형 呂運亨 ①394 ㊼12 13 216 219 225 227 234~236 313 314 394 ㊽118 135 142 147 158 167 172 173 ㊾117 442 ㊿468 51 86 87 52 55 60 99 102 105 106 112 118 156~158 161 162 167 171 172 175 176 179 184 187 189 191 195 198 199 202 248
여운홍 呂運弘 ㊼235 52 164 189 197 201 203
『여유당전서』『與猶堂全書』①388 ㉟318 405 51 137
여의동유적 如意洞遺蹟 ③89
여의두문 如意頭文 ㉗489 493 585
여의수 餘宜受 ⑦156
여이홍 呂爾弘 ㉙290
『여자계』『女子界』51 67
「여자고등보통학교규칙」「女子高等普通學校規則」51 17
여자교육회 女子敎育會 ㊹382 ㊺77 82 100 101 184 126 ㊾269 272
여자맹아학교 女子盲啞學校 ㊹387
여자보학원 女子普學院 ㊺101
여자입적법 女子入籍法 ㊱30
여자(근로)정신대 女子(勤勞)挺身隊 ㊿111 409
「여자정신대근무령」「女子挺身隊勤務令」㊿2 235
여자진 餘自進 ⑥160
여자하령회 女子夏令會 ㊾277
여자흥업사 女子興業社 ㊾282
여장 閭長 ㉟249
여장 女墻 ⑤189
여전론 閭田論 ①324 ㉟6 246 250 251
여전제 閭田制 ㉜330 ㉟248~250
여점 旅店 ㉚488 ㉝309
여정 餘丁 ㉕21 ㉞219 220
여정위 勵精衛 ㉕95
여제 厲祭 ㉓304 ㉖214 241 ㉚508 ㉟ 168 169 171 51 392
「여제진별지」「與諸陣別紙」㊸477
여조겸 呂祖謙 ㉖36 38
여종 如宗 ⑪198
여주 驪州 ㉝346
여주요 汝州窯 ⑰299
여주인 旅主人 ㉞117
여 준 呂準 ㊺83 ㊼10 193 195 314 ㊽ 141 207
「여지고」「輿地考」⑩232
『여지기승』『輿地紀勝』⑨298
여지도 輿地圖 ㉖199
『여지도서』『輿地圖書』㉒155 ㉔565 ㉝ 211 219 235 236
『여지지』『輿地志』⑰118
여진 女眞 ⑩6 8 40 41 51 52 78 82 83 86 94 161 ⑫155 214 224 ⑮261 262 263 270 273 301 ㉒261 330 389 ㉘5
여진추장 女眞酋長 ⑫148
여진어 女眞語 ㉓358
여진위소 女眞衛所 ㉒262 279 330
여진인 女眞人 ⑮193 197 241 315 353
여진입조공로 女眞入朝貢路 ㉒352
「여진접대사례」「女眞接待事例」㉙222
여진정벌 女眞征伐 ⑫246 ⑮317 326 ㉒ 336~338 341
여진족 女眞族 ⑮67 239 241 268
여진초무 女眞招撫 ㉒320~323
여진학 女眞學 ㉓50 363 ㉕124 125 ㉟279
여창 餘昌 ⑥18 ⑦107
『여창가곡록』『女唱歌曲錄』㉟562 588
여첩퇴비처 女堞頹圮處 ㉚258
여탐굿 ㉟177
여학 呂學 ㉘313
여학교권흥칙어 女學校勸興勅語 ㊺97
여항문인 閭巷文人 ㊺349
여항문학 閭巷文學 ㉞75 76

여 해 呂海 ㊾161
여행권증명철폐운동 旅行券證明撤廢運動 ㊾378
여행대 旅行隊 ㊽223 226
여행렬 呂行烈 ㊽331
여행증명제도 旅行證明制度 ㊼269
여환 呂還 ㉛396 ㊱6 91 92 102
여휘 餘暉 ⑥119
여휴 余璘 ㊲84 277
역 役 ⑭348 362 376 378 388 405
역 驛 ㉔476 480 510 512 547
역가 役價 ㉚382 573 ㉝151 275 ㉞220
역가미 役價米 ㉚392 ㊴367
역갈 力竭 ⑨34
『역경』『易經』㉖57 ㉟198
역경원 譯經院 ⑯110
역계경 歷谿卿 ④136 263
역과 譯科 ㉓297 357 358 363 ㉕70 124 127 ㉞65 ㉟281
『역과방목』『譯科榜目』㉟344
역관 譯官 ①406 ⑲72 ㉓359 367 ㉕64 68 110 112 119 120 123 124 128～130 132 ㉚161 544 ㉜50 ㉝438 441 442 462 ㉞80 ㊱146
역관 驛館 ㉝309
역군 役軍 ㉝142 150
역군가 役軍價 ㉚382
역근전 役根田 ㉜351 371
역년도 歷年圖 ㉖142
역노비 驛奴婢 ㉕203 206 207 213 ㉛165 167 ㉞143 157
역노비형지안 驛奴婢形止案 ㉕207
역노양처소생 驛奴良妻所生 ㉞144
『역대가』『歷代歌』㉑294 356 361
『역대기년』『歷代紀年』⑩231 ㉛373
『역대명신사적』『歷代名臣事迹』⑰150
『역대명화기』『歷代名畵記』⑨482
『역대병요』『歷代兵要』㉒75 78 130
『역대보안』『歷代寶案』㉒413 416
『역대세년가』『歷代世年歌』㉖114 115
『역대연표』『歷代年表』⑩230 ㉑307 312 317 318 320 321
『역대요성록』『歷代妖星錄』㉟358
「역대제왕국도」「歷代帝王國圖」㉖196 197
「역대제왕혼일강리도」 歷代帝王混一疆理圖 ㉖173 177 178 189
역도세 驛賭稅 ㊷336
역도원 酈道元 ④74 89
역동서원 易東書院 ㉗473 ㉘288
역둔전 驛屯田 ㉒127
역둔토 驛屯土 ㊷140 158
역로 驛路 ㉔503 ㉝255 309
「역로」「歷路」52293
역리 驛吏 ⑬205 ⑮64～66 211 ⑳63 ㉔508 510 ㉕146 182 ㉚492 ㉝263 ㉞143
『역림』『易林』⑥240 ⑧119
역마 驛馬 ㉓34 ㉔509 ㉝264～266 ○52296
역물 役物 ㉗292 293
역민 役民 ㉘81 ㉚386
역박사 易博士 ⑥157 232 ⑦145 ⑧412
역박사 曆博士 ⑥157 173 220 232 ⑦145 ⑧412 477
역법 曆法 ⑧403 412 ⑨424 425 ⑯306 ⑰113 ㉓16 ㉗84 87
역병 疫病 ㉚327
역분전 役分田 ⑭2 31 33 34 44 98～100 240
「역사상」「力士像」⑨478 483
역사지리학 歷史地理學 ㉚307 ㉛375～377 386
『역사집략』『歷史輯略』㊸321 ㊺271 272
역상 曆象 ㉗62
『역상집』『曆象集』㉒75 79
역서 曆書 ㉗54
역서법 易書法 ⑬391
역성혁명(사상) 易姓革命(思想) ①261 ㉒24 ㉓27 ㉘266 ㊱6 84 338 344
역수 曆數 ㉗49 50

역승 役僧 ㉖260 262 265 ㉟158
역승 驛丞 ①276 ㉓300 ㉔504 508 ㉕117 141 363
역신 疫神 ⑨468
역어 譯語 ⑨328
『역어유해』『譯語類解』㉑246 247 248 ㉔388 ㉛367 ㉟281
『역어유해보』『譯語類解補』㉔408
역역 力役 ⑥199 203 208 209 ⑬356 361 ⑭1 11 31 186 370 376 378 ⑱27 80
역역 驛役 ㉝263 ㉞143
『역옹패설』『櫟翁稗說』⑱12 164 166 180 219 ㉑245 252 253 341 347 348 350 473
역원 驛院 ㉔511
역인 驛人 ㊹350
역일 曆日 ㉗48 49
역자 驛子 ①276 ㉕180 182 231 ㉖259 ㉚492
역장 驛長 ㉔508
역재 易齋 ㉓338
역전 易田 ㉘258
역전 驛田 ⑭231 ㉔503 510 511 ㉘35
역정 驛丁 ⑬342 384 385 ㉔508
역제 驛制 ⑲146 150 ㉔503 511 ㊹225
역졸 驛卒 ㉔508 511 ㉚492 ㉝263
역지(교빙) 易地(交聘) ㉜14 456
역지빙례 易地聘禮 ㉜457 460
역지통신 易地通信 ㉜457 458
역직기 power loom 力織機 ㊻317 318 321
역참(제) 驛站(制) ㉝308 ⑬63 203
역체국 驛遞局 ㊹226
역총 役摠 ㉚372 ㉜128 131
역축 力畜 ㉔108
역토 驛土 ㊹404
역포사람 力浦人 ②77 78 121
역학 譯學 ⑰48 54 55 ㉓35 50 296 297 348 361 ㉕124~126 129 130
『역학계몽도해』『易學啓蒙圖解』㉒130
『역학계몽집전』『易學啓蒙集箋』㉟195
역학생도 譯學生徒 ㉕120 127
역학원 譯學院 ㉓359 363
역학훈도 譯學訓導 ㉓300
『역해』『易解』⑯226 ㉑131 133
역행 曆行 ㉜386 387
역호 驛戶 ⑬205 ⑮64 ⑲150 ⑳342 ㉔504 ㉕83 ㉝263
역환마 易換馬 ㉔583 588
연 燕 ③48 54 338 339 343 409 458 ④4 32 79 82 118 126 163 ⑤16
연가7년기미년명금동여래입상 延嘉七年己未年銘金銅如來立像 ⑧6 223
연강세 沿江稅 ㊷92
연개소문 淵蓋蘇文 ①442 447 ⑤8 9 100 102 103 126 128~131 138 139 143 144 167 181 182 210 ⑦133 ⑧56 94 ⑨47 48
연경(북경) 燕京(北京) ⑮243 246 ㉝438~440
연경군 흠 延慶君 欽 ⑫236
연경궁 延慶宮 ⑯153 ⑳139 ㉓83
연경당 演慶堂 ㉟543
연경무역 燕京貿易 ㉝441 442 446
연경사 衍慶寺 ㉖270 ㉗449 478 479
연경사 燕京使 ㉜455
연공행 年貢行 ㉜386
연관목 烟貫目 ㉝238
연군 烟軍 ㉚380 385 387 388 400
연군 鉛軍 ㉚574 ㉝194~198 204 205
연극건설본부 演劇建設本部 52369
연기 燕岐 ⑪111 178 179
연기건립 緣起建立 ⑯50
연기다라니 緣起陀羅尼 ⑨387
연기법사 緣起法師 4⑨83
연기우 延基羽 ㊸481 491 506 520 523
연길 延吉 ㊹301
연꽃무늬 수막새 ⑧265
연나부 椽那部 ④188 ⑤4 21 28 30 34 36 37 40 47 156 191 209 210

연날리기 紙鳶戱 ㉑558
연납 衍納 ㊴255
연단 煉丹 ⑧407 408 426
연단 鉛丹 ⑲354
연담유일 蓮潭有一 ㉟131 132 148 150
연당초문 蓮唐草文 ㉗496
연대 烟臺 ㉗250
연대도 煙臺島 ②312 337 344 346 424 435 443 446 478 495 496 498 525
연대도유적 煙臺島遺蹟 ②437 522 525
연대도패총 煙臺島貝塚 ②311 358 404 422 541
연도리패총 燕島里貝塚 ②369
연도취어법 聯舠取魚法 ㉝227
연돌 燕突 ⑥63 66 67 230
연등도감 燃燈都監 ⑯150 ㉑495
연등위장 燃燈衛仗 ㉑489 508
연등(회) 燃燈(會) ⑧44 ⑯140 141 143 144 147 153 154 288 ⑰224 ㉑459 461 476 491 493 495 529 531 577 ㉖271 275 ㉗424 ㉘259 260 ㉛575 581
『연려실기술』『燃藜室記述』 ⑩232 ㉛403 ㉟80 190 322 325 ㊺265
연례방물 年例方物 ㉔143 144 ㉝257
연례 8송사 年例八送使 ㉜441 445
연로책 聯露策 ㊴19 20 22 23
연리 掾吏 ㉕137
연립제 連立制 ⑬331
연맹왕국 聯盟王國 ①4 ⑦247 248 264 290
연모 燕謨 ⑥92
연무 延武 ⑨59
연무공원 鍊武公院 ㊳103 156 157 ㊵174 196 ㊺20 21 36
「연무공원직제절목」「鍊武公院職制節目」㊳156
연무부 練武部 ㊼253 254
연미국 聯美國 ㊲85 278 330 311
연미론 聯美論 ㊲276 278 297
연미복 燕尾服 ㊹466
연미정 燕尾亭 ㉙246
연방 椽房 ㉞99
연방원 聯芳院 ㉓362 ㉛586
연백복지무 演百福之舞 ㊿355
연병규식 鍊兵規式 ㉚291
『연병실기』『練兵實記』㉚262
연병우 延秉佑 ㊼403
연병호 延秉昊 ㊿276
연복궁 延福宮 ㉓85
연복사 演福寺 ㉑450 461 ㉖266
연복제 延卜制 ㉝446 447 452
연분9등법 年分九等法 ①274 ㉔447 448 ㉘35 45 59
연분등제 年分等制 ㉘45
연분사목 年分事目 ㉜292
연분제 年分制 ㉔86
연비 燃臂 ㉖270
연비어약 鳶飛魚躍 ㉗313
연사례 燕射禮 ㉛598
「연사모종도」「煙寺暮鐘圖」㉛459
연산 連山 ⑫59 73 112
연산군 燕山君 ㉘188
연산진 燕山鎭 ⑪112
연상 燕商 ㉝448 455~457 459
연상(소상) 練祥(小祥) ㉛251
『연생경』『延生經』㉖293
연서역 延曙驛 ㉙275 ㉝203
연석 碾石 ⑦404
연성 連城 ⑥145
연쇄극 連鎖劇 ㊿367 369
연수 延壽 ⑤60
연수원 延壽院 ⑫121
연수유답 烟受有畓 ①209 ⑪57 88 ⑭22 146 158 280 301
연수유전(답) 烟受有田(畓) ⑦237 ⑨154 161 225 229 230
연수재명합 延壽在銘盒 ⑧261
연수향 漣水鄉 ⑨327

연신 燕信 ⑥62 63
연씨 椽氏 ⑤47
연씨 燕氏 ⑥60 81 83 230
연악회 研樂會 ⑤308
연안 延安 ⑫217
연안(해)측량(권) 沿岸(海)測量(權) ㉗82 250 323
연안군 (왕)고 延安君 (王)暠 ⑳311
연안대첩 延安大捷 ㉙184
연안무역권 沿岸貿易權 ㊲326
연안성 延安城 ㉙184
연안어장 沿岸漁場 ㉔413
연안이씨 延安李氏 ㉜215
연안해운권 沿岸海運權 ㊲326
『연암집』『燕巖集』㉟430 ㊳5 53 ㊺202 271
연애 碾磑 ⑧408
연양 延陽 ⑧372
연어문 蓮魚文 ㉗491 496
연역 烟役 ㊴278 363
연왕 燕王 ㉒247 277 291 316 318 322
『연우』『鉛友』㊾245
연운 16주 燕雲十六州 ⑫154 ⑮225 229 230 232 237 304
연원역 連原驛 ㉝256
연유 鉛釉 ⑨192 536
연유채료 鉛釉彩料 ㉗525
연융대 鍊戎臺 ㉚256
연은분리술 鉛銀分離術 ㉘116 122
연은전 延恩殿 ㉓94
연인관계 連姻關係 ⑫195 202 225
연일현 延日縣 ㉜500
연잉군 延礽君 ㉚149 170 173 179
연자학비 燕子學飛 ㊺367
연작(농법) 連作(農法) ①271 275 ⑭11 329 ⑲100 ㉔79 499 ㉖2 212 ㉘57 59 66 260 262 354 ㉚518 535 ㊱123
연장 鉛匠 ㉚572 579
연장 鍊匠 ⑰130
연재학파 淵齋學派 ㉟57
연저수종공신 燕邸隨從功臣 ⑲138 ⑳327
연점 鉛店 ㉚575 578 ㉝188 190 197
연정토 淵淨土 ⑤105 ⑦135 ⑨50 53 67
연정회 研政會 ㊾52 53 142 145
『연조귀감』『掾曹龜鑑』⑫142 ㉞97 101 105 ㉟324 ㊺267
연좌법 連坐法 ⑥238 ㊶246 343 347 349
연좌율 緣坐律 ㊵199 202 301
연좌제 連坐(制) ⑨119 ⑤216 ㊹347 357
연좌제 緣坐(制) ⑮219 ㊵244 300
연(달)주 連(㺚)州 ⑮316 ⑳82~84 88~90 190
연주 延州 ⑳80 92 126
연지 蓮池 ⑧307
연질토기 軟質土器 ③500 ⑧264 ⑨192
연철군 鉛鐵軍 ㉚574
연철표기 連綴表記 ㉟287 288
연초 煙草 ㉝4 43 62 64 357 358 365
연초세 煙草稅 ㊷336 ㊽82
「연초세령」「煙草稅令」㊽75
「연초세법」「煙草稅法」㊹283
연초업 煙草業 ㊽75
연초전 煙草廛 ㉝318
「연초전매령」「煙草專賣令」㊽79
연초제조업 煙草製造業 ㊼86 89 90 93
연초회사 煙草會社 ㊵293 ㊹399
연타발 延陀勃 ⑥15 17
연통부 聯通府 ㊽11 128
연통제 聯通制 ㊽125 128 131 321
연파 燕頗 ⑩87
연판문 蓮瓣文 ㉗489 493 496 497 504 506
연판승 鍊板僧 ㉗226
연평도유적 延坪島遺蹟 ②380 484
『연평문답』『延平問答』㉘310
연하도유적 燕下都遺蹟 ③468
연합공의회 United Council of Missions in Korea 聯合公議會 ㊻169

연합운동회 聯合運動會 ㉛331 334
연합제규 聯合制規 ㉛201
연합촌 聯合村 ㉓144
연합한인위원회 聯合韓人委員會 ㊿393
연합회 聯合會 ㊿400~403
연해조운도 沿海漕運圖 ㉖175
연해주 沿海州 ③38 60 198 217 291 294 457 ⑩146 164 168 180 181 186 197 199 202 203 205 207 220 223 224 227 237 242 ㊹304 306 ㊾425 453
연해측량 沿海測量 ㊺49
『연행록』『燕行錄』㉜415
연행사 燕行使 ㉟240 362 ㊺349
연행사절 燕行使節 ㊲2 179 204
연행사행원 燕行使行員 ㉛307
『연행일기』『燕行日記』㉜415
연향 宴享 ㉑459 ㉗394 395 435
연향악 宴享樂 ①308
연호 年號 ⑦95 ⑨424 425
연호군 烟(煙)戶軍 ⑲56 57 63 ㉘103 ㉚380
연호미법 煙戶米法 ㉔473 ㉕19
연호잡역 烟戶雜役 ㉚386 394 465 575 ㊴363
연화 燕貨 ㉝443 445 450
연화교 蓮花橋 ⑨541
연화궁주 延和宮主 ⑫247
연화대 蓮花臺 ㉑476 497 ㉕199
연화대무 蓮花臺舞 ㉖269 ㉛585 ㉛356
연화리유적 蓮花里遺蹟 ③75 411
연화문 蓮花文 ⑧265 267 346
연화보 蓮花堡 ③457 466 ④115 131
연화보-세죽리유형 蓮花堡-細竹里類型 ③54 329 334 338
연화사 蓮花寺 ⑨498
연화심륜 蓮華心輪 ⑯104
연화연무국 蓮花烟務局 ㊹180
연화원 蓮華院 ⑯176
연화장세계 蓮花藏世界 ⑨373
연화화생 蓮花化生 ⑧187
연환 鉛丸 ㉚545 578
연회 緣會 ⑪176 177 ⑯82
연흥사 演興社 ㉛365
연희전문수물과 延禧專門數物科 ㉛32 282 285 288
연희전문학교 延禧專門學校 ㊺110 111 ㊻170 184 ㊼ 171 324 336 338 ㊾36 ㊿211
열만화 烈萬華 ⑩88
『열반경』『涅槃經』⑧62 119 ⑨373 384
열반종 涅槃宗 ⑧3 ⑯65
『열반종요』『涅槃宗要』⑯80
열병 閱兵 ⑦58
열분석 熱分析 ③497
『열성어필』『列聖御筆』㉛501
열수 洌水 ④48 75 90
『열조갱장록』『列朝羹墻錄』㉜93
『열조통기』『列朝通紀』㉟190
열하이궁 熱河離宮 ㊲39 59
『열하일기』『熱河日記』㉜415 ㉟427 430
열형광측정법 熱螢光測定法 ②26 29 44 125
염가 鹽價 ⑭395~397 ㉔364 367
염간 鹽干 ⑭396 ㉔367 372 374 379 380 ㉕181
염거 廉居 ⑪195
염거화상탑(부도) 廉居和尙塔(浮屠) ⑨517 567 569 570
「염경애묘지」「廉瓊愛墓誌」⑰213
염계달 廉季達 ㉟566 568 629
염군 鹽軍 ㉔364
염군사 焰群社 ㊾71
염궁 染宮 ⑦227 ⑨180 183
염라(왕) 閻羅(王) ㉖293 295
염민 鹽民 ㉝251
염법 鹽法 ⑲123 370 ㉔364~367 371
염부 鹽夫 ㉔374
염분 鹽盆 ⑨194 ⑭301 303 ⑯211 212 ⑲363 364 367 368 371~375 380 ㉔362

374 375 ㉜176 ㉝243 ㊱181～183
염불 念佛 ㉟127 143 573
염불만일회 念佛萬日會 ㉛395
염불문 念佛門 ㉟128
염불삼매 闇佛三昧 ㉖266
염불소 念佛所 ㉖253 274
염불원 念佛院 ㉟127 131
염불패 念佛牌 ㉖275
염사인 廉斯人 ④280
염사치 廉斯鑡 ④114 ⑥239
염산지 鹽産地 ⑲361 ㉔373 374
염상 鹽商 ⑲365 ㉝388 ㉞87
염 상 廉相 ⑪17 ⑫45 82
염상섭 廉想涉 ①428 ㊿75 ㊾296 317 327 328
염상한 廉相漢 ㊽332
염상회 鹽商會 ㊹189
염세 鹽稅 ⑭14 392～398 ⑯211 ⑲85 119 137 148 362 363 365～368 376 379 ㉔363 375 432 ㉜174 176
염소 鹽所 ⑭394 430 438 ⑲360～365 368 374 ㉔364 374
『염송설화』『拈頌說話』㉟143 150
염습의 斂襲衣 ㉕302 304
염승익 廉承益 ⑲73 83
염승진 鹽乘津 ⑦390
염양선사 艶陽禪寺 ⑭253 260
염업 鹽業 ①274 ㉔283 361 363 365 368 369 371 374 379 380 ㉝240
염업시험장 鹽業試驗場 ㊷332
염역 鹽役 ㉔372 374 375
염장 染匠 ㉔270 272
염장 閻長 ⑪32 33 94 95
염장 鹽場 ⑲375 ㉔367 ㉜176 ㉝241 250
염장 鹽藏 ㉝245
염장 鹽醬 ㉕359
염(장)관 鹽(場)官 ㉔361 369 375 ㉝250
염적 鹽籍 ㉔375
염전 鹽田 ⑲377 ㉔376 377 ㉚521 ㉜174 ㊿386
염전 鹽廛 ㉝318 370
염전매제 鹽專賣制 ⑫218 ⑯211 212 ㉔363 365 371 379
염점 鹽店 ⑭446 ⑲367 368
염정 鹽丁 ㉔374
염정 鹽井 ㉔376～378 ㉜176 ㉝244
염정시 艶情詩 ㉗352
염제 鹽制 ㉔371
염제신 廉悌臣 ⑲64 154 ⑳277 299
염 종 廉宗 ⑨20
염주 鹽州 ⑩200 ⑫84
염중모 廉仲模 ㊶237 388
염창 鹽倉 ⑲363 378 ㉔362 369 372
『염철론』『鹽鐵論』④83 84
염철법 斂鐵法 ㉔216 220 221 245 248
염철법 鹽鐵法 ①273
염철별감 鹽鐵別監 ⑳45
염초 焰硝 ㉗107 233～235 243 245 246 ㉚544
염초자취 焰硝煮取 ㉗234 243～245 ㉙167 ㉚510
염초장 焰硝匠 ㉗235
염탕 鹽湯 ㉛626
염태진 廉台鎭 ㊾36
염포 鹽浦 ㉓359 ㉔202 ㉘130
염포 鹽鋪 ⑲379 384
염포성 鹽浦城 ㉒195
염한 鹽漢 ⑲375 ㉔363 364 374
염해현(신안군임자면) 鹽海縣(新安郡荏子面) ⑫59
염호 鹽戶 ⑭394 395 ⑲10 360 362 363 365 374～376 380 ㉔374 380
염 흔 廉昕 ⑫57
염흥방 廉興邦 ⑲154 170 191 193 242 236 255
엽전 葉錢 ㊹26 28 29
엽지초 葉志超 ㊴59
『영가대사증도가남명계송』『永嘉大師證道

歌南明偈頌』㉗221
『영가진각선사증도가주해』『永嘉眞覺禪師證道歌註解』㉗218
『영가집』『永嘉集』⑯43 ㉖269
『영가집설의』『永嘉集說誼』㉖282
영강주 寧江洲 ⑮241
영객부 領客府 ⑨17 ⑪40
영건도감 營建都監 ㊲162 164 169
영경 英景 ⑪102 ⑫56
영계 令契 ⑧67
영고 迎鼓 ①497 ④218 222 224 ⑥242 ⑧153 155 366 382 ⑯151
영고석 詠孤石 ⑧9 ⑨469
영고탑 寧古塔 ⑮328 ㉚199 ㊹302
영골 靈骨 ⑨532
영공 營貢 ㉝326
영관 靈觀 ⑨395
영광(군) 靈光(郡) ⑫253 256
영광 김씨 靈光金氏 ⑫203
영광탑 靈光塔 ⑩180 185 206
영구 營口 ④145 ㊹303
영국공사관 英國公使館 ㊻297
영국상관 英國商館 ㊲45 46
영국상선 英國商船 ㊲46
영국성공회 英國聖公會 ㊻164
영국신디케이트 British Syndicate ㊶153
『영국정치연감』『英國政治年鑑』㊻29
영국헌정 英國憲政 ㊸272
영군장군 領軍將軍 ⑫25
영규 靈圭 ㉙49 50 52
영길 英吉 ⑫27
영길도 永吉道 ㉓129 162
영길리 永吉利 ㉜495
영남로 嶺南路 ㉝360
영남루 嶺南樓 ㉗465
영남만인소 嶺南萬人疏 ㉜80 84 245 ㊳6 29 86 169 224 ㊸374
영남사림 嶺南士林 ㉘142 266 317
「영남악부」「嶺南樂府」㉟406
영남학파 嶺南學派 ㉗307 ㉘7 205 ㉛271 348 ㉟13～15 18 28 33 51 56 184
영남향전 嶺南鄕戰 ㉞255
영녕공 (왕)준 永寧公 (王)綧 ⑳204 248 298 309 310
영녕전 永寧殿 ㉖214 217 218
영노비 營奴婢 ㉓176 ㉞185
영단주택 營團住宅 ㊿443 445
영대랑 靈臺郞 ⑰113
영덕 盈德 ㉔229
영덕은점 盈德銀店 ㉚567
영덕향전 盈德鄕戰 ㉞39 254 255
영도기 影島期 ②311 447 495
영돈령부사 領敦寧府事 ㉓59 ㉜217
영동읍성 永同邑城 ⑨599
영등포 永登浦 ㉙115 199
영락 永樂 ⑤60 73
영락 瓔珞 ⑧257
영락제 永樂帝 ㉙213
영랑 永郞 ⑨623
영랑호 永郞湖 ②321 331 333
영령현승 永寧縣丞 ⑩36
영류왕 榮留王 ⑤102
영릉 寧陵 ㉚96 114 115 ㊸388
영릉향 零陵香 ㉗120
영리 營吏 ㉓126 153 155 156 176 178 ㉘361 ㉞185
영림창 營林廠 ㊼26 74
영림창관제 營林廠官制 ㊹125
영명사 永明寺 ⑫172
영명사 8각5층석탑 永明寺八角五層石塔 ㉑389
영명신궁 永明神宮 ⑨544
영명여학교 永明女學校 ㊺95
「영모정기」「永慕亭記」⑯266
영모화 翎毛畫 ①291 ㉗9 533 ㉛476
영묘사 靈廟寺 ⑧76 266 ⑨361 464
영문둔전 營門屯田 ㉚453 465
영미 零米 ㉜315

영변 寧邊 ㉙90
『영보경』『靈寶經』⑯288 ㉖293
영보도량 靈寶道場 ⑯287~289
영보전 靈寶殿 ⑯292
영봉서원 迎鳳書院 ㉛75
영북진 寧北鎭 ㉒165~167 171 342
영빈관 迎賓館 ㉗449 464
영사 令史 ㉕137 150
영사 領事 ㉖146
영사시 詠史詩 ㉑355 361 362 ㉖108 114
영사시가 詠史詩歌 ㉛377
영사재판(권) 領事裁判(權) ㊲51 53 69 292 321 323 324 326 ㊳326 ㊴33 34 36 139 142 143 145 162 ㊵28 ㊹423 427
영삭장군 寧朔將軍 ⑥190
영삭진 寧朔鎭 ⑫116
영산 永山 ㉖295
영산강 榮山江 ①14 48
영산성 榮山城 ㉔525 526
영산창 榮山倉 ㉔529 532
영산회상 靈山會相 ①502 ㉛544 549 561 563 564 566 567 569 ㉟550 572 573 580 581 583
「영산회상곡」「靈山會上曲」㉖269
영산회상불보살 靈山會上佛菩薩 ㉖269
영삼군사처 領三軍事處 ㉓250 251
「영삼별곡」「寧三別曲」㉟399
영색군 寧塞軍 ⑬340 341
영생여학교 永生女學校 ㊺95
영선 靈仙 ⑩179 193
영선동 瀛仙洞 ②311 ②536 542~544
영선비 營繕費 ㊷347
영선사 領選使 ①459 ㊲11 258 284~286 331 ㊳29 41 42 57 58 82 86 105 128 130 150 241 ㊵174 ㊹33 180 419 ㊺16 17 ㊻30 227 230 235 241 242 258
「영선행중절목」「領選行中節目」㊳130
영세소상인 零細小商人 ㊳266
영세수공업자 零細手工業者 ㊳266 267
영세중립 永世中立 ㊸29 74
영송도감 迎送都監 ⑬104~106 120
영송사 領送使 ㊱178
영송쇄마가 迎送刷馬價 ㉚383 384 ㉝258
영송지대 迎送支待 ㉝258
영수미 營需米 ㉜162 181 189
영순 英順 ⑫36
영승 榮僧 ⑨467
영승유적 永勝遺蹟 ⑩2 5 28 29 36 198 199 201
영시 令市 ㊹179
영식 令式 ⑫38
영신상회 永信商會 ㊴178
영신주술 迎神呪術 ⑧161
영신학교 永信學校 ㊸287
영신학교 靈新學校 ㊸286
영심 永深 ⑨371 411 ⑪184 185
영안(안동) 永安(安東) ⑪114 ⑫32 36 56 64
영안공 희 永安公僖 ⑳249
영안도 永安道 ㉓129
영안도연변도 永安道沿邊圖 ㉖175
영안성(촌) 永安城(村) ⑫20
영안현 寧安縣 ㊻217
영암 靈巖 ⑧469 ⑫74 175 ㉗358 ㉘134 276 ㊱99
영암 최씨 靈巖崔氏 ⑪86
영암농민항쟁 靈巖農民抗爭 ㊹402 403
영암민란소 靈巖民亂所 ㊹413
영암사지 靈巖寺址 ⑨543
「영약삼단」「另約三端」㊴112~114
영양왕 嬰陽王 ⑤91 101 ⑦149
영어학교 英語學校 ㊵205 250 ㊺29 ㊻42 ㊾371 ㊳47
영업 靈業 ⑨493
영업세 營業稅 ㊳180
영업세제도 營業稅制度 ㊴176
영업전 永業田 ①231 ⑬333 ⑭4 9 75 81~83 91 95 101 135 209 212 236 237

246 247 ⑳33 73 106
영예 靈睿 ⑧52 ⑦153
영웅사관 英雄史觀 ㊸322 ㊺280
영웅서사시 英雄敍事詩 ①425
영웅소설 英雄小說 ㉛428 ㉟416~419 ㊺311
영원 寧遠 ㉙237
영원 靈源 ⑪199
영원장군 寧遠將軍 ⑩30 125
영원조여 永遠租與 ㊹131
영위 領位 ㉚531
영위법사 令威法師 ⑧67
영유 永柔 ㉙91
영은관 迎恩館 ⑯235 ⑱153
영은문 迎恩門 ㊵10 235 282 308 ㊶ 250 293 ㊷18
영응대군 永膺大君 ㉘188
영의 榮儀 ⑫275 ⑱220
영일칠포리바위그림 迎日七浦里巖刻畵 ③121 550
「영일개정조약」「英日改定條約」㊵111
영일군사협정 英日軍事協定 ㊸2
영일냉수리신라비 迎日冷水里新羅碑 ⑥201 ⑦82 167 185 188 191 249 264 ⑧9 25
영일동맹 英日同盟 ㊷168 169 230 232 239 ㊸1 2 36 67 69 84 193
영일만 迎日灣 ㉜499
영일조약 英日條約 ㊲82
영작공 營作貢 ㉝332
영작궁둔 永作宮屯 ㉚461 462 ㉜172
영장 營將 ㉜106
영장 靈場 ㉖276
영장가속 營將假屬 ㉚253
「영장사목」「營將事目」㉚ 298 ㉞191
영장제 營將制 ㉚294 299 ㉜109 399 ㉞ 189
영장제도 令狀制度 ㊾400
영재 永才 ⑨467
영저 營邸 ㉝331
영저도고 營底都賈 ㉝315 332~334
영저리 營邸吏 ㉓32 178 ㉞187 ㊱315
영전 營錢 ㊱223
영전사지보제존자사리탑 令傳寺址普濟尊者舍利塔 ㉑404 400
영전사지 3층석탑 令傳寺址三層石塔 ㉑ 448
영전역 影殿役 ⑲145
영접도감 迎接都監 ㉒301 ㉚505 507
영정법 永定法 ㉚326 ㉜289 ㉝131 417 ㊱281
영정포 寧丁浦 ⑲365
영제 禜祭 ㉖213
영제시조 嶺制時調 ㉟563
영조 永租 ㊹129 136
영조 英祖 ㉚173 175 179 ㉜19
영조사 營造司 ㉓70
영조율사 令照律師 ⑧67
영조척 營造尺 ㉔606 615 621 ㉗98 468
영종 永宗 ⑨103
영종진 永宗鎭 ㉚251 ㉜178
영주 永州 ⑱178 182
영주 英州 ⑮327
영주 郢州 ⑩149
영주 寧州 ⑮313
영주 營州 ⑩2 22~28 31 44 45 52 114 172 177
영주가흥리마애삼존불상 榮州可興里磨崖三尊佛像 ⑧482
영주도 營州道 ⑩171 200
영주도독 營州都督 ⑩115
영주도독부 營州都督府 ⑩23 31 120
영주인 營主人 ㉚529 ㉝315 320~332
영주인역가미 營主人役價米 ㉜288
영준 英俊 ⑯40 68
영즉지태왕 另卽知太王 ⑦116 117
영지 令紙 ㊴385
영직 英直 ⑫37

영직 影職 ㉓99 100 109 114 ㉘99 ㉛133 ㊴240
영진군 營鎭軍 ㉓7 33 34 200 207 210 211 218 235 236 352 ㉘99
영진리유적 領津里遺蹟 ②412
영창 英昌 ⑫35 60
영창궁 永昌宮 ⑨544
영창대군 永昌大君 ㉚71
영창회사 永昌會社 ㊹187
영처고서 嬰處稿序 ㉟430
영천 永川 ⑱182
영천향회 永川鄕會 ㉞233 234
영추문 迎秋門 ㊵159
영축사 靈鷲寺 ⑪177
영친례 迎親禮 ①305
영친연 迎親宴 ㉓335
영친왕 英親王 ㊸139
영탑사금동삼존불 靈塔寺金銅三尊佛 ⑰275
영탑사 8각7층석탑 靈塔寺八角七層石塔 ⑧270
영토분할론 領土分割論 ㊸13
영토의식 領土意識 ㉒150
영통사 靈通寺 ⑯31 98 135 ⑱202
영통사지 5층석탑 靈通寺址五層石塔 ⑰260
영파 寧波 ㉘135
영파성규 影波聖奎 ㉟133
영평사금광 永平砂金鑛 ㊹112
영하 寧夏 ㉙77 83
영하인 營下人 ㉝326
영학당 英學黨 ①356 ㊷52 ㊸382 ㊹405 412 413 414 ㊺326
영학당사건 英學黨事件 ㊴219
영해 寧海 ㉓147
영해란 寧海亂 ㊱17 354 357~359 367
영해민란 寧海民亂 ㊴285
영현 英賢 ㉟497
영혜 英惠 ⑪194 195
영호덕분 令狐德棻 ⑥244
영화 映畫 ㊿366
영화건설본부 映畫建設本部 52377
영화여학교 永化女學校 ㊺95
영화체 永和體 ㉛490
영화학교 永化學校 ㊹387
『영환지략』『瀛環志略』㉟379 ㊲3 101 102 ㊳3 20 53 57 63 ㊺5 202 204 ㊻256
영흥 永興 ⑫70 213
영흥금광 永興金鑛 ㊹208
영흥도 永興道 ㉒162
영흥만 永興灣 ㊵27
영흥부 永興府 ㉜499
영흥사 永興寺 ⑨361
영흥총파업 永興總罷業 ㊾233
영흥현 永興縣 ㉓148
영흥회사 永興會社 ㊹186
예 濊 ④36 67 69 70 140 ⑤18 ⑥28 29 ⑧147 148 153 366
예겸당상 例兼堂上 ㉜215 231 232
예겸직 例兼職 ㉓103
「예경제불가」「禮敬諸佛歌」⑰135
예군남려 濊君南閭 ④100 103 136 137 236 ⑤20 22 24 29
예궁전 穢宮典 ⑪40
『예기』『禮記』①131 154 305 443 ⑬399 ㉓285 341 ㉖57 72 73 ㉘340 ㉚105 ㉛6 174 176 180 182 184 190 192 193 208 209 211 212 252 359 639 ㉟30 31 34 38
『예기유편』『禮記類編』㉚149 165 178 ㉜36 46 ㉟34 ㊱190
예기조합 藝妓組合 ㊼359
『예념미타도량참법』『禮念彌陀道場懺法』㉗220 221
예단삼 禮單蔘 ㉝466
예론 禮論 ㉚108 155 179
예르마크 T. Yermark ㉜402
『예림잡패』『藝林雜珮』㉟407

예매 預買 ㉝264
예맥 濊貊 ④68 69 121 192 195 235 ⑤18 19 41
예맥조선 濊貊朝鮮 ④32 57 71 92
예(맥)족 濊(貊)族 ①114 115 121 123 125 126 137 164 167 169 443 ③14 32 ④57 61 62 149 157 ⑤19 ⑥225 234 ⑩46
예모 豫謀 ⑮188
예문관 藝文館 ⑬111 ⑰77 84 100 124 155 ㉒129 137 138 ㉓24 29 58~60 69 86 87 103 ㉖146 ㉚212
예문춘추관 藝文春秋館 ㉓57 58 62 87 88 ㉖146
예백 禮伯 ㉙171
예부 禮部 ⑦6 118 175 ⑩143 153
예부경 禮部卿 ⑩81
예부시 禮部試 ⑫152 236 250 ⑬45 375 376 379 392 433 ⑰59 80 ⑱234
예불향도 禮佛香徒 ⑯188
예비군 豫備軍 ⑫96
예빈성 禮賓省 ⑬101 ⑱152
예빈시 禮賓寺 ㉓58 69 90 ㉔425~427 ㉕204 215 ㉖250
예산진 禮山鎭 ⑭28 30
예산현 禮山縣 ⑪111
예서 禮書 ㉘345
예서(제) 預壻(制) ⑮92 93
예선 曳船 ㊹96
예성 濊城 ④162 172 174 202
예성강 禮成江 ⑨295 ⑫72 222 224 ⑮295 375 ⑲388
예성강도 禮成江圖 ⑰8 287
예성제 禮成祭 ㉓283
예성항 禮成港 ⑮295
예속 翳屬 ⑤160
예속민 隸屬民 ⑤58
예속서적 禮俗書籍 ㉘321 343
예송 禮訟 ㉚96 98~102 108 109 111 ~115 118 119 147 284 ㉛105 182 183 ㉜19 31 32 34 37 ㉟192
『예수교신보』『The Church Herald』『Jesus 教新報』㊻46
예수교학당 Jesus教學堂 ㊻184
『예수교회보』『The Christian News』『Jesus教會報』㊻46
예수성심신학교 예수聖心神學校 ㊻146 150 51262 270
예수재 豫修齋 ㉟172
예수회 Societas Jesu 耶蘇會 ㉙18 ㉜476 ㉟84
예수회선교사 耶蘇會宣教師 ㉛308 315 321
예승석 芮承錫 ㉓152
예식 例食 ⑫99 165 ⑭98~100
예식원 禮式院 ㊺333
예악 禮樂 ㉖25 ㉗8 275 330 331
예악사상 禮樂思想 ①495 500
예안 禮安 ㉘288
예안리고분 禮安里古墳 ③346
예안진 禮安鎭 ⑫35
「예안향약」「禮安鄕約」㉛24
예영 禮英 ⑪22 29 31 48
예왕(지)인 濊王(之)印 ④162 202 236 237
예위 禮闈 ⑬376
예인 濊人 ④157 184 ⑥21
예일부 芮逸夫 ①121
『예자집』『禮字集』㉗302 304
예작부 例作府 ⑨544
예장 禮葬 ㉛205
예장도감 禮葬都監 ㉓94 ㉚383
예장조묘군역 禮葬造墓軍役 ㉚505
예전 禮典 ㉒129 137 138
예전 禮錢 ㉚531 ㊱223 267
예제 禮制 ㉞163 166
예조월강 禮曹月講 ㉓285 287 292
예조인 禮曹印 ㉓364
예족 濊(穢)族 ④70 ⑤2 19

예종석 芮宗錫 ㊽50 ○51 73
『예종실록』『睿宗實錄』⑰42 157 ㉒139
예징 禮徵 ⑪31 32
예차교관 預次敎官 295
예차내금위제 預差內禁衛制 221
예축제 豫祝祭 ①126
예치차오 葉志超 ㊵2 42 48 50 109 121
예친왕 睿親王 ㉜390
예학 禮學 ①445 ⑰49 ㉘173 345 ㉟13 31 32
예학파 禮學派 ㉘215
예현방 禮賢坊 ⑰20
옌띠허 Yantikhe ㊹303
오 吳 ⑤41
오(오)쿠마 시게노부 大隈重信 ㊴55 ㊵26 ㊶29 ㊷33
5가야 五伽耶 ⑦298
5가(작)통법 五家(作)統法 ㉓188 190 ㉜25 30 69 126 136 138 ㉝16 138 ㉞189 206 210~216 221 222 ㉟116 ㊱27 91 30 128 148 162 173 174 176 ㊲185 ㊸468
「5가작통사목」「五家作統事目」㉞203
오가촌토기 吳家村土器 ②555
오가키 다케오 大垣丈夫 ㊸194 206 219
5가통 五家統 ㉞194
「5가통법신명구제절목」「五家統法申明舊制節目」㉞216
「5가통사목」「五家統事目」㉛4 81 ㉞195 214
「5가통상정절목」「五家統詳定節目」㉞213
「5가통절목」「伍家統節目」㊻191
오간 烏干 ⑥17
오간수문 五間水門 ㉚277
오 감 吳鑑 ㊳23 354
오 건 吳健 ㉘334
오 겸 吳謙 ㉘336 ㉚43
5경 五京 ⑩4 8 35 36 38 65 138 146 148~150 199~201 205 234
5경 五經 ⑥240
『오경대전』『五經大全』㉗215 ㉘308
오경박사 五經博士 ⑥157 173 220 ⑧5 113 ⑦145
『오경백선』『五經百選』㉟205
『오경백편』『五經百篇』㉟189
오경사서재 五經四書齋 ⑲142 ⑳ 354
오경석 吳慶錫 ①338 341 ㉞67 ㊲3 8 92 ~98 100 101 103~105 108~114 116~121 ㊳2~5 15~17 19~22 53 54 89 ㊴233 ㊶215 ㊸241 ㊺202 ㊻116 118
오경선 吳慶善 ㊾265
오경원묘지 吳慶元墓誌 ㉟517
『오경천견록』『五經淺見錄』㉖57 ㉘315
오계엽 吳啓曄 ㊼139
오골성 烏骨城 ⑤136 176 188
오공교 五孔橋 ⑩202
오공원 悟空院 ⑨325
오관 五款 ㊻197
오광대 五廣大 ○51 358
오광선 吳光鮮 ㊽208 242 ㊿275 338 344
오광운 吳光運 ㉜39 57 63
오광찬 烏光贊 ⑩67 111 187
오광척 吳光陟 ⑱18 23~25 44 218
5교9산 五教九山 ⑯41
5군 五軍 ⑲50 56 59 124
오군진무소 五軍鎭撫所 ㉓254
오귀영 吳龜泳 ㊹195
오규일 吳奎一 ㉜278
오금당유적 烏金塘遺蹟 ③42 50 417
오긍선 吳兢善 ㊻50 293
오기 야스타로 扇安太郞 ㊹94
오기섭 吳淇燮 ○52 437 438
오기하라 荻原守一 ㊷308
오기하라 히데지로 荻原秀次郞 ㊶35 ㊸87
오기호 吳基鎬 ㊸59 60 85 309 324 325 ㊻210 212~214 216 ㊽317 ○51 191
오나총관 烏喇總管 ㉜412

오녀산성 五女山城 ⑤15 185 189 ⑧ 296
오다 쇼오고 小田省吾 ⑤140
오다케 大竹貫一 ㊺139
오단 吳端 ㉚97
오달제 吳達濟 ㉙274 293
5당회합 五黨會合 ㊾129 155 182
오대산 五臺山 ⑨323 405 411 ⑪180 181 ⑳136
「오대산불궁산중명당기」「五臺山佛宮山中明堂記」⑯23
「오대산월정사사적」「五臺山月精寺事蹟」㉑ 338
오대익 吳大益 ㊱223~225
오대종지 五大宗旨 ㊻213
『오대진언집』『五大眞言集』㉗221 ㉛395
오대환부인 吳臺煥夫人 ㊹383
『오대회요』『五代會要』⑩25 26 240
오덕구 五德丘 ㉑174
5도 五道 ⑩150 ⑬3 5 236 249
오도령구문 五道嶺溝門 ⑧329
오도령구문(유적) 五道嶺溝門(遺蹟) ③ 35 413 414
오도리 가이스케 大鳥圭介 ①350 ㊷20 95 ㊹59 107 419
오도리만호부 吾都里萬戶府 ㉒334 346
오도리(족) 吾都里(斡朶里)(族) ㉒161 163 278 283 284 292 320 331 334 337 346 349 ㉘125
5도안찰사제 五道按察使制 ①222 ⑬3 231 238 251 252
5도양계제 五道兩界制 ⑫213
오도열도 五島列島 ㉙13
5도호(부) 5都護(府) ⑫209 210 ⑬166 321~323
오동성 敖東城 ⑩28 166 199
오동유적 五洞遺蹟 ②420 ③183 221 327 343 350 396 457
오동일언 斡東逸彦 ㉒331
오동진 吳東振 ㊽210 303 338
오두미교 五斗米敎 ⑦415
오두미도 五斗米道 ⑧90
오라관 烏羅冠 ⑧255 443
오라산성 亐羅山城 ⑳317
오랑캐(족) 兀良哈(族) ㉒147 161 163 164 278 320 337 346 349 ㉘125
5례 五禮 ①286 ⑯230 269~271 280 ㉒63 71 72 ㉛172 191 606
『5례의』『五禮儀』①264 ㉚44
『5례의주』『五禮儀注』㉒74 75 77
오룡동유적 五龍洞遺蹟 ③346 373
오룡묘 五龍廟 ⑯348 349
오룡사법경대사 五龍寺法鏡大師 ⑫83
「오륜가」「五倫歌」㉗350 ㉛423
『오륜록』『五倫錄』㉒130
5륜사상 五倫思想 ⑯252 262
『오륜전비기』『伍倫全備記』㉟280
『오륜행실』『五倫行實』㉟192 196 205
『오륜행실도』『五倫行實圖』㉜94 ㉟496 ㊱81
오르도스 Ordos ③32 42 ④120 124 ⑧215
오르도스 철기문화 Ordos鐵器文化 ⑦64
오르도스(식)동검 Ordos(式)銅劍 ③192 209
오릉 五陵 ⑦18
오리량 吾里梁 ㉙199
오리정 五里亭 ㉔499
오리형토기 鴨形土器 ⑧266
오림 吳林 ④114
오림동유적 五林洞遺蹟 ③69
오매리 梧梅里 ⑩178 185 203 204 206 240
오면직 吳冕稙 ㊽349
오명리 吳命釐 ㉟332
오명준 吳命峻 ㉜127 151
오명항 吳命恒 ㉜71
오목 五木 ⑥246
5묘제(도) 五廟制(度) ⑦18 ⑧32 33 ⑨

343 ⑪19 23 48 169 ⑫145 155
오미부 五彌府 ㉒148
오바 칸이치 大庭貫一 ㊹313
5방(제) 五方(制) ⑥84~88 182 192 229
오방성 五方城 ⑥196
5방제 五方制 ⑧310
5백나한상 五百羅漢像 ⑮275
5백나한재 五百羅漢齋 ⑫114
오병섭 吳柄燮 ㊼172
오병수박 五兵手搏 ㉑520 554
오보렌스키 Obolensky ㊸35
5복(제도) 五服(制度) ①245 255 ⑫145 155 ⑯254 ㉚109
5복친제 五服親制 ⑮126
오봉룡 吳鳳龍 ㊴410
오봉루 五鳳樓 ⑩199
5부(제) 五部(制) ⑥87 88 166 176 182 229 ⑧310
5부방리군 五部坊里軍 ⑲66
5부방리제 五部坊里制 ⑫212 ⑭442 443
5부체제 五部體制 ⑥160 161 174 182
5부학당 五部學堂 ⑰46 47 79
5·4운동 五·四運動 ①433 ㊼411 ㊾418
오사충 吳思忠 ⑲177
오사카 大阪 ㉙18 108 ㉜427 ㊹83 100 101
오사카상선회사 大阪商船會社 ㊹83 84 85 87 93 96 97 100 103
오산리 鰲山里 ②312 314 412 422~424 478 479 490 496 500 501 535 536 542 547
오산리유적 鰲山里遺蹟 ②305 308 357 411 414 422 438 448 473 475 511
오산리토기 鰲山里土器 ②449
오산성 烏山城 ⑪111
『오산집』『五山集』㉟197
오산학교 五山學校 ㊸212 288 ㊺75 76 91 104 ㊼371
오삼계 吳三桂 ㉚284 ㉜407
오상 五常 ㉟16~19 25 26
오상규 吳相奎 ㊻238
오상근 吳尙根 ㊼321
오상세 吳詳世 ㊽293
오상원 吳尙遠 ㉟30
오상준 吳尙俊 ㊾54 143
오상현 吳相鉉 ㊼153
오색석사 五色石寺 ⑪198
오생 悟生 ⑱217 219 220 242 243
오서 五署 ㊹372
『오선생예설분류』『五先生禮說分類』㉛6 180 184 193
5성(법) 五星(法) ⑯329 330
오성각별설 五性各別說 ⑯76
오성강습소 五星講習所 ㊺81
오성륜 吳成崙 ㊽9 333 ㊿271 357
오성묵 吳成默 ㊼211 399
오성범 吳成範 ㊼388
오성술 吳聖述 ㊸431
오성전 五星殿 ⑯292
오성학교 五星學校 ㊺81 ㊼160
오성환 吳成煥 ㊾317 338
오세공 吳世功 ⑱221
오세문 吳世文 ⑱221 ㉑294
오세아 John O'Shea 吾時 ㊻43
오세재 吳世才 ⑱11 210 221 227 234 243 244
오세즉천 五世則遷 ㉛210
오세창 吳世昌 ㉟493 ㊳15 19 20 23 ㊵170 ㊶206 215 ㊹339 ㊺82 ㊻29 61 67 69 118 193 200 207 ㊼308 320 326 331 332 390 51178 179 181 52125
5소경(제도) 五小京(制度) ⑨70 ⑪49
오소도 烏昭(炤)度 ⑨475 ⑩67 111 187
오수기 吳壽祺 ⑱152 172
오수덕 吳壽德 ㊾285
『오수불망』『吾讐不忘』㊼187
오수전 五銖錢 ①132 195 ③175 393 ⑤18 ⑦310

오 숙 吳淑 ⑱150
오숙비 吳淑庇 ⑱60 61
오 순 吳純 ㉘111
오스틴 Warren R. Austin ㊾386
오 승 吳陞 ㉔222
오승적 吳承績 ⑱76
5승포 五升布 ⑲407 408 413
오시 烏柿 ㉕327
오시마 요시마사 大島義昌 ㊴59
오시마 도모노죠 大島友之允 ㉜466 ㊲207
오시복 吳始復 ㉚157 162
오시수 吳始壽 ㉚97 ㉜139
오시영 吳時泳 ㊴329
오시포드까 Osipodka ㊹304
5·10선거 五·十選擧 ㊾137 218 393 408
『오십요문답기』『五十要問答記』⑯30 31
오씨 烏氏 ⑩85 156
오씨발해 烏氏渤海 ⑩87
오아속 烏雅束 ①226 ⑮324 325 329
오양보 吳良輔 ㉜401
오양선 五羊仙 ㉑476 497 ㊿356
오양우 吳良遇 ㉑353 360
오어곡성 烏於谷城 ⑫64 ⑮255
오어사 吾魚寺 ⑨398
오어사 吾魚社 ㉑314 318
오여은 吳汝檼 ㉚70
5역 五逆 ⑬402 405
오연총 吳延寵 ⑫248 249 251 ⑮326 329
오영근 吳榮根 ㊹197
오영선 吳永善 ㊽150 152 155 174 ㊿269
오영섭 吳英燮 ⑤433
오영창 吳榮昌 ⑤188 190
오오노 大野五平 ㊴207
오오노가와 大野川 ②281
오오다이야마모토 大平山元 ②281 286
오오미와 쵸오베 大三輪長兵衛 ㊴57
오오시마 요시마사 大島義昌 ㊵2 44 50 68 108 159
오오야마 이와오 大山巖 ㊵60 78 136
오오토리 게이스케 大鳥圭介 ㊵3 40 45 46 64 65 68~70 101 104 106~108 110 111 114 115 117 123 126~128 130 148 150 152 154 160 162 182 216 ㊺29
오오히라 유적 大平遺蹟 ②278
오온신 五瘟(瘟)神 ⑯354 356
오용묵 吳容默 ㊻16
오월 吳越 ⑨16 299 ⑪119 120 ⑮275 369
오월국 吳越國 ⑫49 50 51 59 109
오월회 五月會 ㊾289
오위 五衛 ㉚254 278
오위도총관 五衛都摠管 ㉓70
오위도총부 五衛都摠府 ①267 ㉓21 32 59 69 74 95 104 217 225 254
오위진무소 五衛鎭撫所 ㉓59 69 74 94 214
『오위진법』『五衛陣法』㉒130
5위체제 五衛(體)制 ①264 268 ㉒122 135
오 유 吳澐 ㉙47
『오유란전』『烏有蘭傳』㉟425
오유영 吳惟永 ㊺78
오유충 吳惟忠 ㉙114 165
오윤겸 吳允謙 ㉘338 ㉙249 250 ㉚74
오윤부 伍允孚 ㉑197
오윤선 吳胤善 ⑤259 ㊾427 431
오윤적 吳允迪 ㉙158
오음회 吾音會 ㉒165~167 334 342 ㉙213
오음약보 五音略譜 ㉟554 583 586
「오음초성」「五音初聲」㉟277
오응부 吳應富 ⑳184
오응태 吳應台 ㉙51
오의선 吳義善 ㊸413
오의성 吳義成 ㊿340 342 343
오이 烏伊 ⑤40 ⑥17

오이도 烏耳島 ②309 455
오이도패총 烏耳島貝塚 ②312 356 381 390 498
오이라트(부) 瓦剌(部) ㉒151 251~253 256~260 279
오이시 마사미 大石正巳 ㊴56 65
오이케 다다스케 大池忠助 ㊹102
오인택 吳仁澤 ⑳358
오일상 吳一相 ㊴447
오일영 吳一英 ㊺351 (51)324
5·1절(메이데이) May Day 五·一節 ㊾225 233 247 250~252 256 ㊿178
오자납자(우라나라) 烏刺納刺 ㉜396
오자승 吳子升 ⑫255
오자진 吳子陳 ⑪92
오작교 烏鵲橋 ㉑540
오 잠 吳潛 ⑳284
『오잡조』『五雜俎』⑥246
오장 伍長 ㉔539 540
오장경(우장칭) 吳長慶 ㊲310 ㊳30 31 135 154 295 297 298 346 377 ㊴15 16 17 18
오장환 吳章煥 (52)300 326
5재 五宰 ⑬32 52
오재순 吳載純 ㉟34
오재영 吳在英 ㊺135
오재일 吳載一 (52)102
5적 五賊 ㊷238
오전인쇄 奧田印刷 ㊼93
오정 吳挺 ⑱18 24
오정원 吳挺垣 ㉚97 98
오정위 吳挺緯 ㉚97 98 113 157 592
오정일 吳挺一 ㉚97 98
오정창 吳挺昌 ㉚97 113 115 157
5제신 五帝神 ⑥241
오제지신 五帝之神 ⑧26
오조룡보 五爪龍補 ㉕302
오조유 吳兆有 ㊴15 18
오졸 烏拙 ⑤160
오종회사 五種會社 ㊹189
5좌평(제) 五佐平(制) 168 177 206
「오주서종」「五洲書種」㉟335
『오주서종박물고변』『五洲書種博物攷辨』㉟377
『오주연문장전산고』『五洲衍文長箋散稿』㉔388 ㉛406 596 ㉝180 214 217 ㉟165 193 279 334 374 377 514
오주혁 吳周爀 ㊼245 ㊽205
오준영 吳俊泳 ㊴56
오중현 吳仲賢 ㊳190
오지선 敖止善 ⑳277
오지영 吳知泳 ㊻197 198 (51)187
오지철 吳志哲 ㉞69
오지호 吳之湖 (51)327 (52)336
오진 悟眞 ⑨391 392
오진리 梧津里 ②422
오진리바위그늘 梧津里巖蔭 ②425
오진리유적 梧津里遺蹟 ②409 528 535
오 징 吳澄 ⑳305 ㉖48
오차진 吾叉鎭 ㉜495
오찰랍촌 烏札拉村 ㉜403
오 창 吳昌 ⑫229
오창근 吳昌根 ㊼139
오창모 吳昌模 ㊳364
오창성 吳昌成 ㊴472
오창진 吳昌鎭 (52)354 357
오창환 吳昌煥 ㊼394 397 401 ㊽153 158
오채복 五采服 ⑧438 441 442
「오천년간 조선의 얼」「五千年間 朝鮮의 얼」(51)134 140 225
오천역 吾川驛 ㉝256
오천유 吳闐猷 ⑰40
「오천축국도」「五天竺國圖」 ㉑203
오천호소 五千戶所 317
오초 吳超 ㉙296
오치은 吳致殷 ㊺74 105
오카모도 류(우)노스케 岡本柳之助 ㊵

163 166 260 ㊶30 32 35 93
오코너 Nicholas R. O'Conor ㊴76 77 79 ㊵32 ㊶46 85
오쾌일 吳快一 ㊾464
오쿠라 기하치로 大倉喜八郞 ㊹61
오쿠라 小倉進平 ㊺233
오쿠라 쿠미 大倉組 ㊻296
오쿠무라 엔신 奧村圓心 ㊻122 124
오쿠보 도시미치 大久保利通 ㉜472 ㊲227
오키나와현 沖繩縣 ㊵27
오타게 타케츠구 小竹武次 ㊻283
오 탁 吳卓 ⑫255
오태석 吳太石 ㊿309 ㊾342
오태환 吳台煥 ㊹196 ㊽49
오토리 가이스케 大鳥圭介 ㊴58 ㊶138
오페르트 Ernst Jacob Oppert ⑦244 ㉜501 ㊲7 303 308 ㊶127 ㊻135
오펜하이머 F. Oppenheimer ④23
『오하기문』『梧下記聞』㊴315 321 322 336 342 348 407
오하묵 吳夏默 ㊽249 250 252~254
『오하일기』『梧下日記』㊸455~457
오학린 吳學麟 ⑱221
『오학편』『吾學編』㉒433
오한원 吳翰源 ㉝172
오한주 吳漢柱 ㉝176
오한주흥창처 吳漢柱興昌處 ㉝176 177
오함사 烏含寺 ⑧63
오행 五行 ⑫93
오행사상 五行思想 ⑧472 ⑯161 272
오행장생방위 五行長生方位 ⑯314
오향리요지 五香里窯址 ㉟511
오현 五絃 ⑧369 380 ⑨601
오현비파 五絃琵琶 ⑧368 369
5형체계 五刑(體系) ⑮201 178 200
5호작통법 五戶作統法 ㊵289
오화영 吳華英 ㊼321 326 331 322
오환 烏丸 ④153 163 169
오회분 五盔墳 ⑧192 333
오회연교 五晦筵教 ㉜84 207
오횡묵 吳宖默 ㉟631
오효신 烏孝愼 ⑩191
오 흥 吳興 ⑫71
오희길 吳希吉 ㉘208
오희문 吳希文 ㉘148 ㉚349 409 432
오희원 吳熙源 ㊺74 81
옥갑 玉匣 ④140
옥계시사 玉溪詩社 ㉜93
옥골 屋骨 ⑨59
옥과 玉果 ㉙157
옥과유적 玉果遺蹟 ②100 197 215
옥관빈 玉觀彬 ㊸207 213 337 348 ㊽349
옥녀봉 玉女峰 ⑧287
옥당 玉堂 ⑬97 ㉞57
옥대 玉帶 ⑬116
옥령사 玉靈寺 ⑱41
『옥룡기』『玉龍記』⑯323
옥룡사 玉龍寺 ⑪197 208 225 ⑫74
「옥룡사선각국사비명」「玉龍寺先覺國師碑銘」⑯308
『옥룡자유세비록』『玉龍子遊世秘錄』⑯315 318
옥루 玉漏 ㉗4 62 74 80~82 104
옥루 屋漏 ①288
『옥루몽』『玉樓夢』㉟415 416 419
옥보고 玉寶高 ①496 498 ⑧9 ⑨604 606 609 610
옥비 玉非 ㉙22 24
옥사 屋舍 ⑨260
옥산서원 玉山書院 ㉗473 474 ㉚144
옥성빈 玉成彬 ㊽349
옥성의숙 玉成義塾 ㊸286
옥야장 沃野場 ㉝362
옥웅모신 玉熊母神 ①144
옥의 獄醫 ㉕11 371
옥저 沃沮 ④6 101 196 ⑤19 40 49 74

ㅇ

옥저성 沃沮城 ④246 247
옥저족 沃沮族 ④170
옥제품 玉製品 ②509
옥주 沃州 ⑩165 167 168
옥천 沃川 ⑨34
옥천군 沃川郡 ㉜122
옥천사 玉泉寺 ⑨395 615 616 ⑪176
옥촉정 玉燭亭 ⑯290~292 298
『옥추경』『玉樞經』㉖293 ㉟164
옥충주자 玉蟲廚子 ⑧274
옥포 玉浦 ㉙62 68 194 ㉒195
옥하관 玉河館 ㉜523
옥함기 玉函記 ㉖297
옥혁대 玉革帶 ㊹468
옥형 玉衡 ㉚439
온건개화론 穩健開化論 ㊻97 101
온건개화사상 穩健開化思想 ㊻101
온건개화파 穩健開化派 ㊲302 ㊳7 36 54 55 62~65 67 75 251 ㊴86 118 119
「온계동계」「溫溪洞契」㉛45 67
온달 溫達 ⑤93 181 183 195 207 ⑦ 109 ⑨23 ⑰201
온달산성 溫達山城 ⑦214
온돌 溫突 ①113 283 ⑧458 ⑩163 164 202 205 ㉕10 325 330 353
온사문 溫沙門 ⑤137
온성 穩城 ㉘128
온성군(도호부) 穩城郡(都護府) ㉒167 342
온성행성 穩城行城 ㉒182~184
온수군 溫水郡 ⑳202 219 223
온양군 溫陽郡 ㉘272
온역 瘟疫 ㉚328
온유돈후 溫柔敦厚 ㉗6 287 295 296 298 303 305 347 348
온정균 溫庭筠 ⑩67 ㉗306
온조 溫祚 ⑥14~18 225 28
온짐연 溫斟宴 ㉒301
온천욕 溫泉浴 ㉗112 153 154
온천학교 溫泉學校 ㊼159
온특혁부성 溫特赫部城 ⑩200
온혜(계)동 溫惠(溪)洞 ㉓196
올라산성 兀剌山城 ㉒148
올량합인 兀良哈人 ㉜392
올리비에 Ollivier ㊲192
올링거 F. Ohlinger ㊻47 187
올야정권 兀惹政權 ⑩86 87
옷고름(의뉴) 衣紐 ⑨246
옷끈(반) 襻 ⑨240 246
옹관 甕棺 ⑧466
옹관묘 甕棺墓 ③336 343 344 347 369 ④65 128 131 ⑥21 25 40 181 ⑧326 334 337 342
옹관장 甕棺葬 ⑧336
옹관토축묘 甕棺土築墓 ⑧343
옹구참 雍丘站 ㉒163
옹기장 甕器匠 ㉗488
옹동수 翁同壽 ㊴80
옹리합회전 瓮里蛤灰廛 ㉝370
옹방강 翁方綱 ㉞87 ㉟39
옹산성 甕山城 ⑨41 49
옹성 甕城 ⑤189 ⑨597 ㉟521 531 ㉗ 455 458
옹진 甕(瓮)津 ⑮295 ㉓359
옹포 甕浦 ⑨60
와경 瓦磬 ㉗397
와공후 臥箜篌 ⑧378
와권문 渦圈文 ㉗497
와다 和田雄治 ㊻251
와다 앤지로 和田延次郞 ㊴57
와당 瓦當 ⑨536 ⑩177 220
와룡지(남대지) 臥龍池(南大池) ⑫217
와룡천 臥龍泉 ④120 123
와박사 瓦博士 ⑥173 220 232 243 ⑧ 420 479 487
와산성 蛙山城 ⑦29
와서 瓦署 ㉓70 99 ㉔42 429
와세다대학 早稻田大學 ㊿429
와소 瓦所 ⑭15 430 431

왕 규 王規 ⑪198 ⑫4 41 81~93 98 99 100 109 121 126 128 157 ⑬12 316
왕 기 王頎 ④195 251 ⑥29
왕당 王幢 ⑤58
『왕대종록』『王代宗錄』⑰175 181 ㉑353 354 ㉖117
『왕대종족기』『王代宗族記』㉑354
왕덕림 王德林 ㊿340
왕도 王都 ⑥195
왕도론 王道論 ㉖12 13
왕도정치 王道政治 ⑦413 ⑯66 ㉒62 63 80 ㉓1 13 16 ㉖48 50 51 58~65 ㉘320 ㉟226 228 ㊳200
왕 동 王同 ⑫105 118
왕동영 王同穎 ⑮304 313
왕동헌 王彤軒 ㊿316
왕 랑 王郞 ⑫141
왕례 王禮 ㉛181~184
왕륜사 王輪寺 ⑫73 ⑭258 262 ⑯46 98 213 214 ⑱10
왕륭 王隆 ⑪143
왕립음악기관 王立音樂機關 ⑧376 378 ⑨606 610 ㉗387 388 390 429
왕 망 王莽 ④114 164 192 ⑤27 28 ⑧466
왕망전 王莽錢 ③524 525 ⑦310
왕망척 王莽尺 ㉔605
왕 면 王沔 ⑮174
왕 명 王明 ㊿349
왕모 王母 ㉑476 498
왕 무 王茂 ⑥230
왕문구 王文矩 ⑩36
왕문도 王文度 ⑨40
왕법장 枉法贓 ⑮182 201 203
왕변나 王辯那 ⑥128
「왕복문서」「往復文書」㊲245
왕 봉 王逢 ⑨62
왕봉각 王鳳閣 ㊿322 328 330
왕봉규 王逢規 ⑪3 87 226 ⑫12 28
왕봉산 王鳳山 ㊿362
왕봉조(왕펑짜오) 汪鳳藻 ㊴59
왕비시해사건 王妃弑害事件 ㊶59
왕비시해음모설 王妃弑害陰謀說 ㊺33
왕비족 王妃族 ⑥45 47 51 53 62 69 ⑦91
「왕비폐위조칙」「王妃廢位詔勅」㊵260 261 267
왕사 王師 ⑨467 ⑫73 114 219 ⑯65 66 91 92 ㉖281 282 287
왕사렴 王思廉 ⑳276
왕사정 王士禎 ㉗296
왕산악 王山岳 ①496 498 ⑤95 96 ⑧368
왕삼석 王三錫 ⑮378 ⑳277
왕 선 王詵 ⑫118 ⑮200 214
왕 성 王城 ⑥193 195
왕세의 王世儀 ⑦128
왕세제 王世弟 ㉚170 173
왕 수 王洙 ⑫268
왕수관 王守官 ㉙73
왕순식 王順式 ⑪76 134 136 193 200 201 ⑫37 38 81 83 126 129 ⑮257 ⑯15 23
왕 승 王承 ⑫124
왕 식 王軾 ⑫274
왕식렴 王式廉 ⑫4 70 84 91~98 157 ⑬160
왕 신 王信 ⑪5 118 ⑫57
왕신복 王新福 ⑩128 131 179
왕신일 王申一 ⑮278
왕실내각 王室內閣 ⑨4
왕실문안사 王室問安使 ㊵262 268
왕실수조지 王室收租地 ㉘33
왕실음악 王室音樂 ⑧162
왕실재정 王室財政 ㉔423 428 437 438
왕실직속지 王室直屬地 ⑦235
왕십리 往十里 ㊳279 280 298 311
왕씨 王氏 ⑩43 85 157
왕악 王鶚 ⑳264
왕안석 王安石 ⑮235 236 297 ㉖38 ㉜

77
왕 약 王約 ⑳286
왕약수 王若壽 ⑱220
왕양명 王陽明 ㉜77 ㉟55 61 ㊻110
『왕양명실기』『王陽明實記』㊻109
왕 연 王演 ⑫101
왕연손명광배 王延孫銘光背 ⑧228
(왕)예 (王)乂 ⑪77 ⑫26 27 37 41
왕오봉 汪五峰 ㉙70
『왕오천축국전』『往五天竺國傳』⑨429
왕우 王瑀 ㉒30
왕유(유) 王柔(儒) ⑪202 ⑫41 77 81 131
왕유열 王惟烈 ⑫233
왕 육 王育 ⑫112
왕 융 王融 ⑫101 109 117 122 170 174 ⑬17 ⑮282
왕의 王毅 ⑫256
왕이가도 王(李)可道 ⑫179 202 212
왕 인 王仁 ①441 ⑥22 ⑧468~470
왕인공 王仁恭 ⑤122
왕일경 王日卿 ⑮306
왕자과전 王子科田 ㉕99 ㉚452
왕자의 난 王子의 亂 ㉒28 31 33 36~38 41 50 284 295 315 316 ㉓2 6 203 248
왕재일 王在一 ㊾453
왕 정 王禎 ㉘349
왕정겸 王定謙 ⑥236
『왕정농서』『王禎農書』⑲339
왕정복고 王政復古 ㊲205~207 221
왕정양 王庭楊 ㊲159
왕정위 汪精衛 ㊽348
왕 조 王調 ④111 ⑥143
왕조례 王朝禮 ㉚112 ㉜33
왕조사관 王朝史觀 ①1
왕조서사시 王朝敍事詩 ㉗325
왕종우 王宗禹 ⑩66
왕 준 王遵 ⑥143
왕준명 王濬明 ⑱59 73
왕중유 王仲儒 ⑫50
왕지유 王之維 ㊿339
왕 진 王振 ㉒252 259
왕창근 王昌瑾 ⑪229
왕 철 王鐵 ⑪103 ⑫133
왕 첨 王瞻 ⑮311
왕 충 王忠 ⑫59 64
왕 충 王冲 ⑱236
왕칙정 王則貞 ⑮249 371 373
왕 탄 王誕 ⑥146
왕태소 王台紹 ⑫229 230
왕토(사상) 王土(思想) ①231 ⑨162 205 230 ⑭8 9 22 138 152 163 169 276 287 ~289 335 348 ㉒228 ㉔59 ㉕96 ㉝82 108 ㊹128
왕팔패자 王八悖子 ⑤16
왕펑짜오 汪鳳藻 ㊵39
왕 평 王平 ㊶369
왕필적 王必迪 ㉙88
왕함윤 王含允 ⑫38
왕험(검)성 王險(儉)城 ①203 ④91 107
왕현지 王玄志 ⑩37
왕화정 王化貞 ㉙238
왕효렴 王孝廉 ⑩62 67 180 193 194 196
왕 후 王煦 ⑱170 ⑲86 93 131 132 154 ⑳43
왕후사 王后寺 ⑦10 411 ⑧87
왕흠약 王欽若 ⑮234
왕흥사 王興寺 ⑥96 ⑧2 63 65
왕희지 王羲之 ①291 307 ⑨493
왕희지체 王羲之體 ⑰290 291 ㉗10 570 574 ㉛8 488 489 493
왜 · 가야연합군 倭 · 加耶聯合軍 ⑤67 69 82
왜관 倭館 ①458 ㉒382 435 ㉔202 ㉚592 601 ㉝462
왜관(무역) 倭館(貿易) ㉝462 ㊲22 223 234 239 248 303

왜관개시 倭館開市 ①316 ㉜431 ㉝8 443
왜관찰 倭觀察 ㊸380
왜교 倭橋 ㉙126
왜구 倭寇 ⑭412~416 462 ⑲46 56 62 137 147 171 180 183 185 404 405 ⑳ 361 383 390 391~397 401 408 406 412 414 ㉒269 270 373 374 376 393 ㉘131 ㉚330 332 ㊵24
『왜구기』『倭寇記』⑳405
왜군수 倭郡守 ㊸380
왜리 倭里 ㉒391
왜물고 倭物庫 ㉚602
왜별기 倭別技 ㊳289
왜별선 倭別船 ㉔344 345
왜병 倭兵 ⑦4
왜병선 倭兵船 ⑨42
왜성대 倭城臺 ㊸357
왜수차 倭水車 ㉒405 ㉗102 ㉚439
왜식주택 倭式住宅 ㊹490
왜양동류 倭洋同類 ㊲208
왜양분리론 倭洋分離論 ㊳237 240 251
왜양일체론 倭洋一體論 ㉟45 ㊲209 ㊳ 125 223 240 248 251
왜어 倭語 ㉓358
『왜어유해』『倭語類解』㉟281
왜왕 倭王 ⑦144
왜은 倭銀 ㉝442 457
왜인 倭人 ⑥34
왜인잠간률 倭人潛奸律 ㉜455
왜인전 倭人傳 ⑧464
왜학 倭學 ㉓50 303 363 ㉕124 ㉟279
왜학생 倭學生 ㉓302
왜학역관 倭學譯官 ㉜444
왜학훈도 倭學訓導 ㉕126 ㊲206 222~225 230
외각 外閣 ㉟202
외거간 外居間 ㉔171
외거노비 外居奴婢 ①281 ⑨236 ⑭151 181 338 351 387 ⑮71 ㉓54 290 ㉕208 210~212 226 228~232 ㉘151 ㉛165 166 635 ㉞133 134 148 ㊴228 230 231
외경부 外椋部 ⑥171 207
외고 外庫 ㉔464
외공장 外工匠 ㉓43 ㉗527 529 530 590 591 ㉝159 ㉞110
외관 外官 ⑥86~89 170 ⑱32 ⑲33 37 39 ㉓4 125 137 289
외관록 外官祿 ⑭14 102~104 111 117 ~120 128 130 131 199
외교고문 外交顧問 ㊷227
「외교관 및 영사관 관제」「外交官及領事官官制」㊵219
외교독립론 外交獨立論 ㊸8 248
외교사절 外交使節 ㊲248
「외교정략론」「外交政略論」㊸22
외국양잠법 外國養蠶法 ㊳164
외국관 外國官 ㉜465
외국무역 外國貿易 ㊲327
외국봉행 外國奉行 ㉜463
외국어학교 外國語學校 ㊵303 304 ㊺46
「외국어학교관제」「外國語學校官制」㊵ 219 250
외국인무곡지폐 外國人貿穀之弊 ㊴208
외규장각 外奎章閣 ㊲193
외기내응 外起內應 ㊱194
외날긁개 ①175
외날떼기수법 ②117
외노비 外奴婢 ㉕207
외단 外丹 ㉖299
외도고공계 外都庫 ㉚530 531 ㉝328
외도방 外都房 ⑱6 144 177
외독무덤 單甕式墓 ③178
외래어표기법 外來語表記法 ㊿238 51 106 109 113~115
『외래어표기법통일안』『外來語表記法統一案』①413 51102 113
외래작물 外來作物 ㉞109
외리 外吏 ①224

외립마 外立馬 ㉔594
외무성 外務省 ㊵73
외방기병 外方起兵 ㊱194 198 199
외방노비 外方奴婢 ㉕209 217 222
외방별시 外方別試 ㉓320 329 330 350
외법당 外法幢 ⑦101 ⑨142
외별초 外別抄 ⑱182 188
외사 外史 ㉖147
외사부 外舍部 ⑥171
외사정 外司正 ①203
외산기은별감 外山祈恩別監 ⑯372
외산제고사 外山祭告使 ⑯339 371
외선공감 外繕工監 ㉝322 325 328
외성 外城 ㉗453
외손봉사 外孫奉祀 ①305 ㉘157 ㉛6 222~226
외아문 外衙門 ㊳151 308
외아전 外衙前 ㉓178 ㉕143 175
외안 外案 ㉜114
외어물전 外魚物廛 ㉚521 ㉝318 379 384
외업부 外業部 ㊽77
외여갑당 外餘甲幢 ⑦101 199 202 ⑨142
외역전 外役田 ⑬205 ⑭176 178 231 233 237 ⑮65 ㉓156 ㉔443 ㉕66 85 97 115 146
외연도 外烟島 ㉜497
외위 外位 ⑦8 264
외위제 外位(制) ⑦8 84 163 264 266 269~271 ⑪45 49
외의녀보 外醫女保 ㉜169 171
외이기미책 外夷羈縻策 ㉒376
외이도골류현상 外耳道骨瘤現狀 ②344
외이도골종 外耳道骨腫 ②498 526
외인부대 外人部隊 ㊶346
외제석원 外帝釋院 ⑯170 177 280
외줄낚시 一本釣 ㉝227
외지전답 外地田畓 ㉛159
외진 外眞 ⑪49
외채식민지론 外債植民地論 ㊹32
외척세도 外戚勢道 ㉞216
외평 外評 ⑤174
외획 外劃 ㊷137~139 147
욋괴만호유방처 乶怪萬戶留防處 ㉒156 157
요 徭 ⑭376 378
요 遼 ⑫211 222
요 堯 ⑫82~92 99
요갱 腰坑 ⑧357
요고 腰鼓 ⑧378
요공 徭貢 ⑭36 360~362
요교 撩跤 ㉟607
요극일 姚克一 ⑨492 ⑪43
요금문 曜金門 ㉚256
요내정 遙乃井 ⑦22
요대 腰帶 ⑨240 249
요동 遼東 ③15~18 38 49 50 ④3 63 66 70 81 136 ⑥141 144 ⑩1 8 9 13 14 19 20 25~28 40 41 43~45 51 55 56 64 76~78 114 130 156 183 227 234 235 ⑳306 364 381 385 ㉕31 32 338
요동경영 遼東經營 ⑳367 368 381
요동공벌 遼東攻伐 ⑲58 179 195 198
요동국 遼東國 ④87
요동군 遼東郡 ④87 100 136 191 ⑤63 ⑥128 132 142 ⑦65
요동군공 고구려왕 遼東郡公 高句麗王 ⑥141
「요동도」 「遼東圖」 ㉖177
요동도독 조선왕 遼東都督 朝鮮王 ⑨55
요동도사 遼東都司 ㉒249 262 280 282 295 296 298 336 346 ㉙72 90 ㉚595 ㉜387
요동반도 遼東半島 ④60 61 78
요동상인 遼東商人 ㉚598
요동성 遼東城 ⑤119 121~123 132 134 184 187 ⑩20 26 55
「요동성도」 「遼東城圖」 ⑧411
요동성총 遼東城塚 ⑧183 333

요동정벌 遼東征伐 ⑳361 ㉒16 25 49 50 291 295 310 313 315
요동폐쇄 遼東閉鎖 ⑳367 368 379~381
요동환부조약 遼東還附條約 ㊸22
요령 遼寧 ④60 63 119 131
요령농민자위단 遼寧農民自衛團 ㊿316 317 321
요령민중구국회 遼寧民衆救國會 ㊿316 320~322 328
요령식동검 遼寧式銅劍 ①180 ③57~59 62 192 193 209 267 409 ④117
요령식동모 遼寧式銅鉾(矛) ③210
요령청동문화 遼寧青銅文化 ③269
요무 妖巫 ㉕193 194
요물고 料物庫 ⑬201 ⑭175 177 178 256 267 ㉓57
『요미우리』『讀賣』㊻44
요본대장경 遼本大藏經 ⑯59
요부잡역 徭賦雜役 ㉘50
『요사』『遼史』⑩64 73 78 81 112 113 162 169 234 235 ⑮262 265 267 269 313 ⑯108 109
요서 遼西 ④3 63 66 ⑤113 115 116 122 123 128 143 ⑥144 ⑨28 47
요서영유(설) 遼西領有(說) ⑥121 132~135 142 146 148 150
요석궁 瑤石宮 ⑨374
요세 了世 ①256 ⑳39 ㉑48 73~77 79 ~85 87~89 155~157
요셉 사우레즈 Joshep Saurez ㉜523
요수 姚燧 ⑳269
요시가우라유적 吉ヶ浦遺蹟 ③566
요시노 吉野 ㊵52 54 55
요시노 사쿠조 吉野作造 ㊾47
요시노 타자에몽 吉野太左衛門 ㊿65
요시노가리유적 吉野ヶ里遺蹟 ③314 444 503 504 554
요시다 쇼인 吉田松陰 ㊲67 90 ㊻107
요시다 슈타로 吉田秀太郎 ㊹103
요시라 要時羅 ㉙112 201
요시오카 吉岡弘毅 ㊲208
요시카와 사타로 吉川佐太郞 ㊹93
요시타게타가기유적 吉武高木遺蹟 ③45 314 319
요심지역 遼瀋地域 ⑳309 313 323 357
요양 遼陽 ⑩51 64 77 78 86 94 146 183 184 ⑮255 269 ⑳308 333 ㊹303
요양고성 遼陽故城 ⑳306 309
요양성 遼陽省 ⑳318 330 357
요양행성 遼陽行省 ⑳306 312 316
요양현 遼陽縣 ④76 122 128 145
요언 妖言 ㊱6 89 91 93 94 100 102 110 111 239
요역 徭役(制) ⑭1 11 13 14 256 354 355 361 362 375 376 378 382 383 385 388~391 ⑮47 48 233 234 ⑲2 296 297 308 312 319 321 327 376 ⑳69 ㉒100 ㉓42 ㉕83 145 ㉔67 69 441 476~480 ㉘44 51 53 58 60~62 103 363 364 ㉚7 379~381 386 507 ㉝254 ㉟158
『요역절목』『徭役節目』㊴405
요원 了元 ⑯69 72 123
요원 了圓 ㉑97
『요의문답』『要義問答』⑨443
요일 寥一 ㉑291
요중 僚中 ㉔161 162 169
요진 遼鎭 ㉙72 77
요진군 遼鎭軍 ㉙73
요철법 凹凸法 ⑧181
요코하마정금은행 橫濱正金銀行 ㊹38
요코하마정금은행차관 橫濱正金銀行借款 ㊹40
요토 要土 ㉜395
요패 腰佩 ⑧254
요포 料布 ㉚590
요하 遼河 ④59 60 62 76 83 ⑤64 137
요한 니위호프 Joan Nieuhof ㉜506

요호 饒戶 ㊱71 74 ㊲40
요호부민 饒戶富民 ①328 ㉝436 437 ㊱5 71 ㊹405
요호층 饒戶層 ㉞89 120
욕리성 辱利城 ⑤140
욕사 褥奢 ⑤160
욕살 耨薩 ⑤8 132 158 174~177 181 188
욕수씨 蓐收氏 ㉖231
욕지도 欲知島 ②344 422 424 435 443 478 496
욕지도돌무지무덤 欲知島積石塚 ②498
욕지도유적 欲知島遺蹟 ②525
욕지도패총 欲知島貝塚 ②405 422
용 庸 ⑭9 361 363 364 ⑲309 316 323
용강리유적 龍江里遺蹟 ③387
용건 龍建 ⑪84 89 ⑫20 21 22 75
용검 龍劍 ⑪123~126 ⑫36 38 39 65
용곡(리) 제1호동굴 龍谷(里) 第一號洞窟 ②48 50 57 60~64 163 192
용곡(리)동굴(유적) 龍谷(里)洞窟遺蹟 ②34 124 224 233 243 300 373 424
용곡대 龍谷大 ㉖194
용곡도 龍谷圖 ㉖187 195 196 199 200
용곡동(리) 龍谷洞(里) ②37 39 49 422
용골 龍骨 ⑨302
용골대 龍骨大 ㉙8 258 273 292 295 298 ㉜392
용골산성 龍骨山城 ㉙259 262~265
용관 冗官 ⑲28
용광수공업 鎔鑛手工業 ㉝178 181 183
용광정명장 龍光貞明章 ㉟553
용구 龍廐 ㉔554
용궁동굴 龍宮洞窟 ⑧463
용기 龍旗 ㊲278 280
용기순위사 龍騎巡衛司 ㉓202
용녀 龍女 ⑪84
용담동유적 龍譚洞遺蹟 ③388 467 473 554
용담산 龍潭山 ④162 173
용담산성 龍潭山城 ④169
『용담유사』『龍潭遺詞』㉟402 ㊲128 131 136 ㊴284 ㊹365
용담정 龍潭亭 ㊲130
용당포 龍塘浦 ㉜499 500
용당포유적 龍塘浦遺蹟 ②455
용당포패총 龍塘浦貝塚 ②376
용덕 龍德 ⑫67 69
용동궁 龍洞宮 ㉚460 461
「용두사당간기」「龍頭寺幢竿記」⑪74 ⑰14 15 270
용두산고분군 龍頭山古墳群 ⑩167 207 211
용등자 龍騰紫 ㉔573
『용만지』『龍灣誌』㊱214 216 270
용명서당 龍明書堂 ㊼349
용문사 龍門寺 ㉗481 ㉟502
용문사중수기 龍門寺重修記 ⑭470 ㉑437
용문창 龍門倉 ⑭173 192 353 ⑳170 171
용미차 龍尾車 ㉚439
용반리패총 龍磻里貝塚 ②369
용범 鎔范 ③38 98 99 221 227 236~240 ④132
용병제 傭兵制 ㉜301 ㊳269
용보원 龍寶院 ⑭253
용분사 龍奮司 ㉓204
『용비어천가』『龍飛御天歌』①412 413 ㉒78 ㉗6 275 317 319~321 325 326 328 331 333 362 373 413 414 ㉖79 96 106 108 109 116 125 144 145 155 ㉛357 358 377 413 584 602 ㉟581
용빙 傭聘 ㊷249
용사 勇士 ⑱127
용산 龍山 ㉝136 300 335 344
용산문화 龍山文化 ①133 ③259
용산성 龍山城 ㉔525
용산신학교 龍山神學校 ㉟545 ㊻297
용산염전 龍山鹽廛 ㉚521
용산인쇄국 龍山印刷局 ㊹400

용산창 龍山倉 ㉙151
용산처 龍山處 ⑭176
용산호 龍山號 ㊹94
용선수공업 鎔銑手工業 ㉝181
용성 龍城 ⑥145 146 ㉒164
용성국 龍城國 ⑦260
용소막성당 龍召幕聖堂 (51)275
용수 龍樹 ⑦255 ⑫219 ⑯48 78
용수동유적 龍水洞遺蹟 ②418
용수동조개더미 龍水洞貝塚 ②434
용수사 龍壽寺 ⑭257 470
「용수사개창기」「龍壽寺開創記」㉑437
용수산사 龍首山祠 ⑯341
용신신앙 龍神信仰 ⑯65 150
용신앙 龍信仰 ㊱89 91 92 98 102
용신제장 龍神祭場 ⑯349
용암 龍巖 ㊻117
용암서원 龍巖書院 ㉚141
용암증숙 龍巖增肅 ㉟277
용암포 龍巖浦 ㊶126
「용암포조차계약」「龍巖浦租借契約」㊹124
용양순위사 龍驤巡衛司 ㉓202
용양위 龍驤衛 ㉒122 135 ㉓32 74 94 95 215 232 ㉜122
용양장군 龍驤將軍 ⑥120 141 147 190
용연굴강회사 龍淵掘江會社 ㊹194
용연동(리)유적 龍淵洞(里)遺蹟 ③351 434 457 474 567
용연리 龍淵里 ②306 309 365 367 460 462 487
용연방축 龍淵防築 ㉘353
『용왕경』『龍王經』㉖293
용왕굿 龍王굿 ㉟177
용왕도량 龍王道場 ⑯143 183
용위악육통존자 실덕석가불 龍圍嶽六通尊者 實德釋迦佛 ⑯341
용인 龍仁 ⑰295 ㉝346
용인농민항쟁 龍仁農民抗爭 ㊹402
용작 傭作 ⑪58
용작농 傭作農 ⑤34 35 37
용작농민 傭作農民 ⑥202
용작인 傭作人 ⑤47 ⑲258
용장사 茸長寺 ⑨368 409 ㉖288
용장성 龍藏城 ⑳253 258
『용재총화』『慵齋叢話』⑲249 ㉑577 ㉔264 ㉕64 ㉖80 98 251 284 293 ㉗192 270 362 364 508 510 511 514 518 529 ㉛362 381 404 571 575 578~580 621
용정촌 龍井村 ㊸510
용종 甬鐘 ⑨523
용주 龍州 ⑩165 167 200 ⑫35 55 63 ⑮303 ⑳79 190
용주고 龍州庫 ⑮367
용주사 龍珠寺 ㉗478 ㉟135 139 156 538
「용주사삼세여래도」「龍珠寺三世如來圖」㉟454
용주황룡부 龍州黃龍府 ④177
용준 龍樽 ㉗516 530
용진진군 龍津鎭軍 ㉚ 570
용집 龍集 ㉜435
용천소작조합 龍川小作組合 ㊾202~208
용천요 龍泉窯 ⑰295
용춘 龍春 ⑦128 227 255 ⑨15 17 19 364
용파 龍坡 ㊻114
용평리유적 龍坪里遺蹟 ②415
용포 庸布 ㉜132
용학주소 庸學註疏 ㉖69 72
용해절터 龍海절터 ⑩203 205 208
『용호결』『龍虎訣』㉖299
용호군 龍虎軍 ⑬4 271 281 286 350
용호군상장군 龍虎軍上將軍 ⑱24
용호영 龍虎營 ㉚256 274 277 287 ㉜72 235 ㊳269 ㊴103
용호장군 龍虎將軍 ㉙212 218 219
용호청 龍虎廳 ㉚270
용호회사 蓉湖會社 ㊴178

용화민 龍華民 ㉜483
용화사 龍華寺 ⑳230
용화삼회 龍華三會 ⑨409 ㊱86 88
용화세계 龍華世界 ㊱88
용화수 龍華樹 ⑧245 ㊱86
용화향도 龍華香徒 ⑧103 ⑯188
용흥강 龍興江 ⑩227
용흥리유적 龍興里遺蹟 ③213
용흥사목아미타불좌상 龍興寺木阿彌陀佛坐像 ㉟498
우 牛 ⑤20 22
우 俁 ⑫237 252
우가 牛加 ④202 204 205 211 212 ⑤208
우가장 牛家莊 ⑳364 367
우가촌유적 于家村遺蹟 ②544
우가키 가즈시게(게) 宇垣一成 ㊼107 113 ㊽346 ㊾58 ㊿13 43 232 51166
우각리 牛角里 ㊶119 143
우각조 牛角爪 ㉝470
우간의 右諫議 ⑱224
우강 右綱 ⑬272 273
우거 牛車 ⑦73 80 234
우거(왕) 右渠(王) ④105 107 136 139
우겸 于謙 ㉒253
우경 牛耕 ⑥215 ⑦7 78 219 234 ⑧448
『우경』『牛經』㉔592
우경선 禹慶善 ㊹90 92 195
우교차도 牛轎車圖 ⑧181
우군칙 禹君則 ①333 ㉝203 ㊱14 101 238 239 241～243 249 254～257 274
우금치전투 牛禁峙戰鬪 ㊴444 472 484 ㊵5 211
우다천황 宇多天皇 ⑮249
우단우 禹丹宇 ㊾96
우담홍기 優潭洪基 ㉟149
우대(상촌) 上村 ㉞74
우덕선 禹德善 ㊽331
우덕순 禹德淳 ㊸170
「우도」「牛圖」㉛478
우도패총 牛島貝塚 ②503
우두국 牛痘局 ㊳195 196
우두법 牛痘法 ㉟373 ㊳195
우두성 牛頭城 ⑥68 73
『우두신설』『牛痘新說』㊳196 ㊻293
우득규 禹得圭 ⑱107
우디캐(족) 兀狄哈(族) ㉒320 337 346 349 ㉖260 ㉘125
우따청 吳大澂 ㊵62
『우란분경』『盂蘭盆經』⑯141 172 267
우란분공 盂蘭盆供 ㉑540
우란분재 盂蘭盆齋 ⑯172 184 ㉑541
우란분회 盂蘭盆會 ⑯267
우랄·알타이제어 Ural－Altaic ①417
우량계 雨量計 ㉗3
우량하 兀良哈 ㉒249 259
우로 右路 ㉙29
우륵 于勒 ①498 ⑦108 112 339 365 ⑧9 167 373 374 377 ⑨601 603 608 610 621
『우리동무』㊿419
우리동무회 ㊼197
우림위 羽林衛 ㉒138 ㉓220 221 ㉚270 274 ㉛143 ㉞219
우마계 牛馬契 ㊱64
우마도 牛馬圖 ⑧203
『우마양저염역병치료방』『牛馬羊猪染疫病治療方』㉗144
우맹분위 右猛賁衛 ⑩150 151 154
우메 겐지로 梅謙次郞 ㊷303 ㊹426
우명산성 牛鳴山城 ⑨23
우무학당 郵務學堂 ㊹183 241 ㊺46 55 51282
우문술 宇文述 ⑤119～122
우문정책 右文政策 ㉗275 277 285
우문정치 右文政治 ⑫109 ㉛100 ㉜81
우미관 優美館 51357
우미우라 도쿠미 海浦篤彌 ㊵113

우방 右坊 ㉓362 ㉗9 387 388 390 391 393~395 425
우방재 于邦宰 ⑱23
우방전 牛方田 ⑳95
우범선 禹範善 ①465 ㊵171 229 260 ㊶34 37 42
우별초 右別抄 ⑱185 187
우보 右輔 ⑤32 33 154 ⑥21 29 165 188 229
우복 優福 ⑥228
우복야 右僕射 ⑬114 ⑱23 153
우본 牛本 ⑳169
우봉 牛峯 ⑫243 ⑲29
우봉 又奉 ⑫38 39
우봉별초 牛峯別抄 ⑱182
우봉운 禹奉雲 ㊾285 291
「우부가」「愚夫歌」㉟401 402
우비위 右羆衛 ⑩150 154
우사 雨師 ⑯358 359 ㉖214 228
우사 雩祀 ⑯359 ㉘34
우사단 雩祀壇 ㉖231
우산 禹山 ⑧183
우산국 于山國 ⑦46
우산리유적 牛山里遺蹟 ③71
우산묘구 禹山墓區 ⑧264
우산학교 牛山學校 ㊺70
우삼방주(아메노모리 호슈) 雨森芳洲 ㉜448 449
우상 右相 ⑩142 144 153
우상숭배 偶像崇拜 ㊻190
『우서』『迂書』㉟324
우선국 右旋局 ⑯314 315
우성 右姓 ⑩43 85 156
우성망족 右姓望族 ⑩156
우성전 禹性傳 ㉘332 ㉙53 188 ㉚46
우세영 禹世英 ㊲186
우수 于漱 ⑤36
우수 優壽 ⑥228
우수리하 烏蘇里河 Ussuri河 ㊹301 303 305
우수정 牛首停 ⑦203
우술성 雨述城 ⑨41 49
우술유 于述儒 ⑱229 230
우스티프키에 Ustipkie ㊹307
우승경 于承慶 ⑱52 53 59 60
우승선 右承宣 ⑱52 57 209 223 224 237
우승열패 優勝劣敗 ㊸225 245~247 253~255 281 304 307 ㊺43 217 270 ㊼304 305
우승유 牛僧孺 ㉚60
우시바 牛場卓造 ㊻15
우시산국 于尸山國 ⑦39 43
우시수승(하시바 히데가츠) 羽柴秀勝 ㉙78
「우식곡」「憂息曲」⑧166 375
우식조 憂息調 ⑨605 ㉗416 419
우씨 于氏 ⑤47
우암봉수대 牛巖烽燧臺 ㉔541
우에무라 村正己 ㊺236
우역 郵驛 ⑦73 195 210 234 ⑧316
우영 優永 ⑥75 78
우영장 右營將 ㉚300
우예구자행성 虞芮口子行城 ㉒182 183
우예군 虞芮郡 ㉒148 344
우예보 虞芮堡 ㉒147
우왕 禑王 ⑱168 171
우웅위 右熊衛 ⑩150 154
우위(호분위) 右衛(虎賁衛) ㉓32
우유충후 優柔忠厚 ㉗295
우윤 右允 ⑩142 153
우이도행군총관 嵎夷道行軍摠管 ⑨33 43
우인 優人 ㉗366 368
우인렬 禹仁烈 ⑲171 200 ⑳366
우잠성 牛岑城 ⑨61 62
우장 牛莊 ㉙274 297
우장춘 禹長春 ①465
우장칭 吳長慶 ㊵30
우재룡 禹在龍 ㊸391 392 ㊼163 166
「우적가」「遇賊歌」⑨467

우전 隅塵 ㉝381
우점문 雨點文 ㉗497
우정(총)국 郵征(總)局 ㊳8 51 194 352 363 389 397~400 402 ㊴17 ㊵31 294
우정규 禹禎圭 ㉝162 169 206 367
우정사 郵程司 ㊳194 ㊴92 ㊹78 ㊻267
「우정총국장정」「郵征總局章程」㊳194
우제 禹磾 ⑳369
우조 羽調 ⑨605 606 ㉗406 417 419 ㉟579
우조계면조 羽調界面調 ㉟579 580
『우주문답』『宇宙問答』㊻100
우준민 禹俊民 ㉙51
우중문 于仲文 ⑤119~121
우진달 牛進達 ⑤136
우집 虞集 ⑳269
우징 祐徵 ⑪26 29 31 32 49 81 95
우창 右倉 ⑭130 173 350~353 407 409
우창비왕설 禑昌非王說 ⑲212
우천변가마 牛川邊窯 ㉟511
우체기선회사 郵遞汽船會社 ㊹235
우체사 郵遞司 ㊵294 ㊸121 ㊹226 227 230
「우체사관제」「郵遞司官制」㊵294
우춘대 禹春大 ㉟564
우치다 료(오)헤이 內田良平 ㊵35 ㊷385
우치다 사다즈치(츠지) 內田定槌 ㊵6 ㊶35 37
우치무라 칸조(오) 內村鑑三 ㊵49 ㊿152 247
우 탁 禹倬 ⑲114 164 ⑳44 ㉑255 279
우 탁 禹卓 ㉘288
우태 于(優)台 ⑤14 31 32 37 147 149 ~151 153 156
우팅팡 伍廷芳 ㊵61
우편국 郵便局 ㊴42
우편기선회사 郵便汽船會社 ㊹187
우편대체 postal giro 郵便對替 ㊹244
『우편보지신문』『郵便報知新聞』㊸16
우편사업 郵便事業 ㊹226
우편저금 郵便貯金 ㊹231 244
우편취급소 郵便取扱所 ㊹243
우편환 郵便換 ㊹231 244
우평장사 右平章事 ⑩144 153
우포 牛脯 ㉚507
우피 牛皮 ㉝455 469 ㊹171
우피무역 牛皮貿易 ㊲305
우하량유적 牛河梁遺蹟 ⑤1
우하영 禹夏永 ㉝39 78 ㊱175
우학유 于學儒 ⑱23~25
『우해이어보』『牛海異魚譜』㉝213 217
우현보 禹玄寶 ⑲174 178 191 211 214 221 ⑳408
우현왕 右賢王 ⑥173 229
우호한인예배회 寓滬韓人禮拜會 ㊼219
우화문 隅花文 ⑨537
우황 牛黃 ㉚504
우후루번장도독 虞侯婁蕃長都督 ⑩71
우희 優戱 ㉑501 ㉗365
우희다수가(우키다 히데이에) 宇喜多秀家 ㉙36 78 116
우희열 禹希烈 ㉔410
욱면 郁面 ⑨406
욱실 燠室 ㉕353
욱천 旭川 ⑨40
운가위 雲加衛 ㉒165
『운강창의일록』『雲崗倡義日錄』㊸461
운곡선 運穀船 ㉔340
『운곡시사』『耘谷詩史』㉗272 273
운과 雲科 ㉓363 ㉞65
운관 雲官 ㉞80
운구 雲廐 ㉔554
운꼬프스끼만 Unkovski Bay ㉜499
운대리유적 雲垈里遺蹟 ③65
운라산성 雲羅山城 ⑧322
운룡문 雲龍文 ㉗513
운묵무기 雲默無寄 ㉑86 87 96 287 354 355 361 362

운문 雲門 ⑱182 ⑳127 128 137
운문사 雲門寺 ⑪194 197 203 223 ⑯61 200 ⑳128 131
운문사동호 雲門寺銅壺 ⑰9
운문사원응국사비 雲門寺圓應國師碑 ⑰291
운문산 雲門山 ⑱178 ⑳126 137 150 151 153 156~158
운문선사 雲門禪寺 ⑯200
운문종 雲門宗 ⑯63 123 124
운문·초전민의 봉기 雲門·草田民의 蜂起 ⑳123 127 138
운미선 運米船 ㉝294
운봉 雲峰 ㉙116
운봉전투 雲峰戰鬪 ⑲200
운부계 運負契 ㉝144 255 371
운부정사 雲浮精舍 ㉟132
운사 雲師 ㉖228
운산 雲山 ㉓149
운산광약 雲山鑛約 ㊶114 ㊹110
운산금광 雲山金鑛 ㊶114 116 148 160 ㊹110 209 408 409
운산금광채굴권 雲山金鑛採掘權 ㊹109 119
운성리고분군 雲城里古墳群 ③358
운성리유적 雲城里遺蹟 ③173 178 327 344 451 459
운성리토성 雲城里土城 ③438 443
운수업 運輸業 ㊼86
운암 雲巖 ㉙80
운암사 雲巖寺 ⑭261
운암전투 雲巖戰鬪 ㉙48
운양(운요)호 雲揚號 ㉜473 ㊳153 ㊲233 235 303 ㊵27
운양호(운요호)사건 雲揚號事件 ㊲8 219 220 236 240 246 253 254 269 271 322 328 ㊳80 148 224 ㊴13 33
「운영전」「雲英傳」㉛432 (51)370
운이 雲伊 ㊳373
운장암철조보살좌상 雲藏庵鐵造菩薩坐像 ㉑414
운정 運精 ⑪188
운제 雲梯 ⑤122 131
운제사 雲際寺 ⑨362
운제산성모 雲梯山聖母 ⑯362
운제현 雲梯縣 ⑫273
운조루 雲鳥樓 ㉞127
운종가 雲從街 ㉚520
운주 雲州 ⑳82 83
운주 運州 ⑪111 ⑫24 32 33 35 58 59 64
운주사석천불상 雲住寺石千佛像 ㉗597
운주사원형다층석탑 雲住寺圓形多層石塔 ㉑391
운중도 雲中道 ⑬263
운철 隕鐵 ③558
운총 雲聰 ⑦149
운판 雲板 ㉗586 587
운하어차경 云何於此經 ⑨616
『운해』『韻解』㉟276
운해사 雲海寺 ㉑312
운현궁 雲峴宮 ㊲158 165 183 ㊳282 ㊻308 309
『운회언역』『韻會諺譯』㉒75 78
운휘장군 雲麾將軍 ⑩126
울릉도 鬱陵島 ㉜499 ㊳150 300 343 356
울릉도삼림채벌권 鬱陵島森林採伐權 ㊴173 ㊹124
울산 蔚山 ㉘123
울산성 蔚山城 ⑧313
울산성전투 蔚山城戰鬪 ㉙122 126
울산포 蔚山浦 ㊹127
울산항 蔚山港 ⑪91
울아리카유적 Ulalinka遺蹟 ②292 299
『울이글틀』㊺257
울절 鬱折 ⑤160 166
울주반구대바위그림 蔚州盤龜臺巖刻畵 ③129 281 550
울주천전리바위그림 蔚州川前里巖刻畵

③281 ⑨340
울주방어부사 蔚州防禦副使 ⑱149 209
울진 蔚珍 ⑫27 ⑳156
울진봉평신라비 蔚珍鳳坪新羅碑 ⑦18 85 96 115 167 186 187 191 249 266 269
울프호 Wolf號 ㊲309
움무덤 土壙墓 ④132 133 164
움무덤 土葬墓 ③172 342 344
움집 竪穴住居 ②377 422 506 529 ㉕338
움집터 竪穴居住址 ①178 183 184 ②233 367 371 372 375 377 388 425 428 529
웅걸 雄傑 ⑪67
웅기 雄基 ②346 347 349 364
웅기사람 雄基人 ②348
웅녀 熊女 ①136 141 ④50 53 57
웅담 熊膽 ㉚504
웅모 熊母 ①144
웅모신 熊母神 ①145
웅무시위사 雄武侍衛司 ㉓202
웅변대회 雄辯大會 ㊼277 294
웅본국권당 熊本國權黨 ㊶28
웅수인신 熊首人身 ①152
웅악왕씨 熊岳 王氏 ⑩51
웅위 熊衛 ⑩151
웅주 雄州 ⑮327 328
웅주 熊州 ⑪111 ⑫24 33 58 59
웅진(공주) 熊津(公州) ⑧198 ⑫32 36 64
웅진(부)성 熊津(府)城 ⑥59 60 84 87 183 194 196 ⑧307 ⑨36 42 612
웅진도독 熊津都督 ⑨40 43 49 56 59
웅진명소 熊津溟所 ⑭430
웅진시 熊津市 ⑥175
웅진천도 熊津遷都 ⑥55 58~60 62 71 120 121 124 167 173
웅천 熊川 ⑥23 226 239 ⑦236 ⑨70 129 150 ㉓359 ㉘123 ㉙13 196
웅천패총 熊川貝塚 ③384 405 484
웅포 熊浦 ㉝373
웅현성 熊峴城 ⑨25
웅호 雄豪 ⑪67
워싱턴 포스트지 Washington Post紙 ㊵ 57 ㊸52
워싱턴회의 Washington會議 ㊾19 20
원 院 ㉔511~513 ㉝308
「원가」「怨歌」⑨466 ⑪16
원가력 元嘉曆 ⑥240 ⑨426
『원각경』『圓覺經』⑯77 ㉒130 ㉖269
『원각경소』『圓覺經疏』㉖282
『원각경약소』『圓覺經略疏』⑯77
원각사 圓覺寺 ①504 ㉒129 ㉕219 ㉗19 210 221 373 480 ㉟501 630 644 ㊸173 ㊺9 357 358 ㊿131 357 370
원각사금동삼존불상 圓覺寺金銅三尊佛像 ⑧481
원각사비 圓覺寺碑 ㉗481
원각사탑 圓覺寺塔 ㉗481
원각사탑부조상 圓覺寺塔浮彫像 ㉗594 595
『원각예참약본』『圓覺禮懺略本』⑯133
『원감록』『圓鑑錄』㉑288
원건상 元建常 ㊸463
원경 元卿 ⑳275
원경기 原京畿 ⑬247
원경기 源經基 ⑮251
원경상 元敬常 ㊹92
『원경서』『遠鏡書』㉟350
원경순 元景淳 ㉞19
원경신 源經信 ⑮372
원경하 元景夏 ㉜53 54 61 154 159
원곡 元穀 ㉜314 374
원곡매용 元穀賣用 ㉜321
원공 元貢 ㉔141 146 ㉕225 226 ㉚496 504 532 ㉝321
원관 院館 ㉔523 ㉖263
원광 圓光 ⑦126 128 129 150 ⑧3 81 82 85 86 120 ⑨25 298 306 367 411 ⑪185 198 223 ⑯164 ⑰231 ㉑293 296
원광법사 圓光法師 ⑧3

원광법사부도　圓光法師浮屠　⑨566
원광사지 6각7층석탑　元廣寺址六角七層石塔　㉑389 390
원교　圓教　⑯43 44 56 79
『원교집』『圓嶠集』㉟278
원교체　員嶠體　㉟484
원구　圓(圜)丘　⑧328 ㉑458 485 ㉖211 221 223 224 239
원구단　圓(圜)丘壇　⑫145 ⑯271
원구제　圓(圜)丘祭　⑮156 ⑯333 ㉒128 ㉖221
원권문　圓圈文　⑧267
원　균　元均　㉙5 28 60 61 112~115 194 201 202
원　기　元器　⑦135
원납　願納　㉞38 121
원납교생　願納校生　㉓309
원납전　願納田　㉛97
원납전　願納錢　㊲162~164 171
원단(제)　圓壇(祭)　㉖224
원단기우(제)　元旦祈雨(祭)　㉗18 19
원당　願堂　⑨115 ⑫76 101 237 ⑰243
원당혁파　願堂革罷　㉟155
원덕대왕　元德大王　㉑334
원돈문　圓頓門　㉟128 144
『원돈성불론』『圓頓成佛論』㉑30 35 36 48 51 ㉟128
원돈신해문　圓頓信解門　⑱12 ㉑22 23 35 42 46 51
원돈지관　圓頓止觀　⑯79
원동륜계　原銅輪系　⑨21
원두표　元斗杓　㉙276 279 ㉚90 95 106 109 486 ㉜132 399
원령　圓領　㉕302 312 313
원뢰조　源賴朝　⑮252
원료준　源了俊　⑳414
원명　圓明　⑫218
원명원　圓明園　㉜479
원묘제　原廟制　㉚39
원방상형설　圓方象形說　㉟276
원방한생　遠方寒生　㉕142
원방형(말각장방형)　圓方形(抹角長方形) ⑧334 357
원법사　元法寺　⑨362
원　보　元甫　⑫37 71 100 123
원　봉　元奉　⑪114 ⑫28 34 45 62 64 134
원봉성　元鳳省　⑪6 ⑬10 93 94 ⑰15
원봉성학생　元鳳省學生　⑫88 165
원　부　元傅　⑰158 ㉑353
「원불」「原佛」㉟152
원불교　圓佛教　㊻199
『원사』『元史』㉖126 127 129 130
원사목　原事目　㉜167 179 183 186 188 195
원산　元山　㉝338 344 347 348
원산교구　元山教區　㊿262 269
원산노동연합회　元山勞動聯合會　㊾232 245 257~261
원산노동파업　元山勞動罷業　①387
원산만　元山灣　⑩1 146
원산상업회의소　元山商業會議所　㊾259
원산상회소　元山商會所　㊴174 208
원산선　元山線　㊴44
원산시민협회　元山市民協會　㊾259 260
원산연합기독병원　元山聯合基督病院　㊻291
원산장　元山場　㉚539 ㉝366 368 ㊹474
원산좌위문위　遠山左衛門尉　㉜459
원산청년회　元山靑年會　㊾395
원산총파업　元山總罷業　㊼289 295 ㊾12 104 233 236 257 259~262 ㊿163 170
원산포　元山浦　㉝368 369 373 382 385
원산학사　元山學舍　㊳46 47 193 ㊶283 ㊺49 365 ㊻228 231
원산해관　元山海關　㊳172
원산환　元山丸　㊹91
원삼　圓衫　㉕297

원삼국시대 原三國時代 ①174 180 183 ③ 328 330 333 412 450 455 510 245 250
원상(제) 院相(制) ①264 ㉒120 131~134 136 137 ㉓65 ㉘2 21 25 181
원생 院生 ㉜161 ㉞31 ㊱43
「원생몽유록」「元生夢遊錄」㉛427~429
원선지 元善之 ⑳276
원성왕 元聖王 ⑨467 ⑩100 106~109 ⑪1 2 19~21 26 35 47 48 ⑫26 ⑭21 135 159 163
원세성 元世性 ㊸5 126 127 129~131
원세훈 元世勳 ㊼214 ㊽11 122 141 154 177 178 300 301 51183 52125 130 185 190 191 197 199~201
원소 元素 ㊻242
원소연대측정법 元素年代測定法 ②241
원송수 元松壽 ⑳277
원수대 元帥臺 ②417 451
원수대유적 元帥臺遺蹟 ②416 418
원수부 元帥府 ㊵299 ㊷54~57 283
「원수부규칙」「元帥府規則」㊷47 55
원 숙 元肅 ㉖43
「원술랑」「元述郞」52376
원숭환 袁崇煥 ㉙236 253 268
원시 院試 ㉓349
원시무문토기 原始無文土器 ①97
원시석실묘 原始石室墓 ⑧341
원시신앙 原始信仰 ②514
원시예술 原始藝術 ②516 520
원시종교 原始宗敎 ①437 439
원시한반도어 原始韓半島語 ①119
원신궁주 元信宮主 ⑫235
원신라 原新羅 ⑦85
원씨 源氏 226 251
원악향리 元惡鄕吏 ㉓156 157 ㉕66 115 144 146 147 ㉘99 ㉛17 63 79
원안 院案 ㊱141
원안 圓安 ⑦129
원앙곡 鴛鴦曲 ⑨608
원영의 元泳義 ㊸197 272~274 290 322 325 ㊺8 271 ㊻245
원영주 元永胄 ㉒158
원영찬 袁榮燦 ㊳136
원오리 니조보살입상 元五里泥造菩薩立像 ⑧228
원오리절터 元五里절터 ⑩181
원완 圓脘 ㉑82 83
「원왕생가」「願往生歌」⑨465
원외랑 員外郞 ⑩143 144
원용팔 元容八 ㊳253 ㊸382 385~387 392 520
원우 院宇 ㊱302 318
원우관 元友觀 52196
원 욱 元郁 ⑮286 304
원원사지 遠願寺址 ⑨520 559
원 유 元儒 ㉞22 23 34 39 41 ㊴242
원유관 遠遊冠 ㉕298 301
원유호 元儒戶 ㉞23
『원육전』『元六典』㉒199 ㉓358 ㉕72 80
원 윤 元尹 ⑫28 37 38 100 104 134
원융 圓融 ⑫218 ⑰237
원융국사 결응 圓融國師 決凝 ⑯48 100
원융부 圓融府 ⑯102 ㉑102 106
원의제 圓議制 ㉚208
원인(엔닌) 圓仁 ⑨295 615 ⑩53 110 ⑪ 53
원일윤선회사 元一輪船會社 ㊹187
원 자 元子 ㉚159 160 163
『원자집』『元字集』㉗312
원자학궁 元子學宮 ㉓284 294
원장부 元帳付 ㉚492
원장태자 元莊太子 ⑫86
『원재집』『圓齋集』㉗228
원저호 圓底壺 ⑧265
원 적 元積 ㉙16
원전 院田 ㉘35
원전등록 元典謄錄 ㉒201
원점 圓點 ㉓285 287 306 318~321

332 333 343～345 ㉕94 127
원정공물 元定貢物 ㉔429
원정연군 元定鉛軍 ㉝195
원정회의 原定會議 ㊶213
원조 遠祖 ㉞170 173
원 조 元照 ⑯69 72
『원조비사』『元朝秘史』㉑247 248
원족회 遠足會 ㊾23
원종 圓宗 ㊻130 ㉛199 200
원종 元宗 ⑪4 99 113 ⑫1 14 ⑱1 2 13 110 112 113 115 118～121 157 175 185
원종공신 原從功臣 ㉒29 30 34 35 39 49 ㉚16 ㉛145 146 148 151
원종공신록(권) 原從功臣錄(券) ㉒39 ㉛ 142
원종대사 元宗大師 ⑨299
원종대사혜진탑비 元宗大師慧眞塔碑 ⑫ 109 ⑰153 264 266 294
『원종실록』『元宗實錄』⑰159
원종종무원 圓宗宗務院 ㊻130 131
원종 추숭 元宗追崇 ㉚78 ㉛181 195 197 207 ㉜32
원종 폐위 元宗廢位 ⑳314
원주 原州 ⑱220
원주전 院主田 ㉔438 512 ㉘34 ㉝308
원주진 原州鎭 ㉚267
원준명 源俊明 ⑮372
원중거 元重擧 ㉜449
원증국사사리석종비 圓證國師舍利石鐘碑 ㉑404
원지실(미나모토 도모미) 源智實 ㉜422
원진 圓珍 ⑨324
원찰 願刹 ⑪54
원창군 原昌君 ㉙237 246 247 250
원체화풍 院體畵風 ㉑423 ㉗535～537
원촌리 院村里 ②422
원총 原總 ㉕24 25
원충 元忠 ⑳277
원측 圓測 ①442 ⑨9 362 400 408 600
원통사 圓通寺 ⑫73
원통형렴 圓筒形奩 ⑧263
원패 圓牌 ㉘105 111
원표 元表 ⑦102 ⑧2 ⑨395
『원학경』『圓學經』⑯69
원향(용녀부인) 元香(龍女夫人) ㊱91 92 102 103
원향(층) 原鄕(層) ㊱224 225 233 234
원형노지 圓形爐址 ②402
원형봉토분 圓形封土墳 ⑧348 351
원형분 圓形墳 ⑧331
원형유문동기 圓形有文銅器 ③219 220
원형집석유구 圓形集石遺構 ②402
원형집터 圓形住居址 ③396
원 혼 元混 ㉚43
원화 院畵 ㉟475
원화 源花 ⑦19
『원화군현지』『元和郡縣志』⑨296
원황 袁黃 ㉙84
원효 元曉 ①430 442 448 ⑧101 ⑨9 362 367 371 384 396 397 399 401 408 414 566 600 617 618 ⑪179 211 ⑫219 ⑯14 31 42 45 46 54 61 75 80 81 122 129 267 ⑰236
원효로성당 元曉路聖堂 ㉟547 ㊻297 300
원훈 元訓 ⑪17
원흥사 元興寺 ⑧55 66 ㉛199
원흥진 元興鎭 ⑮318
월간국 越墾局 ㊸509
『월간기후보고』『Monthly Weather Review』『月間氣候報告』㊻251
『월간매신』『月刊每申』㉛88 369
월강 月講 ㉓299
월강간전 越江墾田 ㊸509
월경 越境 ㊱159
월경원부인 박씨 月鏡院夫人朴氏 ⑫42
월경지 越境地 ①221 261 ㉓5 127 166 ～ 168
월계동고분 月桂洞古墳 ⑧363 364

월과 月課 ㉓302
월과군기 月課軍器 ㉔214 ㉚507 551
월과군량 月課軍粮 ㉚507
월과법 月課法 ㉚548
월과장인 月課匠人 ㉔240
월과제 月課制 ㉔218 219 221 223 233
월과총약방납권 月課銃藥 防納權 ㉝191
월과총약환수 月課銃藥丸數 ㉚553
월광사 月光寺 ⑪181 199
월광태자 月光太子 ⑦317 348 412 ⑧89
월금 月琴 ①500
『월남망국사』『越南亡國史』㊸290 322
월대 月臺 ㉗451
월드지 World紙 ㊵56 59
『월등삼매경』『月燈三昧經』⑯116
월령 月令 ⑫160 166 169 ⑯245~247 248 273 330 ㉔215 222 223 237 468 469 ㉘111
「월령고증」「月令考證」㉟31
월령(어공)미 月令御供米 ㉜181 189
월령의 月令醫 ㉕11 371
월령진상 月令進上 ㉜181
월령행사 月令行事 ㉑524
월리 月利 ㉘108
「월매도」「月梅圖」㉛483
월명사 月明師 ⑨409 462 466
월미도 月尾島 ㊵83
월봉 月奉 ⑭128
『월비기략』『粵匪紀略』㊲98
월사에 J. J. A. Worsaae ③10
월상루 月上樓 ⑨545 ⑪55
월샴 John Walsham ㊴71
월서 月書 ⑰44
월선 月膳 ㉔466
월성 月城 ⑦212 ⑧266 294 ⑨20 148 545 551 559 592 ⑪55
월성동유적 月城洞遺蹟 ③116
월성악천선 실덕대변천신 月城嶽天仙 實德
월송만호 越松萬戶 ㊴107
월식 月食 ㉗40
월연금제도 月捐金制度 ㊶238
월유택 月遊宅 ⑪32
『월인석보』『月印釋譜』㉖96 106 269 ㉗ 219 325 373 ㉛357 358 361
『월인천강지곡』『月印千江之曲』①412 ㉖ 85 86 96 106 267 ㉗6 7 217 219 317 321 325 326 328 329 331 373 ㉛ 357
월저도안 月渚道安 ㉟132
월정교 月精橋 ⑨544
월정당 月正堂 ⑨545
월정사 月精寺 ⑨406 ⑪180 181 201 212 ㉖269
월정사 8각9층석탑 月精寺八角九層石塔 ⑰8 263
월조 越調 ⑨603 606 607 612
월주 越州 ⑮245
월주요 越州窯 ⑨192 ⑪93 ⑰294
월지 月池 ⑨545
월지궁 月池宮 ⑪27 44
월초 月醮 ①250
월출산 月出山 ㊱185
월코트모범농장 Wolcott Farm 월코트模範農場 ㊳160
월훈 月暈 ㉗53
월희말갈 越喜靺鞨 ⑩64
월희부 越喜部 ⑩4 19 31 34 44
웡퉁허 翁同龢 ㊵73
웨드마이어 Albert C. Wedemeyer ㊾84 86 88
웨베르 K. I. Waeber 韋貝 ㊲76 313 ㊳ 336 ㊴22 58 72 73 76 79 109 ㊵82 261 267 ㊶19 64 73 82 95 98 100 123 322 ㊸66 ㊹482
웨베르-고무라각서각서 Waeber-小村 Memorandum ㊵296 ㊶62 101 142
「웨베르-고무라협정」「Weaber-小村協定」㊵82

웨이드 Sir Thomas Wade ㊲273 304 305 ㊵29
웨이하이웨이 威海衛 ㊵47 59 60 62 63 78 86 88
웨커링 John Weckerling (52)78
웰즈 J. Hunter Wells 禹越時 ㊻182 288 289
위거 位居 ④195 204
위계정 魏繼廷 ⑫237 246
위공 衛恭 ⑪26
위구(성) 威寇(城) ⑮239 272 301 331
위구르 回鶻 ⑮333 364
위구태 尉仇台 ④191 194 195 202 221 ⑥15
위기 圍棊(碁) ⑥245～247
위기지학 爲己之學 ㉘165
위나암성 尉那巖城 ⑧297
위덕왕 威德王 ⑥18 93 127 128
위돌박 Victor Poisnel ㊻299
위두 衛頭 ⑦62 124
위두대형 位頭大兄 ⑤160 161 166 175
『위략』『魏略』①146 147 163 166 ③53 ④82 118 153 189
위력단 威力團 ㊾259
위례성 慰禮城 ⑥59 ⑦336 ⑧286 305
위례집단 慰禮集團 ⑥17
위로 魏虜 ⑥121 149
위만 衛滿 ①114 131 160 194 ③50 339 340 ④4 33 97 105 118 130 136 139
위만조선 衛滿朝鮮 ①194 ③2 4 47 54 331 337～341 422 461 ④4 16 46 97 115 117 126 ⑤22 ⑦318
위말갈 僞靺鞨 ⑥234
위명규 韋明圭 ㉝174 184
위 문 魏文 ⑪20
위문금 慰問金 ㊵84
위문사 慰問使 ㊲102
위미 位米 ㉚501 505
위백규 魏伯圭 ㉟393
위보 僞譜 ㊴241
위봉루 威鳳樓 ⑫103
위봉족 緯奉足 ㉔268
위붕 僞朋 ㉚3 121
『위빈명농기』『渭濱明農記』㉘146
위사 僞使 ㉒414 415 431
위사공신 衛社功臣 ⑱103 105 106 109 111 114 116 118 ㉘257 ㉚16
위사좌평 衛士佐平 ⑥63 96 97 167 182 230
위생국 衛生局 ㉓363 ㊻294
『위생방』『衛生方』㉗157
위서 魏書 ①142 ④50 72 ⑤13 ④50 72 183 226
위석묘(돌돌림무덤) 圍石墓 ⑧341
위성(현) 位城(縣) ⑩37 165 169 198 222
위소 衛所 ㉒249 346 349 ㉚333
위솔선한백장 魏率善韓佰長 ④281
위수병 衛戍兵 ㊵126
위수여 韋壽餘 ⑫121 123 208 210
위숙군 圍宿軍 ⑬351
위쑤 奕訢 ㊵55 58
위안스카이(원세개) 袁世凱 ㊲315 ㊳30 96 102 154 185 307 346 349 377 395 405 ㊴15～32 34～45 47 50 53 57～61 65 73 106 108～111 113～117 126 132 167 170 179 181 351 ㊵31 32 38 39 42 45 65 101 103 104 147～149 157 172 179 208 227 ㊷36 ㊹36 37 40 81 ㊼187 191 230 ㊽103
위안제 慰安祭 ㉓283 304
위왜설 僞倭說 ⑦284
위외격쟁 衛外擊錚 ㉜87
위원 渭原 ㉓359 ㉕125 126 ㉜411
위원 魏源 ㉜404
위원함 威遠艦 ㊳135
위원행성 渭原行城 ㉒182～184
위위경 衛尉卿 ⑱27

위위시 衛尉寺 ⑬100 101
위 응 魏膺 ⑪101
위인영웅전 偉人英雄傳 ㊸214
위임통치론 委任統治論 ㊷142
위장 衛將 ㉓222 227
위장소 衛將所 ㉓225
위장의식 衛仗儀式 ㉑455 488 ㉗432
위정척사 衛正斥邪 ①340 244 ㉞54 ㉟15 ㊱7 110 ㊳29 ㊸10 508 517
위정척사론 衛正斥邪論 ㊲106 107 122 204 280 ㊳206~208 212 217 218 223 224 230 255~257 ㊸250 362 363 379 ㊻99 100
위정척사사상 衛正斥邪思想 ①446 ㊲115 119 135 213 ㊳2 6 52 199 206 207 213 227 252~258 ㊸9 495 ㊻209
위정척사소 衛正斥邪疏 ㊳169
위정척사운동 衛正斥邪運動 ㊲86 ㊳6 39 223~232 236 251 252 257 258
위정척사파 衛正斥邪派 ㊲180 ㊳6 7 28 29 62 67 251
위조인삼 僞造人蔘 ㉝324
위존성 魏存誠 ⑧328
위주 渭州 ⑮316
위주별초 渭州別抄 ⑱182
위주병 魏州兵 228
위준 韋俊 ⑩102 121
위진 魏珍 ⑪42
위진고법 魏晋古法 ㉛489
위진남북조 魏晋南北朝 ⑦96 ⑫136 137
위진서가 魏晋書家 ㉛489
위징 魏徵 ㉚116
위초 尉貂 340
위충현 魏忠賢 ㉙268
위태 位太 ㉚501 505 ㉜285
위테 S. I. Witte ㊴75 76 81 ㊶70 87 106 322 ㊷179 214
위판 位版 ㉓284
위학 僞學 ㉘179
위한조 魏漢祚 ㉛416~418
위항(여항)문학 委巷(閭巷)文學 ㉕113 ㉜88 93 ㉞92 122 123 ㉟102
위항시인 委巷詩人 ㉟407 408 429
위해 尉解 ⑥241 ⑧434 445 ⑨245
위호 衛護 ㉑188
위호 位好 256
위호령 威虎嶺 ④172 186
위홍 魏弘 ⑨461 ⑪207
위화도 威化島 ㉒17
위화도회군 威化島回軍 ①262 ⑲57 61 67 147 173 175 177 178 195 203 284 ⑳383 411 ㉒13 21 36 385 288 ㉓128
위화부 位和府 ⑦6 118 176 ⑨17 91
위화진 威化鎭 ⑫116
위훈삭제 僞勳削除 ㉘197 255 273
위흔 魏昕 ⑪199
윌리엄 그래드스톤 William E. Gladstone ㊲48
윌리엄 엠허스트경 Sir William Amherst ㊲43
윌리엄슨 Alexander Williamson ㊻159 160
윌스 George Ormumaney Willes ㊲79 82 300 305 314
윌스조약 Willes條約 ㊲307 309
윌슨 Thomas Woodrow Wilson ㊾63
윌킨슨 W. H. Wilkinson ㊶46
유 襦 ⑧433 434 441 445
유(망)민 流(亡)民 ㊱149~165
유가 遊街 ㉓335
유가당 有嘉堂 ㉑596
『유가론』『瑜伽論』⑨9 187 362 ⑯54
『유가론기』『瑜伽論記』⑨366
유가보살계 瑜伽菩薩戒 ⑯55
유가업 瑜伽業 ⑯66
유가종 瑜伽宗 ⑯41 67 73 98
유각경 兪珏卿 ㊾277 278 301
유 감 柳監 ⑰56 62
유 감 柳昰 ⑫268

ㅇ

유개 流丐 ㊱153 154 160 163 168 ㊳268 272
유개동 柳開東 ①504
유건 儒巾 ㉛609
유격장 遊擊將 ㉓246
유견동부 有肩銅斧 ③38 101 216 466
유 경 柳璥 ⑰158 ⑱2 58 74 78 97 100 102 103 105~107 109 114 146 166 ⑳59 60 ㉑314
유경시위 留京侍衛 ㉒365 366
유경식석검 有莖式石劍 ③190 197 198
유경심 柳景深 ⑫269
유경휘 柳慶輝 ㉟184
유 계 兪棨 ㉚166 178 ㉜35 129 132 134 135 307 ㉟313 314 316 322 ㊱28 29
유계 儒契 ㉞270
유계춘 柳繼春 ㊱307~310 313 341 ㊴280
유곤일 劉坤一 ㊲277
유공권 柳公權 ⑰40
유공렬 劉公烈 ㊿309
유공만 劉公萬 ㊴481
유공식 柳公植 ⑰118 ㉖173
유공의 庾恭義 ⑮217
유과 油菓 ㉑577
유관 柳灌 ㉘200 201 250 ㉚15 43
유관검 柳觀儉 ㊻137
유관순 柳寬順 ㊼346
유광렬 柳光烈 ㊿75
유광호 柳光浩 ㊿327
유광흘 劉光屹 ㊽313
유교 儒敎 ⑫77 78 160
유교가례 儒敎家禮 ㊻190
유교개혁론 儒敎改革論 ㊻105 108 111 112
유교개혁사상 儒敎改革思想 ㊻97~99 102 104 109
유교개혁운동 儒敎改革運動 ㊿219
유교구신 儒敎求新 ㊻65
「유교구신론」「儒敎求新論」 ㉟81 ㊻105 108 109 ㊼304 ㊿229
유교문화 儒敎文化 ㉛232~234 238 243
유교법회 遺敎法會 ㊿216
유교변혁론 儒敎變革論 ㊻112
『유교복원론』『儒敎復原論』 ㊿230
유교사관 儒敎史觀 ⑰175 153
유교의례 儒敎儀禮 ㉛175 233 239 241
유교정책 儒敎政策 ⑫177 178
유교정치 儒敎政治 ㉓1~3 13 305
유교진흥회 儒敎振興會 ㊿213
유구(류우큐우) 琉球 ㉒389 410 411 433 ㉔203~206 ㉜473 ㉝475 ㊵23 25 26 28
유구국(왕)사 琉球國(王)使 ㉒416
유구국(지)도 琉球國(之)圖 ㉖177 195 201 202 205
「유구국기」「琉球國紀」 ㉒423
「유구국도」「琉球國圖」 ㉒423
유구사신 琉球使臣 ㉒413 414
유구석부 有溝石斧 ①182 ③66 262 270 335 ⑧465
유구왕국 琉球王國 ㊼100
유구진공사 琉球進貢使 ㉒424
유권열 劉權說 ⑪75 ⑫83 105 133
유극량 劉克良 ㉙30 33 181
유 근 柳根 ㉜423
유 근 柳瑾 ㊶396 ㊸193 244 278 322 ㊺8 271 ㊻61 64 106 119 212 214 216 ㊼153 ㊿75
「유근상」「柳根像」 ㉛471 472
유금필 庾黔弼 ⑪99 112 128 ⑫25 26 35 37 38 42 58 59 81 156 ⑮213 255 257
유긍달 劉兢達 ⑪75 ⑫41 82 83
유기 鍮器 ㉓312
『유기』『留記』 ⑤59 163 ⑧4 123 ⑨356
유기금단사목 鍮器禁斷事目 ㉚592

유기론 唯氣論 ①322 ㉟3 50
유기문 柳基文 ㊽348
유기석 柳基石 ㊽348
유기아 遺棄兒 ㊱164 165
유기업 鍮器業 ㊻314
유기영 柳基泳 ㊺235
유기장 鍮器匠 ⑰130
유기제조업 鍮器製造業 ㊹210 ㊽72
유기환 兪箕煥 ㊲317 ㊴57 ㊶129 162 387 397 398 422 ㊷66
유길권 劉吉權 ⑫82
유길준 兪吉濬 ㉟493 ㊲120 ㊳18 19 44 62 64~66 98 106 109 112 117 143 158 186 ㊴61 250 ㊵6 8 149 164 165 212 234 264 269 ㊶40 47 179 181 183 198 250 276 299 ㊷63 272 ㊸20 21 198 241 ㊹43 53 180 196 362 383 481 ㊺5 7 33 82 176 203 206 207 210 214 215 220 221 226 252~254 256 294 ㊻15 29 101 237
유난영 柳蘭榮 ㊸374
유녀 遊女 ㉕193
유년칭원 踰年稱元 ⑰164 ㉑331
유년칭원법 踰年稱元法 ㉖114 138
『유년필독』『幼年必讀』㊸322 ㊺112 113 117 139 148 ㊿45
유년회 幼年會 ㊾134
유 능 柳能 ⑱69 78 100~102 175
유단 流團 ㉝137 ㊱8 119 168
유담년 柳聃年 ㉘198
유대화 柳大華 ㉜451
유덕영 柳德英 ⑫133
유도섭 柳道燮 ㊸375
유도연합회 儒道聯合會 ㊿170
유도영 留都營 ㉚255
유도진흥회 儒道振興會 ㊽53 54 ㊿163 232
유도회 儒道會 ㊿170
유동열 柳東說 ㊸207 208 233 330 340 348 ㊼192 211 212 214 307 314 401 ㊽253 325 ㊿277 280 294 298 303 304 333 366 440 450
유동장 鍮銅匠 ⑲350 356
유동진 柳東鎭 ㊾469
유두 流頭 ⑯170
유두음 流頭飮 ㉛578
유두일 流頭日 ㉑539
유두자 兪斗子 ㊹384
유득공 柳得恭 ⑩234 236 ㉓50 ㉜92 418 ㉞93 ㉟164 201 321 327 364 404 465 613 619 ㊺265
유득신 劉得信 ㊾269
유득일 兪得一 ㉚158
유량기보법 mensural notation 有量記譜法 ①500
유량악보 有量樂譜 ㉗9 388 437 ㉟587
유렴 裕廉 ⑪101
유록숭 庾祿崇 ⑫240
유류 孺留 ⑥15
유리 琉璃 ⑧429
유리곱은옥(곡옥) 琉璃曲玉 ⑧429
유리공예 琉璃工藝 ③502 ⑧254 262
유리구슬 琉璃구슬 ⑧421 422 429
유리기술 琉璃技術 ⑧421
유리론 唯理論 ①322 ㉟3 51 54~58 ㊳213 217
유리옥 琉璃玉 ⑧263
유리왕 瑠璃王 ⑧158 375
유리왕 儒理王 ⑨461
유리이사금(왕) 儒理尼師今(王) ⑦18 29
유리잔 琉璃盞 ⑧263
유리창 琉璃廠 ㉛307
유리팔찌 琉璃팔찌 ⑧263
유림 柳琳 ㉙281 282 293 297 298
유림 儒林 ㉞250 253 ㊳229 ㊻100 106 108 111 112 52201
유림 柳林 ㊿303
유림단 儒林團 ㉟63 ㊿219 223

유마수리대부 有馬修理大夫 ㉙163
유만수 柳萬秀 ㊽352
유망 流亡 ㉝122 274
『유망록』『遺忘錄』㉟151
유 맹 劉猛 ㊶237 367 388
유면희 柳冕熙 ㊾445 451
유명견 柳命堅 ㉚158
유명일 兪命一 ㉚162
유명현 柳命賢 ㉚163
유몽인 柳夢寅 ㉛350 356 ㉟89 412 616
유 무 劉茂 ④240 ⑥29
유문 有文 ⑪114 ⑫63
『유문』『柳文』㉓302
유문경계 乳文鏡系 ⑧262
유문토기 有文土器 ①115 123
유문환 劉文煥 ㊿73
유물사관 唯物史觀 ①1 2 231 ㊺285 ㊿128 130 132 137 138 142
유미하리타이라 弓張平 ②281
유민 流民 ⑲372 373 ㉝135～138 141 149 157 ㊱8
유민회 維民會 ㊽52～54 58
유밀과 油蜜菓 ㉑577
유방 留防 ㉓242 243 354 ㉜104 301
유 방 庾方 ⑮311
유방정병 留防正兵 ㉘ 95 110
유방헌 柳邦憲 ⑫111 170 173 ⑰18
유배가사 流配歌詞 ㉟399
유배분 劉培棻 ㊲110 111
유백색백자 乳白色白瓷 ㉛9 519
유백영 劉伯英 ⑨33
유백증 兪伯曾 ㉙276 294 ㉚82 84
유벽려 有鐴犁 ⑭323～325 ㉗186 ㉚437
유벽번전려 有鐴反轉犁 ㉔109 110
유벽유상려 有鐴有床犁 ⑭323 324
유병식석검 有柄式石劍 ③190 194 197
유병직 劉秉直 ㊴336
유병충 劉秉忠 ⑳264
유보준 劉寶俊 ⑩187
유복기 兪復基 ㉚162
유복명 柳復明 ㉜150
유복친 有服親 ㉕252 ㉛223
유봉휘 柳鳳輝 ㉚170 174 175 ㉜147 149
유 부 柳溥 ㉘199
유분각전 有分各廛 ㉔126 128 130 141 143 144 146 151
유불일치사상 儒佛一致思想 ㉑56 59 61 62 69 72 164
유불회통론 儒佛會通論 ①448
유비창 有備倉 ⑭255 ⑮164 169 ⑯205 ㉔415
유사 有司 ㉞197
유사 遊士 ㉜140
유 사 劉思 ⑦126 ⑨297
유사눌 柳思訥 ㉔179
유사당상(제) 有司堂上(制) ㉚127 190 195 ㉜231 ㉞102 245 247
유사리요지 柳寺里窯址 ㉛517
『유사일사』『遺史逸史』㉟325
유사체아직 有仕遞兒職 ㉕92
유사체제 有司體制 ㉚144 145
유산포 乳山浦 ⑨296 328
유 상 柳商 ㉝384 ㊱218
유상 遊賞 ㉟610
유상기 兪相基 ㉚166
유상량 柳相亮 ㉜266 271
유상범 兪相範 ㊹383
유상시문 釉上施文 ㉗524 525
유상오 柳相五 ㊳23 24 356
유상운 柳尙運 ㉜45 142 145
유상유식 有相唯識 ⑨364
유상해 兪尙諧 ㉖285
유상희 劉相晞 ⑪84 85
유생과시 儒生課試 ㉓286
유서분 劉瑞芬 ㊴23
유서학 類書學 ㉟192
유 석 劉錫 ㊹197

『유석질의론』『儒釋質疑論』㉖283
유석현 劉錫鉉 ㉜102
유선형극개 流線形搔器 ②207 209
유 성 柳城 ⑥145
유 성 柳誠 ⑮296
유성 流星 ㉗14 22 23
유성룡 柳成龍 ㉓247 ㉗263 142 152 ㉘ 84 98 332 ㉙26 27 30 32 33 59 70 75 84 86 99 106 124 145 146 151 177 178 181 184 186 191 197 ㉚36 44 45 54 80 123 482 483 542 545 546 595 ㉛52 85 121 181 269 350 351 442 ㉜422
유성마찰음 有聲摩擦音 ㉗378
유성원 柳誠源 ㉒70 113 115
유성음 有聲音 ㉗382
유성준 兪星濬 ㊹383 428 ㊻245 ㊾37 ㊿36
유성증 兪省曾 ㉙289 290
유성태사 裕盛泰社 ㊹92
유세철 柳世哲 ㉚111 143
유 소 柳韶 ⑮317
유소 儒疏 ㉚140
유송령 劉松齡 ㉜523
유송절 柳松節 ⑱71 87 143
유 수 劉秀 ⑫140 141
유수(관) 留守(官) ⑫151 154 268
유수림 楡樹林 ⑧329
유수승 遊手僧 ㉖263 280
유수영 留守營 ㊴103
유수원 柳壽垣 ①324 ㉜56 62 64 ㉝ 161 ㉞35 ㉟251~253 257 306 ㊴241
유 숙 劉淑 ㉟464 471 473 608
유 숙 柳潚 ㉚70
유순 柳洵 ㉘191 194
유순도 庾順道 ㉗101
유순정 柳順汀 ㉘177 179 183 194 238 248
유숭조 柳崇祖 ㉘272 319
유승단 兪升旦 ⑰158 ⑱245 ⑳193 194
유승흠 柳承欽 ㊺58
유시 油市 ⑨196
유시연 柳時淵 ㊸389 392
유식(학) 唯識(學) ⑨9 362 367 411 ⑯ 48 52 69
『유식논술기』『唯識論述記』⑯130
유식사상 唯識思想 ①448
『유식술기』『唯識述記』⑯53
유식양반 遊食兩班 ㉟252 259 260
유식학 唯識學 ①442
유 신 柳伸 ㉑437
유 신 諛臣 ⑫167 181 203 208 240
유신성 劉新城 ⑫83 105
유신언 劉愼言 ⑨328 330
유신정치 維新政治 ⑪127 128
유신지교 維新之敎 ㉑138
유신지교 惟新之敎 ⑫260 261
유신파 維新派 ㊼184
유신학교 維新學校 ㊸287
유신현 惟新縣 ㉖182 195 201
유신환 兪莘煥 ㊳56 92
『유심』『惟心』㊿203
『유씨서』『劉氏書』⑯322
유 안 劉晏 ⑲370
유안 儒案 ㉞54
유암사 遊巖寺 ⑫113
유애탑 劉愛塔 ㉙257
유약 釉藥 ⑧263 ㉗487
유억겸 兪億兼 ㊾54 143
유언유 劉彦儒 ⑫170 175
유엔 UN ㉜145 146
유엔소총회 UN小總會 ㉜206 391
유엔임시위원단 UN臨時委員團 ㉜206
유엔총회 UN總會 ㉜387 388~390 422
유엔한국임시위원단 UN韓國臨時委員團 ㉜204 388~390 392 398~400 406 409 416
유여대 劉如大 ㊼321 326 333 370
유역전 有役田 ㉕85

유역하층민 有役下層民 ㉞13 19~24 28~31
유 연 柳衍 ㉓280
유연 柔然 ⑤76 78~80 91
유연 有緣 ⑪180 181
유연먹 油煙먹 ㉗206
유연화 柳然化 ㊿69
유엽전 柳葉箭 ㉜180
유엽전 柳葉錢 ㉔191
유 영 劉英 ⑫268
유영경 柳永慶 ㉚46 56 59 69 584
유영국 劉永國 51328 52332
유영립 柳永立 ㉙170
유영봉 柳永奉 ㊼142
유영석 柳永錫 ㊻51 52 55 62
유영준 劉英俊 ㊾273
유영체제 留營體制 ㉓177
유예 劉豫 ⑮244
『유예지』『遊藝志』 ㉛569 ㉟559 561 563 572 580 582
유옥겸 兪鈺兼 ㊺186
유옥구 劉屋句 ⑤168 179
유완수 柳完秀 ㊳249
유외잡직 流外雜職 ⑭47 48 53 58 60
유외직 流外職 ㉓116 ㉕68 83
유우베츠기술 湧別技術 ②209
유우소 乳牛所 ㉑582
유우스식토기 夜臼式土器 ③565
유 운 柳雲 ㉘243
유운룡 柳雲龍 ㉘332
유운문 流雲文 ⑧346 ㉗586
유원 留院 ⑬97 420 ⑱230
유 원 柳睆 ㉗209
유원명 柳遠鳴 ㉜211 254
유원성 柳遠聲 ㊷44
유원식 劉瑗植 ㊾446
유원준 兪元濬 51435
『유원총보』『類苑叢寶』 ㉟193 332
유 은 劉隱 ⑫115
유음 有蔭 ㉕169 170 ㉞77
유응규 庾應圭 ⑮355 356 ⑱205 209 224 235
유응두 柳應斗 ㊼139
유응부 兪應孚 ㉒115
유응호 柳應浩 51108
유의 儒醫 ①329 ㉕373 374 ㉞81 ㊱6 207
유의 襦衣 ㉚504
유의손 柳義孫 ㉘149
유의양 柳義養 ㉝370
유의정 柳宜貞 ㉜274 276
유 이 柳貽 ㉖284
유이민 流移民 ㉕29~31 ㉝379 381
유 익 劉益 ⑳362 363
유인 遊人 ⑤197 198 200 201 203 ⑥233
유인궤 劉仁軌 ⑨40~42 44 62 65 268
유인석 柳麟錫 ①360 ㉟48 ㊳253 ㊶48 ㊷23 ㊸9 334 359 371 376 377 379 385 393 405 460 477~479 519 522 527 ㊺293 ㊻100 101 106 107 ㊼184 197~199 201 ㊽200 267 51221
유인숙 柳仁淑 ㉘200 201 ㉚13 15 43
유인식 柳寅植 51225 228 52160
유인원 劉仁願 ⑤140 ⑨36 39 41 44 50
유인저 柳仁著 ⑫236 248
유인준 柳寅俊 ⑱29
유일 遺逸 ①270 ⑬6 365 ㉓9 322 ㉕70 ㉚226
유일거(지)사 遺逸居(之)士 ㉓26 ㉘29 240 ㉚226
유일단 唯一團 51366
유일당(운동) 唯一黨(運動) ㊽168~170 174 176 179~181 186 189~191 194 311 ㊿267~269 278 294 304 305
유일당상해촉성회 唯一黨上海促成會 ㊽193
유일당촉성회 唯一黨促成會 ㊽184
유일독립당 唯一獨立黨 ㊽176 183 186

유일선 柳一宣 ㊺76 ㊻233
유일천거 遺逸薦擧 ㉚223
유일한 柳一韓 ㊼248 249
유임 儒任 ㉓307 ㉞37
유자 柚子 ㉗120 121
유자광 柳子光 ㉒135 ㉓50 ㉕134 ㉘180 185~187 189 191 237 253 254 256
유자량 庾資諒 ⑱218
유자례 遺子禮 ⑥241 ⑧445
유자명 柳子明 ㊽336 ㊿271 290 291 302 303 461
유장렬 柳璋烈 ㊼140 163
유장환 兪章煥 ㉜281
유재건 劉在健 ㊺267
유재헌 劉載獻 ㊾451
유재현 柳在(載)賢 ㊳8 23 349 389 390 401 402
유 적 兪迪 ㉓280
유전 儒戰 ㉞258
유전 儒錢 ㉓312
유점 鍮店 ①315 ㊱6 147 173 174 176
유점도감 楡岾都監 ⑭255 ⑯205
유점사 楡岾寺 ⑭255 ㉖250 264 ㉗480
「유점사사적기」「楡岾寺事蹟記」㉑338 339
유 정 劉綎 ⑮219 220 ㉙5 100 147 165 231 232
유정 惟政 ㉟127 153 ㉙52 103 132 176 185 ㉛398 400
유 정 劉正 ⑱156
유정근 兪政根 ㊽297 309
유정량 柳廷亮 ㉙289 290
유정선 柳挺先 ⑱48
유정수 柳正秀 ㊳85 112 ㊵170 ㊻15 306
유정익 柳廷益 ㉙298
유 제 劉齊 ⑫265
유제염전(식) 有堤鹽田式 ①274 ㉔377
유조법 流釣法 ㉝226
유존혁 劉存奕 ⑳252 254
유 종 柳宗 ⑮309 308
유종지 柳宗智 ㉘334
유주 幽州 ⑩25 117 120 121 ⑮237
유주 儒州 ⑫243 ⑲29 30
유주자사 幽州刺史 ⑤56 73 ⑥143 ⑧178
유주진전 有主陳田 ㉚413 414
유준근 柳濬根 ㊸394 ㊼139 339
유중교 柳重教 ㉜351 ㉟47 51~54 60 ㊳212 224 230 ㊸362 365 369 385 387
유중권 柳重權 ㊼346
유중림 柳重臨 ㉝43 44
유중악 柳重岳 ㉟51 53 54
유중영 柳仲郢 ㉘344
유즈노 우수리이스크 Iuzhno Ussuriisk ⑩ 200
유 즙 柳濈 ㉙287
유 지 劉摯 ㉚62
유지개 游知開 ㊲269 273 286
유지선 柳智善 ㉖183 184
유지원 劉知遠 ⑮226 230 281
유지호 柳止鎬 ㊸374
유 진 劉瑨 ⑫208 210 ⑮112 194
유진길 劉進吉 ㉞73 ㉟119
유진당병 留鎭唐兵 ⑨38 43
유진동 柳振仝 ㉚56
유진식 兪鎭植 ㊽346
유진억 兪鎭億 ㊷64
유진오 兪鎭午 52300 417
유진율 兪鎭律 ㊸170
유진장 留陣將 ㊱243 246 250 251 258 ~260 274
유진태 兪鎭泰 5136
유진한 柳振漢 ㉟564
유진희 兪鎭熙 ㊾83 85 369
유 집 柳楫 ㉙285 286
유집일 兪集一 ㉜350 354
유찬옥 柳贊玉 ㊾467
유창률 劉昌律 ㊼154
유창순 庾昌淳 ㊼140 163 164

ㅇ

유창환 兪昌煥 ㉟494
유처취처 有妻娶妻 ㉛219
유척기 兪拓基 ㉔623 ㉜62 63 75 ㉝199
유천궁 柳天弓 ⑪69 80 85 ⑫41
유천우 兪千遇 ⑱78 93 ⑳42
유천일건 柳川一件 ㉜433
야나가와 시게노부 柳川調信 ㉙37 131 175 ㉜422
유청군 有廳軍 ㉜138
유청신 柳淸臣 ⑲72 ⑳284
유총 惟寵 ⑫229
유춘만 柳春萬 ㊳280 282
『유충렬전』『劉忠烈傳』①505 ㉟418
유충정 劉忠正 ⑫209
『유취국사』『類聚國史』⑩2 27 35 42 43 45 159 160
유치경 兪致慶 ㊸377
유치명 柳致明 ㉜211 268 281
유치미 留置米 ㉚500 501 506 507 511 514 ㉜181
유치진 柳致眞 ㊿373 374 376 52369 370 373 376
유치환 柳致環 52302 313
유 탁 柳濯 ⑱245 ㉑177 191
유탄 油炭 ㉓290
유태기 兪泰基 ㉚162
유태홍 柳泰洪 ㊻209
유택수 柳澤秀 ㊽338
유토둔전 有土屯田 ㉚467
유토면세 有土免稅 ㉚460 ㉜172
유토전 有土田 ㉓310
유통경제 流通經濟 ㉟217
유판패총 油坂貝塚 ②307 451
유팽로 柳彭老 ㉙47~49 ㉚440
유 평 柳玶 ㉙285 286
유포 遊布 ㉜149 152
유포론 儒(遊)布論 ㉜129 132 134 136 147 155 307 331
유푼각전 有分各廛 ㉝318
유품조사 流品朝士 ㉛135
유품(직) 流品(職) ㉓99 107 ㉕72 ㉘43
유피 United Press ㊵57
유필 庾弼 ⑫274 ⑱160
유필영 柳必永 51225
유하시문 釉下施文 ㉗524 525
유학 幼學 ①317 ㉓284 296 297 302 307 321 345 ㉜136 ㉞16~18 25 34 51 53 ㊱23 36 ㊴234 239
『유학경위』『儒學經緯』㊵304 ㊻101
유학교수관 儒學敎授官 ㉓305 306
유학사상 儒學思想 ⑥102
유학생 留學生 ⑩3 38 110 186 225
유학생경비차관 留學生經費借款 ㊹33
유학생대회 留學生大會 ㊼278
유학재 儒學齋 ⑰2 27 28 30
유학전 幼學錢 ㉞19 ㊱50
유학주 兪鶴柱 ㊶389
유학호 幼學戶 ㊱37 50
유학호 儒學戶 ㉞16 22 23
유한곤 柳漢坤 ㉞20
유한우 劉旱雨 ㉗28 29 99 100
『유합』『類合』㉓316
유항검 柳恒儉 ㉟98 99 107 ㊻137
『유항선생시집』『柳巷先生詩集』㉗228
유 해 劉海 ㉙244~246 250~252 265 272
유향(층) 留鄕(層) ㉞36 ㊱70 140 264
유향분기 儒鄕分岐 ㉛61 ㉞36
유향사족 留鄕士族 ⑳48
유향선생안 留鄕先生案 ㊱216
유향소(향청) 留鄕所(鄕廳) ①267 268 294 303 304 ㉒131 132 141 ㉓4 5 14 22 25 26 31 125~127 153~155 178 183 ~189 193 304 337 ㉕67 115 144 ㉖50 ㉘9 100 140 152 159 160 173 182 186 213 245 265 268 273 276 279 347 350 ㉚2 211 223 237 ㉛1~3 14 20 22 23 25 29 30 32~38 41~43 54 56~59 61

64 75 77 80 81 ㉞171 188 189~191 195 196 224~227 229 230 235 ㊱140
유향소복립운동 留鄕所復立運動 ㉘210 244 269 ㉛122
「유향소작폐금방절목」「留鄕所作弊禁防節目」㉞229
유향전 油香田 ㉖237
유향층 儒鄕層 ㊹342
유향품관 留鄕品官 ㉓5 24~26 153 ㉘9 262 264 ㉚348 ㉛36 37 58 ㉞230
유향품관층 留鄕品官層 ⑳28
유 헌 劉憲 ⑥143
유 혁 柳赫 ⑫272
유혁로 柳赫魯 ㊳23 356 399 ㊵215 225 227 ㊷272
유혁연 柳赫然 ㉚98 101 112 156 283 ㊲132 136
유 현 劉賢 ㊽291 292 298
유현 儒賢 ㉞43
유형 流刑 ⑮179 198 204 215
유형기 柳瑩基 ㊿237 (51)253
유형원 柳馨遠 ①324 501 ㉚384 401 ㉛140 346 355 357 376 384 ㉜39 113 ㉝80 163 164 397 ㉞13 26 ㉟190 193 209 212 232 246 251~254 259 322 325 332 ㊲147
유호 遊戶 ㉞27
유호 儒戶 ㉞22 23 38 41
유호인 兪好仁 ㉘170 177 179 183
유호청년대회 留滬青年大會 ㊽152
유호한국독립운동자동맹 留滬韓國獨立運動者同盟 ㊽190 ㊿268 301
유 홍 兪泓 ㉙35 177
유 홍 柳洪 ⑫202 232 235 236 ⑮333
유홍기(대치) 劉鴻(洪)基(大致) ①338 341 ㉞67 ㊲3 10 92 97 100 101 105 114 117 119 121 278 ㊳2~5 15~17 19 22 23 28 53 54 63 88 89 119 337 352 354 355 357 ㊴233 ㊸124 ㊺205 ㊻115 122
유홍렬 劉鴻烈 ㊼307
유홍석 柳弘錫 ㊸369 ㊺150
유화실 柳花實 ㊸391
유화정책 宥和政策 ⑫53 62 65
유황 硫黃 ㉗233~235 251 ㉚544
유황감관 硫黃監官 ㉚569
유황광 硫黃鑛 ㉚564
유황군 硫黃軍 ㉚572 578 ㉜170
유황상 劉黃裳 ㉙84 86
유황점 硫黃店 ㉚569 577 ㉝185 191
유 회 柳灰 ㉚544
유회 儒會 ㉓305 ㉞224 ㊱70 360
유회군 儒會軍 ㊵141 ㊸394
유회소 儒會所 ㊴444
유후사 留後司 ㉓129 100 ㉔181
유후조 柳厚祚 ㊲108
유훈률 柳勳律 ⑰289
유흠동곡척 劉歆銅斛尺 ㉔616
유흥렴 柳興廉 ㊱347 348 366 368 372
유흥발 劉興發 ㉟377
유 희 柳僖 ㉟163 273 278 282 335
유희분 柳希奮 ㉙226 ㉚70 71
유희춘 柳希春 ㉓187 ㉘202 246 274 336 344 ㉚29
『육가잡영』『六家雜詠』㉟390
『육개항장』『六開港場』㊳116
『육경합부』『六經合部』㉗225
육고 肉庫 ⑧450
육괴 陸塊 ①41
육교시사 六橋詩社 ㊳355 357 ㊺320 325
육군곡료회사 陸軍穀料會社 ㊹194
육군법원 陸軍法院 ㊷58
육군사관학교 陸軍士官學校 ㊵35 ㊷54
육군습조 陸軍習操 ㉚507
육군연성학교 陸軍研成學校 ㊺142 (51)335
육군주만참의부 陸軍駐滿參議部 ㊽269
「육군특별지원병령」「陸軍特別志願兵令」(51)52 350

ㅇ

육군특별지원병제도 陸軍特別志願兵制度 ㊿65
「육군편제강령」「陸軍編制綱領」㊵276
육군학당 陸軍學堂 ㊼221
육군호산학교 陸軍戶山學校 ㊳23 94 98 111 156 353 358 366 368 375 384
6두품 六頭品 ①6 426 ⑥227 ⑦8 251 258 259 266~268 ⑨320 600 608 617 ⑪15 43 45 46 50~52 ⑫165 169 171 178 181
육려 六呂 ㉗405
6륜회 六輪會 ⑨412
육률 六律 ㉗405
육박 六博 ⑥246
육방 六房 ㊱287
육방녹사 六房錄事 ⑬47 73 74
『육방예경』『六方禮經』⑯267
육번도방 六番都房 ⑱5 177
육보 肉譜 ㉗439 ㉟586 587
육부 六部 ⑥171 ⑦4 6 7 29 41 245 247~253 257 258 264 266 269 ⑪13 49 ⑫147 ⑬1 2 9 27 35 41 46 153 154 ⑱209 226 ⑲16 18 24 27
6부소감전 六部少監典 ⑦229
6부체제 六部體制 ⑦249~251
육상 陸商 ⑭450~453 ㊹169
육상교통 陸上交通 ㉝359 378
육상궁 毓祥宮 ㉜177 189
육상산 陸象山 ㉟61
육상운송 陸上運送 ㉝255
6색장 六色掌 ⑬73 74 107 ⑲17 27
육수군 陸守軍 ㉓205 207 336 248
육십령 六十嶺 ㉚301
6·10만세운동 六·十萬歲運動 ①387 ㊺105 ㊾14 54 88 113~116 118 119 121~123 136~141 143 233 386 407 410 442
6·10학생운동 六·十學生運動 ㊾420 437 439 444 449 453
육십현 六十峴 ⑭452
육아일 六衙日 ㉓189
6안구 六眼龜 ⑦74
육약한 陸若漢 ㉜522
육연 六然 ⑭441 ⑲354
육염 陸鹽 ①274 ㉔372
육영공원 育英公院 ①462 ㊳191~193 ㊴119 ㊵187 250 ㊶283 ㊺3 20 23 36 154 155 ㊻28 228 230
「육영공원설학절목」「育英公院設學節目」㊳191 ㊴120
육영학교 育英學校 ㊸286 287
6예 六藝 ㉑422 515 516
육왕광리사 育王廣利寺 ⑯124
육운 陸運 ⑭415 416
육운론 陸運論 ㉔527
6위(제) 六衛制 ⑬4 9 271 281 283 288 317 322 327 ⑭464 ⑲284
육의 六義 ㉗288
육의전 六矣廛 ㉓44 ㉔121 122 126 129~132 134 137 139 141 144 147~152 155 ㉚520 521 523 530 ㉝210 317 337 ㉞76 ㊵10 241 275 292 ㊸90 ㊹181 192 198 204
6·25전쟁 六·二五戰爭 ①9 392 395
육일각 六一閣 ㉓282
육일무 六佾舞 ㉛587
『육자신주경』『六字神呪經』⑯116
육작제 鬻爵制 ⑲47
육장전 六長廛 ㉔130
육전상정소 六典詳定所 ㉒123 208
육전수찬색 六典修撰色 ㉒201
『육전조례』『六典條例』㉓359 ㉔618 623 ㉝159
육전진강서 六典進講書 ㉒202
6전체제 六典體制 ⑲21 23 45
6정 六停 ⑦94 101 202~205 208 216 ⑨182
육정산고분군 六頂山古墳群 ⑩2 7 28

51 167 207 211 217
육조낭관작회 六曹郞官作會 ㉚236
『육조단경』『六祖壇經』⑯76 173
『육조대사법보단경』『六祖大師法寶壇經』 ㉗221
육조직계제 六曹直啓制 ㉚208
6좌평 六佐平 ⑥31 32 91 92 96~98 107 168 173 178 220 229 231 237
육주비전 六注比廛 ㉔130
6진 六鎭 ①264
육침사찰 陸寢寺刹 ㉖271
육포 肉脯 ㉕329
육학 陸學 ㉑149 150 ㉘313
「육해군성령」「陸海軍省令」㊵102
육화석포 六火石砲 ⑳409
육회 六會 ㉟108
육 후 陸珝 ⑥83
윤가기 尹可基 ㉜245
윤가촌 尹家村 ③35 53 334 ④128 131
윤 개 尹漑 ㉘200 203 ㉚13 18
윤경교 尹敬教 ㉚357
윤경순 尹景純(慶淳) ㊳365
윤경완 尹景完 ㊳23 401
윤경천 尹擎天 ㊽208 242
윤경하 尹敬夏 ㊾454
윤 계 尹誡 ㉙155
윤계완 尹啓完 ㊳368
윤고라 尹高羅 ㊹391 ㊿409
윤 관 尹瓘 ①227 ⑫203 224 237~251 255 ⑬357 359 ⑭269 270 466 ⑮326 ⑱184 ⑳57
『윤관』『綸貫』㉖282
윤광석 尹光錫 ㊲158
윤군평 尹君平 ㉛407 408 ㉖299
윤규섭 尹奎燮 ㊴111 ㊶214
윤극영 尹克榮 ⑤258
윤근수 尹根壽 ㉙198 ㉚45 48 51
윤 급 尹汲 ㉜63
윤 기 尹頎 ⑰159
윤기동 尹耆東 ㉞72
윤기섭 尹琦燮 ㊼193~195 ㊽137 141 145 147 149 150 157 ㊿269 276 279 280 ㊾200
윤기성 尹基誠 ⑤308
윤기영 尹基寧 ⑤436 448
윤기정 尹基鼎 ㊾173 ⑤304 306 307 317
윤길병 尹吉炳 ㊶400
윤능효 尹能孝 ㊼245
윤다 允多 ⑪194 197 198
윤답법 輪畓法 ⑭319
윤대 輪對 ㉚235
윤대룡 尹大龍 ⑤379
윤덕배 尹德培 ㊼388
윤덕병 尹德炳 ㊾74 81 83
윤덕영 尹德榮 ⑤334
윤덕 영씨별장 尹德 榮氏別莊 ㊹492
윤덕준 尹德駿 ㉚272
윤덕희 尹德熙 ㉟443 465
윤돈구 尹敦求 ㊸82 ㊺236 241
윤돈인 尹敦仁 ㉚18
윤동주 尹東柱 ⑤257 ⑤301
윤동철 尹東喆 ㊼394
윤동형 尹東亨 ㉟585
윤두병 尹斗炳 ㊸89 92
윤두서 尹斗緖 ㉟441 443 465
윤두수 尹斗壽 ㉘331 ㉙32~34 77 86 102 109 150 170 177~180 191 200 ㉚24 41 45 48 51 ㉛374 ㉜44
윤락호 尹樂浩 ㊴414
윤린 允璘 ⑪32
윤 린 尹潾 ⑳192 195
윤 목 尹睦 ㉔126
윤 방 尹昉 ㉘337 ㉙249 250 275 292 ㉚74 84 95
윤백남 尹白南 ⑤366 369 373 ⑤377
윤백원 尹百源 ㉚37
윤병 尹秉 ㊸83 118 121 192

ㅇ

윤병구 尹炳求 ㊸52 58 59 ㊼238 239 247 253 263
윤병호 尹炳浩 (51)115
윤병후 尹炳厚 ㊼378
윤보선 尹潽善 (52)126
윤복영 尹復榮 (51)195
윤복창 尹復昌 ⑳197
윤봉구 尹鳳九 ㉜55 ㉟18 19 23 24 34
윤봉길 尹奉吉 ㊽3 9 10 12 345 346 349 ㊿6 8 275 278 282 344 375 376
윤봉길의거 尹奉吉義擧 ①387 ㊼218 219 ㊿279
윤봉춘 尹逢春 (51)370 375 (52)378
윤부길 尹富吉 (52)369
윤사균 尹士均 ㉕104 ㉘17
윤사로 尹師路 ㉕103 ㉘17
윤 상 尹祥 ㉘162 169 316
윤상구 尹相耈 ㊴107
윤상남 尹相南 (52)438
윤상도 尹尙度 ㉜266 271 277
윤상태 尹相泰 ㊼7 147～149
윤 서 尹西 ㉚95
윤서속묘지 尹敍續墓誌 ㉟511
윤 석 尹碩 ⑲73
윤석구 尹錫龜 (52)420
윤석봉 尹錫鳳 ㊸395 397
윤석영 尹錫永 ㉜265
윤석우 尹錫禹 ㊶37 42
윤 선 尹先 ⑫257
윤 선 尹瑄 ⑪66 161 ⑫28 45 ⑮255 257 264
윤선각 尹先覺 ㉙49
윤선거 尹宣擧 ㉚110 149 159 166～168 172 ㉜35 36 81 280 ㉟14
윤선도 尹善道 ㉚98 100 109 110～113 115 ㉛424 (51)124
「윤선왕래상해조선공도합약장정」「輪船往來上海朝鮮公道合約章程」㊹80
윤선초상국 輪船招商局 ㊹35 40 51
윤선학 尹善學 ㊳60 250 ㊺18
윤성덕 尹聖德 (51)308
윤성시 尹聖時 ㉚171
윤성운 尹聖運 ㊸341
윤세복 尹世復 ㊻217 218 221 ㊼213～314 (51)194 195 196
윤세유 尹世儒 ⑱65 154
윤세주 尹世柱 ㊿280
윤세주 尹世胄 ㊼359 ㊽350
윤세중 尹世重 (52)295
윤소종 尹紹宗 ⑲173 174 177 202 ⑳19 49
윤소훈 尹昭訓 ㉔417
윤송당 尹松堂 ㊾282 283
윤 수 尹秀 ⑯348 354 ⑲397
윤 순 尹淳 ㉟481 482 485
윤승서 尹承緖 ㉙154
윤승욱 尹承旭 (51)330 (52)339
윤승훈 尹承勳 ㉚46 584
윤시동 尹蓍東 ㉜76 84
윤시영 尹始永 ㊸121 122
윤신걸 尹莘傑 ⑫233
윤신지 尹新之 ㉙289 290 ㉟434
윤심덕 尹心悳 (51)308 309
윤씨가전고화첩 尹氏家傳古畵帖 ㉟442
윤안인 尹安仁 ㉘199
윤언민 尹彦旼 ⑫268
윤언이 尹彦頤 ⑩230 ⑫266 268 270 ⑯59 225 226 ⑰31 196 ㉑131
윤영관 尹泳觀 ㊳23 359
윤영균 尹永均 ㊾173
윤영무 尹永茂 ㊿458
윤영배 尹永配 ㊿327
윤영현 尹英賢 ㉙154
윤 용 尹榕 ㉟465
윤용구 尹用求 ㉟493 585 ㊵153 ㊶353 423㊼320 324 390 (51)233
윤용선 尹容善 ㊶350 353 355 356 359 368 ㊷46

윤웅 閏雄 ⑫28 34 45 54 62 126 130
윤웅렬 尹雄烈 ㊳23 42 308 349 382~384 387 ㊵262 268 ㊶42 97 179 ㊹340
윤원거 尹元擧 ㊸430
윤원로 尹元老 ㉚14 18
윤원형 尹元衡 ①295 ㉓337 ㉘83 117 200~203 256 257 ㉚14 18 24 ㉛199
윤 유 尹游 ㉜153
윤유일 尹有一 ㉟103 107 108 ㊻137
윤유중 尹惟中 ㉚157
윤은로 尹殷老 ㉘83 185
윤은보 尹殷輔 ㉘109 199 200
윤응선 尹膺善 ㉟46
윤의립 尹毅立 ㉛462 463
윤의중 尹毅中 ㉘331
윤이·이초의 옥(무고사건) 尹彛·李初의 獄(誣告事件) ⑲94 175 203 213 ㉒18 288
윤이상 尹伊桑 52366
윤익선 尹益善 ㊻203 204 ㊼340 51 69 187
윤 인 尹訒 ㉚70
윤인경 尹仁鏡 ㉘200 ㉚18
윤인보 尹仁甫 ㉒406
윤인서 尹仁恕 ㉚37
윤인첨 尹鱗瞻 ⑱30 49 205 208 222 224 226 241 ⑳58 81 85 86
윤인함 尹仁涵 ㉙181
윤일봉 尹一逢 52379
윤일파 尹一波 50332
윤 임 尹任 ㉘200 201 ㉚14 ㉛199
윤자승 尹滋承 ㉜473 ㊲84 255
윤자영 尹滋英 ㊼325 ㊾107 430
윤자운 尹子雲 ㉒70 132
윤자임 尹自任 ㉘197
윤자형 尹滋亨 ㊼158
윤작 輪作 ①75 ㉔449 ㉝48 ㉞109 ㊱124
윤 장 尹莊 ⑲393
윤재겸 尹在謙 ㉜250
윤 전 尹全 ⑫27 44
윤정구 尹定求 ㊶150
윤정기 尹廷琦 ㉟282
윤정석 尹晶錫 ㊹197
윤정원 尹貞媛 ㊹391
윤제 輪梯 ㊱252 253
윤제홍 尹濟弘 ㉜250
윤조 輪操 ㉚269
윤종억 尹鐘億 ㊴414
윤주신 尹柱莘 ㊴414
윤 증 尹拯 ㉘291 338 ㉚149 158 66 168 172 178 ㉛270 280 281 ㉜35 42 47 57 81 280 ㉟14 208
윤지선 尹趾善 ㉜45 145
윤지완 尹趾完 ㉚169 172 ㉜45 145
윤지이 尹志伊 ㊼222
윤지충 尹持忠 ㉜491 ㉞72 ㉟102 103 ㊱90
윤 질 尹質 ⑫50 ⑮275
윤 집 尹集 ㉙274 293
윤징고 尹徵古 ⑰149
윤창렬 尹昌烈 ㊾423
윤창석 尹昌錫 ㊼274 275 278 315
윤창식 尹昶植 ㊼153
윤춘년 尹春年 ㉚18 20
윤충 允忠 ⑥230 ⑨25
윤치겸 尹致謙 ㉜257
윤치성 尹致晟 ㊹196 197 ㊼163
윤치소 尹致昭 ㊻57
윤치영 尹致永 ㉜250 277
윤치영 尹致暎 52125 420
윤치오 尹致旿 ㊹196 197 386 ㊺235
윤치행 尹致行 ㉜249
윤치호 尹致昊 ㉟380 ㊳23 108 112 333 334 337 338 349 361 384 389 390 399 ㊴234 ㊵8 165 229 249 264~266 269 ㊶63 97 179 183 222 224 230 235 237 250 270 273 274 304 310 334 338 350 365 373 387 389 399 409~411 421 422

㊷23 227 ㊸92 193 207 212 213 243 244 248 284 294 326 337 340 344 348 ㊹195 481 ㊺71 76 148 207 215 216 ㊻15 41 42 56 57 163 174 208 ㊼158 320 ㊽110 ㊾359 424 ㊿87 303 334
『윤치호일기』『尹致昊日記』㊶387
윤치화 尹致和 ㊳167
윤칠영 尹七榮 ㊼345
윤 탁 尹鐸 ㉙47
윤탁연 尹卓然 ㉙182
윤태섭 尹泰燮 ㊾355
윤태준 尹泰駿 ㊳8 133 154 286 402 ㊴16
윤태흥 尹泰興 ㊶237
윤 택 尹澤 ⑳49
윤택영 尹澤榮 ㊹386
윤 포 尹誧 ㉑203
윤필상 尹弼商 ㉒119 137 140 142 ㉔247 ㉕103 104 ㉘185 186 188 190 191 193 254
윤하영 尹夏榮 ㊶352 365 388
윤 해 尹海 ㊼182 183 213 214 394 ㊽116 153 158 160 279 ㊿183
윤 해 尹諧 ⑳37
윤행복 尹行福 ㉜273
윤행임 尹行恁 ㉜78 90 241 245 247 270
윤행중 尹行重 ㊿139
윤 현 尹晛 ㉚46 49 51
윤 형 閏刑 ⑮199 201
윤형렬 尹亨烈 ㉜250
윤형수 尹亨洙 ㊾102
윤 호 尹虎 ⑲94
윤 호 尹壕 ㉒137 ㉔246 247 ㉘182 185
윤홍중 尹洪重 ㊼163
윤 환 尹桓 ⑲233 250 251 ⑳277
윤 황 尹煌 ㉚83 84
윤 회 尹淮 ㉒70 76
윤 회 尹會 ㉞20 28
윤회봉사 輪廻(回)奉祀 ①282 305 ㉕262 271 ㉛6 82 222~226 ㉞166
윤회사상 輪廻思想 ⑤51
윤회설 輪廻說 ㉖54
윤회전생사상 輪廻轉生思想 ⑦103
윤효민 尹孝敏 ⑰285
윤효선 尹孝先 ㉚70
윤효손 尹孝孫 ㉔246~248 ㉘188
윤효정 尹孝定 ㊶67 226 ㊸185 188 189 192 194 219 243 250 264 270 271 ㊹383 ㊺52 ㊻68
윤효중 尹孝重 ㊿330 ㊾339
윤후검 尹厚檢 ㊱242
윤 훤 尹暄 ㉙240 241
윤 휘 尹暉 ㉙226~228 231 278
윤 휴 尹鑴 ①306 322 ㉚101~103 105 110 113~115 154~157 167 284 ㉛7 89 182 184 270 280 288 ㉜60 137 138 140 307 406 408 ㉞213 ㉟14 31 35~37 186
윤흥 允興 ⑨290 604 ⑪34
윤희성 尹希聖 ㉘200
윤희순 尹姬順 ㊺150
윤희순 尹喜淳 ㊿329 ㊾333 336
율 律 ⑯62 66 77 ㉓357
율 栗 ⑤197
율객 律客 ①501
율곡 栗谷 ㉟19 25 58~61 64~70
『율곡사서언해』『栗谷四書諺解』㉟33
『율곡전서』『栗谷全書』㉟189 197
율곡학파 栗谷學派 ㉗296 ㉛268~270 278 281~286 ㉟14 52
율곡향약 栗谷鄕約 ㉛137
율과 律科 ⑰59 ㉓357 360 363 ㉕124 127 ㉞65
율관 律官 ㉕68 110 112 124 128 131
율관제작 律管製作 ㉗387 388 396 397 404
율도(밤섬) 栗島 ㊱162 163

『율려신서』『律呂新書』㉔623 ㉗406
율령 律令 ⑤5 7 53~55 58 72 156 204 215 217 ⑦4 93 95 243 249 251 252 262 264 ⑪2328 38
율령국가 律令國家 ⑦96 ⑨282
율령반포 律令頒布 ⑦260
율령정치 律令政治 ⑨31
율령제 律令(制) ⑥33 204 208 237
율리 栗里 ②312 406 443 522
율리바위그늘 栗里巖蔭 ②396 425
율리사지 8각5층석탑 栗里寺址八角五層石塔 ㉑389 393
율생 律生 ㉞99
율생도 律生徒 365
율업 律業 ⑫187 ⑬394 408
율자보 律字譜 ㉗434 435 437 438 ㉟554
율전고무공장파업 栗田고무工場罷業 ㊿195
율종 律宗 ⑥243
율포 栗浦 ㉙195
율포해전 栗浦海戰 ㉙62
율학 律學 ⑯124 ⑰50 ㉓35 50 296 297 348 360 ㉕124 125 135
율학생도 律學生徒 ㉕120 126 127
율학청 律學廳 ㉓360
융기 隆基 ⑩94 95
융복 戎服 ㉑570
융부 戎部 ⑩143 153
『융원필비』『戎垣必備』㉑213 ㉗263
융종 融宗 ⑨371
융천사 融天師 ⑨463
융철 融哲 ⑪186
융체 融諦 ⑪202
융희제 隆熙帝 ①360 361
융희학교 隆熙學校 ㊺82
융희호 隆熙號 ㊹103
윷놀이 擲柶戲 ㉑564 ㉛572
은 銀 ㉚581 583 585 588 590 592 ㉝207 457 471
은거문사 隱居文士 ⑱218~222 232 242 243 246 247
은결 隱結 ㉜23 163 179 291 294 295
은계종 隱繼宗 ⑫71
은대 銀臺 ⑬49
은대사 銀臺司 ⑬49
은대정 殷大靜 ㊴338
은둔지사 隱遁之士 ㉚226
은령총 銀鈴塚 ⑧351
은루(결) 隱漏(結) ㉜292 ㉞148
은루노비 隱漏奴婢 ㉛153 ㉞131 141
은루자 隱漏者 ㉚359
은면전 銀麵廛 ㊴181
은무역 銀貿易 ㉘116
은문 恩門 ⑬434 436
은병 銀瓶 ①237 254 ⑭17 448 449 467 468 ⑰131 ⑲11 407~414 ㉔172 173
은본위제 銀本位制 ㊵86 ㊹19
『은봉전서』『隱峰全書』㉙22
은사과 恩賜科 ⑰57
은사미(제) 恩賜米(制) ㉕98 ㉘37
은산금광 殷山金鑛 ㊶128 131 148 152 165 ㊹112 409
은상 殷相 ⑥230
은선리 3층석탑 隱仙里三層石塔 ㉑386
은성 銀城 ⑤133
「은세계」「銀世界」㊺311 358
은소 銀所 ⑭15 430 431 433 438
은솔 恩率 ⑥90
은술 殷述 ⑫38
은어 銀魚 ⑩163
은언군 恩彦君 ㉜245 248
은여결 隱餘結 ㉜164 178 179 183 190 191 364
은여결세 隱餘結稅 ㉜155 370
은율탈춤 殷栗탈춤 ㉟630 637 639
은일 隱逸 ㉓322
은일가사 隱逸歌辭 ㉗356
은일문학사상 隱逸文學思想 ⑯295
은일전 隱逸傳 ㉖130

은입사 銀入絲 ⑰9 303
은자무곡 銀子貿穀 ㉙142
은자무역 銀子貿易 ㊱219
「은자의 나라」「隱者의 나라」㊲60
은장 銀匠 ㉚572
은장차중전 隱藏次中箭 ㉗255 263
은전상준 銀錢相準 ㉝399 400
은점 銀店 ㉜69 ㉝126 186~191 192 197 200 206 458 459
은점군 銀店軍 ㉚575
은정 殷鼎 ⑰56 61
은제당초문합 銀製唐草文盒 ⑧257
은제요패 銀製腰佩 ⑧257
은제팔찌 銀製팔찌 ⑧257
은진 恩津 ㉓148 ㊴476
은천옹주 銀川翁主 ⑲386
은천현 銀川縣 ⑫178
은파장 銀波場 ㉚539 ㉝366
은표 銀標 ㊳182
은해사 銀海寺 ㉗481 ㉟139
은해사거조암영산전 銀海寺居祖庵靈山殿 ㉑375 380
「은행등자금운용령」「銀行等資金運用令」㊿16
「은행령」「銀行令」㊼80 ㊽91 92
은허 殷墟 ③51 296 297
은호 銀戶 ⑭433
은호 銀號 ㊹33
은화 銀貨 ㉔175 186 ㉝398
을과 乙科 ㉓327 328 350
『을묘년화첩』『乙卯年畵帖』㉞87
을묘사변 乙卯事變 ㉓354
을묘사정 乙卯査正 ㉜127
을묘실포사건 乙卯失捕事件 ㉟107
을묘왜란 乙卯倭亂 ㉓245
을묘왜변 乙卯倭變 ①294 ㉒393 ㉘134 ㉙16 57 58 60 71
을미교육개혁 乙未敎育改革 ㊺35 45 50 53 55
을미사변 乙未事變 ①350 351 353 365 379 384 ㊷17 20 165 ㊸9 113 361 362 365~368 519 ㊺37 40 43
을미왜란 乙未倭亂 ㊸426 429
을미왜변 乙未倭變 ㉚331
을미의병 乙未義兵 ①351 ㉟62 ㊶42 ㊸360 382 383 385~387 392 393 398 399 405~407 439 490 496 515 522 ㊻106 (51)221
을미의숙 乙未義塾 ㊺70
「을미훼복시입언」「乙未毁服時立言」㊸360
을병대기근 乙丙大饑饉 ㉚371 372 ㊱31 40
을불 乙弗 ⑤38 207
을사늑약 乙巳勒約 ①358 360 366 376 379 384 ㊺293 ㊽317
『을사대전』『乙巳大典』㉓58 337
을사반옥 乙巳反獄 ㊱192 195 204
을사사화 乙巳士禍 ①295 ㉖299 ㉘7 200 202 257 349 ㉚42 215 ㉛199
을사삭훈 乙巳削勳 ㉚47
을사신원 乙巳伸寃 ㉚43
을사오적 乙巳五賊 ㊷236 ㊸5 92 188 309 325 ㊽323
을사의병 乙巳義兵 ㊸382 385 393 405 ~408
을사(보호)조약 乙巳(保護)條約 ㊳227 ㊷266 323 ㊸4 5 7 9 51 54 56 60 61 64 67 68 87 88 91~96 135 155 167 181 182 188 193 198 235~239 250 278 279 288 299 302 307~310 381 383 385 393 399 402 405 429 439 445 514 515 520 523 ㊹47 ㊺51 69 72 78 88 89 124 125 147 ㊻59 77 78 88 196 ㊼9 11 50 242 250 392
을사처분 乙巳處分 ㉜160
을사환국 乙巳換局 ㉚149 173 174 177 179 ㉛109 ㉜152
을음 乙音 ⑥29 230

을제 乙祭 ⑨126
을지문덕 乙支文德 ⑤120 121 123 ⑧94 ⑨469
『을지문덕』『乙支文德』㊺281 313
『을지문덕전』『乙支文德傳』㊸322 ㊺112 115
을파소 乙巴素 ⑤37 156 171
을해교난 乙亥教難 ㉟116
을해당론 乙亥黨論 ㉚48 59 65
을해옥사 乙亥獄事 ㉜58 61 62
「을해유기아수양법」「乙亥遺棄兒收養法」㊱164
을해자 乙亥字 ㉖125 137 ㉗221 573
을해정식 乙亥定式 ㉚457 469 ㊱32
음각 陰刻 ㉗524 525
음관 蔭官 ㉓345 346 ㉞69 83
음광 飮光 ⑪196
음담패설 淫談悖說 ㉗364
음독 音讀 ⑧136
음려 陰呂 ㉗402 405
음력설 陰曆설 ⑸393
음모 陰牟 ⑤193
음보 蔭補 ⑫198
『음빙록』『飮氷錄』㉜415
『음빙실문집』『飮氷室文集』㊸244 246 291 ㊺5 115 204 208~210 217 218 ㊻106
음사 淫祀 ①287 328 ㉒139 ㉓179 189 ㉖30 32 212 213 220 230 231 ㉘245 ㉛70 171 231 232 588 ㉞244 ㉟169
음사 淫祠 ㉘165 ㉛572 ㊱4 52 54 64
음사 蔭仕 ㉓345
음사례 飮射禮 ㉛598
음산 陰山 ⑮242
음서제(도) 蔭叙制(度) ①241 ⑫8 180 181 183 184 195 196 197 198 225 ⑬6 365 437 439 441 ⑮22 23 42 117 ⑲42 91 111 113 ㉓9 20 35 48 319 325 ㉕62 97 105 ㉚224 ㉞61
음성모음 陰性母音 ㉗378
음성서 音聲署 ⑧376 ⑨606 607 610 612 613
음소문자 音素文字 ㉗372 375
음악가단체대회 音樂家團體大會 ㊾345
음악가의 집 音樂家의 집 ㊾360
음악기학 音樂氣學 ㊺321
음악문화 音樂文化 ⑨600
음악회 音樂會 ㊾309
음양가 陰陽家 ⑯327
음양과 陰陽科 ㉓297 357 361 363 ㉕70 124 127 ㉗51
음양방위론 陰陽方位論 307
음양보비설 陰陽補裨說 ㉟311
음양산정도감 陰陽刪定都監 ㉗446
음양설 陰陽說 ⑯250 352
음양오행 陰陽五行 ㉗20
음양오행설 陰陽五行說 ⑫93 160 166 169 ⑯280 303 306 307 319 ㉑331 ㊲132
음양풍수학 陰陽風水學 ㉕124
음양학 陰陽學 ㉓296 297 361 ㉕124 125
음영법 陰影法 ㉛470 472
음영성정 吟咏性情 ㉗295 302 305 307 308 312 314
음운변화 音韻變化 ㉗382
음운체계 音韻體系 ㉗375
음운학 音韻學 ㉛363~365
음자제 蔭子弟 ㉓367 ㉕72~74 79 127 141
음절문자 音節文字 ㉗372
『음정교본』『音程教本』⑸302
음즙벌국 音汁伐國 ⑦300 320
음직 蔭職 ⑫196 197 236 ⑭223 387 ㉞52
음택풍수 陰宅風水 ⑯317 323 ㉑168 169 171 ㉟311
읍군 邑君 ④281 ⑥29
읍권 邑權 ㉞265

ㅇ

읍내리벽화고분 邑內里壁畵古墳 ⑧202
읍내장 邑內場 ㉚539 ㉝366 477
읍락 邑落 ①126 198 ④206 207 267 268 ⑤168 ⑥185 ⑦40 293
읍락공동체 邑落共同體 ①202
읍락국가 邑落國家 ①4
읍루 挹婁 ④6 125 149 170 178 209 ⑧147 148 ⑩46
읍루족 挹婁族 ④209 221
읍륵 邑勒 ⑦94
읍리 邑吏 ①268 ㉓126 153 155 156
읍리전 邑吏田 ㉓139 156
읍사 邑司 ①224 ㉓177 178 ㉘144 157 160
읍성 邑城 ①326 ⑨599 ㉗453 455~457 459 ㉘131
읍소 邑訴 ㊱341
읍안 邑案 ㊱224
읍장 邑長 ⑥29
읍제국가 邑制國家 ④14 ③51
읍중회 邑中會 ㉛127
읍지 邑誌 ①258 324
읍징 邑徵 ㉜288
읍차 邑借 ④35 268
읍창색 邑倉色 ㉞193
읍폐교구 邑弊矯捄 ㊱335 372
읍회 邑會 ㊱308 310
응교 應敎 ⑱169
응기산성 龍起山城 ㉙185
응렴 膺廉 ⑪34
응방 鷹坊 ⑧392 ⑲87 131 230 235 244 395 ⑳284 ㉑229
응방진상 鷹坊進上 ㉔469
응보율 應報律 ⑤218
응봉봉수대 應峰烽燧臺 ㉔541
응상백 凝霜白 ㉔573
응세조직 應稅組織 ㉞272 273
응신(오우진)천황 應神天皇 ⑦288
응양위 鷹揚衛 ㉓199 202
응역호 應役戶 ㉜120 130
응영의 난 應永의 亂 ㉒264
응운공여 應雲空如 ㉟151
응인 鷹人 ㉔471
응인의 난 應仁의 亂 ㉒268 269 402 407 ㉘119 ㉙17
『응제시(주)』『應製詩(註)』④49 73 76 ㉖111 114 116
응지농정소 應旨農政疏 ㉜333
응지민은소 應旨民隱疏 ㉜86 324
응지삼정소 應旨三政疏 ㉜337 341
응지상소 應旨上疏 ㉜338 ㉜342
응지(진)농서 應旨(進)農書 ㉜87 324
의각(성원) 犄角聲援 ㉙226 233
의각지책 犄角之策 ㉙226
의경왕 懿敬王 ㉒136
의계 義契 ㊴264
의고주의 擬古主義 ㉟438
의곡 義穀 ㉙135
의과 醫科 ㉓357 363 ㉕70 124 127 ㉞65
『의과방목』『醫科榜目』㉟344
의관 醫官 ⑮293 ㉕68 110 112 119 120 123 124 128 131 132 ㉞75 78 80 83
의관 義寬 ⑪20
의관수령 醫官守令 ㉞83
의관제 衣冠制 ⑦98 260
의광 義光 ⑨40
의국 醫國 ㉞81
의군 義軍 ㉛72 ㉟55
의군부 義軍府 ㊽223 337
의궤도 儀軌圖 ㉛469
의금부 義禁府 ㉒93 ㉓29 60 75 101
의금사 義禁司 ㊵200
의기 儀器 ②513 ③537 ⑧262
의기 醫妓 ㉕376
의기류 儀器類 ③456
의기사 義妓祠 ㊸374
『의기집설』『儀器輯說』㉟359
의녀 醫女 ㉕11 200~203 219 370 372

375 376 384
의녀보 醫女保 ㉜171
의녀훈도관 醫女訓導官 ㉕375
의능 義能 ㉙69
의도법어미 意圖法語尾 ㉗381
의랑 議郞 ⑱169 ㉓58
의려 義旅 ㊵184 209
의려제도 義旅制度 ㊳211 253
의령 宜寧 ⑨587
『의례』『儀禮』⑬399 ㉚99 100 102 104 106 108 117 ㉛6 174 180 182 184 190 ~193 ㉜33
『의례경전통해』『儀禮經傳通解』㉗401 402 405~407 434 ㉘345 ㉛174 180 192 ~195 ㉟34
의례상정별감 儀禮詳定別監 ㉖242
의례상정소 儀禮詳定所 ①286 ㉒72 73 ㉖5 25 ㉗398 409 ㉛171
의례음식 儀禮飮食 ㉑576 ㉕332
『의례주소』『儀禮注疏』㉚103 ㉟31
「의례준칙」「儀禮準則」㊿389
의례회감 依例會減 ㉚501 507 508
의료 宜僚 ⑥247
의료 醫療 ㉗159
의료선교사 醫療宣敎師 ㊹394
의료정책 醫療政策 ⑮153 157 161
의류촌 意流村 ⑥38
『의림촬요』『醫林撮要』㉗118 138 141 148
의망 擬望 ㉚4
의무교육령 義務敎育令 ㊺44
의무교육(제도) 義務敎育制度 ㊳194 ㊸203 222 254 280 292 293 ㊿52
의무국 醫務局 ㊷57
의무소방대 義務消防隊 ㊼127
『의문정요』『醫門精要』㉗140 141
의민단 義民團 ㊽200 223
의박사 醫博士 ⑥157 220 232 ⑦145 ⑧ 412 414 478 ⑮58
『의방요록』『醫方要錄』㉗5 111 112 129 ~136 139~141 144 149 157
『의방유취』『醫方類聚』①289 ㉒75 ㉕ 372 379 380
『의방유취채집본』『醫方類聚採集本』㉗135
『의방휘편』『醫方彙編』㊻280
의병가 義兵歌 ㊺153
의병군문 義兵軍門 ㊱204
의병봉기 義兵蜂起 ㊶179
의병운동 義兵運動 ㊶48 97 ㊼192 197 199 352
의병장 義兵將 ㊱253 261 ㊼137 138
의병전쟁(투쟁) 義兵戰爭(鬪爭) ①359 361~363 365 380 384 ㊺37 ㊻207 220 ㊼6 32 128 133 134 136 141 178 242
의본 義本 ⑨483
의봉루 儀鳳樓 ⑯154
의부 義部 ⑩143 153
의빈계 儀賓階 ㉓114 117 118 121 ㉕81
의빈부 儀賓府 ㉓59 60 78
의사 醫司 ㉕381 383
의사 醫師 ⑮160
의사사 意俟奢 ⑤160
의사원 議事員 ㊴405
「의산문답」「毉山問答」㉟318 368
의상 儀象 ㉗87
의상 義湘(相) ①442 ⑨9 58 373 381 414 416 443 566 600 ⑪179 180 181 216 ⑯29 31 33 36 50 67 69 ⑰236
『의상지』『儀象志』㉟358
의생 醫生 ㉕126 131 364 373 385 ㉚492
의생방 醫生房 ㉕375
의서 醫書 ㉑225
의서습독관제 醫書習讀官制 ㉕372
의서습독법 醫書習讀法 ㉕374
의성 義城 ⑦52 ⑨549 ⑪112 114
의성고 義成庫 ㉓82
의성단 義成團 ㊽200 282 338
의성창 義成倉 ⑲385

의성회 義成會 ㊼240
의송 議送 ㊱66
의순고 義順庫 ㉓90
의순관 義順館 ㉙34
의습선 衣褶線 ㉛457
의승군 義僧軍 ㉙138 283 288 ㉛387 393 397~399 ㉟154 155
의승방번전 義僧防番錢 ㉟159
의신회사 義信會社 ㊴178
『의심방』『醫心方』⑧414 426 478 ⑨435
의안 義安 ⑨414 ⑭44 431 ⑲354
의안 議案 ㊹418
의안토 義安土 ⑯207
『의약론』『醫藥論』㉕373
의약활인법 醫藥活人法 ㉕371 373
의엄 義嚴 ㉙113 185
의업 醫業 ⑫186 ⑬296 394 408 ⑰121 122 ⑱183 ⑳46
의연 義淵 ⑧52
의연금 義捐金 ㊵84
의열단 義烈團 ㊼166 ㊽3 181~184 191 193 325 332~335 343 353 ㊿267 271 ~274 279 282 288 305 344 453
의열단고문 義烈團顧問 51224
「의열단선언」「義烈團宣言」㊽182
의열투쟁 義烈鬪爭 ㊸156 ㊽6~9 13 318 321~323 326 329 332 340 350~ 355
『의열투쟁사』『義烈鬪爭史』㊽8
의염(법) 義鹽(法) ㉔362 365 367 371 380
의염색 義鹽色 ㉔365~368 370 371 380
의영 義英 ⑪21
의영고 義盈庫 ㉓68 85 ㉔426 427
『의옥집』『疑獄集』⑰126
의용단 義勇團 ㊼389 ㊽326 331 ㊾370 ㊿267
의용대 義勇隊 ㉚244
의용병 義勇兵 ㊵140
의용순금사 義勇巡禁司 ㉓75 204
의용승군 義勇僧軍 51204
의용위 義勇衛 ㉓252
의용위진무소 義勇衛鎭撫所 ㉓252
의용함대 義勇艦隊 ㊹100
의용훈련대 義勇訓練隊 ㊼253
의원 醫員 ㉕131 381
의원 醫院 ㉓300 ㉕371 383 385
『의유당관북유람일기』『意幽堂關北遊覽日記』㉟426
의자왕 義慈王 ⑥99 102 105 109 160 199 ⑨36
『의자집』『義字集』㉗304
의장 義莊 ⑫230 256 257
의장대 儀仗隊 ⑱180
의장위 儀仗衛 ㉓220
의적 義寂 ⑨189 368 391 392 397 400 401 408 ⑯43 63
의적 義賊 ㊱168
의정 義淨 ⑨323
의정 誼靖 ⑪28 34
의정부 議政府 ①267 ㉒37 52 81 111 112 121 ㉕89 117 137 139 204 ㉘2 22 ~24 ㊵187 189 216 236 284 285
의정부 관제 議政府 官制 ㊵167 168 285 ㊷309 ㊹337
의정부 서사제 議政府 署事制 ㉒54 57 81 86 87 111 117 133 ㉓2 28 60 ㉘25 ㉚208
의정부의의 議政府擬議 ㉒57 58 82
의정안 議定案 ㊹334 337
의정왕 議政王 ㊲179
의종 毅宗 ⑱1 7 18 19~21 23 25 29 30 37 38 41 42 52 57 80~82 146 147 199~201 205 208 215~218 221~225 229 235~237 ㉙268
『의종손익』『醫宗損益』㉗149
『의종실록』『毅宗實錄』㉑351 355 356
의주 義州 ⑮367 ⑲402 ⑳87 95 166 168 319 ㉘118 123 126 ㉚537 ㉜399 ㉝382~384 440 454 ㊳130
의주개시 義州開市 ㉙257

의주보산합자회사 義州保產合資會社 ㊹190
의주상인 義州商人 ㉝9 350 351 454~460
의주성 義州城 ㉗458
의주전선(서로전선) 義州電線(西路電線) ㊹123
의주전선조약 義州電線條約 ㊴27 42
「의주전선합동」「義州電線合同」㊶137 159 ㊹228
「의주지도」「義州地圖」㉖176
의주행성 義州行城 ㉒182 184
의창 義倉 ⑫146 212 ⑭140 209 471 ⑮155 161~165 ㉒104 105 ㉔365 366 368 436 472 474 ㉕11 360 368 369 ㉝137
의창곡 義倉穀 ⑮163 ㉓272 274 ㉕359 360 368 ㉘354
의창미 義倉米 ⑭71 74 140~142 144 208
의창조 義倉租 ⑭237
의책 衣幘 ⑤25 28
의천 議薦 ㉚4 129 131 ㊱229
『의천록』『義天錄』⑯125
의천파 義天派 ⑯49~51
의취적 義嘴笛 ⑧378
의통 義通 ⑯40 42 43 63
의학 醫學 ⑨415 434 ⑮160 ⑰51 125 128 ㉓296 297 299 300 348 360 361 363 ㉕124 125 131 384
「의학교관제」「醫學校官制」㊵305 ㊻295
의학교수 醫學敎授 ㉕126 371 380
의학교육 醫學敎育 ㉕11 373 376 382
의학박사 醫學博士 ⑫152 153 ⑬163 ⑮159 160 172 ⑰73
의학생도 醫學生徒 ㉕120 127 131 380
의학서적 醫學書籍 ⑰125
의학원 醫學院 ⑮159 171 ⑰125 ㉓360 ㉕12 374 381 384
『의학입문』『醫學入門』㉗141 142 147 148
『의학정전』『醫學正傳』㉗141 148
의학제거사 醫學提擧司 ⑳271
의협투쟁 義俠鬪爭 ㊼166 167
의형대 義刑臺 ⑫120 ⑬10
『의형이람』『議刑易覽』㉒215
의화단 義和團 ㊷60 175 180 196
의화단사건 義和團事件 ㊸25 ㊹302
의화단운동 義和團運動 ㊵89 90 92
의화왕후 義和王后 ⑫80
의회당 議會堂 ㊱267 269 270
의회설립론 議會設立論 ㊳74
『의회통용규칙』『議會通用規則』㊶363
의훈 嶷勛 ⑪32 33
의흥부 義興府 ㉓69 74 251
의흥삼군부 義興三軍府 ㉓6 32 58 60 63 70 71 74 202 248 253 255 348
의흥시위사 義興侍衛司 ㉓202
의흥위 義興衛 ㉒122 135 ㉓32 74 94 95 215 232 ㉜122
의흥친군위 義興親軍衛 ㉓6 7 104 199 ~202
의흥학교 義興學校 ㊸287
『이 온 글의 잡이』㊺254
이가노 李家奴 ⑳338
이가우 李嘉愚 ㉜241
이가환 李家煥 ㉜90 246
이가환 李嘉煥 ㉟335
이 각 李珏 ㉙28
이 간 李侃 ㉙155
이 간 李柬 ㉛270 ㉟18 19 22 24
이갈예(니갈례) 尼噶禮 ㉜403
이 갑 李甲 ㊸244 330 ㊼198 200 206 208
이 갑 李鉀 51112
이갑규 李甲圭 ㉝177 178
이갑성 李甲成 ㊼322 324 326 331~333 ㊽110 ㊾146
이갑장 李甲長 ㊼400
이 강 李剛 ㊸170 330 ㊼200 205~207 243~245 258
이강국 李康國 52102 191 394

이강년 李康秊 ①360 ㊶48 ㊷285 ㊸371 376 382 389 392 399 418 423 460 ~ 466 469 480~484 488~520 522 523 534 ㊼140
이강래 李康來 (51)112 115
이강렬 李康烈 (52)347
이강현 李康現 ㊼153
이강호 李康鎬 ㊸146
이강훈 李康勳 ㊽348
이 개 李塏 ㉒70 78 113 115 ㉘188
이거사족 移居士族 ㉞174
이거이 李居易 ㉒39 41
이거정 李居正 ⑩180 187 191
이건명 李健命 ㉚170~174 176 ㉜129 150 151 160 307 523 ㉞68
이건방 李建芳 ㉟80 81 (51)225
이건석 李建奭 ㊸133
이건수 李建洙 ㊻68
이건승 李建昇 ㉟81
이건영 李建英 ㊳23 ㊴452
이건용 李建鎔 ㊸400
이건우 李建雨 (52)342
이건창 李建昌 ㉟80 81 83 ㊸366 ㊻110
이건필 李健弼 ㊱321
이건하 李乾夏 ㊸89
이건호 李建鎬 ㊶235 324 337 354 365 366 370 388 422 425
이걸소 李傑笑 (52)159 160
이견대 利見臺 ⑧376
이겸의 李謙宜 ⑫170 177 179 ⑮271 331
이겸제 李謙濟 ㊸426
이 경 李慶 ㉙283
이 경 李坰 ㉙289
이경 犁耕 ⑤5 35
이경래 李京來 ㊱96 105 108 135 345
이경량 李景良 ㉛496
이경민 李慶民 ㊺267 320
이경방 李經芳 ㊴57
이경산 李景山 ㊿280
이경석 李景奭 ㉙295 ㉚90 106 114 486 ㉛331 ㉜134 399
이경선 李景仙 ㊿195
이경선 李慶善 ㊿301
이경섭 李景燮 ㊼331
이경손 李慶孫 (51)370
이경숙 李慶淑 ㊹387
이경순 李景純 ㊲157
이경신 李敬臣 ㉜223 250 264
이경엄 李景嚴 ㉚486
이경여 李敬輿 ㉚125
이경유 李景儒 ⑱50 59 135
이경윤 李景允 ㊿207
이경윤 李慶胤 ①492 ㉛447 456~459 467 472 476 ㉟456
이경일 李敬一 ㉜239 334
이경일 李京日 ㊽337
이경재 李景在 ㉜276
이경전 李慶全 ㉘331 ㉚70
이경중 李敬中 ㉚48
이경직 李耕稙 ㊴289 290 ㊶36
이경직 李景稷 ㉙249 275 277 ㉚82
이경직 李敬直 ⑱30
이경창 李慶昌 ㉟349
이경채 李景采 ㊾454
이경춘 李慶春 ㊿256
이경팔 李璟八 (52)367
이경필 李景泌 ⑫229 231
이경하 李景夏 ㊲157 169 170 192
이경함 李慶涵 ㉙144
이경호 李璟鎬 ㊴333
이경휘 李慶徽 ㉜132
이계당 二闕幢 ⑦207 ⑨143
이계동 李季仝 ㉘186
이계동 李啓東 ㊿349
이계랑 李桂娘 ㉗354
이계련 李繼璉 ㉙52
이계맹 李繼孟 ㉘176 177 179 183 190 193

이계열 李啓烈 ㊱308 309
이계원 李繼元 ㉙230
이계장 李桂長 ⑱232
이계전 李季甸 ㉒70 ㉔367 370 378 379 ㉘20
이계필 李啓弼 ㊶206 216
이계환 李繼煥 ㊲158
이 고 李高 ⑱18 19~23 25~28 126 147 200 ⑳65
이 곡 李穀 ⑫190 ⑯253 297 ⑰80 ⑱12 ⑲114 164 169 209 384 ⑳47 277 294 300 ㉑253 352
이곡리유적 梨谷里遺蹟 ③344 358 396 464
이곤양 李昆陽 ㊴336
이 공 李龔 ⑰151
이공린 李公麟 ㉑427
이공수 李公壽 ⑫255
이공수 李公遂 ⑳277 337
이공승 李公升 ⑫179 276 ⑱82 148
이공의 李公儀 ⑫256
이공주 李公柱 ⑱75 78 87 102 103 106 129 145
이과 吏科 ㉓26 297 347 357 358 ㉕70 138
이 곽 李礭 ㉙169
이관구 李觀求 ㊼163 164 166 ㊿87
이관명 李觀命 ㉚174 175
이관묵 李觀默 ㊼240
이관수 李寬洙 ㊽187 192
이관술 李觀述 ㊿140 217
이관영 李觀榮 ㊴434 435
이관용 李灌鎔 ㊼235 236 ㊽125 ㊾157 469
이관의 李寬義 ㉖69 71
이관일 李貫一 ㊽304
『이관잡지』『二官雜志』㉟564
이관희 李觀熙 ㊻245
이괄 李适 ㉜70
이괄의 (반)란 李适의 (叛)亂 ㉙166 238 259 261 ㉚243 247 261 271 ㉛147 203 ㉟194
이 광 李光 ⑲192 193 ⑳108 ㊼314 ㊽118
이 광 李洸 ㉙31 39 47 49 157
이 광 李珖 52102
이 광 李廣 ⑳234 238
이광려 李匡呂 ㉟80 278
이광록 李匡祿 ⑩91
이광명 李匡明 ①322 ㉟79 399
이광민 李光民 ㊽304
이광사 李匡師 ①322 ㉟79 80 278 481 483 ㊲147
이광산 李光山 ㊿362
이광수 李光洙 ①370 428 463 ㊺74 291 292 294 305 308 ㊻255 ㊼11 217 220 273 275 277 278 280 314 316 ㊽2 111 117 118 147 170 ㊾20 52 53 142 219 288 428 ㊿237 257 ㉛28 71 72 76 93 117 254 257 371 375
이광실 李光實 ⑱8 153 ⑳122
이광악 李光岳 ㉙36 81 124
이광우 李光雨 ㊾467
이광정 李光庭 ㉜416 522
이광정 李光挺 ⑱21 25 26 32 34
이광제 李光濟 ㊿282 304 446
이광좌 李光佐 ㉚173~175 ㉜60 151 152 154 160 412
이광춘 李光春 ㊾458
이광필 李光弼 ⑰287 ㉑421
이광하 李匡夏 ㊹394
이교 吏校 ㉕123 154 ㊹344
이교담 李交倓 ㊼238
이교석 李教奭 ㊸364
이교성 李教成 ㊽230
이교영 李喬永 ㊼308
이교원 李教元 ㊽313
이교혁 李喬赫 ㊷70

이 구 李玖 ㉙237 246 247 250
이 구 李球 ㉘330
이 구 李九 ㊹397
이 구 李龜 ㉙154
이구영 李龜永 ㉛375 ㊷378
이구재 李求載 ㊸474 475
이구준 李求準 ㊼375
이구훈 李龜壎 ㊷148
이국변민 利國便民 ㊸273
이국선 異國船 ㊲61
이국전 李國銓 ㉛330
2군 二軍 ⑬4 271 281 284 285 287 292
이군색 二軍色 ㉔553 ㉜133
2군 6위 二軍六衛 ⑫4 49~51 54 58 60 ⑬4 5 271 281 286 303 312 ⑱184 195
이궁 二弓 ⑦207
이궁제 李弓濟 ⑫237
이궁조성도감 離宮造成都監 ㉔211 212
이 권 李權 ⑳402
이권제 李權濟 ㊼139
이 귀 李貴 ㉘85 337 ㉙185 245 249 ㉚72 78 81 82 135 271 281 282 ㉜122
이귀기천 理貴氣賤 ㉘327
이규갑 李奎甲 ㊼333 ㊽108 111 112 116 117 120 123
이규경 李圭景 ①135 325 336 448 ㉝79 178 180 214 ㉟82 165 168 193 215 252 253 279 334 373 374 514 563
이규동 李圭東 ㊽349
이규방 李奎昉 ㉛100
이규보 李奎報 ⑧165 ⑭153 155 157 167 169 171 280 324 344 ⑮80 89 378 ⑯104 158 172 335 344 345 355 365 ⑰65 77 158 162 185 197 200 204 290 ⑱11 12 88 172 222 227 230 231 233 ~235 244 245 ⑲38 39 390 ⑳32 40 111 201 ㉑19 81 112 176 178 188 254 258 291 292 298 299 301 330 345 361 419 437 472 510 ㉖109 ㉛377
이규보 李奎輔 ㊿344
이규봉 李圭鳳 ㊷102
이규상 李奎象 ㉟455
이규상 李揆祥 ㉛328 ㊷331 332
이규석 李圭錫 ㊸386
이규설 李奎卨 ㉛370
이규성 李奎星 ㊿315
이규송 李奎宋 ㊼326
이규송 李奎松 ㊾90
이규연 李奎連 ㊸456
이규영 李奎榮 ㉛104 106 109
이규완 李圭完 ㊳23 359 366 ㊵215 225~227 229 ㊷272
이규운 李奎運 ㊱105
이규위 李奎緯 ㊱220 222
이규철 李圭徹 ㊲157 170
이규태 李圭泰 ㊴394 402 458 460 470
이규현 李奎鉉 ㉜242
이규홍 李圭洪 ㊽180
이규홍 李奎泓 ㊶42
이규홍 李奎洪 ㊸454~458
이규환 李圭桓 ㊻232
이규환 李奎煥 ㉛375
이그나티에프 N. P. Ignatiev ㊴71
이극경 李克敬 ㉚565 573
이극돈 李克墩 ㉖153 ㉘185~188 191
이극로 李克魯 ㊿239 ㉛101 105 110 115 194 ㊷196 197 199 204 208 214 216
이극배 李克培 ㉒137 ㉔247 ㉘186
이극인 李克仁 ⑱172 182
이근동 李根東 ㊼160
이근락 李根樂 ㊷355
이근명 李根命 ㊷44 ㊸5 88 90~92
이근배 李根培 ㊶214 ㊹196 384 ㊻274
이근상 李根湘 ㊹383
이근수 李根洙 ㊽329
이근영 李根永 ㊶224 ㊼250

이근영 李根榮 ㊾295
이근주 李根周 ㊸373
이근택 李根澤 ㊷223 236 238 ㊸48 157 ㊹102
이근필 李根弼 ㊳234
이근행 李謹行 ⑨59 61 63 67 268
이근호 李根澔 ㊴99 ㊵293 ㊶201 411 ㊹196 399 ㊼195
이금 伊金 ⑳97 115
이금룡 李錦龍 ㊿370
「이금산수도」「泥金山水圖」㉛452
이긍익 李肯翊 ㉙137 ㉛355 ㉟79 80 244 273 322 ㊺265
이기 利器 ⑧254
이 기 李沂 ㊴250 ㊷64 76 302 ㊸83 189 193 241 325 ㊹53 ㊿191
이 기 李墍 ㉚56
이 기 李芑 ①295 ㉘83 201 202 256 ㉚14 18
이기경 李基慶 ㉜250 ㉟100
이기관 理氣觀 ㉟65～72 74
이기덕 李基德 ㊽312
이기동 李基東 ㊶374 387 422
이기동 李紀東 ㊽50
이기론(설) 理氣論(說) ㉖73 74 ㉗279 ㉘319 ㉚179 ㉛7 232 341 636 ㉟51
이기발 李起浡 ㉙285 286
이기석 李基錫 ㊾176 395
이기세 李基世 ㊿366 369
이기수 李基洙 ㊾170 171
이기심성론 理氣心性論 ㉘11 313 319 323 328 ㉛5 7
이기심성설 理氣心性說 ①305 306
이기양 李基讓 ㉜246
이기업 李起業 ㉙261
이기연 李紀淵 ㉜207 269 274
이기영 李箕永 ㊾307 317 377 448
이기용 金錤鎔 ㊾159
이기이원론 理氣二元論 ㉓17 ㉘323 ㉟ 64 66～68
이기인 李起寅 ㊿432
이기인성설 理氣人性說 ㉛356
이기일물론(설) 理氣一物論(說) ㉟49 65
이기일발설 理氣一發說 ㉘337
이기일원론 理氣一元論 ①322 ㉓18 ㉟ 3 65～75
이기종 李基鐘 ㊺343
이기지 李器之 ㉚171
이기지묘 理氣之妙 ㉘328
이기찬 李基燦 ㊸343 375 376 522
이기합일론 理氣合一論 ㉘324 331
이기현 李起鉉 ㊸54
이기현 李基賢 ㊾296
이기호발설 理氣互發說 ㉓17 ㉘326 ㉟ 51 56～57 ㉛270 275
이기홍 李起泓 ㊹384
이기환 李箕煥 ㊽336
이길용 李吉用 ㊿236 ㊿350
이나사 移那斯 ⑦358 361 362
이날치 李捺致 ㉟569 629
이남규 李南珪 ㊸398
이남기 李南基 ㊼184 198
이남섭 李南燮 ㊺135
이남식 李南軾 ㊲157
이남희 李南熙 ㊺334
이내수 李來洙 ㊼240 253
이녕 李寧 ⑰286 ㉑421
이노대 吏奴隊 ㉚295 ㉞145
이노우에 井上角五郎 ㊳48 186～188
이노우에 井上玄辰 ㊺52
이노우에 가(카)오루 井上馨 ①350 353 ㊲83 84 236 ㊳293 300 ㊴19 462 463 464 ㊵5 28 31 70 130 133 136～138 164 207～209 211 213～216 220～222 224～226 234 253 256～258 266 268 ㊶19 43 89 93 ㊷225 325 ㊸15 16 156 ㊹21 42 43 121 420 444 ㊺29 30
이노우에 가쿠고로 井上角五郎 ㊻15 130

이노우에 준노스케 井上準之助 ㊾53
이노춘 李魯春 ㉜250
이농 離農 ㉝131 136 204
이뇌왕 異腦王 ⑦348
이능권 李能權 ㉜236 277
이능수 李能水 ㉙160
이능화 李能和 ①438 ⑧93 ㉟176 325 ㊲137 187 ㊸318 ㊺7 232 235 236 239 241 245 246 248
이다츠케유적 坂府遺蹟 ③516
이단 異端 ㊱82 110
이단사상 異端思想 ㊱13 343~345 362 363 368
이단사설 異端邪說 ①329 ㉛271 296 ㊱7 90
이단상 李端相 ㉟14
이단하 李端夏 ㉚154 ㉜43 135
이달 伊達 ⑫29
이 달 李達 ㉙36 81 ㉛440 441 ㊼317 ㊽349
이달우 李達宇 ㊱107 109 345
이달충 李達衷 ㉑340 341
이담명 李聃命 ㉘148
『이담속찬』『耳談續纂』㉟282
이담지 李湛之 ⑱230 231 244
이당공작 以黨工作 ㊽12 176
이당규 李堂揆 ㉜140 141
이당치국 以黨治國 ㊽168 176 178 180 186 ㊿269 304 310
이당필 李唐必 ⑳164
이대극 李大克 ㊸431
이대기 李大期 ㉙47
이대쇠 李大釗 ㊼405
이대위 李大偉 ㊿237
이대위 李大爲 ㊼241 253 314
이대정 里代定 ㉜306
이대흥 李大興 ㊲192
이덕량 李德良 ㉔245
이덕무 李德懋 ①325 ㉓50 ㉜92 418 419 ㉞93 ㉟201 222 241 277 282 335 377 404 475
이덕사 李德師 ㉜81
이덕삼 李德三 ㊽339
이덕양 李德養 ㉙286
이덕우 李德羽 ⑰156 157
이덕응 李德應 ㉘201
이덕익 李德益 ㊴209
이덕주 李德周 ㉚158
이덕주 李德柱 ㊽9 346
이덕형 李德馨 ㉔547 ㉙33~35 89 151 ㉚123 542 602 ㉜423
이덕홍 李德弘 ㉘332 ㉟184
이덕환 李德煥 (52)350
이데타 류마 出田龍馬 ㊻283
이 도 李道 ㊽304 ㊾280
이도별 李道別 ㊾290
이도영 李道榮 ㊺351 ㊻69
이도위자유적 二道崴子遺蹟 ⑤15
이도재 李道宰 ㊴486 ㊵171 ㊶45 65 398 ㊷65 ㊸33 93 123 124 241 361 401 ㊼375
이도중 李櫽重 ㊲165
이도철 李道徹 ㊵165
이도하자유적 二道河子遺蹟 ③334 ④65 122 128
이돈승 李敦昇 ㊴336
이돈영 李敦榮 ㉜339 ㊲165
이돈화 李敦化 ㊿141 (51)185
이 동 李同 ⑩111 ⑪170
이동구 李東九 (51)274
이동규 李東圭 ㊾121
이동규 李東珪 (52)317
이동기이설 理同氣異說 ㉟25
이동녕 李東寧 ㊸208 218 244 330~333 ㊺71 83 ㊻221 ㊼11 193 194 204 211 314 ㊽118 128 129 147 148 184 194 319 323 336 ㊿268 269 271 283 295 440 (51)79 193 (52)131

이동만 李東萬 ㉜249
이동백 李東白 ㊽209
이동백 李東伯 ①504 ㊿307 308 365
이동수 李東秀 ㊸174 176
이동우 李東雨 ㉛77
이동인 李東仁 ①341 ㉞67 ㊲10 11 81 85 278~280 288 302 ㊳23 25 26 28 44 82 90 106 120 149 ㊺52 205 ㊻116 121 122
이동일 李東日 ㊾357
이동춘 李同春 ㊼181~183 187 190 191
이동하 李東下 ㊼141~143
이동형 李東馨 ㉜250
이동호 李東鎬 ㊼239
이동환 李東煥 ㊾126 128 446
이동휘 李東輝 ㊸244 284 416 ㊺4 71 76 ㊼11 183 187 188 204 208 211 212 214 314 394 401 ㊽6 11 115 119 121 124 134~137 139~141 143 147 171 249 252 330 ㊾67 76 107 439
이두(문) 吏讀(文) ①290 411 412 ⑧4 136 ⑨440 ⑰133 137 139 141 ㉑230 231 ㉗8 316 370 371 ㉛122 124
이두란 李豆蘭 ⑲201 202
이두령 二頭鈴 ③39 45 558
『이두원육전』『吏讀元六典』㉒198
이두표기 吏讀表記 ⑰141
이두황 李斗璜 ㊴443 458 ㊵260 ㊶42
이득분 李得芬 ⑭204
이득윤 李得胤 ㉟559
이득전 李得全 ㉕76 77
이득제 李得濟 ㉜234 236 252
이등박문포살사건 伊藤博文砲殺事件 ㊻76 79
이·라디겐스키협정 李·Ladygenskii協定 ㊴70
『이락연원록』『伊洛淵源錄』㉘310
이랑 吏郞 ㉜155
이 량 李樑 ㉚21 22 24 28
이력 履歷 ㉟4 129
이 렴 李濂 ㊲192
『이론투쟁』『理論鬪爭』㊾167
『이륜행실』『二倫行實』㉘240 349
『이륜행실도』『二倫行實圖』㉗373 ㉘277 321 343
이리간 伊里干 ⑭161
이리국경분쟁 伊梨國境紛爭 ㊲86
이리타 入田八郞 ㊴209
이 린 李隣 ⑱18 237
이 립 李立 ㉙7 263
이립삼 李立三 ㊿349
이마 理馬 ㉔593
이마대 李馬大 ㊼157
이마동 李馬銅 ㉛328
이마카와 유적 今川遺蹟 ③313 319
이 만 李槾 ㉟29 30
이만 Iman ㊹305
이만규 李萬珪 ㊼158 ㉛112 115 ㊾99 160 166
이만도 李晩燾 ㊸374
이만리(이마리) 伊万里 ㉜469
이만부 李萬敷 ㉟29 30 441
이만성 李晩成 ㉜150
이만손 李晩孫 ㊳6 226 243~247
이만영 李晩永 ㉟335
이만운 李萬運 ㉟333 ㊺266
이만원 李萬源 ㊸463
이만주 李滿住 ㉒147 151 279 280 336 337 339 340 363 364 ㉖166 ㉙211 215 216
이만지 李萬枝 ㉜410
이만집 李萬集 ㉛246
이만형 李萬馨 ㊽260
이망정흥 李亡鄭興 ㊱7 84 85 93 106
이맹전 李孟專 ㉘169
이맹현 李孟賢 ㉘149
이면상 李冕相 ①505
이면승 李勉昇 ㉜224 230

이 명 李溟 ㉚135
이 명 李銘 ㉚21
이명로 李明魯 ㊸371
이명룡 李明龍 ㊸349 ㊼321 326
이명상 李明相 ㊸463
이명선 李明善 (52)319
이명섭 李明燮 ㊼247
이명순 李明順 ㊾275
이명식 李明植 ㊾206
이명식 李命植 ㉜76
이명언 李明彦 ㉜152
이명우 李明雨 (51)375
이명윤 李命允 ㊱299 306 310
이명의 李明誼 ㉚171
이명익 李明翊 ㊼138
이명재 李明宰 ㊸6
이명한 李明漢 ㉙251 ㉚86 125 ㉟434 440
이모작 二毛作 ⑳97 ㉓40 41 ㉔80 ㉚432 433 ㉝36 71 ㊱65 124 133
이 목 李穆 ㉘177 179 185 188 190 254
이 목 李楘 ㉚84
이목묘지 李楘墓誌 ㉟511
이목연 李穆淵 ㉜241 274 276
이몽서 李蒙瑞 ㊾194
이몽유 李夢游 ⑫109 170 174 175 ⑬20
이몽학 李夢鶴 ㉙55 108 148 153~157 160 161 ㉛145
이 무 李茂 ㉒36 38 43 45 53 ㉖189
이 무 李袤 ㉜140
이무 移貿 ㉜318 320 322 333 ㊱284 297 312 349 ㊴276
이무강 李無疆 ㉚18
이무공 李茂功 ⑱172
이무영 李茂榮 ㊼142
이무영 李無影 (51)373
이무입본 移貿立本 ㉜316 320 376 ㉝435
이문 吏文 ㉓337 358 367 ㉗370
이문과 吏文科 ㉓358
이문관 理文觀 (51)180
이문사 以文社 ㊻62
이문소 理問所 ⑲19 81 133 ⑳270
이문습독관 吏文習讀官 ㉕127
이문영 李文永 ㊴337
이문제술 吏文製述 ㉜253
이문중 李文中 ⑱51
이문진 李文眞 ⑤163 ⑧4 117 123
이문탁 李文鐸 ⑰26 40
이문학관 吏文學官 ㉞69 219
이문형 李文馨 ㉚50
이문환 李文煥 (52)448
이문회 以文會 ㊹389
이미경 李美卿 ㊹385
이민구 李敏求 ㉙275 286 290 291 294 ㉚85
이민금지령 移民禁止令 ㊹312
이민달 李敏達 ㊽194
이민도 李敏道 ㉔177
이민보호법 移民保護法 ㊹132
이민영 李敏英 ㊸431
이민용 李敏用 ㊾82
이민응 李敏應 ㊺7 236 241 249
이민적 李敏迪 ㉚455 ㉜134
이민척식 移民拓殖 ㊹131
이민철 李敏哲 ㉟354
이민통제 吏民統制 ㉞190
이민홍 李敏洪 ㊽109
이민화 李敏化 ㊲158
이민화 李敏華 ㊽230
이민희 李民熙 ㊴104
이바노비치 브리너 J. I. Bryner ㊶124 ㊹124
이 발 李發 ㊼403
이 발 李潑 ㉘331 ㉚46 52 54
이발일도설 理發一途說 ㉟56
이방간 李芳幹 ㉒36 37
이방과 李芳果 ㉒36 37

이방석 李芳碩 ㉒31
이방실 李芳實 ⑳328 332 386~388 390
이방원 李芳遠 ⑲220 ㉑282 ㉒21 31 36 ~38 161 294 311 316 317 ㉓32 50 65 348 ㉚208 ㉘23 ㉟400
이배형 耳杯形 ⑨535
이 백 李白 ㉗297 303
이백우 李伯祐 ⑳298
이벌찬 伊伐湌 ⑥227 ⑦41 163 250
이범규 李範圭 ㊼304
이범석 李範錫 ㊸130
이범석 李範奭 ㊻222 223 ㊼201 223 ㊽202 208 226 230 251 ㊿447 450 458 52420
이범승 李範昇 ㊾274
이범윤 李範允 ㊸169 334 479 495 509 527 ㊹302 ㊼197 198 201 314 392 401 ㊽205 214
이범주 李範疇 ㊸387
이범준 李範俊 52342
이범진 李範晋 ㊵8 260 262 266 267 269 ㊶19 40 53 55 63 64 97 99 100 179 192 251 ㊸35 66 ㊹340 ㊼203
이범창 李範昌 ㊸118 375
이 벽 李檗 ㉞72 ㉟94 95 97 99 402
이 병 李秉 ㉙216
이병규 李昞圭 51328
이병기 李秉岐 51100 106 112 118 125 52307 317
이병도 李炳道 ㊸102
이병도 李丙燾 51132 144
이병립 李柄立 ㊾122 123 407 409 445 451
이병모 李秉模 ㉜84 205 225
이병무 李秉武 ㊸76 ㊹423
이병삼 李炳三 51330
이병성 李炳星 52342 51355
이병수 李炳壽 ㊴384
이병연 李秉淵 ㊱363 373 375
이병우 李炳祐 51355
이병일 李炳逸 51377
이병조 李秉祚 ㊾24
이병주 李秉周 ㊽151
이병채 李秉埰 ㊽205
이병철 李秉哲 52326
이병춘 李炳春 51188
이병학 李丙學 52102
이병학 李炳學 ㊹197
이병학 李柄學 ㊽52
이병헌 李炳憲 ㊼333 51188 226 228 229
이병호 李秉昊 ㊼163
이병호 李秉虎 ㊳23
이병호 李秉瑚 ㊼242
이병휘 李秉輝 ㊴216 ㊵124 125
이 보 李甫 ⑫229 ⑱190
이보담 李寶潭 ㊺52
이보림 李寶林 ⑭149 199
이보법 里步法 ㉔609
이보흠 李甫欽 ㉒116 ㉘20
이 복 李福 ㉙158
이복기 李復基 ⑱20 22 26
이복남 李福男 ㉙110 116
이복영 李復榮 ㊴315 410
이복원 李復源 ㊿295
이복원 李福源 ㉜76 83
이봉 移封 ㉜464
이봉래 李鳳來 ㊹196 ㊺76
이봉상 李鳳商 52331
이봉수 李鳳洙 ㊽112 116 117 120 ㊾73 77 78 83 94 52431 436 448
이봉순 李奉順 ㊾268
이봉우 李鳳(奉)雨 ㊼182 314
이봉운 李鳳雲 ㊺6 231
이봉원 李逢原 ⑫253
이봉의 李鳳儀 ㊲157
이봉창 李奉昌 ㊽3 9 12 344 346 ㊿6 8 278 282 344 427

이봉학 李鳳學 ㊸364
이봉호 李鳳鎬 ㊹399
이 부 李夫 ⑳100 101
이북만 李北滿 ㊿418 422 ㉛139
이 분 李芬 ⑫256
이분희 李汾禧 ⑱116
이불란사 伊弗蘭寺 ⑤50 ⑦102 ⑧49 50
이비 利備 ⑳156 157 159
이비가지 夷毗訶之 ⑦316 412
이빈 李份 ⑫273
이 빈 李贇 ㉙52 86
이 빈 李蘋 ㉘198
이빈문 利賓門 ⑱52
이사 里社 189
이사관 Resident 理事官 ㊷234 237
이사균 李思鈞 ㉘193
이사금 尼師今 ①197 ⑦3 62
이사도 李師道 ⑩109 ⑪90
이사명 李思命 ㉙113
이사명 李師命 ㉚160 275 ㉜142 143 307
이사문 李士文 ㊴403
이사부 異斯夫 ⑦106 111 353 ⑧129 392
이사부지 伊史夫智 ⑨446
이사성 李思晟 ㉜60 ㊱193 197 203
이사실묘지 李士實墓誌 ㉟511
이사연(편운자) 李思淵(片雲子) ㉖300 ㉛416 417
이사제 里社祭 ㉟173
이사제 里社制 ㉛232
이사질 李思質 ㉟275
이사철 李思哲 ㉒70
이사청 理事廳 ㊷247 254 ㊼37
이사흠 李士欽 ㉔262
이산 伊山 ⑦16
이산겸 李山謙 ㉙152 161 162
이산보 李山甫 ㉚46 49 217
이산서원 伊山書院 ㉘286
이산성 耳山城 ⑥68 ⑨594
이산해 李山海 ㉘331 ㉙32 ㉚36 45
이산행성 理山行城 ㉒182～184
이 삼 李森 ㉞29
이삼만 李三晩 ㉟485
이삼현 李參鉉 ㉚36 ㉜351
이 상 李箱 ㉛274
「이상곡」「履霜曲」㉑266
이상길 李尙吉 ㉙291
이상덕 李相德 ㊴472
이상도 李相燾 ㉜102
이상록 李上祿 ㊳368
이상룡 李相龍 ㊸374 382 511 512 ㊺8 277 ㊻221 ㊼10 192 193 195 314 ㊽12 175 201 207 280 ㉛222
이상린 李相麟 ㊸372
이상백 李相佰 ㉛132 144 ㉜99 160 200
이상범 李象範 ㊺351 ㊿236 ㉛324 ㉜ 339
이상사회 理想社會 ㊱85
이상설 李相卨 ①360 462 ㊸5 65～67 69 70 74 75 83 88 90 115 298 332～334 ㊹54 ㊺83 135 ㊻232 234 ㊼9 11 ～13 196～199 201 202 204 208 228～230 245 247 307 308 ㉛193
이상수 李象秀 ㉜311 312
이상영 李商永 ㊸91
이상은 李商隱 ㉗306
이상의 李尙毅 ㉙226
이상재 李商在 ㊳109 ㊴112 ㊵205 249 250 ㊶201 224 235 237 324 334 370 373 388 391 394 422 ㊸207 213 244 284 298 326 ㊺41 71 106 ㊻107 189 ㊼ 308 ㊽147 148 ㊾28 147 365 ㉛36 74 228 254
이상적 李尙迪 ①336 ㉟491 ㊲93～95 100 178
이상정 李象靖 ㉜82 ㉟183 184
이상좌 李上佐 ㉗537 542 546 548 556 557 559

이상준 李尙俊 ①503 ㊺344
이상준 李相俊 ㊿357
이상준 李商準 ㊴434
이상진 李尙眞 ㉚158 ㉜43
이상철 李相哲 ㊸6 92
이상춘 李常春 ㊼158 ◯51100 107 112
이상춘 李想春 ◯52343
이상택 里上宅 ⑨186
이상택하전 里上宅下典 ⑦230
이상필 李相弼 ◯51335
이상향 理想鄕 ㊱135
이상협 李相協 ◯5166 74 75 79 83
이상화 李相和 ◯52301
이상황 李相璜 ㉜92 223 225 256 259 261
이 색 李穡 ①427 ⑭264 265 ⑯266 300 ⑰23 70 78 106 ⑱170 ⑲44 114 116 119 142 164 167~169 174 177 204 211 215 218 256 258 288 ㉑99 118 120 150 160~162 281 336 353 354 360 490 500 ㉒18 20 59 60 ㉘162 175 176 314 ㉓280 288 347 ㉖43~46
『이생록』『頤生錄』㉗157
이생호 怡生號 ㊹94
이서 吏胥 ㉕137 ㉞52 ㊹341 342
이 서 李曙 ㉙276 279 ㉚72 81 266 267 271 281 282 584
이서(고)국 伊西(古)國 ⑦28 47
이서구 李書九 ㉜92 223 258 ㉟186 404
이서구 李瑞求 ◯5175 372 376
이서 묘지 李瑞墓誌 ㉟512
이서작변 吏胥作變 ㊱188
이서층 吏胥層 ㉞104
이서향 李曙鄕 ◯52369
이 석 李晳 ㉜246
이 석 李碩 ⑫228 231 ⑱116
이 석 李錫 ㊽339
이석경 李石卿 ㊹384
이석구 李錫玖 ◯52159
이석렬 李錫烈 ㊶425
이석린 李錫麟 ◯51115
이석용 李錫庸 ㊸438 439 459 498 520 523
이석이 李錫伊 ㊳374
이석정 李爽貞 ㊾281
이석하 李錫夏 ㉜246
이석형 李石亨 ㉓341
이석훈 李錫薰 ㊾128
이 선 李選 ㉜250
이선 耳船 ㉝229
「이선경위록」「二禪涇渭錄」㉟144
이선근 李瑄根 ㊻121
이선기후론 理先氣後論 ㉘324
이선룡 李先龍 ㊿318
이선부 李善溥 ㉜412
이선애 李善愛 ㊾278
이선제 李先齊 ⑬338 ⑭434 ㉔368 378
이선창 李先昌 ㊲75
이선호 李先鎬 ㊾123 125 128 445 451
이 설 李偰 ㊶49 ㊸360 372 373 379 393 438 522
이 성 李惺 ㉚70
이성계 李成桂 ①262 ⑭271 410 416 ⑱18 ⑲7 8 61 62 64 147 173 176~178 197 203 ⑳25 26 313 317 324 325 339 357 381 382 405 407 410~412 ㉒13 14 16 17~25 30 34 36 60 160 161 291 328 332 333 368 ㉓38 50 ㉕89 98
이성구 李聖求 ㉙276 278 ㉚84 85 ㉜384
이성귀족 異姓貴族 ㉕62
이성래 李性來 ㊾281
이성량 李成梁 ㉙217 220
이성렬 李聖烈 ㊴386 403 ㊶20
이성보 李城輔 ㉜84
이성부양 異姓不養 ㉛246
이성산성 二聖山城 ⑧31 286 305
이성수시양 異姓收侍養 ㉛246

이성식　李聖植　㊺343
이성연　李聖淵　㉙290
이성의　李成義　⑱156
이성잡거　異姓雜居　㉘157 ㊱42
이성장　利城場　㉝362
이성장　李聲長　㉜397
이성중　李誠中　㉙77 182 ㉚46
이성지　李成之　㉟282
이성집거촌　異姓集居村　㉛159
이성친족　異姓親族　㉞175
이성하　李成夏　㊻161 165
이성환　李晟煥　㊿141 51 43
이세구　李世龜　㉟322　323
이세보　李世輔　㉟394 ㊲150
이세신궁(이세진구우)　伊勢神宮　⑨290
이세영　李世永　㊸364 372 373 382 393 394 ㊼142 314
이세영　李世榮　㊽208
이세인　李世仁　㉘255
이(세)적　李(世)勣　⑤131 132 140 141
이세좌　李世佐　㉘82 193
이세춘　李世春　㉟563
이세화　李世華　⑳199 217 ㉜142
이세환　伊勢丸　㊹86
이소응　李昭應　㊳253 ㊶48 55 97 ㊸ 369 370 522
이소응　李紹膺　⑱18 19 20 27 28 35 149 ⑳56
이소정　李少貞　⑪94
이소향　李素香　51 309
이　송　李松　⑱116
이송무　李松茂　⑮312 313
이수경　李壽卿　51 355
이수공　李守恭　㉘177 179 183 190 192
이수광　李睟光　①325 ⑨482 ㉒422 433 ㉔279 ㉙137 ㉚74 ㉛261 312 314 317 319 320 350 356 359 369 445 ㉜416 495 ㉟89 193 209 218 274 282 331 362
이수병　李秀丙　㊷27
이수봉　李秀鳳　㊽339
이수산　李壽山　⑳277
『이수삼산재본금보』『二水三山齋本琴譜』 ㉛544 563
『이수신편』『理藪新編』㉟276
이수의 옥　李銖의 獄　㉚51
이수일　李守一　㉚267
이수정　李樹廷　㊻161
이수지　李秀之　⑱187
이수흥　李壽興　㊽338
이　숙　李淑　⑫272 ㊾280
이숙번　李叔蕃　㉒36 45～47 53
이숙신　李叔晨　⑫256
이　순　李純　⑪189 ⑱214 ⑳135 137
이순근　李舜根　52 436 448
이순금　李順今　㊿195 52 148
이순명　李順命　㉕76 77
이순몽　李順蒙　㉕104
이순범　李舜範　㊸83 120 121 124 ㊺33
이순석　李順石　51 276
이순신　李純信　㉙61
이순신　李舜臣　①298 ㉙4 26 55 58～62 65 69 111 112 118 128 194 202 203 ㉚242 279　327 333 ㉜94 51 93
『이순신전』『李舜臣傳』㊺112 115 313
이순우　李純佑　⑱201
이순지　李純之　㉗22 57 63 86 88 ㉟341
이순탁　李順鐸　㊾37 41 52 130
이순하　李舜夏　㊹383
이순행　李順行　⑪32 95
이숭녕　李崇寧　51 104 105 108
이숭인　李崇仁　⑲167 168 171 172 212 ㉓280 ㉘242
이숭일　李崇逸　㉟16～18
이　습　李褶　⑱116
이습관　肄習官　㉓367
이승　尼僧　㉖258 284
이승교　李承喬　㊼402 ㊾425
이승구　李承九　㊶198

이승규　李昇圭　⑤100
이승근　李承瑾　㊺58
이승기　李升基　①466 ⑤294
이승만　李承晩　①394 395 466 ㊶232 327 345 422 425 ㊸4 52 53 58 59 278 298 ㊺71 ㊻50~52 55 62 ㊼247 256 277 314 315 403 ㊽11 111 115 121 124 126 128 134 141 145 146 148 150 151 155 156 166 169 175 242 ㊾55 423 427 439 ㊿285 368 369~376 384 386 398 399 402~405 ⑤328 ⑤32 56 72 77 88 89 104 111 112 118 123 125 129 131 135~139 141 143 145 162 165 181 184 194 197 203 206 219 306 391 405~407 417~419 421
이승수　李承壽　㊴69 ㊵66
이승순　李承純　㊵150
이승업　李承業　㊶185 214
이승엽　李承燁　⑤147 148
이승우　李勝宇　㊸372
이승우　李承宇　㊴465
이승장　李勝章　⑰65
이승포　二升布　㉚581
이승학　李升學　⑤361
이승헌　李承憲　㉜276
이승호　李承浩　㊿255
이승훈　李昇薰　㊸207 214 216 218 284 288 305 331 337 349 340 ㊹206 ㊺4 75 91 104 ㊻208 ㊼308 313 321~323 326 333 ㊽110 ⑤36 181
이승훈　李承薰　㉜246 485 522 523 ㉟97 99 ㊲77 180 ㊹210 212㊺202 349 ㊻137 298
이승휴　李承休　⑩230 ⑭146 147 157 160 280 322 ⑮97 ⑲258 ㉑306 324 361 362 ㉖109
이승희　李承熙　㉟56 ㊸143 ㊻102 111 ㊼10 196 197 ⑤221 228 229 238
이시민　李時敏　㉙36
이시발　李時發　㉙110 153 155 156 192 ㉚291
이시방　李時昉　㉙283~285 288 ㉚266 283
이시백　李時白　㉙276 278 ㉚85 90 102 271 283 487 588
이시수　李時秀　㉜84 244 257
이시애　李施愛　㉒131 132 148 ㉓187 ㉕107
이시애란　李施愛亂　㉘20 180
이시언　李時言　㉙155 156 168 180
이시영　李時英　㉙297
이시영　李始榮　㊸91 455 511 ㊻221 ㊼10 147~149 193 194 314 387 ㊽118 147 148 155 319 323 330 333 ㊿283 295 440 ⑤125 203 420
이시완　李時琓　㊾37
이시우　李時雨　⑤188
이시우　李時愚　㉜227
이시원　李是遠　㉜227 ㉟81
이시원　李始源　㉜234 252
이시이 무용단　石井舞踊團　⑤362
이시좌　李時佐　㊸376
이시즈카 에이조　石塚英藏　㊵217 ㊹420
이　식　李栻　㉟17 18
이　식　李植　㉙276 ㉚486
이식공업　移植工業　㊻322
이신방　李藎芳　㉞26
이신손　李信孫　⑳252
이신형　李信珩　㊾464
이　심　李深　⑫272
이심도　李審度　㉜254
이심원　李深源　㉒141 ㉚223
이십사반무예　二十四般武藝　㉛603
『이십사시품』『二十四詩品』㉗302
22부　二十二部　⑥170 173 207 219~221 237
22부사　二十二部司　⑥84 86~89 91 95 98 202 205 210

「이씨심즉리설간재조변변」「李氏心卽理說艮齋條辨辨」㉟61
『이아』『爾雅』①145
이아조 二雅調 ⑨606 607
이 안 李顔 ⑮334
이안 利安 ⑧374
이안국 李安國 ⑱171
이안묵 李安默 ㉜245 249
이안사 李安社 ㉒331
이 암 李嵒 ①307 ⑲170 ⑳386 ㉑438 439 ㉔98
이 암 李巖 ㉗540 542 561 562
이앙법 移秧法 ①271 336 ⑲100 252 336 337 ㉓40 ㉔101 103 108 117 ㉗174 176 177 ㉘145 353 ㉚363 398 ㉝3 5 33 ~36 39 69~71 124 ㉞108 178
이애내 李愛內 ㊿342
이약빙 李若氷 ㉘201 202
이약해 李若海 ㉘200
이 양 李陽 ⑫155 166 169 170 174 176 ⑯246 247 ⑱156
이 양 李樑 ㉘203
이양달 李陽達 ㉗470
이양선 異樣船 ①313 329 ㉜456 494 498 500 502 ㉟113 ㊱7 342 ㊲5 6 122 149
이양성당 李養成堂 ㊹381
이양원 李陽元 ㉙3 30 32 182
『이양편』『二養編』㉗157
이 억 李億 ㊺236
이억기 李億祺 ㉙60 62 63 115 194
이언 伊彥 ㉒145 ㉓139
「이언」「俚諺」㉟406
『이언』『易言』㊳57 ㊺16 202 204 ㊻102 257 258
이언모 李彥模 ⑪3
「이언인」「俚諺引」㉟430
이언적 李彥迪 ①306 ㉓17 583 ㉖71 73 ㉗473 ㉘11 167 200 201 323 345 ㉚13 16 ㉛7 267 440 541 ㉞167 ㉟29 185
이엄 耳掩 ㉕308
이 업 李嚴 ⑫72
이엄 利嚴 ⑪73 202 203 208 ⑯15 18 197
이 여 李畬 ㉚165 ㉜43 45
이여각 李汝覺 ㉙287
이여백 李如栢 ㉙84 85 230~232
이여성 李如星 ㊼284 292 ㊿99 102 156 160 163 175 185 395
이여송 李如松 ㉙74 83~87 91 94 96 143 144 164 165 192
이여절 李汝節 ㉒159
이 역 李繹 ㉚25
이역 移役 ㉕219 220
이역가미 二役價米 ㉜287
이연년 李延年 ⑳115 172 173
이연령 李延齡 ⑳314 315
이연소 李延紹 ⑱102 103 104~107
이연종 李衍宗 ⑲135
이열비 爾列比 ⑦341
이 엽 李燁 ㉞81
이엽사농장 二葉社農場 ㊾196
이 영 李永 ⑫252 253 ⑭74 208 236 ⑯225 352 ⑳37
이 영 李英 ㊾70 372 ㊿147 152 167
이 영 李瀛 ㉚571
이영건 李永健 ㊿372
이영규 李瑛奎 ㊹383
이영근 李瑛根 ㉛182
이영달 李穎達 ㉙276
이영렬 李英烈 ㉛71
이영령 李永齡 ⑱130 148 200
이영백 李英伯 ㊽292
이영백 李榮白 ㉙168
이영범 李榮範 ㊾464
이영산 李永山 ㉖283
이영세 李永世 ㊿353

이영윤 李英胤 ㉛447 456 465 466
이영익 李令翊 ㉟79 80 484
이영전(이덕삼) 李英全(李德三) ㊾117
이영주 李英柱 ⑳20 21 284
이영준 李榮俊 ㉛313 327
이영진 李英搢 ⑱21 26 40 43 47 51 203
이영희 李永熙 ㊽312
이 예 李預 ⑫202 230
이 예 李藝 ㉒406 413 420
이예균 李禮均 ⑮307
이 오 李頫 ⑫235
이 오 李傲 ④199
이 옥 李沃 ㉙49
이 옥 李鈺 ㉟390 406 411 430 431
이옥경 李鈺卿 ㊹386
이옹식 二甕式 ⑧342
이와사키 야노스케 巖崎彌之助 ㊹61
이와쥬쿠 유적 巖宿遺蹟 ②275
이와쿠라 사절단 巖倉使節團 ㊳116
이와쿠라 토모미 巖倉具視 ㊲227
이와타 요시미치 巖田義道 ㊿414
이 완 李浣 ㉙297 ㉚98 283 ㉜132 399 448
이 완 李莞 ㉙239 258
이완구 李完求 ㊸510
이완용 李完用 ㊴111 112 114 ㊵8 164 229 249 260 262 266 269 295 ㊶19 40 63 97 100 116 122 144 179 183 201 206 214 224 236 251 296 338 ㊷235 238 241 ㊸48 76 89 92 173~176 206 278 314 336 411 488 ㊹40 423 383 386 ㊺59 66 144 ㊻61 67 79 101 ㊼246 ㊽46 146
이왕직 李王職 ㊼2 35 36 37
이왕직아악부원양성소 李王職雅樂部員養成所 ①503
이왕후 李王厚 ㉞148
이 요 李瑤 ㉘334 ㉟64
이요헌 李堯憲 ㉜236
이 용 李龍 ㉖273 274
이 용 李鏞 ㊼394 ㊽6 139 252 253
이용감 利用監 ㉟253 373
이용구 李容九 ㊴447 ㊸102 173 174 176 314 323 324 ㊻61 130 194 196 197 ⑤178 179
이용규 李容珪 ㊴397 ㊼167
이용로 李容魯 ㊽349
이용문 李容文 ⑤75
이용사 理用司 ㊳39
이용설 李容卨 ㊾430 ㊿237
이용숙 李容肅 ㊲10 11 273 275 281~283 288 ㊳81 83 125 170 190
이용순 李用淳 ㉙120
이용식 李容植 ㊴195 ⑤334
이용악 李庸岳 ⑤300 326
이용우 李用雨 ㊺351 ㊼152 153 ⑤324 ⑤332
이용익 李容翊 ①357 ㊴99 ㊵193 ㊶159 246 ㊷91 141 147 159 160 224 225 ㊸34 82 227 ㊹58 102 195 ㊺4 71 ~73 89 125 ㊻203
이용조 李龍祚 ⑤210
이용준 李容俊 ㊽348
이용직 李容稙 ㊵69 148 153 ㊶377 ㊺238 ⑤224 232 ⑤197
이용태 李容泰 ㊴105 319 320 323 326 327 371 ㊵36 146 165 ㊷272 ㊸510
이용후생 利用厚生 ㊲147 ㊳249 ㊺14 35~37
이용후생학파 利用厚生 ㉛341 ㉟268
이용희 李容熙 ㊲169 192
이 우 李堣 ㉔100 ㉚439
이 우 李鍝 ㊻309
이우규 李祐珪 ㊳50 164 ㊴253
이우면 李愚冕 ㊸88
이우상 李瑀祥 ㉜349 351

이우석 李禹石 ㊳23 374
이우식 李祐植 ㊶110 115
이우영 李遇永 ㉜280
이우정 李宇精 ㊿340
이우증 李友曾 ㉘132 ㉙14
이 욱 李旭 ㉚563 ㉝193
이운방 李雲芳 ㊶372 ㊷371
이운사 利運社 ㊴100 312 ㊵275 ㊹85 94 187 ㊻268 269
이운선 李雲善 ㊸431
이운파 李雲坡 ㊶204
이운허 李耘虛 ㊶205 209
이운혁 李雲赫 ㊾168
이운호 利運號 ㊴100
이운환 李雲煥 ㊿436
이 웅 李雄 ㊿277 311
이 원 李黿 ㉘176 177 179 183 190 192
이원계 李元桂 ⑲202
이원구 李元龜 ⑮308
이원긍 李源兢 ㊵170 171 ㊶340 ㊸185 193 285
이원대 李源臺 ㊻217
이원룡 李元龍 ㉞84
이원범 李元範 ㉜276
이원보 李元甫 ㊽325
이원봉 李元鳳 ㊿195
이원순 李元淳 ㊿397
이원식 李元植 ㊼168 253 ㊶194
이원식 李源植 ㊹197
이원역 伊院驛 ㊶170
이원역소각전 伊院驛燒却戰 ㊸448
이원우 李元祐 ㉚37
이원우 李源佑 ㊴400
이원응 李元膺 ⑫274 276
이원익 李元翼 ㉙31 33 35 110 177~179 240 ㉚46 70 74 75 483 484 486 600
이원익 李源益 ㊺266 ㊼243
이원장 李元長 ⑫253
이원정 李元禎 ⑳212 ㉚98 157 490 492
이원조 李源朝 ㊷304 306 307 326
이원철 李源喆 ㊶291
이원춘 李元春 ㉙116
이원취재 吏員取才 ㉓358
이원칠 李源七 ㊾473
이원태 李元泰 ⑩107
이원태 李源台 ㊶227
이원팔 李元八 ㊴440
이원혁 李源赫 ㊾469
이원호 李元昊 ⑮233
이원회 李元會 ㊳106 111 115 ㊴104 106 353 380 381 384 ㊵105
이원희 李元熙 ㊲169
이월화 李月華 ㊶370
이 위 李瑋 ⑫202
이위경 李偉卿 ㉙226 ㉚70
이위래 李渭來 ㊸91
이위종 李瑋鍾 ①360 462 ㊸66 67 70~75 ㊹54
이 유 李愈 ⑫268
이 유 李儒 ⑱63 ⑳171
이 유 李濡 ㉚164 169 ㉜45 127 305 306 ㉞29
이유개 李有開 ⑫268
이유민 李維民 ㊷168 444
이유사 里有司 ㉞197 214
이유상 李裕尙 ㊴477
이유수 李惟秀 ㉜236 246 267 275
이유승 李裕承 ㊵153
이유원 李裕元 ㊲9 81 85 178 179 210 229 234 239 240 268~270 272~274 278 280 ㊳126 304 319 ㊵29
이유인 李裕寅 ㊶341 ㊸82 90 128 185
이유일 李惟一 ㊲181
이유정 李裕貞 ⑱194
이유준 李儒準 ㉟333

이유징 李幼澄 ㉙77
이(유)척량 李(柳)陟良 ⑫133
이유태 李惟台 ㊾332
이유태 李惟泰 ㉕339 ㉚95 110 443
이유태 李裕泰 ㊴439
이유필 李裕弼 ㊽149 152 174 ㊿278 ㊾428
이유하 李游夏 ㉜260
이유한 李維翰 ㉙224 228
이육사 李陸史 ㊾160 301
이윤경 李潤慶 ㉘200
이윤고 李允杲 ㊺52
이윤상 李允相 ㊳24 351 373
이윤수 李允修 ⑱148
이윤신 李潤身 ㉜523
이윤영 李允榮 ㊾420 427 439
이윤용 李允用 ㊴234 ㊵216 260 264 266 269 297 ㊶20 40 63 97 100 179 199 201 296 ㊷44 ㊹195 196 340 383
이윤우 李潤雨 ㉚83
이윤인 李尹仁 ㉘189
이윤재 李允宰 ㊿237 239 243 ㊿102 105 106 109 110~112 115 255
이 율 李瑮 ㉜82 ㊱108 136
이 은 李垠 ㊷257 ㊼318 ㊾272
이은돌 李銀(殷)乭 ㊳23 86 370 371 ㊺322
이은상 李殷相 ㊿115
이은영 李殷榮 ㊼141~143
이은찬 李殷瓚 ①360 ㊶48 ㊸474 475 480 483 484 489 491
이 을 李乙 ㊽205
이을학 李乙學 ㊿33
이음독무덤 合口式墓 ③178 415
이음식낚시 結合式釣針 ②496 525
이 응 李膺 ㉚60
이응로 李應魯 ㊾332 339
이응문 李應文 ㊸430
이응삼 李應三 ㊸174 176
이응상 李應祥 ㉚562
이응식 李應植 ㉜236 275 277
이응열 李應烈 ⑱112
이응준 李應浚 ㊲11 284~298 300 302 ㊳133
이응진 李應辰 ㊾200 441
이응찬 李應贊 ㊻161 164 188
이응초 李應招 ⑱224 225
이응협 李應協 ㉜156
이응호 李應浩 ㊳23 368
이의 李顗 ⑫200 202 231
이의립 李義立 ㉚565 571
이의민 李義旼 ⑮144 ⑯215 238 325 350 ⑱2~5 21 22 29 37~47 48~55 50 56 60 63 64 80 81 83 84 90 127 128 130 132 135 137 140 153 157 165 204~206 211 214 223 227 228 ⑳15 56 65 66 72 88 106 121 124~126 130~132 135 138 177
이의방 李義方 ⑱10 18~31 35 36 38 42 44 46 62~64 81~83 148 149 199 200 204 205 208 213 223~227 237 ⑲35 ⑳65 77 83 122
이의배 李義培 ㉙283
이의복 李義復 ㉜413
이의봉 李義鳳 ㉟282
이의징 李義徵 ㉚161 163
이의철 李宜哲 ㉟183 184
이의태 李義太 ㊽304
이의현 李宜顯 ㉚175 ㉜93 417 523
이의형 李義亨 ㉘177
이 이 李珥 ①306 444 455 ㉒236 ㉓17 18 50 194 283 341 ㉔476 ㉖61 ㉘11 12 85 86 102 112 246 274 ㉙1 22 23 287 299 325 327 364 ㉚36 43 45 51 60 80 122 143 160 163 481 ㉛7 39 79 85 101 104 115 177 234 235 239 267 268 276 348~352 374 405 409 422 440 490 575~578 ㉜43 44 48 49 52 ㉞53 57 142 167 269 270 ㉟13 15 23 32 51 52

57 130 189 208 228
이이명 李頤命 ㉚166 169 171~174 176 ㉜61 147 417 522
이이제이(책) 以夷制夷(策) ⑮242 ㊲85 181 ㊳334 394 ㊷18 ㊻4 134 137 ㊼104
이이첨 李爾瞻 ㉙226 228 ㉚70 280
이이학파 李珥學派 ㉘335
이 익 李益 ⑳265
이 익 李瀷 ①322 324 325 457 ④76 ⑩233 ㉚105 401 ㉛269 ㉜19 38 39 75 ㉝124 166 ㉟35 90 92 186 189 193 209 232 235 240 247 251 253 254 273 298 315 317 320 321 325~327 332 334 351 364 366 513 617 ㊲147 ㊺14 265 349 ㊻103
이익모 李翊模 ㉜250
이익보 李益輔 ㉜173 175 ㉝231
이익봉 李益鳳 ㊿291
이익운 李益運 ㉜246
이익한 李翊漢 ㉝166 ㉟282
이 인 李仁 ⑤115 296 ⑤125 180 420
이인 異人 ㊱6 94 99 355 374
이인로 李仁老 ⑯295 ⑰26 40 240 286 ⑱11 12 210 217 222 227 230 231 234 244 ⑲383 ⑳32 ㉑291 292
이인무 二人舞 ⑧384
이인범 李仁範 ㊾349
이인복 李仁復 ⑰159 ⑳277 278 331 340 ㉑353 360
이인부 李寅溥 ㉜262 263 264 266 270
이인상 李麟祥 ㉟444 462 487
이인성 李仁星 ㊿327 ㊾331
이인수 李仁秀 ㊾95 96 399
이인순 李仁順 ㊿207
이인순 李寅順 ㊼138
이인식 李仁植 ㉟514 ㊾432
이인엽 李寅燁 ㉜305
이인영 李仁榮 ㊿138
이인영 李寅榮 ㊽53
이인영 李麟榮 ㊸9 423 464 474~476 483 508 520 522 523 ㊼141
이인우 李寅祐 ㊶223 350 353 359
이인임 李仁任 ⑲59 94 147 170~172 179 180 184 236 255 256 ⑳45 368 371 ~373 374 379~381 386 ㉒15 16
이인재 李寅梓 ㊺6 210
이인종 李寅鍾 ㊳364 365 400
이인좌 李麟佐 ①330 ㉚176 255 276 287 ㉜60 221 ㊱10 11 193 195 196 198 199 202 205 206
이인좌의 난 李麟佐亂 ㉝196 323 ㉞146 ㉟77
이인지설 異人之說 ㊱367 374
이인직 李人稙 ㊺220 228 307 309 311 357 358 ㊻61 67 204
이인채 李寅采 ㉜250
이인행 李仁行 ㉜246
이인형 李仁亨 ㉘183 ㊾349
이인형 李麟炯 ㊾466
이인홍 李仁洪 ㊽336
이 일 李鎰 ㉙30 31 81 149 181 182 194
이 일 李逸 ㊼231
이일분수론 理一分殊論 ㉘339
이일상 李一相 ㉙289
이일정 李一貞 ㊹383 398
이임 里任 ㉜295 ㉞198 ㊱36 46 59 73 143 151 246 288 ㊱43
이 임 李琳 ⑲174 212
이임수 李林洙 ㊾159
이자겸 李資謙 ⑫7 202 230 242 247 251~262 264 270 271 ⑭147 462 ⑮164 214 225 345 346 ⑯84 195 235 285 354 355 ⑰157 221 ⑱158 159 161 162 ⑳64 77 97
이자덕 李資德 ⑰286
이자량 李資諒 ⑪215 ⑰283
이자상 李子祥 ⑫228
이자성 李子晟 ⑱63 ⑳171

이자성 李自成 ㉜402
『이자수어』『李子粹語』㉟189
이자연 李子淵 ⑫200 202 215 227 228 ⑯53 196 ⑰199 ⑱159 161
이자와 슈지 伊澤修二 ㊺335
이자원 李資元 ⑫256
이자위 李子威 ⑫229 230 231 ⑰197
이자의 李資義 ⑫225~237 245 248 ⑯58 72 195 236
이자춘 李子春 ⑲136 200 ㉒14 160
이자현 李資玄 ⑯57 58 295 ⑰196 211 242
이자훈(자량) 李資訓(資諒) ⑫229 230
이 작 李綽 ⑫229 230
이작승 李綽升 ⑫274 275
이작인 李作仁 ⑮330
이 잠 李潛 ㉙52 228
이장곤 李長坤 ㉘193 197
이장군포 二將軍砲 ㉓262 ㉗235 237
이장녕 李章寧 ㊻222 223 ㊽202 242 280~282 ㊿274
이장대 李將大 ⑳163 164
이장렴 李章濂 ㊲157 169 170
이장옥 李章玉 ㊼359
이장용 李藏用 ⑰158 ⑱119 ㉑354
이장회 李長會 ㊴442
이장훈 李章薰 ㊻66 67 5164
이 재 李載 ⑰197
이 재 李縡 ㉜56 63 ㉟19 23 30 49 183 189
이재곤 李載崑 ㊸76 ㊺33 233
이재극 李載克 ㊹196 383 386
이재긍 李載兢 ㊳23 89
이재면 李載冕 ㊳283 ㊴15 ㊶40 ㊹386
이재명 李在明 ㊸174~177 336 ㊻79 ㊽317
이재수 李在守 ㊻5
이재순 李載純 ㊵262 ㊶42 63 350 ㊷44 ㊸111
이재욱 李在郁 51104 125
이재원 李載元 ㊳402 405
이재위 李載威 ㉟282 335
이재유 李載裕 ㊿140 162 195
『이재유고』『頤齋遺稿』㉟276 282
이재윤 李載允 ㊸339
이재정 李在正 ㊶216
이재천 李載天 52350 351
이재하 李載夏 ㊾95
이재학 李在鶴 ㉜271 273
이 저 李佇 ㉒39 41
이 적 李勣 ⑥250 ⑧303 ⑨51
이 적 李迹 ㉔262
이적동세 異積同稅 ㉔78 80
이 전 李佺 ⑰286
이 전 李戩 ㉙30 182
이 전 李顓 ⑫200
이전복 李殿福 ⑧328
이절말당 二節末幢 ⑨138
이점돌 李點(占)乭 ㊳24 373
이정 里正 ㉓143 145 ㉘263 ㉞197 211 214 219 223
이정 利貞 ⑪177
이 정 李楨 ㉘312 ㉟457
이 정 李霆 ㉛481 482
이 정 李頲 ⑫202 228 ⑬456
이정구 李廷龜 ㉓281 ㉙220 240 249 250 ㉚70 74
이정구 李貞求 52102 160 164
이정권 李正權 ㊼254
이정근 李正根 ㉛447 450~453 464
이정기 李正己 ⑨6 201 ⑩24 109 170
이정길 李井吉 ㉙280
이정두 李廷斗 ㉜276
이정란 李廷鸞 ㉙49
이정립 李廷立 ㉘337
이정법 里定法 ①304 ㉛4 81 124 ㉜128 148 ㉞192 199 207 209 216 228 242 244 247 ㊱2 33 34 37 38 40 48 60 61

70 142 151
이정보 李鼎輔 ㉟394 395
이정섭 李廷燮 ㉟392 428
이정소 李廷熽 ㉚170
이정숙 李貞淑 ㊹384 386 ㊺101
이정숙 李晶淑 ㊿195
이정암 以酊菴 ㉜434 464
이정암 李廷馣 ㉙50 51 81 184 192
이정원 李挺元 ㉚70
이정윤 李廷輪 ㉜250
이정윤 李廷允 ㊾95 289
『이정전서』『二程全書』㉘310 ㉟185
이정제 李廷濟 ㉜149 153
이정주척기 釐正周尺記 ㉔617
이정직 李定稷 ㊺6 208
이정청 釐整廳 ㉚575 576 ㉜71 160 ㊱334
이정탕심 移情蕩心 ㉗301
이정태 李鼎泰 ㉙286
이정현 李貞賢 ㊿195
이정형 李廷馨 ㉙144
이정호 李貞浩 ㊿297 300 302
이정희 李貞姬 ㊾283
이제 李濟 ①121 ㉞18 28
이제구 李齊九 52366
이제달 李濟達 ㉜274
이제마 李濟馬 ㉞83 ㉟342 ㊳149
이제부 利濟府 ⑨183 240
이제순 李悌淳 ㊿359
이제신 李濟臣 ㉟631
이제재 李堤宰 ㊼141
이제정 李濟挺 ⑫265
이제초 李齊初 ㊱242 244 250 254 257
이제현 李齊賢 ⑫88 98 214 ⑭27 153 155 169 171 174 273 344 ⑯263 ⑰159 181 222 ⑱12 164 168 180 190 193 195 219 ⑲26 83 116 119 131 134 154 162 164 166 169 208 ⑳45 71 343 ㉑99 245 260 329 340~351 354 360 361 423 473 ㉖43~46
이조낭관 吏曹郎官 ㉚86 233 ㉜61 66 81 90
이조년 李兆年 ⑲162 ⑳46 ㉑280
『이조불교』『李朝佛教』㊻126
이조연 李祖淵 ㊲309 ㊳8 132 154 399 402 ㊴16 234 ㊹340
이조현 李祖鉉 ㊸377
이족 吏族 ㉕108 ㉘141 ㉞97 100 249
이족 彝族 ①142 154
이존 李存 ⑫256
『이존록』『彝尊錄』㉘343
이존부 李存夫 ⑰286
이존성 李存性 ⑲191
이존수 李存秀 ㉜261
이존오 李存吾 ⑱171 ⑲144 ㉑281
이존욱 李存勗 ⑮226 228
이존창 李存昌 ㉟98
이종건 李鍾健 ㊴95 ㊶390 400 422 ㊷44 ㊿315
이종규 李宗揆 ⑱230
이종근 李琮根 ㊼274~278 281 315
이종대 李種大 ㊷70
이종락 李鍾洛 ㊿314
이종린 李鍾麟 ㊻69 ㊼340 ㊾52 54 56 143 147 347 5169 188
이종만 李鐘滿 ㊺142
이종만 李鍾萬 51287
이종무 李從茂 ㉒378
이종석 李鍾石 ㊹384
이종성 李宗城 ㉙104 175 ㉜62 63 159 163 422 ㉝453 ㊴235
이종수 李鍾洙 52102
이종승 李鍾承 ㊲157
이종암 李鐘巖 ㊽333
이종영 李種韺 ㊼140 165
이종우 李鍾禹 51327
이종욱 李鍾郁 51204 214
이종원 李宗遠 ㊴253

이종원　李淙遠　㊻116
이종원　李鍾元　㊸367
이종일　李鍾一　①355 ㊸145 197 244 278 300 ㊺221 236 ㊻55 61 62 193 206 207 ㊼308 318 326 327 331 333 340 ㉛69 181
이종장　李宗張　㉙30
이종준　李宗準　㉘177 179 183 190
이종탁　李鍾倬　㊼314
이종태　李宗泰　㊴454
이종태　李鍾泰　52342
이종하　李鍾夏　㊴112
이종학　李鍾學　⑲212
이종현　李宗鉉　52427
이종호　李鍾浩　㊸218 330 ㊺72 76 ㊻203 ㊼11 192 198 200～205 394
이종화　李鐘華　㊹383
이종황　李鍾晃　㊼142
이종훈　李鍾勳　㊴447 ㊼326 51181
이종휘　李種(鍾)徽　⑩232 233 236 ㉟317 320～322 ㊺265
이　주　李冑　㉘176 177 179 183 190 192 254
이주승　李冑承　㊸472
이주연　李周衍　⑫268
이주연　李周淵　52427
이주진　李周鎭　㉜154
이주철　李周喆　㊲157 169 170
이주하　李舟河　50140 52148 185 394
이주헌　李周憲　⑫170 178 ⑳38
이주호　李周鎬　㊴345
이주환　李珠煥　52342
이주회　李周會　㊵229 242 260 ㊶29 32 42
이죽파　李竹坡　㊽278
이　준　李儁　①362 462 ㊸65～67 75 185 188 189 227 ㊹54 ㊺71
이준경　李浚慶　㉓288 337 ㉘200 ㉚34 40 43 64 121
이준선　李駿善　㊳127
이준식　李俊植　50448
이준양　李俊陽　⑳39
이준용　李埈鎔　㊵124 139 165 171 209 211 302 ㊶42 54 58 98 ㊹196 ㊺354 ㊻309
이준의　李俊儀　⑱18 62 130 204 205 225
이준이　李俊異　⑰286
이준태　李準泰　㊾74 94 442
이　중　李仲　⑫267 268
이중길　李重吉　㉙280
이중래　李重來　㊹197
이중부　李仲孚　⑫263 267
이중선　李中仙　51309
이중선　李仲善　⑳300
이중섭　李仲燮　51328
이중약　李仲若　⑫253 ⑯284～286 289 296 ⑱220
이중익　李重益　㊴298
이중하　李重夏　㊴107
이중호　李仲虎　㉘330
이중호식　二重壺式　⑧343
이중화　李重華　51110 115
이중환　李重煥　①324 ㉝357 367 382 ㉞26 35 106 ㉟190 303 308 ㊱46 213 ㊴241
이즈마일로프 Izmailov　㉜489 523
이즈볼스키　A. P. Izvol'skii　㊶108
이증연　李增淵　㊼7 144
이증익　李曾翊　㊼139
이지광　李至光　⑱47
이지란(동두란첩목아)　李之蘭(董豆蘭帖木兒)　㉒28 41 146 161 332 333
이지명　李知命　⑮367 ⑱45 174 218 225 ⑳79
이지미　李之美　⑫256 262
이지백　李知白　⑫170 176 177 178 ⑮302 304 ⑰194 224
이지보　李之甫　⑫256
이지서　李之署　㊱95 135

이지순 李至純 ⑱214 ⑳133 134
이지심 李知深 ⑫277 ⑱221
이지언 李之彥 ⑫256
이지연 李止淵 ㉜207 224 263 269 329
이지영 李至榮 ⑱47
이지완 李志完 ㉜428 ㉚601
이지용 李址鎔 ㊷223 225 236 238 273 ㊸37 38 48 82 84 89 91 132 157 310 ㊹102 196 ㊽53
이지윤 李之允 ⑫256
이지은소 梨旨銀所 ⑭433 ⑮61 ⑲37 ⑳153～155
이지저 李之氐 ⑫263 265 ⑰287 ⑳275
이지치 고(코)오스케 伊地知幸介 ㊴58 ㊵43
이지탁 李智鐸 ㊾119 409 442
이지함 李之菡 ㉗35 37 ㉘330 ㉙152 ㉚228 ㉛268 350 406 408 418
이지화 李枝華 ㉞81
이지효 李止孝 ㉚548
이 직 李稷 ㉒27 199 ㉗448～450 457 469 ㉙276
이직 吏職 ㉓9 322 ㉕61 70 108
이직보 李直輔 ㉜239
이 진 李瑱 ⑫268 ⑳45 ㉓280
이진룡 李鎭龍 ㊸442 490 506 523 ㊽ 200
이진무 李振武 ㊽290 331 338
이진산 李震山 ㊽141 155 158
이진상 李震相 ㉜350 ㉟51 54～56 61 ～63 ㊻102
이진석 李鎭石 ㊼153
이진순 李眞淳 ㊿374
이진아시왕 伊珍阿豉王 ⑦303 312 316
이진유 李眞儒 ㉚171 ㉜151
이진충 李盡忠 ⑩23 24 27 114
이진탁 李辰卓 ㊿311
이진택 李鎭宅 ㉜246
이진호 李軫浩 ㊽48 49
이진호 李軫鎬 ㊵260 262 ⑤178
이진홍 李眞紅 ①504
이진흥 李震興 ㊺267
이질부례지간기 伊叱夫禮智干岐 ⑦111 353
이질수 李質粹 ㉙154
이 집 李集 ⑳48
이 징 李澄 ㉛447 448 452 453 456 460 485
이징옥 李澄玉 ㉒114 115 167 342
이차개회 離次開會 ㊶355 356 369 376 399
이차돈 異次頓 ①447 ⑦102 411 ⑧2
이차수 李且守 ①504
이찬 伊湌 ⑦88 163 250 ⑫36
이 창 李蒼 ⑤65
이창규 李昌奎 ㊳366
이창서 李彰緖 ㊸372
이창식 李昌植 ㊸341
이창신 李昌信 ㊾467
이창인 李昌仁 ㊾430
이창진 李昌珍 ⑪96
이채연 李采淵 ㊴112 ㊵229 266 294 ㊶120 179 183 201 206 214 224 296 351 377 ㊷42 ㊹195 ㊻275
이 척 李拓 ㊶37
이척량 李陟良 ⑪202
이천 利川 ㉝346
이 천 李阡 ⑳237
이 천 李蕆 ㉒148 339 ㉗62 67 109
이천기 李天紀 ㉚175
이천보 李天輔 ㉜56 62 63 75
이천 서씨 利川徐氏 ⑫180 203
이천전투 利川戰鬪 ⑫27
이천진 李天鎭 ㊾123 445
이 철 李鐵 ㊽109
이철견 李鐵堅 ㉘186
이철균 李鐵均 ㉘177 179
이철화 李喆和 ㊴334

이 첨 李詹 ⑲171 172 177 182 193 389 ⑳358 ㉑201 359 ㉖173
이 청 李淸 ㉖298
이청담 李靑潭 ㊿209 216
이청로 李淸魯 ㊸374
이청원 李淸源 ㊿132 138 140 145 146 ㊾460
이청전 吏廳錢 ㊱351
이청천 李靑天 ㊼10 ㊽6 338 ㊿9 274 275 279 280 282 284 285 288 294 339 340 343~345 366 337 435 436 440 447 450 458 ㊾420
이 체 李棣 ⑳166
이초당 彛初黨 ⑲216 218 219
이총언 李悤言 ⑫142 ⑭28 29 31
이총통 二銃筒 ㉓267
이최영 李最榮 ㊶199 ㊷22
이최응 李最應 ㊲85 235 239 240 253 295~298 ㊳83 286
이춘부 李椿夫 ⑱18
이춘세 李春世 ㊹394
이춘수 李春壽 ㊾285
이춘암 李春巖 ㊿290
이춘영 李春永 ㊶49 ㊸370 371 522
이춘일 李春日 ㊼307
『이춘풍전』『李春風傳』㉟425
이춘화 李春和 ㊽277
이 충 李忠 ⑪94
이충간 李忠侃 ㉙30
이충걸 李忠傑 ㉙262
이충급 李忠伋 ㉙262
이충길 李忠吉 ㉙154
이충모 李忠模 ㊾71 90 ㊿10
『이충무공전서』『李忠武公全書』㉜94 ㉟196
『이충무순신전』『李忠武舜臣傳』㊺279
이충백 李忠伯 ㉚563
이충익 李忠翊 ㉟79 80 188 ㊲147
이치가와 아사히코 市川朝彦 ㊿252
이치선 李致善 ㊼158
이치우 李致雨 ㊿253
이치지 고우가이 伊知地幸介 ㊵112
이치훈 李致薰 ㉜246
2·7구국투쟁 二·七救國鬪爭 ㊾177 403 410
이커탕아 依克唐阿 ㊵62
이쾌대 李快大 ㊿328 ㊾337
이 탁 李沰 ㊼193~195 314
이 탁 李鐸 ㉚34 38 41 43 44
이태걸 李泰杰 ㊽209
이태규 李泰圭 ①466 ㊿294
이태래 李泰來 ㊸130
이태리식민회사 La Societa Coloniale Italiana 伊太利 植民會社 ㊶141
『이태리건국삼걸전』『伊太利建國三傑傳』㊺114 281
이태리한국광업회사 Societa Italiana Miniere Corea-Italy Syndicate 伊太利韓國鑛業會社 ㊶141
이태용 李泰容 ㊵171 212 213
이태원 梨泰院 ㉔512 ㉕362 363 ㊳298
『이태조호적』『李太祖戶籍』㉕249
이태좌 李台佐 ㉜151
이태준 李泰俊 ㊿375 ㊾295 304 306 307 326
이태화 李泰華 ㊽348
이택민 李澤民 ⑱216 ㉖189~191 200
이택재(주역) 麗澤齋(周易) ⑫249
이토 히로부미 伊藤博文 ①370 372 376 ㊲227 ㊴19 ㊵2 33 40 44 68~73 79 80 137 155 ㊶17 43 96 101 109 135 145 ㊷189 193 235 238 240 301 323 350 ㊸2 5 6 15 48 56 60 69 75 85 88 109 136 160 166 167 168 170~173 193 311~315 328 396 422 447 448 493~495 466 ㊹43 116 423 453 ㊺57 60 ㊻66 78 88 101 261 284 ㊼50 197 ㊿64
이토(오) 미요지 伊東巳代治 ㊵56 ㊶38

이토오 스케요시 伊藤祐義 ⑩210
이토오 스케유키 伊東祐亨 ⑩44
이토우 후미오 伊東文夫 ㊺359
이 통 李通 ⑱190 ⑳169 170 171 197
이통기국론 理通氣局論 ㉘328
이통기국설 理通氣局說 ㉟19 25 49 67
이튼 J. Eaton ㊴127
이 파 李坡 ㉖48 ㉘193
이파이(니하야) 爾波移 ⑥39 ⑦375 380
2·8독립선언 二·八獨立宣言 ㊼14 282 324 ㊾147
「2·8독립선언서」「2·8獨立宣言書」㊻220 ㊼314 316 ㊾63 429
2·8(학생)운동 二·八學生運動 ㊼273~276 279~281 ㊾428 440
이포 吏逋 ㉜296 318 320 321 ㊱298~301 334
이포징민 吏逋徵民 ㊱297
이필규 李駜珪 ㊽150 151
이필달 李必達 ㉙260
이필우 李弼雨 ㊿369 370 375
이필제 李弼濟 ①346 ㊱17 337 338 350 352~359 366 368 372~375 377 379 ㊲176 177 ㊴281 285
이필주 李弼柱 ㊼325 326 ㊾430
이필희 李弼熙 ㊸370
이 하 李賀 ㉗306
이하곤 李夏坤 ㉟434 438
이하생 李賀生 ㉞18
이하영 李夏榮 ㊴112 114 130 ⑩229 262 266 ㊶42 179 ㊷238 279 ㊸124 132 297 298 ㊹102 196 383
이하유 李何有 ㊿451
이하윤 異河潤 ㊿105 373
이하응 李昰應 ㉟360 381 491 ㊲144 268 280
이하전 李夏銓 ㉜279
이하진 李夏鎭 ㉚98
이학 吏學 ㉕124
이학규 李學逵 ㉟390 404 406 432
이학규 李鶴圭 ⑩139 148
이학균 李學均 ①357 ⑩165 267 ㊶179 ㊷224 225 ㊸4 53 ㊹119
이학룡 李學龍 ㊼161
이학선 李學仙 ㊹383
이학수 李鶴秀 ㉜267 271 274
이학승 李學承 ㊴341
이학재 李學宰 ㊸82 ㊹197
이학현 李學鉉 ㊸160 487 ㊻73
이 한 李翰 ㊴346
이한구 李韓久 ㊸390 392 522
이한성 李漢星 ㊾469
이한응 李漢應 ①359 ㊷219 220 ㊸35 57 ㊽8
이한제한 以韓制韓 ㊸489
이 함 李涵 ㊾268
이 항 李沆 ㉘198 199
이 항 李杭 ㉚162
이 항 李恒 ㉘325 336 ㉚29
이항규 李恒珪 ㊸121
이항근 李恒根 ㊼154
이항로 李恒老 ㉞43 54 ㉟15 25 47 48 51~54 58 60 62 63 184 187 319 ㊲6 9 107 ㊳6 52 205 207 230 233 240 ㊸362 399 460 477 495 519 ㊺293
이항발 李恒發 ㊾57 171 224 391
이항복 李恒福 ㉙32 34 97 ㉚70 ㉛202
이항선 李恒善 ㊸402
이항우 李恒愚 ㊻73 74
이 해 李瀣 ㉘200 ㉚13
이해고 李楷固 ⑩24~28 101 115
이해랑 李海浪 ㊿374 ㊾372
이해룡 李海龍 ㉛496
이해수 李海壽 ㉚80
이해우 李海愚 ㉜236
이해조 李海朝 ㊺309 311 ㊻62
이해창 李海昌 ㉞83
이해평 李海平 ㊿451

이 행 李行 ⑲206 285 ⑳50
이 행 李荇 ㉖168 169 ㉘192 198
이행검 李行儉 ⑳260
이행리 李行里 ㉒331
이행원 李行遠 ㉙251
이향 吏鄕 ㉞102 261 ㊱5
이향 移鄕 ⑮200
『이향견문록』『里鄕見聞錄』㊺267 320
이향차임 吏鄕差任 ㊱235
이향층 吏鄕層 ①328 ㉞39 228 263～266
이 헌 李憲 ㊾71
이헌구 李軒求 51373 52313
이헌국 李憲國 ㉚545
이헌영 李𨯶永 ㊳106 107 111 118 123 ㊵264 ㊶398
이헌용 李憲用 ㊴112
이헌직 李憲稙 ㊴104
이혁유 李奕蕤 ⑱45 217
이현 梨峴 ㉚521 ㉝61 335～338 345 381 384 386 387 ㉞114
이현경 李賢卿 ㊼285
이현규 李鉉圭 ㊸392
이현맹 李玄孟 ⑫229
이현보 李賢輔 ㉗346 347㉘167
이현상 李鉉相 52148 184
이현상 李賢相 ㊿255 257 258
이현석 李玄錫 ㉟188 ㉟511
이현영 李顯英 ㉙249
이현익 李玄益 ㊲195
이현익 李顯翼 51196
이현일 李玄逸 ㉚230 ㉜82 ㉟14 16～18 29
이현직 李顯稷 ㊲169
이현충 李顯忠 ㉙213 214
이형고분 異形古墳 ⑧328
이형근 李衡根 ㊾76
이형동기 異形銅器 ③39 219 220 478
이형원 李亨遠 ㊿252
이형익 李馨益 ㉞84
이형재 李亨在 ㉝44
이형직묘지 李亨稷墓誌 ㉟513
이형청동기 異形靑銅器 ③265
이 호 李浩 ㉘331 ㊼254
이 호 李淏 ㉜404
이 호 李顥 ⑫200 202 228 231
이호민 李好閔 ㉙220
이호섭 李瑚燮 52347
이호원 李浩源 ㊿315
이호익 李鎬翼 ㊶390
이호준 李鎬俊 ㊴206
이 혼 李混 ㉑464
이 혼 李渾 ㉙32 170
이홍 利弘 ⑪31 95
이홍광 李紅光 ㊿348 351
이홍남 李洪男 ㉘202
이홍모 李鴻謨 ㊹197
이홍용 李洪容 ㊼154
이홍윤 李洪胤 ㉖182 ㉘202 256 ㉚37
이홍장(리홍장) 李鴻章 ①459 ㊲9～13 75 76 79 81 85 209 268～275 277 278 281～296 298 300 305 309 310 313 314 325 ㊳30 44 81 83 87 92 96 125 137 170 242 294 304 319 328 334 335 345 ㊵2 3 24 27～29 31 32 38 39 50 58 61 73 74 75 78～80 103 121 149 ㊶17 69 82 ㊷37 174 ㊹34 36 37 79
이홍장－라디겐스키협정 李鴻章－Ladygensky 協定 ㊶50
이홍장－로바노프조약 李鴻章－Lobanov 條約 ㊷174
이홍주 李弘胄 ㉚84
이화 李和 ㉒28 36 41 42 53
이화 犁鏵 ③563
이화동유적 梨花洞遺蹟 ③344 354 457 569
이화령 伊火嶺 ㉚301
이화삼 李化三 52372

이화양행 Merrs. Jardine Matheson & Co. 怡和洋行 ㊲304 ㊴29 99 172 ㊶130 ㊹78

이화여자대학교 梨花女子大學校 ㊻184

이화여자전문학교 梨花女子專門學校 (51)35 258

이화일 李化日 ㊽218

이화중선 李花中仙 (51)307 309

이화학교 梨花學校 ㊸144

이화학당 梨花學堂 ㊳193 ㊴122 ㊸288 ㊹388 ㊺3 22~24 92~95 109 110 155 196 366 ㊻184 185 228 231 300

이 확 李廓 ㉙273 276

이환(통환)법 里還(統還)法 ㉜316 375 ㊱61 70 151

이환안제 移還安祭 ㉓283

이환추 李桓樞 ⑰289

이 황 李滉 ①296 306 427 430 444 455 ㉓17 18 193 283 ㉖71 73 75 ㉘10 11 167 200 287 288 295 306 312 325 ㉙23 ㉚29 35 39 140 144 216 ㉛5 7 39 45 85 173 176 177 181 201 267 268 348 410 421 422 440 471 490 533 ㉞142 270 ㉟13 15 28 29 30 32 33 51 55~58 64 67 130 182 189 208 228 ㊲160 ㊾173

이황학파 李滉學派 ㉘332

이회 里會 ㊱15 60 300 309 ㊶269

이 회 李薈 ㉖173 175 189 191~193 200

이회광 李晦光 ㊻129 (51)159 199

이회상 李晦祥 ㉜249

이회영 李會榮 ㊸207 218 333 511 ㊼10 192~194 308 ㊽336

이회원 李會源 ㊴444

이획 移劃 ㉜162 164 167 181 183 188 189 310

이효덕 李孝德 ㊼157

이 후 李垕 ㉜175

이후백 李後白 ㉘336 ㉚41 49

이훈구 李勳求 ㊺105

이훈우 李醺雨 (51)430

이훈중 李勛中 ⑱62

이 휘 李輝 ㉘201

이휘병 李彙炳 ㉜211 281

이휘일 李徽逸 ㉟16 18 29

이 휴 李休 ㉜384

이흔암 伊昕巖 ⑪158 ⑫24 28 45

이흥렬 李興烈 ①503 (52)342

이흥발 李興浡 ㉙285 286

이흥삼 李興三 ㊼394

이흥성 李興晟 ⑩67 151 193

이흥업 李興業 ㉙276

이흥우 李興祐 ⑫115

이 희 李禧 ⑲66 ⑳409

이 희 李羲 ㉚570

이희간 李喜侃 ㊾46

이희갑 李羲甲 ㉜257 259 ㉝170

이희건 李希健 ㉙262 264

이희겸 李喜謙 ㉞69

이희능 李希能 ⑫177

이희득 李希得 ㉙105

이희민 李熙民 ㊻241

이희승 李熙昇 ㊿239 (51)104 105 112 113 115

이희영 李喜英 ㊺350

이희저 李禧著 ①333 ㉝170 ㉞91 ㊱14 101 238 241 242 254~257 274

이희적 李希績 ⑳212

이희정 李喜貞 ㊳364

이희조 李喜朝 ㉘208 ㉚174

이희지 李喜之 ㉚171

이희평 李羲平 ㉟413

이히득 李希得 ㉙105

익공 翼工 ㉛520

익군 翼軍 ⑲4 64 65 ⑳409 ㉓33 208~210 ㉕28

익군체제 翼軍體制 ㉒336

익대공신 翊戴功臣 ㉒135 ㉘21 181

익랑 翼廊 ㉕346 348 352
익령 翼嶺 ⑫27
익산 益山 ⑰259
익산고도리석불입상 益山古都里石佛立像 ㉑410 411
익산농민항쟁 益山農民抗爭 ㉜339
익선 翊善 ⑱160 ㉚229
익선관 翼善冠 ㉕298 302
익안현 翼安縣 ⑳231
익양공부 翼陽公府 ⑱201
익양후 翼陽侯 ⑫275 279
『익재난고』『益齋亂藁』㉑245 342
『익재집』『益齋集』㉑245
익종 翼宗 ㉟556
익주 益州(益山) ⑱8
인각명와 印刻銘瓦 ⑧312
인각사 麟角寺 ㉑309
인각사보각국사탑 麟角寺普覺國師塔 ㉑400 401
인겸 仁謙 ⑪21 29 48
인경(정) 人定 ㉓228
인경불사 印經佛事 ㉖286
인경원 印經院 ⑯110
인경자 印經字 ㉗221
인경현비 仁敬賢妃 ⑫227
인골화석 人骨化石 ②345 373 404 441
인공양잠전습소 人工養蠶傳習所 ㊵293
인공양잠합자회사 人工養蠶合資會社 ㊹186 188
인공유물 人工遺物 ②137 142 165
인과응보설 因果應報說 ⑫114
인구 人口 ⑮140 ⑲227 230 234
인구 麟廐 ㉔554
인기(지)미 印岐(支)彌 ⑦283 355 358
인납 引納 ㉔429 430 ㉘62 360 362 ㉚527
인내천 人乃天 ①339 ㊻201 202 205
인당 印璫 ⑳313 323 328 331 402
인동당초무늬 忍冬唐草무늬 ⑧187
인동문 忍冬文 ⑧196 264 265 267
인두세 人頭稅 ⑤8 59 194 202 ⑥206 ⑦114 ㊱281
인력경 人力耕 ⑦220
인록 人祿 ㉔483
인리 人吏 ㉚492
인리성 人吏姓 ⑮151
인리안 人吏案 ㉓157
인리위전 人吏位田 ⑭185 239 ㉓156 ㉔440 ㉘34 35
인매선 人買船 ㉚335
인면문 人面文 ⑧267
『인명론』『因明論』㉟142
인명학교 仁明學校 ㊸286
인목대비 仁穆大妃 ㉚7 2㉜25
인목덕비 仁穆德妃 ⑫227
인문장 引紋匠 ㉔268 270 272
『인문평론』『人文評論』㊾304
『인물고』『人物考』㉜93
인물기흥 因物起興 ㉗288
인물도 人物圖 ⑧333
인물성구동론 人物性俱同論 ㉟16 24 63
인물성동이론 人物性同異論 ①321 ㉟2 13 15~20 22 27 33 49 50 63 ㊱80
인물추변도감 人物推辨都監 ⑭268 ⑳26
인물풍속도 人物風俗圖 ⑧333
인물화 人物畵 ①291 ㉗9 533 ㉛446 468 476 ㉞129
인민 people 人民 ㊵92 95 96
인민공화국 人民共和國 ①393 ㊵93
인민공화당 人民共和黨 ㊾395 465
인민극장 人民劇場 ㊾369
인민당 人民黨 ㊾112
인민대표자대회 人民代表者大會 ㊾104
인민동지회 人民同志會 ㊾159
인민문학 人民文學 ㊾305
인민민주주의 人民民主主義 ㊾462
인민위원회 人民委員會 ①393 ㊾30 152 243 427

ㅇ

「인민청원서」「人民請願書」 ㊽149
인반관 引伴官 ⑮288
『인방병비략』『隣邦兵備略』 ㊵33
인번 引番 ㉘104
인법사 印法師 ⑧52
인보법 隣保法 ㉕15
인보정장(지)법 隣保正長(之)法 ㉓190 ㉞211
인보제 隣保制 ㉞215
인보조직 隣保組織 ⑬216
인복순 印福順 ㊾278
인부 印符 ㊱317
인부 仁部 ⑩143 153 165
인사라아 因斯羅我 ⑧198
인삼 人蔘 ㉗122 ㉚602 ㉝64 125 172 324 349 351 352 357 383 442 456 465 ㉞85
인삼무역 人蔘貿易 ㉝350 351
인서체 印書體 ㉗214
인선왕후 仁宣王后 ㉚113 115 153 ㉜33
인선의 치 仁宣의 治 ㉒250 251 278
인성 人性 ㉟15 18 19 21 24 26
인성군 공 仁城君珙 ㉚79
인성대장경 印成大藏經 ⑯104 107
인성불경 印成佛經 ⑯104
인성왕후 仁聖王后 ㉚43
인성학교 仁成學校 ㊼12 227
인소전 仁昭殿 ㉓94
인쇄공업회사 印刷工業會社 ㊹191
인쇄국 印刷局 ㊷105 ㊼26
인쇄소 印刷所 ㊹399
인쇄직공청년회 印刷職工青年會 ㊾381
인수 印綬 ④140 281
인수 仁守 ⑨66
인수궁 仁壽宮 ㉚504
인수대비 仁粹大妃 ㉘192
인수부 仁壽府 ㉓58 59
인수절 仁壽節 ⑯235
인순왕후 仁順王后 ㉚27
인신 印信 ㉒362 363
인신서계(인신문서) 印信書契(印信文書) ㉒351
인신척 人身尺 ㉔605 608
인심도심논쟁 人心道心論爭 ㉘327
인심도심설 人心道心說 ㉛281 284
인악의첨 仁嶽義沾 ㉟133 135
인안 仁安 ⑩30 70 101~103 116~118 120 121 125 139
인영보 印榮寶 ⑱52
인예순덕왕후 仁睿順德王后 ⑫227
『인왕경』『仁王經』 ⑧2 82 ⑫219 ⑯133 138
인왕경도량 仁王經道場 ⑯142 143
인왕경사상의례 仁王經思想儀禮 ⑯141
인왕도량 仁王道場 ⑯140 143 ⑱202
인왕백고좌도량 仁王百高座道場 ⑯140 163 164 166 168 184 185 ⑯198
인왕백고좌회 仁王百高座會 ⑨374
인왕산 仁王山 ㉟165
인왕상 仁王像 ㉖248
「인왕제색도」「仁王霽色圖」 ㉟460
『인왕호국반야바라밀다경』『仁王護國般若波羅蜜多經』 ⑧56
인용사 仁容寺 ⑨405
인우 因友 ⑥75
인우회 仁友會 ㊺79
인일제 人日祭 ㉑528
인일제 人日製 ㉓331
『인자집』『仁字集』 ㉗305
인자형대공 人字形臺工 ⑧269
인절현비 仁節賢妃 ⑫227
인정 人丁 ⑤59 ⑥205
인정기준설 人丁基準說 ①205 208
인정미 人情米 ㉜287
인정세 人丁稅 ㊱28 34
인정식 印貞植 ㊼291
인정전 仁政殿 ㉚277 ㉟527
인조반정 仁祖反正 ①260 300 ㉙236 238

㉚72 110 113 ㉛177 291 351 371 479 ㉜19 25 27 32 34 43 107
인조제빙법 人造製氷法 ㊹481
인족(침)징 隣族(侵)徵 ㉜306 309
인종 仁宗 ⑭103~106 109 112 113 119 120 122~124 ⑱24 160
『인종실록』『仁宗實錄』⑰157
인종익 印宗益 ㊼331
인주 麟州 ⑮307
인주 仁州(仁川) ⑱185
인주 이씨 仁州李氏 ⑫7 215 216 227 228 231 235 241 247 248 ⑯52 53 57 58
인지수입 印紙收入 ㊷337
인질 人質 ⑥161
인징 隣徵 ⑲31 32 ㉚480 ㉜125 128 196 303 318 345 371 ㉝132 ㉞68 152 208 233 ㊱128 208 283
인천 仁川 ㊹87 101
인천개항 仁川開港 ㊲282 ㊳169
『인천경성격주상보』『仁川京城隔週商報』㊻44
인천공립병원 仁川公立病院 ㊻283
인천박문회 仁川博文會 ㊶265
인천선미여공조합 仁川選米女工組合 ㊾284
인천신상회사 仁川紳商會社 ㊷92 ㊹202
인천영사관 仁川領事館 ㊻296
인천외국어학교 仁川外國語學校 ㊺49
인천장 仁川場 ㉝362
「인천제물포각국조계장정」「仁川濟物浦各國租界章程」㊹130
인천전환국 仁川典圜局 ㊳184
인천측후소 仁川測候所 ㊻251
「인천항일본조계조약」「仁川港日本租界條約」㊹130
인천해관 仁川海關 ㊳172
인천행관 仁川行館 ㊲297 299
「인천화상지계장정」「仁川華商地界章程」㊹130
인촌도 仁村圖 ㉖196 197 199 200
인출장 印出匠 ㉗196
인칭어미 人稱語尾 ㉗381
인태 仁泰 ⑨36
인평대군 麟坪大君 ㉙275 278 291 ㉚97 98 ㉜387
인평왕후 仁平王后 ⑫227
인품평정 人品評定 ㉓324
인현붓재글방 仁峴筆峴書堂 ㊻151
인현왕후 仁顯王后 ㉚148 159 161~163
『인현왕후전』『仁顯王后傳』㉟426 427
인현지화 仁賢之化 ㉖111 112
인형극 人形劇 ㊿130 365
인화문 印花紋 ⑨536 ㉗490~495 497 499 500
인화문도기 印花紋陶器 ⑰293
인화분청자 印花粉靑瓷 ㉛511 512
인후 印侯 ⑲20 22 43 ⑳284
인흥사 仁興社 ㉑307 318 319
일강 一康 ⑫28 54 62 126
일강 日講 ㉓299 302
일경 日耕 ㊷80
일과제 日課制 ㉔233
일관 日官 ⑨467 ⑫240 260 ⑯366 368 ㉑189 ㉛331~333
일관부 日官部 ⑥171
일급거족 一級鉅族 ㉘178
일기도 壹岐島 ⑦408 ⑫225 ⑭460 ⑮372 ⑳391 392
일년삼사 一年三使 ㉒293~296 298 324
『일동기유』『日東記游』㊳117 185 ㊺15 ㊻14
「일동장유가」「日東壯遊歌」㉟399
『일득록』『日得錄』㉜94 95
일라 日羅 ⑧66
일람불어음 一覽拂於音 ㊷103
일력 日曆 ㉑359
일련종 日蓮宗 ㊻124 125

일로협약 日露協約 ㊸168
일리군 一利郡 ⑦298
일리천 一利川 ⑫29 37 130 ⑬272 ⑮258 266
일립 日立 ⑧473
일만복 壹萬福 ⑩128
일모산성 一牟山城 ⑪112 ⑫32 36 59 64
일무 佾舞 ㉗389 394 ㉟592 51356
일문교과서 日文教科書 ㊸203 289
일미관행 一味觀行 ⑨375 379
일발다전법 一發多箭法 ㉗242 253
일벌 一伐 ⑦165 167
일본경인철도인수조합 日本京仁鐵道引受組合 ㊻261
일본공산당 日本共産黨 ㊿414
『일본교회사』『日本教會史』㉜505
일본국우편국 日本國郵便局 ㊹230
『일본국고략』『日本國考略』㉒406
『일본국내무성각국규칙』『日本國內務省各局規則』㊳114
『일본국내무성직장사무』『日本國內務省職掌事務』㊳114
일본국대군 日本國大君 ㉜436
일본국도 日本國圖 ㉖202
일본국사 日本國使 ⑫225 ⑮250
「일본국서해도구주지도」「日本國西海道九州之圖」㉖201 205
일본국왕 日本國王 ⑮253 ㉜430
일본국왕사 日本國王使 ㉒381 386 389 395 401~404 407
일본국정조사단 日本國政調査團 ㊳26 28 39 44
「일본국통신사사목」「日本國通信使事目」㉒400
일본군법 日本軍法 ㊵136 137
일본군용전신소 日本軍用電信所 ㊶139 ㊹121
일본노예상인 日本奴隷商人 ㉙175
『일본농상무성각국규칙』『日本農商務省各局規則』㊳114
일본대명도 日本大明圖 ㉖177
일본대신 日本大臣 ⑦362
「일본대장성직제사무장정」「日本大藏省職制事務章程」㊳114
일본도 日本道 ⑩124 171 201
일본동양대학 日本東洋大學 ㊺103
일본목면 日本木棉 ㊹76 218 220
『일본문견사건』『日本聞見事件』㊳185
일본반제동맹 日本反帝同盟 ㊿417
『일본변정고』『日本變政考』㊵83
『일본사법성시찰기』『日本司法省視察記』㊳114
일본사신 日本使臣 ⑩42 50 104 127
일본사행 日本使行 ㊲311
『일본삼대실록』『日本三代實錄』⑨281
일본상객 日本商客 ⑭461
『일본서기』『日本書紀』①145 416 ⑤80 ⑥150~153 ⑦9 278 281 282 302 390 391 394 ⑧55 57 127 128 ⑨281 310 ㉒409 ㊲26
일본승려 日本僧侶 ⑳414 415
일본시찰 日本視察 ㊻125
일본시찰단 日本視察團 ㊳84
『일본역사』『日本歷史』㊺62
일본열도 日本列島 ①39 40
일본영사관 日本領事館 ㊹133
『일본외교문서』『日本外交文書』㊵73
일본우선주식회사 日本郵船株式會社 ㊹42 81 82
일본우선회사 日本郵船會社 ㊹82 83 84 86 93 100
일본우편회사 日本郵便會社 ㊵43
일본원양어업주식회사 日本遠洋漁業株式會社 ㊹126 127
일본원정 日本遠征 ⑲369 ⑳268
『일본육군조전』『日本陸軍操典』㊳115
『일본육군총제』『日本陸軍總制』㊳115

일본은행 日本銀行 ㊵223
일본은행차관 日本銀行借款 ㊹45
일본인정주상업 日本人定住商業 ㊹177
『일본인』『日本人』㊵108
일본자본주의 日本資本主義 ㊼32
일본정당 日本精糖 ㊹478
일본제국여자전문학교 日本帝國女子專門學校 ㊺103
일본제국주의 日本帝國主義 ㊼52
일본제면조기 日本製綿繰機 ㊹216
일본제일국립은행 日本第一國立銀行 ㊹42
「일본지도」「Iaponiae Terrae」「日本地圖」㉜516
일본차량공장 日本車輛工場 ㊿178
일본철도조합 日本鐵道組合 ㊻261 262
일본(총)영사관 日本(總)領事館 ㊼181 185
일본통사 日本通事 ⑳394
일본통신사행렬도 日本通信使行列圖 ㉟557
일본형범선(화선) 日本型帆船(和船) ㊹76
일본화폐유통(권) 日本貨幣流通(權) ㊲261 323 324
『일본후기』『日本後紀』⑨281 312
일부다처제 一夫多妻制 ㉕257
일부다처제사회 一夫多妻制 ④211 217
일부일처제 一夫一妻制 ①243 255 ⑩161 ⑮93
일산 一山 ②336 455 502 503
일산역 一山驛 ㊶169
일산유적 一山遺蹟 ②321 324 337
『일석본해동가요』『一石本海東歌謠』㉟394
일선군(선산) 一善郡(善山) ⑦101 ⑫37
일선동조론 日鮮同祖論 ㊺108 274 276
일선융화 日鮮融和 51300
일선주 一善州 ⑨128
『일성록』『日省錄』㉜87 93 95 ㉟206 ㊲151
일성이사금 逸聖尼師今 ⑦28 ⑧315
일성정시의 日星定時儀 ㉗62 73 82 96
일세일원 一世一元 ⑩140
일수 日守 ㉔508 ㉕197
『일승문답』『一乘問答』⑨443
『일승법계도』『一乘法界圖』⑨386
일시 日市 ㉔122
일시동인 一視同仁 ①369 ㊼6 25 101 105 ㊽49
일식 日食 ㉗39 40
일식 日蝕 ⑧402 425
일신단 一身團 ㊼360
일신양역 一身兩役 ㉜106 109
일신학교 一新學校 ㊹387
일심계 一心契 ㊸435
일심삼관(법) 一心三觀(法) ⑯41 44 79 82
일양재 一兩齋 ㉓282
『일어독본』『日語讀本』㊺62
일어진 昵於鎭 ⑫34 54
일어학교 日語學校 205 250
일엄 日嚴 ⑳114
일역전 一易田 ⑳96 97
일연 一然 ⑦102 ⑧69 70 ⑨482 ⑩54 230 ⑪185 ⑯61 186 ⑰207 ㉑66 70 93 94 294 301 307 308 310 311 316 330 338 354
일영대 日影臺 ㉗61
일오극장 一五劇場 52369
일요선거거부사건 日曜選擧拒否事件 52446
일원 日原 ⑨36
일월성신 日月星辰 ⑧401
「일월오봉도」「日月五峯圖」㉟479
일월조 壹越調 ⑨620
일월회 一月會 ㊼283~287 290 294 297 ㊾95 98 143
일의생 日醫生 ⑫225
일인일기교육 一人一技教育 ㊺98
『일일신문』『日日新聞』㊻55
일자다음식 一字多音式 ㉗408 423 431
일장기 日章旗 5187 94 350

일장기말소사건(항쟁) 日章旗抹消事件 (抗爭) ㊿54 236
「일재기」「逸齋記」⑯284 296
일조대선 一條帶線 ㉗521
일조편법 一條鞭法 ㉚94
일족절린 一族切隣 ㉘63
『일주서』『逸周書』①145 162 ④151
일주식 一鑄式 ③209
『일지록』『日知錄』⑨302
일진회 一進會 ㊷235 269 ㊸48 86 133 149 173 184 185 191 223 224 233 278 279 312~317 324 383 386 427 451 491 ㊺52 ㊻61 69 70 77 79 130 142 195~197 199 ㊼105 128 185 ㊽46 51 170 51179
일차물선 日次物膳 ㉔467
일책십이법 一責十二法 ④216
일처합향사 一處合享事 ㉛106
일천즉천 一賤則賤 ⑮69 95 ㉕105 107 ㉞141 ㊱35
일청무역연구소 日淸貿易硏究所 ㊵35
일청제휴론 日淸提携論 ㊵118
일총통 一銃筒 ㉓267
일통도 一統圖 ㉖199
일통삼한의식 一統三韓意識 ⑨2 65 73
『일포시사』『日布時事』㊿383
일한와사회사 日韓瓦斯會社 ㊹120 400 ㊻278
「일한조약」「日韓條約」㊵220
일항무역 一港貿易 ㊲61
일행 一行 ⑪223 224
일향 一鄕 ㉞181
「일향입법」「一鄕立法」㉛122 139
임가 林歌 ⑨620
임 간 林幹 ⑫241 ⑬357 ⑮326
임강사지 臨江寺址 ⑧277
임걸년 林傑年 ㉙158
임견미 林堅味 ⑲80 84 170 187 188 236 255 ⑳355 380 381
임경겸 任景謙 ⑱58
임경숙 任景肅 ⑰158 ⑱58 ㉑353 356
임경업 林慶業 ㉙257 274 293 297 298 ㉛263 434 ㉜385
「임경업전」「林慶業傳」㉛434 ㉟419
임경엽 林冏燁 ㊸349
임경재 任璟宰 51100
임경청 林景淸 ⑫262 263 270
임경화 林景和 ⑲357
임계영 任啓英 ㉙36 52 81 145
임고서원 臨皐書院 ㉗227 ㉘296
임광모 林光模 ㊼167
임광재 任光載 ㉘185
임광택 林光澤 ㉞76
임 규 林圭 ㊼327 331 51109
임규호 任圭鎬 ㊴434 435
임극정 任克正 ⑫273 275
임극충 任克忠 ⑱208 223 224
임(금)노동자 賃(金)勞動者 ㊳266 267 311
임금노동제 賃金勞動制 ㉝206
임금투쟁 賃金鬪爭 ㊹410
임기준 林基俊 ①504 ㉟563
임꺽정 林巨正 ㉚25 ㊱205
임나 任那 ⑦279 290 299 300 302 344 368 356
임나가라 任那加羅 ⑦67 301
임나가량 任那加良 ⑦301
임나가야 任那伽耶 ⑤67 69 70 ⑦379
『임나고고』『任那考稿』㊵34
임나사 任那史 ⑦303
임나일본부(설) 任那日本府說 ⑦8 10 66 276 278 280~284 355
임노동 賃勞動 ㉝96 114 115 117 119 140 145 146 149 150 206 207 ㊱147 154 303
임노동자 賃勞動者 ㉝5 118 141 142 150 157 ㊱151 155 156 ㊹354
임노성 任老成 ⑮293 ⑰244 281
임 담 林墰 ㉘291

임당동고분 林堂洞古墳 ⑦52
임도준 任度準 ㊽202
임동식 林東植 ㊼247
임동혁 任東爀 ㊾342
임둔 臨屯 ④99 101 109 239 248 249 ⑤19 22
임둔군 臨屯郡 ④239 247
임득의 林得義 ㉙154 157
임득일 林得一 ㊿321
임례국 稔禮國 ⑦345 368
임류각 臨流閣 ⑥175
임류각지 臨流閣址 ⑧307
임명필 林明弼 ⑫80 81
임 목 任睦 ⑰158
임 무 任務 ⑤136
임무성 林茂盛 ㉚562
임 밀 林密 ⑳370
임 박 林樸 ⑲142 181 186 ⑳353 354
임 방 任房 ㊳174
임방울 林芳蔚 ①505 ㊾342 352
임백령 林百齡 ㉘201 ㉚15
임병길 林炳吉 ㊶392
임병무 林炳武 ㊽313
임병찬 林炳瓚 ①360 ㊸399 402 455 456 458 507 ㊼138～142
임병철 林炳哲 ㊿236
임병항 林炳恒 ㊹196 197 ㊺70
임복성 林福成 ㊿223
임 부 任溥 ⑱237
임불리 壬佛里 ②86 355 406 423 535 536 538
임사홍 任士洪 ㉒141 142 ㉖46 ㉘185 191 192 237 253 254 ㉚63
임상덕 林象德 ㉟190 313～316 320 321 323 324
임상옥 林尙沃 ㉜233 ㉞91
임상원 任相元 ㉜407
임상준 任商準 ㊷22
임서하 任西河 ㊾313
임선 賃船 ㉝274 293
임선규 林仙圭 ㊿372
임선백 任善伯 ㉙290
임선제 賃船制 ㉔537 ㉝144 273
임선준 任善準 ㊸76
임성구 林聖九 ㊺359 ㊿366
임성미 林成味 ⑳406
임성주 任聖周 ㉜82 ㉟49 50
임소향 林素香 ㊾342
임수도 林壽圖 ⑥133
임순무 林淳茂 ㊿330
임술민란 壬戌民亂 ㉞265 ㊲148 149 165 173～175 177 211 212
임술사정 壬戌査正 ㉜127
「임술의책」「壬戌擬策」㊳216
「임시거류민단제」「臨時居留民團制」㊽ 128
임시고려군정의회 臨時高麗軍政議會 ㊽ 253
임시교통국 臨時交通局 ㊽130 132
임시교통사무국 臨時交通事務局 ㊽138
임시국민대연설회 臨時國民大演說會 ㊸ 315
임시군용철도감부 臨時軍用鐵道監部 ㊹ 65 67
「임시농지등관리령」「臨時農地等管理令」㊿84
임시발 任時發 ㉜245
「임시연통제」「臨時聯通制」㊽128
임시우체사 臨時郵遞司 ㊹243
임시우체사제도 臨時郵遞司制度 ㊹232
임시우체소 臨時郵遞所 ㊹243
임시의정원 臨時議政院 ㊽120～123 125 136 141 150～152 154 156 157 159 160 162 163 180
「임시자금조정법」「臨時資金調停法」㊿16
임시정부 臨時政府 ㊼150 180 231～233 254 259～261 342 ㊽11～14 107 109 118 120～123 125 128 130～138 140

142 148 150 155 159 160 164~169 171 174 175~177 179~181 191 194 201 207 209~211 214 232 233 235 238 242 247 271 ⑫71 77 118 127 128 129 131 181 186 188 194
임시정부수립문제 臨時政府樹立問題 ⑫ 383
임시정부수립방안 臨時政府樹立方案 ⑫ 50 52 54
임시정부건설론 臨時政府建設論 ㊼263
「임시정부선포문」「臨時政府宣布文」㊽ 113 114
「임시지방교통사무장정」「臨時地方交通事務章程」㊽130
「임시지방연통제」「臨時地方聯通制」㊽ 129
임시철도건설부 臨時鐵道建設部 ㊹70
임시토지조사국 臨時土地調査局 ㊼130
임시헌법제정위원 臨時憲法制定委員 ⑫ 460
임시헌법초안 臨時憲法草案 ⑫461
임 신 林信 ⑲386 393 398
임신서기석 壬申誓記石 ⑧9 121 212 ⑨340
임신약조 壬申約條 ⑳393 ㉒385 392 ㉘ 133 ㉙14 133 ㉚601
임신원사목 壬申原事目 ㉜156 162
임안부 臨安府 ⑮243
임야정리조사 林野整理調査 ㊼76
임야조사사업 林野調査事業 ㊼76
임억령 林億齡 ㉘200
임억명 林億命 ㉙155 156
임 언 林彦 ⑪226 ⑫50 ⑮276
임언국 任彦國 ㉗141 153
임업세 林業稅 ㉔431
임 연 任兗 ㉙226 228 229 ㉚70
임 연 林衍 ⑱1 2 4 6 13 97 100 102 104~106 110~115 118~121 146 152 153 155 167 175 182 191 193 ⑳229 246 250 313~315
임 영 林英 ⑫268
임영대군 구 臨瀛大君璆 ㉓295
임영빈 任英彬 ㊿257
임영신 任永信 ㊾274 ⑫420
『임영지』『臨瀛誌』㉟169 632
임예환 林禮煥 ㊼326 ㊿181
임오교변 壬午敎變 ㊿196
임오군란 壬午軍亂 ①343 346 351 364 365 460 ㊲13 312 327 ㊳6 7 30~32 34 42 43 62 133 268 278 314 ㊵30 36 100 103 106 179 ㊷15 ㊸14 15 17 409 ㊺16 24
임오군변 壬午軍變 ㊹340
임오군인항쟁 壬午軍人抗爭 ㊹42
임오의리 壬午義理 ㉜80 84
임오화변 壬午禍變 ㉜63
임옥인 林玉仁 ㊿257
임옹배로 臨雍拜老 ㉖234 235
임 완 林完 ⑫224 267 ⑮292
임용사공 賃用私工 ㉝163 164
임용현 林鏞炫 ㊴219
임 우 林宇 ㉗402 405 434
임운상납제도 賃運上納制度 ㉝375
임운활동 賃運活動 ㉝273
임 원 林元 ⑳276
『임원경제지』『林園經濟志』㉚436 ㉝37 47 48 165 222 224 227 232 239 359 364
임원궁 林原宮 ⑯341
임원근 林元根 ㊾285 292 ㊿74 87 ⑫ 196
임원식 林元植 ⑫349 363
『임원십육지』『林園十六志』㉗206 ㉟559 ㉛ 626 629
임원역 林原驛 ⑫263 264 265 ⑯327 330
임원준 任元濬 ⑫253 ㉗140 ㉘185 253 254
임원후(애) 任元厚(敱) ⑫202 258 262 263 266 267 268 273 ⑱57 237
임 유 任濡 ⑱57 84 211 229 231 232

237
임유겸 任由謙 ㉘177 183
임유곤 林惟梱 ⑱113
임유무 林惟茂 ⑱1~7 96 110 112~114 118 120 146 152 155 157 167 175 176 193 ⑳250
임유앵 林柳鶯 52375
임유희 林維喜 ㊲47
임은명 林殷明 ㊳23 359
임응준 任應準 ㊲283
임 의 任懿 ⑫240 247 ⑮293 ⑱57 237
임 익 任翊 ⑰158 ㉑353
임인옥 壬寅獄 ㉚172 173 175 ㉛109 111 ㉜151 ㊱191
임인옥안 壬寅獄案 ㉚174
임인자 壬寅字 ㉟196
임 자 任子 ⑨31
임자무역 任自貿易 ㊳179 ㊺49
임자문 林子文 ㊼167
임자성 林自成 ⑫229
「임자진휼사목」「壬子賑恤事目」㊱164
임장부 林長富 ⑫97
임재순 林載淳 ㊾161
임전무퇴 臨戰無退 ⑨25
임전보국단 臨戰報國團 ㊿234
임 정 林整 ㉔531
임정법통론 臨政法統論 ㊽165 167 52133
임정세력 臨政勢力 52112
임정수 林正洙 ㊼240
임정수립대책협의회 臨政樹立對策協議會 5276
임 제 林悌 ㉗352 354
임제삼구 臨濟三句 ㉟146 148 150 151
임제선 臨濟禪 ㉑20 100~106 313
임제의현 臨濟義玄 ㉟129 146
임제종 臨濟宗 ⑯63 ㉑98 100 102 ㉟1 45 146 ㊻131 129 51199 200 205
임조 臨兆 ④86
임 존 林存 ⑫252 253
임존군 任存郡 ⑫59
임존상 任存常 ㉜260
임존성 任存城 ⑥160 190 ⑨38 42 44
임종환 林宗桓 ㊾98
임준기 林俊基 ㊼243
임준호 任準鎬 ㊼240
임중연 林仲沇 ⑱169
임중호 林中虎 ㊸391
임지죽 任之竹 ㉚562
임진과옥 壬辰科獄 ㊱191
『임진록』『壬辰錄』㉛434 ㉟419
임진수 林鎭洙 ㊶237
임진왜란 壬辰倭亂 ①261 274 292 297~300 302 304 307 313 317 327 362 445 458 501 ㉒409 424 434 ㉓354 ㉘136 ㉚328 398 582 594 ㉜13 21 34 420 ㉞212 217 ㊱21~25 27 29 42 55 83 206 216 281 344 345 ㊲21 128 160 162 ㊵19 209
임진자 壬辰字 ㉟195 196 205
임징하 任徵夏 ㉜59
임찬일 林燦逸 ㊼355
임창근 林昌根 ㊸467
임창모 林昌模 ㊸501 505 526
임창무 林昌茂 ㊼351
임천각 臨川閣 ⑰249
임천수 묘지 林千壽墓誌 ㉟517
임최수 林冣洙 ㊵262 268
임 춘 林椿 ⑭32 146 157 159 166 281 ⑯284 295 296 ⑱11 12 211 220 221 226 227 234 243 244 ⑲393 ㉑292
임춘길 林春吉 ⑫24 25 26 31 45 133
임춘앵 林春鶯 52375
임춘추 林春秋 52425
임충석 林忠錫 52430
임치정 林蚩正 ㊼238 244
임칙서 林則徐 ㊲42 45~47 49
임태영 任泰瑛 ㊲169
임 택 任擇 ㉗218

임토작공 任土作貢 ㉘62 80 360 ㉚526 528
임팔전선 Imphal戰線 ㊿457
임표변 林豹變 ㉙260
임피둔전 臨陂屯田 ⑭198 200～202
임필동 林弼東 ㊼388
임학선 林學善 51328
임한길 任漢吉 ㊾461
임한백 任翰伯 ㉚136
임한수 林翰洙 ㉜274 ㊳383
임해군 臨海君 ㉙3 31 37 51 157
임해전 臨海殿 ⑧294 ⑨545 ⑪39 55
임헌회 任憲晦 ㉟51 ㊳56 ㊻104
임형수 林亨秀 ㉘201
임형주 林炯住 ㊼238
『임홍청금록』『林鴻靑衿錄』㉔168 169
임 화 林和 ㊾174 51117 52300 304 306 307 314 316 320 326 369
임 회 林檜 ⑲393
임효명 任孝明 ⑱57 237
임효순 任孝順 ⑱58
임효준 林孝峻 ㊾202
임후상 任厚常 ㉜258
임 훈 林薰 ㉚32
임 희 林曦 ⑫80
임희재 任熙載 ㉘177 179 190
입(제) 笠(制) ㉛604 609 610
입강창가 入江倉價 ㉓272
입거목 入居木 ㉝266
「입거절목」「入居節目」㉛17
입거죄 入居罪 ㉛17
입거향리 入居鄕吏 ㉓157
입관보리법 入官補吏法 ㉓347 ㉕69
입국나전경상 立菊螺鈿經箱 ⑰307
『입당구법순례행기』『入唐求法巡禮行記』 ⑨10 193 295 615 616 ⑩110 ⑪53
입당로 入唐路 ⑨48
입당승 入唐僧 ⑨287
입마역 立馬役 ㉝263
입마청 立馬廳 ㉝258
입모 笠帽 ㉕318
입무 立舞 51357
입방 入防 ㉓355
입방군 入防軍 ㉜98
입방체형구슬 多面玉 ③512
『입법계품초기』『入法界品抄記』⑯30 31
입법권 立法權 ㊼34 113 115 117
입법기구 立法機構 52190
입본 立本 ㉜316 322 ㊱298
입본취식 立本取息 ㊱181 183
입부 立府 ⑱77 158
입비생사 立碑生祠 ㉞189
입사건호 立祠建號 ㊱191
입사기법 入絲技法 ⑰300
입사직 入仕職 ⑬110 119 ⑮38
입사치제 立祠致祭 ㉖109
입석(선돌) 立石 ①102
입석유적 立石遺蹟 ②337
입성론 立省論 ⑳283 286
입성문제 立省問題 ⑳283
입성책동 立省策動 ①227 ⑲72 89 ⑳ 276 343 ㉑346 347
입실리유적 入室里遺蹟 ③45 46 347 389 448 461 ⑦35
입안 立案 ㉘148 ㉚410～412 453 466 ㉝84 85 ㊷69 ㊹134 139
입암산성 笠巖山城 ⑳175 208 234 235 245 ㉙185
입약통상(론) 立約通商(論) ㊲273 274 278
입양제도 入養(制度) ㉞59 161 163 164
입역 立役 ㉕214 ㉘63 ㉜103 104 105 113
입역노비 立役奴婢 ①281 ㉕225 ㉚346
입역노자 入役奴子 ㉞136
입역장인 入役匠人 ㉔275
입작 入作 ㊱157
「입작유민입적사목」「入作流民入籍事目」 ㊱157
입전 立廛 ㉔133 134 147 ㉚524 530

입전 笠廛 ㊶220
입전도가 立廛都家 ㊸132 184 196
입전도중 立廛都中 ㉔138
「입전조례」「立廛條例」㉔141
입지론 立志論 ㉖69 73
입직 入直 ㉓226 ㉕94 ㉚277
입진성 入鎭姓 ㉓154
입진전 入鎭田 ⑭222 226 275
입책보단 入柵報單 ㉝440
입춘 立春 ㉑527
입춘연상시 立春延祥詩 ㉛572
『입학도설』『入學圖說』①289 ㉖55 57
㉗6 274 ㉘175 315
입헌군주(정)체 立憲君主(政)體 ㊳76 413
입헌군주제 立憲君主制 ㊶247 ㊷50 ㊸190
205 228 230 232 273 ㊼13 230 232
입헌대의정체 立憲代議政體 ㊸270 310
입헌대의제 立憲代議制 ㊸201 257 273 276
입헌정체 立憲政體 ㊸266 270 274 276
입화종무(다치바나 무네시게) 立花宗茂
㉙204
입화통호(다치바나 무네토라) 立花統虎
㉙127
입회권 入會權 ㊼130
입후 立後 ㉖58 ㉛6 218~222 247
입후봉사 立後奉祀 ㉞166
잉쿠오 營口 ㊵62
잉파법 仍把法 ㉝265

ㅈ

『자각론』『自覺論』㉛119
자간 自簡 ⑨66
자갈돌석기 礫石石器 ②292 301
자갈돌찍개문화층 礫石單面器文化層 ②37 88 166
자강개혁운동 自强改革運動 ㊸243
자강독립론 自强獨立論 ㊶258 ㊸7 8 245 247 253
자강독립사상 自强獨立思想 ㊸282
자강운동 自强運動 ㊻103 105
자강회 自强會 ㊼240
자건품 煮乾品 ㉝238
자격루 自擊漏 ①288 455 ㉗4 62 74 76~80 104 105
자국사 自國史 ㊸320
자기 磁器 ⑧263
자기(제조주식)회사 磁器(製造株式)會社 ㊸305
자기경리 自己經理 ㉛166
자기소 磁器所 ⑲361 ㉗508 510 529
자기제조소 磁器製造所 ㊹211
자기질요업 磁器質窯業 ㉗505
자녀균분상속(제) 子女均分相續(制) ①261 282 294 306 ⑮95 97 100 123 141 ㉕250 ㉘46 150 153 155 159 ㉛6 159 246 247
자녀윤회봉사(제) 子女輪回奉祀(制) ㉛159 246
자녀차등분재 子女差等分財 ㉞166
자녀차등상속제 子女差等相續制 ①282 ㉛244
자단 紫檀 ⑪56
자대제 自代制 ㉜65 85
자동물시계 自動물時計 ㉗76 78 80
자동보시 물시계 自動報時 물時計 ㉗4
자동차운수회사 自動車運輸會社 ㉛383
자라봉고분 자라峰古墳 ⑧363
『자류주석』『字類註釋』㉟279
자리법 刺鯉法 ㉝227
자망보 自望保 ㉜162 183 185 186 188
자명종 自鳴鐘 ㉛321 322
자모군 自募軍 ㉙260 279 288
「자모변」「字母辨」㉟276
자모산성 慈母山城 ㉙281
자모상모법 子母相侔法 ⑭469
자모정식법 子母停息法 ⑫217 ⑭469 ⑯215 ⑲156
자목 柴木 312
자문감 紫門監 ㉚258
자문무고 紫門武庫 ㉗242
자문위원회 諮問委員會 ㊷49
자바 闍婆 ⑮297 300
자반조기 ㉛630
자변(대사) 종간 慈辯(大師) 從諫 ⑯44 51 64 69 70 72 78 81 124
자보 資保 ㉚249 252 ㉜108 162 183 185 186 188 192
자복사 資福寺 ㉖250 278
『자본론』『資本論』㊾218
자본주의맹아론 資本主義萌芽論 ㉝106
자분한지 子賁旱支 ⑥241
자비곡 自備穀 ㊱221
자비곡론상지법 自備穀論賞之法 ㊱221
자비구 煮沸具 ①94
자비령 慈悲嶺 ⑱30 ⑳316
자비마립간(왕) 慈悲麻立干(王) ⑦100

143 ⑧320
자비설 慈悲說 ㉖54
자사 子史 ⑥240
자사 子思 ㉓283 ㉖39 40
자사 刺史 ⑩35 42 149 154 159 160 232
자사 6조 刺史六條 ⑫167 168 170 174
자산서원 紫山書院 ㉘294 ㉚141 ㉛82
『자산어보』『玆山魚譜』㉝213 217 222 ㉟282
자삼(층) 紫衫(層) ⑫104 120 121 124
자상 子祥 ⑪202
자생천주교회 自生天主教會 ㉟120
자석 磁石 ㉗99 100
자석모 磁石毛 ㉗100
자선부인회 慈善婦人會 ㊹382
자성 子城 ⑧303
자성군 慈城郡 ㉒147 344
자성군 송암리 고분군 慈城郡 松巖里 古墳群 ⑧328 330
자성미타 自性彌陀 ㉟127
자성행성 慈城行城 ㉒184
자손보 子孫譜 ㉕283 289 293 294 ㉛6
자수궁 慈壽宮 ㉛401
자시 刺詩 ㉗291
자신계 自新契 ㊼195
『자신보』『自新報』㊻73
자신학교 自新學校 ㊸286
자신회 自新會 ㊸310 325 ㊿1192
『자암집』『自庵集』㉗345
자암태흥사 紫巖泰興社 ㊹192
『자양문집주해』『紫陽文集註解』㉟184
자연가호 自然家戶 ㉘262
자연도 紫燕島 ⑮295
자연신 自然神 ㉖212 221
자연재해 自然災害 ㉕357 ㉘72 ㉚324
자연촌 自然村 ⑨227 ㉓143~145 ㊱137
자연호 自然戶 ㉕17 24 29 ㉗167
자염 煮鹽 ㉝241
자염무속 煮鹽貿粟 ㉙142
자영농 自營農 ㉕50 101 ㉘53 ㉚442
자영농민 自營農民 ㉓62
자영수공업 自營手工業 ㉝159 162 165
자오일 子午日 ㉑528
자왕 自王 ⑪109
자운사 慈雲寺 ⑫73
자운선 紫雲仙 ⑳162
자유곡가제 自由穀價制 52235 246
자유교회 自由教會 51245
자유극장 自由劇場 52369 372
자유당 自由黨 52180
자유도한 自由渡韓 ㊷299
자유독립국 自由獨立國 ㊸225 228
『자유론』『自由論』㊺112
『자유를 위한 한국의 투쟁』『Korea's Fight for Freedom』㊷219
자유매매 自由賣買 52235 246
자유무역(론) 自由貿易(論) ㊲52 73 220
자유무역운동 自由貿易運動 ㊲72
자유무역제도 自由貿易制度 ㊲53
자유민권사상 自由民權思想 ㊳74 75
자유민권운동 自由民權運動 ㊸243
자유민주주의체제 自由民主主義體制 52 398
자유방임론 自由放任論 ㊲42
자유시사변 自由市事變 ㊾72 440 ㊽6 248 249 254~256
『자유신문』『自由新聞』㊵49
자유전 自由展 52332
『자유종』『自由鐘』㊼212
자유합작촉성회 自由合作促成會 52196
자은 규기 慈恩 窺基 ⑯53 67 70 130
자은도소작쟁의 慈恩島小作爭議 ㊾192
자은종 慈恩宗 ⑯89 ㉖250~252 278
자음 子音 ㉗378
자음체계 子音體系 ㉟289

자의 諮議 ㉚229
자의 紫衣 ㉕312
자의대비 慈懿大妃 ㉚99 102
자인 慈忍 ⑪198 199
자자라기유적 座散亂木遺蹟 ②275
자작경영 自作經營 ㉝95
자작농 自作農 ㊼72 81 84
자작제 自作制 ㉚442
자작회 自作會 ㊾36
자장 子張 ㉖40
자장 慈藏 ⑧3 84 86 ⑨367 372 396 566 600 ⑪179～181 201 ⑯22
자적선사능운탑비음명 慈寂禪師凌雲塔碑陰銘 ⑰137 138
「자적선사비음기」「慈寂禪師碑陰記」⑨448
자전거운동 自轉車運動 ㊶223
자점문 刺点文 ⑧256 257
자정원 資政院 ⑲21 22
자정제 字丁制 ㉔22
자제위 子弟衛 ⑲147 ⑳352 361 368
자조회 自助會 ㊾37
자주(성) 慈州(城) ⑳215 220 221
자주개화사상 自主開化思想 ㊳251
자주국권운동 自主國權運動 ㊸243
자주독립국(가) 自主獨立國(家) ㊳136 137 142 225 241 345 380
자주독립사상 自主獨立思想 ㊸294 325
자주요 磁州窯 ㉗490
자진회 自進會 ㊼145
자천제 自薦制 ㉘29 ㉚211 217 221
자초(무학) 自超(無學) ㉒27 ㉖281 282 287
자충 慈充 ①416 ⑦37
자치론 自治論 ㊽14 33 170
자치민단 自治民團 ㊼370
자치운동 自治運動 ㊻207 ㊾3 9 45 49 50 53～56 58 60 52123 126
자치입법권 自治立法權 ㊼118
자치제 自治制 ㊼117
『자치통감』『資治通鑑』④152 176 ⑤72 ⑥123 ⑨330 ⑩54 240 ⑫67 69 ㉖134 135 138 140 ㊺261
『자치통감강목』『資治通鑑綱目』㉖135 ㉛375 ㉟188 ㊺265
『자치통감장편』『資治通鑑長編』㉖138
『자치통감훈의』『資治通鑑訓義』㉒75～77
자타(국) 子他(國) ⑦345 360 361 368
자탁교인 藉托教人 ㊻142
자탄 子呑 ⑦341
자탄가류 自嘆歌類 ㉗361
자판승 煮板僧 ㉗226
자포 子砲 ㉗261
「자하동」「紫霞洞」㉑258 259
「자하동가」「紫霞洞歌」㉑595
자학 字學 ㉓297 348 ㉕124
자혜 慈惠 ㉖297 300
자혜부인회 慈惠婦人會 ㊹382 385
자혜의원 慈惠醫院 ㊻284
자황법 煮黃法 ㉚573 580
자황포 柘黃袍 ⑫80
「자휼전칙」「字恤典則」㉚358 ㊱164
작개 作介 ⑲257 259 ㉚442 450
작계 作契 ㊱67
작목 作木 ㉝277
작목환가 作木換價 ㉚488 495
작무법 作畝法 ㉔105 117
작미 作米 ㉚346
작박계 作罷契 ㉞278
작법 作法 ㉟598 601 602
『작법귀감』『作法龜鑑』㉟570
작변 作變 ㊱184 235 273 276 339 345 346
작부 爵部 ⑩143 153
작부(제) 作夫(制) ㉜172 294 295 297 ㊴277
작부부 作伕簿 ㊷331

작부체계 作付體系 ㉗171 179 180 ㊱123 124 282
작살 銛 ②477 478 483 494
작서모 雀鼠耗 ㉔474
『작성도』『作聖圖』㉘326
작인 作人 ㉘56 ㊱1 2 21 29 42
작잠제탄주식회사 柞蠶製炭株式會社 ㊹190
작잠주식회사 柞蠶株式會社 ㊹190
작잠합자회사 柞蠶合資會社 ㊹190
작잠회사 柞蠶會社 ㊹400
작장 酌奬 ㉗172
작적 作賊 ㊱186
작전 作錢 ㉜318 ㊱315 326 328
작전가 作錢價 ㉝423 427 428 436
작전대봉 作錢代捧 ㉜319
작전율 作錢率 ㉝422
작전읍 作錢邑 ㉜367
작정 作丁 ㉔19 21 22 ㉕18
작제 爵制 ⑥174
작제건 作帝建 ⑪69 84 ⑫20 ⑭454
작조려 作條犁 ㉗170 186 191
작지가 作紙價 ㉚486
작첩 爵牒 ㉘41
작청 作廳 ㉕67 ㉛163 ㊴405
작통 作統 ㉞219
작통제 作統制 ㊵141 ㊹373
작폐향리 作弊鄕吏 ㉛79
작포 作布 ㉝277
작포환가 作布換價 ㉚495
작헌례 酌獻禮 ㉓287 ㉖217
작회 作會 ㉚236
잔구포 盞口砲 ㉓264
「잔등」「殘燈」 ㊾295
잔무늬거울 ①182 ⑥225
잔반 殘班 ㉕109 ㉞34 ㊱12 144 147 209
잔산잉수식 殘山剩水式 ㉛464
잔석기 細石器 ②326 355 536
잔석기문화 細石器文化 ②86 265
잔수진 潺水津 ⑭452
잔잔호 殘殘戶 ㉘53 54 ㉕18 19 ㉘53 54
잔탁 盞托 ⑧259
잔호 殘戶 ㉘53 ㉜158
잠 箴 ㉓331
잠견 蠶繭 ㉘122
『잠곡선생연보』『潛谷先生年譜』㉟195
잠녀투쟁 潛女鬪爭 ㊿216
잠농사 蠶農社 ㊹190
잠대현 蠶臺縣 ④239
잠망통 岑望通 ⑪122
잠매 潛買 ㊹129
잠매자처벌법 潛買者處罰法 ㊹138
잠무역 潛貿易 ㉔176 198 202 205 206
잠상 潛商 ㉒303 396 ㉙271 ㉚596 602 ㊱157 218
잠상공사 蠶桑公司 ㊲332 ㊳164 165 ㊴251 ㊹180
『잠상집요』『蠶桑輯要』㊳164 ㊴253
『잠상촬요』『蠶桑撮要』㊳50 164
『잠서』『蠶書』㉝349 461 ㉘349
잠신 蠶神 ㉖231
잠실 蠶室 ㉔264 ㉘347
잠실도회 蠶室都會 ①273 ㉔5 261~267
잠업과 蠶業科 ㊵293
잠업시험장 蠶業試驗場 ㊵293 ㊹183
잠업진흥정책 蠶業振興政策 ㊳165
『잠연당전서』『潛研堂全書』㊲97
「잠정합동조관」「暫定合同條款」㊵158 160 220 ㊶113 144 ㊷95
잠조 暫租 ㊹129 136
잠지락 蠶支落 ⑤30
잠채 潛採 ①314 ㉘116 123 ㉝2 148 198~201 203 205 458 460
잠채광업 潛採鑛業 ㉝199 459
잠채어선단 潛採漁船團 ㊱186

잠채은점 潛採銀店 ㉝201
잠탁부 岑啄部 ⑦250
잠함공법 潛函工法 ㊻264
잡(자)페 E. Zappe ㊲310 ㊴26
「잡곡등배급통제규칙」「雜穀等配給統制規則」㊿97
잡곡전 雜穀廛 ㉝318 341 ㊳274 ㊶220
잡공 雜工 ⑦230
잡공 雜貢 ⑭337 348 354 355 357～360 362～366 369 370 396
잡과 雜科 ①240 ⑬369 394 407 419 429 ⑲298 302～305 365 ⑰112 119 ㉓9 35 36 324 326 347 357 358 363 364 366 368 ㉕66 110 115 120 124 ㉞44 52 65 126～128 135 148 ㉟343 ㊹338
잡과방목 雜科榜目 ㉓368 ㉞64 78
잡과강책 雜科講冊 ㉞71
잡기 雜技 ㉑455 489 490 491
잡기채붕 雜伎綵棚 ㉛588
잡단 雜端 ㉓58
『잡동산이』『雜同散異』㉟334
잡로 雜路 ⑬367 ⑭58 60 ⑮46 ⑲45
잡류 雜類 ①232 ⑫188 285 ⑬119 120 341 405 ⑮18 19 41～44 73 ⑱22 183 ⑳13 14 18 168 ㉓99 107 ㉕154 155 186 ㉞219
잡류별초 雜類別抄 ⑱182 ⑳216
잡륜자치회 卡倫自治會 ㊽281
잡물전 雜物廛 ㉝370
잡물충포 雜物充包 ㉝458
잡별사 雜別賜 ⑭4 103～105 111 114 125
잡사 雜祀 ㉖214 226
잡상 雜像 ㉟527 530
잡색군 雜色軍 ㉓207 243 ㉕27 145 231
잡색역 雜色役 ㉕174
잡세 雜稅 ⑭11 337 392 393 398 ㉚507 ㉝198 208 209
잡술 雜術 ㊱94 96 104 105 110 111
잡시 雜市 ㉝381
잡어구 雜漁具 ㉝227
잡업 雜業 ⑫120 186⑬406 ⑮46 ⑯222 322 ㉓347 361
잡업인 雜業人 ㉕124
잡역 雜役 ㉔459 477 ㉕144 145 ㉞179
잡역가 雜役價 ㉜131 164
잡역미 雜役米 ㉜172 173
잡역세 雜役稅 ㉚393 394 ㉜327 ㉟158
잡용 雜用 ㉚527
잡위전 雜位田 ㉘35
잡작국 雜作局 ⑭419
『잡저십장문』『雜著十章文』㉖289
잡직 雜職 ⑫215 ㉓107 108 113 120 121 ㉕82 114 121 124 152 ㉞52
잡직기술관 雜職技術官 ㉕149
잡직체아직 雜職遞兒職 ㉓108
잡직갑방 雜織甲坊 ⑰132
잡직계 雜職階 ㉓107 118 121
잡직방 雜織房 ⑭15 419 421
잡직서 雜織署 ⑨185 ⑭425 ⑰132 ㉔255
잡직체아록 雜職遞兒祿 ⑭126 ㉔432
잡직취재 雜職取才 ㉕125
잡찬 迊飡 ⑦250
잡척 雜尺 ⑬342 ⑭440 ⑮186 ㉕180
잡철전 雜鐵廛 ㉝318
잡철전인 雜鐵廛人 ㉝392
잡학 雜學 ⑰48 96 ㉓279 297～300 ㉕49 120 124 ㉟210 343
잡학생 雜學生 ㉓299
잡학생도 雜學生徒 ㉓297 298 364～368
잡학취재 雜學取才 ㉕110 124
잡학훈도 雜學訓導 ㉓300
잡화 雜貨 ㊹76
잡화상 雜貨商 ①80 82 ㊼86
잡희 雜戲 ⑧394 ㉑493 497 501 502

504 ㉛595 ㉟620
장 莊 ⑬192 193 200 201 ⑭142 143 145 159 172 175 176 178 179 181 252 365 432 ㉓138 141 142
장 漿 ⑨254
장 醬 ⑧453
장가순 張可順 ㉘330
장가장 張家牆 ㉑592
장갑 掌甲 51409
장갑선 裝甲船 ㉙67
장강구 長江口 ⑨297
장강호 長江好 48221
장개석 蔣介石 48346 508 270~272 275 281 292 352 449 454 465
장 건 張騫 ㊳306
장건상 張建相 47226 48184 186 5010 300 5255 113 160 166 167 175 185 395
장건영 張建榮 ⑪32 95
장 경 張景 47241 242
장경궁주 이씨 長慶宮主 李氏 227
장경기 張慶棋 ㉙50
장경도감 藏經都監 ⑯91
장경도량 藏經道場 ⑯107 108 140 168 184
장경병 長頸甁 ⑧265
장경왕후 章敬王后 ㉚14
장경호 長頸壺 ③187 270 481 544 ④123 ⑧264 266
장계응 張季凝 ⑮281
장계춘 張桂春 ①504
장고 掌固 ⑬113
장곡사금동약사여래좌상 長谷寺金銅藥師如來坐像 ㉑412 413
장골기 臟骨器 ⑧265
장공정 張公靖 ⑨303
장관청 將官廳 ㉛163
장광재령 張廣才嶺 ④158 172 186
장교 將校 ㉕108 111 121 152~153 ㉞31
장 교 張喬 ⑨322
장교 藏敎 ⑯43 44 79
장교록 將校祿 4
장교사 掌交司 ㊴92 110
장구 長(杖)鼓 472
장국강 張國綱 ⑳265
장국충 張國忠 ㉙7
장군방 將軍房 ⑱147 151 ⑳66
장군부 將軍府 ⑤56
장군산 將軍山 ⑧329
장군전 將軍箭 ㉗263
장군총 將軍塚 ⑧5 19
장군화통 將軍火筒 ㉓267
장 권 張權 52102 165
장극원 張克元 ㊴437
장금사 掌禁司 ㉓70
장금취어법 張僉取魚法 ㉝227
장기남 張基男 51330
장기동부인회모집소 場基洞婦人會募集所 ㊸152
장기렴 張基濂 ㊸369 460
장기영 張基永 50403
장기욱 張基郁 47326 49431
장기제 張起悌 51373 374
장기충 張基衝 ㊱361
장 길 張吉 ⑫30
장길산 張吉山 ㉜41 ㉝137 ㊱9 119 146 186
『장끼전』 ㉟424 425
장남봉사 長男奉祀 ㉕262
장녕전 長寧殿 ㉚506
장니 障泥 ⑧352
장단도 長湍道 246
장단열 張端說 ⑰290
장단 한씨 長湍韓氏 ⑫179
장대석 長臺石 ⑧346
장대현(재)교회 章臺峴敎會 ㊻172
장 덕 張德 52332
장덕 將德 ⑥167 169 ⑧487

장덕리 長德里 ②49 50
장덕리유적 長德里遺蹟 ②50 116
장덕수 張德秀 ㊼13 234 236 273 275 313 314 316 ㊾24 366 ㊿225 236 ⑤①75 ⑤②126 131 137 145 205 405
장덕준 張德俊 ⑤①75 82
장덕진 張德震 ㊽331
장 도 張燾 ㊹433
장도관 張道觀 ㉖298
장도빈 張道斌 ⑩236 ㊸207 321 ㊻66 ㊼160 206
장도성 將島城 ⑨597
장도정 張道政 ㊽123 252 ㊾76
장두 狀頭 ㊱74
장두 莊頭 ⑫137 ⑯202 ⑲8 258
장두재 張斗在 ㊴450
장두현 張斗鉉 ㊾37
장락궁 長樂宮 ⑫223
장락리 7층모전석탑 長樂里七層模塼石塔 ⑰261
장랑 長廊 ①236
장 량 張良 ㉙186
장령 掌令 ㉓58
장령부 長嶺府 ⑩86 87 172 200
장령전 長齡殿 ⑰186
장령진 長嶺鎭 ⑦57
장례사 掌隷司 ㉓70
장례원 掌禮院 ㊺336
장례원 掌隷院 ㉓70 97 103 ㉕204 205 223 ㉞70
장례의식 葬禮儀式 ②246
장로교 長老敎 ㊼206 365 406
장로정치 長老政治 ⑦39
장로회공의회 長老會公議會 ㊻166 178 187 190
장로회연합선교공의회 長老會聯合宣敎公議會 ㊻167
장루서 掌漏署 ㉓361
장류 醬類 ㉑582 ⑤①426
장륙사 건칠보살상 莊陸寺 乾漆菩薩像 ㉗594
장륙삼존불 丈六三尊佛 ⑨464
장리 長吏 ①224 ⑥172 207
장리 長利 ⑲7 234 244 246 253 ⑳72 ㉕103 104 168 169 170 ㉘46 148 347 ㉜315 ㊴255
장리 贓吏 ⑳105
장 린 張遴 ㉙262 263
장림역 長林驛 ㉝256
장립형(Indica) 長粒形 ③259~261
장막군 帳幕軍 ㉚273
장 만 張晩 ㉙240 241 243 261
장매성 張梅性 ㊾265
장명 長命 ⑫29 43 126 129
장명도 張明道 ㊿326
장목전인 長木廛人 ㉝343
장묘련 張妙蓮 ㊹384
장 무 張茂 ⑥22 120 148
장문 場門 ㉘71 73 ㉝360
장문관 張文瓘 ⑨65
장문포 長門浦 ㉙111 199
장문휴 張文休 ⑩102 117 121
장 박 張博 ㊴234 ㊵267㊻16 29
장박인 張博仁 ⑱149
장 발 張勃 ⑤①276 328 ⑤②339
장방창 張邦昌 ⑮243 244
장방형집터 長方形住居址 ③396
장방형동부(도끼) 長方形銅斧 ③212 216
장방형석도(돌칼) 長方形石刀 ③198 199 259
장백 長白 ㊹302
장백산 長白山 ⑮265
장백상 蔣伯祥 ⑳277
장번 長番 ㉕87 19 92 94
장번급료군 長番給料軍 ㉜142
장번직 長番職 ㉓107
장법 葬法 ⑧336

장 변 張弁 ⑪32 95
장병 掌兵 133
장병검 長柄劍 ㉜400
장병서 長柄鋤 ㉗184
장보 莊甫 ⑱148
장보고 張保皐(寶高) ⑨6 146 147 193 201~203 285 331 305 ⑪2 3 32 33 81 83 90 ⑫12 13 20
장보원 張寶媛 ㊷355
장복 長福 ⑦154
장복서 掌服署 ①237
장봉환 張鳳煥 ㊶332 345 359
장 붕 張鵬 ㊶232 ㊽120 146 149 150 155
장 빈 張彬 ⑫50 ⑮276
장빙가 藏氷價 ㉚382
장빙고 藏氷庫 ⑧159
장빙업 藏氷業 ㉝371
장빙역 藏氷役 ㉚382 ㉝379
장사 壯士 ㊱251 262 273
장사 長史 ⑤56 163 ⑥172 174 207 ⑨129 ⑩102 117 152
장사 將士 ⑱127 128 131 135
장사 莊舍 ⑪54 ⑭258 ⑯202
장사사건 長沙事件 ㊿436
장사산 長蛇山 ④125 159
장사성 張士誠 ⑲402 ⑳328~330 355 384
장사준 張士俊 ㉙259 264 265
장사진 長蛇陣 ㉙195 198
장사훈 張師勛 ㊷342
장산곶 長山串 ㉝367
장삼 長衫 ㉕296 304 305
장 색 張塞 ⑥22 230
장색 獐塞 ⑨51
장생고 長生庫 ⑭470
장생보연지무 長生寶宴之舞 51355 357
장생서 掌牲署 101
장생술 長生術 ㊱90 91 99
장생표 長生標 ⑭256 257 259
장서 長書 51223
『장서』『葬書』⑯312 313
장서기 掌書記 ⑬228 ⑰84
장석영 張錫英 ㊹384 ㊼150
장석윤 張錫胤 ㉜250
장석주 張錫周 ㊷272 ㊹196
장석천 張錫天 ㊾464
장석표 張錫豹 51328
장선부 障繕府 ⑨183
장선충 張善沖 ㉚102
장성 長城 ⑩31 65
장성리 長城里 ②362 460
장성산 張聖山 ㊽186
장성전투 長城戰鬪 ㊴105 332 341 343 346 474 ㊵36
장성축조 長城築造 ⑮317
장세 匠稅 ①273 ㉔5 235 237 251
장세 場稅 ㉝249 362
장세용 張世湧 ㊿315
장세작 張世爵 ㉙84
장소 章疏 ⑯121~125 130 135
장소 長簫 ⑧372
장손무기 長孫無忌 ⑤130
장송곡 葬送曲 ①503
장수(처) 藏修(處) ㉛3 90
장수산성 長壽山城 ㉚568 574
장수성 張樹成 ㊳294
장수성 張樹聲 ㊲301 309
장수실 張秀實 ⑩78
장수열 張秀烈 ⑱117
장수왕 長壽王 ⑤60 68 70 79 86 89 ⑥120 140 152 156
장수왕릉 長壽王陵 ⑧333
장순규 張淳奎 ㊲158 164
장순룡 張舜龍 ⑳275 ㉑592
장순명 張順明 52438
장순석 張純錫 ⑱29 30
장승 長栍 ㉟173 174

장승언 張承彥 ㊿277
장승업 張承業 ㉟477
장시 場市 ①236 254 272 273 292 314 315 ⑭16 447 449 450 453 ㉔3 124 259 266 276 ㉘3 65 87 148 365 ㉚443 535 536 539 582 ㉛349 630 ㉝7 32 165 248 254 269 310 343~345 353 361 378 394 395 410 411 477 ㉞117 ㊱29 50 118 125 131 156 170 171 178 291 296 313 ㊹169 179
장시관 掌市官 ⑨196
장시금지책 場市禁止策 ㉘72
장시시장권 場市市場圈 ㉝364 385
장시우 張時雨 52438
장 식 張栻 ㉖36 38
장식금구 裝飾金具 ⑧254
장식보검 裝飾寶劍 ⑧256
장 신 張紳 ㉙275 289~291 294 ㉚85
장신구 裝身具 ⑧254
장신영 張信永 ㊲158
장씨추보 張氏追報 ㊱191
『장아함경』『長阿含經』⑯267
장악과 掌樂課 ㊺336 51354
장악서 掌樂署 ㉓92 ㉕199 201 202 ㉗389~392 ㉚72
장악원 掌樂院 ①500 503 ㉓69 92 362 ㉔426 ㉕199 ㉗215 389 390 392~395 409 425 435 477 ㉛389 545 586 ㉜122 ㉟549 550 552 554 558 ㊺333 363 51354
장안 長安 ⑪26
장안사 長安社 ㊺341 353 357 51365
「장안사중흥비」「長安寺重興碑」⑲384
장안사호텔 長安寺Hotel ㊹477
장안성 長安城 ⑤112 185 187 ⑧302 ⑨595 ⑩5 146 199 201 ⑪55
장안파 공산당 長安派 共產黨 52148
장암동참변 獐巖洞慘變 ㊽245
장야서 掌冶署 ⑭424 427 ⑰131
장어영 壯禦營 ㊳272 283
장언부 張彥夫 ⑱64 150
장언원 張彥遠 ⑨482
장언징 張彥澄 ⑪122 ⑫51
장엄사 莊嚴寺 ⑧82
장여 璋如 ⑪25 26 29 200
장 연 張淵 ⑫243 ⑳277
장연우 張延祐 ⑰190
장열왕후 莊烈王后 ㉚153
장 영 張詠 ⑨329
장영실 蔣英實 ①455 ㉗62 69 75 76 78 79 81 82 104
장영환 張英煥 ㊽339
장옥란 張玉蘭 ㊾295
장옷 51405
장 완 張琬 ⑫224 ⑰143
장용대 壯勇隊 ㉓112 ㉕231
장용영 壯勇營 ㉚270 288 ㉜70 72 80 83 84 96 99 100 208 234 246 252 ㉞156
장용위 壯勇衛 ㉒123 ㉓110 213 216~218 ㉜97 99
장용진 張容鎭 ㊴472
장용청 壯勇廳 ㉜98
장용희 張容熙 ㊽342
장우성 張遇聖 52332 339
장우신 張友信 ⑨330
장욱진 張旭鎭 52332
장 웅 張雄 ⑪26
장원 壯元 ㉓36 287 327 338
장원(제도) 莊園(制度) ⑫14 73 ⑮247 248
장원서 掌苑署 ㉓70 98 ㉔425 426 468 ㉚504
장원정 長源亭 ⑫222 ⑰120 209
장위남 張渭男 ⑮374
장위병 壯衛兵 ㊵36
장위부 掌衛部 ⑫106 ⑬284
장위영 壯衛營 ㊴102 105 337 442 443

459 460 461 ⑩126 196
장 유　張維　㉙249 278 295 ㉚81 84 85 ㉛205 300 301 444 445 ㉟32 64~66 70 ~74 273
장유형석족　長柳形石鏃　⑧465
장육불　丈六佛　⑧255
장육삼　張六三　㉙191
장 윤　張潤　㉙52
장음환　張蔭桓　㊴113
장응진　張膺震　㊺74
장의　長衣　㉕297 304 308 309 312 317 320 322
장의　掌議　㉓287 307 ㉚145
장의국　掌醫局　㉕374 381
장의별화상　莊義別和尙　⑯96
장의사　藏義寺　㉖266 270
장의서　掌醫署　㉑227
장의찬　張宜燦　㊿255
장의폐지　長衣廢止　51397 398
장인　匠人　⑪58 ⑤206 ⑦224 ㉕219 221 ㉚525 529 533 585 594 ㉝147 154 320 ㉞215
장인보　匠人保　㉜162 185
장인식　張寅湜　52350
장인환　張仁煥　㊸6 155 160~165 336 485 487 ㊼318 ㊽8 317
장일성　張日星　㊾152
『장일통요』『葬日通要』㉘341
장일환　張日煥　㊼8 168~170 173
『장자』『莊子』㉟188
장자강　長慈江　⑧327 329
장자방　張子邦　⑳224
장자봉사(제)　長子奉祀(制)　①282 ㉛82 244 246 ㉞166
장자부복　長子婦服　㉚117
장자상속(제)　長子相續(制)　⑩138 139 ㉛82 209
장자온　張子溫　⑳366 367 380
장자우대　長子遇待　㉞161
장작감　將作監　⑨182 183 185 ⑫101 ⑭419 447
장작림　張作霖　㊽220 ㊿232
장작상　張作相　㊿336
장장　將長　⑥207
장 재　張載　㉖36 38 ㉘327
장재성　張載性　㊾453 454 464 466
장저고리　長赤古里　㉕306 324
장적　匠籍　①272 ㉞110
장적파　張赤波　㊾97
장전　長田　⑫149 ⑭131 185 186 233 ㉔458 510 ㉘34
장전　莊田　⑭7 256 ⑯204
장전공사사평가대대　長甸公社四平街大隊　⑧329
장전포　長箭浦　㊹127
장 정　張廷　⑮292
장정　莊丁　⑫188 ⑬202 391 406
장정심　張貞心　51257
장조의 전투　長篠의 戰鬪　㉙17
장종건　張倧健　㊼340 5169
장종식　張鍾植　52436 448
장종철　張宗哲　㊽293
장주　莊主　⑯202
장주　長州　⑮318
장주　庄主　⑲8 193 241
장주기　張周基　㊲186
장주번　長州藩　⑩178
장주형석도(돌칼)　長舟形石刀　③198 199
장 준　張浚　⑮246
장준재　張俊載　㉙154
장준하　張俊河　㊿458
장 중　張仲　⑫229
『장중경오장론』『張仲卿五臟論』⑰126
장지　壯紙　㉗211
장지연　張志淵　①363 ㉟305 325 ㊷24 ㊸192~194 ㊺77 83 219 242~244 246 ㊻58 61 64 68 69 75 85 103 104 106 108 109

11 9 244 254 ㊼30451 278 290 291 302 308 319~322 325 ㊺8 52 77 112 114 211 221 271 307 312 ㊿228
장지영 張志暎 ㊼153 ㊿239 ⑤100 106 112 115 255
장지완 張之琬 ㉞94
장지필 張志弼 ㊾317 355
장직상 張稷相 ㊽50
장진별장 長津別將 ㉜406
장진봉 張珍奉 ㊿329
장진수 張振秀 ㊼358
「장진주사」「將進酒辭」㉗359
장진홍 張鎭弘 ㊽342
장 창 張敞 ⑥21
장채극 張彩極 ㊼326 ㊽109 110 114
장처전 莊·處田 ⑭178 188 189 267 283 351 422
장척 匠尺 ⑦240
장천 長川 ⑧187 222 223 264 368 369
장천리유적 長川里遺蹟 ③152
장천1호 벽화고분 長川一號壁畵古墳 ⑥236 248
장 철 張喆 ⑫272
장 철 張徹 52444
장청 將廳 ㊱234 ㊴405
장청일 張淸一 ㊴410
장초군 壯抄軍 ㉚262
장촌유적 長村遺蹟 ②370
장춘 長春 ⑨405
장춘관 長春館 ㊹476
장치기 ㉟608 609
장태지 將台址 ⑧307
장태함 張台咸 ㊾197
장택상 張澤相 52 72 125 407 420
장통회사 長通會社 ㊹180
장판 長板 ㉗586
장편가문소설 長篇家門小說 ㉟414 420 421
장편소설 長篇小說 ㉛434 435 437
장평진 長平鎭 ⑫116
장포 匠布 ㉚577
장표 掌標 ㉜176 177
장풍국 藏風局 ㉑167 168
장하리 3층석탑 長蝦里三層石塔 ㉑386 387
장학량 張學良 ㊿270 316
장한모 張漢模 ㊿253
장한봉 張漢鳳 ㊼385
「장한성」「長漢城」⑧166 372 376
장해우 張海友 52431
장헌식 張憲植 ㊺235 ㊽49
장혁진 張赫晋 ㊱349 366 368 374 ㊲176
장현광 張顯光 ①306 ㉘333 ㉚74 78 ㉟14 28
장현식 張鉉植 ⑤115
장형 杖刑 ⑮179
장 호 張浩 ⑩183
장호근 張皓根 ㊲241
장호원 長湖院 ㊳298
장 혼 張混 ㉜93 ㉟282 409
장홍담 張洪淡 ㊾474
장홍식 張鴻植 ㊷44
장홍점 張洪占 ⑫237
장화왕후 오씨 莊和王后 吳氏 ⑫41 79 80 132
장화전 長和殿 ⑰248
장회건 張會建 52431
장효근 張孝根 ㊸279 ㊻69
장 휘 張輝 ㉜60
장흥고 長興庫 ㉔337 426 427 ㉗490 492 ㉚505
장흥고노비 長興庫奴婢 ㉕219
장흥방촌 長興傍村 ㉞176
장흥왕 張興旺 ㊽272
장희빈 張禧嬪 ㉜50
장희재 張希載 ㉚161 162 ㉜60
재 齋 ㉕253 269

재가군관 在家軍官 ㉚263 271 ㉞31
재가녀 再嫁女 ㉕168 169 170 255
재가승 在家僧 ⑳131
재가화상 在家和尙 ⑭151 261
재경군관 在京軍官 ㉚250
재경종사 在京從仕 ㉛58
재관장 宰官長 ⑥166 207
재궁 齋宮 ㉖152 270
재단 才團 ㊱8 119 168
재담극 才談劇 ㊿364
재당신라인 在唐新羅人 ⑨287
재도지문 載道之文 ㉟431 432
재동제군 梓潼帝君 ㉖293
재랑 齋郞 ㉕366
재래신앙 在來信仰 ⑤51
재래토포 在來土布 ㊹167
재령병원 載寧病院 ㊻290
재령철광 載寧鐵鑛 ㊶140
재만무정부주의자동맹 在滿無政府主義者同盟 ㊻211
재만조선(인)무정부주의자연맹 在滿朝鮮(人)無政府主義者聯盟 ㊻218 219
재만한인조국광복회 在滿韓人祖國光復會 ㊿8 221 333 354
재무감독 財務監督 ㊼37
「재무감독국관제」「財務監督局官制」㊷329 337 347
재무서 財務署 ㊼37 83
「재무서관제」「財務署官制」㊷329
재무행정 財務行政 ㊷261
『재물보』『才物譜』㉟282
재미한인공동대회 在美韓人共同大會 ㊼239 242
재미한족연합위원회 在美韓族聯合委員會 ㊿394 399 400
재봉기계 裁縫機械 ㊿406
재봉침 裁縫針 ③225
재부 宰府 ①217
재사 齋舍 ⑰64
재산권 財産權 ㊹138
재산상속 財産相續 ㉛225 620
재살률 宰殺律 ㉕241
재상 災祥 ㉗48 49
재상 宰相 ⑨4 114
재상경차관 災傷敬差官 ㉚417
재상권 宰相權 ㉚211 ㉜67
재상전 災傷田 ㉔87 90 447 448
재상지종 宰相之宗 ⑲5 69 109 ⑳42 60 ㉕64
재생 齋生 ㉜312
재성 在城 ⑧315 ⑨148 149
재신 宰臣 ①218 252
재실 齋室 ㉞166 170~172
재안라제왜신 在安羅諸倭臣 ⑦280
재암성 載巖城 ⑪102 ⑫30 34 54
재야사림 在野士林 ㉚222
재야유림 在野儒林 ㊲241
재역전 再易田 ⑳96 97 ㉔95
재운제 再運制 ㉝291
재웅 載雄 ⑩179 183
재이 災異 ㉗13 14 16 17 22 39 41 44 47 93
재이관 災異觀 ㉑199 ㉚311
재이사상 災異思想 ㉟348
재인 才人 ⑮18 66 ⑳406 ㉕196 197 237~239 242~244 ㉗425 ㉜40
재인접 才人接 ㊴402
재인청 才人廳 ㉟597 619 ㊿301
재인포 才人布 ㊴402
재일본동경조선기독교청년회 在日本東京朝鮮基督教靑年會 ㊼273 274
재일본무산청년동맹 在日本無產靑年同盟 ㊼292 ㊾150
재일본조선노동총동맹 在日本朝鮮勞動總同盟 ㊼284 286~289 291 293 295~297 ㊿410 411 415 416 421
재일본조선유학생친목회 在日本朝鮮留學生親睦會 ㊼273

재일본조선청년동맹 在日本朝鮮青年同盟 ㊼291 292 294~297
재일유학생운동 在日留學生運動 ㊼274
재임 齋任 ㉓307
재자행 齋咨行 ㉜386 387
재전 財戰 ㊻193 200
『재정견문』『財政見聞』㊳113
재정고문 財政顧問 ㊷227 312 ㊼83
재정고문부 財政顧問部 ㊷327 329
「재정고문용빙계약」「財政顧問傭聘契約」 ㊼83
재제염 再製鹽 ㉛426
재조대장경 再雕大藏經 ⑫212 ⑯110 115 136 ㉑206 207
재조번방 再造藩邦 ㉟42
「재조선국일본인민통상장정」「在朝鮮國日本人民通商章程」㊴143 194
재중(국)한인청년동맹 在中(國)韓人青年同盟 ㊽189 191 307
재증걸루 再曾桀婁 ⑥52 55
재지사족 在地士族 ㉓32 182 186 187 189 192 ㉘6 147 151 158 160 ㉙225 ㉛292 293 ㉞91 174 180 190 191 198~201 226 227 234 238 241 247 250 253 256 272
재지세력(가) 在地勢力(家) ⑦95 97
재지이족 在地吏族 ㉛58 136
재지지주 在地地主 ㉝94
재지품관 在地品官 ⑳15 ㉛35
재초 齋醮 ①250 256 287 444 ⑫277 ⑯287 293 297 299 ㉖8 289~295 ㉛401 ㊱89
재최삼년복 齋衰三年服 ㉚100 104
재추 宰樞 ①218 219 252
재추회의 宰樞會議 ⑬143 144 ⑱66~68 212 238 239
재콥슨 Miss Anna P. Jacobson ㊻181
재판 裁判 ㉜439 445
재판의학 裁判醫學 ㉗111
재판권 裁判權 ㊷310
재판소 裁判所 ㊷256 310
재판소구성법 裁判所構成法 ㊵219 244 246 300 ㊷310 ㊹421
재판조선인친목회 在阪朝鮮人親睦會 ㊼271 273
재프리 R. Jaffray ㊳162 ㊴120
재향품관 在鄉品官 ㉓31
재회 齋會 ⑫113 114 ⑯183
쟁고 爭雇 ㉝118
쟁고 錚鼓 ㉚504
쟁기 犁 ⑦220
쟁우 箏竽 ⑧9
쟁장사건 爭長事件 ⑩69 75 111
쟁적투쟁 爭嫡鬪爭 ㉞51
저 苧 ㊹459
저가 猪(豬)加 ④202 205 211
저고리 襦 ㉑571
적고리 赤古里 ⑧434 ㉕297 304 321~324 ㉛617~619 ⑧434
저고여 著古與 ⑳187~189 319
저금기당 著衿騎幢 ⑨141
저도 猪島 ㉙199
저리 邸吏 ㊴367
저마 紵麻 ㉑573
저명선 猪名船 ⑨302
저묘고분 箸墓古墳 ⑧364
저사 儲嗣 ㉖19
저산 8읍 苧產八邑 ㉔153 155 158 159 162 164 167
저습지 低濕地 ㉘350 351
저심칠기 紵心漆器 ⑰307
저장시설 貯藏施設 ③402
저전촌 楮田村 ⑳135 137
『저죽전사실』『楮竹田事實』㉔302
저채 邸債 ㉜296
저축계 貯蓄契 ㊾336
저치곡 儲置穀 ㉚334 338
저치미 儲置米 ㉜181 189 192

저탄수 猪灘水 ④90
저팬 메일사 Japan Mail社 ㊵57
저팬 위클리 메일 Japan Weekly Mail ㊵175
저평지 低平地 ㉘349 351
저포 苧布 ㉝58 357 358 456
저포 樗蒲 ⑥245 246
저포리유적 苧浦里遺蹟 ③126 346 386 395 467
저포전 苧布廛 ㉔128 129 143 147 ㉝318 ㊶220
저포희 樗蒲戱 ㉑564
저피탈 楮皮脫 ⑨450
저항(적) 지식인 抵抗(的) 知識人 ㊱99 107 273 336 337 342 380 381
저향 楮鄕 ㉔309
저화 楮貨 ①272 ⑭128 ⑲11 407 413 ~415 ㉓44 54 ㉔4 173~177 182~187 291~294 298 304 369 370 460 ㉘75 ㉚582
적 笛 ⑧369 371 379 ⑨601 603
적 賊 ⑪67
적간 摘奸 ㉚261 277 ㊱181
적간론 摘姦論 ㊴20
적갈색연질토기 赤葛色軟質土器 ③484 486 489
적개공신 敵愾功臣 ㉒119 132 137 ㉘180
적개의병장 敵愾義兵將 ㉙18
적거 迪巨 ⑳192
적고적 赤袴賊 ⑪173
적국 狄國 ⑩229
『적기』『赤旗』㊿411
적기단 赤旗團 ㊽7 335
적기사건 赤旗事件 ㊾82
적녀 嫡女 ㉕81
적당도록 賊黨都錄 ㊱240
적대 敵臺 ㉗455
「적도남북총성도」「赤道南北總星圖」㉟351
적동장 赤銅匠 ⑰130
적량동유적 積良洞遺蹟 ③65
적량성 赤梁城 ㉒195
적례 敵禮 ㉜447 456 464
적례(관계)교린 敵禮(關係)交隣 ㉒386 ~388 417
적리 籍吏 ㉞20 ㊴240
적리성 積利城 ⑤136
적막이해 適莫爾解 ⑦391
『적멸시중론』『寂滅示衆論』㉗339
적몰 籍沒 ⑮201 217
적몰노비 籍沒奴婢 ㉕206 207 ㉞156
적백내전 赤白內戰 ㊼307 393
적봉 赤峰 ④59 124
적부 赤符 ㉟164 165
적산 赤山 ⑪91
적산기업체 敵產企業體 52276
적산불하 敵產拂下 52128
적산원 赤山院 ⑨616
적산포 赤山浦 ⑨295 ⑩53
적산항로 赤山航路 ⑦125
적삼 赤杉 ㉕304 308.
적상산사고 赤裳山史庫 ㉚108
적색노동조합준비회 赤色勞動組合準備會 ㊿194
적색마연토기 赤色磨硏土器 ③183
적서관념 嫡庶觀念 ㉛141
적서구별 嫡庶區別 ㉞39
적석목곽묘 積石木槨墓 ①197 198 ③171 172 411 ⑦3 35 64 73 331 ⑧326 351 353
적석묘 積石墓 ③103 129 413 ④127 ⑤17 21 25 27 ⑥21 24 41 ⑩210
적석석관묘 積石石棺墓 ③60 276 413
적석총 積石塚 ③103 370 ④4 116 ⑤1 ⑧175 326 329 330 334 337 340 341 353 361
적석토축묘 積石土築墓 ⑧336 341

적수 賊帥 ⑪67 86
적십자병원 赤十字病院 ㊻307
적아현 赤牙縣 ⑨448
『적우』『赤友』㊾344
적위대 赤衛隊 ㊼212 ㊿348
적의 翟衣 ㉕296 304 305 308 ㊹468
적인선사부도 寂忍禪師浮屠 ⑨543
적인선사조륜청정탑비 寂忍禪師照輪淸淨塔碑 ⑭301
적자 嫡子 ㉕81 92
적자생존 適者生存 ㊸203 244 246 ㊺43
적장자단독상속(설) 嫡長子單獨相續(說) ⑮96 101 102
적장자상속 嫡長子相續 ㉛209 ㊱45
적전 籍田 ①229 ⑫145 155 176 ⑭6 22 142 149 150 178 192 203 205 283 ㉖ 214 217 221 223
적전포싸움 赤田浦戰鬪 ⑳414
적점법 積苫法 ⑭350
적조 赤潮 ①53
적진포 赤珍浦 ㉙62 194
적통 嫡統 ㉚99 ㉞41
적통대인 適統大人 ⑤31 34
적통종통설 嫡統宗統說 ㉚109
적판궁 積板宮 ⑪31
적폐교구별단 糴弊矯捄別單 ㉜325
적현 赤縣 238 240 241
적화사건 赤化事件 ㊾395
전 箋 ⑨523
전 箋 ⑰196
전 典 ⑱108
「전조선동포들에게 격함」「全朝鮮同胞들에게 激함」㊾214 215
전가 全哥 ㊴302
전가사변율 全家徙邊律 ㉕31 ㉚369 ㉛ 19 17
전가사변형 全家徙邊刑 ㊱27
전가입거(전가사변) 全家入居(全家徙邊) ㉛132
전간 全幹 ⑫253
전강 殿講 ㉓286 292 327 328 333 334 342
전강원형평대회 全江原衡平大會 ㊾350
전객 佃客 ⑭23 80 85 87 88 164 210 ㉔57 59~61 67 450 ㉕50 ㉘50
전객 典客 ⑤162 163
전객사 典客司 ㉓69
전결급복 田結給復 ㉝264
전결세 田結稅 ㉜285 327 ㊱32 34 282
전결제 田結制 ㉔7 447 450
전경문무신강 專經文武臣講 ㉜253
전경부 典京府 ⑪54
전계 廛契 ㉝328
전계대원군 全溪大院君 ㉜276
전계신 全繼信 ㉙131 ㉜424 426
전고국 銓考局 ㊵189 ㊹320 338
전고규정 銓考規程 ㊷247
전곡 典穀 ㉓307
99 182 233 271 239 300
전곡리(유적) 全谷里(遺蹟) ② 23 33~35 57 86 97 99 98 142~144 148 153 182 187 233 236 271 300
전곡리주먹도끼 全谷里兩面核石器 ② 261 271
전골집 煎骨家 ㊹476
전공 田貢 ㉚504
전공열 全公烈 ⑱183
전공지 田拱之 ⑫111 ⑰282
전 관 田關 ㉘41
전관색 傳關色 ㉜288
전관수세권 專管收稅權 ㉚578 ㉝190 200
전관지역주인 專管地域主人 ㊳179
전교금지 傳敎禁止 ㊲315
전교서 典校署 ㉔298 ㉗215
전교십찰 傳敎十刹 ⑨395
전교활동 傳敎活動 ㊲314
전구서 典廐署 ⑬101 ㉓93 ㉔427

전국경 戰國鏡 ③315
전국농민조합총연맹 全國農民組合總聯盟 ㊾152 245 259 395
전국문화단체총연합 全國文化團體總聯合 ㊾364
전국부녀총동맹 全國婦女總同盟 ㊾152
전국연극예술협회 全國演劇藝術協會 ㊾373
전국연극인대회 全國演劇人大會 ㊾371
전국음악가단체대회 全國音樂家團體大會 ㊾352
전국음악단체협의체 全國音樂團體協議體 ㊾356
전국음악문화협회 全國音樂文化協會 ㊾353 356 362
전국인민대표자대회 全國人民代表者大會 ㊾153
전국장(청국장) 戰國醬 ㉛629
『전국책』『戰國策』①162 190 ④81
전국청년단체총동맹 全國青年團體總同盟 ㊾152
전국취주악연맹 全國吹奏樂聯盟 ㊾365
전국평의회조직준비회 全國評議會組織準備會 ㊿193
전군 佃軍 ⑬335 ⑭87 ㉘259
전권 田劵 ⑭21 135 ⑮99
전권대신 全權大臣 ㊲244 256 306 308 309 310 315
전권대표단 全權代表團 ㊲236
전규홍 全奎弘 ㊾102
전규환 田圭煥 ㊶373
전 기 田琦 ㉟447 491
전기 傳奇 ⑰190 202 234
전기가야 前期伽耶 ⑦8 9 304 326 331 403
전기녹읍 前期祿邑 ⑨158 209
전기철도 電氣鐵道 ㊻276 278
전기통신 電氣通信 ㊻257
전내부 前內部 ⑥86 89 90~92 95 97 171 173
전녹생 田祿生 ⑲165 169 172 182
전농사 典農司 ⑮164 ⑲371
전농시 典農寺 ㉓83 90 310 ㉔410 425 468 ㉕203 204 206 207 ㉖250
전단 氈壇 ⑯292
전단관음상 旃壇觀音像 ㉖ 272
전단원 栴檀園 ⑮175
전답관계 田畓官契 ㊷77 83
전답도형도 田畓圖形圖 ㊷72
『전당문』『全唐文』⑨317
「전당시」「全唐詩」⑨470 474 ⑪175
전당업 典當業 ㊽97
전당포 典當鋪 ㊹136 138 142 ㊼81 ㊽99
전대등 典大等 ⑥76 ⑦174 177 182
전덕기 全德基 ㊸185 188 206 207 213 244 285 309 326 347 ㊺4 42 70
전덕원 全德元 ㊸405 ㊽200 208 209 266 267
전도부인 傳道夫人 ㊹395 396
『전도수언』『傳道粹言』㉘310
전득시 田得時 ⑳45
전등 電燈 ㊻257 274 276
전등가설 電燈架設 ㊹294
『전등록』『傳燈錄』㉑354
전등사 傳燈寺 ㉟510
전라남도주식잠농사 全羅南道株式蠶農社 ㊹190
『전라도대동사목』『全羅道大同事目』㉚507
「전라도유생등원정」「全羅道儒生等原情」㊵105
전랑권 銓郎權 ㉚211
전랑천대법 銓郎薦代法 ㉞69
전략첩보국 Office of Strategic Services (OSS 戰略諜報局) ㊿10 457 459
전렵 田獵 ⑥192
전령무관 傳令武官 ㉕91

전령서 傳令書 ㊲209
전례논쟁 典禮論爭 ㉘343
『전례문답』『典禮問答』㉛183
전로청년결사대 全露青年決死隊 ㊼399
전로한족(회)중앙총회 全露韓族(會)中央總會 ㊼214 215
전로한족대표자회 全露韓族代表者會 ㊼208 212
전록생 田祿生 ⑳43 45
『전록통고』『典錄通考』㉒237 238 ㉜68 ㉞51 ㉟191
전륜성왕 轉輪聖王 ⑥178 ⑦103 ⑧75 ⑩5 38 178 185 ⑪155 184 206 210
전리 典吏 ⑬429 ㉕137
전리 電吏 ⑬119 402
전리사 典理司 ⑬47 ⑰53 ⑱168 170 ⑲18 26 ㉔32
전립 戰笠 ㉕298 311 ㉛611
전립 氈笠 ㉛611
전막현 前莫縣 ④239
전만통일회 全滿統一會 ㊽282
전만통일회주비회 全滿統一會籌備會 ㊽280 283
전망자 戰亡者 ㉛144 148
전매국 專賣局 ㊼26
전매권 專賣權 ㊳174
「전매령」「專賣令」㊽75
전매제(도) 專賣制(度) ⑲363 367 368 376 380 ㊲40
전명숙 全明淑 ㊴390
전명운 田明雲 ㊸6 155 160~165 336 485 487 ㊽317
전명의 傳命儀 ㉜459
전목사 典牧司 ⑬103 ⑳193
전목서 典牧署 ⑬101
전목참반 錢木參半 ㉝421~424
전무사 電務司 ㊻271
전무제도 田畝制度 ㉚433
전무학당 電務學堂 ㊹183 241 ㊺46 55 ㊻273 ㊿282
「전무학도규칙」「電務學徒規則」㊶161 ㊻273
전문도기 錢文陶器 ⑥27
전문도기편 錢文陶器片 ⑥23
전문학교 專門學校 ㊼268 269 272
「전문학교규칙」「專門學校規則」㊺110 ㊿17
전민 田民 ㉖249
전민계정사 田民計定使 ㉔78
전민변위도감 田民辨違都監 ⑲283
전민변정도감 田民辨整(正)都監 ⑭266 ⑯195 ⑲26 27 114 118 194 200 233 276 281 283 ⑳48 326 353 ㉔16 ㉕35 36 42
전민변정사 田民辨正司 ⑳293
전민변정사업 田民辨整(正)事業 ⑲142 167 168 280 282 284
전민족유일당촉성회(의) 全民族唯一黨促成會(議) ㊽193 305 310
전민족유일당협의회 全民族唯一黨協議會 ㊽305 310
「전민족적독립당결성의 선언문」「全民族的獨立黨結成의 宣言文」㊽180
전방후원분 前方後圓墳 ⑧328 363 364
전백영 全伯英 ⑲171 172
전법사 典法司 ⑬47 ⑲18 ㉒215 217
전벽 磚壁 ㉗458
전보국 電報局 ㊴27 119 123 124 371
전보사 電報司 ㊻273 ㊹232
전보사관제 電報司官制 ㊵295 ㊻272
전보인 全輔仁 ⑫153
「전보장정」「電報章程」㊴123 ㊶138 ㊻272
전보총국 電報總局 ㊴131
전보총사 電報總司 ㊷279
전봉별초 戰鋒別抄 ⑱179 183
전봉준 全琫準 ㊱338 380 ㊴280 281 302~305 309 312 314~323 325 326

328 330 332 333 335 340 345 346 349 350 352 365 373 379~383 389 393 395 ~408 413~416 427~432 441 447 449 ~457 464 466~471 474 477~486 ⑩5 41 105 113 119 120 124 125 127 132~134 140 145 209 211 ㊹53 ㊻191
전부 典簿 ㉓288
전부 佃夫 ㉜294
전부고모음화 前部高母音化 ㉟291
전부고취 前部鼓吹 ㉗395 432
전분 6등(법) 田分六等(法) ①274 ㉘35 45 59
전분등제 田分等第 ㉔453
전분법 田分法 ㉜290
전불 塼佛 ⑩184
전불사유관음보살입상 塼佛思惟觀音菩薩立像 ⑩182
전불칠처가람 前佛七處伽藍 ⑦14
전사법 佃舍法 ①200 201 ⑤7 ⑦98 236
전사서 典祀署 ⑦179 ⑨117 182
전사시 典祀寺 ㉔468 469
전사인 典事人 ⑦173 175 183
전사청 典祀廳 ㉓281 282 301
전삼덕 全三德 ㊹396
전삼세 田三稅 ㉜285
전상엽 全相燁 ㊿261
전생서 典牲署 ㉓69 93 ㉕329
전서 典書 ⑲23
전서박사 篆書博士 429
전서체 篆書體 ㉛498
전석담 全錫淡 ㉛139
전선 戰船 ㉝376
전선가설차관 電線架設借款 ㊹35 46
전선가설권 電線架設權 ㊹36
전선사 典選司 ㊳39
전선색 典船色 ㉔351
전선수비헌병 電線守備憲兵 ㊹234
전설 典設 ㉓260
전설대회 傳說大會 ㊾391
전설사 典設司 ㉓69 96 112 ㉔426
전성근 田聖根 ㊼137
전성익 全性翊 ㊼155
전세 前稅 ㉔407 457 459 477
전세 廛稅 ㉝208 209
전세공물 田稅貢物 ⑭362
『전세도록』『田稅都錄』㊴405
전세(제도) 田稅制度 ⑭12 336 338 347 350 351 ⑮47 ⑲376 ㉔77 84 453 ㉘44 53 58 62 361 364 ㉚586 ㉜150 ㊱127 161 299 326 276
전세지 田稅紙 ㉖280
전소민 田少民 ㉘357
전소자 田少者 ㉘40
전손사 顓孫師 ㉖38
전송 田訟 ㉔64 65
「전수기의」「戰守機宜」㉚290
전수도감 轉輸都監 ⑫107
전수용 全垂鏞 ㊸434
전순덕 全順德 ㊿195
『전습록』『傳習錄』㉛294~296
『전습록논변』『傳習錄論辯』㉘327
전시 殿試 ⑬383 ㉓36 328 331 335 349 ~351 ㉕127
전시 錢市 ㉚587
전시강제동원 戰時强制動員 ㊼108 110 120
전시계획경제 戰時計劃經濟 ㊿79
전시과 田柴科 ⑫181 214 215 ⑮40 ⑯86 202 ⑱41 187 192 ⑲7~9 30 90 225 ~227 ⑳33 70 73 ㉔21 36 46 53 58 77 78 445 ㉕116 119
「전시교육령」「戰時敎育令」㊿52
전시국외중립(안) 戰時局外中立(案) ㊸23 33 35~38 41
전시대본영 戰時大本營 ㊵16 44 52
전시법 殿試法 ㉓338
전신국 電信局 ㊵195 295 ㊹226 ㊻257
전신덕왕릉 傳神德王陵 ⑧355

전신선 電信線 ㊷278
『전신화첩』『傳神書帖』㉟473
「전씨애국가」「全氏愛國歌」㊸164
전악 典樂 ㉞219
전악서 典樂署 ㉑456 ㉓57 92 107 362 ㉕201 202 ㉗388～391 394 ㉛582
전안 田案 ㉘41
전안 廛案 ㉝316
전안나왕궁지 傳安羅王宮址 ⑧321
전양묵 全良默 ㊴108
전업수공업자 專業手工業者 ⑥222
전여병 묘지 全汝鈵墓誌 ㉟514
전연 前燕 ④177 197 ⑤49 63 74
전연사 典涓司 ㉓70 98
전연의 맹(약) 澶淵之盟(約) ⑮225 236 239
전영교장 前營教長 ㊳368
전영보 全英甫 ⑭260 435
전영택 田榮澤 ㊼273 274 277 278 315 316 51244 253 257
전예 篆隸 ㉛489
전오(제)염 煎熬(製)鹽 ㉔376 378 51386
전옥결 全玉玦 ㊼326 ㊽109
전옥서 典獄署 ㉓70 97 ㊱184
전용규 田瑢圭 ㊼138 139 167 168
전 우 田友 ㊾76
전 우 田愚 ㉟15 51 58～61 63 51223
전우영 全宇榮 ㊺58
전우총국 電郵總局 ㊴131 ㊵187 ㊹230
전운 轉運 ⑨197
전운국 轉運局 ㊴99
전운노비 轉運奴婢 ㉕206
전운사 轉運使 ①220 ⑫143 ⑬162 165 166 ⑭14 400 ㊴207
전운색 轉運色 ㉓84
전운서 轉運署 ㊵187 ㊻267 268
전운어사 轉運御史 ㊴100
전운영 轉運營 ㊴317 321 322 334 338 339 363 364 404
『전운옥편』『全韻玉篇』㉟205 277
전운위원 轉運委員 ㊴100
『전원가』『詮源歌』⑯120
전원균 田元均 ⑳157 158
『전위』『前衛』㊽307
『전율통보』『典律通補』㉞245
전읍서 典邑署 ⑪54
전의 典醫 ㊷249
전의감 典醫監 ㉓69 91 112 360 363 ㉔425 426 429 436 468 ㉕125 126 131 135 375 381 382 ㉗113 116 119 156 ㉜162 188 ㉟341
전의시 典醫寺 ⑬397 429 ⑰123 ㉑227 228 ㉓360 ㉗113 115
전익대 全翊戴 ㉚158
전인 傳印 ⑪202
전임 典任 ㉓307
전자공명법 電子共鳴法 ②26
전작 佃作 ⑭148 197 ㉘57
전장 田莊(庄) ⑦235 ⑨207 384 ⑫137 ⑭22 72 73 166 274 440 ⑲201 ㉕147 ㉘45 59 364
전장 錢莊 ㊹33
전장운 全長雲 ㊲186
전재인묘지 全在仁墓誌 ㉟517
전쟁문학 戰爭文學 51121
전쟁반대론(비전론) 戰爭反對論(非戰論) ㊵49
전적 田籍 ⑭162 268 369
전전군 殿前軍 ⑫108
전전승지 殿前承旨 ⑱98 103
전정 田丁 ⑬193 ⑭4 5 77 92 360 367 369 ⑮98 102～106 ⑱189
전정 田政 ①311 ㉜326 362 ㊱41 177 216 231 281 282 314 326
전정고취 殿庭鼓吹 ㉗432 ㉟556
전정구폐책 田政捄弊策 ㉜367
전정연립 田丁連立 ⑭79～81 89 90 92 95 212 245 246 ⑮40 98 102～108 ⑲

226 ㉔21 48 53
전정체립 田丁遞立 ⑬140 141 ⑭247
전정헌가 殿庭軒架 ㉛553
전정호구 田丁戶口 ⑥184
전제개혁 田制改革 ⑭138 139 176 267 351 ㉒13 18 21 ㉕101
전제관 典制觀 51180
전제군주제 專制君主制 43276
「전제망언」「田制妄言」 4264
전제상정소 田制詳定所 ①285 ㉔85 620
전제상정준수책 田制詳定遵守冊 ㉔620
전제왕권 專制王權 ⑪12 22
전제정치 專制政治 43270 274
전조 田租 ⑥197 ㉞106
전조 銓曹 ㉓21
전조낭관 銓曹郎官 ㉚220
전조낭관권 銓曹郎官權 ㉚211
전조선경기대회 全朝鮮競技大會 51345
전조선노농대회 全朝鮮勞農大會 49185 224
전조선문필가협회 全朝鮮文筆家協會 52 314 319 361
전조선민중운동자대회 全朝鮮民衆運動者大會 4983 321 384
전조선민중운동자반대전국연합대회 全朝鮮民衆運動者反對全國聯合大會 49321
전조선신문배달조합총연맹 全朝鮮新聞配達組合總聯盟 49234
전조선야구대회 全朝鮮野球大會 51345
전조선양말직공조합총연맹 全朝鮮洋襪職工組合總聯盟 49234
전조선인쇄직공총연맹 全朝鮮印刷職工總聯盟 49234
전조선청년당대회 全朝鮮靑年黨大會 49 372 397
전조선청년회연합회 全朝鮮靑年會聯合會 4924
전조선축구대회 全朝鮮蹴球大會 51345
전조선화공총연맹 全朝鮮靴工總聯盟 49 234
전족 纏足 ㉜419
전존걸 全存傑 ⑱214 ⑳134
전좌배립 殿座排立 ㉚255
전좌환위 殿坐環衛 ㉚246
전주 田主 ㉘39 50
전주 全州 ⑫148 173 212 ⑳98 108 110 ㉝382 464
전주 銓注 ⑱91 92 149 160 163 165 167 169 171 172 212 232 233 239 ⑳66
전주감영 全州監營 40211
전주교회 全州敎會 ㉟98
전주권 銓注權 ⑱91 92 165 201 212
전주대사습 全州大私習 ㉟627
전주목 全州牧 ⑲34
전주사록 全州司錄 ⑱231
전주서기 全州書記 ⑱229
전주서씨세보 全州徐氏世譜 ㉚372
전주성 全州城 40110
전주야소병원 全州耶蘇病院 46290
전주유씨 全州柳氏 ⑫203
전주장 全州場 44474
전주전객제 田主佃客制 ⑭274 ⑲286 287 ㉝128 ㊱121
전주항쟁 全州抗爭 44405
전주화약 全州和約 39106 309 349 350 352 353 379 381 386 406 402 35 45 69 99 105 106 147 182 183
전중감 殿中監 ⑱27
전중내급사 殿中內給事 ⑱154 224 225
전중성 殿中省 ⑨122 ⑪40 ⑫121 ⑱218
전중시 殿中寺 ⑩144 153 166 ㉓80
전지관 專知官 ⑨328
전지문권도식 田地文券圖式 4263
전지(왕) 腆支(王) ⑥48~51 151 152 156 161 191 ⑦142
전진 全陳 ㉘40
전진 前秦 ④197 ⑤49 50 63 81 ⑦4 124 142 411

『전진』『前進』 ⑫326 456 ㊾71
전진교 全眞教 ㉖297
전진한 錢鎭漢 ⑫420
전진회 前進會 ㊼284 ㊾115 144 145 148～150
전차 電車 ㊻274 275 276 ㊼93
전차운행 電車運行 ㊹294
전창근 全昌根 ⑫378
전첨 典籤 ⑱158 159 160 201
『전체신론』『全體新論』 ㊻280 281
『전체천미』『全體闡微』 ㊻280
전촌 佃村 ㉜312
전총문 田寵文 ⑳38
전최 殿最 ㉓289 ㉞187 ㊱221 228
전축기단 塼築基壇 ⑧275
전축묘(분) 塼築墓(墳) ⑤71 72 ⑧199 264 332 334 346 348 ⑩208 209
전치원 全致遠 ㉙47
전칠 全漆 ㉚504
전킨기념병원 W. M. Junkin紀念病院 ㊻ 289
전탑 塼塔 ⑨548 560
전탑 塼塔 ⑰260 261
전태화 田泰和 ㊿328
전토 塡土 ⑧335
전통극 傳統劇 ㉛364 365 369 371
전통도 田統圖 ㊷63
전통목조건축 傳統木造建築 ㊻296
전통선누선 全通船樓船 ㉔357
전통술 傳統酒 ㉕333
전통음식 傳統飮食 ㉛417
전패 殿牌 ㉓179 ㊱184
전패작변 殿牌作變 ㊱165 188 ㊴280
전폐 箭幣 ㉓44 ㉔4 173 190 191
전폐제 錢幣制 ㉔177
전품 田品 ⑭11 77 303 310～312 318 329 390
전품분등법 田品分等法 ㉔77 81 86 416 449 452
전필순 全弼淳 ㉛154
전한국인민집행위원회 National Korean Peoples Executive Committee 全韓國人民執行委員會 ⑫33
전함관 前銜官 ㉓49
전함도감 戰艦都監 ㉔334
전함사 典艦司 ①274 ㉓68 84 ㉔6 334 ～336 424 425 531
전함조성도감 鈿函造成都監 ㉑452
전함품관 前銜品官 ㉓26 ㉕147
전해산 全海山 ㊸431 432 439 442 444 451 468
『전해산진중일기』『全海山陣中日記』 ㊸ 432 444
전해서 煎海鼠 ㉝469
전향군관 轉餉軍官 ㉞31
전향사 典享司 ㉓68
전향석총고분 纏向石塚古墳 ⑧364
전헌사 典憲司 ㊴91 92
전현룡 田見龍 ㉙42
전호(제) 佃戶(制) ⑬336 ⑭11 62 131 141 142 149～156 166～168 170 171 181 182 189 190 192 197 198 200 244 251 339 342 343 347 351 353 ⑮60 ⑲ 239 240 ㉓52 ㉘48 153 ㉚442 ㉞133
전호경영 佃戶經營 ㉘49
전호권 佃戶權 ①314
전호농민 佃戶農民 ㊱121 280 282
전호제경영 佃戶制經營 ①235
전화교환사업 電話交換事業 ㊹234
전화사업 電話事業 ㊹234
전환 錢還 ㉜316 376 ㊴276
전환국 典圜局 ①358 ㊳181 183 184 ㊴41 95 97 130 173 ㊵174 187 ㊷92 105 133 ㊹22 39 41 400 ㊻301
전환국청사 典圜局廳舍 ㊻301
전환서 典圜署 ㉟254
전황 錢荒 ㉝402～404 408 423 ㉟253 ㊱176 ㊹184 197

전훈 典訓 ㉓289 296
전흥룡 全興龍 ㊳24
『전흥협회보』『電興協會報』㊻73
절강병법 浙江兵法 ㉙192 ㉚290
절강시박사 浙江市舶司 ㉒273
절노부 絶奴部 ①5 ⑤29 31 34~36 149
절대연대 絶對年代 ②187
절령 岊嶺 ⑫268 ⑱30 ⑳80 83 84 388 389
절명시 絶命詩 ㉛220
절미장려위원회 節米奬勵委員會 ㊿92
절수(제) 折受(制) ㉚411 412 453
절수지 折受地 ㉚461
절영도 絶影島 ⑪53 ⑫33 ㉙28 115 ㊳ 150 ㊶255 270 325
절왜론 絶倭論 ㉘134
절의 節義 ㉘8 ㉛220
절의사상 節義思想 ㉘222 223 226
절전 折錢 ㉔149
『절제생활』『節制生活』㉛253
절중 折中 ⑪79 193 194 198
절천정단실묘 折天井單室墓 ⑧332
절초전 折草廛 ㉝328 335 354
절충도위 折衝都尉 ⑩151
절충부 折衝府 ⑩151 152 ⑬283 294 317
절충장군 折衝將軍 ㉓224
절파화풍 浙派畵風 ㉗535 537 557 558
절파계 산수화 浙派系 山水畵 ㉛459
절파계 화풍 浙派系 畵風 ㉛447~449 454 455 459
절풍 折風 ⑤151 162 ⑧434 438 440 446
점 店 ㉔512 ㉝6 161~163 167 168 173
점개 漸開 ⑨412
점경제 店經濟 ㉝162
점구부 點口部 ①200 ⑥171 187 205
점력 店歷 ㉝173
점막 店幕 ㉝254 309 363 364
점말 ②49 63 81 422
점말동굴 ②57 60 62 69 233 425
점말용굴 ②47 50 85 106 240
점물결무늬 波狀點線文 ②454 458
점복 占卜 ⑦10 ⑯365 370
점상술 占相術 ⑥240
점선수세 點船收稅 ㉜178
점선조(자점문)기법 点線彫(刺点文)技法 ⑧256 257
점성국 占城國 ⑨315
점성대 占星台 ⑧412 413 ⑨421
점성도 占城稻 ⑲248 335
「점성변류」「占星辨謬」㊻249
점성술 占星術 ㉗49
점성학 占星學 ㉗88
점성향 占城香 ⑮376
점세 店稅 ㉝208
점소 店所 ㉚571 579 ㊱156
점양부 漸梁部 ⑦247
점역 店役 ㉚571 575
점열 點閱 ㊱351
점우법 占雨法 ㉗95
점원열문 點圓列文 ⑨536
점장 店匠 ㉝194
점주 店主 ㊱156
점진주의 漸進主義 ㉛27
점진학교 漸進學校 ㊺70 89 90
『점찰경』『占察經』⑨410 411
점찰법(회) 占察法(會) ⑧82 86 ⑪185 ⑯55
점찰보 占察寶 ⑪185 ⑭300
『점찰선악업보경』『占察善惡業報經』⑧82 ⑨411
점찰예참 占察禮懺 ⑨411
점촌 店村 ㉓312 ㉝125 147 161 208 ㊹ 210
점치는 뼈 卜骨 ②515
점탁부 漸喙部 ⑦86
점토곽 粘土槨 ⑧336
점토대토기 粘土帶土器 ③75 104 270 335 410 481 482

점퇴 點退 ①275 ㉔8 9 ㉘62 80 360 ㉚485 527
점파(법) 點播(法) ㉗176 191
점파국 占婆國 ⑨318
『점필재집』『佔畢齋集』㉗229
접견대관 接見大官 ㊲237 243 297 298
접괴 接魁 ㊴384
접대도감 接待都監 ㉚351
접도국 接塗國 ⑦299 328
접문 蝶文 ㉗493
접사 接司 ㊴384
접사 接師 ㊴395
접소 接所 ㊲134
접위관 接慰官 ㉜444
접장 接長 ㉔158 159 162 167 169 ㊳173
접주 接主 ㊴384 394
접주인 接主人 ㉚594
접주제 接主制 ㊲134
접혈 蹀血 ㉚173
젓갈 醢 ㉑582 583 ㉛631
젓대(대금)산조 젓대(大笒)散調 ㊺331
젓새우(당하) 糖鰕 ㉝219 221 222 239
정 丁 ⑥192
정 停 ⑦94
정 鉦 ⑨523
정가 正歌 ㉟560
정가 町家 ㊹490
정가밀로신부 鄭가밀로神父 ㊻298
정가신 鄭可臣 ⑲20 160 ㉑335 337 352 353 357 358 360
정가와자(유적) 鄭家窪子(遺蹟) ③30 33 39 42 48 50 60 213 300 319 334 418 ④123 128 131
정간보 井間譜 ①500 ㉗9 388 434 435 437 439
정감록 鄭鑑錄 ①323 446 ⑯318 ㉟4 166 167 ㊱6 13 78 79 82~85 89 91 93 95~100 103~105 108 110~112 135 136 273 275 276 290 338 343~346 352 354 358 359 361 369~371 373 374 377 ㊲147 175~177
정강왕 定康王 ⑫13
정강왕릉 定康王陵 ⑨546
정강의 변 靖康의 變 ⑮236 240 243 244 289 348 ㉚61
정개청 鄭介淸 ㉘330 ㉚141
정 걸 丁傑 ㉙36 93
정 겸 丁謙 ⑥133
정겸유 鄭謙儒 ⑫147 170 178
정 경 鄭經 ㉜407
정경보 鄭卿甫 ⑲401
정경세 鄭經世 ㉙240 ㉚74 ㉛92 181 204 239 279 ㉟14 32 183
정경수 鄭景(璟)洙 ㊴447 ㊸416
정경원 鄭敬源 ㊴114 436 456
정경태 鄭敬泰 ㊼137
정경행 鄭敬行 ㊱246 247 261 265
정계 正界 ㉟240
정계 停啓 ㉚133
정곤수 鄭崑壽 ㉙77
정공 正供 ㊱298
정 공 鄭恭 ⑨415
정공묘려 精工妙麗 ㉗302 304
정공미 鄭公美 ⑳49
정과 丁科 ㉓328
정과정(진작) 鄭瓜亭(眞勺) ㉑467
「정과정곡」「鄭瓜亭曲」⑰214 223 51124
정관 正官 ㉝439 441
정관 貞觀 ⑧378
정관 政官 ⑨124 ⑪20
정 관 鄭寬 ㊻215
정관례 貞觀禮 ㉖22
정관섭 丁觀燮 ㊸242
정관응 鄭觀應 ㊺16 ㊻102
정관의 수 正官의 數 ㉝439
정관의 치 貞觀의 治 ⑫100
정관일선 靜觀一禪 ㉟128
『정관정요』『貞觀政要』⑫100 116 156

㉖143 ㉜2 64
『정관정요주』『貞觀政要註』㉒75 78 130
정관헌 靜觀軒 ㊻302
정광 正匡 ⑫112 ⑬125 126
정광경 鄭廣敬 ㉞47
정광조 鄭廣朝 ㊻193 ㊶186 187 189
정광필 鄭光弼 ㉓336 ㉖254 ㉘107 193 196~198 251
정광호 鄭匡鎬 ㊿333
정 교 鄭喬 ①363 ㊵125 ㊶327 333 338 365 370 388 ㊷22 24 ㊹383 ㊺8 271
정교금령 政教禁令 ㊲20 272
정교일치론 政教一致論 ㊻103
정 구 鄭逑 ㉘332 334 ㉚80 ㉛6 103 177 180 181 192 193 269 373 383
정구충 鄭求忠 ㊾102
정국검 鄭國儉 ⑱126
정국공신 靖國功臣 ㉘194 198 229 238 240 255 256
정국영 鄭國永 ㊹197
정군 正軍 ㉓212 236 ㉕23 ㉘99 ㉜104 111 185 301 ㉝262
정군론 正軍論 ㊳220
정군역 正軍役 ㉜104
정궁 正宮 ㉗408
정 균 鄭筠 ⑱31 33 53 64 149 210 213 224 ⑳66
정극 正劇 ㊶376
정극영 鄭克永 ⑫252 253 ⑰157
정극온 鄭克溫 ⑱55
정극인 丁克仁 ㉗340 354 355 ㉘253 276
정근 正筋 ㉚504
정 금 鄭錦 ㉜408
정기룡 鄭起龍 ㉙110 124 145 158 159
정기석 鄭箕錫 ㉟80 81
정기선 鄭基善 ㊽246
정기수 鄭基秀 ㊾427
정기시장 定期市場 ㉟252 ㊶398
정기우 鄭基雨 ㉜350
정기원 鄭期遠 ㉙110 116
정낙용 鄭洛鎔 ㊴95 ㊶328 403
정난공신 靖難功臣 ㉒117 118 137 ㉘18 180 255
정난교 鄭蘭教 ㊳23 ㊵215 225~227
정난의 역 靖難의 役 ㉒246 247 249 256 262 272 277 291 292 295 307 316 ~319 328
정난종 鄭蘭宗 ㉗209
정남 丁男 ⑤203 204 ⑥205 208 ⑨171 ㉓34 42
정남옥 丁南玉 ㊾295
정남용 鄭南用 ㊶204
정남일구 定南日晷 ㉗62 70 72 73
정남희 丁南希 ①504 ㊾352
정내교 鄭來僑 ㉞76
정녀 丁女 ⑥205 ⑨171 222 223
정 년 鄭年 ⑨331 ⑪32 95
정녕행성 定寧行城 ㉒182~184
정노 精弩 ⑱184
정노군 精弩軍 ⑬357 359
정노식 鄭魯湜 ㊿225 ㊶118 130 ㊾169 175 191 444
정농의수 情濃意秀 ㉗302 305
정달악 鄭達岳 ㊾291 292
정달헌 鄭達憲 ㊿200 ㊾438
정달현 鄭達鉉 ㊾435
정 담 鄭湛 ㉙80
정 담 鄭譚 ㉘82
정담수 鄭聃壽 ㉞81
「정당론」「政黨論」㊸269
정당문학 政堂文學 ⑬32 114 115 142 ⑱54 225 229
정당성 政堂省 ①5 ⑩4 38 68 142 153
정대경 鄭大卿 ㉙154
정대년 鄭大年 ㉚43
정대업 定大業 ①500 ㉗388 403 413 414 424 428 430 434 436 ㉛544~546

584 585 587
정대용 鄭大容 ㉞82
정대유 丁大有 ㉟493 ㊺351 ㊿324
정덕기 鄭德基 ㊱359 361 375
정덕왕후 유씨 貞德王后 柳氏 ⑫42 86
정도령 鄭道令 ㊱10 188 195 200
정도령 正都領 ㊼204
정도사 淨兜寺 ⑬318
정도사 5층석탑 淨兜寺五層石塔 ⑰259 260
「정도사 5층석탑 조성형지기」「淨兜寺五層石塔造成形止記」⑭308 309 439 ⑮134 ⑯201
정도영 鄭道永 ㊷70
정도전 鄭道傳 ①444 ⑭153 161 167 193 195 329 363 ⑲171 172 174 177 203 209 220 288 ⑳49 373 ㉑146 147 150 161 163 192 226 ㉒5 19~21 23 26~29 31 33 36 41 49 50 59~62 64 81 162 197 277 288 290 291 295 311 313 314 368 ㉓2 6 13 16 27 50 63 139 202 247 280 339 ㉔23 24 361 524 ㉕69 ㉖42 51~54 290 ㉗228 274 276 283 284 331~333 342 395 396 428 445~448 ㉘23 162 314 ㉚76
정도현 鄭道玄 ㊸373
정도화 鄭道和 ㊱347
정동 丁銅 ㉝473
정동(장로)교회 貞洞(長老)教會 ㊻165 186 187 300 ㊿258
정동구락부 貞洞俱樂部 ㊶190 191 207 ㊷42
정동방곡 靖東方曲 ㉗275 332 333 ㉛544
정동병원 貞洞病院 ㊻182
정동시 鄭東時 ㊸114
정동예배당 貞洞禮拜堂 ㊼325
정동유 鄭東愈 ㉟79 80 273 278
정동제일교회 貞洞第一教會 ㊹389
정동클럽 貞洞CLUB ㊶93
정동파 貞洞派 ㊴115 ㊵8 165 216 224 229 249 257 264 266 269 271 302 304 ㊶19 98 180 181 ㊺33
정동학당 貞洞學堂 ㊹388
정동행성 征東行省 ⑲19 24 81 87 161 281 ⑳263 270 271 273 275 312 334
정동행중서성 征東行中書省 ⑳268 327 331 342
정동화 鄭東華 ㊾455
정두옥 鄭斗玉 ㊿377 382
정두원 鄭斗源 ㉛313 322~324 ㉜416 522 ㉟350 362
정두환 鄭斗煥 197
정득 丁得 ⑨483
정득만 鄭得晩 ①504
정략결혼 政略結婚 ⑫82 131
정려 旌閭 ㉛241 252 259 ㉞168 170 172 ㊱81
정 렴 鄭𥖝 ㉖298 299 ㉛406 407 410 411
『정로』『正路』52456
정로위 定虜衛 ㉓221 ㉜106 123
정로장군 征虜將軍 ⑥190
정록청 正錄廳 ㉓281 282
정률지대 定率地代 ㉝98
정릉 貞陵 ㉗449
정릉사지 定陵寺址 ⑧6 270 271
정리사 精理舍 ㊺76
정리자 整理字 ㉟196 198 205
정림사 定林社 ㉑311
정림사 淨林寺 ⑧63 234 280 480 485 ⑨549
정림사지 5층석탑 定林寺址 五層石塔 ⑧275 276 489
정만교 鄭萬教 ㊼140
정만석 鄭萬錫 ㉜227 257
정만조 鄭萬朝 ㊿232
정말수 鄭末秀 ㉙51
정명계획 征明計劃 ㉙78
『정명국사시집』『靜明國師詩集』㉑287
정명수 鄭命壽 ㉚89

정명여학교 貞明女學校 ㊺95
정명진 程名振 ⑤137 138
정목부인 왕씨 貞穆夫人 王氏 ⑫41
정몽주 鄭夢周 ⑰46 106 ⑳377 414 ⑲43 94 143 167 168 172 174 177 203 205 209 217 218 220 ㉑135 146 147 282 352 359 473 ㉒15 20 21 36 59~61 140 197 217 ㉓280 283 288 ㉔523 ㉖27 46 51 ㉘142 162 163 167 168 175 176 189 206 207 266 282
정묘의병 丁卯義兵 ㉙286
정묘조약 丁卯條約 ㉙269
정묘호란 丁卯胡亂 ㉘137 ㉚282 336 337 469 585 603 ㉜409 433 ㉞213 221 ㊱25 ㊲18
정묘화약 丁卯和約 ㉙267 272
정무 正武 ⑥160 ⑨38
정무위원회 Governing Commission 政務委員會 ㊾34
정무총감 政務總監 ㊼30 36 58 119
정무통리권 政務統理權 ㊼34
정문 旌門 ⑫146
정 문 鄭文 ⑫188 189 ⑬405
정문복호 旌門復戶 ㉛259
정문부 鄭文孚 ㉙51 85 158 188
정문승 鄭文升 ㉟79 81
정문(식세문)경 精文(式細文)鏡 ③177 328 335 413
정문표 鄭文表 ⑥129
정미공장 精米工場 ㊻322 324 326 327
정미기술 精米技術 ㊻322 325 326
「정미삼밀사전」「丁未三密使傳」㊶226
정미약조 丁未約條 ㉒385 393 ㉘134
정미업 精米業 ㊻314 322 325 ㊽77
정미의병 丁未義兵 ㊸407 408 448 515 ㊼1 39
정미조약 丁未條約 ①361 ㊼240
정미처분 丁未處分 ㉚175
정미 7조약 丁未七條約 ㊷289 ㊸9 93 164 219 220 313 327 328 408 410 ㊺73
정미환국 丁未換局 ㉚149 175~177 ㉜60 ㊱10 195 198
정민시 鄭民始 ㉜76 81
정 발 鄭撥 ㉙28
정방 正房 ㉕346 352 353
정방 政房 ⑬28 37 ⑯195 ⑱5 7 11 88 ~92 94 100 103 107 155 159 162~172 176 177 179 180 214 232 239 ⑲26 41 120 127 131 ⑳32 340 343 345
정방보 鄭邦輔 ⑱55~57
정방산성 正方山城 ㉙281
정방안 正方案 ㉗4 61 62 66
정방우 鄭邦祐 ⑱22 26 45 53
정방의 鄭方義 ⑳144 145 147 148
정방제조 政房提調 ⑲184 185 188 ⑳361
정배걸 鄭倍傑 ⑫189 219 ⑰56 60
정 백 鄭栢 ㊽180 181 ㊾65 98 ㊾147
정백동유적 貞柏洞遺蹟 ③344 355 356 422~425 459 471 ④37
정백운 鄭栢雲 ⑧328
정백창 鄭百昌 ㉚135
정백형 鄭百亨 ㉙290
정번수포 停番收布 ㉜111 112 133 302
정범조 丁範祖 ㉜75
정범조 鄭範朝 ㊵37 150 153 264 ㊷41 ㊺33
정법사 定法師 ⑨469
정법전 政法典 ⑨188
정병 正兵 ㉒123 125 ㉓7 33 34 207 214 216 217 219 236 243 244 318 ㉕87 197 198 ㉘63 ㉜103
정병 淨甁 ⑰302 304
정병조 鄭丙朝 ㊽52
정병하 鄭秉夏 ㊳22 86 109 164 ㊴253 ㊶40 185 189 198 ㊺226 290 294
정보병 正步兵 ㉘99
정복수 鄭福綏 ⑱190
정복왕조 征服王朝 ㊲18

정봉수 鄭鳳壽 ㉙7 259 263~266
정부 丁夫 ⑥208
정부수립결정안 축하국민대회 政府樹立決定案 祝賀國民大會 ㊽206
「정부윤허양선부미통상구안장정」「政府允許洋船赴未通商口岸章程」㊹90
정·부통령선거 正·副統領選擧 ㊽419
정 분 鄭苯 ㉒188 ㉗455 456 ㉘189
정 비 鄭庇 ⑳365~367
정비석 鄭飛石 ㊿375
정 빈 鄭賓 ㉙287
정빈호 鄭彬鎬 ㊾201
정사 正司 ⑩143 144
정사 正邪 ㉚169 172
정사공신 定社功臣 ㉒37 38 41 ㉘180
정사공신 靖社功臣 ㉚72
정사당 政事堂 ⑧315 ⑪28 ⑬107 ⑯282 292 293
정사암 政事巖 ⑥179 ⑦90
정사약조 丁巳約條 ㉘135 ㉚601
정사영 鄭士榮 ㉚543
정사인 鄭士仁 ①503 ㊺344 ㊼158
정사진 鄭士辰 ㊴413
정사호 鄭賜湖 ㉙221
정사효 鄭思孝 ㊱196
정 상 鄭詳 ㉚46
정상기 鄭尙驥 ①324 ㉖175 ㉝403 ㉟273 301
정상채 鄭尙采 ㊱101 107
정상형(이노우에 카오루) 井上馨 ㉜473
정상훈 鄭相勳 ㊿247
정 서 鄭敍 ⑫273 274 275 279 ⑰180 214 221 222 285 ⑱160
정서법 淨書法 ㉟288
『정서분류』『程書分類』㉟185
정서책양안 正書冊量案 ㊷73
「정석가」「鄭石歌」㉑260 267 269
정석모 鄭碩謨 ㊴404 ㊵125
정 선 鄭歚 ①325 ㉛468 ㉟438 443 457~459 461 ㊺348
『정선산학』『精選算學』㊻232
정선여학교 貞善女學校 ㊺100
정성공 鄭成功 ㉜402
정성우 鄭惺愚 ㊶198 199
정세규 鄭世規 ㉙283
정세면 鄭世勉 ㊾460
정세아 鄭世雅 ㉙80
정세운 鄭世雲 ⑳328 332 389
정세유 鄭世裕 ⑱53
정세유 鄭世猷 ⑳68 79 101
정세윤 鄭世胤 ㊱188 193 195~199 203
정세창 鄭世昌 ㊼137
정세호 鄭世虎 ㉘83
정소(운동) 呈訴(運動) ㊱12 13 73 223 233 291 311 336 337 ㊴280 282 314
『정속』『正俗』㉘271
정수 正秀 ⑪177 ⑫113
정수개 鄭壽開 ⑫273
정수방 正秀房 45
『정수정전』『鄭秀貞傳』㉟418
정수태 丁洙泰 ㊾161
정수홍 鄭守弘 ㉖42
정숙주의 靜肅主義 ㊻177
정숙첨 鄭叔瞻 ⑱53 56 58~60 65 73 75 76 86
정순기 鄭純基 ㊸390
정순만 鄭淳萬 ㊸129 309 332 333 ㊻74 75 ㊼10 200 205 245
정순붕 鄭順朋 ㉘201 ㉚14
정순영 鄭舜永 ㊼148 149
정순왕후 貞純王后 ㉜6 202 206 244 249 251
정숭조 鄭崇祖 ㉘83
정습명 鄭襲明 ⑫272 273 ⑭410 ⑰159 161
정승 政丞 ⑫35 ⑱170 ㉓63
정승조 鄭承祖 ㉘177 190
정시 庭試 ㉓320 328 330 331 334 342 344 351

정 시 鄭蓍 ㊱242 247 256
『정시문정』『正始文程』㉜94
정시원 鄭時元 ㉝235
정시한 丁時翰 ㉜43 ㉟17 18
정 신 鄭信 ㊽291 292 297 298
정신단 精神團 ㊼187
정신여학교 貞信女學校 ㊺93 95 146 155 366
정신총동원연맹 精神總動員聯盟 ㊿212
정신학교 貞信學校 ㊹387 ㊺3 156
정신현비 이씨 貞信賢妃 李氏 ⑫228
『정씨유서』『程氏遺書』㉘312
정아악 正雅樂 ㉖269
정악 正樂 ①501
정악 廷鶚 ⑰83 93 95 100
정악전습소 正樂傳習所 (51)357
정안 正案 ㉕204
정안 政案 ⑱163 201
정 안 鄭晏 ⑱56 76 ㉑116 117 311 313
정안 임씨 定安 任氏 ⑫202
정안국 定安國 ①226 ⑩9 51 83 87 88 232 ⑮270 301 331
정안립 鄭安立 ㊼185
정암사 淨巖寺 ⑪181
정암사 7층모전석탑 淨巖寺七層模塼石塔 ㉑395
정암수 丁巖壽 ㉙48
정암우 鄭巖又 ㊿417
정액세법 定額稅法 ㉔87 ㉘35
정액지대 定額地代 ㉚451 ㉝98 414
정약용 丁若鏞 ①322 324~336 428 457 501 ④75 ⑦276 ⑩47 233 234 238 ㉕25 ㉚105 393 408 431 ㉛316 355 370 376 ㉜173 222 246 287 313 316 322 325 329 330 332 335 337 ㉝150 162 163 166 181 184 185 206 330 ㉞97 222 ㉟15 35~38 82 91 94 135 145 169 186 190 206 209 222 232~237 240 241 248~255 258 259 273 282 310 318 320~324 327 334 335 372 404 405 427 431 ㊱73 216 278 280 284 ㊲147 ㊳53 ㊴225 ㊶269 ㊸241 242 ㊺14 266 ㊻103 108 (51)137
정약전 丁若銓 ㉜246 ㉝213 ㉟186 282 372 402
정약종 丁若鍾 ㉜246 ㉞73 ㉟108
정 양 鄭瀁 ㉟281
정양직 鄭良稷 ⑮336
정양필 鄭良弼 ㊼248
정언 正言 ⑫278 ⑱173 231
정언각 鄭彦慤 ㉘201 ㉚16
『정언묘선』『精言妙選』㉗300~305 310
정언인 鄭彦仁 ㉜249
정언진 丁彦眞 ⑳158
정업원 淨業院 ㉖271
정여 貞茹 ⑪29 200
정여립 鄭汝立 ㉙24 42 ㉚59 80 122
정여창 丁汝昌 ㊲82 296 309 ㊳135 294 ㊴15 ㊵2 30 42 52 54 60
정여창 鄭汝昌 ①294 ㉓283 ㉖51 68~74 ㉘6 29 154 176~179 190 193 195 253 317 319
정역(호) 定役(戶) ㉔459 470 476 477 480 ㉞220
정연웅 鄭延雄 ㊼8 167
정열모 鄭烈模 (51)100 106 115
정 엽 鄭曄 ㉘337 ㉙152 ㉚74 75
정영기 鄭永基 ㊼248
정영두 鄭永斗 ㊹196
정영모 鄭榮模 (52)354
정영방 鄭永邦 ㊴58
정영석 鄭映錫 ㊶199
정영재 鄭榮在 (52)343
정영조 鄭暎朝 ㊳249
정영택 鄭永澤 ㊻250
정 오 鄭頫 ⑳277
정 온 鄭蘊 ㉙273 285 292 ㉚72 79 84 ㉜60

정요업 政要業 ⑬394 398 399
정요위 定遼衛 ⑳382
정용군 精勇軍 ⑬4 289 296 297 309 310 318 322 325~330 332~334 340 351
정용근 鄭容根 (51)188
정용기 鄭鏞基 ㊸389 390~392 525
정우량 鄭羽良 ㉜155 163 180 195
정우채 鄭瑀采 ㊾453
정우현 鄭又玄 ⑫169 170 174 178
정우회 正友會 ㊾115 144 346 402
정우회선언 正友會宣言 ㊽179 187 ㊾54 143 144 148 149 163 228 386 ㊿226
정 욱 鄭昱 ㊾464
정 운 鄭運 ㉙61 64
정운경 鄭雲慶 ㊸382 386~388 392 520
정운복 鄭雲復 ㊸193 244 298 ㊻61 62 175
정운준 鄭雲俊 ㊿329
정운해 鄭雲海 ㊾81 83 85
정운홍 鄭雲洪 ㊼140
정 웅 鄭雄 ⑭69
정 원 鄭遠 ㊽189
정원(법사) 淨源(法師) ⑯48 69~71 122 123 133 134
정원군 定遠君 ㉚78 ㉜32
정원녕 鄭元寧 ⑱55
정원로 鄭元老 ㉚157
『정원석교록』『貞元釋敎錄』⑯115
정원선 鄭元善 ㉜210
정원섭 丁元燮 (52)342
『정원속개원석교록』『貞元續開元釋敎錄』⑯107 110
『정원신역화엄경소』『貞元新譯華嚴經疏』⑯132 133
『정원신정석교록』『貞元新定釋敎錄』⑯107 110
정원용 鄭元容 ㉜210 223 225 227 259 274 277 278 280 281 326 341 ㉞47 ㉟334 ㊱320 327 329 330
정원진 定遠鎭 ⑮312 332
정원택 鄭元澤 ㊻214 ㊼225 226 ㊽319
정위단 正衛團 ㊾332 333
『정유고략』『貞蕤稿略』㊲93
정유색 鄭柳色 (52)375
『정유시초』『貞蕤詩抄』㊲93
정유악 鄭維岳 ㉚163
정유일 鄭惟一 ㉗297 ㉘332
정유자 丁酉字 ㉟196 205
정유재란 丁酉再亂 ㉚333
「정유절목」「丁酉節目」㉞39 70 92 ㊴232
정유한 鄭維翰 ㉘148
정윤(태자) 正胤(太子) ⑫37
정윤경 鄭潤卿 ㉟392 428 561
정윤당 鄭允當 ⑱53
정윤복 丁允福 ㉙182
정윤용 鄭允容 ㉟279
정음 正音 ⑨461 (51)103
정음청(언문청) 正音廳(諺文廳) ㉔298 ㉖104 ㊺7 233
정읍 井邑 ⑧9 167 ㉛544 551
정읍경 井邑境 ㊴381
정읍발언 井邑發言 (52)124
「정읍사」「井邑詞」㉑262 275 500
정응두 丁應斗 ㉕316
정응두묘지 丁應斗墓誌 ㉟514
정응문 鄭應文 ⑮345 358 ⑳145
정응민 鄭應珉 (52)342
정응정 鄭應井 ㉙234
정응태 丁應泰 ㉙124
정의단 正義團 ㊻211 218 219 221 ㊽201 ㊼9
정의배 丁義培 ㊲185 186
정의부 正義府 ㊽7 282 283 285 287 289 291 295 296 303 307~313 338 ㊾9 ㊿308
『정의부공보』『正義府公報』㊽284
정의식 鄭宜植 (52)102

정의여학교 正義女學校 ㊹387 ㊺94
정의왕후 貞懿王后 ⑫227
정의황후 이씨 貞懿皇后 李氏 ⑩184
정이 程頤 ㉓304 ㉖36 38 49 ㉚62
정이대장군 征夷大將軍 ⑮252 ⑳412
정이망 碇耳網 ㉝221
정이한 鄭而漢 ㉒151
정 인 鄭仁 ⑳299
정인경 鄭仁卿 ⑳238 275
정인과 鄭仁果 ㊿237
정인교 鄭寅教 ㊽158
정인덕 鄭寅德 ㊴452 ㊵124 ㊺258
정인량 鄭寅亮 ㊴434
정인보 鄭寅普 ④48 76 ㉟80 81 ㊼225 ㉛117 118 122 125 132 134 137 140 145 225 ㉜313
정인사 正因寺 ㉖269 270
정인섭 鄭寅燮 ㊸126 ㉛105 113 115 373
정인숙 鄭仁叔 ㊹206
정인승 鄭寅承 ㊿239 ㉛106 110 115 255
정인익 鄭寅翼 ㉛74
정인중 鄭麟重 ㉚171 176
정인지 鄭麟趾 ⑰105 ㉒70 76 116 117 ㉓139 ㉕103 104 ㉖48 285 ㉘17 181 ㊺ 245
정인평 鄭寅平 ㊺112
정인표 鄭寅杓 ㊵153
정인호 鄭寅琥 ㊹196 197 ㊺115
정인홍 鄭仁弘 ㉘334 ㉙39 46 47 ㉚44 54 70 140 280 ㉛202 ㉜201
정인회 鄭寅會 ㊸369 372
정일명 鄭日明 ㊿280
정일영 鄭日永 ㊸112
정일창 丁日昌 ㊲273 ㊵29
정일환 鄭日煥 ㉜248 250
정자 程子 ㉟23 185
정자관 程子冠 ㉕311 ㉛402
정자량 鄭子良 ⑮374
『정자역전』『程子易傳』㉟202
정자옥 丁子屋 ㉛416
『정자집』『貞字集』㉗304
정작 鄭碏 ㉛407 411 418
정재 呈才 ⑨607 614 ㉑463
정재관 鄭在寬 ㊸160 162 487 ㊻73 75 ㊼ 11 196 201 202 204~207 244 245 314
정재규 鄭載圭 ㉟51 57 61
정재달 鄭在達 ㊾77 78
정재룡 鄭在龍 ㊱101
정재륜 鄭載崙 ㉜411
정재면 鄭載冕 ㊸332 ㊼187 314 394
정재무 呈才舞 ㉛587 ㉟590
정재민 鄭在民 ㉜248 249
정재반주 呈才伴奏 ㉟558 559
정재신 鄭再新 ㉙291
정재영 丁載榮 ㉜280
정재학파 定齋學派 ㊸362 378
정전 丁錢 ㉖57 258 260
정전구일법 井田九一法 ㊱216
정전론 井田論 ㉜330 ㉟246 249~251 ㊴249
정전법 井田法 ⑭291 294 295 ㉔603 ㉘355 356 ㉟251 524 249 250 530
정전설 井田說 ①309
정전(제) 丁田(制) ⑨211 225 230 231 233 ⑪57 ⑫137 ⑭134 302
정전(제) 井田(制) ㉔87 447 448 ㉘353 359 ㉚406 407 417 489 496 ㉛355 374 ㉜39 291 330 357 359 ㉟249 259 ㊴414
정 전회연 正殿會宴 ㉛586
정정렬 丁貞烈 ①504
정정숙 鄭旌淑 ⑫268
정정좌 鄭貞佐 ⑫229
정제당 精製糖 ㉛427
정제두 鄭齊斗 ①322 ㉛302 ㉜56 ㉟73 74 77 79 80 83 186 273 278 ㊲147
정조 正朝 ⑫32 37 38

정 조 鄭造 ㉚70
정조경 程祖慶 ㊲97
정조여 鄭藻如 ㊲281 283~287
정조행 正朝行 ㉜386
정조호장 正朝戶長 ㉘157
정족산성 鼎足山城 ㊲192 193
정존실 鄭存實 ⑱148 150
정종 定宗 ⑫5 91~98 154~158
정종 靖宗 ⑫179
정종근 鄭鍾根 ㊾470
정종길 鄭鍾吉 52342
정종명 鄭鍾鳴 ㊾285 290 294
정종진 鄭鍾振 ㊳23
정주 定州 ⑮318 366 ㉘126 ㉚537 ㉝147 176
정주 貞州 ⑫133
정주 靜州 ⑮366 ⑳87 168 190 389
정주교구당 定州敎區堂 ㊼371
정주매향사건 定州賣鄕事件 ㊱233
정주분도장군 靜州分道將軍 ⑱94 183
정주성 定州城 ①333 ㊱14 238 244 249 ~255 258 262~264 267 269 273 275 276
정주성리학 程朱性理學 ㉘162
정주영 鄭周永 ㊿33
정주유씨 貞州柳氏 ⑪80 85 ⑫87 122 127 202 208 235 236
정주학 程朱學 ㉛303 339
정주환 鄭周煥 ㊼159
정준시 鄭俊時 ㊴446
정준택 鄭準澤 52436
정중부 鄭仲夫 ⑮200 217 ⑱2 3 5 7 17 ~21 23~34 31 36~38 40~42 44 53 63 64 80 82 83 126 127 129 130 134 143 147 148 157 173 174 199 200 204 205 209 210 213 217 218 223~227 235 236 ⑳19 56 65 66 72 105 122 ㉑594
정 지 鄭地 ⑲66 173 202 ⑳407 409 411 ㉗235
정지린 鄭至麟 ⑳206
정지상 鄭知常 ⑫259 263 265 266 268 269 270 ⑰98 193 209 210 285 ㉑268
정지성 鄭志誠 ㉙287
정지용 鄭芝溶 51274 52307
정지용 鄭志鎔 ㊲187
정지운 鄭之雲 ㉘325 ㉟64
정지윤 鄭芝潤 ㉞94
정지화 鄭知和 ㉚158 ㉜307
『정진』『正進』㊾344
정 진 鄭稹 ⑱65
정진교 鄭震僑 ㉞56
정진대사 靜眞大師 ⑨299
정진대사 긍양 靜眞大師 兢讓 ⑯36
정진인 鄭眞人 ㊱6 85 98 238 242 348 256 353 354 361
정진현 鄭晋鉉 ㊽132
정진홍 鄭鎭弘 ㊹196 197
정진화 鄭鎭華 ㊼140
정찬영 鄭燦永 ⑧328
정창대 鄭昌大 ⑳147 148
정창손 鄭昌孫 ㉒70 78 116 141 ㉘181 190 193 254
정창연 鄭昌衍 ㉚57 70 92
정창원 正倉院 ⑧373 ⑨188 310
정처묵 鄭處默 52102
정 척 鄭陟 ㉖26 110 174 175 178 184 186
정 척 鄭惕 ㉚37
정천(천정)군 井泉(泉井)郡 ⑩99 171
정천신앙 井泉信仰 ⑦14
정천익 鄭天益 ㉑221 ㉔281
정철 正鐵 ㉚580
정 철 鄭澈 ①413 ㉗350~352 358 359 ㉘336 ㉙23 177 ㉚36 38 41 45 48 52 80 ㉛270 423 424 440 495 51124
정철장 正鐵匠 ㉔234
정체성사관(이론) 停滯性史觀(理論) ㊺274 275

정초군 精抄軍 ㉚252 275 ㉜107 ㉝262
정초청 精抄廳 ㉚157 285 ㉜144
정촌석기문화 丁村石器文化 ②261
정촌유적 丁村遺蹟 ②97 259 261
정 총 鄭摠 ⑲178 ㉒20 27 28
정총법 定摠法 ㊱34 38 40
정 추 鄭樞 ⑱171 ⑲144 154
정축맹약 丁丑盟約 ㉚94
정축자 丁丑字 ㉗221
정축화약 丁丑和約 ㉘137
정춘수 鄭春洙 ㊼321 326 333
정충신 鄭忠信 ㉙235 249 257 265 266 286
정치관 整治官 ⑲105 165 280 ⑳45
정치구국운동 政治救國運動 ㊸203 311
정치구락부 政治俱樂部 ㊼284
정치도감 整治都監 ⑲132 153 279 ⑳23 43 280 295 343
정치망어장 定置網漁場 ㉔408 414 416
정치어장 定置漁場 ㊶157
정칠래 鄭七來 ㊼263
정칠성 丁七星 ㊾269 285 298 311
정침 正寢 ㉕346 348 353
정태영 鄭泰榮 ㊼338
정태진 丁泰鎭 ㊿239
정태현 鄭台鉉 51294
정태화 鄭太和 ㉚102 106 107 109 272 486 ㉜307 403 ㉞47
정태환 鄭泰煥 ㉞38
정태희 鄭泰熙 ㊽187 192 194 ㊿276
정토교(학) 淨土敎(學) ⑨617 ⑯66 124
정토교회 淨土敎會 ㊸323
정토사 淨土寺 ⑨405 ⑪54 199 208 209
정토사법경대사자등탑비 淨土寺法鏡大師慈燈塔碑 ⑪75 ⑫83 105 ⑰289
정토사상 淨土思想 ㉛394
정토사홍법국사실상탑 淨土寺弘法國師實相塔 ⑰264 266
정토신앙 淨土信仰 ⑨375 416 ⑫238 ㉖273 ㉛395
정토왕생 淨土往生 ①248 ⑧182
정토종 淨土宗 ㊻125 129
정통도학자 正統道學者 ㊻101
정통론 正統論 ㉟44 45 220 243 313
정통주의 正統主義 ㉟22 27 43 46
정팔선 鄭八仙 ㊿280
정팔용 鄭八龍 ㊱9 187
정평농민동맹 定平農民同盟 ㊿203
정평농우회 定平農友會 ㊿203
정평여성동우회 定平女性同友會 ㊿203
정포 丁布 ㉖256 259
정포 正布 ㉘76 ㉚504 581
정포론 丁布論 ㉜147
정표(정책) 旌表(政策) ㉛6 241 252 253 257 263 ㉜24
정품 正品 ㉓103 324
정필석 鄭弼錫 ㊱92 111
정필화 鄭弼和 ㊽339
정하상 丁夏祥 ㉟119 ㊻150
정학 正學 ㉓1 13 ㊱80 82 109 110
정학빈 鄭學彬 ㊽184
정학선 鄭學先 ㊾96 97
정한경 鄭漢景 ㊽146
정한경 鄭翰景 ㊼247 249 315 403 ㊾427
정한규 鄭漢珪 ⑱156
정한론 征韓論 ㉜472 ㊲90 188 190 207 210 225 227 ㊳299 425 ㊵19 27 85 ㊼100
정한용 鄭漢鎔 ㊸373 374
정 함 鄭諴 ⑫273～277 279 ⑱29 ㉑594
정 항 鄭沆 ⑫263
정항령 鄭恒齡 ㉜156
정항모 鄭恒謨 ㊶237 345 388
정 해 鄭楷 ㉚171
정 해 鄭瑎 ⑳276
정해교난 丁亥敎難 ㉟116

정해룡 丁海龍 ㊹413
정행 正行 ⑨395
정행단 正行團 ㊾336
정행징 鄭行徵 ㊳23
정헌시 鄭憲時 ㊳47
정현 定玄 ⑨395
정현 鼎賢 ⑪186
정 현 鄭炫 ㊺78
정 현 鄭鐶 ㉚37
정현덕 鄭顯德 ㉜468 470 ㊲207 229
정현룡 鄭見龍 ㉙51
정현석 鄭顯奭 ㊳46 47 193 ㊴193
정현왕후 貞顯王后 ㉘251
정현조 鄭顯祖 ㉞43 50
정현철 鄭顯哲 ㊶159 206 216 ㊹58 195
정형규 鄭衡圭 ㊿226
정혜결사 定慧結社 ㉑18 29 44 46 47 49 50 53~55 73 155
정혜공주 貞惠公主 ⑩140 189 193 217
「정혜공주묘지」「貞惠公主墓誌」⑩70 156 193
정혜공주무덤 貞惠公主墓 ⑩51 207 210 216 240
정혜사지 淨惠寺址 ⑨556 557
정혜쌍수 定慧雙修 ①248 443 448 256 ⑯14 ⑱12 ㉑23 39 40 43~45 47~49 51 53 59 64 78
정호 程顥 ㉓304
정 호 鄭晧 ㉖36 38 49 ㉚166 174 175
정호관 丁好寬 ㉙133
정호다완 井戶茶盌 ㉛514
정홍명 鄭弘溟 ㉙285 286
정화 靖和 ⑨478 482
정 화 鄭和 ㉒249
정화암 鄭華巖 ㊽349
정화여학교 貞和女學校 ㊹391
정화준 鄭和濬 ㊿102
정환직 鄭煥直 ㊸389 391 392 407 519 526
정 황 丁熿 ㉘200 202
정효공주 貞孝公主 ⑩140 189 193 217
「정효공주묘지」「貞孝公主墓誌」⑩70 156 190
정효공주무덤 貞孝公主墓 ⑩163 164 168 178 180 185 205~207 210~212 214 222 224 226 241
정후겸 鄭厚謙 ㉜81 97
정후일 鄭厚一 ①322 ㉟79
정훈모 鄭薰模 ㊻213 ㊽32 ㊿192
정휘량 鄭翬良 ㉜155
정희대비 貞熹大妃 ㉖260
정희득 鄭希得 ㉙174 175
정희등 鄭希登 ㉘200
정희량 鄭希良 ㉖297 299 ㉘177 179 190 ㉛407 ㉜60
정희량 鄭希亮 ①330 ㉚176 ㊱10 11 188 193~196 202 206
정희석 鄭熙錫 ㊿347
정희순 鄭希淳 ㊸347
정희왕후 貞熹王后 ㉒133 134 136
제가 諸加 ④203~205 209 211 216 220 224 ⑤45 168 169 179 214 215
제가량(체)제 齊價量(體)制 ㉔611 615 621
『제가역상집』『諸家曆象集』㉗57 63 86 87
제가회의 諸加會議 ⑤4 45 56 148 155 163 ~165 ⑦184 185 192
제감 弟監 ⑦174 175 234
제거 提擧 ㉖292
제거사 提擧司 ㉓98
제고 齊鼓 ⑧378
제곡업 製穀業 ㊼90
제공 除公 ⑨222 223
제공 悌恭 ⑪22
제관 祭官 ⑧37
제관 諦觀 ⑯40 42~44 63 78~80 82 125 ⑰294
제국대장공주 齊國大長公主 ⑳296 310
제국박물관 帝國博物館 ㊵34

『제국신문』『帝國新聞』①358 363 ㊶394 ㊷218 ㊸87 147 278 300 308 ㊺290 291 295 ㊻66 69 70 76~78 81 86 87 ㊼128
제국실업회 帝國實業會 ㊹205 206
제국은행 帝國銀行 ㊸135
「제국의 대한시설강령」「帝國의 對韓施設綱領」㊷226 227 294 295 297 298 301 316
제국의회 帝國議會 ㊼114
제국주의 帝國主義 ①335 342 343 346 348 351 357~359 365 367~370 372 446 ㊵22 82 ㊼32 303 304 ㊽42 77
제국주의전쟁 帝國主義戰爭 ㊽103
제국철도협회 帝國鐵道協會 ㊽59
제군만호부 諸軍萬戶府 ⑳271 342
제기고 祭器庫 ㉓282
제너럴셔먼호 General Sherman號 ㉜494 500 ㊲7 118 195 314 ㊻135 160
제너럴셔먼호 사건 General Sherman號事件 ㊲105 106 108 194 205
제단사 諸壇史 ⑫186 ⑬403
제당기술 製糖技術 ㉑586
제당업 製糖業 ㊼89
제당연 祭堂淵 ⑯348
제도교회 制度敎會 ㊻148
제도순방계정사 諸道巡訪計定使 ㉔78
제례 祭禮 ㉖211 ㉘215 341
제례서 祭禮書 ㉘345
제례아악 祭禮雅樂 ㉗398 401 403~405
제릉 悌隆 ⑪28 31 94
제릉 悌陵 ⑪26
「제망매가」「祭亡妹歌」⑨466 600
제면 製麵 ㉛420
제면업 製綿業 ㊼90
제명(사이메이)천황 齊明天皇 ⑦156
제문 諸文 ⑦128 129
제물포 濟物浦 ㊳296 300 302 ㊵226 ㊻156 157
제물포교회 濟物浦敎會 ㊻165
제물포조약 濟物浦條約 ㊳301 341 ㊵4 30 40 43 45
『제민요술』『齊民要術』⑭319 320 ⑲339 ㉔107 ㉗170 177 181 182 186 191
제민창 濟民倉 ㉝294
제방납미량 除防納米量 ㉓355
제복 祭服 ㉕308 ㉛606 607
제부 宰府 ⑬35 142 144 153 154
제분업 製粉業 ㊼90
「제분황사효성문」「祭芬皇寺曉聖文」⑰236
제사 題辭 ㊱223
제사공장 製絲工場 ㊹399
제사관행 祭祀慣行 ㉞163
제사금지령 祭祀禁止令 ㉟103
제사도감각색 諸司都監各色 ⑬66 99 103 120
제사상속 祭祀相續 ㉛225 ㊱3
제사업 製絲業 ㊼90
제사의례 祭祀儀禮 ㉛210
제사장 祭祀長 ③537 539 544
제색군 諸色軍 ㉜98
제색무명 諸色無名 ㉜136
제생원 濟生院 ㉓91 360 ㉔468 ㉕200 375 381 ㉗113~117 129 153 156
제생의원 濟生醫院 ㊳196 ㊻281
제생회사 濟生會社 ㊴178
제서 堤鋤 ㉗183
제석 帝釋 ㉖269 271
제석굿 帝釋굿 ㉟176
제석도량 帝釋道場 ⑯177 198
제석신(천제석) 신앙 帝釋神(天帝釋)信仰 ⑯336
제석원 帝釋院 ⑫98 ⑯60 357
제성동맹 齊聲同盟 ㊸142
제솔회의 諸率會議 ⑦184
제수 祭需 ㉑587
제수 祭須 ⑤191
제술 製述 ㉖44 46
제술과(업) 製述科(業) ①240 ⑫186 189

220 ⑬5 369 373 386~390 414 419 427 ⑯221 222 228 256 322 ㉓285~287 302 333 340 347
제술취사 製述取士 ㉖45
제승방략 制勝方略 ㉓245 246 ㉙26 57 58 181 ㉚278
제신묘 諸神廟 ㉖226
제실군악대 帝室軍樂隊 ㊺333 344
제실재산정리국 帝室財產整理局 ㊷248
제악기제조도감 祭樂器製造都監 ㉚557
제안 齊安 ⑪200
제암리 堤巖里 ㊼344 407
제언 堤堰 ①297 ⑲32 329 ㉗170 ㉘348 351 352 ㉝4 53
제언경차관 堤堰敬差官 ㉘352
제언사 堤堰司 ㉗101 ㉘352 ㉚438 ㉜69 231 ㉝53
「제언절목」「堤堰節目」㉝53
제언천방 堤堰川防 ㉘352
제역촌 除役村 ㉓305 311 312 ㉛96 98
제염기술 製鹽技術 ㉝6 244
제염법 製鹽法 ⑨193 194 ㉔376 378 ㉝242
제염업 製鹽業 ⑲372 373 374
『제영신편』『濟嬰新編』㊳196
제왕가례 帝王家禮 ㉚99 107
『제왕연대력』『帝王年代曆』⑨357 ⑰186
『제왕운기』『帝王韻紀』④47 49 73 ⑦14 ⑩230 ㉑324 325 330 345 361 362 ㉖109 115 116
제왕학 帝王學 ㉘322 325 329
제용감 濟用監 ㉓68 83 ㉔181 229 267 269 424 426 427 512 ㉕198 ㉖181~183 ㉚504 505
제용고 濟用庫 ㉓83 ㉔427
제용원 濟用院 ㊵237
제위 諸衛 ㉞25 27 31
제위보 濟危寶 ⑫113 ⑭470 ⑮158 160 168 ⑰123
제위전 祭位田 ㉖246 ㉘34 35
제위포 濟危鋪 ⑫261
제의 祭儀 ㉖5 8 211 ㊱4
『제의초』『祭儀抄』㉛575~578
제2차세계대전 第二次世界大戰 ㊿232 260 305 383 446
제이콥스 Joseph E. Jacobs ⑸84
제이합랑 濟爾哈朗 ㉙239 274 ㉜401
제익 諸翼 ㉓234
제익선사 濟益船社 ㊹187
제일국립은행 第一國立銀行 ㊹14 15 38 39 51 77
제일은행 第一銀行 ㊳344 ㊴154 ㊷97 160 320 321 339 ㊸135 ㊹29 48 ㊼79 86 ㊽89
제일은행권 第一銀行券 ㊷101 301 319 ㊹17 24 25 27 29 48
제1차세계대전 第一次世界大戰 ㊸64 ㊼8 11~14 16 72 77 80 88 92 98 146 171 178 204 207 224 233 234 237 255 263 301 302 305 307 308 380 392 393 408 411 ㊽2 55 56 60 76 103 105 126 213 ㊾17 31 60 64 113 179 360 429
제임스 존스톤 James Jonston ㊹489
제자료 祭粢料 51235
제자백가서 諸子百家書 ㉓302
제작양화협회 製作洋畫協會 52331
제재업 製材業 ㊼91
제전 祭田 ㉖245
제정일치 祭政一致 51151
제조 提調 ㉖292 ㉚190 512
제조별감 提調別監 ㉒208
제조업자 製造業者 ㊼76
제조제 提調制 ㉘22 58
제주 濟州 ㉕26
제주도 濟州島(道) ⑳258 259 ㉚489 537 590 ㊵83
제주도 방곡사건 濟州道 防穀事件 ㊴215

『제주동아통항조합뉴스』『濟州東亞通航組合NEWS』㊿421
제주말 濟州馬 ⑳364 370 374
제주목장 濟州牧場 ㉑229
제주민 濟州民 ⑳75
제주삼읍도 濟州三邑圖 ㉖175
제주왜변 濟州倭變 ㉘134
제주통항조합준비회 濟州通航組合準備會 ㊿421
제주항해조합 濟州航海組合 ㊿421
『제중신편』『濟衆新篇』㉗149 ㉞82
제중원 濟衆院 ㊳196 ㊵187 ㊶220 ㊹475 ㊺3 ㊻37 170 180 181 183 286
제중원의학교 濟衆院醫學校 ㊻287
『제중입효방』『濟衆立效方』⑰128 ㉑222 223
제지 祭地 ㉖221
제지국 製紙局 ㊷105
제지법 製紙法 ㉔309 311~313
제지업 製紙業 ㉔6 294~296 309 ㊻314 ㊼90
제지의 祭地儀 ㉖211
제지회사 製紙會社 ㊸306
제창병원 濟昌病院 ㊻291
제천 諸天 ㉖271
제천사지 祭天祀地 ⑥47 49
제천의식 祭天儀式 ⑥242 ⑦417 ⑧153 367 371
제천정 濟川亭 ㉙183
제천행사 祭天行事 ④224 244 ㉛404
제철공방 製鐵工房 ⑦225
제철로 製鐵爐 ③449
제철업 製鐵業 ㊼85 89
제최 齊衰 ⑫145
제추사 諸酋使 ㉒386 402 404
제택 第宅 ㉕344 348
제통회사 濟通會社 ㊴178
제포 薺浦 ㉓359 ㉕25 126 ㉘124
제포성 薺浦城 ㉒195
제폭구민 除暴救民 ㊺27
제학사원 諸學士院 ⑰97 99 101
제학원 諸學院 ⑰96~101
제한국 諸漢國 ㉙199
제한지 齊旱支 ⑥241
제향 祭享 ㉗435 ㉛100
제향악 祭享樂 ①308
제헌국회 制憲國會 52417
제후5묘 諸侯五廟 ㉖215 217 241 244
제흥사 濟興社 ㊴178
젠킨스 F.B. Jenkins ㊲7 308
젬부쉬 Otto Zembsch ㊲310 ㊴60 ㊸19
조 租 ⑥199 203~207 219 221 224
조 粟 ②375 376 ⑦223
조(대추)옥 棗玉 ③512
조(좁쌀) ⑤201 202 205
조가비 가면 貝殼假面 ②513 541
조가비 팔찌 貝殼製釧 ②541
조가전 朝家田 ⑬335 ⑭13 148 181 190 244 250 251
「조가회통」「朝家回通」㊴292
조각예술품 彫刻藝術品 ②419
조각칼 彫刻刀 ②197 198
조간 鳥杆 ①135
조 간 趙簡 ㉖49
조강하 趙康夏 ㉞63
조개더미유적 貝塚遺蹟 ②429
조개무덤 ①132
조거 漕渠 ⑭409 410 ㉝275
조건 皂巾 ㉑568
조 경 趙絅 ㉚96 98 101 111 115
조 경 趙儆 ㉙36 151 181
조경 肇慶 ㉜402
조경남 趙慶男 ㉙147 153 172
조경모귀 朝耕暮歸 ㊸509
조경진 趙璟鎭 ㉜217 266
조경한 趙擎韓 ㊿275 338 344 345 366
조경환 曺京煥 ㊸431
조계상 曺繼商 ㉘199

조계선 曺溪選 ⑯98
조계순 趙季珣 ⑱57 238
조계종 曹溪宗 ①248 ⑪203 ⑯41 59 60 66 67 70 73 76 ⑱12 ㉑15 17 20~22 25 28 ㉖249~251 278 (51)213 214 216
조고사인 詔誥舍人 ⑩71 144 153
조곡형태 組曲形態 ㉟572
조공 朝貢 ①272 ⑥119 131 ⑦49 123 124 ⑩34 74 104 114 117 141 170 245 ⑮267 281 298 330 354 ⑰168 ⑲11 394 ㉒302 348~350 ㉘114
조공도 朝貢道 ⑩171 200
조공무역 朝貢貿易 ④280 ⑭16 456 462 ⑮250 298 341 343 361 ㉒302 355 ㉘114 118 126 ㉚332 ㊲33 71 320 ㊹ 165
조공무역품 朝貢貿易品 ⑫224
조공사 朝貢使 ⑩2 21 31 110 139 188 ㊲ 19
조공체제(제도) 朝貢體制(制度) ㉒281 368 ㉜389 ㊲18 53 272
조공품 朝貢品 ⑩167 ⑮305 342 ㉘114 126
조과 造菓 ㉑577
조관 朝官 ㉓351 ㉕151 ㉞44 55
조관호 趙琯昊 (51)274
『조광』『朝光』㊺363 (51)88 112
조 광 趙匡 ⑫268 269
조광림 趙廣臨 ㉘177
조광정 趙光廷 ㉙50
조광조 趙光祖 ①295 303 ㉓17 283 336 362 ㉖17 66~75 296 ㉘7 85 166 167 179 180 195~198 206 207 212 238 244 245 249 250 255 256 271~273 299 320 ㉚13 28 121 479 ㉜60 201 ㉟228
조광진 曺匡振 ㉟491
조광필 趙光弼 ㉙260
조광한 曺光漢 ⑱169
조구 祖丘 ㉖266 281
조구명 趙龜命 ㉟152 434 441
조구하 趙龜夏 ㊱321
조국광복회 祖國光復會 ①388 ㊽5 ㊿ 220 222 308 354 356~362 364
조국장공주 曹國長公主 ⑳296
조국정신 祖國精神 ㊸257 258 317
조군 漕軍 ⑭414 ㉓213 ㉛115 ㉜123 190 ㉝122 271 296
조규봉 曺奎奉 (51)330
조규진 趙圭鎭 ㉜246
조규찬 曺圭讚 ㊿252
조금기법 彫金技法 ⑧256 ⑨191
조기 石首魚 ㉝215 218 222 230 233 237
조기간 趙起栞 ㊿141
조기젓 ㉛630
조기진 趙基晋 ㊲182
조길룡 曺吉龍 ㊾454
조끼 (51)406 408
조끼적삼 (51)401
조끼허리 (51)409
조나 藻那 ⑤21 24 28 29 178 209
조난선원구조협정 遭難船員救助協定 ㊲7
조남택장 照南宅匠 ⑨186
조남파 趙南波 ㊹383 384
조녀자 助女子 ⑨222
조 념 趙念 (52)355
조당 粗糖 (51)427
『조당집』『祖堂集』⑨326 ⑯12
조대비 趙大妃 ㉚102 107 113 116 ㊲ 184 185 229
조대수 祖大壽 ㉙255
조덕관 趙德寬 ㊸431
조덕린 趙德隣 ㉜246
조도 早稻 ㉕326
조도선 曺道善 ㊸170
조도패총 朝島貝塚 ③382 406 480
조독수호통상조약 朝獨修好通商條約 ㊳335
조독조약 朝獨條約 ㊲13
『조동 5위요해』『曹洞五位要解』㉖289

조동교 趙東敎 ㊸419 463
조동석 趙東奭 ㊸375 376
조동식 趙東植 ㊺101 ㊽242
『조동오위』『曹洞五位』㉑316
조동우 趙東祐 52 99 147
조동윤 趙東潤 ㊶398
조동종 曹洞宗 ㊻130 51 199 200
조동호 趙東祜 ㊽172 ㊼223 225 234 ㊾82 83 85 90 92 51 76
조두 俎豆 ④159 228
『조두록』『俎豆錄』㉛104
조두순 趙斗淳 ㉜326 341 342 360 ㊱320 323 ㊲184 ㊴188
조두원 趙斗元 ㊾123
조두환 曹斗煥 ㊸445
조득림 趙得琳 ㉕76
조득영 趙得永 ㉜6 204 208 217 236 237 250 251 257 267
조라포성 助羅浦城 ㉒195
조러(수호통상)조약 朝露(修好通商)條約 ㊲14 76 ㊳336 ㊸17 ㊹304
조러밀약 朝露條約 ㊳102
조러밀약설 朝露密約說 ㊴22 24 38 86 108 109 125 130
조련국 操鍊局 ㊳156
조 령 趙寧 ⑫257
조령 鳥嶺 ㉙30 31 186 ㉝360
조령작변 鳥嶺作變 ㊱367
조례기척 造禮器尺 ㉔615
조례상정도감 條例詳定都監 ㉒198
『조론』『肇論』⑨373
조류양식 藻類養殖 ㉔410
조리목전 條里木廛 ㉝170 171 318
조리희 照里戲 ㉛579
조 림 趙琳 ㉒16 25 288
조마소 照磨所 ⑳270
조만식 曺晩植 ㊾34 52 51 86 259 52 41 75 205 218 427 431 439 447
조만영 趙萬永 ㉜203 216 218 220 251 256 257 264 273 275
조만통 趙萬通 ⑳277
조말생 趙末生 ㉕104
조맹부 趙孟頫 ①291 ㉑423 ㉗10 540 570 574
조맹선 趙孟善 ㊽208 210
조면 造麵 ㉑579
조면업 繰綿業 ㊼89
조 명 趙銘 ㉙194
조명 調名 ⑨605 607
조명간구자 趙明干口子 ㉒147 149 182 183
조명무역 朝明貿易 ㉚594
조명욱 曺明勖 ㉙276
조명익 趙明翼 ㉝123
조명하 趙明河 ㊽342
조명희 趙明熙 ㊽6 52 301
조 목 趙穆 ㉘288 298 332 ㉚228 ㉟189
조묘군 造墓軍 ㉚383
조묘도감 造墓都監 ㉗449
조 문 趙汶 ㊳249 ㊷62
조문경 粗文鏡 ④40 135 ③38
조문기 趙文起 ㊽352
조문명 趙文命 ㉚170 175 ㉜49 53 58 60 153
조문발 趙文拔 ⑰158
조문보 趙文普 ㉜60
조문사 弔問使 ⑩49
조문숙 趙文琡 ㉘188
조문주 趙文柱 ⑱107
조문청동기 鳥紋靑銅器 ⑦21
조문휴 趙文休 ⑩70 182
조물군 曹物郡 ⑫55 58 63
조물군전투 曹物郡戰鬪 ⑫29 86
조물성 曹物城 ⑪112 113 125 ⑫64
조미걸취 祖彌桀取 ⑥58
조미곤 租未坤 ⑨31
조미령 趙美領 52 373 379
조미수호(통상)조규(약) 朝美修好(通商)條規(約) ㊲258 283 284 323 325 ㊳

136 248 ㊴141 152 ㊸26 52 56
조미수호통상조약 朝美修好通商條約 ㊳ 44 87 146 170 334 ㊸26 ㊹77 129
조미식품 調味食品 ⑤①426
조미전쟁 朝美戰爭 ㊺319
조미조약체결 朝美條約締結 ㊲283 284 302
조민수 曺敏修 ⑲61 62 189 197 207 ⑳355 382 ㉒17 18 20
조민희 趙民熙 ㊸51
조 박 趙樸 ⑲94 177
조 박 趙璞 ㉒21 36 41 64 ㉖109 178 223 239 290 ㉚17
조 반 趙胖 ⑲177 192 213 214 ㉒24 288 294
조방 朝房 ㉓232
조방농법 粗放農法 ㉗189
조방언 趙邦彦 ⑳207
조방장 助防將 ㉓245 246
조방제 條坊制 ⑧316 ⑩148
조백령 趙百領 ⑤②373
조벽암 趙碧巖 ⑤②307
조병갑 趙秉甲 ㊴105 ㊵36 146
조병구 趙秉龜 ㉜203 272 276
조병덕 趙炳悳 ⑤②331
조병세 趙秉世 ㊵36 37 150 153 ㊶328 390 ㊷27 41 ㊸5 6 61 88 89 91 307 ㊻ 77 ㊽8
조병식 趙秉式 ㊲313 ㊴56 73 190 299 ㊵ 264 ㊶246 323 355 368 387 389 391 396 419 422 ㊸29 30 31 89 ㊹203
조병옥 趙炳玉 ㊾54 142 468 469 ⑤①86 ⑤②72 125 407
조병완 曺秉完 ㊴472
조병요 趙炳堯 ㊼240
조병준 趙秉準 ㊽200 208 209
조병직 趙秉稷 ㊳106 112 ㊴28 56 57 59 ㊵106 148 ㊶63 199 335
조병천 趙秉天 ㊱363 366 376
조병택 趙秉澤 ㊸146 ㊹196 197
조병하 趙秉夏 ㊼250
조병현 趙秉鉉 ㉜203 218 236 241 263 272 273 277
조병호 趙秉鎬 ㊲294 ㊳45 86 116 170 371 ㊴105 ㊶334 353 ㊷44
조보 朝報 ㉕308 309 ㉚5 239 ㉛606 607 ㊳185 ㊻1 26 44
조 보 趙輔 ㉙216
조보희 趙寶姬 ㊾291
조복 朝服 ⑤25 28
조복성 趙福成 ⑤①294
조복양 趙復陽 ㉚355 ㉜134 135
조복의책 朝服衣幘 ④140 189
조봉암 曺奉巖 ①395 ㊽172 181 194 ㊾ 73 79 83 85 89 94 116 292 442 443 ⑤②156 196 420
조봉진 曺鳳振 ㉜259
조부 調府 ⑥207 ⑦176 241 ⑨17 182
조불공 造佛工 ⑧479
「조불수호통상조약」「朝佛修好通商條約」 ㊻140
조불전쟁 朝佛戰爭 ㊺319
조불조약 朝佛條約 ㊲14 191
조비무고사건 趙妃誣告事件 ⑲121
조사 朝士 ㊳39 123 352
조사 助詞 ⑨451
조사공 造寺工 ⑧479
조사선 祖師禪 ⑪204 205 ⑯75 76 ㉟ 144 148~150 152
조사시찰단 朝士視察團 ㊲12 285 ㊳105 ~110 112 120 ㊹419
조사연 趙師淵 ㊺265
조사의란 趙思義亂 ㉒39 284 330 334
조사일본시찰단 朝士日本視察團 ㊵174
조사지역 詔使之役 ㉚385 388
조산파양성소 助産婆養成所 ㊹395
조삼 造蔘 ㉝466
조삼로 趙參魯 ㉙71

조상갑 趙尙甲 ㊽205
조상경 趙尙絅 ㉞69
조상굿 祖上굿 ㉟177
조상선 趙相鮮 ㊾342
조상섭 趙尙燮 ㊽138 150 152 174
조상신 祖上神 ⑯351 352
조상우 趙相愚 ㉜412
조상지 趙尙志 ㊿349
조상학 趙尙學 ㊸377
조색포창 助色浦倉 ㉔525 526 532
조석문 曺錫文 ㉒70 132
조석우 曺錫雨 ㉜210 281 280
조석윤 曺錫允 ㊶198
조석진 趙錫晋 ㊺351 ㉛324 325
조선 漕船 ⑭15 405 412 414 415 ⑳394 ㉓276 ㉔333 339 340 349 350 531 532 536 ㉝144 271 375
조선 造船 ㉔335～337 531 535 536
조선가극동맹 朝鮮歌劇同盟 ㊾356
조선가극협의회 朝鮮歌劇協議會 ㊾356
조선가스전기주식회사 朝鮮GAS電氣株式會社 ㊼91
「조선가요개설」「朝鮮歌謠槪說」 ㉛130
「조선감옥령」「朝鮮監獄令」 ①366
조선강무관 朝鮮講武館 ㉛352
조선개광회사 朝鮮開鑛會社 ㊹110
『조선개교론』『朝鮮開敎論』 ㊻124
『조선개교50년지』『朝鮮開敎五十年誌』 ㊻124
조선개국년기 朝鮮開國年紀 ㊲300
「조선개혁의견서」「朝鮮改革意見書」 ㊳395
조선건국동맹 朝鮮建國同盟 ㊿9 465 468 ㊾101 140 158 160 184
조선건국준비위원회 朝鮮建國準備委員會 ㊾124
조선건국청년회 朝鮮建國青年會 ㊾200
『조선경국전』『朝鮮經國典』 ㉑147 ㉒31 62 71 197 198 ㉓202 ㉔361 ㉖52 ㉘55 ㉛191
조선경비대 朝鮮警備隊 ㊾396
『조선경제통계요람』『朝鮮經濟統計要覽』 ㊿111
조선경제회 朝鮮經濟會 ㊽54
조선고정악회 朝鮮古正樂會 ㉛308
조선공산당 朝鮮共產黨 ①386 387 394 ㊼288～291 ㊽5 172 ㊾6～8 11 70 75 76 85～87 89～92 94 95 98 99 102～104 106 107 109 115 118 119 122～124 128 132 140 143 145 149～152 157 163 165 167 228 231 255 256 346 392 396 398 ㊿3 4 134 136 149 156 202 216 226 346 347 411 414 429 ㊾110 112 113 117～119 125 128 140 145～147 150 152 155～157 159 161 163 171 174 180 184 186 191 194 394 437 444
조선공산당 만주총국 朝鮮共產黨 滿洲總局 ㊽7 189 303 306 313
「조선공산당선언」「朝鮮共產黨宣言」 ㊾87 89 113 140 141
조선공산당 일본총국 朝鮮共產黨日本總局 ㊼288 293 294 297 298
조선공산당재건운동 朝鮮共產黨再建運動 ㊾169
조선공산당재건투쟁협의회 朝鮮共產黨再建鬪爭協議會 ㊿413
「조선공업조합령」「造船工業組合令」 ㊿19
조선공예가협회 朝鮮工藝家協會 ㊾332
조선공작단위원회 朝鮮工作團委員會 ㊾426
조선공학 造船工學 ㊻253
조선공화당 朝鮮共和黨 ㊾200
『조선과학사』『朝鮮科學史』 ㉟361
조선과학자동맹 朝鮮科學者同盟 ㊾170
조선광목 朝鮮廣木 ㉛411
조선광문회 朝鮮光文會 ㊸214 216 ㊺259 271 ㉛104 109
「조선광업령」「朝鮮鑛業令」 ㊼5 77 132

조선광업회사 朝鮮鑛業會社 ㊶116
조선교구 朝鮮教區 ㉟116 120 125
조선교구성직자회의 朝鮮教區聖職者會議 ㊻134
조선교구임시해외본부 朝鮮教區臨時海外本部 ㊻136 153
「조선교육령」「朝鮮教育令」①366 377 ㊺108 111 ㊼129 ㊽4 ㊾264 433 ㊿3 50～52 55 57 233 258 51 16～19 30 234 264 332
「조선교육령사립학교규칙」「朝鮮教育令私立學校規則」㊼177
조선교육협회 朝鮮教育協會 ㊺104 ㊻107 51 228
조선교육회 朝鮮教育會 51 36
조선교회 朝鮮教會 ㉟103
『조선교회사』『朝鮮教會史』㉜512
조선국 Tiosencouk 朝鮮國 ㉜518
조선국공 朝鮮國公 ⑱158 161
조선국권회복단 朝鮮國權恢復團 ㊼7 147 174 177 178 362
『조선국기』『朝鮮國記』㉜506
조선국민당 朝鮮國民黨 52 180
조선국민의사부 朝鮮國民議事部 ㊼381
조선국민회 朝鮮國民會 ①385 ㊼8 136 168～173 177 178 ㊽6 8
조선국왕폐립선언 朝鮮國王廢立宣言 ㊲189
「조선국원변래학제조조련장정」「朝鮮國員弁來學製造操練章程」㊳126 130
「조선국유산림미간지 및 삼림산물특별처분령」「朝鮮國有山林未墾地 및 森林產物特別處分令」㊼131
조선국의정제항일본인민무역규칙 朝鮮國議定諸港日本人民貿易規則 ㊲265 ㊴137
조선군사령부 朝鮮軍司令部 ①373
「조선귀족령」「朝鮮貴族令」①366 377 385
조선극장 朝鮮劇場 51 357
조선금융제도조사회 朝鮮金融制度調査會 ㊽84
『조선기독교급외교사』『朝鮮基督教及外交史』㊲187
조선기독교청년회 朝鮮基督教青年會 ㊼293 ㊾394
조선기독교회 朝鮮基督教會 51 245 246
『조선기사』『朝鮮紀事』㉒301
조선기생조합 朝鮮妓生組合 51 356
조선기술 造船技術 ⑨192
『조선기행』『朝鮮紀行』㊹481
「조선내정개혁에 관한 건백서」「朝鮮內政改革에 관한 建白書」㊵234
조선노농총동맹 朝鮮勞農總同盟 ㊾11 52 69 78 81 115 180 185 186 191 226 229 231 236 243 244 251 252 255 322 347 377 ㊿133 134
조선노동공제회 朝鮮勞動共濟會 ㊾11 12 69 70 184 185 221 225 230 243 245 254 365 369 ㊿133 134
조선노동교육회 朝鮮勞動教育會 ㊾244
조선노동당 朝鮮勞動黨 ①382 ㊾6 72 78～81 90 91 52 177
조선노동대회 朝鮮勞動大會 ㊾243 254
조선노동사 朝鮮勞動社 51 186
조선노동연맹회 朝鮮勞動聯盟會 ㊾12 180 185 224 226 230 243 247 251 255
조선노동조합대구평의회 朝鮮勞動組合大邱評議會 52 251
조선노동조합전국평의회 朝鮮勞動組合全國評議會 52 236～239 251 285 395
조선노동총동맹 朝鮮勞動總同盟 ㊾12 104 186 228 229 442 ㊿134
조선노동평양연맹 朝鮮勞動平壤聯盟 ㊿199
조선농구협회 朝鮮籠球協會 51 345
『조선농민』『朝鮮農民』㊿142 202 51 186
조선농민당 朝鮮農民黨 52 200
조선농민사 朝鮮農民社 ㊾11 53 56 180 ㊿140～143 145 148～150 202 51 43 186

조선농민사운동 朝鮮農民社運動 ⑤125 126
조선농민총동맹 朝鮮農民總同盟 ㊾11 12 186 ㊿134 203 ㊼196
「조선농업계획요강」「朝鮮農業計劃要綱」 ㊿82
「조선농지령」「朝鮮農地令」 ①378
조선농회 朝鮮農會 ①378
「조선농회령」「朝鮮農會令」 ㊾180
「조선대국론」「朝鮮大局論」 ㊳102 ㊴109
조선대목구 Vicariatus Apostolicus de Corea 朝鮮代牧區 ㉜480 485
조선도 朝鮮圖 ㉖185
조선도 Corea Insula(Isle de Corey) 朝鮮島 ㉜505 515 516
조선도고 造船都賈 ㉞115
『조선독립광주신문』『朝鮮獨立光州新聞』 ㊼353
조선독립군정사 朝鮮獨立軍政司 ㊽325
조선독립당 朝鮮獨立黨 ①388 ㊾420
조선독립동맹 朝鮮獨立同盟 ㊿9 302 465
「조선독립선언문」「朝鮮獨立宣言文」 ㊾ 455
「조선독립선언서」「朝鮮獨立宣言書」 ㊼ 283 390 397
『조선독립신문』『朝鮮獨立新聞』 ㊼14 335 338 340
「조선독립청원서」「朝鮮獨立請願書」 ㊼150
조선·독일수호조규 朝鮮·獨逸修好條規 ㊳45
『조선동요집』『朝鮮童謠集』 ㊿254
조선동지사 朝鮮冬至使 ㊲283
조선·러시아수호조규 朝鮮·露西亞修好條規 ㊳45
『조선만화』『朝鮮漫畵』 ㊹476
『조선말본』『朝鮮말본』 ㊿106
조선면화주식회사 朝鮮棉花株式會社 ㊽70
조선목면 朝鮮木棉 ㊹220
조선무도관 朝鮮武道館 ㊿352
조선무산자사회연맹 朝鮮無産者社會聯盟 ㊼284
조선무산자진료소 朝鮮無産者診療所 ㊿ 423
조선무산청년동맹 朝鮮無産靑年同盟 ㊼ 284 287
조선무산청년회 朝鮮無産靑年會 ㊼291
『조선무속고』『朝鮮巫俗考』 ㉟176
조선무연탄주식회사 朝鮮無煙炭株式會社 ㊼90
조선무용연구소 朝鮮舞踊硏究所 ㊿358
「조선무진업령」「朝鮮無盡業令」 ㊽97 98
『조선문명사』『朝鮮文明史』 ㊿119
『조선문법』『朝鮮文法』 ㊿106
『조선문자급어학사』『朝鮮文字及語學史』 ㊺233
『조선문전』『朝鮮文典』 ㊺252
조선문학가동맹 朝鮮文學家同盟 ㊼170 308 310 317 320 326
조선문학건설본부 朝鮮文學建設本部 ㊼ 304 306 310 312 319 369
조선문학동맹 朝鮮文學同盟 ㊼306
『조선문학사』『朝鮮文學史』 ㊿117～122
조선문학자대회 朝鮮文學者大會 ㊼306 310
조선문화 朝鮮文化 ㉟245
조선문화건설중앙협의회 朝鮮文化建設中央協議會 ㊼304～306 330 343 369 376
조선문화단체총연맹 朝鮮文化團體總聯盟 ㊼362 ㊼310 326
조선물산경성소비조합 朝鮮物産京城消費組合 ㊾41
조선물산장려계 朝鮮物産奬勵契 ㊼174 177
조선물산장려회 朝鮮物産奬勵會 ㊾34 36 37 39 279 367
조선물산주식회사 朝鮮物産株式會社 ㊼90
「조선미곡배급조정령」「朝鮮米穀配給調整令」 ㊿87
조선미곡시장주식회사 朝鮮米穀市場株式

會社 ㊿87 88 90
조선미곡주식회사 朝鮮米穀株式會社 ㊿ 89 90
조선·미국수호조규 朝鮮·美國修好條規 ㊳46
조선미상 朝鮮米商 ㊼312
조선미술가동맹 朝鮮美術家同盟 52331 336
조선미술가협회 朝鮮美術家協會 52331
조선미술건설본부 朝鮮美術建設本部 52 304 330
조선미술전람회 朝鮮美術展覽會 51325 326 328~330 52333
조선미술협회 朝鮮美術協會 52330
조선민립대학기성준비회 朝鮮民立大學期成準備會 5136
조선민립대학기성회 朝鮮民立大學期成會 ㊺104 51228
「조선민사령」「朝鮮民事令」①366 ㊹375
『조선민족문화의 연구』『朝鮮民族文化의 研究』①113
『조선민족사개론』『朝鮮民族史槪論』① 114
『조선민족설화의 연구』『朝鮮民族說話의 研究』①113
『조선민족전선』『朝鮮民族戰線』㊿291
조선민족전선연맹 朝鮮民族戰線聯盟 ① 382 388 ㊿286
조선민족전선통일촉성회 朝鮮民族戰線統一促成會 ㊿289
조선민족함경남도집행위원회 朝鮮民族咸鏡南道執行委員會 52430 431
조선민족해방(투쟁)동맹 朝鮮民族解放(鬪爭)同盟 ㊿9 289 290 297 300 301 359 460 461 463
조선민족해방협동당 朝鮮民族解放協同黨 ㊽351
조선민족혁명당 朝鮮民族革命黨 ㊿6~9 324 333 391 393 443 459~462 52131 155 168
조선민족혁명통일동맹 朝鮮民族革命統一同盟 ㊿298
조선민주공화국 朝鮮民主共和國 52444
조선민주당 朝鮮民主黨 52406 407 413 415 439 465
조선민주주의인민공화국 朝鮮民主主義人民共和國 52146 422 465
조선민주주의임시정부 朝鮮民主主義臨時政府 5242
조선민중운동자대회 朝鮮民衆運動者大會 ㊾81 82
조선민흥회 朝鮮民興會 ㊾61 145 147 171 347
조선박물학회 朝鮮博物學會 51295
조선방역도 朝鮮方域圖 ㉖175 181~186
조선방직주식회사 朝鮮紡織株式會社 ㊽70 ㊼90
조선백자 朝鮮白磁 ㉗507 509~511 526
조선보빙사 朝鮮報聘使 ㊳138~140 142~145
조선보호국화정책 朝鮮保護國化政策 ㊵ 209 253
『조선봉건사회경제사』『朝鮮封建社會經濟史』51138
조선봉사 祖先奉祀 ㉛93 ㉞269
『조선부』『朝鮮賦』⑭314 ㉓298 ㉗425 ㉟ 613 638
조선부식론 朝鮮扶植論 ㊸26
「조선북로전선조약」「朝鮮北路電線條約」㊴124
조선분할설 朝鮮分割說 ㉙92
『조선불교관』『朝鮮佛教觀』㊸321
『조선불교약사』『朝鮮佛教略史』㊻127
『조선불교월보』『朝鮮佛教月報』5167
조선불교유신회 朝鮮佛教維新會 51206
『조선불교통사』『朝鮮佛教通史』㊻121
조선불교회 朝鮮佛教會 51200
『조선사』『朝鮮史』㊺272 5144 226

조선사상 朝鮮思想 ⑤134
「조선사상범보호관찰령」「朝鮮思想犯保護觀察令」⑩1 233 235
『조선사연구』『朝鮮史研究』⑤225
『조선사연구초』『朝鮮史研究草』㊺282 ⑤135
조선사절 朝鮮使節 ㉒295 296
『조선사찰사료』『朝鮮寺刹史料』⑯310
조선사편수회 朝鮮史編修會 ①378 ㉖181 ㊽5
조선사학회 朝鮮史學會 ㊽5
조선사행원 朝鮮使行員 ㉛335
『조선사회경제사』『朝鮮社會經濟史』⑤138~140
조선사회단체중앙협의회 朝鮮社會團體中央協議會 ㊾150~152 387
조선사회당 朝鮮社會黨 ㊼234
조선산업경제조사회 朝鮮產業經濟調查會 ⑩14
조선산업미술협회 朝鮮產業美術協會 ㊾332
조선산업조사위원회 朝鮮產業調查委員會 ㊽57 59 60
조선산직장려계 朝鮮產織獎勵契 ㊼7 152 153 175 177
조선상 朝鮮相 ④101 108 136 263
『조선상고문화사』『朝鮮上古文化史』㊺282 ⑤135 225
『조선상고사』『朝鮮上古史』㊺282 283 ⑤135 225
조선상무위원 朝鮮商務委員 ㊳326
조선상업미술가협회 朝鮮商業美術家協會 ㊾332
조선상업은행 朝鮮商業銀行 ㊽89 92 93 ㊾275
조선생사주식회사 朝鮮生絲株式會社 ㊼90 ㊽70
조선서학 朝鮮西學 ㉛316
조선서학사 朝鮮西學史 ㉛305
조선선교회 Korea Mission of the Methodist Episcopal Church South 朝鮮宣教會 ㊻166
「조선선후육책」「朝鮮善後六策」㊳306
조선성교서회 The Korea Religious Tract Society 朝鮮聖教書會 ㊻188
조선성냥주식회사 朝鮮성냥株式會社 ㊼90
조선성리학 朝鮮性理學 ㉛7 267 270 277 278 288 345 ㉟65 76 77 82 83
조선성악연구회 朝鮮聲樂研究會 ①505
조선세제조사위원회 朝鮮稅制調查委員會 ㊽80
『조선소방』『朝鮮消防』⑤68
조선소작인상조회 朝鮮小作人相助會 ㊽54
「조선소작조정령」「朝鮮小作調整令」①378
조선수상경기회 朝鮮水上競技會 ⑤345
『조선순보』『朝鮮旬報』㊻44
조선술 造船術 ㉝367
조선식동검 朝鮮式銅劍 ③192
「조선식량관리령」「朝鮮食糧管理令」⑩90
조선식산은행 朝鮮殖產銀行 ㊼80 81 ㊽83 336 ㊾180 181
「조선식산은행령」「朝鮮殖山銀行令」㊼80
조선신궁 朝鮮神宮 ⑩61 ⑤165
조선신궁대회 朝鮮新弓大會 ⑤349
『조선신문』『朝鮮新聞』⑩421~423
조선신민당 朝鮮新民黨 ㊾145 146 151 168 169 171~173 175 180 443 456
『조선신보』『朝鮮新報』㊳26 ㊶196 ㊻44
조선신사 朝鮮神社 ⑤161
조선실업시찰단 朝鮮實業視察團 ㊷311
조선실업시찰단 조사복명서 朝鮮實業視察團 調查復命書 ㊷311
조선심 朝鮮心 ⑤134
조선씨름협회 朝鮮씨름協會 ⑤345
조선아마튜어권투연맹 朝鮮amateur拳鬪聯盟 ⑤345
조선악연구회 朝鮮樂研究會 ⑤308
조선양곡주식회사 朝鮮糧穀株式會社 ⑩88 89

조선양명학　朝鮮陽明學　㉟64 65 70 72 ~75 77 83
『조선어교제문전』『朝鮮語交際文典』 ㊺7 251
조선어강습원　朝鮮語講習院　㊶99
조선어교육　朝鮮語教育　㊶45
『조선어대사전』『朝鮮語大辭典』㊶103
『조선어독본』『朝鮮語讀本』㊶256
『조선어론』『朝鮮語論』㊺250
『조선어문』『朝鮮語文』㊶105
『조선어문경위』『朝鮮語文經緯』㊶106
『조선어문법』『朝鮮語文法』㊶107 269
『조선어문전』『朝鮮語文典』㊺250
조선어문학회　朝鮮語文學會　㊶100 104 125 130
조선어문회　朝鮮語文會　㊶99
『조선어법』『朝鮮語法』㊺250
『조선어사전』『朝鮮語辭典』㊿239 ㊶101 104 109 111
『조선어성가』『朝鮮語聖歌』㊶276
「조선어업령」「朝鮮漁業令」㊼5 78
조선어연구회　朝鮮語研究會　㊶100~102 112
『조선어전』『朝鮮語典』㊺257
『조선어학』『朝鮮語學』㊶107
조선어학도서전람회　朝鮮語學圖書展覽會 ㊶103 113
『조선어학사』『朝鮮語學史』㊺233
조선어학습　朝鮮語學習　㊻136
조선어학연구회　朝鮮語學研究會　㊶100
조선어학회　朝鮮語學會　①389 412 ㊺ 233 244 ㊿58 238 ㊶100~103 106 109 ~114 116 270 271 ㊷179 196
조선업　造船業　㉝376 390
「조선여각국통상약장」「朝鮮與各國通商約章」㊲288
「조선여미국의립화약사준접」「朝鮮與美國議立和約事竣摺」㊲301
조선여성동우회　朝鮮女性同友會　㊾13 285 288 289 291 293 294 298 300 304
조선여자교육협회　朝鮮女子教育協會　㊾ 271 275
조선여자교육회　朝鮮女子教育會　㊾273
조선여자기독교절제회　朝鮮女子基督教節制會　㊾278
조선여자기독교청년회　朝鮮女子基督教青年會　㊾277 278
조선여자삼월회　朝鮮女子三月會　㊼283
조선여자실업사　朝鮮女子實業社　㊾282
조선여자직업조합　朝鮮女子職業組合 ㊾ 283
조선여자청년회　朝鮮女子青年會　㊾271 274
조선여자흥업사　朝鮮女子興業社　㊾283
『조선역대사략』『朝鮮歷代史略』㊺270
『조선역사』『朝鮮歷史』㊺160　270
조선역산학　朝鮮曆算學　㉛330
조선연극건설본부　朝鮮演劇建設本部　㊷ 304
조선연극문화사　朝鮮演劇文化社　㊷372
『조선연극사』『朝鮮演劇史』㊶118 130
조선연극협회　朝鮮演劇協會　㊶376
조선연무관　朝鮮鍊武館　㊶352
「조선연안교역의 감독」「朝鮮沿岸交易의 監督」㊷292
조선연예협회　朝鮮演藝協會　㊶376
조선·영국수호조규　朝鮮·英國修好條規 ㊳44
조선영화건설본부　朝鮮映畵建設本部　㊷ 304
조선영화동맹　朝鮮映畵同盟　㊷377
「조선영화령」「朝鮮映畵令」㊶377
조선영화인총궐기대회　朝鮮映畵人總蹶起大會　㊷377
조선영화제작주식회사　朝鮮映畵製作株式會社　㊶377
조선예수교장로회노회 朝鮮예수教長老會老會　㊻166
『조선예수교장로회사기』『朝鮮예수教長老

會史記』 ⑤257
조선예술극장 朝鮮藝術劇場 ⑤369
조선오페라협회 朝鮮opera協會 ⑤365
조선왕국 Royaume de Corée 朝鮮王國 ㉜519
조선우선 朝鮮郵船 ⑤420
조선우선주식회사 朝鮮郵船株式會社 ㊹105 ㊼91
조선원정 朝鮮遠征 ㊲190 197 203
『조선유교관』『朝鮮儒教觀』 ㊸321
『조선유교연원』『朝鮮儒教淵源』 ㊻103
조선유기상회 朝鮮鍮器商會 ㊹210 475
조선유도연합회 朝鮮儒道聯合會 ⑤170
조선유림대회 朝鮮儒林大會 ⑤237
조선유학생친목회 朝鮮留學生親睦會 ㊼275
조선은행 朝鮮銀行 ㊶337 ㊸135 ㊻308 ㊼79 82 ㊽83 88 90 ⑤275 289
조선은행권제도 朝鮮銀行券制度 ㊹29
「조선은행법」「朝鮮銀行法」 ㊼79
조선음률협회 朝鮮音律協會 ⑤308
『조선음모사건』『朝鮮陰謀事件』 ⑤59
조선음성학회 朝鮮音聲學會 ⑤100 104 105
조선음악가건설본부 朝鮮音樂家建設本部 ⑤340
조선음악가동맹 朝鮮音樂家同盟 ⑤340 349 354 359 360
조선음악가협회 朝鮮音樂家協會 ⑤310 ⑤340 345 352 356 362
조선음악건설본부 朝鮮音樂建設本部 ⑤304 343
조선음악협(의)회 朝鮮音樂協(議)會 ⑤308 ⑤349 362
조선의열단 朝鮮義烈團 ⑤279 ⑤168 443
조선의용군 朝鮮義勇軍 ①381~383 388 ㊽85 ⑤9 10 465
조선의용대 朝鮮義勇隊 ⑤9 290~292 295~297 300 302 390 391 451~455 460 462
「조선의용대개편선언」「朝鮮義勇隊改編宣言」 ⑤455
조선의용대후원회 朝鮮義勇隊後援會 ⑤392 395
『조선이야기』『朝鮮이야기』 ⑤256
조선·이태리수호조규 朝鮮·伊太利修好條規 ㊳45
조선인노동동맹회 朝鮮人勞動同盟會 ㊼283
「조선인노무자내지이입알선요강」「朝鮮人勞務者內地移入斡旋要綱」 ⑤103
조선인단체협의회 朝鮮人團體協議會 ㊼295 296
조선인민공화국 朝鮮人民共和國 ⑤30 31 103 106 113 119 125 126 133 135 139 145 150 152 155 157 158 162 183 184
조선인민군 朝鮮人民軍 ⑤209 462
조선인민당 朝鮮人民黨 ①394 ⑤113 117 118 145 146 151 156~161 164 166 169 171~173 175 180 187 189
조선인민당재건위원회 朝鮮人民黨再建委員會 ⑤166
「조선인민의 권리에 관한 포고」「朝鮮人民의 權利에 關한 布告」 ⑤400
조선인민회 朝鮮人民會 ㊼398 ㊽52 338
조선인산업대회 朝鮮人產業大會 ㊽57 58
「조선인의 씨명에 관한 건」「朝鮮人의 氏名에 關한 件」 ⑤59
조선인저금회 朝鮮人貯金會 ㊼271 272
「조선인학도육군특별지원병제도」「朝鮮人學徒陸軍特別志願兵制度」 ⑤259 261
조선인회 朝鮮人會 ㊼185
『조선일보』『朝鮮日報』 ①388 ㊽313 ㊾2 10 11 59~61 92 105 153 161 163 209 252 293 299 326 347 363 ⑤3 54~57 236 423 ⑤73 83 85 109 111 112 114 123 128~130
조선임시정부 朝鮮臨時政府 ⑤134

조선임시헌법제정위원회 朝鮮臨時憲法制定委員會 ㊾203 460
「조선임야조사령」「朝鮮林野調査令」㊼76
조선임야조사사업 朝鮮林野調査事業 ㊼131
조선임전보국단 朝鮮臨戰報國團 ㊿216
조선재정조사위원회 朝鮮財政調査委員會 ㊽80
조선저축은행 朝鮮貯蓄銀行 ㊾275
「조선전도」「朝鮮全圖」㉒75 78 ㉜519
조선전보총국 朝鮮電報總局 ㊳195 ㊶138 159 ㊻272
조선전분주식회사 朝鮮澱粉株式會社 ㊼90
조선전선조약 朝鮮電線條約 ㊳195 ㊴123
조선정구협회 朝鮮庭球協會 ㊿345
조선정당주식회사 朝鮮精糖株式會社 ㊹478
「조선정략」「朝鮮政略」㊸14
조선정악전습소 朝鮮正樂傳習所 ①503 ㊿356
조선정유주식회사 朝鮮精油株式會社 ㊼90
조선제국대학 朝鮮帝國大學 ㊺106
조선제면주식회사 朝鮮製綿株式會社 ㊼91
조선제사 朝鮮製絲 ㊿293
조선조침공장 朝鮮釣針工場 ㊿179
조선조형예술동맹 朝鮮造形藝術同盟 ㊾331
조선좌익노동조합 朝鮮左翼勞動組合 ㊿193
「조선주군헌병조령」「朝鮮駐軍憲兵條令」㊼23
조선주자학 朝鮮朱子學 ㉛285 ㉟187
조선주차공사 朝鮮駐箚公使 ㊲307
조선주차군 朝鮮駐箚軍 ㊼121 127
조선주차헌병대 朝鮮駐箚憲兵隊 ㊼34
조선중국상민수륙무역장정」「朝(鮮)中(國)商民水陸貿易章程」㊲13 ㊳31 163 305 306 309 325 329 330 345 378
조선중립화론 朝鮮中立化論 ㊵118
조선중앙기독교청년회유도부 朝鮮中央基督教青年會柔道部 ㊿352
「조선중요광물증산령」「朝鮮重要鑛物增産令」㊿26
조선중화주의 朝鮮中華主義 ㉜94
조선증미계획 朝鮮增米計劃 ㊿80
『조선지광』『朝鮮之光』㊾91 218
조선지방의회 朝鮮地方議會 ㊿67
『조선지지자료』『朝鮮地誌資料』㊹288
「조선직업소개소령」「朝鮮職業紹介所令」㊿102
조선창극단 朝鮮唱劇團 ㊿371 ㊾352 356 375
『조선창극사』『朝鮮唱劇史』㊿118 130 131
『조선책략』『朝鮮策略』①342 ㊲10 14 85 86 278 279 283 330 ㊳29 45 57 68 82 224 226 242～245 317～319 334 336 ㊵81 ㊺5 16 18 202 204
『조선천주공교회약사』『朝鮮天主公教會略史』㊿272
조선천주교회 朝鮮天主教會 ㉟120 123 125 126 ㊻144 146
『조선천주교회사』『朝鮮天主教會史』㉜519
조선철공조합 朝鮮鐵工組合 ㊾234
조선철도국 朝鮮鐵道局 ①378
조선철도협회 朝鮮鐵道協會 ㊽59
조선청년당 朝鮮青年黨 ㊾29
조선청년독립단 朝鮮青年獨立團 ㊼278 279 ㊾426
「조선청년독립단국민대회촉진부취지서」「朝鮮青年獨立團國民大會促進部趣旨書」㊼317
조선청년마르크스주의연구회 朝鮮青年Marx主義研究會 ㊿428
조선청년문학가협회 朝鮮青年文學家協會 ㊾313 362
조선청년연합회 朝鮮青年聯合會 ㊿225
조선청년전시복무단 朝鮮青年戰時服務團 ㊿292
조선청년전위동맹 朝鮮青年前衛同盟 ㊿223
조선청년총동맹 朝鮮青年總同盟 ㊼292

293 ㊾3 14 52 69 78 115 171 286 322 332 347 351 353 376 377 384 392 394 403 406 ㊿133 202 226 227
「조선청년특별연성령」「朝鮮靑年特別錬成令」㊿234
조선청년회연합회 朝鮮靑年會聯合會 ㊾ 19 24 25 35 37 39 70 364 369
조선청년회연합회기성회 朝鮮靑年會聯合會期成會 ㊾69 364
조선청자 朝鮮靑磁 ㉗501～503 ㉛512
『조선체육계』『朝鮮體育界』 ⑤①337
조선체육진흥회 朝鮮體育振興會 ⑤①352
조선체육협회 朝鮮體育協會 ⑤①337 345 349 351 352
조선체육회 朝鮮體育會 ⑤①345 351
조선총독 朝鮮總督 ㊼24～26 33～35 50 57 75 79 81 87 103 107 113～118 165 ㊽24 46 277
조선총독부 朝鮮總督府 ①366 367 371 376 391 448 ㊼1 2 4 5 21 22 24 26 27 29 30 35 37 48 52 54 56 57 60 67 69 74 77 81 82 84 87 88 94 126～128 130 131 185 264 265 268 270 272 281 289 310 327 339 402 ㊽4 17 18 27～29 31 ～33 37 38 42～45 47～51 53 61 80 81 85 93 170 220 222 ㊿13 16 20 34 54 62 68 98 100 102 109 120 183 229 232 237 242 245 258 261 331 408 409
「조선총독부경찰조전」「朝鮮總督府警察操典」㊽27
조선총독부농업계획위원회 朝鮮總督府農業計劃委員會 ㊿82
조선총독부시국대책조사회 朝鮮總督府時局對策調査會 ㊿15
조선총독부청사 朝鮮總督府廳舍 ㉟521
조선축구협회 朝鮮蹴球協會 ⑤①345
조선축산조합 朝鮮畜産組合 ㊾357
조선출병 朝鮮出兵 ㊵105 113
「조선태형령」「朝鮮笞刑令」①366 377
조선토지개량주식회사 朝鮮土地改良株式會社 ㊽61 62 ㊾180 210
조선토지조사사업 朝鮮土地調査事業 ① 377 ㊾177 178 208
조선통감부 朝鮮統監府 ㊸50 ㊼380
조선통보 朝鮮通寶 ㉓44 ㉔4 108 188 ㉚586
『조선통사』『朝鮮通史』①117
조선통신사 朝鮮通信使 ①458
조선통폐 朝鮮通幣 ㉔188
『조선폭도토벌지』『朝鮮暴徒討伐誌』①362
조선프롤레타리아문학동맹 朝鮮Proletarian文學同盟 ⑤②304 306 310 312 319
조선프롤레타리아문화연맹 朝鮮Proletarian文化聯盟 ㊿418 419
조선프롤레타리아미술동맹 朝鮮Proletarian美術同盟 ⑤②330
조선프롤레타리아영화동맹 朝鮮Proletarian映畵同盟 ⑤②377
조선프롤레타리아예술연맹 朝鮮Proletarian藝術聯盟 ⑤②304 306 347
조선프롤레타리아음악동맹 朝鮮Proletarian音樂同盟 ⑤②340 347
조선피혁주식회사 朝鮮皮革株式會社 ㊼91
조선학 朝鮮學 ㉛340 ㉟272 ㊿58
조선학생과학연구회 朝鮮學生科學研究會 ㊾122 123 127～129 136 265 407 409 419 434～436 438 444 469 ㊿250
조선학생대회 朝鮮學生大會 ㊾434
조선학생친목회 朝鮮學生親睦會 ㊾434
조선학생회 朝鮮學生會 ㊾407 419 434 435 438 469 ㊿249
조선학운동 朝鮮學運動 ①388 ㉛335 ⑤① 130 137
조선학회 朝鮮學會 ㊼273 274 276 293
조선해수산조합 朝鮮海水産組合 ㊶157
「조선헌병조례」「朝鮮憲兵條例」㊼2 40
조선혁명간부학교 朝鮮革命幹部學校 ㊿453
조선혁명군 朝鮮革命軍 ㊽7 ㊿6 7 277

290 306 309 310 312~314 316~323 326~328 330~334 338 352 356 363~365 ㉜97
조선혁명군정부 朝鮮革命軍政府 ㊿323 327
「조선혁명군정부선언서」「朝鮮革命軍政府宣言書」324
조선혁명당 朝鮮革命黨 ㊽7 12 301 ㊿6 8 9 270 274 277 278 282 285 288 294 303 305 306 310 311 313~315 321 327 363 364 438~440
「조선혁명선언」「朝鮮革命宣言」①382 ㊺284 ㊽8 9 170 334
조선혁명자연맹 朝鮮革命者聯盟 ㊿288 289
조선협의회 朝鮮協議會 ㊿419
조선협회 朝鮮協會 ㊵251 252 282 308 ㊶190 191
「조선형사령」「朝鮮刑事令」①366 ㊹434
조선형평사중앙총본부 朝鮮衡平社中央總本部 ㊾333
조선형평청년총연맹 朝鮮衡平青年總聯盟 ㊾332
「조선호적령」「朝鮮戶籍令」51387
조선호텔 朝鮮 Hotel ㊹476
조선후 朝鮮侯 ①162 ④32 94 101 ㉖110
『조선휘보』 The Korean Repository 『朝鮮彙報』 ㊶195 201
조 성 趙成 ㉕76
조성가 趙性家 ㉟56
조성교 趙聲教 ㊳249
조성기 趙聖期 ㉟14 414 416
조성길 趙成吉 ㊴439
조성도감 造成都監 ㉔495
조성복 趙聖復 ㉚170
조성하 趙成夏 ㊲144
조성학 曺成學 ㊼253
조성협 趙性協 ㊶216
조성환 曺成煥 ㊻222 ㊼12 211 220 221 224 227 231 401 ㊽118 242 291 292 ㊿280 281 288 295 440 447 452 51195 52207
조세 租稅 ⑤194 ⑭1 11 14 30 31 33 174 232 278 280 284~286 335 338 344 351 359 361 371 374 383 389 390 399 469 ⑲2 291 ㉔7 57
조세걸 曺世傑 ㉟457
조세금납(화) 租稅金納(化) ㉜23 364 ㉝105 ㊴249
조세문경 粗細文鏡 ③38
조세법률주의 租稅法律主義 ㊶272
조세법정주의 租稅法定主義 ㊵239 240
조세저항운동(항세운동) 租稅抵抗運動(抗稅運動) ㊹401
「조세징수규정」「租稅徵收規定」㊷326 ㊹455 ㊼83
조소생 趙小生 ⑳324 346
조소앙(용은) 趙素昻(鏞殷) ㊻220 ㊼224 227 231 233 235 305 313 314 316 ㊽118 127 155 160 184 186 319 ㊿9 269~271 280~282 284 294 298 321 435 436 440 443 456 52132 135 136 138 207 208 212 215 405 420
조 속 趙涑 ㉚81 ㉛467 478 501 ㉟434 442 456
조송파 趙松波 52431 436
조수기 趙壽基 ㉚111
조수민 趙秀民 ㉜250
조수성 曺守誠 ㉙285
조수익 趙壽益 ㉚111
조숙경 趙淑景 ㊾278
조숙창 趙叔昌 ⑳189
조숭덕 趙崇德 ⑩183
조승훈 祖承訓 ㉙4 35 73 75~78 83 90
조시 朝市 ㉜451 453 ㉝476
조시원 趙時元 ㊿294 436
조시준 趙時俊 ㉜246
조 식 曺植 ①306 ⑨615 ㉘167 208 287 290 291 297 325 333 ㉙23 ㉚28 29

71 ㉛5 7 173 180 267 440
조식학파 曹植學派 ㉘333
조 신 曺伸 ㉕136
조신 調信 ⑧77 ⑨405 ⑪54 131 194 208 209 ⑰201 203 234 ⑳136 137
조신신앙 竈神信仰 ㉟163
조신희 趙臣熙 ㊴26 115
조안득 曺安得 ㊽351
『조야신문』『朝野新聞』㊳119
『조약유찬』『條約類纂』㊳111
조약초고 條約草稿 ㊲287 299
조양 朝陽 ④59 60 78 145
조양구락부 朝陽俱樂部 ㊺333 342 ㉛356
조양동 朝陽洞 ③106 347 389 416 421 461 ④277
조양호 朝陽號 ㊴99
조어 釣漁 ㉔7
조어업 釣漁業 ㉔408 409
조 엄 趙曮 ㉜264 ㉝43
조업 祖業 ㉕263
조업구분전 祖業口分田 ⑭230 ⑲266 267
조업전 助業田 ㉔13 14 19 21 22 25 27 28 44 65
조업전 祖業田 ⑭144 146 160 161 172 181 ⑲227 236 250 266 275 284 ㉕250
조여적 趙汝籍 ㉖300 ㉛416
조역 助役 ⑨172
조역 漕役 ㉝122 271
조역 調役 ⑦238
조역군 助役軍 ㉚388
조역락 趙亦樂 ⑱220
조역제 漕役制 ㉝274
조역호 助役戶 ㉝263
조 연 趙涓 ㉒163 338
조연현 趙演鉉 ㊾313 320
조 영 趙英 ⑫146
조영국 趙榮國 ㉜162 195
조영규 趙英珪 ㉒21
조영동 유적 造永洞遺蹟 ③379
조영렬 趙永烈 ㊾436
조영무 趙英茂 ㉒36 38 40 41 44 46 53
조영석 趙榮祏 ㉛492 ㉟434 444 462 465 466
조·영수호(통상)조약 朝·英修好(通商)條約 ㊲13 323 326 301 ㊹77 129
「조·영수호조규」「朝·英修好條規」㊴144
조영인 趙永仁 ⑱54 57 84 207 211 229 231 235~238
조영·조독수호통상조약 朝英·朝獨修好通商條約 ㊳335
조영출 趙靈出 ㊾371
조영하 趙寧夏 ㊲144 268 305 309 ㊳43 345 ㊹34 386
조예 皀隷 ⑫234 ㉕366 ㉝145 146
조 오 趙璈 ⑱118
조오단 J. N. Jordan 朱爾典 ㊶132 323
조오수호통상조약 朝墺修好通商條約 ㊷20
조오조약 朝墺條約 ㊲14
조 온 趙溫 ㉒38 41
조와국(자바) 爪蛙國 ㉒427 430 433
조와사 造瓦師 ⑧487
조완구 趙琬九 ㊼219 305 ㊽118 120 130 145 147 149 157 194 ㊿269 271 279 281 283 299 436 440 ㉛70 ㊾131 138 207 215
조완기 趙完基 ㉛257
조완벽 趙完璧 ㉒435
조 용 趙庸 ㉘162 175 176 316
조용기 趙龍基 ㉛245
조용자 趙勇子 ㉛364
조·용·조 租庸調 ⑦241 ⑭272 336 354 355 ㉜361
조용하 趙鏞夏 ㊿369
조용호 趙龍鎬 ㊲284 ㊳128
조우경 趙禹卿 ㊼143
조우관 鳥羽冠 ⑧440
조우천황 鳥羽天皇 ⑮250

조 욱 曺煜 ㊼314
조 운 曺雲 52317
조운 漕運 ⑨197 ⑭1 14 85 88 149 212 335 373 396 399 402 403 405 408~416 453 ㉓276 ㉔10 333 337~339 354 464 523 524 531 533 534 ㉘70 ㉝271 375
조운경 趙雲卿 ㉜274
조운선 漕運船 ⑳406 ㉔324 336~340 349 ㉝367
조운제(도) 漕運制(度) ㉝144 420 ㊹78
조운호송선 漕運護送船 ㉜177
조운흘 趙云仡 ⑲206 390
조 원 趙元 ⑮315
조 원 趙瑗 ㉙152 ㉚46 49
조원기 趙元紀 ㉘193
조원전 朝元殿 ⑨545
조원정 曺元正 ⑭183 191 ⑱21 26 40 45 47 53 150 ⑳21 68 76 79 133
조 위 曺偉 ㉘170 177 179 182 183 193
조위 造位 ⑦163
조위사 弔慰使 ⑦132
조위총 趙位寵 ⑬348 ⑱30 31 42 48 49 63 66 81 148 150 178 179 204 205 224 ⑳35 79 80 83~85 87 90 92 177
조유통교(체제) 朝琉通交(體制) ㉒414 415 417
조유형 趙有亨 ㉘177
조윤번 趙允蕃 ⑱116
조윤제 趙潤濟 51104 117 118 125~127 255
조윤통 曺允通 ㉑562
조응도 趙凝道 ㉙36
조의 皀衣 ⑤31 32 147 150 151 153
조의두대형 皀衣頭大兄 ⑤6 8
「조의제문」「弔義帝文」㉘187 189 190 255
조이 鳥夷 ①147
조이조약 朝伊條約 ㊲14
조 익 趙翼 ㉙157 ㉚77 125 485 486 488 ㉛300 301 ㉟186
조 익 趙翌 ⑫109 117
조인규 趙仁規 ⑲20 21 72 ⑳12 60 ㉑87 95 185 186
조인득 趙仁得 ㉚290
조인승 曺寅承 ㊴94 ㊵151~153 ㊶97 ㊸370
조인영 趙寅永 ㉜203 220 227 233 269 272 276 461
조인옥 趙仁沃 ⑭175 177 178 267 ⑲173 202 206 285 ㉒21 28 ㉔14 17 26
조인현 趙演鉉 51255
조인환 曺仁煥 ㊷285
조인희 趙寅熙 ㊲258~260 ㊹18
조일공수동맹 朝日攻守同盟 ㊴423 ㊵138 ㊹55
조일맹약 朝日盟約 ①349 ㊵181 207
조일명 曺一明 52147
조일무역 朝日貿易 ㉚594
「조일무역규칙(조일통상장정)」「朝日貿易規則(朝日通商章程)」㊲245 324 ㊹75
「조일선후조약」「朝日善後條約」㊳301
조일수호조규(약) 朝日修好條規(約) ㉜473 ㊲9 79 219 245 246 253 254 261 322 ㊳5 21 22 45 240 301 ㊴137 138 243 ㊵28 ㊹75 128
조일수호조규부록 朝日修好條規附錄 ㊲262 324 ㊳166
「조일수호조약속약」「朝日修好條約續約」㊳301 ㊴145 162
조일신 趙日新 ⑱170 ⑲134 135 281 ⑳340 341
「조일양국맹약」「朝日兩國盟約」㊵122
「조일잠정합동조관」「朝日暫定合同條款」㊵6 181 207 ㊹55 59
조일재 趙一齋 51366
「조일통상장정」「朝日通商章程」㊶154 170 ㊹126
「조일통어장정」「朝日通漁章程」㊶155 ㊹296

조자 助子 ⑨222
『조자고24효서화합벽』『趙子固二十四孝書畫合璧』⑯263 264
조작식례 造作式例 ㉘80
조장 租藏 ⑫143 173 ⑬2 159 161 185 ⑭14 400
조재벽 趙在璧 ㊴447
조재삼 趙在三 ㉟283
조재한 趙載翰 ㉜81
조재호 趙載浩 ㉜155 158
조 적 曺頔 ⑳284
조적 糶糴 ㉜310 314 ㊱222
조전 漕轉 ㉔523 533
조전성 漕轉城 ⑭414 ㉔523~525
조정 助丁 ㉕89 95
조 정 趙挺 ㉚70
조 정 趙靖 ㉘148
조정걸 曺廷杰 ⑩240
조정구 趙鼎九 ㊶231
조정론 調停論 ㉚62
조정인 趙正仁 ㊸430
조정좌평 朝廷佐平 ⑥96 97
조정호 趙廷虎 ㉙280 281
조제론 調劑論 ㉚65
조제보합 調劑保合 ㉚53 122 164 176 179 287
조존두 趙存斗 ㊴22 23 108
조존성 趙存性 ㉚424 602
조졸 漕卒 ㉓276
조종도 趙宗道 ㉘334 ㉙117
조종서 趙鍾緖 ㊹196 197
조종성헌 祖宗成憲 ㉒200 203 218 220 ~223 226
조종식 趙鍾植 ㉜280
조종지법 祖宗之法 ㉝275
조종필 趙鍾弼 ㊵153
조주 租主 ⑦241
조 준 趙浚 ⑭11 130 132 153 155 169 171 175 176 222 269 271 351 365 ⑮167 ⑰79 84 ⑱54 57 237 ⑲27 94 154 173 177 178 202 203 205 208 210 274 284 ⑳26 27 53 407 ㉒13 18 21 28 29 31 33 36 41 48 61 64 198 ㉓2 63 128 ㉔13 14 17 18 26 29 30 32 34 57
조준구 趙駿九 ㊴454
조준영 趙準永 ㊲297 309 ㊳106 115 123 185
조중응 趙重應 ㊸76 ㊹196 ㊺354
조중현 趙重顯 52332
조중환 趙重桓 ㊶66
조지겸 趙持謙 ㉚158 ㉜144
조지 로빈슨 George Robinson ㊲44
조지린 趙之遴 ⑫170 178
조지서 造紙署 ①273 ㉓70 99 ㉔6 295 297 301 305 306 308 309 311 315 320 426 ㉚504 525 ㉝392
조지서 趙之瑞 ㉔248 ㉚224
조지소 造紙所 ㉓99 ㉔298 304 305 308 312 320
조지용달회사 造紙用達會社 ㊹191
조지훈 趙芝薰 52300 313
조직영 趙直永 ㉜233 238
조 진 趙振 ㉘345
조진약 曺晋若 ⑫269
조진정 趙鎭井 ㉜249
조진찬 曺鎭贊 ㊼247 248
조진태 趙鎭泰 ㊹196 384 ㊶73
조질백자 粗質白瓷 ㉛513 519
조차 租借 ㉜474
조찬 助饌 ㉓290
조찬한 趙纘韓 ㉙226
조창 漕倉 ①276 ⑬161 ⑭1 13~15 373 374 381 399 403~405 407~411 413~416 ⑳394 ㉔10 324 339 449 524 525 527~530 534 ㉚497 ㉝144
조창선수 鳥槍善手 ㉜403
조창식 趙昌植 ㊴107
조창한 趙彰漢 ㊹197

『조천기』『朝天記』㊻214 216
『조천록』『朝天錄』㉜415
조천성 助川城 ⑨413
『조천일기』『朝天日記』㉜415
조철호 趙喆鎬 ㊾448
「조청(상민)수륙무역장정」「朝淸(商民)水陸貿易章程」①343 348 ㊲325 ㊴33 45 61 115 142 152 ㊵111 179 ㊶154 ㊹34 77 79 ㊺357
「조청윤선왕래합약장정」「朝淸輪船往來合約章程」 ㊴46
조총 鳥銃 ㉙17 25 205 ㉚540
조 충 趙沖 ⑫202 ⑰26 ⑱57 ⑳59 184 186
조치기 趙致基 ㊾161
조치보(찌개그릇) ㉕330
조태구 趙泰耉 ㉚171 174
조태상 趙台相 ㉜413
조태억 趙泰億 ㉚173~175 ㉜151 260 455 ㉟557
조태채 趙泰采 ㉚170~174 176 ㉜523
조택원 趙澤元 ㊺363 51360 362~364
조 통 趙通 ⑱244
조통직승 祖統直承 ㉛197 204
『조파도』『祖派圖』㉑354
조파법 條播法 ㉗182
조폐공사 造幣公社 ㊹399
조폐기관 造幣機關 ㊳181
조포 調布 ⑭357
조필영 趙弼永 ㊴310 311
조하망 曺夏望 ㉜210 280 281
조하방 朝霞房 ⑦227 ⑨180
조하의 朝賀儀 ㉛571
조하주 朝霞紬 ⑨431 ⑩167
조학진 曺學珍 ⑤309
조한보 曺漢輔 ㉘324
조한우 趙漢禹 ㊶232 237 338 345 389
조합식낚시 組合式釣針 ②496
조합식동령 組合式銅鈴 ③310
조합식쌍두령 組合式雙頭鈴 ③220
조합식우각형손잡이항아리 組合式牛角形손잡이항아리 ③187
조 헌 趙憲 ㉓50 283 337 ㉘336 ㉙25 40 49 50 152 ㉚46 ㉛398
조현명 趙顯命 ㉒238 ㉔152 ㉜53 54 61 66 153~155 161~166 180 194 195 309 ㉞216
조 형 趙珩 ㉚116 154 ㉜136
조형식 鳥形飾 ⑧257
조형예술동맹 造形藝術同盟 52336
조혼 早婚 ㊹347
「조혼폐지에 관한 건」「早婚廢止에 關한 件」㊾335
조홀도불화 趙忽都不花 ⑳299
조홍시 早紅枾 ㉕327
조화문 彫花文 ㉗490 497~499
조화선 趙化善 50334
조 황 趙愰 ㉙285
조회수조 雕繪繡藻 ㉗301
조회아악 朝會雅樂 ㉗398~401 403~406
조효명 趙孝明 ⑩187
조 훈 趙勳 ㊾74
조 휘 趙暉 ⑲196 ⑳176 321 322 ㉒160
조흥은행 朝興銀行 ㊼338 52275
조희 調戲 ㉑503 504 509
조희룡 趙熙龍 ㉜278 ㉟447 491 ㊺267 320
조희범 趙羲範 ㊵266
조희순 曺喜淳 51373
조희연 趙羲淵 ㊵164 165 212 227 228 242 262 ㊶19 40 42 47 92 98 198 ㊷272 ㊹196 ㊺28 51178
조희일 趙希逸 ㉙295
조희일 趙熙一 ㊵129 139 ㊶377
조희진 趙希進 ㉙152
족계 族契 ①319 327 ㉛45 66 71 73 77 93 94 158 238 ㉞167 169 170~172 181 268~270 ㊱3 53 58 62 69

족내혼 族內婚 ⑦255 ㉘157
족(답)직기 足(踏)織機 ㊻318 321 327
족당기반 族黨基盤 ㉛96
족대(망) 足臺(網) ㉝221
족도 族圖 ①283
족두리 簇頭里 ㉑570
족두리전 簇頭里廛 ㉝318
족리의교 足利義教 ㉒267 273
족리의만 足利義滿 ㉒263 265 271 272 369~371 409
족리의정 足利義政 ㉒265 268 269 401
족리의지 足利義持 ㉒265 267 272 369 379 410
족벌 族閥 ㉓339
족병 族兵 ⑪31
족보(파보) 族譜(波譜) ①282 306 319 ㉕45 47 108 282 ㉛6 94 97 226 227 641 ㉞164 168 170 172 51385 388
족외혼 族外婚 ①3
족장사회 族長社會 ①108
족정 足丁 ⑫216 ⑭220 238 367 ⑲266 268
족종 足種 ㉗191
족종법 足種法 ㉔104 109 ㉗182 191
족좌 足座 ⑧267
족중 族中 ㉕287
족징 族徵 ⑲31 32 ㉚480 ㉜125 128 196 303 318 345 371 ㉝132 ㉞68 208 ㊱152 260 283
족친 族親 ㉕292
족친위 族親衛 ㉓112 213 216 217 219 227 ㉕84 92 95
족통 族統 ㉞175
존 에디 John Addy ㉚308 309
존 F. 데이비스 John F. Davis ㊲44
존경각 尊經閣 ㉒139 ㉓281
존경법 尊敬法 ①409 ㉗380 ㉟292
존본취식 存本取息 ㉕103
「존성윤음」「尊聖綸音」㊻99 100
존스 George H. Jones ㊹312
존슨 W. O. Johnson ㊻182 290
존왕양이 尊王攘夷 ㊲220
존위 尊位 ㉜148 ㉞197 ㊱59 159 ㊹445
「존위성책」「尊位成冊」㉞216
존주론 尊周論 ㉛292 293
『존주휘편』『尊周彙編』㉜92 94
존중화양이적 尊中華攘夷狄 ㊳205
존칭체언 尊稱體言 ㉗379 380
존호론 尊號論 ㉜38
『존화록』『尊華錄』㊻99
존화양이(론) 尊華攘夷(論) ㉛291 ㉟15 42 43 ㊳211 212 ㊷23 ㊸379
『졸고천백』『拙藁千百』⑩230
졸마(국) 卒麻(國) ⑦344 360 362 368
졸본 卒本 ⑥17 ⑪221
졸본부여 卒本夫(扶)餘 ④150 ⑤14 26 ⑥14
「졸옹전」「拙翁傳」㉛443
『졸장만록』『拙庄漫錄』㉟582 585
좀돌날 細石刃 ②38 123 197
좀돌날몸돌 細石刃石核 ②90 91 94 100 123 197 207 211 215 222 268 273 444
좀돌날석기 細石刃石器 ②279
종 宗 ㉕287
종가 宗家 ㉖201 ㉞166 168 170~172 ㊱42
종가문서 宗家文書 ㉖181
종가형지주 宗家型地主 ①327
종각 鐘閣 ㉗460
종간 宗侃 ⑪157 158
종간 宗幹 ⑪350
『종경록』『宗鏡錄』⑯39
종경회 倧經會 ㊻214 216 217
종계 宗契 ㉓316 ㉕287 ㊱64
종계변무 宗系辨誣 ㉒328 329
종과 宗科 ㊲157
종교 宗教 ㊻100 101 103 106 108 110
「종교단체법」「宗教團體法」51177

종기 宗基 ⑪25 29 49 200
『종도행전』『宗徒行傳』(51)267
종동 終同 ⑱160
『종두귀감』『種痘龜鑑』㊳196
종두법 種痘法 ㊻280 281 293
「종두의양소규정」「種痘醫養所規程」㊵268
종량 從良 ㉕200 201 231 233 234 230 ㉞144
종량로 從良路 ㊴222
종로 鐘路 ㉞114 227
종로경찰서 鐘路警察署 ㊾39
종로시전 鍾路市廛 ㉝386
종로직조사 鐘路織造社 ㊵293 ㊻316
종루 鐘樓 ㉖256 269 ㉗74 75 450 464 ㉚520 ㉝335
종리권 鍾離權 ㉖297
종리문답 倧理問答 ㊻217
종리사 宗理師 (51)189
종모법 從母法 ㉕36 233 234 ㉞141 ㉟257 ㊴224
종모종량 從母從良 ①320
종목국 種牧局 ㊴119 ㊵187
종묘 宗廟 ⑤60 94 ⑧20 ⑫160 ㉖151 211 213 214 217 223 241 ㉗449 460 467 469 470 ㉛211 212 522
종묘궁궐영조도감 宗廟宮闕營造都監 ㉚556
종묘도 宗廟圖 ㉗471
종묘서 宗廟署 ㉓69 93 ㉖218
종묘서승 宗廟署丞 ㉖220
종묘이안도감 宗廟移安都監 ㉗469
종묘전 宗廟田 ㉔27 28
종묘제례악 宗廟祭禮樂 ㉗389 402~404 436 412 ㉛585 ㉟550~554
종묘제향악 宗廟祭享樂 ㉛545 546
종묘천신물선 宗廟薦新物膳 ㉚507
종묘친향행사 宗廟親享行事 ㉖218
종무 鍾巫 ㉚173
종무원 宗務院 (51)214
종무지 宗武志 ㉖181
종민원 從民願 ㉝424
종밀 宗密 ⑯48 76 77 124 133
종번관계 宗藩關係 ㉙295 ㊲272 280
종법(제도) 宗法(制度) ①305 327 435 ㉕287 288 ㉘345 ㉛6 9 93 197 208~216 218 220~222 225 226 228 229 247 637 ㉞161 162 165 166 174 269 ㊱3 42
종부법 從父法 ㉕232~234
종부사 宗簿司 ㉔32
종부시 宗簿寺 ⑫121 ⑭179 ㉓67 80 ㉗215 ㊲157
종사관 從事官 ㉖154 ㉚245 344 ㊱240 245 246 248 250
종상회사 種桑會社 ㊹190
종선 宗選 ⑯97
종성 鐘城 ㉘128 ㊹307 308
종성군(도호부) 鍾城郡(都護府) ㉒167 171 342
종성행성 鍾城行城 ㉒182 184
종속노비 從屬奴婢 ㊴228
종속시 宗屬寺 ⑩145 154
종시가 從市價 ㉝421~423 434~436
종실록 宗室祿 ⑫234 ⑭4 5 105 106 111
종실불임관 宗室不任官 ㉘172
종실작전 從實作錢 ㉜335
종약색 種藥色 ㉕382
종약전 種藥田 ㉕382 ㉘34
종의공(소오 요시카츠) 宗義功 ㉜458
종의달(소오 요시아키라) 宗義達 ㉜469 470
종의성(소오 요시나리) 宗義成 ㉜435
종의조 宗義調 ㉙2 20 24
종의지(소오 요시토시) 宗義智 ㉙ 2 20 24 129 175 204 ㉚540 601 ㉜422 427
종장 宗長 ㉓288 340 341
『종저보』『種藷譜』㉟198
종정무 宗貞茂 ㉒265 274

종정사 宗正司 ㊵237
종정성 宗貞盛 ㉒274
종정시 宗正寺 ⑬100
종조척 縱造尺 ㉔615
종족 宗族 ㉕287 288 ㉞268
종주국 宗主國 ㊲18
종주권 宗主權 ㊳7 305~307 ㊵28
종중 宗中 ㉕287 ㉛208
종직 終職 ㉓345
종척집사 宗戚執事 ㊲150
종천 從賤 ㉕232 234
종천법 從賤法 ㉘42
종친 宗親 ㉓5 296 ㉕81 88 102 169 ㉞48~50
종친계 宗親階 ㉓114 117 121 ㉕81
종친부 宗親府 ㉓59 60 77 81 ㊲157 164
종통 宗統 ㉚100 102 112
종파(주의) 宗派(主義) ⑨361 ㊻101
종포만호 從浦萬戶 ㉒156 157
종품 從品 ㉓103 324
종학 宗學 ㉓69 89 279 289 294~296
종학원 宗學院 ㊻204
종헌 宗憲 ㊶211 212
종헌관 終獻官 ㉓283 284
종현성당 鐘峴聖堂 ㉟545
종현학당 鐘峴學堂 ㊻151
종회 宗會 ㊶211
종희 宗熙 ⑫38
좌강 左綱 ⑬272 273
좌고 坐賈 ㉕187 188 ㉝208
좌구명 左丘明 ㉖36
좌군 佐軍 ⑥166
좌도 左道 ㊱82 110 112
좌도난정 左道亂正 ㊱343
좌랑 佐郞 67
좌로 左路 ㉙29
좌리공신 佐理功臣 ㉒136 137 ㉘21 181
좌맹분위 左猛賁衛 ⑩150 154
좌명공신 佐命功臣 ㉒28 41 ㉘180
좌묘우사 左廟右社 ㉖216 217
좌물촌 左勿村 ⑤38
좌반전 佐飯廛 ㊴181
좌방 左坊 ㉓362 ㉗9 387 389 391 393 395 425 429
좌방악 左坊樂 ⑨619 620
좌백련 佐伯連 ⑧66
좌별초 左別抄 ⑱187
좌보 左輔 ⑤33 154 ⑥165 188 229
좌부 左部 ㉗409
좌비위 左羆衛 ⑩150 154
좌사(정) 左司(政) ⑩142 153
좌상 坐商 ㉝366 ㊳271 312
좌상 座上 ㊱76 311
좌상 左相 ⑩142 144 153
좌상시 左常侍 ⑩144 153
좌선 坐禪 ①246
좌수 座首 ㉓31 179 ㉞36 229 ㊱71 140 215 224 234 243 244 246 258 259 263 288 305 327 ㊶275
좌식자 坐食者 ⑤5 35 180 193 211
좌우과의도위 左右果毅都尉 ⑩151
좌우맹분위 左右猛賁衛 ⑩150
좌우변삼별초소 左右邊三別抄所 ⑱120
좌우별초 左右別抄 ⑱6 103 184 186 190
좌우보 左右輔 ⑤34 148 151 155 156
좌우비위 左右羆衛 ⑩150
좌우사간 左右司諫 ㉖146
좌우웅위 左右熊衛 ⑩150
좌우위 左右衛 ⑩151 ㉓199 202
좌우위장군 左右衛將軍 ⑩151
『좌우포도청등록』『左右捕盜廳謄錄』㊳310
좌우합작(운동) 左右合作(運動) ㊽168 181 ㊿7 267 ㊾156 203 403
좌우합작노선 左右合作路線 ㊾176
좌우합작위원회 左右合作委員會 ㊾130 144 146 157 165 166 171 172 178 188 189 191 193 195 197 200 204
좌우합작촉성회 左右合作促成會 ㊾196

좌웅위 左熊衛 ⑩68 150 151 154
좌위(용양위) 左衛(龍驤衛) ㉓32
좌윤 左允 ⑩142 153
좌익공신 佐翼功臣 ㉒117 118 137 ㉘18 180
좌장 左將 ⑥29 85 173 188~191
좌장사 左長史 ⑥146
『좌전』『左傳』①161 165 ⑧110 ㉓285 292
좌전백모(사다 하쿠보) 佐田白茅 ㉜468
좌주 座主 ⑬435 436 ⑱88 201 231 232 247
좌주·문생 座主·門生 ⑲91 140 154 164 169 ㉓317 318 321 339 349
좌중 座中 ㉔139
좌창 左倉 ⑬61 ⑭27 128~130 173 185 199 273 350 352 407 409 ⑲271 ㉔33
좌창전 左倉田 ㉔39
좌파리가반부속문서 ①佐波理加盤附屬文書 209
좌평 佐平 ⑥76 85 88 91 92 95 99 101 103 166 173 177 178 188 190
좌평장사 左平章事 ⑩144 153
좌평회의 佐平會議 ⑤167
좌현왕 左賢王 ⑥53 173 229
좌효위대장군 左驍衛大將軍 ⑩140
좨주 祭酒 ㉓288 293
죄형법정주의 罪刑法定主義 ㊶272
죠노코시식토기 城ノ越式土器 ③569
죠단 John N. Jordan ㊷35 202 208
죠몬시대 繩文時代 ③29 516
『죠선어셩가』『朝鮮語聖歌』㊿273 276
『죠션크리스도인회보』『The Christian Advocate 朝鮮크리스도人會報』㊻45 46 49
죠슈벌 長州閥 ㊼101 112
주 紬 ⑩167 ㊹459
주 綢 ⑩167
주가유방유적 周家油坊遺蹟 ②263
주가화 朱家驊 ㊿449
주간토론회 週間討論會 ㊶222
주거규범 住居規範 ㊹486
주거지 住居址 ②422
주거지적석유구 住居址積石遺構 ②378
주거지유적 住居址遺蹟 ②367 371 374 375
주 건 朱建 ㊽205
주견 紬絹 ⑮15 16
주결 主結 ㉜307
주계부정심원 朱溪副正深源 ㉘15 28 29 185 190 253 254
주계섭 朱啓燮 52428
『주고』『奏藁』㉜247
주관 周官 ㉖22
『주관육익』『周官六翼』㉒198 ㉖125
주관장 主管將 ㊱242~245 258
주광경 朱光卿 ⑳384
주교사 舟橋司 ㉚198 ㉜70 231 ㉝289 375 ㊲169 170 ㊹78
주교선 舟橋船 ㉝277 289
『주교요지』『主教要旨』㉟100 108
주구점유적 周口店遺蹟 ②249
주구토광묘 周溝土壙墓 ⑧326 334 335 338 339
주군제(도) 州郡制(度) ⑦6 93 97 195 211 243
주궁 珠宮 ⑫223
주권국가 主權國家 ㊸243
주근 周勤 ⑥238
주금경 朱錦卿 ㊾296
주금박사 呪噤博士 ⑬397 ⑮159
주금사 呪噤師 ⑬397
주금업 呪噤業 ⑬394 396 ⑰122
주기론(설) 主氣論(說) ㉓18 ㉗289 ㉘209 ㉛341 ㉟15 20
주기철 朱基徹 ㊿238
주기파 主氣派 ㉟52
주나 朱那 ⑤21 24 28 29 149 178
주낙(연승) 延繩 ㉝226 233
주낙어업 延繩漁業 ㉔408

주낙원 朱樂元 ㊿255 258
주다 酒多 ⑦88 270
주단 紬緞 ㉚605
주덕윤 朱德潤 ⑳277
주도익 朱道翼 ㊸492
주돈이 周敦頤 ㉓304 ㉖36 38 49
주두 柱枓 ⑧269
주련대 駐輦臺 ㉓282
『주례』『周禮』⑥94 95 171 ⑦259 ⑫166 ⑬399 ⑯272 ⑲288 ㉒204 ㉓1 13 37 ㉖22 ㉘266 267 313 ㉚103 223 ㉛6 174 184 190~193
주례주의 周禮主義 ⑥173
주류성 周留城 ⑥196 ⑨39 42
주류시험장 酒類試驗所 ㊹477
주류양조회사 酒類釀造會社 ㊹191
주리 州吏 ⑨129
주리론(설) 主理論(說) ㉗289 ㉘209 ㉟15 20 45 51~53 56 58
주리파 主理派 ㉟52
주막 酒幕 ㉝309 310 ㊹476
주막촌 酒幕村 ㉝310
주먹도끼 兩面核石器 ①175 ②86 144 145 151 166 207
주모 籌謨 ㉜231
주목망 柱木網 ㉔400 401 ㉝220
주목망어업 柱木網漁業 ㉔384
주몽 朱蒙 ①145 146 150 195 ④189 ⑤26 29 59 94 169 182 208 ⑥14~16 228 ⑫17 68
주몽설화(신화) 朱蒙說話(神話) ①135 137 146 148 151~153 167 ⑤2 3 5 6 13 26
『주문공가례』『朱文公家禮』㉘240
『주문공집』『朱文公集』㉘309
주문도 注文島 ㉙291
주문모 周文謨 ㉜491 ㉞72 ㉟107 108 116 118 119 ㊻137
주문사 奏聞使 ㉒293 296
『주문작해』『朱文酌海』㉟183
주문정 朱文禎 52428
주문희 周文喜 ㊴216
주미대표부 駐美代表部 52123
주미사 舟尾寺 ⑧61
주미외교위원부 駐美外交委員府 ㊿402 403
주민등록제 住民登錄制 ㊹378
주박 注朴 ㉝221
주 방 周防 ⑨483
주방영고탑장종 駐防寧古塔章宗 ㉜403
주범 鑄范 ③450
주법상 周法尙 ⑤119
주병권 駐兵權 ㊷273
주보 週報 ㊻23~30
주보중 周保中 ㊿342 343
주 복 周馥 ㊲289 294 ㊳294 324
주본 奏本 ㊹426
주부 主簿 ④241 242 ⑤31 147 149~151 153 157 ⑨69 ⑫236 ⑱158 159 160 ㉓293 295
주부 綢部 ⑥171 219
주북한소련민정국 駐北韓蘇聯民政局 52426
주분 朱粉 ⑧176
주사 主事 ㊹337 342
주사 州司 ⑨129 130
주사 朱砂 ⑧176
주사 廚舍 ㉕344
주사 籌司 ㉚185
주사구관 舟師句管 ㉚195
주사본 朱思本 ㉖199
주사위 骰子 ⑥246
주사충 朱思忠 ⑳333 334 387
주산리유적 舟山里遺蹟 ②215
주삼포 柱三包 ㉗440
주상호 周相鎬 ㊾423
「주생전」「周生傳」㉛433
주서 主書 ⑦229
『주서』『周書』①415 ⑤157 160 175 196

197 213~214 216 217
『주서강록간보』『朱書講錄刊補』㉟183
『주서백선』『朱書百選』㉟182 189
『주서분류』『朱書分類』㉟184 185
『주서요류』『朱書要類』㉟182
『주서절요강록』『朱書節要講錄』㉟183
『주서절요기의』『朱書節要記疑』㉟183
주석면 朱錫冕 ㊷52 53
주선 注膳 ⑬119 402
주선태 朱善泰 52379
주성 州城 ⑨129 130 150
주세 酒稅 ㊷336
「주세령」「酒稅令」㊽75
「주세법」「酒稅法」㊹283
주세붕 周世鵬 ①296 ㉓315 ㉗341 472
㉘284 ㉚29 140 ㊲160
주세죽 朱世竹 ㊾285 286 291 292 294
주세창 周世昌 ⑳265
주소 紬所 ⑭430 431 ㉔256
주소병 朱少屛 ㊼222
주 숙 周肅 ⑱75 87 98 99 145
주술사 呪術師 ②513 515
주술신앙 呪術信仰 ②514
주술예술 呪術藝術 ②94 248
주술의례 呪術儀禮 ⑨415
주술화 呪術畫 ⑧174
주승조 朱承朝 ⑩187
주시경 周時經 ①364 406 ㉟288 ㊶316
㊺4 6 70 76 228~230 232 235 236 241
246~248 253~256 258~260 313 ㊻42
51)45 99 100 104 106 107 109 255
주시랑 周侍郎 ⑲397
주신 珠申 ④48
『주심부』『註心賦』㉗223
주심포양식 柱心包樣式 ㉑366~369 371
372 375 377 380~383
주심포집 柱心包집 ㉑367
『주씨본해동가요』『周氏本海東歌謠』㉟397
주악비천상 奏樂飛天像 ⑨522
주악상 奏樂像 ⑧260
주악천인 奏樂天人 ⑧198
주안상 酒案床 ㉕331
주암댐 수몰지구 住巖dam水沒地區 ②99
211 212 215
주야학강습소 晝夜學講習所 ㊾30 31
주약신강설 主弱臣强說 ㉚114
주양(성) 走壤(城) ⑥239 ⑨594
『주어요약』『朱語要約』㉟183
『주역』『周易』⑫161 ⑬393 ⑲114 ㉓285
341 ㉛359 ㉟28 35 39
『주역구결』『周易口訣』㉒130
주 열 朱悅 ⑰158 ⑳40
주영량 朱英亮 ⑲401
주영찬 周英贊 ⑳365 366
『주영편』『晝永編』㉟80 278
주영하 朱寧河 52213 214 216 437
주영헌 朱榮憲 ⑧328
주옥경 朱鈺卿 ㊾291
주요한 朱耀翰 50236 51)72 76 86 257
주용규 朱庸奎 ㊸371
주 원 朱元 ㊼263
주원백 周元伯 ⑩67 193 194
주원장 朱元璋 ⑳330 335 384 ㉒14 245
주월리 舟月里 ②35
주유저 周惟氐 ⑳126
주유희 侏儒戱 ㉑505 511
주윤창 周允昌 ㉘177
주의 籌議 ㉜231
주의 周衣 ㊹457 464 467 51)398 406
주 이 朱异 ⑫163
주 익 朱翼 ㊽108 ㊾429
주인선 朱印船 ㉚604
주인원 朱印遠 ⑳41
주인장 朱印狀 ㉙78 ㉚604
주임관 奏任官 ㊷253 261 ㊹337 ㊼37 38
주자 朱子 ㉘241 246 ㉚61 ㉟23 25 27
29 31 34~36 42 52 61 182 183
주자(성리)학 朱子(性理)學 ㉓17 ㉘307

㉚36 ㉟35 43 209
『주자가례』『朱子家禮』①257 268 282 305 ⑲209 ㉑146 ㉒60 62 ㉓292 ㉕274 275 278 279 289 ㉖14 27~30 32~34 ㉘8 9 11 164 174 178 209 213 214 216 223 225 226 340 ㉛5 6 171~179 214 222 223 236 237 239 240 243~245 247 ~249 570 621 636 637 ㉜33 34 ㉞163 167 171 ㊱81
주자감 胄子監 ⑩5 38 145 154 161 189
『주자대전』『朱子大全』㉘312 323 ㉛172 ㉟182~185
『주자대전습유』『朱子大全拾遺』㉟185
『주자대전차의』『朱子大全箚疑』㉚168 ㉟184
『주자문록』『朱子文錄』㉘312
주자발 鑄字跋 ㉗192
주자본 鑄字本 ㉖125
주자봉당관 朱子朋黨觀 ㉚216
주자사 朱子奢 ⑦152 ⑨48
『주자서절요』『朱子書節要』㉗227 ㉘312 ㉟182 183
『주자성서』『朱子成書』㉘307
주자소 鑄字所 ㉓292 ㉔298 305 306 ㉟205
『주자어류』『朱子語類』㉘309 ㉟183~185
『주자어류고문해의』『朱子語類考文解義』㉟184
『주자어류소분』『朱子語類小分』㉟183
『주자어류요약』『朱子語類要約』㉟183
『주자어류초절』『朱子語類抄節』㉟183
『주자어절요』『朱子語節要』㉟183
『주자언론동이고』『朱子言論同異攷』㉟43 184
『주자전서』『朱子全書』㉗283
『주자전요』『朱子典要』㉟183
『주자절작통편』『朱子節酌通編』㉟183
「주자증손여씨향약」「朱子曾孫呂氏鄕約」㉛38 39
주자학 朱子(性理)學 ①306 ⑲101 164 169 209 ㉑141~143 145 147~150 ㉒19 20 59 ~61 ㉓280 304 315 317 318 339 ㉕65 144 ㉘6 161㉛7 268 278 279 297 299 302 340 341 344 348 351 408
주자향약 朱子鄕約 ㉛40 73 91
주작 朱雀 ⑧186 346 ⑩140
주작대로 朱雀大路 ⑩148
주잠성 主岑城 ⑨594
주장성 晝長城 ⑨150
주장순 朱璋淳 ㊾428
주장유 周長孺 ⑳277
주저 周佇 ⑫224 ⑰149
주전관 鑄錢官 ⑫239 ⑭465
주전도감 鑄錢都監 ⑫239 ⑭465 ⑰131
주전로 鑄錢爐 ㉚591
주전론 主戰論 ㊲58
주전론 鑄錢論 ㉚445 591
주전(사업) 鑄錢(事業) ㉚585 589 590 ~594 ㉝177 340 400 403~405
주전소 鑄錢所 ㉔180 ㉚586 ㊳181 182
주전원료 鑄錢原料 ㉚583 585 586 591 ~593
주전유통 鑄錢流通 ㉑584
「주전절목」「鑄錢節目」㉝404
주전정책 鑄錢政策 ⑫235 242 ⑭466 468
주전척화론 主戰斥和論 ㊳209
주전청 鑄錢廳 ㉚585 592
주전충 朱全忠 ⑮226 228
주조 鑄造 ⑧254~256
주조 州助 ⑦267 ⑨129 ⑪51
주조마국 走漕馬國 ⑦299 328
주조업 酒造業 ㊼91
주조철기 鑄造鐵器 ③448
주조철부 鑄造鐵斧 ③4 343 465 466 502 ⑥25
주종 住宗 ⑨395
주종건 朱鍾建 ㊾ 83 85 94
주종경 朱鍾敬 ㊼387

주종소 鑄鐘所 ㉗397 398
주종의 朱鍾宜 ㊼325
주좌 周佐 ⑳413
주좌 籌座 ㉚184 195
주증녀 朱曾女 ㊾379
주지 注知 ⑧9
주지 注紙 ㉚510
주지회사 Tsuji & Co. ㊻37
주지회의원 住持會議院 ㊿200 201
주진 主鎭 ㉓8 33 236
주진 朱鎭 ㊿351
주진군 州鎭軍 ⑬6 112 312 331 338 344 348 ⑱30 ⑲64 ⑳78 408 ㉕87
주진둔전군 州鎭屯田軍 ⑬342 350 ⑭148 155
주진수 朱鎭洙 ㊸218 330 331
주차관 駐箚官 ㊷229
주차군 駐箚軍 ㊷277
주차조선총리교섭통상사의 駐箚朝鮮總理交涉通商事宜 ㊴55 ㊵32 208
주차헌병 駐箚憲兵 ㊷276 ㊼34 39
주차헌병조직 駐箚憲兵組織 ㊷291
주찰 周察 ㊴395
주창 州倉 ㉓272
주척 周尺 ㉔10 86 603 606 609 616~619 623 ㉗97 98 468
주척장 周尺長 ㉔624
주천설 周天說 ㉟349
주철기술 鑄鐵技術 ⑨190
주철장 鑄鐵匠 ㉔236 237 240 251
주청사 奏請使 ㉒296 ㉛202 ㊲19 108 268 269
주청송 朱靑松 ㊿346
주측 周側 ⑯34
주치 州治 ⑦196 ⑨149
주치욱 朱致旭 ㊾428
주칠 朱漆 ⑧267 358 ㉗486 487
주칠금박귀갑문 朱漆金箔龜甲文 ⑧200
주통 州統 ⑯86
주포 紬布 ㉚603
주포 廚庖 ㉓282
주필 走筆 ⑱89
주학 籌學 ㉞65 80
『주학입격안』『籌學入格案』㉟344
『주한일본공사관기록』『駐韓日本公使館記錄』㊵132
주한통감 駐韓統監 ㊼39
주한특명전권공사 駐韓特命全權公使 ㊺29
「주해수용」「籌解需用」㉟369 ㊻230
주행사대등 州行使大等 ⑦197~199
주 혁 朱赫 ㊽293
주현 主縣 ㉓22 24 141 149
주현군 州縣軍 ⑬5 112 313 316 322 324 325 ⑭235 247 464 ⑮48 ⑱179 ⑲451 ⑳30 408 ㉕153
주현별초 州縣別抄 ⑱183
주현석전의 州縣釋奠儀 ㉖41
주현시 州縣市 ㉘68
주현학 州縣學 ⑰2 4 79
주형 主刑 ⑮199~202
주호 主戶 ㉕17 ㉜307 ㉞219 220 ㊱47
주화론 主和論 ㉚83 93 ㉛292 ㉜27 28 30
『주화엄경』『註華嚴經』㉗218
주화제 鑄貨制 ㉔177
『주후비집방』『肘後備集方』⑧408
주흥균 朱興均 ㊸130
주희 朱熹 ①249 299 ㉓283 304 ㉖36 38 48 49 54 ㉚61 76 ㉟23 32 33 36~39 49
죽간자 竹竿子 ㉑464 477
「죽계별곡」「竹溪別曲」⑳46 ㉑277 ㉗335 339 340
죽고7현 竹高七賢 ⑯294
「죽곡정사강규」「竹谷精舍講規」㉛227
죽도 竹島 ⑮296
죽동 竹同 ⑱214 ⑳109 111 112
죽동리 竹東里 ⑧349
죽령 竹嶺 ⑦45 107 109 209 213 232

⑨23 ⑫64 ㉙30 31 ㉝360
죽령설관 竹嶺設關 ㉙186
죽림고회 竹林高會 ⑱211 244
죽림사상 竹林思想 ⑯57
죽림7현 竹林七賢 ⑨605 ⑯294 296 ⑱11 211 228 230 234 244
죽방렴 竹防簾 ㉔407
『죽부인전』『竹夫人傳』⑱12
죽산리 3층석탑 竹山里三層石塔 ㉑386
죽산리 5층석탑 竹山里五層石塔 ⑰260
죽산(리)유적 竹山(里)遺蹟 ②197 212 ③345 375 376
죽산진 竹山鎭 ㉚267
죽전 竹田 ㉓312
죽전 竹箭 ⑫33
죽절형 竹節形 ⑨533
죽주 竹州 ⑫14 84 ⑳202
죽주성 竹州城 ⑳221
죽주전투 竹州戰鬪 ⑳222
죽죽 竹竹 ⑦84
죽지 竹旨 ⑦263 ⑨40 466
죽지랑 竹旨郞 ⑧76 77 319
죽척 竹尺 ㉗96
『죽취금보』『竹翠琴譜』㉟587
준납첩 准納帖 ㉔321 461 463 464
준량 俊良 ⑫37
준론 峻論 ㉚171 ㉜2 51
준론탕평 峻論蕩平 ①308
준론탕평론 峻論蕩平論 ㉜51 52 55 58 62 74
준법 皴法 ⑧194
『준비시대』『準備時代』51180
준설 浚渫 ㉝372
준소 峻少 ㉚149 171 173 174 179
준수척 遵守尺 ㉚427
준옹 俊邕 ⑪21
준왕 準王 ①164 ③50 339 341 ④4 33 96 118 126 130
준조 俊調 ⑨606 607
준존심 俊存深 ⑱60
준천 濬川 ㉚246 260
준천사 濬川司 ㉜70
준풍 峻豊 ⑫105 115 118
준하 駿河 ㉜427
준행 俊行 ⑫32
준호구 准(準)戶口 ①242 ⑮77 ㊹356
준홍 俊弘 ⑫83 105 118
줄다리기 ㊿385 393 394
줄모 51385
줄쟁인 ㉟626
줄타기 步索 ㉛589 592
중간신분층 中間身分層 ㊹334~336 339 344
『중간진언집』『重刊眞言集』㉟277
중강개시 中江開市 ㉘127 ㉙253 270 271 ㉚519 595
「중강통상장정」「中江通商章程」㊵179
중개무역 仲介貿易 ㉘125 ㉚519 594 ㉝9 384 442 450
중견청년수양단 中堅青年修養團 ㊾415
중경 重慶 ⑨100
중경 中京 ⑩5 38 148 165 177 178 180 185 203 204 222
중경임시정부추대 重慶臨時政府推戴 52203 205
중경현덕부 中京顯德府 ⑩5 36 137 146 148 169
중계무역 中繼貿易 ⑮300 376 379 ㊹128 156 165
중고제 中高制 ㉟568 569
중곡동 中谷洞 ⑧344
중관 中觀 ⑨390
중관파 中觀派 ⑨360
중관해안 中觀海眼 ㉟128
중광단 重光團 ㊸325 ㊻211 218~221 ㊼9 ㊽201 51195
중광사 重光寺 ⑰244 ⑱10
중광악장 重光樂章 ㉟553

중광전 重光殿 ⑫89 97 248
중교의숙 中橋義塾 ㊺70
중국 衆國 ④35 140
『중국기』『中國記』㉜506
중국동맹회 中國同盟會 ㊼221
『중국론』『中國論』㉜511
『중국사 개설』『中國史 槪說』㉜510
중국식동검 中國式銅劍 ③32 193 209 212 412
「중국조선상민수륙무역장정」「中國朝鮮商民水陸貿易章程」㊲302
중국해 Mare Sin 中國海 ㉜515
중군 中軍 ㉞185
중권문청백경 重圈文淸白鏡 ③315
중금 中笒 ⑨601 603 606～608 613
중나마 重奈麻 ⑦164
중단 中單 ㉕299 301 309 ㊹460 468
중답주 中畓主 ㉚462 ㉝73 94
중대선 中大船 ㉔341～345 350 353～355
중대성 中臺省 ⑩4 71 142 144 153 192
중대성첩 中臺省牒 ⑩68
중대엽 中大葉 ①308 ㉗423 ㉛9 555 557 559～561 570
중도식토기문화 中島式土器文化 ③462
중도아 中都兒 ㉚521 ㉝336 341 344～346 384 387
중도유적 中島遺蹟 ③26 28 104 344 345 362 396 464 481
중도의 中道義 ⑨390
중도종 中道宗 ㉖250 251 278
중도패총 中島貝塚 ③481
『중동기』『中東紀』㊳93 122
중동학교 中東學校 ㊺73
『중등광물학』『中等礦物學』㊻246
『중등교과동국사략』『中等敎科東國史略』㊸322 ㊺270
『중등교과산술신서』『中等敎科算術新書』㊻234
『중등역사』『中等歷史』㊼187
중등전 中等田 ㉔611
중등학교령 中等學校令 ㊺59
중락회 衆樂會 ㊿195
중려궁 仲呂宮 ㉗431
중로군 中路軍 ㊴443
중로야 中爐冶 ㉔237
중리 中里 ㉞214
중리대형 中裏大兄 ⑤56
중리대활 中裏大活 ⑤181
중리도독 中裏都督 ⑤56
중리부 中裏府 ⑤ 56
중리위두대형 中裏位頭大兄 ⑤56
중림동성당 中林洞聖堂 ㊻297
중립회 中立會 ㊻195 51179
중맹선 中猛船 ㉔341 342 344 345 350 352～355
중명전 重明殿 ㊻302
중미 中徵 ㉞35
중방 重房 ⑬5 37 ⑱3 28 30 32～35 63～68 82 146～151 164 172 199～201 205 209 212 217 238 ⑲17 ⑳65 66 80 132
중부학당 中部學堂 ㉓291
중부횡단항로 中部橫斷航路 ⑨198
중사 中祀 ⑦22 ⑧319 ㉔261 ㉖41 213 221 228 229 241 245
중사성 中事省 ⑨358
중사인 中舍人 ⑪41 43
중사주의 重士主義 ㊸256 281
중상령 重賞令 ㉚572
중상서 中尙署 ⑨185 ⑭419 424 427
중서 中庶 ㉕136 ㉞26 63 70 93 95 201
『중서견문록』『中西見聞錄』㊲102 ㊺5 202 204 ㊻256
중서문하성 中書門下省 ①217
중서서원 中西書院 ㊻42
중서성 中書省 ⑩142 144
중서인 中庶人 ㉞26 44 45
중서학원 Anglo-Chinese College 中西學

院 ㊻160
중석기 中石器 ②26
중석기문화 中石器文化 ②38 79 405
중석기시대 中石器時代 ①94 ②81
중선 中船 ㉔341~345 350 351 353~355
중선 中選 ⑯98
중선 仲宣 ⑳38
중선망 中船網 ㉔400 ㉝222 223 232
중성염번조 中性焰燔造 ㉗488
중세몽고어 中世蒙古語 ㉑249
중소지주층 中小地主層 ㉘347
중소화통 中小火熥 ㉗248
중시 中侍 ⑥90 ⑦6 119 175
중시 重試 ㉓325 334 335 350
중시조 中始祖 ㉞168 170 173 174
중신종 中神宗 ㉖252
중실씨 仲室氏 ⑤210
중아찬 重阿飡 ⑦163
중암 重菴 ㊳218~220 224
『중앙』『中央』 ㉛87 93 112
중앙고등보통학교 中央高等普通學校 ㊿ 254
중앙관요 中央官窯 ㉗508 511 529 531
중앙교무원 中央教務院 ㉛211
중앙군 中央軍 ㉓6 7 32 33 ㉘95 ㊷58 60
중앙불전 中央佛專 ㉛201 210 212
중앙시험소 中央試驗所 ㊻320
「중앙식량규칙」「中央食糧規則」 ㉜266
『중앙신보』『中央新報』 ㊺306
중앙은행 中央銀行 ㊹187 190 ㊼86 ㊽83
중앙은행제도 中央銀行制度 ㊹25
「중앙은행조례」「中央銀行條例」 ㊷103 ㊹ 25
중앙인민위원회 中央人民委員會 ㉜114 152 154
『중앙일보』『中央日報』 ㉛86 78
중앙종리원 中央宗理院 ㉛189 190
중앙학교 中央學校 ㊺82 ㉛201 203
중약선 中藥線 ㉗254~257
중양주 重釀酒 ㉛627
중완구 中碗口 ㉗257
중외대부 中畏大夫 ⑤33 148 149 151 154~156
『중외신문』『中外新聞』 ㊲205
『중외의약신보』『中外醫藥申報』 ㉛62
『중외일보』『中外日報』 ㊾161 326 347 ㉛ 78 79 85
「중요산업통제법」「重要產業統制法」 ㊿14 127
『중용』『中庸』 ①443 ⑫220 ⑯224 ⑲170 ㉓ 285 341 ㉖72 73 ㉛288 ㉟32~38 97
『중용구경연의』『中庸九經衍義』 ㉘325 ㉟ 185
『중용장구』『中庸章句』 ㉟33 35 198
중원경 中原京 ⑫82
중원고구려비 中原高句麗碑 ⑤57 60 82 83 85 157 173 ⑦68 ⑧8 207 ⑨22
중원군 中原郡 ⑫83
중원도 中原道 ⑫151
중원문화권 中原文化圈 ②85
중원부 中原府 ⑫82
중위(의흥위) 中衛(義興衛) ㉓32
중위제 重位制 ⑦163 164 251 268 269 ⑨216 ⑪51
중의제 衆議制 ㊻205
중익 中翼 ㉓211
중익(병마)절제사 中翼(兵馬)節制使 ㉓ 234 235
중인(층) 中人(層) ㉓23 35 36 46~50 298 299 326 357 ㉕48 49 66 67 69 105 106 108~110 113 133 155~159 ㉞17 21 24~26 64 66 78 80 97 ㊵176 203 307 ㊹319 337 338 339
중인의식 中人意識 ㉟349
중일전쟁 中日戰爭 ㊼109 110 114 121 122 146 180 ㊽351 ㊿7 42 53 62 73 98 126 127 140 176 217 229 232 284~287

289 290 292 305 378 379 389 390 395 435 446 ⑤114
중자설 衆子說 ㉚114
중장기병부대 重裝騎兵部隊 ⑦202
중전척 中田尺 ㉔613
중정대 中正臺 ⑩4 144
중정신가집 重訂神歌集 ㊻217
중정적선(나카이 치쿠잔) 中井積善 ㉜ 457
중정죽산(나카이 치쿠잔) 中井竹山 ㉜ 448 457
중종반정 中宗反正 ①260 295 ㉘132 194 229 239 270 ㉛407 490
중좌평 中佐平 ⑥32 76
중천왕 中川王 ⑤36
중철표기 重綴表記 ㉟287 289
중체서용론 中體西用論 ㊳56
중초사지 中初寺址 ⑨582
중추부 中樞府 ㉜122 ㊷243
중추원 中樞院 ①217 ㊳74 ㊵189 190 236 286 308 ㊶273 276 416 422 ㊷243 ㊸52 ㊹424 ㊼36 104 117 ㊽53
「중추원관제 및 사무장정」「中樞院官制 및 事務章程」㊵219 237
「중추원관제개정안」「中樞院官制改正案」 ㊶370
「중추원신관제」「中樞院新官制」㊳74 ㊶ 380
중치막 中致莫 ㉕298
중통보초 中統寶鈔 ⑲412
『중편염송사원』『重編拈頌事苑』㉑315
『중편조동오위』『重編曹洞五位』㉑315 316
「중학교관제」「中學校官制」㊵305
「중학교규칙」「中學校規則」㊵305
중한민중동맹단 中韓民衆同盟團 ㊿382 383 392
「중한의방조약」「中韓宜防條約」㊼228
중한항일동맹회 中韓抗日同盟會 ㊿328
중한호조사 中韓互助社 ㊽134 ⑤223
중호 中戸 ㉘53
중화김씨 中和金氏 ⑪80
중화당 中和堂 ㉑595
중화루 中華樓 ㊹483
중화문화 中華文化 ㉟21
중화사상 中華思想 ㊲29 39
중화전 中和殿 ㉟530
중화절 中和節 ㉑532
중화제국 中華帝國 ㊲71 ㊵20 81
중화주의 中華主義 ㉜27 ㉟45 ㊵20 81 84 ㊻97
중화학생군단 中華學生軍團 ㊼221
중흥궐 重興闕 ⑰179 245
중흥사 重興寺 ⑰179
중흥산성 中興山城 ⑨517 543
중희당 重熙堂 ㊲279
즉묵성 卽墨城 ㉙184
즉위교서 卽位教書 ㉒23 30 61 197 ㉓ 317 339 347
즉위년칭원법 卽位年稱元法 ㉖114 138 141
즐목문토기 櫛木文土器 ⑦378
즐문토기 櫛文土器 ③116 180 267 500 ⑧463
즙석봉토분 葺石封土墳 ③344 345 369 ⑥ 21
즙장 汁醬 ㉛629
즙항세 汁恒世 ⑦135
증각대사부도 證覺大師浮屠 ⑨543
증과간자 證果簡子 ⑨411
증광별시 增廣別試 ㉓334 335
증광시 增廣試 ㉓320 3281342 350 363
증광전시 增廣殿試 ㉓831 332
증기기관 蒸氣機關 ㊻312
증류주 蒸溜酒 ㉑227 ㉑585
증리성불 證理成佛 ⑯13
증명법 憎明法 ㉖298
증문천 曾文遷 ⑪223
『증보고금보』『增補古琴譜』㉛544 560
『증보문헌비고』『增補文獻備考』①73 ⑱

195 ㉔113 566 ㉖284 ㉚502 ㉛623 ㉟333～355 357 ㉛626 628 ㉝37 43 44 46 238 239
『증보삼운통고』『增補三韻通考』㉟275
『증보잠상집요』『增補蠶桑輯要』㊴253
『증보전록통고』『增補典錄通考』㉒238
증산교 甑山教 ㊻199
증산성 甑山城 ⑧314
증석 曾晳 ㉓283
증손여씨향약 增損呂氏鄕約 ㉓194
『증손전수방략』『增損戰守方略』㉙59
『증수본조금경록』『增修本朝金鏡錄』㉑353
『증수편년강목』『增修編年綱目』㉑360
증약터널 增若tunnel ㊹411
증자 曾子 ㉖39 40
증전식(소바다) 토기 曾畑式 土器 ⑧463
『증정교린지』『增正交隣志』㉜432
『증정동국문헌비고』『增訂東國文獻備考』㉟193 333
증직 贈職 ㊴240
증진대사 찬유 證眞大師 璨幽 36
증통국사 證通國師 ⑫86
증편 蒸片 ㉕332
증포소 蒸包所 ㉝172 351 457
지 篪 ⑧371 380
지각관 知穀官 ㉚245
『지경경』『地鏡經』⑯322
지경리(동) 地境里(洞) ②357 422 423 435 517
지경순 池京順 ㊿372
지계감독 地契監督 ㊷80
지계감리 地契監理 ㊷80
지계공인 紙契貢人 ㉝321 322
지계아문 地契衙門 ①354 ㊵291 ㊷78 80～82 84 86 88
지계양안 地契量案 ㊷77
지계제도 地契制度 ㊹130
지공 志空 ⑪188
지공 指孔 ⑨614
지공 指空 ㉑338 340 ㉖282
지공거 知貢擧 ⑫103 109 117 123 170 ～175 178 183 220 ⑬381 433 434 436 ⑯223 ⑰62 ⑱48 201
지관 地官 ㉕110 112 119 124 128 131 132
지광 智光 ⑫218
지광 至光 ⑱128
지광국사 해린 智光國師 海麟 ⑪186 ⑯53 ⑳39
지구(구형)설 地球(球形)說 ㉟240 307
지구구형론 地球球形論 ①325
『지구도경』『地球圖經』㊳59
지구의 地球儀 ㊳18 53
지구의착색법 地球儀着色法 ㉖188
지구자전설 地球自轉說 ㉟351
『지구전요』『地球典要』①340 ㉟303 378 ㊲3 ㊳53 ㊻235 248
지구회전설 地球回轉說 ①325
지권 地券 ㊷69 84
지권 地權 ㊹136
「지귀사」「志鬼詞」⑧169 170
지귀수 池龜壽 ⑱153
『지귀장기』『旨歸章記』⑯30 31
지기쇠왕설 地氣衰旺說 ㉟311
지기일원론 至氣一元論 ㊲136
지내동유적 池內洞遺蹟 ③391
지노비에프 I. A. Zinovieff ㊴71
지눌(보조국사) 知訥(普照國師) ①248 443 448 ⑯14 59 146 173 ⑰237 ⑱12 ㉑18～22 25 28 32～57 59 60 62～64 69～74 77 78 88 89 93 101～103 155 308 ㉟128
지달(치다치) 智達 ⑦157
지달원 池達遠 ㉙51
지대 地代 ㉘48 49 57 ㊹148
지대거납 地代拒納 ㊱336
지대저항운동(항조운동) 地代抵抗運動(抗

租運動) ㊹404 405
지덕설 地德說 ⑯323 327
지도 志道 ㉕124 149
지도 智島 ㊳368
지도로갈문왕 至都盧葛文王 ⑦88
지도소작쟁의 智島小作爭議 ㊾192
지동설 地動說 ㉛326 ㉟240 308 351
지동지진 地動地震 ㉗53
지두우 地豆于 ⑤76 79
지두한 池斗漢 ㊿369
지둔도림 支遁道林 ⑤50 ⑧50 51
지득남 池得男 ㉙260
지령괴구자행성 池寧怪口子行城 ㉒183
지례리유적 知禮里遺蹟 ③121
지록 地祿 ㉔440 ㉕151
지록연 智祿延 ⑫255
지론 地論 ⑨363
지론종 地論宗 ⑯48 65
지뤠이 志銳 ㊵73
지리 池鯉 ㊿332
지리(도리)양식 止利樣式 ⑧253 257
『지리결경』『地理決經』⑯322
지리도참사상 地理圖讖思想 ⑯161 ⑫240
지리도참설 地理圖讖說 ⑫223 ⑯65 325
『지리문정』『地理門庭』⑯322
지리사 地理司 ㊴92
지리산 地理山 ⑦313
지리산 智異山 ⑧167 ⑫ 33 ⑱245
지리산 선원 智異山 仙苑 ㊱99 111
지리산 유황점 智異山 硫黃店 ㉚572
지리산 신사 智異山 神祠 ⑯338 341
지리산전투 智異山戰鬪 ⑳412
지리업 地理業 ⑬394 396 397 ⑰119 ㉓357
지리학 地理學 ㉕124 ㉗54 ㉓363
지마니사금 祗摩尼師今 ⑦28
지망 地望 ㉘160
지명 知命 ⑨463
지명 智明 ⑦128 129 ⑨298 306 ㉑295 296
지명법사 知明法師 ⑧64
지모미혜원 支母未惠遠 ⑥231
지모사상 地母思想 ⑯323
지모신 地母神 ⑤14
「지방관관제」「地方官官制」㊷326 ㊹453
「지방관리직제」「地方官吏職制」㊵288 ㊹ 448
지방군 地方軍 ㉘95 ㊷58
「지방금융조합령」「地方金融組合令」㊼81
지방대 地方隊 ㊵298 ㊷58~60
지방명 地方銘 ㉗490
지방무역(업자) 地方貿易(業者) ㊲40 43
지방별초 地方別抄 ⑱177 182~185 189
지방부방항왜 地方赴防降倭 ㉙166
지방비 地方費 ㊷255
「지방비법」「地方費法」㊸96 97 108 233
「지방비부과금부과규칙」「地方費賦課金賦課規則」㊸96~98
「지방세규칙」「地方稅規則」㊸96
지방역학원 地方譯學院 ㉓300
지방위원회 地方委員會 ㊷351
지방의 地方醫 ㉓365
지방인민위원회 地方人民委員會 52107 244
지방자치 地方自治 ㉞224 ㊹441 448
지방자치제(도) 地方自治制(度) ㊸270 273 310 311
지방장관 地方長官 ㉓30
지방재판소 地方裁判所 ㊵244
지방제도조사소 地方制度調査所 ㊹441 453
지방학림 地方學林 ㊿201 207
지방행정구역 地方行政區域 ㊷245 ㊹ 284
지법 指法 ㉗439
지변사재상 知邊事宰相 ㉚183
지변수전 池邊水田 ⑧66
지복신 池福臣 ⑫256
『지봉유설』『芝峰類說』⑨482 ㉒433 ㉔

279 ㉖98 ㉗277 ㉙137 ㉛261 312 359 369 408 445 596 ㉜416 495 ㉟193 282 274 330 332 333 ㊲308
지부 智部 ⑩143 153 166
「지부복궐척화의소」「持斧伏闕斥和議疏」 ㊳224 236
지분천전투 知分川戰鬪 ㉙124
지불준비제도 支拂準備制度 ㊽85
지사 支司 ⑩143 144
지사 地師 ㉜40 ㊱6 13 103 104 187 207 256 338 340
지상교회 地上教會 ㊻132 145 146 149 155
지상권 地上權 ㊷66
지상천국사상 地上天國思想 ㊲138 139
「지서」「芝栖」⑧166
지석 誌石 ⑧30
지석묘 支石墓 ④57 60 62 63 67
지석묘사회 支石墓社會 ③271
지석영 池錫永 ㊳58 59 117 196 ㊴253 ㊶316 340 ㊸143 197 243 318 ㊹383 ㊺2 6 7 18 229 236 241 ㊻241 280 293 295
지성윤 池成允 ㊺58
지세 地稅 ㉚491 ㊷136~139 336
지세법 地稅法 ㊳414
지세제도 地稅制度 ㊳413
지세포성 知世浦城 ㉒195
지소 紙所 ⑭15 430 431 ㉑210 ㉔294
지소 智炤 ⑫229
지수신 遲受信 ⑥230 ⑨38 42
지순 至純 ⑱128
지식조사 知識祖師 ⑪223
지신굿 地神굿 ㉟177
지신족 地神族 ④54 ⑦13
지실사 知實寺 ⑪196
『지양만록』『芝陽漫錄』㉗367 ㉟617
지엄 智儼 ⑨382 ⑫219 ⑮294 ⑯31 34 48 124 129 135
지여해 池汝海 ㉙262 275
지역촌 地域村 ㉓143 144
지염 池鹽 ⑲367
지옥설 地獄說 ㉖54
지용구 池龍九 ①504 ㉟578
지용기 池湧奇 ⑲202 219
지용기 池龍起 ㊸420 520 523
지용수 池龍壽 ⑳357
지우룡 池遇龍 ㉞25
지운영 池運永 ㊴66
지원병 志願兵 ㊼110
지원병제도 志願兵制度 ㊿66 233
지원보초 至元寶鈔 ⑲412
지원설 地圓說 ㉛326
지위전 紙位田 ⑭183 185 ㉔294
지유 指諭 ⑱107 159 189
지유낭장 指諭郎將 ⑱103
지윤 池奫 ⑲180 185 186 ⑳20 21
지윤심 池允深 ⑱71 87
지의 紙衣 ㉚504
지의 智顗 ⑧53 ⑯42 70 79
지인 知印 ㉕137 150
지인망어업 地引網漁業 ㉔382 401 414
지인방 知印房 ⑱5 162 167 168 172 ⑳345
지자기연대법 地磁氣年代法 ②26
『지자집』『智字集』㉗302
지자총통 地字銃筒 ㉗254 255
지자포 地字砲 ㉗108 ㉙60
지작백사 紙作伯士 ⑨450
지작인 紙作人 ⑨450
지장 地藏 ㉖271
지장 知莊 ⑨405 ⑪54 194 ⑭166 257 436 ⑳137
지장 紙匠 ㉔6 269 295 306 317 ㉝171 383
지장 智藏 ⑪182 187 195 222
『지장(보살본원)경』『地藏(菩薩本願)經』 ⑨411 ㉖268 ㉗218 220 221 225

『지장경언해』『地藏經諺解』㉟288
지장보살도 地藏菩薩圖 ㉑430 435~437
지장사 地藏寺 ⑫73 ⑭147 160
지장삼존목불감 地藏三尊木佛龕 ㉟504
지장선원 地藏禪院 ⑪200
지장선원낭원대사오진탑비 地藏禪院朗圓大師悟眞塔碑 ⑰289
지장신앙 地藏信仰 ⑨371 410 411
지장위전 紙匠位田 ㉔306
지장전 紙匠田 ㉔306 ㉕97
지장회 池章會 ㊼184 185
지적 智寂 ⑧52
지적 智積 ⑥249
지적도 地籍圖 ⑨69 ㊷63
지적도제 地籍圖制 ㊷72
지전 紙田 ⑫149 ⑬205 ⑭131 185 233 422 ⑰131 ㉔294 510
지전 紙廛 ㉔128 129 131 ㉝171 318 392 ㊶220
지전설 地轉說 ㉜419
지절도독 持節都督 ⑪120
지절사 持節使 ⑦131 132
지정 志貞 ⑨109
지정신 池貞信 ㊾285
지정은제 地丁銀制 ㉘116
지정조격 至正條格 ⑳294 ㉒197
「지제의」「地制議」㊷63
지조개정 地租改正 ㊳158 159
지조법 地租法 ㊳407 413 ㊷62
지종 智宗 ⑪201 ⑯37 38 40 63 68 82 94
지주관인층 地主官人層 ㉘46
지주권 地主權 ㊹140 149
지주사족 地主士族 ㉘50
지주세 地主稅 ㊱123
지주전호제 地主佃戶制 ①258 ㉘49 ㉕50 ㉚179 ㉛342 347 ㉜38 309 ㉝5 128 ㉟246 ㊱121 280 ㊼104
지주(제) 地主(制) ㉔91 ㉕45 ㉘46 56 64 92 ㉜1 29 39 40 45 ㉝68 88 296 413 ㊱62 121 138 341 370
지주지 地主地 ㉘46 53~55 347 348 354 355 358
지주형부농 地主型富農 ㉝124
지증 智證 ⑭22 160 161
지증대사적조탑(부도) 智證大師寂照塔(浮屠) ⑨543 588 613 614
지증마립간(왕) 智證麻立干(王) ⑥79 ⑦76 91 142 243 248
지지 地祇 ㉖228 231
『지지론의기』『地持論義記』⑯135
지지용 智之用 ⑫272
지질국 地質局 ㊷109
지질학 地質學 ㊻248
지창규 池昌奎 ㊽427
지채문 智蔡文 ⑮309
지척 指尺 ⑭10 310 311 313 314 ㉔80 86 113 452
지천사 支天寺 ㉑119 ㉖266
지청천 池靑天 ㊽201 207 208 240 280 304 306 ㊽131
지치 至治 ㉖45 47 71 73 74 ㉘230 245 320
지켈 Giquel Prosper Marie ㊲272
지탑리 智塔里 ②309 375 379 422 455 463 484 503 524 526 531
지탑리유적 智塔里遺蹟 ②307 326 374 376 377 379 422 455 502 516 526 527
지토선 地土船 ㉝8 270 277 285 294 303 304 307
지토세 地土稅 ㉜176
지통(치츠) 智通 ⑦157 ⑨386 391 392
지통기 智通記 ⑨443
지파가라 地婆訶羅 ⑨362
지패(법) 紙牌(法) ㉜137 138 ㉞214 215 221 ㊱30
지평현 砥平縣 ⑱185 ⑳220
지하교회 地下教會 ㉟109 ㊻132 136

지하련 池河連 ㊾295
지하선거 地下選擧 ㊾403 416
지항포행성 池巷浦行城 ㉒184
지해 智海 ⑨394 ⑪176 177
지형학 地形學 ㉟310
지혜 智惠 ⑧86 ⑨411
지호 池顥 ⑫256
지홍윤 池弘允 ㊸416 481
지 황 地黃(璜) ㉝62
지황 智晃 ⑧53
지 훤 池萱 ⑪4 115 ⑫61
직강 直講 ⑱160 ㉓288 289 294~296
직경 直頸 ⑧369
직관 直館 ⑰154
직금단 織金緞 ㉕297
직녀도 織女圖 ⑦231
직달 直達 ⑫31
직량 直良 ⑫63
직령 直領 ㉕297 309 312 315 ㉛607 612 614~617
직령의 直領衣 ㉕303
직립원인 直立猿人 ②75
직명 直明 ⑪114 ⑫30 36 56
직물수공업 織物手工業 ㉝183
직물회사 織物會社 ㊹399
『직방외기』『職方外紀』㉛313 315 318 321 ㉜416 522 ㉟298 ㊺207
직부 直赴 ㉓286 333 351
직부생 直赴生 ㉓328 334
직분전 職分田 ①210 ⑭97
직사 職事 ㉕97 ㉘43
직사관 直史館 ⑱52
직산 稷山 ㉚539
직산금광 稷山金鑛 ㊶133 148 149 151 165 ㊹110 113 409
「직산금광채굴합동조약」「稷山金鑛採掘合同條約」㊶150
직산대첩 稷山 ㉙118 203
직산 최씨 稷山 崔氏 ⑫203
직성기양 直星祈禳 ㉟164
직숙소 直宿所 ㉓232
직숙전 直宿殿 ㉖293
직업교육 職業教育 ㉛19
직업군인제 職業軍人制 ㉜106
직역 職役 ⑬354 ⑭23 79 81 89 90 96 126 132 225 232 239 279 290 367 368 ⑮102 ⑲226 ㉓48 ㉔8 35 ㉕35 37~39 83 84
직역전 職役田 ㉔13 21 22 33 34 39
직염국 織染局 ⑭420
직영제 直營制 ⑭147 149 170 181 182 189 191 197 198 200 204 205 342 343
직장 織匠 ㉔268
직장계 職場契 ㉛233
직전 職田 ⑭93 96 134 186 214 225 232 235 239 ⑮22 208 354 ⑲131 264 ㉓298 ㉔39 69 ㉕67 68 87 98 99 119 128 132 ㉘42 44~46 51 ㉚452 456
직전법 職田法 ①264 270 ㉒126 127 138 ㉓39 ㉘19 ㉝128 296 394 ㊱121
직전세 職田稅 ㉕99 ㉘45 45
직전신장(오다 노부나가) 織田信長 ㉙17 ㉚332
직전제 職田制 ㉘42 354 ㉚409 452 456
접떼기 直接打擊法 ②17 19 91 107 117 144 160 165 171 174 181 183 194 203 206 211 268
직정 直定 ㉜122
직정금지 直定禁止 ㉜152
직제사 職制司 ㊴92
직조국 織造局 ㊴251 ㊶191 ㊻313
직조권업장 織造勸業場 ㊹224
직조단포주식회사 織造緞布株式會社 ㊹187 188 399
직조사 織造司 ㉔270
직조수공업 織造手工業 ⑥224 ⑭436 437
직조업 織造業 ㉝358
직조장 織造匠 ㉔272

직조학교 織造學校 ㊹399
직조회사 織造會社 ㊹400
직지사 直指寺 ㉖280 288 ㉗225
「직지사대장전비」「直指寺大藏殿碑」㉑437
『직지심체요절』『直指心體要節』㉑209 241
직초가 織稍家 ㉝183
직촌 直村 ㉓143 144 165 167 ㉘144 157
직파법 直播法 ㉔103 ㉗174 ㉝34 35 71 ㉞178 ㊱4 65 124 133
직파연작법 直播連作法 ①271 ㉗174
직학 直學 ㉓288
진 津 ㉔501
진 晋 ⑤53
진 陳 ⑤92 93 111
진 鎭 ㉓33 139 206
진(한) 辰(韓) ③56 524 525
진가모 眞嘉謨 ⑥47
진가설 眞假說 ㉖54
진각국사 혜심 眞覺國師 慧諶 ⑳39
『진각국사어록』『眞覺國師語錄』㉑286
진각성 珍閣省 ⑪40 ⑬10
진감선사대공탑비 眞鑑禪師大空塔碑 ⑨543 588 615
진갑 陳甲 ㉙71
진강공 晋康公 ⑱161
진강군개국후 晋康郡開國侯 ⑱161
진강부 晋康府 ⑱89 158 159 161 162
진강장 鎭江場 ㉔571
진강후 晋康侯 ⑱138 158 161
진개 秦開 ④4 80 82 93 118 127 128 145
진결가세 陳結加稅 ㊴278
진경 眞景 ㉟438 458
진경 眞境 ㉟438 458 463
진경 眞卿 ㉑460
진경대사보월능공탑비 眞鏡大師寶月凌空塔碑 ⑦301 ⑨588
진경문화 眞景文化 ㉟138 139
진경보 陳景甫 ⑫268
진경산수(화) 眞景山水(畵) ①325 501 ㉗360 ㉛462 466 ㉞122 ㉟9 433 444 454 456~458 464 513 ㊺348
진경시대 眞景時代 ㉟138
진경풍속도 眞景風俗圖 ㉛495
진경화법 眞景畵法 ㉟461 462
진계성 陳繼盛 ㉙268
진고 陳告 ㉚411
진고 賑庫 ㊴361
진고개 ㉔497 ㊹483
진고도 眞高道 ⑥190 229
진고체수(법) 陳告遞受(法) ㉔47 55 ㉕87 98 ㉘39
진곡보충 賑穀補充 ㉕365
진골 眞骨 ①5 6 209 426 ⑦7 251~256 260 262 266 267 ⑨18 22 ⑪45 46 49 50 52 ⑫13 24 26 27 166 204
진골귀족 眞骨貴族 ⑪12~14 47 53 55 56
진공 眞功 ⑨60 83
진공 眞空 ⑪194~196
진과 秦戈 ③355
진과연 眞瓜宴 ㉜394
『진관관병편오책잔권』『鎭管官兵編伍冊殘卷』㉚291 292
진관법 鎭管法 ㉙26
진관사 津寬寺 ㉖266 269 270 280 ㉗479
진관선사비문 眞觀禪師碑文 ⑫122
진관속오지법 鎭管束伍之法 ㉚291
진관절제사 鎭管節制使 ㉚294
진관체제 鎭管體制 ①268 269 293 ㉒122 125 ㉓6 8 33 34 130 213 233~236 244 ㉘89 ㉙57 58 181 192 ㉚278 289
진광인 晋光仁 ⑱209
진국 辰國 ④7 79 140 262 264
진국 振國 ⑩115
진국 進國 ⑳88
진국공 震國公 ⑩24 28 115
진국공 鎭國公 ㉖227
진국백 鎭國伯 ㉗446 467

진국보제사 鎭國普濟寺 ⑮327
진국왕 震(振)國王 ⑩28
진군 鎭軍 ⑦208 ㉓206 ㉚568 574
진귀조사 眞歸祖師 ⑪205
진금성 進錦成 ⑦229
진급 賑給 ㊱161
진긍 晋兢 ⑫111
진기 珍奇 ⑫229
진기미 陳其美 ㊼222~224
진남 眞男 ⑥60
진다례 進茶禮 ㉑578
『진단학보』『震檀學報』 51105 145
진단학회 震檀學會 ㊺285 51100 104 105 125 141 146
진대 賑貸 ㉕359 360 ㉜317 321 333 344 352
진대곡 賑貸穀 ㉓276
진대덕 陳大德 ⑤126 127 ⑨48
진대법 賑貸法 ⑤37 193 217 ⑧451 ⑮154 161 ㉔472 ㉕369
진대유 陳大有 ⑱214 ⑳110 112
진덕박사 進德博士 ㉓288
진덕수 眞德秀 ㉖39 48
진덕여왕 眞德女王 ⑦76 253 256 ⑨469 600 ⑪12
진덕왕 眞德王 ⑧376
진덕지 陳德之 ⑰286
진도 珍島 ⑫21 60 256 ⑱185 ⑳120 253 254 257
진독수 陳獨秀 ㊼405 ㊾72 75
진동대장군 鎭東大將軍 ⑥41 115 119 140
진동철 陳東喆 ㊱112
진두 鎭頭 ⑨147
진두장 津頭場 ㉚539 ㉝366 368
진령군 眞靈君 ㊵182
진례(금산) 進禮(錦山) ⑪112 ⑫57
진례성 進禮城 ⑪101
진로 眞老 ⑥60 63 65~67
『진류환원락도』『眞流還源樂圖』 ⑨395
진릉군 태경 晋陵君 泰景 ㉚71
진리 津吏 ㉔502
진리가 陳理家 ㉔616
『진리도설』『眞理圖說』 ㊻219
진 린 陳璘 ㉙5 123 204
진 림 陳林 ⑫71
『진맥도결』『診脈圖訣』 ㉑224 226
진 명 陳明 ⑥22 230
진명국사 혼원 眞明國師 混元 ㉑17 63 ~66 69
진명단 盡命團 ㊽325
진명부인회 進明婦人會 ㊹382 384 ㊺100
진명여학교 進明女學校 ㊹390 ㊺100
진명회 進明會 ㊶376
진묘북벽묵서 鎭墓北壁墨書 ⑧118
진묘수 鎭墓獸 ⑧218 349
진무 振武 ⑥47~49 166 229
『진무경』『眞武經』 ㉖292 293
진무사 鎭撫司 ⑳331
진무소 鎭撫所 ⑲59 60 63 ㉓248 252
진무영 鎭撫營 ㊳152
진무초 眞武醮 ㉖292
진문 眞文 ㊲248
진물 眞勿 ⑥29
진번 陳蕃 ㉚60
진번 眞番 ④76 99 101 109 111 121 248 ⑤19 22
진법체제 陣法體制 ㉓220
진변별초 鎭邊別抄 ⑲52 63
진병기 陳秉基 ㊾83
진병초 鎭兵醮 ㉖294
진병초례 鎭兵醮禮 ㉖292
진보 眞寶 ⑫34 54 62
진보 鎭堡 ㉜164
진보당 進步黨 ㊷272 ㊼128
진보생 陳寶生 ⑲399
진보성 眞寶城 ⑪112
진보성주 眞寶城主 ⑫29 45
진보주의 進步主義 ㊻105

진보회 進步會 ㊸324 ㊺52 ㊻70 195 ㊿
179
진복 眞福 ⑨86
진복창 陳復昌 ㉘83 ㉚18
『진본청구영언』『珍本靑丘永言』㉟395
396 398
진봉리 進捧吏 ㉓155
진봉무역 進奉貿易 ⑭17 460 ⑲11 403
404 ㉒374
진봉선 進奉船 ⑳399 ㉒374 384 395
진부 津夫 ㉔502 ㉚492
진부결 陳浮結 ㊴359
진부전 津夫田 ㉔438 ㉘34
진분(화) 盡分(化) ㉜315 374 376 ㊱
283 297
진붕 眞朋 ㉚3 121
진붕위붕설 眞朋僞朋說 ㉜43
진사 進士 ㉓35 36 284 306 307 318～
321 341 343 345～347 367 ㉕127 128
141 ㉚504 ㉞218 ㊱238 256
진사 辰沙 ①488
진사과(시) 進士科(試) ⑰58 ㉓35 317
319 321 339～341 ㉕115 121 127 134
144 148
진사백자 辰砂白磁 ㉗506 525
진사왕 辰斯王 ⑥46 47
진사행망 眞絲行網 ㉝221
진산 鎭山 ㉓179 ㉖227 ㉟170
진산대첩 眞山大捷 ㊸437
진산사건 珍山事件 ㉜83 84 ㉞72 ㉟
115 118 ㊱90 ㊲180
「진삼국사표」「進三國史表」⑰161 174
207
진상 進上 ㉔9 398 438 466 469 470
472 ㉘118 ㉚507 ㉝131 255 461
진상군 進上軍 ㉜192
진상마 進上馬 ㉔586
진상숙배 進上肅拜 ㉘126
진상채복선 進上採鰒船 ㉜177
진상품 進上品 ㉘118
『진서』『晋書』④166 167 ⑦325 ⑩162 188
진서부 鎭西府 ⑨303
『진서산독서기』『眞西山讀書記』㉘307
진선 津船 ㉔333
진선 眞善 ⑪184
진선 陳瑄 ⑫24 26 45
진선 進膳 ㉔466
진선조합회사 津船組合會社 ㊹194
진선협회 陣線協會 ㊿297
진설법 陳設法 ㉗435
진 성 陳省 ㉔321 461
진성 鎭城 ⑨591
진성대군 晋城大君 ㉘194
진성여왕 眞聖女王 ⑦252 254 ⑨461 ⑫
13 14 16 20 26 72
진성여학교 進誠女學校 ㊺95
진성창 鎭城倉 ⑭413 414 ㉔337 525
진세 陳稅 ㉜295
진속군 鎭屬軍 ㉔219 ㉘90
진솔선예백장 晋率善穢伯長 ①10 ④141
237 281
진수 陳壽 ①124
진수군 鎭戍軍 ⑮227 ⑲52 ⑳408
진수군 鎭守軍 ⑬318 322 323
진수당 陳樹棠 ㊳30 31 377 393 399 ㊴
20 21 33 34 39 ㊹80
진수방 陳壽芳 ㊶364
진수정원 晋水 淨源 ⑯47 50
진수체제 鎭戍體制 ⑳408
진 숙 陳淑 ⑫268
진시무서 陳時務書 ⑲119
진신사리 眞身舍利 ⑨532
진신유사 縉紳有司 ㉛89
진신회 搢紳會 ㊶376
『진심직설』『眞心直說』㉑30 32 51
진씨세력 眞氏勢力 ⑥49 50 60 63 65
66 73
진안갈문왕 眞安葛文王 ⑧79

진안군 백화산 鎭安郡 白華山 ㉖295
진양공 晋陽公 ⑱110 162
진양부 晋陽府 ⑱89 90 157~159 161 162
진양산수도 晋陽山水圖 ⑰287
『진양지』『晋陽誌』㉘353
『진양추』『晋陽秋』⑧113 114
진양후 晋陽侯 ⑱158 159 161 162
진어영 鎭禦營 ㊴97
진언 眞言 ㉟128
『진언권공』『眞言勸供』㉗222
진언상 陳彦祥 ㉔204
진언종 眞言宗 ⑯64 66
진여문 眞如門 ⑨379
진여사 眞如寺 ⑯72 124
진여원 眞如院 ⑪54 180 ⑭301 ⑯21 23
진연 進宴 ㉗395
진오귀굿 ㉟177
진왕 辰王 ①125 ④33 35 273 ⑦288 289 324 ⑨40 61
진우충 陳愚衷 ㉙114
진위 震位 ⑫236
진위대 鎭衛隊 ㊵10 268 276 298 ㊶41 ㊷52 58~60 283 ㊸410
진위사 陳慰使 ㉒296 ㉜386 388
진위현 振威縣 ⑳160 163
진유 眞儒 ㉓336
진윤승 陳允升 ⑱27
진윤이 陳允頤 ㊹35
진응사 進鷹使 ㉒296
진응행 進鷹行 ㉜386
진인 眞人 ㊱85 86
『진일유고』『眞逸遺藁』㉗229
진자 眞慈 ⑧76
진자경 秦滋景 ⑪122
진자곡 賑資穀 ㊱259
진작 進爵 ㉗395
진장 眞藏 ⑨391
진장 鎭將 ㉕153 154
진전 陳田 ⑭36 146 152 153 ⑮247 ⑲31 331 ⑳72 74 ㉔87 90 ㉘354 ㉚403~405 407 414 417 ㉜163 173 ㊹405
진전사 陳田寺 ⑪187 190 195 ㉑311
진전사원 眞殿寺院 ⑫245 ⑭255 ⑯171 351
진전사지 陳田寺址 ⑨516 559 569
진정 眞定 ⑥202 209 ⑨383 386 392 ⑪58 212
진정 眞淨 ⑥229
진정 賑政 ㉜141 ㊱221
진정대선사 眞靜大禪師 ㉑308
진(정)씨 眞(貞)氏 ⑥21 81 83 226 230
진제 眞諦 ⑨363
진제 賑濟 ㉒106 107
진제경차관 賑濟敬差官 ㉕361 367
진제곡 賑濟穀 ㉙147
진제도감 賑濟都監 ⑮171
진제소 賑濟所 ㉙147
진제장 賑濟場 ㉔512 ㉕362~364 368 371 ㉚334 339 348 349
진종 眞宗 ㉜277 281
진종교 眞倧敎 ㊻210
진종본원사 眞宗本願寺 ㊻124
진좌제 鎭坐祭 ㊿165
진주 眞州 ⑫33 39 62
진주 眞珠 ⑨33 41 78 79
진주 晋州 ⑫33 61 63 66 148 212 ⑳67 122 141 149 ㉓169
진주 鎭州 ⑫25 81 118
진주(사) 陳奏(使) ㉜386
진주(진산) 珍州(珍山) ⑭29
진주농민항쟁 晋州農民抗爭 ㉜325 339 ㊱74 297 304 313
진주민란 晋州民亂 ㊴280
진주성 晋州城 ㉙199
진주성전투 晋州城戰鬪 ㉙81
진주애국부인회 晋州愛國婦人會 ㊸151
진주여당 晋州餘黨 ㊱331 332
진주전 晋州戰 ㉙52

『진주향교수리시물재수집기』『晋州鄕校修理時物財收集記』㉞22 39
진 준 陳俊 ⑱19 20 26 31
『진중일기』『陣中日記』㊱240 255 257 261 264
진지왕 眞智王 ⑦254 256
진찬 進饌 ㉗395
『진찬의궤』『進饌儀軌』㉟559
진창군 晋昌君 ㉙243
진채 眞彩 ㉗486
진척 津尺 ⑬205 ⑮63 64 ㉕180 182 ㉘34
진척위전 津尺位田 ㉔502
진천 鎭川 ⑫80 87 ⑳208 229 230
진천뢰 震天雷 ㉓264 ㉙82
진천 임씨 鎭川 林氏 ⑫80 81 92
진철대사 眞澈大師 ⑨299 ⑫83
진철 이엄 眞澈 利嚴 ⑯17 28
진촌주 眞村主 ⑦271 ⑪45 88 ⑬336
진충 眞忠 ⑥29
진충단 盡忠團 ㊽325
진타 進陀 ⑧380
진탁은 秦卓隱 ㊹383
진파리 眞坡里 ①478 480 ⑧191 333 402
진 평 陳平 ㉙186
진평군 晋平郡 ⑥136
진평왕 眞平王 ⑦76 119 147 253 256 ⑨462 463
진평현 晋平縣 ⑥136
진폐 陳廢 ㊱180
진폐전 陳廢田 ㉜23
진폐책자 陳弊冊子 ㉜325 334
진포 鎭浦 ㉙58
진포도 珍浦島 ㊹127
진포전투(싸움) 鎭浦戰鬪 ⑳406 407 409 410 ㉗235
진표 眞表 ⑨370 371 410 411 566 ⑪5 6 131~133 137~140 156 160 182 184 ~186 207 ⑯54 55
진풍정 進豊呈 ㉗368 395
진하(사) 陳賀(使) ㉒296 ㉜386 388
진학문 秦學文 ㊶75
진학신 秦學新 ㊹383 ㊺101 ㊼401
진학신부인 秦學新夫人 ㊹383
진학주 秦學胄 ㊹197 383
진한 辰韓 ④7 275 ⑥34 ⑦1~3 20 243 319 330
진한(계)소국 辰韓(系)小國 ⑦50 87 236
진한장 陳翰章 ㊿343
진해 珍海 ⑪184
진해루 鎭海樓 ㉙61
진해장군 鎭海將軍 ⑪95
진향(사) 進香(使) ㉒296 ㉜386 388
진허팔관 振虛捌關 ㉟128
진헌관마색 進獻官馬色 ㉔582 583
진헌반전색 進獻盤纏色 ⑳377
진헌사 進獻使 ㉒296
진헌색 進獻色 ㉒327
진헌종마사 進獻種馬使 ㉒296
진헌품목 進獻品目 ㉒305
진헌하사무역 進獻下賜貿易 462
진현성 眞峴城 ⑨41
진현시 進賢試 ㉓38 335 350 351
진현퇴사론 進賢退邪論 ㉜46
진호 眞虎 ⑪5 118 ⑫33 55 57 58
진홍범 陳弘範 ㉙279
진홍자 陳洪子 ㊹384
진 화 陳澕 ⑱245
진화(성) 振化(城) 239 272 301 331
진화론 進化論 ④18
진 환 陳瓛 ㊷339
진황(지) 陳荒(地) ㉘40 353 357
진황전 陳荒田 ㉔87 ㉕240 ㉘40 358 ㉜291 ㊱159
진회 眞會 ⑥29
진회 秦檜 ⑫272 ⑮244
진회사 溱會社 ㊴178
진휼 賑恤 ㉕359 360 ㉚324 329 ㊱283

진휼곡 賑恤穀 ㉕360 361 ㉚334 ㉜375 ㉞31
진휼미 賑恤米 ㊱351
진휼사 賑恤使 ㉚344 345
「진휼사목」「賑恤事目」㉕361 ㉚347 ㊱180
진휼사업 賑恤事業 ㉚371
진휼장 賑恤場 ㉚351
진휼장 賑恤醬 ㉕360 361
진휼(정)책 賑恤政策 ⑥77 ⑮153 154 157 161 ㉘73 ㉝138 379 ㊱161 162
진휼제 賑恤制 ⑫213
진휼청 賑恤廳 ㉕368 369 ㉙295 ㉚7 338 340 342 344 351～353 356 357 468 506 512 ㉜168 ㊱165
진휼청당상 賑恤廳堂上 ㉚195
「진휼청제언사목」「賑恤廳堤堰事目」㉚ 356 439 ㉝53 54
진흙거푸집 ⑧398
진흠 眞欽 ⑨40 41 66 79
진흥군 晋興君 ㉙261
진흥왕 眞興王 ⑥127 ⑦4 76 116 117 146 ⑧375 ⑨294 482 608
진흥왕북한산비 眞興王北漢山碑 ①200
진흥왕순수비 眞興王巡狩碑 ⑦269 ⑧121 ㊲93
진흥왕창녕비 眞興王昌寧碑 ①201
진흥회 振興會 ㊿212
질권 質權 ㊹142
질그릇 ②465 470 472
질레트 P. Gillet ㊺368～370 51335
질려포 蒺藜砲 ㉓264 270 ㉗237 240 248
질역 疾疫 ㉕357
질청(작청) 作廳 ㉞99 192 229
질현성 迭峴城 ⑧309
집강 執綱 ㉓307 ㊵272 ㊹445
집강소 執綱所 ①351 352 ㊴309 375 377 379 382 384～389 391～395 397～412 414～417 421 423 424 426 433 436 449 450 476 478 482 483
집경장 執經匠 ㉔270 272
집단노동 集團勞動 ㉗191
집단매장유적 集團埋葬遺蹟 ②437
집모양토기(가형토기) 家形土器 ⑧459
집사 執事 ㉔167 ㊴404
집사교생 執事校生 ㉓305 309
집사부 執事部 ①5 ⑥90 ⑦6 118 119 174 179～181 ⑨3 21 111 116 ⑪12 13 36 37 42
집사성 執事省 ⑪29 36 42 52
『집성소학』『集成小學』㉘340 343
집성촌 集姓村 ①319
집시법 執匙法 ㉗439
집안 集安 ⑤ 264 256 257 258 264 332 355
집안현성 集安縣城 ⑤184～186
집약농법 集約農法 ㉔106 113 ㉗189 ㉝69 70 ㉞174
집위장 執緯匠 ㉔270 272
집의 執義 ㉓58 ㉖147
집자리 住居址 ②127 199 368 377
집자리유적 住居址遺蹟 ②370
집재 執災 ㉜293
집전 執錢 ㉜322
집주선 執籌船 ㉝289
집주제 執籌制 ㉝289 291
집촌 集村 ㉞174
집춘영 集春營 ㉚251
집현전 集賢殿 ①263 264 ⑱221 ⑳286 ㉒65～70 73 113 120 123 129 ㉓2 58 ～60 63 289 296 ㉕90 ㉖23 ㉘24
집회금지령 集會禁止令 ㊸315
「집회취체령」「集會取締令」㊷286
징관 澄觀 ⑪180 ⑯21 39 48 77 81 124 131 132 134
징기스칸 成吉思汗 ⑳182 318 319 ㉙272
징모(발)령 徵募(發)令 ㉙39 42
징병(제) 徵兵(制) ㊿52 65～69 111 224 234 235 261

『징비록』『懲毖錄』㉙26 27
징세서 徵稅署 ㊹444
징세제 徵稅制 ⑲365 368 380
징세제도 徵稅制度 ㊷350
징세지대 徵稅地帶 ㉝418
징속 徵贖 ㉚585
징심사 澄心寺 ㊻131
징용 徵用 ㊿2 104 224 235 261
「징용령」「徵用令」㊿103 104
징용반대투쟁 徵用反對鬪爭 ㊿182
징포 徵布 ㉜103 105
징허 澄虛 ⑪199
짱인후안 張蔭桓 ㊵4 60 61 77
쨔오죠우 膠州 ㊵88
쩌어리 直隷 ㊵15
쩐위엔 鎭遠 ㊵52 60
쩡찌쩌 曾紀澤 ㊵32
쪼아파기 Pecking technique ③293
찌르개 ①174 175
찍개 ①92 176
찍은무늬토기 押引(捺)文土器 ②444 445 478
찐죠우 錦州 ㊵47 58

ㅊ

차 茶 ㉑574
차가인동맹 借家人同盟 ㊿189
차가조합 借家組合 ㊿426
차거수 車擧首 ⑱52
차경 借耕 ㉘55
차경지 借耕地 ㊱125 151
차관 借款 ㊵291 307 ㊹30
차관계약서 借款契約書 ㊹31
차관공세 借款攻勢 ㊹31
차관교섭 借款交涉 ㊳356 360 370
차관도입 借款導入 ㊳341～343 344 345 ㊴101 102
차관망국론 借款亡國論 ㊹32 53
차관정치 次官政治 ㊷248
차관조약 借款條約 ㊵224
「차관합동」「借款合同」㊹34
차금봉 車今奉 ㊾7 98 102 224
차남규 車南奎 ㊼161
차대법 借貸法 ⑭2 469 471
차대왕 次大王 ⑤151
차대전 次大箭 ㉗255 263
차도선 車道善 ㊷285 ㊸467 491 492 ㊽200
차두환 車斗煥 ㊼243
차등상속 差等相續 ㉞165
차라대 車羅大 ⑳175 207 208 228 236
차례 茶禮 ㉛626
차륜 車輪 ㉚488
차망 杈網 ㉝222
차명 借名 ⑰133 ㉑230 230
차목 次木 ㉚504
차미리사 車美理士 ㊾271～273
차병 借兵 ㊵36
차비군 差備軍 ㉚388 ㉝145 146
차비노 差備奴 ㉔306 ㉕214～217 ㉞136
차사 嗟辭 ⑨461
차사사뇌가 嗟辭詞腦歌 467
차사필 差士弼 ㉔90
차상진 車相晋 ㊼339
차상통사 次上通事 ㉝441
차송우 車松祐 ⑱102 106 109 114
차승자총통 次勝字銃筒 ㉗258
차약송 車若松 ⑱52 56 150 ⑳56
차약춘 車若椿 ⑱56
차역 差役 ⑭376～378
차역불균 差役不均 ㉚380 397
차왜 差倭 ㉜442 445
차용어 借用語 ⑨444
차용한자 借用漢字 ⑰132
차율 次律 ㊱227
차율수조 差率收租 ㉔451
차이나호 China號 ㉜501 ㊲308
차이석 車利錫 ㊼146 ㊿269 279 283 295 440
차인 差人 ㉝192 202 348 383 445
차인자취 差人煮取 ㉗244
차일드 G. Childe ④24
차일라이스 V. Zeileis (51)267
차자 借字 ㉑230
차자방 箚子房 ⑱5 162 167 168 171 ⑳345
차자표기 借字表記 ⑧136 172 ⑨440 ㉗315 317
차장고 遮帳庫 ㉓282
차재일 車在鎰 (51)308
차재정 車載貞 ㊾470
차조도 次旱稻 ㉕326

차중규 車仲規 ⑱18
차중전 次中箭 ㉗263
차중지계 借重之計 ㉜423
차지경쟁 借地競爭 ㉝72
차지농 借地農 ㉞110
차차웅 次次雄 ①197 416 ⑦37
차 척 車倜 ⑱56
차축두 車軸頭 ③451 452 476 478
차충걸 車忠傑 ㊱92 103
차호균 車鎬均 ㊼184 185
차홍녀 車紅女 51372
차홍식 車弘植 ㊳23 366 ㊺52
착금박산로 錯金博山爐 ⑥243
착세 着稅 ㉔179 188
착수령 窄袖令 ㉛611
착취식민지 搾取植民地 ㊷300
착호 捉虎 ㉕94
찬간 撰干 ⑦166
찬군 滄群 ⑦164
「찬기파랑가」「讚耆婆郎歌」⑨467 600
찬덕 讚德 ⑨25
『찬도방론맥결』『纂圖方論脈訣』㉗142
『찬미가』『讚美歌』㊺343 ㊻169 188
찬선 贊善 ㉚229
찬송가 讚頌歌 ①503 ㊺119 146 297 ㊻169
찬수청 纂修廳 ㉛379
「찬양가」「讚揚歌」㊺323 ㊻169 188
찬양회 讚揚會 ㊺96 100
찬양회(순성회) 贊襄會(順成會) ①355 ㊶265 282 376 391 ㊹380 399
찬염전 攢染典 ⑦227 ⑨180
찬유 燦幽 ⑪194 202 205 ⑫72
찬진청 撰進廳 ㉘272
찬화의원 贊化醫院 ㊻283
찰도 察度 ㉒416
찰도왕통시대 察度王統時代 ㉒411
찰라 札剌 ⑳185 187 319
찰리변위도감 察理辨違都監 ⑲126 278
찰방 察訪 ①276 ㉓173 300 ㉔504 508 510
찰방사 察訪使 ⑲40 ⑳93 94 105
찰방체제 察訪體制 ㉔504
찰벼 ㉕326
찰주 擦柱 ⑧276
찰주소 札駐所 ㊲200
찰합이(차하르)부 察哈爾部 ㉙255 258 272
참 站 ㉔547
참군 參軍 ⑤56 163 ⑥174 ⑩66 70
참급무과 斬級武科 ㉛144 145
『참동계주해』『參同契注解』㉛406
참동용호비지 參同龍虎秘旨 ㉛408
참모본부 參謀本部 ⑦66 ㊵33 34 43 52
참모총약장 參謀總約長 ㊼139
『참법』『懺法』㉗218
참봉 參奉 ㉛143
참상(관) 參上(官) ①266 ⑬110 111 113 116~118 134 424 ㉓4 21 36 135 335 ㉚236
참선 站船 ㉔335 337 339 ㉝256
참성(성)단 塹城(星)壇 ⑯291 ㉖294 ㉛404
참성초 塹星醮 ㉛405
참시관 參試官 ㉓351
참여관 參與官 ㊷247
참역 站役 ⑬205 ⑮64 65
참외 叅外 ①266 ⑬111 113 116 117 134
참운(수운) 站運(水運) ㉔523 527
참위(설) 讖緯(說) ⑫47 ⑫222 ㉟166 ㊱100 111 241
참의부 參議府 ㊽7 269~274 276 278 279 294 296 306 308~313 ㊾9 ㊿308
참전 站田 ㉘35
참정권 參政權 ㊳74 ㊼106 ㊽170 ㊾51
참최 斬衰 ⑫145 ㉚102 104
참하(관) 參下(官) ㉓4 21 33 289 319 325 ㉕71 117 119 ㉚209 236
참하직 叅下職 ⑬110 116
참핵사 參覈使 ㉜386

참회부 懺悔府 ⑯92 102
창가 唱歌 ㊺117 148 153 297 51298 384
창가집 唱歌集 ㊼157 158
창감 倉監 ㊱235
창건이문 創建以聞 ㉛100
창경궁 昌慶宮 ㉗451 ㉛521 522 ㉟528
창고관 彰考館 ㉖196
창고전 倉庫田 ⑭335 336 ㉓38 ㉔442 443
창광회 蒼光會 51328
창극 唱劇 ①504 ㊺331 51131 364 370 52374
창기 倡妓 ㉑492
창기 娼妓 ①281 ㉕195 199 202 203 219
창내유적 ②38 96 129 133 197 203 235 300
창녕 昌寧 ⑨551
「창녕비」「昌寧碑」 ⑦196~199 269 ⑧9
창덕궁 昌德宮 ㉕351 ㉗448~451 460 463 ㉛522 525 ㉟527 528 ㊲164 ㊳405
창동학교 昌東學校 ㊻204
창두 蒼頭 ⑲256
창려(성) 昌黎(城) ④77 ⑤92
창룡호 蒼龍號 ㊴173 ㊹41
창름지저 倉廩之儲 ㉜336
창릉 昌陵 ⑱202
창림사 昌林寺 ⑦17
창림사무구정탑 昌林寺無垢淨塔 ⑪34 47
「창림사무구정탑원기」「昌林寺無垢淨塔願記」 ⑪41
창방 昌枋 ⑧269
창방의 唱榜儀 ㉓334
창부 倉部(府) ⑥207 ⑦119 177 179 ⑨111 182 ⑩143 153
창부땅재주 ㊺362
창사 唱詞 ㉑464 475 477
「창선감의록」「彰善感義錄」 ㉛437 ㉟414~416 421
창선도 彰善島 ㉖152
창성 昌城 ㉓359
창성금광 昌城金鑛 ㊶141 ㊹110 113 409
창술 槍術 ⑨623
창신사 彰信社 ㊹192 206
창쑨 長順 ㊵62
창씨개명(제도) 創氏改名(制度) ①369 378 503 59 60 63 69 233 234 258 429 51114 236 237
창암성 蒼巖城 ⑤140
창역가미 倉役價米 ㉜287
창왕 昌王 ⑱171 172
창용위 蒼龍衛 ㉜98
창우 倡優 ㉑491 492 505 511 ㊹350
창운 昶雲 ⑯46 47 49
창원 昌原 ㉓149 ㉚569 ㉝368
창원금광 昌原金鑛 ㊶133 148 ㊹113
창원항국채보상부인회 昌原港國債報償婦人會 ㊸152
창유계 暢幽契 50138 139
창의 氅衣 ㉕299 ㊹457 51407
「창의가」「倡義歌」 ㊸461
창의격문 倡義檄文 ㊴321
창의군문 倡義軍門 ㊱11 204
창의대장 倡義大將 ㉙188
창의대진소 倡義大陣所 ㊸475 484
창의동맹단 倡義同盟團 ㊸442 443
창의문 彰義門 ㉔497 ㉟520
창의사 倡義使 ㉙188
창의소 倡義所 ㊴457
창의소 倡義疏 ㊸373
『창의일록』『倡義日錄』 ㊸439
「창의토적소」「倡義討賊疏」 ㊸399
창작계가악 創作系歌樂 ⑧166
창작군담소설 創作軍談小說 ㉟417
창작극영화 創作劇映畵 51367
창작지미 倉作紙米 ㉜287
창장 長江 ㊵16 87
창정 倉正 ⑬167 403 ⑳37

『창조』『創造』 ㉛68
창조리 倉助利 ⑤152 156 165 203
창조파 創造派 ㊽11 143 153 154 156 ~161 164~166 173 178 280
창주(창성) 昌州(昌城) ⑱8
창주구자행성 昌州口子行城 ㉒182~184
창준 唱準 ㉗195~197
창직 倉直 ⑧319
『창진집』『瘡疹集』 ㉕379 ㉗140 144
창포주 菖蒲酒 ㉑538
창해군 蒼(滄)海郡 ④100 103 235
창혼 搶婚 ⑩161
창화 窓畵 ㉟433 474
창흥사 彰興社 ㊹206
채경 蔡京 ㉚61
채경천 蔡敬天 ㊾283
채과회사 菜果會社 ㊹189
채곽 菜藿 ㉕362
채광덕 蔡光德 ㊼157 ㊾278
채광묵 蔡光默 ㊸372 393 395 397
채광법 採光法 ⑨190
채구석 蔡龜錫 ㊴216
채군선 蔡君仙 ㊽272
채규엽 蔡奎燁 ①505 ㉛308
채규호 蔡奎鎬 ㊾460
채기중 蔡基中 ㊼7 140 143 163 166
채단 綵團 ㊺325
채담채법 採淡菜法 ㉝227
채동선 蔡東鮮 ①503 ㉛308 ㉜340 342 343
채 륜 蔡倫 ㉔294
채만식 蔡萬植 ①430 ㉜293 317 327 328
채무노비 債務奴婢 ⑤213 ㉕104
채무택 蔡無擇 ㉘199
채문토기 彩文土器 ③183
채복법 採鰒法 ㉝227
채붕 彩(綵)棚 ㉑493 495 496 504 505 550 593 ㉟613
채 빈 蔡斌 ⑲180 181 ⑳370~372 ㉒15 286
채삼장 採蔘場 ㉒157
채상덕 蔡相悳 ㊼139
채서론 採西論 ㊳251~252
채서의식 採西意識 ㊶182
채성하 蔡成河 ㊼245
채소 菜蔬 ㉕318 333
채송년 蔡松年 ⑱113 ⑲71 ⑳60
채수 債帥 ㉘113
채수 蔡壽 ㉘176
채수영 蔡壽永 ㊱345 373
채순병 蔡順秉 ㊾431
채약 採藥 ㉕386
채약사 採藥師 ⑥220 232 ⑦145 ⑧414 478
채약정부 採藥丁夫 ㉕377 385
채연군 採鉛軍 ㉚570 574
채영찬 蔡永贊 ㊸400
채 원 蔡元 ⑱19 20 27 28 130 ⑳65
채유후 蔡裕後 ㉜132
채은관제 採銀官制 ㉚571
채은무곡제 採銀貿穀制 ㉘117
채응언 蔡應彦 ㊸516 ㊼137 177
채인규 蔡仁揆 ⑮378 ⑱113
채자 彩磁 ㉗518
채전 菜田 ㉓293 ㉘34
채전 彩典 ⑧202 ⑨5 183 240
채정 蔡楨 ⑱69 70 101 113 175
채정 蔡靖 ⑳40
채제공 蔡濟恭 ㉔128 151 ㉚144 ㉜63 76 78 82 84 90 210 246 257 ㉝337 355 ㉞58 71 155 ㉟135 156 193 333
채지홍 蔡之洪 ㉟18 19
채 찬 蔡燦 ㊽268 269 277
채철모군 採鐵募軍 ㉚574
채충순 蔡忠順 ⑩90 ⑫208 210 219 ⑰219 290
채침 蔡沈 ㉖39 48

채필근 蔡弼近 ㊿244
채하자 彩霞子 ㉖300
채하중 蔡河中 ⑳284
채해삼법 採海蔘法 ㉝227
채협총 彩篋塚 ⑧183
채홍리 蔡弘履 ㉜82
채홍원 蔡弘遠 ㉜246 257
채홍철 蔡洪哲 ⑮174 ㉑259
채희재 蔡喜載 ㊱342 347 368 372
책 幘 ⑤151 ⑧434 439
책가문방도 冊架文房圖 ㉟476
책계(왕) 責稽(王) ⑥35 36 ⑧345 347
책교역(무서) 冊交易(貿書) ㉘307
책구루 幘溝漊 ⑤28 ⑦231
책력 冊曆 ㉒299
책문 柵門 ㉜387 ㉝439 440 448
책문개시 柵門開市 ㊴45 146
책문무역 柵門貿易 ㉒303 ㉝446
책문후시 柵門後市 ㉚519 ㉝447 448 450 452 455 460 ㉞68
책봉사 冊封使 ⑦132 ㊲19
책봉(체제) 冊封(體制) ④280 ⑦124 ⑩ 29 30 35 92 107 108 115 116 120 138 ~141 186 245 ⑮277~282 284 337 353 355 356 358 362 ㉒281 282 292 369 371 386 388 389 410 ㉘113 114 ㊷14 37
『책부원구』『冊府元龜』⑥241 ⑨300 308 ⑩240 ⑮293 295
책성 柵城 ④185 200 ⑤170 176
책성부 柵城府 ⑩99 165
책제 策題 ㊱3 25
책판 冊板 ㉗210
책화 責禍 ①127 ④244
챠오윙 超勇 ㊵54
챠쿠 岔溝 ㊻135
챠타드뱅크 Chartered Bank ㊹15
찰스 엘리어트 Charles Elliot ㊲44
처 處 ①221 252 ⑬192 193 200 201 ⑭ 142 143 145 159 172 175 176 178 179 181 252 365 432 ⑯203 ㉓138 141 142
처간 處干 ①235 ⑪203 ⑬202 ⑭151 337 340 377 ⑯203 ⑲8 239
처녀진헌 處女進獻 ㉒326~328
처려근지 處閭近支 ⑤8 173 175~177
처료 妻料 ㉚245
처마 簷牙 ⑰256
처변전래 妻邊傳來 ㉕250
처세계여허당 處世界如虛堂 ⑨616
처영 處英 ㉙36 52 185 ㉛398
「처용가」「處容歌」⑨467 469 ㉑261 262 266 ㊿124
처용가무 處容歌舞 ㉑501
처용굿 處容굿 ㉑261
처용놀이 處容놀이 ㉑261 547
처용무 處容舞 ⑨621 ㉑490 500 505 ㉖ 269 ㉛585 590 ㉟590 591 612 ㊿355
처의 處義 ㊿221
처인부곡 處仁部曲 ⑳217 218
처인성 處仁城 ⑳170 198 218 308
처인현 處仁縣 ⑳219
「처자」「妻子」(52)293
처전 處田 ⑭7 256
처첩분간법 妻妾分揀法 ㉕134
처첩분변 妻妾分辨 ㉕248
처첩제(도) 妻妾制(度) ⑫216 ⑮93
처치 處置 ㉚134
처치사 處置使 ㉓207
「처한방략사통」「處韓方策四通」㊵69
처향 妻鄕 ㉞174
척 尺 ⑧376
척간패 擲奸牌 ㉓226 227
척경비 拓境碑 ⑧207
척계광 戚繼光 ㉙191 192 ㉚262 290 541
척계광법 戚繼光法 ㉜98
척불문제 斥佛問題 ㉚237
척불소 斥佛疏 ⑲209 210
척불양유 斥佛揚儒 ㉒20 60
척불억승 斥佛抑僧 ㉖251 252

척불운동 斥佛運動 ㉒13 19 20 60
「척사기적비」「斥邪紀績碑」㊲187
척사론 斥邪論 ㊳62 125 215 217 223
척사상소 斥邪上疏 ㊳235
척사운동 斥邪運動 ㊲285 287
척사위정론 斥邪(衛正)論 ㉟45 ㊻99 101 112
척사(위정)세력 斥邪(衛正)勢力 ㉟100
척사위정(운동) 斥邪衛正運動 ①329 ㊷38 ㊺322
『척사윤음』『斥邪綸音』㉟110 196
척사의병 斥邪義兵 ㊸528
척식국 拓殖局 ㊼116
척식사업 拓殖事業 ㊼65
척식은행 拓殖銀行 ㊼65
척신(정치) 戚臣(政治) ㉓14 17 ㉘117 273 ㉚3 59 ㉜63 202
척왜론 斥倭論 ㊳125
척왜양 斥倭洋 ㊱376
척왜양창의 斥倭洋倡義 ㊷38 ㊸362 363
척왜정책 斥倭政策 ㊲209 210
척장 脊杖 179 192
척주동해비 陟州東海碑 ㉛498
『척주지』『陟州誌』㉛577
척준경 拓俊京 ⑫255 256 258 259 260 262 264 ⑯354 355 ⑳37
척초희(초인희) 擲草戲(草人戲) ㉑558 559
척화론 斥和論 ㉚78 83 93 ㉛292 ㉜27 28 30 ㉟40 41 ㊳209 241
척화비 斥和碑 ㊲7 204 217 322 ㊳58 302 ㊻140
척화주전론 斥和主戰論 ㊳233
『척후대』『斥候隊』㊾71
척후선 斥候船 ㉙203
천강신화 天降神話 ⑦13 15
천강홍의대장군 天降紅衣大將軍 ㉙46 188
천개 天開 ⑫268
『천개소문전』『泉蓋蘇文傳』㊺278
천거(제도) 薦擧(制度) ①270 300 ㉓26 287 322
천거별시 薦擧別試 ㉚225
천거제 薦擧制 ㉘29 ㉚4 222 223 ㉛352 ㉟235
천견충의 天遣忠義 ⑫268
천경 淺耕 ㉗186
천경림 天鏡林 ⑦14 102 ⑧41
「천경사비문」「天慶寺碑文」⑮339
천경자 千鏡子 ㊾332
『천경집』『天鏡集』㉟143
천계 天啓 ㉙248
천계령 遷界令 ㊲32
『천고』『天鼓』㊿223
천곡사 7층석탑 泉谷寺七層石塔 ㉑394
천곡서원 川谷書院 ㉓315 ㉗227
『천공개물』『天工開物』⑨431
천관 天觀 ㊻201 202
천관사 天冠寺 ⑪32
「천관산기」「天冠山記」⑪32
「천관원사」「天冠怨詞」⑧168
천광 淺壙 ⑧334
천구 賤口 ㉓53
천구의 天球儀 ㉛320
천군 天君 ①134 ④8 40 55 270 ⑥242 ⑦417
천군리 千軍里 ⑨538
천금목 千金木 ⑥250
천금채 千金菜 ⑧450
천기 天其 ㉑291
천기 天機 ㊱92
천기론 天機論 ㉟437 456
천기유동 天機流動 ㉗307 308 314
「천남생묘지(명)」「泉男生墓誌(銘)」⑤56 161 181
천달 千達 ⑭157 308
천덕전 天德殿 ⑫97
천도 天道 ㉘261
천도 遷都 ⑩5 36~38 62 148 201
천도관 天道觀 ㉚311 ㊲135

천도교 天道敎 ㊸279 316 317 323 324 ㊻4 61 67 106 107 191 197 200 ㊼14 180 308 314 320 322 324 326 331 333 341 346 350 351 364 366~377 384 389 ㊽108 203 ㊾8 11 39 45 49 51~53 55 117 118 120~122 124 291 386 394 401 409 ㊿125 ㉛184 187 189 190
천도교당 天道敎堂 ㊼374
『천도교대헌』『天道敎大憲』㊻197 ⑤179
천도교보국당 天道敎輔國黨 ⑫200
천도교사상 天道敎思想 ㊻198 205
천도교소년회 天道敎少年會 ⑤186
『천도교전』『天道敎典』⑤180
천도교정치이념 天道敎政治理念 ⑫442
『천도교지』『天道敎志』⑤180
『천도교창건사』『天道敎創建史』㊲137 ㊻194 196
천도교청년교리강연부 天道敎靑年敎理講演部 ⑤184
천도교청년당 天道敎靑年黨 ㊾56 ㊿141 ⑤184 185 188
천도교청년동맹 天道敎靑年同盟 ⑤189
천도교청년회 天道敎靑年會 ㊼285 ⑤184
천도교청우당 天道敎靑友黨 ⑫196 199 200 395 440 465
천도교혁신단 天道敎革新團 ⑤187
『천도교회월보』『天道敎會月報』㊻202 203 ⑤62 67 69 180
천도론 遷都論 ⑳192~194
천도사 穿道寺 ⑪197
천도사상 天道思想 ㉖143 ㊻200
천도재 薦度齋 ㉟139 172
『천도태원경』『天道太元經』⑤180
천도학 天道學 ㊲133
『천동상위고』『天東象緯考』㉟358
천동설 天動說 ㉗85 ㉛326
『천래지성』『天來之聲』⑤247
『천로해금강반야밀경』『川老解金剛般若蜜經』㉗223
천룡사 天龍寺 ⑭147 160 ⑯201 208
천룡산성 天龍山城 ⑳207
천리 天理 ㉟16 23 25 33 61
『천리경설』『千里鏡說』㉛323
천리대도 天理大圖 ㉖195
천리장성 千里長城 ①226 ⑤103 127 128 ⑨48 ⑫213 ⑮319 ⑳318
천릭 天翼 ㉕295 314
천마도 天馬圖 ①481 ⑦15 ⑧8 203
천마산 天摩山 ⑱233
천마(산)대 天摩(山)隊 ㊽200 326
천마신앙 天馬信仰 ①153
천마총 天馬冢 ①481 ⑦15 73 226 ⑧8 257 351 353
천망 薦望 ㉚129
천망법 薦望法 ㉚57
천맥전법 阡陌田法 ㉔603
천명 天命 ㉓15 ㉙223 ㉟16 17 24 26 33 38 57
「천명도」「天命圖」㉘326
천명부인 天明夫人 ⑦255 ⑨17
천명사상 天命思想 ⑦414
천명설 天命說 ⑯229
『천명의 위인전』『千名의 偉人傳』㊺156
천무군 天武軍 ⑫37
천문 天文 ㉗48~50
천문관 天文官 ㉕110 112 119 124 128 131
천문관 天文館 ⑯249
천문군 天門軍 ⑩66
천문대 天文臺 ⑧403 413 423 ㉑196 ㉗3 4 61
천문도 天文圖 ⑧400 401 ㉑197
『천문략』『天問略』㉛314 326 327 ㉟350
천문령 天門嶺 ⑩2 25 102 115
천문령전투 天門嶺戰鬪 ⑩2 25~28
천문박사 天文博士 ⑧424 ⑨305
천문사상 天文思想 ⑯273 306
천문시계 天文時計 ㉗80
『천문약해』『天文略解』㊻250

천문원 天門院 ⑨323
『천문유초』『天文類抄』㉗22 86 88
천문지리서 天文地理書 ⑯306
천문학 天文學 ⑧412 ㉓299 363 367 ㉕124 127 ㉗54 ㊻248 250
천민 賤民 ㉕376
천민해방 賤民解放 ㉞157
천방(보) 川防(洑) ㉗170 ㉘12 351 352 ㉚439 518 ㉞174
천방관개(법) 川防灌漑法 ㉘146 353
천변 天變 ㉗15
천병일 千炳日 ㊿280
천병화엄신중도량 天兵華嚴神衆道場 ⑯144
천보개혁 天保改革 ㉜461
천복 千福 ⑨35 36 61
천복 天福 ⑦135
천복감 天卜監 ⑯321
『천봉집』『千峰集』㉖283 284
천부 天富 ㉘135
천부동고분 天府洞古墳 ⑰293
천부인권설 天賦人權說 ㊳73 ㊸202 264
천불도량 千佛道場 ⑫114
「천비초약」「川鼻草約」㊲49
천사성 天駟星 ㉖231
천산 泉山 ⑨61
「천산대렵도」「天山大獵圖」㉑427
천상 天象 ㉗55
천상시계 天象時計 ㉗4 80 81
「천상열차분야지도」「天象列次分野之圖」⑧400 401 ⑨419 ㉗55~60 68 ㉟340 352~354
천상제 川上祭 ⑯362 ㉖214
천상제 天祥祭 ㉖214
천생산성 天生山城 ㉙185
천서 賤庶 ㉓314
천서얼 賤庶孽 ㉞18
천선사 天禪寺 ⑫73
천성 泉城 ⑨63
천세헌 千世憲 ㊽149
천세환 千歲丸 ㊳428
천손 天孫 ⑩39 70 245
천손강림 天孫降臨 ①167 ⑦282
천손사상 天孫思想 ④55
천수 天授 ⑫2 19 67
『천수경』『千手經』㉑320 ㉟408
천수관음 千手觀音 ⑨405
천수군개국후 天水郡開國侯 ⑱159 161
천수답 天水畓 ①60
천수사 天壽寺 ⑫243 245 250
「천수사남문도」「天壽寺南門圖」⑰287
천수평전투 泉水坪戰鬪 ㊽232 239
천신 薦新 ㉔468~470
천신(관념) 天神(觀念) ④8 270 ⑧197 ⑯333 334
천신분 賤身分 ㉕82 104 106
천신제 薦新祭 ㉑542
천신족 天神族 ④54 ⑦13
천아 天鵝 ㉚504 507
천안도독부사 天安都督府使 ⑫86
천안(부) 天安(府) ⑫32 37 118 275
천안부원군 天安府院君 ⑫118
『천약종정』『天約宗正』㉛180
천역 賤役 ㉔8 480 ㉕149 ㉜106
천연공예 天演公例 ㊸261
『천연론』『天演論』㊺5 204
천엽유화 千葉榴花 ⑱231
천영 天英 ㉑63~67
천예 賤隷 ⑮15 ㉓53
천예기마금법 賤隷騎馬禁法 ㉔577
『천옥집』『川玉集』⑰126
천왕사지 天王寺址 ⑧480
천우위 千牛衛 ⑬271 281 288 290 292 350 351 ㉓199 205
천우협 天佑俠 ㊴392 427 ㊵35 112
천웅장언 千熊長彥 ⑥38
천원지방 天圓地方 ㉛317 326
천원지방설 天圓地方說 ㉟239 299
천은사금동불감내 금동여래좌상 泉隱寺

金銅佛龕內金銅如來坐像 ㉑414
천의 天衣 ⑧200
천의 薦衣 ㊿417
천인 天因 ⑪32 ㉑78 81 82 84 87 88 157 354
천인 賤人 ㉓45 46 297 ㉕66 88 100 104 106 109 124 134 149 157 158 160 195 198~203
천인감응설 天人感應說 ㉑189
천인관 天人觀 ⑰174
천인상관설 天人相關說 ⑯359
천인접 賤人接 ㊴402
천인합일(사상) 天人合一(思想) ①247 ⑯229 232 234 243 249 ㊲136
천일 天日 ㊿188
『천일록』『千一錄』㉝47 48 78
천일염 天日鹽 ㊹478 ㊿398 438
천일제염법 天日製鹽法 ㉝244
천자 7묘 天子七廟 ㉖215
『천자문』『千字文』①416 ㉛361 362 367
천자수모법 賤者隨母法 ①241 ⑮69 ㉕120 133 134 232
천자제천지례 天子祭天之禮 ㉖239
천자총통 天字銃筒 ㉗254
천장각 天章閣 ⑰283
천전리 川前里 ②490
「천전리서석」「川前里書石」⑦116
천전리암각서 川前里 巖刻書 ⑧211
천전리유적 川前里遺蹟 ③105
천전성 天田星 ㉖231
천제 天帝 ①145 ⑤59
천제신수 天梯神樹 ①157
천존상 天尊像 ⑤125 ⑦415 ⑧3
천주가사 天主歌辭 ㉟100 ㊿273
「천주공경가」「天主恭敬歌」㉟402
천주교(회) 天主敎(會) ①313 322 446 447 ㉞216 ㊱82 90 91 99 100 343 ㊲4 29 60 66 77 110 133 147 181 184~187 191 194 213 ㊳205 249 ㊻45 61 68 99
천주교박해 天主敎迫害 ㉟109 110
『천주교요리』『天主敎要理』㊿268
천주교전교 天主敎傳敎 ㊲315
천주교조선교구 天主敎朝鮮敎區 ㊲77
천주교회법 天主敎會法 ㉟99
천주사 天柱寺 ⑨545
천주사 목불좌상 天柱寺 木佛坐像 ㉗596 ㉛505
천주상 天主像 ㉛320 321
천주서 天主書 ㉛320
『천주실의』『天主實義』㉛314 319~321 ㉜416 ㉟86 89 90 331 362 365 ㊺207
천주학관 天主學觀 ㉟87
『천지명양수륙잡문』『天地冥陽水陸雜文』㉗221
『천지상서지』『天地祥瑞誌』⑯368
천지천황 天智天皇 ⑥231 ⑮248
천진 天津 ㊵24 29 31 79
천진공 天眞公 ⑨398
천진교안 天津敎案 ㊲194
천진기기국 天津機器局 ㊳41 92 127 153 155 ㊹33
천진기기창 天津機器廠 ㊳57
『천진대공보』『天津大公報』㊽110
천진사건 天津事件 ㉜468
천진조약 天津條約 ①348 ㊲1 2 58 59 69 89 123 321 ㊳11 432 433 ㊴19 21 24 59 80 128 422 ㊵2 4 20 39 43 45 65 93 102 147 155 ㊸17 20 23
천진해관 天津海關 ㊹34
천진회담 天津會談 ㊲277
천책 天頙 ㉑75 80~82 84~88 157
천천상혼 賤賤相婚 ㉛168
천첩자손 賤妾子孫 ㉕68 113
천체관측 天體觀測 ㉗53 60
천체력 天體曆 ㉗84
천총 千摠 ㉚245 254 ㊱234 244
천총 天聰 ㉙248

『천추금경록』『千秋金鏡錄』㉑335 352 353 358 360
천추사 千秋使 ㉒293 295
천추절 千秋節 ⑮304 ㊸142
천추총 千秋塚 ⑧340
천추태후 千秋太后 ⑫208 209
천축기 天竺伎 ⑧377 ㉑491
천취지계 遷就之計 ㉜423
천태 덕소 天台 德韶 ⑯38 42 63
천태 지의 天台 智顗 78 79 81
천태교관 天台敎觀 ⑯64 69
천태교학 天台敎學 ⑯40 42 43 76
『천태사교의』『天台四敎儀』⑯40 43~45 72 78 82 125
천태사상 天台思想 ⑯51
천태산 天台山 ⑯70 78
천태소자종 天台疏字宗 ㉖250~252 278
『천태전지』『天台全誌』⑨325
천태(종) 天台(宗) ①246 248 256 443 ⑧53 ⑫ 218 235 237 238 242 ⑭466 ⑯ 37 40~44 51 56 63 64 66 73 77~80 82~84 98 ⑰224 236 237 ⑱12 ㉑13 21 27 28 74 76 77 87 94~96 133 155 157 ㉖251 266
천태지관 天台止觀 ①248
천태학 天台學 ①246 ⑨360
천평일구 天平日晷 ㉗62 70~73
천하관 天下觀 ⑤61 ㊵80
천하도 天下圖 ㉑203 ㉖177 191
천하동례 天下同禮 ㉚153
천하사상 天下思想 ㉟240
천하여지도 天下輿地圖 ㉖177
천하장안 天下長安 ㊲158
천하통법 天下通法 ⑨167 168
『천학초함』『天學初函』㉜522 ㉟365
천헌의 薦獻儀 ㉛573
천호 千戶 ⑲57 58 64~66 ⑳268 323 ㉕150 ㉔333
천호산개태사 天護山開泰寺 ⑰259
천화 泉貨 ⑭448
천황 天皇 ㊷33 ㊼33 34 105 109 113 115~117 126
천황권 天皇權 ⑮247
천황신앙 天皇信仰 ㊿151
천황제 天皇制 ㊵86 218 ㊼122 129 ㊿ 151 152 158 160
천흥사범종 天興寺梵鐘 ⑰302
천흥사지 5층석탑 天興寺址五層石塔 ⑰260
천희연 千喜然 ㊲158
철가공업 鐵加工業 ⑥222 ㊻314
철간 鐵干 ㉔218
철감선사부도 澈鑒禪師浮屠 ⑨517 543
철검 鐵劍 ③471 569
철검명 鐵劍銘 ⑧205
철겸 鐵鎌 ③468
『철경』『綴經』⑨427
철공제조주식회사 鐵工製造株式會社 ㊹191
철공철시 撤供撤市 ㉜467
철과 鐵戈 ③474 569
철관성 鐵關城 ⑨73
철광(업) 鐵鑛(業) ①273 ㉔211 232
철광상 鐵鑛床 ⑦407
철광역 鐵鑛役 ㉔238
철군함 鐵軍艦 ㊻310
철기 鐵騎 ⑤35
철기문화 鐵器文化 ⑤17 21 25
철덕 鐵德 ㉝178
철덕도고 鐵德都賈 ㉝183
철도 鐵刀 ③473
철도 鐵島 ⑳240
철도 鐵道 ㊹173
철도관리국 鐵道管理局 ㊹70 72 ㊼94
철도국 鐵道局 ㊹226 229 ㊼94
철도국유법안 鐵道國有法案 ㊹69
철도망 鐵道網 ㊷298 ㊼95 97
철도부설권 鐵道敷設權 ㊲221 ㊼94
철도사 鐵道司 ㊷95 ㊹229 237
철도상환운동 鐵道償還運動 ㊸300

철도연선 鐵道沿線 ㊼41 86
철도운송 鐵道運送 ㊹173 175
철도원 鐵道院 ㊵295 ㊹230 237
철도유통 鐵道流通 ㊹177
철도자 鐵刀子 ⑦219
철도학교 鐵道學校 ㊹241 ㊻262
철도환 鐵道丸 ㊹93 96
철도회사 鐵道會社 ㊹237
철령 鐵嶺 ㉝359 ㊹303
철령위 鐵嶺衛 ⑲195 196 ⑳381 382 ㉒16 17 277 287
철령전 鐵翎箭 ㉗237 240
철리(륵) 鐵利(勒) ⑫37 38 ⑮258 266 267 273 ⑫37 38
철리국인 鐵利國人 ⑩172
철리부 鐵利部(府) ⑩4 19 31 34 38 42 44 169
철리부인 鐵利部人 ⑩34
철릭(천익·첩리) 天翼·帖裡 ㉑570
철모 鐵鉾(矛) ③475 569
철물 鐵物 ㉔216 220 234 249 250 252
철물점 鐵物店 ㉚571
철범 鐵范 ③562 563
철봉 鐵棒 ③477 478
철부 鐵斧 ③350 413 465 ⑭326 ㉝242
철불 鐵佛 ⑰272 273
철사 鐵鉈 ③470
철산 鐵山 ㉘118 123 ㉜500
철산지 鐵產地 ㉔226~228 249 250
철상 鐵商 ㉔252
철선 鐵船 ㊲172
철소 鐵所 ⑭15 430 438 ㉔218
철소간 鐵所干 ㉔218 219 225 235
철쇄장치 鐵鎖裝置 ㉙59 60
『철술』『綴術』⑬395
철시 撤市 ㊱309 ㊸97~99 103 108 128
철시동맹파업 撤市同盟罷業 ㊴181
철신포 鐵信砲 ㉓207
철야 鐵冶 ㉔225
철옹 鐵甕 ⑫96
철옹산성 鐵甕山城 ㉙281
철원 鐵圓(原) ⑪139~141 144 ⑫1 14 17 20 22 24 26 69 ㉝344
철원 최씨 鐵原崔氏 ⑫203
철유전 鐵鍮典 ⑨179
철자법 綴字法 ㊺243 51101 102 106 108 112 115
철장 鐵匠 ㉔234 236
철장관 鐵場官 ㉔218 219 228~234
철장도회관 鐵場都會官 ㉔240
철장도회소 鐵場都會所 ㉔223
철장도회(제) 鐵場都會(制) ①273 ㉔5 219~225 228~234 237~241 244~248 250
철장세 鐵場稅 ㉔234
철장역 鐵場役 ㉔232 233 237~240 244 247
철장(제) 鐵場(制) ⑦409 ⑲353 ㉔216 218~220 222~225 228~231 234 236 238 251
철장취련군제 鐵場吹錬軍制 ㉔219 220
철전 撤廛 ㊸98
철전 鐵錢 ①237 254 ⑭17 446 464 ㉑220 ㉔172 173 175 186
철점 鐵店 ①315 ㉚571 576 ㉝6 147 161 191
철정 鐵鋌 ⑦7 231 311 ⑧417
철정동촉 鐵鋌銅鏃 ③475
철제공구 鐵製工具 ⑧428
철제농공구 鐵製農工具 ⑤22 ③463
철제농기구 鐵製農器具 ⑤17 35 46 207 ⑦53 77 81 ⑧416 426
철제따비 鐵製 따비 ④277
철제무기 鐵製武器 ③568 569
철제보습 鐵製보습 ⑤46
철제환두대도 鐵製環頭大刀 ⑧205
철종조위사 哲宗弔慰使 ㊲205

철주 鐵州 ⑩169 222 ⑮303 ⑳190 211 212 ⑱8
철착(끌) 鐵鑿 ③470
철창 鐵槍 ③475
철천 徹川 ⑨62
철촉 鐵鏃 ③475
철탄자 鐵彈子 ㉗237 240 247
철포 鐵砲 ⑳258 ㉗231 ㉙17
철현둔 鐵峴屯 ㉙190 ㉚544 568 571
철현둔철점 鐵峴屯鐵店 ㉚574
철현진 鐵峴鎭 ㉚568 574
철현진철점 鐵峴鎭鐵店 ㉚574
철혈광복단 鐵血光復團 ㊾5
철혈단 鐵血團 ㊿267
철호 鐵戸 ㉔217
철호(괭이) 鐵鎬 ③469
철화기법 鐵畵技法 ⑰295
철화문 鐵畵文 ㉗491 499~501 522 524 526
철화백자 鐵華(畵)白磁(瓷) ①307 ㉗514 525 ㉛9 513 514 517 519
철화분청자 鐵畵粉靑瓷 ㉛511 512
철화청자 鐵畵靑磁 ㉑453
철환 鐵丸 ㉗255 256 263
철환 鐵絙 ⑬347
철활자 鐵活字 ㉟198
첨례 瞻禮 ㉟98
첨봉 簽奉 ㉜319
첨사부 詹事府 ㉔294
첨사원 詹事院 ㉒69
첨설직 添設職 ⑬121 124 ⑲3 42 46 143 183 ⑳16 52 62 63 361 409 ㉓99 ㉕66 73 114 ㉘143 158 ㉛19 133
첨성대 瞻星臺 ①451 ⑧6 403 422~424 ⑨417 ⑰113
첨수참 甛水站 ⑳380
첨저(형)선 尖底(型)船 ㉔347
첨절제사 僉節制使 ㉓33 58 205~207 236 237 ㉔214
첨차 簷遮 ⑧269
첨총제 僉摠制 ㉓58 249 ㉔555
첩경 貼經 ⑬390 393 394
첩고 疊鼓 ㉓231
첩로 捷路 ㉝360
첩리 帖裏 ㉕297 302 309 312 314 315 ㉛614 616
첩문 帖文 ㉝349
첩봉 疊峯 ㉗223
첩선 貼扇 ㉚510
첩역 疊役 ㉜305 345 ㉞208 ㊱150 283
첩자봉사 妾子奉祀 ㉛219 220
첩자설 妾子說 ㉚108
첩종 疊鐘 ㉓232
첩지머리 51404
첩징 疊徵 ㉘62 ㉜310 332 371 ㊱152 208
첩첩올 帖帖兀 ⑳265 287
『첩해몽어』『捷解蒙語』㉟281
『첩해신어』『捷解新語』㉟280
첩화문 貼花文 ⑨536
『첫소리』㊾245
『청강선생소총』『淸江先生笑叢』㉟631
『청강소총』『淸江笑叢』㉛641
청결일 淸潔日 ㊿94
청경대비왕 靑頸大悲王 ⑪183
청계배성소 淸溪拜星所 ⑯291~293
청계사 淸溪寺 ㉖253 ㉛389
청관 淸館 ㊵149
청광보살 靑光菩薩 ⑪182 183 209 ⑫17
청교역리 靑郊驛吏 ⑱4 65 91 153
청구국 靑邱國 ④77
『청구도』『靑邱圖』㉒154 ㉖172 173 ㉟7 301
『청구시장』『靑丘示掌』㉔128
『청구야담』『靑邱野談』㉟412
『청구영언』『靑丘永言』①501 ㉛425 ㉟392 428 561 562

『청구전도』『靑丘全圖』㉝28
『청구풍아』『靑丘風雅』㉗276
청국관 淸國館 ㊺357
청군차병론 淸軍借兵論 ㊵104
청근재식 菁根栽植 ㉕367
『청금록』『靑衿錄』㉓304 305 307~310 346 ㉔155 159
청길 淸吉 ⑫24
청난공신 淸難功臣 ㉙157
청난원종공신 淸難原從功臣 ㉙157
청남 淸南 ㉓330 ㉚138 148 155 ㉜34 57 62 63 76
『청낭경』『靑囊經』⑯302 314
『청년』『靑年』㊼187 ㉛256
청년구락부 靑年俱樂部 ㊾22
청년당대회 靑年黨大會 ㊿226
청년문학가협회 靑年文學家協會 ㉜317 320 327
청년병학원 靑年兵學院 ㊼253
『청년연합회보』『靑年聯合會報』㉛271
『청년의 성』『靑年의 聲』㊾397
『청년조선』『靑年朝鮮』㊼292 ㊾397 408
청년총연맹 靑年總聯盟 ㉜113
청년친목회 靑年親睦會 187
청년학교 靑年學校 ㊿229
청년학우회 靑年學友會 ㊸215 ㊺91 ㊾ 359
청년학원 靑年學院 ㊺70 71
청년회 靑年會 ㊾21~25 28 30 37 358
청년회연합회 靑年會聯合會 ㊾365~367 375 376
청년훈련소 靑年訓鍊所 ㊿229
청담사 靑潭寺 ⑨396
청당동유적 淸堂洞遺蹟 ③345 372
청도 靑島 ⑨328
청도 淸道 ⑪112 ⑭65 ⑱182 ⑳128
청도회의 靑島會議 ㊸217 329
청동 생활용구류 靑銅生活用具類 ③225
청동거울 靑銅거울 ⑧397~399
청동검 靑銅劍 ①4
청동그릇 靑銅그릇 ⑧427
청동단검묘 靑銅短劍墓 ⑤17 25
청동대구 靑銅帶具 ⑧339
청동발 靑銅鉢 ⑧259
청동방울 靑銅방울 ①4
청동은입사포류수금문정병 靑銅銀入絲蒲柳水禽紋淨甁 ⑰304
청동장신구 靑銅裝身具 ③226
청동제합 靑銅製盒 ⑧260
청동주조기술 靑銅鑄造技術 ㉑208 218
청동활자 靑銅活字 ①288 ㉑209 210 220 ㉗3 86
청등말래 ②364 365 521 522
청람포 靑藍布 ㉚598
청량 靑粱 ㉗179
청량사 淸凉寺 ⑨510
청량산 淸凉山 ㉜41
청량서원 淸凉書院 ㉗227
청·러천진협약 淸·露天津協約 ㊴55
청령 淸寧 ⑫219
청로대 淸路隊 ㉓221
청록산수화 靑綠山水畵 ⑨481
『청록집』『靑鹿集』㉜300
청론 淸論 ㉚88
청룡 靑龍 ⑧186 346
청룡사 靑龍寺 ㉟571
청류 淸流 ㉚164
청리 聽理 ㉒232
청린 成林 ㊵24
청림교 靑林敎 ㊻199
청림병 靑林兵 ㊱9 187
청림사 靑林寺 ㊱9 187
청마산성 靑馬山城 ⑧309 313 ⑨593
청명 淸明 ⑪22
청명당 淸名黨 ㉜63 76 ㉟199
청밀 淸蜜 ㉛427
청반 淸班 ㉕120
청변 淸辨 ⑨364

청병차병안 清兵借兵案 ㊴347
청북 清北 ㉓330
청북포기론 清北抛棄論 ㉙266
청분 淸玢 ㉑309
청불전쟁 清佛戰爭 ㊲14 ㊸16
청사 靑詞 ⑯288 290 297 298 ㉖293 294
청산대회 靑山大會 ㊴467
청산리대첩(전쟁) 靑山里大捷(戰爭) ㊽2 3 11 220 224 226~228 232 235 237 239~242 251 259 337
「청산별곡」「靑山別曲」①500 ㉑260 267 269 271 467
청산성 靑山城 ⑧309
청상기 淸商伎 ⑧377
청상악 淸商樂 ⑧371
청석탑 靑石塔 ⑨564 ㉑396 397
청송 靑松 ⑫243
청송사지 靑松寺址 ⑨553
청승 請僧 ㉖263
「청시절략」「請示節略」㊲282
『청실록』『淸實錄』㉜404
청심원 淸心圓 ㉕382 383 386
청안선사 淸安禪寺 ⑩184
청암동(리)토성 淸巖洞(里)土城 ⑤186 ⑧256 299
청암리사지 淸巖里寺址 ⑧6 237 270 279 480
청야 淸野 ㉙99
청야입보 淸野入保 ㉒181
청야전 淸野戰 ㉙109 111 113
청야전술 淸野戰術 ⑤123 ⑬346 ⑮316 ⑳240
청야책 淸野策 ㉙184
청어 靑魚 ㉝214 216 222 223 226 230 233 238
『청어노걸대』『淸語老乞大』㉟280
청연(각) 淸讌(閣) ⑫251 ⑯224 226 295 ⑰22 250 283 ㉑128 ㉖23
「청연각기」「淸讌閣記」⑰211 212 ㉑128
청연군주석제묘지 淸衍君主石製墓誌 ㉟517
청염장 淸染匠 ㉔268 269
청염회사 淸鹽會社 ㊹192
『청오경』『靑烏經』⑯302 322 ㉑169
청요직 淸要職 ⑬90 111 ⑭61 ㉓120 ㉕70 71 74 82 133 ㉚225 ㉜61 64 65 67 83 85 ㊹340
청용군 聽用軍 ㉙113
청운교 靑雲橋 ⑨541
청의 淸議 ㉚209 234
청익승 請益僧 ⑨331
「청일강화조약」「淸日講和條約」㊵16 47
청일(수호)조규(약) 淸日(修好)條規(約) ㊲209 245 246 ㊵24 28
청일전쟁 淸日戰爭 ①348~351 364 ㊴18 21 31 34 42 46 50 106 143 154 210 211 220 245 248 412 423 431 448 449 451 454 456 461 464 474 ㊵1 3 5 6 11 15 145 159 160 163 180 206 209 211 223 225 235 241 ㊶17 87 ㊷17 36 ㊸23 81 156 379 382 ㊹42 157 158 228 ㊺24 43 88 204 335 ㊼74 100 ㊽199 ㊾360
청자 靑瓷(磁) ①486 488 489 ⑰8 130 292
청자과형화병 靑瓷瓜形花甁 ⑰299
청자상감 靑瓷象嵌 ㉗490 503
청자상감모란당초문화금대접 靑瓷象嵌牧丹唐草紋畵金대접 ㉑445
청자상감운학문매병 靑瓷象嵌雲鶴紋梅甁 ㉑442
청자상감원토문화금편호 靑瓷象嵌猿兎紋畵金扁壺 ㉑445
청자상감포도동자문동채표형 주전자 靑瓷象嵌葡萄童子紋銅彩瓢形주전자 ㉑442
청자상감포류수금문기사명 대접 靑瓷象嵌蒲柳水禽紋己巳銘대접 ㉑447
청자양각연판문동채표형 주전자 靑瓷陽刻蓮瓣紋銅彩瓢形주전자 ㉑444

청자양각화문완 靑瓷陽刻花紋盌 ⑰298
청자유 靑瓷釉 ㉗487 504
청자음각봉황문완 靑瓷陰刻鳳凰紋盌 ⑰298
청자음각상감모란문신축명 벼루 靑瓷陰刻象嵌牧丹紋辛丑銘벼루 ㉑441
청자투각상감칠보향로 靑瓷透刻象嵌七寶香爐 ㉑440
청장 淸醬 ㉛624
『청장관전서』『靑莊館全書』⑩232 ⑭313 314 ㉟277 282
「청장년국민등록제」「靑壯年國民謄錄制」㊿105
청전 淸錢 ㉚587 588
청정자활 淸淨自活 ㉖279
청제 菁堤 ⑦223 ⑧449 ⑨252
청제비 菁堤碑 ⑧211
청제비정원명「菁堤碑貞元銘」⑨441
청족 淸族 ㉛136
청주 靑州 ④76 ⑫21～27 31 32 44 59 81 87 128 148 212 ⑮366
청주 淸州 ⑪111 ㉓129 134 300 ㉘272
청주 淸酒 51428
청주 菁州 ⑨128 150
청주 김씨 淸州金氏 ⑫82 92
청주 이씨 淸州李氏 ⑫179 202
청주 한씨 淸州韓氏 ⑫203
청주목 淸州牧 ⑲34
청주성 淸州城 ㊱199 200
청주세력 淸州勢力 ⑪158 159 161 164 165
청주읍성 淸州邑城 ㉛526
청주전투 淸州戰鬪 ㊴479
청주향전 淸洲鄕戰 ㉞39
청주호족 淸州豪族 ⑪3 74 75
청준 淸濬 ㉖189 190
청중 請衆 ㉖263
청직 淸職 ㉚219 ㉞53
『청진일보』『淸津日報』5195
청차염 淸差鹽 ㉜178
「청참보우소」「請斬普雨疏」 ㉚30 31
청채욕국사건 淸債辱國事件 ㉝451
청천강 淸川江 ④75 ⑫70 ⑮256 257 270
청천서원 晴川書院 ㊺83
청초절 靑草節 ㉔551
「청총리교섭통상사의」「淸總理交涉通商事宜」 ㊲315
『청춘』『靑春』㊻48
청춘과부 靑春寡婦 ㊹391
청춘극장 靑春劇場 52372
청태장 靑太醬 ㉛629
『청태종실록』『淸太宗實錄』㉜393
「청토역복의제소」「請討逆復衣制疏」㊸360
「청토오적소」「請討五賊疏」㊸399
청평거사 淸平居士 ⑯57 195
청평사 淸平寺 ㉗481
청포도 靑葡萄 52369
청포전 靑布廛 ㉔128 129 131 147 ㉝318 ㊶220
청풍은점 淸風銀店 ㉚571
청하후 淸河侯 ⑫171 181
청학 淸學 ㉟279
청학리요지 靑鶴里窯址 ㉗491
청학사 靑鶴寺 ㉖269
청학상인위한조 靑鶴上人魏漢祚 ㉖300
청학장군 靑鶴將軍 ㉙188
『청학집』『靑鶴集』㉖300 ㉛416 417 ㊱89
『청한론』『淸韓論』㊴63 125
청한무역합자회사 淸韓貿易合資會社 ㊹192
청한자 淸寒子 ㉖288
청해진 淸海鎭 ⑨146 202 285 332 598 ⑪3 32 33 77 81 90 ⑫12 20
청해토성 靑海土城 ⑩198 200
청허휴정 淸虛休靜 ㉟127
청현 淸顯 ㉞54
청현직 淸顯職 ㉞95
청호리 淸湖里 ②413 422

청호리유적 淸湖里遺蹟 ②370 426 427 439
청화 淸貨 ㉝455 460
청화(세이와)조정 淸和朝廷 ⑨289
청화발색 靑華發色 ㉗504 506 522~524
청화백자 靑華(畵)白磁 ㉗512~522 524 525 ㉛512~515 517
청화잔 靑華盞 ㉗513
청화주기 靑華酒器 ㉗513
청환 淸宦 ㉞55 62
「청환태위왕표」「請還太尉王表」㉑337
청황종조 淸黃鍾調 ㉗438
체두변발 剃頭辮髮 ⑳304 326
체마소대총 遞馬所大塚 ⑧347
『체미오십년』『滯美五十年』㊶299
체신과 遞信課 ㊹226
체아록 遞兒祿 ㉓221 ㉕117 119 130 139 140 143 ㉔432
체아직 遞兒職 ⑭116 ㉓23 68 100 101 104 107 109 111 214 298 323 366 ㉕68 73 83 89 91 92 95 96 117 119 128 132 139 143 370 374 ㉗389~391 393 ㉞84
체용론 體用論 ㉟69 129 147
체원 體元 ㉑97
체위조서 遞位詔書 ⑳336 338
체육협회 體育協會 ㊿351
체이부정 體而不正 ㉚103 104 106 108 117 154
체쟁 體爭 ⑤343
체조교육 體操敎育 ⑤332 333
체조연구회 體操硏究會 ㊺372
『체조요지』『體操要旨』㊼253
체진 軆珍 ⑪184
체징 體澄 ⑪194 195 216 ⑯18
체찰부 體察府 ㉚283
체화동락회 棣華同樂會 ㊼220
초가 草價 ㉕99 ㉚492
초강 炒鋼 ③450 564
초개사 初開寺 ⑨372
초계 草溪 ⑧374
초계문신(제도) 抄啓文臣(制度) ㉜90 91 275 ㉟202 203 206 234
초계 밤마리 草溪 栗旨 ㉟639
초고왕(계) 肖古王(系) ⑥19 37 39 41
초공 梢工 ⑭405 408 414
초공 焦贛 ⑥240
초공 草栱 ⑧269
초관 哨官 ㉕152 ㉚245 269
초괴 樵魁 ㊱76 311
초구 貂裘 ㉕320
초구지도 招寇之徒 ㊻135
초군 抄軍 ⑬5 340 341 360
초군 哨軍 ㉚291
초군 樵軍 ㊱16 69 74 76~78 292 303 304 308 311 312 374
초군청 樵軍廳 ㊱77
초기교회 初期敎會 ㉟99 100
초당 樵黨 ㊱354
초당사 草堂寺 ⑧52
초도유적 草島遺蹟 ③22 26 27 183 213 228 232 327
초두 鐎斗 ⑧258 261
초둔 草芚 ㉖280
초등교육 初等敎育 ㊻156
『초등국어어전』『初等國語語典』㊺257 ㊿45
『초등대한력ᄉ』『初等大韓歷史』㊺270 ㊼128
『초등본국략사』『初等本國略史』㊸290
『초등본국역사』『初等本國歷史』㊿44
『초등본국지리』『初等本國地理』㊿44
『초등산술교과서』『初等算術敎科書』㊻233
『초등소학』『初等小學』㊸186 ㊺113 ㊻254
『초등지리교과서』『初等地理敎科書』㊸187
초라니패 초라니牌 ㊺317
초량 草梁 ㉝476
초량왜관 草梁倭館 ㊲204 206 ㊻296
초련군 草鍊軍 ㉔231

초례 醮禮 ㊿389
초례문 醮禮文 ⑯288
초립 草笠 ㉕311 ㉛609
초마강 哨亇舡 ㉚507
초마선 哨馬船 ⑭15 407 ⑰131 ㉑214 215 ㉔324 337 338
초막 草幕 ㉕338
초맹군 抄猛軍 340 341
초면 草綿 ㉔279~281
초목수금함 草木水禽函 ⑰307
초발심주 初發心住 ⑨402
초법 鈔法 ㉔187
초분 草墳 ①133
『초사』『楚辭』㉓302
초상국 招商局 ㊲296 ㊳172 322 ㊴38 39 40 46 64 99 192 ㊹79 80
「초상국윤선왕래장정」「招商局輪船往來章程」 ㊴39
초상화 肖像畵 ㉛468 469 472
초서 草書 ㉛489 496
『초서천자문』『草書千字文』㉛493
초서피 貂鼠皮 ㉒359
초실 稍實 ㉜293
초영 楚英 ㉑460
초옥토실 草屋土室 ①127 ③556
초용함 超勇艦 ㊳135
『초원담로』『椒園談老』㉟188
초유사 招諭使 ㉙39
초의 草衣 ㊻114
초의의순 草衣意恂 ㉟135 147~152
초일의식 招日儀式 ①151
초입사(로) 初入仕(路) ㉕69 79 ㉞59
초입사직 初入仕職 ⑳75
초장 初場 ㉓340 341
초장강경 初場講經 ㉖43 45
『초장관문』『初章觀文』⑨372
초적 草賊 ⑪173 ⑱183 185 190 ⑳243
초전 草田 ⑳129 130 137 156
『초정소고』『楚亭小稿』㊲93
초제 醮祭 ①250 ⑫160 ⑮155 156 ⑰124 ㉓19 93 ㉕132 ㉗20 ㉖214 ㉟160 161 ㉛232 404
초조대장경 初雕大藏經 ⑫211 ⑯110 113 115~121 136 198 ㉑206 ㉗222
초주 楚州 ⑨303
초지진 草芝鎭 ㊲199 200 235 236 ㊵27
초천 超遷 ⑳354
초철소 炒鐵所 ㉔223
초충도(화) 草蟲圖(畵) ①291 ㉗9 533 562~564
초토사 招討使 ㉙188 ㊵38
초팔국 草八國 ⑦44
초팔성 草八城 ⑫63
초포리유적 草浦里遺蹟 ③95 177 215 319 412
초피 貂皮 ㉕318 ㉘128
초피무역 貂皮貿易 ㉘128 129
초학교육 初學敎育 ㉓314
초학교육기관 初學敎育機關 ㉓316
초학의 初學醫 ㉕376
초현관 招賢館 ㊸374
초현대 招賢臺 ⑦416
초혜계 草鞋契 ㊿390
초혼굿 招魂굿 ㉟177
초화당초문 草花唐草文 ⑧267
초화문 草花文 ㉗491 523
촉각식동검 觸角式銅劍 ③290
촉고 數罟 ㉝224
촉규화 蜀葵花 ⑨474
촉당 蜀黨 ㉚62
촌 村 ⑤38 171 172 176 ⑬206 208 215 216
『촌가구급방』『村家救急方』㉗144
촌계 村契 ①328 ㉞226 273 274
촌계류 村契類 ㉞178 179 ㊱4 5 54 56 64 67 76
촌내혼 村內婚 ①72
『촌담해이』『村談解頤』㉗363

촌락공동체　村落共同體　㉛70 ㊱66 ㊸ 468
촌락문서　村落文書　①204 206～208 211 ⑦242
촌락장적　村落帳籍　⑥186
촌락책임공출제　村落責任供出制　㊿90
촌성　村姓　㉘157
촌수　寸數　⑮119 120 123 130 132
촌장　村長　⑩7 42 152 159 160 ⑬205 208 216～218 335
촌정　村正　⑬206 208 217 218 335
촌제　村祭　㉞274
촌주　村主　⑤212 ⑦95 240 270 271 ⑪ 45 58 60 64 69 70 88～90 ⑫12 142 ⑬ 207
촌주위답　村主位畓　①206 209 ⑨214 215 226 228 ⑪88 ⑬209
촌회　村會　㉞224
총관　摠管　⑨129 328
총관기연해방사무　總管畿沿海防事務　㊳ 368
총관사무소　總管事務所　㊽263
총교사　總敎師　㊸286
총남종　摠南宗　㉖251 252
총대　總代　㊴304
총대위원(제)　總代委員(制)　㊶240 241
총독　總督　㊼47 105 118 119 126 139 177
총독관방　總督官房　㊼26 34 36
총독모살미수사건　總督謀殺未遂事件 ㊸ 335～338
총독부　總督府　㊼4 31 32 36 49 69 96 104 107 110 115 119 121 127 128 ㊽24 26 28 34 38 41 43 47 56 57 59 61 73 79 83 85 88 91
총독부청사　總督府廳舍　㊻302
총력연맹　總力聯盟　㊿105 212
총력운동　總力運動　㊿71 72 78
총리(각국통상사무)아문　總理(各國通商事務)衙門　㊲258 268 269 272 273 277 279 280 284 291 ㊵20 23 25 28 29 38
총리영　摠理營　㉜100
총림　叢林　⑯97 173 ㉟127 131
총림회　叢林會　⑯96
총본산건설운동　總本山建設運動　51213
총본산안　總本山案　51213
총부권　冢婦權　㉛220 221
총상동　總商董　㊷37
「총석정」「叢石亭」①52
총세무사　總稅務司　㊷99 136 141 251 336
총액제　摠額制　㉜7 11 124 302 362 ㉝ 436 ㉞181 ㊱34 48 142
총어영　總禦營　㊴102 ㊵196
총위영　總衛營　㉜208 236 275 277
총융사　摠戎使　㉚248 266 276 ㉜161
총융청　摠戎廳　㉚156 243 268 271 273 282 283 285 468 557 ㉜70 107 109 152 303 208 235 236 277 ㊳269
총장　驄匠　㉝392
총장사　總章司　㉟235
총재관(직)　總裁官(職)　㉖146 154
총재(제)　冢宰(制)　㉒62 81 86 87
총지사　摠持寺　⑯103 121 ⑰289
총지종　摠持宗　㉖250 251 278
총촌　總村　㉒266
총통　銃筒　㉗233 237 250 253～256 ㉙ 37 197 ㉚602
『총통등록』『銃筒謄錄』㉓265～267 ㉗110
총통완구　銃筒碗口　㉓267
총통위　銃筒衛　㉓205 215 266
총후미술전　銃後美術展　51331
『촬요신서』『撮要新書』㉔100 ㉗178
최갑(참)　崔昱　⑱168
최　강　崔岡　㊻61 62 5173
최　강　崔堈　㉙36 81
최강윤　崔康潤　㊾431
최거린　崔巨鱗　⑫253
최거업　崔居業　⑫111
최　견　崔鐲　㉑359

최 경 崔涇 ㉗541 546 547 549
최경덕 崔景德 ㊾438
최경석 崔景錫 ㊳51 161 162 ㊴119 253 ㊹479
최경선 崔京善 ㊾269
최경선 崔景善 ㊴321 389 485 486
최경선 崔卿宣 ㊴454
최경식 崔景植 ①504 ㊾351
최경장 崔慶長 ㉙188
최경하 崔景河 ㊼325
최경환 崔景煥 ㊶319 ㊺8 271
최경회 崔慶會 ㉙36 48 52 81 188
최 고 崔高 ㊿255 258
최고려 崔高麗 ㊽250 252 254
「최고운전」「崔孤雲傳」㉛429
최고인민회의 最高人民會議 ㊾464
최고정무위원회 最高政務委員會 ㊾111
최공도 崔公徒 ⑫220
최광균 崔光鈞 ⑫277
최광범 崔光範 ⑫111
최광수 崔光秀 ⑱9 ⑳165
최광옥 崔光玉 ㊶316 ㊺71 80 252
최광유 崔匡裕 ⑨472 476
최광윤 崔光胤 ⑫95
최 구 崔球 ⑱56
최국정 崔國禎 ㉜458
최규동 崔奎東 ㊺73 ㊾28
최규서 崔奎瑞 ㉚171 ㉝122 ㊱203
최규익 崔奎翼 ㊼153
최규익 부인 崔奎翊 婦人 ㊹384
최규창 崔圭昌 ㊾453 455
최 균 崔均 ⑳81
최근우 崔謹愚 ㊼275 278 315 ㊿468 ㊾102 184
최기남 崔起南 ㉘338
최기남 崔奇男 ㉛443
최기모 崔基模 ㊾430
최길회 崔吉會 ⑰296
최난헌 崔蘭軒 ㉜501
최남선 崔南善 ①370 438 ④53 76 ㊱86 ㊳22 ㊸214 215 238 282 ㊹339 ㊺91 271 294 304 ㊻48 207 208 ㊼152 153 279 320 321 327 ㊾142 358 430 ⑤67 109 140 181 257
최내경 崔耐卿 ⑳300
최노성 崔老星 ⑳303
최능진 崔能鎭 ㊾427
최니콜라 崔니콜라 ㊽250
최담령 崔聃齡 ㉙156
최 당 崔讜 ⑱58 224 225 229 231
최대봉 崔大奉 ㊴454
최덕순 崔德峋 ㉚542
최도환 崔道煥 ㊸387
최독견 崔獨鵑 ⑤377
최동문 崔東文 ㊼386
최동식 崔東植 ㊸91
최동오 崔東旿 ㊿277 280 282 303 324 333 366 435 436 440 ⑤183 ㊾191 199 201
최두경 崔斗卿 ㊸142
최두선 崔斗善 ㊿141 ⑤100
최두원 崔斗元 ㊸373
최 량 崔亮 ⑫111 170~172 177~179 ⑰189
최 리 崔理 ④113
최 린 崔璘 ⑱58 77
최 린 崔麟 ①370 ㊹339 ㊺58 ㊻203 206 207 ㊼320 321~323 326 327 332 334 390 ㊽2 ㊾3 49 51 53~57 59 126 141 428 ㊿140 257 ⑤181 189
최 립 崔岦 ㉕76 77
최만리 崔萬理 ①411 ㉒66 67 70 78 91 ㉖77
최만생 崔萬生 ⑳368 369 370
최맹순 崔孟淳 ㊴439
최맹한 崔孟漢 ㉘189
최명길 崔鳴吉 ㉒236 ㉘85 ㉙8 274 277 278 285 292 297 ㉚72 78 81 87 486

㉛181 205 300～302 ㉜132 384 385 ㉞ 25 57 ㉟40 64 65 74 273
최명익 崔明翊 ㊾313
최명학 崔明鶴 ㊾429 431
최명현 崔命顯 ㊱267 268
최몽량 崔夢亮 ㉙239
최 무 崔茂 ⑳151 152
최무선 崔茂宣 ⑳409 410 ㉑212 ㉓262 263 ㉔344 ㉗105～108 234 240
최문본 崔文本 ⑱105
최문청 崔文淸 ⑱50 59 135
최문현 崔文鉉 ㊷44
최문환 崔文煥 ㊸377
최민순 崔珉順 ㊿274
최민용 崔敏庸 ⑫249
최백륜 崔伯倫 ⑳275
『최병두타령』『최병두打令』㊺332 333 341 342 345
최병마사 崔兵馬使 ⑪92
최병선 崔炳善 ㊽339
최병학 崔炳學 ㊼314
최병헌 崔炳憲 ㊹383 ㊻50
최병호 崔炳鎬 ㊽337
최병환 崔炳桓 ㊶359
최보순 崔甫淳 ⑰158
최복순 崔福順 ㊾474
최봉관 崔鳳官 ㊽194
최봉석 崔鳳奭 ㊿238
최봉주 崔鳳周 ㊱348 349 366 368 372 377 ㊲176
최봉준 崔鳳俊 ㊹87 ㊻71 74 ㊼197
최봉환 崔鳳煥 ㊸98 101 102
최봉희 崔鳳禧 ㊱94 103 104
최 부 崔溥 ㉘176 177 179 183 190 192
최붕남 崔鵬南 ㊼159
최 비 崔毖 ⑤62
최사량 崔思諒 ⑰283
최사립 崔斯立 ㉗225
최사염 崔思琰 ⑫256
최사영 崔思永 ㊹197
최사위 崔士威 ⑩90 91 ⑫202 210 ⑮307 336 ⑯52 106 107
최사전 崔思全 ⑫256
최사추 崔思諏 ⑫202 237 240 248
최 산 崔山 ⑱63 ⑳171
최산두 崔山斗 ㉕76 77
최산보 崔山甫 ⑰159
최상덕 崔上德 ㊽109
최상돈 崔相敦 ㊻48
최상림 崔尙林 ㊿238
최상을 崔祥乙 ㊾461
최상중 崔相重 ㉚466
최 서 崔湑 ㉕76 77
최 석 崔昔 ㉜459
최석상 崔錫祥 ㊹383
최석순 崔碩淳 ㊽279 ㊿280 463
최석영 崔錫永 ㊻313
최석정 崔錫鼎 ㉘338 ㉚149 164 172 178 ㉛194 365 ㉜36 45 48 ㉞53 ㉟34 73 74 137 191 273 351
최석조 崔錫肇 ㊹195
최석창 崔錫彰 ㊹196
최석항 崔錫恒 ㉚171
최석희 崔錫熙 ㊼154
최 선 崔詵 ⑱53 58 211 229～232 237
최선주 崔善宙 ㊿379
최 섬 崔暹 ⑫103 111 170 171 172 178
최성모 崔聖模 ㊼326
최성복 崔成福 ㊾213
최성욱 崔聖郁 ㊳24 368
최성임 崔聖任 ㉞81
최성지 崔誠之 ⑲82 89
최성진 崔星鎭 ㊾355
최성환 崔星煥 ㊾102
최세보 崔世輔 ⑰157 158 ⑱22 26 40 44～47 200 ⑳57
최세연 崔世延 ⑲83

최세윤 崔世允 ㊸392
최세진 崔世珍 ㉛361 362 364 366
최 수 崔守 ⑳224
최수민 崔壽敏 ㉞93
최수봉 崔壽鳳 ㊽325
최수학 崔壽學 ㊲179
최숙생 崔淑生 ㉘243
최숙손 崔叔孫 ㉘188
최숙창 崔叔昌 ㉗559
최숙청 崔淑淸 ⑫274
최승구 崔承九 ㊺305
최승로 崔承老 ①215 221 ⑫6 77 88~90 93 94 98 99 102 108~110 116 118 122 124 147 154~158 161~179 182 203 219 ⑬20 109 145 150 151 159 162 ⑭44 102 187 470 ⑮15 162 274 280 343 ⑯148 156 157 201 217 245 246 266 372 ⑰15 189 205 206 293 ⑳49
최승로 崔丞魯 ⑨405 472 ⑫165
최승만 崔承萬 ㊼281 318 ㊿236
최승우 崔承祐 ⑨472 473 ⑪51 ⑰189 191 ㉖297
최승희 崔承喜 51360
최시준 崔時俊 ㊺81
최시형 崔時亨 ㊱354 355 357 358 359 ㊲134 137 ㊴284~292 296 323 421 437 431~442 447 485 ㊵209 ㊹364~366 413 ㊻4 191 192 194 200 51178 179
최시흥 崔時興 ㊽210 326
최 식 崔湜 ⑫257 259
최 식 崔寔 ⑰40
『최신박물학교과서』『最新博物學敎科書』 ㊻245
『최신신고등소학이과서』『最新新高等小學理科書』 ㊻245
최신엽 崔信燁 ㊱265 266
최신지 崔愼之 ⑪170
『최신창가집』『最新唱歌集』 ㊼160
『최신초등소학』『最新初等小學』 ㊺115
최씨부인 崔氏夫人 ㊻165 187
최씨정권 崔氏政權 ⑱1~7 11 13 47 58 59 74 75 79 85 86 88 90 91 94~97 99 ~101 109 111 119 121 130 146 152 162 163 166 167 172 175~177 179~181 189 191 194 195 207 216 220 226 229 230~265 238~242 247
최 악 崔岳 ㊿345
최안도 崔安道 ⑲83 ⑳277 299
최 약 崔瀹 ⑰208
최양백 崔良伯 ⑱69 75 78 101~103 129 145 154 175
최양선 崔揚善 ㉗31~34
최양업 崔良業 ㉟117 ㊻134 51273
최양옥 崔養玉 ㊽350
최언위 崔彦撝 ⑨472~474 477 ⑩111 ⑪52 ⑫77 95 109 208 ⑰189 191 192 205 217
최 업 崔業 ⑫115
최여해 崔汝諧 ⑱201
최 연 崔連 ⑳57
최 연 崔淵 ⑫229
최 영 崔瑛 ⑱69 70 101 113 175
최 영 崔瑩 ⑲54 60 61 66 83 138~141 170 180 190 200 204 ⑳328 332 335 339 349 350 360 371 379~382 389 390 404 410 ㉒14~17 287 291
최영경 崔永慶 ㉘334 ㉚228
최영년 崔永年 ㉟631 ㊴302 397 ㊹383
최영목 崔榮穆 ㊻69 5183
최영설 崔永卨 ㊼139
최영식 崔英植 ㊳373
최영아 崔永牙 ㊾280
최영우 崔永宇 ㊼137
최영지 崔永址 ㉒289 290
최영풍 崔永豊 ㊼139
최예희 崔藝熙 ⑨299
최오사 崔烏斯 ⑩87

최 옥 崔鋈 ㊲128
최옥산 崔玉山 ①504 ㊾342
최 온 崔昷 ⑱58 79 105 237
최 온 崔蘊 ㉙285 286
최왕은 崔王恩 ⑱115 117
최용건 崔庸健 ㊾216 426 436 439 448 459
최용달 崔容達 ㊾102 184 448 460
최용진 崔勇進 ㊾425
최우(이) 崔瑀(怡) ⑫203 ⑭27 271～273 332 361 ⑯152 215 216 351 368 ⑱2 4 ～7 10 11 13 53 56～58 60 62 63 67 68 70～78 84～90 93～95 98～100 103 104 109 116 129 131 133 142～145 152 154～156 158 159 161～163 166 167 172 174～176 177 179 180 185 190 192 194 207 208 212 221 228 231 232 234 236 237 239～241 246 ⑲41 113 351 ⑳32 120 172 192 193 196 308 320 ㉑ 16～19 23 55～57 60 63～65 80 84 112 113 115 117 437
최우석 崔禹錫 ㊺351 ㊿324
최우익 崔于翼 ㊽205
최욱영 崔旭永 ㊼141 143
최 웅 崔雄 ⑪26 155 160
최 원 崔圓 ㊽186
최원순 崔元淳 ㊾52 142 ㊿83
최원신 崔元信 ⑫179 ⑮311
최원택 崔元澤 ㊼290 ㊾81 83
최원호 崔元浩 ⑱48
최 유 崔濡 ⑲140 190 ⑳328 335 337 338 361
최유공 崔兪恭 ⑱152 172
최유선 崔惟善 ㉖49
최유섭 崔有涉 ㊸487
최유엄 崔有渰 ⑲88 89
최유지 崔攸之 ㉟354
최유청 崔惟淸 ⑫75 203 258 274 275 ⑯297 308 310 ⑰179 180 210 ⑱53 57 58 84 113 160 173 217 225 230
최유칭 崔褎偁 ⑫278
최윤구 崔允龜 ㊿332 334
최윤덕 崔閏(潤)德 ①264 ㉒147 187 339 ㉔346 ㉕82
최윤숙 崔允淑 ㊾474
최윤옥 崔允鈺 ㊾161 ㊿197
최윤의 崔允儀 ⑫276 ⑯226 269 ㉖22
최은동 崔恩同(殷童) ㊳365
최은함 崔殷諴 ⑨405
최은함 崔殷含 ⑫88 164 165 166
최은희 崔恩喜 ㊼336 ㊿74
최은희 崔銀姬 ㊾379
최 응 崔凝 ⑫18 74 75 77 ⑰189 226
최응청 崔應淸 ⑫276
최 의 崔竩 ⑱2 4 6 58 68～70 74 78 79 97 101～103 105 110 111 113 129 146 152 154 156 193 230 241 ⑳60 209 314
최의성 崔義成 ㊷83
최이륜 崔爾崙 ㊱244
최이정 崔利貞 ⑪170
최익삼 崔益三 ㊼137
최익한 崔益翰 ㉟262 ㊾150 ㊾102 148
최익현 崔益鉉 ①360 ㉞54 ㉟48 51 ㊲9 210 228 229 241 242 ㊳224 227 230 236～238 240 253 ㊶423 ㊷23 ㊸5 9 83 84 88 91 360 362 399～402 407 446 455 508 519 525 526 ㊹53 422 ㊺293 ㊼138 159 ㊿45
최익환 崔翊煥 ㊹197
최 인 崔仁 ⑳134～136
최인규 崔寅奎 ㊾378
최인길 崔仁吉 ㉞73 ㉟107 108
최인연 崔仁渷 ⑨492
최인철 崔仁喆 ㉞72
최 자 崔滋 ⑰208 ⑱11 12 77 230 231 ⑲359 ⑳210 248 ㉑83～85 251 291 293 473

최자성 崔滋盛 ⑫202
최자영 崔子英 ⑫274
최자조 嗺子調 ⑨605 ㉗416 419 ㉛566
최재경 崔在京 ㊽312
최재덕 崔載德 ㊿328
최재우 崔在宇 ㊼318
최재학 崔在學 ㊸91
최재형 崔在亨 ㊼197 201 204 209 214 392 ㊽247
최재형 崔才亨 ㊸479 527 ㊼394 401
최 적 崔迪 ⑫233
최정규 崔晶圭 ㊽265
최정덕 崔廷德 ㊶345 388 422 425
최정분 崔正芬 ⑳187
최정수 崔正守 ㊿261
최정식 崔廷植 ㊶366 ㊻51 52
최정우 崔斑宇 ㊿373
최정익 崔正益 ㊻71 73 ㊼244 253 261
최정현 崔定鉉 ㊺135
최정호 崔正浩 ㊽292
최정화 崔精化 ㊽203
최제안 崔齊顔 ⑫179 ⑭147 160
최제우 崔濟愚 ①430 ㉞56 ㉟402 ㊲4 122 124～136 138 139 148 ㊴66 283 284 286 287 289 431 ㊹364～367 ㊺27 321 ㊿179 187
최제학 崔濟學 ㊸400
최종소 崔宗紹 ⑱113
최종준 崔宗峻 ⑮159 ⑱58 113 237 ㉑ 222
최 주 崔注 ⑱187
최 준 崔浚 ㊹197
최준문 崔俊文 ⑱71 87 143 144
최중진 崔重珍 ㊿245
최지몽 崔知夢 ⑪86 ⑫77 87 89 100 109 121 123 124 175 181 ⑬20 ⑭270 ⑮213 217
최지문 崔芝文 ㊽312
최지애 崔芝愛 52379
최진동 崔振東 ㊽203 215 223 226 227 241
최진립 崔震立 ㊲128
최진영 崔鎭永 ㊼144
최진하 崔鎭河 ㊿388
최 질 崔質 ⑫179
최징후 崔徵厚 ㉟19 22
최찬식 崔瓚植 ㊺309 311
최창선 崔昌善 ㊻48
최창식 崔昌植 ㊽111 174 194 ㊾116 117
최창은 崔昌殷 52342
최창익 崔昌益 ㊾93 ㊿291 292 297 52 148 168 444
최창학 崔昌學 ㊿435
최창현 崔昌顯 ㉞72
최창호 崔昌鎬 ㊾466
최척경 崔陟卿 ⑳116 118
「최척전」「崔陟傳」㉛433
최천벽 崔天壁 ㉟358
최추해 崔秋海 ㊽186
최춘명 崔椿命 ⑱94 95 ⑳215
최 충 崔冲 ①247 443 ⑫202 216 219 213 ⑭126 ⑯223 224 229 270 ⑰50～60 63 68 69 149 ⑱233 ㉓293 ㉖43 46 49
최충백 崔忠白 ⑫229
최충수 崔忠粹 ⑱47 54 55 57 60 61 85 86 132 135～137 206 229 237 ⑳138 139
최충헌 崔忠獻 ⑬122 ⑭137 139 180 ⑮ 67 357 ⑯84 172 215 ⑱2～5 7 9～11 44 45 47～52 54～63 65～69 71～75 78 79 83～87 90～92 97 113 128 132 ～145 152 153 157～159 161～164 172 177～179 183 205～207 211 212 215 223 228～234 236 237 240 245 246 ⑳ 32 40 65 66 74 106 130 131 135 138 140 143 148～150 155 156 160 178 ㉑ 14～16 18 19 22 53 55 65

최취허 崔就墟 ㊻126
최치운 崔致雲 ㊴208
최치원 崔致遠 ①427 ⑦252 258 259 312 ⑧49 50 89 103 ⑩54 69 100~111 228 232 ⑨394 472~476 492 521 ⑪43 44 46 51 52 170 172 176 179 180 214 215 218 ⑫212 ⑭287 288 ⑯127 297 298 ⑰173 186 189~193 200~205 230 233 ㉓283 304 ㉖37~39 42 46 49 298
최 탁 崔卓 ⑫255 256
최 탄 崔坦 ⑳314~316
최태여 崔太汝 ㊽203
최태용 崔泰鎔 ㊿247
최태응 崔泰應 ㊿313
최태주 崔泰柱 ㊾462
최태형 崔泰亨 ㊼154 155
최팔용 崔八鏞 ㊼274~276 278 315 ㊾ 428
최 평 崔坪 ⑱58 237
최필공 崔必恭 ㉞72
최필문 崔必聞 ㉞94
최학봉 崔學鳳 ㊸101 102
최한기 崔漢綺 ①324 325 336 338 457 ㉞81 ㉟210 215 252 298 303 378 ㊲3 ㊳53~55 ㊺203 321 ㊻7 227 230 235 236 242 248
최 항 崔沆 ⑫208 210 213 ⑭101 273 ⑯156 281 ⑰ 58 149 152 ⑱2 4 6 57 58 68~70 74~76 78 79 84 87 90 91 93 98 99 101~104 112 113 129 144 ~146 152 154~156 162 175 181 186 228 237 238 240 ⑳174 205 ㉑23 65 66 312
최 항 崔恒 ㉒70 78 ㉔322 ㉖259
최 해 崔瀣 ⑨472 ⑭259 463 ⑲164 209 ㉑339
최해산 崔海山 ㉓263 364 ㉗105~107 238 239 252
최 행 崔幸 ⑫229
최행귀 崔行歸 ⑨462 ⑫109 117 122 ⑰ 217 218
최 향 崔珦 ⑱143 144
최 현 崔賢 ㊿425 426
최현배 崔鉉培 ㊿239 ㊿100 105~107 110 112 115 254
최현중 崔顯重 ㉞155
최 형 崔炯 ㊲186
최형순 崔亨順 ㊵212
최형식 崔亨植 ㊵212
최혜국 最惠國 ㊵24
최혜국대우 最惠國待遇 ㊲51 53 65 66 69 76 ㊹129
최혜국조관(항) 最惠國條款(項) ㊲307 320 321 323 325 ㊳309 ㊹109
최 호 崔湖 ㉙155~157
최 호 崔灝 ㊽291 292 297 298 ㊿274
최호민 崔浩敏 ㊿428
최호영 崔虎永 ㊿308
최호찬 崔浩讚 ㊾173
최홍사 崔洪嗣 ⑫248 249
최홍윤 崔洪胤 ⑱232
최홍재 崔弘宰 ⑫203 252 254 259 ⑮347
최홍준 崔鴻俊 ㊷44
최활란 崔活蘭 ㊹388 390 ㊿409
최 황 崔晃 ㊿291
최 황 崔滉 ㉙35
최효일 崔孝一 ㉙259 286
최 흔 崔忻 ⑩29
최흥식 崔興植 ㊽9
최흥원 崔興源 ㉙31
최희남 崔熙南 ㊿352
추경 秋耕 ⑭322 ㉔99
추고(수이코)여제 推古女帝 ⑦147
추고천황 推古天皇 ⑧55
추곡 秋穀 ㉕358
『추관지』『秋官志』①336 ㉒241 ㉓360 ㉜93 ㉟205
추광성 趨光性 ㉝222

추국 推鞫 ㉕363
추군 麤群 ⑤80 88 165
추노 推奴 ㉞150
추노금지 推奴禁止 ㉞150
추도회 追悼會 ㊼398
『추동기』『錐洞記』⑨392 443
추맥 秋麥 ㉚435
추모양석기 錐形石器 ②479
추모(왕) 鄒牟(王) ④186 199 ⑥16
추밀 樞密 ①218
추배제향 追拜祭享 ㉞173
『추보속해』『推步續解』㉟359
『추보첩례』『推步捷例』㉟359
추봉 推封 ⑦341 348
추부 樞府 ①217
추부백자 樞府白磁 ㉗506
추비 追肥 ㉚436
추비법 追肥法 ㉗185 ㉞109 ㉝39 47
추사체 秋史體 ①326 ㉟9 481 487 490 492
추석 秋夕 ⑩53 110 ㉑541 542
추석곡 秋夕曲 ⑨608
추쇄관 推刷官 ㉞141 151
추쇄도감 推刷都監 ㉕208 ㉞140
『추쇄도감의궤』『推刷都監儀軌』㉞140
추쇄어사 推刷御史 ㉞140
추쇄정책 推刷政策 ㉞139
추숭 追崇 ㉞172 177
추숭도감 追崇都監 ㉛202 206
추악면포 麤惡綿布 ㉘75 76
『추안급국안』『推案及鞫案』㊳310
추언규 酋彦規 ⑫51
추염 秋鹽 ㉔379
추왕 楸王 ㊱349
추왜별맹선 追倭別孟船 ㉔341 342 344 345
추왜별선 追倭別船 ㉔341 342 344 345
추월색 秋月色 ㊺311
추자 追子 ⑨222
추자도 楸子島 ㉜500 ㊹103
추자도왜변 楸子島倭變 ㉚188
추장 酋長 ⑥232
추쟁 搊箏 ⑧378
추전 鞦典 ⑦227 ⑨181
추점문 錐点文 ⑧256 257
추조적발사건 秋曹摘發事件 ㉞73
추천 鞦韆 ㉛339
추천작가제 推薦作家制 ㉛325
추천희 鞦韆戲 ㉑556
추파만호 楸坡萬戶 ㉒155 157
추포 麤布 ①237 ⑨198 ⑲407 ㉘75 ㉚444 581 ㉝395~398 417
추포무사 追捕武士 ㉜495
추포유통경제 麤布流通經濟 ㉝395 396
추풍령 秋風嶺 ㉙30 31
추항 箒項 ⑧3 ⑨25
추향도 椎香徒 ⑫96 ⑯189 191
추허조 鄒許祖 ⑫35 63
축고사정 逐庫査正 ㉜350
축고사진 逐庫査陳 ㉜345
「축구통제령」「蹴球統制令」㉛349
축국 蹴鞠 ⑧389 ⑨622 ㉑511 517 518
축국희 蹴鞠戲 ㉛572
축려엄종법 逐犁掩種法 ㉗181
축마우료식 畜馬牛料式 ㉔551
축법심 竺法深 ⑧50 51
축산도 丑山島 ⑳407 411
축산포 丑山浦 ㉜164
축성 築城 ⑦74
축성사 築城司 ㉚186
축성사업 築城事業 ⑨384
「축성신도」「築城新圖」㉒188
축성역 築城役 ㉟159
축수도량 祝壽道場 ⑯140 170
축원진하 竺源震河 ㉟150
축원풍물 祝願風物 ㉟599
축자국 筑紫國 ⑥231
축자국조 筑紫國造 ⑦145

축장거류지법 逐場去留之法 ㉑139 140
축전주 筑前州 ⑭461
축조기법 蹴彫技法 ⑧256 257
축지술 縮地術 ㊱90
축첩제 蓄妾制 ④217 ㉕133
축판식 祝板式 ㉖241
축항사업 築港事業 ㉝372
춘경추귀 春耕秋歸 ㊸509
춘관시 春官試 ⑬376
『춘관통고』『春官通考』㉟557
「춘교경목성흔락도」「春郊耕牧成欣樂圖」⑰283
춘궁리 3층석탑 春宮里三層石塔 ⑰260
춘궁리철조석가여래좌상 春宮里鐵造釋迦如來坐像 ⑰276
춘궁중사성 春宮中事省 ⑪43
춘당대 春塘臺 ㊳382
춘당대시 春塘臺試 ㉓292 320 328 331 335 342
춘도기 春到記 333
춘방(세자시강원) 春坊(世子侍講院) ⑫237 ㉗215
춘부미 春賦米 ㉚353
춘생문사건 春生門事件 ㊵262 263 268 ㊶42 44 97 179 207
춘서 春鋤 ㉗183
춘시 春市 ㉙271
추시 春試 ㉓328
춘앵전 春鶯囀 51355 356 357
춘양 春讓 ⑫28 54 62
춘양교 春陽橋 ⑨544
춘염 春鹽 ㉔379
춘장 春場 ⑬376
춘조곡 春朝曲 ⑨608
춘주 春州 ⑫41 ⑳206 226 228
춘주도 春州道 ⑬253
『춘추』『春秋』⑲288 ㉓285 341 ㉘266 ㉛375 ㉟30 32~34 46 ㊻110
춘추관 春秋館 ⑬111 ⑱52 ㉑351 ㉓24 68 60 69 87 88 ㉖133 146 153
춘추년고 春秋年考 ㉓285
춘추대의 春秋大義 ㉘267 ㉟42 43
『춘추보편』『春秋補編』㉟34
춘추사관 春秋史觀 ㉑349
춘추지법 春秋之法 ⑰173
「춘향가」「春香歌」㉛438 ㉞123 ㉟566 569 626 ㊺358
춘향대제 春享大祭 ㉛586
『춘향전』『春香傳』①325 336 ㉟420 ㊱131 ㊺332 345 357
출계 黜契 ㉞276
출도(데지마) 出島 ㉝475
출륙환도 出陸還都 ⑱115 ⑳251
출번일 出番日 ㉕96
출세전 出稅田 ㊱180
출시횟수 出市回數 ㉘73 74
출시일 出市日 ㉘79
출신 出身 ㉚571
출신군관 出身軍官 ㉚250
출신한산과 出身閑散窠 ㉚276
출우국 出羽國 ⑩125 126 172
출자형 出字形 ⑦52 ⑦82 225
출토유물 出土遺物 ㉛604
「출판규칙」「出版規則」5160 61
출판문화운동 出版文化運動 ㊻203 205
출판법 出版法 ㊸233 282 ㊺185 ㊼3 128 ㊾449 5159 60
출행도 出行圖 ⑧179
출향 黜享 ㉛101
출향 黜鄕 ㉞260
충경대도소 忠慶大都所 ㊵131
『충경왕실록』『忠敬王實錄』⑰159 ㉑351 358
충공 忠恭 ⑪28~30 48 51
충남전위대 忠南前衛隊 ㊿195
충녕대군 忠寧大君 ㉒83
충담 忠談 ⑨409 467 600
충담 冲淡 ㉗287

충담 忠湛 ⑫72 ⑯15 368
충담소산 冲澹蕭散 ㉗6 295 296 303 304 311
충량과(시) 忠良科(試) ㉓328 331 335
충렬왕 忠烈王 ⑱160 168 169
충무위 忠武衛 ㉒122 135 ㉓32 74 95 215 216 232
충부 忠部 ⑩142 144 153
충상 忠常 ⑥106 ⑨35 40 66
충상호형 充常戶刑 ⑮187 206 211 212
충선왕 忠宣王 ⑭26 172 ⑱168 169 219
충숙왕 忠肅王 ⑱169
충순위 忠順衛 ㉓213 215~217 219 227 319 357 ㉕73 84 90~92 94~96 ㉜103 104 ㉞219
충순현 忠順縣 ⑱213 ⑳1 99 102 104
충용사위 忠勇四衛 ㉓201
충용위 忠勇衛 ⑲58 141 ㉓220
충용익호장군 忠勇翼虎將軍 ㉙188
충용장 忠勇將 ㉙54
충의계 忠義契 ㊳382 385 397 398
충의단 忠義壇 ㊱270
충의위 忠義衛 ㉓49 112 213 215 216 217 219 227 319 ㉕73 84 90~93 ㉞18 219 ㊴239
『충의집』『忠義集』⑫263
충의첩 忠義帖 ㉞28
충익목 忠翊木 ㉜161
충익부 忠翊府 ㉓67 81
충익사 忠翊司 ㉓81
충익위 忠翊衛 ㉛146 147 160
충장위 忠壯衛 ㉓357 ㉜138
충재 虫災 ㉕357 358
충좌시위사 忠佐侍衛司 ㉓202
충좌위 忠佐衛 ㉒122 135 ㉓32 74 95 215 216 232
충주 忠州 ⑪111 ⑫21 22 24 41 81 82 105 133 148 210 212 ⑱218 ⑲38 ⑳101 169 171 227 231
충주 유씨 忠州劉氏 ⑫82~87 122 208
충주댐 忠州dam ②85 96 107 174 150 179
충주별초 忠州別抄 ⑱182
충주사고 忠州史庫 ㉖152
충주산성(전투) 忠州山城(戰鬪) ⑳216 218 227
충주성 忠州城 ⑳215
충주진 忠州鎭 ㉚267
충주철불좌상 忠州鐵佛坐像 ⑰8
충주호족 忠州豪族 ⑪3 75
충지 冲止 ⑯59 102 ㉑25 66~71 288
충지 忠至 ⑪76
충차 衝車 ⑤131 132 134
충찬위 忠贊衛 ㉒123 ㉓112 213 215 217 227 319 ㉕73 84 90~92 94 96 ㉛146 147 ㉜103 104
충철위 衝鐵衛 ㉓221
「충청도대동사목」「忠淸道大同事目」㉚497
충칭(중경) 重慶 ㊵87
「충헌왕세가」「忠憲王世家」㉑342 347~349
『충헌왕실록』『忠憲王實錄』⑰158 ㉑351 358
충혜왕 忠惠王 ⑱170
충호위 忠扈衛 ㉓96 262 ㉕68
충황대책 蟲蝗對策 ㉔99
「충효가」「忠孝歌」㉗335
충효동고분군 忠孝洞 古墳群 ⑧355
충효동요지 忠孝洞 窯址 ㉗494 498 ㉛511
충훈부(사) 忠勳府(司) ㉓60 78 ㉜161
취굴자 翠窟子 ㉖300
취도 驟徒 ⑨414
취두 鷲頭 ㉗441
취라치 吹螺赤 ㉓106 112 257
취란 翠蘭 ㊸154
취련군제 吹鍊軍(制) ㉔218~221 223 234 236 240 246 247 ㉚574
취모 取耗 ㉜320

취모보용 取耗補用 ㉜317 333 351 360 380
취무도우 聚巫禱雨 ㉗20
취반 炊飯 ⑧259
취서사 鷲棲寺 ⑨533 514
취선사 鷲仙寺 ⑭301
취수혼 娶嫂婚 ④227 228 ⑤5 35 ⑥245
취악과 吹樂科 ㊿301
취이산 就利山 ⑨44
취잉 取剩 ㊱299
취재 取才 ①259 ㉓26 345 349 ㉕95 ㉜69
취철군 吹鐵軍 ㉚574 577 ㉜170
취철아병 吹鐵牙兵 ㉚266 566
취철역 吹鐵役 ㉚570
취취방 聚毳房 ⑨180
취타내취 吹打內吹 ㊿354
취풍형 醉豊亨 ㉛584
츠나도 토쿠야 網戸得哉 ㊹58
츠마키 요리오 妻木頼黃 ㊻306
츠쿠시 筑紫 ㊵44
츠키나리 히카루 月成光 ㊶29
츠키지소극장 築地小劇場 ㊿372
측간 廁間 ㉕344
측량견습소 測量見習所 ㊿282
측량사 測量師 ㊺70
측우기 測雨器 ①288 451 ㉒79 ㉗3 89 91 92 95 ㉟354
측후 測候 ㉗49 50
측후소 測候所 ㊻250 251
치 雉 ⑤189
치계시탄가 雉鷄柴炭價 ㉜164 172
치계시탄가미 雉鷄柴炭價米 ㉜288
치계시탄부족미 雉鷄柴炭不足米 ㉜288
치계시탄색락미 雉鷄柴炭色落米 ㉜288
치곡유적 峙峪遺蹟 263 264
치구루 置溝婁 ④185 200 246
치도 治盜 ㊱180 207
치도국 治道局 ㊷250
치도론 治道論 ㉖13 ㊹491
치도비 治道費 ㊷344
치도사업 治道事業 ㊼96 97
「치도약론」「治道略論」㊳72 99 117 ㊻293
치레걸이 ②103 244 248 387 488 489 490 521 522
『치력연기』『治曆緣起』㉛314 327 329
치리 哆唎 ⑦282
치리권 治理權 ㊻178
치마 赤ケ ㉕296 297 304 308
치미 鴟尾 ⑨537 ⑩202 204 220 221
치발역복 薙髮易服 ㊼183 193
치부법 致賻法 ㉕365
「치사가」「致仕歌」㉗350
치사록 致仕祿 ⑭100 104 105 126 132
치사직 致仕職 ⑬29 114 ⑭47 ⑱50
치상 治喪 ㉕278
치성 雉城 ⑨598 ㉟531
치세관 治世觀 ⑧92 96
치스짜코프 Чистяков И. М. 52424 429 434
치씬허 Tizinkhie ㊹303
「치안유지법」「治安維持法」①378 ㊼295 ㊽5 32 ㊾53 216 266 ㊿1 191 208 209 262 51 59
치양(배천)전투 雉壤(白川)戰鬪 ⑦66
치양성 雉壤城 ⑥69 77 ⑦72
치어 致語 ㉑464 475 477
치외법권 治外法權 ㊲12 13 76 305 307 ㊹427 ㊺40 49
치요다 千代田 ㊵44
치우 蚩尤 ①143
치우 雉羽 ㉚501
치우신 蚩尤神 ㉖231
치인지학 治人之學 ㉓17
치조 徵調 ㉗141 406 417 419
치종교수 治腫教授 ㉞69
『치종비방』『治腫秘方』㉗153
치종의 治腫醫 ㉕372 ㉗153

『치종지남』『治腫指南』㉗153
치종청 治腫廳 ㉕380 ㉗153
치중복마병 輜重卜馬兵 ㉚251
『치평요람』『治平要覽』㉒75 78 ㉖135 ㉟192 329
치화평 致和平 ㉛584
칙사 勅使 ㉒299 ㉝267
칙임관 勅任官 ㊷253 261 ㊹337 342
칙제사 勅祭使 ⑮340 359
친군 親軍 ㊳308
친군영제 親軍營制 ㊳348
친군위 親軍衛 ㉓112 213 217 218 ㉕84 89 91
친기위 親騎衛 ㉞146 ㊴223
친러내각 親露內閣 ㊶63
친림과 親臨科 ㉓330
친림석전 親臨釋奠 ㉓283
친명배금 親明排金 ①299
친명정책 親明政策 ⑲115 ⑳362 368 373
친명파 親明派 ⑲180 181 ⑳361 372～374 ㉒15
친목계 親睦契 ㊿390
친목회 親睦會 ㊶376
『친목회회보』『親睦會會報』㊶306 ㊻31 47
친미개화파 親美開化派 ㊺207
친미파 親美派 ㊵81
친생자 親生子 ㉞41 53
친서 親誓 ㉙246 250
친서얼 親庶孼 ㉞19
친수 親帥 ⑥189
친시 親試 ⑫124 ⑬382 413 435 ㉓292 335 ㉕100
친신라정책 親新羅政策 ⑫29 30 34 35 48 52 54 55 57 66
친영(제) 親迎(制) ⑮82 89 136 ㉕259 261 ㉘341 ㉛171 216 217 620 640
친영례 親迎禮 ①282 ㉛6 82 217 222 245 246 640
친왕기 親王旗 ㊷31
친원파 親元派 ⑲180 ⑳361 369 370 380 ㉒15
친위대 親衛隊 ㊳157 ㊵10 196 262 268 276 296 297 ㊶41 ㊷58 60
친위영 親衛營 ㊵180 196
친일(매국)단체 親日(賣國)團體 ㊸317 324
친일교육 親日敎育 ㊺63
친일내각 親日內閣 ㊸278
친일부호 親日富豪 ㊼163 165
친일세력 親日勢力 ㊷282
친일어용극 親日御用劇 ㊿377
친일파 親日派 ①373 395 ㊵93 ㊷271 272 ㊼33 177 353 ㊽43～46 51 54 290 337 341
친임관 親任官 ㊷261 ㊼2 33 36 38 111 126
친잠례 親蠶禮 ㉔261 262 265 ㉕307 ㉖48
「친잠응행절목」「親蠶應行節目」㉔265
친족의식 親族意識 ㉞162
친족조직 親族組織 ㉞161 162
친족집단투쟁 親族集團鬪爭 ④24
친진 親盡 ㉕81
친청수구파(정부) 親淸守舊派(政府) ㊳393 428
친청파 親淸派 ㊵81
친학의 親學儀 ㉖234
칠계공인 漆契貢人 ㉝321
칠공교 七孔橋 ⑩202
『칠극』『七克』㉟86 89
7대사적(실록) 七代事蹟(實錄) ⑫213 ⑰6 149 150 152 153 156 160
칠량소 七良所 ⑲361
칠립 漆笠 ㊹457
칠목전 柒木廛 ㉝370
7묘제 七廟制 ⑯271 275

칠반천역 七般賤役 ㉝146
칠보공양행사도 七寶供養行事圖 ⑧181
칠보교 七寶橋 ⑨541
칠보문 七寶文 ㉗523 431
칠부기 七部伎 ①498
칠부악 七部樂 ⑧377
칠불암 七佛菴 ⑨506 508
『칠사문답』『七事問答』㊱63
칠서언해 七書諺解 ㊺226
칠석 七夕 ㉑540
칠석제 七夕製 ㉓331
칠석희 七夕戱 ㉛578
칠성각 七星閣 ㉟165 ㊱87
칠성신 七星神 ㉟178
칠성신앙 七星信仰 ㊱92
칠성포 七星浦 ㉝368 369
칠수 柒宿 ⑨18
칠십영좌례 七十領座例 ㉔139
칠악사 漆岳寺 ⑧30 63
칠요력 七曜曆 ⑰117
칠원목패 漆圓木牌 ㉘105
칠원민란 柒原民亂 ㊲174 175
칠자경 七子鏡 ⑥152 153
칠장사 漆長寺(七長寺) ⑯52
칠장사혜소국사비 七長寺慧炤國師碑 ⑰269
7재 七齋 ⑯224 229 270 ㉑137
칠정 七情 ㉟16 64 68 74
『칠정보법』『七政步法』㉟359
칠정산 七政算 ①455 ㉟356
『칠정산내외편』『七政算內外篇』㉒75 79 ㉗53
『칠정산내편』『七政算內篇』㉖163 ㉗83~86
『칠정산외편』『七政算外篇』㉗83~85
7중나마 七重奈麻 ⑦164 268
칠중성 七重城 ⑨6 24 61 268
칠지도 七支(枝)刀 ⑥152 153 173 218 223 ⑧209 256 417 418
「칠지도명」「七支刀銘」⑦141
칠천 七賤 ㊻114
칠천도 七川島 ㉙115
칠천량 漆川梁 ㉙115 202
칠천량패전 漆川梁敗戰 ㉙203
칠천량해전 漆川梁海戰 ㉙202
7충신 七忠臣 ㊸188
칠패 七牌 ㉚521 ㉝61 247 335~338 345 381 384 386 387 ㉞114
칠포 漆浦 ㉜164
칠현금 七絃琴 ⑧368
칠현조 七賢調 ⑨605 613
침각 針刻 ⑧261
침구 鍼灸 ㉕372 376
『침구동인도』『鍼灸銅人圖』㉗136 137
침구법 鍼灸法 ㉕376
『침구요결』『鍼灸要訣』㉗142 152
침구의 鍼灸醫 ㉕372
『침구자생경』『鍼灸資生經』㉗130
침구전문법 鍼灸專門法 ㉕379
『침구택일편집』『鍼灸擇日編集』㉕379 ㉗140
침루 寢樓 ㉕352
침류왕 枕流王 ⑥46 201 ⑦411
침미다례 忱彌多禮 ⑥37~39
침의 鍼醫 ㉚245
침자전 針子廛 ㉝318
침장고 沈藏庫 ㉓85 ㉞114
침통(바늘통) 針筒 ⑧254
칭간칭척자 稱干稱尺者 ㉕162 180
칭량금은화 秤量金銀貨 ㉔172
칭량은화 秤量銀貨 ㉔173 182 203
칭병소란 稱兵騷亂 ①332 ㊱13 322 338
칭제건원 稱帝建元 ⑫265 266 268 269 270 ㊶227 ㊷13
칭척칭간자 稱尺稱干者 ㉓52 53
칭탄불명 稱嘆佛名 ⑨616

ㅋ

카나가와 조약 神奈川條約 ㊲64
카네이로 R. L. Carneiro ④20 24 100
카네킨 canequine ㊴182 ㊹76 81 82 153 157 162 214 215
카라수크청동기문화 Karasuk青銅器文化 ④59
카라수크 무덤 Karasuk墓 ③168
카라수크 문화 Karasuk culture ③17 289 301
카메라 옵스큐라원리 ㉟450
카미야마 神山 ②286
카스트제(도) Caste制(度) ⑦245 261 263 ㉕109
카시니 Arthur Pavlovitch Cassini ㊲76 ㊴76 ㊵55 66 75 ㊶82
카올리 Caoli ㉜518
『카와라반』『瓦板』㊻44
카와카미 소오로쿠 川上操六 ㊴57 59 ㊵35 44 64
카이로 선언 Cairo 宣言 52 19 43
카이로 회담 Cairo 會談 ①393 52 95
카이세 토시유키 海瀨敏行 ㊻283
카자마 죠키치 風問丈吉 50 414
카츠라 타로오 桂太郎 ㊵33
카쿠니야마 角二山 ②281 286
카토 마스오 加藤增雄 ㊻54
카토오 타카아키 加藤高明 ㊵263
카트카트 Cathcart ㊲38
카프니스트 Count Kapnist ㊴78
카프니스트 D. A. Kapnist ㊶76 83 102
칼노래 ㊺321 326 329
칼리츠키회사 F Kalitzky & Co. ㊻38
「칼춤」㊺321
캉요우웨이 康有爲 ㊵83
캐나다연합교회 Canada聯合教會 ㊻169
캐랫트 S. Kerrett ㊴67
캘리컷 Calicut ㉜475
캠프벨 J. P. Campbell ㊺94 95
캡틴 사리스 Captin Saris ㉜495
커렐 Hugh Currel 巨烈 ㊻182 289
커리 Currie ㊹114
커민스 E. H. Cuminns ㊴62 127～129
커틀러 M. M. Cutler ㊻289
커피 coffee ㊹484
케네디 병원 Kennedy Hospital 桂禮知病院 ㊻290
케아르버그 Paul De Kehrberg ㊴59 78 ㊶83
케이제를링 Henry Keyserling ㊹125 126
코네티컷주 Connecticut州 ㊹119
코로소브스키 Kolosovsky ㊶123
코르뷰로 高麗國 50 346
코르사꼽까 Korsakovka ⑩220 ㊹303
코르프 A. N. Korf ㊴71
코르프－지노비에프회담 Korf－Zinoviev 會談 ㊶50
코리아 Coria ㉜504
『코리아 데일리 뉴스』『Korea Daily News』㊻79
『코리아 메소디스트』『The Korea Methodist』㊻169
『코리아 미션 필드』『The Korea Mission Field』㊻169
『코리아 필드』『The Korea Field』㊻169
『코리안 리포지토리』『The Korean Repository』㊻31 33 37 43 45 47

코리안 신디케이트 Korean Syndicate ㊶132 ㊹112
코미사 Commissar ㊲75
코민테른 Comintern ㊽7 161 170 173 192 256 ㊾7~9 62 69 70 73 75 76 82 85 92 94 99 102~106 109 151 164 184 235 311 347 395 400 ㊿135 140 148 156 157 160 163 186 217 244 249 346 347 356 363 405 422
코바야카와 히데오 小早川秀雄 ㊵260
코세가자와동굴유적 小瀬が澤洞窟遺蹟 ②536
코스트 Eugence Jan George Coste ㊻297 300
코시 마사츠나 古志正綱 ㊵116
코이케 마사나오 小池正直 ㊻282
코자크 Cossack ㉜402
코커릴 C. Cockerill ㊵261
코코프체프 Kokovsev V. N. ㊸170
코팍댄스 gopak dance 51359
코프 C. J. Corfe ㊻291
코프이토 절터 Kopyto ⑩203 205 242
콘도마스케 近藤眞鋤 ㊲84 276
콘라이해안 costade Conrai ㉜516
콘윌리스호 Cornwallis號 ㊲50
콜럼버스 Christopher Columbus ㊲27
콜레라 Cholera ㊹295
콜로라도호 Colorado號 ㊲198
콜롬비안의과대학 Columbian Medical College 哥倫比亞醫科大學 ㊻33
콜브란 A. H. Collbran 骨佛安 ㊶119 120 153 ㊹56 119 120 ㊻276~279
콩코루다 조약 Concordatum ㊻6 144
쾌선 快船 ㉔342 343 345 350 353
쾨글러 Ignatius Kögler 戴進賢 ㉜417 523 ㉟308 352
쿠니에 히로시 國技博 ㊻306
쿠라토미 유사부로 倉富勇三郎 ㊹428
쿠로니 栗野愼一郎 ㊷193
쿠로다 기요타카 黑田淸隆 ㊲236 254 256
쿠로시오 해류 黑潮 海流 ①125
쿠로야마 玄山濟明(玄濟明) 51315
쿠로이와 야스타로 黑巖休太郎 ㊹116
쿠로파트킨 Alexei N. Kuropatkin ㊷178 179 182
쿠리노 신이치로 栗野愼一郎 ㊵61 66 ㊶110
쿠릴열도 Kuril列島 ②275
쿠마모토 리헤이 熊本利平 ㊼55
쿠메 쿠니타케 久米邦武 ㊳116 ㊵34
쿠빌라이 忽必烈 ⑳182 183 206 249
쿠수노세 유끼히코 楠瀬幸彦 ㊵260
퀴겔겐 C. Kügelgen 具傑根 51267
큐우슈우 九州 ㊵35
크라스키노 성(터) Kraskino ⑩199 200 202 205 223
크라스키노 절터 Kraskino ⑩206
크라우스 F. Kraus ㊴130
크레마지 L. Crémazy 金雅始 ㊹422 433
크룸 Krumm(巨廉) ㊷67
크뢰버 Alfred L. Kroeber ①122
크루프 거포 Krupp 巨砲 ㊵53
크루프식 후장포 Krupp式 後裝砲 ㊵50
크르프 極老砲 ㊴481
크리그 E. F. Creagh ㊴126
크릴만 James Creelman ㊵57 59
큰쌍코뿔이 ②117 119 121 124
클라프로트 Klaproth ㉜519
클레망소 G. Clemenseau ㊽125
클레오빠트르호 Le Cléopâtre ㉜497 ㊲77
클리블랜드 Grover Cleveland ㊴113
클리인 F. Krien 口麟 ㊶129 162 338
클링커 이음 방식 ㉔323
키강 Kii江 ㊹304
키노드라마 Kino-drama 51367

키비가쿠 吉備樂 ⑤301
키우치 쥬시로 木內重四郎 ㊹116
키카리도우케 木刈 ②281 286
키타큐슈(지역) 北九州(地域) ③314 520 567 569
킨더 M. C. W. Kinder ㊴75
킴벌리 John W. Kimberley ㊵67 68 74 111
킴벌리 L. A. Kimberly ㊲199 201

ㅌ

타가오 高雄 ㊵45
타각부 打角夫 ㉕129
타구 打球 ⑩162
타구회 打球會 ㊺372
타나베 히사오 田邊尙雄 (51)307
타나카 오야유키 田中親之 ㊻283
타날문경도 打捺文硬陶 ④298
타날문토기 打捺文土器 ④131
타니 칸조우 谷干城 ㊶29
타두회 打頭會 ㉛578
타래무늬 螺旋文 ②454 516
타무라 이요조 田村怡與造 ㊻194
『타벨라』『Tabella』(51)270
타사노비 他司奴婢 ㉓290
타악기 打樂器 ⑧382 ⑨613 614 ㉗426 430
타운선양행 陀雲仙洋行 ㊴29
타운센드 W. D. Townsend 陀(他)雲仙 ㊲68 ㊶119 143 ㊹36 56 94 ㊻323
타위 打圍 ㉓231
타율성사관(이론) 他律性史觀(理論) ㊺ 274 276
타이꾸 太沽 ㊵79
타이난 臺南 ㊵63
타이완 臺灣 ㊵15 23 25 47 63 71 77 78 85 87
타이콘데로가호 Ticonderoga號 ㊲275
『타임즈』The Times ㊵56 57
타작제 打作制 ㉚461 ㉝98
타전 打典 ⑦227 ⑨181
타제석촉 打製石鏃 ②494
타조 打租 ㉝102 105
타출기법 打出技法 ⑧255 256
타출법 打出法 ⑨191 264 ㊹21
타츠노 킨고 辰野金吾 ㊻308
타카하시 마사노부 高橋正信 ㊻15
타케노 코노베 武野伊平 ㊹91
타케다 노리유키 武田範之 ㊻130
타케조에 신이치로오 竹添進一郎 ㊵30
타케히사 코꾸조 武久克造 ㊵217
타타르 韃靼 ㉒251 256~258 260
타테 무네나리 伊達宗城 ㊵24
타테이와식 옹관묘 立巖式甕棺墓 ③567
타테이와 유적 立巖遺蹟 ③567 569
탁각 啄刻 ③130 293
탁국 喙國 ⑥37
탁금성 濯金(錦)成 ⑦229 ⑭429
탁기탄(국) 喙己呑(國) ⑦145 302 345 347 349 352 395
탁기환 卓琦桓 ㊳277
탁남 濁南 ㉚138 148 155 178 ㉜34
탁노경 卓都卿 ⑳324
탁리국 橐離國 ①146 ④155 157 182 183
탁목조 啄木調 ⑨605 ㉗416 419
탁몽성 卓夢聖 ㊻121 122
탁무 鐸舞 ④290 ⑧383
탁물우의 托物寓意 ㉗293 294
탁발 托鉢 ㉖281
탁부 喙部 ⑦85 88 116 247~250 253 ⑨16
탁사정 卓思政 ⑮309
탁소 卓素 ⑥218 221

탁순(국) 卓淳(國) ⑥37~39 ⑦110 302 345 349 352 354 357 375 380 382~385 395
탁영시 擢英試 ㉓328 335
『탁옥부』『琢玉賦』⑯302
탁음자 托蔭者 ⑬447 456 ㉕71
탁정식 卓挺埴 ㊲85 278 284 302 ㊳23 83 90 ㊺52
「탁족도」「濯足圖」①492
탁지부 度支部 ⑲363 ㊵290 296 ㊷133 155 250 326 330 ㊹149 ㊼36 119
탁지부건축소 度支部建築所 ㊻306
「탁지부관제」「度支部官制」㊵239 ㊷332
탁지부청사 度支部廳舍 ㉟547
『탁지정례』『度支定例』㉜187
『탁지지』『度支志』㉚460 ㉜93 ㉝17
탁청 卓靑 ⑲7 196 234 238 244 ⑳176 321 322 ㉒160
탁치반대운동 託治反對運動 52110
탄금선인 彈琴仙人 ⑧185
탄령 炭嶺 ⑫38
「탄로가」「嘆老歌」㉑280
탄막 炭幕 ㉝309
탄문 坦文 ⑫72 109 114 ⑯14 15 25 29 30 43 45 46 48 49 96 102
탄방동유적 炭坊洞遺蹟 ③83
탄법 彈法 ⑨609
탄상회사 炭商會社 ㊹189
탄생설화 誕生說話 ㉑334
탄선 坦禪 ㉘189
탄소측정연대 炭素測定年代 ②336
탄연 坦然 ⑰240 242 291
탄연체 坦然體 ⑰291 ㉑438
탄쟁 彈箏 ⑧378
탄현 炭峴 ⑥69 ⑧309 ⑨37
탄화도토리 炭化도토리 ②408
탄화곡물 炭化穀物 ②375
탄화미 炭化米 ①188 ③ 260~262
탄환 彈丸 ㉗240
탈경이작 奪耕移作 ㊴264
탈놀이 ㉑505
탈성리학 脫性理學 ㉟213 265
탈역 脫役 ㉞203 208 215 216
탈주자학 脫朱子學 ㉜29
탈지 脫知 ⑦112
탈춤 ①326 426 ㉛597 ㉞125 ㉟598 599 51357 358
탈타병 脫朶兵 ⑳265
탈탈 脫脫 ⑳328 329 384
탈탈남정군 脫脫南征軍 ⑳328
탈피련 脫皮練 ⑨450
탈해(니사금) 脫解(尼師今) ⑦28 32 141 246 260 ⑪220
탈해신화 脫解神話 ①137 ⑦2
탈호 頉戶 ㉜318 378
탐가중재 貪價重載 ㉝296
탐라 耽羅 ⑫214 ⑮287 299 378 ⑱7 ⑳115~121
탐라국주 耽羅國主 ⑨41
탐라만호부 耽羅萬戶府 ⑳274
『탐라순력도』『耽羅巡歷圖』㉔565
『탐라지』『耽羅誌』㉟282
탐라화산도 耽羅火山圖 ⑰282
탐수암 探守庵 ⑮333
탐수원 探守院 ⑫224
『탐영사례』『耽營事例』㉔565
탐적사 探賊使 ㉜425
탐정대 探偵隊 ㊽326
『탐현기석』『探玄記釋』⑯30
탐화(랑) 探花(郞) ㉓326
탑 榻 ⑧456
탑골공원 塔骨公園 ㊻208
탑극세 塔克世 ㉙216 217
탑리고분 義城 塔里古墳 ⑧363
탑립동분원 塔立洞分院 ㉛518
탑비 塔碑 ⑨587
탑전 鞜典 ⑦227 ⑨181
탑찰아 塔察兒 ⑲396

탕건 宕巾 ㉛609 51402
탕샤오이 唐紹儀 ㊵77
탕정성 湯井城 ⑥24
탕정주 湯井州 ⑨128
탕평(정)책 蕩平(政)策 ①301 ㉚5 126 150 164 287 ㉜31 46 52 60 74 151 219 ㉞155 ㉟199 233
탕평과 蕩平科 ㉓331
탕평당 蕩平黨 ㉜3 61 63 74 151 155 ㊱193
탕평론 蕩平論 ①308 309 ㉚164 175 286 ㉜1 31 37 39~43 46 50~52 79 ㉟233
탕평비 蕩平碑 ㉓282
탕평소 蕩平疏 ㉜58
탕평윤음 蕩平綸音 ㉜81
탕평전교 蕩平傳敎 ㉜48
탕평정국 蕩平政局 ㉞69
탕평정치 蕩平政治 ①299 ㉚2 179 ㉟76 206
탕평천하 蕩平天下 ㊱192
탕평파 蕩平派 ㉜154
탕포균환 蕩逋均還 ㉜378 ㊱330
탕환귀결 蕩還歸結 ㉜378
태가 駄價 ㉜180
태강 苔綱 ①37
태고법통설 太古法統說 ㉛391 393
태고사 太古寺 51214
태고사원증국사탑 太古寺圓證國師塔 ㉑400 405
태극 太極 ㉖55 ㉟22 68 69 71 74 76
태극교 太極教 51230
태극기 太極旗 ㊳142 ㊵235 ㊼151 223 338 345 359 360 367 368 376 383 385 390 395 396 398 400 403 ㊾137 431
태극단 太極團 ①388 ㊽211
「태극도설」「太極圖說」㉟28 184
태극서관 太極書館 ㊸214
『태극학보』『太極學報』㊺302
태극학회 太極學會 ㊸144 ㊺77 126 184
태근 太斤 ㉙155 156
태대각간 太大角干 ⑦163 171
태대대로 太大對盧 ⑤104 167
태대사자 太大使者 ⑤162 166 167
태대형 太大兄 ⑤99 100 161 166 ⑦51
『태동신보』『泰東新報』㊸279
태동실업주식회사 泰東實業株式會社 ㊼196 245 246
태막리지 太莫離支 ⑤104 167
태몽 胎夢 ⑯369 370
태묘 太廟 ⑫145 ⑯335 340 351 ⑰244 ㉑458 485
태묘서 太廟署 101
태묘악장 太廟樂章 ㉑486
태묘조성도감 太廟造成都監 ㉔211 ㉖216 ㉗468
태백금성 太白金星 ㉖290
태백산 太白山 ①157 ⑩170 ⑳137 150 153 159
태백산맥 太白山脈 ①14 18 21 45 50 67 68 73 75 101
태백주현 太白晝見 ㉗40 41
태보 太保 ⑬113 114
태복감 太卜監 ⑫212 ⑬397 ⑭ 49 ⑯365 366 ⑰111~113 ㉓361
태복경 太僕卿 ⑫50
태복서 太卜署 ⑬101
태복시 太僕寺 ⑬100 101 ⑭421
태봉 泰封 ①217 ⑩72 ⑪5 ⑫2 14 15 21 22 32 41 62 67 68 69 107 ㉓359
태부 太傅 ⑬113 114
태부시 太府寺 ⑬100
태사 太社 ㊷31
태사 太奢 ⑤157
태사 太師 ⑫42 172 272 ⑬113 114
태사국 太史局 ⑬101 ⑯321 365 366 ⑰5 111~113 ㉑195 ㉓361
『태산요록』『胎産要錄』㉕379 ㉗139 142

143
『태상감응편』『太上感應篇』⑯285
태상로군 太上老君 ㉖293
태상시 太常寺 ⑩145 154 162 224
태상인혁례 太常因革禮 ㉖24
태생 胎生 ⑦20
『태서문예신보』『泰西文藝新報』㊿68
태서법 泰西法 ⑧181 ㊺349
『태서신사』『泰西新史』㊺115
『태서신사람요』『泰西新史攬要』㊺160
태서학문 泰西學問 ㊲273
태선문토기 太線文土器 ②444 446
태선침선문계토기 太線沈線文系土器 ② 398
태성리고분군 台城里古墳群 ③354
태성리유적 台城里遺蹟 ③172 178 344 459
태성리토광묘 台城里土壙墓 ③416 419 421
태수 太守 ⑤38 56 171 173 ⑦200 ⑨ 133
태수제 太守制 ⑥182
태승니 汰僧尼 ㉖247
태시 太始 ⑩62 140
태시령 泰始令 ⑤215
태시율령 泰始律令 ⑤53
「태식록」「太息錄」㊻106
태실 胎室 ㉟157
태악서 太樂署 ⑬101
태안마애삼존불상 泰安磨崖三尊佛像 ⑧ 482
태안반도 泰安半島 ①50
태안사 泰安寺 ⑪193 196~198
태안설창 泰安設倉 ㉜134
태안함 泰安艦 ㊳135 136
태양숭배사상 太陽崇拜思想 ②512
태양신 太陽神 ①135
태양신앙 太陽信仰 ①167
태양진당 太養眞堂 ㊹381
태양착초 太陽擲醮 ㉖294
태양흑점쇠퇴설 太陽黑點衰退說 ㉚308
태왕 太王 ⑤60 96 ⑦250
태왕호 太王號 ⑦3
태운회사 泰運會社 ㊹187
태원진 太原鎭 ㊵48
태음착초 太陰擲醮 ㉖294
태의 太醫 ㉞84 87
태의감 太醫監 ⑮159 167 292 ⑰122~125 ㉑227 228 ㉓360
태의서 太醫署 ⑬101
태의업 太醫業 ⑬296
태의원 太醫院 ㉗116
태인현 泰仁縣 ㉘276
『태일경』『太一經』㉖293
태일산 太一算 ㉓348
태일성(제) 太一星(祭) ⑯148 ㉖294
태일전 太一殿 ㉖293 294 296 ㉛404 ㉓ 93
태일초 太一醮 ①256 ㉖291 292 294
태자 太子 ⑪18 21 27
태자귀 太子鬼 ㉟178
태자사 太子寺 ⑪200
태자사낭공대사백월서운탑비 太子寺朗空大師白月栖雲塔碑 ⑨490
태자사유상 太子思惟像 ⑧245
태자하 太子河 ⑤39
태장 笞杖 ⑮179
『태장경』『胎藏經』⑯322
태재부 大宰府 ⑪93 94 ⑭460~462 ⑯ 132
『태재집』『泰齋集』㉗229
태전 苔田 ㉜177
태정관(다이죠우칸) 太政官 ⑨285 ⑩192 ㉜467
태정봉환 太政奉還 ㉜462
태조 太祖 ⑤28 41 45
태조(왕건) 太祖(王建) ⑫2 3 19 27 39 ~41 48 49~57 60 64 66 66 73 76 77

79 85 107 126 130 131 132 135 156 158 165 172 175
태조공신 太祖功臣 ⑫81 150 177 ⑬457 458 ⑱225
태조묘 太祖廟 ⑯271 275 ㉖243
태조부묘도감 太祖祔廟都監 ㉗469
『태조실록』『太祖實錄』⑰150 151 159
태조진전 太祖眞殿 ⑯366 370
태종 太宗 ⑦23 153 ⑫49 102 151
태종무열왕 太宗武烈王 ⑪1 11 13
『태종실록』『太宗實錄』㉒75 76
태주 台州 ⑨297
태직 太稷 ㊷31
태진 太眞 ㉗36 ㊱94
태토 胎土 ③251~256 489 494 495 499 500 ⑨535
태평가 太平歌 ㉟562 578
태평관 太平館 ㉒301 ㉖256 263 ㉗464 ㉛527
태평동여학교 太平洞女學校 ㊺100
『태평산수도화』『太平山水圖畵』㉟461
『태평성혜방』『太平聖惠方』⑰127
태평소 太平簫 ㉓112
「태평송」「太平頌」⑨469
태평양노동조합 太平洋勞動組合 ㊿158 186
태평양전쟁 太平洋戰爭 ①379 ㊵94 ㊼114 116 ㊿1 8 9 16 31 66 75 82 126 127 235 258 300 456 459
『태평양주보』Korean Pacific Weekly『太平洋週報』㊿380
태평양포경회사 太平洋捕鯨會社 ㊹126
태평양함대 太平洋艦隊 ㊵75
태평양회의 太平洋會議 ㊽148
태평예람도 太平睿覽圖 ⑰283
태평원 太平院 ㉔512
태평2년명마애약사여래좌상 太平二年銘磨崖藥師如來坐像 ⑰274
태평천국운동 太平天國運動 ㊵37
태평천국의 난 太平天國의 亂 ①338 ㊲55 57
태평초공사포자연대대 太平哨公社泡子沿大隊 ⑧329
『태평한화골계전』『太平閑話滑稽傳』㉗362 ㉛641
태평회사 太平會社 ㊴178
태평흥국6년명마애반가상 太平興國六年銘磨崖半跏像 ⑰274
태평흥국사 太平興國寺 ⑯110
태학 太學 ①442 ⑤5 50 52 53 55 94 162 163 ⑦97 413 ⑧4 113~117 123 125 ⑨608 ⑩162 187 ⑫192 194 ㉓279 319 ㉞58
태학박사 太學博士 ⑤163
『태학지』『太學志』㉓287
태항아리 胎缸 ㉗489
태행산 유격대 太行山 遊擊隊 ㊿451
태허 太虛 ㉟68~71 74 76
『태허정집』『太虛亭集』㉗229
태현 太賢 ⑨189 366 368 371 397 408 409 415 ⑪6 183 186
태형 笞刑 ⑮179 185 ㉞276 ㊷256
태호 胎壺 ⑨536
태화강 太和江 ⑨300
태화관 泰(太)華館 ㊻205 208 ㊼14 15 332 333
태화궁 太和宮 ⑰245
태화사지 太和寺址 ⑨571
태화여자관 泰和女子館 ㊹390
태환금권 兌換金券 ㊷103
「태환금권조례」「兌換金券條例」㊷103 ㊹25
태환이식 太鐶(環)耳飾 ①482 ⑧255
태후묘 太后廟 ⑧18
『택리지』『擇里志』⑦309 ㉚37 ㉝58 90 357 367 369 382 384 ㉟190 303 310 ㊱213 217 218 ㊸214 291
택수령론 擇守令論 ㉜128 153

택자장 擇字匠 ㉗196
터너 Frederick Jackson Turner ㊵18
터널형화덕 Tunnel形爐 ③396 397 401
터키 Turkey ㊷33
털코끼리(맘모스) ②49 50 116 337
털코뿔이 ②107 240 337
테라자키 타이키치 寺崎泰吉 ㊶36
테뫼식산성 테뫼式山城 ⑤188 ⑥197
테뫼형 ⑥195
테무진 鐵木眞 ⑳182
테페 야야 Tepe Yaya ③228
테프트·가쓰라(비밀)협정 The Taft Katsura Agreement ①357 360 ㊵94 ㊷206 209 230 231 239 ㊸2 45 59 69 84 193
텡그리 Tengri ④57
『텬로력뎡』『天路歷程』 51258
토갱묘 土坑墓 ⑧335
토관계 土官階 ㉕82 149 150
토관(제도) 土官(制度) ⑲368 ㉓154 184 ㉔440 ㉕82 108 111 113~116 123 149 374 386
토관직 土官職 ⑳314 316
토광목곽묘 土壙木槨墓 ①197 198 ③345 347 461 464 ⑦35 ⑧326 334 356 358 ④160 174 226
토광목관묘 土壙木棺墓 ①196 197 198 ③461 464 546
토광묘 土壙墓 ①105 ②401 ③336 343 344 357 369 409 417 524 ④37 60 65 128 129 131~133 164 ⑤2 3 ⑦35 64 77 ⑧326 334 337 ⑩7 51 210
토광적석묘 土壙積石墓 ⑧337
토광직장묘 土壙直葬墓 ③417
토구의 난 土寇의 亂 ㊱338
『토끼전』 ㉟424 425
토담집 ㉕338
토도로키식토기 轟式土器 ②440 511 539 541
토돈묘 土墩墓 ⑧338 364
토둔 吐屯 ⑩22 32 117
토론회 討論會 ㊾244 308 371
토류석(호석) 土留石(護石) ⑧351
토리하마패총 鳥浜貝塚 ②536
토마 土馬 ㉔582
토마스 Robert Jermain Thomas 托馬浚(崔蘭軒) ㉜501 ㊻159 160
토막민 土幕民 51413
토목건축청부회사 土木建築請負會社 ㊹240
토목국 土木局 ㊷67
토목기술 土木技術 ⑧416
토목보 土木堡 ㉒252 253 259
토목의 변 土木의 變 ㉒251 253 259 260 279
토문(강) 土們(江) ㉜411 414
토문감계사 土們勘界使 ㊴107
토미시마 미치마사 副島道正 ㊽33
토반 土班 ㊵174 ㊹319
토번 吐蕃 ⑨64 ⑩19 78 112 ⑲127 ㉑346 347
「토별가(수궁가)」「兎鼈歌(水宮歌)」 ㉞124
토병 土兵 ㉓157 ㉙58 59 68
토부 土釜 ㉝24211
「토비대략」「討匪大略」 ㊴301
토산 兎山 ⑲29
토산 土産 ㉘361
토산애용부인(상)회 土産愛用婦人(商)會 ㊾281 281
토산장려회 土産獎勵會 ㊾37 39
토성 土姓 ③345 438 442~445 ④289 ⑥23 ⑦216 ⑫142 143 ⑮134~136 142 151 152 258 ㉓183 ㉕67 115 ㉗171 172 ㉘155
토성동유적 土城洞遺蹟 ③343 344 352 355
토성리사지 土城里寺址 ⑧270
토성리(유적) 土城里(遺蹟) ②362 363 460 462 487 554 ⑤16 18

토성사족 土姓士族 ㉓5 152 153 ㉛62
토성이민 土姓吏民 ㉓5 127 ㉘144 156
토성이족 土姓吏族 ㉘155 ㉛62 133
토성자 土城子 ④125 159
토성자고성 土城子古城 ⑩200
토성품관 土姓品官 ㉓186
토세 土稅 ㉝208 209
토수 吐手 ㊿406 409
토신 土神 ⑯353
토야마 미츠루 頭山滿 ㊵35
토역과 討逆科 ㉓331
토역소 討逆疏 ㊶42
토왜 土倭 ㊸444
토요계 土曜系 ㊿226
토요회 土曜會 ㊼284
토욕혼 吐谷渾 ⑨28 65
토용 土俑 ⑧266 ⑨517
토우 土偶 ③280 ⑦10 ⑧216 266
토월회 土月會 ㊺363 ㊿368
토인 土人 ⑩7 8 42~45 51 52 159
토인비 Arnold Toynbee ㉚306
토장 土墻 ㉕350
토장묘 土葬墓 ②435
토장토돈묘 土葬土墩墓 ⑧361
토적 土賊 ㊱55
『토정가장결』『土亭家藏訣』㊱362
토정고초전 土亭藁草廛 ㉝370
『토정비결』『土亭秘訣』㉛418
토정시목전 土亭柴木廛 ㉝370
토제멧돼지조각품 土製猪形彫刻品 ②541
토제방추차 土製紡錘車 ②419
토제품 土製品 ②504
토졸 土卒 ㉞144
토즈카 츠미나리 戸塚積齊 ㊻282
「토지가옥설명규칙」「土地家屋說明規則」 ㊷ 303 ㊹145 430 ㊼53 54
「토지가옥증명규칙시행세칙」「土地家屋證明規則施行細則」 ㊸303
토지개량사업 土地改良(量)事業 ㊽64 88 ㊿74 76
토지개혁(론) 土地改革(論) ㉟245 246 ㊱274 52275 257 401 453
「토지개혁법」「土地改革法」52130 262
토지개혁위원회 土地改革委員會 52263
토지겸병 土地兼幷 ⑲7 85 119 148 227 ~230 233 234 241
토지국유제(론) 土地國有制(論) ⑭1 8 9 133~135 137 276~279 282 283 285 287 289 296 ㉔1 23 ㉘353
토지대장 土地臺帳 ㊹131
토지매도증 土地賣渡證 ㊹142
「토지법」「土地法」㊼62
토지분급(제) 土地分給(制) ⑭23 24 34 35 42~44 62 88 96 178 231
토지분급규정 土地分給規程 ㉔36
토지상품화 土地商品化 ㉝83 412 413
토지수용령 土地收用令 ㊹143 ㊼4 59 77 97
토지신 土地神 ⑧30
토지조사국 土地調査局 ㊷331
「토지조사령」「土地調査令」㊼3 56 57 130
「토지조사법」「土地調査法」㊹430
토지조사부 土地調査簿 ㊷73
토지조사사업 土地調査事業 ㊷314 ㊹142 ㊼3 4 13 52 54 57~63 71 73 130 131 310 ㊽3 55 170 51412
토지준정 土地准丁 ㉘93 94
「토지측량에 관한 청의서」「土地測量에 關한 請議書」㊷64
토지탈점 土地奪占 ⑲148 228 235 236
토착신앙 土着信仰 ⑦14
토착호족 土着豪族 ⑪191
토청 土青 ㉗519 521
토축 土築 ⑨591
토축묘 土築墓 ⑧326 334~336 338
토쿠가와 나리아키 德川齊昭 ㊲64
토쿠가와막부 德川幕府 ㊲21 22 33 60 204 205 220

토쿠토미 소호오 德富蘇峯 ㊵90
토탄층 土炭層 ②331 334 342 343 384 502 503
토테미즘 Totemism ①141 144 147 148 152 167 438 439 ②506
토포 土布 ㊹214 216 220
토포사 討捕使 ㊴444
토포영 討捕營 ㊱170
토표피 土豹皮 ㉒360
토함산 吐含山 ⑦22 63
토호 土豪 ⑫139 ⑳75 308 314 316 320 322 325 ㉓301 ㉕66 344
토호포 吐號浦 ⑩36
톨더실래스 조약 Tordesillas 條約 ㊲27
톰센 C. J. Thomsen ③10 325
통감 統監 ㊷234 237 240 ㊼21 114 121
『통감』『通監』㉓285 292 302
『통감고이』『通鑑考異』㉟326
통감부 統監府 ①376 ㊵292 ㊸301 391 447 448 ㊹184 185 376 423 ㊻70 77～80 89 90 93 251 ㊼21 22 39 46 50 54 96 103 181
「통감부 경찰관서 관제」「統監府 警察官署 官制」㊼40
「통감부 및 이사청관제」「統監府及理事廳官制」㊷309
통감부 통신관리국 統監府 通信管理局 ㊹244
「통감부재정감사청관제」「統監府財政監査廳官制」㊷326
통감정치 統監政治 ㊸310
「통곡 속에서」「痛哭 속에서」㊾134
통공발매정책 通共發賣政策 ㉟256
통교 通敎 ⑨381 ⑯44 79
통교기구 通交機構 ㉘114 125
통교왜인 通交倭人 ㉘131
통구사신총 通溝四神塚 ①478 479 ⑧192 333
통구철사랑(히구치 데츠시로) 樋口鐵四郎 ㉜466
통납제 統納制 ㉜294
통덕 通德 ⑫96
통도사 通度寺 ⑭259 ⑳130 201
통도사 금동아미타삼존상 通度寺 金銅阿彌陀三尊像 ㉗596
『통도사사리가사사적약록』『通度寺舍利架裟事蹟略錄』⑳103
통독 通讀 ㉓286 328 333 334 342
통동계 通洞系 ㊾125 128 129
통동병원 通東病院 ㊽273
통령 統領 ㊴395 447
통례문(원) 通禮門(院) ⑲18 ㉓58 69 89 103 ㉞93
통리각국사무아문 統理各國事務衙門 ㊹80
통리교섭통상사무아문 統理交涉通商事務衙門 ㊲331 ㊳39 151 308 333 ㊵148 149 166 187 ㊶127 ㊷140 ㊹78 ㊻16
통리군국사무아문 統理軍國事務衙門 ㊲331 332 ㊳39 151 308 ㊴88 ㊵187
통리기무아문 統理機務衙門 ㊲10 258 282 284 330～332 ㊳6 32 38 39 45 47～49 51 83 105 107 128 148～150 172 241 287 ㊵187 ㊹418 ㊺322 ㊻16
통리내무아문 統理內務衙門 ㊳39 308
통리아문 統理衙門 ㊳39 308
『통리아문일기』『統理衙門日記』㊴50
통망권 通望權 ㉜66
통문 通文 ①332 ㉚5 239 241 ㊱13 15 73 300 309 311 331 365 ㊳280 ㊴353
통문관 通文館 ⑰53～55 ㉓359
『통문관지』『通文館志』㉜389 432 ㉟196
통문박사 通文博士 ⑨99 ⑪43
통사 通事 ⑤162 163 ⑫236 ⑱159 ㉕129
통사 通詞 ㉜445
통상개항장 通商開港場 ㊲82
통상사 通商司 ㊳38
통상세 通商稅 ㊷92

통상장정 通商章程 ㊲80 254 258 260 ㊳166 ㊵24
통상회 通常會 ㊶213 223 229 234 310 333 ㊸283
『통서일기』『統署日記』㊻16 28
통선 桶船 ㉝229
통소 洞簫 ⑧372
통소기 通宵旗 ㉓229
통수 統首 ㉞214 ㊴251
통신 通信 ㊻258
통신관 通信官 ㉒400
통신국 通信局 ㊹226
통신부 通信符 ㉒381
통신사 通信使 ⑳413 ㉒400 401 405 ㉜14 435 436 ㉝466 468 ㊲21 204
통신사강정대차왜 通信使講定大差倭 ㉜461
통신사업 通信事業 ㊹243
통신사행 通信使行 ㉟281
통신원 通信院 ㊵295 ㊷99 ㊹91 230
통양창 通陽倉 ⑭406 ㉔337 524 525
통어영 統禦營 ㊴103
통영 統營 ㉜186 191 193
통영미 統營米 ㊱334
통영오광대 統營五廣大 ㉟630 640
「통용장정」「通用章程」㊸256 275
통원보 通遠堡 ㉙297
통위영 統衛營 ㊴102 ㊵196
통의부 統義府 ㊽263 265~268 270 279 283 335
통인 通引 ㉞99
통일건국회 統一建國會 52196
통일기성회 統一期成會 51188~190
통일당 統一黨 51182 183
통일독립운동자협의회 統一獨立運動者協議會 52137 201 210
통일독립촉진회 統一獨立促進會 52201
통일위원회 統一委員會 52162
통일전선운동 統一戰線運動 506
통일정권촉성회 統一政權促成會 52196
『통전』『通典』⑥138 149 150 230 ⑩54
통제영 統制營 ㉓359 ㊴103
통조림업 통조림業 ㊹481
통주 統主 ㉓143 ㉞197 211
통주 通州 ④177 ⑫211 ⑮303 312
통주도부서 通州都部署 343
통직 通織 ㉔270
통진 通津 ㉕103
통진계전 通進啓箋 ㉓62
통찰 通察 ㊴395
통천 通川 ㉝347
통첩변명서 通牒辨明書 ㊸85
통청 通淸 ㊴232
통청권 通淸權 ㉜61 65 81 83 85 90 ㉞69
통청운동 通淸運動 ㉞58 63 64 92 95 96 ㉟102
통치마 51398 409
통치조직 統治組織 ㊷260
통태진 通泰鎭 ⑮327
통패 統牌 ㉞214
통패식 統牌式 ㉞214
통합한독당 統合韓獨黨 52132
통합고문회의 Coalition Advisory Council 統合顧問會議 5233
통형동기 筒形銅器 ⑦310
통혜공사 通惠公司 ㊹91
통혼(권) 通婚(圈) ①72 ⑮29 137 147
통혼정책 通婚政策 5064 65
통화소만구 通化小彎溝 ㊹303
통화현 通化縣 ㊹300 302
통환 統還 ㉜339 375 ㊱298 300
『퇴계상제례답문』『退溪喪祭禮答問』㉘345
『퇴계집』『退溪集』㉟189
퇴계학파 退溪學派 ㉗296 ㉚30 ㉛268~270 278 282 284 285 ㉟14 52
퇴도지 退賭地 ㉝124
퇴래리유적 退來里遺蹟 ③392

퇴선 退船 ㉝376
퇴적분지 堆積盆地 ①41
퇴적암 堆積巖 ①41
퇴전 退典 ㊹138
투 브라더즈호 The Two Brothers號 ㉜490
투각 透刻 ㉗524 525
투각삼족오 透刻三足烏 ①478
투겁창 鉾(矛) ③36 412 535 538
투기 妬忌 ⑤215~217
투기죄 妬忌罪 ④217
투란희 鬪卵戲 ㉑561
투박조개팔찌 ②487 490
투서 套書 ㊱66
투석기 投石機 ㉗230
투속 投屬 ㉕220 221 ㉜304
투속자 投屬者 ㉜124
투순군 投順軍 ㉙168
투식 偸食 ㉝288
투식판 套式板 ㉗208
투이조어법 投餌釣漁法 ㉝226
투장처 偸葬處 ㊱182
투조기법 透彫技法 ⑧256
투탁 投託(托) ⑲7 234 243 ㉘15 ㉜373
투항민 投降民 ⑳309
투호 投壺 ⑥245 ⑧389 ㉑511 515 563
투호례 投壺禮 ㉓304
투화왜 投化倭 ㉒376
투화인 投化人 ⑮164 192 193 283 292 ㉓365
투화전 投化田 ⑭144 222 226 274 275
퉁구스어 Tungus語 ①418
퉁구스족 Tungus族 ①114~116 119~123 127 134 135
퉁멍거티무르 童猛哥帖木兒 ㉒165 278 279 292 321~323 332~335 341 346 347 352 363
퉁소 洞簫 ㉑480
퉁양정 佟養正 ㉙34
튜바 유적 Tuva 遺蹟 ②300
트레머리 ㊿404
트렌턴호 Trenton號 ㊳143 145
트루만 Harry S. Truman ㊾ 61
트루만독트린 Truman Doctrine ㊾384
특권상업 特權商業 ㉟252
특권상인 特權商人 ㉝408
특권행상 特權行商 ㊳415
특립제일대한은행 特立第一大韓銀行 ㊹186
특명전권공사 特命全權公使 ㊺69
특별법원 特別法院 ㊵244 245
특별여자사경회 特別女子査經會 ㊻172
특별정치위원회 特別政治委員會 ㊾185
특산지 特産地 ㉝358
특송선 特送船 ㉘133 ㉚602 ㉜429 440
특수은행 特殊銀行 ㊽83 85 90
특위사액 特爲賜額 ㉛103
특진관제 特進官制 ㉒137
티벳문자 티벳文字 ㉖99
티엔쭈앙타이 田庄台 ㊵47 62 63
팅위엔 定遠 ㊵52 54

ㅍ

파 把 ㉔603 604
파가 波加 ⑨41
파계사 목관음보살상 把溪寺 木觀音菩薩像 ㉗594
파계사 원통전 관음상 把溪寺 圓通殿觀音像 ㉟139
파계승놀이 破戒僧놀이 ㉟635 639
파고다(탑골)공원 Pagoda(塔洞)公園 ㊼14 15 325 333 334 337
파기 疤記 ㉞219
파도문 波濤文 ㉗489 520
파두 把頭 ㊹307
파두반 破頭潘 ⑳332 346
파라문 婆羅門 ⑨317
파라문교 Brahmanism 婆羅門教 ⑨615
파로호 破虜湖 ②181
파루 罷漏 ㉚259
파르티안 숏 Parthian Shot ⑧388
파리강화회의 Paris講和會議 ㊼13 150 215 234~237 277 393 ㊽11 104 108 111 125~127 132 134 ㉛222
파리외방전교회 Étrangères de Paris 巴里外邦傳敎會 ㉜485 491 ㉟117 120 125 ㊻4 138 146 299 ㉛270
파리외방전교회원 Paris外邦傳敎會員 ㊲77
파리장서사건 巴里長書事件 ㉟63 ㉛219
파리평화회의 Paris 平和會議 ㊼313 331 403 401
파마 ㉛223 238 404
파마양행 巴馬洋行 ㊸216 305
파문 巴文 ⑧265
파발제 擺撥 ㉔10 547 548 577 ㉝255 259 260 262
파방 罷榜 ㉓336 338
파벨 까멘시이 Pavel Kamensij ㉜523
파보리뜨호 la Favorite號 ㉜497
파붕당(론) 破朋黨(論) ㉚175 ㉜43 ㊱193
파블로브 Alexandre I. Pavlov 巴禹路厚 ㊲317 ㊴77 ㊶125 ㊷182 224 ㊸25 31 41 53 66
파사 婆娑 ⑨362
파사니사금 婆娑尼師今 ⑧315
파사답아 巴思答兒 ⑲396
파사산 波斯山 ⑦366
파사산성 婆娑山城 ㉙185
파사석탑 婆娑石塔 ⑦411
파사주경 派使駐京 ㊳320 323 324
파상문 波狀文 ⑧257 266 ㉗497
파성관 巴城館 ㊶35
파세트 J. Sloat Fasset ㊶116 ㊹110
파수군 把守軍 ㉓231
파시 波市 ①71 72 ㉝215
파아크스 Harry S. Parkes 巴夏禮 ㊲80~82 303 306 307 ㊳334 335 432 ㊴144
파업(투쟁) 罷業(鬪爭) ㊿168~170 172 196 200
파저강(동가강) 婆猪江(佟佳江) ㉒147 337 339
파적위 破敵衛 ㉒123 ㉓110 213 216~218
파조 派祖 ㉞168 173 174
「파주향약」「坡州鄕約」㉛39 86
파진찬 波珍飡 ⑫22 24 26 36
파천촌 巴川村 ⑦242
파청대첩 巴靑大捷 ㊸436

파초문 芭蕉文 ㉗502
「파초야우도」「芭蕉夜雨圖」㉗557 565
파총 把摠 ㉚245 254 269
파총관 把摠官 ㉞31
파커 Geoffrey Parker ㉚307
파평 坡平 ⑫243
파평 윤씨 坡平尹氏 ⑫197 203 216
『파한집』『破閑集』⑰7 199 239 286 ⑱12 219 ㉗282
파형동기 巴形銅器 ⑦310 ⑧358
파환귀결 罷還歸結 ㉜326 361 374 376 377 379 ㊱326~330
판관 判官 ㉓30 175 ㉞186
판교원 板橋 ⑮295 ⑯71 123 ⑲390
판금법 板金法 ⑨191
판놀음 ㉟625
판도사 版圖司 ㉔19 64 66
판본체 版本體 ㉛503
판부(이다쓰께)유적 板付遺蹟 ⑧465
『판비량론』『判比量論』⑨367 375
판상경국 坂上經國 ⑪122
판상철부 板狀鐵斧 ③454 465 467 468 518 525 554 565
판서자 板書者 ㉗226
판석묘 板石墓 ③168 170
판석조석실분 板石造石室墳 ⑧345 346
판선종사 判禪宗事 ㉖283
판소리 ①325 326 425 428 429 501 502 504 505 ㉛438 ㉞123 ㉟8 422~425 550 560 564 567 568 625~630 643 ㉟643 ㊱131 ㊿130 131 364
판옥선 板屋船 ㉔6 356 358~360 367 ㉙16 62 67 194 195 205 206
판올림 上版 ㉗196
판임관 判任官 ㊷261 ㊹337 ㊼2 38
판임문관 判任文官 ㊷253
판적국 版籍局 ㊷67
판적봉환 版籍奉還 ㊲225
판적사 版籍司 ㉓68 ㉔424 ㉕359
판정백성 判定百姓 ㉕233
판축 版築 ⑨597
판형 判刑 ㉙171
판화변상도 板畵變相圖 ⑰288
판화자 板畵者 ㉗226
8각원당형부도 八角圓堂型浮屠 ⑰265
8각원당형 八角圓堂型 ㉑400 401 403~405
8각형탑 八角型塔 ⑧300
8결작부제 八結作夫制 ㉚384
8고조도 八高祖圖 ⑮114 115
팔관사상 八關思想 ⑯161
팔관위장 八關衛仗 ㉑489
팔관재계 八關齋戒 ⑯162
팔관지법 八關之法 ⑯155
「팔관치어구호」「八關致語口號」158
「팔관하전」「八關賀箋」⑯158
팔관회 八關會 ⑥242 ⑧2 44 56 74 ⑫73 144 145 159 160 176 177 219 238 ⑭381 382 455 ⑯140 141 143 144 155~158 160 280 288 332 334 349 ⑰219 224 ⑱202 ㉑459 461 476 490 491 493~497 522 523 531 544 577 ㉖275 ㉗424 ㉘259 260 ㉛581
「팔관회선랑하표」「八關會仙郞賀表」158
팔기제(도) 八旗制(度) ㉙219 223 237
팔도관찰사제 八道觀察使制 ⑬178
팔도구관당상(제) 八道勾管堂上(制) ㉚195 198 ㉞102 188 189 242 244 245 247
팔도대화주 八道大化主 ㉟156
팔도도총섭 八道都摠攝 ㉟138 154
팔도사도 八道四都 ㊲185
팔도십육종도총섭 八道十六宗都摠攝 ㉛398 399
팔도의병대장 八道義兵大將 ㉙54
팔도의병도대장 八道義兵都大將 ㉙188
「팔도재인등장」「八道才人等狀」㉟564 595
8도제 八道制 ⑬237
『8도지리지』『八道地理志』①285 ㉒75 78

8도체제 八道體制 ①267
팔련성(반납성) 八連城(半拉城) ⑩38 146 148 180 186 198 199 201 206 216 217 220 241
팔령신 八鈴神 ⑯344 ㉑255
팔로도성찰 八路都省察 ㊴436
팔로도집강 八路都執綱 ㊴436
팔만대장경 八萬大藏經 ①452 ⑱96 ⑳199 202 ㉑206
8목체제 八牧體制 ⑫213 249
팔미신사 八尾神社 ⑧469
팔방통보 八方通寶 ㉒128
팔방통화 八方通貨 ㉔191
팔번대보살(하치만다이보사츠) 八幡大菩薩 ⑨290
팔보유리정 八寶琉璃井 ⑩201
팔분체 八分體 ㉚586
팔사(스)파문자 八思巴文字 ㉖87 99 ㉟275
팔상회사 八商會社 ㊹189
팔성당 八聖堂 ⑯161 341 342
8아문체제 八衙門體制 ㊵187
팔원 八元 ⑰183
8월테제 八月These ㊾355 52148 150 245 258
8위(제) 八衛(制) ⑩151 152
팔의전 八矣廛 ㉔128
팔일무 八佾舞 ㉛587
8·15해방기념대회 八·一五解放紀念大會 52395
『팔자백선』『八子百選』㉟189 205
팔작지붕 八作지붕 ㉑370 360 ㉕350 ㉛529
팔재회 八齋會 ⑯155
팔전총통 八箭銃筒 ㉓267
팔조금법 八條禁法 ④138
팔조법금(범금) 八條法禁(犯禁) ⑥234 236 238
팔조호구법 八祖戶口法 ㉓184
8조호구식 八祖戶口式 ⑮20 111 114 115
팔주령 八珠鈴 ③39 45 61 95 177 220 265 538
팔천 八賤 ㊻114
팔포무역 八包貿易 ㉒303
팔포제 八包制 ㉚605
패 貝 ⑧378
패 佩 ㉕301
패강 浿江 ⑤119 138 ⑨4 144 ⑩103 122 123
패강진 浿江鎭 ⑫19 83 84 85 87 92 98 ⑬163 ⑭193 ⑮255
패강진전 浿江鎭典 ⑦267 ⑪19 40 51
패관문학 稗官文學 ⑱12
『패관잡기』『稗官雜記』㉕136 ㉗366 ㉛593 ㉟617
패권주의 覇權主義 ⑨29 43 47 ㊼101
패두 牌頭 ㊹308
패랭이 ㉕311
패륵 貝勒 ㉜394 410
『패림』『稗林』㉟322
패서도 浿西道 ⑫151 209
패서호족 浿西豪族 ⑪141～144 161
패수 沛水 ④84 85
패수 浿水 ④75～77 80 85
패옥 佩玉 ㉕299 309 ㊹460 461
패왕조산성 覇王朝山城 ⑤187
패자 貝子 ㉜394 410
패자 沛者 ⑤31 32 37 147～151 153
패잔농민군 敗殘農民軍 ㊵141
패조곡 稗租斛 ㉔611
패조류어장 貝藻類漁場 ㊶157
패주 貝州 ㉒163
패총 貝塚 ①100 ②360 492 ③26 179 403 405 406 408 522
패터슨 Robert B. Patterson 5263
패하 浿河 ⑥23 234 239
팽배 彭排 ㉓112 213 216 217 219 ㉘102
팽이형토기 팽이形土器 ①180 191 192

③12 180~182 194
팽종 彭從 ㉙154
팽한주 彭翰周 ㊶206 216
펑후 澎湖 ㊵15 85
펑후(열)도 澎湖列島 ㊵63 71 77 78
페낭 Penan 彼南 ㊻149
페르난드 브로델 Fernand Braudel ㉚307
페르비스트 Verbiest ㉛315 318
페리 M.C. Perry ㉜479 ㊲64 90 203 321 ㊵91
페이니 Payne ㊴62
페이젯 Ralph S. Paget ㊵67 74
페이튼기념병원 培敦紀念病院 ㊻289
펴묻기 伸展葬 ②432 437
편경 編磬 ㉗397 398 403
『편년강목』『編年綱目』⑫75 ⑰178 184 ㉑361 ㉖126 127
편년체 編年體 ㉖118 124 131 ㊺265
『편년통록』『編年通錄』⑯11 308 310 ⑰6 175~177 180~184 204 225 226 ㉑301 329 335 ㉖117
『편년통재』『編年通載』⑰6 187 204
『편년통재속편』『編年通載續編』⑰176 187
편두 編頭 ①132 ⑥249
편력 遍歷 ⑨622
편문현상 偏文現象 ㉕82
편민십팔사 便民十八事 ⑲119 276
편민이국 便民利國 ㊵307
편병 扁瓶 ①492
편복 便服 ㉛604 606 608 614
편사관 編史官 ⑰160
편성호 編成戶 ㉕22
편세공 編細工 ㊼85
편수관 編修官 ⑰159
편심호구법 編審戶口法 ㉚94
편양언기 鞭羊彥機 ㉟127 130
편오군 編伍軍 ㉚291
「편오사목」「編伍事目」㉚291
편운 片雲 ⑪196
편의대 便衣隊 ㊽297
편의유격조 便衣遊擊組 ㊽321
편의종사권 便宜從事權 ⑥188
편전 片箭 ㉗50
편제 編制 ㊷243
편종 編鐘 ㉗397 398 403
편죽 片竹 ㉚510
편찬관 編纂官 ㉛378 379
편파구도 偏頗構圖 ㉛449
편항장 鞭巷場 ㉝249
편호 編戶 ⑥170 186 202 ⑨227 230 233 255 ⑩157 ⑭389 433 ⑮77 184 218 318 321 ㉕16~20 ㉗167
평강공주 平康公主 ⑤195 207
평거복 平居服 ㊹467
평곽현 平郭縣 ⑤206
평구역 平丘驛 ㉝256
평균분작 平均分作 ㊷63
평남인민정치위원회 平南人民政治委員會 ㊾431
평농서사 評農書史 ⑫105 118 ⑭329
평량 平亮 ⑭158 167 ⑲259 ⑳20 22 76
평량공 민 平涼公 旼 ⑱207
평량자 平涼子 ㉕311
평량후 平涼侯 ⑫279
평려동유적 平呂洞遺蹟 ③68
평로위 平虜衛 ㉕87
평뢰성 平賴盛 ⑲404 405
평리동유적 坪里洞遺蹟 ③46 388 478
평리원 平理院 ㊵300 ㊷138 ㊸91 124 185 427 481
평민 平民 ⑤212 213 ㉓51 321 ㉕104 106 108 123 126 141 164 172 176~179 ㉞106
평민가사 平民歌詞 ㉟401 402
평민층 平民層 ㉕50 53
평북독판부 平北督辦部 ㊽209 210 261 327
평북임시인민정치위원회 平北臨時人民政

治委員會 ㊾431
평사천정식 平斜天井式 ⑧344 345 347
평산 平山 ⑫19 133 142
평산 박씨 平山朴氏 ⑪79 80 ⑫83 87 92 94 127 203
『평산신씨장절공유사』『平山申氏壯節公遺事』⑰137
평산 유씨 平山庾氏 ⑪80 ⑫127
평산포성 平山浦城 ㉒195
평상인 平常人 ㉕108
평서대원수 平西大元帥 ㊱256
평서산 平西山 ⑫35 60
평선 平船 ㉔343 356 358~360
평성 平聲 ㉗377
평시서 平市署 ㉓68 84 85 ㉔127 129 149 150 425 ㉗96 99 ㉚587 ㉝316
평시조 平時調 ㉟391 396 563 581 582 585
평식원 平式院 ㉔623 ㊷105
평씨 平氏 ⑮226 250 252
평안감사환영도 平安監司歡迎圖 ㉛590
평안경(헤이안 쿄우) 平安京 ⑨287
평안남도건국준비위원회 平安南道建國準備委員會 ㊾427
평안도농민전쟁 平安道農民戰爭 ①332 ㉝366 ㊱6
평안도연변도 平安道沿邊圖 ㉖175
『평안도지리지』『平安道地理志』㉖164
『평안도진관관병편오책』『平安道鎭管官兵編伍冊』㉚542
평안북도자치위원회 平安北道自治委員會 ㊾428
평양 平壤 ⑨41 52 57 60 ⑩1 13 14 18 21 31 34 48 123 ⑫67 68 69 70 222 ㉕125 126 149 ㉝382 384
평양고등보통학교 平壤高等普通學校 ㊿251 253
평양고무공업동업회 平壤고무工業同業會 ㊿198
평양고무공장 平壤고무工場 ㊿173 200
평양고무공장총파업 平壤고무工場總罷業 ㊿197 198
평양광업소 平壤鑛業所 ㊼26 77
평양교구 平壤敎區 51271
평양기독병원 平壤基督病院 ㊻289
평양기생 平壤妓生 51356
평양날탕패 平壤날탕牌 ㊺362
평양대첩 平壤大捷 ㉙88 ㊵6
평양도자기회사 平壤陶磁器會社 ㊹212
『평양매일신보』『平壤每日新報』5195
평양목멱신 平壤木覓神 ㉖237
평양부 平壤府 ⑲368
평양석탄광 平壤石炭鑛 ㊶140
평양성 平壤城 ⑤9 112 115 119 120 141 143 ⑦211 ⑧284 302 ⑩13 232
평양성전투 平壤城戰鬪 ㉙75 76 84
평양승첩 平壤勝捷 ㉙83 85 86
평양신학교 平壤神學校 ㊼168 170~172
평양애국여학교 平壤愛國女學校 ㊹390
평양여자중학교 平壤女子中學校 ㊺95
평양위수병원 平壤衛戍病院 ㊻284
평양은행 平壤銀行 ㊽89
평양자기제조주식회사 平壤磁器製造株式會社 ㊸216 304 305 ㊹191 206 207
평양장대현교회사건 平壤章臺峴敎會事件 ㊾446
평양전투 平壤戰鬪 ㉚599 ㊵15 47 117 121~123 125~127 139 162 207
평양제사공장 平壤製絲工場 ㊿178
평양 조씨 平壤趙氏 ⑫197
평양조약 平壤條約 ㉙270
평양중심설 平壤中心說 ④3 74
평양중앙교향악단 平壤中央交響樂團 ㊾355
평양진위대 平壤鎭衛隊 ㊶220
평양천도 平壤遷都 ⑤68 70 78 84 95 96 ⑨22
평양철도호텔 平壤鐵道Hotel ㊹477
평양청년권장회 平壤青年勸奬會 ㊸213

평양탄광선 平壤炭鑛線 ㊼94
평양패전 平壤敗戰 ㉙74 75 78 85
평양회전 平壤會戰 ㊵122
평옥 平玉 ③512
평옥선 平屋船 ①274
평원왕릉 平原王陵 ⑧334
평의전 平議殿 ⑨545
평의진 平義眞 ㉜407
평의회제도 評議會制度 ㊶239
평인 平人 ⑪38 45 46 58
평장리유적 平章里遺蹟 ③89
평저선 平底船 ㉔323 328 337 347 531
평저심발토기 平底沈鉢土器 ②562
평저유형토기 平底類型土器 ②563
평저장경병 平底長頸甁 ⑨536
평적제 平糴制 ㉜324 334
평적진하 平賊陳賀 ㊱257
평전 平田 ⑭300 318 329 389
평조 平調 ⑨605～607 612 620 ㉑454 466 467 ㉗418 ㉛566～569 ㉟579
평조선법 平調旋法 ㉗416 417 419 420
평조(영산)회상 平調(靈山)會相 ㉟275 573
평주 平州 ⑥145 ⑪141 142 144 ⑫42 84
평주성 平州城 ⑳191 224
평중방 平中方 ⑮372
평지성 平地城 ⑩5 28 198 201
평천리 출토 금동반가사유상 平川里 出土 金銅半跏思惟像 ⑧6 236
평천정 平天井 ⑧199 331 332 346
평청성 平淸盛 ⑮251 253
평호도법인 平戶島法印 ㉙163
평화의 댐 平和의 dam ②181
평화행사 平和行事 ㊳35 380 395
평후관 平後寬 ㉙84
폐가입진 廢假立眞 ⑲212 ⑳352
폐모론 廢母論 ㉚71
폐모살제 廢母殺弟 ㉚72
폐모정청 廢母廷請 ㉚72
폐번치현 廢藩置縣 ㉒412 ㉜469
폐법 弊法 ㉒222 225
폐불소 廢佛疏 ⑲209 210
폐사 廢寺 ㉘153
폐사군단 廢四郡團 ㊱8 119 168
폐새식 閉塞式 ⑧354
폐슬 蔽膝 ㉕299 301 309 ㊹460 468
폐전론 廢錢論 ㉟254
폐정개혁(안) 弊政改革(案) ①351 352 ㊴408 ㊵9 105 ㊶280 ㊹347 349
폐정14개조 弊政十四個條 ㊴380
폐제멸륜지교 廢祭滅倫之敎 ㉟115
폐제분주소동 廢祭焚主騷動 ㉟115
폐행 嬖幸 ⑲73 184
포 布 ⑤197 198 ㊹459
포 袍 ⑧433 436 442 ㊿406 407
포 浦 ⑭400～402
포 脯 ⑧453
포경권 捕鮑權 ㊳343 ㊹125 126
포경기지 捕鯨基地 ㊹127
포경선 捕鯨船 ㊲62 63
포경업 捕鯨業 ㉜479
포경장 捕鯨場 ㊹125
포계사금고 蒲溪寺金鼓 ㉑450
포고도어법 捕古刀魚法 ㉝226
포곡식산성 包谷式 山城 ⑤184 186 189 ⑥197
포공국 砲工局 ㊷57
포교 捕校 ㉕155
「포교규칙」「布敎規則」①377 433 ㊼8 178 ㊿157 162 243
포교성베네딕도수녀회 布敎聖베네딕도修女會 芬道修女會 ㊿275
포구 浦口 ㉝7 126 254 269 303 307 368 372 376 ㊱131 ㊹169
포구락 抛毬樂 ㉑454 460 474 476 497 498 ㊿355 356
포구상업 浦口商業 ㉝372
포구시장권 浦口市場圈 ㉝368 385 389
포(구)주인 浦(口)主人 ㉝299 307 372

373 376 378 ㉞116 117
포나모라 布那牟羅 ⑦349
포남동유적 浦南洞遺蹟 ③105
포납화 布納化 ㉕225 ㉚366 ㉝121 123 ㉟158
포대영 砲隊營 ㊷55
포덕 布德 ㊴394
포덕소 布德所 ㊴438
포도 蒲桃 ⑳192
포도당초문 葡萄唐草文 ⑧267
「포도절목」「捕盜節目」㊱173
포도청 捕盜廳 ㉒137 ㉜69 ㊱256 ㊵299
포렴 布斂 ㉜296
포로노비 捕虜奴婢 ⑨236 255
포뢰(우라세) 浦瀨 ㉜468 469
포뢰 蒲牢 ⑨523
포리대완 蒲里代完 ⑳187
포목상회사 布木商會社 ㊴178
포미지 布彌支 ⑥37 226
포백세 布帛稅 ㉔179 188
포백척 布帛尺 ㉔10 616 617 623 ㉗95
포별법 捕鼈法 ㉝227
포보 砲保 ㉚246 ㉜106 107 113 123
포복(포목) 布福 ㉜403
포사 砲士 ㊴384
포사세 庖肆稅 ㊷92
포삼관리 包蔘管理 ㊳150
포삼제 包蔘制 ㉝442
포상팔국 浦上八國 ⑦45 330
포생익장 捕牲翼長 ㉜403
포석정 鮑石亭 ⑪102
포선만노 蒲鮮萬奴 ⑮366 ⑳185 318 319 322
포세 布稅 ⑭360 370
포소 浦所 ㉒274
포수 砲手 ㉚290 ㉜107
포수대 砲手隊 ㊵298
포스터 John W. Foster ㊴64 ㊵61 77~79
포신 酺神 ㉟169 174
포얀코프 V. Poyarkov ㉜402
포역제 布役制 ㉝121
포외월송제 包外越送制 ㉝452
포외지은 包外持銀 ㉝451
포우관 鮑友管 ㉜523
포월리유적 浦月里遺蹟 ③110
『포은집』『圃隱集』⑩230 ㉑473 ㉗229 ㉘175
포인방 鞄人房 ⑨181 249
포자 包子 ㊹483
포자연(전산) 泡子沿(前山) ④125 160 161
포작 鮑作 ㉙58
포작선 鮑作船 ㉙62 194
포전 布廛 ㉔128 129 131 134 ㉝318 ㊶220
포전 布錢 ④145
포전전안 布廛廛案 ㉔134
포접조직 包接組織 ㊺27
포정당 布政堂 ㉞185
포정전 布政殿 ⑫67
포주 包主 ㉝351
포주인 浦主人 ㉝307
포진 鋪陳 ㉓290
포츠담선언 Potsdam宣言 ㊾95
포츠담회담 Potsdam Conference ①393
포(오)츠머드 Portsmouth ㊵17 ㊸6 57 59 84 85
포코틸로프 Pokotilov ㊶70
포크 George C. Foulk 福久 ㊳140 145 146 337 338 347 348 ㊴110 121
포파대 甫波大 ⑳209
포폄 褒貶 ⑧129 130
포폐교구 逋弊矯捄 ㉜339
포함외교 砲艦外交 ㊲2 51 80 195 197 321
포함외교정책 gun-boatdiplomacy 砲艦外交政策 ㉜479
포합이통하 布合爾通河 ㊹301
포항 浦項 ②334
포항창 浦項倉 ㉜192 ㉝294

포화 布貨 ⑭464 ⑲407 ㉔4 178 179 181 182 185 188~190 ㉚581 584
포환 逋還 ㉜323
포흠 逋欠 ㉜12 228 297 299 318 321 323 346 349 365 378 ㉝331 ㊱235 297 ~320 324 327 329 330 334 ㊴366
폭도토벌 暴徒討伐 ㊵128
『폭도편책』『暴徒編冊』①362 ㊸422
폭전 曝典 ⑨180
표 表 ⑨240 243 246
표 鑣 ③477
표(류)민 漂(流)民 ⑮373~375 ㉒420 421 ㉜452
표비 鑣轡 ③476
표암봉 瓢巖峰 ⑦16
표연말 表沿沫 ㉘177 179 183 190 254 ㉚63
표영준 表永俊 ㊽331
『표옹선생유고』『瓢翁先生遺稿』㉟198
표원 表員 ⑨394
표의 表衣 ㉛614
표의권 票擬權 ㉒251
표의문자 表意文字 ⑧136
표인영래차왜 漂人領來差倭 ㉜444
표자 表咨 ㉜387 388
표재 俵災 ㉜293
표전 漂典 ⑦227 ⑨180
표전문제 表箋問題 ㉒49 64 277 291 295 310~314
표전사건 表箋事件 ㉒294
『표제구해공자가어』『標題句解孔子家語』㉗227
표준궤 標準軌 ㊻264
표준어 標準語 ㉗377 ㊿101 106 109 113
「표준어규정」「標準語規定」①413
표준주택 標準住宅 ㊿443
표준척 標準尺 ㉔600
표차왜 漂差倭 ㉜444
표충사 表忠寺 ㉑218
표하군 標下軍 ㉚245 251 254 263 269 273 ㊳269
「표해가」「漂海歌」㉟400
표헌 表憲 ㉚544
표훈 表訓 ⑨383 392 467 ⑪176
표훈사 表訓寺 ㉖250 269 ㉗480
푸조우 復州 ㊵60
푸트 Lucius H. Foote 福德 ㊳44 100 137 138 145 191 335~338 348 350 398 ㊹457 ㊴127 128 ㊶114 ㊺368 ㊻163 164
품격론 品格論 ㉗270 271 295~297 299 303 304 307~310
품관 品官 ㉕142 ㉘158 ㉚571 ㉛14 20 74 75 113 118 ㉜147 ㉞35 36 44
품석 品釋 ⑥129 ⑦109 ⑨25
품속대 品束帶 ㊹460
품앗이 ①72
품일 品日 ⑨33 34 40 50 66
품종 品種 ㉚436
품주 稟主 ⑦5 6 118 174 175 179 182 241 260 ⑨110 ⑪12
품팔이 ㉝135 ㊱134 135
품팔이꾼 ㉝127 145 150
풍가승 馮家昇 ①121
풍계군 豊溪君 ㉜279
풍교 風教 ①281
풍금 風琴 ①503
풍기 豊基 ㉘284
풍기광복단 豊基光復團 ㊼7 140 162 163 165 177
풍기대 風旗臺 ㉗94
풍기죽 風旗竹 ㉗94 ㉟354
풍납동(리)토성 風納洞(里)土城 ①109 195 ③345 360 440 479 481 ⑥194 ⑧ 286 305 306
풍납리식무문토기 風納里式無文土器 ③479
풍납토성지 風納土城址 ①196

풍달군장 風達郡將 ⑥184 187
풍담의심 楓潭義諶 ㉟132
풍덕사 豊德寺 ⑨366
풍덕포 豊德浦 ㉜164
풍도 豊島 ㊵15 17 46
풍두무 豊頭舞 ㉛586 592
풍로세 風爐稅 ㉝198 208
풍류객 風流客 ㉟550 559 561 582
풍류도 風流道 ⑧100 ⑪215 216 218 219
풍류방 風流房 ㉟549 550 559 560 562 563 572 574 587
풍문거핵 風聞擧劾 ㉘184
풍물가사 風物歌辭 ㉟391
풍물굿 ①326
풍범선 風帆船 ㊹77
풍사 風師 ㉖214 228
풍상 風箱 ㉚579
풍선색 豊船色 ㉔531
『풍속가사집』『風俗歌詞集』㉟558
풍속개량 風俗改良 ㊾21 23
풍속무 風俗舞 ⑧381
풍속악 風俗樂 ⑧381
풍속화 風俗畵 ①325 492 501 ㉞122 126 129 ㉟9 433 464 466 467 469 470 513
『풍속화첩』『風俗畵帖』㉟466 471
풍수 風水 ㉟307 310 ㊱104 105
풍수도참(사상설) 風水圖讖(思想說) ⑫94 95 268 ㊱82 ⑰177 183
풍수물 風水物 ㉟170
풍수사 風水師 ㊱256
풍수사상 風水思想 ㉟311
풍수서 風水書 ⑯322 323
풍수음양학 風水陰陽學 ⑰52
풍수재 風水災 ㉕367
풍수(지리)사상 風水(地理)思想 ⑫74 75 76 77 264 ⑯16 303~307 309 310 321 ⑰118 180 182 183 242
풍수지리(설) 風水地理說 ①245 251 252 256 ⑨428 ⑪220~226 229~231 ⑫7 221 ⑭69 ⑯279 301 304~306 308 309 324~326 ㉑165 167 204 205 363 ㉕131 ㉗25 27 48 ㊱344
풍수지리학 風水地理學 ⑰118 ㉑204
풍승 馮勝 ㉒246 254 255
풍신 豊神 ㉟178
풍신수길(도요토미 히데요시) ①297 ㊲208 ㉒401 409 412 424 ㉘136 ㉙1 16 18~22 24 25 63 66 70 78 95 108 173 175 196 204 ㉚332 595 599 ㉜420 477
풍신수뢰(토요토미 히데요리) 豊臣秀賴 ㉜427
풍신씨 豊臣氏 ㉙176
풍양 조씨 豊壤 趙氏 ㉜215 217
「풍요」「風謠」⑧169 171 ⑨462 464
『풍요속선』『風謠續選』㉟390 408
풍요주술 豊饒呪術 ⑧155
풍이 風異 ㉗93
「풍입송」「風入松」㉑258 259 467
풍장 風葬 ①133
풍장 豊璋 ⑥158 ⑦153
풍장(풍존) 風長(風尊) ㊹308
풍재 風災 ㉕357
풍저창 豊儲倉 ⑭129 173 352 409 ㉓57 68 84 290 ㉔214 336 425 442 443 450 ㉗450 ㉘33 ㉚342 356
풍중영 馮仲纓 ㉙93
풍천 豊川 ㉘116
풍천민란 豊川民亂 ㊲173 174
풍청리고분군 豊淸里 古墳群 ⑧330
풍패향 豊沛鄕 ㉓184
풍포사 豊浦寺 ⑧67
풍해도 豊海道 ㉓129
풍헌유사 風憲有司 ㉛4
풍홍 馮弘 ⑤65 77 78
풍훈 風訓 ⑨63
퓌사이스 Charles Codrington Forsyth ㉜499

프란시스코 자비에르 Francisco Xavier ㉙18
프란츠 에케르트 Franz Eckert ㊺328
프란키트 F. R. Plunkett ㊴54
프랑스 선교사 France 宣教師 ㊲77 78
프랑스 해군수로국 佛蘭西 海軍水路局 ㉜520
프랑스 공사관 France 公使館 ㊻297
프랑스 극동함대 France 極東艦隊 ㊲74
프랑스 조계 France 租界 ㊼217 218 227
프랑스 함대 佛蘭西 艦隊 ㊵83
『프랑스혁명사』『France革命史』㊼128
프레스톤 Preston ㊻160
프레이저 Everett Frazer ㊴119 125
프레이저회사 Everrett Frazar Co. ㊴62
프로여성동맹 프로女性同盟 ㊾291
프로비던스호 The Providence號 ㉜495 ㊲4 303
프로연극동맹 프로演劇同盟 52370 ,372
프로이스 Luis Frois ㉙21
프로핀테른 Profintern ㊾104 105 355 ㊿157 158 163 186 410 412
프리델 Xavier Fridell ㉜485
프리드 M. Fried ④20 24 25 27
프리모게호 Primauguet號 ㊲190
플란치오 Plancio ㉜514
플랑시 V. Collin de Plancy 葛林德 ㊴28 ㊶337 ㊷34 ㊸50 ㊻53
플래너리 K. Flannery ④16
플뢰칭거 A. Flötzinger 51276
피각 皮角 ㉝262
피각대 皮角帒 ㉝262
피공 皮工 ㊹350
피기문 皮起門 ㉚562
피란선 避亂船 ㉙203
피령목전 皮翎木箭 ㉗256 263
피령전 皮翎箭 ㉗237 249
피령차중전 皮翎次中箭 ㉗263
피로인 被擄人 ㉒366 412 420 ㉜401 422
피리 T. Piry 126
피물가 皮物價 ㉚501
『피부신편』『皮膚新編』㊻280
피블리이유(릴르)회사 Compagnie de Fiveslille 貴務林公司 ㊶135 140 ㊹57
「피생명몽록」「皮生冥夢錄」㉛430 431
피셔 C.L. Fisher ㊲283 284 51269
피셔 W. Fisher 陳道光 51269
피숑 Pichon 宋世興 51272
피쉬 Miss Alice Fish ㊻289
피아밍고 Antoine Thomas Fiamingo ㉜485
피어스 A. L. Pearse 畢爾思 ㊶132 153 ㊹112
피어스 Aillerd Ide Pierce 皮於瑞 ㊴62 99 130 ㊶115
피역 避役 ㉚383 ㉜9 121 124 153 304 310 370 373 ㉝144 ㉞20 29 31 208 ㊱94 119 150
피전 皮典 ⑦227 ⑨181
피치 George A. Fitch ㊽111
피타전 皮打典 ⑦227 ⑨181
피혁제조업 皮革製造業 ㊼89 90
피혐(제) 避嫌(制) ㉚87 134 218
피화주술 避火呪術 ⑧169
필단 匹緞 ㉝443 448
필담 筆談 ①406
필도치 必闍赤 Biteshi ⑱163 172 176 177 ⑲2 79 104 144 160
필률 觱篥 ⑧380
필묵계 筆墨契 ㊱94 95
필방제 畢方濟 ㉜483
필사체 筆寫體 ①291 ㉗10 ㉛489
필서체 筆書體 ㉗214
필암서원 筆巖書院 ㉗473
『필원잡기』『筆苑雜記』㉗285 362
필현보 畢賢甫 ⑳171
필화사건 筆禍事件 ㊻58
핑위엔 平遠 ㊵53

ㅎ

하가라도 下加羅都 ⑦317 ⑧167 374
하가점문화 夏家店文化 ③2 11 25 212 215 ④63 64 79 121 123 157
하감 何龕 ④196
하거공사 河渠工事 ⑲248 329
하겸진 河謙鎭 (51)226
하경덕 何敬德 ㉕363
하계 下契 ①319 ㉘276 ㉞179 228 235 237 239 269 ㊱3 55 56 62
하계청 河桂淸 ㊲59
하고성자성 下古城子城 ⑤184 ⑧297
하곡 河曲 ⑫30 32 36 56 64
하곡 河谷 ⑪114
하곡 夏穀 ㉕259
『하곡전서』『霞谷全書』㉟274
하공진(놀이) 河拱辰놀이 ⑮214 217 309 311 ㉑ 503
하과 夏課 ⑰66
하구유지 河口遺址 ⑧264
하군사 下軍使 177
하규일 河圭一 ①504 ㉟563 (51)356
하길한 河吉漢 (52)355
하나부사 요시모토 花房義質 ㊲209 297 300 ㊳83 108 120 171 285 295 296 300 ㊴15 ㊵30
하남 河南 ⑫73
하남도 河南道 ⑫151
하남둔고분 河南屯 ⑩208 211 215 240
하남위례성 河南慰禮城 ⑥174 175
하내직(카와치노아타히) 河內直 ⑦358 361 362 399
하느님의 교회 하느님의 敎會 (51)247
『하늘과 바람과 별과 시』『하늘과 바람과 별과 時』 (52)301 302
하늘신 ⑤14
하다리 下哆唎 ⑥79
하다선장법사 何多宣藏法師 ⑧65
하단엄궁상회사 下端嚴弓商會社 ㊳180
하대 下代 ⑪17 18 21 53 54
하도 河圖 ㉟28 39
하도감 下都監 ㉚247 ㊳284
하동문화협회 河東文化協會 (52)356
하동산 河東山 (51)216
하등전 下等田 ㉔611
하디 R. A. Hardie ㊻164 172 182 291
하딩 G. R. Harding ㊻303
하라타카시 原敬 ①377 ㊴56 (51)154
하라이 河賴 ㊴54
하란사 河蘭史 ㊹388
하례구 夏禮久 ㉒416
하로 賀魯 ⑨32
하론업 何論業 ⑬394 398 ⑯256
하 륜 河崙 ⑭168 340 ⑲212 ㉒26 27 40 44~46 53 58 199 295 318 319 ㉓357 ㉔177 417 524 527 ㉕98 103 ㉖43 292 ㉗26 395 396 445 447 ㉘162
하리회의 河里會議 ㊿357
하림조 河臨調 ⑨605~607 ㉗416 419 ㉛566
하마연 下馬宴 ㉒301
하멜 Hendrick Hamel ①433 457 ㉛305 ㉜488 493 506
『하멜표류기』『Hamel漂流記』㉛305 ㉜487 506 508
하무로보 下無路堡 ㉒147
하미전 下米廛 ㉚520 ㉝316 318 341 ㊳

274 ㊶220
하바로프 E. Khavarov ㉜402 478
하바로프스크 Khabarovsk ㊹304
하백 河伯 ⑤14 59 94 ⑥15
하백녀 河伯女 ⑤33
하백여랑 河伯女郞 ⑧117
하번일 下番日 ㉕94
하베이 Eugene Harvey ㊴62 130
하북위례성 河北慰禮城 ⑥174
『하빈집』『河濱集』㉟90
「하살황소표」「賀殺黃巢表」⑪174
하삼도경리안 下三道經理案 ㉙99
하상기 河相驥 ㊹389
하상조 河上肇 ㊿429 430
『하생경』『下生經』⑨408
하생신앙 下生信仰 ⑧75 245
하서 夏鋤 ㉗183
하서리 下西里 ②542
하서정 河西停 ⑦203
하서주 河西州 ⑦197
하서지촌 下西知村 ⑦20
하성명 賀聖明 ㉛583
하세 夏稅 ⑭336 364
하세가와 요시미치 長谷川好道 ①376 ㊷235 304 ㊸2 47 49 59 75 102 412 421 ㊼50 105 112 ㊽29 51242
하세국 河世國 ㉙218 219 222
하슬라도 何瑟羅道 ⑩31 116 119
하슬라성주 何瑟羅城主 ⑦71 75
하시다테 橋立 ㊵52
하시키 橋木彌三郞 ㊴206
하신열무 下辛熱舞 ⑧376 ⑨620
하씨 賀氏 ⑩156
하액 下額 308
하야시 林市郞治 ㊴208
하야시 곤스케 林權助 ㊴212 ㊶148 150 ㊷208 223 225 227 235 273 301 ㊸2 25 37 54 81 85 109 110 112 113 132 157 158 ㊹126 ㊺272
하야시 타다스 林董 ㊴59 68 ㊵44 64 ㊶18 90 330
하양창 河陽倉 ⑭412 414 ㉔337
하얼빈 哈爾濱 ㊹302
「하여가」「何如歌」㉑282
하여장 何如璋 ㊲11 85 276~279 282 284 294 330 ㊳82 ㊴140
하연 河演 ㉒202
하와이 국민회 Hawaii國民會 ㊼170 173
하와이 지방총회 Hawaii地方總會 ㊼252 ~254 256 258
하우스 E. H. House ㊵56
하워드 Meta Howard ㊹392 ㊻181 289
하원진(나루) 河源渡 ㉔501
하위지 河緯地 ㉒70 87 113 115 ㉘188 ㉚436 ㉞219
하유원 河有元 ㊿248
하음부곡 河陰部曲 ⑭148 197 198
하응선 河應善 ㊳23
하응흠 何應欽 ㊿449 454
하이(에조) 蝦夷 ⑨290
하이지 蝦夷地 ㊼100
하이청 海城 ㊵60 62
하이칼라머리 51404
하인리히 황태자 Heinrich皇太子 ㊹111
하인집단 下人集團 ㉞269
하재 下齋 ㉓282 344
하전자 下甸子 ㊹302
하전척 下田尺 ㉔613
하정사 賀正使 ⑨274 ⑩69 122 187 188 ⑮336 358 ㉒293 295
하정숙 河貞淑 ㊾269
하정일 河靖一 ㊲158
하정표 賀正表 ⑩192
하좌평 下佐平 ⑥32 76
하주 下州 ⑨25 ⑦ 113 196 197 202 203
하지 荷知 ⑦278 337 ⑨297
하지 Alfred Weekley Hodge 5164
하지 John R. Hodge 5226 29 47 56 62

65 105 138 139 153 190 193 218 392 409 421
하지현 下枝縣 ⑫28 34 45 54 62 134
하차 下差 ㉔158
하차서농촌청년회 下車書農村青年會 ㊾413
하천리유적 荷川里遺蹟 ③345 367 368 396
하치리 下哆唎 ⑦302 396
하트 Robert Hart ㊴28 40 41 126 153
하피 霞帔 ㉕304 ㊹468
하필원 河弼源 ㊾95~98 143 400
하한서 河漢瑞 ㊸463
하한주 河漢珠 ㊿274
하 항 河沆 ㉘334
하행미 夏行美 ⑩89
하호 下戶 ④209 213 214 216 219 221 ⑤30 35 58 179 180 193 195 196 212 ⑥204 208 235 236 ⑦239 ㉘364
하화계리 下花溪里 ②48
하황은 荷皇恩 ㉛583
하회동 河回洞 ㉓196
하회별신굿 河回別神굿 ㉟630 631
하회탈춤 河回탈춤 ㉑257
학계 學契 ㉓316 ㉞168 270 ㊱62
『학계보』『學界報』㊿67
학고동산 學古東山 ④210 220
학관 學官 ㉓287 289 ⑰74 83 84 100
학관순제 學官旬製 ㉓285
학관일강 學官日講 ㉓285 287 293
학관직 學官職 ⑰95 100 101
학교령 學校令 ㊺172 174 ㊼128
학교령시행규칙 學校令施行規則 ㊺172
「학교비령」「學校費令」㊽35
학교사목 學校事目 ㉓316
학교설립운동 學校設立運動 ㊸278
학교제도 學校制度 ㉓9 318 321
학교체육 學校體育 ㊸295 ⑤333 334 341 348 351
「학교체육쇄신지도방침」「學校體育刷新指導方針」⑤353
『학규신론』『學規新論』㊺68
학당 學堂 ⑰41 45~47 78 ㉓9 290~293 321
학도근로대 學徒勤勞隊 ㊿111
학도근로보국대 學徒勤勞報國隊 ㊿409
학도대 學徒隊 ㊿52
「학도전시동원체제확립요강」「學徒戰時動員體制確立要綱」㊿258
학례강 學禮講 ㉕66 78 115 144
학무 鶴舞 ㉛585 ⑤358
「학무아문고시」「學務衙門告示」㊵204
학무아문관제 學務衙門官制 ㊺28
학무회 學務會 ㊸293
학반령 鶴盤嶺 ④191
학병동맹 學兵同盟 ㊷152
학보 學寶 ⑭203 470 ⑰82 93 99
학부 學部 ㊷252
학부관제 學部官制 ㊺31 32
학사 學舍 ㉓303
학사원 學士院 ⑰97
학생 學生 ㉘43 ㉞219 ㉓299 367
학생공천 學生公薦 ㉚227
학생녹읍 學生祿邑 ⑪21
학생전위동맹 學生前衛同盟 ㊾469 470
학생천거 學生薦擧 ㉚223 224
학술강습회 學術講習會 ㊿249
『학용장구지남』『學庸章句指南』㉘312
『학우』『學友』⑤67
학우회 學友會 ㊼280 293~297 ㊽281 282
학원 學院 ⑰4 14 15 72 73 89 93~96 101
학유 學諭 ㉓288
학익진 鶴翼陣 ㉙197 199 208
학일 學一 ㉑310
『학자지남도』『學者指南圖』㉘315
학장 學長 ㉓306 307 ㊱6
학적부 學籍簿 ㊺99
학전 學田 ①229 ⑭6 22 142 150 192 203~205 283 ⑰69 ㉓38 289 293 310

311 ㉘33 ㉚492
학정 學正 ㉓281 288
학조 學祖 ㉖280 281 288 ㉘188
학주 貉紬 ㉕323
『학지광』『學之光』㊼275 ㉛67 119
『학포금보』『學圃琴譜』㉟557 561 562 573 580
「학회령」「學會令」㊸223 289
한 漢 ③46 467 524
한 韓 ③56 524 537 554 ④7 67 ⑥31
한갑득 韓甲得 ㊾342
한갑수 韓甲洙 ㊾352
한강 漢江 ①14 47
한강진(나루) 漢江渡 ㉔501 502
한강봉쇄령 漢江封鎖令 ㊲190 191
한강수비령 漢江守備令 ㊱203
한강수운 漢江水運 ㊹173
한강운행권 漢江運行權 ㊹37
한거원 韓巨源 ㉜403
한 건 韓健 ㉕210 227
한검추 韓劍秋 ㊿326 328 332
한경 漢鏡 ③316 407 461 ④272 ⑧350
한경록 韓景祿 ㉚18
한경론 限耕論 ㉝79
한경리 韓慶履 ㊹197
한경원 韓敬源 ㊲85 273
『한경지략』『漢京識略』㉟161
한계석 韓桂錫 ㊸395
한계원 韓啓源 ㊲228 229
한과 韓菓 ㉕332
한과류 韓菓類 ㉑574
한관 閑官 ㉓302
한관 翰官 ⑱227
한광교 韓光教 ㉞70
한광연 韓光衍 ⑳186
한광조 韓光肇 ㉜173 193
한 교 韓嶠 ㉘337 ㉙192 ㉚542
한교여 韓皦如 ⑫252 ⑮347
한 구 韓構 ㉚162
한구자 韓構字 ㉟195 196
「한국 병합에 관한 안건」「韓國併合에 關한 案件」㊸166
한국개발회사 Korea Development Co. 韓國開發會社 ㊶119 143
한국개혁당 韓國改革黨 ㊳25
한국과학기술연구소(KIST) 韓國科學技術研究所 ①467 468
한국광복군 韓國光復軍 ①381 382 387 ㊽5 ㊿8~10 255 287 295 296 298 301 303 345 366 392 394 395 435 446~452 454 456~459 464
「한국광복군선언문」「韓國光復軍宣言文」㊿450
「한국광복군편련계획대강」「韓國光復軍編練計劃大綱」㊿449
「한국광복군행동9개준승」「韓國光復軍行動九個準繩」㊿455
한국광복동지회 韓國光復同志會 ㊿274
한국광복운동단체연합회 韓國光復運動團體聯合會 ①388 ㊿7 285 435
『한국광업조사보고』『韓國鑛業調査報告』㊶134
『한국교육』『韓國教育』㊺63
한국국민당 韓國國民黨 ㊿6 8 280 282 ~284 286 294 305 438 440 443 ㊾ 132
한국국민당청년단 韓國國民黨青年團 ㊿284
한국그리스도교회 Church of Christ 韓國그리스도教會 ㊻169
한국남지방회 韓國南支方會 ㊻166
한국농업개발론 韓國農業開發論 ㊹133
「한국농업조사의 건」「韓國農業調査의 件」㊸110
한국대일전선통일동맹 韓國對日戰線統一同盟 ㊿273 274 288 386 387
한국독립군 韓國獨立軍 ㊽7 ㊿6 275 276 280 307 335 337~345 364
한국독립당 韓國獨立黨 ①394 ㊽7 12 350 ㊿6 8 268~271 274 275 278~283

285 294~296 298 299 301 303~306 335 336 338 340 364 435 438~440 442 443 437 462 ⑫123 129 134 135 137 138 182 190 200 201 203 205 208 214 405 413 415
「한국독립당조직안」「韓國獨立黨組織案」 ㊽173
한국독립당관내촉성회연합회 韓國獨立黨管內促成會聯合會 ㊽185
한국독립운동단체연합회 韓國獨立運動團體聯合會 ①382
『한국독립운동지혈사』『韓國獨立運動之血史』 ㊳11 ㊺278 279 ⑤134 135
한국독립정부대책협의회 韓國獨立政府對策協議會 ⑫205
한국동북소구 韓國東北小區 ①31
한국무대예술원 韓國舞臺藝術院 ⑫373
한국민족대표자대회 韓國民族代表者大會 ⑫145
한국민족대표자회의 韓國民族代表者會議 ⑫145 407
「한국민족독립결정서」「韓國民族獨立決定書」 ㊽127
한국민족혁명당 韓國民族革命黨 ㊿223
한국민주당 韓國民主黨 ①394 ⑫44 45 112 118 124~126 129 135~137 140 181 184 186 191 194 203 205 259 391 405 407 412 415 417~419
「한국병합조약」「韓國併合條約」 ㊼24
「한국보호권 확립의 건」「韓國保護權確立의 件」 ㊼238
한국복음주의선교연합공의회 The General Council of Protestant Evangelical Missions in Korea 韓國福音主義宣教聯合公議會 ㊻166 169
한국북지방회 韓國北支方會 ㊻166
한국서남소구 韓國西南小區 ①31 32
한국서지방회 韓國西支方會 ㊻166
한국선교연합공의회 United Council of Missions in Korea 韓國宣教聯合公議會 ㊻166
한국선교회 Korea Mission of the Methodist Episcopal Church 韓國宣教會 ㊻166
『한국수산지』『韓國水產誌』 ㉝372
한국식동검 韓國式銅劍 ③ 409 412 413 569
한국식동검(문화) 韓國式銅劍(文化) ③ 192 214 267 314 319 334 335 409 412 ~414 418 503
한국식동과 韓國式銅戈 ③474
『한국어문법』『韓國語文法』 ㊺251
「한국어업법」「韓國漁業法」 ㊼78
한국연안우선회사 韓國沿岸郵船會社 ㊹102
한국연예문화사 韓國演藝文化社 ⑫372
한국오라토리오협회 韓國oratorio協會 ⑫ 356
한국우편기선회사 韓國郵便汽船會社 ㊹186
한국유일독립당촉성회 韓國唯一獨立黨促成會 ㊿272
한국은행(권) 韓國銀行(券) ㊼79
『한국의 독립운동』『韓國의 獨立運動』 ㊼ 404
『한국의 비극』『The Tragedy of Korea』『韓國의 悲劇』 ㊷219
한국의료선교사회 韓國醫療宣教師會 ㊻288
한국인민행정위원회 韓國人民行政委員會 ⑫139
한국임시파견대 韓國臨時派遣隊 ㊸42
한국장로교선교부공의회 韓國長老教宣教部公議會 ㊻170
한국장로교회 韓國長老教會 ㊻166
한국전쟁 韓國戰爭 ㊵22
한국정악원 韓國正樂院 ⑤356
한국주차군(사령관) 韓國駐箚軍(司令官) ㊸ 42 396 488 ㊼40 50 114
한국주차헌병대 韓國駐箚憲兵隊 ㊼39 115
한국중립화 韓國中立化 ㊸29~31
『한국지』『韓國誌』 ①438

『한국천주교공용지도서』『韓國天主教公用指導書』 ⑤①268
한국천주교회 韓國天主教會 ④⑥133
한국천주교회사 韓國天主教會史 ④⑥132
한국철도 韓國鐵道 ④⑦95
한국철도회계자본감정 韓國鐵道會計資本勘定 ④④70
한국청년전지공작대 韓國靑年戰地工作隊 ⑤⓪451
한국축산회사 韓國畜産會社 ④④194
한국친우회 The League of the Friends of Korea 韓國親友會 ④⑦404 406
한국통감부 韓國統監府 ④⑦24 83 86 94
『한국통사』『韓國痛史』 ④⑤278 279 ④⑥127 ⑤①133 134 135 225
「한국합방에 관한 건」「韓國合邦에 關한 件」 ④③493 494
한국혁명당 韓國革命黨 ⑤⓪276 277
한국혁명당총동맹 韓國革命黨總同盟 ④⑧348
한국형청동검 韓國形靑銅劍 ⑧397
「한국호구수」「韓國戶口數」 ④④282
『한국호구표』『韓國戶口表』 ④④278 279 282 284 291 294
한국화 韓國華 ⑫154 155 ⑮239 271 286 304
한국황무지개척안 韓國荒蕪地開拓案 ④②302
『한국휘보』『韓國彙報』 ④②30 31
한군현 漢郡縣 ③56 ④110 ⑤48 ⑥239
한권웅 韓權雄 ④⑧277
한규설 韓圭卨 ③⑨29 95 ④⓪149 ④①223 369 377 398 ④②238 ④③5 49 52 53 88 139 145 146 ④⑦320 390 ⑤①36
한규직 韓圭稷 ③⑧8 308 371 389 399 402 ③⑨16
한근원 韓根源 ④⑧230
한근조 韓根祖 ⑤②427
한글 ①284 289 290 390 ㉗372 374 376 377
『한글』 ⑤①100~102
『한글갈』 ⑤①107
『한글공부』『한글工夫』 ⑤⓪243 ⑤①111
한글교리서 한글教理書 ③⑤108 ④⑥154
한글날 ⑤①101 102 109
한글맞춤법 한글 맞춤法 ①412 413
『한글맞춤법통일안』『한글맞춤法統一案』 ③⑤289 ④⑤244 ⑤⓪238 ⑤①102 103 107 112 270 271
한글서체 한글書體 ①291 326 ③①503 ③⑤494
한글소설 한글小說 ①307 ③①8 ③⑥131
『한글원본』『한글原本』 ⑤⓪242 ⑤①111
한글전용 한글專用 ③⑧188
한글판 정감록 한글版 鄭鑑錄 ③⑥83 97
한글표기 한글表記 ③⑤287
한글학회 한글學會 ⑤①100
『한금신보』『韓琴新譜』 ③①544 561 562 564 566 ③⑤555 561 572 580 582
한 기 韓琦 ⑱153
한기(지)부 漢岐(祇)部 ⑦83 247 248 258
한기근 韓基根 ⑤①267 268
한기무 韓岐舞 ⑨620
한기악 韓基岳 ④⑨146 ⑤①75
한기유 韓耆裕 ③②225
한기조 韓箕朝 ④④409
한기주 韓琦柱 ⑤①308 309
한길수 韓吉洙 ⑤⓪377 382 383 392 398
한길호 韓吉皓 ④⑤78
한나해 韓那奚 ⑥31
한낙규 韓洛奎 ⑤②436
한남공 정 漢南公貞 ⑱229
한남수 韓南洙 ④⑧108 116 117 120
한남학교 漢南學校 ④③186 286
한년면세 限年免稅 ③⓪407
한년배봉 限年排捧 ③⑥297
한단 邯鄲 ⑱243
한단야 韓鍛冶 ⑨310
한당 漢黨 ③⓪95 99 101
한당계 漢黨系 ③①102

한당유학 漢唐儒學 ㉒59 ㉖11 ㉘313 ㉛24 ㉜29
한대법 限代法 ㉞53
한대유학 漢代儒學 ㉛288
한데막집터 ②128 129 136
한데유적 野外遺蹟 ②85
한데집터 露天住居址 ②127 128
한덴·마크수호통상조약 韓·Denmark修好通商條約 ㊲317
한도 旱稻 ㉗174
한·독수호(통상)조약 韓·獨修好(通商)條約 ㊲306 309 310
한동정 韓東正 ㊿254
한동죽 韓東竹 ㊾291
한동찬 韓東燦 52436 448
한득완 韓得完 ㉜411
한들바위그림 한들巖刻畵 ③120
한랭사 寒冷紗 ㊴152 ㊹82
한량 閑良 ⑱68 92 139 140 142 189 ㉓52 210 351 352 ㉕115 150 ㉘153 158 ㉛140 ㉞27 28 90 219
한량관 閑良官 ㉓22 38 305 ㉔43~45 48
한량관리 閑良官吏 ㉕84~86
한량군관 閑良軍官 ㉚263 269 271 ㉞31
한량품관 閑良品官 ㉓26
한·러방위동맹조약 韓·露防衛同盟條約 ㊶105
「한·러삼림협동경영약관」「韓·露森林協同經營約款」 ㊹125
한·러수호통상조약 韓·露(修好)通商條約 ㊲80 312 313
한·러육로통상장정 韓·露陸路通商章程 ㊲313
한러은행 韓露銀行 ㊶241 326 329 334 336
한려 漢旅 ㉚245
한 뢰 韓賴 ⑱18 20 22 26
한 륜 韓綸 ⑫253
한륭사(경성융흥주식회사) 韓隆社(京城隆興株式會社) ㊹190
한리과 漢吏科 ㉓337
한림 漢林 ⑨50
한림 翰林 ⑱204 230 ㉜61 66 85 155
한림 韓林 ㊼294
한림곡 翰林曲 ⑱232
한림대 翰林臺 ⑪43
한림도화원 翰林圖畫院 ⑰286
한림랑 翰林郞 ⑪43
한림박사 翰林博士 ⑫173
「한림별곡」「翰林別曲」 ㉑273 275~277 557 463 467 ㉗335 340
한림아 韓林兒 ⑳384
한림원 翰林院 ⑨8 358 ⑬93 94 96 97 113 420 ⑰15 ⑱168 201 ⑲18 120 ㊵73
「한림제설도」「寒林霽雪圖」 ㉛449 450 452 455
한림학사 翰林學士 ⑨359 ⑫102 103 109 110 172 173 ⑱201 221 224 245
한만교환 韓滿交換 ㊷189 193 195 205 ㊸3
한만용 韓晩容 ㊶237 ㊺79
한만유 韓晩裕 ㉜234 252
「한말순국열사제공전」「韓末殉國烈士諸公傳」 ㊿226
한명련 韓明璉 ㉙110 238
한명회 韓明澮 ㉒113 114 116~118 120 130 137 ㉔246 247 419 ㉖259 ㉘17 20 21 180~182 185 193 254
한무외 韓無畏 ㉖298 ㉛406 408
한무제 漢武帝 ④5 88 100 107 136
『한묵대전』『翰墨大全』 ㉟185
『한문』『韓文』 ㉓302
한문교리서 漢文教理書 ㊻153
한문소설 漢文小說 ㉟410 412~414
한문어 漢文語 ⑧137
한문장편소설 漢文長篇小說 ㉟410 414~416

한문준 韓文俊 ⑱34 44 210 211
한문학 漢文學 ①420~426 429
「한미군사협정」「韓美軍事協定」 ㊽421
한미농지개혁연락위원회 韓美農地改革連絡委員會 ㊽262
한미수호조약 韓美修好條約 ①360 ㊺154
한미(수호통상)조약 韓美(修好通商)條約 ㊲79 82 305 307 313 ㊼406
한미전기회사 韓美電氣會社 ㊶121 ㊷101 ㊹119 ㊻278 304
한미협동창고회사 韓美協同倉庫會社 ㊹190
한미흥업주식회사 韓美興業株式會社 ㊹192
한민교육회 韓民敎育會 ㊼182
「한민명전의」「限民名田議」 ㉚449
한민자치회 韓民自治會 ㊼181 182
한민회 韓民會 ㊸334 ㊽324
한반도자생설 韓半島自生說 ①103
한반도중립화론 韓半島中立化論 ㊸3 13~15 17
한 방 韓昉 ⑮349 351
한방언 韓邦彦 ⑳366
한백겸 韓百謙 ⑦275 ⑩231 233 ㉘331 ㉚483 ㉛177 180 350 353~356 374 376 ㉜44 ㉟190 218 305 320 322 323 326 332
한백륜 韓伯倫 ㉘182
한·백수호통상조약 韓·白修好通商條約 ㊲316
한법 漢法 ⑩6 41
한병순 韓秉珣 ㊿221
한복개량 韓服改良 ㊿396 397 480
한봉준 韓奉俊 ㊿328
한북의숙 漢北義塾 ㊸286 ㊺80
한북학교 漢北學校 ㊸226
한북흥학회 漢北興學會 ㊸213 225~228 286 ㊺4 51 77 80 81 126
한불수호통상조규 韓佛修好通商條規 ㊺323
한불(수호통상)조약 韓佛(修好通商)條約 ㊲80 315 316 ㊻299
『한불자전』『韓佛字典』 ㊻136 154
한불조약 韓佛條約 ㊿260 262
『한비자』『韓非子』 ㉟188
한 빈 韓斌 ㊿290 292 297 300 302 ㊽168 444
한사 寒士 ⑱231 232 240
『한사경』『韓史綮』 ㊿225
한사군 漢四郡 ③341 564 ④5 136 ⑥143 ⑧112 ⑫49
한사립 韓士立 ㉙191
『한사초집』『韓史抄輯』 ㊿226
한산 閑散 ㉜147 ㉞26 27 89
한산 漢山 ⑥242 ⑧286 ⑫222
한산군 閑散軍 ⑭146 159 166 ⑲55~57
한산대첩 閑山大捷 ㉙63
한산도공원 閑散都公員 ㉔159
한산도해전 閑山島海戰 ㉙68 197 199
한산방외 閑散方外 ㉞26
한산인 閑散人 ㉛137
한산정 漢山停 ⑦203
한산주 漢山州 ⑨150 ⑩31
한산후(균) 漢山侯(昀) ⑫226 227 228 230 231 235
한삼 汗衫 ㉕303 304 308 312 317 319
한 상 韓祥 ㉜435
한상룡 韓相龍 ㊹196 ㊽48 50
한상방적고본회사 漢上紡績股本會社 ㊹187 188
한상우 韓相愚 ㊺58
한상질 韓尙質 ㉒25 64 289
『한서』『漢書』 ③337 340 341 ④109 136 138 163 164 ⑧110 113 114 ⑨305 ⑫168 174 ㉟187
한석진 韓錫振 ㊿153
한선 韓船 ㉔6 322 323 327 337 338 346~349 352
한선구조 韓船構造 ㉔323 324 327~329

338 352
한설야 韓雪野 ㊾304 306 307 317 377
한성 漢城 ⑤70 79 90 110 ⑥175 194 ⑦71 ⑧198 265 ⑨22 53 54
한성개잔 漢城開棧 ㊳326～327 ㊴33～36 46 51 53 164 185
한성고등여학교 漢城高等女學校 ㊺96
한성공동창고주식회사 漢城共同倉庫株式會社 ㊸136 ㊹184
한성관립고등여학교 漢城官立高等女學校 ㊹385
한성권번 漢城券番 ㊿357 365
한성기 韓成基 ①504
한성녀 韓聖女 ㊾373
한성농공은행 漢城農工銀行 ㊹325
한성도독 漢城都督 ⑨45
한성방적고본회사 漢城紡績股本會社 ㊹224
한성병원 漢城病院 ㊻283
『한성보』『漢城報』㊸122
한성부 漢城府 ㉒28 ㉓29 59 60 72 75～77 86 101 160 169 178 327 337 ㉔157 214 497 552 ㉕22 23 26 363 364 371 385 ㉝316 380 ㉞221 ㊵299 ㊹134 372
한성부민회 漢城府民會 ㊸173 315 316
「한성부신문국장정」「漢城府新聞局章程」㊳48 186 ㊻15
「한성부완문」漢城府完文」㉔157 168
한성부호적 漢城府戶籍 ㊹327
한성사범학교 漢城師範學校 ①353 462 ㊵205 303 304 ㊺46 53 123 141 159 169
「한성사범학교설치령」「漢城師範學校設置令」㊿334
한성사범학교관제 漢城師範學校官制 ㊵219 250 279 ㊺32
「한성사범학교규칙」「漢城師範學校規則」㊵279
한성상무회의소 漢城商務會議所 ㊶184 185 ㊸135
『한성순보』『漢城旬報』①435 459 ㊴117 ㊳31 32 48 63 64 71 159 187 188 341 378 413 417 ㊶269 ㊷62 ㊺2 5 19 26 221 224 225 ㊻1～3 13 14 17 20 23 31 32 39 228 230 231 236 237 241 242 248 252 257
한성시 漢城試 ㉓284 287 327 341 ㉘242
『한성신문』『漢城新聞』㊿62
『한성신보』『漢城新報』㊵260 ㊶178 195 196 300 ㊸115 ㊻32 34 35 39 44 48 49 53 61 ㊿64
한성염직회사 漢城染織會社 ㊹191
한성오 韓聖五 ㊽108
한성외국어학교 漢城外國語學校 ㊳193
한성은행 漢城銀行 ㊶337 ㊷102 ㊹15 186 187 325 ㊼86 ㊽89 93
한성의숙 漢城義塾 ㊻237
한성재목시탄주식회사 漢城材木柴炭株式會社 ㊹193
한성전기회사 漢城電氣會社 ㊶120 ㊹118 119 186 ㊻274 275 277 278 304 ㊼86
한성전보총국 漢城電報總局 ㊳195 ㊴43 123 ㊻271
한성정부 漢城政府 ㊻223 ㊽109 110 112 114 115 117 120～123 165 320 ㊿182
한성제재회사 漢城製材會社 ㊹400
한성제직회사 漢城製織會社 ㊻316
한성조 漢城租 ⑥50
한성조약 漢城條約 ㊳11 431 ㊴85 ㊸156
『한성주보』『漢城周報』㊳64 75 103 188 ㊴117 ㊺225 226 289 290 ㊻2 13 14 17～19 21 22 30 37 39 40 228 231 249
한성준 韓成俊 ㉟570 ㊿309 358
한성중학교 漢城中學校 ㊵305
한성직물주식회사 漢城織物株式會社 ㊹191

한성직조학교 漢城織造學校 ㊹183
한성철잔 漢城撤棧 ㊴36
한성함락 漢城陷落 ⑥55 65 71 148
한세충 韓世忠 ⑮244
한솔 扞率 ⑥228
한 수 韓脩 ㉚32
한수도 韓受圖 ⑱148
한숙구 韓淑求 ①504
한 순 韓恂 ⑳166 167
한 순 韓諄 ㉙50
한순명 韓順明 ⑫37
한승은 韓承恩 ㊾269
한시각 韓時覺 ㉟457
한시성 韓始城 ⑨61
한시호 韓始浩 ㊼249
한식개명 漢式改名 ⑪40
한식경 漢式鏡 ③389 527 535
한식림 韓植林 ㉜260
한신교 韓愼敎 ㊾373
한신일 韓申一 ⑫33
한씨조선 韓氏朝鮮 ④57
한안인 韓安仁 ⑫251 252 253 258 274 ⑯59 225 284 285 295
한안중 韓安中 ⑫253
한양 漢陽 ⑫222 ㉔125 522 524 536
「한양가」「漢陽歌」㉔131 ㉝382 ㉟558
한양부 漢陽府 ㉒28 ㉓75 86
한양산성 漢陽山城 ⑳199 217
『한양신문』『漢陽新聞』㉛62
한양천도 漢陽遷都 ⑳387 ㉒26 27 ㉓ 129 130 ㉗25 445
한양청년연맹 漢陽靑年聯盟 ㊾384
한양호 漢陽號 ㊹94
한어과 漢語科 ㉓363
한어도감 漢語都監 ㉓359
『한어문전』『韓語文典』㊻136 154
한어야학 漢語夜學 ㊺73
한어학교 漢語學校 ㊵250 ㊸126 129 130
한 언 韓堰 ㉔246
한언경 韓彦卿 ⑮283
한언공 韓彦恭 ⑫145 170 175 179 208 ⑬22
한언국 韓彦國 ⑰104 ⑱20 29 30 48
한여직 韓汝溭 ㉙278
한역(문)서학서 漢譯(文)西學書 ㉛312~314 319 326 334 ㉟86 89 95 100 101 220 297 365
한역가 漢譯歌 ⑧158
한역교리서 漢譯敎理書 ㉛308
한역서구문명 漢譯西歐文明 ㉛308
한역서학서 漢譯西學書 ㊹418
한역세계지도 漢譯世界地圖 ㉛317
한역정장 漢譯正藏 ⑯121 136
한역천주교서 漢譯天主敎書 ㉟87 98 100 115
한염사읍군 韓廉斯邑君 ④114 263 281
한 영 韓永 ⑳299
『한영문법』『韓英文法』㊺250 255 ㊻37
한영복 韓永福 ㊷44
한영서원 韓英書院 ㊸294 ㊻319 ㊼158 ㉛303
한영(수호통상)조약 韓英(修好通商)條約 ①436 ㊲82 305~310 313 315
한영숙 韓英淑 ㉛358
한영원 韓永源 ㊺160
『한영자전』『韓英字典』㊻37
한영조약 韓英條約 ㊸302
한영호 韓永浩 ㊿338
한예 韓濊 ④112 ⑥28
한오수호통상조약 韓·墺修好通商條約 ㊲316
한옥 韓屋 ㉕354
한 온 韓薀 ㉙16
한 옹 韓雍 ㉓139
한왕 韓王 ④33
한 용 韓鎔 ㊽192
한용구 韓用龜 ㉜250 262
한용운 韓龍雲 ㊺52 ㊻117 128 131 ㊼

308 323 324 326 331 333 334 ㊾63 147 347 469 ㉛36 159 199 203 210
한용청년회 漢勇靑年會 ㊾380
한 우 韓牛 ㉛421
한 웅 韓雄 ㊾428
한원『翰苑』⑤158 159 162 166 ⑥230
한원진 韓元震 ㉛270 ㉟18 19 22 24 26 33 184 319 ㉜152
한위건 韓偉健 ㊼15 325 333 ㊽191 123 ㊾97 107 108 142 167 228 429 430 431
한유 寒儒 ㊱338 340 341 344 366
한 유 韓愈 ㉖36 38 39
한유 閒游 ㉞68
『한유문주서』『韓柳文註釋』㉒75 77
한유양인 閒遊良人 ㉚348
한유자(층) 閑遊者(層) ㉛140 141 160 ㉜40 136 ㉞26
한유충 韓惟忠 ⑫203 258 270
한유한 韓惟漢 ⑱245
한 윤 韓倫 ㉘132
한 윤 韓允 ⑰290
한 윤 韓潤 ㉙238 239
한윤보 韓潤輔 ㉙34
한 음 韓陰 ④108 136
한응인 韓應寅 ㉙33 72
한의 韓醫 ㊳354
「한의방」「韓醫方」⑧415
한·이수호통상조약 韓·伊修好通商條約 ㊲316
한인 閑人 ①232 ⑫216 ⑭2 34 222~225 ⑮26
한인 韓仁 ㉙290
한인결사대 韓人決死隊 ㊼399
한인경 韓藺卿 ⑫111
한인공교회 韓人孔敎會 ㊻102 ㉛222
한인공동회 韓人共同會 ㊿384 385
한인공산당 韓人共產黨 ㊾68
한인과 韓人科 ㊽273
한인교회 韓人敎會 ㊹317
한인구분전 閑人口分田 ⑭83 84 225 226
한인군사위원회 韓人軍事委員會 ㊽253 254
한인군사학교 韓人軍事學校 ㊼247 248
한인사회당 韓人社會黨 ㊽135 249 ㊼211~215 ㊾8 67 69
한인석 韓麟錫 ㊸365
한인성 韓寅誠 ㊿207
한인소년병학교 The Young Korean Military School 韓人少年兵學校 ㊼247~249 251 255 ㊽280
『한인신보』『韓人新報』㊼233 395
한인신보사 韓人新報社 ㊼395
한인애국단 韓人愛國團 ㊽9 12 343 346 355 ㊿270 282 286 375
한인연합(협의)회 韓人聯合(協議)會 ㊿376 386
한인위원회 韓人委員會 ㊿394
한인자치회 韓人自治會 ㊿370
한인전 閑人田 ⑭6 8 70 144 222~226 275 ⑮25 ⑲53 273 ㉔46
한인청년독립단 韓人靑年獨立團 ㊼405
한인청년동맹 韓人靑年同盟 ㊽187
한인청년회 韓人靑年會 ㊹309 ㊼387
「한인취체규칙」「韓人取締規則」㊽275
『한인합성신보』『韓人合成新報』㊼241
한인합성협회 韓人合成協會 ㊻72 73 ㊼241 244
한인협의회 韓人協議會 ㊹309
한인협회 韓人協會 ㊿369 370
『한인협회공보』『韓人協會公報』㊿370
한인호래사건 漢入戶來事件 ⑥236
「한일 외국인 고문 용빙에 관한 협정서」「韓日外國人顧問傭聘(傭聘)에 關한協定書」㊷227 229 301
한일래 韓一來 ㊿273 279 291
「한일무역규칙」「韓日貿易規則」㊴139
한일수호조규 韓日修好條規 ㊸126 ㊹18
한일신협약 韓日新協約 ①360 365 ㊸

312 ⑮166 ⑰64
한일심 韓一心 ⑭383
「한일어업협약」「韓日漁業協約」⑭481 ⑰78
한일은행 韓一銀行 ⑬135 ⑭190 206 ⑱89
한일의정서 韓日議定書 ①357~359 361 363 365 376 ⑫208 223 225 229 240 ⑬1 4 41~43 81 82 84 93 109 113 135 157 158 182 296 307 382 385 407 514 519 520 ⑭422 ⑯262 ⑰50 238
「한일전선설치조관속약개정안」「韓日電線設置條款續約改正案」⑪139 ⑭121
한일청 韓一淸 ⑲125 446
한일합방(병) 韓日合邦(倂) ⑬233 239 313 314 316 317 448 ⑯68 76 ⑰139 182~184 192 199 200 252 268 279 ⑱18 19 32 48 105 107 129
「한일합방조약」「韓日合邦條約」⑰50
한일합자회사 韓日合資會社 ⑬134
「한일해저전선설치조관」「韓日海底電線設置條款」⑭122
한일협약 韓日協約 ⑫240 242 ⑬43 57 60
「한일협약실행각서」「韓日協約實行覺書」⑫310
한일협정서 韓日協定書 ⑬96
한자순 韓自純 ⑫249
한자어 漢字語 ⑰147 148 ㉑244
한자어체계 漢字語體系 ㉗382
한자음 漢字音 ⑧136
한자표기법 漢字表記法 ⑧136
한잡인 閑雜人 ㉕154 155
한재 旱災 ㉕257 358 367
한재덕 韓載德 ㊾427
한재명 韓在明 ⑰261
한전 旱田 ㉔87 116 ㉗166
한전 閑田 ⑭263 345~347 ⑲331 ㉕240 244
한전농법(업) 旱田農法(業) ⑭320 329 ㉔2 103 106 112 117 ㉝3 4 42
한전대용증권 韓錢代用證券 ⑭21
한전론 限田論 ①324 ㉘12 46 355 358 359 361 362 ㉜330 356 ㉟6 246 248 251 ㊴249 ㊷62
한전법 限田法 ㉘359
한전비가 韓錢比價 ⑭18
한전예탁어음 韓錢預託어음 ⑭17
한전제 限田制 ⑭169 336 341 ㉟247 248
한정 閑丁 ㉞32
『한정록』『閑情錄』㉚434
한정만 韓貞萬 ⑬491 506 ⑰137
한정색출 閑丁索出 ㉜138
한정수괄 閑丁搜括 ㉜126 152
한 조 韓祚 ⑫179
한족 寒族 ㉞36 48
한족 韓族 ①116 123 126 139
『한족공보』『韓族公報』⑰395
한족노동당 韓族勞動黨 ⑱12 301
『한족신보』『韓族新報』⑱207
한족자치연합회 韓族自治聯合會 ㊿275 306 311 335 364
한족중앙위원회 韓族中央委員會 ⑰395
한족중앙총회 韓族中央總會 ⑰209 210 212 398
한족총연합회 韓族總聯合會 ⑯211 218 219
한족회 韓族會 ⑰10 195 380 ⑱143 158 200
한종유 韓宗愈 ⑱169
한종호 韓宗浩 ㊳275
한주(유충) 韓柱(惟忠) ⑫253
「한주심즉리설조변」「寒洲心卽理說條辨」㉟61
한주학파 寒洲學派 ㉟54 61
한주환 韓周煥 ㊾342
「한죽당섭필」「寒竹堂涉筆」㉟282
한준겸 韓浚謙 ㉚247 271 ㉝259

『한중록』『恨中錄』㉞42 ㉟426 427
한중서 韓仲敍 ⑲349
한중연합군 韓中聯合軍 ㊿449
한중혁 韓重爀 ㉚162
한증소 汗蒸所 ㉕383 384
한증승 汗蒸僧 ㉕384 ㉗156
한증욕 汗蒸浴 ㉕387 ㉗153 156
한증원 汗蒸院 ㉗156
한지 閑地 ⑳73
한지 韓紙 ㊹212
한지벌부 漢只伐部 ⑦83 247
한지복 韓祉福 ㊾428
한지부 漢祇部 ⑪220
한지성 韓志成 ㊿457
한지원 韓智源 ㉚18 21
한직 限職 ⑬367 ⑮41 46 73 74 ⑱26
한직 寒職 ㉓306
한진교 韓鎭教 ㊼227 231 234 313 ㊽175
한진서 韓鎭書 ⑥134 ⑦275 ⑩233 234 ㉟190
한진창 韓鎭昌 ㊷44
한질허 邯帙許 ⑦135
한 징 韓澄 ㊶110 111 115
한찬남 韓纘男 ㉚70
한창식 韓昌植 ㊾430 431
한천법 翰薦法 ㉘185
한 철 韓哲 ㊽189
한철사 韓鐵師 ⑨310
한첩목아불화 韓帖木兒不花 ⑳277
『한청』『韓靑』㊿284
『한청문감』『漢淸文鑑』㉑246 248 ㉟281
한청통상조약 韓淸通商條約 ㊷37
한 충 韓冲 ⑫253
한 충 韓忠 ㉘272
한 취 韓就 ⑱208 ⑳237
한치유 韓致愈 ㊶349 354 357 388 400
한치윤 韓致奫 ①336 ⑦275 ⑩233 234 ㊺265 266
한치형 韓致亨 ㉘188 191 193
한탄강 漢灘江 ⑨64
한평숙 韓平淑 ㊾355
한품서용 限品敍用 ①279 ⑫185 ⑬403 ㉓23 48 ㉕119 121 128 135 ㉛140 ㊴231
한품(제) 限品(制) ⑫198 ⑬429 ⑱83 ㉕68 82 90 94 96 ㉞44 52 ㉞44
한필원 韓必遠 ㉙276
한학 漢學 ㉓50 299 363 367 ㉕124 125 127 ㉟38 39 186
한학교수 漢學敎授 ㉓300 ㉕126
한학문신강 漢學文臣講 ㉜253
한학훈도 漢學訓導 ㉕126
한한학당 漢韓學堂 ㊻151
한해옥 韓海玉 ㉜249
한 현 韓絢 ㉙153～156 161
한현규 韓玄珪 ⑮281
한현태 韓賢泰 ㊶188
한형권 韓馨權 ㊻75 ㊼200～202 245 ㊽135
한형윤 韓亨允 ㉘282
한 호 韓浩 ㊿351
한 호 韓濩 ㉛449 489～491 493 494 496
한화정책 漢化政策 ⑪16 23 35 37 ⑫173 ⑮237 238
한 확 韓確 ㉘182
한회일 韓會一 ㉙276
한 효 韓曉 ㊾306 307 312 317
한효순 韓孝純 ㉙225 ㉚72
한 훈 韓焄 ㊼140 163 164 166 ㊽330
한 흥 韓興 ㊼314
한흥동 韓興洞 ㊻102 ㊶222 ㊾130
한흥보 韓興寶 ㉒163 342
한흥일 韓興一 ㉙290 292 ㉚588 ㉛329 330 332 ㉟356
한흥직조회사 韓興織造會社 ㊹191
한희유 韓希愈 ⑲19 121 ⑳284
한희진 韓熙珍 ㊾436 448

할러쉬타인 A. Halerstein ㉜523
할석묘 割石墓 ③168 169
할지론 割地論 ㊹53
함 銜 ③477
함경남도건국준비위원회 咸鏡南道建國準備委員會 ㊾429
함경남도공산주의자협의회 咸鏡南道共產主義者協議會 ㊾428 430
함경남도인민위원회좌익 咸鏡南道人民委員會左翼 ㊾428
함경북도인민위원회 咸鏡北道人民委員會 ㊾430
함경선 咸鏡線 ㊶141
함대훈 咸大勳 ㊿373 ㊾372
함덕포 咸德浦 ⑳262
함릉가양행 Homle Ringer & Co. 咸陵加洋行 ㊶130 132
함병업 咸秉業 ㊾102
함부 咸富 ⑫146
함북청년회 咸北青年會 ㊼200
함북흥학회 咸北興學會 ㊸7
함사 鹹砂 ㉝243
함상훈 咸尙勳 ㊾126 128
함서 咸舒 ⑫31 32
함석헌 咸錫憲 ㊿247 256 ㊾428
함성 咸聲 ㊽186
함세덕 咸世德 ㊿373 376 ㊾369
함수 鹹水 ㉝242
함순 咸淳 ⑱230 231 244
함신(진) 咸新(鎭) ⑳167 189 212
함안 咸安 ⑦357 ⑧362 363
함양 咸陽 ㉘154
함연수 咸延壽 ⑱172
함월해원 涵月海源 ㉟143 144 149
함유일 咸有一 ⑱148 ⑳38
함육학교 涵育學校 ㊸286
함윤덕 咸允德 ㉛455 456 472
함이완 咸以完 ㉚162
함익순 咸益淳 ㊽272
함일학교 咸一學校 ㊺50
함종 咸從 ⑫256
함주성 咸州城 ⑮350
『함주지』『咸州誌』㉘353 ㉛53 383
함태영 咸台永 ㊼321~323 326 327 331 ㊿153 154
함평신덕고분 咸平神德古墳 ⑧363 364
『함허당어록』『涵虛堂語錄』㉖282
함화진 咸和鎭 ㊿355 ㊾342 343 351 375
함흥 咸興 ㉓306 359
「함흥십경도」「咸興十景圖」㉟457
함흥평야 咸興平野 ⑮327
함흥학생사건 咸興學生事件 ㊿58 ㊾446
「합강정가」「合江亭歌」㉟401
합굴용사 蛤窟龍祠 ⑯348 349
합달령 哈達嶺 ④186 ⑩25
합덕성당 合德聖堂 ㊿275
합도석부 蛤刀石斧 ⑧465
『합동찬송가』『合同讚頌歌』㊻189
합명우피회사 合名牛皮會社 ㊹191
합방은사금 合邦恩賜金 ㊿158
『합본복음서』『合本福音書』㊿267
합사장 合絲匠 ㉔268
합성회사 合成會社 ㊼205
『합성신보』『合成新報』㊻72 73 74 91
합송리유적 合松里遺蹟 ③78 329 372 413 458 502 569
합순양행 合順洋行 ㊹33
합용병서 合用竝書 ㉗378
합인동부 蛤刃銅斧 ③216
합자동 鴿子洞 ②259
합자보 合字譜 ①500 ㉗9 388 439 ㉟586
합좌기관 合坐機關 ⑩142
합좌제도 合座制度 ⑦118 183
합주(합천) 陜州(陜川) ⑫33 61 62 63 66 256 ⑳145~147
합진 哈眞 ⑳185 187 189 319
합천댐수몰지구 陜川dam水沒地區 ②359

합포 合浦 ⑳271 401 ㉙62 194
항거왜인 恒居倭人 ㉒391 ㉘130 131 133
항공 恒貢 ㉘362
항류곡 恒留穀 ㉜377
항마군 降魔軍 ⑬357 358 360 ⑱184 ㉙288 ㉛400
항마촉지인 降魔觸地印 ⑨509
항백국 巷伯局 ⑩145 154 189
항사사 恒沙寺 ⑨372 398
항산론 恒産論 ㉜30
항산전 恒産田 ㉜356
항세 抗稅 ㉝437 ㊱12 336
항세 港稅 ㊲260 ㊷136 336 338
항수 恒秀 ⑪187~189
항순중생가 恒順衆生歌 ⑯35
항승 恒升 ㉚439
항왜 降倭 ㉒273 376 ㉙162 164 168
항일구국연맹 抗日救國聯盟 ㊽348
항일민족혁명당 抗日民族革命黨 ㊿356
항일의병운동 抗日義兵運動 ㊸235 278 327 334
항일의병전쟁 抗日義兵戰爭 ㊸9 10 476 480
항일의용군 抗日義勇軍 ㊿350
항장무 項莊舞 ⑤356
항정도조법 恒定賭租法 ㊴415
항조(운동) 抗租(運動) ㉝103 ㊱12 57 119 132 176 281 290 336 ㊹148
항조투쟁 抗租鬪爭 ㉚452
항파두(리)성 缸破頭城 ⑳121 258 262
항해권 航海權 ㊹74
「항해도첩」「航海圖帖」㉜520
항해술 航海術 ㉝367 376
해 醢 ⑧453
해(족) 奚(族) ⑩2 24 29 31 37 75 77 111~113 116 120
해곡 海谷 ⑨50
해관 海關 ㊳45 46 167 172 ㊵181
해관세 海關稅 ㊸135 ㊼79
해관세징수권 海關稅徵收權 ㊴153
「해관세칙」「海關稅則」㊴194
해관업무 海關業務 ㊲57
해관은행 海關銀行 ㊹39
해관창설 海關創設 ㊹34
해구 解仇 ⑥50 60~66 161 171 183 185 229
해구의 난 解仇의 亂 ⑥63 65 73 74
해국 奚國 ⑩75 111 112
『해국도지』『海國圖志』㉒154 ㉟379 382 ㊲3 98 101~103 106 ㊳3 19 20 53 57 63 ㊺5 202~204 ㊻248 256 309 310
해군 海軍 ⑬281 290 340 ㊳417
해군무관학교 海軍武官學校 ㊳193
해군장군 海軍將軍 ⑬280 281
해금 奚琴 ①500 ㉑472
해금(정)책 海禁(政)策 ㉒271 426 ㉘114 ㉝13 ㊲31 285 286
해금령 海禁令 ㉝449
해금산조 奚琴散調 ①504
해남 海南 ⑧363 ⑰297 ㉝348
『해내기관』『海內奇觀』㉟457
「해내화이도」「海內華夷圖」⑨304
해녀(어업)조합 海女(漁業)組合 ㊿214~216
해녀회 海女會 ①78
해당루 海棠樓 ㊳355 357
해도기병설 海島起兵說 ㊱6 85 86 97 99~101 105
해도원수 海道元帥 ⑲59 66
해도의원 海道醫員 ㉕11 371 380
해도입보(책) 海島入保(策) ⑱95 ⑳240~242
해도입주 海島入住 ㊱158
해도작성권 海圖作成權 ㊲82
『해도지』『海濤志』⑨303
해도진인(설) 海島眞人(說) ㊱17 275
『해동(법화)전홍록』『海東(法華)傳弘錄』㉑87 349 356

『해동가요』『海東歌謠』①501 ㉛425 ㉟
392 397 428 561
해동갑족 海東甲族 ⑫200
『해동고기』『海東古記』⑥15
『해동고승전』『海東高僧傳』⑧42 49 59
68~70 83 ㉑289~291 293 356
해동고지도 海東古地圖 ㉖196
『해동고현잡기』『海東古賢識記』⑯368
『해동금석원』『海東金石苑』㉟492
해동단학 海東丹學 ⑯297
「해동명공유사」「海東名公遺事」㊿256
『해동명신록』『海東名臣錄』㉘208
『해동명적』『海東名迹』 ㉛499 500
『해동불교』『海東佛教』㊿67
『해동불조원류』『海東佛祖源流』㉟136
『해동비록』『海東秘錄』⑯295 323 ⑰120
225 226 ㉑133 204
해동4무외사 海東四無畏士 ⑯17
『해동삼국사』『海東三國史』⑰184
『해동서경』『海東書經』㊿227
해동선맥정전 海東禪脈正傳 ㉟144
해동성국 海東盛國 ⑩9 65 66 69 138
187 190
『해동성씨록』『海東姓氏錄』 ㉖66
『해동악부』『海東樂府』㉛378
『해동야언』『海東野言』㉛381 382
『해동역사』『海東繹史』④75 ⑩233 ⑫67
72 ㉟323~327 ㊺265 266
『해동역사속』『海東繹史續』⑩233~235
「해동유본견행록」「海東有本見行錄」⑯71
125
『해동유선록』『海東儒先錄』㉘208
『해동유주』『海東遺珠』㉞67 ㉟390 408
『해동전도록』『海東傳道錄』㉖297 299
300 ㉛406 407 ㊱89
『해동제국기』『海東諸國紀』㉒276 283
376 385 390 406 408 413 423 424 ㉖
195 201 202
「해동제국총도」「海東諸國總圖」 ㉖202
205
해동조계종 海東曹溪宗 ⑱12
『해동죽지』『海東竹枝』㉟608
해동중보 海東重寶 ⑭466
해동증자 海東曾子 ⑥102
해동청 海東青 ⑮240 ⑳302 ㉑229
『해동춘추』『海東春秋』㊿227
해동통보 海東通寶 ①237 254 ⑫239
⑭17 465 466 ⑰131 ㉔172
해란강 海蘭江 ㊹301
해란하 海蘭河 ⑮321 325
해랑적 海浪賊 ㊱17 186 ㊲202 203
해령 海領 ⑬4 290
해로 海路 ③262 ㉙201 ㉝377
해룡 海龍 ㊹303
해룡선문 海龍禪門 ⑪203
해룡왕사 海龍王寺 ⑪203
해룡창 海龍倉 ㉔337
해룡호 海龍號 ㊴99
해루 解婁 ⑥21 29
해릉창 海陵倉 ㉔337 525
해리스 Bishop M. C. Harris ㊻178
해리스 L. Harris ㊻289
해리슨 W. B. Harrison ㊻290
해린 海麟 ⑪186 ⑯54 55 98 99
해망인 海望人 ㉔539
해명 解明 ⑥73~75
해모수 解慕漱 ④184 ⑥228
해미 海美 ㉓149
해밀턴항 Port Hamilton ㉜497
해방 海防 ㊱158
해방동맹 解放同盟 ㊾196 197
해방론 海防論 ㉜494 496 522 524
『해방운동』『解放運動』㊾71
해방지응국 海防支應局 ㊹37
해방청 海防廳 ㊹80
해방체제 海防體制 ㉙55~58 60
해부루 解夫(扶)婁 ④184 ⑤14 ⑥15 228
『해산창의록』『海山倡義錄』㊸443

해산회사 海產會社 ㊴179 ㊹188
해삼위항지방회 海參威港地方會 ㊼245
해삼위회의 海蔘威會議 ㊸329
해상 海商 ⑨197 201 203
해상 海象 ②49
해상교통 海上交通 ⑥27 ⑮245 ㉙198 ㉝367 378
해상동굴 海象洞窟 ②50
해상선산 海上仙山 ㉛405
해상세력 海上勢力 ⑪70 82~87 ⑫12 19 21 58 72
해상의병 海上義兵 ㉙68 69
해상활동 海上活動 ⑫19 21 28
해서교안 海西敎案 ㊻5 142 143
해서선 海西船 ㉝304
「해서수군변통절목」「海西水軍變通節目」 ㉜306
해서여진 海西女眞 ㉒261 279 336 338 348 349 ㉘125 ㉙211 212 218
해서청 海西廳 ㉚506
해선망 醢船網 ㉝222
해성학교 海星學校 ㊶266
해성현 海城縣 ④79 123
해세 海稅 ⑭14 392 397 398 ㉔432 ㉝219 233 ㉜174 175 177 183 189 190 197
「해세절목」「海稅節目」㉝219
해수 解須 ⑥50 52 229
해수직자법 海水直煮法 ㉔6 376 380
해수직자식 海水直煮式 ⑨194
해시계 해時計 ①455 ⑨422 ㉗70 71 73 74 96
『해심밀경』『解深密經』⑨ 364
해씨세력 解氏勢力 ⑥49 50~52 74 75 81 83 185 226 230
『해악첩』『海岳帖』㉟462
해안사 海安寺 ⑫175 ⑱204
해애 海涯 ㉑420
해양도 海陽道 ⑫151
해양세력 海洋勢力 ⑦26 ㊵17
해양후 海陽侯 ⑱110
「해에게서 소년에게」「海에게서 少年에게」㊸282
해연총제영 海沿總制營 ㊴103
『해외선교사』『The Foreign Missionary』『海外宣敎師』 ㊻161
해외유학 海外留學 ㊶288 289
해외청산위원회(OFLC) 海外淸算委員會 ㊷291
해외통상 海外通商 ㉟252
해외한족대회 海外韓族大會 ㊿397 398 400~402
해운 海運 ㉔10 523 527 528 530
해운권 海運權 ㊹74
해운대 海雲臺 ②86
해운대책위원회 海運對策委員會 ㊷196
해운보조제도 海運補助制度 ㊹244
해운판관 海運判官 ㉓176 ㉔530 ㉚507
해유 解由 ㉘83
해인사 海印寺 ⑧89 ⑨394 395 565 578 ⑪176 178 179 ⑭253 ⑯45 58 71 72 78 ⑰158 ㉑117~120 123 126 ㉖151 269 288 ㉗207 218 479~481 ㉟139
해인사홍치4년명동종 海印寺弘治四年銘銅鐘 ㉗579 580 582
『해인삼매론』『海印三昧論』⑨394
해자 垓字 ③442 ⑥194 ⑨593 597
해자 海子 ㉗455 456
해작군 海作軍 ㉔471
해저전선 海底電線 ㊹234
해적 海賊 ㉒310 328
『해조부』『海潮賦』⑨303
『해조신문』『海潮新聞』㊸163 279 ㊻74 75 91 ㊼202
해주 海州 ②346 347 ⑫70 73 148 212 ㉓129 168 174 239 359 ㉕26 27
해주구세병원 海州救世病院 ㊻291
해주문묘 海州文廟 ㉖49

「해주일향약속」「海州一鄕約束」㉛25 61 78 79 92
해주 최씨 海州崔氏 ⑫202 216
「해주향약」「海州鄕約」㉛41 86 87 91
『해중성점험』『海中星占驗』⑨305
『해중이십팔수국분』『海中二十八宿國分』⑨305
해지 解池 ⑲375
해초경 解楚卿 ⑩187
해충 解忠 ⑥49 50 156 198
해탑(갑라장경) 海塔(甲喇章京) ㉜403
해택 海澤 ㉘350 354
해평현향교기문 海平縣鄕校記文 ㉓139
해회 海會 ⑯96 97
핵법 覈法 ㉝17
핼리팩스 T. E. Hallifax 奚來百士 ㊳47 191 193 195 ㊴123 131 ㊻183
햇무리 日暈 ㉗16 41 53 95
햇무리굽 청자(완) 日暈蹄靑瓷盌 ⑰296 ~298
행걸아 行乞兒 ㊱164 165
행군 行軍 ⑦7 208
행군의소 行軍義所 ㊴385
행근 幸近 ⑪202
행기 行基 ㉖192
행기도 行基圖 ㉖192 194 202 203
행대감찰 行臺監察 173
행도천왕도 行道天王圖 ⑰284
행랑(장랑) 行廊(長廊) ㉗445 449 450 460 475
행랑살이 行廊살이 ㉝135
행랑시전 行廊市廛 ㉔124
행랑조성도감 行廊造成都監 ㉔211 235 ㉗449
행랑채 行廊채 ㉕341 ㉛9 635
「행려풍속도」「行旅風俗圖」㉟467
행루 行漏 ㉗62 82
행만성불 行滿成佛 13
행민(호우) 倖民(豪右) ㉜140
행보국장군 行輔國將軍 ⑥53
행사 行思 ⑪202 203
행상 行商 ①236 ⑭16 451 452 ㉔122 126 ㉕187 188 ㉘70 ㊳173 271 312
행상권 行商權 ㊳175
행상세 行商稅 ㉜176
행성 行城 ㉒180~183 345 ㉗453 455 459
행성 行星 ㉑199
행수 行首 ⑱159 ㉝324
행수법(제도) 行守法(制度) ①266 ⑬133 134 ㉓21 171
행수선전관 行首宣傳官 ㉞58
행수직 行守職 ㉓120
행수직 行首職 ⑱36
행순 行巡 ㉓227 ㉚259
행심 行審 ㉜293
행영 行營 ㉞186
행영체제 行營體制 ㉓177
『행원품』『行願品』㉖268
행인국 荇人國 ④186 187 ⑤39
행잔 行棧 ㊴142
행장 行狀 ㉒382 241
행적 行寂 ⑪194 200 205 ⑫72
행전별장 行錢別將 ㉚589
「행전절목」「行錢節目」㉝399
「행정경찰장정」「行政警察章程」㊵198
행정기능인 行政技能人 ㊹341
행정처분 行政處分 ㊿59
행정촌 行政村 ①225 ㉓144
행조 行朝 ㉙90
행주대첩 幸州大捷 ㉙81 82 184
행주산성 幸州山城 ㉙5 92
행직 行職 ㉕97
『행포지』『杏浦志』㉕326
행학 幸學 284
「행학기」「幸學記」⑰75 76
행행 行幸 ㉖148
행행방물 行幸方物 ㉔467
행행수가 行幸隨駕 ㉚255

행향사 行香使 ㉖295
행형제도 行刑制度 ㊳419
행호 行乎 ㉖283
햐츠카다이 百花台 ②281 286
향 香 ㉓290
향 鄕 ①221 252 267 ㉓138 141~143
향가 鄕歌 ①409 411 424 ⑦263 ⑧135 136 163 ⑨460~462 466 467 600 ⑰133 134 213 217~220 ㊶108 126 127
향곡양반 鄕曲兩班 ㉞38
향곡품관 鄕曲品官 ㉞91 ㊴241
향공 鄕貢 ⑫213 ⑬6 370 371 ⑰39 57 75 ⑳36 ㉔441
향공시 鄕貢試 ⑬373 375 382 386 394
향공진사 鄕貢進士 ⑫173 ⑬226 ⑳39 85
향관 鄕貫 ㉓152
향관청 享官廳 ㉓282
향교 鄕校 ①318 326 353 ⑯222 ⑰1 4 5 13 24 41 47 71~74 78~80 82 86~89 98 99 ㉓9 34 35 52 139 279 292 296 300~312 316 321 344 347 348 ㉕ 75 207 ㉗472 474 475 ㉘161 168 240 242 ㉛14 23 77 78 90 95 131 158 167 ㉞220 235 249 257 260~262 264 ㉟ 130 531 533 ㊱49 50 204 220 ㊶232 235
향교건축 鄕校建築 ㉛530
향교생도 鄕校生徒 ㉕75 231 366
향교위전 鄕校位田 ㉓156
「향교재산관리규정」「鄕校財産管理規程」 ㊶158 164 235
향교재정 鄕校財政 ㉓312
향교제례 鄕校祭禮 ㊶391
향군 鄕軍 ㉚243 249 250
향군하번군 鄕軍下番軍 ㉚250
향권 鄕權 ①332 ㉛81 112 ㉘97 ㉓305 ㊴241
향궐망배 向闕望拜 ㉛527
향규 鄕規 ①268 294 295 303 304 ㉓ 191 192 193 ㉘159 161 210 ㉛2 3 25 33 38 39 42 47 56 64 73 77 83 91 121 135 161 ㉞171 172 180 181 226 227 231 242 ㊱58 139
향기 鄕妓 ㊶357
향기사 鄕騎士 ㉚251
향내 鄕內 ㉓192
향당교주 鄕黨交奏 ㉛550 ㉟554~556 582
향당도덕 鄕黨道德 ㉞269
향덕 向德 ⑪213
향도 香徒 ①328 ⑪210 ⑯187 188 190 192 ㉑72 ㉓189 195 ㉖30 32 ㉘259 263 341 ㉚443 ㉛70 232 241 249 ㉞178 226 275 ㊱4 52~54 56 64 132 133
향도계 香徒契 ①328 ㉛71 73 ㉜41 ㉞ 237 ㊱5 56 68 134
향도군 香徒軍 ㊱199
향도류 香徒類 ㉞178 ㊱56
향도회 香徒會 ㉓195 ㉛71 74
향령 鄕令 ⑨134 235
향령무 響鈴舞 ㊶355
향로 香爐 ⑰302
향록 鄕錄 ㊱216 224
향론 鄕論 ㉘278 ㉚226 237 ㉞190
향리 鄕吏 ①224 ⑫12 138 186 213 ⑬ 120 136 164 208 221~225 ⑮18 19 24 33 138 160 ⑲31 101 153 ⑳13 14 16 18 28 29 31 75 111 ㉓47 124 137 145 150~158 182 183 192 299 365 ㉔440 446 457 463 464 481 ㉕61 66 67 69 82 105 108 109 111 112 114 115 120 121 123 126 128 132 139~141 143 149 150 153 154 170 197 199 231 ㉖ 259 ㉘157 158 160 361 ㉜106 ㉝463 ㉞97 104 190~193 195 196 ㊹341~344
향리전 鄕吏田 ⑭7 23 70 154 157 163 231 237 239
향망 鄕望 ㉓188 191
향모군 鄕募軍 ㉚401

향무(층) 鄕武(層) ㊱259 264 265 274
향무쟁단 鄕武爭端 ㊱233
향반 鄕班 ㉓182 ㉞34 36 90 ㊱45 216
향발 響鈸 ㉛585
향병 鄕兵 ㊴380
향보 餉保 ㉚246
향보단 鄕保團 ○52413
향비파 鄕琵琶 ①498 ⑧369 ⑨601 604 ~608 613 ㉑472 473
향사 享祀 ○51392
향사 鄕司 ⑨134 235
향사·음례보급운동 鄕射·飮禮普及運動 ㉘269
향사당 鄕射堂 ㉓187 192 193 ㉛37 65 77 86 90 94 95
향사례 鄕射禮 ①295 303 ㉓304 ㉖49 50 234 ㉘8 210 267 269 271 274 276 342 ㉚237 ㉛2 37 41 236 575 598
향사법 鄕社法 ㊱174
향사이장지법 鄕舍里長之法 ㉞211
향사패식 鄕社牌式 ㊱175
향산거사 香山居士 ㊻121
향선생 鄕先生 ㉓313 ㉛41 42 60 ㉞ 224 ㊱215
향소 鄕所 ㉛79 ㉞36 102 193 194 200 ㊱45 58 234 258
향·소·부곡 鄕·所·部曲 ⑮18 54 63 139 155 ⑲3 4 31 36 37 252 ㉓141~143 ㉘144
향손유업자 鄕孫儒業者 ㉞19
향수제 鄕遂制 ㉞211 212
향시 鄕市 ㉘71 ㉞113
향시 鄕試 ㉓35 384 327 341 349 363 ㉔121 122 153 ㉘242
향신 鄕紳 ㊲42 45 71
향신료무역 香辛料貿易 ㊲27
향실 香室 ㉓281
향악 鄕樂 ①497 499~502 504 ⑧365 367 369 ⑨601 606 607 610 ㉑454 455 459~462 472 474 496 ㉗114 387~390 394 409 416 422 423 425 431 434 435 ㉟549 550 554~556
향악곡 鄕樂曲 ㉑462 463 466 467 ㉗ 387 410~414 418 422 423 436
향악기 鄕樂器 ①499 ㉑470~472 480 ㉗409 410
향악연주 鄕樂演奏 ㉗429
향악정재 鄕樂呈才 ①499 ㉑267 454 462~464 475 499 500 ㉗9 387 388 409 424 430 435 ㉛584 ㉟554~556 582
향안 鄕案 ①268 294 303 327 ㉓191~193 304 309 ㉘97 159 160 ㉛2 3 25 26 33 47 54 56 57 60 61 65 77 83 86 88 91 94 116 119~121 123 135 137 158 ㉞38 54 102 172 181 191 226 230 231 ㊱3 42 43 54 58 137 138 140~142 223 288
향안입록(자) 鄕案入錄(者) ㉞37 44 55 56 58 ㊱44 225 233 ㉞234
향안질서 鄕案秩序 ㉛33
향안파치 鄕案罷置 ㉞230
향약 鄕約 ①259 268 294 295 303 304 327 ㉓14 31 34 156 191 194 195 ㉖31 73 ㉘198 203 210 240 245 261 271~274 349 ㉛2 3 23 24 33 38~40 42 47 73 74 77 80 83 88 91 92 94 135 158 240 243 511 ㉜24 30 ㉞171 172 180 181 191 199 213 215 227 236 238 243 247 269 ㊱3 42 43 58 136~140 ㊵141 ㊹308 ○51389
향약 鄕藥 ㉕45 47 377~379 ㉗9 111 114 115
『향약간이방』『鄕藥簡易方』㉑224 225 ㉗ 129
향약계 鄕約契 ㉞170 ㊽208
『향약고방』『鄕藥古方』㉑224 225 ㉕377
『향약구급방』『鄕藥救急方』⑰6 ㉑222 223 230 250 579 ㉗114 127 129 ㉘261

『향약방편』『鄕藥方編』㉖7
향약보급운동 鄕約普及運動 ㉘9 244 245 271 273 321 ㉚2 ㉛24 37 41 42
『향약본초』『鄕藥本草』①289 ㉗5
『향약본초언해』『鄕藥本草諺解』㉗131
『향약본초초』『鄕藥本草抄』㉗131
향약서 鄕藥書 ㉕377
『향약의방』『鄕藥醫方』㉗131
향약의술 鄕藥醫術 ㉘261
「향약장정」「鄕約章程」㊻191
『향약제생집성방』『鄕藥濟生集成方』① 289 ㉑224 225 ㉕372 378 ㉗5 114 117 128 129 139
향약조직 鄕約組織 ㊱54
향약지규 鄕約之規 ㉛124
『향약집성』『鄕藥集成』㉒75 79
『향약집성방』『鄕藥集成方』①289 455 ㉑ 222 223 225 ㉔389 ㉕372 378 379 380 ㉖7 ㉗111 112 114 117 119 127～129 131 133 136 137 139 141 142 144 147 ～149 152 157 ㉘261
『향약채취월령』『鄕藥採取月令』㉕372 378 ㉗114 129
「향약판무규정」「鄕約辦務規程」㊵10 268 272 289 ㊹445 447
『향약혜민경험방』『鄕藥惠民經驗方』㉑ 224 225 ㉕377 385 ㉗113 114
『향약혜민방』『鄕藥惠民方』㉑224
향역 鄕役 ⑬222 ⑭7 237 238 243 ⑮ 19 34 36 39 ⑳34 ㉔481 ㉕115 141 144～149
향연합자회사 香烟合資會社 ㊹187 188
향영 向榮 ⑪26
향원 鄕員 ㉞226 232 ㊱16 316 318 ㊹ 443
「향원추핵법」「鄕愿推覈法」㉛15 ㉞188
향원층 鄕員層 ㊹343
향유사 鄕有司 ㉛89
향음례 鄕飮禮 ㉚237
향음주례 鄕飮酒禮 ①295 303 ㉓304 ㉖31 49 50 ㉗405 ㉘8 160 170 210 267 269 271 272 274 276 342 ㉛2 24 37 41 194 236 240
『향음주례고증』『鄕飮酒禮攷證』㉛631
향인(층) 鄕人(層) ①332 ㉞89 ㊱231 236 276
향임(층) 鄕任(層) ㉓309 ㉞37 38 41 90 91 119 180 191 194 226 227 229 232 248 249 ㊱12 22 71 73 140 142 209 214 215 220 225 232 257～260 263 264 267 272 274 288 309 ㊴366
향임직 鄕任職 ㉛81
향장 鄕長 ㊹308 448
향장 鄕將 ㊱301
향적권 鄕籍權 ㉞37
향전 鄕戰 ①305 319 ㉓305 ㉘306 ㉚ 179 ㉛5 78 82 95 130 ㉞45 54 56 91 250～259 ㊱42 141 219～222 233 234 289 ㊲174 ㊴242
향전률 鄕戰律 ㉞250 254～259 262
향정 鄕正 ㉞224 ㊹308
향족(층) 鄕族(層) ㉕109 ㉛81 ㉜50 ㉞ 34 37 91 253
향중공론 鄕中公論 ㉛56 78 ㉞181
향중대소사 鄕中大小事 ㉛78
향직 鄕職 ⑫148 ⑬128 217 227 ⑭44 49 59 64 66～68 234 235 237 239 ⑮ 321 ⑰16 ⑳34
향직원 鄕職院 ㉔273
향집강 鄕執綱 ㉛42 127
향집사 鄕執事 ㊱215
향찰 鄕札 ①421 ⑧136 ⑨440 460 ⑰ 133 137 218 ㉑230 283
향찰가사 鄕札歌詞 ⑰190
향찰문학 鄕札文學 ⑰188
향찰표기 鄕札表記 ㉑275
향청 鄕廳 ①318 ㉓31 188 282 ㉛81 95 126 ㉜295 ㊱43 140 232 288 ㊴234

향촌 鄕村 ㉓190 314 315 ㉕32 ㉚179 ㉞177
향촌공동체 鄕村共同體 ㉓195
향촌사자 鄕村士子 ㉛90
향촌자치조직 鄕村自治組織 ㉛34
향촌주 鄕村主 ⑨235
향촌지배권 鄕村支配權 ㉛32
향촌지배체제 鄕村支配體制 ㉛3 122 125
향촌지배층 鄕村支配層 ㉞37 222 225 ~ 227 230 234 243 265
향촌통제책 鄕村統制策 ㉛124 ㉞103 201 ㊱69 162
향토음식 鄕土飮食 ㉛629 630
향토음악연구회 鄕土音樂硏究會 ㊾348
향통사 鄕通事 ㉓359
향품 鄕品 ①331 ㉜180 ㉞34 36 37 89 90 201 253 259 ㊱1 214 288
향품관배 鄕品官輩 ㊱236
향품자지 鄕品子枝 ㉞35
향품층 鄕品層 ㉞38
「향풍체가」「鄕風體歌」⑰219
향피리 鄕觱篥 ㉑472
향학 鄕學 ⑰4 75
향항(홍콩)상해은행 香港上海銀行 ㊹15
향헌 鄕憲 ㉓194 ㉞224 226
향헌비 鄕憲碑 ㊳383
향현사 鄕賢祠 ㊲160 161
향호 鄕戸 ㉓154 ㉕83
향호 鄕豪 ⑫138 139 148 152 155 161 244 245 ⑰14~16
향화(인) 向化(人) ㉜392 394
향화야인 向化野人 ㉒365
향화왜(인) 向化倭(人) ㉒273 274 376 377 405
향회 鄕會 ①294 328 ㉛33 56 60 80 81 86 88 91 114 116 119~121 123 124 128 131 ㉞102 121 180 191 224~233 ㊱13 15 16 58 70 72~75 78 137 139 ~143 223~235 289 296 310 311 318 ㊵272 ㊹442
「향회규칙」「鄕會規則」㊵268 289
향회소 鄕會所 ㉛86 92
「향회에 관한 의안」「鄕會에 關한 議案」㊹442
「향회조규」「鄕會條規」㊵10 272 ㊹445 447 448
허가요 許家窯 ②259
허가요문화 許家窯文化 ②262 264
허가이 許가이 ㊾438
허가존 許可存 ㉙261
허 견 許堅 ㉚157 ㉜60
허결 虛結 ㊱314
허 경 許慶 ⑫233
허계 許棨 ㊲169
허 공 許珙 ⑰158 186 ⑱112 ㉑353
허 관 許冠 ⑲92
허국공 許國公 ⑩24 66 70 71
허국주 許國柱 ㉙47
허 규 許珪 ㊾160
허 균 許筠 ㉖297 ㉚70 ㉛350 356 430 441 442 ㉟89 162 ㊿195
허기광 許其光 ㊺17
허난설헌 許蘭雪軒 ㉛442 ㊿123
허내제 許乃濟 ㊲42
허 도 許衜 ㉕375 384
허도승급첩 許度僧給牒 ㉖255
허드 Augustine Heard ㊴64
허 로 許輅 ㉙282
허 루 許婁 ⑦88
허루짱 何如璋 ㊵26
허류(화) 虛留(化) ㉜316 376 ㊱283 297 329
허리말기 ㊿409
허 목 許穆 ①306 ㉚96~98 101 103~108 110 111 113~115 117 118 153 155 156 ㉛7 181 193 269 285 376 484 489 497 498 577 ㉜140 ㉟14 30 31 209 317 320 321 440

허문숙 許文叔 ㊴441～443
허바드 Richard B. Hubbard ㊴67
허 반 許磐 ㉘177 189 190
허 백 許伯 ⑫190 ⑳277
허백기 許伯琦 ㉘200
『허백당집』『虛白堂集』㉗425
허보법 虛步法 ㊱90
허복 虛卜 ㉜295
허 봉 許篈 ㉗216 ㉚46 56
허 부 許傅 ㉜356
허부 虛簿 ㊷77
허 빈 許斌 ㊽292
허삼둘 가옥 허삼둘家屋 ㊹486
허 새 許璽 ㉚157
『허생전』『許生傳』㉝166 ㉟411 430
허 성 許筬 ㉙25
허성택 許成澤 52148
허세신 許勢臣 ⑦283 359
허수겸 許守謙 ㉙154
허 승 許升 ⑱126
허승원 許承元 ㊼253
허시 墟市 ⑫218 ⑭448
허 식 許湜 ⑲86
허 신 許愼 ①149
허 양 許梁 ㉜413
허열추 許悅秋 ㊽186
허 엽 許曄 ㉘83 330 ㉚29 35 43 45 48
허 완 許完 ㉙284
허용업 許龍業 ㊴112
허우땅 后黨 ㊵73
허 욱 許煜 ㊳282 312
허 욱 許頊 ㉙36 82 104
허 운 許雲 ㊽175
허 원 許遠 ㉛332 ㉟357 358
허원식 許元栻 ㊳127
허 월 許越 ⑪5 134～136 139 157 158 ⑫28 83
허 위 許蔿 ㊳253 ㊶48 ㊷302 ㊸9 84 298 375 376 382 423 489 490 508 520 523 524 ㊼162
허 유 許維 ㉟491 ㊻114
허 응 許應 ㉔27 30
허의후 許儀後 ㉙71
허이룽쟝장군 黑龍江將軍 ㊵62
허익복 許益福 ㉙260
허인진고법 許人陳告法 ㉞217
허 일 許一 ㊾152 391
허 임 許任 ㉞84
허 자 許磁 ㉘201 ㉚15
허자지시 許子之詩 ㉛443
허 재 許載 ⑫203 257 ⑬457
허 적 許積 ㉚96 98 99 112～115 137 154～156 283 284 355 486 590 ㉜134 135 138 139 406 407 408
허 정 許政 52125 126
허정숙 許貞淑 ㊾285 286 291 292 311 474 ㊿223 292 52168
허정자 許貞子 ㊾272
허 조 許稠 ㉗97 99 107 245 ㉘162 316
허 종 許悰 ⑮175
허 종 許琮 ㉒132 137 140 338 341 ㉖260
허 주 許稠 ㉒73 108 201 275
허 준 許浚 ㉗138 140 143 ㉚329 ㉞80 ㉟342 ㊸418 421 52295
허직 虛職 ㉓99 100 109
허 진 許晋 ㉚53
허천부 虛川府 ㉒145
허초희 許楚姬 ㉗360 361
허치슨 W. du F. Hutchison 許見士 ㊳193 51334
허 택 許澤 ㉜60
허통 許通 ㊴232
허통교생 許通校生 ㉞18
허통면강 許通免講 ㉞18
허튼모 51385

허학 虛學 ㉛345
허 항 許沆 ㉘199 ㊱250 253 265 266
허 헌 許憲 ㊺81 ㊾56 57 153 154 156 463 469 (52)102 176 184 190 191 214 216 395
허 형 許衡 ⑳305 ㉖36 38 39 41 67
허형식 許亨植 ㊿349
허황옥 許黃玉 ⑦316
허황후 許皇后 ⑦10
허 후 許厚 ㉚110
헌가 軒架 ㉑459 ㉗402
헌가악 軒架樂 ㉑485
헌가악기 軒架樂器 ㉑482 483
헌가악현 軒架樂懸 ㉑483 484
헌강왕 憲康王 ⑨291 311 467 ⑩64 100 106 108~110 ⑪40 44
헌관 獻官 ㉓283 984
헌납간쟁 獻納諫諍 ㉓62
헌덕왕 憲德王 ⑪24 25 27 ⑫13 84
헌덕왕릉 憲德王陵 ⑨546
헌병 憲兵 ㊼22 31 39 41 42 88 103 127
헌병경찰기구 憲兵警察機構 ㊷292
헌병경찰제(도) 憲兵警察制(度) ㊸168 ㊼22 24 25 31 39 40 43~45 49 96 103 105 111 119 127 309 ㊽18~20 28 (51)24
헌병대 憲兵隊 ㊼23 41 44 104 115 134
헌병보조원 憲兵補助員 ㊽22 ㊷290 347 ㊼22 39 43
헌병분견대 憲兵分遣隊 ㊼346 361 362 364 375
헌병분견소 憲兵分遣所 ㊼73 134 368 376
헌병분대 憲兵分隊 ㊼42 45
헌병좌관 憲兵佐官 ㊷292
헌병주재소 憲兵駐在所 ㊼344 346 347 349 350 353 359 362 365 370 371 374 ~377
헌부 憲府 ㉓25
헌선도 獻仙桃 ㉑476 477 490 497 498 500
헌안왕 憲安王 ⑪28 34 39 ⑫15 16
헌애왕후 獻哀王后 ⑫208
헌의6조 獻議6條 ㊵281 283 ㊶234 247 277 377 389
헌정 憲貞 ⑪29 31 48
「헌정쇄담」「憲政鎖談」㊸191
헌정연구회 憲政研究會 ①356 ㊸86 182 188~191 308 ㊻207
헌천화 獻天花 (51)356
헌트 Leigh S. J. Hunt ㊴67 ㊶116 ㊹110
헌팅톤 Ellsworth Huntington ㉚306
「헌화가」「獻花歌」⑨466
헐로드 Joseph. R. Herod ㊴66
헐버트 Homer B. Hulbert 轄甫 ㊳191 ㊴65 120 127 ㊵262 ㊶42 190 195 ㊷238 ㊸4 54 55 66 69 70 73 159 ㊺154 155 342 370 ㊻43 79 183 188 ㊼235 242 (51)64
헐역 歇役 ㉜8 124 126 127 134 145 371 ㉞21 24 26 266
헐역처 歇役處 ㉜121 123 150 153 ㉞30
헐역투속자 歇役投屬者 ㉜130
험독 險瀆 ④78 91
험천현 險川峴 ㉙283 294
험측 險側 ④35
험표 驗標 ㊳174
헛첨차 헛檐遮 ㉛520 531 538
헤레라 Herrera ㉜514 515
헤론 John W. Heron 惠論 1㊻64 180 188 286
헤르타호 Hertha號 ㉜501 ㊲308
헤이 John Hay ㊸27 51
헤이그(해아)밀사사건 Hague(海牙)密使事件 ㊷328 350 ㊸5 311 312 ㊺234 ㊼196
헤이그만국평화회의 Hague萬國平和會議 ①462
헤이그특사사건 Hague特使事件 ①360
헤이그평화회의 Hague平和會義 ㊸4 62

~65 67 68 70 73 77 311
헤이든 Mary E. Hayden ㊴122
헨리 포틴저 Sir Henry Pottinger ㊲49
혁거세(거서간) 赫居世(居西干) ⑦28 139 246 253
혁거세신화 赫居世神話 ①137 ⑦2
혁대 革帶 ㊹460
혁련정 赫連挺 ⑯46 47 49 50 ⑰211 218
혁명극장 革命劇場 52369
혁명당 革命黨 ㊳25
『혁명청년』『革命青年』㊾139
『혁신공보』『革新公報』51204
혁신단 革新團 ㊺359 51366
혁신동맹 革新同盟 ㊾318
혁신동맹창립총회 革新同盟創立總會 ㊾319
혁신유림 革新儒林 ㊼166
혁신의회 革新議會 ㊽311
혁필화 革筆畵 ㉞128 ㉟477
현가포 玄字砲 ㉙60
현감 縣監 ㉓137 ㉕151
『현겁경』『賢劫經』⑧54
현공렴 玄公廉 ㊶232 327 425 ㊻246
현관 賢關 ㉓279
현관 顯官 ㉓48 51 289 299 ㉕73 76 108 121 134 ㉞35
현광 玄光 ⑧62
현구고례 見舅姑禮 ㉛621
현군수 玄君壽 ⑱188
현금 玄琴 ⑧380 ⑨601 ⑩163
『현금동문류기』『玄琴東文類記』㉛544 556 562 563 567 ㉟559
『현금오음통론』『玄琴五音通論』㉟561 562 573 580 585 587
『현금조선문전』『現今朝鮮文典』51106
현기봉 玄基奉 ㊹197
현기사 玄機司 51180
현대국어 現代國語 ㉟283 288
현대극장 現代劇場 51376
현 덕 玄德 52326
현덕문 玄德門 ⑨545
현덕수 玄德秀 ⑳126
현덕왕후 顯德王后 ㉒112 141 ㉘237
현덕호 玄德鎬 ㊶327
현도(군) 玄菟(郡) ④6 109 136 166 191 194 195 247 ⑤2 5 23~25 27~29 40 41 63 ⑥30 ⑧113
현도성 玄菟城 ⑤132 134
현도주 玄菟州 ⑩36 37 64 68 77
현득영 玄得榮 51296
현량과 賢良科 ①296 ㉓14 328 335 ㉘9 196 198 202 240 273 ㉚225
현 려 玄呂 ⑳223
현령전송 懸鈴傳送 ㉝261
현록아병 懸錄牙兵 ㉚251
현륭원 顯隆園 ㉜98
현릉 顯陵 ⑫93
현리 縣吏 ⑨134
현명씨 玄冥氏 ㉖231
현 몽 玄夢 ㉙159 160
현무 玄武 ⑧346
현문 懸門 ㉗458
현물화폐 現物貨幣 ㉚584 586
현방 懸房 ㉝371 455
현방(켄포오) 玄方 ㉜434
현법 紘法 ㉗439
현사 縣司 ⑨134
현산학교 峴山學校 ㊺73 89
현상건 玄尙建 ㊶120 ㊷224 225 ㊸34 37 53
현상벽 玄尙璧 ㉟18 19 26
현상여자가투대회 懸賞女子歌鬪大會 ㊾278
현상윤 玄相允 ㊺305 ㊻207 ㊼274 275 320 327 ㊾28 5133 137
현석규 玄錫圭 ㉘253 ㉚63
현석운 玄昔運 ㊳109 ㊲230 233 236
현석칠 玄錫七 ㊽109
현소(겐소) 玄蘇 ㉙25 93 ㉜425 428

현수 賢首 ⑫219 ⑯69 70 78 124
『현수전』『賢首傳』⑯127
현 순 玄楯 ㊼321 ㊽110 111 117 118 122 ㊿374
『현식론』『顯識論』⑨362
현악기 絃樂器 ⑨603 604 607
현양사 玄洋社 ㊳299 ㊵35 ㊶28
현업기관 現業機關 ㊹226
현업노무자 現業勞務者 ㊹241
현영운 玄暎運 ㊸34 134 ㊹383 432
현우현 玄又玄 52159
현 욱 玄昱 ⑨324 ⑪196 201 202
현원 賢元 ㉟497
현율 玄律 ⑫128 133
현 은 玄檃 ㊸243 320 ㊺235
현의순 玄義洵 ㉜459
현익겸 玄益謙 ㊾173
현익철 玄益哲 ㊿277 309 314 436
현익호 顯益號 ㊴100
현인복 玄仁福 ㊱261～265
현 일 玄一 ⑨397 400 402
현 일 玄鎰 ㉞93
현자총통 玄字銃筒 ㉗254～256
현 장 玄奘 ①132
현재묵 玄在默 ㊱232 233
현정건 玄鼎健 ㊽181 186
현정경 玄正卿 ㊽267 289 312 ㊿277
『현정론』『顯正論』㉖282 283 ㉗338
현제명 玄濟明 ①503 51258 308 52340 342 349
현제복 玄濟復 ㊶206 216
현제창 玄濟昶 ㊶237 388
현조 玄鳥 ①147 149
현조 顯祖 ㉞169 173
현족 顯族 ㉕106
현종 顯宗 ⑫6 170 180 210 211 ⑱147 ㉚94 99 113～115 118 124 153
현주 縣主 ㉕81
현주 顯州 ⑩36 37 165～167
현주일구 懸珠日晷 ㉗62 70～72 82
현준 賢俊 ⑨394 ⑪178 179
현준혁 玄俊赫 52428 431
현중조 玄重祚 ㉜249
현직 顯職 ㉕68 ㉞57 64
현진건 玄鎭健 ①428 ㊿236 5194
현창형 玄昌炯 52448
현 채 玄采 ①363 ㉟493 ㊶319 ㊸322 ㊺8 52 112 113 139 148 270 271 313 ㊻ 245
현천묵 玄天默 ㊼183 ㊽202 228 292 51 195
현 철 玄哲 ㊺361 51367
현철군주 賢哲君主 ㉘231 241 320
현촉서포해법 懸蜀黍捕蟹法 ㉝227
『현토한한신약성서』『懸吐漢韓新約聖書』㊻161
현하죽 玄河竹 ㊿278
『현행서방경』『現行西方經』㉗ 225
현화사 玄化寺 ⑫211 230 ⑭69 144 147 196 254 258 262 ⑰201 244 ⑯51 52 54 67 83 105 106 168 217
현화사비음기 玄化寺碑(陰記) ⑭69 ⑯87 88 105 107 ⑰219
현화사지석등 玄化寺址石燈 ⑰267
현화사지7층석탑 玄化寺址七層石塔 ⑰8 260
현회 縣會 ㊶269
현 휘 玄暉 ⑪194 199 ⑫72 ⑯15 26 27 37 41
현흥택 玄興澤 ㊵165 262 267 ㊶179 183 201
혈거 穴居 ㉕338
「혈거부족」「穴居部族」52296
혈구 血溝 ③123 170 194
혈구 穴口 ⑫115
혈구지도 絜矩之道 ㉟29
혈구진 穴口鎭 ⑨147 ⑪77 82 ⑫19 20
혈례 穴禮 ⑧40

혈맹단 血盟團 ㊽325
혈사 穴寺 ⑨375
혈성단 血誠團 ㊼240 ㊽211
혈세 穴稅 ㉝198 208 209
「혈의 루」「血의 淚」㊺228 306 307 309 311 ㊻204
혈주 穴主 ㉝203~205 459
「혈죽가」「血竹歌」㊺117 148
혈창 穴倉 ①128
혐진우디캐 嫌眞兀狄哈 ㉒332 335 338 363
『협계태씨족보』『陜溪太氏族譜』⑩239
협대무역 夾帶貿易 ⑫224
협동기선회사 協同汽船會社 ㊷99
협동사 協同社 ㊹205
협동전선(론) 協同戰線(論) ㊽183 ㊿468
협동조합 協同組合 ㊽3 ㊿147
협동학교 協東學校 ㊺76 ㊻107 51228
협동회 協同會 ㊸133
『협률대성』『協律大成』㉟588
협률사 協律社 ㉟644 ㊺332~355 357 361 363 51358
협부(보) 陜父 ⑥17
협선 挾船 ㉙62 194
협성구락부 協成俱樂部 5177
협성동사 協成同社 ㊸216 306
협성신학교 協成神學校 ㊺111
협성안흥학교 協成安興學校 ㊸212
협성학교 協成學校 ㊺81 ㊼177
협성회 協成會 ㊶200 225 265 309 310 376 ㊻51 52 54 ㊾418 423 424
『협성회회보』『協成會會報』㊶309 ㊸318 ㊻48~52 56 57 ㊾423 424
협소벽려 狹小辟犁 ㉗187
협수군 協守軍 ㉜98
협씨 劦氏 ⑥230
협업조직 協業組職 ㉗191
협의원 協議員 51390
『협의회보』『協議會報』㊿376
협인 挾人 ㊱47 48
협정관세 協定關稅 ㊲321 326
협제 祫祭 ⑯340
협종궁 夾鍾宮 ㉗402
협찬동지회 協贊同志會 52180
협판안동 脇坂安董 ㉜459
협판안치(와키자카 야스히루) 脇坂安治 ㉙21 63 66 114 196 203
협호 挾戶 ㉔73 76 ㉕17 ㉘49 52 ㊱47 48 151 199 207 ㊴270
협힐 纈纈 ⑨245
형 衡 ⑨523
형개 邢玠 ㉙114 120 123
『형기』『衡旗』㊾344
형대원 邢大元 ㉙157
형률 刑律 ⑥238
형마생천 刑馬牲天 ㉙251
형망제급 兄亡弟及 ㉛218 220 221 247
형미 逈微 ⑪160 195 203 ⑯15 18 ⑯17 28
형방 刑房 ㉕145
형백 刑伯 ㉙171
형벌노비 刑罰奴婢 ④215 ⑨236
형법 刑法 ㊹420
『형법대전』『刑法大全』㉒218 ㊹374 375 422 432 433
『형법초안』『刑法草案』㊹432
「형사소송법」「刑事訴訟法」52400
형사처수 兄死妻嫂 ①129
형산 兄山 ⑦16
형살 刑殺 ㉕107
형설회 螢雪會 51367
형세 衡稅 ㊴177
형숙 邢璹 ⑪215
형순 邢順 ⑫50 ⑮278
형용사 形容詞 ㉗380
형전 刑典 ㉕107
형정 刑政 ㉒108~110 ㉘317 342
형제공처설화 兄弟共妻說話 ⑥73

형제상속 兄弟相續 ①5
형제지맹 兄弟之盟 ㉙266 272
형질인류학 形質人類學 ①111
형초 逈超 ⑪201
형태소 Morpheme 形態素 ㊺260
『형평』『衡平』㊾344
『형평뉴스』『衡平News』㊾344
형평사 衡平社 ㊾13 312~316 317 319 320~326 330 331 334 336~345 348 349 352~356 ㉛188 389
「형평사사칙」「衡平社社則」㊾329
형평학우회 衡平學友會 ㊾323 333~335
혜 鞋 ㊹466
혜경궁 홍씨 惠慶宮 洪氏 ㉜217 ㉞42 ㉟426
혜공 惠空 ⑧86 ⑨372 398
혜공왕 惠恭王 ⑧376 ⑨107 601 ⑪15 16 ⑫13
혜관 惠灌 ⑦152 ⑧55 68 476
혜광(에코우) 惠光 ⑦151
혜광 慧光 ⑧52
혜근 慧勤 ①248 256
혜능 惠(慧)能 ⑪191 203
혜덕왕사 소현 慧德王師韶顯 ⑯53 196
혜량 惠亮 ⑤88 ⑦105 ⑧56 74 ⑨124
혜량법사 惠亮法師 ⑯86 155
혜림 慧林 ⑯69 72
혜명국사 慧明國師 ㉖282
혜문 惠文 ⑦128 129
혜미압승 惠美押勝 ⑩104 106 130 131
혜민고국 惠民庫局 ㉓360
혜민국 惠民局 ⑮160 170 174 ⑰123 124 ㉔468 ㉗113 115 116 156 ㉕370 375 380 381 384 386
혜민서 惠民署 ㉓69 91 360 ㉔425 426 429 436 468 ㉕125 126 131 135 368 370 375 382 383 ㉗117 ㉜169 171
혜사선사 慧思禪師 ⑧62
혜산진 惠山鎭 ㉜412
혜상공국 惠商公局 ㉔157 165~167 169 ㊳71 173 175 176 413 407 415 ㊴186 ㊹199
「혜상공국절목」「惠商公局節目」㊳175
「혜상공국혁파론」「惠商工局革罷論」㊸ 241
혜선 惠禪 ⑧54
혜성 彗星 ⑧402 ㉑198 ㊾393
「혜성가」「彗星歌」⑧9 169~171 ⑨418 462 463
혜소 慧昭 ⑨615 ⑪189 201 203 ⑫218
혜소 惠素 ⑰199 211 239
혜숙 惠宿 ⑧86 ⑨398
혜심 慧諶 ①248 ㉑16 18 22~25 40 54 ~57 59~67 69 71 78 82 83 88 102 142 156~158 164 312
혜영 惠永 ㉑96
혜영 惠英 ⑯49 88
혜왕 惠王 ⑦148
혜원 慧遠 ⑨363 400
혜은 慧隱 ⑪201
혜인 惠仁 ⑧60
혜인고려화엄교사 慧因高麗華嚴敎寺 ⑯ 48
혜인원 慧因院 ⑯47 69 72 123 134
혜일(에니치) 惠日 ⑦151
혜자 慧慈 ⑦147 ⑧53 67 471 476
혜재(에사이) 惠齋 ⑦151
혜제 惠帝 ⑥35
혜조국사 慧照國師 ⑯60 61 98
혜종 惠宗(武) ⑫4 79 80~82 83 87 90 92 93 99 100 128 130 157 158
혜중학교 惠中學校 ㊽193
혜지 慧持 ⑧52
혜철 慧哲(徹) ⑪73 193 194 196 222 223
혜초 慧超 ⑨323 429 600
혜총 惠(慧)聰 ⑦147 ⑧54 67
혜통 惠通 ⑨415
혜편 惠便 ⑧54 66

혜허 慧虛 ㉑434
혜현 惠現 ⑥243 ⑧62
혜화 惠和 ⑫44
혜훈 惠勳 ⑧67
호강품관 豪强品官 ㉛17
호거쌍대 互擧雙對 ㉜74
호격 豪格 ㉙274 290
호경 鎬京 ⑫20 207 222
호경대왕 虎景大王 ㉑335
호계사 虎溪寺 ⑦411 ⑧87
호계서원 虎溪書院 ㉟184
호곡동 虎谷洞 ②505 562
호곡동유적 虎谷洞遺蹟 ②421 493 494 ③146 183 343 350 396 457
호공 瓠公 ⑦21 38 ⑪220
호관묘 壺棺墓 ⑧343
호구 戶口 ㉕2 18 22 28
호구단자 戶口單子 ①242 ⑫247 ⑮77 ㉝16 ㉞204 215 ㊹356 368
호구령 戶口令 ⑥208
호구성적 戶口成籍 ㉞204 206 209
호구식 戶口式 ㉞204
호구안 戶口案 ㉔485
호구정책 戶口政策 ㉚369
호구조사 戶口調查 ㊷137 154 330 338 350 ㊹277 281
「호구조사규정」「戶口調查規程」 ㊽28
「호구조사규칙」「戶口調查規則」 ㊵289 ㊹277 278 372 51387
「호구조사세칙」「戶口調查細則」 ㊹277 372
『호구총수』『戶口總數』 ㉝14 28 30 ㉞196 ㊹280 282 283 291 294
구표 戶口表 ㊹356
호국백 護國伯 ㉖227
호국불교 護國佛教 ⑤51 ⑰272
호국삼신 護國三神 ⑧40
호국인왕사 護國仁王寺 ⑮327
호군 護軍 ㉓222 228
호군청 護軍廳 ㉓226
호귀후 胡歸厚 ⑪44
호기 呼旗 ㉛576
호기희 呼旗戲 ⑯152 ㉑537 558
호남가단 湖南歌壇 ㉗349~351
호남리사신총(안원왕릉) 湖南里四神塚(安原王陵) ⑧7 334
호남선 湖南船 ㉝304
호남선 湖南線 ㊶141 ㊼94 95
호남유생 湖南儒生 ㊴363 371
호남은행 湖南銀行 ㊽89
호남의병창의동맹단 湖南義兵倡義同盟團 ㊸440
호남창의(회맹)소 湖南倡義(會盟)所 ㊸427 429 439 496 498
호남창의대장소 湖南倡義大將所 ㊴329
『호남창의록』『湖南倡義錄』 ㊸443
호남철도주식회사 湖南鐵道株式會社 ㊹206
『호남학보』『湖南學報』 ㊸280
호남학회 湖南學會 ①363 ㊸225 325 ㊺77 184 126
『호남학회보』『湖南學會報』 ㊺126
호네트호 Honett號 ㉜499
호눈평원 呼嫩平原 ④201
호두량유적 虎頭梁遺蹟 ②268
호등(제) 戶等(制) ⑤201 ⑥207 ⑬207 ⑭388 390 ⑲322 323 326 ㉜158
호떡 ㊹483
호락논쟁 湖洛論爭 ㉟2 13 19 77 83
호렴 戶斂 ㉜311 377 ㉞208
호로하 瓠瀘河 ⑨62 67
호론 湖論 ㉟15 19~23 63
호료병포 戶料兵布 ㉚259 ㉞137
호륜4부 扈倫四部 ㉒263 ㉙218
호리 히사타로 堀久太郎 ㊹92 94
호리모토 掘本禮造 ㊳23 153 154 272 284 ㊷282
호리상회 堀商會 ㊹92~95 103
호리구치 구마이찌 堀口九萬一 ㊵260

㊶32
호마 胡馬 ㉒359 ㉔590
호마이하 呼瑪爾河 ㉜404
호명 戸名 ㊷77
호명법 糊名法 ⑬391
호명성 狐鳴城 ⑦72 212
호미등대 虎尾燈臺 ①40
호민 豪民 ④209 213 214 219 ⑤35 47 179 211~213 ⑥204
「호민론」「豪民論」㉛442
호발도 胡拔都 ㉒161
호방 戸房 ㉕145
호법정부 護法政府 ㊽134
호복 胡服 ㉕295
『호부론』『護富論』㊴250
호부상서 戸部尙書 ㊵73
호부지민 豪富之民 ㉘51
호분순위사 虎賁巡衛司 202
호분위 虎賁衛 ㉒122 135 ㉓32 74 95 315 216 232 ㉕87
『호산외기』『壺山外記』㉟324 ㊺267 320
호상관상회 湖上館商會 ㊹192 ㊹206
호생설화 瓠生說話 ①149 155
호서 胡書 ㉙241~243 248
「호서대동사목」「湖西大同事目」㉚487
호서산림 湖西山林 ㉚95
호서선 湖西船 ㉝304
호서선무사 湖西宣撫使 ㊴456
호서아병 湖西牙兵 ㉚268
호서은행 湖西銀行 ㊽89
호서학회 湖西學會 ㊸225
『호성』『湖聲』㊾393
호세 戸稅 ⑤59 ⑦242 ㊷136~139 330 336 350
호세랑 好世郞 ⑨398
호소 呼訴 ㊱66 75
호소이 하지메 細井肇 ㊾47
호수 戸數 ㉕18 19 23~25 28
호수 戸首 ㉓211 212 ㉔71 483 487 488 ㉘90 91 ㉜172 185 294 295 296 365 366 ㊱282 298 ㊹374
호수 好(胡)袖 ㉕318 323
호수돈여자고등보통학교 好壽敦女子高等普通學校 ㊼343
호수돈여학교 好壽敦女學校 ㊹387 ㊺95 257
호수소오자 好袖小襖子 ㉕319
『호순신』『胡舜申』⑯314 322
호시(장) 互市(場) ⑨198 199 ⑫224 ⑭16 443 450 456 ⑮300 368 ⑲391 394 396 402 405 ㉘70
호시도루 星亨 ㊹421 432
호시석노 楛矢石砮 ⑥34
호신 虎神 ④6
호신부 護身符 ②490 514
호실부 號室部 ⑩17 18 30 44
호아사 虎牙司 ㉓204
호안국 胡安國 ㉖39 48
호암사 虎巖寺 ⑥179
호암약휴 護巖若休 ㉟155
호역 戸役 ㉓302 ㉔476 477 488 ㉘103 367 ㉚394 ㉜150 286
「호연장질의」「浩然章質疑」㉟32
호우 壺杅 ⑤60
호우(합) 壺杅(盒) ⑧258
호우총 壺杅塚 ⑤60 83 ⑧258 260
호움링거상회 Homle Ringer Co. ㊹88
호위군(관) 扈衛軍(官) ㉚271 281 ㊵297
호위대 扈衛隊 ㊷55 58
호위대장 扈衛大將 ㉚272 273
호위신지 扈衛信地 ㉚255
호위청 扈衛廳 ㉚256 270 272 281 ㉜99 235 ㊵196
호은유기 好隱有璣 ㉟133
호의시오 縞衣始悟 ㉟135
호익위 虎翼衛 ㉕87
호자 虎子 ⑧265
호장 戸長 ①221 ⑫97 149 186 213 ⑬

164 167 234 ⑭186 233~236 239 ⑮33 95 146 ⑳37 52 ㉓156 157 ㉕61 113 144 145 149 153 ㉞99 187 ㊱287 305

호적 戶籍 ⑮75 78 184 ㉕2 25 38 42 61 77 143 145 ㉘42 60 ㉜126 147 158 ㉞51 ㊹277

호적대장 戶籍臺帳 ㉝16 ㉞203 210 ㊱138

호적법 戶籍法 ㉔486 ㉕2 23 28 38 40 ㊱138

「호적사목」「戶籍事目」㉞203 206 214

호적색 戶籍色 ㉞204

호적식년 戶籍式年 ㉝16

호적유사 戶籍有司 ㉞197

호적자료 戶籍資料 ㊱2

호적작성 戶籍作成 ㉞183

호적제도 戶籍制度 ㉞204 216

호적청 戶籍廳 ㉞101

호적표 戶籍表 ㊹373

호전 戶錢 ㉜151 152 154 157~161 195 307

호정 戶正 ㉓158

호정 戶政 ㊱38 41 45

호정 胡鉦 ⑳277

호조 戶租 ⑤8 201 202 ⑥205 207

호조 戶曹 ㉕125 198 ㉚468 505 ㉚505

호조 戶調 ⑨169

호조 護照 ㊴35 142

호조작지미 戶曹作紙米 ㉜287

호조차지 戶曹次知 ㉚531

호족 豪族 ⑨160 203 204 468 ⑪27 28 63~67 ⑫3~6 11~13 16 19 20 26 41 43~45 53 57 72 74 75 77 96 100 118 120 125 126 128 129 135 136 138 139 141 143 169 178 192 ⑬222 335 ⑮21 32 33 ⑯11 25 26 194 ㉕56 60 61 153

호족연합정책 豪族聯合政策 ⑪115 116 ⑬13 223

호종남 胡宗南 ㊿451

호종단 胡宗旦 ⑫224

호주 湖州 ⑩200

호주대의소 湖州大義所 ㊴476

호준포 虎蹲砲 ㉗262

호지집 ㉛635

호진순 扈鎭淳 ㊸127

『호질』『虎叱』㉟411 430

호천상제 昊天上帝 ㉖221 224 225

호초 胡椒 ㉗120 121 ㉚601

호총 戶總 ㉕17 22 ㉜325 ㊱2 26 36 38 40 41 47~49

호태성왕 好太(聖)王 ⑤60

호태왕명호우 好太王銘壺杅 ⑧261

호택 胡澤 ㉙101

호통 好通 ㉜404

호통 扈桶 ㉝226

호튼 Lillias S. Horton ㊻180 286

호파 湖派 ㉟77

호패 號牌 ㉖264 265 ㉞183 213 216~220 ㊱22

호패법 號牌法 ①277 31 ㉓150 213 ㉕15 28 ㉔501 ㉘42 92 ㉚70 484 486 ㉛152 179 300 301 ㉜25 30 107 126 136 138 ㉝16 13 ㉞195 205 206 210 215~217 221 222 ㊱23 25 128 138 148 162 176 ㊹277

「호패사목」「號牌事目」㉘92 ㉛152 ㉜138 139 ㉞217 218

호패안 號牌案 ㉞217

호패제작 號牌製作 ㉞219

호패청 號牌廳 ㉞217 219

호포계 戶布契 ㉞272

호포론 戶布論 ㉛179 ㉜9 23 129 133 139 142 143 163 195 307 331 332 370 ㊱29

호포법 戶布法 ㉜139 141 226 227 346 373 ㉞34 208 ㊱32 230 335 ㊲167 168 212

호포불가론 戶布不可論 ㉜308

호포설 戶布說 ㉜140
호포소 戶布疏 ㉜143
호포의 戶布議 ㉜141
호포(제) 戶布(制) ①339 ⑭366 ⑲304 307 ㉜30 59 149 152 157 196 314 334 347 350 ㉞23 208 ㉟237 238 ㊴360
호학 湖學 ㉛270
호한잡희 胡漢雜戱 ㉑492
호호 豪戶 ⑪69
호환 戶還 ㉜316
혹세무민 惑世誣民 ㊲134
혼구 混丘 ㉑309
혼례 婚禮 ㉘215 341 ㊿396
혼상 渾象 ㉗4 62 67 96
혼성여단 混成旅團 ㊵106 155
혼수 混修 ㉖284
혼의 渾儀 ㉗96
혼인 婚姻 75 184
혼인규칙 婚姻規則 ㉕247
혼인정책 婚姻政策 ⑪114 115 ⑫41
혼인형태 婚姻形態 ㉕247
「혼일강리도」「混一疆理圖」㉖185 189~191
「혼일강리역대국도지도」「混一疆理歷代國都之圖」㉖181 186 187 192 194 196 197 199 202 205
혼천설 渾天說 ㉗57 59 87
혼천시계 渾天時計 ㉟340
혼천의 渾天儀 ㉗62 67 80
「혼천전도」「混天全圖」㉟352
혼하 渾河 ④65 89 ⑤40
홀 W. J. Hall ㊻182 289 293
홀 笏 ⑤23 ㉕309
홀라온 忽剌溫 ㉙218~222
홀라온우디캐 忽剌溫兀狄哈 ㉒338 363
홀리개 ②483 496
홀린 忽璘 ⑳276
홀치 忽赤 ㉓200
홀콤 Holcombe Chester ㊲290 291
홀턴 D. C. Holton ㊺109
홀튼 Lillias S. Horton ㊹484
홀한성 忽汗城 ⑩79 85~87 112 ⑮254 260
홀한주 忽汗州 ⑩232
홀한주도독 忽汗州都督 ⑩29 140
홉슨 Benjamin Hobson 合信 ㊻280 281
홋기놀이 呼旗戱 ㉖275 276
홋카이도 北海島 ②275
홍가신 洪可臣 ㉘331
홍각 弘覺 ⑪195
홍각 洪殼 ㉙150~152
홍건적 紅巾賊 ①228 ⑲46 137 141 ⑳327 332~337 344 349 383~386 ㉓313
홍건표 洪建杓 ㊿255 257 258
홍 견 洪見 ⑫71
홍 경 洪慶 ⑮276
홍경래 洪景來 ①332 333 ㊱14 15 101 105 237~245 249 251 253 255 256 260 273~275 345 ㊲148
홍경래 난 洪景來亂 ㉜204 225 254 255 ㉝24 158 170 203 207 356 ㊱13 15 100 102 106 113 217 234 235 237 240 246 255 261 265 266 269~271 273~277 345 ㊲91 ㊴225
홍경모 洪敬謨 ㉟143 ㊺266
홍경원 弘慶院 ⑳103 104
홍경주 洪景舟 ㉘197 198
홍계 弘繼 478 482
홍계남 洪季男 ㉙50 110 155 156
홍계능 洪啓能 ㉜81
홍계훈 洪啓薰 ㊴105 106 339~341 346 ~349 352 353 380 384 ㊵2 36 104 145 147 165 ㊶36 39
홍계희 洪啓禧 ㉜81 103 120 121 151 155 ~157 162 165 166 173 180 181 183 194 195 197 307 310 ㉟197 275
홍 관 洪灌 ⑫255 ⑯225 253 ⑰176 178 187 291 ㉑329
홍교 虹橋 ㉗458

홍구공원 虹口公園 ㊿287
홍국영 洪國榮 ㉜76 81 82 85 86 90 92 97 ㉞70 ㊱107
홍군 紅軍 ㊿349
홍귀달 洪貴達 ㉘253
홍 규 洪奎 ⑲20 ⑱113 120
홍긍섭 洪肯燮 ㊶159 ㊸83 116 123 ㊹197 384
홍기문 洪起文 ㊾152
홍기섭 洪起燮 ㉜263 266
홍기조 洪基兆 ㊼326 (51)181
홍기주 洪箕疇 (52)427 448 459
홍기황 洪基璜 (52)448
『홍길동전』『洪吉童(同)傳』①307 ㉛8 430 ㉟417 ㊱131
홍길문 洪吉汶 ㉘149
홍길민 洪吉旼 ㉕212
홍낙관 洪洛官 ㊴402
홍낙민 洪樂敏 ㉜246
홍낙안 洪樂安 ㉜78 ㉟100
홍낙임 洪樂任 ㉜247 245
홍난생 洪蘭生 ㉙153
홍난파 洪蘭坡 ①503 (51)258 308
홍남표 洪南杓 ㊽180 181 184 194 ㊾94 442 (51)74 (52)185
홍다구 洪茶丘 ⑳121 258 268 310
홍달손 洪達孫 ㉒113 114
홍 담 洪曇 ㉚39 40
홍대권 洪大權 ㊾434
홍대용 洪大容 ①324 325 457 ㊲147 ㉛445 ㉞4417 418 419 522 523 ㉟82 87 209 232~237 242 257 259 273 308 318 351 355 363 366 368 390 ㊺14 349 ㊻7 230
홍대윤 통형묘지 洪大胤筒形墓誌 ㉟517
홍덕유 洪悳裕 ㊾74 83 86 442 (51)74 87
홍 도 洪濤 ㊽116 117 120 123 (51)182
홍도 紅陶 ③104 180 186 251 254 255 489
홍림 弘林 ⑪198
홍로시 鴻臚寺 ⑨349 ⑬100 ㉜388
홍 륜 洪倫 ⑳368~370
홍만섭 洪晩燮 ㉜225
홍만식 洪萬植 ㊸6
홍만종 洪萬宗 ㉛353 ㉟282 315 317 320 321
홍면희 洪冕熹 ㊽112 116 117 120 123
홍명구 洪命耉 ㉙281 282
홍명복 洪命福 ㉟282
홍명식 洪明植 ㊾446
홍명학교 洪明學校 ㊸286
홍명희 洪命熹 ㊼225 227 231 348 ㊾142 146 147 157 347 469 (51)76 79 (52)198 201 203 207 208 212 213 215 307 308 404 462
홍무 洪武 ㉒14 286 287
홍무구제 洪武舊制 ㉔615
홍무명백자발 洪武銘白瓷鉢 ㉑448
홍무예제 洪武禮制 ㉓283 ㉖24 41 228
『홍무정운』『洪武正韻』㉛363 364
『홍무정운역훈』『洪武正韻譯訓』㉖106
홍무제 洪武帝 ⑳363 365 367 377 378
홍문계 洪文系 ⑳251
홍문공도 弘文公徒 ⑫189
홍문관 弘文館 ①264 296 301 ⑬113 ㉒137 138 ㉓24 29 60 69 72 86 103 325 337 ㉘27 235 236 ㉚4 134 209 210 ㉜91
『홍문관지』『弘文館志』㉜93
「홍문록」「弘文錄」㉘30 ㉚209 ㉜66
홍민원 洪敏原 ㊾467
홍범 洪範 ㊶273 276
홍범 9주 洪範九疇 ⑯229 329 ㉖56
홍범도 洪範圖 ㊷285 ㊸334 364 467 489 491 492 510 520 527 ㊼197 201 211 392 399 ㊽6 139 200 203 205 212 214 215 218 219 223~227 231 233~236 240~242 254

홍범14조 洪範十四條 ①349 353 ㊵233 234 239 246 281 ㊶263 277 ㊷49 50 ㊹420 425 ㊺30 ㊻229
『홍범연의』『洪範衍義』 ㉟29
홍범황극설 洪範皇極說 ①309
홍법대사 공해 弘法大師 空海 ⑩180
홍병기 洪秉箕 ㊴447 ㊼326 51181 187
홍병선 洪秉璇 ㊾142
홍병원 洪秉元 ㉜322
홍병철 洪秉喆 51267
홍복도감 弘福都監 ⑲414
홍복영 洪福榮 ㊱107 108 136 345
홍복원 洪福源 ⑳171 200 206 306~310 314 399
홍봉주 洪鳳周 ㊲74 181~183 185 186 ㊻137
홍봉한 洪鳳漢 ㉜63 76 78 80 81 155 202 244 247 ㉟193
홍 부 洪溥 ⑳163
홍 빈 洪彬 ⑳277
홍사범 洪師範 ⑳366
홍사철 洪思哲 ㉟61
홍산대첩 鴻山大捷 ⑳410
홍산문화 紅山文化 ①144 148 168 ⑤1
홍산선 鴻山船 ㉝304
홍산현 鴻山縣 ㉖289
홍삼 紅蔘 ㉝351 358 457 ㊱256 ㊳327 ㊹165
홍삼세 紅蔘稅 ㊹35
홍삼전매사업 紅蔘轉賣事業 ㊷141 147 159 330 347
홍상범 洪相範 ㉜97
홍상표 洪相杓 ㊽224
홍서봉 洪瑞鳳 ㉙278 285 292 ㉚84 88 ㉜384
홍석모 洪錫謨 ㉜523
홍석보 洪錫輔 ㉚427
홍석주 洪奭周 ⑩233 ㉜226 268 270 ㉟39 135 186
홍석하 洪錫夏 ㊾206
홍석호 洪碩浩 ㊽271
홍 섬 洪暹 ㉚34 39
홍성린 洪成麟 ㊸348
홍성민 洪聖民 ㉘330 ㉚45
홍성 홍씨 洪城洪氏 ⑫86
홍세섭 洪世燮 ㊺350
홍세태 洪世泰 ㉛443 444 ㉞67 ㉟408
홍수보 洪秀輔 ㉜82
홍수전 洪秀全 ㊲89 98 123
홍 순 洪淳 ⑳337
홍순경 洪淳慶 51330
홍순경 洪順卿 ㊾285
홍순대 洪淳大 ㊸393
홍순목 洪淳穆 ㊲228 229 234 239 ㊳182 183 ㊵226
홍순학 洪淳學 ㊺321
홍 술 洪術 ⑪114 ⑫29 34 45 54 62 130 ⑮255
홍승국 洪承國 ㊼249
홍승만 崔承萬 5194
홍승하 洪承夏 ㊼238
홍시제 洪時濟 ㉜257
홍시중 洪時中 ㊳245~247
홍 식 洪植 ㊽210
홍양명 洪陽明 ㊾152
홍양해 洪量海 ㉜81 82 85
홍양호 洪良浩 ⑥228 ㉜418 ㉞197 ㉟88 282
홍 언 洪彦 ⑳109
홍언박 洪彦博 ⑲134 138 ⑳340 343
홍언수 洪彦秀 ㉙50
홍언필 洪彦弼 ㉘193 199 200
홍여순 洪汝諄 ㉙182 ㉚56
홍여하 洪汝河 ㉟313 314 316 319
홍염장 紅染匠 ㉔268 269
홍영식 洪英植 ①342 ㊲120 ㊳8 17 18 43 44 68 85 89 106 115 119~121 139 144 146 333 350 352 397 399 423 ㊴85

133 ㊸241 ㊻115 162 163 180
홍옥경 洪鈺卿 ㊾280
홍 우 洪瑀 ㉙151
홍우관 洪禹觀 ㊶206 215
홍우원 洪宇遠 ㉚111 115 ㉝396
홍운섭 洪運燮 ㊴443 460 470 472
홍원기 洪元基 ㊾350
홍원사 洪圓寺 ⑯48 72 ⑱203
홍원삼 紅圓衫 ㊹468
홍월초 洪月初 ㊺52
홍 유 洪儒 ⑪6 99 111 161~164 ⑫18 25 26 37 42 45 77 81 142
홍유손 洪裕孫 ㉖297 299 ㉘171 179 ㉛407 418
홍유한 洪儒漢 ㉟96
홍유형 洪裕馨 ㊸415
홍유후 弘儒侯 ⑫212
홍윤성 洪允成 ㉕103 ㉘17 181
홍은 弘恩 ⑳266
홍 응 洪應 ㉒70 141 ㉘186
홍의도 紅衣島 ㊱100 239 242 249 251 253~255
홍의인 洪義人 ㉚171
홍의준 洪義俊 ㉜523
홍이상 洪履祥 ㉘331
홍이서 洪彛敍 ⑫262 263
홍이섭 洪以燮 ㉟263 361
홍이유 洪履猷 ㉜249
홍이포 紅夷砲 ㉙290 ㉜416 488
홍익인간 弘益人間 ①440
홍익한 洪翼漢 ㉙273 293 ㉟41
홍인우 洪仁祐 ㉘330
홍인한 洪麟漢 ㉜81 97
홍자번 洪子藩 ⑮164 ⑲20~22 88 119 276 350 356
홍재귀 洪在龜 ㊳226 235
홍재룡 洪在龍 ㉜276
홍재민 洪在敏 ㉜207 249
홍재유 洪載裕 ㊿308
『홍재전서』『弘齋全書』㉜94 ㉟196 200
홍재하 洪在夏 ㊷44
홍재학 洪在鶴 ㊳86 224 225 230 247
홍재홍 鄭在洪 ㊹92
홍재희 洪在羲 ㊴299
홍 저 洪泞 ⑳399
홍 적 洪迪 ㉚56
홍적공신 紅賊功臣 ⑳347
홍적세 洪積世 ①118 173 175
홍전 紅典 ⑦227 ⑨180 183 240 250
홍 정 洪霆 ㉙290
홍정모 洪貞模 ㊾427
홍정보 洪鼎輔 ㉞102
홍정후 洪正厚 ㊶232 237 327 367 388
홍제원 弘濟院 ⑯53 ㉔512 ㊵10 227 235
홍 종 洪鐘 ⑨523
홍종우 洪鍾宇 ㊴57 58 217 ㊵104 282 ㊶405 414 ㊷21 43 ㊹203
홍종인 洪鍾仁 ㊿309
홍종표 洪宗杓 ㊼240
홍종환 洪鍾晥 ㊹197
홍주국 洪柱國 ㉚116
홍주세 洪株世 ㉟315
홍주일 洪宙一 ㊼147 148 149
홍중방 洪仲方 ⑱19 20 21 25 32 33 200 ⑳56
홍중보 洪重普 ㉜132
홍중섭 洪中燮 ㊻58
홍중희 洪重喜 ⑲124 ⑳310 311
홍증식 洪瑨植 ㊿76
홍 지 洪之 ⑳208 233 234 246
홍지섭 洪志燮 ㉜250
홍지해 洪趾海 ㉜81
홍직필 洪直弼 ㉟52
홍 진 洪進 ⑪32
홍 진 洪縉 ⑱113
홍 진 洪震 ㉚56 57 ㊽12 160 175 176 179 180 184 186 299 304 ㊾140 ㊿276

280～282 284 288 294 298 303 304 338 345 435 436 440
홍 찬 洪璨 ㉙153
홍처량 洪處亮 ㉜136
홍 척 洪陟 ⑪194 196 203 204
홍천감 洪天鑑 ㉙287
홍천록 洪天祿 ㉙287
홍춘수 洪春秀 ㊿334
홍충현 洪忠鉉 ㊹196
홍충희 洪忠憙 ㊽226
홍치상 洪致祥 ㉚160
홍치중 洪致中 ㉜54 60 ㉝257
홍콩-상하이은행 香港上海銀行 ㊷102
홍 탁 洪鐸 ⑳277
홍패 紅牌 ⑰19 ㉓328 364 ㉕127
홍필주 洪弼周 ㊸189
홍하도 紅霞島 ㊱101 107
홍 한 洪瀚 ㉘177 179 183 190
홍해성 洪海星 51368 372
홍현보 洪顯普 ㉞93
홍 호 洪皓 ⑩85 155 161
홍호사 弘護寺 ⑱10
홍 혼 洪渾 ㉚53
홍화 紅花 51412
홍화각 弘化閣 ㉗466
홍화문 弘化門 ㉛522 524
홍화사 弘化寺 ⑫113 ⑱10
홍황색 紅黃色 ㉚603
홍효민 洪曉民 ㊿418
홍효사 弘孝寺 ⑪213
홍희남 洪喜男 ㉜435
홑무덤 單葬墓 ③173 422
홑저고리 汗衫 ㉕317
홑처마 ㉛527
화 靴 ⑧433 437 442 445 ⑨240
화가포환 和歌浦丸 ㊹93
화개장 花開場 ㉝368
화경 華鯨 ⑨523
화경(법) 火耕(法) ㉔105 ㉗181 185 186 ㉘259
화계사 華溪寺 ㉟539 ㊳366
화고 和雇 ㉝74
화공 畵工 ⑥220 232
화공(계) 花栱(系) ㉗440 441 475 487 530
화공작전 火攻作戰 ㊲195
화과 畵科 51324
화과원 華果院 51208
화구 火毬 ㉗231 232
화국 畵局 ⑰286
화권재상 貨權在上 ㉚591
화금건 和金巾 ㊹175
화금청자 畵金靑瓷 ㉑444 445 450
화기도감 火器都監 ㉚556
『화기도감의궤』『火器都監儀軌』㉗231 253 255 256 258～261
화기습방 火器習放 ㉗251
화누법 火耨法 ㉝41
화다 和多 ⑦353
화담학파 花潭學派 ㉛268
화당 花黨 ㊱195
화덕자리 爐址 ②101 124 128～131 133 135 363 376 382 383 427 501 524 ③104 397 401
화도법 火陶法 ㉝185
『화동정음통석운고』『華東正音通釋韻考』㉟275
『화동협음통석』『華東叶音通釋』㉟275
화두아계 花斗牙系 ㉗440
화란 和蘭 ㊷33
화란상관 和蘭商館 ㊲64 203
화랑 花郎 ⑦104 262 ⑧114 356 ⑪39
화랑도 花郎徒 ⑦7 114 119 261 263 ⑨25 463 622 ⑪218 219 51123 134
『화랑세기』『花郎世記(紀)』⑦120 ⑧102 117 ⑨350 ㉑294
화랭이패 화랭이牌 51395
화량진 花梁鎭 ㉖183
화려 華麗 ⑦49

화려현 華麗縣 ④239
화령 和寧 ⑲201 259 ㉒25 289 ㉕149
화령부 和寧府 ㉓148
화룡 和龍 ⑩169 215 217 218 220
화룡현 和龍縣 ㊹301
화륜선 火輪船 ㊲118 255 ㊹77
화릉 花綾 ㉑573
화매 和賣 ㉝264
화맹친림 和盟親臨 ㉙250 251
화무 花舞 ㉖269
화문세저포 花紋細苧布 ㉑573
화문저포 花文苧布 ⑲354 358 359
화물객주 貨物客主 ㊳176 177
화방사 花芳寺 ㉟571
화방의질(하나후사 요시타다) 花房義質 ㉜470
화백 和白 ⑦6 89 90 118
화백회의 和白會議 ①5 ⑤167 ⑥92 178 ⑦ 187~189 191 257 ⑨17 21 ⑪14 15
화복설 禍福說 ㉖54
화북조선독립동맹 華北朝鮮獨立同盟 ㊾ 168 443 444
화북조선청년연합회 華北朝鮮青年聯合會 ㊾168
화북조선혁명군정학교 華北朝鮮革命軍政學校 ㊿223
화북포 禾北浦 ㉘134
화분형토기 花盆形土器 ③178 182 419 459
화사 畵士 ⑧479
화사 畵史 ㉕124
화사 畵師 ⑥127 240 ⑧119
화사기 畵沙器 ㉗515
화사납 花沙納 ㊲57 58
화산 花山 ⑦16
화산대 火山臺 ㉗233
화산리성 華山里城 ⑨597
「화산별곡」「華山別曲」㉗ 334 337
화산사 華山寺 ⑨396 ⑪176
화산성당 華山聖堂 ㊿275
화산천주교회(당) 華山天主教會(堂) ㊻ 302 304
화살촉 箭矢鏃 ②477 479 481 483 484 494 526
화상 和上 ㉖261
화상석묘 畵像石墓 ⑧184
화생천인 化生天人 ⑧197
화서 華西 ㊳208~212 217
「화서선생심설본의」「華西先生心說本義」 ㉟52
『화서선생아언』『華西先生雅言』㉟319
화서학파 華西學派 ㉟50~52 ㊸362 378 406 ㊻108
화석 化石 ②54 55
화석인골 化石人骨 ②60 73~77 80 82 83 137 194 222
화석인류 化石人類 ②74~77 79 82 141
화선 火船 ㊹95
화선 和船 ㉔327 333
화성 華城 ①326 ⑧344 345 ㉝143 155
『화성성역의궤』『華城城役儀軌』㉛520 ㉟ 196
화성작초 火星擲醮 ㉖294
화성회 火星會 ㊾80
화승문 花繩文 ⑨536
화승총 火繩銃 ㉚540 ㊲200
화식기 火食器 ②463 464 526
화신 和信 ㊿416
화약 火藥 ⑳305
화약감조청 火藥監造廳 ㉓263 ㉗240 241
화약계 火藥契 ㉝191
화약고 火藥庫 ㉗241
화약고기 火藥庫記 ㉗240
화약국 火藥局 ㊷105
화약병기 火藥兵器 ㉑211
화약습방 火藥習放 ㉗245
화약장 火藥匠 ㉓263 ㉗239
화약제조 火藥製造 ㉑212
화양(동)서원 華陽(洞)書院 ㉚168 ㉛99

108 ㉜209 281 ㊲161
화엄 華嚴 ⑯26 40 51 66 69 70 77 79
『화엄경』『華嚴經』⑧60 ⑨363 416 483 ⑯46 67 71 79 81 123 133 145 174 ⑰214 216 218 ㉟129 132 150
화엄경도량 華嚴經道場 ⑯174
화엄경사경 華嚴經寫經 ⑦259
『화엄경소』『華嚴經疏』⑨380 381
『화엄경요결』『華嚴經要決』⑨395
『화엄경의강』『華嚴經義綱』⑨394
화엄교학 華嚴教學 ⑫73 112 ⑯25
화엄도량 華嚴道場 ⑫73
『화엄법계관문』『華嚴法界觀門』㉟143
화엄법회 華嚴法會 ⑯141 143 144 ⑱203
화엄사 華嚴寺 ⑨394 493 543 554 555 576~578 ⑪176 178 ㉛536 539 ㉟139
화엄사경 華嚴寫經 ⑨395
화엄사상 華嚴思想 ⑨412 416 ⑯13 27 30 31 34~36 44 47 48 50 62
『화엄석제』『華嚴釋題』㉖289
화엄성중 華嚴聖衆 ⑯144
『화엄소초』『華嚴疏抄』㉟132 136
화엄신중도량 華嚴神衆道場 ⑯141 178
화엄 10찰 華嚴十刹 ⑯29
화엄월수좌 華嚴月首座 ㉑291
화엄종 華嚴宗 ①246 ⑪6 ⑫112 114 230 238 ⑯22 28 30 33 38 41 43 45 46 48 53 56 63 67 69 70 73~77 79 124 ⑰213 224 235 236 ㉑133 291 ㉖250~252 278
「화엄종주현수국사전」「華嚴宗主賢首國師傳」⑯127
화엄초조 華嚴初祖 ⑨391
『화엄추동기』『華嚴錐洞記』㉑354
「화엄칠처구회품목지도」「華嚴七處九會品目之圖」㉟132
화엄학 華嚴學 ①442 ⑫219 ⑯46 69
『화엄현담사기』『華嚴玄談私記』㉟132
화오자 花塢子 ㉖300
「화왕계」「花王誡」⑨348
화왕산성 火旺山城 ㉙185
화요계 火曜系 ㊿226 ⑫148
화요파(회) 火曜派(會) ㊽181 188~192 ㊾6 74 79 90 91 93 109 144 145 157 249 321 346
화원 畵員 ㉕68 110 113 124 128 131 132 ㉗513 533 539 543 ㉞80 219
화원창 花園倉 ㉚602
화유국 華裕局 ㊳134 ㊹33 34
「화음방언자의해」「華音方言字義解」㉟276 282
화의론 和議論 ⑳210
화의사절 和議使節 ㉙84
화이관 華夷觀 ㉒389 ㉟238 313 ㊲6 ㊵80 ㊷14 38 ㊺265 292
화이도 華夷圖 ㉖191
화이론 華夷論 ①321 ㉛342 ㉟3 21 41~47 63 220
화이사상 華夷思想 ㊲25 71
『화이역어』『華夷譯語』㉑247
화이의식 華夷意識 ㊳258
화이질서 華夷秩序 ㊲17 ㊵19 20 22 82 84
화이체제 華夷體制 ㊷171
화이팅 H. C. Whiting 黃浩里 ㊻182 290
화이팅 Miss Georgiana Whiting ㊻181
화자 靴子 ㊹457
화자거집전민추고도감 火者據執田民推考都監 ㉔16
화장골회 火葬骨灰 ⑧343 355
화장묘 火葬墓 ⑧326 334 343
화쟁 和諍 ⑨369 381
화적 火賊 ㉝137
화적당 火賊黨 ㊹412
화전 火田 ①73~75 ㊱147 157 180
화전 火箭 ㉑213 ㉙65
화전 靴典 ⑦227 ⑨181
「화전」「畵箋」㉟453

화전가류 花煎歌類 ㉗361
화전국 華電局 ㊴43 44 ㊹35 121 ㊶139 ㊻270 271
「화전금단사목」「火田禁斷事目」㊱158
화전민 火田民 ①75 76 ㊱178 199 203 51413
화전법 火田法 ⑧448
「화전별곡」「花田別曲」㉗340 345
화전양면책 和戰兩面策 40
화접문양 花蝶文樣 ㉗590
화조 花朝 ㉛575
「화조구자도」「花鳥狗子圖」㉗561 562
화조화 花鳥畵 ①291 ㉗9 533 ㉛446 476 ㉞129
화주 化主 ㉗226
화주 和州 ⑳318 ㉕149
화주관사건 和州館事件 ⑮318
화주영 和州營 ⑳81
화직 華職 ㉕122 127
화차 火車 ①288 ㉓264 269 ㉗106 108 239
화창 和唱 ㉖269
화척 禾尺 ⑮18 66 ⑳406 ㉑507 ㉕196 197 237~239 242 243
화천 貨泉 ③325 326 407 ④282 ⑧466
화천댐수몰지역 華川dam水沒地域 ②94
화천동 貨泉洞 ②49 124 229 300
화청 花靑 ⑧176
화청 和請 ㉟570 571
화초 火草肖 265
화통 火筒 ㉗233 237
화통군 火熥軍 ㉓263
화통도감 火熥都監 ㉑212 ㉓262 263 ㉗231 234 235
화통방사군 火熥放射軍 ⑳409 ㉑212 ㉗235
화판 火板 ㉗586
「화평」「畵評」㉟442
화평재 和平齋 ⑱18
화폐 貨幣 ㉚397 488 582 583 587 ㉝8 73 98 104 105 397 414 415
화폐교환규정 貨幣交換規定 ㊲220
화폐원료 貨幣原料 ㊹39
화폐유통(정책) 貨幣流通(政策) ⑫239 ⑭447 449 464~468
화폐재정정리사업 貨幣財政整理事業 ㊹18
화폐정리(자금)채 貨幣整理(資金)債 ㊷335 ㊸135 136
화폐정리사업 貨幣整理 ㊷321 322 ㊹27 29 ㊼86
화폐정책 貨幣政策 ㊳185
화폐제도 貨幣制度 ㊷321
화폐조례 貨幣條例 ㊷103 ㊹25 26
화폐주조 貨幣鑄造 ⑭465 ㊳181 182 184
화포 火砲 ⑳407 ㉓264 ㉗237 ㉙196
화포군 火砲軍 ㉕150
화포방사군 火砲放射軍 ㉓265
『화포식언해』『火砲式諺解』㉗231 253 257 259 260 263
화포전 火砲箭 ㉓265
화풍국 和豊局 ㊳134 ㊹33
화하문화 華夏文化 51221
화학 化學 ㊻240 242
화학 畵學 ㉓296 297 361 362 ㉕124 125
『화학감원』『化學鑑原』㊻240 242
화학공업 化學工業 ㊽72
「화학공용」「化學功用」㊻242
『화학초계』『化學初階』㊻280
화형경 花形鏡 ⑰301
화혼양재론 和魂洋才論 ㊳56
화회문기 和會文記 ㉗8 371
화회분번 和會分番 ㉘99
화회체아수직 和會遞兒授職 ㉔306
화흥중학 化興中學 ㊽288 ㊿327
화희 火戲 ㉗238 241

확곽첩목아 擴廓帖木兒 ㉒254
환곡 還穀 ①311 312 ㉚324 ㉜10 192 314~318 321 323~326 333 335 339 346 351 368 374 375 376 378 379 380 ㊱74 151 161 230 231 281~284 286 292 297 299 307 314~316 320 325 327~329 ㊵184
환곡포흠 還穀逋欠 ㉜339 ㊲162
환과고독 鰥寡孤獨 ㉕101
환관 宦官 ⑩145 ⑫274 ⑮61 62 229 ⑲36 49 198 ㉒248 252 299 326
환구(제) 圜丘(祭) ㉖225 ㊷27
환구단 圜丘壇 ①354 ㉗467 ㉟161 ㊵9 271 282 ㊷26 27 28 29 ㊻115
환구중국학생회 寰球中國學生會 ㊼221 222
환국 換局 ①309 ㉚5 126 142 147 150 172 176 ㉜2 47 51 52 59 75 78 85 89 ㊱189
환권 桓權 ⑤127 ⑨48
환나부 桓那部 ⑤21 29 151 154 155
환도 丸都 ⑩166
환도성 丸都城 ⑧297
환두대도 環頭大刀 ③389 474
환등 幻燈 ㊺362
환령(주) 丸鈴(珠) ⑥247
환모 還耗 ㉜334 339 346
환몽소설 幻夢小說 ㉟419
『환묘문』『幻妙門』㊱107
환무(칸무)천황 桓武天皇 ⑨284 ⑮247
환문 環文 ⑨534
환봉 換捧 ㉚499 516
환부역조 換父易祖 ㉜304 ㉞121 149 150
환분법 還分法 ㉜325
환상석부 環狀石斧 ③110
환선길 桓宣吉 ⑪162~164 ⑫23 28 45 126 129
환성지안 喚惺志安 ㉟132 146 148
환속 還俗 ㉖257
환속편호 還俗編戶 ㉟156
환안제 還安祭 304
환암 幻庵 ㉖284
환옥 丸玉 ③505 507 511 512
환옥 環玉 ③512
환웅 桓雄 ①135 136 141 440 ④50 53 ⑦15 ⑪214
환원염번조 還元焰燔造 ㉗448
환인 桓因 ⑪214
환입 還入 ㉗432
환자 宦者 ⑫273
환자곡 還上穀 ㉓272 274
환자미 還上米 ㉚360
환자(제도) 還上(制度) ㉒104~107 ㉔472 ㉕359 361 ㉚341 ㉜314 ㊳407 413 414
환전객주 換錢客主 ㊳177
환전책 換錢冊 ㉝388
환정 還政 ㉜362 ㉝435 ㊱41 326 ㊲166 212
환정구폐절목 還政捄弊節目 ㉜378
환정이정책 還政釐正策 ㉜374
환종앙법 還種秧法 ㉚433
환집인 還集人 ㉚334
환천 還賤 ㉞142
환총(제) 還摠(制) ㉜317 318 326 333 335 362 374 377 378 379 ㉞266 ㊱34 297 329 ㊴275
환퇴 還退 ㉕102 ㊹138
환폐 還弊 ㉜376 ㉝435
환포 還逋 ㉜352 ㊱299
환향 還餉 ㉜314 340
환향녀 還鄕女 ㉙300
환향의 還餉議 ㉜325 336
환향책문 還餉策問 ㉜324 333
환현노비 還現奴婢 ㉞134
환호 還戶 ㉜320 323 375
환호(유적) 環壕(遺蹟) ③122 126 426 444 445 ④270 288

활구 闊口 ⑭467
「활동사진취체령」「活動寫眞取締令」 ⑫ 377
『활로』『活路』 ㊾393
활리길사 濶里吉思 ⑲19 88 ⑳274 276 287
활빈당 活貧黨 ①356 361 363 379 ㉛ 430 ㊴217 ㊷52 59 ㊸382 520 ㊹412 415 ㊺326 ㊻198 207
활수형 濶袖形 ⑥248
활쏘기 ㉑514 515
활인당 活人堂 ⑮175
활인서(원) 活人署(院) ㉓69 91 ㉔436 ㉕11 131 363 364 368 370 375 381 383 ~385 397 ㉗158 ㉚349
활인소 活人所 ㉕383
활활출 濶濶出 ⑳276
황가임 黃可任 ⑳277
황 각 黃角 ㉕362 367
황간역 黃澗驛 ㉝256
황감시 黃柑試 ㉓292 320 342 344
황감제 黃柑製 ㉓328 332 334
황거정 黃居正 ㉒29 41
황경섭 黃景燮 ㊽247
황경원 黃景源 ㉟143 188
황경헌 黃景憲 ㉞45 58
황곤후 黃坤厚 ㉟65
황공도 黃公道 ㊼201 205 206
황관하 黃觀河 ㊾202 205 207
황구첨정 黃口簽丁 ㉜109 124 125 133 146 196 303 305 313 371 ㉝132 ㉞208 ㊲167
황구충정 黃口充丁 ㉜312
황구침징 黃口侵徵 ㉞152
황국보 黃菊保 ㊸305
황국사관 皇國史觀 ㊿62
황국상무협회 皇國商務協會 ㊶422
황국서사 皇國誓詞 ㊼109
황국신민(화) 皇國臣民(化) ㊺276 ㊼6 101 106 108~110 ⑤①52 348 350
「황국신민서사」「皇國臣民誓詞」 ㊿3 48 61 233 234
황국신민체조 皇國臣民體操 ⑤①351
황(국신)민화(운동) 皇(國臣)民化(運動) ㊿ 45 51 104 234 238
황국중앙총상회 皇國中央總商會 ㊵292 ㊶265 348 352 354 376 391 ㊹202 203 204
황국협회 皇國協會 ①355 ㉔167 ㊶265 366 372 376 400 403 ㊹200 ㊻56 142
황귀성 黃貴成 ㊻241
황규창 黃奎昌 ㊾445
「황극경세도」「皇極經世圖」 ㉟276
『황극경세서』『皇極經世書』 ㉖91 ㉟28
『황극경세서설』『皇極經世書說』 ㉘311
황극기 皇極紀 ⑥249
황극탕평론 皇極蕩平論 ①309 ㉚126 ㉜ 2 44 45
『황극편』『皇極編』 ㉜93
황 금 黃芩 ㉝469
황금좌 黃金座 ⑫372
황기로 黃耆老 ㉛489 496 497 501
황기룡 黃起龍 ㊽312
황기천 黃基天 ㉜250
황기환 黃玘煥 ㊼235 ㊽125
황남대총 皇南大塚 ⑦73 ⑧8 257 260 351 353
황남동 皇南洞 ③229 ⑧351 354
황남옥 黃南玉 ㊾461
황납 黃蠟 ㉚44
황단 皇壇 ㊷28
황단 黃丹 ⑲354
『황달학질치료방』『黃疸瘧疾治療方』 ㉗ 141
황당선 荒唐船 ㉜494 501
황대임 黃大任 ㉚26
황대충 黃大忠 ⑯284 285
황덕연 黃德淵 ㊾201

「황도남북양총성도」「黃道南北兩總星圖」 ㉟352
황도연 黃度淵 ㉗149
황도유림 皇道儒林 51235 236
황도파 皇道派 47113
황도파 黃道婆 ⑲341
황등제 黃登堤 ⑧448
황랍 黃蠟 ㉕336
황력뇌자행 皇曆賚咨行 ㉝438
황령사 黃嶺寺 ⑳208 233
황령산성 黃嶺山城 ⑧314
황룡 黃龍 ㉙268
황룡부 黃龍府 ⑮270
황룡사 皇龍寺 ⑧2 80~83 85 88 257 266 279 281 ⑨361 372 481 538 ⑪176 177 ⑯148 155 160 164
황룡사9층(목)탑 皇龍寺九層(木)塔 ⑥243 ⑧6 ⑨19 372 ⑰244 245 259 ⑱42
황룡사장육존상 皇龍寺丈六尊像 ⑧238 241 482
「황룡사9층목탑찰주본기」「皇龍寺九層木塔刹柱本記」 ⑪41
황룡사 장륙상 皇龍寺丈六像 ⑨433
황룡사 종 皇龍寺 鐘 ⑨105 433
황룡사 탑 黃龍寺 塔 ⑳202 203
황룡포 黃龍袍 44459
황릉포 黃綾布 ⑲351
황마포 黃麻布 ⑲359
황메리 Mary Whang 44388 390
황명 皇明 4229
황명조훈 皇明祖訓 ㉒329
『황명통기집요』『皇明通紀輯要』 ㉟188
황무지개척(간)권 荒蕪地開(墾)拓權 41163 4659 76 43110~117 121 122~124 127 132 279 296~298 4763
황문고취 黃門鼓吹 ④194
황문상 黃文裳 ⑫269
황민화교육 皇民化教育 50258
황민화정책 皇民化政策 5056 5152 167 173
황 박 黃璞 ㉙49 80
황병길 黃炳吉 48214
황병주 黃秉周 47346
황보관 皇甫瓘 ⑱231 233
황보금산 皇甫金山 ⑫37
황보약수 皇甫若水 ⑱220
황보유의 皇甫兪義 ⑭81 207
황보인 皇甫仁 ①263 ㉒87 112~114 167 174 175 182 ㉘188 189
황보제공 皇甫悌恭 ⑪80 202 ⑫42 86
황보항 皇甫抗 ⑱244
황복사 皇福寺 ⑨383 392 502
황복사탑 皇福寺塔 ⑨99 533
황사 皇使 ㊲226
황사림 黃仕林 ㊴15
황사영 黃嗣永 46137
황사영백서사건 黃嗣永帛書事件 ㉟116
황사용 黃思溶 47245 250 263
황산강(하) 黃山江(河) ⑦313 326
황산군(논산) 黃山郡(論山) ⑫38
황산대첩 黃山大捷 ⑨35 ⑳405 410 412
황산덕 黃山德 47285
황산립 黃山立 ㉙260
황산벌전투 黃山伐戰鬪 ⑥106
황산진 黃山津 ⑦232
황산포 黃山浦 ㉝373
황산환 黃山丸 4496
황 상 黃裳 ㉑568
황상 皇上 ⑩39 70 140
황상규 黃尙奎 47314 48325 49463
황상기 黃上基 ㊲174 175
황상남 黃相南 49464
황상호 黃尙鎬 47353
황석두 黃錫斗 ㊲186
황석리 黃石里 ②456
황석산성 黃石山城 ㉙117
황석우 黃錫禹 45305
황선신 黃善身 ㉙291

황성 皇城 ⑰246
황성기독(교)청년회 皇城基督(教)青年會 ㊺145 368 370 ㊻189 ㊼274 ㊾359
황성동제철유적 隍城洞製鐵遺蹟 ⑦225
황성동유적 隍城洞遺蹟 ③117 346 380
『황성신문』『皇城新聞』①355 363 ㊳67 ㊶394 ㊸82 84 87 115 116 119~122 128 134 138 191 205 242 251 252 278 290 300 308 383 ㊺38 44 69 71 73 86 126 127 137 143 196 226 228 278 281 290 291 355 356 371 ㊻48 55 58 61~66 70 77 78 81~86 90 103 108 175 239 ㊼128 ㊿62
황성신문사 皇城新聞社 ㊸139 143 144 308
황성중앙학회 皇城中央學會 ㊺77
황성중앙회 皇城中央會 ㊺126
황소의 난 黃巢의 亂 ⑨320 317 ⑮228
황수신 黃守身 ㉕72 103 104 229
황수양 黃水洋 ⑨297
황순상 黃順常 ⑲206 285
황순원 黃順元 ㊿257 ㊿297
황술조 黃述祚 ㊿328
황 신 黃愼 ⑮288 ㉘337 ㉙107 205 ㉚70
황신덕 黃信德 ㊾269 284 298 299 308
황실극장 皇室劇場 ㊺353
황 심 黃沁 ㉟108
황애덕 黃愛德 ㊼7 157 ㊿211
황양목 黃楊木 ㉗193 202
「황여전람도」「皇輿全覽圖」㉜519
황 영 黃瑩 ⑰56 62
황영희 黃永熙 ㊽133
황오신 黃五信 ㉗209
황 옥 黃玉 ⑦411
황 옥 黃鈺 ㊽334
황 운 黃雲 ㊿159
황운조 黃運祚 ㉟485
황원삼 黃圓衫 ㊹468
황원전 荒遠田 ㉔45 46
황유현 黃兪顯 ⑫233 237
황윤길 黃允吉 ㉙2 11 20 25 27
황윤석 黃胤錫 ㉟276 282
황음화정책 皇音化政策 ㊿315
황의돈 黃義敦 ㊸237 ㊺8 83 277
황일초 黃一樵 ㊽296
황자총통 黃字銃筒 ㉗254 256
황자후 黃子厚 ㉕379
황작자 黃爵滋 ㊲42
황 장 黃匠 ㉚572 579
황재 蝗災 ㉙23
황재현 黃載顯 ㊸373
황저포 黃紵布 ⑲359
황전별 荒田別 ⑥37
황정 荒政 ㊱176 204
황 정 黃頲 ㉜195
『황정경』『黃庭經』⑯300 ㉖298 ㉛408
황정순 黃貞順 ㊿379
황정욱 黃廷彧 ㉙157 170
황정헌 黃正憲 ㊾201
황정환 黃廷煥 ㊾126 127 446
황제국 皇帝國 ⑩9 70 71 245 ㊷47
『황제침경』『黃帝鍼經』⑰127
「황조가」「黃鳥歌」⑧9 158~160 165
『황조여지총도』『皇朝輿地總圖』㉜509
황종관 黃鐘管 ㉗97
황종궁 黃鐘宮 ㉗397 405 406 408 409
황종률관 黃鐘律管 ㉔623 ㉗405
황종률관장 黃鐘律管長 ㉔616
황종법 黃鐘法 ㉔615
황종음 黃鐘音 ㉔616
황종조 黃鍾調 ⑨603 606 607 612
황종척 黃鐘尺 ㉔10 618 622 ㉗397
황종평조 黃鐘平調 ㉛585
황종희 黃宗羲 ㉜58 79
황주 黃州 ⑫42 70 84 111 148 212 ⑱218 ㉓129 168 243 360 ㉕125 126 ㉚539

황주량 黃周亮 ⑫213 ⑮196 ⑰149 150 ~152
황주목수 黃州牧守 ⑱62
황주서기 黃州書記 ⑱218 221
황주첨 黃周瞻 ⑫268
황주청년회 黃州青年會 ㊾80
황주판관 黃州判官 ⑱218
황주 황보씨 黃州皇甫氏 ⑪80 ⑫87 122 208
황준량 黃俊良 ㉘332
황준성 黃俊性 ㊸501
황준헌(후앙쭌씨언) 黃遵憲 ①342 ㊲10 85 276 278 279 311 330 ㊳29 45 57 82 224 242 245 336 ㊴140 ㊵81
황중보 黃中寶 ⑫233 237
황중윤 黃中允 ㉙226
황 진 黃進 ㉙49 52
황 진 黃璡 ㉙90 98
황진(이) 黃眞(伊) ㉗354 (51)123
황진기 黃鎭紀 ㊱95
황진기불사설 黃鎭紀不死說 ㊱95
황진남 黃鎭南 (52)190
황진묘지 黃璡墓誌 ㉟511
황진손 黃振孫 ㉗209 225
황 집 黃緝 ㉙279
황집중 黃執中 ㉛487
황 철 黃澈 (51)372
황철신 黃哲身 ㉕72
황청동산 黃靑洞山 ㉒153
황청일 黃淸一 ㊸387 388
황초령진흥왕순수비 黃草嶺眞興王巡狩碑 ⑧9 212 ⑨446
황충현 黃忠現 ⑫229
황칠수 黃漆樹 ⑥250
황태극 皇太極 ㉙236
황태자 皇太子 ㊷56
황토현전투 黃土峴戰鬪 ㊴105 ㊵36 146
황포군관학교 黃埔軍官學校 ㊽336 ㊿271~273 447 453
황포조약 黃埔條約 ㉜477 497 ㊲1 53 77
황표정사 黃標政事 ㉒112
황하일 黃河一 ㊴302 434
황학금산 黃鶴金山 ㊿179
황학사 黃壑寺 ⑪195
황학수 黃學秀 ㊿274 452
황한철 黃漢喆 (52)196
황해 黃海 (52)379
황해도 黃海道 ㉕26 27
황해철 黃海轍 ㊼144
황해해전 黃海海戰 ㊵58 123 129 139 207
황 혁 黃赫 ㉙157 ㉚71 ㊽298
황 현 黃玹 ㉓341 ㉜219 ㊴315 326 335 383 384 387 392 394 395 397 400 407 481 ㊵120 ㊶45 ㊸321 504 ㊺8 67 86 126 271 272 277 293 (51)220
황 형 黃瑩 ⑫237
황 훈 黃勳 ㊽175 181 194 ㊾140
황 희 黃喜 ㉒53 199 203 ㉕72 ㉘162
횃불시위 횃불示威 ㊱12 292
회강 會講 ㉓329 331
회경전 會慶殿 ⑯107 108 335 ⑰248 249
회계국 會計局 ㊷55
「회계법」「會計法」㊵219 240 241 292
회계사 會計司 ㉔424 ㉓68
회계심사국 會計審査局 ㊵189
회계원 會計院 ㊵237
『회계책』『會計冊』㊷144 147 160
회골 回鶻 ⑨315 ⑩78 112
『회광』『回光』(51)209
회권법 會圈法 ㉜66
회니시비 懷尼是非 ㉚159 167 168 ㉜35 42
회답겸쇄환사 回答兼刷還使 ㉚600 ㉜420 427
회동관 會同館 ㉒299~301 ㉜523 ㉝440 ㊲19
회동구락부 會同俱樂部 ㊺145
회량 懷良 ⑳405

회령 會寧 ②346 347 349 350 351 ㉕149 ㉘126 128 129 ㉚519
회령(도호)부 會寧(都護)府 ㉒167 342 ㉜403
회령간도 會寧間島 ㊹308
회령개시 會寧開市 ㉒358 ㉙253 271
회령위수병원 會寧衛戍病院 ㊻284
회령진 會寧鎭 ㉒167
회령포 會寧浦 ㉙118
회령포성 會寧浦城 ㉒195
회령행성 會寧行城 ㉒182 184
회례아악 會禮雅樂 ㉗398 400 401 403 404 406 434
회례악 會禮樂 ㉛584
회례연 會禮宴 ㉗414 ㉛584
회록 會錄 ㉜162 182 183 190 310 314 324
회매 會邁 ⑥230
회맹록 會盟錄 ㉚174
회문 回文 ㊱300
회북 懷北 ⑫31
회사 回賜 ㉒354 397 418 ㉘114 118 ㉚601 ㉜386 388 389 ㉝461
회사 會社 ㊳48 49 71 415
회사 繪史 ㉕124 149
「회사령」「會社令」①366 377 ㊼5 52 70 87 88 131 132 156 ㊽50 55 56 67 75 ㊾32 214 ㊿167
회사물 回賜物 ㉒353 354 432
회사품 回賜品 ⑮342 364 ㉘115 118 126
『회삼경』『會三經』㊻214 216 219
회삼귀일 會三歸一 ⑯13 14 41~44 56 82 ㉗271
회상장 會上長 ㊹307
회색경질토기 灰色硬質土器 ⑧265
회색도기 灰色陶器 ③525
회색토기 灰色土器 ⑧263
회선포 回旋砲 ㊴481
「회소곡」「會蘇曲」⑧158 161 164 165 375 385
회시 會試 ⑬382 383 ㉓327
회악 會樂 ⑧375
회안공 (왕)정 淮安公(王)侹 ⑳192 215 307
회암사 檜巖寺 ㉖250 264 269 282 284 ㉗223 477 479~481
회암정혜 晦菴定慧 ㉟132
회양 淮陽 ㉓147
회양진 淮陽鎭 ㉚267
『회여록』『會餘錄』㊵34
회역사 廻(回)易使 ⑨202 312 ⑪83 93
회원부 懷遠府 ⑩64
회원진 懷遠鎭 ⑤129
회유 灰釉 ⑨192 536
회은군 懷恩君 ㉙290
회의도감 會議都監 ⑬104~106
회자문 回咨文 ㉜388
『회장의 본분』『會長의 本分』51268
회장저고리 ㉕303
『회장직분』『會長職分』51268
회점증실제(론) 廻漸證實際(論) ⑯13 42
회중교회 Congregationalist 會衆教會 ㊻159
회질가 會叱家 ㉒167 342
회천법 回薦法 ㉜61 66
회청색경질토기 灰青色硬質土器 ③490~492
회취법 灰吹法 ㉘122
회통 會通 ⑰237
회퇴변척 晦退辨斥 ㉘335 ㉚70
회표제조위원 會標製造委員 ㊶241
회현리 會峴里 ⑦404
회환농법 回換農法 ㉔102 103 117
회회 回回 ⑳286
회회 茴會 ⑥230
회회력 回回曆 ㉗85
회회인 回回人 ⑳297
회회청 回回青 ㉗514~516 518 519 524

회휘 懷暉 ⑪201
횡간 橫看 ⑭371 ㉒125 ㉔7 9 430 437 469 ㉘42 79 80 82 362 ㉚342 516 527
횡구식석실분 橫口式石室墳 ⑧344 354 356 360 361
횡도하자 橫道河子 ㊹302
횡살문 橫殺門 ㉗422 423 436
횡선사 橫宣使 ⑮337 342 359 363
횡성 橫城 ⑧238 240
횡와식 橫臥式 ⑧342
횡적 橫笛 ⑧368 369 380 381 ⑨601 603 618
횡진법계관 橫盡法界觀 ⑨390
횡진법계론 橫盡法界論 ⑪179 ⑯33 34 50
횡천 橫川 ⑦128 129
횡천 조씨 橫川趙氏 ⑫202
횡첨척 橫忝尺 ㉔615
횡취 橫吹 ⑧369
횡혈식석실분 橫穴式石室墳 ⑦64 292 357 ⑧347 354~356 362
효(굴)건 孝(屈)巾 ㉛609
효가원 孝家院 ⑪212
효겸천왕 孝謙天皇 ⑩106 131
『효경』『孝經』⑧113 ㉓292 301 ㊱81
효경교 孝經橋 ㉝380
효공왕 孝恭王 ⑫16 17 21 22 72
효공왕릉 孝恭王陵 ⑨546
효군 驍軍 ⑱195
효렴과 孝廉科 ㉚225
효렴제 孝廉(制) ⑪102 ⑫56 ⑯258
효령대군 孝寧大君 ㉓193 ㉕104 ㉖283
효명세자 孝明世子 ㉜6 58 203 204 208 209 217 262
효명옹주 孝明翁主 ㉚89
효방 孝方 ⑪18
효봉 孝奉 ⑫38
효사관 孝思觀 ㉖216
효성여학교 曉星女學校 ㊿266
효성왕 孝成王 ⑨101 466
효소왕 孝昭王 ⑨95 465
효소왕릉 孝昭王陵 ⑨546
효순 孝順 ⑱57
효순공주 孝順公主 ㉞50
효심 孝心 ⑱9 ⑳123 124 130~134 137
효열무황후 孝烈武皇后 ㉜396
『효자경』『孝子經』⑯267
「효자도」「孝子圖」㉑427
『효자보은경』『孝子報恩經』⑯267
『효자섭경』『孝子攝經』⑯267
효정 孝貞 ⑨105
효제충신 孝悌忠信 ㉛288
효종 孝宗 ㉚94 99~105 109 112 124 153 166 ㉜397~400 403
효천 曉川 ⑨61
「효풍」「曉風」㊾299
『효행록』『孝行錄』⑯263 264 ㉒75 77
후경 侯景 ⑫163
후고구려(태봉) 後高句麗(泰封) ⑩75
후고려 後高麗 ⑫16 67 68
후광주원부인 왕씨 後廣州院夫人王氏 ⑫81
후군장 後軍將 ㊱242
후궁 後宮 ㉞50 56
후궁부 後宮部 ⑥171
후금 後金 ㉙223 ㉚603
후기가야 後期伽耶 ⑦8 9 304 343
후기가야연맹(체) 後期伽耶聯盟(體) ⑦336 338 340 347 356 403
후당 後唐 ⑪119 120 ⑫28 49~51 ⑮226 228 230 237 274 278
후라이어 John Fryer 傅蘭雅 ㊻240
후란츠 에케르트 Franz Eckert ①502
후량 後梁 ⑫50 ⑮226 228 237 274 276
후릿그물(면휘망) 綿揮網 ㉔401 ㉝220 221 223 224 226 233
후발해 後渤海 ⑩83 86~88
후배사류 後輩士類 ㉚46
후백제 後百濟 ⑩72 75

후부고취 後部鼓吹 ㉗395 432
후빙기 後氷期 ㉚309
후산외파 後山外派 ⑯51
『후생록』『厚生錄』㉝80
후생참적 後生讒賊 ⑫118
후서강단 後西江團 ㊱8 119 168
후수 後綬 ㉕299
후시 後市 ①316 ㉚519 ㉜389 ㉝8
후안 멘데스 Juan Mendes ㉜482 487
후연 後燕 ⑤63~65 68 77
후와 後洼(窪) ②546 548
후와유적 後洼遺蹟 ②462
후왕 侯王 ⑥173
후위(충무위) 後衛(忠武衛) ㉓32
후장 厚葬 ④224 ⑧352
후전 後錢 ㉜180
후조 後趙 ④198 ⑤48 50 62
후조선국 後朝鮮國 ㉖111
후주 厚州 ㉜406 412
후주 後周 ⑩87 ⑫101 107 115 ⑮226 274 282
후주 세종 後周世宗 ⑮230 282 284
후직 后稷 ㉖221
후직씨 后稷氏 ㉖231
후진 後晋 ⑩229 ⑮226 229 230 274 278 281
후창광산 厚昌鑛山 ㊶141 ㊹113 ㊿178
후창금광 厚昌金鑛 ㊹110
후천개벽사상 後天開闢思想 ㊲138 148
후추 胡椒 ㉑585
후추(호초) 胡椒 ㉝475
후춘사건 厚春事件 ㉜411
후쿠다 유조 福田有造 ㊹104
후쿠모토주의 福本主義 ㊾395
후쿠오카 福岡 ㊵35
후쿠이 나오아키 福井直秋 ⑤302
후쿠이동굴 福井洞窟 ②279
후쿠자와 유키치 福澤諭吉 ㊳25 26 28 65 90 93 118 121 122 185 334 ㊵49 89 102 251 ㊶41 ㊺206 215 226 ㊻15 30 33 229
후토씨 后土氏 ㉖231
후통강 厚通江 ㉜404
후포(리)유적 厚浦(里)遺蹟 ②410 422 436
후포리 厚浦里 ②346 ②435
후한 後漢 ⑤41 ⑮226 230 274
후한경 後漢鏡 ④40
『후한서』『後漢書』①130 142 414 ③341 136 138 165 ⑥139 ⑫136
후황성 后黃城 ⑤133
훈고학 訓詁學 ①247
훈구대신 勳舊大臣 ㉘265
훈구(세력) 勳舊勢力 ㉘1 2 6 15 26 205 ㉚2
훈구파 勳舊派 ㉒70 137 139 141 142 ㉓14 125 ㉕60 ㉘7 142 175 187
훈도 訓導 ⑰77 ㉓149 293 300 307 ㉜440 ㉝443 462 ㉞219
훈도관 訓導官 ㉓292 306
훈독 訓讀 ⑧136
훈두보 薰豆堡 ㉒152
훈련대 訓練隊 ㊵10 219 231 242 267 268 ㊶34 40
훈련대사관양성소 訓練隊士官養成所 ㊵219 242
훈련도감 訓鍊都監 ㉗215 ㉙109 190 192 ㉚156 279 243 288 351 380 465 466 468 471 504 541 547 588 ㉜22 23 70 99 105 107 108 112 121 123 144 162 235 287 302 ㊱22 ㊳269 270 279 280 315
훈련도감군 訓鍊都監軍 ㉚250 ㉜489
훈련별대 訓鍊別隊 ㉚98 157 252 285 368 557 ㉜107 135 144
훈련별대군 訓練別隊軍 ㉜108
훈련부서 訓鍊部署 ㉚541
「훈련사목」「訓鍊事目」㉚546
훈련원 訓鍊院 ㉓69 97 104 112 262 325 349 356 ㉚247

훈맹정음 訓盲正音 ㊿256
『훈몽자회』『訓蒙字會』㉗374 ㉛358 361 363 366 368 369 ㉝51 ㊺240 243
「훈민가」「訓民歌」㉗351 ㉛423
훈민시조 訓民時調 ㉗351
훈민정음 訓民正音 ①287 289 ㉒78 91 ㉓358 ㉖77 ㉗315 316 372 376 ㉖75 76 ㉗372 ㉛357~361 365 366 ㊺7 239 240 245 246 ㊿122~124 12791 411 421 423 424
「훈민정음서」「訓民正音序」㉗372 382
『훈민정음운해』『訓民正音韻解』㉟276
『훈민정음해례』『訓民正音解例』㊺245
『훈사』『訓辭』㉒130
훈석 訓釋 ㉓285
훈선 訓善 ⑪202
훈신 勳臣 ㉘46 273
훈예 勳裔 ㉜370
훈요10조 訓要十條 ⑫70 74 76 78 145 226 272 ⑯137 142 148 194 280 310 326 332 ⑰119 243 259 277 ㉑165
「훈음종편」「訓音宗編」㉟276
훈장 訓長 ㊱13 104 105 302 338 340 341 363 366
훈장 勳章 ㊹466
훈전 勳田 ⑫121 124 198 ⑭218 236 ⑳33
훈제법 燻製法 ㉝238
훈제품 燻製品 ㉝238
훈조계 燻造契 ㉝328
훈족 Hun族 ⑦64
훈직(제도) 勳職(制度) ⑬123 152
훈척 勳戚 ㉘354 ㉚156 ㉜48
훈춘 琿春 ⑩38 103 107 146 148 199 200 202 ㊹308 ㊻217
훈춘사건 琿春事件 ㊽221 222
훈춘한민회(의) 琿春韓民會(議) ㊽206 240~242
훈해 訓解 ⑥49 156
훤달 萱達 ⑫54
훤량 萱良 ⑫37
훼원 毁院 ㉛106~108
휘리선 揮罹船 ㉝223
휘문관 徽文館 ㊺73
휘문의숙 徽文義塾 ㊸290 ㊺72
휘문중학교 徽文中學校 ㊼152
휘발하 輝發河 ④168 191
휘신도량 諱辰道場 ⑯171
휘암 輝嵒 ⑫51
휘암(함) 輝巖(函) ⑪121 122
휘종 徽宗 ⑮236 240 242 289
『휘찬여사』『彙纂麗史』㉟7 190 313 314 316
휴경농법 休耕農法 ⑥217
휴경전 休耕田 ⑳71
휴버트 보스 Hubert Vos ㊺350
휴암리 休巖里 ②390 422 ③149 ③160
휴정 休靜 ①323 ㉙4 52 ㉛387 391~394 398 399 ㉜424
휴한농법 休閑農法 ⑥217 ㉘34 258 ㉚ 518
휴한법(설) 休閑法(說) ①271 275 ⑨232 ⑭11 77 78 318~320 ㉔2 7 79 105 ㉗ 174 ㉘124 259 ㊱52 53 133
휴한식 休閑植 ㉗180
휴한전 休閑田 ㉗171 179
휼민의식 恤民意識 ㉒91~93 96
휼양구분전 恤養口分田 ⑭8 226~229
휼양전 恤養田 ⑭96 229 ㉓38 39 ㉔46 47 ㉕97 98 ㉘38 41~43
휼형 恤刑 ㊹431
흉노 匈奴 ④99 106 107 141
흉도비류 兇徒匪類 ㊲184
흉배 胸背 ㉕296 304 305 309 ㊹468
흉서 凶書 ㊱91 94 96 111 276
흉황 凶荒 ㉕365 366
흑고자 黑鼓子 ㊲202
흑교리유형 黑橋里類型 ③46

흑구봉유적 黑狗峰遺蹟 ②421
흑구산성 黑溝山城 ⑤187
흑단령 黑團領 ㊹457 458
흑도 黑陶 ③180 186~188 489 ⑧353
흑도장경호 黑陶長頸壺 ③75 76 207
흑룡강 黑龍江 ⑮317
흑룡회 黑龍會 ㊾46
흑립 黑笠 ㉕311 ㉛609
흑백당 黑白党 ㊾420
흑백당 黑白黨 ㊿255~257 259
흑산도 黑山島 ⑫273 ⑮296
흑산도유적 黑山島遺蹟 ②443
흑상감 黑象嵌 ㉗503 525
흑색공포단 黑色恐怖團 ㊽348 ㊿303
흑색마연토기 黑色磨研土器 ③335 ⑧265
흑색마연토기호 黑色磨研土器壺 ⑧338
흑색염료 黑色染料 (51)412
흑석사목아미타불상 黑石寺木阿彌陀佛像 ㉗594
흑수 黑水 ⑩80 ⑫37 38 ⑮259 267 321
흑수국 黑水國 ⑩80
흑수말갈 黑水靺鞨 ⑩3 20 22 31~33 48 64 82 102 103 116~118 123 167 ⑮ 262 264 265
흑수부 黑水部 ⑩3 17~20 30~32 34 44 46
흑수양 黑水洋 ⑨297
흑수인 黑水人 ⑮258 263
흑수주 黑水州 ⑩102 117
흑양군 黑壤郡 ⑫81
흑요석 黑曜石 ②39 96 183 205 209 211 237 412 477 481 494 511 541
흑요석제석기 黑曜石製石器 ②206 209 211 399 418 419 475 479 487
흑우회 黑友會 ㊼283
흑의장창말보당 黑衣長槍末步幢 ⑦205
흑자 黑瓷 ⑰292
흑적 黑的 ⑳266
흑적(치) 黑赤 ⑳265
흑전(구로다)함대 黑田艦隊 ㊲63
흑전장정(구로다 나가마사) 黑田長政 ㉙ 3 21 29 32 51 85 117 170
흑전청륭(쿠로다 키요타카) 黑田淸隆 ㉜ 473
흑전효고(구로다 요시다카) 黑田孝高 ㉙ 78
흑창 黑倉 ⑫146 ⑮155 158 162 ㉕369
흑책정사 黑冊政事 ⑱170 ⑲3 41
흑치상지 黑齒常之 ⑥99~104 160 178 181 190 230 ⑧120 ⑨38 42
「흑치상지묘지명」「黑齒常之墓誌銘」⑥ 100 102
흔강 昕康 ⑫38
흔계 昕繼 ⑫37
흔도 忻都 ⑳121 257 258 260 268
흔악 昕岳 ⑫37
흔암리 欣巖里 ①188 ③149 260
흔홍 昕弘 ⑪202
흘우 屹于 ⑥22 29 204 230
흙귀걸이 土製耳飾 ②490
흠경각 欽敬閣 ㉗59 96
흠경각건설도감 欽敬閣建設都監 ㉚557
「흠경각기」「欽敬閣記」㉗80
흠량휘 欽良暉 ⑨328 330
흠명(킨메이)천황 欽明天皇 ⑥242 ⑦146
흠문기거사 欽問起居使 ㉒296
흠순 欽純 ⑨34 41 46 58
흠종 欽宗 ⑮236 289
흠차대신 欽差大臣 ㊲42 45 50 53 59
흠천감 欽天監 ㉛307 332 334 ㉜523
흠춘 欽春 ⑨33
흠휼 欽恤 ㉒110
흠휼사상 欽恤思想 ㉒240 241
『흠휼전칙』『欽恤典則』㉜93
흠휼정책 欽恤政策 ㉒93
『흠흠신서』『欽欽新書』㉒241 ㉟81
홍가신 洪可臣 ㉙154~157
홍개호 興凱湖 ㊹303

흥교사 興教寺 ㉗449 479
흥국사 興國寺 ⑧50 ⑭444 ⑯123 170 175 ⑲212 ㉟139
흥국사석탑 興國寺石塔 ⑰244
흥남제련소 興南製鍊所 ㊿174
흥남조선질소비료공장 興南朝鮮窒素肥料工場 ㊿127 181
흥달 興達 ⑫54 63 ⑭28～32
흥덕궁 興德宮 ⑱158 161 ㉑592
흥덕왕 興德王 ⑦259 ⑨203 246 ⑪2 7～29 36 37 46 56 94 ㉔254 ㉖252 253 270
흥덕왕릉 興德王陵 ⑨202 520 546
흥령부 興寧府 ⑱138 158 159 161
흥령사 興寧寺 ⑪198
흥령사징효대사보인탑비 興寧寺澄曉大師寶印塔碑 ⑫83
흥령선원 興寧禪院 ⑪198
흥례부 興禮府 ⑪102 114 ⑫34 156
흥륜사 興輪寺 ⑦14 103 ⑧60 71 73 76 266 ⑨392 412 482
흥륭사 興隆寺 ⑩181 204
흥리왜인 興利倭人 ㉒274 377 382 383 394 395
흥무대왕 興武大王 ⑦301
흥방공주 興芳公主 ⑫86
흥법사 興法寺 ⑧476
흥법사진공대사탑 興法寺眞空大師塔 ⑰264
흥복사 興福寺 ⑧50 ㉖266 ㉗480
흥복원부인 興福院夫人 ⑫86
『흥부전』『興夫傳』㉝139 ㉞124
흥사단 興士團 ㊸290 315 ㊺76 ㊽135 ㊿237
흥선대원군 興宣大院君 ㉚288 ㉜279 ㊵3 124 ㊻133 134 227
흥수 興首 ⑥103 104 ⑨37
흥수굴 興洙窟 ②104
흥수아이 興洙아이 ②104 106 246
흥술 興述 ⑫64
흥신궁 興新宮 ㉓85
흥실업사 興實業社 ㊽289
흥안령 興安嶺 ㉜402
흥암서원 興巖書院 ㉚168
흥양학교 興襄學校 ㊸212
흥업구락부 興業俱樂部 ㉛114 ㉜139
흥업단 興業團 ㊻217 218
흥업사 興業社 ㊹192
흥업은행 興業銀行 ㊷325 ㊸136
흥왕사 興王寺 ⑫218 222 ⑭137 178 250 254 255 379 407 439 ⑯48 58 67 72 91 111 112 126 127 129 151 195 204 ⑰239 245 252 284 ⑱10 ⑲138 141 ⑳334 347 349 ㉑14 17 28 291
「흥왕사대각화상묘지」「興王寺大覺和尙墓誌」⑯47
흥왕사대사 지소 興王寺大師智炤 ⑫229
흥요국 興遼國 ⑩9 83 88～96
흥원 興元 ⑨83
흥원창 興元倉 ⑳175 176
흥원창 興原倉 ㉔337 525 526 532
흥위위 興威衛 ⑬4 263 271 281 291 351 ⑱187 ㉓199
흥인문 興仁門 ㉔497 ㊲171
흥종 興宗 ⑪33 ⑫63
흥천사 興天寺 ⑳402 ㉔554 ㉖252 253 256 263 266 270 283 ㉗19 478 479 ㉛389
흥천사(동)종 興天寺(銅)鐘 ㉗579～581
흥천사사리각 興天寺舍利閣 ㉗449
흥풍청년회 興風青年會 ㊾413
「흥학대조」「興學大詔」㊺69
「흥학설」「興學說」㊸318
흥화문 興化門 ㉚247
흥화진 興化鎭 ⑫211 ⑮303 307 313～315
흥화학교 興化學校 ㊺52 69 70
희강왕 僖康王 ⑪31 ⑫13

희강왕릉 僖康王陵 ⑨546
희곡 戱曲 ①426
희능 希能 ⑫177
희랍 希臘 ㊷33
『희랍고대철학고변』『希臘古代哲學攷辨』 ㊺6 210
희랑 希朗 ⑨394
희랑공 希朗公 ⑪178
희릉 禧陵 ⑱204
희망봉 希望峰 ㊲27 34
희명 希明 ⑨405 467
희생의례 犧牲儀禮 ⑧25
희양산문 曦陽山門 ⑪177 190 192 193 201 204 ⑯20 36
희양원 曦陽院 ⑯38
『희조질사』『熙朝軼事』 ㊺267 320
희종 熹宗 ㉙268
희종 熙宗 ⑫179 ⑱4 52 59 65 85 90 138 151 157 161 229 230 231 233 234
희종묘정 熙宗廟庭 ⑱230
희필 熙弼 ⑪192
희화선 希化船 ㊶128
흰저고리 51409
히노타케 日ノ岳 ②281
히로시마 廣島 ㊵44 61
히로시마 회담 廣島會談 ㊵4
히로츠 히로유키 廣津弘信 ㊲226 236
히스코트 Gertrude Heathcote ㊻291
히트로보 Mikhail Aleksandrovich Hitrovo /Khitrovo ㊴77 ㊵64 66 75 ㊶51 60 82 101
힐드링 John H. Hilldring 5268
힐리어 Walter C. Hillier ㊶46 ㊷36

한국사 53

총색인

편찬간행 **국사편찬위원회**

초판1쇄 2003년 11월 30일
2쇄 2013년 6월 4일

번각발행 **탐구당**

등록일 1950년 11월 1일
등록번호 서울 제 03-00993 호

주소 서울특별시 용산구 한강대로 62 나길 6
전화 (02) 3785-2211(대표)
팩스 (02) 3785-2272
홈페이지 www.tamgudang.co.kr
전자우편 tamgudang@paran.com

ISBN 978-89-8236-619-2
978-89-8236-566-9(세트)

값 24,500 원

* 파본이나 잘못된 책이 있으면 교환해 드립니다.